Dr. Tobias Weltner

Scripting mit Windows PowerShell 2.0 – Der Einsteiger-Workshop

Microsoft Press

Tobias Weltner: Scripting mit Windows PowerShell 2.0 – Der Einsteiger-Workshop
Microsoft Press Deutschland, Konrad-Zuse-Str. 1, 85716 Unterschleißheim

15 14 13 12 11 10 9 8 7 6 5 4 3 2 1
12 11 10

ISBN 978-3-86645-669-3

Fachlektorat: Thomas Irlbeck, München (www.datentechnik-irlbeck.de)
Korrektorat: Judith Klein, Siegen
Satz und Layout: Gerhard Alfes, mediaService, Siegen (www.media-service.tv)
Umschlaggestaltung: Hommer Design GmbH, Haar (www.HommerDesign.com)
Gesamtherstellung: Kösel, Krugzell (www.KoeselBuch.de)

Inhaltsverzeichnis

Einführung

In dieser Einleitung:

Diese Einführung enthält wichtige Informationen zur PowerShell und zum Gebrauch dieses Buchs, also sollten Sie diese vielleicht nicht überspringen.

Wer braucht eigentlich die PowerShell?

In einer Welt, die eigentlich schon alles hat, ist es höchst ungewöhnlich, dass ein Unternehmen wie Microsoft zig Millionen US-Dollar in Entwicklungsarbeit investiert, um eine vollkommen neuartige Skript- und Automationssprache zu entwickeln: *Windows PowerShell.* Dass dies dennoch geschehen ist, hat mit Ihnen zu tun. Wieso genau, offenbart ein Blick auf die PowerShell aus verschieden hohen Umlaufbahnen.

Moderne Lernkurve

Wer ganz nah um die PowerShell kreist, vielleicht gerade selbst vor der PowerShell-Konsole sitzt, sieht vor allem Befehle, die *Cmdlets.* Sie funktionieren in etwa so wie in anderen Konsolen (*Shells*). Allerdings unterstützt die PowerShell so viele davon und ist auf so einheitliche Weise erweiterbar, dass man mit ganz geringen Grundkenntnissen fast alles damit administrieren kann. Noch wichtiger: Weil alle Cmdlets genau denselben Grundregeln folgen, kann man das Wissen auch leicht auf andere Aufgabenbereiche und Cmdlets anwenden.

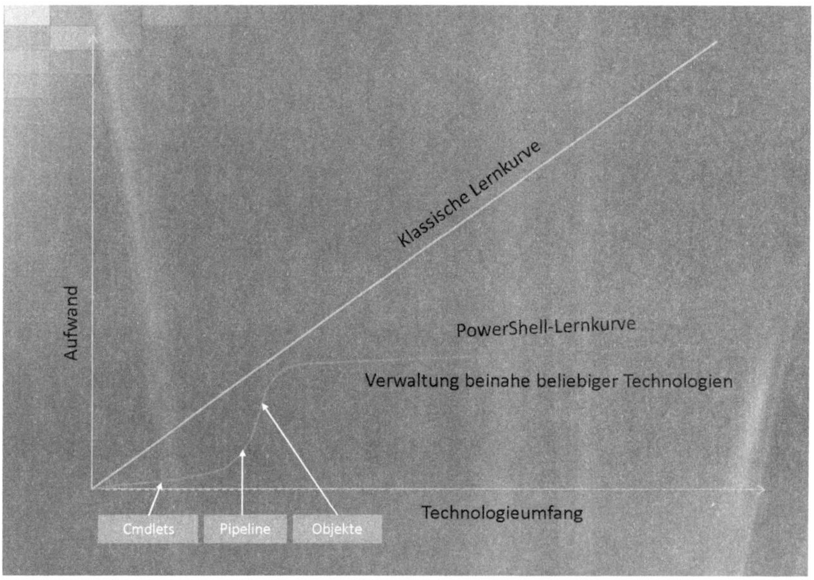

Abbildung E.1 Die PowerShell-Lernkurve ist nicht linear, sondern baut auf gemeinsamen Standards auf

Die PowerShell baut also auf Standards auf. Diese stellen in der PowerShell-Lernkurve zunächst eine kleine Steilwand dar, die Sie aber mithilfe dieses Buchs meistern. Danach flacht die Lernkurve stark ab und alles wird gut: Ob Sie mit Exchange ein Postfach anlegen, mit SharePoint eine Website veröffentlichen oder einfach nur Protokolldateien parsen oder Server verwalten wollen – Ihr PowerShell-Wissen befähigt Sie dazu, über den Tellerrand zu blicken und Ihre PowerShell-Erfahrung auch in ganz anderen IT-Bereichen einzusetzen.

Computer – ich / ich – Computer: die PowerShell als Fremdsprache

Entfernt man sich etwas von der PowerShell und betrachtet die Technik mit mehr Abstand, verschwimmen die einzelnen Befehle zu etwas Neuem: einer Sprache. Tatsächlich benimmt sich die PowerShell in vielen Aspekten genau wie eine Fremdsprache, wie Spanisch oder Italienisch etwa, nur dass Sie sich diesmal nicht mit dem Eisverkäufer unterhalten, sondern mit Ihrem Computer. Und auch der Lernprozess, den Sie mit diesem Buch vor sich haben, verläuft ganz ähnlich.

Zuerst steht Vokabelpauken auf dem Lehrplan, und schon nach wenigen Minuten werden Sie mit den ersten Vokabeln bereits einfache Aufgaben lösen. Tatsächlich werden einige Administratoren nie wirklich über diese Stufe hinauswachsen, weil es für sie vielleicht unökonomisch ist. Viele Urlauber kommen sehr gut mit ein paar Brocken Landessprache aus, um Wein, Käse und Baguette zu bestellen sowie nach Preis und Uhrzeit zu fragen. Nicht anders ist das in der IT. Hier zählt erst einmal nur, was essentiell ist, um eine Aufgabe zu lösen. Dieser erste Lernschritt bildet gleichzeitig den *Schwierigkeitsgrad 1* (für *Einsteiger*) und bildet *Teil A* dieses Buchs (Kapitel 1–5).

Nach dem Vokabelpauken folgen Grammatik und Satzbau, und so ist das auch bei der PowerShell. Sie lernen die PowerShell-Pipeline kennen, mit der Sie einzelne Wörter (Befehle) in geschliffene Ausdrücke verwandeln. Wer diese Grammatik beherrscht, kann plötzlich sehr viel differenziertere Aufgaben lösen und ist nicht mehr allein auf die Wortbrocken des Grundwortschatzes angewiesen. Auch hier gilt: Nicht jeder wird fließend die PowerShell sprechen lernen, doch werden Sie auf jeden Fall fließend die PowerShell verstehen lernen und dann die Ausdrücke anderer PowerShell-Sprechender mühelos nachvollziehen und für eigene Zwecke anpassen können. Der Satzbau entspricht *Schwierigkeitsgrad 2* (*Fortgeschrittene*) und bildet *Teil B* dieses Buchs mit den Kapiteln 6 und 7.

Abbildung E.2 Die PowerShell enthält verschiedene Schwierigkeitsgerade, von »Einsteiger« bis »Experte«

Nachdem Sie die Sprache beherrschen, wird es einige geben, die nicht nur konsumieren, sondern auch produzieren. Sie werden eigene Funktionen und Skripts schreiben und als Module exportieren, also den Literaturmarkt der PowerShell vergrößern. Damit helfen Sie anderen, die auf einer anderen Stufe der PowerShell-Lernkurve stehen geblieben sind, denn Ihre Module sind im Grunde nichts weiter als neue Vokabeln, die auch von denjenigen rasch einsetzbar sind, die über das erste Vokabellernen nicht hinausgehen wollten. Alles zu diesem Thema entspricht *Schwierigkeitsgrad 3* (*PowerShell-Autoren*) und findet sich in *Teil D* mit den Kapiteln 10–15.

Der Olymp der PowerShell-Sprache ist natürlich die Poesie, bei der Sie mit den Nuancen der Sprache spielen, ihre unterschwelligen Stärken betonen und Lösungen schaffen, die über das hinauswachsen, was mit Alltagsausdrücken möglich ist. Nicht jeder wird Ihre Poesie verstehen, und manche PowerShell-Poesie liegt eigentlich im Grenzbereich zu anderen Sprachen und Lösungen. Dieses sanfte Grundverständnis für die Natur der PowerShell ist aber enorm wichtig, weil es auch bei ganz normalen und vollkommen unesoterischen Aufgabenstellungen den Kitt bildet, um mit den vorhandenen Befehlen die gesuchte Lösung zu erstellen. Deshalb befindet sich dieses Thema zwischen Satzbau und Skriptbau bereits in *Teil C* mit den Kapiteln 8 und 9. Der *Schwierigkeitsgrad 4* (*PowerShell-Profi*) ist für viele möglicherweise etwas harte Kost, doch muss man dieses Kapitel nicht von vorn bis hinten durchlesen oder gar auswendig kennen. Es genügt zu wissen, dass es diese Techniken gibt, falls Sie auf normalem Wege einmal nicht weiter kommen.

Schließlich finden Sie in *Teil E* mit den Kapiteln 16 bis 19 noch ganz spezielle erwähnenswerte PowerShell-Techniken wie Remotezugriffe oder Hintergrundjobs, die für Benutzer aller Schwierigkeitsgrade gleichermaßen spannend und interessant sind.

Eine strategische Plattform

Entfernt man sich noch etwas weiter von der PowerShell, rücken plötzlich andere Prioritäten in den Vordergrund und die PowerShell erscheint wiederum in neuem Licht. Die PowerShell ist lösungsorientiert, ja – aber es ist auch eine strategische Plattform, deren Bedeutung andere Automationssprachen weit überstrahlt. Tatsächlich ist die PowerShell eine neuartige zweite Benutzeroberfläche, wenn auch so andersartig als die gewohnte Maus-Fenster-Klick-Oberfläche, dass man dies zuerst gar nicht wahrnimmt. Microsoft hat nicht nur eine Skript- und Automationssprache entwickelt, um VBScript ins .NET-Zeitalter zu überführen oder die antiquierte Befehlszeile zu renovieren, sondern um eine langfristige Lösung zu schaffen für ein Problem, das viele heute vielleicht noch gar nicht wahrnehmen:

Unsere IT-Landschaft wird immer komplexer und muss sich immer höheren Anforderungen stellen, ökonomischen genau wie regulatorischen. Gleichzeitig steht nicht zu erwarten, dass qualifiziertes Fachpersonal in gleichem Maße aus dem Boden sprießt wie die Nachfrage danach steigen wird. Administratoren müssen also vielseitiger werden. Versuchen Sie heutzutage, einen SQL Server-Spezialisten mit der Administration von Microsoft Exchange Server zu betrauen, dürfte die Katastrophe absehbar sein. Da aber beide Produkte über die PowerShell verwaltbar sind, ist es mit der PowerShell sehr viel leichter, auch in anderen IT-Bereichen Verantwortung zu übernehmen.

Hier werden die Parallelen zur grafischen Benutzeroberfläche besonders deutlich: Während man Maus, Fenster und Menüs als Selbstverständlichkeit intuitiv bedient und sich auf die Eigenarten der Programme konzentriert, gilt Ähnliches für die PowerShell: Der Einsatz der Sprache selbst – der Cmdlets, Pipeline und Erweiterungsmodule – gehört zu den Selbstverständlichkeiten, über die man bald nicht mehr bewusst nachdenkt.

Administratoren müssen nicht nur vielseitiger werden, sondern sich auch die Arbeit erleichtern, um die nötigen Freiräume dafür zu schaffen. Das bei Kuckucksuhren und Schokoladenkonfekt begehrte Prädikat »handgemacht« verliert in der IT langsam, aber sicher seinen Charme. Alles händisch zu administrieren kostet zu viel Zeit, ist zu fehleranfällig und entspricht nicht modernen juristischen und regulatorischen Dokumentationsansprüchen.

Da die Aufgaben in der IT andererseits aber vielerorts noch nicht einmal annäherungsweise standardisiert sind, werden viele Aufgaben nur mit maßgeschneiderten Skripts automatisierbar sein. Auch hier bildet die PowerShell einen ökonomischen Standard. PowerShell-Skripts sind für alle IT-Bereiche einsetzbar, lösen also auf Wunsch das bunte Sammelsurium aus PerlScript, VBScript, KIXX, Batch etc. ab, konsolidieren also die Automation. PowerShell-Skripts sind einheitlich dokumentierbar, signierbar und integriert in die Standardsicherheitsmechanismen von Windows.

Nicht zu unterschätzen ist dabei die Modularisierbarkeit. Während früher Berater und externe Firmen Skriptauftragslösungen erstellt haben, welche die Aufgaben zwar erledigten, aber kaum verständlich, nachvollziehbar, wartbar oder weiterverwertbar waren, bestehen solche Auftragslösungen bei der PowerShell aus Erweiterungsmodulen mit den gewünschten neuen »Vokabeln«. Der eigentliche Workflow ist davon getrennt, und Ihr Unternehmen kann diese Vokabeln künftig auch in ganz anderem Zusammenhang nutzen, um mit dem Computer zu sprechen und Aufgaben zu lösen.

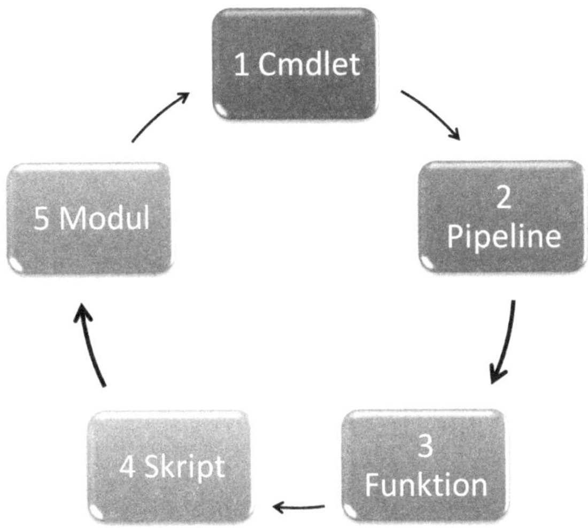

Abbildung E.3 PowerShell-Zyklus: Selbst komplexe Skripts werden über Module wieder zu einfachen Cmdlets

Und schließlich lebt die PowerShell längst nicht nur in der interaktiven PowerShell-Konsole, sondern steht als direkte Programmierschnittstelle zur Verfügung. Viele Softwarehersteller nutzen die PowerShell bereits als interne Skriptsprache, und künftig wird die Automationsoberfläche PowerShell immer stärker mit der grafischen Oberfläche Windows verschmelzen. Schon heute liefern viele Dialogfelder und Assistenten zum Schluss den PowerShell-Code, der das bewerkstelligt, was Sie im Dialogfeld zusammengeklickt haben.

Plattformübergreifende Technik

Entfernt man sich noch einmal ein Stück weiter von der PowerShell, treten plötzlich auch andersartige Systeme in den Blickwinkel. Was Sie nun verschwommen sehen, ist zwar heute noch weitgehend Vision, aber die ersten Grundzüge der Umsetzung sind bereits erkennbar. Während die PowerShell zurzeit noch eine reine Windows-Technik ist, wird es damit mittelfristig auch möglich, plattformübergreifend andere Systeme zu verwalten und einzubinden. Schon heute ist dies mit einer Technik namens *WSMan* möglich.

Persönliche Entwicklung

Schließlich kann die PowerShell auch eine Karriereentscheidung sein. Wann immer Sie eine Aufgabe lösen, stehen dahinter unsichtbare Motivationen. Die offensichtlichste ist natürlich, die Aufgabe gut zu erledigen, denn dafür werden Sie (wahrscheinlich) bezahlt. Ebenso wichtig ist aber auch, was die Lösung dieser Aufgabe sonst noch für Sie bedeutet und wie sie in Ihre Lebensbilanz einfließt. Wer sich Tag für Tag durch Dialogfelder klickt, kann zwar enorm erfolgreich Aufgaben lösen, entwickelt seine Fähigkeiten aber nicht weiter, und wenn das Dialogfeld eines Tages nicht mehr da ist, gilt das vielleicht auch für den eigenen Arbeitsplatz. Zwar wird es immer gute Gründe für Klicklösungen geben, aber sobald Sie eine Aufgabe mehr als einmal durchführen müssen, sollten Sie über die PowerShell nachdenken.

Es mag Sie anfangs etwas mehr Zeit kosten, die Lösung damit zu automatisieren, aber bedenken Sie: Jede Extraminute, die Sie hier investieren, investieren Sie eigentlich in Ihre persönliche Fortbildung. Auch ein Arbeitgeber sollte dies als Chance verstehen und Freiräume dafür gestatten. Denn mit jeder erfolgreich gemeisterten PowerShell-Lösung wächst Ihre Sprachfertigkeit. Wer die PowerShell am Ende fließend spricht, ist allerbestens aufgestellt für moderne IT-Landschaften. Und falls doch mal etwas schief geht, mag es Sie trösten, dass das wiederholte Schlagen mit der Stirn auf die Schreibtischoberfläche pro Stunde immerhin 68 Kalorien verbraucht.

Gerade falls Sie vorher noch nie geskriptet haben, sehen Sie die PowerShell als Chance: Wer den Zug vielleicht zu VBScript-Zeiten vor zehn Jahren verpasst hat und sich nun etwas abgehängt vorkommt, kann heute auf einen neuen Zug aufspringen. Mit diesem Buch haben Sie alles, was Sie wissen müssen, und können sich natürlich auch zurückgezogen im stillen Kämmerlein und bei eigenem Tempo in die PowerShell einarbeiten, um dann plötzlich und unerwartet als neuer Skriptguru das Rampenlicht zu betreten.

Wie Sie dieses Buch nutzen

Dieses Buch ist in mehrere Teile gegliedert, von denen Sie ja schon gehört haben. Es setzt keinerlei Grundkenntnisse voraus, zumindest wenn Sie von vorn zu lesen beginnen. Wer unter Zeitdruck steht, kann aber auch quer einsteigen, und wer noch weniger Zeit hat, findet in jedem Kapitel Kästen mit der Überschrift *Kurz und knapp…*, wo die jeweils wichtigsten Inhalte für Krisenzeiten zusammengefasst sind.

Namentlich ist dieses Buch ein *Einsteigerworkshop*, also eine Trainingsgrundlage, mit der Sie sich Schritt für Schritt PowerShell-Kompetenz aneignen. Das Wort *Einsteiger* bezieht sich allerdings vor allem auf die Tatsache, dass alle Kapitel didaktisch aufeinander aufbauen und bei null beginnen. Es bedeutet jedoch keineswegs, dass dieses Buch bloß Einsteigerthemen abdecken würde. Tatsächlich werden Sie auf dem internationalen Markt kaum ein Buch finden, das die PowerShell umfassender und tiefgreifender erklärt.

Weil die Vorkenntnisse unterschiedlich sind, finden Sie am Ende jedes Kapitels einen Nachschlag. Dieser kann aus kniffligen Rätseln und Aufgaben bestehen oder Randaspekte des Kapitelthemas aufnehmen. Sind Sie sich nicht sicher, ob Sie ein Kapitel vielleicht überspringen können, schauen Sie sich diesen Teil an. Ist das, was Sie dort lesen, für Sie ein alter Hut, dann dürfen Sie gern zum nächsten Kapitel überholen. Meistens jedoch werden Sie verblüfft sein, was es zu den einzelnen Themen alles zu entdecken gibt.

Die PowerShell-Beispiele im Buch sind jeweils in einer anderen Schriftart formatiert. Damit Sie leichter erkennen, welche Eingaben von Ihnen erwartet werden, wird bei allen Eingaben die PowerShell-Eingabeaufforderung »PS> « vorangestellt. Diese Eingabeaufforderung kann bei Ihnen auch anders aussehen und sollte in den Beispielen natürlich nicht mit eingegeben werden. In den ersten beiden Kapiteln wird außerdem angezeigt, wann Sie [↵] oder andere Tasten drücken müssen. In den folgenden Kapiteln trauen wir Ihnen das dann auch ohne speziellen Hinweis zu.

Die meisten PowerShell-Codebeispiele sind sehr kurz und können mit geringem Aufwand schnell eingetippt werden. Manche Beispiele sind allerdings auch länger, und deshalb finden Sie auf der Begleit-CD für jedes Kapitel eine Datei mit allen Beispielen. Dies sind also keine eigenständigen PowerShell-Skripts, sondern sozusagen Mitschnitte der Eingaben, aus denen Sie den Code, den Sie ausprobieren wollen, auswählen und dann in der PowerShell-Konsole einfügen.

Noch mehr Unterstützung

Falls bei der Arbeit mit diesem Buch Fragen auftauchen oder Sie Anregungen haben, besuchen Sie mich unter *http://www.powershell.com*. Oder senden Sie mir eine E-Mail-Nachricht an *tobias@powershell.com*.

Dieses Buch ist stark geformt worden durch meine jahrelange Arbeit als PowerShell-Trainer für Unternehmen im Mittelstand und Großkundensegment. Dass ich so etwas sehr gern und sehr gründlich tue, werden Sie bestimmt schnell an diesem Buch erkennen. Falls Sie Interesse haben, an einem PowerShell-Training mit mir teilzunehmen, beispielsweise einem Bootcamp, einem Umsteigerseminar oder bei einer In-house-Veranstaltung direkt vor Ort, dann mieten Sie mich einfach. Sie erreichen mich für Anfragen und Details unter *tobias.weltner@email.de*.

Und falls Sie besonders faul sind (oder ökonomisch denken), testen Sie doch mal die (kommerzielle) Entwicklungsumgebung *PowerShellPlus* (*http://www.powershellplus.com*). Sie entstand als Reaktion auf PowerShell-Trainings und ermöglicht Ihnen mit Intellisense-artigen Codevervollständigungen, Debuggern und Lerncentern, die PowerShell noch schneller zu erfassen und gründlicher zu verstehen.

Jetzt wünsche ich Ihnen aber viel Spaß mit der PowerShell!

Herzlichst, Ihr

Dr. Tobias Weltner

Teil A

Einzelne Befehle

In diesem Teil:

Kapitel 1

Erste Schritte mit der Windows PowerShell

In diesem Kapitel:

Wer die *PowerShell* oberflächlich kennen gelernt hat, beschreibt sie oft wenig ehrfürchtig und lapidar als »Konsole mit anderem Prompt«. Tatsächlich ist die PowerShell-Konsole pures Understatement: Die weltweit modernste Skript- und Automationssprache lebt in einem minimalistischen Textkonsolenfenster. Dies ist dieselbe Basiskonsole, die von Windows seit DOS-Zeiten für textbasierte Konsolen eingesetzt wird, und unterstützt deshalb auch viele der seit jeher darin vorhandenen Tastenkombinationen und kleinen Tricks und Kniffe.

Weil viele von uns mit grafischen Benutzeroberflächen, Fenstern und Mausbedienung aufgewachsen sind, erfahren Sie in diesem Kapitel zunächst, wie die Konsole überhaupt bedient wird und was Ihnen darin alles passieren kann. Damit sind Sie dann gerüstet für die folgenden Kapitel, in denen schrittweise und systematisch der Inhalt dieser Konsole, also die besonderen Fähigkeiten der PowerShell, in den Vordergrund rückt.

Die PowerShell starten

Die PowerShell besteht aus einer ganzen Reihe von Komponenten, von denen hier zunächst nur die interaktive Konsole wichtig ist. Hinter ihr steckt das Programm *PowerShell.exe*. Möchten Sie also die PowerShell starten, öffnen Sie das *Ausführen*-Fenster und geben darin ein: **powershell** ↵. Wenige Sekunden später präsentiert sich die hochmoderne objektorientierte PowerShell-Konsole. Viel zu sehen ist davon allerdings anfangs nicht, denn zunächst erscheint nur ein hässliches schwarzes Konsolenfenster. Darin begrüßt Sie die Eingabeaufforderung, die mit »PS« beginnt und dahinter den Pfadnamen des aktuellen Ordners anzeigt. Außerdem blinkt eine Einfügemarke und ermuntert Sie mit dem Charme der 1980er-Jahre dazu, erste Befehle einzugeben.

Die PowerShell bequem starten

Falls Sie planen, die PowerShell häufiger einzusetzen, brauchen Sie die Konsole nicht jedes Mal direkt aufzurufen. Öffnen Sie die PowerShell-Konsole dann lieber über eine Verknüpfung direkt im Startmenü. Das ist nicht nur bequemer, sondern führt Sie auch zu einer etwas freundlicheren und besser konfigurierten Konsole, die dann anstelle des hässlichen schwarzen Hintergrunds in dezentem Blau erscheint.

HINWEIS Die Einstellungen der Konsole – beispielsweise die Hintergrundfarbe oder die Größe des Bildschirmpuffers – lassen sich in Verknüpfungen speichern. Das ist auch der Grund, warum die Konsole eine blaue Hintergrundfarbe verwendet, wenn Sie die PowerShell über die mitgelieferte Verknüpfung und nicht direkt starten. Neben den kosmetischen Aspekten stellt die Verknüpfung die Größe des Konsolen-Bildschirmpuffers außerdem von den üblichen 300 Zeilen auf 3000 Zeilen um. So rutschen auch größere Informationsmengen nicht unwiederbringlich oben aus dem Konsolenfenster heraus. Sie werden etwas später sehen, wie Sie diese Konsoleneinstellungen von Hand nachjustieren können.

Die Komponenten der Windows PowerShell – die interaktive Befehlskonsole, der integrierte Skripteditor ISE und die PowerShell-Hilfe – befinden sich in einer eigenständigen Programmgruppe namens Windows PowerShell. Bei Windows 7 und Windows Server 2008 R2 liegt diese Programmgruppe in der Programmgruppe *Zubehör*.

Komponente	Beschreibung
Windows PowerShell	Interaktive Befehlskonsole der PowerShell
Windows PowerShell ISE	Integrierter einfacher PowerShell-Editor
Windows PowerShell (x86)	Auf 64-Bit-Systemen finden sich zusätzlich Versionen für den 32-Bit-Modus, die mit dem Zusatz (x86) gekennzeichnet sind

Tabelle 1.1 Komponenten der Windows PowerShell 2.0

Öffnen Sie im Startmenü diese Programmgruppe und klicken Sie die *Windows PowerShell* mit der rechten Maustaste an, um diese Verknüpfung über den Befehl *An Startmenü anheften* direkt ins Startmenü einzufügen. Brauchen Sie die PowerShell dann das nächste Mal, genügt es, mit [Win] das Startmenü zu öffnen und darin auf *PowerShell* zu klicken.

Die PowerShell in die Taskleiste integrieren

Noch mehr Luxus kann man sich bei Windows 7 und Windows Server 2008 erlauben, denn dort steht außerdem der Befehl *An Taskleiste anheften* zur Verfügung, mit dem die PowerShell als Symbol permanent in der Taskleiste angezeigt wird und sich dort per Klick starten lässt. So ist die PowerShell aber nicht nur mit einem einzigen Klick erreichbar, sondern auch per Tastatur. Ist das Symbol z.B. das vierte Symbol in der Taskleiste, dann erreichen Sie die PowerShell z.B. mit [Win]+[4]. Sie können aber auch das PowerShell-Symbol ganz an den linken Rand der Taskleiste verschieben, sodass es das erste Symbol darin bildet. Dann verfügen Sie zum Start der PowerShell über die eindeutige Tastenkombination [Win]+[1].

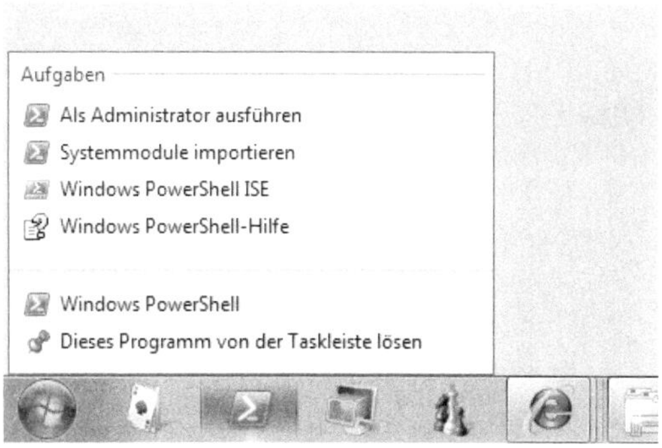

Abbildung 1.1 PowerShell mit Sprungliste in der Benutzeroberfläche von Windows 7

Und ein Rechtsklick auf das PowerShell-Symbol in der Taskleiste öffnet dessen Sprungliste mit vielen nützlichen PowerShell-Befehlen. Alternativ kann man das Symbol auch per Maus nach oben auf den Desktop ziehen, um die Sprungliste zu öffnen.

Befehl	Beschreibung
Als Administrator ausführen	Öffnet die interaktive PowerShell-Konsole mit allen Rechten
Systemmodule importieren	Wie zuvor, jedoch werden zusätzlich alle Systemmodule mit Zusatzbefehlen automatisch importiert, sodass der maximale Befehlsumfang geladen wird
Windows PowerShell ISE	Öffnet den integrierten PowerShell-Skripteditor
Windows PowerShell-Hilfe	Öffnet eine Hilfedatei mit den Grundlagen zur PowerShell
Windows PowerShell	Öffnet die interaktive PowerShell-Konsole ohne besondere Rechte

Tabelle 1.2 Befehle in der PowerShell-Sprungliste bei Windows 7 und Server 2008 R2

HINWEIS Die Sprungliste des PowerShell-Symbols zeigt die Aufgaben-Liste erst, nachdem die PowerShell mindestens einmal gestartet wurde.

Die interaktive PowerShell-Konsole

Mit der interaktiven PowerShell-Konsole erteilen Sie der PowerShell direkte Befehle (und erhalten ebenso postwendend die entsprechenden Antworten oder Fehlermeldungen). Die interaktive Konsole eignet sich deshalb besonders gut, um schnell erste Erfahrungen mit der PowerShell zu machen. Ähnlich wie die klassische Eingabeaufforderung (gern auch *DOS-Fenster* genannt) reagiert das Konsolenfenster nur auf Texteingaben, die mit ↵ abgeschlossen werden. Symbole oder Menüs fehlen. Die PowerShell wird ausschließlich über die Tastatur bedient.

Im Fenster sehen Sie die Eingabeaufforderung. Sie beginnt mit »PS«, und dahinter steht der Pfadname des Ordners, in dem Sie sich gerade befinden. Eine blinkende Einfügemarke wartet auf Ihre ersten Eingaben. Sie werden gleich erfahren, welche Befehle die PowerShell versteht. Trotzdem können Sie die Eingabe natürlich schon einmal ausprobieren. Geben Sie z.B. ein:

```
PS> hallo ↵
```

Sobald Sie ↵ drücken, wird Ihre Eingabe an die PowerShell geschickt. Weil die PowerShell den Befehl *hallo* allerdings noch nie gehört hat und auch sonst die üblichen menschlichen Sympathiebekundungen nicht versteht, kassieren Sie eine Fehlermeldung in Rot, mit der die PowerShell das Malheur kommentiert.

Geben Sie dagegen einen gültigen Befehl ein, dann wirft die PowerShell fröhlich die erwarteten Ergebnisse aus. Möchten Sie z.B. sehen, welche Dateien und Ordner sich in Ihrem aktuellen Ordner befinden, dann geben Sie ein: **dir** ↵. Sie erhalten eine mehr oder weniger lange Textliste, und es drängt sich das Gefühl auf, dass der Ordnerinhalt in einem normalen Explorer-Fenster mit seinen bunten Symbolen viel einfacher zu erfassen ist. Grundsätzlich kommuniziert die PowerShell mit Ihnen auf Textbasis. Dass die PowerShell mehr kann als ein Explorer-Fenster, zeigt der nächste Befehl, der sämtliche laufenden Prozesse auflistet:

```
PS> Get-Process ↵
```

Die Stärke der PowerShell ist also nicht unbedingt die Darstellung der Informationen, sondern vielmehr ihre ungeheure Flexibilität. Fast alle Belange und Informationen Ihres Computers lassen sich von hier aus steuern und anzeigen. Wenn auch »nur« als Textdarstellung und mithilfe von Textbefehlen. Mit dem Befehl *cls* löschen Sie z.B. das Konsolenfenster, wenn Sie frisch beginnen wollen. Und mit *exit* beenden Sie die PowerShell.

Kurz und knapp ...

Alle Eingaben müssen mit [↵] abgesendet werden, damit die PowerShell etwas tut. Verwenden Sie den Befehl *cls* (oder *Clear-Host*), wenn Sie den Inhalt der Konsole löschen wollen. Möchten Sie einen Befehl vorzeitig abbrechen, drücken Sie [Strg]+[C]. Diese Tastenkombination bricht fast immer den laufenden Befehl ab. Nur wenn die PowerShell die Kontrolle vorübergehend an andere Befehle abgegeben hat und beispielsweise auf eine Netzwerkantwort wartet, kann sich der Abbruch etwas verzögern. Eine ganz andere Funktion hat die Tastenkombination [Strg]+[Untbr]. Diese bricht nicht nur den aktuellen Befehl ab, sondern auch die PowerShell. Die Konsole wird geschlossen.

Unvollständige und mehrzeilige Eingaben

Wenn Sie normalerweise etwas Falsches oder Unverständliches in die PowerShell-Konsole eingeben, wird das mit einer roten Fehlermeldung quittiert. In seltenen Fällen kann es aber auch sein, dass die Konsole nachhakt und so lange nicht locker lässt, bis Sie entweder die Eingabe vervollständigen oder die magische Tastenkombination drücken, die sämtliche laufenden Vorgänge abbricht: [Strg]+[C].

Zu Nachfragen kommt es immer dann, wenn das, was Sie eingeben, nicht wirklich falsch ist, sondern einfach nur unvollständig. Runde Klammern haben bei der PowerShell z.B. eine besondere Bedeutung, denn alles, was in runden Klammern steht, wird von der PowerShell zuerst für sich allein ausgewertet. Wenn Sie also die automatische Nachfrage einmal live erleben wollen, dann geben Sie ein:

```
PS> ( [↵]
>>
>>
>>
```

Es erscheinen zwei Größerzeichen und fordern Sie ähnlich wie ein pedantischer Mathelehrer auf, mehr einzugeben. Nur was? Die automatische Nachfrage ist hartnäckig und wertet ein [↵] nicht als Rückzug. Stattdessen erscheinen immer weitere doppelte Größerzeichen, und zwar so lange, bis die Eingabe entweder vollständig ist oder Sie [Strg]+[C] drücken. Wenn Sie also die folgende Zeile eingeben (und damit die geöffnete runde Klammer korrekt abschließen), dann werden Sie aus der Nachfrageschleife entlassen, allerdings erst, wenn Sie noch ein zweites Mal [↵] drücken:

```
>> dir ) [↵]
>> [↵]
    Verzeichnis: Microsoft.PowerShell.Core\FileSystem::C:\Users\Tobias Weltner
Mode           LastWriteTime       Length Name
----           -------------       ------ ----
d----     20.07.2007     11:37      <DIR> Application Data
d----     26.07.2007     11:03      <DIR> Backup
(...)
```

Dasselbe passiert bei unvollständigen Rechenaufgaben wie dieser hier:

```
PS> 2 + [↵]
>> 6 [↵]
>> [↵]
8
```

Die Nachfrageschleife ist natürlich keine Schikane, sondern die etwas unbeholfene Lösung, um in der PowerShell-Konsole mehrzeilige Eingaben zu ermöglichen:

```
"Dies ist mein kleines Tagebuch.[↵]
>> Ich schreibe jetzt einen mehrseitigen Text[↵]
>> Das geht so lange, bis ich die Lust verliere."[↵]
>>[↵]
Dies ist mein kleines Tagebuch.
Ich schreibe jetzt einen mehrseitigen Text
Das geht so lange, bis ich die Lust verliere.
```

Die Nachfrageschleife richtet sich also in der Regel nach Anfangs- und Endekennzeichen wie geöffneten und geschlossenen Klammern oder Anführungszeichen an beiden Enden eines Texts, und solange das Gleichgewicht dieser Zeichen nicht stimmt, bleiben Sie im Nachfragemodus. Den können Sie allerdings auch in anderen Fällen selbst aktivieren:

```
dir `[↵]
>> -Recurse[↵]
>>[↵]
```

Wenn also das letzte Zeichen einer Zeile ein sogenanntes Tickzeichen (`) ist, dann wird die Zeile fortgesetzt. Das anfangs vielleicht etwas sonderbar anmutende Zeichen erhalten Sie über [⇧]+[`] und dann [Leertaste].

Wichtige Tastenkombinationen

Gerade weil die Maus im PowerShell-Fenster keine große Rolle spielt, sind Tastenkombinationen umso wichtiger. Mit den Tasten [←] und [→] bewegen Sie z.B. die blinkende Einfügemarke nach links und rechts. So können Sie z.B. eine längere Eingabe an einer anderen Stelle ändern. Wollen Sie die Einfügemarke schneller bewegen, dann halten Sie zusätzlich [Strg] fest. Jetzt springt die Einfügemarke gleich wortweise nach links oder rechts. Und möchten Sie die Einfügemarke an den Anfang der Zeile setzen, dann drücken Sie [Pos1]. Mit [Ende] setzen Sie die Einfügemarke ans Ende der Zeile.

HINWEIS Haben Sie noch gar nichts eingegeben, dann lässt sich die Einfügemarke auch nicht bewegen. Ein Verschieben der Einfügemarke ist nur innerhalb von eingegebenem Text möglich. Eine Besonderheit gibt es aber: Haben Sie bereits eine Zeile eingegeben und [↵] gedrückt, um die Zeile auszuführen, dann können Sie diese Zeile mit [→] anschließend Buchstabe für Buchstabe erneut erscheinen lassen.

Falsche Eingaben löschen

Haben Sie sich vertippt, dann drücken Sie [Rück], um das Zeichen links von der blinkenden Einfügemarke zu löschen. [Entf] löscht dagegen das Zeichen rechts von der Einfügemarke. Und mit [Esc] löschen Sie die ganze Zeile, wenn alles nur ein Versehen war.

Etwas selektiver funktioniert Strg+Pos1: Hiermit werden alle Zeichen von der aktuellen Position bis zum Anfang der Zeile gelöscht. Zeichen rechts von der aktuellen Position (sofern vorhanden) bleiben erhalten. Strg+Ende macht es umgekehrt und löscht alles von der aktuellen Position bis zum Ende der Zeile. Beide Kombinationen sind also nur dann sinnvoll, wenn Sie die Einfügemarke mit ← oder Strg+← so innerhalb der Zeile bewegt haben, dass sich sowohl links als auch rechts der Einfügemarke Text befindet.

Überschreibemodus

Geben Sie neue Zeichen ein, dann kann es passieren, dass die neuen Zeichen vorhandene Zeichen einfach überschreiben. Zuständig hierfür ist der Eingabemodus. Mit Einfg wechseln Sie zwischen Überschreibe- und Einfügemodus. Ob die Konsole anfangs automatisch im Überschreibemodus arbeiten soll oder nicht, legen Sie in den Konsoleneigenschaften fest, über die Sie gleich mehr erfahren.

Befehlsspeicher: alte Eingaben noch einmal verwenden

Oft sitzt der erste eingegebene Befehl nicht auf Anhieb richtig und Sie erhalten eine Fehlermeldung, oder der Befehl macht (noch) nicht das, was Sie sich eigentlich vorgestellt haben. Wenn Sie an Ihrem Befehl ein wenig feilen und ihn verbessern wollen, dann brauchen Sie ihn nicht komplett neu einzugeben. Drücken Sie stattdessen ↑, um den zuletzt eingegebenen Befehl zurückzuholen. Danach können Sie diesen Befehl verändern oder verbessern, bevor Sie ihn mit ↵ erneut an die PowerShell senden. Drücken Sie ↑ mehrmals, wenn Sie vorvorherige oder noch ältere Eingaben erneut verwenden wollen. Mit ↓ wandern Sie in der Liste wieder zurück. Ohne Pfeiltasten geht es auch: F5 hat dieselbe Bedeutung wie ↑, ferner kann auch F8 als Ersatz für ↑ verwendet werden (mit einer etwas abweichenden Funktion, worauf gleich noch eingegangen wird).

Diese praktische Einrichtung wird *Befehlsspeicher* oder *Command History* genannt. Wie viele alte Befehle sich die PowerShell merkt, legen Sie etwas später fest. In der Voreinstellung sind es die letzten 50 Befehle. Und die kann man sich auch anzeigen lassen. Dazu drücken Sie F7. Der Inhalt des Befehlsspeichers wird jetzt als Menü angezeigt, jedenfalls dann, wenn Sie schon Befehle eingegeben haben. Suchen Sie sich mit ↑ und ↓ den gewünschten Befehl aus der Liste aus und drücken Sie ↵.

TIPP Die Zahlen vor den Befehlen in der Liste sind nicht etwa Abkürzungen (jedenfalls nicht in diesem Menü), und wenn Sie eine Zahl eingeben, wählt die Liste nicht den Befehl hinter der eingegebenen Zahl aus. In der Liste können Sie sich ausschließlich mit den Pfeiltasten bewegen. Damit die Zahlen vor den Befehlen zu Abkürzungen werden, die den jeweiligen Befehl blitzschnell einfügen, drücken Sie F9. Jetzt öffnet sich ein Menü, das die Zahlen akzeptiert und den jeweiligen Befehl aus dem Befehlsspeicher abruft, ohne dass Sie lange suchen müssen. Mit Alt+F7 löschen Sie übrigens den Befehlsspeicher und beginnen mit einer leeren Liste, z.B., weil Sie eine Aufgabe in der PowerShell-Konsole erledigt haben und sich jetzt einer neuen Aufgabe mit anderen Befehlen zuwenden möchten.

F8 ist etwas wählerischer als ↑ und zeigt nicht einfach den zuletzt eingegebenen Befehl an, sondern berücksichtigt die schon eingegebenen Zeichen. Möchten Sie z.B. der Reihe nach alle Befehle sehen, die Sie bisher eingegeben haben und die mit »d« beginnen, dann tippen Sie ein:

```
dF8
```

Drücken Sie [F8] mehrmals: Bei jedem Tastendruck wird ein anderer Befehl aus dem Befehlsspeicher angezeigt – zumindest dann, wenn Sie auch tatsächlich bereits Befehle eingegeben haben, die mit »d« beginnen.

Eingaben automatisch vervollständigen

Eine ganz besonders wichtige und praktische Taste ist [Tab], denn mit ihr ersparen Sie sich sehr viel Tipparbeit (und Tippfehler). Drücken Sie diese Taste, dann versucht die PowerShell, Ihre Eingabe automatisch zu vervollständigen. Probieren Sie das aus:

```
PS> cd [Tab]
```

Der Befehl *cd* wechselt den Ordner, in dem Sie sich gerade befinden. Geben Sie hinter dem Befehl mindestens ein Leerzeichen ein und drücken Sie dann [Tab]. Schon schlägt die PowerShell einen Unterordner vor, in den Sie wechseln können. Drücken Sie [Tab] noch einmal, um andere Vorschläge zu sehen. Liefert [Tab] überhaupt keinen Vorschlag, dann gibt es wahrscheinlich keinen Unterordner, in den Sie wechseln könnten.

Die Autovervollständigung funktioniert an vielen Stellen, und deshalb sollten Sie [Tab] künftig großzügig einsetzen und schauen, welche Vorschläge die Taste jeweils liefert. Gerade haben Sie z.B. den Befehl *Get-Process* kennen gelernt, der alle laufenden Prozesse auflistet. Wenn Sie wissen wollen, welche Befehle es sonst noch gibt, die mit »Get-« beginnen, dann geben Sie ein:

```
PS> get-[Tab]
```

Achten Sie darauf, dass diesmal hinter der Eingabe kein Leerzeichen steht, wenn Sie [Tab] drücken, denn das gesuchte Wort enthält an dieser Stelle ja ebenfalls kein Leerzeichen. Drücken Sie [Tab] so oft, bis Sie alle Befehle gesehen haben, die mit »Get-« beginnen.

Die Autovervollständigung funktioniert übrigens sehr gut mit Pfadnamen, die normalerweise lang und tippintensiv sind. Geben Sie z.B. ein:

```
PS> C:\p[Tab]
```

Bei jedem Druck auf [Tab] schlägt die PowerShell jetzt einen neuen Ordner oder eine neue Datei vor, der bzw. die mit »C:\p« beginnt. Je mehr Zeichen Sie also selbst eingeben, desto weniger Auswahlmöglichkeiten werden angeboten, und in der Praxis sollten Sie wenigstens vier oder fünf Zeichen eintippen, um nicht lästig viele Vorschläge zu erhalten. Falls die Vorschläge nach einem Druck auf [Tab] nicht sofort angezeigt werden, haben Sie einen Augenblick Geduld. Gerade wenn die Vorschlagliste lang ist, kann es eine oder zwei Sekunden dauern, bis die PowerShell alle infrage kommenden Vorschläge gesammelt hat und dann den ersten anzeigt.

TIPP Sogar Platzhalterzeichen sind in Pfadnamen erlaubt. Geben Sie z.B. ein: *C:\pr*m* [Tab], dann schlägt die PowerShell den Ordner *C:\Program Files vor.*

Und noch etwas geschieht automatisch: Sollte der Vorschlag Leerzeichen enthalten, dann setzt die PowerShell den gesamten Vorschlag in Anführungszeichen. Dieser Service ist sinnvoll, weil die PowerShell Leerzeichen als Trennzeichen versteht und daher den Pfadnamen ohne die Anführungszeichen nur bis zum Leerzeichen lesen würde.

Kurz und knapp …

Seien Sie faul und ersparen Sie sich Tipparbeit (und damit auch lästige Tippfehler)! Mit [↑] und [↓] gelangen Sie zurück zu Befehlsfolgen, die Sie schon einmal eingegeben haben. Möchten Sie also einen Befehl nachträglich ändern oder erweitern, verwenden Sie die Pfeiltasten, um zu dem jeweiligen Befehl zurückzukehren, anstatt den gesamten Befehl neu einzugeben.

Und mit [Tab] aktivieren Sie die eingebaute Autovervollständigung. Diese kann Befehlsnamen, Pfadnamen und andere Eingaben für Sie vervollständigen. Drücken Sie die Taste mehrmals, zeigt die PowerShell bei jedem Druck einen anderen Vorschlag. Liefert [Tab] keine Vorschläge, kann die PowerShell Ihre gegenwärtige Eingabe nicht vervollständigen, aber einen Versuch war es sicher wert.

Wollen Sie die gesamte aktuelle Zeile löschen, drücken Sie [Esc]. Möchten Sie die aktuelle Zeile zwar nicht ausführen, aber auch nicht verlieren, drücken Sie [Strg]+[C].

Den Konsoleninhalt scrollen

Der sichtbare Teil Ihrer Konsole hängt von der Größe Ihres Konsolenfensters ab und die Größe des Konsolenfensters ändern Sie wie bei jedem anderen Fenster auch per Maus: Ziehen Sie den Fensterrahmen bei gedrückt gehaltener linker Maustaste, bis die Fenstergröße Ihnen gefällt. Der tatsächliche Inhalt Ihrer Konsole, der sogenannte *Bildschirmpuffer*, ändert sich dagegen nicht. Ist das Fenster zu klein, um alles anzuzeigen, dann sehen Sie rechts und unten Bildlaufleisten, mit denen Sie den sichtbaren Teil wie bei einem Textverarbeitungsfenster hin- und herscrollen können. Wie groß der Bildschirmpuffer Ihrer PowerShell-Konsole sein soll und wie viele Informationen also darin aufbewahrt werden, bestimmen Sie selbst. Die dazu notwendige Vorgehensweise ist später in diesem Kapitel beschrieben.

Text markieren und einfügen

Möchten Sie Text im PowerShell-Fenster markieren und in die Zwischenablage kopieren, dann greifen Sie zur Maus. Bewegen Sie den Mauszeiger auf den Anfang der zu markierenden Stelle, halten Sie die linke Maustaste gedrückt und bewegen Sie den Mauszeiger über den gewünschten Textbereich.

QuickEdit-Modus

Die PowerShell hebt den markierten Text für Sie hervor. Wenn Sie so den gewünschten Text markiert haben, drücken Sie [↵] oder klicken mit der rechten Maustaste in die Markierung. Damit wird der Text in die Zwischenablage kopiert. Möchten Sie den Markiervorgang lieber abbrechen, dann drücken Sie stattdessen [Esc].

HINWEIS Dies und das folgende Einfügen funktionieren allerdings nur, wenn die PowerShell den QuickEdit-Modus verwendet. Klappt die Markierung bei Ihnen also nicht, dann lesen Sie einfach weiter. Später in diesem Kapitel erfahren Sie, wie es ohne QuickEdit-Modus geht und wie Sie QuickEdit ein- und ausschalten.

Den Text, den Sie auf diese Weise markiert und in die Zwischenablage kopiert haben, können Sie nun von dort aus über *Bearbeiten/Einfügen* in andere Programme übertragen. Sie können den Text natürlich aber auch wieder in Ihrer Konsole an der blinkenden Einfügemarke einfügen. Dazu drücken Sie die rechte Maustaste.

Standardmodus

Normalerweise ist QuickEdit automatisch aktiv. Sollte QuickEdit ausgeschaltet sein, stellen Sie dies am einfachsten per Rechtsklick in das Konsolenfenster fest. Bei ausgeschaltetem QuickEdit öffnet sich dann ein Kontextmenü. Wählen Sie darin *Markieren*, wenn Sie wie eben beschrieben Text markieren wollen. Und wählen Sie *Einfügen*, wenn Sie den markierten Text (oder andere Textinformationen, die Sie in die Zwischenablage kopiert haben) in die Konsole einfügen wollen. Meistens ist es praktischer, den QuickEdit-Modus zu aktivieren und sich so den zusätzlichen Klick ins Kontextmenü zu sparen. Wie Sie QuickEdit ein- und ausschalten, erfahren Sie im nächsten Abschnitt.

Die Konsole angenehm einrichten

Damit Sie sich in der PowerShell-Konsole wohl fühlen, werfen Sie einen Blick auf die Grundeinstellungen der Konsole. Mit ihnen legen Sie z.B. fest, ob die PowerShell den praktischen QuickEdit-Modus verwenden soll und wie groß Ihr Bildschirmpuffer ist. Aber auch Farben, Schriftarten und -größen lassen sich so ändern. Sind Ihnen die Textzeichen in der Konsole zu winzig, dann sorgen Sie jetzt für Abhilfe.

Die Konsolen-Eigenschaften öffnen

Die Grundeinstellungen Ihrer PowerShell-Konsole werden in einem *Eigenschaften*-Dialogfeld festgelegt, das sich in einem speziellen Kontextmenü versteckt hat. Um es zu öffnen, klicken Sie auf das PowerShell-Symbol ganz links in der Titelleiste des Konsolenfensters. Daraufhin erscheint ein Kontextmenü. Darin wählen Sie *Eigenschaften*. Schon öffnet sich das gesuchte Fenster.

Optionen festlegen

Auf der Registerkarte *Optionen* stehen vier Auswahlbereiche zur Verfügung:

- **Bearbeitungsoptionen** Diese Optionen sind am wichtigsten für Ihre Arbeit und hier sollten Sie sowohl den *QuickEdit-Modus* als auch den *Einfügemodus* wählen. Die Vorzüge des *QuickEdit-Modus* haben Sie bereits kennengelernt: Damit wird das Markieren, Kopieren und Einfügen von Text viel einfacher. Der *Einfügemodus* sorgt dafür, dass neue Zeichen alte schon vorhandene Zeichen nicht überschreiben. Wenn Sie also künftig eine längere Befehlszeile bearbeiten, werden neue Zeichen hinzugefügt, ohne den schon vorhandenen Text zu überschreiben.
- **Cursorgröße** Hier bestimmen Sie, wie groß die blinkende Einfügemarke sein soll

- **Anzeigeoptionen** legt fest, ob die Konsole als Fenster oder bildschirmfüllend angezeigt werden soll. Die Wahl *Fenster* ist am besten, damit Sie bei der Arbeit auch zu anderen Windows-Fenstern wechseln können. Die *Vollbild-Darstellung* steht außerdem nicht auf allen Betriebssystemen zur Verfügung, weswegen diese Option bei neueren Windows-Betriebssystemen wie Windows Vista oder Windows 7 erst gar nicht erscheint.
- **Befehlsspeicher** Hier wählen Sie, wie viele Befehle sich die PowerShell merken soll. Sie können dann später mit ↑ oder F7 einen Befehl aus der Liste auswählen. Die Option *Alte Duplikate löschen* sorgt dafür, dass die Liste keine doppelten Eingaben enthält. Geben Sie einen Befehl also zweimal ein, erscheint er nur einmal in der Merkliste.

Schriftart und Schriftgröße festlegen

Mit der Registerkarte *Schriftart* wählen Sie sowohl die Schriftart als auch die Schriftgröße in Ihrer Konsole aus. Das Ergebnis Ihrer Auswahl sehen Sie testweise im unteren Vorschaubereich.

Die Konsole verwendet häufig als Vorgabe die *Rasterschriftart*. Diese Schriftart gibt es nur in festen Größen, und die verfügbaren Größen werden dann in der Liste *Größe* angezeigt. Viel flexibler sind skalierbare TrueType-Schriftarten, die in der Liste *Schriftart* mit einem *TT*-Symbol markiert sind. Sobald Sie eine TrueType-Schriftart auswählen, können Sie in der *Größe*-Liste jede beliebige Größe mit der Maus festlegen oder als numerischen Wert ins Textfeld eingeben, denn TrueType-Schriftarten lassen sich stufenlos vergrößern und verkleinern.

Experimentieren Sie bei TrueType-Schriftarten auch mit der Option *Zeichen fett*. Häufig sind TrueType-Schriften in der Konsole besser lesbar, wenn sie fett gedruckt angezeigt werden.

PROFITIPP Zwar zeigt die Schriftartenauswahl anfangs nur enttäuschend wenig Alternativen. Das muss aber nicht so bleiben. Damit Sie eine andere Schrift in der Konsole verwenden können, muss diese für die Konsole zugelassen werden. Diese bürokratische Hürde soll verhindern, dass für die Konsole ungeeignete Schriften ausgewählt werden und dann für lange Gesichter sorgen, wenn der Inhalt der Konsole damit nicht mehr zu entziffern ist.

Die Konsole verwendet nämlich z.B. pro Zeichen immer dieselbe Breite. Damit scheiden die meisten Windows-Schriften als ungeeignet aus, weil sie Proportionalschriften sind, bei denen jedes Zeichen eine eigene Breite aufweist und ein »i« z.B. schmaler ist als ein »m«. Sind Sie sicher, dass eine bestimmte Schrift in der Konsole funktioniert, dann sorgen Sie auf folgende Weise dafür, dass die Schrift zur Auswahl steht. Jedenfalls dann, wenn Sie sich mit dem Registrierungs-Editor auskennen. Alle Änderungen, die Sie durchführen, geschehen auf eigene Gefahr. Fehlerhafte Änderungen können Windows beschädigen und schlimmstenfalls dazu führen, dass Windows nicht mehr richtig startet.

Öffnen Sie den Registrierungs-Editor. Legen Sie im Schlüssel *HKEY_LOCAL_MACHINE\SOFTWARE\Microsoft\Windows NT\CurrentVersion\Console\TrueTypeFont* einen neuen Eintrag vom Typ *Zeichenfolge* an und geben diesem Eintrag den Namen **00** (gemeint ist die Zahl Null). Existiert bereits ein Eintrag mit diesem Namen, dann nennen Sie den neuen Eintrag **000** bzw. hängen so viele Nullen an, bis der Name nicht mehr mit einem schon vorhandenen Eintrag kollidiert. Klicken Sie dann doppelt auf den neuen Eintrag, um ihn zu öffnen, und tragen Sie darin den Namen der Schriftart ein. Der Name muss genau dem Schriftnamen entsprechen, so wie er unter dem Schlüssel *HKEY_LOCAL_MACHINE\SOFTWARE\Microsoft\Windows NT\CurrentVersion\Fonts* vermerkt ist.

Zwar erscheint die neu hinzugefügte Schriftart nun bereits im Auswahlfeld der Konsole, aber sie funktioniert erst dann, wenn Sie sich mindestens einmal abmelden oder, was noch besser ist, den Computer neu starten. Ohne diesen Neustart ignoriert die Konsole Ihre neue Schrift, wenn Sie diese im Dialogfeld auswählen.

Fenster- und Puffergröße festlegen

Auf der Registerkarte *Layout* legen Sie fest, wie groß der Bildschirmpuffer sein soll: wie viele Informationen sich die Konsole also merken soll und wie weit Sie mit den Bildlaufleisten zurückscrollen können.

Damit keine Informationen verloren gehen, weil sie bei einem zu schmalen Puffer einfach abgeschnitten werden, sollten Sie im Bereich *Fensterpuffergröße* eine Breite von mindestens 120 Zeichen festlegen. Die Höhe sollte mindestens 3000 Zeilen betragen, kann aber auf Wunsch auch beträchtlich größer sein. So haben Sie die Möglichkeit, mit den Bildlaufleisten den Fensterinhalt nach oben zu scrollen, um noch einmal einen Blick auf ältere Ergebnisse vorheriger Befehle zu werfen.

Die Fenstergröße und -position lassen sich auf der Registerkarte ebenfalls festlegen, wenn Sie möchten, dass sich Ihre Konsole immer in einer bestimmten Größe und an einer bestimmten Bildschirmposition öffnet. Wählen Sie dagegen die Option *Automatisch*, dann bestimmt Windows selbst, an welchem Ort sich das Konsolenfenster öffnet.

Farben auswählen

Mit der Registerkarte *Farben* bringen Sie eine persönliche Note ein und können für vier Bereiche eigene Farben auswählen:

- **Fenstertext** Schrift in der Konsole
- **Fensterhintergrund** Hintergrundfarbe der Konsole
- **Popuptext** Schrift von Popup-Fenstern wie z.B. dem Befehlsspeicher [F7]
- **Popuphintergrund** Hintergrundfarbe von Popup-Fenstern

Für diese vier Bereiche stehen Ihnen 16 Farben zur Verfügung. Um also eine neue Schriftfarbe festzulegen, wählen Sie zuerst die Option *Fenstertext* und klicken danach auf eine der 16 Farben. Gefallen Ihnen die vorgegebenen Farben nicht, dann mischen Sie sich Ihren eigenen Farbton. Dazu klicken Sie auf eine Farbe und wählen rechts oben Ihre Wunschfarbe aus den Grundfarben *Rot*, *Grün* und *Blau* aus.

Änderungen direkt in der PowerShell festlegen

Zwar haben wir bis jetzt noch gar nicht über PowerShell-Befehle gesprochen, aber an dieser Stelle sollten Sie wissen, dass Sie viele der Einstellungen, die Sie gerade im Dialogfeld vorgenommen haben, auch direkt über PowerShell-Befehle festlegen können. Die Einzelheiten dazu erfahren Sie etwas später. Wenn Sie jedoch schon einmal sehen wollen, welche Einstellungen direkt über PowerShell änderbar sind, dann geben Sie Folgendes in die Konsole ein:

```
PS> $Host.UI.RawUI [↵]
PS> $Host.UI.RawUI.ForegroundColor = 'Yellow' [↵]
PS> $Host.UI.RawUI.WindowTitle = 'Meine Konsole' [↵]
```

Warum könnte es praktisch sein, die Konsole mit PowerShell-Befehlen einzurichten? Weil die PowerShell auf Wunsch beim Start eigene Startskripts ausführt. So können Sie diese und andere Feineinstellungen direkt in Ihrem Startskript vermerken und bei dieser Gelegenheit gleich noch weitere Feineinstellungen ändern wie z.B. den Text der Eingabeaufforderung. Mehr dazu lesen Sie in Kapitel 10.

Änderungen speichern

Haben Sie alle Einstellungen erfolgreich im Dialogfeld festgelegt, dann schließen Sie das Dialogfeld einfach. Windows versucht nun, Ihre Änderungen zu speichern. Ob das gelingt, hängt davon ab, ob sich Ihre Änderungen auch auf andere Benutzer auswirken würden und ob Sie in diesem Fall über Administratorrechte verfügen. Haben Sie die Windows PowerShell beispielsweise über eine Verknüpfung im Startmenü geöffnet, dann können Sie die Konsoleneigenschaften als Normalbenutzer ohne besondere Rechte nicht ändern, weil die Verknüpfung im Profil für alle Benutzer liegt und Ihre Änderungen deshalb auch alle übrigen Benutzer dieses Computers betreffen würden.

Entweder starten Sie in diesem Fall die Windows PowerShell mit vollen Administratorrechten, ändern die Konsoleneinstellungen und speichern auf diese Weise die Änderungen in der allgemeinen PowerShell-Verknüpfung. So können Sie beispielsweise einen anderen Standard für alle Benutzer des Computers festlegen.

Oder Sie legen sich eine neue eigene Kopie der PowerShell-Verknüpfung an. Weil diese nur für Sie persönlich gilt, können Sie die Konsoleneigenschaften jetzt auch ohne besondere Rechte in der Verknüpfung speichern. Genau das geschieht automatisch, wenn Sie PowerShell bei einem Windows 7/ Server 2008 R2-System wie oben beschrieben an die Taskleiste anheften.

Ein Sonderfall stellt Windows XP dar, wo die Konsole nach Änderungen fragt, ob diese Änderungen gespeichert werden sollen oder nicht. Ein weiteres Fenster möchte wissen, ob Sie die Änderungen nur jetzt (Eigenschaften gelten nur für aktuelles Fenster) oder künftig immer (Verknüpfung, die dieses Fenster aufruft, ändern) gelten sollen.

HINWEIS Wenn die Änderungen zwar übernommen werden, aber anschließend eine Fehlermeldung auftritt und nörgelt, die Änderungen hätten nicht gespeichert werden können, dann wissen Sie: Sie haben PowerShell ohne Administratorrechte gestartet, und zwar mit einer Verknüpfung, die für alle Benutzer des Computers gilt.

Entweder starten Sie PowerShell in diesem Fall mit Administratorrechten, um dann die Einstellungen der Verknüpfung für alle Benutzer zu ändern. Dazu klicken Sie die Verknüpfung im Startmenü mit der rechten Maustaste an und wählen *Als Administrator ausführen*. Jetzt gelten die Änderungen allerdings nicht mehr nur für Sie, sondern auch für alle anderen Benutzer, die sich den Computer vielleicht mit Ihnen teilen. Oder Sie legen sich eine eigene private Verknüpfung an. Diese können Sie dann auch ohne Administratorrechte nach Belieben anpassen. Klicken Sie dazu den PowerShell-Eintrag in Ihrem Startmenü mit der rechten Maustaste an und wählen Sie *Senden an/Desktop (Verknüpfung erstellen)*. Schließen Sie dann die PowerShell, falls Sie diese gestartet hatten, und starten Sie diese über Ihre neue Verknüpfung auf dem Desktop.

Auf diese Weise können Sie auch mehrere Verknüpfungen anlegen und in jeder eigene Einstellungen festlegen, z.B. individuelle Farben. Das kann praktisch sein, wenn Sie mit der PowerShell unterschiedliche Aufgaben erledigen und bei mehreren geöffneten Konsolen über unterschiedliche Farben die Übersicht behalten wollen.

Testen Sie Ihr Wissen!

Die folgenden Aufgaben helfen Ihnen zu testen, ob Sie die Bedienung der Konsole bereits verstanden haben. Falls Sie Aufgaben noch nicht lösen können, schauen Sie sich die entsprechenden Abschnitte in diesem Kapitel zuerst noch einmal an, bevor Sie zum nächsten Kapitel wechseln.

Aufgabe Starten Sie die PowerShell-Konsole.

Lösung Wenn Sie die PowerShell wie auf Seite 28 beschrieben an Ihr Startmenü oder Ihre Taskleiste geheftet haben, klicken Sie auf die PowerShell-Verknüpfung. Haben Sie alles richtig gemacht, sollte die Konsole mit blauem Hintergrund erscheinen. Zwar können Sie die PowerShell auch direkt aufrufen, z.B. über [Win]+[R] und **powershell** [↵]. Dann allerdings verwendet die PowerShell-Konsole nicht die empfohlenen Voreinstellungen und erscheint mit schwarzem Hintergrund und einem sehr kleinen Bildschirmpuffer.

Aufgabe Sie haben Ihre Aufgaben mit der PowerShell erledigt. Wie schließt man die PowerShell-Konsole?

Lösung Schließen Sie das Fenster einfach oder verwenden Sie den Befehl *exit*.

Aufgabe Löschen Sie den Inhalt der PowerShell-Konsole.

Lösung Geben Sie den folgenden Befehl ein:

```
PS> cls [↵]
```

Aufgabe Sie haben einen Befehl eingegeben der länger als geplant läuft. Wie kann man diesen Befehl vorzeitig abbrechen?

Lösung Drücken Sie [Strg]+[C].

Aufgabe Der Eingabeprompt hat sich geändert und zeigt nun »>>« an. Die PowerShell scheint Ihre Eingaben nicht mehr auszuführen. Warum? Was ist zu tun?

Lösung Der »>>«-Prompt zeigt an, dass Ihre Eingabe nicht falsch ist, aber unvollständig. Falls Sie wissen, was fehlt (z.B. eine abschließende Klammer oder ein fehlendes Anführungszeichen), geben Sie das fehlende Zeichen ein und drücken Sie zweimal [↵]. Weil Sie in diesem Modus allerdings die bereits erfolgten Eingaben nicht mehr ändern, sondern nur noch neue Eingaben anfügen können, ist es häufig ratsamer, die gesamte Eingabe mit [Strg]+[C] abzubrechen und sauber von vorn zu beginnen.

Aufgabe Sie haben einen Befehl eingegeben, der entweder einen Tippfehler enthielt oder noch nicht das tat, was Sie sich davon versprochen haben. Wie kann man diesen Befehl am einfachsten korrigieren?

Lösung Drücken Sie so oft [↑], bis der früher eingegebene Befehl wieder erscheint. Möglicherweise müssen Sie auch [↓] drücken, was davon abhängt, an welcher Position innerhalb des Befehlsspeichers Sie sich gerade befinden. Korrigieren oder erweitern Sie dann den Befehl.

Aufgabe Sie haben sich vertippt und möchten Zeichen löschen. Wie gehen Sie vor?

Lösung Bewegen Sie die blinkende Einfügemarke hinter das Zeichen, das Sie löschen wollen, und drücken Sie [Rück]. Bei jedem Tastendruck wird jeweils das Zeichen links von der Einfügemarke gelöscht. Drücken Sie dagegen [Entf], wird das Zeichen rechts von der Einfügemarke entfernt. [Esc] löscht die gesamte Zeile.

Aufgabe Sie möchten noch etwas an einem Befehl feilen, doch wenn Sie neue Zeichen in der Mitte des vorhandenen Befehls eingeben, überschreiben diese die vorhandenen Zeichen, anstatt sie nach rechts zu schieben. Warum? Was kann man dagegen tun?

Lösung Der Überschreibemodus ist aktiv. Drücken Sie [Einfg], um den Modus wieder abzuschalten. Sollte dieser Modus immer automatisch aktiv sein, wenn Sie die PowerShell starten, ändern Sie die Standardeinstellung in den Konsoleneigenschaften. Dazu klicken Sie auf das in der Titelleiste der PowerShell-Konsole ganz links befindliche Symbol und wählen im Kontextmenü *Eigenschaften*. Auf der Registerkarte *Optionen* aktivieren Sie dann die Option *Einfügemodus* und klicken auf *OK*.

Aufgabe Sie möchten das Ergebnis eines Befehls gern in die Zwischenablage kopieren, um es danach in ein anderes Programm einzufügen. Wie gehen Sie vor?

Lösung Markieren Sie den gewünschten Text in der Konsole, indem Sie bei gedrückt gehaltener linker Maustaste darüberstreichen. Erhalten Sie auf diese Weise keine Markierung, ist der QuickEdit-Modus nicht aktiv. In diesem Fall klicken Sie zuerst mit der rechten Maustaste ins Konsolenfenster und wählen *Markieren*. Sobald Sie den Text markiert haben, drücken Sie [↵], um die Markierung in die Zwischenablage zu kopieren. Von dort können Sie den Text dann in anderen Programmen einfügen, z.B. über [Strg]+[V].

Aufgabe Die Schrift in der Konsole ist zu klein. Wie kann man die Schriftgröße erhöhen und den Konsoleninhalt besser lesbar machen?

Lösung Öffnen Sie die Konsoleneigenschaften, indem Sie oben links im Konsolenfenster auf das PowerShell-Symbol der Titelleiste klicken und *Eigenschaften* wählen. Klicken Sie dann auf die Registerkarte *Schriftart* und suchen Sie sich eine neue Schrift und eine bessere Schriftgröße aus.

Aufgabe Sie wollen die Konsole breiter machen, doch wenn Sie versuchen, das Fenster mit der Maus zu vergrößern, gelingt dies nur bis zu einer bestimmten Größe. Warum? Wie kann man dieses Größenlimit ändern?

Lösung Gehen Sie wie eben beschrieben vor und öffnen Sie die Konsoleneigenschaften. Wechseln Sie diesmal darin zur Registerkarte *Layout* und ändern Sie die Größe des Fensterpuffers.

Aufgabe Ein Befehl hat sehr viele Informationen geliefert, die oben aus dem sichtbaren Bereich des Konsolenfensters herausgescrollt sind. Beim Versuch, den Inhalt der Konsole mit dem Bildlauffeld an der rechten Fensterseite nach oben zu schieben, stellen Sie fest, dass nicht alle Informationen sichtbar sind. Einige Informationen wurden offenbar abgeschnitten. Warum? Was kann man dagegen unternehmen?

Lösung Der Konsolenpuffer ist nicht hoch genug und bietet also nicht genügend Platz für alle Ergebnisse. Gehen Sie vor wie bei der letzten Aufgabe und vergrößern Sie die Höhe des Puffers. Ein Wert von 3000 Zeilen ist eine gute Vorgabe.

Zusammenfassung

Die PowerShell ist eine Automationsplattform, mit der man interaktiv Befehle erteilen und größere Aufgaben in Form von PowerShell-Skripts automatisieren kann. Diese Möglichkeiten sind in neuere Windows-Betriebssysteme ab Windows 7 und Windows Server 2008 R2 bereits fest eingebaut. Für ältere Windows-Betriebssysteme ab Windows XP aufwärts kann die Windows PowerShell als Update-Paket nachinstalliert werden.

Die Windows PowerShell 2.0 ist eine Weiterentwicklung der ursprünglich 2006 erstmals erschienenen Windows PowerShell 1.0 und setzt darauf auf. Die PowerShell 1.0 und 2.0 können nicht parallel betrieben werden. Beide PowerShell-Versionen setzen das .NET Framework 2.0 voraus. Einige Neuerungen in der PowerShell 2.0 – wie beispielsweise der ISE-Skripteditor – benötigen das .NET Framework 3.51, weil sie grafische Elemente mit der Windows Presentation Foundation darstellen.

Die PowerShell besteht aus einer interaktiven Konsole, die ähnlich wie die klassische Eingabeaufforderung funktioniert, und einem einfachen Skripteditor. Am einfachsten erreicht man die PowerShell-Bestandteile über die Programmgruppe *Windows PowerShell* im Startmenü und kann die PowerShell in der Benutzeroberfläche von Windows 7 oder Windows Server 2008 R2 direkt an die Taskleiste anheften. Die interaktive Konsole ist aber auch direkt über den Befehl *PowerShell.exe* startbar. Den ISE-Skripteditor startet man über den Befehl *powershell_isc.*

In der interaktiven PowerShell-Konsole gelten einige besondere Tastenkombinationen:

Taste	Bedeutung
Alt+F7	Löscht den aktuellen Befehlsspeicher
Bild↑, Bild↓	Ruft den ersten bzw. den letzten Befehl ab, den Sie in dieser Sitzung verwendet haben
↵	Die eingegebene Zeile zur Ausführung an die PowerShell senden
Ende	Einfügemarke an das Ende der Zeile setzen
Entf	Das Zeichen rechts von der Einfügemarke löschen
Esc	Die aktuelle Zeile löschen
F1	Den zuletzt verwendeten Befehl zeichenweise eingeben
F2	Wie F1, fügt aber bis zu dem Zeichen ein, das dem eingegebenen Zeichen entspricht. Angenommen, der letzte Befehl lautete Get-Process -name "Notepad" und die Einfügemarke befindet sich ganz links. Dann wird nach einem Druck auf F2 und der Eingabe des Anführungszeichens " der Befehl Get-Process -name eingefügt.
F3	Den zuletzt verwendeten Befehl nochmals ausführen
F4	Löscht alle Zeichen rechts von der Einfügemarke bis zum angegebenen Zeichen
F7	Zuletzt eingegebene Befehle als Menü einblenden
F8	Zeigt Befehle aus dem Befehlsspeicher an, die mit den Zeichen beginnen, die Sie in der Zeile schon eingegeben haben

Tabelle 1.3 Wichtige Tasten und ihre Bedeutung in der PowerShell-Konsole

Taste	Bedeutung
[F9]	Öffnet ein Menü, in das Sie die Kennzahl eines Befehls Ihres Befehlsspeichers eingeben können, um diesen Befehl abzurufen. Die Kennzahlen der Befehle im Befehlsspeicher erfahren Sie mit [F7].
[←], [→]	Einfügemarke ein Zeichen nach links oder rechts bewegen
[↑], [↓], [F5], [F8]	Zuletzt eingegebenen Befehl wiederholen
[Pos1]	Einfügemarke an den Anfang der Zeile setzen
[Rück]	Das Zeichen links von der Einfügemarke löschen
[Strg]+[C]	Befehlsausführung abbrechen
[Strg]+[Ende]	Alle Zeichen von der aktuellen Position bis zum Ende der Zeile werden gelöscht
[Strg]+[←], [Strg]+[→]	Einfügemarke wortweise nach links oder rechts bewegen
[Strg]+[Pos1]	Alle Zeichen von der aktuellen Position bis zum Anfang der Zeile werden gelösch
[⇆]	Aktuelle Eingabe automatisch vervollständigen, falls möglich

Tabelle 1.3 Wichtige Tasten und ihre Bedeutung in der PowerShell-Konsole *(Fortsetzung)*

Kapitel 2

PowerShell-Cmdlets einsetzen

In diesem Kapitel:

Wenn die PowerShell noch neu ist für Sie, können Sie dennoch in kürzester Zeit ganz erheblichen Nutzen daraus ziehen, wenn Sie bloß vier PowerShell-Grundregeln kennen. Diese Regeln werden in diesem Kapitel vorgestellt. Nach Abschluss dieses Kapitels beherrschen Sie die folgenden Themen:

- **Cmdlets** Sie wissen, was Cmdlets sind, wie man sie aufruft und die passenden Cmdlets für Aufgaben findet
- **Parameter** Sie wissen, wie Sie mit Parametern zusätzliche Informationen an ein Cmdlet übergeben, um sein Verhalten und seine Ergebnisse präziser zu steuern
- **Hilfe** Sie wissen, wie man eine Hilfe zu Cmdlets abruft und herausfindet, was ein bestimmtes Cmdlet genau durchführt, welche Parameter es unterstützt und wie man kurze Beispiele zu einem Cmdlet ausgibt

Was sind eigentlich Cmdlets?

PowerShell-Befehle werden Cmdlets genannt (sprich: *Commandlets*), und Ihr allerbester Freund und wichtigster Verbündeter heißt *Get-Command*. Dieses Cmdlet verrät Ihnen alle übrigen PowerShell-Befehle, die es gibt, und demonstriert gleichzeitig allgemeine Charaktereigenschaften der Cmdlets. Probieren Sie es aus, und geben Sie ein:

```
PS> Get-Command ↵
```

Fast augenblicklich ergießt sich eine Informationsflut in die PowerShell-Konsole. Dass das geschehen würde, hätten Sie sogar bereits aus dem Namen des Cmdlets schließen können, denn es ist kein Zufall, dass *Get-Command* einen Doppelnamen trägt. Alle Cmdlet-Namen bestehen aus zwei Worten: einer Tätigkeit (dem Verb) und einem Tätigkeitsbereich: *Tätigkeit-Tätigkeitsbereich*. Letzterer ist üblicherweise im Singular gehalten.

Cmdlets, die mit der Tätigkeit *Get* beginnen, liefern beispielsweise Informationen, und dies meistens nicht zu knapp. Der Tätigkeitsbereich *Command* verrät, dass dieses Cmdlet Informationen über Befehle liefert.

Tätigkeiten auswählen

Damit die Namen der Cmdlets intuitiv und konsistent bleiben und es nicht zu Wildwuchs kommt, gibt Microsoft die möglichen Verben fest vor, die Entwickler für Cmdlets verwenden können. Der erste Teil eines Cmdlet-Namens muss also aus einem der 96 zugelassenen Verben aus Tabelle 2.1 bestehen.

Der zweite Teil des Cmdlet-Namens, also sein Tätigkeitsbereich, ist nicht so streng reglementiert und kann vom Hersteller eines Cmdlets beliebig gewählt werden, denn er beeinflusst die Auffindbarkeit von Cmdlets nicht. Geben Sie in die Konsole nämlich ein zugelassenes Verb und einen Bindestrich ein, liefert die Autovervollständigung bei jedem Druck auf ⇆ jeweils einen verfügbaren Tätigkeitsbereich.

Verb (Tätigkeit)	Bereich	Beschreibung
Add	Allgemein	Hinzufügen, z.B. *Add-Content, Add-Computer*
Approve	Steuerung	Bestätigen
Assert	Steuerung	Zusichern
Backup	Daten	Sichern
Block	Sicherheit	Blockieren
Checkpoint	Daten	Prüfpunkt, z.B. *Checkpoint-Computer*
Clear	Allgemein	Löschen, z.B. *Clear-Content, Clear-Variable*
Close	Allgemein	Schließen
Compare	Daten	Vergleichen, z.B. *Compare-Object*
Complete	Steuerung	Abschließen, z.B. *Complete-Transaction*
Compress	Daten	Komprimieren
Confirm	Steuerung	Bestätigen
Connect	Kommunikation	Verbinden, z.B. *Connect-WSMan*
Convert	Daten	Umwandeln, z.B. *Convert-Path*
ConvertFrom	Daten	Aus Format umwandeln, z.B. *ConvertFrom-SecureString*
ConvertTo	Daten	In Format umwandeln, z.B. *ConvertTo-HTML*
Copy	Allgemein	Kopieren, z.B. *Copy-Item*
Debug	Diagnose	Debuggen, z.B. *Debug-Process*
Deny	Steuerung	Verhindern
Disable	Steuerung	Deaktivieren, z.B. *Disable-ComputerRestore*
Disconnect	Kommunikation	Verbindung lösen, z.B. *Disconnect-WSMan*
Dismount	Daten	Entladen
Edit	Daten	Bearbeiten
Enable	Steuerung	Aktivieren, z.B. *Enable-PSRemoting*
Enter	Allgemein	Betreten, z.B. *Enter-PSSession*
Exit	Allgemein	Verlassen, z.B. *Exit-PSSession*
Expand	Daten	Erweitern
Export	Daten	Exportieren, z.B. *Export-CSV, Export-Alias*
Find	Allgemein	Suchen und Finden
Format	Allgemein	Formatieren, z.B. *Format-Table, Format-List*
Get	Allgemein	Informationen liefern, z.B. *Get-Content, Get-Process*

Tabelle 2.1 Zugelassene Tätigkeitsbeschreibungen für Cmdlets

Verb (Tätigkeit)	Bereich	Beschreibung
Grant	Sicherheit	Zulassen
Group	Daten	Gruppieren, z.B. *Group-Object*
Hide	Allgemein	Verstecken
Import	Daten	Importieren, z.B. *Import-CSV, Import-LocalizedData*
Initialize	Daten	Einrichten
Install	Steuerung	Installieren
Invoke	Steuerung	Ausführen, z.B. *Invoke-Expression, Invoke-Command*
Join	Allgemein	Zusammenfügen, z.B. *Join-Path*
Limit	Daten	Beschränken, z.B. *Limit-EventLog*
Lock	Allgemein	Sperren
Measure	Diagnose	Messen, z.B. *Measure-Command, Measure-Object*
Merge	Daten	Zusammenführen
Mount	Daten	Anschließen
Move	Allgemein	Verschieben, z.B. *Move-Item*
New	Allgemein	Neu anlegen, z.B. *New-Alias, New-Object*
Open	Allgemein	Öffnen
Out	Daten	Ausgabe, z.B. *Out-File, Out-Printer*
Ping	Diagnose	Verbindungstest
Pop	Allgemein	Abrufen, z.B. *Pop-Location*
Protect	Sicherheit	Schützen
Publish	Daten	Veröffentlichen
Push	Allgemein	Ablegen, z.B. *Push-Location*
Read	Kommunikation	Lesen, z.B. *Read-Host*
Receive	Kommunikation	Empfangen, z.B. *Receive-Job*
Redo	Allgemein	Wiederholen
Register	Steuerung	Registrieren, z.B. *Register-ObjectEvent*
Remove	Allgemein	Entfernen, z.B. *Remove-Computer, Remove-Job*
Rename	Allgemein	Umbenennen, z.B. *Rename-Item*
Repair	Diagnose	Reparieren
Request	Steuerung	Anfordern
Reset	Allgemein	Zurücksetzen, z.B. *Reset-ComputerMachinePassword*

Tabelle 2.1 Zugelassene Tätigkeitsbeschreibungen für Cmdlets *(Fortsetzung)*

Verb (Tätigkeit)	Bereich	Beschreibung
Resolve	Diagnose	Auflösen, z.B. *Resolve-Path*
Restart	Steuerung	Neustart, z.B. *Restart-Service, Restart-Computer*
Restore	Daten	Wiederherstellen, z.B. *Restore-Computer*
Resume	Steuerung	Fortsetzen, z.B. *Resume-Service*
Revoke	Sicherheit	Zurückziehen
Save	Daten	Speichern
Search	Allgemein	Suchen
Select	Allgemein	Auswählen, z.B. *Select-Object, Select-Xml*
Send	Kommunikation	Senden, z.B. *Send-MailMessage*
Set	Allgemein	Ändern, z.B. *Set-Content, Set-Alias*
Show	Allgemein	Anzeigen, z.B. *Show-EventLog*
Skip	Allgemein	Überspringen
Split	Allgemein	Aufteilen, z.B. *Split-Path*
Start	Steuerung	Starten, z.B. *Start-Process, Start-Sleep, Start-Transaction*
Step	Allgemein	Schrittweise ausführen
Stop	Steuerung	Beenden, z.B. *Stop-Process, Stop-Service, Stop-Transcript*
Submit	Steuerung	Übergeben
Suspend	Steuerung	Anhalten, z.B. *Suspend-Service*
Switch	Allgemein	Umschalten
Sync	Daten	Synchronisieren
Test	Diagnose	Überprüfen, z.B. *Test-Connection, Test-Path*
Trace	Diagnose	Nachverfolgen, z.B. *Trace-Command*
Unblock	Sicherheit	Blockierung aufheben
Undo	Allgemein	Rückgängig machen, z.B. *Undo-Transaction*
Uninstall	Steuerung	Deinstallieren
Unlock	Allgemein	Entsperren
Unprotect	Sicherheit	Schutz aufheben
Unpublish	Daten	Veröffentlichung aufheben
Unregister	Steuerung	Registrierung aufheben, z.B. *Unregister-Event*
Update	Daten	Aktualisieren, z.B. *Update-List, Update-TypeData*
Use	Sonstiges	Verwenden, z.B. *Use-Transaction*

Tabelle 2.1 Zugelassene Tätigkeitsbeschreibungen für Cmdlets *(Fortsetzung)*

Verb (Tätigkeit)	Bereich	Beschreibung
Wait	Steuerung	Warten, z.B. *Wait-Event, Wait-Process*
Watch	Allgemein	Überwachen
Write	Kommunikation	Schreiben, z.B. *Write-Host, Write-EventLog*

Tabelle 2.1 Zugelassene Tätigkeitsbeschreibungen für Cmdlets *(Fortsetzung)*

PROFITIPP Der Befehl *Get-Verb* liefert eine Liste sämtlicher zugelassener Verben. Diese Liste ist eine Richtschnur für Cmdlet-Entwickler. Nicht alle zugelassenen Verben werden von den mitgelieferten PowerShell-Cmdlets auch tatsächlich verwendet. Einige zugelassene Verben wurden vorausschauend in die Liste aufgenommen und werden von PowerShell-Erweiterungen verwendet, die zusätzliche Cmdlets bereitstellen.

Vier Verben werden übrigens nicht von *Get-Verb* genannt: *ForEach, Sort, Where* und *Tee.* Diese vier Verben hat das PowerShell-Team für interne Cmdlets aus dem Tätigkeitsbereich *Object* reserviert: *ForEach-Object, Sort-Object, Where-Object* und *Tee-Object.* Diese speziellen Cmdlets werden Ihnen in späteren Kapiteln immer wieder begegnen. Alle vier Cmdlets werden innerhalb der PowerShell-Pipeline verwendet und können vorerst ignoriert werden.

Wegen dieser streng formalen Namensgebung kann man häufig bereits erahnen, wie das Cmdlet für eine bestimmte Aufgabe heißt. Möchten Sie z.B. alle gerade laufenden Prozesse auflisten, wäre *Get-Process* der passende Befehl. Alle Dienste werden von *Get-Service* geliefert und *Get-HotFix* liefert die installierten Hotfixes und Updates. Die Einzelwörter in diesen Befehlsnamen werden zwar formal meist durch Großbuchstaben eingeleitet (*HotFix*). Groß- und Kleinschreibung spielt aber für die PowerShell keine Rolle. Sie könnten ebenso gut *Get-Hotfix* oder *get-hotfix* schreiben.

Cmdlets mit der Tätigkeit *Get* sind für den Einstieg besonders empfehlenswert, weil sie Informationen liefern, ohne dabei das System zu verändern. Man kann durch den Aufruf von Cmdlets, die mit *Get* beginnen, also keinen Schaden anrichten. Wesentlich vorsichtiger sollten Sie mit Cmdlets sein, die ihre Tätigkeit beispielsweise mit *Set*, *Remove* oder *Stop* beschreiben, weil diese Cmdlets Änderungen vornehmen und bei unsachgemäßer Verwendung den Computer oder Ihre Daten womöglich beschädigen könnten.

Aus diesem ersten kleinen Exkurs leitet sich bereits die erste der vier Grundregeln ab, die Sie als Einsteiger über PowerShell wissen sollten:

Kurz und knapp ...

Die eingebauten PowerShell-Befehle heißen *Cmdlets.* Ein Cmdlet bildet die kleinste Befehlseinheit, welche die PowerShell kennt, und jedes Cmdlet erledigt genau eine Aufgabe.

Cmdlets tragen immer Doppelnamen, die aus einer Tätigkeit und einem Tätigkeitsbereich bestehen, sodass man den Namen eines Cmdlets oft herleiten kann. Die Mutter aller Cmdlets heißt *Get-Command*, denn dieses Cmdlet liefert Ihnen die Namen aller übrigen Cmdlets und sonstigen Befehle, die Sie innerhalb der PowerShell aufrufen können.

Schauen Sie sich an, was Sie mit dieser ersten einfachen Regel bereits bewerkstelligen können, und überprüfen Sie anhand der folgenden Aufgaben, ob Sie diese Regel bereits verstanden haben:

Aufgabe Sie wollen die Einträge eines Ereignisprotokolls abrufen. Wie könnte das passende Cmdlet dafür heißen? Stellen Sie sich dazu zwei Fragen: Welche Tätigkeit wollen Sie ausführen? Wie könnte der Tätigkeitsbereich heißen? Denken Sie daran, dass Cmdlet-Namen aus englischen Worten bestehen und im Zweifel die Einzahl (Singular) verwenden.

Lösung Da Sie Informationen abrufen wollen, lautet die Tätigkeit *Get*. Der Tätigkeitsbereich ist immer ein englischsprachiger Begriff und in aller Regel Singular (Einzahl). Da *Ereignisprotokoll* in Englisch *Eventlog* heißt, lautet der Name des gesuchten Cmdlets *Get-EventLog*. Wenn Sie dieses Cmdlet aufrufen, fragt es nur noch nach, welches Ereignisprotokoll Sie auslesen möchten. Geben Sie den Namen eines Ereignisprotokolls wie z.B. *System* an, ergießen sich wieder seitenweise Informationen. Diesmal sind es die gesuchten Einträge aus dem Ereignisprotokoll.

Aufgabe Sie möchten eine Liste sämtlicher Hotfixes erhalten, die auf einem Computer installiert wurden. Mit welchem Cmdlet erhalten Sie die gesuchten Informationen?

Lösung Wieder möchten Sie Informationen abrufen und deshalb lautet die Tätigkeit erneut *Get*. Da Sie Hotfixes auflisten möchten, heißt der Tätigkeitsbereich *HotFix* und das Cmdlet *Get-HotFix*. Selbst wenn Ihnen für den Tätigkeitsbereich die Beschreibung *HotFix* nicht eingefallen wäre, hätten Sie dieses Cmdlet mithilfe der Autovervollständigung entdecken können. Dazu geben Sie ein: **Get-**. Direkt hinter dem Bindestrich drücken Sie mehrmals [Tab], um sich Vorschläge anzeigen zu lassen. Spätestens bei der Durchsicht der verfügbaren Cmdlets wären Sie früher oder später über *Get-HotFix* gestolpert.

Aufgabe Sie möchten das aktuelle Datum ausgeben. Wie könnte der Name des zuständigen Cmdlets lauten?

Lösung Wieder möchten Sie Informationen abfragen, verwenden also die Tätigkeit *Get*. Weil Sie Datumsinformationen abfragen möchten und *Datum* auf Englisch *Date* heißt, lautet der Name des gesuchten Cmdlets *Get-Date*.

Aufgabe Starten Sie den Computer mithilfe eines Cmdlets neu. Wie könnte die dafür erforderliche Tätigkeit lauten? Wie heißt das passende Cmdlet?

Lösung Werfen Sie einen Blick in Tabelle 2.1, um die richtige Tätigkeitsbeschreibung für die Aufgabe zu ermitteln. Die gesuchte Tätigkeit heißt diesmal *Restart* und das Cmdlet *Restart-Computer*. Wenden Sie dieses Cmdlet aber nicht unüberlegt an, denn damit starten Sie Windows ohne weitere Rückfragen sofort neu. Sie sehen: Nur Cmdlets mit der Tätigkeitsbeschreibung *Get* sind harmlos. Andere Cmdlets können Schaden anrichten, wenn man sie unüberlegt aufruft. Beim Neustart des Computers können beispielsweise Informationen in Programmen verloren gehen, die nicht rechtzeitig gespeichert worden sind.

TIPP Zwei weitere praktische Cmdlets heißen *Start-Transcript* und *Stop-Transcript*. *Start-Transcript* aktiviert eine Protokollfunktion, bei der die PowerShell alle eingegebenen Befehle sowie die in die Konsole ausgegebenen Resultate in einer Textdatei protokolliert.

Das kann praktisch sein, wenn man seine ersten Experimente schriftlich festhalten und später vielleicht ausdrucken möchte. In Produktivumgebungen wird die Protokollfunktion dazu verwendet, die Arbeit von PowerShell-Skripts zu dokumentieren, sodass man später jederzeit nachvollziehen kann, was ein PowerShell-Skript verändert hat und welche Ergebnisse (und möglicherweise Fehler) dabei aufgetreten sind.

Mit *Stop-Transcript* wird die Protokollierung wieder beendet. Die Protokollierung endet spätestens dann automatisch, wenn Sie die PowerShell-Konsole schließen.

Alles, was Sie über Parameter wissen müssen

Zwar lassen sich Cmdlets ohne weitere Zusatzinformationen aufrufen, doch gewinnen Sie sehr viel mehr Möglichkeiten, wenn Sie verstehen, wie man Cmdlets mithilfe von Parametern genauere Anweisungen erteilt, um festzulegen, was genau sie durchführen sollen. Dabei gilt eine einfache Grundregel:

TIPP Wenn ein Cmdlet bereits ohne Parameter ungefähr die Aufgabe verrichtet, die beabsichtigt ist, aber nicht ganz genau dem Gewünschten entspricht, dann schaut man sich zuallererst seine Parameter an. Sehr häufig kann man die Funktion eines Cmdlets dann mithilfe von Parametern feinjustieren, um nicht nur ungefähr, sondern ganz genau das gewünschte Resultat zu erhalten.

Schauen Sie sich den Nutzen von Parametern zuerst bei den Cmdlets an, die Sie schon kennengelernt haben. *Get-Date* liefert beispielsweise das aktuelle Datum. Mithilfe von Parametern kann es aber auch einen selbst definierten Zeitstempel liefern, den man beispielsweise als Dateinamen für eigene Protokolldateien einsetzen könnte:

```
Get-Date -Format 'yyyy-MM-dd hh-mm-ss' ↵
(Get-Date -Format 'yyyy-MM-dd hh-mm-ss') + '.tmp' ↵
```

Bei dem Datum und der Zeit muss es sich nicht um den aktuellen Zeitpunkt handeln. Mit *Get-Date* kann man auch beliebige Datumswerte erzeugen, wenn man die zuständigen Parameter kennt. Die Ausgangsbasis bildet stets das aktuelle Datum und die aktuelle Zeit. Mithilfe von Parametern lassen sich einzelne Teile dieser Zeitinformation ändern. Die nächste Zeile liefert ein Datum, das auf den 1.12. des aktuellen Jahrs mit der aktuellen Uhrzeit eingestellt ist:

```
Get-Date -Day 1 -Month 12 ↵

Dienstag, 1. Dezember 2009 11:04:05
```

Get-HotFix liefert Ihnen die Hotfixes und installierten Updates Ihres Computers. Mithilfe des Parameters *-ComputerName* lassen sich aber damit ebenso gut auch die Hotfixes eines Remotecomputers abfragen – jedenfalls dann, wenn Sie über die nötigen Berechtigungen verfügen:

```
Get-HotFix -ComputerName storage1 ↵
```

Dasselbe funktioniert auch mit den Cmdlets *Get-EventLog* und *Restart-Computer* sowie vielen weiteren Cmdlets. Mehr über diese Remoteabfragen und die dafür nötigen Voraussetzungen erfahren Sie in Kapitel 16.

Zwingend erforderliche Parameter

Nicht immer sind Parameter völlig freiwillig. Manche Cmdlets können nur funktionieren, wenn Sie zumindest einige Zusatzangaben vornehmen. *Get-EventLog* listet z.B. Einträge aus den Ereignisprotokollen auf, aber nur, wenn Sie angeben, welches Ereignisprotokoll Sie ausgeben möchten. Kommen Sie dem nicht nach, passiert allerdings auch nichts Schlimmes, denn in diesem Fall fragt das Cmdlet kurzerhand alle zwingend erforderlichen Parameter ab. *Get-EventLog* muss mindestens von Ihnen erfahren, welches Ereignisprotokoll aufgelistet werden soll:

```
Get-EventLog ↵

Cmdlet Get-EventLog an der Befehlspipelineposition 1
Geben Sie Werte für die folgenden Parameter an:
LogName: System ↵
```

Die Nachfrage verrät gleichzeitig, wie der Parameter heißt, den das Cmdlet vermisst: in diesem Fall *-LogName*. Geben Sie diesen Parameter beim nächsten Mal von sich aus an, braucht das Cmdlet nicht mehr nachzufragen und läuft unbeaufsichtigt:

```
Get-EventLog -LogName System ↵
```

TIPP Eine Methode, die zwingend erforderlichen Parameter eines Cmdlets aufzulisten, kennen Sie nun: Rufen Sie das Cmdlet ohne Parameter auf und schauen Sie, ob und falls ja, welche Parameter das Cmdlet anschließend abfragt. Möchten Sie die Abfrage lieber abbrechen, z.B., weil Sie unschlüssig sind, welche Informationen das Cmdlet wissen möchte, drücken Sie `Strg`+`C`. Das Cmdlet wird dann nicht ausgeführt.

Get-Command mit Parametern zur Befehlssuche einsetzen

Bevor Sie weitere Experimente mit Parametern unternehmen, schauen Sie sich deren Funktionsweise zuerst beim wichtigsten Cmdlet an: *Get-Command*. Dieses Cmdlet wird mit einigen wenigen Parametern zu einem mächtigen Recherchetool, mit dem Sie leicht die notwendigen Cmdlets für eine bestimmte Aufgabe herausfinden. Das Erraten eines gesuchten Cmdlet-Namens mithilfe der schematisierten Namenssyntax ist nur eine grobe erste Möglichkeit, aber längst nicht der einzige Weg, um das passende Cmdlet für eine Aufgabe zu finden. Einen viel zuverlässigeren Weg bietet Ihr bester Freund *Get-Command*, der bekanntlich alle verfügbaren Befehle auflistet. Einer davon muss der gesuchte sein, denn andere als die von *Get-Command* genannten Befehle gibt es nicht.

Glücklicherweise brauchen Sie die lange Befehlsliste, die *Get-Command* liefert, aber nicht einzeln durchzugehen. Stattdessen teilen Sie *Get-Command* einfach mithilfe von Parametern etwas genauer mit, wonach Sie eigentlich suchen. Ohne Zusatzangaben listet *Get-Command* sämtliche Befehle auf. Mit Zusatzinformationen (also Parametern) werden die Ergebnisse eines Cmdlets entsprechend Ihrer Angaben gefiltert und damit verfeinert:

```
Get-Command *Eventlog* [↵]
CommandType     Name                        Definition
-----------     ----                        ----------
Cmdlet          Clear-EventLog              Clear-EventLog [-LogName] <S...
Cmdlet          Get-EventLog                Get-EventLog [-LogName] <Str...
Cmdlet          Limit-EventLog              Limit-EventLog [-LogName] <S...
Cmdlet          New-EventLog                New-EventLog [-LogName] <Str...
Cmdlet          Remove-EventLog             Remove-EventLog [-LogName] <...
Cmdlet          Show-EventLog               Show-EventLog [[-ComputerNam...
Cmdlet          Write-EventLog              Write-EventLog [-LogName] <S...
```

Sofort sehen Sie alle Cmdlets, die Aufgaben rund um das Ereignisprotokoll erledigen. *Get-Command* hat nur noch diejenigen Befehle aufgelistet, die in ihrem Namen irgendwo das Wort *Eventlog* enthalten. Die Sterne sind also Platzhalterzeichen und PowerShell unterscheidet bei der Suche nicht nach Groß- oder Kleinschreibung.

Die meisten Cmdlets unterstützen mehr als einen Parameter. Damit dann klar ist, welche Information für welchen Parameter gedacht ist, verwendet man benannte Parameter. Diese bestehen aus dem Parameternamen, der immer mit einem Bindestrich beginnt. Danach folgt durch ein Leerzeichen oder einen Doppelpunkt getrennt der Wert. Den letzten Befehl hätten Sie also auch so formulieren können:

```
PS> Get-Command -Name *Eventlog* [↵]
```

Die zweite Variante erfordert zwar etwas mehr Tipparbeit als die erste, ist dafür aber besser lesbar und macht sofort deutlich, dass das Suchwort **Eventlog** in der Eigenschaft *Name* gesucht werden soll. Wenn Sie nämlich genauer hinschauen, bemerken Sie, dass Cmdlets ihre Resultate fast immer in Form von Spalten oder Zeilen zurückliefern, und eine Spalte trägt die Bezeichnung *Name*. Der Parameter *-Name*, den Sie gerade eingesetzt haben, hat die Ergebnisse nach den Inhalten dieser Spalte *Name* gefiltert.

Suchen Sie mal nach allen Befehlen, die das Wort *Event* im Namen tragen:

```
PS> Get-Command -Name *Event* [↵]

CommandType     Name                          Definition
-----------     ----                          ----------
Application     BlbEvents.dll                 C:\Windows\system32\BlbEvent...
Cmdlet          Clear-EventLog                Clear-EventLog [-LogName] <S...
Application     DocumentPerformanceEvents.dll C:\Windows\system32\Document...
Application     eventcls.dll                  C:\Windows\system32\eventcls...
Application     eventcreate.exe               C:\Windows\system32\eventcre...
Application     EventViewer_EventDetails.xsl  C:\Windows\system32\EventVie...
Application     eventvwr.exe                  C:\Windows\system32\eventvwr...
Application     eventvwr.msc                  C:\Windows\system32\eventvwr...
Application     FXSEVENT.dll                  C:\Windows\system32\FXSEVENT...
Cmdlet          Get-Event                     Get-Event [[-SourceIdentifie...
Application     getevent.types.ps1xml         C:\Windows\System32\WindowsP...
Cmdlet          Get-EventLog                  Get-EventLog [-LogName] <Str...
Cmdlet          Get-EventSubscriber           Get-EventSubscriber [[-Sourc...
Cmdlet          Get-WinEvent                  Get-WinEvent [[-LogName] <St...
Cmdlet          Limit-EventLog                Limit-EventLog [-LogName] <S...
Application     microsoft-windows-hal-events... C:\Windows\system32\microsof...
Application     microsoft-windows-kernel-pow... C:\Windows\system32\microsof...
Application     microsoft-windows-kernel-pro... C:\Windows\system32\microsof...
(...)
```

In diesem Fall liefert *Get-Command* wesentlich mehr Ergebnisse, weil das Suchwort unschärfer war, und nun sehen Sie auch, dass die gefundenen Befehle längst nicht nur vom Typ *Cmdlet* sind. In der Spalte *CommandType* kommen jetzt auch Befehle vom Typ *Application* vor.

Sie wissen inzwischen aber auch, wie Sie das Ergebnis filtern können: Suchen Sie nach einem Parameter, der so heißt wie die Spalte, nach der Sie filtern wollen. Wenn Sie also nur Cmdlets erhalten möchten, die im Namen das Wort *Event* tragen, wollen Sie also in Wirklichkeit Informationen aus den Spalten *CommandType* und *Name* filtern. Die Lösung dafür könnte so aussehen:

```
PS> Get-Command -Name *Event* -CommandType Cmdlet ↵

CommandType     Name                          Definition
-----------     ----                          ----------
Cmdlet          Clear-EventLog                Clear-EventLog [-LogName] <S...
Cmdlet          Get-Event                     Get-Event [[-SourceIdentifie...
Cmdlet          Get-EventLog                  Get-EventLog [-LogName] <Str...
Cmdlet          Get-EventSubscriber           Get-EventSubscriber [[-Sourc...
Cmdlet          Get-WinEvent                  Get-WinEvent [[-LogName] <St...
Cmdlet          Limit-EventLog                Limit-EventLog [-LogName] <S...
Cmdlet          New-Event                     New-Event [-SourceIdentifier...
Cmdlet          New-EventLog                  New-EventLog [-LogName] <Str...
Cmdlet          Register-EngineEvent          Register-EngineEvent [-Sourc...
Cmdlet          Register-ObjectEvent          Register-ObjectEvent [-Input...
Cmdlet          Register-WmiEvent             Register-WmiEvent [-Class] <...
Cmdlet          Remove-Event                  Remove-Event [-SourceIdentif...
Cmdlet          Remove-EventLog               Remove-EventLog [-LogName] <...
Cmdlet          Show-EventLog                 Show-EventLog [[-ComputerNam...
Cmdlet          Unregister-Event              Unregister-Event [-SourceIde...
Cmdlet          Wait-Event                    Wait-Event [[-SourceIdentifi...
Cmdlet          Write-EventLog                Write-EventLog [-LogName] <S...
```

Weil dieser Befehl zwei Parameter verwendet, die beide benannt sind, ist die Reihenfolge dieser Schlüssel-Wort-Paare völlig egal. Sie hätten die Reihenfolge der Parameter auch umdrehen und Folgendes schreiben können:

```
PS> Get-Command -CommandType Cmdlet -Name *Event* ↵
```

Get-Command unterstützt noch eine Reihe weiterer nützlicher Parameter, z.B. *-Verb* (sucht nur in der Tätigkeitsbeschreibung) und *-Noun* (sucht nur im Tätigkeitsbereich). Suchen Sie also einen Befehl, der alle laufenden Prozesse liefert, könnten Sie auch fragen:

```
PS> Get-Command -Verb Get -Noun *proc* ↵

CommandType     Name                          Definition
-----------     ----                          ----------
Cmdlet          Get-Process                   Get-Process [[-Name] <String...
```

Aufgabe Mit welchem Cmdlet kann man einen Dienst stoppen? Welche Tätigkeit muss der Befehl also ausführen? Schauen Sie im Zweifelsfall in Tabelle 2.1. Welchen Tätigkeitsbereich wählen Sie? Wie heißt das Cmdlet also?

Lösung Da Sie einen Dienst stoppen wollen, lautet die Tätigkeit *Stop*. Der Tätigkeitsbereich entspricht dem englischen Namen für *Dienst*, also *Service*, sodass der Cmdlet-Name *Stop-Service* heißt.

Selbst wenn Sie dies nicht gewusst hätten, würde die Tätigkeit Ihnen bereits weiterhelfen, indem Sie sich mit *Get-Command* alle Cmdlets auflisten lassen, die diesen Tätigkeitsbereich verwenden:

```
PS> Get-Command -Verb Stop [↵]

CommandType     Name                          Definition
-----------     ----                          ----------
Cmdlet          Stop-Computer                 Stop-Computer [[-ComputerNam...
Cmdlet          Stop-Job                      Stop-Job [-Id] <Int32[]> [-P...
Cmdlet          Stop-Process                  Stop-Process [-Id] <Int32[]>...
Cmdlet          Stop-Service                  Stop-Service [-Name] <String...
Cmdlet          Stop-Transcript               Stop-Transcript [-Verbose] [...
```

Auch *Get-Help* hätte Ihnen helfen können:

```
PS> Get-Help Stop [↵]
PS> Get-Help Service [↵]
```

Parameter eines Cmdlets auflisten

Die Beispiele aus dem letzten Abschnitt werfen natürlich die Frage auf, wie man eigentlich herausfindet, welche Parameter ein Cmdlet unterstützt. Der einfachste Weg nutzt die Autovervollständigung, die Sie per Druck auf [Tab] erhalten und bereits eingesetzt haben, um Cmdlet-Namen zu vervollständigen. Um die erlaubten Parameter eines Cmdlets zu finden, geben Sie den Namen des Cmdlets ein, fügen dann ein Leerzeichen und einen Bindestrich an. Nun drücken Sie mehrmals [Tab]. Bei jedem Tastendruck wird ein anderer Parametername vorgeschlagen. Mit [⇧]+[Tab] blättern Sie in der Reihe zurück. Geben Sie z.B. ein:

```
PS> Get-Process -[Tab]
```

Drücken Sie nun mehrmals [Tab]. Achten Sie nur darauf, die Taste direkt hinter dem »-« zu drücken und nicht etwa ein Leerzeichen einzufügen: Denn [Tab] vervollständigt Ihre Eingabe lediglich, und »-« ist das erste Zeichen Ihrer Eingabe, die vervollständigt werden soll.

Die PowerShell zeigt bei jedem Tastendruck einen anderen Parameter. Schnell erkennen Sie, dass *Get-Process* mit dem Parameter *-ComputerName* auch die laufenden Prozesse eines anderen Computers abrufen kann (sofern Sie auf dem Remotecomputer die notwendigen Zugriffsrechte besitzen). Die folgende Zeile würde also die laufenden Prozesse auf dem Computer mit der IP-Adresse *10.10.10.10* abrufen:

```
PS> Get-Process -ComputerName 10.10.10.10 [↵]
```

Sonderfall: Switch-Parameter

Andere Parameter des Cmdlets *Get-Process* sind nicht ganz so intuitiv zu erschließen. Was beispielsweise bewirkt der Parameter *-FileVersionInfo*? Welchen Wert kann man diesem Parameter zuordnen? Wie sich herausstellt, verlangt *-FileVersionInfo* überhaupt keinen zusätzlichen Wert. Es genügt, diesen Parameter allein anzugeben, und schon listet *Get-Process* nicht die laufenden Prozesse auf, sondern die Dateien, mit denen die laufenden Prozesse gestartet wurden, sowie ihre Dateiversionen:

```
PS> Get-Process -FileVersionInfo [↵]
```

HINWEIS Wundern Sie sich nicht, falls der Befehl neben einer Reihe nützlicher Informationen auch viele rote Fehlermeldungen auswirft. Warum das geschieht (und was Sie dagegen unternehmen können), offenbart sich in wenigen Augenblicken.

Dieser Parameter ist ein sogenannter Switch-Parameter (engl. *Switch=Schalter*), der tatsächlich wie ein simpler Ein/Aus-Schalter funktioniert: Entweder wird er angegeben (in diesem Fall führt er seine jeweilige Aufgabe aus) oder man gibt ihn nicht an. Dann wird die spezielle Funktion nicht verwendet. Switch-Parameter sind also ausnahmsweise keine Schlüssel-Wert-Paare, sondern stehen allein.

PROFITIPP Ein ganz besonders wichtiger Switch-Parameter heißt *-Force* und wird von vielen Cmdlets unterstützt. Welche Cmdlets diesen Parameter kennen, finden Sie so heraus:

```
PS> Get-Help * -Parameter force ↵

Name                              Category  Synopsis
----                              --------  --------
Get-WinEvent                      Cmdlet    Ruft Ereignisse aus Ereignisprot...
Export-Counter                    Cmdlet    Das Cmdlet "Export-Counter" akze...
Register-PSSessionConfiguration   Cmdlet    Erstellt und registriert eine ne...
(...)
Restart-Service                   Cmdlet    Beendet einen oder mehrere Diens...
Set-Content                       Cmdlet    Schreibt neuen Inhalt in ein Ele...
Set-ItemProperty                  Cmdlet    Erstellt oder ändert den Wert fü...
Restart-Computer                  Cmdlet    Startet das Betriebssystem auf d...
Stop-Computer                     Cmdlet    Beendet lokale und Remotecompute...
Remove-Computer                   Cmdlet    Entfernt den lokalen Computer au...
Set-ExecutionPolicy               Cmdlet    Ändert die Benutzereinstellung f...
Set-AuthenticodeSignature         Cmdlet    Fügt einem Windows PowerShell-Sk...
ConvertTo-SecureString            Cmdlet    Konvertiert verschlüsselte Stand...
```

Durch Angabe von *-Force* »verschärfen« Sie die Ausführung eines Cmdlets, sodass es sich über bestimmte Sicherheitsregeln hinwegsetzen darf. Welche das sind, hängt vom jeweiligen Cmdlet ab. *Get-ChildItem* listet z.B. normalerweise keine versteckten Dateien auf, es sei denn, Sie erteilen mit *-Force* die Erlaubnis dazu. *Stop-Computer* fährt einen Computer nur dann herunter, wenn keine ungespeicherten Dateien verloren gehen könnten – es sei denn, Sie erteilen mit *-Force* die Erlaubnis dazu. Und *Set-Content* schreibt beispielsweise Informationen in eine Datei, solange die Datei nicht schreibgeschützt ist – oder Sie *-Force* angeben. Mit *-Force* »nutzen Sie also die Kraft«, wie Luke Skywalker sagen würde. Sie können sich damit zwar nicht über Berechtigungen hinwegsetzen, die Sie nicht besitzen, aber eine Reihe von Sicherheitsnetzen außer Kraft setzen, die Sie normalerweise schützen sollen.

Kurz und knapp ...

Parameter sind Zusatzinformationen, die Sie Cmdlets mit auf den Weg geben. Parameter folgen also immer durch Leerzeichen getrennt hinter dem Namen des Cmdlets.

Parameter können positional oder benannt sein. Positionale Parameter müssen genau in der richtigen Reihenfolge angegeben werden, damit das Cmdlet sie richtig versteht. Benannte Parameter sind an keine besondere Reihenfolge gebunden, denn sie bestehen immer aus einem Paar: Zuerst wird der mit einem Bindestrich beginnende Name des Parameters genannt und danach sein Wert. So ist die Zuordnung auch ohne besondere Reihenfolge immer eindeutig. Die Groß- und Kleinschreibung der Parameternamen ist egal. Der Name darf auch abgekürzt werden, solange er eindeutig bleibt.

Switch-Parameter bestehen nur aus dem Parameternamen. Wird der Switch-Parameter genannt, aktiviert er eine bestimmte Funktion oder Option. Lässt man ihn weg, wird die Funktion oder Option eben nicht aktiviert.

Hilfe zu Parametern (und Cmdlets) abrufen

Der Einsatz von Parametern im letzten Abschnitt schöpft die Möglichkeiten, die in Cmdlets schlummern, erst richtig aus, wirft aber auch die Frage auf, woher man weiß, was ein Parameter bewirkt und wie man ihn verwendet. Ist die Bedeutung oder Verwendung eines Parameters (oder eines Cmdlets) fraglich, fragt man mit *Get-Help* nach. Mehr Informationen zum Parameter *-FileVersionInfo* aus dem letzten Abschnitt erhalten Sie z.B. so:

```
PS> Get-Help Get-Process -Parameter FileVersionInfo ↵
-FileVersionInfo [<SwitchParameter>]
    Ruft die Dateiversionsinformationen für das Programm ab, das im Prozess ausgeführt wird.

    Unter Windows Vista und höheren Versionen von Windows müssen Sie Windows
    PowerShell mit der Option "Als Administrator ausführen" öffnen, um diesen
    Parameter für Prozesse zu verwenden, deren Besitzer Sie nicht sind.

    Das Verwenden dieses Parameters entspricht dem Abrufen der MainModule.File
    VersionInfo-Eigenschaft für jedes Prozessobjekt. Wenn Sie diesen Parameter
    verwenden, gibt Get-Process ein FileVersionInfo-Objekt (System.Diagnostics.
    FileVersionInfo) und kein Prozessobjekt zurück. Sie können daher die Ausgabe
    des Befehls nicht über die Pipeline an ein Cmdlet übergeben, das ein Prozessobjekt
    erwartet, z. B. Stop-Process.

    Erforderlich?                false
    Position?                    named
    Standardwert
    Pipelineeingaben akzeptieren?false
    Platzhalterzeichen akzeptieren?false
```

TIPP Alle Parameter eines Cmdlets listen Sie auf, indem Sie als gesuchten Parameternamen das Platzhalterzeichen »*« angeben:

```
PS> Get-Help Get-Process -Parameter * [↵]
```

Mindestens ebenso hilfreich sind Praxisbeispiele, die zeigen, wie man Parameter sinnvoll einsetzt. Beispiele zu einem Cmdlet erhalten Sie von *Get-Help*, wenn Sie den Switch-Parameter *-Examples* angeben:

```
PS> Get-Help Get-Process -Examples [↵]
```

Get-Help kann sogar alle Cmdlets auflisten, die einen bestimmten Parameter unterstützen. Möchten Sie z.B. wissen, welche Cmdlets den Parameter *-ComputerName* kennen und also remote eingesetzt werden können, beauftragen Sie *Get-Help* mit dem Platzhalterzeichen »*«, nach sämtlichen Cmdlets zu suchen, und geben mit dem Parameter *-Parameter* an, dass Sie nur Cmdlets sehen wollen, die den gewünschten Parameter kennen:

```
Get-Help * -Parameter ComputerName [↵]
```

Die Hilfe zu dem Parameter erklärt einiges: Sie beschreibt nicht nur, dass es sich bei diesem Parameter um einen Switch-Parameter handelt:

```
-FileVersionInfo [<SwitchParameter>]
```

In der Beschreibung wird auch erklärt, warum der Befehl möglicherweise Fehlermeldungen liefert. Verfügen Sie nämlich nicht über Administratorrechte, kann er die Informationen nur für Prozesse liefern, die Sie selbst gestartet haben. Alle übrigen Prozesse führen zu Fehlermeldungen. Um diese loszuwerden, haben Sie zwei Möglichkeiten: Entweder starten Sie die PowerShell mit vollen Administratorrechten. Dann erhalten Sie die Versionsinformationen für alle laufenden Prozesse. Oder Sie schauen sich die Parameter des *Get-Process*-Cmdlets noch einmal näher an. Wissen Sie noch wie? Genau: Geben Sie hinter dem Cmdlet-Namen ein Leerzeichen und dann einen Bindestrich an und drücken Sie mehrfach [⇆].

Fehlermeldungen verstecken

Einer der vorgeschlagenen Parameter heißt *-ErrorAction*. Er funktioniert so ähnlich wie Software-Cortison und kann dafür sorgen, dass ein Befehl möglicherweise auftretende Fehlermeldungen verschluckt und für sich behält. Das ist natürlich nicht immer sinnvoll, weil Fehlermeldungen ernst genommen werden müssen. Aber wenn Sie wie im letzten Beispiel wissen, dass die Fehlermeldungen aufgrund fehlender Berechtigungen ausgelöst werden, sollte man die Fehlermeldungen streichen. So erhalten Sie zumindest ungestört die Informationen auf die Sie Zugriff haben:

```
PS> Get-Process -FileVersionInfo -ErrorAction SilentlyContinue [↵]
```

Es funktioniert: Der Befehl liefert Informationen, aber verzichtet auf störende rote Fehlermeldungen für Prozesse, auf die er nicht zugreifen kann. Zuständig dafür ist der Modus *SilentlyContinue*. Welche Argumente Sie sonst noch diesem Parameter zuweisen können, finden Sie heraus, indem Sie dem Parameter einen ungültigen Wert zuweisen. Die Fehlermeldung, die Sie daraufhin erhalten, verrät die erlaubten Argumente:

```
PS> Get-Process -FileVersionInfo -ErrorAction KeineAhnung ↵
Get-Process : Der Parameter "ErrorAction" kann nicht gebunden werden. Der Wert "KeineAhnung" kann
aufgrund von ungültigen Enumerationswerten nicht in den Typ
"System.Management.Automation.ActionPreference" konvertiert werden. Geben Sie einen der folgenden
Enumerationswerte an, und versuchen Sie es erneut. Mögliche Enumerationswerte sind
"SilentlyContinue, Stop, Continue, Inquire".
```

TIPP Viele Parameter offenbaren die erlaubten Argumente, indem Sie wie eben einfach einen offensichtlich unsinnigen Wert angeben. Dieser Service gilt allerdings nur für Parameter, die einen festen Satz an möglichen Argumenten erwarten. Einige Parameter erwarten Freitexteingaben, beispielsweise verlangt der Parameter *-ComputerName* den Namen eines Remotecomputers. Geben Sie hier einen unsinnigen Wert an, würde das Cmdlet ihn als Computernamen interpretieren und natürlich in der resultierenden Fehlermeldung darüber klagen, dass dieser Computer nicht gefunden werden konnte, anstatt Ihnen gültige Computernamen aufzulisten.

Sonderfall: Common Parameter

Der Parameter *-ErrorAction* wurde zwar über die Autovervollständigung mittels ⇆ aufgelistet. Versuchen Sie jedoch, über *Get-Help* nähere Informationen zu diesem Parameter zu bekommen, funktioniert das nicht:

```
PS> Get-Help Get-Process -Parameter ErrorAction ↵
```

Der Grund: *-ErrorAction* ist gar kein Parameter von *Get-Process*, sondern ein allgemeiner sogenannter *Common Parameter*, der für alle Cmdlets gleichermaßen gilt. Solche allgemeinen Parameter werden in der Hilfe eines Cmdlets nicht beschrieben und können also auch nicht über *Get-Help* abgerufen werden. Für diese allgemeinen Parameter gibt es eine separate gemeinsame Hilfedatei, die Sie folgendermaßen anzeigen:

```
Get-Help about_commonparameters ↵
```

TIPP Tatsächlich bietet *Get-Help* durchaus Hilfestellung zu den Common Parametern, jedoch etwas versteckt. Sie müssten dazu schon *Get-Help* mit dem Switch-Parameter *-Full* oder *-Detailed* aufrufen. Am Ende der Parameter-Sektion findet sich dann ein entsprechender Hinweis, der verrät, welche *Common Parameter* das Cmdlet unterstützt:

```
PS> Get-Help Get-Process -Full ↵
(...)
  <CommonParameters>
      Dieses Cmdlet unterstützt folgende allgemeine Parameter: "Verbose", "Debug",
      "ErrorAction", "ErrorVariable", "WarningAction", "WarningVariable",
      "OutBuffer" und "OutVariable". Weitere Informationen
      erhalten Sie mit dem Befehl "get-help about_commonparameters".
(...)
```

Die unterstützten Common Parameter werden zwar vollständig in Tabelle 2.2 beschrieben, anfangs können Sie diese Tabelle aber noch ignorieren. In der Praxis benötigt man höchstens drei Common Parameter, und einen davon, nämlich das Software-Cortison *-ErrorAction*, haben Sie bereits gerade kennengelernt. Die übrigen beiden wichtigen Common Parameter heißen *-WhatIf* und *-Confirm*. Mit *-WhatIf* testen Sie zuerst, was ein Cmdlet tun würde, ohne dass der Vorgang wirklich ausgeführt wird.

-Confirm fordert eine Bestätigung für den Vorgang an. Die beiden Parameter bewähren sich vor allem beim Einsatz in Produktivumgebungen und bei Verwendung von Platzhalterzeichen in den Cmdlet-Parametern:

```
PS> Notepad ↵
PS> Notepad ↵
PS> Stop-Process -Name note* -WhatIf ↵
PS> Stop-Process -Name note* -Confirm ↵
```

HINWEIS Die Switch-Parameter *-WhatIf* und *-Confirm* werden nur von Cmdlets unterstützt, bei denen sie auch sinnvoll sind: also nur bei Cmdlets, die tatsächlich Änderungen am System vornehmen. Alle Cmdlets, die reine Informationen abrufen (also alle Cmdlets, deren Tätigkeit *Get* lautet), können ohnehin keinen Schaden anrichten und bieten deshalb die beiden Parameter auch nicht an.

Möchten Sie sehen, welche Cmdlets den Parameter *-WhatIf* unterstützen (und deshalb besser mit etwas Vorsicht eingesetzt werden sollten), fragen Sie *Get-Help*:

```
PS> Get-Help * -Parameter whatif ↵
```

Allgemeiner Parameter	Typ	Beschreibung
-Verbose	Schalter	So viele Informationen anzeigen wie möglich. Ohne diesen Schalter beschränkt sich das Cmdlet auf die Anzeige der wesentlichsten Informationen.
-Debug	Schalter	Zusätzliche Warnungen und Fehlermeldungen ausgeben, die Programmierern helfen, Fehlerursachen zu finden
-ErrorAction	Wert	Legt fest, wie sich das Cmdlet bei einem Fehler verhalten soll. Erlaubte Werte: *Continue:* Fehler melden und fortsetzen *Stop:* Fehler melden und abbrechen *SilentlyContinue:* keinen Fehler melden, weitermachen *Inquire:* nachfragen Die Vorgabe wird mit der Variablen *$ErrorActionPreference* festgelegt und ist normalerweise auf *Continue* eingestellt.
-ErrorVariable	Wert	Name einer Variable, in der im Fehlerfall Informationen über den Fehler abgelegt werden

-OutVariable	Wert	Name einer Variablen, in der das Ergebnis des Cmdlets gespeichert werden soll. Dieser Parameter ist meist überflüssig, weil Sie das Ergebnis des Cmdlets auch direkt einer Variablen zuweisen können. Der Unterschied: Weisen Sie das Ergebnis einer Variablen zu, wird es nicht mehr in der Konsole ausgegeben:
		`$ergebnis = Get-ChildItem`
		Weisen Sie das Ergebnis *zusätzlich* einer Variablen zu, wird es in die Konsole ausgegeben *und* in einer Variablen gespeichert:
		`Get-ChildItem -OutVariable ergebnis`

-WarningAction	Wert	Bestimmt, was mit Warnungen geschehen soll, die ein Cmdlet ausgibt. Erlaubte Werte: *Continue:* Warnung ausgeben und fortsetzen (Vorgabe) *Stop:* Warnung ausgeben und abbrechen *SilentlyContinue:* Warnung unterdrücken, fortfahren *Inquire:* nachfragen Die Vorgabe wird mit der Variablen *$WarningPreference* festgelegt und ist normalerweise auf *Continue* eingestellt.

Tabelle 2.2 Allgemeine Parameter, die für (fast) alle Cmdlets gelten

Allgemeiner Parameter	Typ	Beschreibung
-WarningVariable	Wert	Name einer Variable, in welcher der Warnungstext eines Cmdlets gespeichert wird
-WhatIf	Switch	Simuliert einen Befehl nur, ohne ihn wirklich auszuführen. Dieser Switch-Parameter wird nur von Cmdlets unterstützt, die tatsächlich Änderungen am System vornehmen würden.
-Confirm	Switch	Fragt für jede Aktion eines Befehls zuerst nach, bevor der Befehl Änderungen vornimmt. Dieser Switch-Parameter steht nur bei Cmdlets zur Verfügung, die Änderungen am System vornehmen.

Tabelle 2.2 Allgemeine Parameter, die für (fast) alle Cmdlets gelten *(Fortsetzung)*

Hilfe zu allgemeinen PowerShell-Themen abrufen

Die PowerShell verpackt allgemeine Hintergrundinformationen wie beispielsweise die Hilfe zu Common Parametern in Hilfethemen, die alle mit »about_« beginnen. Eine Auflistung sämtlicher Hilfethemen erhalten Sie so:

```
PS> Get-Help about_* ↵
Name                              Category  Synopsis
----                              --------  --------
about_aliases                     HelpFile  Beschreibt, wie alternative Name...
about_Arithmetic_Operators        HelpFile  Beschreibt die Operatoren, mit d...
about_arrays                      HelpFile  Beschreibt eine kompakte Datenst...
about_Assignment_Operators        HelpFile  Beschreibt, wie Variablen mithil...
about_Automatic_Variables         HelpFile  Beschreibt Variablen, von denen ...
(...)
```

Geben Sie hinter *Get-Help* oder *help* ein eindeutiges Stichwort an, wird die entsprechende Hilfeseite direkt angezeigt.

Befehl	Hilfedatei	Beschreibung
help compari ↵	*about_comparison_operators*	Vergleichsoperatoren
help wildcard ↵	*about_wildcards*	Platzhalterzeichen
help special ↵	*about_special_characters*	Sonderzeichen
help regular ↵	*about_regular_expressions*	Reguläre Ausdrücke
help redir ↵	*about_redirection*	Umleitung
help quot ↵	*about_quoting_rules*	Anführungszeichen
help parsing ↵	*about_parsing*	Befehlsparsing
help escape ↵	*about_escape_characters*	Textsonderzeichen
help common ↵	*about_commonParameters*	allgemeine Parameter

Tabelle 2.3 Schnellabruf ausgewählter PowerShell-Themenkomplexe

PROFITIPP Möchten Sie eine Liste sämtlicher Hilfethemen sehen, öffnen Sie den internen Ordner, in dem PowerShell die Hilfethemen lagert:

```
PS> explorer "$PSHOME\$($Host.CurrentCulture.Name)"
```

Suchen Sie sich aus der Liste der Hilfethemen einfach ein spannendes Thema aus und beauftragen Sie dann *Get-Help* durch Angabe dieses Themas, es auszugeben.

Damit Sie auch umfangreiche Ergebnisse bequem lesen können, haben sich zwei Verfahren bewährt. Entweder leiten Sie das Ergebnis an *more.com* weiter, sodass die Informationen seitenweise angezeigt werden. Erst wenn Sie [Leertaste] drücken, zeigt die PowerShell die nächste Bildschirmseite an:

```
PS> Get-Help about_commonparameters | more.com [↵]
```

Denselben Effekt erhalten Sie auch, wenn Sie anstelle von *Get-Help* die eingebaute Funktion *help* einsetzen. Intern ruft *help* automatisch *Get-Help* auf und leitet das Ergebnis an *more.com* weiter:

```
PS> help about_commonparameters [↵]
```

Als Alternative können die Ergebnisse aber auch mit dem Umleitungszeichen »>« in eine Datei geschrieben und diese dann mit einem Editor geöffnet werden. So lassen sich die Hilfetexte bequem ausdrucken und nach Stichwörtern durchsuchen:

```
PS> Get-Help about_commonparameters > $HOME\hilfe.txt [↵]
PS> & "$HOME\hilfe.txt" [↵]
```

Hierbei wird die Variable *$HOME* eingesetzt, die Ihnen stets den Pfad zu Ihrem persönlichen Benutzerprofil liefert. Dort besitzen Sie in jedem Fall Schreibrechte, die natürlich nötig sind, um die Datei anzulegen. In der zweiten Zeile bewirkt »&«, dass der Text in doppelten Anführungszeichen dahinter wie ein Befehl ausgeführt wird. Ohne dieses Sonderzeichen würde PowerShell lediglich den Pfadnamen zu der angelegten Datei in die Konsole ausgeben.

Auf Windows-Systemen ab Windows Vista gibt es noch eine dritte Möglichkeit: Der Hilfetext kann an das Werkzeug *clip.exe* weitergeleitet werden, wodurch der Text in die Zwischenablage kopiert wird. Von dort kann man den Text danach in jede beliebige Textverarbeitung übernehmen:

```
PS> Get-Help about_commonparameters | clip [↵]
```

Sie haben inzwischen erste Erfahrung mit Parametern gesammelt, woraus sich die zweite der fünf wichtigen PowerShell-Grundregeln ableitet:

Kurz und knapp ...

Alle Cmdlets unterstützen bestimmte allgemeine Parameter wie *-ErrorAction*, mit denen man festlegt, wie sich das Cmdlet bei Fehlern verhalten soll. Cmdlets, die das System verändern, unterstützen außerdem die Parameter *-WhatIf* und *-Confirm*, mit denen man die Ausführung simulieren oder einzeln bestätigen kann, falls man sich nicht sicher ist.

Aufgabe Finden Sie heraus, wie lange es noch bis Weihnachten oder bis zu Ihrem nächsten Geburtstag ist. Wer mag, kann auch ausrechnen, seit wie vielen Tagen er bereits das Leben auf der Erde bereichert. Das dafür zuständige Cmdlet heißt *New-TimeSpan* und berechnet Zeitspannen. Wie muss es aufgerufen werden?

Lösung *New-TimeSpan* berechnet die Zeitdifferenz zwischen einem angegebenen Startdatum und dem aktuellen Datum. Das Startdatum ist positional und steht an Position 1, sodass Sie lediglich ein Datum hinter dem Cmdlet anzugeben brauchen:

```
New-TimeSpan 24.12.2010 ↵
```

Die Zeitdifferenz wird in verschiedenen Einheiten zurückgeliefert, sodass Sie sich die passende Zeiteinheit daraus aussuchen können. Differenzen, die verglichen mit dem aktuellen Datum in der Zukunft liegen, erscheinen als negative Werte. Möchten Sie den Vergleich umdrehen, verwenden Sie anstelle des positionalen Parameters *-Start* den Parameter *-End*, geben also nicht das Startdatum des Vergleichs an, sondern das Enddatum:

```
PS> New-TimeSpan -End 24.12.2010 ↵
```

Erlaubt ist auch beides: Geben Sie sowohl Start- als auch Enddatum an, berechnet *New-TimeSpan* die Differenz zwischen diesen beiden Datumswerten.

Aufgabe Sie möchten Zufallszahlen generieren. Wie könnte das zuständige Cmdlet heißen? Beginnen Sie die Suche wieder mit der Tätigkeit.

Lösung Da Sie Informationen benötigen, heißt die Tätigkeit *Get*. Geben Sie in der PowerShell-Konsole »Get-« ein und drücken dann mehrmals ⇆, um sich einen Überblick über die vorhandenen Cmdlets dieses Tätigkeitsbereichs zu verschaffen. Das gesuchte Cmdlet heißt *Get-Random*.

Aufgabe Wie setzen Sie *Get-Random* dazu ein, um eine Zufallszahl zwischen 1 und 6 zu würfeln?

Lösung *Get-Random* liefert ohne weitere Parameter eine zufällige Zahl zwischen 0 und 2.147.483.647 zurück. Um den Wertebereich einzugrenzen, verwenden Sie die Parameter *-Minimum* und *-Maximum*:

```
PS> Get-Random -Minimum 1 -Maximum 6 ↵
```

Allerdings werden Sie bald feststellen, dass Ihr elektronischer Würfel auf diese Weise niemals eine 6 würfelt. Warum das so ist, verrät die Hilfe zum Parameter *-Maximum*:

```
Get-Help Get-Random -Parameter Maximum ↵
-Maximum <Object>
    Gibt einen Höchstwert für die Zufallszahl an. Get-Random gibt einen Wert zurück,
    der kleiner als der Höchstwert (nicht gleich) ist. Geben Sie eine 32-Bit-Ganzzahl,
    eine Gleitkommazahl mit doppelter Genauigkeit oder ein Objekt ein, das in eine ganze
    Zahl oder eine Gleitkommazahl mit doppelter Genauigkeit konvertiert werden kann,
    z. B. eine numerische Zeichenfolge ("100"). Der Wert von Maximum muss größer als
    der Wert von Minimum (nicht gleich) sein.
```

Der korrekte Aufruf müsste also so aussehen:

```
PS> Get-Random -Minimum 1 -Maximum 7 ↵
```

Aufgabe Finden Sie mithilfe von *Get-Help* heraus, wofür das Cmdlet *Stop-Process* eingesetzt wird. Nutzen Sie die Hilfeinformationen, um mit *Stop-Process* alle Instanzen des Notepad-Editors zu schließen. Wie muss der korrekte Befehl lauten?

Lösung Hilfe zu einem Cmdlet erhalten Sie, indem Sie den Namen des Cmdlets hinter *Get-Help* angeben. Auf diese Weise kommen Sie zu einer Kurzbeschreibung:

```
Get-Help Stop-Process ↵
```

Mehr Informationen erhalten Sie durch Angabe der Switch-Parameter *-Full* oder *-Detailed*. Weil nun sehr viele Informationen ausgegeben werden, verwenden Sie anstelle von *Get-Help* besser die Funktion *help*, welche die Informationen seitenweise anzeigt. Mit [Leertaste] blättern Sie zur nächsten Seite vor und mit [Strg]+[C] brechen Sie die Ausgabe vorzeitig ab:

```
Help Stop-Process -Detailed ↵
```

Falls die Verwendung des Cmdlets trotzdem noch Fragen aufwirft, lassen Sie sich als Nächstes Beispiele zeigen, indem Sie den Switch-Parameter *-Examples* verwenden:

```
Help Stop-Process -Examples ↵
```

Das erste Beispiel liefert bereits die Lösung für die Aufgabe. Um alle Instanzen des Programms *notepad* zu beenden, übergeben Sie den Programmnamen mit dem Parameter *-Name*. Das allerdings sollte wohlüberlegt geschehen, denn *Stop-Process* beendet die angegebenen Prozesse sofort und ohne Nachfrage. Ungespeicherte Inhalte im Windows-Editor gehen verloren:

```
Stop-Process -Name notepad ↵
```

Falls das angegebene Programm gar nicht ausgeführt wurde, wirft *Stop-Process* eine Fehlermeldung aus und informiert Sie darüber. Starten Sie in diesem Fall einige Male den Notepad-Editor und versuchen Sie dann den Befehl erneut.

Viele Parameter unterstützen Platzhalterzeichen, die Segen und Fluch zugleich sein können. Platzhalterzeichen vereinfachen die Eingabe, können aber andererseits dazu führen, dass sehr viel mehr gewählt wird, als man beabsichtigt hatte. Falls Sie also Platzhalterzeichen in Parametern einsetzen, lassen Sie den Befehl zuerst im Simulationsmodus laufen. Der nächste Befehl zeigt dank des Switch-Parameters *-WhatIf* an, welche Programme ohne *-WhatIf* beendet worden wären, nämlich alle Programme, die mit dem Buchstaben *n* beginnen:

```
Stop-Process -Name n* -WhatIf ↵
```

Aufgabe Versuchen Sie wie im vergangenen Beispiel, mit *Stop-Process* einen Prozess zu beenden, der gar nicht ausgeführt wird, erhalten Sie eine Fehlermeldung. Wie kann man diese Fehlermeldung unterdrücken?

Lösung Möchten Sie Fehlermeldungen unterdrücken, verwenden Sie den Common Parameter *-ErrorAction* und weisen diesem Parameter die Einstellung *SilentlyContinue* zu. Der Befehl wird ausgeführt, verschluckt aber sämtliche Fehlermeldungen. Sinnvoll ist das immer dann, wenn die Fehlermeldung nicht wichtig für Sie ist. Möchten Sie beispielsweise alle Instanzen eines Programms beenden, stört es nicht weiter, falls gar keine Instanz des Programms läuft, die *Stop-Process* beenden könnte, weil Sie dann Ihr Ziel bereits erreicht haben. Die Fehlermeldung kann also gefahrlos unterdrückt werden:

```
PS> Stop-Process -Name notepad -ErrorAction SilentlyContinue ↵
```

Aufgabe Finden Sie mithilfe von *Get-Help* heraus, welche Parameter das Cmdlet *Write-Host* unterstützt.

Lösung *Get-Help* listet die Parameter eines Cmdlets auf, wenn Sie den Parameter *-Parameter* verwenden und dahinter das Platzhalterzeichen »*« angeben:

```
PS> Get-Help Write-Host -Parameter * ↵
```

Aufgabe Nutzen Sie das Wissen über die Parameter von *Write-Host* dazu, um einen weißen Text auf rotem Grund auszugeben.

Lösung Die für farbige Textausgaben zuständigen Parameter heißen *ForegroundColor* (für die Textfarbe) und *BackgroundColor* (für die Hintergrundfarbe). Welche Werte diese beiden Parameter verlangen, kann wiederum *Get-Help* ermitteln:

```
PS> Get-Help Write-Host -Parameter *color ↵
-BackgroundColor <ConsoleColor>
    Gibt die Hintergrundfarbe an. Es gibt keinen Standardwert.

    Erforderlich?                false
    Position?                    named
    Standardwert                 Keiner
    Pipelineeingaben akzeptieren?false
    Platzhalterzeichen akzeptieren?false


-ForegroundColor <ConsoleColor>
    Gibt die Textfarbe an. Es gibt keinen Standardwert.

    Erforderlich?                false
    Position?                    named
    Standardwert                 Keiner
    Pipelineeingaben akzeptieren?false
    Platzhalterzeichen akzeptieren?false
```

Die Hilfe verrät, dass beide Parameter Werte vom Typ *ConsoleColor* verlangen. Diese Information ist im Augenblick allerdings noch nicht wirklich hilfreich, weil Sie noch nicht wissen, wie man aus dem Namen eines Typs die darin erlaubten Werte ermittelt. Mit einem Kniff erhalten Sie die Informationen aber trotzdem: Geben Sie für den Parameter einfach einen offensichtlich ungültigen Wert an, damit die resultierende Fehlermeldung Ihnen die erlaubten Werte verrät:

```
PS> Write-Host "Hallo" -ForegroundColor KeineAhnung ↵
Write-Host : Der Parameter "ForegroundColor" kann nicht gebunden werden. Der Wert "KeineAhnung"
kann aufgrund von ungültigen Enumerationswerten nicht in den Typ "System.ConsoleColor" konvertiert
werden. Geben Sie einen der folgenden Enumerationswerte an, und versuchen Sie es erneut. Mögliche
Enumerationswerte sind "Black, DarkBlue, DarkGreen, DarkCyan, DarkRed, DarkMagenta, DarkYellow,
Gray, DarkGray, Blue, Green, Cyan, Red, Magenta, Yellow, White".
```

Um also weißen Text auf rotem Hintergrund auszugeben, verwenden Sie diesen Befehl:

```
PS> Write-Host "Hallo" -ForegroundColor White -BackgroundColor Red ↵
```

Aufgabe Sie möchten mehr über Platzhalterzeichen erfahren. Wie kann man die entsprechende Hilfe dazu abrufen? Denken Sie daran, dass die PowerShell allgemeine Hilfethemen immer mit einem

Namen versieht, der mit »about_« beginnt. Achten Sie darauf, englische Begriffe zu verwenden. Der englische Begriff für *Platzhalter* heißt *Wildcard.*

Lösung Möchten Sie alle allgemeinen Hilfethemen sehen, die das Stichwort *Wildcard* enthalten, verwenden Sie *Get-Help* mit Platzhalterzeichen:

```
PS> Get-Help about_*wildcard* ↵
```

Weil es nur ein einziges Thema mit diesem Stichwort gibt, wird sein Inhalt sofort aufgelistet und Sie erhalten nützliche Informationen über den Einsatzbereich von Platzhalterzeichen. Suchen Sie nach einem Stichwort, das in mehreren Themen enthalten ist, listet *Get-Help* stattdessen die infrage kommenden Themen auf. Suchen Sie beispielsweise nach dem Stichwort *operator*, finden Sie mehrere Hilfethemen, welche die jeweiligen Operatoren dokumentieren, die PowerShell unterstützt:

```
PS> Get-Help about_*operator* ↵
Name                          Category  Synopsis
----                          --------  --------
about_Arithmetic_Operators    HelpFile  Beschreibt die Operatoren, mit denen in Windows PowerShell
about_Assignment_Operators    HelpFile  Beschreibt, wie Variablen mithilfe von Operatoren Werte
about_Comparison_Operators    HelpFile  Beschreibt die Operatoren zum Vergleichen von Werten
                                        in Windows
about_logical_operators       HelpFile  Beschreibt die Operatoren zum Verbinden von Anweisungen in
about_operators               HelpFile  Beschreibt die von Windows PowerShell unterstützten
                                        Operatoren.
about_type_operators          HelpFile  Beschreibt die Operatoren, die mit Microsoft
                                        .NET Framework-Typen
```

Sie haben soeben erfolgreich Parameter eingesetzt und gesehen, wie hilfreich und vielseitig Ihr zweitbester Freund *Get-Help* sein kann. Daraus leitet sich die letzte wichtige Grundregel ab:

Kurz und knapp ...

Get-Help ist nach *Get-Command* Ihr zweitwichtigster Verbündeter, denn es liefert wertvolle Hilfe, sobald Sie ein Cmdlet gefunden haben und nun mehr darüber erfahren möchten. *Get-Help* erklärt, welche Aufgabe ein Cmdlet ausführt, welche Parameter es unterstützt und liefert auf Wunsch sogar Beispiele. Möchten Sie die meist umfangreichen Ausgaben seitenweise lesen, verwenden Sie anstelle von *Get-Help* die Funktion *help.*

Mit Ihrem bis jetzt gewonnenen Wissen können Sie bereits viele nützliche Aufgaben erledigen. Deshalb ist es nun Zeit für einen Praxisteil, der sich der Verwaltung von Ereignisprotokollen widmet.

Hands On: Ereignisprotokolle administrieren

Get-EventLog liefert – das haben Sie schon gesehen – den Inhalt eines Ereignisprotokolls, zumindest dann, wenn Sie hinter dem Cmdlet den Namen des gewünschten Ereignisprotokolls angeben, z.B. *System:*

```
PS> Get-EventLog System ↵
```

Häufig möchte man aber nicht einfach nur den Inhalt eines Ereignisprotokolls auswerfen, sondern nach bestimmten Ereignissen suchen oder zeitlich und inhaltlich begrenzte Reports erstellen, und das vielleicht nicht nur lokal, sondern auch remote auf Servern, für die man verantwortlich ist.

Erinnern Sie sich noch an Grundregel Nr. 2? Wenn ein Cmdlet ungefähr das bewerkstelligt, was es soll (z.B. Ereignisprotokolleinträge auflisten), dem aber nicht ganz genau entspricht (Sie z.B. anstelle sämtlicher Einträge nur die Fehlereinträge der letzten 24 Stunden auflisten möchten), dann schauen Sie sich die Parameter des Cmdlets an – und Sie werden die gewünschten Resultate erhalten.

Erinnern Sie sich, wie Sie die verfügbaren Parameter anzeigen? Genau: Am einfachsten geht das, indem Sie hinter dem Cmdlet-Namen ein Leerzeichen und dann einen Bindestrich angeben. Drücken Sie danach mehrmals [Tab]. Mit dieser Taste wird die Autovervollständigung aktiviert, die bei jedem Druck einen neuen Vorschlag macht. [Shift]+[Tab] dreht die Reihenfolge um. Lassen Sie uns schauen, was sich mit diesem Wissen nun bereits erreichen lässt.

Aufgabe Finden Sie heraus, wie *Get-EventLog* Ihnen die Namen sämtlicher Ereignisprotokolle verrät, die es auf Ihrem Computer gibt. Es muss sich um einen Parameter handeln. Wissen Sie noch, wie Sie die möglichen Parameter eines Cmdlets anzeigen? Welcher Parameter könnte der richtige sein?

Lösung Der gesuchte Parameter heißt *-List* und ist ein Switch-Parameter. Geben Sie diesen Parameter an, listet *Get-EventLog* nicht nur die Namen sämtlicher Ereignisprotokolle auf, sondern außerdem ihre Eckdaten wie die maximale Größe, die Aktion, die bei einem vollgelaufenen Ereignisprotokoll ausgeführt wird, und die Anzahl der Einträge. Ereignisprotokolle, für die Sie keine Zugriffsberechtigungen haben, werden ohne diese Zusatzinformationen mit aufgelistet (beispielsweise das Ereignisprotokoll *Security*, für dessen Verwaltung Administratorrechte nötig sind):

```
PS> Get-EventLog -List [Enter]

 Max(K) Retain OverflowAction        Entries Log
 ------ ------ --------------        ------- ---
 20.480      0 OverwriteAsNeeded       2.300 Application
 20.480      0 OverwriteAsNeeded           0 HardwareEvents
    512      7 OverwriteOlder              0 Internet Explorer
 20.480      0 OverwriteAsNeeded           0 Key Management Service
  8.192      0 OverwriteAsNeeded          27 Media Center
 16.384      0 OverwriteAsNeeded           0 ODiag
 16.384      0 OverwriteAsNeeded          42 OSession
                                             Security
 20.480      0 OverwriteAsNeeded       8.631 System
 15.360      0 OverwriteAsNeeded       3.526 Windows PowerShell
```

Aufgabe Listen Sie sämtliche Ereignisprotokolleinträge des *System*-Ereignisprotokolls auf. Wissen Sie noch, welches Cmdlet den Ereignisprotokollinhalt auflistet? Sorgen Sie dafür, dass das Cmdlet die Einträge des *System*-Ereignisprotokolls anzeigt, ohne nach dem Namen des Ereignisprotokolls zu fragen.

Lösung Das zuständige Cmdlet heißt *Get-EventLog*. Es verlangt mindestens den Parameter *-LogName*, muss also wissen, welches Ereignisprotokoll es anzeigen soll. Den Namen des gewünschten Ereignisprotokolls übergeben Sie also mit einem Parameter:

```
PS> Get-EventLog -LogName System [Enter]
```

Aufgabe Listen Sie nur die Ereignisse aus dem *System*-Ereignisprotokoll auf, die Fehler anzeigen. Schauen Sie sich dazu die Spalten an, die *Get-EventLog* liefert. In welcher Spalte findet sich die Information, ob ein Eintrag einen Fehler beschreibt? Wie heißt diese Spalte? Gibt es einen Parameter, der so heißt wie diese Spalte? Welchen Wert muss man diesem Parameter zuweisen, damit *Get-EventLog* nur noch Einträge liefert, die Fehler melden?

Lösung Die Spalte mit dem Typ des Ereignisses heißt *EntryType*. Es gibt einen gleichnamigen Parameter namens *-EntryType*. Er erwartet einen der Werte, die in der Spalte *EntryType* vorkommen. Um alle Fehlereinträge des *System*-Ereignisprotokolls aufzulisten, verwenden Sie diesen Befehl:

```
PS> Get-EventLog -LogName System -EntryType Error ↵
```

Falls Sie keine Ergebnisse erhalten, befinden sich im *System*-Ereignisprotokoll möglicherweise keine Fehlereinträge. Versuchen Sie es dann stattdessen mit Informationseinträgen. Dazu ersetzen Sie *Error* durch *Information*.

Aufgabe Listen Sie alle *Error*-Einträge des *System*-Ereignisprotokolls der vergangenen 24 Stunden auf. Welcher Parameter könnte den Zeitraum einschränken? Es ist diesmal kein Parameter, der so heißt wie eine der Spalten.

Lösung Drei Parameter kontrollieren den Zeitraum, aus dem Ereignisprotokolleinträge abgerufen werden sollen. Am einfachsten funktioniert *-Newest*. Geben Sie dahinter an, wie viele Einträge Sie wünschen. Die folgende Zeile liefert die 20 aktuellsten Fehlereinträge:

```
PS> Get-EventLog -LogName System -EntryType Error -Newest 20 ↵
```

Möchten Sie lieber einen Datumsbereich verwenden, kommt *-After* zum Einsatz. Dieser Parameter erwartet ein Datum. Alle Fehlereinträge nach dem 20.1.2010 erhalten Sie so:

```
PS> Get-EventLog -LogName System -EntryType Error -After "20.1.2010" ↵
```

Das Format des Datums richtet sich nach Ihren Ländereinstellungen. Sie könnten beispielsweise optional darüber hinaus auch eine Zeit angeben, was auf deutschen Systemen so aussieht:

```
PS> Get-EventLog -LogName System -EntryType Error -After "20.1.2010 19:00" ↵
```

Möchten Sie relative Datums-/Zeitwerte verwenden, also beispielsweise die letzten 24 Stunden, dann muss das Datum ausgerechnet werden. Das Cmdlet *Get-Date* liefert stets das aktuelle Datum (einschließlich der aktuellen Uhrzeit). Mit dem Cmdlet *New-TimeSpan* bestimmen Sie Zeitspannen. Das Datum von vor 24 Stunden erhalten Sie also, indem Sie vom aktuellen Datum eine Zeitspanne von genau einem Tag abziehen:

```
PS> (Get-Date) - (New-TimeSpan -Day 1) ↵
```

Dabei ist es wichtig, die einzelnen Befehle in runde Klammern zu stellen, die bei der PowerShell genauso funktionieren wie runde Klammern in der Mathematik: Zuerst wird das Ergebnis innerhalb der runden Klammern ermittelt und dann damit weitergerechnet. Schließlich wollen Sie nicht Befehle voneinander subtrahieren, sondern ihre Ergebnisse. Um alle Fehlereinträge der letzten 24 Stunden aufzulisten, kombinieren Sie beides:

```
PS> Get-EventLog -LogName System -EntryType Error -After ( (Get-Date) - (New-TimeSpan -Day 1) )
↵
```

Aufgabe Rufen Sie die Fehlerereignisse der letzten 24 Stunden von einem anderen Computer ab. Erinnern Sie sich? Wenn ein Cmdlet ungefähr das leistet, was es soll, aber nicht genau, dann schauen Sie sich seine Parameter an. Gibt es einen Parameter bei *Get-EventLog*, der den Remoteabruf unterstützt?

Lösung Der gesuchte Parameter lautet *-ComputerName*. Dahinter kann man einen oder mehrere Computernamen angeben. *Get-EventLog* ruft dann die Ereignisse von diesen Computern ab. Verwenden Sie also den Befehl aus der letzten Aufgabe und fügen Sie lediglich den Parameter *-ComputerName* hinzu:

```
PS> Get-EventLog -LogName System -EntryType Error -After ( (Get-Date) - (New-TimeSpan -Day 1) ) -
ComputerName 10.10.10.10 ↵
```

Möchten Sie die Ereignisse von mehreren Computern abrufen, geben Sie als Computernamen eine kommaseparierte Liste der IP-Adressen oder Computernamen an.

Der Remotezugriff funktioniert nur dann, wenn die Remotesysteme auch tatsächlich erreichbar sind und Sie über die notwendigen Berechtigungen verfügen. Nötig sind lokale Administratorrechte auf den Zielmaschinen. Dabei verwendet *Get-EventLog* Ihre aktuelle Identität. Achten Sie beispielsweise innerhalb einer Domäne darauf, dass Sie als Domänen-Admin angemeldet sind, und wenn Sie die Benutzerkontensteuerung von Windows einsetzen, stellen Sie sicher, dass Sie die PowerShell mit vollen Administratorrechten gestartet haben. Sie erfahren mehr über das Remoting in Kapitel 16.

Testen Sie Ihr Wissen!

Wenn Sie dieses Kapitel sorgfältig durchgearbeitet haben, sollten Sie die folgenden Aufgaben meistern können. Falls Sie auf Aufgaben treffen, die Sie nicht erfolgreich durchführen können, sollten Sie sich die angegebenen Abschnitte in diesem Kapitel noch einmal anschauen, bevor Sie zum nächsten Kapitel wechseln.

Aufgabe Finden Sie heraus, welche Cmdlets den Tätigkeitsbereich *Stop* verwenden.

Lösung Setzen Sie *Get-Command* mit dem Parameter *-Verb* ein:

```
PS> Get-Command -Verb Stop ↵
```

Sie könnten auch Platzhalterzeichen verwenden, doch würde *Get-Command* dann nicht nur Cmdlets auflisten, sondern möglicherweise auch andere Befehlsarten:

```
PS> Get-Command Stop* ↵
```

Einen anderen Weg nutzt *Get-Help*, denn auch dieses Cmdlet kann Befehle suchen:

```
PS> Get-Help Stop ↵
```

Siehe auch: Seite 46

Aufgabe Finden Sie ein Cmdlet, mit dem Sie den Computer herunterfahren können. Überlegen Sie, ob Ihnen dafür eine Tätigkeit oder ein Tätigkeitsbereich einfallen, nach dem man suchen könnte.

Lösung Ein Blick in Tabelle 2.1 kann helfen, die passende Tätigkeit zu finden. Nachdem Sie vielleicht vergeblich nach einer Tätigkeit wie *Shutdown* gesucht haben, fällt Ihnen möglicherweise die Tätigkeit *Stop* ins Auge. Lassen Sie sich zeigen, welche Cmdlets diese Tätigkeit verwenden. Wie dies geschieht, haben Sie bereits in der vorangegangenen Aufgabe gesehen. *Stop-Computer* ist der Name des gesuchten Cmdlets.

Falls Sie bei der Suche nach der Tätigkeit nicht fündig geworden sind, können Sie auch nach dem Tätigkeitsbereich suchen. Da Sie den Computer herunterfahren wollen, lassen Sie sich alle Cmdlets mit dem Tätigkeitsbereich *Computer* auflisten:

```
PS> Get-Command -Noun Computer ↵

CommandType     Name                          Definition
-----------     ----                          ----------
Cmdlet          Add-Computer                  Add-Computer [-DomainName] <...
Cmdlet          Checkpoint-Computer           Checkpoint-Computer [-Descri...
Cmdlet          Remove-Computer               Remove-Computer [[-Credentia...
Cmdlet          Restart-Computer              Restart-Computer [[-Computer...
Cmdlet          Restore-Computer              Restore-Computer [-RestorePo...
Cmdlet          Stop-Computer                 Stop-Computer [[-ComputerNam...
```

Auch auf diesem Weg finden Sie schließlich *Stop-Computer* und entdecken nebenbei viele weitere interessante Cmdlets rund um die Computersteuerung. Mit *Restart-Computer* könnten Sie den Computer beispielsweise neu starten und mit *Restore-Computer* auf einen Systemwiederherstellungspunkt zurücksetzen (nachlesen: Seite 53).

Aufgabe Versuchen Sie, mit *Restart-Computer* nicht den eigenen Computer neu zu starten, sondern einen Remotecomputer. Wie können Sie die Parameter von *Restart-Computer* auflisten? Welcher Parameter ist für die Remotesteuerung zuständig?

Lösung Die Parameter eines Cmdlets lassen sich beispielsweise über die Autovervollständigung anzeigen, indem Sie hinter dem Cmdlet-Namen ein Leerzeichen und einen Bindestrich angeben. Direkt hinter dem Bindestrich drücken Sie dann mehrmals [Tab], bis Sie den passenden Parameter gefunden haben. Oder Sie beauftragen *Get-Help*, alle Parameter eines Cmdlets aufzulisten. So erhalten Sie auch gleich eine detaillierte Beschreibung der Parameter:

```
PS> Get-Help Restart-Computer -Parameter * ↵
```

Der gesuchte Parameter heißt *-ComputerName* und erwartet die IP-Adresse oder den Computernamen desjenigen Systems, das neu gestartet werden soll. Beachten Sie, dass für den Neustart Administratorrechte nötig sind und auf dem neu zu startenden System ungesicherte Daten verloren gehen können (nachlesen: Seite 56).

Aufgabe Wenn Sie *Restart-Computer* verwenden, um einen Computer neu zu starten, werden Sie feststellen, dass der Neustart eventuell nicht durchgeführt wird, wenn noch nicht gespeicherte Dokumente geöffnet sind. Stattdessen erscheint nur die Aufforderung, diese Daten zuerst zu speichern. Wie kann man ein System sofort und ohne Rückfragen neu starten?

Lösung Wenn ein Cmdlet ungefähr das vollbringt, was es soll, aber nicht ganz genau, ist es Zeit, sich seine Parameter näher anzusehen. *Restart-Computer* startet einen Computer neu, solange keine ungespeicherten Daten geöffnet sind. Ein Blick in seine Parameter zeigt, dass dieses Cmdlet über den Switch-Parameter *-Force* verfügt. Dieser Parameter ist in vielen Cmdlets vorhanden und »verschärft« die Ausführung eines Befehls. Was genau *-Force* jeweils bewirkt, hängt vom jeweiligen Cmdlet ab. Geben Sie bei *Restart-Computer* den Parameter *-Force* an, wird das System ohne weitere Rückfragen neu gestartet und ungesicherte Daten gehen verloren. Deshalb sollte man *-Force* nur wohlüberlegt einsetzen (nachlesen: Seite 56).

Aufgabe Finden Sie heraus, welche Cmdlets den Parameter *-ComputerName* unterstützen und also remote eingesetzt werden können. Welches Cmdlet lieferte Ihnen Hilfestellung zu Parametern? Wie muss man dieses Cmdlet aufrufen, um nach Cmdlets zu suchen, die einen bestimmten Parameter unterstützen?

Lösung *Get-Help* liefert Informationen zu Parametern, und wenn Sie anstelle eines bestimmten Befehlsnamens den Platzhalter »*« angeben, findet *Get-Help* alle Cmdlets, die einen bestimmten Parameter unterstützen (nachlesen: Seite 58):

```
PS> Get-Help * -Parameter ComputerName ↵
```

Aufgabe Kann ein Cmdlet seine Aufgabe nicht ausführen, meldet es einen Fehler. Oft sind Fehlermeldungen hilfreich, aber manchmal möchte man sie auch verstecken. Mit dem folgenden Cmdlet kann man beispielsweise einen neuen Ordner anlegen:

```
PS> New-Item C:\neu -Type Directory ↵
```

Falls es diesen Ordner allerdings schon gibt, verursacht derselbe Befehl eine Fehlermeldung:

```
PS> New-Item C:\neu -Type Directory ↵
New-Item : Das Element mit dem angegebenen Namen C:\neu ist bereits vorhanden.
```

In diesem Beispiel kommt es Ihnen nur darauf an, den Ordner anzulegen. Existiert er schon, soll die Fehlermeldung nicht ausgegeben werden. Wie kann man ein Cmdlet beauftragen, keine Fehlermeldungen anzuzeigen?

Lösung Jedes Cmdlet unterstützt neben den eigenen Parametern eine Reihe von allgemeinen Parametern wie z.B. *-ErrorAction*. Übergibt man diesem Parameter den Wert *SilentlyContinue*, verschluckt das Cmdlet seine Fehlermeldung (nachlesen: Seite 59):

```
PS> New-Item C:\neu -Type Directory -ErrorAction SilentlyContinue ↵
```

Aufgabe Finden Sie heraus, welche möglichen Werte der Parameter *-ErrorAction* des Cmdlets *New-Item* akzeptiert. Bringen Sie anschließend in Erfahrung, welche möglichen Werte der Parameter *-ForegroundColor* des Cmdlets *Write-Host* unterstützt.

Lösung Weisen Sie dem Parameter einen offensichtlich ungültigen Wert zu. Daraufhin kommt es zwar zu einer Fehlermeldung, aber die Fehlermeldung listet nun die erlaubten Werte für den Parameter auf (nachlesen: Seite 59):

```
PS> New-Item -Type Directory -ErrorAction NullAhnung ↵
New-Item : Der Parameter "ErrorAction" kann nicht gebunden werden. Der Wert "NullAhnung" kann
aufgrund von ungültigen Enumerationswerten nicht in den Typ
"System.Management.Automation.ActionPreference" konvertiert werden. Geben Sie einen der folgenden
Enumerationswerte an, und versuchen Sie es erneut. Mögliche Enumerationswerte sind
"SilentlyContinue, Stop, Continue, Inquire".
PS> Write-Host -ForegroundColor NullAhnung ↵
Write-Host : Der Parameter "ForegroundColor" kann nicht gebunden werden. Der Wert "NullAhnung"
kann aufgrund von ungültigen Enumerationswerten nicht in den Typ "System.ConsoleColor" konvertiert
werden. Geben Sie einen der folgenden Enumerationswerte an, und versuchen Sie es erneut. Mögliche
Enumerationswerte sind "Black, DarkBlue, DarkGreen, DarkCyan, DarkRed, DarkMagenta, DarkYellow,
Gray, DarkGray, Blue, Green, Cyan, Red, Magenta, Yellow, White".
```

Aufgabe Wie können Sie den Aufruf eines Befehls nur simulieren, sodass Sie zwar sehen, was geschehen würde, den Befehl (und die Änderungen, die er bewirkt) aber nicht ausführen?

Lösung Verwenden Sie den Switch-Parameter -*WhatIf*. Dieser Parameter steht bei allen Cmdlets zur Verfügung, die das System verändern. Die folgende Zeile würde also zeigen, welche Dienste gestoppt würden, ohne die Dienste tatsächlich zu stoppen. Insbesondere wenn Sie Platzhalterzeichen verwenden, sollten Sie zuerst mit -*WhatIf* oder zumindest -*Confirm* überprüfen, ob die Platzhalterzeichen auch wirklich nur die gewünschten Elemente ausgewählt haben. Die folgende Zeile würde ohne -*WhatIf* beispielsweise lebenswichtige Dienste stoppen und damit Windows zum Absturz bringen (nachlesen: Seite 60):

```
PS> Stop-Service *ms* -WhatIf ↵
```

Aufgabe Lassen Sie sich die allgemeinen PowerShell-Hilfethemen anzeigen, welche die Verwendung von Parametern erklären. Denken Sie daran: *Get-Help* ist stets der Lieferant für Hilfeinformationen. Allgemeine Hilfethemen beginnen stets mit »about_«.

Lösung Weil Sie nach dem Stichwort *parameter* innerhalb der allgemeinen Hilfethemen suchen, ist dieser Befehl gesucht:

```
PS> Get-Help about_*parameter* ↵

Name                              Category  Synopsis
----                              --------  --------
about_CommonParameters            HelpFile  Beschreibt die Parameter, die mi...
about_functions_advanced_param... HelpFile  Erläutert, wie Funktionen, die d...
about_parameters                  HelpFile  Beschreibt, wie in Windows Power...
```

Um die Hilfe zu einem der angezeigten Themen abzurufen, geben Sie den Namen an und verwenden am besten anstelle von *Get-Help* die Funktion *help*, damit die Informationen seitenweise angezeigt werden (nachlesen: Seite 62):

```
PS> help about_parameters ↵
```

Aufgabe Finden Sie heraus, was der folgende Befehl bewirkt:

```
PS> New-PSDrive myHome FileSystem C:\windows ↵
```

Lösung *Get-Help* verrät, was *New-PSDrive* leistet:

```
PS> Get-Help New-PSDrive ↵
(...)
Das Cmdlet "New-PSDrive" erstellt ein Windows PowerShell-Laufwerk, das einem Speicherort im
Datenspeicher zugeordnet wird, z. B. einem Netzlaufwerk, einem Verzeichnis auf dem lokalen
Computer oder einem Registrierungsschlüssel.
(...)
```

Der Aufruf legt also mit *New-PSDrive* ein neues PowerShell-Laufwerk namens *myHome* an, das auf den Ordner *C:\Windows* im Dateisystem verweist. Sie können sich seinen Inhalt anschließend mit *Get-ChildItem* wie für jedes andere gewöhnliche Laufwerk auch anschauen (denken Sie daran, an den Laufwerksnamen einen Doppelpunkt anzufügen):

```
PS> Get-ChildItem myHome: ↵
```

Aufgabe Der folgende Befehlsaufruf verwendet drei positionale Parameter:

```
PS> New-PSDrive myHome FileSystem C:\Windows ↵
```

Wandeln Sie den Befehl um und verwenden Sie anstelle positionaler Parameter nun benannte Parameter.

Lösung Um herauszufinden, welche Parameter an welcher Position erwartet werden, beauftragen Sie zuerst *Get-Help*, die Parameter des Cmdlets *New-PSDrive* aufzulisten:

```
PS> Get-Help New-PSDrive -Parameter * ↵
```

Wie sich herausstellt, trägt der Parameter *-Name* die Position 1, der Parameter *-PSProvider* die Position 2 und der Parameter *-Root* die Position 3. Damit ergibt sich der folgende Aufruf (nachlesen: Seite 79):

```
PS> New-PSDrive -Name myHome -PSProvider FileSystem -Root C:\Windows ↵
```

Aufgabe Der folgende Befehl verwendet benannte Parameter:

```
PS> Get-ChildItem -Filter *.dll -Path C:\Windows -Recurse -ErrorAction SilentlyContinue ↵
```

Er listet alle DLL-Dateien des Windows-Ordners rekursiv auf und verschluckt mögliche Fehlermeldungen. Verkürzen Sie den Befehl so weit wie möglich. Ersetzen Sie also so weit wie möglich benannte Parameter durch positionale Parameter und verkürzen Sie die übrigen Parameter ebenfalls so weit wie möglich.

Lösung Lassen Sie sich zuerst wie in der vorangegangenen Aufgabe die einzelnen Parameter von *Get-ChildItem* anzeigen, und finden Sie heraus, welche Parameter positional sind. Wie sich herausstellt, ist *-Path* die Position 1 und *-Filter* die Position 2 zugeordnet. Diese beiden Parameter können also positional angegeben werden, sofern Sie die richtige Reihenfolge einhalten:

```
PS> Get-ChildItem C:\Windows *.dll -Recurse -ErrorAction SilentlyContinue ↵
```

Die übrigen Parameter sind nicht positional und müssen also benannt werden. Allerdings kann man die Parameternamen abkürzen. Weil *-Recurse* der einzige Parameter ist, der mit *r* beginnt, lässt er sich bis auf *-r* abkürzen:

```
PS> Get-ChildItem C:\Windows *.dll -r -ErrorAction SilentlyContinue ↵
```

Der Parameter *-ErrorAction* dagegen lässt sich nicht so stark kürzen, weil es zwei Parameter gibt, die mit *Error* beginnen. Die kürzeste eindeutige Benennung ist also *-Errora*:

```
PS> Get-ChildItem C:\Windows *.dll -r -ErrorA SilentlyContinue ↵
```

Allerdings kann *-ErrorAction* auch über seinen Aliasnamen *-ea* angesprochen werden, sodass die kürzeste Form so aussieht:

```
PS> Get-ChildItem C:\Windows *.dll -r -ea SilentlyContinue ↵
```

Noch kürzer geht es nur, wenn Sie auch anstelle der benannten Konstante den zugrunde liegenden Zahlenwert verwenden und anstelle des Cmdlets seinen Aliasnamen *ls*:

```
PS> ls C:\Windows *.dll -r -ea 0 ↵
```

Nun allerdings ist die Zeile kaum noch verständlich (nachlesen: Seite 81).

Nachschlag für Profis

Wenn Sie die Aufgaben im letzten Abschnitt gemeistert haben, sind Sie perfekt gerüstet für das nächste Kapitel und brauchen eigentlich an dieser Stelle nicht weiterzulesen. Falls Sie aber neugierig sind, noch etwas Energie haben und gern auch mal über den Tellerrand hinwegschauen, finden Sie hier etwas speziellere und kniffligere Randthemen rund um Cmdlets und Parameter. Einige davon setzen Techniken voraus, die Sie erst in den nächsten Kapiteln kennen lernen, sind aber so praktisch, dass man sie durchaus auch jetzt schon einsetzen kann.

Kleine Rätselstunde

In seltenen Fällen kann sich die PowerShell anders verhalten als man erwartet. Schuld daran ist fast immer unsere eigene Erwartungshaltung, denn wir sind viele Verhaltensweisen von anderen Shells gewohnt. Die PowerShell ist eine sehr konsequente, beinahe schon pedantische Umgebung und verhält sich immer nachvollziehbar gleich – wenn man die Regeln konsequent anwendet, die Sie in diesem Kapitel erlernt haben. Schauen Sie sich die folgenden Rätsel an. Wenn Sie wirklich gut gefolgt sind, können Sie diese Rätsel bereits selbst lösen. Falls nicht, ist das aber auch kein Beinbruch, denn die Rätsel nehmen sich bewusst Randbereiche vor.

Rätsel Sie haben bereits erfolgreich eine Zufallszahl mit *Get-Random* generiert. Nun möchten Sie sich alle Lottozahlen ausgeben lassen, also nicht nur eine Zufallszahl abrufen, sondern sieben. Ein Blick auf die Parameter, die *Get-Random* unterstützt, zeigt, dass dieses Cmdlet einen viel versprechenden *-Count* Parameter bietet. Trotzdem schlägt der folgende Aufruf fehl. Warum?

```
PS> Get-Random -Minimum 1 -Maximum 50 -Count 7 ↵
Get-Random : Der Parametersatz kann mit den angegebenen benannten Parametern nicht aufgelöst werden.
```

Lösung Die Parameter eines Cmdlets können in sogenannte *Parametersätze* gruppiert werden. Gehört ein Parameter zu keinem besonderen Parametersatz, kann man diesen Parameter immer verwenden. Es dürfen aber keine Parameter miteinander gemischt werden, die aus unterschiedlichen Parametersätzen stammen. Die Parametersätze eines Cmdlets kann man sich mit *Get-Help* ansehen:

```
PS> Get-Help Get-Random ↵
(...)
SYNTAX
    Get-Random [-InputObject] <Object[]> [-Count <int>] [-SetSeed <int>] [<CommonParameters>]

    Get-Random [[-Maximum] <Object>] [-Minimum <Object>] [-SetSeed <int>] [<CommonParameters>]
(...)
```

Der Abschnitt *Syntax* listet die unterschiedlichen Parametersätze auf. Wie man sieht, kann *Get-Random* auf zwei unterschiedliche Arten aufgerufen werden. Die erste Variante unterstützt *-Count*, aber nicht *-Minimum* und *-Maximum*. Die zweite Variante unterstützt *-Minimum* und *-Maximum*, aber nicht *-Count*. Deshalb dürfen diese Parameter nicht in einem Aufruf miteinander gemischt werden.

Möchten Sie mehrere Zufallszahlen auf einmal erhalten, setzen Sie eine Schleife ein, die den Aufruf so oft wiederholt wie nötig. Schleifen wurden zwar bisher noch nicht behandelt, sind aber andererseits auch nicht übermäßig komplex, sodass hier ein kleiner Vorgriff erfolgt:

```
PS> For ($x=0; $x -le 7; $x++) { Get-Random -Minimum 1 -Maximum 50 } ↵
```

Nun erhalten Sie sieben Zufallszahlen zwischen 1 und 49. Es kann allerdings sein, dass ein und dieselbe Zufallszahl doppelt gezogen wird, weil *Get-Random* nicht weiß, welche Zahlen schon in den Vorläufen gezogen worden sind. Wollen Sie ähnlich wie bei einer Lottotrommel eine bestimmte Anzahl von Elementen ziehen und dabei aus der Grundmenge entfernen, sodass keine Zahlen doppelt ausgewählt werden, ist die andere Variante von *Get-Random* richtig:

```
PS> Get-Random -InputObject (1..49) -Count 7 ↵
```

Der Parameter *-InputObject* entspricht der Lostrommel, die in diesem Beispiel mit den Zahlen 1 bis 49 gefüllt wird. Ebenso gut könnten Sie diese aber auch mit beliebigen anderen Daten füllen und daraus Stichproben ziehen. *-Count* legt fest, wie oft in die Lostrommel gegriffen wird. Alle Elemente, die bereits gezogen wurden, können kein zweites Mal ausgewählt werden.

Rätsel Sie haben den Auftrag bekommen, rekursiv alle Protokolldateien aus dem Windows-Ordner und seinen Unterordnern aufzulisten. Der folgende Befehl scheint auch zunächst zu funktionieren, bis Ihr Kollege Sie darauf aufmerksam macht, dass die angezeigten Protokolldateien ausschließlich aus dem Windows-Ordner stammen, aber die Unterordner nicht durchsucht wurden. Offenbar ist der Switch-Parameter *-Recurse* wirkungslos geblieben. Warum?

```
PS> Get-ChildItem C:\Windows\*.log -Recurse ↵
```

Lösung Um genauer zu verstehen, was hier geschieht, sollte man zuerst sämtliche positionalen Parameter in benannte Parameter umwandeln. Positionale Parameter sind zwar bequem im Alltag, aber auch ein häufiger Fehlergrund, wenn versehentlich die falschen Argumente an einen Parameter übermittelt werden. *Get-Help* verrät, dass der Parameter mit Position 1 den Namen *-Path* trägt. Der Aufruf sieht nun so aus (und funktioniert immer noch nicht richtig):

```
PS> Get-ChildItem -Path C:\Windows\*.log -Recurse ↵
```

Nun wird es Zeit, sich genauer anzusehen, was die von Ihnen verwendeten Parameter eigentlich tatsächlich bewirken. Fragen Sie *Get-Help* zuerst nach dem Parameter *-Path*:

```
PS> Get-Help Get-ChildItem -Parameter path ↵

-Path <string[]>
    Gibt einen Pfad zu einem oder mehreren Speicherorten an. Platzhalter sind z
    ulässig. Der Standardspeicherort ist das aktuelle Verzeichnis (.).
```

Die Beschreibung deckt sich mit dem, was Sie erwartet haben. Sie haben einen Pfad angegeben und Platzhalter verwendet, also nichts verkehrt gemacht. Schauen Sie sich nun an, wie der Parameter *-Recurse* funktioniert:

```
PS> Get-Help Get-ChildItem -Parameter recurse ↵

-Recurse [<SwitchParameter>]
    Ruft die Elemente an den angegebenen Speicherorten und alle untergeordneten
     Elemente der Speicherorte ab.

    Der Recurse-Parameter hat nur dann Auswirkungen, wenn der Pfad auf einen
    Container mit untergeordneten Elementen zeigt, beispielsweise "C:\Windows"
    oder "C:\Windows\*", und nicht auf Elemente, die über keine untergeordneten
    Elemente verfügen, beispielsweise "C:\Windows\*.exe".
```

Der erste Absatz deckt sich noch mit dem, was Sie erwartet haben. Im zweiten Abschnitt allerdings klärt sich das Rastel: *-Recurse* funktioniert nur, wenn *Get-ChildItem* tatsächlich Ordner zurückliefert. Da Sie *Get-ChildItem* aber beauftragt haben, nur Protokolldateien zu liefern, schaut sich *-Recurse* diese zwar an, stellt aber fest, dass darin keine Unterordner enthalten sind, und quittiert den Dienst. Damit *-Recurse* funktioniert, müssen Sie also einen Pfad angeben, der auch die Unterordner mit einschließt, die *-Recurse* anschließend durchsuchen soll:

```
PS> Get-ChildItem C:\Windows -Recurse ↵
```

Diese Zeile funktioniert nun zwar rekursiv und durchsucht auch alle Unterordner des Windows-Ordners, aber jetzt bekommen Sie alle Dateien zurück, nicht bloß Protokolldateien. Sie wissen aber auch: Wenn ein Cmdlet ungefähr das leistet, was es soll, aber nicht ganz genau, schaut man sich seine Parameter an. Bestimmt gibt es einen weiteren Parameter, mit dem man die Ergebnisse filtern kann. Fragen Sie *Get-Help*:

```
PS> Get-Help Get-ChildItem -Parameter * ↵
```

Wie sich herausstellt, gibt es den Parameter *-Filter*, sodass der Aufruf nun so aussieht:

```
PS> Get-ChildItem -Path C:\Windows -Filter *.log -Recurse ↵
```

Dieser Aufruf listet jetzt wie gewünscht alle Protokolldateien rekursiv auf. Wenn Sie mögen, können Sie diesen Befehl nun wieder verkürzen und die Parameter abkürzen oder positional verwenden:

```
PS> Get-ChildItem C:\Windows *.log -r ↵
```

Wenn Sie diesen Aufruf mit dem ursprünglichen Aufruf vergleichen, stellen Sie fest, dass er sich im Wesentlichen nur durch ein zusätzliches Leerzeichen zwischen dem Pfad und dem Filter unterscheidet. Sie wissen nun warum. Gleichzeitig wird aber auch deutlich, dass die Informationsdichte von PowerShell-Befehlen sehr hoch ist (weswegen die Befehlszeilen und PowerShell-Skripts im Vergleich zu anderen Skriptsprachen sehr kurz sein können) und gerade anfangs diese feinen Unterschiede auch für Frustration sorgen können. Denken Sie in diesen Fällen also daran: Machen Sie sich klar, welche Parameter Sie einem Cmdlet eigentlich tatsächlich mit auf den Weg geben und was genau die Aufgabe dieser Parameter ist.

Rätsel Sie wissen inzwischen, dass man Parameternamen abkürzen darf, solange sie dabei eindeutig bleiben (Seite 81). Schauen Sie sich diese Zeile an:

```
PS> Get-ChildItem -Path C:\Windows ↵
```

Verkürzt man *-Path* auf *-p*, wirft die PowerShell eine erstaunliche Fehlermeldung aus:

```
PS> Get-ChildItem -p C:\Windows ↵
Get-ChildItem : Der Parameter kann nicht verarbeitet werden, da der Parametername "p" nicht
eindeutig ist. Mögliche Übereinstimmungen:  -Path -LiteralPath.
```

Die Fehlermeldung behauptet, der verkürzte Parametername *-p* wäre nicht eindeutig, weil er den Parametern *-Path* und *-LiteralPath* entspräche. Wieso das? Der Parameter *-LiteralPath* beginnt doch gar nicht mit dem Buchstaben *p*!

Lösung Parameternamen dürfen Aliasnamen verwenden. Sie haben das bereits bei *-ErrorAction* kennen gelernt und auf Seite 82 gesehen, wie man diese Aliasnamen sichtbar macht. Der Parameter *-LiteralPath* verwendet den Aliasnamen *-PSPath*. Geben Sie also den verkürzten Parameternamen *-p* an, kann die PowerShell nicht mehr eindeutig zuordnen, ob Sie den Parameter *-Path* oder den Aliasnamen *-PSPath* (der für *-LiteralPath* steht) meinen.

Rätsel Das Cmdlet unterstützt bei genauerer Betrachtung zwei Parameter, deren Aufgabe sehr ähnlich zu sein scheint: *-Filter* und *-Include*. Tatsächlich funktionieren beide auf den ersten Blick gleich:

```
PS> Get-ChildItem C:\Windows -Filter *.dll -Recurse ↵
PS> Get-ChildItem C:\Windows -Include *.dll -Recurse ↵
```

Welcher Parameter ist der richtige? Gibt es vielleicht doch Unterschiede?

Lösung Zwischen den beiden Parametern gibt es erhebliche Unterschiede, die Sie erkennen, wenn Sie sich die Beschreibungen der Parameter ausgeben lassen:

```
PS> Get-Help Get-ChildItem -Parameter filter ↵
PS> Get-Help Get-ChildItem -Parameter include ↵
```

Der erste Unterschied: *-Include* funktioniert nur, wenn Sie zusätzlich *-Recurse* einsetzen. Die folgenden beiden Zeilen machen den Unterschied deutlich:

```
PS> Get-ChildItem C:\Windows -Filter *.dll ↵
PS> Get-ChildItem C:\Windows -Include *.dll ↵
```

Die zweite Zeile, die *-Include* verwendet, liefert ohne *-Recurse* keine Ergebnisse.

Zweiter Unterschied: Der Parameter *-Filter* wird direkt vom Provider unterstützt und ist effizienter. Übersetzt heißt das: Falls *-Filter* verwendet werden kann, ist dieser Parameter wesentlich schneller. Das kann man mit *Measure-Command* sogar messen:

```
PS> Measure-Command { Get-ChildItem C:\Windows -Filter *.dll -Recurse -ea SilentlyContinue } ↵

Days              : 0
Hours             : 0
Minutes           : 0
Seconds           : 8
Milliseconds      : 643
Ticks             : 86436089
TotalDays         : 0,000100041769675926
TotalHours        : 0,00240100247222222
TotalMinutes      : 0,144060148333333
TotalSeconds      : 8,6436089
TotalMilliseconds : 8643,6089

PS> Measure-Command { Get-ChildItem C:\Windows -Include *.dll -Recurse -ea SilentlyContinue } ↵

Days              : 0
Hours             : 0
Minutes           : 0
Seconds           : 36
Milliseconds      : 682
Ticks             : 366821738
TotalDays         : 0,000424562196759259
TotalHours        : 0,0101894927222222
TotalMinutes      : 0,611369563333333
TotalSeconds      : 36,6821738
TotalMilliseconds : 36682,1738
```

Wie sich zeigt, benötigte in diesem Beispiel der Parameter *-Filter* für die rekursive Suche knapp 9 Sekunden, der Parameter *-Include* dagegen mit knapp 37 Sekunden mehr als viermal so lange. Solche Unterschiede sind praxisrelevant, weswegen sich grundsätzlich Ihre Befehls-Stoppuhr *Measure-Command* lohnt, falls Sie bei zwei ähnlichen Aufrufen den effizienteren ermitteln wollen. Es scheint, als habe *-Include* gegenüber *-Filter* nur Nachteile: Der Parameter funktioniert nur bei rekursiven Abfragen und ist deutlich langsamer. Wofür gibt es ihn dann überhaupt?

Der Parameter *-Include* ist langsamer, weil dieser Parameter nicht auf den Provider (den Datenlieferant) wirkt, sondern erst nachträglich die gelieferten Daten filtert. Anders gesagt: Geben Sie *-Include* an, liefert *Get-ChildItem* intern zuerst alle Dateien ungefiltert. Bevor die Ergebnisse in die Konsole ausgegeben werden, filtert *-Include* sie und sortiert alles aus, was nicht dem angegebenen Muster entspricht. *Filter* dagegen wird direkt an den Datenlieferanten übergeben, sodass dieser von vornherein nur die gewünschten Informationen liefert. Das allerdings funktioniert nur, wenn der Datenlieferant eine solche Filterung auch unterstützt.

Der Parameter *-Include* wird also immer dann verwendet, wenn ein Provider den Parameter *-Filter* nicht unterstützt. Möchten Sie z.B. in der Registrierungsdatenbank alle Schlüssel finden, die das Wort *PowerShell* enthalten, kann der schnelle Parameter *-Filter* nicht eingesetzt werden, weil der *Registry*-Provider diesen Filter nicht unterstützt:

```
PS> Get-ChildItem HKCU: -Filter *PowerShell* -Recurse ↵
Get-ChildItem : Die Methode kann nicht aufgerufen werden. Der Anbieter unterstützt keine
Verwendung von Filtern.
```

Wenn das geschieht, greifen Sie auf *-Include* zurück:

```
PS> Get-ChildItem HKCU: -Include *PowerShell* -Recurse ↵
```

Weniger Tippen mit abgekürzten Parametern

Sie kennen sich inzwischen gut mit dem Aufruf einzelner Cmdlets aus und wissen, wie man mithilfe von Parametern zusätzliche Informationen an ein Cmdlet übergibt. Damit das in der Praxis schnell und bequem geht, unterstützt die PowerShell einige Tricks rund um Parameter, die zwar keine Pflicht sind, die aber die Arbeit mit Cmdlets stark vereinfachen.

Positionale Parameter verwenden

Die wichtigsten Parameter eines Cmdlets besitzen eine eingebaute Positionsnummer. Solche Parameter darf man auch ohne Angabe des Parameternamens direkt hinter den Cmdlet-Namen anfügen, vorausgesetzt, Sie halten sich an die vereinbarte Reihenfolge. Das Cmdlet *Get-ChildItem* listet z.B. den Inhalt eines Ordners auf. Geben Sie das Cmdlet ohne Parameter an, wird der Inhalt des aktuellen Ordners ausgegeben. Welches der aktuelle Ordner ist, verrät das Cmdlet *Get-Location*:

```
PS> Get-Location ↵
```

```
PS> Get-ChildItem ↵
```

Möchte man einen anderen Ordnerinhalt auflisten, kann man entweder den aktuellen Ordner zuerst mit *Set-Location* ändern, beispielsweise so:

```
PS> Set-Location -Path C:\Windows ↵
```

```
PS> Get-ChildItem ↵
```

Oder aber man übergibt den Pfadnamen des gewünschten Ordners als Parameter direkt an *Get-ChildItem*:

```
Get-ChildItem -Path C:\Windows ↵
```

Weil diese Schreibweise im Alltag eher unhandlich ist, wurde dem wichtigen *-Path*-Parameter die Position 1 zugewiesen. Das erste Argument, das Sie also ohne Angabe eines Parameters (also unbenannt) angeben, wird automatisch dem Parameter *-Path* zugewiesen. Deshalb dürfen Sie auch schreiben:

```
PS> Set-Location C:\Windows ↵
PS> Get-ChildItem ↵
```

Oder:

```
PS> Get-ChildItem C:\Windows ↵
```

Position eines Parameters bestimmen

Positionale Parameter sind im Alltag echte Zeitsparer. Deshalb lohnt es sich, bei häufig verwendeten Cmdlets herauszufinden, welches seine positionalen Parameter sind. Diese Information liefert *Get-Help*, indem Sie die Parameter eines Cmdlets auflisten lassen:

```
PS> Get-Help Get-ChildItem -Parameter * ↵
-Exclude <string[]>
    Lässt die angegebenen Elemente aus. Der Path-Parameter wird durch den Wert dieses Parameters
qualifiziert. Geben Sie ein Pfadelement oder -muster wie "*.txt" ein. Platzhalter sind zulässig.

    Erforderlich?                false
    Position?                    named
    Standardwert
    Pipelineeingaben akzeptieren?false
    Platzhalterzeichen akzeptieren?false


-Filter <string>
    Gibt einen Filter im Format oder in der Sprache des Anbieters an. Der Path-Parameter wird durch
den Wert dieses Parameters qualifiziert. Die Syntax des Filters einschließlich der Verwendung von
Platzhaltern ist vom Anbieter abhängig. Filter sind effizienter als andere Parameter, da sie beim
Abrufen der Objekte vom Anbieter angewendet werden und die Objekte nicht erst nach dem Abrufen von
Windows PowerShell gefiltert werden.

    Erforderlich?                false
    Position?                    2
    Standardwert
    Pipelineeingaben akzeptieren?false
    Platzhalterzeichen akzeptieren?false


-Force [<SwitchParameter>]
    Ermöglicht dem Cmdlet das Abrufen von Elementen, auf die der Benutzer anderweitig nicht
zugreifen kann, z. B. versteckte oder Systemdateien. Die Implementierung unterscheidet sich bei
den einzelnen Anbietern. Weitere Informationen finden Sie unter "about_Providers". Auch bei
Verwendung des Force-Parameters kann das Cmdlet keine Sicherheitseinschränkungen außer Kraft
```

```
setzen.

    Erforderlich?                  false
    Position?                      named
    Standardwert
    Pipelineeingaben akzeptieren?false
    Platzhalterzeichen akzeptieren?false
(...)
```

Zu jedem Parameter werden eine Reihe von Informationen ausgegeben, zu denen auch *Position* zählt. Steht hier *named*, dann kann dieser Parameter ausschließlich benannt in Form eines Schlüssel-Wert-Paares angegeben werden. Ist hier dagegen eine Zahl vermerkt, verrät diese die Position, an welcher der Wert dieses Parameters auch ohne Angabe des Parameternamens angegeben werden kann. Wie sich zeigt, ist dem Parameter *-Path* die Position 1 zugewiesen. Der Parameter *-Filter* wird an Position 2 erwartet und alle übrigen Parameter können nur benannt angegeben werden. Möchten Sie z.B. rekursiv alle DLL-Dateien im Windows-Ordner ausgeben, könnten Sie entweder benannte Parameter verwenden:

```
PS> Get-ChildItem -Path C:\Windows -Filter *.dll -Recurse
```

Oder Sie geben die Argumente in der richtigen Reihenfolge unbenannt an, beispielsweise so:

```
PS> Get-ChildItem C:\Windows *.dll -Recurse ↵
```

Oder:

```
PS> Get-ChildItem C:\Windows -Recurse *.dll ↵
```

Parameter abkürzen

Haben Sie sich für benannte Parameter entschieden oder verwenden Switch-Parameter (die natürlich nie positional sein können), kann man sich dennoch Schreibarbeit sparen. Parameternamen müssen nämlich nicht vollständig ausgeschrieben werden, solange das, was Sie angeben, eindeutig ist. Die folgende Zeile ist also erlaubt, weil *Get-ChildItem* nur einen Parameter kennt, der mit dem Buchstaben *r* beginnt:

```
PS> Get-ChildItem C:\Windows *.dll -r ↵
```

Auch diese Zeile wäre erlaubt:

```
PS> Get-ChildItem -pa C:\Windows -fi *.dll -r ↵
```

Kürzen Sie Parameter zu stark, sodass sie nicht mehr eindeutig zugeordnet werden können, quittiert die PowerShell das mit einer roten Fehlermeldung, in der die mehrdeutigen Parameternamen genannt werden:

```
PS> Get-ChildItem -pa C:\Windows -f *.dll -r ↵
Get-ChildItem : Der Parameter kann nicht verarbeitet werden, da der Parametername "f" nicht
eindeutig ist. Mögliche Übereinstimmungen:  -Filter -Force.
```

Wie sich zeigt, gibt es zwei Parameter, die mit *f* beginnen, sodass *-f* nicht eindeutig ist.

Parameter mit Aliasnamen abkürzen

Häufig benötigte Parameter können darüber hinaus mit sogenannten Aliasnamen versehen sein. Aliasnamen sind zusätzliche Kurznamen, unter denen man Parameter alternativ ansprechen kann. Sie haben schon den Parameter *-ErrorAction* kennengelernt, mit dessen Hilfe man Fehlermeldungen unterdrücken kann. Der Aliasname dieses Parameters lautet *-ea*. Die folgenden beiden Zeilen funktionieren also gleich und sorgen dafür, dass alle Notepad-Instanzen geschlossen werden. Läuft kein Notepad, wird keine Fehlermeldung mehr ausgegeben:

```
PS> Stop-Process -Name Notepad -ErrorAction SilentlyContinue ↵
PS> Stop-Process -Name Notepad -ea SilentlyContinue ↵
```

PROFITIPP Tatsächlich kann man den letzten Aufruf noch sehr viel kürzer fassen, wenn man will. Mit dem folgenden Aufruf findet man heraus, ob es für das Cmdlet *Stop-Process* kürzere Aliasnamen gibt:

```
PS> Get-Alias -Definition Stop-Process ↵
CommandType     Name                            Definition
-----------     ----                            ----------
Alias           kill                            Stop-Process
Alias           spps                            Stop-Process
```

Außerdem kann der Parametername verkürzt werden. Damit ergibt sich dieser Aufruf:

```
PS> kill -n Notepad -ea SilentlyContinue ↵
```

Schließlich kann anstelle der Konstante *SilentlyContinue* auch dessen zugrunde liegender Zahlenwert angegeben werden, was den Aufruf zwar noch kürzer, aber dann beinahe unleserlich macht:

```
PS> kill -n Notepad -ea 0 ↵
```

Die Aliasnamen eines Parameters sind nicht so gut auffindbar wie alle übrigen Informationen. Möchten Sie wissen, über welche Aliasnamen ein Parameter angesprochen werden kann, verwenden Sie die folgende etwas kryptische Zeile und ersetzen darin *Get-ChildItem* durch den Namen des Cmdlets, für das Sie sich interessieren. Das Ergebnis ist eine Liste derjenigen Parameter, für die mindestens ein Aliasname definiert ist:

```
PS> 'Get-ChildItem' | ForEach-Object {(get-command $_).parameters | % { $_.Values | Where-Object {
$_.Aliases.Count -gt 0 } | Select-Object Name, Aliases }} ↵
Name                                                        Aliases
----                                                        -------
LiteralPath                                                 {PSPath}
Verbose                                                     {vb}
Debug                                                       {db}
ErrorAction                                                 {ea}
WarningAction                                               {wa}
ErrorVariable                                               {ev}
WarningVariable                                             {wv}
OutVariable                                                 {ov}
OutBuffer                                                   {ob}
UseTransaction                                              {usetx}
```

Konflikte bei Parameternamen

Übrigens können Sie die Parametererkennung auch ausdrücklich abschalten. Nötig ist das nur im sel tenen Fall, wenn ein Argument genauso lautet wie ein Parametername und deshalb nicht als Parameter verstanden werden soll. Falls Sie also unbedingt mit *Write-Host* den Text »-BackgroundColor« ausgeben wollten, käme es normalerweise zu einem Konflikt. Die PowerShell würde annehmen, Sie meinten den Parameter -*BackgroundColor* und würde zu Recht bemängeln, dass das Argument für diesen Parameter fehlt:

```
PS> Write-Host -BackgroundColor ↵
Write-Host : Fehlendes Argument für den Parameter "BackgroundColor". Geben Sie einen Parameter vom
Typ "System.ConsoleColor" an, und versuchen Sie es erneut.
Bei Zeile:1 Zeichen:27
+ Write-Host -BackgroundColor <<<<
```

Entweder setzen Sie in solch einem Fall den Text in Anführungszeichen oder Sie schalten die Parametererkennung mit zwei aufeinanderfolgenden Bindestrichen (--) ausdrücklich aus. Alles, was diesen beiden Zeichen folgt, wird nicht länger als Parameter erkannt:

```
PS> Write-Host "-BackgroundColor" ↵
-BackgroundColor
PS> Write-Host -- -BackgroundColor ↵
-BackgroundColor
```

Parameter-Binding sichtbar machen

Falls Sie genauer herausfinden möchten, wie die PowerShell Ihre Parameter an ein Cmdlet bindet, greifen Sie zum Diagnose-Cmdlet *Trace-Command*. Diesem Cmdlet kann man einen Befehlsaufruf übergeben und dann nachvollziehen, in welcher Reihenfolge und auf welche Weise die PowerShell die angegebenen Parameter den verfügbaren Parametern zuordnet. Schauen Sie sich dazu diese Zeile an:

```
PS> Get-ChildItem C:\Windows *.log -r ↵
```

Analysieren Sie diesen Aufruf mit *Trace-Command*, lässt sich die PowerShell in die Karten schauen:

```
PS> Trace-Command -psHost -Name ParameterBinding { Get-ChildItem C:\Windows *.log } ↵
DEBUG: ParameterBinding Information: 0 :     BIND NAMED cmd line args
[Get-ChildItem]
DEBUG: ParameterBinding Information: 0 :     BIND arg [True] to parameter
[Recurse]
DEBUG: ParameterBinding Information: 0 :     COERCE arg to
[System.Management.Automation.SwitchParameter]
DEBUG: ParameterBinding Information: 0 :     Parameter and arg types
the same, no coercion is needed.
DEBUG: ParameterBinding Information: 0 :     BIND arg [True] to param
[Recurse] SUCCESSFUL
DEBUG: ParameterBinding Information: 0 :     BIND POSITIONAL cmd line args
[Get-ChildItem]
DEBUG: ParameterBinding Information: 0 :     BIND arg [c:\windows] to paramet
 [Path]
DEBUG: ParameterBinding Information: 0 :     Binding collection parameter
Path: argument type [String], parameter type [System.String[]], collection ty
 Array, element type [System.String], no coerceElementType
DEBUG: ParameterBinding Information: 0 :     Creating array with element
```

```
type [System.String] and 1 elements
DEBUG: ParameterBinding Information: 0 :     Argument type String is not
IList, treating this as scalar
DEBUG: ParameterBinding Information: 0 :     Adding scalar element of typ
String to array position 0
DEBUG: ParameterBinding Information: 0 :     BIND arg [System.String[]] t
param [Path] SUCCESSFUL
DEBUG: ParameterBinding Information: 0 :     BIND arg [*.log] to parameter
[Filter]
DEBUG: ParameterBinding Information: 0 :     BIND arg [*.log] to param
[Filter] SUCCESSFUL
DEBUG: ParameterBinding Information: 0 :     BIND cmd line args to DYNAMIC
parameters.
DEBUG: ParameterBinding Information: 0 :     MANDATORY PARAMETER CHECK on cmdlet
[Get-ChildItem]
DEBUG: ParameterBinding Information: 0 :     CALLING BeginProcessing
```

PowerShell-Cmdlets über Stichwörter finden

Bevor man die PowerShell dazu bewegen kann, sinnvolle Aufgaben zu erledigen, muss man zuerst die dafür zuständigen Cmdlets finden. In diesem Kapitel haben Sie bereits gesehen, wie Sie mithilfe von Tätigkeiten und Tätigkeitsbereichen mittels *Get-Command* die Namen von Cmdlets für bestimmte Aufgaben finden. Sie haben aber auch am Beispiel von *Get-Help* gesehen, dass Cmdlets sehr ausführlich dokumentiert sind, und dies sogar in lokalisierter Form, also in der jeweiligen Landessprache. Was liegt also näher, als Cmdlets über deutsche Stichwörter zu finden, die in den Hilfsbeschreibungen der Cmdlets vorkommen?

Leider funktioniert diese Art der Suche zunächst nur recht eingeschränkt. Zwar können Sie *Get-Help* ein Stichwort übergeben, und wenn dieses Stichwort in einer Hilfebeschreibung vorkommt, wird die Hilfebeschreibung ausgegeben:

```
PS> Get-Help Drucker ↵
```

Allerdings ist es nicht möglich, mehrere Stichwörter zu kombinieren, und das angegebene Stichwort wird an so vielen Stellen gefunden, dass das Ergebnis häufig viel zu unspezifisch ist:

```
PS> Get-Help Dienst ↵
```

Ein sehr viel hilfreicherer Weg ist, einen eigenen neuen Befehl nachzurüsten, der gezielt in den Beschreibungen der Cmdlets sucht. Zwar haben Sie in diesem Kapitel erst die PowerShell-Grundlagen kennengelernt und wissen deshalb noch nicht, wie man eigene Befehle anlegt. Wenn Sie allerdings den folgenden Code sorgfältig eingeben, erhalten Sie einen außerordentlich praktischen Suchbefehl namens *??*:

```
PS> function ??($keywords) { Get-Help * | ? { $_.description -like "*$keywords*" } | Select-Object
Name, Synopsis } ↵
```

Der neue Befehl verlangt ein oder mehrere Stichwörter, wobei mehrere Stichwörter mit dem Platzhalterzeichen »*« kombiniert werden. Das Ergebnis sind alle Cmdlets, welche die angegebenen Stichwörter in ihrer Beschreibung verwenden. Weil die Beschreibungen lokalisiert (eingedeutscht) sind, dürfen Sie gewöhnliche deutsche Stichwörter verwenden, es sei denn, Sie verwenden eine englische oder anderssprachige Windows-Version.

```
PS> ?? drucker ↵

Name                                    Synopsis
----                                    --------
Out-Printer                             Sendet die Ausgabe an einen Drucker.

PS> ?? zufall ↵

Name                                    Synopsis
----                                    --------
Get-Random                              Ruft eine Zufallszahl ab oder wählt ...

PS> ?? dienst*starten ↵

Name                                    Synopsis
----                                    --------
Set-WSManQuickConfig                    Konfiguriert den lokalen Computer fü...
Enable-PSRemoting                       Konfiguriert den Computer zum Empfan...
Start-Service                           Startet einen oder mehrere beendete ...
Restart-Service                         Beendet einen oder mehrere Dienste u...
Set-Service                             Startet, beendet und hält einen Dien...

PS> ?? herunterfahren ↵

Name                                    Synopsis
----                                    --------
Stop-Computer                           Beendet lokale und Remotecomputer (f...
```

Die ??-Funktion erleichtert die Suche nach Cmdlets also ungemein. Haben Sie ein Erfolg versprechendes Cmdlet entdeckt, rufen Sie anschließend mit *Get-Help* die vollständige Hilfe dafür ab.

Kindersicherung für Cmdlets

Immer, wenn ein Cmdlet das System dauerhaft verändert, also beispielsweise einen Registrierungsdatenbankeintrag ändert oder eine Datei löscht, unterstützt es die Parameter *-WhatIf* und *-Confirm*, die Sie schon kennengelernt haben und die Sie inzwischen auch in eigenen Funktionen implementieren können. Damit wird es nicht nur leicht, alle potenziell gefährlichen Befehle aufzuspüren:

```
PS> Get-Help * -Parameter WhatIf ↵
```

Sie können damit außerdem auch eine Automatiksicherung durchführen. Normalerweise greifen die Parameter *-WhatIf* und *-Confirm* nämlich nur, wenn Sie diese auch tatsächlich angeben. Andernfalls wird sofort scharf geschossen.

WhatIf automatisch aktivieren

Wollen Sie mit der PowerShell erste Erfahrungen sammeln, aber auf keinen Fall unbedacht Einstellungen ändern, weisen Sie die PowerShell an, *-WhatIf* zum Standard zu erklären. Das legen Sie mit der Variablen *$WhatIfPreference* fest, die normalerweise auf *$false* eingestellt ist. Indem Sie diese auf *$true* ändern, verwendet jeder Befehl, der den Parameter *-WhatIf* unterstützt, nur den Simulationsmodus:

```
PS> $whatIfPreference = $true [↵]
```

Zwar können Sie nun normal mit der PowerShell weiterarbeiten, aber sobald Sie einen Befehl aufrufen, der das System verändern würde, nimmt dieser jetzt die Änderung nicht mehr vor, sondern berichtet nur, was er getan hätte – ganz so, als hätten Sie den Parameter *-WhatIf* angegeben:

```
PS> Stop-Process -id $PID [↵]
WhatIf: Ausführen des Vorgangs "Stop-Process" für das Ziel "PowerShellPlus (7480)".
PS> Md C:\neuerordner [↵]
WhatIf: Ausführen des Vorgangs "Verzeichnis erstellen" für das Ziel "Ziel: C:\neuerordner".
```

Sie haben nun so etwas wie eine »Read only«-PowerShell, die besonders für Einsteiger gut geeignet ist. Was aber, wenn Sie in diesem Modus nach reiflicher Überlegung dann doch eine Systemänderung durchführen möchten? Geben Sie den Parameter *-WhatIf* an, dreht er jetzt seine Funktion nicht etwa um, sondern sorgt weiterhin für die Simulation. Sie müssen ihn also explizit ausschalten. Dies erreichen Sie, indem Sie dem Parameter den Wert *$false* zuweisen:

```
PS> Md C:\neuerordner -WhatIf:$false [↵]

    Verzeichnis: C:\

Mode                LastWriteTime     Length Name
----                -------------     ------ ----
d----        04.03.2010     12:52            neuerordner
WhatIf: Ausführen des Vorgangs "Variable festlegen" für das Ziel "Name: Pipeline Wert:
C:\neuerordner".
```

Confirm und ConfirmImpact

Den Parameter *-WhatIf* dauerhaft einzuschalten ist für den Produktionsalltag unpraktikabel. Hier kommt dem Parameter *-Confirm* eine viel größere Rolle zu, der vor jeder einzelnen Änderungsaktion nachfragt. Sein Verhalten wird über die Variable *$ConfirmPreference* gesteuert, die normalerweise den Wert *High* enthält:

```
PS> $ConfirmPreference [↵]
High
```

Die PowerShell verwendet den Parameter *-Confirm* also nicht bei allen Befehlen automatisch, sondern nur bei solchen, die besonders schwerwiegende Änderungen am System vornehmen und von ihrem Autor mit der *ConfirmImpact*-Kategorie *High* gekennzeichnet wurden. Alle übrigen Befehle fragen vor Änderungen nur nach, wenn Sie ausdrücklich den Parameter *-Confirm* angeben.

Interessanterweise ist es gar nicht so einfach, herauszufinden, welchen *ConfirmImpact* einzelne Befehle für sich gewählt haben. Mit einem kleinen Kunstgriff ins .NET Framework erhalten Sie diese Informationen aber dennoch (erschrecken Sie aber nicht. In den Kapiteln 8 und 9 erfahren Sie ganz genau, was dabei passiert). Die folgende Zeile listet alle Cmdlets auf, die *ConfirmImpact* festlegen, und den jeweils gewählten *ConfirmImpact*:

```
PS> Get-Command -CommandType Cmdlet |
  ForEach-Object {
      $_.ImplementingType.GetCustomAttributes($true) |
    Where-Object { $_.VerbName -ne $null } |
    Select-Object @{Name='Name';
```

```
    Expression={'{0}-{1}' -f $_.VerbName, $_.NounName}}, ConfirmImpact
  } |
  Sort-Object ConfirmImpact -Descending
Name                                       ConfirmImpact
----                                       -------------
Unregister-PSSessionConfiguration                   High
Set-PSSessionConfiguration                          High
Register-PSSessionConfiguration                     High
Enable-PSRemoting                                   High
Enable-PSSessionConfiguration                       High
Disable-PSSessionConfiguration                      High
Remove-PSBreakpoint                               Medium
Remove-Job                                        Medium
Remove-Module                                     Medium
Remove-PSSnapin                                   Medium
Remove-QADGroupMember                             Medium
Remove-PSDrive                                    Medium
Remove-PSSession                                  Medium
Remove-ItemProperty                               Medium
(...)
```

Das erklärt, warum das Cmdlet *Enable-PSRemoting* aus Kapitel 16 z.B. immer nachfragt, bevor es der PowerShell Remotefähigkeiten aktiviert (jedenfalls dann, wenn Sie über Administratorrechte verfügen, die bei diesem Cmdlet Voraussetzung sind), andere Cmdlets – solche mit der *ConfirmImpact*-Stufe *Medium* – allerdings nur, wenn Sie ausdrücklich den Parameter *-Confirm* angeben.

PROFITIPP Und wie könnte man Cmdlets mit hohem *ConfirmImpact* ohne Rückfrage ausführen? Entweder schalten Sie die Automatikwarnung grundsätzlich ab:

```
PS> $ConfirmPreference = 'None' ↵
```

Das allerdings ist nicht so schlau, weil nun bei keinem Cmdlet mehr die automatischen Rückfragen verwendet werden. Oder Sie schalten den Parameter *-Confirm* manuell aus:

```
PS> Enable-PSRemoting -Confirm:$false ↵
```

Weil dieser Trick, der bei allen Cmdlets mit dem Parameter *-Confirm* funktioniert, kaum bekannt ist, haben die Cmdlet-Autoren meist außerdem andere Wege eingebaut und nutzen beispielsweise den Parameter *-Force* für denselben Zweck:

```
PS> Enable-PSRemoting -Force ↵
```

Zusammenfassung

Die in der PowerShell integrierten Befehle heißen Cmdlets und ihre Namen bestehen der besseren Auffindbarkeit wegen immer aus zwei Worten: einer normierten Tätigkeit (Tabelle 2.1) und einem Tätigkeitsbereich. Mit dem Cmdlet *Get-Command* listet man alle Befehle auf und kann nach Cmdlets mit einer bestimmten Tätigkeit oder Tätigkeitsbereichen suchen. Das Cmdlet *Get-Help* liefert Hilfe zu einem Cmdlet und beschreibt seine Aufgabe, gibt Beispiele und erklärt die Parameter des Cmdlets. Das Tandem aus *Get-Command* und *Get-Help* sind also Ihre wichtigsten Helfer:

- **Befehl finden** *Get-Command* findet den Namen eines Cmdlets für eine bestimmte Aufgabe

- **Befehl einsetzen** *Get-Help* liefert alle Informationen, die Sie benötigen, um das gefundene Cmdlet einzusetzen

Die meisten Cmdlets akzeptieren zusätzliche Informationen, die sogenannten Parameter. Mit ihnen verraten Sie dem Cmdlet, was genau es bewerkstelligen soll. Parameter werden hinter dem Cmdlet-Namen durch Leerzeichen getrennt angegeben. Es gibt positionale und benannte Parameter sowie Switch-Parameter und Common Parameter. Letztere werden von allen Cmdlets unterstützt.

In diesem Kapitel haben Sie bereits fünf Sonderzeichen kennen gelernt:

Sonderzeichen	Bedeutung
-	Leitet einen Parameternamen ein. Alle Parameternamen beginnen mit einem Bindestrich.
()	Ausdrücke in runden Klammern werden zuerst ausgewertet und dann wird das Ergebnis des Ausdrucks anstelle der Klammern weiterverarbeitet. Mit runden Klammern kann man also bei mehreren Anweisungen ähnlich wie in der Mathematik kontrollieren, in welcher Reihenfolge die einzelnen Ausdrücke bearbeitet werden.
[]	Platzhalter, der für genau ein Zeichen steht, das aus den Zeichen bestehen darf, die innerhalb der eckigen Klammern angegeben werden
*	Platzhalterzeichen, das für beliebige und beliebig viele Zeichen steht
--	Schaltet die Parametererkennung aus, sodass der folgende Text als Argument und nicht als Parametername erkannt wird

Tabelle 2.4 PowerShell-Sonderzeichen, die in diesem Kapitel eingeführt wurden

Darüber hinaus haben Sie die folgenden wichtigen Cmdlets eingesetzt:

Cmdlet	Beschreibung	Beispiel Seite
Get-ChildItem	Listet den Inhalt eines Ordners auf	74
Get-Command	Liefert die Namen von Cmdlets und anderen Befehlen	46
Get-Date	Liefert das aktuelle Datum oder erzeugt ein beliebiges anderes Datum	51
Get-EventLog	Listet den Inhalt eines Ereignisprotokolls auf	53
Get-Help	Liefert Hilfe zu Cmdlets	58
Get-HotFix	Liefert eine Liste installierter Hotfixes und Updates	51
Get-Location	Liefert den Pfadnamen des aktuell gewählten Ordners	79
Get-Process	Listet alle laufenden Prozesse auf	56
Get-Random	Liefert eine Zufallszahl oder zieht ein zufällig gewähltes Element aus einem Array	75
Measure-Command	Misst die Ausführungsdauer eines Befehls	78
New-Item	Legt neue Ordner und andere Objekte an	72
New-PSDrive	Legt ein neues virtuelles PowerShell-Laufwerk an	73

Tabelle 2.5 Wichtige Cmdlets dieses Kapitels

Cmdlet	Beschreibung	Beispiel Seite
Restart-Computer	Startet den Computer neu	51
Restore-Computer	Aktiviert einen Systemwiederherstellungspunkt	71
Set-Content	Ändert den Inhalt einer Datei	57
Set-Location	Setzt den aktuellen Ordner auf einen neuen Pfad	79
Start-Transcript	Startet die PowerShell-Protokollfunktion	52
Stop-Computer	Fährt den Computer herunter	57
Stop-Process	Beendet einen oder mehrere Prozesse	61
Stop-Service	Beendet einen Dienst	73
Stop-Transcript	Beendet die PowerShell-Protokollfunktion	52
Trace-Command	Macht sichtbar, wie die PowerShell Parameter an Cmdlets bindet	83
Write-Host	Schreibt Text (auf Wunsch auch farbig) in die Konsole	66

Tabelle 2.5 Wichtige Cmdlets dieses Kapitels *(Fortsetzung)*

Die folgenden Spezialbegriffe wurden in diesem Kapitel erklärt:

Begriff	Beschreibung
Cmdlet	Interner PowerShell-Befehl
Parameter	Name einer Zusatzinformation, die man einem Cmdlet zuweisen kann
Argument	Wert, den man einem Parameter zuweist
Alias	Ersatzname. Solche gibt es für Parameternamen und für Cmdlets selbst. Sie haben zum Beispiel gesehen, dass der Parameter *-ErrorAction* durch den (kürzeren) Aliasnamen *-ea* ersetzt werden darf. Auch sperrige Cmdlet-Namen wie *Get-Childitem* stehen über kürzere Aliasnamen zur Verfügung wie beispielsweise *dir* oder *ls*. Alle Aliasnamen für Cmdlets und andere Befehle werden mit dem Cmdlet *Get-Alias* aufgelistet.
Funktion	Ein Befehl, der intern aus beliebig vielen Cmdlets zusammengesetzt ist. Die PowerShell bringt bereits einige Funktionen wie beispielsweise *help* mit. Weitere Funktionen kann man je nach Bedarf hinzufügen. Wie dies geschieht, wird in einem späteren Kapitel behandelt.
Provider	Auch *Anbieter* genannt. Provider verwandeln hierarchisch gegliederte Informationsspeicher in Laufwerke. Die PowerShell wird mit einer Reihe von Providern ausgeliefert, die es z.B., wie auf Seite 79 gezeigt, möglich machen, den Inhalt der Registrierungsdatenbank so einfach aufzulisten, als wäre es ein herkömmliches Datenlaufwerk. Mehr zu Providern erfahren Sie in einem späteren Kapitel.

Tabelle 2.6 Wichtige Fachbegriffe in diesem Kapitel

Kapitel 3

Befehle in der PowerShell-Konsole

In diesem Kapitel:

Damit eine Technologie erfolgreich ist, dürfen ihre Entwickler nicht nur visionär in die Zukunft schauen, sondern müssen ebenso akribisch auch in die Vergangenheit blicken. Ohne die Vergangenheit ernst zu nehmen und mit umfassender Abwärtskompatibilität für einen fließenden Übergang zu sorgen, kann sich keine noch so leistungsstarke Technik durchsetzen.

Die PowerShell kann deshalb auch bewährte ältere Befehle wie beispielsweise *ping* oder *ipconfig* ausführen und baut sogar clevere Brücken zwischen älteren Befehlen und neuartigen Cmdlets. In diesem Kapitel gewinnen Sie einen umfassenden Überblick, welche Befehle Ihnen in der PowerShell tatsächlich zur Verfügung stehen.

Sieben Befehlsarten unter einem Dach

Die PowerShell akzeptiert nicht nur die etwas sperrigen Cmdlet-Namen, die Sie im letzten Kapitel kennengelernt haben. Auch vertraute Befehle aus der altbekannten Befehlskonsole funktionieren weiter. Möchten Sie z.B. schnell und unbürokratisch prüfen, ob ein Computer online ist, kann man auch in der PowerShell dazu wie früher *ping* einsetzen:

```
PS> ping 127.0.0.1
PS> ping idera.com
```

Klassische Dateisystembefehle wie *dir*, *cd* oder *md* funktionieren weiterhin (fast) wie gewohnt:

```
PS> dir C:\Windows
PS> md C:\neuerordner
```

Kommen Sie aus dem Unix-Umfeld, wird es Sie freuen, dass sogar einige bekannte Unix-Befehle von der PowerShell akzeptiert werden:

```
PS> ls C:\windows
```

PROFITIPP Welchen Befehl die PowerShell tatsächlich ausführt und um was für eine Befehlsart es sich jeweils handelt, verrät *Get-Command*:

```
PS> Get-Command ping
CommandType     Name                         Definition
-----------     ----                         ----------
Application     PING.EXE                     C:\Windows\system32\PING.EXE

PS> Get-Command dir
CommandType     Name                         Definition
-----------     ----                         ----------
Alias           dir                          Get-ChildItem

PS> Get-Command Get-ChildItem
CommandType     Name                         Definition
-----------     ----                         ----------
Cmdlet          Get-ChildItem                Get-ChildItem [[-Path] <Stri...
```

Die PowerShell kann außerdem rechnen, was praktisch ist, wenn man kurz einen Speicherbedarf ermitteln oder andere Ergebnisse ausrechnen möchte:

```
PS> 1+4 * (5/3)
```

Hinter diesen Beispielen stecken die sieben verschiedenen Befehlskategorien, die von der PowerShell unterstützt werden:

- **Rechnen** Die PowerShell unterstützt die vier Grundrechenarten sowie die in der IT gebräuchliche Zahleneinheiten (sofern diese direkt und ohne Leerzeichen an eine Zahl angehängt werden). Die folgende Rechnung ist also vollkommen in Ordnung: 440GB/12.6KB. Als Dezimaltrennzeichen kommt unabhängig von der Spracheinstellung immer der Punkt zum Einsatz.
- **Alias** Sperrige Befehle lassen sich durch Aliase abkürzen. Die Befehle *dir* und *ls* sind beispielsweise lediglich Abkürzungen für das etwas unhandliche Cmdlet *Get-ChildItem*. Aliasnamen bilden außerdem Brücken zwischen alten gewohnten Befehlswelten und der neuen PowerShell-Welt. Vertraute Aliasnamen führen Sie intuitiv zu den neuartigen PowerShell-Cmdlets.
- **Funktion** Sind eine Art Makros, die intern aus anderen PowerShell-Befehlen bestehen. Funktionen erlauben Ihnen also, schnell und ohne größeren Aufwand aus bestehenden Befehlen neue Befehle zusammenzuschmelzen. Wenn Sie also immer wieder dieselbe Abfolge von Befehlen verwenden, könnte eine Funktion diese Aufrufe zusammenfassen und Zeit sparen helfen.
- **Cmdlets** Die eingebauten PowerShell-Befehle bieten die wesentliche Grundlage für Aliasnamen (die meist auf Cmdlets verweisen) und Funktionen (die meist aus Cmdlets bestehen). Cmdlets haben Sie schon ausführlich im letzten Kapitel kennengelernt.
- **Anwendungen** Alle ausführbaren Programme, also solche mit den Dateierweiterungen *.exe* und *.com*, können von der PowerShell aufgerufen werden. Konsolenanwendungen führt die PowerShell synchron aus, schreibt dessen Ausgaben also in seine eigene Konsole und wartet, bis die Anwendung wieder beendet wird. Fensterbasierte Anwendungen (wie beispielsweise *notepad* oder *regedit*) führt die PowerShell asynchron aus, wartet also nicht auf diese Programme.
- **PowerShell-Skripts** Dateien mit der Erweiterung *.ps1*, die PowerShell-Code enthalten, können von der PowerShell aufgerufen und ausgeführt werden. Solche Skripts werden meistens dazu verwendet, umfangreichere Aufgaben wie beispielsweise eine Computergrundkonfiguration, einen Loginvorgang oder eine Inventarisierung durchzuführen. Allerdings dürfen Skripts anfangs aus Sicherheitsgründen nicht ausgeführt werden. Dies gelingt erst, wenn die Sicherheitseinstellungen geändert wurden (Seite 126).
- **Andere Skripts und Dokumente** Alle übrigen Dateien, die mit einem ausführbaren Programm assoziiert sind, dürfen aus der PowerShell heraus gestartet werden. Dies betrifft ältere Skripts wie Batchdateien oder VBScript-Skripts ebenso wie Word-Dokumente oder Excel-Arbeitsmappen (sofern Microsoft Office installiert ist).

Kurz und knapp ...

Die PowerShell unterstützt sieben verschiedene Befehlstypen: Alias, Funktion, Cmdlet, Anwendung, PowerShell-Skripts, andere Dateien und Rechenoperationen. Ist ein Befehl mehrdeutig, weil es mehrere gleichnamige Befehle unterschiedlichen Typs gibt, richtet sich die PowerShell nach der eben genannten Reihenfolge, um den Befehl auszuwählen. Geben Sie im Zweifelsfall hinter *Get-Command* einen beliebigen gültigen Befehlsnamen an. Das Cmdlet meldet dann, um was für einen Befehlstyp es sich handelt.

Rechnen und Parametrisieren

Dass die PowerShell im einfachsten Fall wie ein kleiner Taschenrechner funktioniert, mag verwundern, und Sie schmunzeln womöglich über das kleine Schmankerl der PowerShell-Entwickler, die auch daran gedacht haben, in der IT übliche Größeneinheiten zu unterstützen:

```
PS> 2+4
6
PS> 4gb / 660mb
6,20606060606061
PS> 1PB
1125899906842624
```

In Wirklichkeit wird allerdings genau umgekehrt ein Schuh daraus: Zwar kann man mit der PowerShell-Konsole *auch* Rechenaufgaben lösen, doch eigentlich bieten diese Funktionen die viel wichtigere Grundlage, um Systeme, Einstellungen und Eigenschaften zu parametrisieren. Müssen Sie z.B. die Größe eines Exchange-Postfachs neu festlegen, wollen Sie sicher nicht mit krummen unleserlichen Zahlenwerten wie *157286400* hantieren, sondern der Mailbox besser (und lesbarer) die Größe *150MB* zuweisen. Oder Sie möchten einem Registrierungseintrag einen hexadezimalen Wert zuweisen. Anstelle der Dezimalzahl *43775* haben Sie bei der PowerShell die Freiheit, den Wert direkt hexadezimal anzugeben, indem Sie das Präfix *0x* voranstellen: *0xAAFF.*

Die PowerShell macht es also einfach, Werte in verschiedenen Formaten und Zahlensystemen *anzugeben* (aber nicht: *auszugeben*). Deshalb gibt es auch kein Präfix oder einen anderen schnellen Trick, um beispielsweise eine dezimale Zahl in eine Hexadezimalzahl umzuwandeln, weil das für die Parametrisierung überflüssig ist. Anders gesagt: Das gemeinsame Zahlensystem für alle Aufgaben ist das Dezimalsystem, und die PowerShell unterstützt Sie mit Kürzeln und Präfixangaben dabei, Informationen in dieses Zahlenformat zu bringen, aber nicht, sie in ein anderes Zahlensystem zu wandeln. Trotzdem ist auch diese Umwandlung möglich, wie Sie gleich sehen werden, doch mit einem anderen Ansatz.

Grundrechenarten

Die PowerShell unterstützt alle üblichen Grundrechenarten, und auch runde Klammern funktionieren genauso, wie Sie es von einem Taschenrechner gewohnt sind:

```
PS> (12+5) * 3 / 4.5
11,3333333333333
```

Spezialfall: runde Klammern

Runde Klammern haben bei der PowerShell auch in ganz normalen Befehlen dieselbe Bedeutung. So können Sie z.B. mit dem Befehl *dir* den Inhalt eines Ordners auflisten und danach bestimmen, wie viele Dateien gefunden wurden. Dazu stellen Sie den *dir*-Befehl in runde Klammern. So können Sie das Ergebnis – die Liste der gefundenen Dateien und Ordner – sofort weiterverarbeiten. Die nächste Zeile verrät also, wie viele Textdateien sich im aktuellen Ordner befinden:

```
PS> (dir *.txt).Count
12
```

▶

Runde Klammern spielen in der PowerShell eine besondere Rolle. Grundsätzlich wertet die PowerShell alles, was in runden Klammern steht, zunächst isoliert vom Rest aus und fügt das Ergebnis an dieser Stelle ein. Bei Rechenoperationen kennt man das. Die Berechnung in den runden Klammern hat Vorrang und sorgt damit ausnahmsweise dafür, dass Punktrechnung nicht vor Strichrechnung geht.

Allerdings funktioniert dieses Beispiel nur, wenn sich im Ordner mindestens zwei Textdateien befinden. Warum das so ist und was dagegen unternommen werden kann, erfahren Sie etwas später in diesem Kapitel.

Mit Zahlensystemen und Einheiten rechnen

Schon etwas ungewöhnlicher ist die nächste Rechenaufgabe. Können Sie sich vorstellen, was hier passiert?

```
PS> 4gb / 660mb
6,20606060606061
```

Diese Zeile rechnet aus, wie viele CD-ROM-Inhalte ungefähr auf einer DVD Platz haben. Die PowerShell kennt also die üblichen IT-Maßeinheiten KB, MB und GB (ab der PowerShell 2.0 außerdem TB (Terabyte) und PB (Petabyte)), sodass Sie sich um diese Einheiten und ihre Umrechnung nicht selbst zu kümmern brauchen. Natürlich können Sie jederzeit nachfragen und herausfinden, wie viele Byte in einem MB lagern:

```
PS> 1mb
1048576
```

Einheit	Name	Wert	Faktor	.NET-Typ
KB	Kilobyte	1024	1024	Int32
MB	Megabyte	1048576	1024^2	Int32
GB	Gigabyte	1073741824	1024^3	Int32
TB	Terabyte	1099511627776	1024^4	Int64
PB	Petabyte	1125899906842624	1024^5	Int64

Tabelle 3.1 Integrierte PowerShell-Einheiten

ACHTUNG Die Einheiten funktionieren in Kleinbuchstaben genauso gut wie in Großbuchstaben. Nicht egal sind dagegen Leerzeichen. Die Einheitenangabe muss der Zahl direkt folgen und darf nicht durch ein Leerzeichen getrennt sein. Andernfalls würde die PowerShell die Einheit als neues Befehlswort verstehen – und eine Fehlermeldung auswerfen.

Und was glauben Sie passiert in der folgenden Zeile?

```
PS> 12 + 0xAF
187
```

Neben den üblichen dezimalen Zahlen kommt die PowerShell auch mit hexadezimalen Werten zurecht, die in der IT ja eine große Rolle spielen. Sie brauchen nur das Präfix *0x* vor die hexadezimale Zahl zu setzen, um sie in eine Dezimalzahl umwanden zu lassen:

```
PS> 0xAFFE
45054
```

Exkurs: hexadezimale Zahlen

Falls Sie sich bisher noch nicht mit hexadezimalen Zahlen befasst haben, hier eine kleine Kurzeinführung: Beim üblichen dezimalen Zahlensystem stehen pro Ziffer die Werte *0* bis *9* zur Verfügung, also zehn verschiedene Zahlenwerte pro Stelle. Genau deshalb nennt man dieses Zahlensystem *dezimal*.

Beim hexadezimalen Zahlensystem sind pro Ziffer nicht zehn, sondern 16 verschiedene Werte verfügbar, nämlich die Zahlen *0* bis *9* und die Buchstaben *A* bis *F*. Der dezimale Wert *10* entspricht also dem hexadezimalen Wert *0xA*. Entsprechend steht *0xF* für *15* und der dezimale Wert *16* wird im hexadezimalen System als *0x10* ausgedrückt. Der Wert *0xAFFE* ist ein gültiger hexadezimaler Ausdruck, *0xPUDEL* dagegen nicht, weil die Buchstaben *P*, *U* und *L* in diesem Zahlensystem nicht vorkommen.

Das hexadezimale System spielt in der Computerwelt eine besondere Rolle, weil die 16 möglichen Werte genau in zwei Byte passen. Computer rechnen zwar streng genommen binär, also mit Einsen und Nullen, weil aber diese einzelnen Bits nur sehr wenig Informationen darstellen können, fassen heutige Computer Informationen zu jeweils 16, 32, 64 oder sogar 128 Bit zu einer Einheit zusammen. Das entspricht einer ein-, zwei-, vier- oder achtstelligen hexadezimalen Zahl. Computer rechnen intern also hexadezimal. Mit dem Präfix *0x* können Sie das nun auch und brauchen sich dabei kaum anzustrengen. Hexadezimale Zahlen erklären übrigens auch, warum einem MB nicht genau 1.000.000 Byte entsprechen, sondern 1.048.576 Byte:

```
PS> 1MB
1048576
PS> 0x100000
1048576
```

Der umgekehrte Weg – also die Darstellung einer Zahl im hexadezimalen Zahlensystem oder als GB, MB oder KB – ist dagegen nicht ganz so einfach, weil sie aus Sicht der PowerShell überflüssig ist. Das Standardzahlensystem der PowerShell ist das Dezimalsystem, und wenn eine Zahleninformation in diesem Format vorliegt, ist seitens der PowerShell die Welt in Balance und es besteht keine Notwendigkeit, diese Dezimalzahl wieder in ein anderes Zahlensystem zu wandeln.

Sie mögen das vielleicht ganz anders sehen und benötigen für die Darstellung von Daten möglicherweise das Hexadezimalformat oder wollen die Größe von Dateien nicht in Byte sehen, sondern in MB darstellen. Sowas fällt in den Bereich der Informationsdarstellung und dafür ist der Operator *-f* zuständig. Das Ergebnis ist dann allerdings keine Zahl mehr, sondern immer ein Text (*String*):

```
PS> "{0:x}" -f 12345
3039
PS> "{0:x}" -f 3gb
c0000000
```

```
PS> "{0:x8}" -f 12345
00003039
PS> "{0:X}" -f 3gb
C0000000
```

Angaben in KB, MB oder GB erhalten Sie durch entsprechende Division:

```
PS> "{0:0.00} GB" -f (435265462576/1GB)
405,37 GB
```

PROFITIPP Möchten Sie eine Zahl auch mit Tausendertrennzeichen versehen, verwenden Sie das Formatzeichen »#«:

```
PS> '{0:#,#}' -f (1GB/4.2)
255.652.815
```

Auch Nachkommastellen lassen sich einblenden:

```
PS> '{0:#,#.00}' -f (1GB/4.2)
255.652.815,24
```

Der *-f*-Operator verlangt (wie übrigens jeder Operator) genau zwei Angaben, eine links und eine rechts von ihm:

- Links von ihm steht die Textschablone, in die Werte eingesetzt werden. Die geschweiften Klammern stellen die Platzhalter dar und sind durchnummeriert. Die Beispiele verwenden alle nur einen Platzhalter, sodass hier stets der Index 0 steht. Hinter dem Index folgt optional ein Doppelpunkt und dahinter ein Kürzel, das festlegt, wie der Wert dargestellt werden soll. Das *x* steht für eine hexadezimale Darstellung mit Kleinbuchstaben, während *X* Großbuchstaben verwendet. Geben Sie dahinter eine Zahl ein, wird diese als Mindestanzahl für die Ziffernstellen verstanden, und *X8* liefert deshalb keine Luxuslimousine, sondern eine achtstellige hexadezimale Darstellung mit Großbuchstaben.
- Alternativ lassen sich auch Dezimalzahlen formatieren, indem Sie angeben, wie viele führende Stellen und wie viele Nachkommastellen Sie wünschen. So hat das letzte Beispiel die Ausgabe auf eine Zahl mit genau zwei Nachkommastellen festgelegt.
- Rechts vom Operator *-f* folgen die Werte, die anstelle der Platzhalter eingesetzt werden sollen. Ist der Wert selbst das Ergebnis einer Rechenoperation oder eines anderen Befehls, muss der Ausdruck in runde Klammern gestellt werden, damit die PowerShell zuerst das Ergebnis ermittelt und dieses dann an *-f* weiterreicht.

Zeit für eine erste Zwischenbilanz über die Rechenkünste der PowerShell-Konsole:

- **Operatoren** Rechenaufgaben lösen Sie mithilfe von Operatoren. Dabei werten Operatoren die beiden Werte links und rechts davon aus. Für die Grundrechenarten gibt es insgesamt fünf Operatoren, die auch *arithmetische Operatoren* genannt und gleich ausführlicher beschrieben werden.
- **Klammern** Runde Klammern gruppieren Anweisungen. Dabei wird erreicht, dass der eingeklammerte Ausdruck zuerst ausgewertet wird.
- **Dezimalpunkt** Gebrochene Zahlen verwenden den Punkt als Dezimaltrennzeichen

- **Komma** Das Komma hat bei der PowerShell stets eine besondere Aufgabe. Es legt ein Array an und hat deshalb in normalen Rechenaufgaben nichts zu suchen.
- **Besondere Umwandlungen** Hexadezimale Zahlen werden mit dem Präfix *0x* gekennzeichnet und so automatisch in dezimale Werte umgerechnet. Fügen Sie an eine Zahl die Einheit *KB*, *MB* oder *GB* an, dann wird sie automatisch mit dieser Einheit multipliziert. Zwischen Zahl und Einheit darf kein Leerzeichen stehen.
- **Ergebnisse und Formatierungen** Zahlenergebnisse werden immer als Dezimalwert zurückgeliefert. Möchten Sie das Ergebnis auf andere Weise darstellen, dann setzen Sie den Formatierungsoperator *-f* ein, der etwas später ausführlich beschrieben wird.

Operator	Beschreibung	Beispiel	Ergebnis
+	Addiert zwei Werte	5 + 4.5	9.5
		2gb + 120mb	2273312768
		0x100 + 5	261
		"Guten" + " Tag"	"Guten Tag"
-	Subtrahiert zwei Werte	5 - 4.5	0.5
		12gb - 4.5gb	8053063680
		200 - 0xAB	29
*	Multipliziert zwei Werte	5 * 4.5	22.5
		4mb * 3	12582912
		12 * 0xC0	2304
		"x" * 5	"xxxxx"
/	Dividiert zwei Werte	5 / 4.5	1,11111111111111
		1mb / 30kb	34,1333333333333
		0xFFAB / 0xC	5454,25
%	Liefert den Rest einer Division	5%4.5	0.5

Tabelle 3.2 Arithmetische Operatoren

Aufgabe Sie haben versucht, eine kleine Rechenaufgabe zu lösen, aber das Ergebnis sieht ganz anders aus als erwartet. Hätte das Ergebnis nicht *6,3* lauten sollen? Was ist passiert?

```
PS> 4,3 + 2
4
3
2
```

Lösung Sie haben versehentlich anstelle des Dezimalpunkts ein Komma angegeben. Diese beiden Zeichen haben ganz unterschiedliche Funktionen. Die Anweisung 4,3 legt ein Array mit den Zahlen *4* und *3* an. Hätten Sie die Zahl *4,3* verwenden wollen, dann hätten Sie anstelle des Kommas einen

Punkt schreiben müssen. Generell gilt bei der PowerShell: Ein Punkt entspricht dem Dezimalpunkt, während ein Komma Arrays anlegt. Anschließend haben Sie dem Array eine weitere Zahl hinzugefügt. Das Array besteht nun aus den drei Zahlen 4, 3 und 2. Weil Sie nichts weiter mit diesen Daten tun, gibt die PowerShell sie kurzerhand wieder aus.

TIPP Unterscheiden Sie bei der PowerShell grundsätzlich die Eingabe von der Ausgabe. Die Eingabe – also der PowerShell-Code, den Sie übergeben – ist unabhängig von der jeweiligen Sprachversion, die Ihr Windows verwendet. Der Punkt und das Komma haben bei PowerShell also immer dieselbe Bedeutung, unabhängig davon, ob Sie ein deutsches oder englisches oder jamaikanisches Windows verwenden. Das ist gut so, weil andernfalls PowerShell-Skripts nicht weltweit einheitlich ausgeführt werden könnten.

Auf einem anderen Blatt Papier steht, wie die PowerShell die Ausgabe – also die Ergebnisse der Befehle – formatiert. Hier spielen selbstverständlich Ihre regionalen Einstellungen eine Rolle. Auf deutschen Systemen werden Gleitkommazahlen mit einem Komma als Nachkommatrennzeichen und einem Punkt als Tausendertrennzeichen dargestellt. Auf englischen Systemen ist es umgekehrt.

Dieses Prinzip gilt auch bei Zahlenformaten. Sie haben gesehen, dass das Präfix *0x* eine hexadezimale Zahlenangabe kennzeichnet. Das Ergebnis ist ein nüchterner Zahlenwert. Wie diese Zahl gegebenenfalls ausgegeben und angezeigt wird, steht auf einem anderen Blatt. Als Standard verwendet PowerShell dafür das Dezimalsystem. Deshalb kann man hexadezimale Zahlen leicht in Dezimalzahlen umwandeln, aber nicht ganz so leicht als hexadezimale Zahl anzeigen.

Aufgabe Sie wollen die Maximalgröße des Ereignisprotokolls Windows PowerShell auf 20 MB einstellen. Wie gehen Sie vor?

Lösung Verwenden Sie das Cmdlet *Limit-EventLog* und geben Sie den Namen des Ereignisprotokolls an. Die neue Maximalgröße setzen Sie mit dem Parameter *-MaximumSize*. Weisen Sie diesem Parameter die neue Größe mithilfe der Größeneinheiten zu, welche die PowerShell unterstützt. Achten Sie darauf, zwischen der Zahl und der Größenangabe kein Leerzeichen einzufügen:

```
PS> Limit-EventLog -Logname "Windows PowerShell" -MaximumSize 20MB
```

Diese Änderung ist nur möglich, wenn Sie über Administratorrechte verfügen. Wollen Sie den Befehl lieber nur simulieren, fügen Sie den Switch-Parameter *-WhatIf* an. Die aktuellen Einstellungen der Ereignisprotokolle (und den Erfolg Ihrer Aktion) sehen Sie, wenn Sie *Get-EventLog* mit dem Parameter *-List* aufrufen:

```
PS> Get-EventLog -List
```

Aufgabe Sie möchten in der Registrierungsdatenbank im (noch nicht existenten) Schlüssel *HKCU\Software\Test* einen Eintrag namens *Testwert* vom Typ *DWORD* erstellen und darin den hexadezimalen Wert *7AFF* speichern. Wie gehen Sie vor? Tipp: Neue Registrierungsschlüssel legt man mit *New-Item* an. Neue Registrierungsdatenbank-Werte werden mit *New-ItemProperty* geschrieben. Schauen Sie sich gegebenenfalls die Hilfe und Beispiele zu diesen beiden Cmdlets mit *Get-Help* an.

Lösung Legen Sie zuerst den entsprechenden Schlüssel mit *New-Item* an:

```
PS> New-Item HKCU:\Software\Test
```

Legen Sie nun in diesem Schlüssel den gewünschten Wert mit *New-ItemProperty* an:

```
PS> New-ItemProperty HKCU:\Software\Test Testwert -Value 0x7AFF -Type DWORD
```

Aufgabe Sie möchten errechnen, wie viele CDs ungefähr auf eine DVD passen, und weil das Ergebnis in einen Ausgabewert eingebunden werden soll, haben Sie den *-f*-Operator verwendet. Allerdings führt die folgende Zeile zu einem Fehler. Warum?

```
PS> "Auf eine DVD passen ungefähr {0} CDs!" -f 4GB/660MB
```

Lösung Die PowerShell nimmt Ihre Anforderungen wörtlich. In diesem Fall versucht der *-f*-Operator also, den Wert 4GB in den Platzhalter *{0}* einzufügen. Danach unternimmt PowerShell den Versuch, den so entstandenen Text durch 660MB zu teilen, was natürlich scheitert, weil man Texte nicht dividieren kann. Da Sie in Wirklichkeit das gesamte Rechenergebnis einfügen möchten, müssen Sie runde Klammern einsetzen, damit PowerShell weiß, welche Anweisungen zusammengehören und in welcher Reihenfolge sie ausgewertet werden sollen:

```
PS> "Auf eine DVD passen ungefähr {0} CDs!" -f (4GB/660MB)
```

Aufgabe In der vorangegangenen Aufgabe haben Sie ein Rechenergebnis in einen Text eingebunden und dabei sehr viele Nachkommastellen erhalten. Wie muss man die Zeile umformulieren, um genau eine Nachkommastelle zu erhalten?

Lösung Die Textschablone, die Sie dem Parameter *-f* auf seiner linken Seite übergeben, darf nicht nur bei null beginnend durchnummerierte Platzhalter in geschweiften Klammern enthalten, sondern auch ein Zahlenformat. Schreiben Sie das gewünschte Zahlenformat durch einen Doppelpunkt getrennt hinter die Indexzahl. Möchten Sie genau eine Nachkommastelle erhalten, verwenden Sie also Folgendes:

```
PS> "Auf eine DVD passen ungefähr {0:0.0} CDs!" -f (4GB/660MB)
```

Zwei Nachkommastellen erhalten Sie folgendermaßen:

```
PS> "Auf eine DVD passen ungefähr {0:0.00} CDs!" -f (4GB/660MB)
```

Und wenn Sie überhaupt keine Nachkommastellen wünschen, schreiben Sie:

```
PS> "Auf eine DVD passen ungefähr {0:0} CDs!" -f (4GB/660MB)
```

In allen Fällen rundet PowerShell automatisch das Rechenergebnis. Möchten Sie keine Rundung, sondern lediglich den Ganzzahlenwert eines Werts erhalten, kommen Sie allein mit den bisherigen Möglichkeiten nicht weiter. Hier wäre es erforderlich, direkt auf das .NET Framework zurückzugreifen und die entsprechende mathematische Funktion zu verwenden:

```
PS> [Math]::Floor(4.6)
PS> [Math]::Ceiling(4.6)
PS> [Int]4.6
```

Im ersten Fall wird immer abgerundet, im zweiten immer aufgerundet und im dritten je nach Wert auf- oder abgerundet. Was genau hinter diesen sonderbaren Befehlen steckt, erfahren Sie in Kapitel 9.

Kurz und knapp ...

Die PowerShell kann Rechenaufgaben lösen und unterstützt dazu sowohl die üblichen Grundrechenarten als auch in der IT-Branche übliche Größeneinheiten wie KB und MB. Wollen Sie Letztere einsetzen, müssen diese direkt der Zahl folgen, dürfen also nicht durch ein Leerzeichen getrennt sein. Hexadezimale Zahlen werden durch das Präfix *0x* in Dezimalzahlen verwandelt. Rechenergebnisse können mit dem Formatierungsoperator *-f* in Text verwandelt und dabei formatiert werden. So kann man Zahlen runden oder Nachkommastellen beschneiden.

Nicht-PowerShell-Befehle ausführen

Die PowerShell-Konsole ist nicht auf die eigenen Cmdlets beschränkt und kann externe Programme aufrufen, ganz ähnlich wie die klassische Konsole. Wollen Sie z.B. die Einstellungen Ihrer Netzwerkkarte begutachten, dann geben Sie wie gewohnt den Befehl *ipconfig* ein – er funktioniert in der PowerShell noch genauso wie in der klassischen Konsole:

```
PS> ipconfig
Windows-IP-Konfiguration
Drahtlos-LAN-Adapter Drahtlosnetzwerkverbindung:
   Verbindungsspezifisches DNS-Suffix:
   Verbindungslokale IPv6-Adresse  . : fe80::6093:8889:257e:8d1%8
   IPv4-Adresse  . . . . . . . . . . : 192.168.1.35
   Subnetzmaske  . . . . . . . . . . : 255.255.255.0
   Standardgateway . . . . . . . . . : 192.168.1.1
```

Und so prüfen Sie, ob eine Webseite erreichbar ist und über welche Knotenpunkte die Datenpakete zwischen dem Webserver und Ihrem Computer reisen:

```
PS> tracert www.powershell.com
Routenverfolgung zu www.powershell.com [74.208.54.218] über maximal 30 Abschnitte:
  1    12 ms     7 ms    11 ms  TobiasWeltner-PC [192.168.1.1]
  2    15 ms    16 ms    16 ms  dslb-088-070-064-001.pools.arcor-ip.net [88.70.64.1]
  3    15 ms    16 ms    16 ms  han-145-254-11-105.arcor-ip.net [145.254.11.105]
  (...)
 17   150 ms   151 ms   152 ms  vl-987.gw-ps2.slr.lxa.oneandone.net [74.208.1.134]
 18   145 ms   145 ms   149 ms  ratdog.info [74.208.54.218]
```

Windows-Anwendungen starten

Neben konsolenbasierten Programmen, die wie im Beispiel eben kein eigenes Fenster öffnen, sondern ihre Ergebnisse in die PowerShell-Konsole ausgeben, kann die PowerShell auch Windows-Anwendungen starten. Möchten Sie z.B. den aktuellen Ordner im Windows-Explorer öffnen und dort weiterarbeiten, geben Sie diesen Befehl ein:

```
PS> explorer .
```

Der Punkt steht hierbei für den aktuellen Ordner und beauftragt den Explorer, diesen Ordner anzuzeigen. Viel wichtiger noch ist, wie sich die PowerShell-Konsole anschließend verhält: Starten Sie ein Nicht-Konsolenprogramm, das also sein eigenes Fenster öffnet, wartet die Konsole nicht auf dieses

Programm. Es wird vielmehr asynchron ausgeführt, während konsolenbasierte Programme synchron ablaufen. Letztere belegen die PowerShell-Konsole, solange sie laufen, weswegen PowerShell auf diese Programme wartet und erst fortgesetzt wird, wenn ein konsolenbasiertes Programm wieder beendet wird.

Manchmal ist es erforderlich, auch ein Windows-Programm synchron auszuführen, z.B., weil die PowerShell erst dann mit weiteren Befehlen fortfahren soll, wenn das Windows-Programm eine bestimmte Aufgabe erledigt hat. In diesem Fall setzen Sie *Start-Process* ein, um das Windows-Programm zu starten, und geben zusätzlich den Switch-Parameter *-Wait* an. Er sorgt dafür, dass *Start-Process* wartet, bis der gestartete Prozess beendet ist.

```
PS> Start-Process notepad -Wait
```

Die verschiedenen Parameter von *Start-Process* geben Ihnen viele Freiheiten, wie Prozesse gestartet werden können. Über *-WindowStyle* lässt sich bei Windows-Anwendungen beispielweise beim Start die Fenstergröße bestimmen:

```
Start-Process notepad -WindowStyle Maximized
```

Erlaubte Angaben sind *Maximized*, *Minimized*, *Normal* und *Hidden*. Verwenden Sie *Hidden* allerdings nur bei Programmen, die keine Benutzereingaben benötigen und sich von selbst beenden, weil Sie sonst das gestartete Programm mangels sichtbaren Fensters nicht mehr bedienen oder beenden können. *Hidden* eignet sich insbesondere, um Stapeldateien und andere unbeaufsichtigt ablaufende Aufgaben versteckt und ohne störende Fenster aufzurufen.

Konsolenbasierte Programme

Start-Process verändert auch das Verhalten konsolenbasierter Programme. Während diese normalerweise die PowerShell-Konsole übernehmen, solange sie laufen, kann man konsolenbasierte Programme mittels *Start-Process* auch asynchron außerhalb der PowerShell-Konsole ausführen:

```
PS> Start-Process cmd.exe
```

Über die Parameter *-NoNewWindow* und *-ArgumentList* kontrolliert man bei Bedarf, ob der neue Prozess ein eigenes Konsolenfenster öffnet und welche Argumente dem Befehl mit auf den Weg gegeben werden. Falls das Windows-Programm einen Rückgabewert (einen sogenannten *Error Level*) zurückliefert, finden Sie den in der von der PowerShell verwalteten Variable *$LASTEXITCODE*. Auf diese Weise könnte man beispielsweise den klassischen Befehl *ping.exe* in die PowerShell einbinden, um herauszufinden, ob ein Computer online ist:

```
PS> ping.exe 10.10.10.10 -n 1 -w 500
PS> "Antwort erhalten (0) oder nicht (1): $LASTEXITCODE"
```

Wie Sie an diesem Beispiel sehen, haben sich auch die Entwickler von *ping.exe* an die Standards des Rückgabewerts gehalten und liefern bei Erfolg den Wert *0* zurück. Worin allerdings der Erfolg besteht, ist eine andere Frage. So stellt sich schnell heraus, dass ping.exe als Erfolg eine (beliebige) Antwort wertet. Diese kann auch vom Router kommen und besagen, dass die angegebene IP-Adresse im Subnetz nicht gefunden wurde.

TIPP Falls Sie nur am Rückgabewert eines Befehls interessiert sind, aber nicht an seiner Textausgabe, können Sie diese z.B. an die besondere Variable *$null* weiterleiten:

```
PS> ping.exe 10.10.10.10 -n 1 -w 500 > $null
PS> "Antwort erhalten (0) oder nicht (1): $LASTEXITCODE"
```

Eine andere Möglichkeit ist der Einsatz von *Start-Process*, um den *Ping*-Befehl asynchron in einem zweiten Prozess auszuführen und diesem ein verstecktes Fenster zuweisen:

```
PS> Start-Process ping.exe -wait -windowstyle hidden -argument "10.10.10.10 -n 1 -w 500"
PS> "Antwort erhalten (0) oder nicht (1): $LASTEXITCODE"
```

Allerdings werden Sie dabei eine wichtige Beobachtung machen: Der Rückgabewert eines Programms wird nur dann in *$LASTEXITCODE* zurückgeliefert, wenn der Prozess direkt in der PowerShell-Konsole gestartet wird. Läuft er aufgrund von *Start-Process* in einem separaten Prozess, kann die PowerShell den Rückgabewert nicht liefern. In diesem Fall muss man den Rückgabewert direkt aus dem gestarteten Prozess auslesen. Dazu gibt man *Start-Process* den Switch-Parameter *-PassThru* an, der dafür sorgt, dass das Cmdlet ein *Process*-Objekt zurückliefert. Dieses enthält dann in der Eigenschaft *ExitCode* den gesuchten Rückgabewert:

```
PS> $prozess = Start-Process ping.exe -wait -windowstyle hidden -argument "10.10.10.10 -n 1 -w 500"
-Passthru
PS> $rueckgabewert = $prozess.ExitCode
PS> "Antwort erhalten (0) oder nicht (1): $rueckgabewert"
```

Was die Frage aufwirft, warum man sich überhaupt die Mühe machen sollte, Prozesse mit *Start-Process* zu starten, wenn man diese ebenso gut direkt in der Konsole starten könnte. Wichtig wird *Start-Process*, wenn Sie mehrere Prozesse asynchron, also parallel, ausführen möchten. Wollen Sie beispielsweise ein ganzes Netzwerksegment mit Hunderten von IP-Adressen analysieren, würde dies viel zu lange dauern, wenn Sie die Systeme nacheinander anpingen. Mittels *Start-Process* kann man dies auch gleichzeitig durchführen. Wie dies genau geschieht, erfahren Sie im Kapitel 6, wenn Sie die PowerShell-Pipeline kennenlernen.

Ein anderes konsolenbasiertes Programm, das den Nutzen der *$LASTEXITCODE*-Variable ausgezeichnet demonstriert, ist *choice.exe*. Dieses Programm wurde ursprünglich für die klassische Konsole entwickelt, um Stapeldateien die Möglichkeit zu geben, vom Benutzer simple Eingaben zu erfragen. Es hindert Sie allerdings nichts daran, diese Möglichkeiten auch aus der PowerShell heraus einzusetzen (sofern Sie mindestens Windows Vista verwenden – bei Windows XP gab es dieses Werkzeug noch nicht):

```
PS> choice /N /C:123 /M "Geben Sie eine Zahl zwischen 1 und 3 an!"
PS> "Ihre Wahl lautete: $LASTEXITCODE"
```

In diesem Fall macht sich das Programm *choice.exe* den Rückgabewert zunutze, um damit die vom Benutzer eingegebene Zahl zurückzumelden. Der Benutzer wird dabei automatisch auf die mit */C* festgelegten erlaubten Eingaben beschränkt. Andere Tastendrücke quittiert *choice.exe* mit einem lässigen Piepton. Das Programm ist aber nicht nur auf Zahleneingaben beschränkt. Auch Ja/Nein-Abfragen sind damit möglich:

```
PS> choice /N /C:JN /M "Stimmen Sie zu (J/N)?"
PS> "Ihre Wahl lautete: $LASTEXITCODE"
```

Da Programme ausschließlich Ganzzahlen als Ergebnis zurückliefern können, erhalten Sie in diesem Fall nicht etwa den eingegebenen Buchstaben zurückgemeldet, sondern erneut eine Zahl. Diese gibt die Position des eingegebenen Buchstabens in der Auswahlliste an (also 1 für *J* und 2 für *N*).

Die alte Konsole starten

Auf Wunsch kann sich die PowerShell in eine echte alte klassische Konsole zurückverwandeln, denn die alte klassische Konsole ist ebenfalls nur ein Konsolenbefehl: *cmd* [↵]. Dieser Ausflug in die Vergangenheit ist nützlich, wenn Sie das Verhalten der PowerShell mit der alten Konsole vergleichen oder tatsächlich gröbere Abweichungen entdeckt haben und deshalb kurzfristig auf die alte Konsole ausweichen möchten. Wissen sollten Sie nur, wie Sie die klassische Konsole wieder verlassen, um zur PowerShell zurückzukehren. [Strg]+[C] funktioniert hier nämlich nicht, denn diese Tastenkombination wird jetzt von der klassischen Konsole verwendet, um eigene Befehle abzubrechen.

Geben Sie stattdessen *exit* [↵] ein, wenn Sie die Konsole verlassen wollen. Dieser Befehl verlässt die meisten konsolenbasierten Befehle, wenn [Strg]+[C] nicht greift. Sogar die PowerShell selbst kann mit *exit* beendet werden. Hin und wieder ist in Befehlen anstelle von *exit* der Befehl *quit* erforderlich.

Der Aufruf der alten Konsole darf aber auch temporär erfolgen, z.B., weil man einen alten Konsolenbefehl in seine PowerShell-Skripts einbinden möchte. Der Befehl *vol* ist beispielsweise ein in die alte Konsole eingebauter Befehl, weswegen PowerShell ihn nicht kennt und auch nicht aufrufen kann. Benötigen Sie ihn trotzdem, rufen Sie die alte Konsole temporär auf, indem Sie den Schalter */C* angeben. Er bewirkt, dass die Konsole den dahinter angegebenen Befehl ausführt und danach sofort wieder zur PowerShell zurückkehrt:

```
PS> cmd.exe /c vol
```

Das Ergebnis solcher Befehle kann direkt von der PowerShell weiterverarbeitet werden, beispielsweise, indem Sie es in einer Variablen zwischenspeichern:

```
PS> $info = cmd.exe /c vol
PS> "Der Computer meldet die folgenden Informationen: $info"
Der Computer meldet die folgenden Informationen:  Volume in Laufwerk C: hat keine Bezeichnung.
Volumeseriennummer: 0C33-0C16
```

Dabei liefert die PowerShell die Textinformationen zeilenweise zurück und speichert sie in der Variablen als sogenanntes Array (Variablenfeld). Geben Sie hinter der Variable eckige Klammern an, kann man so auf einzelne zurückgelieferte Zeilen zugreifen:

```
PS> $info[1]
Volumeseriennummer: 0C33-0C16
PS> "Die Laufwerksseriennummer lautet: $( $info[1] )."
Die Laufwerksseriennummer lautet:  Volumeseriennummer: 0C33-0C16.
```

Eine Besonderheit in diesem Beispiel ist die Direktvariable *$()*: Normalerweise tragen Variablen Namen und speichern unter diesem Namen eine Information. Falls das, was Sie in einer Variablen speichern möchten, kein statischer Wert sein soll, sondern ein dynamischer Ausdruck, verwenden Sie das Konstrukt *$()*. Wird diese Variable abgerufen, führt die PowerShell zuerst den in den runden Klammern stehenden Code aus und meldet das Ergebnis zurück. Der Wert dieser Variable ist also stets aktuell berechnet.

Ein Grund für eine solche Vorgehensweise sind Informationen, die Sie innerhalb eines Textes einfügen möchten. Normalerweise benötigen Sie dazu *$()* nicht und können die Variable direkt in den Text einfügen, solange der Text durch doppelte und nicht durch einfache Anführungszeichen begrenzt wird:

```
PS> $info = 'Hallo'
PS> 'In einfachen Anführungszeichen: $info'
In einfachen Anführungszeichen: $info
PS> "In doppelten Anführungszeichen: $info"
In doppelten Anführungszeichen: Hallo
```

Allerdings löst die PowerShell nur die Variable selbst auf. Enthält die Variable ein Array und möchten Sie auf ein Arrayelement zugreifen oder enthält die Variable ein Objekt und möchten Sie auf eine Objekteigenschaft zugreifen, muss die PowerShell wissen, welcher Ausdruck genau aufgelöst werden soll. Hier wird *$()* verwendet:

```
PS> "Hintergrundfarbe: $Host.UI.RawUI.BackgroundColor"
Hintergrundfarbe:
System.Management.Automation.Internal.Host.InternalHost.UI.RawUI.BackgroundColor

PS> "Hintergrundfarbe: $($Host.UI.RawUI.BackgroundColor)"
Hintergrundfarbe: DarkMagenta
```

TIPP Das Einbinden von Textinformationen älterer Befehle ist zwar ohne Weiteres möglich, aber bloß eine Notlösung. Weil das Ergebnis älterer Befehle grundsätzlich aus Textzeilen und nicht aus Objekten besteht, muss man die gesuchten Informationen daraus meist aufwändig extrahieren. Zudem sind die meisten Textausgaben lokalisiert, also abhängig davon, welche Sprache Ihr Windows spricht. Häufig gibt es zwischen unterschiedlichen Windows-Versionen zudem Unterschiede im Ausgabeformat – eine Vielzahl gefährlicher Klippen, die ein Skript unflexibel und schlecht portabel machen.

Wenn möglich sollten Sie deshalb die benötigten Informationen besser über moderne objektorientierte Befehle ermitteln. Die Windows Management Instrumentation (WMI) liefert mit dem Cmdlet *Get-WmiObject* beinahe jede gesuchte Information über den Computer, und das sowohl lokal als auch remote. Nur die passende WMI-Klasse muss man kennen. Für Laufwerke lautet diese *Win32_LogicalDisk*:

```
PS> Get-WmiObject Win32_LogicalDisk
```

Im Gegensatz zum altertümlichen *vol*-Befehl liefert WMI den Namen und die Seriennummer nicht nur eines Datenträgers, sondern sämtlicher Datenträger im System. Allerdings benötigen Sie dazu noch ein weiteres PowerShell-Werkzeug, nämlich die objektorientierte Pipeline. Diese lernen Sie in Kapitel 6 kennen, wo dieses Beispiel noch einmal aufgegriffen und komplettiert wird.

Programme beenden

Die PowerShell kann Programme nicht nur starten, sondern auch beenden. Dazu benötigen Sie einen Zugang zum laufenden Programm. *Start-Process* liefert diesen Zugang auf Wunsch in Form eines *Process*-Objekts, wenn Sie den Parameter *-PassThru* angeben:

```
PS> $notepad = Start-Process notepad -PassThru
```

Die Variable *$notepad* enthält jetzt eine Referenz auf das gestartete Programm und kann anschließend *Stop-Process* übergeben werden, um das Programm sofort und ohne weitere Rückfragen zu schließen:

```
PS> Stop-Process -InputObject $notepad
```

In diesem Fall wird die Referenz auf das gewünschte Programm über den Parameter *-InputObject* an *Stop-Process* übergeben. Der Wert dieses Parameters kann alternativ stets auch über die Pipeline weitergegeben werden, was den Befehl etwas besser verständlich macht (und im Detail in Kapitel 6 besprochen wird):

```
PS> $notepad | Stop-Process
```

Stop-Process beendet ein Programm sofort gewaltsam und ohne weitere Diskussionen oder Rückfragen. Nicht gespeicherte Daten gehen dabei verloren.

Globale Ordner

Die PowerShell führt Anwendungen normalerweise nur dann aus, wenn Sie mindestens den relativen oder absoluten Pfadnamen angeben. Solche Aufrufe sind allerdings sehr unhandlich, denn natürlich haben Sie selten die Zeit, bei jedem Aufruf von *ping.exe* den vollen Pfadnamen anzugeben oder zuerst in den Windows-Systemordner zu wechseln. Deshalb gibt es eine wichtige Erleichterung: Befindet sich das Programm, das Sie ausführen wollen, in einem Ordner, der in der Umgebungsvariablen *%Path%* aufgeführt ist, genügt die Angabe des Dateinamens.

Das ist der Grund, warum Sie aus der PowerShell-Konsole heraus zwar *ping*, *ipconfig* und *notepad* aufrufen können, aber nicht *iexplore* (den Internet Explorer). Dieser befindet sich nämlich nicht im Windows-Ordner, sondern im Ordner *%ProgramFiles%\Internet Explorer*, und dieser Ordner wird nicht in der Umgebungsvariablen *%Path%* gelistet. Sie müssten deshalb den vollen Pfadnamen angeben, um den Internet Explorer zu starten. Weil der Pfadname Leerzeichen enthält, müsste der Pfad zudem in Anführungszeichen gestellt und dann mit »&« ausgeführt werden. Ohne »&« würde die PowerShell den Pfadnamen andernfalls bloß als Text wieder ausspucken:

```
PS> "$env:ProgramFiles\Internet Explorer\iexplore.exe"
C:\Program Files\Internet Explorer\iexplore.exe
PS> & "$env:ProgramFiles\Internet Explorer\iexplore.exe"
```

Befinden Sie sich bereits im richtigen Ordner, kann das Programm auch über seinen relativen Pfad aufgerufen werden:

```
PS> cd "$env:ProgramFiles\Internet Explorer"
PS> .\iexplore.exe
```

In keinem Fall allerdings genügt die Eingabe des reinen Befehlsnamens. Das funktioniert erst, wenn Sie den Pfad, in dem sich die Anwendung befindet, in die Umgebungsvariable *%Path%* aufnehmen:

```
PS> $env:Path += ";$env:ProgramFiles\Internet Explorer"
PS> iexplore
```

Schon können Sie *iexplore* durch Eingabe des Programmnamens starten. Allerdings gilt die Erweiterung der Umgebungsvariablen *%Path%* nur so lange, wie die PowerShell läuft. Sobald Sie die PowerShell beenden, ist die Änderung hinfällig. Möchten Sie *%Path%* dauerhaft erweitern, fügen Sie die

Zeile für die Erweiterung deshalb besser in eine Ihrer Profildateien ein. Diese werden bei jedem PowerShell-Start automatisch gestartet und sind dafür zuständig, Ihre PowerShell-Umgebung gemütlich einzurichten. Mehr zu den Profildateien lesen Sie etwas später in diesem Kapitel. Damit gelten für den Start von Programmen und das Öffnen von Dateien folgende Regeln:

- **Programme in besonderen Ordnern** Liegt ein Programm in einem der besonderen Ordner der Umgebungsvariablen *%Path%*, die automatisch durchsucht werden, dann genügt es, einfach den Programmnamen einzugeben, um das Programm zu starten. Die meisten wichtigen Administratorprogramme können so bequem gestartet werden.
- **Pfad angeben** Liegt ein Programm an einem anderen Ort, dann müssen Sie der Konsole verraten, wo genau. Dazu geben Sie den Pfadnamen des Programms an.
- **Leerzeichen beachten** Kommen im Pfadnamen Leerzeichen vor, dann aufgepasst: Damit die PowerShell die Leerzeichen nicht als Trennzeichen versteht, setzen Sie den gesamten Pfad in Anführungszeichen. Ob Sie dafür das doppelte (") oder lieber das einfache (') Anführungszeichen verwenden, ist der PowerShell egal. Nur auf eines der beiden müssen Sie sich festlegen. Wählen Sie im Zweifelsfall lieber die einfachen Anführungszeichen. Text, der in doppelten Anführungszeichen steht, wird nämlich von der PowerShell aufgelöst, darin enthaltene Variablen also z.B. durch ihre Werte ersetzt.
- **Das & verwandelt Text in Befehle** Text in Anführungszeichen versteht die PowerShell nicht als Befehl. Erst wenn Sie ein & vor den Text schreiben, weiß die PowerShell: Sie wollen, dass der Text wie ein Befehl ausgeführt wird. Mit dem &-Zeichen können Sie künftig ganz allgemein beliebige Texte so ausführen lassen, als hätten Sie den Text direkt in die Befehlszeile eingegeben. Sie dürfen den Code sogar aus mehreren Textbausteinen zusammenfügen, wenn Sie wollen:

```
PS> & ("note" + "pad")
```

TIPP Wenn Sie einen längeren Pfadnamen eingeben müssen, dann hilft Ihnen die PowerShell beim Tippen. Geben Sie den Anfang des Pfads ein und drücken Sie dann direkt dahinter und ohne weiteres Leerzeichen [Tab], die Taste für die automatische Vervollständigung:

```
PS> C:\[Tab]
```

Die PowerShell schlägt Ihnen jetzt die möglichen Unterordner vor. Drücken Sie so oft [Tab], bis der Vorschlag stimmt. Fügen Sie einen Backslash (\) an und drücken Sie erneut [Tab], um die nächsten Unterordner festzulegen.

Aufgabe Starten Sie den Windows-Editor *notepad.exe* in einem maximierten Fenster, und sorgen Sie dafür, dass die PowerShell so lange wartet, bis der Editor wieder geschlossen wird.

Lösung *notepad.exe* befindet sich im Windows-Ordner, der in der Umgebungsvariablen *%Path%* aufgeführt wird, also global gilt. Deshalb können Sie den Editor normalerweise einfach durch Eingabe seines Namens in die PowerShell-Konsole starten:

```
PS> notepad
```

Da der Editor eine Windows-Anwendung mit eigenem Fenster ist, wartet die PowerShell aber nicht, solange das Programm ausgeführt wird, sondern startet es asynchron. Auch die Fenstergröße ist auf die Standardgröße voreingestellt. Mehr Kontrolle über den Startvorgang gewährt *Start-Process* mit seinen vielfältigen Parametern. Verwenden Sie den Parameter *-WindowStyle*, um die Fenstergröße selbst festzulegen:

```
PS> Start-Process notepad -WindowStyle Maximized
```

Damit die PowerShell das Programm nicht asynchron, sondern synchron ausführt, also auf seinen Abschluss wartet, geben Sie zusätzlich den Switch-Parameter *-Wait* an:

```
PS> Start-Process notepad -WindowStyle Maximized -Wait; "Aufgabe abgeschlossen"
```

Das Semikolon grenzt mehrere Anweisungen innerhalb einer Zeile ab, so als wären diese Zeilen untereinander geschrieben worden. Der Text *Aufgabe abgeschlossen* wird wegen des Parameters *-Wait* erst ausgegeben, wenn Sie die gestartete Instanz des Editors wieder geschlossen haben.

Aufgabe Finden Sie heraus, ob bereits eine Instanz des Programms *Notepad* ausgeführt wird.

Lösung Sie kennen bereits das Cmdlet *Get-Process*, mit dem man alle oder bestimmte laufende Prozesse auflisten kann. Um also alle laufenden Instanzen des Editors zu sehen, geben Sie ein:

```
PS> Get-Process notepad
```

Das Ergebnis sind entweder die gefundenen *Process*-Objekte oder eine Fehlermeldung, wenn derzeit gar kein Editor läuft. Zuerst sollten Sie deshalb die Fehlermeldung mit dem Parameter *-ErrorAction* (kurz: *-ea*) unterdrücken:

```
PS> Get-Process notepad -ea SilentlyContinue
```

Da Sie nicht die einzelnen *Process*-Objekte erhalten, sondern nur die Anzahl der laufenden Notepad-Instanzen zählen möchten, verwenden Sie als Nächstes runde Klammern. Diese führen zuerst die Befehle innerhalb der Klammern aus, also die Liste der laufenden Notepad-Editoren. Sofern mindestens zwei Notepad-Instanzen laufen, können Sie anschließend die *Count*-Eigenschaft des Ergebnisses abfragen:

```
PS> (Get-Process notepad -ea SilentlyContinue).Count
```

Wird nur eine Instanz von Notepad ausgeführt (oder keine), kassieren Sie allerdings einen Fehler. *Get-Process* liefert nämlich als Ergebnis nur dann ein Array (mit einer *Count*-Eigenschaft) zurück, wenn es auch wirklich mehrere Einzelergebnisse zu kombinieren gibt. Läuft nur eine Notepad-Instanz, erhalten Sie das *Process*-Objekt direkt zurück (das keine *Count*-Eigenschaft besitzt), und läuft gar kein Notepad, erhalten Sie »nichts« zurück (sodass ebenfalls keine *Count*-Eigenschaft existiert). Die Lösung: Schreiben Sie vor die öffnende runde Klammer ein @. Damit zwingen Sie die PowerShell, das Ergebnis des Befehls auf jeden Fall in einem Array zu speichern, auch wenn es nur ein oder gar kein Resultat gibt:

```
PS> @(Get-Process notepad -ea SilentlyContinue).Count
```

Wer mag, kann diese Zeile auch mithilfe von Variablen in mehrere Zeilen aufteilen:

```
PS> $prozesse = @(Get-Process notepad -ea SilentlyContinue)
PS> $anzahl = $prozesse.Count
PS> "Es laufen derzeit $anzahl Instanzen von Notepad."
```

Aufgabe Zeigen Sie den Inhalt der Umgebungsvariablen *%Path%* an. Welche besondere Bedeutung hat ihr Inhalt für die PowerShell?

Lösung Alle Umgebungsvariablen können aus der PowerShell heraus über *$env:* und dem nachgestellten Variablennamen angezeigt werden. Die folgende Zeile listet den Inhalt der Umgebungsvariablen *%Path%* auf:

```
PS> $env:Path
```

Diese Umgebungsvariable enthält eine durch Semikola getrennte Liste mit Pfaden. Geben Sie einen Befehl ein, durchsucht die PowerShell die angegebenen Ordner nacheinander nach dem eingegebenen Befehlsnamen. Findet es in einem dieser Ordner das gewünschte Programm, wird es gestartet. Alle Programme, die sich nicht in einem dieser Ordner befinden, müssen mit absolutem oder relativem Pfadnamen gestartet werden, damit die PowerShell genau weiß, wo sich das Programm befindet. Möchten Sie alle Umgebungsvariablen sehen, die es gibt, werfen Sie einen Blick auf das virtuelle Laufwerk *Env:*.

```
PS> dir Env:
```

Aufgabe Können Sie sich vorstellen, was die folgende Zeile bewirkt?

```
PS> $env:Path += ";."
```

Lösung Mit dieser Anweisung wird der Umgebungsvariablen *%Path%* Text hinzugefügt. Die Zeile fügt separiert durch ein Semikolon einen weiteren Ordner zur Liste der globalen Ordner hinzu. In diesem Fall allerdings handelt es sich nicht um einen bestimmten absoluten Ordnerpfad, sondern um einen relativen Pfad: ».« steht für den aktuellen Ordner. Durch diese Änderung führt die PowerShell alle Befehle, die sich im aktuellen Ordner befinden, direkt und ohne relativen oder absoluten Pfad aus.

Wechseln Sie z.B. in den Ordner mit den Windows-Zubehörprogrammen, könnten Sie anschließend *wordpad* eingeben und damit die WordPad-Textverarbeitung starten. Ohne die Erweiterung der *%Path%*-Umgebungsvariable hätten Sie mindestens den relativen Pfad *.\wordpad* angeben müssen:

```
PS> cd "$env:ProgramFiles\Windows NT\Accessories"
PS> wordpad
```

Aufgabe Ändern Sie die Umgebungsvariable *%Path%* so, dass Sie künftig *wordpad* durch Eingabe seines Namens starten können.

Lösung Weil sich *wordpad.exe* nicht in einem der Ordner befindet, die in der Umgebungsvariablen *%Path%* aufgelistet sind, weiß PowerShell nicht, wo das Programm zu finden ist. Deshalb muss der Pfadname seines Ordners dieser Variablen hinzugefügt werden:

```
PS> $env:Path += ";$env:ProgramFiles\Windows NT\Accessories"
```

Danach kann WordPad jederzeit durch den Befehl *wordpad* gestartet werden. Falls Sie nicht wissen, in welchem Ordner sich ein bestimmtes Programm befindet, öffnen Sie das Startmenü und suchen Sie das Programm darin. Haben Sie es gefunden, genügt ein Rechtsklick und ein anschließender Klick auf *Eigenschaften*. Im *Eigenschaften*-Dialogfeld wird der Pfadname zum Programm genannt.

Aufgabe Starten Sie die Defragmentierung des Laufwerks C:\ mit dem Konsolenbefehl *defrag.exe*. Tipp: Hilfe zu diesem Nicht-PowerShell-Befehl erhalten Sie über *defrag /?*. Wie kann man nach Abschluss des Programms herausfinden, ob die Defragmentierung erfolgreich war?

Lösung Der korrekte Aufruf zur Defragmentierung des Laufwerks C:\ lautet (bei Windows 7):

```
PS> defrag.exe C: /U
```

Allerdings erfordert dieser Befehl volle Administratorrechte. Verfügen Sie nur über eingeschränkte Rechte, starten Sie die PowerShell als Administrator (beispielsweise per Rechtsklick auf eine PowerShell-Verknüpfung und wählen Sie *Als Administrator ausführen*).

Die Analyse und Defragmentierung selbst kann sehr lange dauern. Während dieser Zeit ist die PowerShell-Konsole blockiert. Möchten Sie den Befehl vorzeitig abbrechen, drücken Sie [Strg]+[C].

Das Ergebnis des Befehls wird über einen Zahlenwert gemeldet, den PowerShell in der Variablen *$LASTEXITCODE* zurückliefert. Brechen Sie *defrag.exe* vorzeitig ab, lautet der Rückgabewert beispielsweise *1223*. Was genau die Rückgabewerte einzelner Befehle bedeuten, hängt vom jeweiligen Befehl ab. Nur ein Rückgabewert ist weitgehend standardisiert: *0* steht für erfolgreichen Abschluss.

Aufgabe Beenden Sie alle laufenden Instanzen von Internet Explorer. Sie kennen dazu zwei Varianten, eine zuverlässige und eine freundliche. Setzen Sie beide Varianten ein. Fallen Ihnen Unterschiede auf? Tipp: Wie verhält sich der Internet Explorer beim anschließenden Neustart?

Lösung Der Prozessname von Internet Explorer lautet *iexplore*. Falls Sie den Prozessnamen nicht kennen, rufen Sie *Get-Process* auf, um sich alle laufenden Prozesse und ihre Prozessnamen anzeigen zu lassen. Um alle Instanzen von Internet Explorer auf harte Weise zu beenden, beschaffen Sie sich zuerst mit Get-Process iexplore alle Instanzen und leiten diese dann an *Stop-Process* weiter. Wenn Sie das tun, werden tatsächlich alle geöffneten Internet Explorer-Fenster sofort geschlossen:

```
PS> Get-Process iexplore | Stop-Process
```

Weil dabei das beendete Programm aber keinerlei Gelegenheit hat, sich kontrolliert zu beenden, können dabei nicht nur ungespeicherte Daten abhanden kommen, sondern auch andere Nebenwirkungen auftreten. Der Internet Explorer (ab Version 8) geht beim nächsten Start nämlich nun davon aus, dass er abgestürzt ist, und bietet an, die letzte Browsersitzung wiederherzustellen.

Beenden Sie den Internet Explorer dagegen auf freundliche Weise, geschieht dasselbe, als wenn der Benutzer das Fenster von Internet Explorer ausknipsen würde. In den Standardvorgaben fragt der Internet Explorer jetzt nach, ob Sie wirklich alle Registerkarten schließen wollen (sofern mehr als eine geöffnet ist):

```
PS> Get-Process iexplore | ForEach-Object { $_.CloseMainWindow() }
```

TIPP Neben den allgemeinen Methoden, Prozesse zu beenden, gibt es manchmal weitere. Manchmal gibt es zusätzliche Wege, um eine Verbindung zum betreffenden Programm herzustellen und es genauer zu kontrollieren.

Über die einheitlichen *Process*-Objekte kann man z.B. nicht herausfinden, welche Webseite gerade in einem Internet Explorer-Fenster angezeigt wird. Mithilfe des speziellen *Shell.Application*-Objekts ist das hingegen durchaus möglich. Es bietet darüber hinaus mit dem eingebauten Befehl *Quit()* die zielgerichtete Möglichkeit, einzelne Registerkarten von Internet Explorer zu schließen. Die folgenden Zeilen schließen z.B. alle Instanzen von Internet Explorer auf freundliche, aber bestimmte Weise: Der Internet Explorer schließt sich sofort, geht aber beim nächsten Start nicht mehr von einem Absturz aus:

```
PS> $helfer = New-Object -ComObject Shell.Application
PS> $helfer.Windows() | ForEach-Object { $_.Quit() }
```

Ganz perfekt ist dieser Aufruf allerdings noch nicht. Er schließt mitunter nicht alle Internet Explorer-Fenster, und noch fehlt auch die Möglichkeit, Fenster gezielt je nach angezeigter URL zu schließen. Dieses Beispiel wird deshalb am Ende dieses Kapitels wieder aufgenommen und perfektioniert.

Kurz und knapp...

Die PowerShell kann reguläre Programme starten, wenn Sie ihren absoluten oder relativen Pfadnamen angeben. Der Pfadname ist nur dann nicht erforderlich, wenn sich das Programm in einem der Ordner befindet, die in der Umgebungsvariablen *%Path%* genannt werden.

Starten Sie konsolenbasierte Programme, wartet die PowerShell, bis das Programm wieder beendet ist. Sie dürfen das Ergebnis solcher Programme in Variablen speichern, die man am vorangestellten $ erkennt. Der Errorlevel konsolenbasierter Programme findet sich in der besonderen Variable *$LASTEXITCODE*.

Windows-Programme werden asynchron mit eigenem Fenster gestartet und die PowerShell macht sofort weiter. Mehr Kontrolle über den Programmstart liefert das Cmdlet *Start-Process*, mit dem sich beispielsweise die Fenstergröße festlegen lässt. *Stop-Process* kann laufende Programme vorzeitig abbrechen.

Befehlsnamen per Alias abkürzen

In der Vergangenheit waren Befehlsnamen stets kurz und nie länger als 8 Zeichen. Das lag einerseits an traditionellen Limitationen älterer Dateisysteme, die sowieso keine längeren Dateinamen zuließen, und andererseits an Faulheit bzw. Effizienz: Längere Befehlsnamen bedeuten mehr Tipparbeit und natürlich auch mehr Gelegenheiten für Tippfehler. Der Preis dafür waren kryptische Namen, die mitunter kaum noch auf ihre eigentliche Aufgabe schließen ließen.

Wie Sie inzwischen wissen, verwendet die PowerShell ein streng schematisiertes System aus Tätigkeiten und Tätigkeitsbereichen, um Funktion und Aufgabe der Cmdlets klar und deutlich zu beschreiben. Der Preis hierfür sind sehr lange und unhandliche Namen, die man im hektischen Alltag kaum sinnvoll einsetzen mag.

Deshalb enthält die PowerShell eine Brücke zwischen der klaren schematischen Welt und der kurzen pragmatischen: das Aliassystem. Es verbindet sozusagen Theoretiker und Praktiker und erlaubt jedem, nach persönlichem Gusto seine PowerShell-Welt so einzurichten, wie er (oder sie) am besten arbeiten kann. Ein Alias ist dabei ein Alternativname für einen anderen Befehl. Alle wichtigen Cmdlets sind auf diese Weise mit praktischen Kurznamen, ihren Aliasnamen, ausgerüstet. Die folgenden Zeilen funktionieren alle gleich:

```
PS> Get-ChildItem C:\
PS> dir C:\
PS> ls C:\
```

Dieses Beispiel zeigt, dass Aliasnamen nicht nur der Bequemlichkeit dienen, sondern auch den Umstieg erleichtern. Ginge es nur um kurze Alternativen für wichtige Cmdlets, dann würde beispielsweise für *Get-ChildItem* ein einziger Alias genügen, z.B. *gci*. Tatsächlich gibt es aber drei Aliasnamen:

```
PS> Get-Alias -Definition Get-ChildItem
CommandType     Name                     Definition
-----------     ----                     ----------
Alias           dir                      Get-ChildItem
Alias           gci                      Get-ChildItem
Alias           ls                       Get-ChildItem
```

So finden auch alte Windows-Hasen unter dem Befehl *dir* das entsprechende Cmdlet *Get-ChildItem*, während Unix-Administratoren sich über den ihnen vertrauten Befehl *ls* an *Get-ChildItem* annähern.

WICHTIG Wie Sie sehen, sind *dir* und *ls* bloß Abkürzungen für das Cmdlet *Get-ChildItem*, nicht etwa die altvertrauten Befehle *dir* oder *ls* höchstselbst. Deshalb funktionieren diese Befehle auch nur auf den ersten Blick so wie in der Unix-Welt oder der klassischen Befehlskonsole. Spätestens wenn Sie die Befehle mit Argumenten aufrufen, wird klar: *dir* und *ls* unterstützen ausschließlich die Parameter des zugrunde liegenden *Get-ChildItem*-Cmdlets, nicht etwa die Schalter und Optionen der echten *dir*- und *ls*-Befehle anderer Konsolen.

Aliasnamen bieten also nicht etwa auf magische Weise völlige Abwärtskompatibilität zu älteren Befehlen, sondern weisen nur den Weg: Möchten Sie in der PowerShell-Welt Ordnerinhalte auflisten, ist dafür das Cmdlet *Get-ChildItem* zuständig. Wie man es genau bedient und welche Parameter es bietet, ist eine andere Frage, die Sie mithilfe von *Get-Help* bereits im letzten Kapitel geklärt haben.

Aliasnamen haben in der PowerShell also zwei wichtige Aufgaben:

- **Aus historischen Gründen** Neue Befehle sollen unter alten gewohnten Namen erreichbar sein und den Umstieg auf die PowerShell erleichtern
- **Aus Bequemlichkeit** Häufig verwendete Befehle sollen über kurze und prägnante Befehle erreichbar sein

Aliasnamen auflösen

Möchten Sie wissen, welcher Befehl wirklich hinter einem Aliasnamen steckt, verwenden Sie *Get-Command*:

```
PS> Get-Command dir
CommandType     Name                          Definition
-----------     ----                          ----------
Alias           dir                           Get-ChildItem

PS> Get-Command ls
CommandType     Name                          Definition
-----------     ----                          ----------
Alias           ls                            Get-ChildItem
```

Wollen Sie umgekehrt wissen, welche Aliasnamen für ein Cmdlet definiert wurden, greifen Sie zu *Get-Alias*. Ohne weitere Parameter listet dieses Cmdlet sämtliche Aliasnamen auf, die definiert sind, und in der Spalte *Definition* steht, auf wen oder was der jeweilige Alias verweist. Bequemer geht es, wenn Sie *Get-Alias* die gesuchte Definition bereits mit seinem Parameter *-Definition* verraten:

```
PS> Get-Alias -Definition Get-ChildItem
CommandType     Name                          Definition
-----------     ----                          ----------
Alias           dir                           Get-ChildItem
Alias           gci                           Get-ChildItem
Alias           ls                            Get-ChildItem
```

Grundsätzlich lohnt es sich, bei allen Cmdlets, die Sie häufig verwenden, die zugehörigen Aliasnamen zu ermitteln. Falls es welche gibt, zahlt sich ihr Einsatz aus, denn er kann viel Tipparbeit sparen.

TIPP Erkennen Sie die unterschwelligen PowerShell-Prinzipien? Schon im letzten Kapitel haben Sie gesehen: Häufig unterstützen Cmdlets mit der Tätigkeit *Get* Parameter, die so heißen wie die Spalten in der Ergebnisliste. Mit diesen Parametern kann man das Ergebnis dann auf Basis der Inhalte dieser Spalte filtern. Genau das ist hier geschehen: Der Parameter *-Definition* hat nur diejenigen Ergebnisse angezeigt, die dem angegebenen Suchwort in dieser Spalte entsprachen. Die folgende Zeile listet alle Aliasnamen auf, die auf *Get*-Cmdlets verweisen:

```
PS> Get-Alias -Definition Get-*
```

Eigene Aliasnamen festlegen

Jeder darf neue Aliasnamen erfinden. Das dafür zuständige Cmdlet kennen Sie bereits – jedenfalls können Sie seinen Namen intuitiv herleiten. Wenn das Cmdlet, das die vorhandenen Aliasnamen auflistet, *Get-Alias* heißt, dann lautet das Cmdlet zum Hinzufügen von Aliasnamen genauso und verwendet bloß eine andere Tätigkeit: *New-Alias.*

Mit dem Cmdlet *New-Alias* fügen Sie also weitere Aliasdefinitionen hinzu. Ein Alias steht dabei stets stellvertretend für irgendeinen anderen Befehl, den Sie in der Konsole eingeben. Weil Aliasnamen allerdings Vorrang vor echten Befehlsnamen haben, könnten Sie damit sehr bequem unerwünschte Befehle durch andere ersetzen. Schauen Sie sich dazu das nächste Beispiel an:

```
PS> edit
PS> New-Alias edit notepad.exe
PS> edit
```

Edit startet normalerweise das vollkommen antiquierte konsolenbasierte Editor-Programm, das erst mit Windows 7 endlich aussortiert wurde (sofern Sie nicht eine ältere Windows-Version auf Windows 7 aktualisiert haben). *Edit.com* ist so antiquiert, dass Sie sich vielleicht sogar fragen, wie Sie es wieder auf politisch korrekte Weise verlassen, ohne das Konsolenfenster komplett schließen zu müssen. Drücken Sie dazu [Alt]+[F] und dann [X]. Indem Sie einen neuen Alias namens *edit* festlegen und diesen Alias auf *notepad.exe* einstellen, wird der Befehl *edit* umprogrammiert. Geben Sie ihn das nächste Mal ein, dann startet die PowerShell nicht mehr das alte Editor-Programm, sondern den Windows-Editor.

TIPP *New-Alias* legt neue Aliase nur an, wenn es noch keinen Alias unter diesem Namen gibt. Andernfalls erhalten Sie einen Fehler, denn *New-Alias* kann bestehende Aliase nicht überschreiben. Jedenfalls nicht ohne besondere Erlaubnis, die Sie mit dem Switch-Parameter *-Force* erteilen. Geben Sie diesen Parameter an, überschreibt *New-Alias* gleichnamige vorhandene Aliasnamen ohne weitere Rückfrage.

Großzügiger ist *Set-Alias*. Die Tätigkeit *Set* zeigt eigentlich an, dass dieses Cmdlet bestehende Informationen verändert. Die meisten *Set*-Cmdlets aktualisieren aber nicht nur Daten, sondern legen diese außerdem neu an, falls sie noch gar nicht existieren. *Set-Alias* kann also sowohl neue noch nicht vorhandene Aliasnamen anlegen als auch bestehende Aliase aktualisieren (überschreiben).

Eigene Aliasnamen speichern

Falls Sie sich die Mühe gemacht und mit *New-Alias* eigene neue Aliasnamen angelegt haben, sollten Sie Ihre PowerShell-Konsole nicht unbedacht schließen. Andernfalls gehen Ihre neuen Aliasnamen sofort wieder verloren, denn die PowerShell merkt sie sich nicht. Damit Sie eigene Aliasnamen nicht ständig neu anzulegen brauchen, exportieren Sie diese am besten mit *Export-Alias* als Liste:

```
Export-Alias $HOME\aliasliste.csv
```

Diese Liste kann dann später beim Neustart der PowerShell bequem eingelesen werden. Wenn Sie sich diese Liste im Windows-Editor anschauen, stellen Sie fest, dass die PowerShell alle definierten Aliasnamen und ihre wichtigsten Eigenschaften als kommaseparierte Liste gespeichert hat:

```
PS> notepad "$HOME\aliasliste.csv"
```

Wollen Sie diese Aliase in einer anderen oder neu gestarteten PowerShell-Konsole importieren, verwenden Sie *Import-Alias*:

```
PS> Import-Alias $HOME\aliasliste.csv
```

Hierbei allerdings werden Sie wahrscheinlich eine Flut von Fehlermeldungen auslösen. *Export-Alias* hat nämlich nicht nur Ihre eigenen Aliasnamen in die Liste geschrieben, sondern alle, und weil man die mitgelieferten Aliasnamen nicht einfach überschreiben darf, kommt es beim Versuch jeweils zu einem Fehler. Der ist zwar nicht schlimm, aber störend. Sie sollten die an sich harmlosen Fehlermeldungen deshalb zumindest unterdrücken:

```
PS> Import-Alias $HOME\aliasliste.csv -ea SilentlyContinue
```

Noch empfehlenswerter: Öffnen Sie die exportierte Liste noch einmal im Windows-Editor und streichen Sie aus der Liste alle Aliasnamen, die Sie nicht selbst angelegt haben. Meist reduziert sich der Umfang der Liste dadurch erheblich, und die Liste löst beim anschließenden Import keine Fehler mehr aus. Achten Sie lediglich darauf, die Liste nach Änderungen zu speichern.

HINWEIS Später in diesem Kapitel, auf Seite 130, lernen Sie die sogenannten Profildateien kennen, die automatisch beim Start der PowerShell ausgeführt werden. Wenn Sie den *Import-Alias*-Aufruf in eine Ihrer Profildateien einfügen, ersparen Sie sich beim Start das manuelle Einlesen Ihrer selbst definierten Aliasnamen.

Aufgabe Legen Sie einen neuen Alias namens *edit* an, der den Windows-Editor startet.

Lösung Neue Aliasnamen werden mit *New-Alias* angelegt. Der erste positionale Parameter ist der gewünschte Name des neuen Alias, und der zweite positionale Parameter gibt an, welcher Befehl vom Alias aufgerufen werden soll. Sie könnten also schreiben:

```
PS> New-Alias edit notepad.exe
```

Oder Sie verwenden benannte Parameter und schreiben dann:

```
PS> New-Alias -Name edit -Value notepad.exe
```

Aufgabe Legen Sie einen neuen Alias namens *ie* an, der den Internet Explorer startet. Öffnen Sie dann mithilfe dieses neuen Alias eine Webseite.

Lösung Da der Internet Explorer (*iexplore.exe*) sich nicht in einem der Ordner befindet, die in der Umgebungsvariablen *%Path%* genannt werden, müssen Sie den genauen Pfadnamen zum Programm angeben. Und da dieser Pfadname Leerzeichen enthält, muss der Pfad in Anführungszeichen gestellt werden:

```
PS> New-Alias ie "$env:ProgramFiles\Internet Explorer\iexplore.exe"
```

Sobald dieser Alias definiert ist, öffnen Sie sehr bequem beliebige Webseiten direkt aus der PowerShell heraus:

```
PS> ie www.powershell.com
```

Aufgabe Sie haben in einer der vorangegangenen Aufgaben den Alias *edit* angelegt. Ändern Sie sein Ziel so, dass dieser Alias nicht länger *notepad.exe* startet, sondern *regedit.exe*.

Lösung Da *New-Alias* normalerweise keine vorhandenen Aliase überschreiben kann, genügt es nicht, den schon vorhandenen Aliasnamen einfach neu zu definieren. Sie müssen entweder zusätzlich den Parameter *-Force* angeben, um das Überschreiben zu ermöglichen:

```
PS> New-Alias edit regedit.exe -Force
```

Oder Sie verwenden *Set-Alias*. Mit diesem Cmdlet können vorhandene Aliasnamen nachträglich geändert werden:

```
PS> Set-Alias edit regedit.exe
```

Aufgabe Finden Sie heraus, ob und falls ja, welche Aliasnamen für das Cmdlet *Get-Process* hinterlegt sind.

Lösung Die Aliasnamen eines Cmdlets finden Sie mit *Get-Alias* und dem Parameter *-Definition* heraus:

```
PS> Get-Alias -Definition Get-Process
CommandType     Name                              Definition
-----------     ----                              ----------
Alias           gps                               Get-Process
Alias           ps                                Get-Process
```

Aufgabe Finden Sie heraus, welcher Befehl tatsächlich hinter dem Kurzbefehl *start* steckt.

Lösung *Get-Command* liefert die Details zu einem Befehl:

```
PS> Get-Command start
```

Wie sich zeigt, ist *start* ein Alias auf das Cmdlet *Start-Process*.

Kurz und knapp ...

Aliase sind Abkürzungen für Befehle, die entweder aus Bequemlichkeit oder als Hilfe eingesetzt werden, um vertraute Befehle aus anderen Konsolen in der PowerShell schnell wiederzufinden. Mit *Get-Alias* kann man alle Aliasnamen auflisten und auch herausfinden, welche Aliasnamen es für einen bestimmten Befehl gibt. *New-Alias* und *Set-Alias* legen neue Aliase an und erlauben ein Ändern bestehender Aliase. ▶

Machen Sie ausgiebigen Gebrauch von Alias-Namen im interaktiven alltäglichen Einsatz – dafür sind sie gedacht und äußerst sinnvoll. Setzen Sie diese aber nicht in Skripts ein. Verboten ist das zwar nicht, aber weil Aliasdefinitionen geändert, gelöscht und überschrieben werden können, wissen Sie auf fremden Kunden- oder Remotesystemen nie genau, welche Aliasnamen gerade definiert sind – und auf welche echten Befehle diese Aliase tatsächlich verweisen.

Funktionen: eigene Befehle erzeugen

Funktionen entsprechen in etwa Makros, mit denen man Cmdlets und andere Befehlen zu neuen eigenen Befehlen verschmelzen kann. Gibt man den Namen der Funktion an, führt sie die festgelegten Befehle aus. Funktionen verpacken also Aufgaben und sie verrichten das in genau derselben Weise wie die PowerShell-Cmdlets. Mit Funktionen kann man deshalb quasi eigene Cmdlets erzeugen, die zwar nicht kompiliert sind, aber aus Benutzersicht genauso funktionieren. Funktionen werden in folgenden Bereichen genutzt:

- **Abkürzungen** Eine Funktion kann ähnlich wie ein Alias als Abkürzung für vorhandene andere Befehle eingesetzt werden. Anders als bei einem Alias kann eine Funktion zusätzlich Befehlszeilenargumente vorgeben.
- **Kompatibilität** Damit die PowerShell sich möglichst genauso verhält wie ältere Konsolen, können Funktionen Brücken bauen und emulieren klassische Befehle und Befehlsaufrufe, die in der PowerShell andernfalls fehlen würden.
- **Anpassungen** Einige PowerShell-Funktionalitäten werden von vordefinierten Funktionen ausgeführt. Weil diese Funktionen von Ihnen verändert werden können, lässt sich so das Verhalten der PowerShell anpassen und erweitern.
- **Neue Befehle** Konnten Sie für eine bestimmte Aufgabe kein passendes Cmdlet finden, dann erfinden Sie einfach Ihren eigenen Befehl. Funktionen verpacken dazu beliebigen Code, der vom Benutzer in gleicher Weise aufgerufen werden kann wie die vorhandenen Cmdlets. Funktionen sind also ein einfacher Weg, um mit reinen Bordmitteln eigene neue Cmdlets zu definieren.

Funktionen für mehr Bequemlichkeit

Im einfachsten Fall verwendet man Funktionen als erweiterten Alias. Während nämlich ein Aliasname lediglich eine Abkürzung für einen Befehlsnamen darstellt, kann eine Funktion auch als Abkürzung für einen Befehl *einschließlich* seiner Parameter eingesetzt werden. Schauen Sie sich am nächsten Beispiel an, wie Funktionen häufig benötigte Befehlsaufrufe und Handgriffe erheblich erleichtern können.

Nehmen wir einmal an, Sie verwenden häufiger den Befehl *ping*, um zu überprüfen, ob bestimmte Computer oder Server erreichbar sind, und geben dabei immer wieder dieselben Argumente an:

```
PS> ping -n 1 -w 100 10.10.10.10
```

Wäre es nicht praktisch, wenn Sie den *Ping*-Befehl so ändern könnten, dass er automatisch die Optionen *-n 1 -w 100* verwendet? Mit Aliasnamen könnten Sie zwar den Befehlsnamen abkürzen, aber dem Befehl keine Standardargumente mit auf den Weg geben. Mit Funktionen geht dies sehr einfach:

```
PS> function quickping { ping -n 1 -w 100 $args }
PS> quickping 10.10.10.10
Ping wird ausgeführt für 10.10.10.10 mit 32 Bytes Daten:
Antwort von 10.10.10.10: Bytes=32 Zeit<1ms TTL=128
Ping-Statistik für 10.10.10.10:
    Pakete: Gesendet = 1, Empfangen = 1, Verloren = 0 (0% Verlust),
Ca. Zeitangaben in Millisek.:
    Minimum = 0ms, Maximum = 0ms, Mittelwert = 0ms
PS> Set-Alias qp quickping
PS> qp 10.10.10.10
Ping wird ausgeführt für 10.10.10.10 mit 32 Bytes Daten:
Antwort von 10.10.10.10: Bytes=32 Zeit<1ms TTL=128
Ping-Statistik für 10.10.10.10:
    Pakete: Gesendet = 1, Empfangen = 1, Verloren = 0 (0% Verlust),
Ca. Zeitangaben in Millisek.:
    Minimum = 0ms, Maximum = 0ms, Mittelwert = 0ms
```

Eine Funktion besteht dabei im einfachsten Fall aus einem benannten Skriptblock. Hinter dem Schlüsselwort *function* folgt also der Name Ihres neuen Befehls, und dahinter wird in geschweiften Klammern angegeben, welchen Code er ausführen soll, wenn man den Befehl eingibt.

Eine wichtige Besonderheit ist die spezielle Variable *$args*, die nur innerhalb des Skriptblocks existiert. In ihr finden sich alle Argumente, die Sie beim Aufruf der Funktion später angeben. Auf diese Weise überträgt die Funktion die Argumente an den *ping*-Befehl und gibt darüber hinaus die gewünschten Standardargumente fest vor.

Funktionen für mehr Kompatibilität

Mit dieser simplen Technik passen Sie Ihre Arbeitsumgebung sehr flexibel an. In der klassischen Konsole kann man beispielsweise mit dem Kurzbefehl `cd ..` in den übergeordneten Ordner wechseln. Dabei steht ».. « für den übergeordneten Ordner und ist das Argument für den Befehl *cd*.

Während es in der klassischen Konsole erlaubt ist, Argumente direkt und ohne trennendes Leerzeichen hinter Befehlen wie *cd* anzugeben, ist das bei PowerShell nicht erlaubt. Hier muss das Argument immer durch ein Leerzeichen vom Befehl getrennt angegeben werden. Das ist der Grund, warum der folgende Befehl in der PowerShell 1.0 nicht funktionierte, wohl aber in der klassischen Konsole:

```
PS> cd..
```

Tatsächlich liegt der Grund für diese Inkompatibilität in der höheren Flexibilität der PowerShell, denn bei der PowerShell sind auch Sonderzeichen in Befehlsnamen erlaubt, und die PowerShell suchte in diesem Beispiel schlicht nach einem Befehl namens »cd..«, den es nicht gab.

Um die Kompatibilität wiederherzustellen, fügte man deshalb in der PowerShell 2.0 kurzerhand Funktionen mit diesen Namen ein:

```
PS> Get-Command cd..

CommandType     Name                          Definition
-----------     ----                          ----------
Function        cd..                          Set-Location ..
```

Die Funktion *cd..* wurde also als praktische Abkürzung für den eigentlichen Befehl eingerichtet. Über die folgende Schreibweise kann man sich den Quellcode jeder Funktion sichtbar machen:

```
PS> ${function:cd..}
Set-Location ..
```

HINWEIS Funktionen verfügen über genau dieselbe Lebensdauer wie selbst definierte Aliasnamen, und die ist kurz: Sobald Sie die PowerShell beenden, vergisst sie sämtliche Aliasnamen und Funktionen, die Sie inzwischen hinzugefügt haben. Möchten Sie Ihre PowerShell-Konsole dauerhaft um eigene Funktionen bereichern, dann beauftragen Sie die PowerShell, die jeweiligen Funktionen beim Start festzulegen. Dazu fügen Sie Ihre neuen Funktionen in eines der Startskripts ein, welche die PowerShell automatisch beim Start ausführt. Wie das geschieht, lesen Sie etwas später in diesem Kapitel.

Funktionen verändern das Verhalten der PowerShell

Die PowerShell verwendet Funktionen in einigen Bereichen dazu, um ihr Verhalten anpassbar zu machen. So werden sowohl die Eingabeaufforderung als auch die Autovervollständigung über Funktionen realisiert. Indem Sie diese Funktionen überschreiben, können Sie so den Inhalt der Eingabeaufforderung und die Intelligenz der Autovervollständigung erweitern.

Eingabeaufforderung verschönern

Die Eingabeaufforderung wird von der Funktion namens *prompt* erzeugt. Die PowerShell führt diese Funktion automatisch jedes Mal aus, wenn Sie [↵] drücken und der aktuelle Befehl abgearbeitet worden ist. Die normale *prompt*-Funktion sieht so aus:

```
PS> $function:prompt
$(if (Test-Path Variable:/PSDebugContext) { '[DBG]: ' } else { '' }) + 'PS ' + $(Get-Location) +
$(if ($nestedpromptlevel -ge 1) { '>>' }) + '> '
```

Im Wesentlichen stellt diese Funktion also den Pfadnamen des aktuellen Ordners eingebettet in *PS* und »>« dar, was unschön ist, weil so ein Großteil des Raums in der Konsole von der Eingabeaufforderung beansprucht wird.

Eine Alternative bietet die folgende Funktion, welche die Eingabeaufforderung auf »PS>« beschränkt und den aktuellen Pfad stattdessen in der Titelleiste des Fensters einblendet. Außerdem wird nach jedem ausgeführten Befehl ein kurzer Piepton ausgegeben:

```
PS> function prompt {
  $Host.UI.RawUI.WindowTitle = (Get-Location)
  [System.Console]::Beep()
  "PS> "
}
```

HINWEIS Diese Funktion verwendet einige PowerShell-Techniken, die noch nicht erklärt wurden. Wollen Sie schon jetzt mehr darüber erfahren, finden Sie in Kapitel 8 Informationen zu Objekten und in Kapitel 9 alles Wissenswerte zum direkten Zugriff auf das .NET Framework.

Autovervollständigung erweitern

Die Autovervollständigung, die Sie per [Tab] aktivieren, ist zwar bereits sehr clever und liefert in vielen Fällen genau die richtigen Vorschläge. Weil Microsoft die Logik dahinter aber als Funktion namens *tabexpansion* öffentlich sichtbar (und veränderbar) gestaltet hat, kann man die Autovervollständigung auf Wunsch erweitern. Sie finden an dieser Stelle zwar kein Beispiel für eine verbesserte Autovervollständigung, das nächste Beispiel ändert die Funktion jedoch so ab, dass sie in jedem Fall eine Zahlenkolonne von 1 bis 10 zurückliefert:

```
function tabexpansion($line, $lastWord) {
  1..10
}
```

Führen Sie diese Funktion aus, überschreibt sie die eingebaute *tabexpansion*-Funktion, und wenn Sie nun [Tab] drücken, schlägt Ihnen die neue Funktion nacheinander Zahlen von 1 bis 10 vor. Das ist natürlich nicht besonders sinnvoll, illustriert aber gut, wie die Funktion grundsätzlich arbeitet. Die PowerShell übergibt der Funktion in den Parametern *$line* und *$lastword* die aktuelle Eingabezeile und das letzte Wort. Danach obliegt es der Funktion, daraus die möglichen Vervollständigungen zu ermitteln und zurückzuliefern. Dass dies kein triviales Unterfangen ist, zeigt ein Blick auf den Quellcode dieser Funktion:

```
PS> $function:tabexpansion
```

Dazu allerdings müssen Sie die PowerShell zuerst beenden und neu starten, damit die von Ihnen gerade überschriebene Funktion *tabexpansion* wieder auf die Voreinstellung zurückgesetzt wird.

Eigene neue Cmdlets erstellen

Die Hauptaufgabe von Funktionen ist, aus den vorhandenen Einzelbefehlen neue komplexere Befehle zu erzeugen, also quasi maßgeschneidert und ohne aufwändige Entwicklungsumgebung neue Cmdlets herzustellen. Das Ergebnis sind zwar keine echten kompilierten Cmdlets, aber der Benutzer spürt beim Einsatz von Funktionen keinen Unterschied zu Cmdlets.

Die *quickping*-Funktion aus dem vergangenen Beispiel hatte keine eigenen Parameter definiert. Alles, was Sie dieser Funktion an Argumenten übergeben, findet sich deshalb in der speziellen Variable *$args*. Geben Sie mehrere durch Leerzeichen getrennte Argumente an, enthält *$args* ein Array (Variablenfeld), sodass Sie mithilfe der eckigen Klammern wieder auf die einzelnen Argumente zugreifen können:

```
PS> function Test-Function { $args; "$args"; $args[0]; $args[1] }
Test-Function Dies ist ein Test
Dies
ist
ein
Test
Dies ist ein Test
Dies
ist
```

Geben Sie *$args* innerhalb der Funktion aus, erkennt die PowerShell automatisch, falls es sich dabei um ein Array handelt, und gibt den Inhalt untereinander aus. Stellen Sie *$args* dagegen in Anführungszeichen, geschieht etwas anderes: Jetzt werden die Arrayelemente hintereinander geschrieben und erscheinen also in einer Zeile. Wurden mehrere Argumente angegeben, kann man diese auch gezielt einzeln über ihren Index und die eckigen Klammern ansprechen.

Weil Sie allerdings nicht wissen können, ob der Benutzer Ihrer Funktion tatsächlich mehrere Argumente übergeben hat, wissen Sie auch nicht sicher, ob *$args* tatsächlich ein Array ist. Ein sehr viel besserer Weg ist deshalb, der Funktion von vornherein benannte Parameter zuzuweisen, die dann genauso funktionieren wie die Parameter, die Sie im letzten Kapitel bei Cmdlets kennengelernt haben:

```
PS> function Get-MwSt($Betrag, $Steuer = 0.19) { $Betrag * $Steuer }
Get-MwSt 100
19
PS> Get-MwSt -Betrag 100
19
PS> Get-MwSt 100 -Steuer 0.07
7
```

Die Parameter sind nun also eindeutig gekennzeichnet, sodass klar ist, welches Argument welchem Parameter zugewiesen wird. Entweder verwenden Sie die Parameter (genau wie bei Cmdlets) positional, indem Sie die Argumente in derselben Reihenfolge angeben wie die Parameter definiert wurden. Oder Sie benennen die Parameter, indem Sie vor jedes Argument den Namen des betreffenden Arguments stellen. Wird ein Parameter nicht angegeben, ist die entsprechende Variable entweder leer oder enthält einen Standardwert, falls Sie einen (wie im Beispiel für den Parameter *-Steuer*) angegeben haben.

Die Parameter einer Funktion verhalten sich nicht nur genauso wie die Parameter eines Cmdlets. Auch die Autovervollständigung per Druck auf [Tab] erkennt diese Parameter und zeigt sie an:

```
PS> Get-MwSt -[Tab]
```

Vordefinierte Funktionen erforschen

Sie haben bereits gesehen, dass die PowerShell eine ganze Reihe von Hilfsfunktionen wie beispielsweise *cd..* vordefiniert, um die Abwärtskompatibilität zu gewährleisten. Eine Liste sämtlicher Funktionen (einschließlich der Funktionen, die Sie inzwischen vielleicht selbst hinzugefügt haben) liefert das virtuelle Laufwerk *Function:*:

```
PS> dir Function:
```

Dabei werden Sie schnell entdecken, dass die Liste weitere Hilfsfunktionen enthält, die das Verhalten der PowerShell-Konsole an das der klassischen Konsole angleicht. Für jedes Laufwerk existiert beispielsweise eine gleichnamige Funktion, die das aktuelle Verzeichnis auf dieses Laufwerk einstellt, damit Sie wie in der klassischen Konsole auf folgende Weise zu einem anderen Laufwerk wechseln können:

```
PS> D:
```

Sie wissen jetzt: Dahinter steckt in Wirklichkeit eine Hilfsfunktion, die das aktuelle Verzeichnis mit *Set-Location* auf das Laufwerk einstellt:

```
PS> Get-Command D:
```

```
CommandType     Name                          Definition
-----------     ----                          ----------
Function        D:                            Set-Location D:
```

Mehr zu Funktionen erfahren Sie in Kapitel 10.

Aufgabe Erinnern Sie sich daran, wie man die Anzahl der laufenden Instanzen eines Programms feststellt? Schlagen Sie gegebenenfalls kurz nach (Seite 108). Wie könnte man daraus eine neue Funktion namens *Count-Process* mit dem Parameter *-Name* erstellen, der dann die Anzahl der laufenden Instanzen des angegebenen Programms zurückmeldet?

Lösung Entwickeln Sie zuerst die äußere Verpackung Ihrer neuen Funktion, die ihren Namen und die unterstützten Parameter festlegt:

```
PS> function Count-Process($Name) { }
```

Diese Zeile legt die Funktion an. Allerdings sind die geschweiften Klammern noch ohne Inhalt, sodass die Funktion nichts tun würde, wenn Sie diese aufrufen. Fügen Sie in die geschweiften Klammern nun den Code ein, den die Funktion ausführen soll, und ersetzen Sie statische Angaben darin durch den Parameter *$Name*. Sie können die Funktion entweder in einer einzelnen Zeile festlegen und nutzen dann Semikola, um die einzelnen Befehle voneinander abzugrenzen:

```
PS> function Count-Process($Name) { $prozesse = @(Get-Process $Name -ea SilentlyContinue);
$prozesse.Count }
```

Oder Sie geben die Zeilen untereinander an, wobei PowerShell in der Konsole dann zwei Größerzeichen anzeigt, solange die Funktion noch nicht vollständig eingegeben ist. Drücken Sie nach jeder Zeile [↵] und zum Abschluss ein weiteres Mal [↵]:

```
PS> function Count-Process($Name) {
>> $prozesse = @(Get-Process $Name -ea SilentlyContinue)
>> $prozesse.Count
>> }
>>
```

Haben Sie alles richtig eingegeben, kann man anschließend bequem mit *Count-Process* die Anzahl der laufenden Instanzen eines Programms bestimmen. Mit dem Parameter *-Name* geben Sie den gewünschten Namen des Programms an. Dieser Parameter kann ähnlich wie bei Cmdlets benannt oder positional angegeben werden:

```
PS> Count-Process regedit
1
PS> Count-Process -Name notepad
2
PS> Count-Process explorer
1
```

Kurz und knapp ...

Funktionen fassen mehrere Befehle zu einem neuen Befehl zusammen. So lassen sich Abkürzungen für häufig verwendete Befehle ebenso erzeugen wie ganz neue Befehle. Dabei bestehen Funktionen immer mindestens aus dem Schlüsselwort *function*, einem Namen und einem in geschweiften Klammern stehenden Skriptblock, der die Befehle enthält, die ausgeführt werden sollen. Darüber hinaus können Funktionen Parameter empfangen und verarbeiten.

Dateien und Skripts aufrufen

Die PowerShell kann Programme nicht nur direkt starten, sondern auch indirekt. Genau das geschieht, wenn Sie aus der PowerShell heraus eine Datei öffnen, die mit einer Anwendung assoziiert ist. Sie könnten also ohne Weiteres eine Brief- oder Arbeitsmappendatei aus der PowerShell-Konsole heraus aufrufen und Windows würde dann zuerst das damit assoziierte Programm – beispielsweise Microsoft Word oder Excel – öffnen und danach das Dokument laden. Hierfür gelten dieselben Regeln wie für den Programmstart: Geben Sie den absoluten oder relativen Pfadnamen der Datei an. Nur falls sich die Datei in einem Ordner befindet, der in der Umgebungsvariablen *%Path%* genannt wird, genügt die Angabe des Dateinamens.

Skripts starten

Skripts sind nichts anderes als Dokumente, nur besteht ihr Inhalt nicht aus bunten Bildern oder Text, sondern aus Anweisungen. Die Programme, die mit Skripts verknüpft sind, stellen den Inhalt der Skripts also nicht einfach dar, sondern führen die Anweisungen darin sofort aus. Skripts sind deshalb genauso praktisch und auch gefährlich wie jedes andere ausführbare Programm. Wo die speziellen Gefahren liegen und mit welchen Sicherheitsfunktionen PowerShell diese Gefahren kontert, sehen Sie nun an einer Reihe von typischen Automationsskripts.

Stapeldateien ausführen

Stapeldateien sind wohl die bekanntesten Skriptdateien, denn sie waren schon immer vorhanden, und sie werden noch immer gern zur Automation von Loginvorgängen und anderen Abläufen eingesetzt. Bei Stapeldateien handelt es sich um Textdateien mit der Dateierweiterung *.bat* oder *.cmd*. Darin dürfen alle Befehle enthalten sein, die auch in einer normalen Konsole interaktiv ausführbar sind. Die Dateierweiterungen *.bat* und *.cmd* sind mit dem Programm *cmd.exe* verknüpft, das ihren Inhalt ausführt. Möchten Sie Stapeldateien innerhalb der PowerShell verwenden, rufen Sie diese einfach unter Angabe des relativen oder absoluten Pfadnamens auf. Hier ein Beispiel:

Legen Sie sich zuerst eine Stapeldatei an, beispielsweise so:

```
PS> notepad $HOME\test.bat
```

Der Windows-Editor öffnet sich und bietet an, die angegebene Stapeldatei zu erstellen, weil sie noch nicht existiert. Stimmen Sie zu. Nun können Sie die Anweisungen eingeben, welche die Stapeldatei für Sie künftig ausführen soll. Erlaubt sind alle Anwendungen (also Programme mit den Dateierweiterungen *.exe* und *.com*), alle assoziierten Dateitypen (wie beispielsweise Dateien mit den Dateierweiterungen *.vbs* oder *.bat*) sowie die von der klassischen Konsole unterstützten Befehle (wie beispielsweise *dir* oder *cd*). Geben Sie in den Windows-Editor diesen Text ein:

```
@ECHO OFF
CLS
ECHO Programmauswahl leicht gemacht:
ECHO 1: NOTEPAD
ECHO 2: REGEDIT
ECHO 3: EXPLORER
CHOICE /N /C:123 /M "Ihre Auswahl (1, 2 oder 3)?"
IF ERRORLEVEL ==3 GOTO THREE
IF ERRORLEVEL ==2 GOTO TWO
IF ERRORLEVEL ==1 GOTO ONE
GOTO END
:THREE
explorer.exe
GOTO END
:TWO
regedit.exe
GOTO END
:ONE
notepad.exe
:END
```

Speichern Sie den Text, und schließen Sie den Editor. Rufen Sie die Stapeldatei nun aus der PowerShell heraus auf. Dazu wechseln Sie z.B. zuerst in den Ordner, in dem Sie die Stapeldatei gespeichert haben, und geben dann den relativen Pfad der Stapeldatei an:

```
PS> cd $HOME
PS> .\test.bat
```

Alternativ können Sie auch den absoluten Pfadnamen angeben. Der Pfadname muss in Anführungszeichen gesetzt werden, wenn er Leerzeichen enthält, und in doppelte Anführungszeichen, wenn Variablen wie *$HOME* automatisch aufgelöst werden sollen. Damit die PowerShell den in Anführungszeichen stehenden Pfad aufruft und nicht einfach nur als Text ausgibt, schreiben Sie davor ein &. Dieser Aufruf kann nun unabhängig vom aktuellen Ordner von überall aus erfolgen, weil der Pfadname nun absolut angegeben wird:

```
PS> "$HOME\test.bat"
C:\Users\w7-pc9\test.bat
PS> & "$HOME\test.bat"
Programmauswahl leicht gemacht:
1: NOTEPAD
2: REGEDIT
3: EXPLORER
Ihre Auswahl (1, 2 oder 3)?
```

TIPP Möchten Sie von Ihrer Stapeldatei aus selbst bestimmen, welcher Rückgabewert an die PowerShell gemeldet wird, verwenden Sie innerhalb der Stapeldatei die Anweisung *exit* und schreiben dahinter durch Leerzeichen getrennt den Zahlenwert, den PowerShell empfangen und in *$LASTEXITCODE* verfügbar machen soll.

Stapeldateien können nicht nur Zahlenwerte an die PowerShell übermitteln, sondern auch Text. Alles, was eine Stapeldatei mithilfe der *ECHO*-Anweisung in die Konsole ausgibt, lässt sich in einer PowerShell-Variablen auffangen, speichern und weiterverarbeiten. Das ist allerdings meist nur dann sinnvoll, wenn die Stapeldatei keine Benutzereingaben verlangt, weil sonst die Anweisungen für den Benutzer ebenfalls in die Ergebnisvariable umgeleitet werden und der Benutzer die Stapeldatei im Blindflug bedienen müsste:

```
PS> $ergebnis = & "$HOME\test.bat"
PS> $ergebnis
PS> $ergebnis = cmd.exe /c ver
PS> $ergebnis
```

VBScript-Dateien ausführen

VBScript ist eine weitere populäre Automationssprache. VBScripts verwenden die Dateierweiterung *.vbs*, die mit dem Programm *wscript.exe* oder *cscript.exe* verknüpft ist. VBScripts lassen sich aus der PowerShell ebenso einfach ausführen wie Stapeldateien. Wieder ist lediglich der relative oder absolute Pfadname des Skripts erforderlich. Da VBScripts genau wie Stapeldateien aus reinem Text bestehen, können Sie mit dem Windows-Editor auch hier ein einfaches Testskript erstellen:

```
PS> notepad $HOME\test.vbs
```

Lassen Sie die Datei anlegen und geben Sie dann den folgenden Code in den Editor ein:

```
zahl = InputBox("Geben Sie eine Zahl ein!")
WScript.Quit(zahl)
```

Speichern Sie die Änderungen und rufen Sie dann das Skript aus der PowerShell heraus auf:

```
PS> & "$HOME\test.vbs"
```

Das VBScript wird wie erwartet ausgeführt und zeigt ein Textfeld an, in das eine Zahl eingegeben werden kann. VBScripts lassen sich aber nicht nur von der PowerShell aus aufrufen, sondern können auch Informationen an die PowerShell zurückliefern. Das Beispiel zeigt, wie ein VBScript einen numerischen Statuswert zurückgibt. Dazu wird die Zahl, die der Benutzer eingegeben hat, über *WScript.Quit()* an den Aufrufer zurückgeliefert und die PowerShell kann diesen Wert dann wiederum aus der Variablen *$LASTEXITCODE* lesen:

```
PS> "Sie haben eingegeben: $LASTEXITCODE"
```

Allerdings funktioniert dies nur, wenn das Skript mit dem konsolenbasierten Windows Script Host *cscript.exe* ausgeführt wird. Auf vielen Windows-Systemen ist stattdessen der fensterbasierte Windows Script Host *wscript.exe* aktiv. Dieser kann keine Rückmeldungen an die PowerShell weitergeben und ist aus vielen weiteren Gründen für Automationsaufgaben schlecht geeignet. Deshalb sollten Sie VBScripts nicht mit dem automatisch assoziierten Programm starten, sondern explizit mit *cscript.exe*:

```
PS> cscript.exe -nologo "$HOME\test.vbs"
```

```
PS> "Sie haben eingegeben: $LASTEXITCODE"
```

Diese Art der Rückmeldung kann allerdings nur Ganzzahlen in einem festgelegten Wertebereich zurückliefern. Gibt der Benutzer im Testskript beispielsweise anstelle einer Zahl ein Wort ein, meldet das VBScript einen Fehler, weil die *Quit()*-Methode mit Buchstaben nichts anzufangen weiß.

Alternativ kann man von VBScripts deshalb auch beliebige Texteingaben empfangen. Dazu sind zwei Voraussetzungen zu beachten: Das Skript muss wie im letzten Beispiel auch explizit mit dem Windows Script Host *cscript.exe* gestartet werden, und alle Texte, die der Aufrufer (also die PowerShell) empfangen soll, müssen mit *WScript.Echo()* in die Konsole geschrieben werden. Ändern Sie das VBScript also etwas um:

```
eingabe = InputBox("Geben Sie Ihren Namen an!")
WScript.Echo
```

Speichern Sie die Änderung und rufen Sie das Skript erneut auf. Es gibt diesmal den eingegebenen Namen in die PowerShell-Konsole aus:

```
PS> cscript.exe -nologo "$HOME\test.vbs"
Tobias
```

Nun brauchen Sie das Ergebnis des Skripts bloß noch in einer Variablen aufzufangen, um es anschließend nach Ihren Wünschen innerhalb der PowerShell weiterzuverarbeiten:

```
PS> $eingabe = cscript.exe -nologo "$HOME\test.vbs"
PS> "Sie heißen $eingabe"
```

Wie Sie sehen, lassen sich damit bereits vorhandene und bewährte VBScripts problemlos weiternutzen und Sie können Ihre PowerShell-Lösungen sogar mithilfe von VBScript-Befehlen ergänzen.

HINWEIS Tatsächlich kann die PowerShell sogar VBScript-Code direkt und ohne Umweg über ein externes VBScript ausführen. Wie dies geschieht, wird in Kapitel 9 erklärt.

Gibt ein VBScript mehr als nur eine Textzeile in die Konsole aus, empfängt die PowerShell sämtliche Textzeilen einzeln als Array (Variablenfeld). Geben Sie beispielsweise diesen VBScript-Code in den Editor ein:

```
set wmi = GetObject("winmgmts:")
set sammlung = wmi.ExecQuery("select * from Win32_Process")
for each process in sammlung
  WScript.Echo process.getObjectText_
next
```

Sie wissen inzwischen, wie Sie dieses Skript ausführen und das Ergebnis in einer Variablen auffangen können:

```
PS> $ergebnis = cscript.exe -nologo "$HOME\test.vbs"
PS> $ergebnis.Count
PS> "Sie haben $($ergebnis.Count) Textzeilen empfangen."
PS> $ergebnis[0]
PS> $ergebnis[0..4]
PS> $ergebnis[-1]
```

PowerShell-Skripts ausführen

Natürlich unterstützt auch die PowerShell eigene Skriptdateien. Wie bei Batch- und VBScript-Dateien handelt es sich wiederum um simple Textdateien. Die PowerShell-Skriptdateien weisen die Dateierweiterung *.ps1* auf, die im Gegensatz zu anderen Skriptsprachen aber nicht mit *PowerShell.exe* assoziiert ist. Sie können PowerShell-Skripts deshalb nicht außerhalb von Windows ausführen (beispielsweise per Doppelklick). Dies funktioniert nur innerhalb der PowerShell. Geben Sie wieder entweder den relativen oder absoluten Pfadnamen zu der Skriptdatei an. Legen Sie zuerst erneut ein Testskript an:

```
PS> notepad $HOME\test.ps1
```

Lassen Sie die Datei anlegen und tippen Sie dann diesen Code ein:

```
$geburtstag = Read-Host "Wie lautet Ihr Geburtsdatum?"
$alter = New-TimeSpan $geburtstag
$alter
$tage = $alter.Days
"Sie sind $tage Tage alt!"
```

Speichern Sie die Änderungen und starten Sie das PowerShell-Skript. Das funktioniert wieder genauso wie in den letzten Beispielen, also durch Angabe des relativen oder absoluten Pfadnamens:

```
PS> & "$HOME\test.ps1"
```

Allerdings wird das Skript möglicherweise (noch) nicht ausgeführt, denn in den Vorgaben erlaubt die PowerShell aus Sicherheitsgründen zunächst die Ausführung von PowerShell-Skripts nicht. Dies ist eine Besonderheit, die ausschließlich für PowerShell-Skripts gilt. Bevor Sie solche Skripts ausführen können, müssen Sie zuerst (einmalig) die Erlaubnis dazu mit *Set-ExecutionPolicy* erteilen, beispielsweise so:

```
PS> Set-ExecutionPolicy RemoteSigned -Scope CurrentUser

Ausführungsrichtlinie ändern
Die Ausführungsrichtlinie trägt zum Schutz vor nicht vertrauenswürdigen Skripts bei. Wenn Sie die
Ausführungsrichtlinie ändern, sind Sie möglicherweise den im Hilfethema "about_Execution_Policies"
beschriebenen Sicherheitsrisiken ausgesetzt. Möchten Sie die Ausführungsrichtlinie ändern?
[J] Ja  [N] Nein  [H] Anhalten  [?] Hilfe (Standard ist "J"): j
```

Dieser Befehl legt fest, dass PowerShell-Skripts vom aktuellen Benutzer ausgeführt werden dürfen. Skripts, die aus nicht vertrauenswürdigen Quellen wie dem Internet oder fremden Fileservern stammen, müssen allerdings über eine gültige digitale Signatur verfügen. Nach dieser Änderung kann Ihr Testskript jetzt ausgeführt werden. Es fragt nach Ihrem Geburtstag und berechnet mithilfe von *New-TimeSpan* daraus, wie viele Tage Sie alt sind.

WICHTIG Auch für Skriptdateien gilt: Liegt das Skript in einem Ordner, der in der Umgebungsvariablen *%Path%* aufgeführt ist, kann das Skript ohne Pfadangabe direkt über seinen Namen aufgerufen werden. Sie könnten also einen eigenen Ordner für Ihre Skripts anlegen und diesen Ordner in die *Path*-Variable eintragen. Anschließend lassen sich die darin aufbewahrten Skripts genauso einfach und bequem starten wie normale Befehle. Tun Sie das nicht, müssen Sie für den Aufruf eines PowerShell-Skripts entweder den vollen Pfadnamen angeben, oder falls Sie sich bereits in dem Ordner befinden, in dem das Skript liegt, diesen Ordner durch einen Punkt relativ benennen, beispielsweise so: *.\testskript.ps1*.

Wie Sie mit Umgebungsvariablen wie *%Path%* umgehen, haben Sie bereits am Anfang in diesem Kapitel erfahren. Wenn Sie herausfinden möchten, ob es PowerShell-Skripts gibt, die ohne Pfadangabe direkt ausgeführt werden können, weil sie in einem globalen Ordner liegen, dann geben Sie diesen Befehl ein:

```
PS> Get-Command -CommandType ExternalScript
```

PowerShell-Skripts können in Ausnahmefällen sogar automatisch für Sie erstellt werden. In diesem Kapitel haben Sie beispielsweise bereits Aliasnamen kennengelernt und gelesen, wie man diese mit *Export-Alias* in einer kommaseparierten Liste speichern kann. *Export-Alias* kann die Aliasnamen allerdings alternativ auch als PowerShell-Skript exportieren. Rufen Sie das daraufhin automatisch erstellte PowerShell-Skript später auf, werden die Aliasdefinitionen neu angelegt:

```
# Alias-Definitionen als PowerShell-Skript speichern:
Export-Alias $HOME\aliasliste.ps1 -As Script

# Alias-Definitionen wiederherstellen:
. "$HOME\aliasliste.ps1"
```

Hierbei muss das Skript nun allerdings »dot-sourced« aufgerufen werden, also mit einem vorangestellten und durch ein Leerzeichen getrennten Punkt. Nötig ist das immer, wenn die Änderungen, die ein Skript an der PowerShell-Sitzung vornimmt, permanent sein sollen. Da das Skript neue Aliase definiert, sollen diese natürlich nicht nur während der Laufzeit des Skripts gelten, sondern auch danach. Sie werden später noch mehr über »dot-sourcing« hören.

Allerdings werden Sie nach dem Start des Skripts eine Menge Fehlermeldungen sehen, denn *Export-Alias* exportiert auch die vordefinierten System-Aliasnamen, die nicht überschrieben werden dürfen. Sie sollten das automatisch generierte Skript also besser zunächst im Editor nachbearbeiten und alle Aliasbefehle streichen, die nicht Ihre eigenen Aliasdefinitionen wiederherstellen. Sie könnten das Skript zur Nachbearbeitung z.B. in den Windows-Editor laden:

```
PS> notepad $HOME\aliasliste.ps1
```

PROFITIPP Die PowerShell 2.0 enthält einen eigenen simplen Skripteditor namens *PowerShell ISE* (*Integrated Script Environment*). Dieser Editor kann über den Alias *ise* geöffnet werden, setzt allerdings mindestens das .NET Framework 3.51 voraus:

```
PS> ise
```

Möchten Sie ein vorhandenes Skript in diesem Editor laden und bearbeiten, geben Sie dahinter den Pfadnamen des Skripts an:

```
PS> ise $HOME\aliasliste.ps1
```

Liegt das Skript bereits im aktuellen Ordner, genügt der Name des Skripts ohne Pfadangabe.

PowerShell-Skripts zulassen oder verbieten

Im vergangenen Beispiel haben Sie gesehen, dass PowerShell-Skripts erst ausgeführt werden können, wenn die Ausführungsrichtlinie der PowerShell dies erlaubt. Die aktuelle Einstellung dieser Richtlinie verrät *Get-ExecutionPolicy*:

```
PS> Get-ExecutionPolicy
RemoteSigned
```

Zurückgemeldet wird die für Sie maßgebliche Richtlinie. In Wirklichkeit gibt es fünf Richtlinien, deren Einstellungen Sie sehen, wenn Sie zusätzlich den Switch-Parameter *-List* angeben:

```
PS> Get-ExecutionPolicy -List

                    Scope                          ExecutionPolicy
                    -----                          ---------------
            MachinePolicy                                Undefined
               UserPolicy                                Undefined
                  Process                                Undefined
              CurrentUser                             RemoteSigned
             LocalMachine                                AllSigned
```

In der Spalte *Scope* wird der Gültigkeitsbereich der jeweiligen Richtlinie angegeben. Die Reihenfolge der Scopes kennzeichnet ihre Priorität. Eine Richtlinie auf Ebene der *MachinePolicy* hat also Vorrang vor allen anderen Richtlinien. Im Beispiel wurde für *CurrentUser* die Einstellung *RemoteSigned* gewählt, für *LocalMachine* dagegen *AllSigned*. In diesem Fall meldet *Get-ExecutionPolicy* die Einstellung *RemoteSigned*, weil *CurrentUser* Vorrang hat vor *LocalMachine*. Mithilfe der Scopes kann man also die Ausführungsrichtlinie lokal wie zentral verwalten, wobei zentrale Vorgaben per Gruppenrichtlinie Vorrang genießen.

Scope	
MachinePolicy	Wird durch eine Gruppenrichtlinie gesetzt und gilt für alle Benutzer des Computers. Dieser Scope hat die höchste Priorität, sodass Unternehmen damit zuverlässig die Ausführung von PowerShell-Skripts erlauben oder verbieten können.
UserPolicy	Wird durch eine Gruppenrichtlinie gesetzt und gilt für den aktuellen Benutzer des Computers. Über diesen Scope können Unternehmen benutzerspezifische Einstellungen vornehmen, die Vorrang vor den übrigen Scopes haben.
Process	Wird über *Set-ExecutionPolicy* festgelegt und gilt nur für die aktuelle PowerShell-Sitzung. Sobald PowerShell beendet wird, verliert die Einstellung ihre Gültigkeit. Man kann sie also dazu nutzen, vorübergehend die Richtlinie zu ändern, beispielsweise weil ein Skript andere Skripts von einem fremden Fileserver aus ausführen soll. Set-ExecutionPolicy -Scope Process Unrestricted
CurrentUser	Wird über *Set-ExecutionPolicy* festgelegt und gilt dauerhaft für den aktuellen Benutzer. Über diesen Scope kann jeder Benutzer seine eigene Ausführungsrichtlinie festlegen, sofern *MachinePolicy* oder *UserPolicy* keine anderen Vorgaben machen. Administratorrechte sind dafür nicht erforderlich. Set-ExecutionPolicy -Scope CurrentUser RemoteSigned
LocalMachine	Wird über *Set-ExecutionPolicy* festgelegt und gilt dauerhaft für alle Benutzer des Computers, sofern kein anderer Scope eine Einstellung festlegt. Änderungen erfordern Administratorrechte. Diese Einstellung war die einzige Ausführungsrichtlinie der PowerShell 1.0. Set-ExecutionPolicy -Scope LocalMachine RemoteSigned

Tabelle 3.3 Gültigkeitsbereiche der PowerShell-Ausführungsrichtlinien

Die Ausführungsrichtlinie kann jeweils auf eine von sieben Einstellungen gesetzt werden:

Einstellung	Beschreibung
Unrestricted	Skripts und Konfigurationsdateien benötigen keine digitale Signatur. Die PowerShell warnt allerdings vor der Ausführung, wenn das Skript aus einer nicht vertrauenswürdigen Quelle stammt. Diese Einstellung birgt die höchsten Missbrauchsrisiken.
Restricted	PowerShell-Skripts (einschließlich Modulen und Formatierungsdateien) können nicht ausgeführt werden. Die PowerShell kann nur interaktiv verwendet werden. Dies ist die Vorgabe, jedoch in den meisten Fällen unpraktikabel, weil jetzt noch nicht einmal mehr Profildateien ausführbar sind.
RemoteSigned	Skripts, die von einer nicht vertrauenswürdigen Quelle stammen (aus dem Internet heruntergeladen, auf einem Fileserver gespeichert, der kein Domänenmitglied ist), müssen mit einer gültigen digitalen Signatur versehen sein. Lokale Skripts und Profildateien benötigen keine Signatur. Diese Einstellung liefert in den meisten Fällen die beste Risiko-Nutzen-Abwägung.
AllSigned	Alle Skripts und Konfigurationsdateien müssen mit einer gültigen digitalen Signatur versehen sein. Stammt die Signatur von einem Herausgeber, der noch nicht als vertrauenswürdig anerkannt wurde, erscheint eine Abfrage. Diese Einstellung ist besonders sicher, erfordert aber eine rechtzeitig im Unternehmen etablierte Infrastruktur zur zuverlässigen Signierung erwünschter Skripts.
Default	Setzt die Standardausführungsrichtlinie (*Restricted*)
Bypass	PowerShell schaltet sämtliche mit der Ausführungsrichtlinie verbundenen Prüfungen aus, sodass alle Skripts grundsätzlich ohne Warnungen ausführbar sind. Diese Einstellung birgt die höchsten Risiken und ist für Umgebungen gedacht, die über andere Maßnahmen die Sicherheit von PowerShell-Skripts gewährleisten.
Undefined	Löscht die Einstellung aus dem Scope. Der folgende Befehl würde also eine auf Prozessebene vorübergehend festgelegte Richtlinie wieder entfernen: Set-ExecutionPolicy -Scope Process Undefined

Tabelle 3.4 Erlaubte Einstellungen für die PowerShell-Ausführungsrichtlinie

TIPP *Set-ExecutionPolicy* fragt normalerweise vorsichtshalber nach, wenn Sie damit die Ausführungsrichtlinie verändern, und erwartet eine interaktive Bestätigung. Möchten Sie die Ausführungsrichtlinie unbeaufsichtigt ändern, verwenden Sie den Switch-Parameter *-Force*. Die folgenden Zeilen zeigen, wie sich die Ausführungsrichtlinie der aktuellen PowerShell-Sitzung vorübergehend ändern lässt, beispielsweise, weil ein Skript ausdrücklich ein Skript aus einer unsicheren Quelle starten muss:

```
PS> Set-ExecutionPolicy -Scope Process Bypass -Force
PS> Get-ExecutionPolicy
PS> & "\\server12\my script.ps1"
PS> Set-ExecutionPolicy -Scope Process Undefined -Force
PS> Get-ExecutionPolicy
```

HINWEIS Das &-Zeichen im letzten Beispiel ist notwendig, damit die PowerShell den Pfad ausführt und nicht etwa einfach nur als Text zurückgibt. Sie benötigen dieses Zeichen also bei Pfaden, die in Anführungszeichen stehen. Anführungszeichen sind erforderlich, wenn der Pfadname Leer- oder Sonderzeichen enthält.

Mehr Informationen zu Ausführungsrichtlinien erhalten Sie über folgenden Befehl:

```
PS> Help about_execution_policies
```

Drücken Sie `Leertaste`, um im Hilfetext abwärts zu blättern.

Profildateien einsetzen

PowerShell-Skripts werden normalerweise nur aktiv, wenn Sie diese ausdrücklich aufrufen. Das gilt nicht für die Profildateien, die von der PowerShell von selbst aufgerufen werden, sobald die PowerShell startet. Die Profildateien stellen folglich Autostartskripts dar, in die alle Anweisungen gehören, die beim Start der PowerShell automatisch festgelegt werden sollen. Profildateien sind also ein guter Ort, um nützliche Anpassungen wie z.B. zusätzliche Aliasdefinitionen festzulegen. Hier kann man auch nützliche zusätzliche Funktionen definieren, die dann automatisch innerhalb der PowerShell zur Verfügung stehen.

HINWEIS Auch für Profildateien gelten die Ausführungsrichtlinien. Erlauben diese die Ausführung von PowerShell-Skripts nicht, werden auch die Profildateien nicht ausgeführt. In diesem Fall erscheint beim Start der PowerShell eine entsprechende Fehlermeldung, falls eine Profildatei vorhanden ist und nicht ausgeführt werden darf.

Profildateien sind normale PowerShell-Skriptdateien. Ihre Besonderheit liegt einzig in ihrem Namen und dem Ort, wo sie gespeichert sind. Beim Start der PowerShell überprüft das Programm automatisch vier Orte. Liegen dort unter dem erwarteten Namen PowerShell-Skripts, führt die PowerShell diese aus. Jedenfalls dann, wenn die Ausführungsrichtlinie (die Sie eben gerade mit *Set-ExecutionPolicy* neu festgelegt haben) dies erlaubt. Als Vorgabe existiert keines der vier möglichen Profile.

Der Pfadname zumindest einer der vier Profildateien ist in der Variablen *$PROFILE* gespeichert:

```
PS> $PROFILE
C:\Users\w7-pc9\Documents\WindowsPowerShell\Microsoft.PowerShell_profile.ps1
```

Somit können Sie Ihre erste Profildatei mit der folgenden Anweisung anlegen, öffnen und anpassen:

```
PS> notepad $PROFILE
```

Das funktioniert allerdings nur, wenn der Ordner, in dem die Profildatei gespeichert werden soll, auch existiert. So legen Sie den Ordner an, falls er noch fehlt:

```
PS> md (Split-Path $PROFILE) -EA SilentlyContinue
```

Dieses Profil gilt nur für Sie persönlich (hat also keine Auswirkungen auf andere Benutzer Ihres Computers) und es gilt nur für Microsoft-PowerShell-Anwendungen, aber nicht für PowerShell-Anwendungen anderer Hersteller. Möchten Sie mehr Kontrolle über Profildateien, schauen Sie sich die folgenden vier Eigenschaften der *$PROFILE*-Variable an:

```
PS> $PROFILE.AllUsersAllHosts
C:\Windows\System32\WindowsPowerShell\v1.0\profile.ps1
PS> $PROFILE.AllUsersCurrentHost
C:\Windows\System32\WindowsPowerShell\v1.0\Microsoft.PowerShell_profile.ps1
PS> $PROFILE.CurrentUserAllHosts
C:\Users\w7-pc9\Documents\WindowsPowerShell\profile.ps1
PS> $PROFILE.CurrentUserCurrentHost
C:\Users\w7-pc9\Documents\WindowsPowerShell\Microsoft.PowerShell_profile.ps1
```

Die Wahl des Profils bestimmt also, für wen die Anweisungen darin wirksam werden.

Profil	Beschreibung
AllUsersAllHosts	Anweisungen gelten für alle Benutzer Ihres Computers und für alle PowerShell-Anwendungen. Sie benötigen Administratorrechte, um diese Profildatei zu ändern.
AllUsersCurrentHost	Anweisungen gelten für alle Benutzer Ihres Computers, aber nur für *PowerShell.exe* und *PowerShell_ISE.exe*. Sie benötigen Administratorrechte, um diese Profildatei zu ändern.
CurrentUserAllHosts	Anweisungen gelten nur für Sie und für alle PowerShell-Anwendungen
CurrentUserCurrentHost	Anweisungen gelten nur für Sie und nur für *PowerShell.exe* und *PowerShell_ISE.exe*

Tabelle 3.5 Vier verschiedene Profildateien können für Initialisierungsaufgaben eingesetzt werden

TIPP Möchten Sie PowerShell ausnahmsweise ausführen, ohne die Profildateien auszuführen, starten Sie *PowerShell.exe* mit dem Parameter *-NoProfile*. Dieser Startmodus ist in doppelter Hinsicht wichtig: Erstens können Sie damit die PowerShell auch dann noch starten, wenn sich in eine der Profildateien ein Fehler eingeschlichen hat, der den Start sonst verhindern würde. Und zweitens kann man so Arbeitsskripts starten, ohne die vielleicht vielfältigen Anpassungen Ihrer Arbeitsumgebung zu laden. Das beschleunigt den Start eines PowerShell-Skripts je nach Größe und Inhalt Ihrer Profildateien teils erheblich.

PowerShell-Skripts extern starten

PowerShell-Skripts lassen sich auch außerhalb der PowerShell-Konsole direkt starten, um z.B. als Loginskript beim Anmeldevorgang automatisch ausgeführt oder als *geplante Aufgabe* in regelmäßigen Abständen unbeaufsichtigt tätig zu werden. Da PowerShell-Skripts jedoch nicht mit einem ausführbaren Programm verknüpft sind, genügt es dabei nicht, lediglich den Pfadnamen des Skripts anzugeben. Stattdessen muss ausdrücklich *PowerShell.exe* aufgerufen und das gewünschte Skript als Argument übergeben werden. *PowerShell.exe* unterstützt dabei einige wichtige Parameter, die in den folgenden Beispielen eingesetzt und demonstriert werden.

PowerShell-Skript per Verknüpfung starten

Haben Sie ein PowerShell-Skript verfasst, das Sie häufiger bei Bedarf starten wollen, könnten Sie dazu eine Verknüpfung einsetzen. Öffnen Sie zunächst den Windows-Editor und legen Sie ein Testskript an:

```
PS> Notepad $HOME\lotto.ps1
```

Lassen Sie das Skript anlegen und geben Sie folgenden Code ein:

```
$lottozahlen = Get-Random -Inputobject (1..49) -Count 7
"Die Lottozahlen der nächsten Woche lauten eventuell: $lottozahlen"
```

Starten Sie das Skript zunächst testweise aus der PowerShell-Konsole heraus:

```
& "$HOME\lotto.ps1"
```

Es sollte Ihnen einen Vorschlag für den Lottoschein liefern und sieben zufällige Zahlen zwischen 1 und 49 ausgeben. Nun legen Sie eine Desktop-Verknüpfung auf dieses Skript an, damit Sie es künftig bequem starten können:

1. Klicken Sie mit der rechten Maustaste auf eine freie Stelle Ihres Desktops und wählen Sie im Kontextmenü *Neu/Verknüpfung*. Ein Assistent öffnet sich und fragt, was die Verknüpfung für Sie öffnen oder ausführen soll. Geben Sie ein:

```
PowerShell.exe -NoProfile -NoExit -ExecutionPolicy RemoteSigned -File %USERPROFILE%\lotto.ps1
```

2. Klicken Sie auf *Weiter*. Geben Sie nun der Verknüpfung einen passenden Namen, beispielsweise **Lottozahlen**. Klicken Sie auf *Fertig stellen*.

Da Sie das Skript von der PowerShell aus in Ihrem Basisverzeichnis angelegt haben (*$HOME*), greift die Verknüpfung über die Umgebungsvariable *%USERPROFILE%* auf dieses Basisverzeichnis zu. *$HOME* und *%USERPROFILE%* enthalten denselben Pfadnamen. Selbstverständlich könnten Sie ein Skript auch an einem beliebigen anderen Ort speichern und stattdessen jeweils den absoluten Pfadnamen angeben.

TIPP Klicken Sie mit der rechten Maustaste auf die Verknüpfung und wählen Sie im Kontextmenü *Eigenschaften*, wenn Sie die Einstellungen nachträglich bearbeiten und beispielsweise über die Schaltfläche *Anderes Symbol* ein anderes Symbol für Ihre Verknüpfung auswählen wollen. Als Vorgabe erhält die Verknüpfung das Standardsymbol aus der verknüpften Anwendung, also bei PowerShell-Skripts das blaue PowerShell-Symbol.

Klicken Sie nun doppelt auf die Desktopverknüpfung, wird das Skript gestartet und zeigt die Lottozahlen an. Schauen Sie sich die eingesetzten Parameter an:

- **NoProfile** Weil Sie lediglich Ihr Lottoskript ausführen wollen, wäre es unsinnig, beim Start der PowerShell etwaig vorhandene Profildateien auszuführen. *-NoProfile* überspringt beim Start die Ausführung der Profildateien, was häufig sehr viel Zeit und Ressourcen spart.
- **NoExit** Damit die Konsole nach Ausgabe der Lottozahlen geöffnet bleibt und sich nicht sofort wieder schließt, ist *-NoExit* erforderlich. Allerdings sorgt dieser Parameter nicht nur dafür, dass die Konsole geöffnet bleibt. Zudem ist diese weiterhin eingabebereit und könnte weitere interaktive PowerShell-Befehle empfangen. Möchten Sie dies vermeiden, muss das Beispiel etwas verändert werden, wie Sie gleich sehen werden.
- **ExecutionPolicy** Normalerweise führt die PowerShell Skripts nur aus, wenn die Ausführungsrichtlinie dies erlaubt. Damit Ihr Skript auch dann ausgeführt werden kann, wenn die Ausführungsrichtlinie noch nicht entsprechend konfiguriert wurde, geben Sie mit diesem Parameter die gewünschte Ausführungsrichtlinie an. Diese gilt nur für diesen Aufruf. Sollte die Ausführung von PowerShell-Skripts über eine zentrale Gruppenrichtlinie blockiert worden sein, hat diese Vorrang vor dem Parameter *-ExecutionPolicy*, sodass Ihr Skript auch in diesem Fall nicht ausgeführt wird.
- **File** Gibt den Pfadnamen zur Skriptdatei an, die ausgeführt werden soll. Innerhalb der Pfadangabe sind Umgebungsvariablen der klassischen Konsole erlaubt. Nicht erlaubt sind PowerShell-Variablen.

PROFITIPP Möchten Sie den Pfadnamen zu Ihrem Skript lieber mithilfe von PowerShell-Variablen festlegen, verwenden Sie anstelle von *-File* die Option *-Command*. Sie erwartet beliebige PowerShell-Anweisungen. Neben kurzen Befehlen ist hier auch der Aufruf eines Skripts erlaubt:

```
PowerShell.exe -NoProfile -NoExit -ExecutionPolicy RemoteSigned -Command "$HOME\lotto.ps1"
```

Da PowerShell-Skripts ihre Ergebnisse in der Regel innerhalb ihres Konsolenfensters ausgeben, hat das letzte Beispiel mit der Option *-NoExit* verhindert, dass sich die Konsole nach Abschluss des Skripts sofort wieder schließt. Als Nebenwirkung könnte man anschließend nun allerdings weitere PowerShell-Befehle in der geöffnet gebliebenen Konsole ausführen. Möchten Sie das nicht, verzichten Sie auf *-NoExit* und sorgen stattdessen auf anderem Weg dafür, dass die Konsole sich nicht sofort wieder schließt. Dazu müssen Sie lediglich dafür sorgen, dass das Skript weiterläuft, bis der Benutzer beispielsweise eine Taste drückt. Die PowerShell selbst verfügt zwar nicht über einen solchen Befehl, aber Sie könnten auf den *pause*-Befehl der klassischen Konsole zurückgreifen. Ändern Sie Ihr Skript also folgendermaßen:

```
$lottozahlen = Get-Random -InputObject (1..49) -Count /
"Die Lottozahlen der nächsten Woche lauten eventuell: $lottozahlen"
cmd.exe /c pause
```

Ändern Sie auch die Verknüpfung und streichen Sie aus dem Aufruf den Parameter *-NoExit*. Wenn Sie nun Ihre Verknüpfung öffnen, werden die Lottozahlen angezeigt. Die Konsole wartet auf einen beliebigen Tastendruck und schließt sich danach wieder.

```
Die Lottozahlen der nächsten Woche lauten eventuell: 4 44 18 37 14 7 47
Drücken Sie eine beliebige Taste . . .
```

HINWEIS Möchten Sie ein PowerShell-Skript starten, das mithilfe der *Windows Presentation Foundation* (WPF) eigene grafische Oberflächen und Fenster erzeugt, muss die PowerShell mit dem Parameter *-Sta* im besonderen *Single Threaded Appartment*-Modus gestartet werden, der für WPF Voraussetzung ist.

PowerShell-Skripts automatisiert aufrufen

Möchten Sie ein PowerShell-Skript automatisch ausführen lassen, beispielsweise für Überwachungszwecke in regelmäßigen Abständen oder bei bestimmten Ereignissen wie dem Anmeldevorgang, dann legen Sie eine neue geplante Aufgabe an und hinterlegen dort, wann welches Skript gestartet werden soll. Konfigurieren Sie die geplante Aufgabe richtig, kann das PowerShell-Skript beinahe wie ein Dienst jederzeit aktiv werden, auch dann, wenn kein Benutzer am System angemeldet ist.

Bevor Sie dies allerdings tun, sollten Sie zuerst sorgfältig überlegen, ob das Skript von einem Benutzer bedient oder unbeaufsichtigt zur Ausführung gelangen soll. Nur wenn das Skript keinerlei Benutzereingaben erwartet, kann es ohne Benutzeraktivität oder völlig unsichtbar im Hintergrund ausgeführt werden.

Automatischer Neustart nach vorgegebener Zeit

Im Folgenden soll ein PowerShell-Skript ermitteln, wie lange ein System bereits ausgeführt wird. Läuft das System bereits seit mehr als zwei Tagen, wird das System automatisch neu gestartet. Legen Sie zuerst das passende Skript an. In diesem Beispiel wird es in einem öffentlichen Ordner hinterlegt, damit es von der Aufgabenplanung gefunden werden kann. Würden Sie das Skript wie in den vorangegangenen Beispielen innerhalb Ihres persönlichen Profils speichern, könnte es von der Aufgabenplanung nur dann ausgeführt werden, wenn es unter ihrem eigenen Benutzerkonto läuft.

```
PS> notepad $env:PUBLIC\reboot.ps1
```

Lassen Sie das Skript wie gewohnt vom Editor anlegen und geben Sie diesen Code ein:

```
$limit = 2   # nach 2 Tagen neu starten

# letzte Bootzeit über WMI ermitteln:
$info = Get-WmiObject Win32_Operatingsystem
$lastboot = $info.ConvertToDateTime($info.LastBootUpTime)
$differenz = New-TimeSpan $lastboot
$tage = $differenz.Days

# System ggf. neu booten:
"System wurde vor $tage Tagen zum letzten Mal gebootet."
if ($tage -gt $limit) {
  choice.exe /C JN /T 5 /D J /M "System wird automatisch neu gestartet. In Ordnung?"
  if ($LASTEXITCODE -eq 1) {
    Restart-Computer -Force -WhatIf
  }
}
```

TIPP Falls Sie das Skript testen und nicht zwei Tage warten wollen, bis ein Neustart vorgeschlagen wird, ändern Sie diese Zeile:

```
$tage = $differenz.Days
```

Schreiben Sie stattdessen:

```
$tage = $differenz.TotalHours
```

Zwar stimmt die Variable $tage nun nicht mehr wirklich, weil nun die Zeiteinheit von Tagen auf Stunden umgestellt wurde, aber jetzt sollte das Skript einen Neustart vorschlagen, sobald das System mehr als zwei Stunden läuft.

Das Skript ermittelt über *Get-WmiObject* aus der Windows Management Instrumentation (WMI), wann das System zum letzten Mal neu gebootet wurde. Das Ergebnis wird in der Variablen *$tage* gespeichert. Lag der letzte Neustart länger zurück als in *$limit* vorgegeben, fragt das Skript mit *choice.exe* nach, ob jetzt ein Neustart durchgeführt werden soll. Antwortet der Benutzer durch Druck auf [J] oder antwortet er innerhalb von 5 Sekunden nicht, wird das System mit *Restart-Computer* durchgestartet. Im Beispielskript ist der Simulationsparameter *-WhatIf* angegeben, sodass der Neustart nur simuliert wird, also nicht wirklich erfolgt. Entfernen Sie den Parameter, wenn Sie den Neustart tatsächlich durchführen lassen möchten. Achtung: Da zusätzlich der Parameter *-Force* angegeben ist, wird das System dann schonungslos neu gestartet, auch falls Programme noch ungesicherte Daten enthalten. Diese gehen dann gegebenenfalls verloren.

Um das Skript zu testen, rufen Sie es zuerst aus der PowerShell-Konsole heraus auf:

```
PS> & "$env:PUBLIC\reboot.ps1"
```

Skript als geplante Aufgabe

Möchten Sie Ihr PowerShell-Skript regelmäßig automatisiert ausführen, legen Sie eine geplante Aufgabe an. Dazu öffnen Sie entweder die *Aufgabenplanung* in der *Systemsteuerung* unter *Verwaltung* und legen die Aufgabe assistentenunterstützt mit der grafischen Oberfläche an. Oder Sie greifen auf das Befehlszeilentool *schtasks.exe* zurück.

Die nächste Zeile richtet mithilfe von *schtasks.exe* eine neue Aufgabe ein (*/Create*), die das Skript von eben (*/TR*) automatisch täglich (*/SC*) im Kontext des aktuellen Benutzers ausführt, dabei die höchstmöglichen Privilegien gewährt (*/RL*) und erlaubt, dass die PowerShell-Konsole während der Ausführung sichtbar ist (*/IT*).

```
PS> schtasks /create /TN Reboot /TR "PowerShell.exe -NoProfile -ExecutionPolicy Unrestricted -File
%PUBLIC%\reboot.ps1" /IT /RL HIGHEST /SC DAILY
```

Um die neu eingerichtete Aufgabe in der Aufgabenplanung zu begutachten, gehen Sie so vor:

1. Starten Sie die *Aufgabenplanung*. Dazu drücken Sie beispielsweise [Win]+[R] und geben ins *Ausführen*-Dialogfeld ein: **taskschd.msc** [↵]. Das Fenster *Aufgabenplanung* öffnet sich.
2. Ihre Aufgabe erscheint im Aufgabenplaner, wenn Sie in der linken Spalte auf den Knoten *Aufgabenplanungsbibliothek* klicken, und kann dort testweise manuell gestartet werden. Klicken Sie dazu die Aufgabe mit der rechten Maustaste an und wählen Sie *Ausführen*. In den Spalten *Status*, *Letzte Laufzeit* und *Ergebnis der letzten Ausführung* erhalten Sie Rückmeldungen und können sehen, ob das Skript erfolgreich ausgeführt wurde.

TIPP Haben Sie die Aufgabe angelegt oder verändert, nachdem die Aufgabenplanung geöffnet war, drücken Sie in der Aufgabenplanung [F5], um die Ansicht zu aktualisieren. Sollte die Aufgabe nicht wie gewünscht ausgeführt werden, prüfen Sie zuerst den Befehlsaufruf, indem Sie mit der rechten Maustaste auf die Aufgabe klicken und *Eigenschaften* wählen. Klicken Sie dann auf die Registerkarte *Aktionen* und auf *Bearbeiten*. Rufen Sie im Anschluss daran den dort hinterlegten Befehl aus einer PowerShell-Konsole heraus auf. In der Aufgabenplanung können Sie Aufgaben auch wieder löschen. Dies funktioniert auch mit *schtasks*:

```
PS> schtasks /Delete /TN Reboot
```

Die Aufgabe, die Sie in diesem Beispiel angelegt haben, wird im Kontext desjenigen Benutzers ausgeführt, der die Aufgabe eingerichtet hat. Die Aufgabe wird also nur ausgeführt, wenn dieser Benutzer angemeldet ist. Dafür kann die Aufgabe mit dem Desktop dieses Benutzers interagieren, also beispielsweise die PowerShell-Konsole und Meldungen darin anzeigen.

Möchten Sie ein Skript lieber unter einem anderen Benutzerkonto und dergestalt ausführen, dass das Skript auch zur Ausführung gelangt, wenn niemand angemeldet ist (ähnlich einem Dienst), weisen Sie der Aufgabe ein passendes Benutzerkonto zu und legen in den Eigenschaften der Aufgabe fest, dass diese auch ausgeführt werden soll, wenn der Benutzer nicht angemeldet ist. In diesem Fall allerdings wird die Aufgabe aus Sicherheitsgründen immer unsichtbar ausgeführt. Sie können dann also weder Meldungen ausgeben noch Benutzereingaben erfragen und die Option */IT* bleibt wirkungslos.

Die PowerShell-Konsole *PowerShell.exe* unterstützt zusätzlich eine Reihe von Optionen, mit denen Sie kontrollieren, auf welche Weise das Skript gestartet werden soll. Diese Optionen lassen sich über folgenden Aufruf sichtbar machen (der aus einer bereits geöffneten PowerShell-Konsole heraus erfolgen sollte, damit sich das Konsolenfenster nicht sofort wieder schließt):

```
PS> PowerShell.exe -Help
```

Kurz und knapp ...

Möchten Sie ein Programm oder eine Datei starten, müssen Sie den relativen oder absoluten Pfadnamen angeben. Enthält der Pfadname Leerzeichen, muss der Pfadname in einfache Anführungszeichen gesetzt und davor, durch ein Leerzeichen getrennt, entweder ein *&* oder ein ».« vorangestellt werden. »&« führt das Skript privat aus, sodass alle Änderungen an Variablen, Aliasen oder Funktionen nur gelten, solange das Skript ausgeführt wird (Produktionsskript). ».« führt das Skript dagegen global aus, sodass Änderungen anschließend erhalten bleiben (Bibliotheksskript).

Nur wenn sich die Datei in einem der Ordner befindet, die in der Umgebungsvariablen *%Path%* genannt werden, genügt zum Start die Angabe des Dateinamens (sogar ohne Dateierweiterung).

Für PowerShell-Skripts gilt darüber hinaus eine zusätzliche Sicherheitseinstellung: Diese Skripts werden nur ausgeführt, wenn es die Ausführungsrichtlinie erlaubt, die Sie mit *Get-ExecutionPolicy* auslesen und mit *Set-ExecutionPolicy* ändern. Sofern Unternehmensrichtlinien dies nicht verhindern, kann man mithilfe des Parameters *-Scope* und dem Argument *CurrentUser* diese Richtlinie auch ohne besondere Rechte für das eigene Benutzerkonto ändern.

Aufgabe Sie wissen aus den vorangegangenen Beispielen schon, wie Sie Werte aus der Registrierungsdatenbank lesen können (*Get-ItemProperty*). Können Sie mit der PowerShell herausfinden, welche Anwendung mit einer bestimmten Dateierweiterung verknüpft ist?

Lösung Alle verknüpften Dateierweiterungen finden sich im Zweig *HKEY_CLASSES_ROOT* der Registrierungsdatenbank. Möchten Sie also herausfinden, welche Anwendung mit der Dateierweiterung *.vbs* verknüpft ist, gehen Sie folgendermaßen vor:

```
Get-ItemProperty Registry::HKEY_CLASSES_ROOT\.vbs '(Default)'

PSPath       : Microsoft.PowerShell.Core\Registry::HKEY_CLASSES_ROOT\.vbs
PSParentPath : Microsoft.PowerShell.Core\Registry::HKEY_CLASSES_ROOT
PSChildName  : .vbs
PSProvider   : Microsoft.PowerShell.Core\Registry
(default)    : VBSFile
```

Das Ergebnis ist der Wert *(Standard)* des Schlüssels *HKEY_CLASSES_ROOT\.vbs*. Die PowerShell fügt Registrierungswerten eine Reihe von eigenen Eigenschaften hinzu, die alle mit *PS* beginnen. Die entscheidende Eigenschaft heißt allerdings so wie der gesuchte Registrierungswert, also *(default)*, und enthält den Wert *VBSFile*.

Möchten Sie nur den Inhalt dieses Werts erfahren, stellen Sie die Anweisung in runde Klammern, um zuerst das Objekt zu erhalten, und fragen dann direkt die gewünschte Eigenschaft ab. Da der Name dieser Eigenschaft Sonderzeichen enthält (die runden Klammern haben für PowerShell normalerweise, wie Sie inzwischen wissen, eine besondere Bedeutung), muss der Name in Anführungszeichen gestellt werden:

```
(Get-ItemProperty Registry::HKEY_CLASSES_ROOT\.vbs '(Default)').'(default)'
VBSFile
```

Der Name *VBSFile* ist der Name des gesuchten Registrierungseintrags, der verrät, mit welchem Programm dieser Dateityp verknüpft ist. Sie können den Namen also zuerst in einer Variablen zwischenspeichern und dann den entsprechenden Schlüssel auslesen:

```
$name = (Get-ItemProperty Registry::HKEY_CLASSES_ROOT\.vbs '(Default)').'(default)'
(Get-ItemProperty Registry::HKEY_CLASSES_ROOT\$name\Shell\Open\Command).'(default)'
```

Diese Anweisung liest für den angegebenen Dateityp den Standardwert des Unterschlüssels *Open\Command* aus. Da *Get-ItemProperty* Platzhalterzeichen erlaubt, könnten Sie ebenso gut auch alle mit dem Dateityp verknüpften Anwendungen auflisten:

```
Get-ItemProperty Registry::HKEY_CLASSES_ROOT\$name\Shell\*\Command
```

Aufgabe Sie möchten alle Ganzzahlen des Bereichs, den 1 KB umfasst, sowohl als Dezimalzahl als auch als Hexadezimalzahl angeben. Wie könnte man das mit der PowerShell bewerkstelligen?

Lösung Mit dem »..«-Operator kann man Zahlenbereiche ausgeben, beispielsweise:

```
PS> 1..5
1
2
3
4
5
```

Erlaubt sind hier auch die von der PowerShell unterstützten Zahleneinheiten. Sie könnten die Zahlen des KB-Bereichs also folgendermaßen ausgeben:

```
1..1KB
```

Dies würde Ihnen schon einmal die Dezimalzeichen liefern. Um die hexadezimale Darstellung gegenüberzustellen, verwenden Sie den Formatierungsoperator *-f*. Außerdem ist ein kleiner Vorgriff auf die PowerShell-Pipeline nötig:

```
PS> 1..1KB | Foreach-Object { '{0} = {0:X3}' -f $_ }
```

Aufgabe Sie wollen eine Testdatei mit einer Größe von 1 GB erstellen. Fällt Ihnen ein Weg ein? Schauen Sie sich beispielsweise das Cmdlet *Set-Content* näher an.

Lösung *Set-Content* legt neue Dateien mit Text- oder Binärinhalt an. Eine ungefähr 1 MB große Testdatei könnte man also folgendermaßen anlegen:

```
PS> Set-Content $env:TEMP\testdatei.txt ('x' * 1MB)
PS> Get-Item $env:TEMP\testdatei.txt

    Verzeichnis: C:\Users\w7-pc9\AppData\Local\Temp


Mode                LastWriteTime     Length Name
----                -------------     ------ ----
-a---        29.12.2009     10:24    1048578 testdatei.txt
```

Hierbei haben Sie zwei Sonderzeichen verwendet, die in diesem Kapitel schon mehrfach eingesetzt wurden: Die runden Klammern werten zuerst den Begriff darin aus und arbeiten dann mit dem Ergebnis weiter. Und: Das Zeichen * ist ein mathematischer Operator, mit dem man multipliziert. Das funktioniert nicht nur mit Zahlen, sondern auch mit Text. In diesem Fall erzeugt die Anweisung in den runden Klammern also einen Text, der aus einer Million *x* besteht (genau genommen aus 1048576 Zeichen, dem exakten Wert eines MB).

Die resultierende Datei ist allerdings zwei Byte größer, denn an den Text wurde noch ein Zeilenumbruch angehängt. Spätestens wenn Sie noch größere Testdateien benötigen, stößt *Set-Content* aber an Grenzen, weil es für solche Datenmengen nicht ausgelegt ist, und Sie erhalten dann möglicherweise einen *Out-of-Memory*-Fehler. In diesem Kapitel haben Sie gesehen, dass die PowerShell sehr pragmatisch ist und nicht wie andere Skriptsprachen darauf besteht, nur mit eigenen Befehlen zu operieren. Sie dürfen entsprechend auch beliebige andere Befehle und Tools einsetzen. Eine Testdatei kann z.B. auch mit dem Konsolenbefehl *fsutil* angelegt werden:

```
PS> fsutil file createnew $env:temp\dummy.bin (1gb)
Das Programm FSUTIL erfordert Administratorrechte.
```

Leider erfordert *fsutil* grundsätzlich Administratorrechte, und wenn Sie über diese nicht verfügen, ist es nutzlos. Alternativ kann die PowerShell aber auch direkt auf das zugrunde liegende .NET Framework zugreifen und die Testdatei mit Low-Level-Funktionen anlegen:

```
PS> $pfad = "$env:TEMP\testdatei.txt"
PS> $datei = [System.IO.File]::Create($pfad)
PS> $datei.SetLength(1gb)
PS> $datei.Close()
PS> Get-Item $pfad
```

Mehr zum Direktzugriff auf das .NET Framework erfahren Sie in den Kapiteln 8 und 9.

Nachschlag für Profis

Wieder finden Sie in diesem Abschnitt Zusatzinformationen und kleine Rätsel. Sind Sie in Zeitnot und haben die Aufgaben in diesem Kapitel erfolgreich gelöst, sind Sie bestens für das nächste Kapitel gerüstet und können sofort weiterblättern. Andernfalls haben Sie jetzt die Gelegenheit, Ihr neu gewonnenes Wissen noch zu vertiefen.

Kleine Rätselstunde

Rätsel Sie wissen, dass *Get-Command* Ihnen verrät, um welchen Befehlstyp es sich bei einem beliebigen gültigen Befehl handelt. Geben Sie beispielsweise *Get-Command dir* ein, meldet das Cmdlet, dass der Befehl *dir* vom Typ *Alias* ist und auf *Get-ChildItem* verweist. Das scheint aber bei einigen Befehlen nicht zu funktionieren. Geben Sie den Befehl *Date* ein, meldet PowerShell das aktuelle Datum. Es handelt sich also offensichtlich um einen gültigen Befehl:

```
PS> Date
Dienstag, 29. Dezember 2009 10:37:37
```

Wenn Sie aber versuchen, diesen Befehl mit *Get-Command* zu analysieren, wird er nicht gefunden:

```
PS> Get-Command Date
Get-Command : Die Benennung "Date" wurde nicht als Name eines Cmdlet, einer Funktion, einer
Skriptdatei oder eines ausführbaren Programms erkannt. Überprüfen Sie die Schreibweise des Namens,
```

```
oder ob der Pfad korrekt ist (sofern enthalten), und wiederholen Sie den Vorgang.
```

Warum wohl?

Lösung Hierbei handelt es sich um eine Schrulligkeit der PowerShell, die zwischen Bug und Feature angesiedelt ist. Alle Cmdlets mit der Tätigkeit *Get* dürfen auch ohne Angabe der Tätigkeit eingegeben werden. Der Befehl *Date* entspricht also in Wirklichkeit dem Cmdlet *Get-Date*. Diese Abkürzung funktioniert für alle *Get*-Cmdlets. Probieren Sie beispielsweise diese Befehle:

```
PS> Service
PS> Childitem
```

Diese Abkürzung ist aber nur dann möglich, wenn der Begriff nicht mit einer anderen Bedeutung belegt ist. Geben Sie also beispielsweise *Process* ein, um *Get-Process* aufzurufen, erhalten Sie stattdessen einen Doppelprompt, den Sie mit `Strg`+`C` abbrechen müssen. Das geschieht, weil Process ein reserviertes Schlüsselwort für einen sogenannten Process-Skriptblock ist, über den Sie später noch mehr erfahren. Aus solchen Gründen sollten Sie diese speziellen Abkürzungen zwar kennen, aber lieber darauf verzichten.

Rätsel Gerade haben Sie erfahren, dass man Cmdlets mit der Tätigkeit *Get* auch allein über den Tätigkeitsbereich aufrufen darf. Das funktioniert tatsächlich einwandfrei, allerdings nicht immer. Geben Sie anstelle von *Get-Help* einfach *Help* ein, verändert der Befehl sein Verhalten und gibt die Hilfe plötzlich seitenweise aus. Warum?

Lösung Die Abkürzung für *Get*-Cmdlets hat die niedrigste Priorität und wird nur angewendet, wenn es keinen anderen Befehl mit diesem Namen gibt. Die PowerShell bringt unter dem Namen *help* jedoch bereits eine Funktion mit, die intern *Get-Help* aufruft und danach die Ausgabe seitenweise umbricht, und selbst ohne diese Funktion würde die PowerShell als Nächstes die mitgelieferte Anwendung *help.exe* der klassischen Konsole aufrufen. Die spezielle Abkürzung greift also nur dann, wenn *Get-Command* für einen Befehl keine sonstige Alternative kennt.

```
PS> Get-Command help
CommandType     Name                           Definition
-----------     ----                           ----------
Function        help                           ...
Application     help.exe                       C:\Windows\system32\help.exe
```

Rätsel Sie wollen mithilfe von *Start-Process* den Registrierungseditor mit einem maximierten Fenster öffnen, aber der Befehl scheint nicht immer zu funktionieren:

```
PS> Start-Process regedit -WindowStyle Maximized
```

Die Fenstergröße ändert sich unter Umständen nicht. Warum?

Lösung *Regedit* ist eine Single Instance-Anwendung, die nicht mehrmals parallel gestartet werden kann. Läuft sie bereits, bringt *Start-Process* das Fenster der Anwendung nur in den Vordergrund. Die Fenstergröße wird nicht geändert, denn das geschieht nur, wenn *Start-Process* eine Anwendung startet.

Rätsel Sie haben mit *Start-Process* gespielt und wollten eigentlich den Registrierungseditor synchron starten, sodass die PowerShell wartet, bis die Anwendung wieder geschlossen wird. Allerdings kann es sein, dass *Start-Process* den Parameter *-Wait* ignoriert und eine Fehlermeldung auswirft:

```
PS> Start-Process regedit -Wait; "Fertig!"
Start-Process : Zugriff verweigert
Fertig!
PS> Get-Process regedit
Handles  NPM(K)    PM(K)      WS(K) VM(M)   CPU(s)     Id ProcessName
-------  ------    -----      ----- -----   ------     -- -----------
     72       9     5364       8912    78             5376 regedit
PS> Stop-Process -Name regedit
Stop-Process : Der Prozess "regedit (5376)" kann aufgrund des folgenden Fehlers nicht beendet
werden: Zugriff verweigert
```

Auch gelingt es nicht, eine laufende Instanz des Registrierungseditors mit *Stop-Process* zu beenden. Warum?

Lösung Dieses sonderbare Verhalten ist typisch für Programme, die besondere Rechte anfordern. Verfügt Ihre PowerShell-Konsole nicht über volle Administratorrechte, fordert *regedit* diese beim Start kurzerhand selbst an und besitzt danach mehr Rechte als die PowerShell-Konsole. Weil weniger privilegierte Anwendungen nicht auf höher privilegierte Anwendungen zugreifen dürfen, bricht folglich der Kontakt zwischen PowerShell und dem gestarteten Registrierungseditor ab. Die PowerShell kann weder den Status des Programms prüfen (weswegen *-wait* scheitert) noch das Programm mittels *Stop-Process* beenden.

Möchten Sie solche Probleme vermeiden, sorgen Sie dafür, dass es zwischen der PowerShell und anderen Programmen nicht zu Rechteunterschieden kommt. Starten Sie die PowerShell-Konsole beispielsweise von vornherein mit vollen Administratorrechten. In diesem Fall unterbleibt beim Start von *regedit* die Rechteerhöhung und die Befehle führen nicht länger zu Zugriffsverletzungen.

Rätsel Sie haben in diesem Kapitel die ersten eigenen Funktionen erzeugt, beispielsweise *Count-Process* (Seite 121). Allerdings ging die Funktion wieder verloren, als die PowerShell-Konsole geschlossen wurde. Das ist lästig. Fällt Ihnen eine Möglichkeit ein, die Lebensdauer von eigenen Funktionen auszudehnen, damit die Funktionen dauerhaft nutzbar bleiben?

Lösung Die PowerShell ist »selbstheilend«, indem beinahe alle Einstellungen und Änderungen nur während der aktuellen PowerShell-Sitzung gelten. Nach einem PowerShell-Neustart werden wieder die Ausgangswerte verwendet, sodass man die PowerShell kaum verkonfigurieren und dauerhaft beschädigen kann. Damit Ihre persönlichen Anpassungen und Ergänzungen trotzdem einen PowerShell-Neustart überleben, legen Sie diese innerhalb Ihrer Profildateien fest (Seite 130). Streng genommen überleben Ihre Anpassungen dadurch den Neustart zwar trotzdem nicht, werden aber wenigstens beim Neustart automatisch neu festgelegt. Öffnen Sie z.B. eines der Profile im Editor:

```
PS> Notepad $PROFILE.CurrentUserAllHosts
```

Kopieren Sie dann die gewünschte Funktion in die Profildatei und speichern Sie diese. Beim nächsten Start einer PowerShell-Konsole oder -Anwendung ist Ihre Funktion sofort einsatzbereit.

Profildateien können so natürlich zu Startproblemen führen, wenn darin Unsinn steht. Die folgende Anweisung würde beispielsweise die PowerShell sofort wieder schließen, also effektiv verhindern, dass ein Benutzer die PowerShell-Konsole verwenden kann:

```
PS> Stop-Process $PID
```

$PID ist eine spezielle PowerShell-Variable, in der die Prozess-ID des PowerShell-Prozesses aufbewahrt wird. Die Zeile beendet also gezielt die laufende PowerShell-Sitzung. Damit Sie solche und andere Probleme in den Profildateien beheben können, denken Sie an den *-NoProfile*-Parameter, mit dem man die PowerShell ohne Profildateien startet (Seite 131).

Ganz so sinnlos ist die Suizidzeile von eben übrigens gar nicht. Möchten Sie im Unternehmen zwar PowerShell-Skripts ausführen, aber verhindern, dass einzelne Benutzer eine interaktive PowerShell-Konsole öffnen und damit direkt arbeiten, fügen Sie die Anweisung ins Profil der Benutzer ein und achten ansonsten nur darauf, dass PowerShell-Skripts (wie allgemein üblich) mit *-NoProfile* gestartet werden. Solange die Benutzer den *-NoProfile*-Parameter nicht kennen und einsetzen, bleibt ihnen die PowerShell verwehrt.

Rätsel Ein Hacker möchte gern den Alias *dir* verbiegen und dafür sorgen, dass stattdessen der angegebene Ordner gelöscht wird. Ist so etwas tatsächlich möglich?

Lösung Auf den ersten Blick scheint das nicht möglich, weil die vordefinierten Aliasnamen schreibgeschützt zu sein scheinen. Versucht man, den Alias *dir* umzudefinieren, kommt es zu einem Fehler:

```
PS> Set-Alias dir del
Set-Alias : Die AllScope-Option kann aus dem Alias "dir" nicht entfernt werden.
```

Tatsächlich handelt es sich aber gar nicht um einen Schreibschutz, sondern um eine versteckte Option namens *AllScope*, welche die Gültigkeit der vordefinierten Aliasnamen betrifft. Um den Alias zu ändern, muss also lediglich diese Option auch für die neue Definition gesetzt werden. Da das ursprüngliche Ziel des Hackers sehr gefährlich ist, wird die Aliasänderung im folgenden Beispiel etwas entschärft: Der Alias startet künftig den Windows-Explorer:

```
PS> Set-Alias dir explorer.exe -Option AllScope
```

Ab sofort hat *dir* tatsächlich ein neues Verhalten und öffnet den angegebenen Ordner im Windows-Explorer, anstatt seinen Inhalt in die Konsole auszugeben. Ebenso gut hätte man den Alias aber auch so ändern können, dass er den angegebenen Ordner gelöscht hätte.

Allerdings müsste sich ein Hacker dafür schon in Ihre laufende PowerShell-Sitzung schleichen (beispielsweise während Sie das Mittagessen genießen und Ihren Computer nicht gesperrt haben) oder Zugriff auf eine der Profildateien erlangen. Wichtig ist die Erkenntnis: Aliasnamen können (fast) immer umdefiniert werden und sind deshalb nur auf denjenigen Systemen verlässlich, auf denen Sie Hausrecht haben. Das ist der Grund, warum Sie Aliasnamen nicht in Skripts und Funktionen verwenden sollten, die Sie künftig auf fremden Systemen ausführen lassen wollen.

Rätsel Manche vordefinierte Aliasnamen scheinen in der Tat schreibgeschützt zu sein. Der Alias *ise* startet beispielsweise den integrierten Skripteditor *PowerShell ISE*. Möchten Sie stattdessen lieber einen anderen Editor verwenden und den Alias ändern, kommt es zu einem Fehler:

```
PS> Set-Alias ise notepad
Set-Alias : Der Alias kann nicht geschrieben werden, da der Alias "ise" schreibgeschützt oder
konstant ist und daher nicht geschrieben werden kann.
```

Kann man solche Aliasnamen wirklich nicht umdefinieren?

Lösung Mit etwas Kreativität ist auch der Schreibschutz kein Problem. Setzen Sie einfach den Switch-Parameter *-Force* ein. Jetzt darf der Alias überschrieben werden, erfordert allerdings wie im letzten Rätsel zusätzlich die Option *AllScope*:

```
PS> Set-Alias ise notepad -Force -Option AllScope
```

Rätsel Sie möchten dafür sorgen, dass einige wichtige Aliasnamen auf keinen Fall nachträglich geändert werden können. Haben Sie eine Idee, wie ein solcher Schutz realisiert werden könnte?

Lösung Die PowerShell kennt eine versteckte Option, mit der man Aliasnamen (aber auch Variablen oder Funktionen) als Konstanten anlegen kann. Ist diese Option gesetzt, kann der Alias unter keinen Umständen mehr geändert oder gelöscht werden. Er bleibt so lange gültig, bis Sie die PowerShell beenden. Sie könnten also alle wichtigen Aliasnamen in einer Ihrer Profildateien als Konstanten definieren. Um beispielsweise den Alias *dir* »fälschungssicher« zu machen, verwenden Sie diese Zeile:

```
PS> Set-Alias dir Get-ChildItem -Option Constant,AllScope
```

Der Alias kann nun nicht mehr verbogen werden:

```
PS> Set-Alias dir explorer -Option AllScope -Force
Set-Alias : Der Alias kann nicht geschrieben werden, da der Alias "dir" schreibgeschützt oder
konstant ist und daher nicht geschrieben werden kann.
```

Falls Sie sich gerade fragen, warum Microsoft seine mitgelieferten Aliasnamen nicht von vornherein als Konstanten definiert und so Missbrauch vorgebeugt hat, so liegt dies an der Grunddefinition von *Missbrauch*, denn es kann durchaus sinnvoll sein, die vordefinierten Aliase zu ändern. Wären es von vornherein Konstanten, dann wären solche Änderungen ganz und gar ausgeschlossen.

Sie müssen also selbst tätig werden, wenn Sie die vordefinierten Aliasnamen vor nachträglichen Änderungen schützen wollen und wissen nun auch, was zu tun ist: Redefinieren Sie die Aliase wie eben gezeigt innerhalb einer der Profildateien. Wenn Sie ganz sicher gehen wollen, verwenden Sie dazu eine der *AllUsers*-Profildateien, weil diese Vorrang vor den übrigen Profildateien haben und nur Administratoren darin Änderungen vornehmen dürfen.

Rätsel In diesem Kapitel haben Sie bereits gelesen, wie Sie mit PowerShell Internet Explorer-Fenster schließen. Allerdings wurden durch den Befehl nicht nur Browserfenster geschlossen, sondern auch Explorer-Fenster, und manchmal wurden auch nicht alle Fenster geschlossen:

```
(New-Object -ComObject Shell.Application).Windows() | ForEach-Object { $_.Quit() }
```

Woran könnte dies wohl liegen?

Lösung Dieses Beispiel zeigt, dass manchmal Dinge nicht so funktionieren wie gewünscht, obwohl Sie eigentlich alles richtig gemacht haben. Meinstens stecken dahinter Mißverständnisse über die Arbeitsweise der eingesetzten Befehle.

Die Funktion *Windows()* liefert beispielsweise alle geöffneten Explorer-Fenster, also nicht nur Browserfenster, sondern auch ganz normale Ordnerfenster. Tatsächlich behandelt Windows nämlich die Fenster von Internet Explorer und des Windows Explorers gleich, denn das Betriebssystem verwendet hinter den Kulissen zur Anzeige von Systemordnern durchaus auch einmal den Internet Explorer.

Dies erklärt, warum die Zeile nicht nur Browserfenster schließt, sondern auch Explorer-Fenster. Es erklärt aber noch nicht, warum die Zeile hin und wieder nicht alle Fenster schließt. Der Grund ist exemplarisch für viele ähnliche Situationen: Ihre Zeile ruft die Liste der geöffneten Fenster ab, und noch während die Liste dann bearbeitet und die Fenster geschlossen werden, ändert sich dadurch das Ergebnis des Befehls. Mit anderen Worten: Sobald Sie auch nur ein Fenster schließen, wird das Ergebnis von *Windows()* ungültig und müsste eigentlich neu abgerufen werden.

Beide Probleme lassen sich lösen, allerdings nicht mit den einfachen Bordmitteln, die Sie bis jetzt erlernt haben. Nötig sind eine neue Funktion namens *Get-IE* (die nur diejenigen Fenster liefert, die dem Internet Explorer entsprechen) und eine Schleife. Sie ruft so lange die Liste der Fenster ab, bis darin keine Browserfenster mehr enthalten sind, schließt also bei jedem Schleifendurchlauf nur jeweils ein Fenster und ruft danach die Fensterliste neu ab.

Hier ist ein Ansatz, der zuverlässig alle Internet Explorer-Fenster schließt, und den Sie sogar noch erweitern können, um nur bestimmte Browserfenster zu schließen: Ersetzen Sie im Code »http« durch die vollständige URL, die geschlossen werden soll. Die Details zu den hier verwendeten Techniken erfahren Sie in den nächsten Kapiteln.

```
function Get-IE {
  (New-Object -ComObject Shell.Application).Windows() | Where-Object {
    $_.LocationURL.toLower().StartsWith('http') }
}

while (@(Get-IE).Count -gt 0) {
  @(Get-IE)[0].Quit()
}
```

Mehrdeutige Befehle

Welchen Befehl die PowerShell tatsächlich ausführt, verrät Ihnen wie immer Ihr bester Verbündeter: *Get-Command*. Geben Sie dahinter einen Befehl ein, listet dieses Cmdlet auf, um was für eine Befehlsart es sich handelt und wo sich dieses Programm befindet:

```
PS> Get-Command ping

CommandType     Name                            Definition
-----------     ----                            ----------
Application     PING.EXE                        C:\Windows\system32\PING.EXE
```

Sollte *Get-Command* mehr als einen Eintrag liefern, dann wissen Sie: Der untersuchte Befehl ist mehrdeutig. Mehrdeutigkeiten sind möglich, weil Sie inzwischen wissen, dass die PowerShell nicht nur ausführbare Programme unterstützt. Es kann also sein, dass ein und derselbe Befehlsname sowohl als ausführbares Programm als auch als Funktion oder Alias definiert wurde. Welcher Befehl in diesem Fall ausgeführt wird, richtet sich nach der Ausführungsreihenfolge: Alias, Funktion, Cmdlet, Anwendung, Datei.

Das bedeutet im Umkehrschluss, dass Sie native Befehle umleiten können, wenn Sie möchten. Dazu genügt es, einen gleichnamigen Alias oder eine gleichnamige Funktion zu definieren. Weil die PowerShell bei Namensgleichheiten zuerst nach Aliasen und Funktionen schaut, haben diese automatisch Vorrang vor Anwendungen:

```
PS> ping 10.10.10.10
PS> Set-Alias ping notepad.exe
```

```
PS> ping 10.10.10.10
```

Nach der Definition des Alias *ping* mit *Set-Alias* führt die PowerShell bei Eingabe des Befehls *ping* nun den Alias aus, der auf *notepad.exe* verweist. *Get-Command* zeigt, dass es nun zwei Befehle namens *ping* gibt:

```
PS> Get-Command ping

CommandType     Name                                                Definition
-----------     ----                                                ----------
Alias           ping                                                notepad.exe
Application     PING.EXE                                            C:\Windows\system32\PING.EXE
```

Möchten Sie die Anwendung *ping.exe* ausführen, könnten Sie das allerdings noch immer tun, indem Sie anstelle von *ping* den vollen Befehlsnamen *ping.exe* angeben – jedenfalls so lange, wie Sie nicht auch einen Alias namens *ping.exe* festgelegt haben. Eine weitere Alternative, die grundsätzlich funktioniert, macht sich die Ausgabe von *Get-Command* zunutze:

```
PS> Get-Command -CommandType Application ping
CommandType     Name                                                Definition
-----------     ----                                                ----------
Application     PING.EXE                                            C:\Windows\system32\PING.EXE
```

Der so ermittelte Befehl kann anschließend mit dem Ausführungszeichen *&* ausgeführt werden:

```
PS> & (Get-Command -CommandType Application ping) 10.10.10.10
```

Zusammenfassung

Die PowerShell ist eine pragmatische Skriptsprache und bietet Ihnen zur Lösung von Aufgaben nicht nur die eigenen Cmdlets an, sondern erlaubt auch die Verwendung klassischer Konsolenbefehle. Geben Sie einen Befehl ein und führen Sie diesen mit ↵ aus, sucht die PowerShell den Befehl nach einer festen Reihenfolge:

1. **Alias** Zunächst schaut die PowerShell, ob Ihr Befehl einem Aliasnamen entspricht. Falls ja, wird der Befehl ausgeführt, der im Alias vermerkt ist. Weil Aliasnamen die höchste Priorität genießen, können Sie über *Set-Alias* jeden anderen Befehl durch einen Alias überschreiben. Aliasnamen sind für den interaktiven Alltag gedacht und sollten aus Gründen der Übersichtlichkeit, Dokumentation und Portabilität nicht in Skripts verwendet werden.
2. **Funktion** Konnte kein Aliasname gefunden werden, sucht die PowerShell als Nächstes nach einer Funktion. Funktionen ähneln Aliasnamen, können aber aus beliebigen und beliebig vielen PowerShell-Anweisungen bestehen. In Funktionen können Sie Befehle einschließlich häufig verwendeter Argumente verpacken. Äußerlich betrachtet kann sich eine Funktion genauso verhalten wie ein Cmdlet, weswegen man Funktionen auch als *Skript-Cmdlets* bezeichnet.
3. **Cmdlet** Konnte auch keine Funktion gefunden werden, sucht die PowerShell nun nach Cmdlets. Cmdlets sind die internen PowerShell-Befehle, die einer strengen Namenskonvention folgen und deren Name stets aus einem Verb und einem Nomen besteht. Neben den in der PowerShell integrierten Cmdlets lassen sich viele weitere aus Snap-Ins und Modulen nachladen (Kapitel 5).

4. **Anwendung** Erst wenn auch kein Cmdlet gefunden wurde, schaut die PowerShell nach externen Befehlen in den Ordnern, die in der Windows-Umgebungsvariablen *%Path%* festgelegt sind. Möchten Sie einen Befehl an einem anderen Ort aufrufen, müssen Sie einen relativen oder absoluten Pfadnamen angeben.
5. **Skript** Konnte auch kein externer Befehl gefunden werden, sucht die PowerShell als Nächstes nach einem Skript mit der Dateierweiterung *.ps1*. Skripts werden allerdings nur ausgeführt, wenn Sie die *ExecutionPolicy* gelockert und die Ausführung von PowerShell-Skripts erlaubt haben.
6. **Dateien** Konnte auch kein PowerShell-Skript gefunden werden, sucht die PowerShell noch nach anderen Dateien, die mit einem ausführbaren Programm verknüpft sind
7. **Geheime Abkürzung** Entsprach auch keine Datei Ihrem Befehl, versucht die PowerShell eine letzte Verzweiflungstat: Die PowerShell prüft, ob es ein Cmdlet mit der Tätigkeit *Get* gibt, dessen Tätigkeitsbereich mit dem eingegebenen Befehl übereinstimmt. Haben Sie beispielsweise den Befehl *Service* eingegeben, findet PowerShell das Cmdlet *Get-Service* und führt es aus.

In allen anderen Fällen kommt es zu einer Fehlermeldung, und PowerShell meldet, dass die Eingabe kein gültiger Befehl war.

In diesem Kapitel haben Sie zahlreiche neue Cmdlets eingesetzt (**Tabelle 3.6**) und den Aufgabenbereich der PowerShell enorm ausgedehnt, wobei sich gezeigt hat, dass alle Cmdlets nach denselben Grundprinzipien funktionieren, die bereits im letzten Kapitel im Vordergrund standen.

Cmdlet	Beschreibung	Siehe Seite
Export-Alias	Exportiert die definierten Aliase in eine kommaseparierte Datei oder legt automatisch ein PowerShell-Skript an, mit dem die Aliase wiederhergestellt werden können	114
Get-Alias	Listet alle Aliase auf	111
Get-ChildItem	Listet den Inhalt eines Datencontainers auf, beispielsweise den Inhalt eines Ordners oder eines Registry-Zweigs	111
Get-Command	Liefert alle unterstützten Befehle und meldet bei Angabe eines bestimmten Befehls dessen Typ oder Namensgleichheiten	143
Get-EventLog	Listet sämtliche vorhandenen Ereignisprotokolle oder Einträge daraus auf	99
Get-ExecutionPolicy	Listet die aktuelle Ausführungsrichtlinie für PowerShell-Skripts auf	128
Get-Item	Greift auf eine Datei, einen Ordner oder einen Registrierungsschlüssel zu	137
Get-ItemProperty	Greift auf die Werte eines Registrierungsschlüssels zu	136
Get-Location	Liefert den Namen des aktuellen Ordners	118
Get-Process	Liefert alle laufenden Prozesse	110
Get-Random	Liefert eine Zufallszahl oder wählt zufällige Elemente aus einem Array aus	131
Get-WmiObject	Liefert alle Instanzen der angegebenen WMI-Klasse und listet alle gültigen WMI-Klassen auf	105, 134
Import-Alias	Liest eine mit *Export-Alias* exportierte Liste von Aliasen ein und stellt die Aliase wieder her	114

Tabelle 3.6 In diesem Kapitel eingesetzte PowerShell-Cmdlets

Cmdlet	Beschreibung	Siehe Seite
Limit-EventLog	Legt neue Größeneinstellungen für ein Ereignisprotokoll fest	99
New-Alias	Legt einen neuen Alias an	113
New-Item	Legt auf einem PowerShell-Laufwerk einen neuen Eintrag wie beispielsweise einen neuen Registrierungsschlüssel an	99
New-ItemProperty	Legt einen neuen Registrierungswert an	99
New-Object	Legt ein neues Objekt an, was in der Regel dazu verwendet wird, um direkt mit Funktionalitäten aus dem .NET Framework oder der COM-Welt älterer Skripts zu arbeiten	110
New-TimeSpan	Berechnet eine Zeitspanne	126
Read-Host	Liest eine Texteingabe aus der Konsole	126
Set-Alias	Legt einen neuen Alias an oder ändert einen bestehenden Alias	143, 141
Set-Content	Legt den Inhalt einer Datei neu fest. Existiert die Datei noch nicht, wird sie angelegt.	137
Set-ExecutionPolicy	Legt die Ausführungsrichtlinie für PowerShell-Skripts fest	126
Set-Location	Ändert den aktuellen Ordner	118
Start-Process	Startet ein neues Programm und kann dabei die Fenstergröße festlegen, auf den Abschluss des Programms warten oder das *Process*-Handle zurückliefern, um den Prozess später wieder zu beenden	102
Stop-Process	Beendet einen laufenden Prozess	106, 140

Tabelle 3.6 In diesem Kapitel eingesetzte PowerShell-Cmdlets

Neben den PowerShell-Cmdlets wurden außerdem verschiedene Anwendungen direkt aufgerufen oder als Teil eines PowerShell-Skripts eingesetzt:

Befehl	Beschreibung	Siehe Seite
ping.exe	Sendet ICMP-Pakete und prüft, ob ein Remotesystem darauf antwortet	92
ipconfig.exe	Listet die Einstellungen der Netzwerkkarten auf	101
tracert.exe	Verfolgt die Route einer Netzwerkverbindung und meldet, welche Zwischenstationen dabei durchlaufen werden	101
choice.exe	Bietet einen text- und konsolenbasierten Auswahldialog	103
cmd.exe	Startet die klassische Konsole und kann klassische Konsolenbefehle innerhalb der PowerShell ausführen	104
defrag.exe	Defragmentiert einen oder mehrere Datenträger	109
cscript.exe	Konsolenbasierter Skripthost, mit dessen Hilfe innerhalb der PowerShell ältere Skripttechniken wie VBScript integriert werden können	124
PowerShell.exe	Startet die interaktive PowerShell-Konsole oder führt ein PowerShell-Skript aus	131

Tabelle 3.7 In diesem Kapitel verwendete Anwendungen und Konsolenbefehle

Befehl	Beschreibung	Siehe Seite
schtasks.exe	Legt eine neue geplante Aufgabe an und kann beispielsweise PowerShell-Skripts in regelmäßigen Intervallen automatisiert ausführen	135
fsutil.exe	Diensttool zur Verwaltung des Dateisystems	138
explorer.exe	Startet den Windows-Explorer	141

Tabelle 3.7 In diesem Kapitel verwendete Anwendungen und Konsolenbefehle *(Fortsetzung)*

In diesem Kapitel sind Ihnen außerdem einige neue wichtige PowerShell-Sonderzeichen begegnet:

Sonderzeichen	Beschreibung	Siehe Seite
,	Legt ein Array an	98
>	Leitet die Ausgabe eines Befehls um in eine Datei oder vernichtet die Ausgabe	103
$()	Definiert eine Direktvariable. Wird diese Variable abgerufen, wertet die PowerShell zuerst den Ausdruck in den runden Klammern aus. Die Variable enthält also stets den Wert, den der Ausdruck in den Klammern dahinter aktuell ergibt.	104
&	Führt den Text hinter diesem Zeichen als Befehl aus. Damit lassen sich Pfadnamen ausführen, die Leerzeichen enthalten und deshalb in Anführungszeichen gestellt werden müssen.	144
@()	Verwandelt das Resultat des Ausdrucks in runden Klammern in ein Array. Normalerweise werden Resultate nur dann als Array geliefert, wenn es sich um mindestens zwei Einzelinformationen handelt. Mithilfe des @ erhalten Sie in jedem Fall ein Array, sodass Sie einen eindeutigen verlässlichen Datentyp erhalten, unabhängig davon, ob und falls ja, wie viele Informationen ein Befehl zur Laufzeit liefert.	108
" / '	Steht Text in doppelten Anführungszeichen, werden darin enthaltene Variablen aufgelöst, also durch ihren Inhalt ersetzt. Verwenden Sie dagegen einfache Anführungszeichen, wird der Text wörtlich genau so wiedergegeben, wie Sie ihn angegeben haben, und es kommt zu keinen Ersetzungen.	108
{}	Definiert einen Skriptblock, also ausführbaren PowerShell-Code	116
.	Repräsentiert innerhalb eines Pfadnamens den aktuellen Ordner. Außerdem kann ».« als Alternative zu *&* eingesetzt werden. Im Gegensatz zu *&* startet ».« ein PowerShell-Skript jedoch im globalen Kontext. Das heißt, alle im Skript definierten Variablen und Funktionen behalten ihre Gültigkeit, nachdem das Skript ausgeführt ist. Damit entspricht ».« in etwa einer *Include*-Anweisung, mit der externe Skriptbibliotheken eingelesen werden. Der Aufruf eines Skripts per ».« wird auch als *dotsourced* bezeichnet.	106, 129
..	Liefert eine Zahlenfolge	119, 131, 137

Tabelle 3.8 Wichtige PowerShell-Sonderzeichen, die in diesem Kapitel eingeführt wurden

Schließlich haben Sie einige wichtige vordefinierte Variablen kennengelernt:

Variable	Beschreibung	Siehe Seite
$_	Platzhalterzeichen für Objekte innerhalb der PowerShell-Pipeline, über die Sie im Kapitel 6 mehr erfahren	110
$args	Enthält alle Argumente einer Funktion, die nicht einem benannten Parameter zugewiesen wurden	116, 119
$env:xxx	Ruft die hinter dem Doppelpunkt angegebene Umgebungsvariable ab oder weist ihr einen neuen Wert zu	106
$function:xxx	Liefert den Quelltext der Funktion, deren Name hinter dem Doppelpunkt angegeben wird. Enthält der Name Sonderzeichen wie z.B. einen Bindestrich, muss der gesamte Ausdruck nach dem *$* in geschweifte Klammern gestellt werden.	118
$HOME	Liefert den Pfadnamen des aktuellen Benutzerprofils. Dieser Ort (es ist das Basisverzeichnis) wird häufig verwendet, wenn neue Dateien angelegt werden müssen, weil der Benutzer in diesem Ordner immer Schreibrechte besitzt.	
$Host	Repräsentiert den PowerShell-Host, also das Programm, das den PowerShell-Code ausführt. Im Falle der PowerShell-Konsole hat man darüber Zugriff auf alle wichtigen Einstellungen der PowerShell-Konsole wie beispielsweise Farben oder Größe.	118
$LASTEXITCODE	Rückgabewert des letzten ausgeführten Befehls, sofern dieser einen Rückgabewert festlegt. Der Inhalt dieser Variablen entspricht dem Inhalt der Umgebungsvariablen *%ERRORLEVEL%* in Stapeldateien.	102
$null	Alle Informationen, die dieser Variablen zugewiesen werden, vernichtet PowerShell sofort. Darüber können beispielsweise unerwünschte Ausgaben von Befehlen unsichtbar gemacht werden.	103
$PID	Enthält die Process-ID des aktuellen PowerShell-Hosts. Darüber kann der PowerShell-Prozess angesprochen und beispielsweise beendet werden.	141
$PROFILE	Liefert den Pfadnamen der Haupt Profildatei. Über Eigenschaften dieser Variable kann man auch die Pfadnamen der übrigen drei Profildateien ermitteln. Diese Variable wird verwendet, um Profildateien anzulegen, zu öffnen und zu ändern.	130
$true, $false	Enthalten boolesche Werte für Ja (zutreffend) und Nein (nicht zutreffend)	

Tabelle 3.9 Wichtige automatisch definierte PowerShell-Variablen

Kapitel 4

Provider: virtuelle Laufwerke

In diesem Kapitel:

Provider bilden neben den Cmdlets das zweite wichtige PowerShell-Grundprinzip. Ein Provider macht einen (beliebigen) hierarchisch gegliederten Informationsspeicher so einfach verwaltbar, als sei es eine Festplatte. Oder anders gesagt: Das, was Sie im Dateisystem wie selbstverständlich täglich tun – Ordner und Dateien anlegen oder löschen, in Ordner und Unterordner wechseln –, gelingt dank der Provider auch anderswo, z.B. in der Registrierungsdatenbank oder dem Active Directory. Sie brauchen also (fast) nichts Neues dazuzulernen, um Registrierungsschlüssel anzulegen oder Benutzerkonten zu löschen.

Provider und virtuelle PowerShell-Laufwerke

Provider arbeiten normalerweise im Verborgenen. Sie bemerken ihre Existenz anfangs gar nicht. Wenn Sie z.B. im Dateisystem navigieren und vielleicht einen neuen Ordner anlegen, ist in Wirklichkeit der PowerShell-Provider für das Dateisystem aktiv:

```
# in den Ordner C:\ wechseln:
PS> cd C:\
# Inhalt des Ordners auflisten:
PS> dir

    Verzeichnis: C:\

Mode                LastWriteTime     Length Name
----                -------------     ------ ----
d----        22.01.2010     10:48            Archivlogs
da---        03.02.2010     00:02            backup
(...)

# neuen Ordner anlegen:
PS> md beispielordner

    Verzeichnis: C:\

Mode                LastWriteTime     Length Name
----                -------------     ------ ----
d----        19.02.2010     11:29            beispielordner

# Alle Ordnerinhalte auflisten, die mit "beispiel" beginnen:
PS> dir beispiel*

    Verzeichnis: C:\

Mode                LastWriteTime     Length Name
----                -------------     ------ ----
d----        19.02.2010     11:30            beispielordner
# Beispielordner löschen:
PS> del beispielordner
# Alle Ordnerinhalte auflisten, die mit "beispiel" beginnen:
PS> dir beispiel*
```

Wirklich aufregend ist das nicht, denn so funktionierten auch bereits ältere Konsolen. Doch genau das ist die aufregende Neuerung: Sie können Ihr vorhandenes Wissen nicht nur in die PowerShell übernehmen, sondern auch auf andere Bereiche ausweiten. Das nächste Beispiel verwendet anstelle des Laufwerks *C:* das Laufwerk *HKCU:* und wechselt zum Ordner *Software*. Schauen Sie mal, was jetzt geschieht:

```
# ins Laufwerk HKCU: und darin in den Unterordner "Software" wechseln:
PS> cd hkcu:\Software
# Ordnerinhalt auflisten:
PS> dir

    Hive: HKEY_CURRENT_USER\Software

SKC  VC Name                           Property
---  -- ----                           --------
  5   0 Adobe                          {}
  1   0 AppDataLow                     {}
(...)
 55   0 Classes                        {}

# neuen "Ordner" anlegen:
PS> md Testschlüssel

    Hive: HKEY_CURRENT_USER\Software

SKC  VC Name                           Property
---  -- ----                           --------
  0   0 Testschlüssel                  {}

# Alle "Ordner" auflisten, die mit "Test" beginnen:
PS> dir test*

    Hive: HKEY_CURRENT_USER\Software

SKC  VC Name                           Property
---  -- ----                           --------
  0   0 Testschlüssel                  {}

# Ordner "Testschlüssel" löschen:
PS> del Testschlüssel
# Alle "Ordner" auflisten, die mit "Test" beginnen:
PS> dir test*
```

Mit denselben Grundbefehlen aus dem Dateisystem haben Sie soeben erfolgreich den Inhalt eines Registrierungsschlüssels aufgelistet, einen neuen Schlüssel angelegt und ihn wieder gelöscht. Erstaunlich, oder? Möglich war dies, weil das Laufwerk *HKCU:* vom *Registry*-Provider zur Verfügung gestellt wird. In Wirklichkeit entspricht es dem Registrierungszweig *HKEY_CURRENT_USER*.

Provider finden

Neugierig geworden? Lassen Sie uns den etwas lichtscheuen Providern zuerst auf die Finger schauen, damit Sie wissen, welche es gibt und was man damit anstellen kann. Welche Provider Ihnen zurzeit zur Verfügung stehen, ermittelt der Befehl *Get-PSProvider* für Sie:

```
PS> Get-PSProvider

Name                 Capabilities                 Drives
----                 ------------                 ------
WSMan                Credentials                  {WSMan}
Alias                ShouldProcess                {Alias}
Environment          ShouldProcess                {Env}
FileSystem           Filter, ShouldProcess        {C, D, I, E...}
Function             ShouldProcess                {Function}
Registry             ShouldProcess, Transactions  {HKLM, HKCU}
Variable             ShouldProcess                {Variable}
Certificate          ShouldProcess                {cert}
```

In der Spalte *Name* sehen Sie, welche Provider es gibt. Noch interessanter ist die Spalte *Drives*, denn hier lesen Sie, welche Laufwerke von den jeweiligen Providern zur Verfügung gestellt werden. Wie Sie sehen, ist der Provider *FileSystem* zuständig für alle klassischen Datenträger. Der Provider *Registry* stellt die Laufwerke *HKCU:* und *HKLM:* zur Verfügung und darüber hinaus gibt es noch eine ganze Armada weiterer Provider und zugehöriger Laufwerke.

Laufwerk	Beschreibung	Beispiel
WSMan:	Verwaltet die Management-Einstellungen für PowerShell Remoteverbindungen. Für den Zugriff auf dieses Laufwerk sind Administratorrechte nötig. Außerdem muss der *WinRM*-Dienst ausgeführt werden. Mehr dazu lesen Sie in Kapitel 6.	dir WSMan:
Alias:	Listet sämtliche Aliase auf. Das Ergebnis entspricht *Get-Alias*. Im Gegensatz zum Cmdlet kann man mit dem Laufwerk aber auch Aliase aus der aktuellen PowerShell-Sitzung löschen.	dir Alias: # entfernt den Alias "dir": del Alias:dir
Environment:	Listet sämtliche Windows-Umgebungsvariablen auf	dir Env:
Function:	Listet alle PowerShell-Funktionen der aktuellen PowerShell-Sitzung auf	dir Function:
Variable:	Listet alle in der aktuellen PowerShell-Sitzung definierten Variablen auf	dir Variable: dir Variable: | Format-Table Name, Description
Certificate:	Listet alle installierten Zertifikate auf	dir cert:\CurrentUser\my # Codesigning-Zertifikate: dir cert:\CurrentUser\my -CodeSign

Tabelle 4.1 Wichtige vordefinierte PowerShell-Laufwerke

TIPP Der eigentliche Name eines Laufwerks enthält keinen Doppelpunkt. Wenn Sie aber auf ein bestimmtes Laufwerk zugreifen wollen, müssen Sie an den Namen einen Doppelpunkt anfügen. Der Doppelpunkt am Ende des Namens ist das verabredete Zeichen für PowerShell, dass Sie ein Laufwerk meinen. Falls Sie übrigens bei Durchsicht der Tabelle 4.1 enttäuscht feststellen, dass darin keine Provider für das Active Directory oder für Microsoft Exchange Server auftauchen, dann liegt das daran, dass die Tabelle nur die vorinstallierten Laufwerke beschreibt. Weitere Provider können wie in Kapitel 5 beschrieben nachgerüstet werden und dann auch andere Informationsspeicher verfügbar machen.

Virtuelle Laufwerke finden

Get-PSProvider liefert zwar bereits eine Liste der Laufwerke, die von den Providern zur Verfügung gestellt werden. Mehr Details zu den Laufwerken liefert allerdings *Get-PSDrive*, beispielsweise das Stammverzeichnis des jeweiligen Laufwerks:

```
PS> Get-PSDrive | Format-Table -AutoSize

Name      Used (GB) Free (GB) Provider    Root                CurrentLocation
----      --------- --------- --------    ----                ---------------
Alias                         Alias
C             74,09     54,26 FileSystem  C:\
cert                          Certificate \
D             57,44     84,65 FileSystem  D:\
E                             FileSystem  E:\
Env                           Environment
F                             FileSystem  F:\
Function                      Function
HKCU                          Registry    HKEY_CURRENT_USER          Software
HKLM                          Registry    HKEY_LOCAL_MACHINE
I               ,09     14,56 FileSystem  I:\
Variable                      Variable
WSMan                         WSMan
Z            309,67    601,83 FileSystem  Z:\
```

Jetzt erkennt man in der Spalte *Root*, dass das Laufwerk *HKCU:* in der Registrierungsdatenbank auf *HKEY_CURRENT_USER* und *HKLM:* auf *HKEY_LOCAL_MACHINE* verweist. In der Spalte *CurrentLocation* des Laufwerks *HKCU:* findet sich der aktuelle Ordner dieses Laufwerks. Sind Sie den Beispielen vorhin gefolgt, wird dort noch *Software* stehen, denn im Beispiel waren Sie mit *cd* in diesen Ordner des Laufwerks *HKCU:* gewechselt.

HINWEIS Die Laufwerke, die Sie hier sehen, sind nur aus der PowerShell heraus verfügbar. Der Windows-Explorer verwendet seine eigene klassische Laufwerksverwaltung, die streng davon getrennt ist. Deshalb stehen Ihnen die modernen neuen Laufwerke (leider) nicht in anderen Anwendungen zur Verfügung.

Neue virtuelle Laufwerke anlegen

Die Liste der virtuellen Laufwerke lässt sich sogar erweitern. Wer mag, kann mithilfe der Provider seine eigenen virtuellen Laufwerke anlegen und dann bequem und schnell zu Orten navigieren, an denen man häufig zu tun hat. Zuständig dafür ist das Cmdlet *New-PSDrive*, das genau drei Dinge von Ihnen wissen will: den Namen des neuen Laufwerks (ohne Doppelpunkte), den Provider und den Ort, auf den das Laufwerk verweisen soll. Die nächste Zeile legt ein Laufwerk namens *Skripts:* an, das auf den Ordner *C:\Skripts* verweist. Damit der Befehl klappt, muss dieser Ordner natürlich existieren und gegebenenfalls vorher mit *md* angelegt werden:

```
PS> New-PSDrive Skripts FileSystem C:\skripts

WARNUNG: Die Spalte CurrentLocation passt nicht in die Anzeige und wurde entfernt.

Name           Used (GB)     Free (GB) Provider      Root
----           ---------     --------- --------      ----
Skripts                          54,26 FileSystem    C:\skripts
```

Anschließend können Sie mit dem Laufwerk *Skripts:* wie mit jedem anderen Laufwerk arbeiten:

```
PS> cd Skripts:
```

Dasselbe funktioniert auch mit den übrigen Providern. Die folgenden Zeile legt ein Laufwerk namens *Software:* an, das auf den Registrierungsschlüssel *HKEY_LOCAL_MACHINE\Software* verweist, und verwendet diesmal benannte Parameter:

```
PS> New-PSDrive -Name software -PSProvider Registry -Root HKLM:\Software

WARNUNG: Die Spalte CurrentLocation passt nicht in die Anzeige und wurde entfernt.

Name           Used (GB)     Free (GB) Provider      Root
----           ---------     --------- --------      ----
software                               Registry      HKEY_LOCAL_MACHINE\Soft...
```

Und diese Zeile legt ein Laufwerk namens *mycerts:* an, das auf Ihren persönlichen Zertifikatspeicher verweist:

```
PS> New-PSDrive mycerts certificate cert:\currentuser\my

WARNUNG: Die Spalte CurrentLocation passt nicht in die Anzeige und wurde entfernt.

Name           Used (GB)     Free (GB) Provider      Root
----           ---------     --------- --------      ----
mycerts                                Certificate   \currentuser\my
```

PROFITIPP Haben Sie es bemerkt? Die neuen Laufwerke verwenden als ausgehende Basis andere virtuelle PowerShell-Laufwerke. Das ist zwar vollkommen in Ordnung, führt aber spätestens dann zu einem Problem, wenn das virtuelle Laufwerk, auf das Ihr neues Laufwerk Bezug nimmt, entfernt wird, oder falls der Ort, auf den Sie verweisen wollen, noch gar nicht durch ein virtuelles Laufwerk zugänglich gemacht worden ist. Was z.B., wenn Sie den Zweig *HKEY_CLASSES_ROOT* der Registrierungsdatenbank anzeigen möchten, der standardmäßig nicht als virtuelles Laufwerk definiert ist?

Ein effizienterer und flexibler Weg gibt deshalb den gewünschten Basisordner des neuen virtuellen Laufwerks ohne Bezug auf vorhandene PowerShell-Laufwerke an. Dazu stellen Sie vor den Pfad den Provider, der für diesen Pfad zuständig ist, und fügen zwei Doppelpunkte an. Um also ein Laufwerk namens *HKCR:* anzulegen, das auf *HKEY_CLASSES_ROOT* verweist, formulieren Sie:

```
PS> New-PSDrive HKCR Registry Registry::HKEY_CLASSES_ROOT
```

Die virtuellen Laufwerke, die Sie eben testweise angelegt haben, würde man also auf folgende Art effizienter anlegen:

```
PS> New-PSDrive Skripts FileSystem FileSystem::C:\skripts
PS> New-PSDrive -Name software -PSProvider Registry -Root Registry::HKEY_LOCAL_MACHINE\Software
PS> New-PSDrive mycerts certificate certificate::currentuser\my
```

Bevor Sie allerdings die virtuellen Laufwerke auf diese Weise neu anlegen können, müssen die alten Laufwerke zuerst wieder entfernt werden.

Virtuelle Laufwerke entfernen

Selbst definierte virtuelle Laufwerke existieren nur in der aktuellen PowerShell-Sitzung. Sobald Sie diese schließen und neu öffnen, sind Ihre eigenen virtuellen Laufwerke wieder verschwunden. Damit sich der Aufwand eigener Laufwerke überhaupt lohnt, legen Sie diese künftig in Ihren Profildateien an, die automatisch beim Start der PowerShell ausgeführt werden und Ihre PowerShell-Umgebung initialisieren. Mehr dazu erfahren Sie in Kapitel 3. Wollen Sie ein vorhandenes virtuelles Laufwerk ändern, müssen Sie es zuerst mit *Remove-PSDrive* entfernen. Das setzt voraus, dass Sie sich im Augenblick nicht auf diesem Laufwerk befinden. Wechseln Sie also im Zweifelsfall zuerst zu einem anderen Laufwerk, z.B. so:

```
PS> cd C:\
```

Danach löschen Sie das gewünschte virtuelle Laufwerk, indem Sie seinen Namen (ohne Doppelpunkt) angeben:

```
PS> Remove-PSDrive skripts
PS> Remove-PSDrive software
PS> Remove-PSDrive mycerts
```

Kurz und knapp ...

Die Laufwerke, welche die PowerShell unterstützt, sind nicht auf das Dateisystem beschränkt. Hinter jedem Laufwerk steckt immer ein Provider, der eine (beliebige) Informationsquelle als Laufwerk verfügbar macht. Die PowerShell liefert Provider für die Registrierungsdatenbank, den Zertifikatspeicher und andere Quellen mit. Weitere Provider sind nachrüstbar. Mit den Cmdlets *Get-PSProvider* und *Get-PSDrive* verwalten Sie Provider und Laufwerke.

Mit PowerShell-Laufwerken arbeiten

Damit die PowerShell auf einheitliche Art mit beliebigen Laufwerkstypen arbeiten kann, verwendet sie dazu einen ziemlich abstrakten Ansatz, der aus den Begriffen *Item*, *ItemProperty* und *Containern* besteht:

- **Item** entspricht einem bestimmten Element eines Laufwerks, z.B. einem Ordner oder einer Datei im Dateisystem oder einem Registrierungsschlüssel in der Registrierungsdatenbank
- **ItemProperty** entspricht zusätzlichen Informationen eines Items, z.B. den Werten eines Registrierungsschlüssels
- **Container** entspricht einem Item, der weitere Items enthalten kann, z.B. einem Ordner im Dateisystem oder einem Registrierungsschlüssel in der Registrierungsdatenbank

Für den Umgang mit diesen Elementen sind Cmdlets mit einem Tätigkeitsbereich zuständig, der den Begriff *Item* enthält. Viele davon kennen Sie bereits, denn Sie haben bereits häufig mit ihnen gearbeitet. Schauen Sie einmal in die Spalte *Alias*.

Cmdlet	Alias	Beschreibung	Beispiel
Clear-Item	*cli*	Löscht den Inhalt eines Items, aber nicht das Item selbst	–
Clear-ItemProperty	*clp*	Löscht eine Item-Eigenschaft	–
Copy-Item	*copy, cp, cpi*	Kopiert ein Item an einen anderen Ort	
Copy-ItemProperty	*cpp*	Kopiert eine Item-Eigenschaft an einen anderen Ort	–
Get-ChildItem	*dir, gci, ls*	Listet den Inhalt eines Containers auf	
Get-Item	*gi*	Ruft ein bestimmtes Item ab	
Get-ItemProperty	*gp*	Ruft die Eigenschaften eines bestimmten Items ab	
Invoke-Item	*ii*	Führt die in Windows festgelegte Standardaktion für ein Item aus. Dateien können so beispielsweise mit dem zugeordneten Programm geöffnet werden.	
Move-Item	*mi, move, mv*	Verschiebt ein Item an einen anderen Ort	
Move-ItemProperty	*mp*	Verschiebt die Eigenschaften eines Items an einen neuen Ort	–
New-Item	*ni*	Legt ein neues Item an	
New-ItemProperty	–	Legt eine neue Eigenschaft für ein vorhandenes Item an	
Remove-Item	*del, erase, rd, ri, rm, rmdir*	Löscht ein oder mehrere Items. Platzhalterzeichen sind erlaubt.	
Remove-ItemProperty	*rp*	Löscht Eigenschaften eines Items	
Rename-Item	*ren, rni*	Ändert den Namen eines Items	
Rename-ItemProperty	*rnp*	Ändert den Namen einer Item-Eigenschaft	–
Set-Item	*si*	Ändert den Inhalt eines Items	
Set-ItemProperty	*sp*	Ändert den Inhalt einer Item-Eigenschaft	

Tabelle 4.2 Cmdlets für PowerShell-Laufwerke

In PowerShell-Laufwerken navigieren

Der aktuelle Ort auf einem Laufwerk, in dem Sie sich innerhalb der PowerShell-Konsole gerade befinden, wird im Prompt der Eingabeaufforderung genannt, es sei denn, Sie haben Ihren Prompt inzwischen geändert. Den aktuellen Ordner ermitteln Sie auch mit *Get-Location*:

```
PS> Get-Location
Path
----
C:\Users\Tobias Weltner\Sources
```

Möchten Sie an einen anderen Ort im Dateisystem navigieren, verwenden Sie *Set-Location* oder den Alias *cd*:

```
# einen Ordner höher (relativ):
PS> cd ..
```

```
# in den Stammverzeichnis des aktuellen Laufwerks (relativ):
PS> cd \

# in einen fest angegebenen Ordner (absolut):
PS> cd C:\Windows

# Ordnername aus Umgebungsvariable beziehen (absolut):
PS> cd $env:windir

# Ordnername aus Variable beziehen (absolut):
PS> cd $HOME
```

Relative und absolute Pfade

Pfadangaben können entweder relativ oder absolut sein und im letzten Beispiel haben Sie beide Varianten verwendet. Relative Pfadangaben richten sich nach dem aktuellen Ordner, und die Angabe *.\test.txt* meint immer die Datei *test.txt* im aktuellen Ordner, während *..\test.txt* die Datei *test.txt* im übergeordneten Ordner bezeichnet. Relative Pfadangaben sind nützlich, wenn Sie z.B. Bibliotheksskripts verwenden, die in demselben Ordner liegen wie Ihr Arbeitsskript. Ihr Arbeitsskript kann die Bibliotheksskripts dann immer eindeutig unter relativen Pfadnamen erreichen, egal wie der Ordner heißt, in dem es sich befindet. Absolute Pfadnamen sind immer eindeutig, unabhängig von Ihrem aktuellen Ordner.

Zeichen	Bedeutung	Beispiel	Ergebnis
.	Aktueller Ordner	Explorer .	Öffnet den aktuellen Ordner im Windows-Explorer. Alternative: Invoke-Item . oder kurz ii .
..	Übergeordneter Ordner	cd ..	Wechselt in den übergeordneten Ordner
\	Stammverzeichnis	cd \	Wechselt in den obersten Ordner eines Laufwerks
~	Basisverzeichnis	cd ~	Wechselt in den Ordner, den die PowerShell anfangs automatisch anwählt

Tabelle 4.3 Wichtige Sonderzeichen bei relativen Pfadangaben

Relative Pfadnamen in absolute Pfadnamen verwandeln

Immer, wenn Sie relative Pfadnamen verwenden, muss die PowerShell diese relativen Pfadnamen in absolute Pfadnamen umwandeln. Das geschieht automatisch, wenn Sie eine Datei oder einen Befehl mit relativem Pfadnamen aufrufen. Mit *Resolve-Path* können Sie diese Auflösung auch selbst durchführen:

```
PS> Resolve-Path .\test.txt
Path
----
C:\Users\Tobias Weltner\test.txt
```

Resolve-Path funktioniert allerdings nur mit tatsächlich vorhandenen Dateien. Gibt es bei Ihnen im aktuellen Ordner keine Datei namens *test.txt*, meldet *Resolve-Path* einen Fehler. *Resolve-Path* kann mehr als ein Ergebnis haben, wenn der Pfad, den Sie angeben, Platzhalterzeichen enthält. So liefert der folgende Aufruf die Namen sämtlicher *ps1xml*-Dateien im PowerShell-Programmordner:

```
PS> Resolve-Path $PSHOME\*.ps1xml
Path
----
C:\Windows\System32\WindowsPowerShell\v1.0\Certificate.format.ps1xml
C:\Windows\System32\WindowsPowerShell\v1.0\DotNetTypes.format.ps1xml
C:\Windows\System32\WindowsPowerShell\v1.0\FileSystem.format.ps1xml
C:\Windows\System32\WindowsPowerShell\v1.0\Help.format.ps1xml
C:\Windows\System32\WindowsPowerShell\v1.0\PowerShellCore.format.ps1xml
C:\Windows\System32\WindowsPowerShell\v1.0\PowerShellTrace.format.ps1xml
C:\Windows\System32\WindowsPowerShell\v1.0\Registry.format.ps1xml
C:\Windows\System32\WindowsPowerShell\v1.0\types.ps1xml
```

Resolve-Path kann somit ähnlich wie *dir* ein Auswahlfilter für eine nachgeschaltete Funktion sein.

Ordnerpositionen speichern

Der aktuelle Ordner, in dem Sie sich gerade befinden, kann mit *Push-Location* auf einen sogenannten Stack gelegt werden, der wie ein Stapel funktioniert. Jedes *Push-Location* legt einen neuen Ordner auf den Stapel und mit *Pop-Location* bekommen Sie jeweils den obersten Eintrag vom Stapel wieder zurück. Sie erhalten die Ordner entsprechend in der umgekehrten Reihenfolge wieder zurück, in der Sie diese auf den Stapel gelegt haben.

Möchten Sie also eine Aufgabe erledigen, für die Sie den aktuellen Ordner verlassen müssen, geben Sie zunächst *Push-Location* ein, um die aktuelle Position zu speichern. Danach führen Sie Ihre Aufgabe durch, und wenn Sie fertig sind, holen Sie sich die gespeicherte Position mit *Pop-Location* wieder zurück.

TIPP Mit cd $HOME gelangen Sie stets zurück in Ihr Basisverzeichnis. Und: Sowohl *Push-Location* als auch *Pop-Location* unterstützen den Parameter *-Stack*. Damit können Sie beliebig viele weitere Stapel anlegen, z.B. für jede Aufgabe einen. Push-Location -Stack job1 legt den aktuellen Ordner also nicht auf den Standardstapel, sondern auf den Stapel namens *job1*, und mit Pop-Location -Stack job1 stellen Sie den Ausgangsordner von diesem Stapel wieder her.

Kurz und knapp...

Der Inhalt eines Laufwerks wird von der PowerShell mit immer denselben einheitlichen Cmdlets aus Tabelle 4.2 verwaltet. Deshalb kann man mit denselben Befehlen im Dateisystem, aber auch in der Registrierungsdatenbank oder im Zertifikatspeicher navigieren.

Die Elemente eines Laufwerks werden über Pfadnamen angesprochen, die entweder absolut oder relativ sein können. Relative Pfadnamen nehmen Bezug auf den aktuellen Ort und verwenden dazu die Sonderzeichen aus Tabelle 4.3.

Laufwerksinhalte auflisten

Get-ChildItem listet den Inhalt eines Containers auf, wahlweise auch rekursiv durch alle oder bestimmte Unterordner. Mit dieser Zeile finden Sie alle Protokolldateien, die sich direkt im Windows-Ordner befinden:

```
PS> Get-ChildItem $env:windir\*.log
```

PROFITIPP Als Vorgabe listet *Get-ChildItem* nur diejenigen Dateien und Ordner auf, die nicht versteckt sind, bei denen also das Attribut *Versteckt* nicht gesetzt ist. Möchten Sie auch die normalerweise unsichtbaren Dateien und Ordner sehen, geben Sie zusätzlich den Parameter *-Force* an:

```
# normale Dateien und Ordner auflisten:
PS> dir $HOME A*

    Verzeichnis: C:\Users\w7-pc9

Mode                LastWriteTime     Length Name
----                -------------     ------ ----
d----         30.11.2009     12:54            Application Data

# auch versteckte Inhalte anzeigen:
PS> dir $HOME A* -Force

    Verzeichnis: C:\Users\w7-pc9

Mode                LastWriteTime     Length Name
----                -------------     ------ ----
d--hs         01.11.2009     09:27            Anwendungsdaten
d--h-         01.11.2009     09:27            AppData
d----         30.11.2009     12:54            Application Data
```

Und entsprechend listet die nächste Zeile alle Unterschlüssel des Registrierungsschlüssels *HKEY_LOCAL_MACHINE\Software* auf, die den installierten Programmen Ihres Computers entsprechen:

```
PS> Get-ChildItem HKLM:\Software
```

Wollen Sie lieber rekursiv suchen und auch Items in untergeordneten Containern finden, sind zwei Dinge nötig: Fügen Sie erstens den Parameter *-Recurse* hinzu und trennen Sie zweitens die Pfadangabe von Ihrem Filterkriterium. Die folgende Zeile findet beispielsweise alle Protokolldateien im Windows-Ordner oder rekursiv in einem seiner Unterordner:

```
PS> Get-ChildItem $env:windir *.log -Recurse
```

Falls Sie keine Zugriffsberechtigungen auf einzelne Unterordner haben, erscheinen Fehlermeldungen, die Sie mit dem Parameter *-ErrorAction* aber ruhigstellen können:

```
PS> Get-ChildItem $env:windir *.log -Recurse -ErrorAction SilentlyContinue
```

Die folgende Zeile durchsucht die Registrierungszweige *HKEY_CURRENT_USER* und *HKEY_LOCAL_MACHINE* nach allen Schlüsseln, die das Stichwort *PowerShell* enthalten:

```
PS> Get-ChildItem HKCU:, HKLM: -Recurse -Include '*PowerShell*' -ErrorAction SilentlyContinue
```

PROFITIPP *Get-ChildItem* unterstützt zwei Parameter, die auf den ersten Blick ganz ähnlich funktionieren: *-Filter* und *-Include*. *Filter* arbeitet sehr viel schneller, weil diese Filterung vom Provider selbst vorgenommen wird. Dagegen ist *-Include* langsamer, weil der Provider zuerst alle Daten liefert und PowerShell anschließend selbst – sozusagen clientseitig – die Filterung übernimmt.

Der Provider *Registry* ist ein Beispiel für einen Provider, der die eigene Filterung nicht unterstützt. Hier muss also wie im letzten Beispiel explizit der Parameter *-Include* verwendet werden. Welche Besonderheiten ein Provider unterstützt, meldet *Get-PSProvider* in der Spalte *Capabilities*. Wie sich herausstellt, ist der *FileSystem*-Provider derzeit der einzige, der eine eigene Filterung übernimmt. Bei allen anderen muss auf *-Include* zurückgegriffen werden.

Der Parameter *-Include* kann allerdings auch im Dateisystem nützlich sein, denn anders als *-Filter* unterstützt er weitere Platzhalterzeichen. Die folgende Zeile listet im *System32*-Ordner rekursiv alle DLL-Dateien auf, die mit einem Buchstaben im Bereich von *A* bis *F* beginnen, was durch *[a-f]* ausgedrückt wird:

```
PS> Get-ChildItem $env:windir\system32 -Include '[a-f]*.dll' -Recurse
```

Allerdings beachtet *Get-ChildItem* den Parameter *-Include* nur, wenn zusätzlich der Parameter *-Recurse* angegeben ist. Das ist verständlich, denn wenn Sie ohnehin nicht rekursiv suchen wollen, könnten Sie den Platzhalter direkt in den Pfad integrieren:

```
PS> Get-ChildItem $env:windir\system32\[a-f]*.dll
```

Übrigens unterstützt *-Include* sogar mehrere kommaseparierte Suchworte. Die folgende Zeile findet alle Bilder im Windows-Ordner oder einem seiner Unterordner:

```
PS> Get-ChildItem $env:windir -Recurse -Include *.bmp,*.png,*.jpg,*.gif -ErrorAction
SilentlyContinue
```

Das Gegenstück zu *-Include* lautet *-Exclude*. Möchten Sie bestimmte Dateien ausblenden, legen Sie das über *-Exclude* fest.

Und wenn Sie ein Zertifikat suchen, mit dem Sie Code signieren können (beispielsweise PowerShell-Skripts oder Office-Makros), hilft diese Zeile, die diesmal den *Certificate*-Provider und das Laufwerk *cert:* einsetzt:

```
PS> Get-ChildItem cert:\ -Recurse -Codesigning
```

TIPP Denken Sie an das »\«-Zeichen, wenn Sie Pfadangaben machen. Geben Sie den Backslash an, ist das Stammlaufwerk gemeint. Ohne den Backslash bezieht sich die Angabe dagegen auf den aktuellen Ordner des Laufwerks. Beide sind identisch, wenn Sie sich im Stammverzeichnis des jeweiligen Laufwerks befinden. Falls nicht, können die Ergebnisse erheblich voneinander abweichen. Schauen Sie sich einmal das folgende Beispiel an:

```
# aktuellen Ordner auf Stammlaufwerk C:\ einstellen:
PS> cd C:\

# Laufwerk C:\ auflisten
PS> Get-ChildItem C:\

# aktuellen Ordner auf Laufwerk C: auflisten:
PS> Get-ChildItem C:

# aktuellen Ordner ändern
PS> cd $env:windir
```

```
# Stammverzeichnis des Laufwerks C:\ auflisten
PS> Get-ChildItem C:\

# aktuellen Ordner auf Laufwerk C: auflisten:
PS> Get-ChildItem C:
```

Der Parameter *-Codesigning* ist ein Beispiel für einen sogenannten *dynamischen Parameter*, der nicht von *Get-ChildItem* selbst bereitgestellt wird, sondern vom Provider – in diesem Fall vom Provider *Certificate*. Dieser Parameter funktioniert deshalb nur, solange Sie auf ein Laufwerk zugreifen, das von diesem Provider verwaltet wird. Provider können also die Cmdlets, die Sie in diesem Kapitel kennenlernen, um zusätzliche Parameter bereichern.

Platzhalterzeichen verwenden

Weil *Get-ChildItem* nicht nur mehrere (kommaseparierte) Pfadangaben akzeptiert und so wie im letzten Beispiel gleich mehrere Laufwerke auf einmal durchsuchen kann, sondern sogar Platzhalterzeichen gestattet sind, ergeben sich sehr effiziente Lösungen. Die folgende Zeile sucht z.B. in allen Benutzerprofilen im jeweiligen Unterordner *Skripts* rekursiv nach PowerShell-Skripts – vorausgesetzt natürlich, Sie verfügen über die nötigen Berechtigungen:

```
PS> Get-ChildItem C:\Users\*\Skripts -include *.ps1 -Recurse
```

Auf bestimmte Items zugreifen

Get-ChildItem liefert Ihnen den Inhalt eines Containers zurück, also z.B. den Inhalt eines Ordners im Dateisystem oder die Unterschlüssel eines Registrierungsschlüssels in der Registrierungsdatenbank. Möchten Sie nicht den Inhalt eines Containers abrufen, sondern den Container selbst, greifen Sie stattdessen zu *Get-Item*. Schauen Sie sich den Unterschied an:

```
PS> Get-ChildItem $env:windir
PS> Get-Item $env:windir
PS> Get-ChildItem HKCU:\Software
PS> Get-Item HKCU:\Software
```

PROFITIPP *Get-ChildItem* und *Get-Item* verhalten sich in vielen Fällen gleich, was anfangs etwas verwirrend ist. Geben Sie z.B. einen Pfad zu einem Item an, der gar kein Container ist, sondern z.B. eine Datei, verhält sich *Get-ChildItem* wie *Get-Item* und liefert die Datei:

```
PS> Get-ChildItem C:\pagefile.sys -Force
PS> Get-Item C:\pagefile.sys -Force
```

Geben Sie stattdessen Platzhalterzeichen an, verhält sich diesmal *Get-Item* wie *Get-ChildItem* und liefert alle Elemente im Container, die Ihrem Suchausdruck entsprechen:

```
PS> Get-ChildItem $env:windir\* -Force
PS> Get-Item $env:windir\* -Force
```

Diese fließenden Überschneidungen sollten Sie nicht einfach kommentarlos hinnehmen, sondern möglichst das treffendere der beiden Cmdlets für Ihre Aufgabe auswählen. Verwenden Sie *Get-Item*, wenn Sie auf ein bestimmtes Item zugreifen möchten, und *Get-ChildItem*, wenn Sie die Items abrufen wollen, die in einem anderen Item gespeichert sind.

Item-Properties auflisten

Spätestens wenn Sie sich näher mit der Registrierungsdatenbank beschäftigen, wird Ihnen auffallen, dass der Provider *Registry* nur die in der Registrierungsdatenbank vorhandenen Schlüssel auflistet, aber nicht die Werte, die einem Schlüssel zugeordnet sind. Tatsächlich ist die Registrierungsdatenbank ein Beispiel für einen hierarchischen Informationsspeicher, der dem üblichen vom Dateisystem abgeleiteten Modell nicht ganz entspricht.

Eigentlich könnte man annehmen, dass die Schlüssel (in der linken Spalte des Registrierungs-Editors) den Ordnern eines Dateisystems entsprechen, während die Werte (in der rechten Spalte des Registrierungs-Editors) sozusagen die Dateien in diesem Ordner sind. Wenn dem so wäre, könnte man mit *Get-ChildItem* die Werte eines Registrierungsschlüssels erfragen.

Tatsächlich aber betrachtet der Provider *Registry* die Werte eines Registrierungsschlüssels nicht als separate Items, sondern als Teil des Registrierungsschlüssels. Deshalb werden die Werte eines Registrierungsschlüssels als *ItemProperty* bezeichnet und über *Get-ItemProperty* aufgelistet.

```
# Werte eines Registrierungsschlüssels auflisten
PS> Get-ItemProperty 'HKLM:\SOFTWARE\Microsoft\Windows NT\CurrentVersion'

PSPath                    : Microsoft.PowerShell.Core\Registry::HKEY_LOCAL_MACHINE\SOFTWARE\
                            Microsoft\Windows NT\CurrentVersion
PSParentPath              : Microsoft.PowerShell.Core\Registry::HKEY_LOCAL_MACHINE\SOFTWARE\
                            Microsoft\Windows NT
PSChildName               : CurrentVersion
PSDrive                   : HKLM
PSProvider                : Microsoft.PowerShell.Core\Registry
CurrentVersion            : 6.1
CurrentBuild              : 7600
SoftwareType              : System
CurrentType               : Multiprocessor Free
InstallDate               : 1257064027
RegisteredOrganization    :
RegisteredOwner           : w7-pc9
SystemRoot                : C:\Windows
InstallationType          : Client
EditionID                 : Ultimate
ProductName               : Windows 7 Ultimate
ProductId                 : 00426-066-2490875-86560
DigitalProductId          : {164, 0, 0, 0...}
DigitalProductId4         : {248, 4, 0, 0...}
CurrentBuildNumber        : 7600
BuildLab                  : 7600.win7_rtm.090713-1255
BuildLabEx                : 7600.16385.amd64fre.win7_rtm.090713-1255
BuildGUID                 : 8e080fa3-8956-4423-b94f-f8d953345cf8
CSDBuildNumber            : 1
PathName                  : C:\Windows
```

PROFITIPP Erinnern Sie sich noch? Sie müssen keine PowerShell-Laufwerke verwenden, sondern können Pfade auch unter Angabe des zuständigen Providers direkt angeben. Anstatt also Registrierungsschlüssel umständlich ins PowerShell-Format zu verwandeln, setzen Sie einfach *Registry::* davor, z.B. so:

```
PS> Get-ItemProperty 'Registry::HKEY_LOCAL_MACHINE\SOFTWARE\Microsoft\Windows NT\CurrentVersion'
```

Worauf Sie hier allerdings nicht verzichten dürfen, sind die Anführungszeichen, denn der Pfad enthält ein Leerzeichen.

Hierbei fallen zwei Dinge auf:

- **Alle Eigenschaften** *Get-ItemProperty* liefert Ihnen alle Werte eines Registrierungsschlüssels auf einmal
- **Zusätzliche Eigenschaften** Die PowerShell fügt automatisch einige zusätzliche Eigenschaften hinzu, die alle mit *PS* beginnen

Möchten Sie nur einen bestimmten Registrierungswert abrufen, z.B. den Wert *ProductID* im Beispiel oben, gehen Sie so vor:

```
PS> Get-ItemProperty 'HKLM:\SOFTWARE\Microsoft\Windows NT\CurrentVersion' ProductID

PSPath       : Microsoft.PowerShell.Core\Registry::HKEY_LOCAL_MACHINE\SOFTWARE\Microsoft\
               Windows NT\CurrentVersion
PSParentPath : Microsoft.PowerShell.Core\Registry::HKEY_LOCAL_MACHINE\SOFTWARE\Microsoft\
               Windows NT
PSChildName  : CurrentVersion
PSDrive      : HKLM
PSProvider   : Microsoft.PowerShell.Core\Registry
ProductId    : 00426-066-2490875-86560
```

Jetzt wird nur noch der Wert zurückgeliefert, dessen Namen Sie angegeben haben – allerdings zusätzlich auch noch die speziellen PowerShell-Werte. Den reinen Inhalt eines Registrierungswerts erhalten Sie also immer noch nicht. Dafür ist die PowerShell-Pipeline mit dem Cmdlet *Select-Object* und seinem Parameter *-ExpandProperty* nötig:

```
PS> Get-ItemProperty 'HKLM:\SOFTWARE\Microsoft\Windows NT\CurrentVersion' ProductID | Select-
Object -ExpandProperty ProductID
00426-066-2490875-86560
```

PROFITIPP Wenigstens ist dieses etwas komplizierte Verfahren ein guter Grund, weiterzulesen und sich die nächsten Kapitel anzuschauen. Mit einer kleinen selbst geschriebenen Funktion wie der folgenden wird das Lesen von Registrierungswerten nämlich zum Kinderspiel:

```
function Get-RegistryValue($schlüssel, $wert) {
  Get-ItemProperty "Registry::$schlüssel" $wert | Select-Object -ExpandProperty $wert
}
```

Sobald Sie diese Funktion eingegeben haben, lesen Sie Registrierungswerte künftig so:

```
PS> Get-RegistryValue 'HKEY_LOCAL_MACHINE\SOFTWARE\Microsoft\Windows NT\CurrentVersion' ProductID
00426-066-2490875-86560
```

Get-ItemProperty unterstützt Platzhalterzeichen im Pfad und führt zu unglaublich kurzen Lösungen, beispielsweise um installierte Software zu inventarisieren. Die folgende Zeile listet die Werte aller

Unterschlüssel des Schlüssels *HKEY_LOCAL_MACHINE\SOFTWARE\Microsoft\Windows\CurrentVersion\Uninstall* auf und zeigt dann mit *Format-Table* in einer Tabelle nur die Werte *DisplayName* und *Publisher* an. Zwar weist die Tabelle möglicherweise noch Lücken auf (wenn Softwarehersteller diese Werte nicht eingetragen haben), doch liefert diese eine PowerShell-Zeile bereits eine verblüffend vollständige Softwareliste:

```
PS> Get-ItemProperty HKLM:\SOFTWARE\Microsoft\Windows\CurrentVersion\Uninstall\* | Format-Table
DisplayName, Publisher

DisplayName                                 Publisher
-----------                                 ---------

Microsoft Security Essentials               Microsoft Corporation
NVIDIA Drivers                              NVIDIA Corporation
Windows XP Mode                             Microsoft Corporation
Windows Home Server-Connector               Microsoft Corporation
Idera PowerShellPlus Professional Edition... Idera
Microsoft Security Essentials               Microsoft Corporation
LightsOut Client                            AxoNet Software GmbH
Microsoft Antimalware Service DE-DE Langu... Microsoft Corporation
Microsoft Office Office 64-bit Components... Microsoft Corporation
Microsoft Office Shared 64-bit MUI (Germa... Microsoft Corporation
Microsoft Application Error Reporting       Microsoft Corporation
Windows Live ID Sign-in Assistant           Microsoft Corporation
Microsoft Antimalware                       Microsoft Corporation
Intel(R) PROSet/Wireless WiFi-Software      Intel Corporation
```

In den nächsten Kapiteln können Sie diese Lösung noch verfeinern und z.B. die leeren Einträge entfernen (*Where-Object*, Kapitel 6) oder die Softwareinventarisierung remote im gesamten Netzwerk durchführen (*Invoke-Command*, Kapitel 16).

TIPP Der Standardwert eines Registrierungsschlüssels, der in der rechten Spalte des Registrierungs-Editors als *(Standard)* aufgeführt wird, ist eigentlich ein Wert ohne Namen. Bei PowerShell heißt er immer *(default)*. Weil dieser Name Sonderzeichen enthält (nämlich die runden Klammern), muss er in Anführungszeichen gesetzt werden. Möchten Sie z.B. den Standardwert des Schlüssels *HKEY_CLASSES_ROOT\.ps1* lesen, der Ihnen verrät, ob eine – und falls ja, welche – Anwendung mit PowerShell-Skriptdateien verknüpft ist, schreiben Sie:

```
PS> Get-ItemProperty Registry::HKEY_CLASSES_ROOT\.ps1 '(Default)' | Select-Object -ExpandProperty
'(default)'
```

Neue Laufwerksinhalte anlegen

Möchten Sie einen neuen Ordner im Dateisystem anlegen, greifen Sie wahrscheinlich einfach zum Befehl *md*. Wie Sie gesehen haben, funktioniert das auch in der Registrierungsdatenbank.

Manche Provider wie *FileSystem* erlauben sogar, mehrere Ordner auf einmal anzulegen. Die PowerShell legt im nächsten Beispiel automatisch alle Ordner an, die im angegebenen Pfad noch nicht existieren:

```
md C:\test\unterordner\nochwas
```

Andere Provider wie *Registry* sind nicht so flexibel. Hier wird nur der jeweils letzte Schlüssel einer Pfadangabe angelegt. Alle übrigen Schlüssel müssen bereits existieren.

Hinter den Kulissen: New-Item

Tatsächlich ist *md* einfach nur ein Alias, der auf die Funktion *mkdir* verweist:

```
PS> Get-Command md

CommandType     Name                            Definition
-----------     ----                            ----------
Alias           md                              mkdir
```

Wenn Sie wissen wollen, was *mkdir* eigentlich genau durchführt, wissen Sie inzwischen auch, wo Sie die Funktion finden: im Laufwerk »Function:«:

```
PS> Get-ChildItem Function:mkdir

CommandType     Name                            Definition
-----------     ----                            ----------
Function        mkdir                           ...
```

Zwar könnten Sie sich jetzt auch den Quellcode der Funktion anzeigen lassen:

```
PS> $funktion = Get-ChildItem Function:mkdir
PS> $funktion.Definition

<#
.FORWARDHELPTARGETNAME New-Item
.FORWARDHELPCATEGORY Cmdlet
#>
[CmdletBinding(DefaultParameterSetName='pathSet',
    SupportsShouldProcess=$true,
(...)
```

Allerdings wäre das etwas früh, denn Funktionen werden in Kapitel 10 noch ausführlich besprochen. Entscheidend ist, dass die Funktion im Grunde nichts weiter durchführt, als mit *New-Item* ein neues Item anzulegen. Dazu gibt es im Parameter *-Type* den gewünschten Typ an, nämlich *Directory*. Mit reinen PowerShell-Bordmitteln erzeugen Sie also neue Ordner oder Registrierungsschlüssel so:

```
PS> New-Item -Path C:\ -Name testordner -Type Directory

    Verzeichnis: C:\

Mode                LastWriteTime     Length Name
----                -------------     ------ ----
d----        19.02.2010     14:36            testordner

PS> New-Item -Path HKCU:\Software -Name Testschlüssel -Type Directoy

    Hive: HKEY_CURRENT_USER\Software

SKC  VC Name                           Property
---  -- ----                           --------
  0   0 Testschlüssel                  {}
```

Folglich ist *mkdir* nur eine bequeme Abkürzung für diese Aufrufe. Mit dem zugrunde liegenden Cmdlet *New-Item* kann man nun allerdings auch andere *Item*-Typen anlegen. Möchten Sie z.B. eine Datei in Ihren neuen Ordner legen, beauftragen Sie PowerShell diesmal mit *New-Item*, ein Item vom Typ *File* anzulegen:

```
PS> New-Item -Path C:\testordner -Name test.txt -ItemType File

    Verzeichnis: C:\testordner

Mode                LastWriteTime     Length Name
----                -------------     ------ ----
-a---        19.02.2010     14:38          0 test.txt
```

TIPP Natürlich können Dateien auch viel einfacher und ohne *New-Item* angelegt werden:

```
PS> 'Text' > C:\testordner\neuedatei.txt
PS> 'Text' | Out-File C:\testordner\neuedatei.txt
PS> 'Text' | Set-Content C:\testordner\neuedatei.txt
```

Wenn es einfachere Möglichkeiten gibt, sind Sie nicht verpflichtet, *New-Item* zu verwenden. *New-Item* funktioniert aber auf allen virtuellen Laufwerken gleichartig, und wenn Sie später weitere Provider nachrüsten, z.B. für das Active Directory, könnten Sie damit auch neue Benutzerkonten, Organisationseinheiten oder Gruppen anlegen. Nur den Typ des jeweiligen Items müssen Sie kennen (und angeben). Welche Typen es gibt, hängt vom jeweiligen Provider ab. Übrigens verhalten sich die Befehle zum Schreiben einer Datei durchaus unterschiedlich, je nachdem, was Sie ihnen zum Fraß vorwerfen:

```
PS> Get-Date | Out-File C:\testordner\datei1.txt
PS> Get-Content C:\testordner\datei1.txt
Freitag, 19. Februar 2010 14:55:05
PS> Get-Date | Set-Content C:\testordner\datei1.txt
PS> Get-Content C:\testordner\datei1.txt
19.02.2010 14:54:47
```

Während *Out-File* die Informationen, die Sie in die Datei schreiben, zuerst auf PowerShell-Art in einen Text verwandelt, schreibt *Set-Content* die Informationen direkt in die Datei. Objekte werden dabei mit den sehr viel leistungsschwächeren Methoden in Text verwandelt. Im Gegensatz zum einfachen Umleitungsoperator »>« haben Sie darüber hinaus bei vielen PowerShell-Cmdlets mit dem Parameter *-Encoding* die Möglichkeit, den Zeichensatz zu wählen:

```
PS> "In Österreich macht Skifahren für ?30 am Tag Spaß!" | Out-File C:\testordner\ausgabe.txt -
Encoding ASCII
PS> Get-Content C:\testordner\ausgabe.txt
In ?sterreich macht Skifahren f?r ?30 am Tag Spa?!

PS> "In Österreich macht Skifahren für ?30 am Tag Spaß!" | Out-File C:\testordner\ausgabe.txt -
Encoding UTF8
PS> Get-Content C:\testordner\ausgabe.txt
In Österreich macht Skifahren für ?30 am Tag Spaß!
```

Registrierungswerte ändern und anlegen: Item-Property

Sie wissen inzwischen, dass Registrierungswerte keine eigenständigen Items sind, sondern vom Provider dem Registrierungsschlüssel zugeschlagen werden, in dem die Werte definiert wurden. So wie Sie mit *Get-ItemProperty* Registrierungswerte lesen können, lassen sich mit *New-ItemProperty* ziemlich einfach die verschiedensten Registrierungswerte neu anlegen. Um einen neuen Registrierungswert im Schlüssel *HKEY_CURRENT_USER\Software\Testschlüssel* anzulegen, formulieren Sie:

```
PS> Set-ItemProperty HKCU:\Software\Testschlüssel NeuerWert 'Hallo'
```

HINWEIS Der Registrierungsschlüssel, dem Sie einen Wert hinzufügen, muss natürlich existieren. Legen Sie ihn gegebenenfalls zuerst mit *md* an.

Kontrollieren Sie das Ergebnis entweder im Registrierungs-Editor *regedit.exe* oder rufen Sie den Wert mit der PowerShell wieder ab:

```
PS> Get-ItemProperty HKCU:\Software\Testschlüssel NeuerWert | Select-Object -ExpandProperty
NeuerWert
Hallo
```

Als Vorgabe legt die PowerShell einen Wert vom Typ *String* (*REG_SZ*) an. Möchten Sie Registrierungswerte anderen Typs anlegen, verwenden Sie den Parameter *-Type* und geben den gewünschten Typ an. Die folgenden beiden Zeilen legen Zahlenwerte an:

```
# DWORD:
PS> Set-ItemProperty HKCU:\Software\Testschlüssel NeuerWert 100 -Type DWORD
# QWORD:
PS> Set-ItemProperty HKCU:\Software\Testschlüssel NeuerWert 30GB -Type QWORD
```

Binärwerte werden mit dem Typ *Binary* eingetragen und bestehen aus einem oder mehreren Bytewerten, also Zahlen zwischen 0 und 255:

```
# Binary
PS> Set-ItemProperty HKCU:\Software\Testschlüssel NeuerWert 1,2,3,4,5 -Type BINARY
```

Rufen Sie Binärwerte ab, liefert die PowerShell die Zahlen zurück. Sind es mehrere, wird ein Array geliefert:

```
PS> Get-ItemProperty HKCU:\Software\Testschlüssel NeuerWert | Select-Object -ExpandProperty NeuerWert
1
2
3
4
5
PS> $wert = Get-ItemProperty HKCU:\Software\Testschlüssel NeuerWert | Select-Object -
ExpandProperty NeuerWert
PS> $wert[0]
1
PS> $wert[-1]
5
```

Ähnlich funktioniert der Typ *MultiString*, nur dass hierbei mehrere Texte gespeichert werden:

```
# MultiString
```

```
PS> Set-ItemProperty HKCU:\Software\Testschlüssel NeuerWert 'Text1', 'Text2', 'Text3' -Type
MULTISTRING
PS> Get-ItemProperty HKCU:\Software\Testschlüssel NeuerWert | Select-Object -ExpandProperty
NeuerWert
Text1
Text2
Text3
```

Etwas ungewöhnlicher arbeitet der Typ *ExpandString*. Enthält der Text, den Sie in der Registrierungsdatenbank speichern, Windows-Umgebungsvariablen, werden diese beim Abruf aufgelöst. So lassen sich Pfadnamen zu Standardordnern hinterlegen:

```
# ExpandString
PS> Set-ItemProperty HKCU:\Software\Testschlüssel NeuerWert '%windir%\notepad.exe' -Type
EXPANDSTRING
PS> Get-ItemProperty HKCU:\Software\Testschlüssel NeuerWert | Select-Object -ExpandProperty
NeuerWert
C:\Windows\notepad.exe
```

HINWEIS Registrierungswerte sind nur ein Beispiel für den Gebrauch von ItemProperties. Nach gleichem Prinzip können auch andere Provider in anderen Informationsspeichern ItemProperties verwalten. Welche Typen dann angegeben werden können, hängt vom jeweiligen Provider ab. Möchten Sie sehen, welche Typen ein Provider unterstützt, verwenden Sie *Set-ItemProperty* und geben als Typ einen beliebigen Namen an. Der Provider quittiert dies zwar mit einer Fehlermeldung, aus der aber meistens hervorgeht, welche Typen erlaubt sind.

Set-ItemProperty überschreibt ohne Rückfrage bereits vorhandene gleichnamige Werte. Setzen Sie dagegen *New-ItemProperty* ein, kann der Wert nur geschrieben werden, wenn er noch nicht existiert. *Set-ItemProperty* und *New-ItemProperty* funktionieren ansonsten zwar sehr ähnlich, jedoch gibt es einige kleine Unterschiede im Handling. *New-ItemProperty* akzeptiert den Inhalt des Werts nicht als positionalen Parameter, weswegen Sie den Wert mit dem benannten Parameter *-Value* angeben müssen. Außerdem liefert *New-ItemProperty* den neu angelegten Wert als Rückgabewert zurück:

```
# New-ItemProperty kann existierende Werte nicht überschreiben:
PS> New-ItemProperty HKCU:\Software\Testschlüssel NeuerWert -Value '%windir%\notepad.exe' -Type
EXPANDSTRING
New-ItemProperty : Die Eigenschaft ist bereits vorhanden.

# Werte müssen ggfs. zuerst gelöscht werden:
PS> Remove-ItemProperty HKCU:\Software\Testschlüssel NeuerWert

# New-ItemProperty liefert den angelegten Wert als Rückgabewert zurück:
PS> New-ItemProperty HKCU:\Software\Testschlüssel NeuerWert -Value '%windir%\notepad.exe' -Type
EXPANDSTRING

PSPath       : Microsoft.PowerShell.Core\Registry::HKEY_CURRENT_USER\Software\Testschlüssel
PSParentPath : Microsoft.PowerShell.Core\Registry::HKEY_CURRENT_USER\Software
PSChildName  : Testschlüssel
PSDrive      : HKCU
PSProvider   : Microsoft.PowerShell.Core\Registry
NeuerWert    : C:\Windows\notepad.exe
```

Inhalte verschieben und kopieren

Verschiebe- und Kopieraktionen werden mit *Move-Item* und *Copy-Item* durchgeführt. Dabei dürfen Platzhalterzeichen verwendet werden. Die folgende Anweisung kopiert alle Protokolldateien aus dem Windows-Ordner in einen separaten Protkollordner:

```
PS> New-Item -Path C:\ -Name LogFiles -Type Directory
PS> Copy-Item $env:windir\*.log C:\LogFiles
PS> Get-ChildItem C:\LogFiles

    Verzeichnis: C:\LogFiles

Mode                LastWriteTime     Length Name
----                -------------     ------ ----
d----        26.01.2010     12:12            System.IO.Log
-a---        01.11.2009     09:15      38112 cbs.log
-a---        01.11.2009     09:21       1655 DDACLSys.log
-a---        16.11.2009     17:40        294 diagnosis.log
(...)
```

Möchten Sie nicht nur die Protokolldateien kopieren, die direkt im Windows-Ordner liegen, sondern auch diejenigen, die sich in Unterordnern verstecken, geben Sie zusätzlich den Parameter *Recurse* an:

```
PS> Copy-Item $env:windir -Filter *.log C:\LogFiles -Recurse
```

Inhalte umbenennen

Möchten Sie ein Element eines PowerShell-Laufwerks umbenennen, verwenden Sie *Rename-Item*. So könnte man z.B. die Dateierweiterung einer Datei nachträglich ändern:

```
# Datei mit Beispielinhalt anlegen:
Set-Content C:\testdatei.txt "Hallo;Dies;Ist;Eine;Auflistung"

# Datei wird im Editor geöffnet:
C:\testdatei.txt

# Datei wird in Excel geöffnet:
Rename-Item C:\testdatei.txt testdatei.csv
C:\testdatei.csv
```

Umbenennungen funktionieren auch auf anderen PowerShell-Laufwerken. Möchten Sie beispielsweise den Namen eines Registrierungsschlüssels ändern, genügt diese Zeile:

```
PS> Rename-Item HKCU:\Software\Testschlüssel -NewName NeuerName
```

Rename-Item akzeptiert keine Platzhalterzeichen. Sie können damit also immer nur ein Item gleichzeitig umbenennen. Trotzdem sind auch massenhafte Umbenennungen kein Problem, wenn Sie die PowerShell-Pipeline einsetzen, die Sie in Kapitel 6 kennenlernen.

Inhalte löschen

Sollen einzelne Elemente eines PowerShell-Laufwerks entfernt werden, verwenden Sie *Remove-Item* oder einen der vielen Aliasnamen: *del, erase, rd, ri, rm* oder *rmdir.* Achtung: *Remove-Item* löscht Dateien und Ordner unwiderruflich. Ist der Schreibschutz einer Datei gesetzt, müssen Sie zusätzlich den Parameter *-Force* angeben:

```
# Eine Beispieldatei anlegen:
PS> $file = New-Item testdatei.txt -type file

# Schreibschutz ist nicht vorhanden:
PS> $file.isReadOnly
False

# Schreibschutz aktivieren:
PS> $file.isReadOnly = $true
PS> $file.isReadOnly
True

# Datei mit Schreibschutz kann nur mit Parameter -Force gelöscht werden:
PS> Remove-Item testdatei.txt
Remove-Item : Das Element C:\Users\Tobias Weltner\testdatei.txt kann nicht entfernt werden: Für
das Ausführen des Vorgangs sind keine ausreichenden Berechtigungen vorhanden.
PS> Remove-Item testdatei.txt -Force
```

ACHTUNG *Remove-Item* unterstützt Platzhalterzeichen wie den Stern und kann in einem Arbeitsgang riesige Datenmengen vernichten. Sollten Sie also im Pfadnamen Platzhalterzeichen verwenden oder die Pfadnamen als Variable angeben, sodass bei Tippfehlern das Risiko besteht, ganz falsche Elemente auszusuchen, sichern Sie sich ab und fügen Sie zunächst den Parameter *-WhatIf* an. Auf diese Weise simuliert *Remove-Item* den Löschvorgang nur und zeigt Ihnen an, was geschehen wäre und welche Items Ihre Pfadangabe tatsächlich ausgewählt hätte:

```
PS> Remove-Item $env:windir\system32\[a-f]*.nls -WhatIf
```

Ganze Containerinhalte löschen

Möchten Sie nur den Inhalt eines Containers (also im Dateisystem z.B. einen Ordner) leeren, den Ordner selbst aber behalten, setzen Sie Platzhalterzeichen ein. Die folgende Zeile löscht z.B. den Inhalt des *Recent*-Ordners, der dem Startmenü-Eintrag *Zuletzt verwendet* entspricht. Weil das Löschen von Dateien und Ordnern immer eine ernste Angelegenheit ist und vor allem im Zusammenspiel mit Platzhalterzeichen leicht katastrophale Auswirkungen haben kann, wird der Löschvorgang zuerst mit *-WhatIf* nur simuliert:

```
PS> $recents = [Environment]::GetFolderPath("Recent")
PS> $recents
C:\Users\w7-pc9\AppData\Roaming\Microsoft\Windows\Recent
PS> Remove-Item $recents\*.* -WhatIf
```

HINWEIS Wundern Sie sich gerade, was die Anweisung in den eckigen Klammern zu bedeuten hat? Sie ist ein kleiner Vorgriff in Kapitel 9, um das Beispiel interessanter zu machen. Damit fordern Sie direkt vom .NET Framework den Pfadnamen des Ordners *Recent* an.

Sind Sie überzeugt, dass Ihre Anweisung stimmt und die korrekten Dateien löscht, wiederholen Sie die Anweisung ohne *-WhatIf*. Sind Sie dagegen noch unsicher, können Sie auch *-Confirm* einsetzen und so jeder einzelnen Löschaktion zustimmen.

Container samt Inhalt löschen

Wird ein Container (also beispielsweise ein Ordner) gelöscht, geht damit natürlich auch sein gesamter Inhalt verloren, also alle Ordner und Dateien darin. So können versehentlich große Datenmengen gelöscht werden. Deshalb weigert sich *Remove-Item* als Vorgabe, Container zu löschen, die andere Items enthalten. Nur wenn ein Container leer ist, löscht *Remove-Item* ihn ohne nachzufragen. Sind Sie sicher, dass Sie nicht nur den Container selbst, sondern auch seinen Inhalt vernichten wollen, geben Sie zusätzlich den Parameter *-Recurse* an:

```
# Testordner anlegen:
PS> New-Item C:\testordner -Type Directory
# Eine Datei im Ordner anlegen:
PS> New-Item -Path C:\testordner -Name 'testdatei.txt' -Value 'Hallo' -Type File

# Ordner löschen:
PS> Remove-Item C:\testordner
Bestätigung
Das Element unter "C:\testordner" verfügt über untergeordnete Elemente, und der Recurse-Parameter
wurde nicht angegeben. Wenn Sie fortfahren, werden mit dem Element auch alle untergeordneten
Elemente entfernt. Möchten Sie den Vorgang wirklich fortsetzen?
[J] Ja  [A] Ja, alle  [N] Nein  [K] Nein, keine  [H] Anhalten  [?] Hilfe
(Standard ist "J"):
N
PS> Remove-Item C:\testordner -Recurse
```

ItemProperties löschen

Analog löschen Sie ItemProperties – also z.B. Registrierungswerte – mit *Remove-ItemProperty*. Die folgende Zeile löscht beispielsweise den Wert *NeuerWert* aus dem Registrierungsschlüssel *HKEY_CURRENT_USER\Software\Testschlüssel*:

```
PS> Remove-ItemProperty HKCU:\Software\Testschlüssel NeuerWert
```

Spezielle Laufwerksoptionen

Die Inhalte eines PowerShell-Laufwerks können mit besonderen Optionen versehen werden, die z.B. einen Schreibschutz aktivieren und so dafür sorgen, dass bestimmte Elemente vom Benutzer nicht mehr entfernt werden können. Nicht jeder Provider unterstützt diese Optionen. Der Provider *File-*

System z.B. überlässt diese Aufgabe dem Dateisystem selbst. Andere Provider dagegen machen regen Gebrauch von dieser Möglichkeit. Der Provider *Function* beispielsweise, der alle PowerShell-Funktionen verwaltet, kann auf diese Weise schreibgeschützte Funktionen erzeugen, die also nachträglich nicht mehr vom Benutzer geändert werden können. Mit *Set-Item* werden die Optionen eines Items festgelegt:

```
# normale Funktion anlegen:
PS> function test { 'Dies ist ein Test.' }
PS> test
Dies ist ein Test.

# Funktion ist nicht schreibgeschützt:
PS> function test { 'Meine Funktion.' }
PS> test
Meine Funktion.

# Funktion mit Schreibschutz versehen:
Set-Item Function:test -Option ReadOnly

# Funktion kann nicht mehr geändert werden:
PS> function test { 'Funktion wurde geändert.' }
Die Funktion "test" kann nicht geschrieben werden, da sie schreibgeschützt oder konstant ist.

# Funktion wurde nicht überschrieben:
PS> test
Meine Funktion.
```

TIPP Möchten Sie Variablen mit einem Schreibschutz versehen (und so zu Konstanten machen), greifen Sie zu *Set-Variable*:

```
PS> $konstante = 1
PS> Set-Variable konstante -Option ReadOnly
PS> $konstante = 10
Die Variable "konstante" kann nicht überschrieben werden, da sie konstant oder schreibgeschützt
ist.
```

Die Option *ReadOnly* verhält sich ähnlich wie das Attribut *Schreibgeschützt* im Dateisystem: Es verhindert, dass Sie etwas versehentlich löschen, aber wenn Sie wirklich möchten, können Sie die schreibgeschützten Items dennoch entfernen. Geben Sie dazu bei *Remove-Item* den Parameter *-Force* an:

```
PS> Remove-Item Function:test
Remove-Item : Die Funktion "test" kann nicht entfernt werden, da sie konstant ist.
PS> Remove-Item Function:test -Force
```

Wesentlich strenger arbeitet die Option *Constant*. Sie verwandelt Items in echte Konstanten, die unter keinen Umständen mehr gelöscht werden können. Erst wenn Sie die PowerShell schließen und eine neue PowerShell-Sitzung öffnen, sind diese Konstanten wieder verschwunden. Allerdings kann die Option *Constant* nicht nachträglich zugewiesen werden:

```
PS> function test { 'Meine Funktion.' }
PS> Set-Item Function:test -Option Constant
Set-Item : Die vorhandene Funktion "test" kann nicht als konstant festgelegt werden. Funktionen
```

```
können nur zur Erstellungszeit als konstant festgelegt werden.
```

Wollen Sie also Items als konstant festlegen, müssen Sie diese mit *New-Item* anlegen und bereits beim Anlegen die Option *Constant* wählen:

```
PS> Remove-Item Function:test
PS> New-Item Function:test -Value { 'Meine Funktion.' } -Option Constant

CommandType     Name                                  Definition
-----------     ----                                  ----------
Function        test                                  'Meine Funktion.'

# Konstanten können auch mit -Force nicht mehr gelöscht werden:
PS> Remove-Item Function:test -Force
Remove-Item : Die Funktion "test" kann nicht entfernt werden, da sie konstant ist.
```

TIPP Für Variablen gilt wieder die Extrawurst: Setzen Sie hier anstelle von *New-Item* das Cmdlet *New-Variable* ein:

```
PS> Remove-Variable konstante -Force
PS> New-Variable konstante -Value 100 -Option Constant
```

Nachschlag für Profis

Alles, was Sie für den Umgang mit virtuellen PowerShell-Laufwerken wissen müssen, haben Sie inzwischen gelesen und können nun gern zum nächsten Kapitel wechseln. Haben Sie noch etwas Zeit und Lust, finden Sie nun wie immer einige Spezialthemen rund um Laufwerke und Provider, mit denen Sie Ihr Wissen noch vertiefen können.

Aufgabe Sie möchten herausfinden, ob ein bestimmter Ordner überhaupt existiert. Wie könnten Sie vorgehen?

Antwort Die radikalste Methode wäre natürlich, einfach mit *Get-Item* zu versuchen, den Ordner anzusprechen. Existiert er, bekommen Sie den Ordner geliefert, andernfalls eine Fehlermeldung. Dieser Trial-and-Error-Ansatz ist aber nicht besonders elegant und würde voraussetzen, dass Sie Fehler abfangen können (mehr zu diesem Thema finden Sie in Kapitel 15). Besser funktionieren die Cmdlets aus dem Tätigkeitsbereich *Path*:

```
PS> Get-Command -Noun Path

CommandType     Name                                  Definition
-----------     ----                                  ----------
Cmdlet          Convert-Path                          Convert-Path [-Path] <String[]> [...
Cmdlet          Join-Path                             Join-Path [-Path] <String[]> [-Ch...
Cmdlet          Resolve-Path                          Resolve-Path [-Path] <String[]> [...
Cmdlet          Split-Path                            Split-Path [-Path] <String[]> [-L...
Cmdlet          Test-Path                             Test-Path [-Path] <String[]> [-Fi...
```

Mit *Test-Path* überprüfen Sie also, ob ein Ordner tatsächlich existiert (*True*) oder nicht (*False*). Das Ergebnis von *Test-Path* könnten Sie dann mit einer Bedingung auswerten (mehr dazu in Kapitel 12), um beispielsweise einen neuen Ordner nur dann anzulegen, wenn er noch nicht existiert:

```
PS> $ordner = 'C:\testordner'
PS> If (Test-Path $ordner) {
  'Ordner existiert schon!'
} else {
  md $ordner | Out-Null
  'Ordner neu angelegt!'
}
```

HINWEIS *Test-Path* liefert übrigens *False* zurück, wenn Sie ein Laufwerk angeben, in dem gerade kein Datenträger eingelegt ist. Dieses Cmdlet eignet sich also nicht dazu, um festzustellen, ob bestimmte Laufwerksbuchstaben belegt sind.

Aufgabe Sie möchten herausfinden, ob ein bestimmter Registrierungsschlüssel existiert. Wie gehen Sie vor?

Antwort Sie wissen bereits, wie man mit *Test-Path* Pfade überprüft. Erlaubt sind alle PowerShell-Pfade. Um also zu prüfen, ob der Schlüssel *HKEY_CURRENT_USER\Software\Testschlüssel* existiert, verwenden Sie einfach den passenden Pfad:

```
PS> Test-Path HKCU:\Software\Testschlüssel
True
PS> Test-Path Registry::HKEY_CURRENT_USER\Software\Testschlüssel
True
```

Nach genau demselben Schema prüft *Test-Path* übrigens auch, ob bestimmte Funktionen oder Variablen existieren:

```
PS> Test-Path Function:test
True
PS>
PS> # gibt es die Variable meinName?
PS> Test-Path Variable:meinName
False
PS> $meinName = 'Tobias'
PS> Test-Path Variable:meinName
True
```

Aufgabe Sie haben den Ordner *C:\testordner[12]* angelegt und alle Protokolldateien aus dem Windows-Ordner hineinkopiert:

```
PS> md C:\testordner[12]
PS> Copy-Item $env:windir\*.log C:\testordner[12]
```

Anschließend wollen Sie eigentlich nur noch kurz den Erfolg der Kopieraktion begutachten, erhalten aber keine Ergebnisse:

```
PS> Get-ChildItem C:\testordner[12]
PS>
```

Was ist geschehen? Hat die Kopieraktion tatsächlich nicht geklappt?

Antwort Ihr Pfadname enthält Platzhalterzeichen. Die eckigen Klammern stehen für Zeichenbereiche (*[a-f]* entspricht den Buchstaben *a* bis *f*) oder Buchstabengruppen (*[aeg]* steht für die Buchstaben *a*, *e* oder *g*). In Wirklichkeit hat *Get-ChildItem* also nach den Ordnern *C:\testordner1* und *C:\testordner2* gesucht, keinen gefunden (es dürfte zumindest extrem unwahrscheinlich sein, dass diese Ordner schon mal früher auf Ihrem System angelegt wurden) und deshalb nichts zurückgeliefert. Wenn ein Pfad Zeichen enthält, welche die PowerShell als Platzhalterzeichen interpretiert, müssen Sie diese Umsetzung umgehen. Dann werden die Zeichen als normale Zeichen und nicht in Gestalt von Platzhaltern behandelt. Dazu geben Sie den Pfad nicht mit dem Parameter *-Path* an, sondern mit dem Parameter *-LiteralPath*:

```
PS> Get-ChildItem -LiteralPath C:\testordner[12]

    Verzeichnis: C:\testordner[12]

Mode                LastWriteTime     Length Name
----                -------------     ------ ----
-d---        16.11.2009     11:30       6518 DPINST.LOG
-a---        01.11.2009     09:21       1774 DtcInstall.log
-a---        04.11.2009     12:28        864 PFRO.log
-a---        19.02.2010     08:17      25837 setupact.log
-a---        14.07.2009     06:51          0 setuperr.log
-a---        01.11.2009     09:20       1313 TSSysprep.log
-a---        22.02.2010     03:00    1209885 WindowsUpdate.log
```

Aufgabe Sie möchten herausfinden, ob ein bestimmter Registrierungswert existiert. *Test-Path* kann nur auf Items prüfen. Sie wissen, dass Registrierungswerte im Gegensatz zu Registrierungsschlüsseln keine Items sind, sondern sogenannte *ItemProperties*. Sie wollen beispielsweise prüfen, ob der Wert *NeuerWert* im Registrierungsschlüssel *HKEY_CURRENT_USER\Software\Testschlüssel* vorhanden ist. *Test-Path* meint jedoch nein:

```
PS> Test-Path HKCU:\Software\Testschlüssel\NeuerWert
False
```

Der Registrierungs-Editor zeigt aber, dass der Wert existiert. Was nun?

Antwort Hier hilft nur Trial und Error. Versuchen Sie also, den Wert mit *Get-ItemProperty* zu lesen. Wenn das gelingt, ist er vorhanden, sonst nicht:

```
PS> Get-ItemProperty HKCU:\Software\Testschlüssel NeuerWert
```

Um wirklich testen zu können, müsste man ein zumindest simples Fehlerhandling verwenden können. Die folgende Funktion *Test-RegistryValue* zeigt, wie das geht:

```
function Test-RegistryValue($Schlüssel, $Name) {
  Get-ItemProperty $schlüssel $Name -ErrorAction SilentlyContinue | Out-Null
  $?
}
```

Eigentlich werden Funktionen erst in Kapitel 10 behandelt, deshalb an dieser Stelle nur so viel: Mit dem Parameter *-ErrorAction* legen Sie fest, dass *Get-ItemProperty* Fehler stillschweigend übergehen soll. Anschließend verrät die besondere Variable *$?*, ob ein Fehler aufgetreten ist oder nicht. Nun ist es also ganz einfach, die Existenz von Registrierungswerten zu überprüfen:

```
PS> Test-RegistryValue HKCU:\Software\Testschlüssel NeuerWert
True
PS> Test-RegistryValue HKCU:\Software\Testschlüssel irgendwas
False
```

Zusammenfassung

Provider verwandeln hierarchische Informationsspeicher in simple PowerShell-Laufwerke. Es kostet Sie also kein neues Spezialwissen, um auf diese Weise in der Registrierungsdatenbank Schlüssel aufzulisten oder neu anzulegen. Die Provider und die daraus abgeleiteten virtuellen Laufwerke wenden Ihr klassisches Dateisystemwissen lediglich auf neue Informationsspeicher an. In Verbindung mit einem PowerShell-Laufwerk arbeiten Sie immer wieder mit denselben einheitlichen Cmdlets, die in ihrem Tätigkeitsbereich das Stichwort *Item* tragen. So kann man den Inhalt der Laufwerke lesen, Informationen darin neu organisieren und natürlich auch Elemente löschen oder neu anlegen. Diese Cmdlets bilden aber nur die Basisausstattung, auf die Sie zurückgreifen, wenn kein besserer Befehl greifbar ist.

Größere Dateikopieraktionen sollten Sie beispielsweise besser nicht mit *Copy-Item* erledigen, sondern stattdessen auf Tools wie das bewährte *robocopy.exe* zurückgreifen. Neue Aliase legen Sie mit *New-Alias* oder *Set-Alias* sehr viel bequemer an als mit *New-Item*. Und wollen Sie eine Variable löschen, erledigt *Remove-Variable* das auch ohne virtuelle Laufwerkspfade, die Sie beim generischen Gegenstück *Remove-Item* kennen müssten.

Anfangs sind in der Praxis vor allem die klassischen Dateisystemlaufwerke sowie die Registrierungsdatenbank mit den Laufwerken *HKCU:* und *HKLM:* wichtig. Je tiefer Sie in die PowerShell-Programmierung einsteigen, desto nützlicher werden auch die übrigen virtuellen Laufwerke, mit denen Sie Variablen und Funktionen verwalten, sich aus dem Zertifikatlaufwerk bei Bedarf ein Codesigning-Zertifikat zum Signieren Ihrer Skripts suchen oder mit dem Laufwerk *WSMan:* die PowerShell-Remotefunktionen feinjustieren.

Reine PowerShell-Benutzer, die keine Ambitionen haben, eigene größere Skripts zu verfassen, profitieren vom erweiterbaren Ansatz der Provider. Rüsten Sie Provider für das Active Directory oder den SQL-Server nach, wenn diese zu Ihren Arbeitsschwerpunkten gehören, und schon lassen sich mit einem einfachen *dir* alle Benutzer einer bestimmten Organisationseinheit auflisten oder die Einstellungen des Datenbankservers verwalten.

In diesem Kapitel haben Sie die besonderen Laufwerksbefehle aus Tabelle 4.2 sowie die allgemeinen Cmdlets aus Tabelle 4.4 kennengelernt.

Cmdlet	Beschreibung	Siehe Seite
Get-Location	Listet den aktuellen Ort des aktuellen Laufwerks auf	156
Get-PSDrive	Listet alle virtuellen PowerShell-Laufwerke sowie die dahinter stehenden Provider auf	153
Get-PSProvider	Listet alle installierten Provider sowie die von ihnen bereitgestellten Laufwerke auf	151
New-PSDrive	Legt ein neues virtuelles Laufwerk an	153
Out-File	Schreibt Informationen in eine Datei	166
Pop-Location	Stellt den aktuellen Ort des Laufwerks wieder her	158
Push-Location	Speichert den aktuellen Ort des Laufwerks	158
Remove-PSDrive	Entfernt ein virtuelles PowerShell-Laufwerk	155

Tabelle 4.4 In diesem Kapitel eingesetzte PowerShell-Cmdlets

Cmdlet	Beschreibung	Siehe Seite
Resolve-Path	Löst einen Pfadnamen auf, wandelt also einen relativen Pfadnamen um in einen absoluten Pfadnamen	157
Set-Content	Schreibt Informationen in eine Datei	166
Set-Location	Setzt den aktuellen Ort des aktuellen Laufwerks	156
Test-Path	Überprüft einen Laufwerkspfad und stellt beispielsweise fest, ob eine bestimmte Datei oder ein bestimmter Ordner existiert	173

Tabelle 4.4 In diesem Kapitel eingesetzte PowerShell-Cmdlets

Darüber hinaus haben Sie die Sonderzeichen in Pfadnamen aus Tabelle 4.3 sowie die Sonderzeichen aus Tabelle 4.5 eingesetzt:

Sonderzeichen	Beschreibung	Siehe Seite
*	Platzhalterzeichen für beliebiges Zeichen, beliebig oft	161
::	Trennt Providername von Pfadname	163
<# ... #>	Blockkommentar	165
[]	Zugriff auf Elemente eines Arrays	168
.	Zugriff auf Eigenschaften eines Objekts	170

Tabelle 4.5 Wichtige PowerShell-Sonderzeichen, die in diesem Kapitel eingeführt wurden

Kapitel 5

Neue PowerShell-Befehle nachrüsten

In diesem Kapitel:

Die PowerShell ist mit wenigen Handgriffen erweiterbar. Betrachten Sie also die 236 mitgelieferten Cmdlets nur als Grundausstattung. Wie Sie weitere PowerShell-Cmdlets und -Provider nachrüsten und damit das gewonnene Wissen der letzten vier Kapitel auf ganz neue Einsatzbereiche anwenden, erfahren Sie in diesem Kapitel. Alle neuen Cmdlets und Provider, die Sie auf diese Weise nachladen, funktionieren nach genau denselben Grundprinzipien wie die mitgelieferten.

Die PowerShell kann über zwei verschiedene Mechanismen erweitert werden: *Snap-Ins* und *Module*. Snap-Ins sind die klassische Erweiterungsform, die mit der PowerShell 1.0 eingeführt wurde, und setzen voraus, dass die Erweiterung zuerst wie ein ganz normales Programm auf dem Computer installiert wird. Module sind neu in der PowerShell 2.0 und verzichten auf eine umständliche Installation. Es genügt, anzugeben, wo sich ein Modul befindet, und schon kann es nachgeladen werden – auch ohne besondere Administratorberechtigungen.

Snap-Ins verwenden

Windows PowerShell-Snap-Ins sind kompilierte Programme, die vor der Verwendung zuerst installiert werden müssen. Dabei tragen sich die Snap-Ins im Zweig *HKEY_LOCAL_MACHINE\SOFTWARE\Microsoft\PowerShell\1\PowerShellSnapIns* in der Registrierungsdatenbank ein. Dieser Eintrag hat zwei Konsequenzen, die ganz typisch für Snap-Ins sind:

- **Administratorrechte nötig** Weil sich Snap-Ins im Zweig *HKEY_LOCAL_MACHINE* der Registrierungsdatenbank eintragen müssen, um von der PowerShell erkannt zu werden, setzt die Installation immer Administratorrechte voraus, denn dieser Registrierungszweig gilt für alle Benutzer des Computers und ist deshalb besonders geschützt. Snap-Ins benötigen zur Installation also auch dann Administratorrechte, wenn die nachgerüsteten Cmdlets und Provider eigentlich selbst keine besonderen Ansprüche stellen. Ist ein Snap-In einmal installiert, kann es deshalb auch von Nicht-Administratoren verwendet werden.
- **Automatische Erkennung** Da sich alle Snap-Ins an einem festen Ort der Registrierungsdatenbank eintragen müssen, findet die PowerShell Snap-Ins automatisch: Es schaut einfach im entsprechenden Registrierungsschlüssel nach. Problematisch kann das höchstens auf 64-Bit-Systemen werden, wo es zwei Registrierungsdatenbanken gibt, eine für 32 Bit und eine für 64 Bit. Hier hängt es davon ab, für welche Umgebung das Snap-In konzipiert wurde. Die meisten Snap-Ins funktionieren in beiden Umgebungen. Einige wenige – insbesondere für Serverprodukte wie Microsoft Exchange Server – funktionieren nur in 64-Bit-Umgebungen.

Das Cmdlet *Get-PSSnapin* verwaltet alle Snap-Ins, sowohl die bereits geladenen als auch installierte, die noch zusätzlich nachgeladen werden können.

Geladene Snap-Ins ...

Ohne Parameter liefert *Get-PSSnapin* die bereits geladenen Snap-Ins. Selbst wenn Sie noch gar keine weiteren Snap-Ins nachgeladen haben, erscheint eine Reihe von Snap-Ins. Wie sich hier nämlich zeigt, sind auch die 236 mitgelieferten Cmdlets eigentlich lediglich Snap-Ins, die PowerShell allerdings automatisch beim Start nachlädt:

```
PS> Get-PSSnapin

Name        : Microsoft.PowerShell.Diagnostics
PSVersion   : 2.0
Description : Dieses Windows PowerShell-Snap-In enthält Windows-Ereignisverwaltungs- und
              -Leistungsindikator-Cmdlets.

Name        : Microsoft.WSMan.Management
PSVersion   : 2.0
Description : Dieses Windows PowerShell-Snap-In enthält Cmdlets (z. B. Get-WSManInstance
              und Set-WSManInstance), die vom Windows PowerShell-Host zur Verwaltung von
              WSMan-Vorgängen verwendet werden.

Name        : Microsoft.PowerShell.Core
PSVersion   : 2.0
Description : Dieses Windows PowerShell-Snap-In enthält Cmdlets zum Verwalten von Windows
              PowerShell-Komponenten.

Name        : Microsoft.PowerShell.Utility
PSVersion   : 2.0
Description : Dieses Windows PowerShell-Snap-In enthält Dienstprogramm-Cmdlets zum
              Bearbeiten von Daten.

Name        : Microsoft.PowerShell.Host
PSVersion   : 2.0
Description : Dieses Windows PowerShell-Snap-In enthält Cmdlets (z. B. Start-Transcript
              und Stop-Transcript), die für die Verwendung mit dem Windows PowerShell-
              Konsolenhost bereitgestellt wurden.

Name        : Microsoft.PowerShell.Management
PSVersion   : 2.0
Description : Dieses Windows PowerShell-Snap-In enthält Verwaltungs-Cmdlets zum Verwalten
              von Windows-Komponenten.

Name        : Microsoft.PowerShell.Security
PSVersion   : 2.0
Description : Dieses Windows PowerShell-Snap-In enthält Cmdlets zum Verwalten der Windows
              PowerShell-Sicherheit.
```

... und installierte Snap-Ins

Geben Sie zusätzlich den Parameter *-Registered* an, zeigt *Get-PSSnapin* alle nachträglich installierten Snap-Ins an. Welche das sind, kann ganz unterschiedlich sein und hängt davon ab, welche Snap-Ins auf Ihrem Computer installiert wurden. Häufig werden Sie gar keine zusätzlichen Snap-Ins sehen. Ist auf Ihrem Computer dagegen Microsoft Exchange Server oder Microsoft SQL Server installiert, tauchen möglicherweise Snap-Ins für die Verwaltung von Microsoft Exchange Server oder den Microsoft SQL Server auf.

PROFITIPP Viele Produkte mit PowerShell-Unterstützung bringen eigene Verwaltungskonsolen mit, in denen Sie die speziellen PowerShell-Befehle des Produkts verwenden können. In Wirklichkeit liefern solche Produkte ihre PowerShell-Unterstützung aber meist als Snap-In, das dann auch von einer ganz normalen PowerShell-Konsole nachgeladen werden kann. Der Vorteil: So lassen sich die Befehle aus beliebig vielen Snap-Ins in einer Konsole gemeinsam nutzen.

```
PS> Get-PSSnapin -Registered
Name        : Pscx
PSVersion   : 2.0
Description : PowerShell Community Extensions (PSCX) base snapin which implements a general
              purpose set of cmdlets.

Name        : Quest.ActiveRoles.ADManagement
PSVersion   : 1.0
Description : Registers the CmdLets and Providers in this assembly
```

Snap-Ins nachinstallieren

Falls bei Ihnen keine weiteren Snap-Ins angezeigt werden, installieren Sie einfach ein oder mehrere Snap-Ins nach. Tabelle 5.1 listet die wichtigsten kostenlosen Snap-Ins für Sie auf. Besuchen Sie bei Interesse die URL des Anbieters, laden Sie das Snap-In herunter und installieren Sie es danach wie eine normale Software.

ACHTUNG Klicken Sie sich nicht einfach durch den Installationsvorgang, sondern schenken Sie den Meldungen und Optionen etwas Aufmerksamkeit. Wer beispielsweise die *PowerShell Community Extension* (PSCX) installiert, dem wird als Vorgabe angeboten, die passende Profildatei mit zu installieren. Das ist anfangs keine so gute Idee, denn dann wird das Snap-In künftig nicht nur automatisch bei jedem Start geladen, sondern ändert auch eine Reihe weiterer Einstellungen wie beispielsweise die Eingabeaufforderung. Besser ist, dankend abzulehnen und nur das Snap-In zu installieren.

Nachdem der Installationsvorgang abgeschlossen ist, sollte *Get-PSSnapin* Ihnen die neuen Snap-Ins anzeigen, wenn Sie den Parameter *-Registered* angeben.

Bereich	Beschreibung	URL
Active Directory	Cmdlets für die Benutzerverwaltung in Active Directory	*http://www.quest.com/powershell/activeroles-server.aspx*
PowerShell Community Extensions	Cmdlets für verschiedene Administratoraufgaben sowie verschiedene Provider, unter anderem auch für das Active Directory	*http://www.codeplex.com/Pscx*

Tabelle 5.1 Kostenlose Snap-Ins im Internet

Snap-Ins verwenden

Die Installation eines Snap-Ins sorgt nur dafür, dass es verfügbar ist. Es wird aber nicht automatisch von der PowerShell geladen. Das müssen Sie selbst mit *Add-PSSnapin* erledigen. Snap-Ins werden jeweils in die aktuelle PowerShell-Sitzung geladen. Deshalb müssen Snap-Ins nach jedem Neustart der PowerShell auch wieder erneut mit *Add-PSSnapin* nachgeladen werden.

TIPP Verwenden Sie Cmdlets aus bestimmten Snap-Ins ständig, wäre das Nachladen mit *Add-PSSnapin* eine typische Aufgabe für eine Ihrer Profildateien. Weil Profildateien beim PowerShell-Start automatisch ausgeführt werden, würde die PowerShell die gewünschten Snap-Ins dann genauso automatisch nachladen wie die eigenen. Mehr zu Profildateien erfahren Sie in Kapitel 3.

Die folgende Zeile lädt beispielsweise das Snap-In der *PowerShell Community Extension*:

```
PS> Add-PSSnapin PSCX
```

Jedes Snap-In darf nur einmal geladen werden. Dabei unterstützt *Add-PSSnapin* Platzhalterzeichen. Möchten Sie sämtliche registrierten Snap-Ins auf einmal nachladen, ersetzen Sie den Namen einfach durch einen Stern:

```
PS> Add-PSSnapin *
```

Um zu sehen, welche neuen Cmdlets ein Snap-In mitgebracht hat, lassen Sie *Get-Command* alle Befehle ausgeben, die von einem bestimmten Snap-In stammen. Die zusätzlich nachgerüsteten Cmdlets der *PowerShell Community Extensions* ermitteln Sie beispielsweise so:

```
PS> Get-Command -PSSnapin PSCX

CommandType     Name                              Definition
-----------     ----                              ----------
Cmdlet          Add-PathVariable                  Add-PathVariable [-Value] <String...
Cmdlet          Clear-MSMQueue                    Clear-MSMQueue [[-QueueName] <Str...
Cmdlet          ConvertFrom-Base64                ConvertFrom-Base64 [-Base64Text] ...
Cmdlet          ConvertTo-Base64                  ConvertTo-Base64 [-Path] <PscxPat...
Cmdlet          ConvertTo-MacOs9LineEnding        ConvertTo-MacOs9LineEnding [-Path...
Cmdlet          ConvertTo-UnixLineEnding          ConvertTo-UnixLineEnding [-Path] ...
(...)
```

Zusätzlich können Snap-Ins auch neue Provider enthalten, die wie im letzten Kapitel ausführlich beschrieben neue virtuelle Laufwerke ermöglichen. Leider bietet *Get-PSProvider* keinen praktischen Parameter *-PSSnapin*, mit dem man seine Ausgabe auf die Neuerungen aus einem bestimmten Snap-In beschränken könnte. Mit einem kleinen Vorgriff auf die PowerShell-Pipeline gelingt dies aber dennoch:

```
PS> Get-PSProvider | Where-Object { $_.PSSnapin -like 'PSCX' }

Name                 Capabilities                  Drives
----                 ------------                  ------
FeedStore            ShouldProcess                 {Feed}
AssemblyCache        ShouldProcess                 {Gac}
PscxSettings         None                          {Pscx}
DirectoryServices    ShouldProcess, Credentials    {}
```

Die Spalte *Drives* listet die neu hinzugefügten virtuellen Laufwerke auf. Der Provider *DirectoryServices* liefert nur dann ein neues Laufwerk, wenn Ihr Computer Domänenmitglied ist. In diesem Fall heißt dieses Laufwerk ebenso wie die Domäne, mit der Sie verbunden sind.

Module verwenden

Module sind neu in der PowerShell 2.0 und rüsten wie Snap-Ins neue Cmdlets und/oder Provider nach. Anders als Snap-Ins brauchen Module aber nicht installiert zu werden. Es genügt, Module entweder in einen der beiden Standardordner für Module zu kopieren oder stattdessen den genauen Pfadnamen zum Modul anzugeben.

- **Module für alle Benutzer** Diese Module kopiert man in den Ordner *%windir%\System32\WindowsPowerShell\v1.0\Modules*. Falls dieser Ordner noch nicht existiert, muss er angelegt werden.
- **Module für den aktuellen Benutzer** Diese Module werden in den Ordner *%USERPROFILE%\Documents\WindowsPowerShell\Modules* kopiert. Falls dieser Ordner noch nicht existiert, muss er angelegt werden.
- **Individueller Ort** Liegt das Modul an einem anderen Ort, findet die PowerShell es nicht automatisch. In diesem Fall geben Sie beim Nachladen den kompletten Pfadnamen zum Modul an.

Bereits geladene Module auflisten

Get-Module listet die aktuell geladenen Module auf. Da die mitgelieferten PowerShell-Befehle nicht modulbasiert sind, liefert das Cmdlet kein Ergebnis, sofern Sie nicht selbst Module nachgeladen haben:

```
PS> Get-Module
```

Verfügbare Module anzeigen

Fügen Sie den Parameter *-ListAvailable* hinzu, listet *Get-Module* alle Module auf, die in einem der beiden Standardordner für Module zu finden sind. Module, die an einen anderen Ort kopiert wurden, fehlen in der Auflistung:

```
PS> Get-Module -ListAvailable

ModuleType Name                      ExportedCommands
---------- ----                      ----------------
Manifest   CmdletDesigner            {}
Manifest   FileSystem                {}
Manifest   IsePack                   {}
Manifest   PowerShellPack            {}
Manifest   PSCodeGen                 {}
Manifest   PSImageTools              {}
Manifest   PSRSS                     {}
Manifest   PSSystemTools             {}
Manifest   PSUserTools               {}
Manifest   TaskScheduler             {}
Manifest   WPK                       {}
Manifest   ActiveDirectory           {}
Manifest   AppLocker                 {}
Manifest   BitsTransfer              {}
Manifest   GroupPolicy               {}
Manifest   PSDiagnostics             {}
Manifest   TroubleshootingPack       {}
```

Welche Module bei Ihnen gefunden werden, hängt davon ab, welche Module Sie heruntergeladen, welche PowerShell-fähigen Produkte Sie installiert haben und welches Betriebssystem Sie verwenden. Bei Windows 7 finden sich z.B. die Module *AppLocker*, *BitsTransfer*, *PSDiagnostics* und *TroubleshootingPack*. Der Server 2008 R2 bringt den *ServerManager* mit. Tabelle 5.2 nennt einige verbreitete und kostenlose PowerShell-Module, die Sie aus dem Internet herunterladen können.

Bereich	Beschreibung	URL
Active Directory	Microsoft liefert als Teil des RSAT (Remote Server Administration Tools) ein Modul für die Verwaltung des Active Directory mit, das sowohl Cmdlets als auch einen Provider für das Active Directory enthält. Voraussetzung ist jedoch mindestens ein Windows Server 2008 R2 Domänencontroller oder der kostenlose Active Directory Gateway Service, der auf einem der Domänencontroller installiert sein muss, weil dieses Modul das neuartige webservicebasierte Remoting verwendet.	*http://www.microsoft.com/downloads/details.aspx?FamilyID=7D2F6AD7-656B-4313-A005-4E344E43997D&displaylang=en*
PowerShell Pack	Umfangreiche Befehlserweiterung von Microsoft aus den verschiedensten Lebenslagen	*http://code.msdn.microsoft.com/PowerShellPack*
PowerShell Community Extension	Die Version 2.0 der PSCX wird als Modul geliefert. Bei Drucklegung dieses Buchs stand diese Version noch nicht zur Verfügung	*http://www.codeplex.com/Pscx*
Gruppenrichtlinien	Ähnlich wie die Active Directory-Erweiterung stammt auch die Gruppenrichtlinienerweiterung aus dem RSAT von Microsoft	*http://www.microsoft.com/downloads/details.aspx?FamilyID=7D2F6AD7-656B-4313-A005-4E344E43997D&displaylang=en*

Tabelle 5.2 Verbreitete kostenlose Module für die PowerShell

HINWEIS Wenn Sie die RSAT-Tools (Remote Server Administration Tools) von Microsoft installieren, werden dabei die PowerShell-Module nicht automatisch mitinstalliert. Wechseln Sie daher nach der Installation in die *Systemsteuerung* zu *Programme und Funktionen* und dann zu *Windows-Funktionen aktivieren oder deaktivieren* und aktivieren Sie unter *Remoteserver-Verwaltungstools* den Zweig *Featureverwaltungstools/Tools für Gruppenrichtlinienverwaltung* sowie *Rollenverwaltungstools/AD DS-/AD LSD-Tools/Active Directory Modul für Windows PowerShell.*

Module verwenden

Ähnlich wie Snap-Ins müssen auch Module zuerst geladen werden, bevor man die darin enthaltenen Cmdlets und Provider verwenden kann. Sie laden Module mit *Import-Module* nach. Um also beispielsweise das Modul *BitsTransfer* nachzuladen, genügt diese Zeile:

```
PS> Import-Module Bits*
```

Wieder meldet *Get-Command*, welche neuen Cmdlets das Modul mitgebracht hat:

```
PS> Get-Command -Module Bits*

CommandType     Name                          Definition
-----------     ----                          ----------
Cmdlet          Add-BitsFile                  Add-BitsFile [-BitsJob] <BitsJob[...
Cmdlet          Complete-BitsTransfer         Complete-BitsTransfer [-BitsJob] ...
Cmdlet          Get-BitsTransfer              Get-BitsTransfer [[-Name] <String...
Cmdlet          Remove-BitsTransfer           Remove-BitsTransfer [-BitsJob] <B...
Cmdlet          Resume-BitsTransfer           Resume-BitsTransfer [-BitsJob] <B...
Cmdlet          Set-BitsTransfer              Set-BitsTransfer [-BitsJob] <Bits...
Cmdlet          Start-BitsTransfer            Start-BitsTransfer [-Source] <Str...
Cmdlet          Suspend-BitsTransfer          Suspend-BitsTransfer [-BitsJob] <...
```

Wie sich zeigt, steht das *Bits* in *BitsTransfer* für den *Intelligent Background Transfer Service*, mit dem Windows normalerweise auch riesengroße Updates unmerklich im Hintergrund für Sie herunterlädt. Mithilfe der neuen Cmdlets können Sie das nun auch und natürlich selbst bestimmen, welche Dateien Sie herunterladen wollen.

Die folgende Zeile lädt mit *Start-BitsTransfer* ein größeres Video zum PowerShell-Editor *PowerShell Plus* aus dem Internet und speichert die Datei als *video.wmv* in Ihrem Basisverzeichnis. Anschließend wird die Datei abgespielt. Während des Downloads zeigt die PowerShell-Konsole eine Fortschrittsanzeige.

```
PS> Start-BitsTransfer 'http://www.idera.com/images/Tours/Videos/PowerShell-Plus-Learning-
Center.wmv' $HOME\video1.wmv
PS> Invoke-Item $HOME\video1.wmv
```

Dieser Download wird im Vordergrund durchgeführt und läuft nur, wenn auch die PowerShell ausgeführt wird. Genauso gut hätten Sie den Download aber auch still im Hintergrund unabhängig von der PowerShell-Sitzung und über viele Tage verteilt ausführen lassen können – einfach nur durch den zusätzlichen Parameter *Asynchronous*:

```
PS> Start-BitsTransfer 'http://www.idera.com/images/Tours/Videos/PowerShell-Plus-Learning-
Center.wmv' $HOME\video2.wmv -Asynchronous

JobId              DisplayName        TransferType      JobState          OwnerAccount
-----              -----------        ------------      --------          ------------
1365d9d6-938c-... BITS Transfer      Download          Connecting        DEMO5\w7-pc9
```

Anschließend könnte die PowerShell beendet und der Computer sogar heruntergefahren oder neu gestartet werden. Mit *Get-BitsTransfer* schauen Sie dann bei Bedarf nach, wie weit der Download fortgeschritten ist:

```
PS> Get-BitsTransfer

JobId              DisplayName        TransferType      JobState          OwnerAccount
-----              -----------        ------------      --------          ------------
1365d9d6-938c-... BITS Transfer      Download          Transferred       DEMO5\w7-pc9
```

Wenn Sie allerdings den asynchronen Modus verwenden, muss der Download anschließend mit *Complete-BitsTransfer* abgeschlossen werden - vorher stehen die heruntergeladenen Dateien nicht zur Verfügung. Verwenden Sie zum Beispiel eine Zeile wie diese, um alle Downloads abzuschließen:

```
PS> Complete-BitsTransfer (Get-BitsTransfer -AllUsers)
```

Die neuen Befehle des Moduls machen deutlich, dass mit jeder neuen Erweiterung auch Ihre Möglichkeiten wachsen, ohne dass sehr viel neues Wissen dazu nötig wäre. Die Cmdlets aus dem Modul *BitsTransfer* jedenfalls folgen genau denselben Regeln wie alle übrigen Cmdlets, die Sie schon kennengelernt haben.

Nachschlag für Profis

Falls Sie Lust und Energie für zusätzliche Experimente haben, sollten Sie sich zuerst das Modul *PowerShell Pack* (Tabelle 5.2) herunterladen und installieren, denn damit werden wir nun ein wenig spielen. Ob Sie das PowerShell Pack korrekt installiert haben, meldet *Get-Module -ListAvailable.* Es sollte Ihnen jetzt mindestens die folgenden Ergebnisse liefern:

```
PS> Get-Module -ListAvailable

ModuleType Name                    ExportedCommands
---------- ----                    ----------------
Script     DotNet                  {}
Manifest   FileSystem              {}
Manifest   IsePack                 {}
Manifest   PowerShellPack          {}
Manifest   PSCodeGen               {}
Manifest   PSImageTools            {}
Manifest   PSRSS                   {}
Manifest   PSSystemTools           {}
Manifest   PSUserTools             {}
Manifest   TaskScheduler           {}
Manifest   WPK                     {}
```

Wir schnuppern nun in einige dieser Module hinein. Sie werden sehen, dass die Funktionen darin genauso zu bedienen sind wie alle Cmdlets, die Sie in den vorangegangenen Kapiteln kennengelernt haben – Sie gewinnen mit Ihrem Wissen einfach nur faszinierende neue Möglichkeiten hinzu. Da nicht jedes Modul und jede Funktion darin einzeln demonstriert werden kann, nutzen Sie *Get-Help* und rufen Sie zu interessanten Funktionen Hilfe oder Beispiele ab. Falls Sie nicht mehr genau wissen, wie das ging: Kapitel 2 erklärt es Ihnen!

HINWEIS Das Modul *PowerShellPack* ist in Wirklichkeit nur eine Zusammenfassung aller übrigen Module aus der Liste oben. Importieren Sie also dieses Modul, werden alle übrigen geladen. Anfangs ist das nicht so praktisch, weil Sie dann leicht den Überblick verlieren. Konzentrieren Sie sich deshalb bei Ihrer Entdeckerarbeit zuerst auf einzelne Module zu bestimmten Themenbereichen.

Dateisystemhelfer

Das Modul *FileSystem* bietet praktische Erweiterungen rund um typische Dateisystemaufgaben:

```
PS> Import-Module FileSystem
PS> Get-Command -Module FileSystem

CommandType     Name                          Definition
-----------     ----                          ----------
Function        Copy-ToZip                    ...
```

```
Function        Get-DuplicateFile           ...
Function        Get-FreeDiskSpace           ...
Function        Get-SHA1                    ...
Function        Mount-SpecialFolder         ...
Function        New-Zip                     ...
Function        Rename-Drive                ...
Function        Resolve-ShortcutFile        ...
Function        Start-FileSystemWatcher     ...
```

Möchten Sie beispielsweise alle Protokolldateien im Windows-Ordner als ZIP-Datei verpacken, gehen Sie so vor:

```
PS> dir $env:windir *.log | Copy-ToZIP -ZipFile $HOME\logfiles.zip
PS> dir $HOME\logfiles.zip

    Verzeichnis: C:\Users\w7-pc9

Mode                LastWriteTime     Length Name
----                -------------     ------ ----
-a---        12.03.2010     06:47     113368 logfiles.zip
```

Oder wollen Sie doppelte Dateien aufstöbern? Die folgende Zeile liefert alle Doppelgänger in Ihrem Benutzerprofil (was allerdings einige Zeit kosten kann):

```
PS> Get-DuplicateFile $HOME -ea 0 -Recurse | Foreach-Object { $name = $_.Name; $_.Value | Foreach-Object { $_ | Add-Member -MemberType NoteProperty -name Hash -value $name -passthru }} | Select-Object Hash, Length, LastWriteTime, Name
```

Bildbearbeitung mit der PowerShell

Das Modul *PSImageTools* liefert Befehle zur Bildbearbeitung, mit denen Sie automatisiert größere Bildersammlungen in andere Formate konvertieren, skalieren oder beschneiden:

```
PS> Import-Module PSImageTools
PS> Get-Command -Module PSImageTools

CommandType     Name                              Definition
-----------     ----                              ----------
Function        Add-CropFilter                    ...
Function        Add-OverlayFilter                 ...
Function        Add-RotateFlipFilter              ...
Function        Add-ScaleFilter                   ...
Function        ConvertTo-Bitmap                  ...
Function        ConvertTo-Jpeg                    ...
Function        Copy-ImageIntoOrganizedFolder     ...
Function        Get-Image                         ...
Function        Get-ImageProperty                 ...
Function        Set-ImageFilter                   ...
```

ACHTUNG Wenn Sie das Modul *PSImageTools* importieren, funktionieren nicht alle Befehle darin. Einige besitzen Abhängigkeiten zu anderen Teilen des PowerShell Packs. Wenn Sie also die folgenden Beispiele nachvollziehen wollen, importieren Sie das gesamte PowerShell Pack:

```
PS> Import-Module PowerShellPack
```

Um Details zu Bildern zu erfahren, verwenden Sie *Get-Image*:

```
PS> $images = dir $HOME\Pictures\*.jpg | Get-Image
PS> $images[0]


FullName               : C:\Users\w7-pc9\Pictures\hiddensee 001.JPG
FormatID               : {B96B3CAE-0728-11D3-9D7B-0000F81EF32E}
FileExtension          : jpg
FileData               : System.__ComObject
ARGBData               : System.__ComObject
Height                 : 1536
Width                  : 2048
HorizontalResolution   : 72
VerticalResolution     : 72
PixelDepth             : 24
IsIndexedPixelFormat   : False
IsAlphaPixelFormat     : False
IsExtendedPixelFormat  : False
IsAnimated             : False
FrameCount             : 1
ActiveFrame            : 1
Properties             : System.__ComObject
```

Es sind aber auch wesentlich komplexere Bildbearbeitungen möglich. Wollen Sie z.B. alle Fotos in einem Ordner um 180 Grad drehen, auf eine kleinere Größe skalieren und eine Copyright-Meldung darin einblenden, verwenden Sie Filter. Das nächste Beispiel soll Kopien aller Fotos im Bilderordner auf diese Weise anlegen und benötigt dafür noch schnell ein Overlay-Image. Das beschaffen Sie sich am besten direkt von der PowerShell:

```
PS> [System.Reflection.Assembly]::LoadWithPartialName('System.Drawing') | Out-Null
PS> [System.Drawing.Icon]::ExtractAssociatedIcon( (Get-Process -Id $PID).Path
).ToBitmap().Save("$HOME\pslogo.bmp")
```

Nun können die Fotos mit dem PowerShell-Logo geschmückt, skaliert und gedreht werden:

```
$filter1 = Add-ScaleFilter -width 200 -height 400 -passthru
$filter2 = Add-RotateFlipFilter -flipVertical -passthru
$filter3 = Add-OverlayFilter -left 1 -top 1 -Image (Get-Image $HOME\pslogo.bmp) -passthru
md $HOME\Pictures\Copyrighted -ea 0

dir $HOME\Pictures\*.jpg |
Foreach-Object { Write-Progress "Bildbearbeitung" $_.FullName; $_ } |
Get-Image |
Set-ImageFilter -filter $filter1 -pass |
Set-ImageFilter -filter $filter2 -pass |
Set-ImageFilter -filter $filter3 -pass |
Foreach-Object {$i=0}{$i++; $_.SaveFile("$HOME\Pictures\Copyrighted\$i.jpg") }
```

Expeditionstools für Low-Level-Scripter

Sind Sie vielleicht in den Kapiteln 8 und 9 schon tiefer in die PowerShell-Programmierung eingestiegen, liefern die Module *DotNet* und *PSCodeGen* nützliche Expeditionstools:

```
PS> Import-Module DotNet
PS> Get-Command -Module DotNet

CommandType     Name                            Definition
-----------     ----                            ----------
Function        Get-CommandWithParameterType    ...
Function        Get-ProgID                      ...
Function        Get-Type                        ...

PS> Import-Module PSCodeGen
PS> Get-Command -Module PSCodeGen

CommandType     Name                            Definition
-----------     ----                            ----------
Function        New-Enum                        ...
Function        New-PInvoke                     ...
Function        New-ScriptCmdlet                ...
```

Cmdlets finden

Möchten Sie wissen, welche Cmdlets einen bestimmten Parametertyp unterstützen, verwenden Sie *Get-CommandWithParameterType*. Die folgende Zeile listet alle Cmdlets auf, deren Parameter *DateTime*-Objekte akzeptieren:

```
PS> [DateTime] | Get-CommandWithParameterType

CommandType     Name                            Definition
-----------     ----                            ----------
Cmdlet          Get-Date                        Get-Date [[-Date] <DateTime>...
Cmdlet          Get-EventLog                    Get-EventLog [-LogName] <Str...
Cmdlet          Import-Counter                  Import-Counter [-Path] <Stri...
Cmdlet          New-TimeSpan                    New-TimeSpan [[-Start] <Date...
Cmdlet          Set-Date                        Set-Date [-Date] <DateTime> ...
```

Welchen Typ Sie angeben, bleibt ganz Ihre Sache. Die nächste Zeile findet beispielsweise alle Cmdlets, die ein *PSCredential*-Objekt verlangen, also eine Anmeldung unter anderen Benutzerdaten ermöglichen:

```
PS> [System.Management.Automation.PSCredential] | Get-COmmandWithParameterType
```

COM-Objekte finden

Mehr zu Typen lesen Sie in Kapitel 9. Dort erfahren Sie auch, wie sich klassische COM-Objekte laden lassen. Welche COM-Objekte es gibt, verrät *Get-ProgID*, und es kann auch ermitteln, ob ein COM-Objekt nur auf 32-Bit-Plattformen läuft:

```
ProgID                                                      32Bit
------                                                      -----
InternetExplorer.Application                                False
Internet.HHCtrl                                             False
Internet.HHCtrl                                             False
polmkr.apmGpeInternet                                       False
Internet.HHCtrl                                             False
InternetExplorer.Application                                 True
Internet.HHCtrl                                              True
Internet.HHCtrl                                              True
polmkr.apmGpeInternet                                        True
Internet.HHCtrl                                              True
```

Wie man sieht, gibt es die genannten COM-Objekte auf 64-Bit-Systemen doppelt, einmal als 32-Bit- und einmal als 64-Bit-Version.

Typen finden

Zwar erfahren Sie in Kapitel 9, wie Sie bestimmte Typen auch mit reinen Bordmitteln finden, aber mit *Get-Type* geht es ebenfalls. Die folgende Zeile liefert alle öffentlichen Typen rund um das Stichwort *credential*:

```
PS> Get-Type | Where-Object { $_.Name -like '*credential*' } | Where-Object { $_.isPublic } |
Select-Object -ExpandProperty FullName
System.Net.ICredentialPolicy
Microsoft.Win32.IntranetZoneCredentialPolicy
System.Net.ICredentials
System.Net.ICredentialsByHost
System.Net.CredentialCache
System.Net.NetworkCredential
System.Security.Authentication.InvalidCredentialException
System.Management.Automation.PSCredentialTypes
System.Management.Automation.PSCredentialUIOptions
System.Management.Automation.PSCredential
System.Management.Automation.CredentialAttribute
Microsoft.PowerShell.Commands.CoreCommandWithCredentialsBase
Microsoft.PowerShell.Commands.GetCredentialCommand
```

Zusammenfassung

Snap-Ins und Module erweitern die PowerShell mit neuen Cmdlets und/oder Providern. Sie erhalten Snap-Ins und Module entweder automatisch als Teil neu installierter PowerShell-fähiger Software oder können die Erweiterungen selbst aus dem Internet herunterladen. Während Snap-Ins auf älterer Technik beruhen und Administratorrechte zur Installation benötigen, können Module per Kopieren/Einfügen verteilt werden. Welche Snap-Ins und Module zur Verfügung stehen, melden *Get-PSSnapin -Registered* und *Get-Module -ListAvailable*. Sie laden Snap-Ins und Module bei Bedarf mit *Add-PSSnapin* und *Import-Module* nach. Mit *Get-Command -Module <Modul- oder Snap-In-Name>* verschaffen Sie sich danach einen Überblick über die neu hinzugeladenen Cmdlets. Nachgeladene Erweiterungen gelten nur für die aktuelle PowerShell-Sitzung. Erweiterungen, die Sie häufig benötigen, sollten deshalb als Teil Ihrer Profildatei (Kapitel 3) automatisch beim Start der PowerShell geladen werden.

Tabelle 5.3 bietet einen kurzen Überblick über die neuen Cmdlets, die Sie in diesem Kapitel eingesetzt haben.

Cmdlet	Beschreibung	Siehe Seite
Add-OverlayFilter	Erzeugt Bildfilter, um Wasserzeichen einzufügen	189
Add-PSSnapin	Lädt ein zusätzliches Snap-In, damit die darin enthaltenen Cmdlets und/oder Snap-Ins verwendet werden können	182

Tabelle 5.3 In diesem Kapitel eingesetzte PowerShell-Cmdlets

Cmdlet	Beschreibung	Siehe Seite
Add-RotateFlipFilter	Erzeugt Bildfilter, um Bilder zu drehen	189
Add-ScaleFilter	Erzeugt Bildfilter zur Größenänderung von Bildern	189
Complete-BitsTransfer	Schließt einen asynchronen Download mit BitsTransfer ab und macht die heruntergeladenen Dateien zugänglich	186
Copy-ToZIP	Verpackt Dateien in einem ZIP-Archiv	188
Get-BitsTransfer	Überprüft den Status der BITS-Downloads	186
Get-Command	Listet mit dem Parameter *-Module* alle Cmdlets auf, die aus einem bestimmten Snap-In oder Modul stammen	185
Get-CommandWithParameterType	Findet Cmdlets, deren Parameter einen bestimmten Datentyp verlangen	190
Get-DuplicateFile	Findet doppelt vorhandene Dateien	188
Get-Image	Liest Bilder und kann sie skalieren oder beschneiden	189
Get-Module	Listet alle geladenen Module oder mit dem Parameter *-ListAvailable* alle Module auf, die an Standardorten gespeichert sind	184
Get-ProgID	Findet die Namen registrierter COM-Bibliotheken	190
Get-PSProvider	Listet alle installierten Provider auf	183
Get-PSSnapin	Zeigt die aktuell geladenen Snap-Ins oder mit dem Parameter *-Registered* die auf dem Computer installierten zusätzlichen Snap-Ins	180
Get-Type	Findet alle geladenen .NET-Typen	191
Set-ImageFilter	Wendet einen Bildfilter auf ein Bild an	190
Start-BitsTransfer	Lädt mithilfe des BITS-Diensts Dateien aus dem Internet herunter	186

Tabelle 5.3 In diesem Kapitel eingesetzte PowerShell-Cmdlets *(Fortsetzung)*

Teil B

Pipeline

In diesem Teil:

Kapitel 6

Die PowerShell-Pipeline

In diesem Kapitel:

Eines der leistungsfähigsten PowerShell-Konzepte ist die objektorientierte Pipeline. Damit wird es möglich, einzelne Befehle zu ganzen Befehlsketten zu verschmelzen und aus kleinen universalen Bausteinen größere, leistungsfähigere und hochspezielle Lösungen zu schmieden. Weil die PowerShell-Pipeline im Gegensatz zu älteren Konzepten objektorientiert arbeitet, kann jeder Befehl die Ergebnisse des Vorgängers verlustfrei verstehen und weiterverarbeiten. Die gemeinsame Sprache in der PowerShell-Pipeline beruht also auf einem universalen Objektmodell. Um die Vorzüge der PowerShell-Pipeline auszuschöpfen, ist deshalb ein gutes Verständnis unumgänglich, was *Objekte* eigentlich sind und wie man mit ihnen umgeht.

Befehle mit der PowerShell-Pipeline verketten

Das Grundprinzip der PowerShell-Pipeline ist einfach: Sie dürfen beliebige Befehle miteinander verketten. Dabei wird das Ergebnis des ersten Befehls direkt in den folgenden zweiten Befehl eingespeist, der das Ergebnis des ersten Befehls dann verfeinern, filtern, sortieren oder sonst wie bearbeiten kann. Dadurch verhält sich die PowerShell mit einigem Erfolg wie ein Lego-Bausteinkasten: Aus ganz allgemeinen Standardelementen lassen sich hochspezielle Lösungen zusammenfügen.

Befehle verketten

Die Ergebnisse eines Befehls werden über das Pipelinesymbol »|« an den nächsten Befehl weitergeleitet. Die folgende Zeile gibt beispielsweise alle Protokolldateien des Windows-Ordners sortiert aus, indem die Ergebnisse von *dir* (*Get-ChildItem*) an *Sort-Object* weitergereicht werden:

```
PS> dir $env:windir\*.log | Sort-Object
```

Tatsächlich ist beim Pipelinekonzept allerdings nur wichtig, dass der folgende Befehl eine Sammlung von Objekten erhält, mit denen er dann arbeitet. Man kann also Informationen auch direkt auf die Pipeline legen und dabei das Komma verwenden, um aus den Einzelinformationen ein Array zu generieren:

```
PS> 'Hans', 'werner', 'Agnes', 'Tim' | Sort-Object
Agnes
Hans
Tim
werner
```

Dasselbe funktioniert auch mit Zahlen:

```
PS> 10,1,4,2 | Sort-Object
1
2
4
10
```

Spätestens jetzt wird der erste Aspekt der objektorientierten Pipeline sichtbar: Weil die Pipeline nicht etwa bloß Text transportiert, sondern typisierte Daten, kann der empfangende Befehl die Natur der Daten erkennen und sortiert Text alphabetisch, Zahlen dagegen numerisch. Sie brauchen sich darum nicht weiter zu kümmern.

Parameter einsetzen

Andere Aspekte der Sortierung regeln Sie wie bei Cmdlets üblich über zusätzliche Parameter. Möchten Sie beispielsweise die Sortierreihenfolge umdrehen, geben Sie den Switch-Parameter *Descending* (oder wenigstens einen eindeutigen Teil des Parameternamens) an:

```
PS> 10,1,4,2 | Sort-Object -desc
10
4
2
1
```

Andere Cmdlets funktionieren nach genau demselben Prinzip. *Get-Random* beispielsweise wählt aus einem Array zufällig so viele Elemente aus, wie Sie wünschen. Das Array geben Sie entweder über den Parameter *-InputObject* an. Die nächste Zeile liefert also aus den Zahlen 1 bis 49 sieben eindeutige Lottozahlen:

```
PS> Get-Random -inputobject (1..49) -Count 7
9
43
14
35
23
37
3
```

Oder Sie »senden« die Daten, aus denen *Get-Random* zufällige Elemente herauspicken soll, über die Pipeline:

```
PS> 1..49 | Get-Random -count 7
11
12
43
7
25
2
22
```

Hängen Sie an diesen Befehl *Sort-Object* an, werden die Lottozahlen anschließend sortiert. So entstehen aus einzelnen allgemeinen wieder verwertbaren Bausteinen durch die Verkettung ganz spezielle Lösungen:

```
PS> 1..49 | Get-Random -count 7 | Sort-Object
10
17
27
28
33
43
44
```

Das Ergebnis kann schließlich noch an *Out-GridView* weitergeleitet und auf diese Weise in einem Mini-Spreadsheet in einem neuen Fenster angezeigt werden:

```
PS> 1..49 | Get-Random -count 7 | Sort-Object | Out-GridView
```

HINWEIS *Out-GridView* ist neu in der PowerShell 2.0 und erfordert im Gegensatz zu den meisten anderen neuen Befehlen das .NET Framework 3.51. Ist dieses (noch) nicht installiert, schlägt der Befehl fehl.

Wollen Sie die Lottozahlen lieber ausdrucken, schließen Sie die Pipeline stattdessen mit *Out-Printer* ab:

```
PS> 1..49 | Get-Random -count 7 | Sort-Object | Out-Printer
```

Weil die einzelnen Cmdlets, die Sie über die Pipeline miteinander verkettet haben, universell einsetzbar sind, könnten Sie damit ebenso gut auch ganz andere Aufgaben meistern. Die folgende Zeile pickt beispielsweise fünf laufende Prozesse zufällig heraus und sortiert die Ergebnisse dann nach *Name*:

```
PS> Get-Process | Get-Random -Count 5 | Sort-Object Name

Handles  NPM(K)    PM(K)      WS(K) VM(M)   CPU(s)     Id ProcessName
-------  ------    -----      ----- -----   ------     -- -----------
    104      10     2884       2232    83            8664 nvvsvc
     92       9     2828       5492    76     0,28   2460 splwow64
    450      22     5800       9364    75            1972 WHSConnector
     79      10     1484        120    44             532 wininit
     63      10     2052       1148    83     0,05   8832 WTGU
```

Und falls Sie gern jeden Tag etwas Neues über die PowerShell lernen möchten, ohne sich zu überfordern, beauftragen Sie die PowerShell einfach, Ihnen eine zufällig ausgewählte Hilfedatei zu präsentieren:

```
PS> Get-Help about_* | Get-Random
```

Hierbei liefert *Get-Help* alle Hintergrundinformationen (die allesamt mit »about_«) beginnen. *Get-Help* pickt zufällig eine davon aus, die dann angezeigt wird. Wer mag, kann sich diese auch in einem Editorfenster anzeigen lassen:

```
PS> Get-Help about_* | Get-Random | Out-File $env:TEMP\tipp.txt; notepad $env:TEMP\tipp.txt
```

Möchten Sie sich lieber zufällig ausgewählte Cmdlets näher anschauen, versuchen Sie diese Zeile:

```
PS> Get-Command -Commandtype Cmdlet | Get-Random | Get-Help -Detailed | Out-File
$env:TEMP\tipp.txt
PS> notepad $env:TEMP\tipp.txt
```

Kurz und knapp ...

Das Ergebnis eines Befehls wird über das Pipelinesymbol "|" in den nächsten Befehl eingespeist. So können die Ergebnisse des ersten Befehls durch den zweiten weiterbearbeitet werden. Über die Pipeline dürfen beliebig viele Befehle zu Befehlsketten verbunden werden.

Der erste Befehl der Pipeline beschafft die Rohdaten. Deshalb beginnen die meisten Pipelines mit einem Cmdlet, dessen Name mit *Ge«* beginnt:

```
PS> Get-Command -Verb Get
```

Darauf folgen häufig Cmdlets, die darauf spezialisiert sind, Ergebnisse zu verfeinern. Diese weisen den Tätigkeitsbereich *Object* auf:

```
PS> Get-Command -Noun Object
```

Unterstützt ein Befehl die Pipeline nicht direkt, bettet man ihn in *ForEach-Object* ein und weist die vom vorangehenden Befehl gelieferten Ergebnisse manuell zu:

```
PS> 'pc1', 'pc2', 'pc3' | ForEach-Object { Get-WmiObject Win32_BIOS -ComputerName $_ }
```

Objekte und die objektorientierte Pipeline

Die Ergebnisse aller PowerShell-Befehle sind stets Objekte und einen ersten Blick auf die Objektnatur haben Sie bereits direkt in der Konsole erhascht: Geben Sie die Ergebnisse eines Befehls in die Konsole aus, stellt diese die Information nämlich spaltenweise dar. Jede Spalte enthält eine Einzelinformation, die das Objekt beschreibt, weswegen man die Information in den Spalten auch *Eigenschaften* nennt.

Rufen Sie beispielsweise mit *Get-Service* alle Dienste ab, sehen Sie die Spalten *Status*, *Name* und *DisplayName*:

```
PS> Get-Service

Status   Name               DisplayName
------   ----               -----------
Stopped  AeLookupSvc        Anwendungserfahrung
Stopped  ALG                Gatewaydienst auf Anwendungsebene
Stopped  AppIDSvc           Anwendungsidentität
Running  Appinfo            Anwendungsinformationen
(...)
```

Jeder Dienst wird durch ein spezielles *Service*-Objekt repräsentiert, das den jeweiligen Dienst in den Eigenschaften *Status*, *Name* und *DisplayName* charakterisiert. Laufende Prozesse, die Sie mit *Get-Process* abrufen, werden dagegen in einem *Process*-Objekt durch die Eigenschaften *Handles*, *NPM(K)*, *PM(K)*, *WS(K)*, *VM(M)*, *CPU(s)*, *Id* und *ProcessName* beschrieben:

```
PS> Get-Process

Handles  NPM(K)    PM(K)      WS(K) VM(M)   CPU(s)     Id ProcessName
-------  ------    -----      ----- -----   ------     -- -----------
     76      18     6448        960    81     0,28   5128 calc
     60       7     2188       6532    57     1,98   8820 conhost
     60       7     2480       2644    58     6,24   9288 conhost
     59       7     2912        712    60     2,26  10092 conhost
    764      12     2412       1788    45     4,73    468 csrss
(...)
```

Dateien und Ordner wiederum werden mit eigenen Objekttypen repräsentiert, welche die Charakteristika der Dateien und Ordner in den Spalten *Mode*, *LastWriteTime*, *Length* und *Name* auswerfen:

```
PS> dir $env:windir

    Verzeichnis: C:\Windows
```

```
Mode                LastWriteTime     Length Name
----                -------------     ------ ----
d----        14.07.2009     07:32            addins
d----        14.07.2009     05:20            AppCompat
d----        03.11.2009     11:09            AppPatch
d-r-s        11.12.2009     03:01            assembly
(...)
```

Welche Spalten angezeigt werden, hängt also von der Art des Objekts ab. Es gibt Tausende von Objektarten. Jeder Objekttyp ist jeweils darauf spezialisiert, ein »Ding« zu repräsentieren, beispielsweise eine Datei, einen Prozess, einen Dienst oder eine Netzwerkkarte.

Mit Objekteigenschaften arbeiten

Die Kenntnis der Objekteigenschaften ist enorm nützlich, denn darüber wählen Sie aus, welche Informationen Sie interessieren. Möchten Sie z.B. die Dateien in einem Ordner nicht alphabetisch nach Namen sortieren, sondern numerisch nach Dateigröße, dann müssen Sie nur wissen, in welcher Eigenschaft die Dateigröße steht. Ein kurzer Blick über die Spalten des Ergebnisses von *dir* genügt: Die gesuchte Information findet sich in der Spalte *Length*.

Geben Sie den Namen dieser Eigenschaft dann bei *Sort-Object* an und schon wird numerisch nach Dateigröße sortiert. Der Ansatz, die zehn größten Dateien Ihres Windows-Ordners herauszufinden, sieht also folgendermaßen aus:

```
PS> dir $env:windir | Sort-Object Length | Select-Object -First 10
```

Select-Object sorgt dafür, dass Sie nur die ersten zehn Elemente der sortierten Liste erhalten. Weil *Sort-Object* als Vorgabe in aufsteigender Reihenfolge sortiert, liefert die Zeile zunächst noch die zehn kleinsten Dateien. Um wie geplant die zehn größten Dateien zu erhalten, drehen Sie die Sortierreihenfolge noch kurz um:

```
PS> dir $env:windir | Sort-Object Length -desc | Select-Object -First 10
```

Auf gleiche Weise könnten Sie Dienste nach *Status* sortieren:

```
PS> Get-Service | Sort-Object Status
```

Möchten Sie die installierten Updates und Hotfixes im zeitlichen Verlauf sehen, sortieren Sie das Ergebnis von *Get-HotFix* nach der Spalte *InstalledOn*. Wieder erkennt *Sort-Object* über die Objektpipeline automatisch, dass die Spalte *InstalledOn* ein Datum enthält, und sortiert diese Spalte diesmal zeitlich:

```
PS> Get-HotFix | Sort-Object InstalledOn
```

Falls Sie über Administratorberechtigungen verfügen, liefert die nächste Zeile mit *Get-ComputerRestorePoint* nach ganz ähnlichem Muster die Systemwiederherstellungspunkte sortiert nach Typ:

```
PS> Get-ComputerRestorePoint | Sort-Object Description
```

Damit *Sort-Object* die Ergebnisse des vorangegangenen Befehls überhaupt sortieren kann, muss es allerdings zuerst alle Ergebnisse sammeln. *Sort-Object* durchbricht also den Echtzeitcharakter der

PowerShell-Pipeline und kann zu Verzögerungen führen. Möchten Sie beispielsweise mit *Get-EventLog* alle Ereignisprotokolleinträge aus dem *System*-Ereignisprotokoll nach der Quelle sortieren, kann es dabei zu einigen Sekunden Wartezeit kommen, während die Konsole keine Ausgaben zeigt:

```
PS> Get-EventLog System | Sort-Object Source
```

ACHTUNG Seien Sie vorsichtig, wenn Sie »blockierende« Cmdlets wie *Sort-Object* verwenden. Liefert der vorangehende Befehl sehr viele Daten, müssen diese alle zunächst zwischengespeichert werden, damit *Sort-Object* die Ergebnisse sortieren kann. Das kann nicht nur zu längeren Wartezeiten führen, sondern auch zu Speicherplatzengpässen, die bis zum Systemstillstand führen können. Die folgende Zeile würde beispielsweise rekursiv sämtliche Dateien im Windows-Ordner nach Größe sortieren. Führen Sie diese Zeile aus, liefert die PowerShell lange Zeit kein Lebenszeichen mehr, weil es *zuerst* sämtliche Dateien des Computers sammelt und speichert, um sie *anschließend* sortieren zu können. Sie bemerken nach einigen Sekunden, wie das gesamte System immer träger wird und kaum noch reagiert.

```
PS> dir $env:windir -Recurse -ea SilentlyContinue | Sort-Object Length
```

Vermeiden Sie also einen Datenüberlauf, indem Sie die Menge der zu sortierenden Daten so weit wie möglich einschränken, bevor Sie die Sortierung beginnen. Die nächste Zeile sortiert beispielsweise nur Protokolldateien nach Größe. Weil jetzt weitaus weniger Informationen zwischengespeichert werden müssen, funktioniert dieser Befehl ohne Speicherengpass:

```
PS> dir $env:windir *.log -Recurse -ea SilentlyContinue | Sort-Object Length
```

Dennoch kommt es auch hierbei zu einer längeren Wartezeit ohne Lebenszeichen. In solchen Fällen kann man in die Pipeline mit *Write-Progress* eine Fortschrittsanzeige einbinden:

```
PS> dir $env:windir *.log -Recurse -ea SilentlyContinue | ForEach-Object { Write-Progress
"Sammle..." $_; $_} | Sort-Object Length
```

Das Ergebnis dieser Zeile sind die einzelnen sortierten Dateiobjekte, die für jeden Ordner in separaten Abschnitten ausgegeben werden. Gefällt Ihnen diese Ansicht nicht, verwenden Sie *Select-Object* und geben an, welche Spalten Sie gern sehen möchten. Jetzt werden alle Informationen in einer zusammenhängenden Liste ausgegeben:

```
PS> dir $env:windir *.log -Recurse -ea SilentlyContinue | ForEach-Object {Write-Progress
"Sammle..." $_; $_} | Sort-Object Length | Select-Object FullName, Length
FullName                                                    Length
--------                                                    ------
C:\Windows\setuperr.log                                          0
C:\Windows\Logs\DPX\setuperr.log                                 0
C:\Windows\debug\netlogon.log                                    3
C:\Windows\debug\sammui.log                                    131
C:\Windows\security\logs\diagnosis.log                         294
C:\Windows\winsxs\poqexec.log                                  410
C:\Windows\debug\PASSWD.LOG                                    632
(...)
```

Versteckte Objekteigenschaften sichtbar machen

Eine der dreistesten Täuschungen erleben Sie beinahe ständig, wenn Sie in der PowerShell einen Befehl ausführen. Das, was Ihnen die Konsole anzeigt, sind nämlich nicht die echten Objekte, welche die Befehle ursprünglich geliefert haben, sondern bloß auf Text reduzierte Sparversionen. Dahinter steckt das *Extended Type System* (ETS), das unter anderem die Herausforderung meistert, Objekte beliebiger Art in angemessener Weise in der Konsole sichtbar zu machen. Dazu enthält das ETS eine interne Liste, in der für jede Objektart hinterlegt ist, welche Objekteigenschaften angezeigt werden und welche nicht.

Möchten Sie die Objekte ohne Informationsbeschränkung sehen, muss das ETS umgangen werden. Der einfachste Weg ist, die Objekte mit *Select-Object* umzuverpacken: Dabei wird für jedes Objekt eine exakte Kopie angelegt. Weil die neuen Objekte dabei ihren ursprünglichen Typ verlieren, erkennt das ETS sie nicht mehr und gibt infolgedessen ungefiltert alle Objekteigenschaften aus. Damit eröffnet sich Ihnen erst die volle Informationsfülle der PowerShell-Befehle. Vergleichen Sie das Ergebnis der folgenden beiden Befehle:

```
PS> dir $env:windir
PS> dir $env:windir | Select-Object *
```

Der erste Befehl liefert Datei- und Ordnerobjekte, die das ETS erkennt. Die Objekteigenschaften werden auf die Spalten *Mode*, *LastWriteTime*, *Length* und *Name* gekürzt und als horizontal angeordnete Tabelle dargestellt. Der zweite Befehl verpackt alle Objekte um, sodass das ETS die neuen Objekte nicht mehr einem bekannten Typ zuordnen kann. Die PowerShell gibt deshalb alle Objekteigenschaften aus, und weil es sehr viele sind, werden die Informationen diesmal nicht horizontal als Tabelle, sondern vertikal als Liste angeordnet.

Tatsächlich steckt dahinter eine simple Automatik, die Sie sichtbar machen können: Müssen fünf oder mehr Objekteigenschaften angezeigt werden, stellt die PowerShell sie in einer Liste dar, andernfalls in einer Tabelle. Ersetzen Sie das Platzhalterzeichen »*« hinter *Select-Object* durch eine kommaseparierte Liste derjenigen Objekteigenschaften, die Sie interessant finden, erzeugen Sie Ihre ganz eigenen Ergebnislisten, und je nach Anzahl der Objekteigenschaften erhalten Sie eine Tabelle oder eine Liste:

```
# vier oder weniger Objekteigenschaften werden zu einer Tabelle:
PS> dir $env:windir | Select-Object Name, Mode, LastAccessTime, LastWriteTime

Name                Mode                LastAccessTime      LastWriteTime
----                ----                --------------      -------------
addins              d----               14.07.2009 07:32:39 14.07.2009 07:32:39
AppCompat           d----               14.07.2009 05:20:08 14.07.2009 05:20:08
AppPatch            d----               03.11.2009 11:09:31 03.11.2009 11:09:31
assembly            d-r-s               11.12.2009 03:01:04 11.12.2009 03:01:04
(...)

# fünf oder mehr Objekteigenschaften werden zu einer Liste:
PS> dir $env:windir | Select-Object Name, Mode, LastAccessTime, LastWriteTime, Attributes

Name           : addins
Mode           : d----
LastAccessTime : 14.07.2009 07:32:39
```

```
LastWriteTime  : 14.07.2009 07:32:39
Attributes     : Directory

Name           : AppCompat
Mode           : d----
LastAccessTime : 14.07.2009 05:20:08
LastWriteTime  : 14.07.2009 05:20:08
Attributes     : Directory
(...)
```

Kurz und knapp ...

Alle Befehle liefern ihre Ergebnisse als Objekte zurück. Objekte speichern Informationen in verschiedenen Eigenschaften, die Sie sehen, wenn die Objekte in die Konsole ausgegeben werden. Liefert ein Befehl Objekte mit vier oder weniger Eigenschaften zurück, werden diese als Tabelle dargestellt. Die Zeilen der Tabelle entsprechen dann den einzelnen zurückgelieferten Objekten. Die Spalten stellen die Eigenschaften der jeweiligen Objekte dar. Bei fünf und mehr Eigenschaften werden die Objekte als Liste untereinander angezeigt. Sie sehen jetzt pro Zeile eine Objekteigenschaft. Vor dem Doppelpunkt findet sich der Name der Objekteigenschaft, dahinter der zugehörige Inhalt. Die PowerShell kürzt die sichtbaren Eigenschaften eines Objekts normalerweise und zeigt nur die wichtigsten an. Möchten Sie alle Objekteigenschaften sehen, leiten Sie das Ergebnis weiter an *Select-Object* * oder *Format-List* * (kurz: *fl* *).

Es ist sehr wichtig, die Namen der Objekteigenschaften zu kennen, denn mit diesen Namen nehmen folgende Cmdlets in der Pipeline Bezug auf die Eigenschaften, sodass Sie beispielsweise festlegen können, nach welcher Eigenschaft sortiert werden soll oder welche Eigenschaften Sie überhaupt interessieren. Zwar entsprechen die Namen der Objekteigenschaften meist den Namen, die bei der Ausgabe angegeben werden, aber das ist nicht immer so. Möchten Sie alle Eigenschaften eines Objekts mit den wahren Namen sehen, leiten Sie das Ergebnis weiter an `| Select-Object * -First 1`.

Datenpipelines: Informationen aufbereiten

Häufig liefern PowerShell-Befehle eher zu viel als zu wenige Informationen, weswegen man die Informationsflut dann gern begrenzen und auf die wesentlichen Fakten konzentrieren möchte. Dies ist der Aufgabenbereich einer Datenpipeline, bei der am Anfang die Rohdaten auf die Pipeline gelegt und dann mit weiteren Cmdlets Schritt für Schritt aufbereitet und gefiltert werden. Für diese Aufgabe kommen immer wieder dieselben drei Cmdlets zum Einsatz:

- **Where-Object** entfernt alle Ergebnissätze, die nicht einem bestimmten Kriterium entsprechen, und reduziert also die Anzahl der gelieferten Ergebnisse (Objekte)
- **Select-Object** entfernt alle Objekteigenschaften, an denen Sie nicht interessiert sind und reduziert also den Informationsgehalt jedes einzelnen Ergebnisses (Objekts)
- **Sort-Object** sortiert die Ergebnissätze nach einem oder mehreren Kriterien

Ergebnisse mit Where-Object reduzieren

Where-Object funktioniert so ähnlich wie ein Türsteher an einer Diskothek. Jedes einzelne Objekt, das die Pipeline passiert, wird von *Where-Object* untersucht und nur durchgelassen, wenn ihm seine Nase passt. Welche Nase das ist und worauf der Türsteher genau achtet, bestimmen Sie mithilfe von Kriterien. Ein Türsteher analysiert Objekteigenschaften der Gäste wie beispielsweise Alkoholisierungsgrad, Alter, Geschlecht und Kleidung. Seine Kriterien könnten also ungefähr so aussehen:

```
$gast.Promille -lt 0.5, $gast.Geschlecht -eq 'weiblich', $gast.Alter -lt 30, $gast.Kleidung -eq 'hip'
```

HINWEIS Kriterien verwenden Vergleichsoperatoren, die bestimmen, ob das Kriterium erfüllt ist oder nicht. Vergleichsoperatoren beginnen bei der PowerShell immer mit einem Bindestrich. Dahinter folgt als Abkürzung in Englisch, was der Operator vergleichen soll. *-lt* steht für *lower than*, also *kleiner als*. *-eq* prüft auf Gleichheit (*equal*) und *-gt* steht für *greater than*, also *größer als*. Die vollständige Übersicht über alle Vergleichsoperatoren liefert Kapitel 12.

Warum verwendet die PowerShell nicht die üblichen Vergleichsoperatoren »=«, »>« oder »<«? Einfache Lösung: Weil die Symbole »>« und »<« bereits belegt sind, denn sie stehen in der Konsole für Ein- und Ausgabeumleitungen (Redirection).

Ganz ähnlich wie der Türsteher verfährt auch *Where-Object* und greift ebenfalls auf die Eigenschaften der Objekte zu, welche die Pipeline passieren wollen, nur heißt das jeweilige Objekt hier nicht *$gast*, sondern immer *$_*. Auf das Objekt *$_* wird gleich noch eingegangen. Die folgende Zeile liefert beispielsweise zunächst alle laufenden Prozesse und ihren Hersteller:

```
PS> Get-Process | Select-Object Name, Company
```

Nicht für jeden Prozess ist tatsächlich ein Hersteller hinterlegt (jedenfalls dann nicht, wenn Sie nicht über Administratorrechte verfügen). Um alle Objekte auszusortieren, die keinen Hersteller liefern, beauftragen Sie *Where-Object*, nur solche Objekte durch die Pipeline hindurchzulassen, bei denen die Eigenschaft *Company* nicht leer ist. Ein Leerwert wird durch die Variable *$null* repräsentiert:

```
PS> Get-Process | Where-Object { $_.Company -ne $null } | Select-Object Name, Company
```

Es funktioniert: Die Zeile liefert jetzt tatsächlich nur noch Prozesse, bei denen die Eigenschaft *Company* nicht leer ist. Trotzdem kann es sein, dass die Spalte *Company* noch leere Einträge enthält. Wirklich leer sind sie dann zwar nicht (denn leere Einträge hat *Where-Object* aussortiert). Es ist aber möglich, dass die Herstellerangabe ein leerer Text ist. Leerer Text ist nicht gleichbedeutend mit einem völlig undefinierten Feld, was die Frage aufwirft, wie *Where-Object* eigentlich mehrere Kriterien kombinieren kann. Das ist ganz einfach: Fügen Sie einfach weitere *Where-Object*-Anweisungen zur Pipeline hinzu. Um also leere Texte ebenfalls zu eliminieren, verfeinern Sie die Ergebnisse weiter:

```
PS> Get-Process | Where-Object { $_.Company -ne $null } | Where-Object { $_.Company -ne ''} |
Select-Object Name, Company
```

PROFITIPP Durch die Verkettung mehrerer *Where-Object*-Anweisungen erhalten Sie eine logische Und-Verknüpfung. Nur wenn beide Kriterien erfüllt sind, darf das Objekt die Pipeline passieren. Alternativ können Sie auch mehrere Kriterien mithilfe der logischen Operatoren *-and* und *-or* zu einer einzigen Bedingung kombinieren. Die folgende Zeile kombiniert die beiden Kriterien mit dem logischen Operator *-and*. Ein Objekt darf die Pipeline also nur passieren, wenn die Eigenschaft *Company* weder leer ist noch einen leeren Text enthält:

```
PS> Get-Process | Where-Object { ($_.Company -ne $null) -and ($_.Company -ne '')} | Select-Object
Name, Company
```

Die zweite Variante ist allerdings schwieriger zu erfassen und bietet sehr viel mehr Fehlermöglichkeiten, beispielsweise durch fehlende oder falsch gesetzte Klammern. Haben Sie die Wahl, sollten Sie sich für die erste Variante entscheiden, denn sie entspricht der modularen PowerShell-Philosophie. Hier bleiben die einzelnen Kriterien eigenständig und modular, sind leichter nachzuvollziehen und einfacher zu debuggen. Nicht immer haben Sie allerdings die Wahl. Logische Oder-Verknüpfungen, wo also entweder die eine oder die andere Bedingung erfüllt sein muss, lassen sich durch verkettete *Where-Object*-Anweisungen nicht realisieren. Hier bleibt nur der Operator *-or*.

Where-Object arbeitet mit beliebigen Objekten zusammen. Passen Sie lediglich das Auswahlkriterium an, nach dem gefiltert werden soll. Sind Sie beispielsweise nicht an allen Diensten interessiert, sondern nur an denjenigen, die tatsächlich laufen, geben Sie nur Dienste aus, in deren Eigenschaft *Status* der Wert *Running* steht:

```
PS> Get-Service | Where-Object { $_.Status -eq 'Running' }
```

Weil der Pipelinefilter *Where-Object* sehr häufig verwendet wird, gibt es eine praktische Abkürzung (einen Alias) dafür: das Fragezeichen »?«. Schauen Sie sich diesen Alias am nächsten Beispiel an: Vielleicht sind Sie enttäuscht, dass *Get-Service* nur relativ wenig Informationen über einen Dienst in Erfahrung bringen kann und beispielsweise nicht verrät, welchen Startmodus ein Dienst verwendet. Mehr Informationen liefert die WMI (*Windows Management Instrumentation*). Die folgende Anweisung gibt mit *Get-WmiObject* alle Dienste zurück, die nicht laufen (Eigenschaft *Started* enthält den Wert *$false*), deren Startmodus aber auf *automatisch* eingestellt ist (Eigenschaft *StartMode* enthält den Text *Auto*):

```
PS> Get-WmiObject Win32_Service | ? {$_.Started -eq $false} | ? { $_.StartMode -eq 'Auto'} |
Select-Object Name, DisplayName, StartMode, ExitCode
```

Dienste, die eigentlich automatisch gestartet werden, aber nicht (mehr) laufen, sind verdächtig: Entweder handelt es sich um Initialisierungsaufgaben, die inzwischen abgeschlossen sind, oder aber der Dienst wurde unplanmäßig wegen eines Fehlers beendet – falls die Anweisung also bei Ihnen keine Ergebnisse liefert, ist das kein Malheur, sondern bedeutet bloß, dass auf Ihrem System keine Autostartdienste gefunden wurden, die nicht laufen. Ob ein Dienst planmäßig beendet wurde oder nicht, verrät seine *ExitCode*-Eigenschaft, wobei die Zahl *0* in aller Regel für einen planmäßigen Abschluss steht, während jede andere Zahl eine Fehlerursache anzeigt.

Where-Object ist auch dazu geeignet, Protokolldateien und andere Rohinformationen zu parsen, also aus umfangreichen Informationen gezielt die für Sie wichtigen herauszusuchen. Ein Beispiel ist die Datei *windowsupdate.log* im Windows-Ordner, die sämtliche Updates des Systems protokolliert und mit der Zeit unüberschaubar groß wird. Den gesamten Inhalt kann *Get-Content* liefern:

```
PS> Get-Content $env:windir\windowsupdate.log
```

Get-Content gibt den Inhalt der angegebenen Datei als Vorgabe zeilenweise zurück. Sind Sie nur an bestimmten Zeilen aus der Datei interessiert, die beispielsweise ein bestimmtes Schlüsselwort enthalten, verwenden Sie *Where-Object* und den Operator *-like*. Die folgende Anweisung filtert die Ausgabe, sodass nur noch Zeilen ausgegeben werden, die das Stichwort *successfully* enthalten:

```
PS> Get-Content $env:windir\windowsupdate.log | ? { $_ -like '*successfully*' }
```

TIPP Weil *Where-Object* häufig eingesetzt wird, gibt es dafür – wie vorhin bereits erwähnt – einen besonders kurzen Aliasnamen: »?«.

Das Ergebnis zeigt, dass unter den verbliebenen Einträgen viele sind, die *Successfully wrote event* enthalten, aber uninteressant sind. Hängen Sie weitere *Where-Object*-Bedingungen an die Pipeline, um gezielt unerwünschte Einträge herauszufiltern und sich quasi spielerisch den gesuchten Daten zu nähern:

```
PS> Get-Content $env:windir\windowsupdate.log | ? { $_ -like '*successfully*' } | Where-Object { $_
-notlike '*successfully wrote event*' }
```

Aufgabe Erweitern Sie die folgende Anweisung so, dass nur Dienste ausgegeben werden, deren *ExitCode*-Eigenschaft nicht den Wert *0* enthält, sodass die Anweisung entweder kein Resultat liefert (dann ist alles in Ordnung) oder Problemdienste auflistet.

```
Get-WmiObject Win32_Service | ? {$_.Started -eq $false} | ? { $_.StartMode -eq 'Auto'} | Select-
Object Name, DisplayName, StartMode, ExitCode
```

Lösung Dank des modularen Charakters der PowerShell-Pipeline brauchen Sie lediglich eine weitere *Where-Object*-Anweisung anzufügen, in der geprüft wird, ob die Eigenschaft *ExitCode* ungleich *0* ist:

```
PS> Get-WmiObject Win32_Service | ? {$_.Started -eq $false} | ? { $_.StartMode -eq 'Auto'} | ? {
$_.ExitCode -ne 0} | Select-Object Name, DisplayName, StartMode, ExitCode
```

Aufgabe Sie möchten nicht eine Liste mit Problemdiensten erhalten, sondern einfach nur wissen, ob es überhaupt Problemdienste gibt oder nicht. Wie könnte man die Lösung der letzten Aufgabe so erweitern, dass die Anweisung lediglich *$true* (Problemdienste gefunden) oder *$false* (System in Ordnung) meldet?

Lösung Das Ergebnis der Lösung aus der letzten Aufgabe ist entweder »nichts« (falls keine Problemdienste gefunden wurden) oder ein oder mehrere Problemdienste. Um zu bestimmen, ob es generell Problemdienste gibt oder nicht, muss man also die Anzahl der zurückgelieferten Dienste bestimmen. Dies ist ein typisches PowerShell-Problem, denn nur wenn ein Befehl mehr als ein Ergebnis zurückgibt, wird das Ergebnis als Array geliefert, sodass die Anzahl der Elemente im Array bestimmt werden kann. Bei einem oder gar keinem Resultat kann die Anzahl dagegen nicht ermittelt werden. Deshalb muss das Ergebnis des Befehls zuerst explizit in ein Array verpackt werden, unabhängig von der Anzahl der tatsächlichen Ergebnisse. Dies geschieht über die Anweisung *@()*. Anschließend erfragt man über die Objekteigenschaft *Count* des Arrays die Anzahl der Elemente darin:

```
PS> @(Get-WmiObject Win32_Service | ? {$_.Started -eq $false} | ? { $_.StartMode -eq 'Auto'} | ? {
$_.ExitCode -ne 0}).Count
```

Auf diese Weise erhält man die Anzahl der gefundenen Problemdienste. Um zu prüfen, ob Problemdienste gefunden wurden oder nicht, vergleicht man das Ergebnis nun lediglich noch, indem kontrolliert wird, ob die Anzahl größer als 0 ist:

```
PS> @(Get-WmiObject Win32_Service | ? {$_.Started -eq $false} | ? { $_.StartMode -eq 'Auto'} | ? {
$_.ExitCode -ne 0}).Count -gt 0
```

Das Ergebnis kann dann beispielsweise in einer Variablen gespeichert und als Grundlage für weitere Skriptaktionen verwendet werden. So könnte ein Prüfskript mit *Send-MailMessage* eine E-Mail versenden oder einen Eintrag ins Ereignisprotokoll schreiben:

```
$problemdienste = @(Get-WmiObject Win32_Service | ? {$_.Started -eq $false} | ? { $_.StartMode -eq
'Auto'} | ? { $_.ExitCode -ne 0}).Count -gt 0
if ($problemdienste) {
  Send-MailMessage -Body "Auf $env:COMPUTERNAME wurden Autostartdienste gefunden, die mit einem
Fehler beendet wurden." -From 'healthcheck@firma.de' -SmtpServer 'smtp.web.de' -Subject "Probleme
mit $env:COMPUTERNAME" -To 'administrator@firma.de' -Credential (Get-Credential)
}
```

HINWEIS Das Beispiel verwendet die *if*-Anweisung, um den Skriptblock dahinter nur dann auszuführen, wenn die Bedingung in runden Klammern hinter *if* erfüllt ist. Tatsächlich wird hier keine klassische Überprüfung durchgeführt, sondern die Bedingung testet einfach den Inhalt der Variablen. Wie Sie inzwischen gesehen haben, liefern Vergleichsoperatoren stets entweder *$true* (Bedingung erfüllt) oder *$false* (Bedingung nicht erfüllt) zurück. Anstelle einer klassischen Bedingung kann man also auch direkt *$true* oder *$false* angeben oder das Ergebnis einer Bedingung zuerst in einer Variablen speichern und diese dann als Bedingung verwenden. Sie hätten die Bedingung auch direkt hinter *if* angeben können, doch wäre diese Schreibweise nur noch schwer lesbar:

```
if (@(Get-WmiObject Win32_Service | ? {$_.Started -eq $false} | ? { $_.StartMode -eq 'Auto'} | ? {
$_.ExitCode -ne 0}).Count -gt 0) {
  Send-MailMessage -Body "Auf $env:COMPUTERNAME wurden Autostartdienste gefunden, die mit einem
Fehler beendet wurden." -From 'healthcheck@firma.de' -SmtpServer 'smtp.web.de' -Subject "Probleme
mit $env:COMPUTERNAME" -To 'administrator@firma.de' -Credential (Get-Credential)
}
```

Möglich wäre auch ein Vergleich mit dem zwischengespeicherten Ergebnis der Abfrage:

```
$problemdienste = @(Get-WmiObject Win32_Service | ? {$_.Started -eq $false} | ? { $_.StartMode -eq
'Auto'} | ? { $_.ExitCode -ne 0}).Count -gt 0
if ($problemdienste -eq $true) {
  Send-MailMessage -Body "Auf $env:COMPUTERNAME wurden Autostartdienste gefunden, die mit einem
Fehler beendet wurden." -From 'healthcheck@firma.de' -SmtpServer 'smtp.web.de' -Subject "Probleme
mit $env:COMPUTERNAME" -To 'administrator@firma.de' -Credential (Get-Credential)
}
```

Da *$problemdienste* aber ohnehin bereits *$true* oder *$false* enthält, ist der Vergleich *$true -eq $true* überflüssig, sodass es genügt, den Inhalt von *$problemdienste* direkt anzugeben.

Wurden Problemdienste gefunden, führt die PowerShell den Skriptblock hinter *if* aus. Darin wird mit *Send-MailMessage* eine E-Mail versendet. Natürlich müssen Absender, Adressat und Mailserver angepasst werden, falls Sie dieses Beispiel ausführen möchten. Sollte Ihr Mailserver eine Anmeldung erfordern, werden Benutzername und Kennwort wie im Beispiel gezeigt über den Parameter *-Credential* übergeben. Der Befehl *Get-Credential* erfragt die Anmeldeinformationen interaktiv. Das bedeutet natürlich, dass dieses PowerShell-Skript nicht unbeaufsichtigt ablaufen kann. Etwas später in diesem Buch lesen Sie, wie man *Credential*-Objekte auch selbst herstellen kann, um einen Benutzernamen und ein Anmeldekennwort fest zu hinterlegen. Dies allerdings stellt immer ein Sicherheitsrisiko dar, weil die Informationen dann im Klartext innerhalb des Skripts vorliegen.

Aufgabe Ein Kollege hat den Auftrag erhalten, alle Ereignisse vom Typ *Warning* aus dem Ereignisprotokoll *System* auszulesen und dazu folgende Zeile erarbeitet:

```
PS> Get-EventLog System | Where-Object { $_.EntryType -eq 'Warning' }
```

Ist dieser Ansatz ökonomisch?

Lösung Die Anweisung funktioniert einwandfrei, doch ökonomisch ist sie nicht. *Where-Object* ist grundsätzlich eine clientseitige Filterung. In diesem Beispiel liefert *Get-EventLog* also zuerst alle Ereignisse, und *Where-Object* filtert daraus nachträglich die Ereignisse heraus, in dessen Eigenschaft *EntryType* der Text *Warning* steht.

Sehr viel effizienter funktioniert die serverseitige Filterung, bei der von vornherein nur diejenigen Daten abgerufen werden, die man auch tatsächlich benötigt. Die serverseitige Filterung wird von dem Befehl übernommen, der die Daten liefert – sofern dieser serverseitige Filterung unterstützt. *Get-EventLog* kann nach mehreren Kriterien filtern, unter anderem auch nach *EntryType*. Weil die Ergebnisse nun von vornherein auf Einträge vom Typ *Warning* beschränkt sind, wird *Where-Object* überflüssig:

```
PS> Get-EventLog System -EntryType Warning
```

Setzen Sie *Where-Object* also nicht wahllos ein, sondern nur, wenn Sie die Informationen nicht auf andere Art begrenzen können. Es empfiehlt sich, vor dem Einsatz von *Where-Object* zuerst die Parameter des Befehls zu untersuchen, der die Daten liefert. Häufig finden sich Parameter, die genauso heißen wie eine Objekteigenschaft und mit der man das Ergebnis nach dieser Eigenschaft filtern kann. Im aktuellen Beispiel konnte die Ausführungsgeschwindigkeit in etwa verdoppelt werden, wie der Analysebefehl *Measure-Command* offenbart:

```
PS> Measure-Command {Get-EventLog System | Where-Object { $_.EntryType -eq 'Warning' }}

Days              : 0
Hours             : 0
Minutes           : 0
Seconds           : 2
Milliseconds      : 504
Ticks             : 25041072
TotalDays         : 2,89827222222222E-05
TotalHours        : 0,000695585333333333
TotalMinutes      : 0,04173512
TotalSeconds      : 2,5041072
TotalMilliseconds : 2504,1072

PS> Measure-Command {Get-EventLog System -EntryType Warning}

Days              : 0
Hours             : 0
Minutes           : 0
Seconds           : 1
Milliseconds      : 266
Ticks             : 12661255
TotalDays         : 1,46542303240741E-05
TotalHours        : 0,000351701527777778
TotalMinutes      : 0,0211020916666667
TotalSeconds      : 1,2661255
TotalMilliseconds : 1266,1255
```

Aufgabe Inspiriert durch das Ergebnis der letzten Aufgabe schauen Sie sich noch einmal die folgende Anweisung an:

```
PS> Get-WmiObject Win32_Service | ? {$_.Started -eq $false} | ? { $_.StartMode -eq 'Auto'} | ? {
$_.ExitCode -ne 0} | Select-Object Name, DisplayName, StartMode, ExitCode
```

Hier werden gleich drei clientseitige Filterungen mit *Where-Object* (Alias: »?«) durchgeführt. Kann man diese Anweisung vielleicht auch ökonomischer mit einer serverseitigen Filterung erledigen?

Lösung Alle WMI-Abfragen mit *Get-WmiObject* unterstützen serverseitige Filterung über die Parameter *-Filter* oder *-Query*. Sie können die Anweisung also effizienter folgendermaßen ausführen:

```
PS> Get-WmiObject -Query 'Select Name, DisplayName, StartMode, ExitCode From win32_Service Where
Started=false And StartMode="Auto" And ExitCode<>0'
```

Hier kommt eine WMI-Suchabfrage (WQL) ins Spiel, die ganz ähnlich wie die Datenbanksprache SQL aufgebaut ist. Beachten Sie, dass diese Abfrage kein PowerShell-Code ist und eigenen Regeln folgt. WQL verwendet z.B. klassische Vergleichsoperatoren wie »<>« und »=« anstelle der PowerShell-Operatoren *-ne* oder *-eq*. Durch die Angabe der erwünschten Spalten (Objekteigenschaften) hinter *Select* sparen Sie sich sogar die *Select-Object*-Anweisung. Alternativ steht noch der Parameter *Filter* zur Verfügung, der sich auf die Bedingung beschränkt, welche die gelieferten Objekte erfüllen müssen:

```
PS> Get-WmiObject Win32_Service -Filter 'Started=false and StartMode="Auto" and ExitCode<>0' |
Select-Object Name, DisplayName, StartMode, ExitCode
```

Alle drei Anweisungen liefern dasselbe Endergebnis. Unterschiede gibt es aber bei der Performance, wobei die clientseitige Filterung bei den Messergebnissen in Tabelle 6.1 als Basiswert gewählt wurde. Wie sich an dem Beispiel zeigt, ist die serverseitige Filterung durch WQL bei gleichem Resultat 25 Prozent schneller und benötigt darüber hinaus insbesondere bei Remotezugriffen erheblich weniger Netzwerkbandbreite, weil nur noch die wirklich benötigten Daten über das Netzwerk laufen.

Anweisung	Performance (weniger ist schneller)
Anweisung 1 (clientseitige Filterung durch Where-Object)	100 Prozent
Anweisung 2 (serverseitige Filterung durch WQL)	75 Prozent
Anweisung 3 (serverseitige Filterung durch WMI-Filter)	83 Prozent

Tabelle 6.1 Performance-Unterschiede zwischen client- und serverseitiger Filterung bei WMI-Abfragen bei diesem Beispiel

WQL unterstützt übrigens auch den Operator *like*, mit dem man nach Stichwörtern suchen kann. Dabei übernimmt jetzt – wie auch aus SQL bekannt – das Zeichen % die Aufgabe des Platzhalterzeichens. Möchten Sie beispielsweise über WMI alle Dienste abrufen, in deren Beschreibung (Eigenschaft *Description*) das Wort *Zertifikat* vorkommt, gehen Sie so vor:

```
PS> Get-WmiObject win32_service -Filter 'Description like "%zertifikat%"' | Select-Object Caption,
StartMode, State, ExitCode

Caption                    StartMode            State                          ExitCode
-------                    ---------            -----                          --------
BitLocker-Laufwerkver...   Manual               Stopped                            1077
Zertifikatverteilung       Manual               Stopped                            1077
Kryptografiedienste        Auto                 Running                               0
Integritätsschlüssel-...   Manual               Stopped                            1077
Konfiguration für Rem...   Manual               Stopped                            1077
```

HINWEIS Ob WMI in der Eigenschaft *Description* tatsächlich fündig wird, hängt davon ab, ob diese Eigenschaft gepflegt wird. Bei älteren Windows-Versionen kann die Dienstbeschreibung leer sein. Denken Sie auch an die Sprache, die Ihr Windows spricht, denn die Beschreibung der Dienste erscheint in derselben Sprache. Ob Dienste auf Ihrem Computer eine Beschreibung liefern, finden Sie mit folgendem Code heraus, der Ihnen nebenbei eine praktische Referenzkarte als HTML-Report anzeigt:

```
PS> Get-WmiObject Win32_Service | Sort-Object Caption | ConvertTo-HTML Caption, Name, Description
| Out-File $HOME\ausgabe.hta
PS> Invoke-Item $HOME\ausgabe.hta
```

Falls Sie den Report so nützlich finden, dass Sie ihn gleich ausdrucken wollen, klicken Sie mit der rechten Maustaste in das Fenster und wählen *Drucken*. Mehr zu HTML-Reports erfahren Sie im Kapitel 7.

Aufgabe Sie möchten über WMI Informationen zu einem Benutzerkonto erhalten und haben dazu die folgende Anweisung gegeben:

```
PS> Get-WmiObject Win32_UserAccount | Where-Object { $_.Name = 'Gast' }
```

Nun wird aber gar kein Ergebnis mehr geliefert, obwohl die Anweisung ohne *Where-Object* ein Konto mit diesem Namen aufgelistet hatte. Warum?

Lösung Sie haben einen Gewohnheitsfehler gemacht und aus Versehen anstelle des Vergleichsoperators *-eq* den Zuweisungsoperator = verwendet. Weil diese Zuweisung erstens nicht erlaubt ist und zweitens kein *$true* liefert, filtert *Where-Object* alle Objekte aus der Pipeline, und Sie erhalten keinerlei Resultate. Die korrekte Zeile muss also lauten:

```
PS> Get-WmiObject Win32_UserAccount | Where-Object { $_.Name -eq 'Gast' }
```

Aufgabe Sie haben das Problem in der letzten Aufgabe gelöst und konnten damit auf Ihrem Testsystem tatsächlich gezielt das *Gast*-Konto abrufen. Als Sie jedoch versuchen, dasselbe in Ihrer Produktivdomäne zu tun, scheint die PowerShell zu hängen, und etwas später erhalten Sie einen Anruf eines Active Directory-Administrators, der Sie zum Einzelgespräch bittet. Was ist geschehen?

Lösung Ihre Anweisung verwendet mit *Where-Object* die clientseitige Filterung, das heißt, *Get-WmiObject* ruft zunächst sämtliche Benutzerkonten ab und filtert daraus erst später das gesuchte *Gast*-Konto heraus. Was auf Ihrem persönlichen Testsystem noch ordentlich funktionierte, führte in einem Unternehmensnetzwerk zu größeren Verzögerungen. Weil Computer im Unternehmen in der Regel Domänenmitglieder sind, ruft *Get-WmiObject* hier sämtliche Benutzerkonten des Unternehmens ab. Das kann nicht nur lange dauern, sondern kostet auch enorme Ressourcen. Auch hier wird also wieder deutlich, dass die serverseitige Filterung – sofern vom Befehl unterstützt – immer vorzuziehen ist. Ändern Sie die Anweisung wie folgt, klappt der Abruf auch im Unternehmen sehr viel schneller:

```
PS> Get-WmiObject Win32_UserAccount -Filter 'LocalAccount=True AND Name="Gast"'
```

Denken Sie daran, dass die Namen der eingebauten Benutzerkonten wie *Gast* oder *Administrator* lokalisiert sind und sich also je nach Sprache Ihres Systems ändern können. Ein sicherer Weg, Standardkonten anzusprechen, ist die Filterung über ihre Sicherheitskennung (SID), die sprachunabhängig ist. Ebenfalls wichtig: WMI ist zwar nahezu eine Allzweckwaffe, aber der gesamte Bereich der Benutzerverwaltung gehört nicht zu ihren Stärken. Verzichten Sie dafür besser auf WMI und greifen Sie stattdessen lieber zu speziellen Active Directory-Befehlen, die Sie beispielsweise über Snap-Ins und Module nachrüsten können (Kapitel 5).

Objekteigenschaften mit Select-Object reduzieren

Die Datenflut, die Befehle häufig liefern, grenzt man auf zwei Arten ein. Zuerst picken Sie sich aus den Ergebnissen diejenigen heraus, die Sie wirklich interessieren. Wie das mit *Where-Object* geschieht, haben Sie gerade gesehen. *Where-Object* reduziert also die Anzahl der Einzelergebnisse:

```
PS> Get-Process | Where-Object { $_.Company -like '*Microsoft*' }
```

Anschließend filtern Sie die verbliebenen Einzelergebnisse und geben an, welche Informationen darin für Sie wichtig sind. Das geschieht mit *Select-Object*, indem Sie kommasepariert die Namen der Spalten (Objekteigenschaften) aufzählen, die erhalten bleiben sollen. Dadurch reduziert sich der Informationsgehalt der Einzelergebnisse, aber nicht deren Zahl:

```
PS> Get-Process | Where-Object { $_.Company -like '*Microsoft*' } | Select-Object Name, Company,
Description
```

Erwünschte Eigenschaften selbst angeben

Die folgende Zeile liefert den PowerShell-Prozess. Das ETS wählt automatisch die Objekteigenschaften des *Prozess*-Objekts für Sie aus:

```
PS> Get-Process -Id $PID
```

Mit *Select-Object* bestimmen Sie selbst, welche Informationen angezeigt werden sollen. Geben Sie einfach die Namen der gewünschten Objekteigenschaften hinter *Select-Object* als kommaseparierte Liste an:

```
PS> Get-Process -Id $PID | Select-Object Path, Company, Description, Responding, StartTime
```

Welche Objekteigenschaften jeweils zur Verfügung stehen, haben Sie bereits am Anfang des Kapitels herausgefunden. Wissen Sie noch wie? Genau: Geben Sie hinter *Select-Object* den Platzhalter »*« an, werden sämtliche Objekteigenschaften sichtbar:

```
PS> Get-Process -Id $PID | Select-Object *
```

Das Platzhalterzeichen »*« kann auch als Teil von Eigenschaftsnamen verwendet werden, was ungemein praktisch ist, wenn Sie sich für mehrere Eigenschaften interessieren, die alle dasselbe Stichwort im Namen enthalten. Schauen Sie sich dazu an einem weiteren Beispiel an, wie *Select-Object* Informationen auf die wesentlichen Fakten reduziert. Beauftragen Sie den WMI-Dienst, alle Informationen zur Grafikkarte abzurufen, ist *Where-Object* nutzlos, um die resultierende Datenflut zu begrenzen. Sofern Ihr Computer nur eine Grafikkarte besitzt, liefert die Anweisung auch nur ein einziges Objekt zurück. *Where-Object* hat also gar keine Möglichkeit, Objekte abzulehnen oder passieren zu lassen:

```
PS> Get-WmiObject Win32_VideoController
```

Die Informationsflut, die über Sie hereinbricht, liegt also nicht in der Zahl der Objekte, welche die Anweisung liefert, sondern in der Zahl der Objekteigenschaften, die das Objekt enthält. Mit *Select-Object* wählen Sie genau die Objekteigenschaften aus, die angezeigt werden sollen. Dabei brauchen Sie nicht jede Objekteigenschaft einzeln zu nennen. Platzhalterzeichen sind erlaubt, sodass die nächste Zeile neben dem Namen der Grafikkarte auch die aktuellen Bildwiederholraten und Auflösungen liefert:

```
PS> Get-WmiObject Win32_VideoController | Select-Object Name, *Refresh*, *Resol*
```

PROFITIPP WMI-Objekte, die von *Get-WmiObject* zurückgegeben werden, enthalten normalerweise eine Reihe von Eigenschaften, welche die PowerShell nachträglich einfügt und die alle mit zwei aufeinanderfolgenden Unterstrichen (__) beginnen. Um diese Eigenschaften auszuschließen, könnte Ihr Platzhalter so aussehen:

```
PS> Get-WmiObject win32_Share | Select-Object [a-z]*
```

Mit dieser Anweisung listen Sie alle Freigaben auf und zeigen nur solche Eigenschaften an, die mit den Buchstaben *A* bis *Z* beginnen.

Top-Ergebnisse

Vielleicht wollen Sie nur die fünf größten Dateien eines Ordners oder die zehn am längsten laufenden Prozesse sehen – auch in diesem Fall kann *Select-Object* helfen, indem Sie die Parameter *-First* oder *-Last* einsetzen. In diesem Fall lässt *Select-Object* die Objekteigenschaften intakt, lässt aber nur die ersten oder letzten *n* Objekte durch die Pipeline hindurch:

```
# die fünf größten Dateien in einem Ordner auflisten:
PS> dir | Sort-Object Length -Descending | Select-Object -First 5

# die fünf am längsten laufenden Prozesse auflisten:
PS> Get-Process | Sort-Object StartTime | Select-Object -Last 5 | Format-Table ProcessName,
StartTime
```

In diesem Fall verhält sich *Select-Object* also ausnahmsweise ganz ähnlich wie *Where-Object*, indem es die Ergebniszahl mindert und nicht den Informationsgehalt der einzelnen Objekte. Dies ist so, weil sich die PowerShell-Entwickler an der Datenbankabfragesprache SQL orientiert haben, die mit *SELECT TOP* ähnlich funktioniert wie *Select-Object -First*.

HINWEIS Wenn Sie die Liste der Prozesse nach *StartTime* sortieren, erhalten Sie möglicherweise eine Reihe von Fehlermeldungen. Verfügen Sie nicht über Administratorberechtigungen, dann dürfen Sie nämlich die Startzeiten von Prozessen nicht abrufen, die Sie nicht selbst gestartet haben.

Dieses Problem können Sie umgehen, indem Sie *Sort-Object* mit dem Parameter *-ErrorAction* (kurz: *-ea*) auf *SilentlyContinue* einstellen. Eine andere Möglichkeit geht über folgenden Ansatz: Überall dort, wo Sie die Startzeit wegen mangelnder Berechtigungen nicht lesen konnten, wird ein Nullwert zurückgeliefert. Filtern Sie dann alle Objekte aus der Pipeline heraus, bei denen die Eigenschaft *StartTime* leer ist. Und damit Sie besser verstehen, was für Prozesse aufgelistet werden, fügen Sie in der Ausgabe die Eigenschaft *Description* hinzu, die das ETS normalerweise verheimlicht. In der Eigenschaft *Description* vermerken *Process*-Objekte eine kurze Beschreibung des Prozesses:

```
PS> Get-Process | Where-Object {$_.StartTime -ne $null} | Sort-Object starttime | Select-Object -
First 5 | Select-Object ProcessName, StartTime, Description
```

Unerwünschte Eigenschaften entfernen

Select-Object kann auch dazu eingesetzt werden, mehrere unerwünschte Eigenschaften aus einem Objekt zu entfernen. Greifen Sie z.B. mit *Get-ItemProperty* auf Registrierungseinträge zu, listet das Cmdlet nicht nur die gesuchten Einträge auf, sondern zusätzlich eine Reihe weiterer Eigenschaften über den Registrierungsschlüssel. Die Namen dieser Eigenschaften beginnen alle mit *PS* und stören meistens bloß:

```
PS> Get-ItemProperty 'HKLM:\SOFTWARE\Microsoft\Windows NT\CurrentVersion'
PSPath              : Microsoft.PowerShell.Core\Registry::HKEY_LOCAL_MACHINE
                      \SOFTWARE\Microsoft\Windows NT\CurrentVersion
PSParentPath        : Microsoft.PowerShell.Core\Registry::HKEY_LOCAL_MACHINE
                      \SOFTWARE\Microsoft\Windows NT
PSChildName         : CurrentVersion
PSDrive             : HKLM
PSProvider          : Microsoft.PowerShell.Core\Registry
CurrentVersion      : 6.1
CurrentBuild        : 7600
(...)
ProductName         : Windows 7 Ultimate
ProductId           : 00426-066-2490875-86560
```

Fügen Sie *Select-Object* hinzu und geben im Parameter *-Exclude* das Suchwort *PS** an, werden die unerwünschten künstlichen Eigenschaften entfernt – allerdings auch alle Registrierungswerte, deren Name zufällig ebenfalls mit *PS* beginnt:

```
PS> Get-ItemProperty 'HKLM:\SOFTWARE\Microsoft\Windows NT\CurrentVersion' | Select-Object * -
Exclude PS*
```

Dieses Risiko umgehen Sie mit etwas mehr Schreibarbeit, indem Sie anstelle von Platzhalterzeichen die Namen der unerwünschten Eigenschaften ausschreiben:

```
PS> Get-ItemProperty 'HKLM:\SOFTWARE\Microsoft\Windows NT\CurrentVersion' | Select-Object * -
Exclude PSPath, PSParentPath, PSChildName, PSProvider, PSDrive
```

ACHTUNG Der Parameter *-Exclude* funktioniert nur dann, wenn Sie außerdem erwünschte Eigenschaften angeben, also beispielsweise wie im Beispielcode hinter *Select-Object* ein Sternchen einsetzen, um alle nicht bei *-Exclude* genannten Eigenschaften anzuzeigen.

Ergebnisse mit Sort-Object in die richtige Reihenfolge bringen

Nachdem Sie die Ergebnisse eines Befehls mit *Where-Object* und *Select-Object* auf die wirklich entscheidenden Informationen reduziert haben, wird das verbliebene Ergebnis zum Schluss mit *Sort-Object* in die gewünschte Reihenfolge gebracht. *Sort-Object* wählt entweder selbst das Sortierkriterium aus oder Sie geben ein oder mehrere Objekteigenschaften an, die dann für die Sortierung verwendet werden. Im einfachsten Fall hängen Sie einfach *Sort-Object* an einen Pipeline-Befehl an und schon wird seine Ausgabe sortiert. Es ist wirklich ganz einfach:

```
PS> dir | Sort-Object
```

Wenn Sie das tun, sucht *Sort-Object* sich selbst die Eigenschaft aus, nach der es die Liste sortiert. Besser ist es jedoch, das Sortierkriterium selbst auszuwählen. Jede Objekteigenschaft darf als Sortierkriterium eingesetzt werden. So könnten Sie damit genauso gut auch eine absteigende Liste der größten Dateien eines Ordners anlegen:

```
PS> dir | Sort-Object -Property Length -Descending
```

Mit dem Parameter *-Property* kann jede beliebige Objekteigenschaft als Sortierkriterium verwendet werden. In diesem Fall wurde die Eigenschaft *Length* als Kriterium benutzt. Den Rest erledigt *Sort-Object* von selbst. Sie brauchen nicht zu beschreiben, wo die Dateigröße zu finden ist (denn diese liegt in der Objekteigenschaft *Length* eindeutig vor). Sie müssen auch nicht explizit angeben, dass die Dateigröße eine Zahl ist und deshalb numerisch anstatt alphabetisch zu sortieren ist. Auch das weiß *Sort-Object* schon längst von selbst.

Sort-Object kann auch nach mehreren Eigenschaften gleichzeitig sortieren. Möchten Sie z.B. alle Dateien in einem Ordner zuerst nach dem Typ (Eigenschaft *Extension*) und danach namentlich (Eigenschaft *Name*) alphabetisch sortieren, geben Sie beide Eigenschaften an:

```
PS> dir | Sort-Object Extension, Name
```

Weil der Parameter *Property* auch als positionaler Parameter an der ersten Position angegeben werden darf, brauchen Sie seinen Namen wie im letzten Beispiel nicht unbedingt anzugeben. Wer mag, kann es dennoch tun. Sinnvoll ist das allemal, denn die Anweisung wird dadurch besser lesbar:

```
PS> dir | Sort-Object -Property Extension, Name
```

Und da *Sort-Object* wie alle übrigen Pipeline-Cmdlets ein Basisbaustein ist, können Sie damit nun ganz beliebige Informationen aufbereiten. Möchten Sie z.B. herausfinden, welches die fünf Programme sind, die den Computerprozessor am stärksten beansprucht haben, versuchen Sie diese Zeile:

```
PS> Get-Process | Sort-Object CPU -Descending | Select-Object -First 5

Handles  NPM(K)    PM(K)      WS(K) VM(M)   CPU(s)     Id ProcessName
-------  ------    -----      ----- -----   ------     -- -----------
    875      93    48024      69824   445 ...13,13   1744 WINWORD
    449      38    93860       3864   283 1.086,19   5828 iexplore
    142      26    40676      26320   210   888,04   6312 dwm
    200      15     4204       4924    88   460,94   6868 WHSTrayApp
    841      73   123768      74564   348   394,71   9024 iexplore
```

Die PowerShell-Pipeline als universelle Datenabfragesprache

Gerade haben Sie gesehen, wie Sie mithilfe von *Where-Object*, *Select-Object* und *Sort-Object* die Rohergebnisse beliebiger Befehle auf die wesentlichen Informationen konzentrieren und in eine geeignete Form bringen. Falls Sie schon einmal mit Datenbanken gearbeitet haben, erleben Sie vielleicht gerade ein Déjà-vu. Tatsächlich funktioniert die seit Jahrzehnten bewährte Datenbankabfragesprache SQL nämlich ganz ähnlich, und das ist kein Zufall.

Rufen Sie Informationen aus einer Datenbank ab, geben Sie dabei üblicherweise vier Anweisungen:

- Aus welcher Datenbanktabelle wünschen Sie Informationen?
- Welche Datensätze der Tabelle sind für Sie interessant?
- Welche Details der Datensätze benötigen Sie?
- Wie sollen die Ergebnisse sortiert werden?

Die Datenbank-Abfragesprache SQL würde eine solche Abfrage z.B. so formulieren:

```
SELECT Name, Vorname, Position FROM Mitarbeiter WHERE Standort='Hamburg' ORDERBY Name ASC
```

Aus der Tabelle *Mitarbeiter* werden also diejenigen Datensätze abgerufen, bei denen der Standort *Hamburg* lautet, und dann aus jedem übrig gebliebenen Datensatz *Name*, *Vorname* und *Position* aufsteigend sortiert nach *Name* ausgegeben.

Nun ist die Welt keine Datenbank und die Aufgabe der PowerShell ungleich größer und komplizierter als eine einfache Datenbankabfrage. Deshalb ist die PowerShell-Pipeline sehr viel flexibler und kann unterschiedlichste Aufgaben meistern. Unter anderem haben Sie damit eben gerade beinahe unmerklich die SQL-Abfragesprache nachgebildet:

- **FROM** Die PowerShell akzeptiert beliebige Befehle als Datenquelle, nicht nur Datenbanktabellen. Üblicherweise werden Cmdlets mit der Tätigkeit *Get* als Datenlieferant verwendet und bilden also den Anfang einer PowerShell-Pipeline. Grundsätzlich aber ist jeder Befehl dafür geeignet, solange er ein Ergebnis zurückliefert – auch Skripts, eigene Funktionen oder native Anwendungen. Wo Sie bei SQL also auf Datenbanktabellen beschränkt waren, kann die PowerShell vollkommen unbeschränkt Informationen lokal, remote oder über das Internet abrufen und weiterverarbeiten.
- **WHERE** Die vom ersten Befehl der Pipeline gelieferten Ergebnisse werden über die Pipeline an das Cmdlet *Where-Object* weitergeleitet. Es filtert die Ergebnisse und lässt nur diejenigen passieren, die bestimmten Kriterien entsprechen. Die Aufgabe der Spalten einer Datenbanktabelle übernehmen dabei die Eigenschaften der Objekte.
- **SELECT** Möchten Sie nur bestimmte Informationen pro Datensatz sehen, leiten Sie das Ergebnis an *Select-Object* weiter. Dieses Cmdlet reduziert Objekte, indem es von jedem Objekt eine Kopie weitergibt und dabei nur die Objekteigenschaften kopiert, die Sie wünschen.
- **ORDERBY** Soll das Endergebnis sortiert werden, leiten Sie die Ergebnisse schließlich an *Sort-Object* weiter und geben an, nach welchem oder welchen Kriterien sortiert werden soll.

Durch diese Analogie wird es möglich, beinahe beliebige IT-Informationen so flexibel zu bearbeiten, als handele es sich um standardisierte Datenbanken, obwohl die Informationen in Wahrheit aus den unterschiedlichsten und heterogensten Quellen stammen.

Die folgende Pipeline beispielsweise ruft alle laufenden Prozesse ab, deren Name mit *P* beginnt, und gibt jeweils den Namen und den Hersteller sortiert nach Name aus:

```
PS> Get-Process | Where-Object { $_.Name -like 'P*'} | Select-Object Name, Company | Sort-Object
Name
```

Eine entsprechende SQL-Anweisung würde so aussehen:

```
SELECT Name, Company FROM Get-Process WHERE Name like 'P%' SORTBY Name
```

Dabei bleiben die einzelnen Cmdlets modular und brauchen nicht alle gleichzeitig eingesetzt werden. Möchten Sie das Ergebnis nicht sortieren, lassen Sie *Sort-Object* weg, und wenn Sie die Auswahl der wichtigen Objekteigenschaften lieber dem PowerShell-ETS überlassen möchten, streichen Sie *Select-Object*. Sie bestimmen also, wie viel Kontrolle Sie über die Datenbeschaffung und -aufbereitung ausüben möchten.

Kurz und knapp ...

Informationen werden in der PowerShell-Pipeline durch drei Cmdlets auf die wirklich wesentlichen Daten konzentriert und aufbereitet: *Where-Object* filtert unerwünschte Objekte aus, *Select-Object* filtert unerwünschte Objekteigenschaften aus und *Sort-Object* bringt die verbliebenen Objekte in die gewünschte Reihenfolge. Diese drei Cmdlets bieten für PowerShell in etwa dieselbe Funktionalität wie die verbreitete Datenbankabfragesprache SQL für Datenbankabfragen.

Das größte Optimierungspotenzial dieser Art von Pipeline findet sich im allerersten Cmdlet, das die Pipeline startet. Schauen Sie sich die Parameter dieses Cmdlets genau an. Häufig kann man damit die gelieferten Informationen bereits von vornherein stark einschränken. Diese serverseitige Filterung ist immer effektiver als eine nachträgliche Filterung in der Pipeline.

Konversions-Pipelines: Informationen umwandeln

Sie haben gesehen: Die PowerShell-Pipeline funktioniert in etwa wie ein Produktionsfließband. Am Anfang legt ein Befehl Rohdaten auf das Fließband, die dann von den folgenden Cmdlets der Pipeline, die gewissermaßen mit kleinen Industrierobotern vergleichbar sind, weiterbearbeitet werden, bis am Ende die gewünschten Endprodukte vom Fließband plumpsen. Nach diesem Prinzip haben die Datenpipelines aus dem letzten Abschnitt die Ergebnisse des Ausgangsbefehls gefiltert und sortiert, aber nicht verändert. Datenpipelines greifen sich aus den Rohdaten lediglich die relevanten Informationen heraus und bereiten diese auf.

Ein anderer Einsatzbereich sind Konversionspipelines. Hier werden die Objekte, die durch die Pipeline laufen, verändert. Möchten Sie z.B. ein Netzwerksegment untersuchen, brauchen Sie vielleicht eine Liste von IP-Adressen. Eine Konversionspipeline kann diese für Sie herstellen:

```
PS> 1..255 | ForEach-Object { "192.168.2.$_" }
192.168.2.1
192.168.2.2
192.168.2.3
(...)
```

Sie speisen hier eine Zahlenfolge ein und erhalten IP-Adressen zurück. Zahlen werden also von der Pipeline in Textfolgen konvertiert. Dieses Grundprinzip funktioniert für viele Aufgaben immer nach demselben Muster. Müssen Sie beispielsweise eine Serie von Computernamen generieren, könnte die Pipeline so aussehen:

```
PS> 1..40 | ForEach-Object { 'PC-W7-A{0:000}' -f $_ }
PC-W7-A001
PC-W7-A002
PC-W7-A003
(...)
```

In diesem Fall verwandelt die Pipeline Zahlen in PC-Namen mit einer dreistelligen Zahlenangabe, die vom Formatierungsoperator *-f* erzeugt wird. Und falls Sie gerade eine Laufwerksliste benötigen, könnten Sie Zahlen basierend auf ihrem ASCII-Code auch in Buchstaben wandeln:

```
PS> 65..90 | ForEach-Object { "$([char]$_):" }
```

```
A:
B:
C:
D:
(...)
```

ForEach-Object: Pipelineobjekte einzeln bearbeiten

Kernpunkt der Konversionspipeline ist das Cmdlet *ForEach-Object*, Ihr universeller Produktionsroboter, der die Objekte, die über die Pipeline laufen, in ganz beliebiger Weise bearbeiten kann. *ForEach-Object* empfängt automatisch vom vorangegangenen Befehl ein Objekt nach dem anderen und kann es dann in jeder beliebigen Weise bearbeiten. Anschließend gibt *ForEach-Object* sein bearbeitetes Objekt wieder zurück in die Pipeline. Im einfachsten Fall bearbeitet *ForEach-Object* das empfangene Objekt überhaupt nicht, sondern gibt es unverändert weiter, was natürlich relativ sinnlos ist:

```
PS> Get-Process | ForEach-Object { $_ }
```

Das jeweilige Objekt, das durch die Pipeline reist und von *ForEach-Object* aufgegriffen wird, steht innerhalb des Skriptblocks hinter *ForEach-Object* also stets in der besonderen Laufvariable *$_* zur Verfügung. Um besser zu verstehen, wann und wie oft der Skriptblock in geschweiften Klammern hinter *ForEach-Object* ausgeführt wird, soll das Cmdlet als Nächstes einen Text ausgeben:

```
PS> Get-Process | ForEach-Object { 'Ich arbeite!' }
```

Sie sehen jetzt eine Serie von »Ich arbeite!«-Ausgaben. Der Skriptblock wird also für jedes von *Get-Process* eingespeiste *Process*-Objekt neu ausgeführt. Die Prozesse, die *Get-Process* in die Pipeline gelegt hat, sind nun allerdings verschwunden. *ForEach-Object* hat in diesem Fall die einlaufenden Objekte in *$_* freundlich ignoriert und stattdessen als Ergebnis den eigenen Text zurück auf die Pipeline gelegt. *Process*-Objekte wurden also in Texte konvertiert.

PROFITIPP Obwohl es anfangs etwas sonderbar erscheint, die Ergebnisse des vorangegangenen Befehls zu ignorieren, kann dies durchaus sinnvoll sein – z.B., wenn Sie mit *ForEach-Object* eine Aufgabe mehrmals wiederholen wollen. Die folgende Zeile stellt einen elektronischen Würfel dar, der zehnmal würfelt. *ForEach-Object* führt den Skriptblock zehnmal aus, weil auf der Pipeline zehn Zahlen liegen, die für die von *ForEach-Object* ausgeführte Aufgabe aber ansonsten nicht weiter wichtig sind:

```
PS> 1..10 | ForEach-Object { Get-Random -min 1 -max 7 }
```

Falls Sie sich übrigens gerade wundern, warum *Get-Random* als Maximalwert 7 und nicht 6 verwendet, schauen Sie sich die Hilfe zu *Get-Random* näher an. *Get-Random* liefert stets Zufallszahlen, die kleiner sind als in *-Maximum* angegeben.

Eingaben bearbeiten und umwandeln

Als Nächstes soll *ForEach-Object* die empfangenen Objekte des Vorgängerbefehls verarbeiten. Diese Objekte stehen innerhalb des Skriptblocks immer in der Variablen *$_* zur Verfügung:

```
PS> Get-Process | ForEach-Object { "Bearbeite gerade $_" }
Bearbeite gerade System.Diagnostics.Process (calc)
Bearbeite gerade System.Diagnostics.Process (csrss)
```

```
Bearbeite gerade System.Diagnostics.Process (DataCardMonitor)
(...)
```

In diesem Fall hat *ForEach-Object* das gesamte empfangene *Process*-Objekt in einen Text eingebettet. Wenn Sie das tun, muss die PowerShell das komplexe Objekt in einen einfachen Text verwandeln. Wie dies geschieht, ist von Objekt zu Objekt ganz unterschiedlich. Bei *Process*-Objekten wird der Typ des Objekts (*System.Diagnostics.Process*) und dahinter in Klammern der Name des Prozesses angegeben. Besser ist jedoch, selbst eine oder mehrere Objekteigenschaften auszuwählen und gezielt einzusetzen. Hier zwei Beispiele:

```
PS> Get-Process | ForEach-Object { "$($_.Name) von $($_.Company) läuft seit $($_.StartTime)" }
calc von Microsoft Corporation läuft seit 12/18/2009 18:40:25
csrss von Microsoft Corporation läuft seit 12/11/2009 12:30:44
DataCardMonitor von Huawei Technologies Co., Ltd. läuft seit 12/11/2009 12:31:53

PS> Get-Process | ForEach-Object { '{0} von {1} läuft seit {2:D}' -f $_.Name, $_.Company,
$_.StartTime }
calc von Microsoft Corporation läuft seit Freitag, 18. Dezember 2009
csrss von Microsoft Corporation läuft seit Freitag, 11. Dezember 2009
DataCardMonitor von Huawei Technologies Co., Ltd. läuft seit Freitag, 11. Dezember 2009
```

Das erste Beispiel fügt die Objekteigenschaften direkt in einen Text ein. Damit das funktioniert, muss der Text in doppelten Anführungszeichen stehen und die Konstruktion *$()* verwendet werden, um die jeweiligen Objekteigenschaften anzusprechen. Wissen Sie noch, warum? Genau: Weil Sie nicht die Variable *$_* auflösen möchten, sondern auf eine ihrer Eigenschaften zugreifen. Ohne *$()* würde nur die Variable selbst aufgelöst und der Name der Eigenschaft dahinter als Text ausgegeben.

Das zweite Beispiel verwendet den Formatierungsoperator *-f*, bei dem links die statische Textschablone und rechts die in die Platzhalter einzufügenden Werte stehen. Dieser Ansatz ist nicht nur deutlich übersichtlicher, wenn man ihn einmal verstanden hat, sondern erlaubt auch, die Informationen zu formatieren. So wurde der dritte Platzhalter (mit der Indexzahl *2*) als Datumsfeld markiert. Deshalb wird das Datum nicht im Rohformat ausgegeben, sondern mit Wochentag und Monat im Klartext. Wieder handelt es sich um eine Konversionspipeline: Sie speisen *Process*-Objekte ein und erhalten am Ende der Pipeline einen Beschreibungstext.

Objekte auf Objekteigenschaften reduzieren

Objekte bestehen in der Regel aus vielen unterschiedlichen Objekteigenschaften, von denen man möglicherweise nur eine benötigt. *ForEach-Object* wird deshalb häufig dazu eingesetzt, ein komplexes Objekt auf eine seiner Eigenschaften zu reduzieren. Dabei empfängt *ForEach-Object* das Objekt und gibt nur den Inhalt einer seiner Eigenschaften weiter. Wenn Sie beispielsweise eine Textliste mit den Namen der laufenden Prozesse benötigen, könnten Sie gezielt die *Process*-Objekte, die *Get-Process* liefert, auf die in der Eigenschaft *Name* hinterlegten Namen reduzieren:

```
PS> Get-Process | ForEach-Object { $_.Name }
calc
DataCardMonitor
DeviceDisplayObjectProvider
(...)
```

Hätten Sie stattdessen *Select-Object* eingesetzt, um nur die *Name*-Eigenschaft auszugeben, sähe das Resultat anders aus:

```
PS> Get-Process | Select-Object Name

Name
----
calc
DataCardMonitor
DeviceDisplayObjectProvider
(...)
```

Im ersten Fall haben Sie eine Konversionspipeline verwendet und die *Process*-Objekte in Text verwandelt. Das Ergebnis ist also eine reine Textliste. Im zweiten Fall haben Sie auf eine Datenpipeline zurückgegriffen und die Objekteigenschaften der *Process*-Objekte lediglich reduziert. Die Spalte *Name* deutet an, dass das Ergebnis nach wie vor Objekte sind, die nun nur noch die Eigenschaft *Name* enthalten.

PROFITIPP *Select-Object* kann über den Parameter *-ExpandProperty* übrigens ebenfalls Objekte durch den Inhalt einer seiner Eigenschaften ersetzen. Die folgende Zeile ersetzt folglich die *Process*-Objekte durch den Inhalt ihrer *Name*-Eigenschaft:

```
PS> Get-Process | Select-Object -ExpandProperty Name
```

Das entspricht also dieser Anweisung:

```
PS> Get-Process | ForEach-Object { $_.Name }
```

Aufgrund eines Bugs in der PowerShell ist die erste Anweisung allerdings fehlerträchtig. Es kann passieren, dass *Select-Object* nicht wirklich den genauen Inhalt der gewählten Objekteigenschaft zurückliefert, sondern diese Information in einem anderen Objekttyp verpackt – was Folgefehler verursachen kann, wenn Sie mit diesen Objekten weiterarbeiten. Vermeiden Sie deshalb den Parameter *-ExpandProperty* wann immer möglich und verwenden Sie stattdessen *ForEach-Object*.

Konversionspipelines können aus vielen Einzelschritten bestehen, um aus Rohdaten die gewünschten Informationen zu generieren. Benötigen Sie z.B. eine Liste der IPv4-Adressen Ihrer Netzwerkkarten, liefert WMI zunächst die notwendigen Rohdaten:

```
PS> Get-WmiObject win32_NetworkAdapterConfiguration | Where-Object { $_.IPEnabled -eq $true } |
Select-Object IPAddress

IPAddress
---------
{192.168.2.103, fe80::ad62:ac4d:4dea:936d}
{192.168.2.111, fe80::846c:d10b:910d:cabf}
```

In diesem Beispiel wurden zwei Netzwerkkarten mit jeweils einer IPv4- und einer IPv6-Adresse ermittelt. Die Eigenschaft *IPAddress* enthält jeweils ein Array mit den IP-Adressen einer Netzwerkkarte. Um eine Liste sämtlicher IP-Adressen zu erhalten, setzen Sie anstelle von *Select-Object* wieder *ForEach-Object* ein:

```
PS> Get-WmiObject Win32_NetworkAdapterConfiguration | Where-Object { $_.IPEnabled -eq $true } |
ForEach-Object { $_.IPAddress }
```

```
192.168.2.103
fe80::ad62:ac4d:4dea:936d
192.168.2.111
fe80::846c:d10b:910d:cabf
```

ForEach-Object führt den Skriptblock in geschweiften Klammern zwei Mal aus und gibt jeweils den Inhalt der Eigenschaft *IPAddress* aus. Auf diese Weise werden die Elemente der beiden Arrays miteinander zu einem einzigen Array kombiniert, das nun wie gewünscht nur noch die IP-Adressen als Text enthält:

```
PS> $ip = Get-WMIObject Win32_NetworkAdapterConfiguration | Where-Object {$_.IPEnabled -eq $true }
| ForEach-Object { $_.IPAddress }
PS> $ip[0]
192.168.2.103
PS> $ip[1]
fe80::ad62:ac4d:4dea:936d
PS> $ip[-1]
fe80::846c:d10b:910d:cabf
PS> $ip[0,2]
192.168.2.103
192.168.2.111
```

ForEach-Object führt in Wirklichkeit drei Skriptblöcke aus und nicht nur einen:

- Geben Sie hinter *ForEach-Object* nur einen Skriptblock in geschweiften Klammern an, wird der für jedes Objekt der Pipeline einmal ausgeführt. Der Skriptblock wird dem Parameter *-Process* zugewiesen.
- Geben Sie zwei Skriptblöcke an, wird der erste vor dem ersten Pipelineobjekt einmal ausgeführt. Der erste Skriptblock wird hier dem Parameter *-Begin* zugewiesen, der zweite dem Parameter *-Process*.
- Geben Sie drei Skriptblöcke an, wird der letzte nach dem letzten Pipelineobjekt einmal ausgeführt. Damit können Sie Initialisierungs- und Aufräumungsarbeiten durchführen oder einfach Anfangs- und Endmeldungen ausgeben. Der letzte Skriptblock wird dem Parameter *-End* zugewiesen.

```
PS> Get-Service | ForEach-Object {"Laufende Dienste:"}{ if ($_.Status -eq "Running") { $_ }
}{"Fertig!"}
```

Oder mit benannten Parametern formuliert:

```
PS> Get-Service | ForEach-Object -Begin {"Laufende Dienste:"} -Process { if ($_.Status -eq
"Running") -End { $_ } }{"Fertig!"}
```

Die drei Skriptblöcke von *ForEach-Object* entsprechen in Wirklichkeit den Skriptblöcken *begin*, *process* und *end*, die Sie in späteren Kapiteln noch genauer kennenlernen. Dort werden Sie auch feststellen, dass Funktionen, Cmdlets wie *ForEach-Object* sowie Skriptblöcke im Grunde alle dasselbe sind.

Ergebnisse gruppieren und messen

Eine besondere Aufgabe einer Konversionspipeline ist das Gruppieren (*Group-Object*) und Messen (*Measure-Object*). Geben Sie bei *Group-Object* eine oder mehrere Objekteigenschaften an, sortiert dieses die Objekte zuerst nach diesen Eigenschaften und liefert danach Gruppen zurück. Auf diese Weise kann man blitzschnell eine unübersichtliche Objektmenge nach bestimmten Kriterien aufbereiten und beispielsweise feststellen, wie oft bestimmte Objekte darin vorkommen:

```
PS> dir $env:windir | Group-Object Extension -NoElement

Count Name
----- ----
   58
    1 .NET
   12 .exe
    1 .dat
    7 .LOG
    1 .bin
    3 .ini
    1 .txt
    2 .xml
    2 .dll
    1 .prx

PS> Get-EventLog Application | Group-Object EntryType -NoElement

Count Name
----- ----
 3178 Information
   82 Error
   45 Warning
```

Group-Object ist sehr vielseitig. Interessieren Sie sich beispielsweise dafür, von welchen Herstellern die Software stammt, die gerade auf Ihrem Computer ausgeführt wird, rufen Sie die laufenden Prozesse ab und gruppieren diese nach der Eigenschaft *Company*:

```
PS> Get-Process | Group-Object Company -NoElement | Sort-Object Count -Descending
```

Das Ergebnis sind also jeweils Gruppen mit den Eigenschaften *Count* (wie viele Elemente enthalten die Gruppen jeweils) und *Name* (welches sind die gefundenen Inhalte der angegebenen Objekteigenschaft). Durch den Parameter *-NoElement* werden die gruppierten Objekte selbst aber nicht aufbewahrt, was den Speicherplatzbedarf senkt. Geben Sie *-NoElement* nicht an, erhalten Sie eine zusätzliche Eigenschaft namens *Group*, welche die gruppierten Objekte enthält.

Aufgabe Die folgende Anweisung listet auf, welche Dateitypen wie häufig im Windows-Ordner vorkommen.

PS> dir $env:windir | Group-Object Extension -NoElement | Sort-Object Count -Descending

Allerdings werden auch Einträge mit leerem Namen gemeldet. Warum? Wie kann man diese eliminieren?

Lösung Die Anweisung gruppiert den Inhalt des Windows-Ordners nach der Dateierweiterung, die in der Objekteigenschaft *Extension* steht. Ordner enthalten aber keine Dateierweiterung, sodass die leeren Einträge entweder Ordnern entsprechen oder tatsächlich Dateien ohne Dateierweiterung. Um leere Einträge zu vermeiden, haben Sie mehrere Möglichkeiten, die alle den Filter *Where-Object* verwenden. Es kommt nur darauf an, die passenden Kriterien zu finden. Möchten Sie nur Dateien, aber keine Ordner auflisten, könnten Sie zur Unterscheidung die Eigenschaft *PSIsContainer* verwenden. Diese ist bei Ordnern *$true* und bei Dateien *$false*:

PS> dir $env:windir | Where-Object { $_.PSIsContainer -eq $false} | Group-Object Extension -NoElement | Sort-Object Count -Descending

Auf diese Weise vermeiden Sie leere Einträge, die von Ordnern stammen. Es werden aber weiterhin leere Einträge gezählt, wenn der Ordner Dateien ohne Dateierweiterung enthält. Möchten Sie alle leeren Einträge eliminieren, ändern Sie das Kriterium und prüfen stattdessen, ob die Eigenschaft *Extension* leer ist oder nicht:

PS> dir $env:windir | Where-Object { $_.Extension -ne ''} | Group-Object Extension -NoElement | Sort-Object Count -Descending

Aufgabe Sie wollten eigentlich eine Liste der Hersteller laufender Programme erstellen und haben dazu folgenden Befehl verwendet:

```
PS> Get-Process | Group-Object Company -NoElement | Sort-Object Count -Descending

Count Name
----- ----
   41
   25 Microsoft Corporation
    2
    1 PowerISO Computing, Inc.
    1 Adobe Systems, Inc.
    1 Huawei Technologies Co...
    1 Idera
```

Überraschenderweise erhalten Sie zwei Gruppen ohne Namen. Können Sie sich vorstellen, warum?

Lösung *Group-Object* bildet Gruppen stur gemäß dessen, was es in der angegebenen Eigenschaft *Company* findet. Da Sie zwei Gruppen ohne Namen erhalten haben, wissen Sie, dass es zwei unterschiedliche »leere« Werte geben muss. Tatsächlich enthalten einige Prozesse gar keine Herstellerangabe. Die Eigenschaft ist dann leer und entspricht *$null*. Andere Prozesse enthalten zwar eine Herstellerangabe, die aber aus einem leeren Text besteht. Für *Group-Object* sind dies zwei unterschiedliche Gruppen.

Mit Gruppen arbeiten

Group-Object zählt nicht nur, welche Werte wie häufig in einer bestimmten Objekteigenschaft vorkommen. Es bildet außerdem automatisch Objektstapel, jedenfalls dann, wenn Sie nicht mit *-NoElement* darauf verzichten. Der Objektstapel ist anschließend in der Eigenschaft *Group* abrufbar und enthält die Objekte, welche die Eigenschaft enthalten, nach der gruppiert worden ist.

Suchen Sie z.B. in mehreren Ordnern nach Dateiduplikaten, dann kann Ihnen *Group-Object* dabei behilflich sein. Sie müssen nur wissen, nach welchen Eigenschaften gruppiert werden soll. In diesem Fall heißen die Eigenschaften *LastWriteTime* und *Length* – richtig, *Group-Object* kann auch nach mehreren Eigenschaften gleichzeitig gruppieren. *Group-Object* findet auf diese Weise alle Dateien, die gleich groß sind und zur selben Zeit zuletzt geändert wurden. Zwar ist das keine absolute Garantie, dass es sich nicht doch um Dateien mit unterschiedlichem Inhalt handelt, aber es ist zumindest bei Dateien größer als 1 KB sehr unwahrscheinlich, dass zwei unterschiedliche Dateien genau gleich groß sind und zum selben Zeitpunkt zuletzt geändert wurden. Die folgende Zeile gruppiert alle Dateien größer als 1 KB in Ihrem Benutzerprofil:

```
PS> dir $HOME -Recurse | Where-Object { $_.Length -gt 1KB } | Group-Object Length, LastWriteTime
```

ACHTUNG Weil *Group-Object* alle Dateien in einem Puffer zwischenspeichern muss, birgt dieser Ansatz Gefahren, falls eine Ordnerstruktur enorm viele Dateien enthält. Schlimmstenfalls kommt es zu einem Speicherengpass, den Sie daran erkennen, dass die PowerShell nicht mehr reagiert.

Damit der Befehl nützliche Informationen liefert, müssen die Ergebnisse wieder gefiltert werden. Interessant sind nur Gruppen, die mehr als ein Element enthalten, in denen sich also tatsächlich Duplikate befinden:

```
PS> dir $HOME -Recurse | Where-Object { $_.Length -gt 1KB} | Group-Object Length, LastWriteTime |
Where-Object { $_.Count -gt 1 }
```

Die Duplikate befinden sich nun in der Eigenschaft *Group* der jeweiligen Gruppe, und *Count* gibt an, um wie viele Duplikate es sich handelt. Um die potenziellen Duplikate zu sehen, können die Gruppen anschließend mit vollem Dateipfad ausgegeben werden. Dazu hängen Sie eine *ForEach-Object*-Anweisung an die Pipeline und geben für jede Gruppe die Eigenschaft *FullName* sowie eine Trennlinie aus dreißig Sternchen aus:

```
PS> dir $HOME -Recurse | Where-Object { $_.Length -gt 1KB} | Group-Object Length, LastWriteTime |
Where-Object { $_.Count -gt 1 } | ForEach-Object { $_.Group | Select-Object FullName; "*" * 30 }
```

Group-Object kann auch helfen, umfangreiche Protokolle zu analysieren. In der Datei *windowsupdate.log* im Windows-Ordner wird z.B. protokolliert, welche Updates Windows installiert hat. Möchten Sie herausfinden, an welchen Tagen wie viele Updates installiert wurden, filtern Sie den Inhalt zuerst mit *Where-Object*, um nur die Protokolleinträge zu erhalten, in denen eine Updateinstallation vermerkt wurde.

```
PS> Get-Content $env:windir\windowsupdate.log | Where-Object { $_ -like '*successfully
installed*'}
2009-11-13      09:41:50:099     960     bb8     Report  REPORT EVENT: {F3A48209-01FA-496E-BCF3-
27DD82B567E8}     2009-11-13 09:41:45:092+0100      1       183     101     {9BC1539D-34AE-41F3-
9E2F-065AAEF90779}  100      0       AutomaticUpdates        Success Content Install Installation
Successful: Windows successfully installed the following update: Definition Update for Windows
Defender - KB915597 (Definition 1.69.881.0)
2009-11-14      23:36:55:774     960     ba4     Report  REPORT EVENT: {1EF3082C-2734-4D71-8D0A-
EDAF21D9FEEE}     2009-11-14 23:36:50:766+0100      1       190     101     {4DF9E362-290E-43A3-
8FEA-387632D1E2B3}  100      0       AutomaticUpdates        Success Content Install Installation
Successful: Windows successfully installed the following update: Sicherheitsupdate für Microsoft
Office Excel 2007 (KB973593)
2009-11-14      23:38:48:963     960     ba4     Report  REPORT EVENT: {BB6C4093-6BB7-448A-8E7D-
7C64C43B61A4}     2009-11-14 23:38:43:955+0100      1       190     101     {074773A4-6F6B-427A-
A90D-B3D3E43D1A9E}  100      0       AutomaticUpdates        Success Content Install Installation
Successful: Windows successfully installed the following update: Windows-Tool zum Entfernen
bösartiger Software x64 - November 2009 (KB890830)
(...)
```

Man erkennt, dass das Installationsdatum am Anfang jeder Zeile steht und dass die einzelnen Informationen jeder Zeile durch Tabulatoren getrennt sind.

PROFITIPP Um nur das Datum aus der Zeile zu extrahieren, kann man jede Zeile in Einzelbestandteile auftrennen, indem man die *Split()*-Methode des *String*-Objekts einsetzt und das Tabulatorzeichen als Trennzeichen angibt. Das ist zugegebenermaßen ein kleiner Vorgriff, denn Sie haben bisher noch keine Objektmethoden aufgerufen. Fühlen Sie sich dabei unwohl, überspringen Sie das Beispiel oder schauen kurz in Kapitel 8.

```
PS> Get-Content $env:windir\windowsupdate.log | Where-Object { $_ -like '*successfully
installed*'} |  ForEach-Object { $_.Split("`t") }
2009-11-13
09:41:50:099
(...)
Installation Successful: Windows successfully installed the following update: Definition Update
for Windows Defender - KB915597 (Definition 1.69.881.0)
```

Jede Textzeile wird so in ihre Einzelbestandteile zerlegt. Da Sie lediglich am Installationsdatum interessiert sind und dieses die erste Angabe ist, greifen Sie auf das erste Arrayelement zu und erhalten so nur noch die Datumsinformationen:

```
PS> Get-Content $env:windir\windowsupdate.log | Where-Object { $_ -like '*successfully
installed*'} |  ForEach-Object { $_.Split("`t")[0] }
2009-11-13
2009-11-14
2009-11-14
2009-11-14
2009-11-14
2009-11-14
2009-11-15
(...)
```

Hängen Sie nun noch *Group-Object* an die Pipeline, erhalten Sie eine Aufstellung, an welchen Tagen wie viele Updates installiert wurden:

```
PS> Get-Content $env:windir\windowsupdate.log | Where-Object { $_ -like '*successfully
installed*'} |  ForEach-Object { $_.Split("`t")[0] } | Group-Object -NoElement
Count Name
----- ----
    1 2009-11-13
    5 2009-11-14
(...)
    2 2009-12-22
    1 2009-12-29
```

Schauen wir uns als Nächstes an, wie Sie mit Ihren neuen Erkenntnissen die zehn Prozesse mit dem höchsten Speicherplatzbedarf ermitteln. Prozesse werden von *Get-Process* geliefert und der Speicherbedarf findet sich in der Spalte *VM* (*virtual Memory*, virtueller Speicher):

```
PS> Get-Process | Sort-Object VM -desc | Select-Object -First 10
```

WICHTIG Rufen Sie *Get-Process* auf, werden Sie feststellen, dass die Spalte eigentlich *VM(M)* heißt. Wenn Sie runde Klammern in Spaltennamen sehen, können Sie fast immer davon ausgehen, dass es sich um Zusatzinformationen handelt, welche die Maßeinheit dieser Information (in diesem Fall *M* wie *MB*) angeben. Die eigentliche Objekteigenschaft ergibt sich aus dem Spaltennamen ohne die Information in runden Klammern. Tatsächlich entsprechen die Spaltennamen fast immer genau den Objekteigenschaften, aber es gibt Ausnahmen wie in diesem Fall. Möchten Sie im Zweifelsfall die tatsächlichen Namen der Objekteigenschaften herausfinden, verwenden Sie diese Zeile:

```
PS> Get-Process | Select-Object * -First 1
```

Mit den Cmdlets *Measure-Object* und *Compare-Object* messen und bewerten Sie das Ergebnis von PowerShell-Befehlen. Mit *Measure-Object* bestimmen Sie z.B. die Häufigkeitsverteilung bestimmter Objekteigenschaften. Mit *Compare-Object* vergleichen Sie Vorher-Nachher-Schnappschüsse.

Häufigkeiten messen

Das Cmdlet *Measure-Object* kann Objekte bemessen, was im einfachsten Fall »zählen« bedeutet. Möchten Sie z.B. wissen, wie viele Protokolldateien sich im Windows-Ordner befinden, könnten Sie schreiben:

```
PS> dir $env:windir *.log | Measure-Object
Count    : 7
Average  :
Sum      :
Maximum  :
Minimum  :
Property :
```

Das Ergebnis liefert hinter *Count* die Anzahl. Gleichzeitig wird deutlich, dass *Measure-Object* eine Reihe weiterer Berechnungen wie Durchschnitt (*Average*), Summe (*Sum*), Minimum und Maximum anstellen kann – jedenfalls dann, wenn Sie diese Angaben über Switch-Parameter anfordern und die Pipelineobjekte numerisch sind:

```
PS> 1,4,6,2,5,7,4,12,-3  | Measure-Object -Sum -Average -Min -Max
Count    : 9
Average  : 4,22222222222222
Sum      : 38
Maximum  : 12
Minimum  : -3
Property :
```

Würden Sie denselben Aufruf anstelle von einer Zahlenreihe mit einer Dateiliste versuchen, erhalten Sie einen Fehler:

```
PS> dir $env:windir *.log | Measure-Object -Sum -Average -Min -Max
```

Der Grund: Dateien und Ordner sind nicht numerischer Natur, weswegen man sie höchstens zählen kann, aber nicht ihren Durchschnitt oder Maximalwert bestimmen. Allerdings kann man das mit numerischen Eigenschaften von Objekten durchaus durchführen. Liefert die Pipeline also Objekte, müssen Sie zusätzlich angeben, welche Eigenschaft des Objekts Sie untersuchen wollen. Die Größenverteilung von Dateien erhalten Sie beispielsweise, indem Sie die Eigenschaft *Length* von Dateien untersuchen:

```
PS> dir $env:windir *.log | Measure-Object -Property Length -Sum -Average -Min -Max
Count    : 7
Average  : 290738,857142857
Sum      : 2035172
Maximum  : 2001072
Minimum  : 0
Property : Length
```

Measure-Object kann aber auch Textdateien untersuchen und darin die Häufigkeit von Zeichen, Wörtern und Zeilen bestimmen:

```
PS> Get-Content $env:windir\windowsupdate.log | Measure-Object -Character -Line -Word
           Lines                Words            Characters Property
           -----                -----            ---------- --------
           16700               216083               1967672
```

Die Unterschiede zwischen den verschiedenen Pipelinetypen sind allerdings fließend und bieten nur eine grobe Einteilung. Suchen Sie beispielsweise ein PowerShell-Skript, von dem Sie nur noch wissen, dass es ein bestimmtes Cmdlet verwendet, könnten Sie beispielsweise zunächst alle PowerShell-Skripts in Ihrem Benutzerprofil mit *dir* auflisten und das Ergebnis dann an *Select-String* weiterleiten. Dieses Cmdlet durchsucht dann alle Dateien, die es über die Pipeline empfängt, nach dem gesuchten Stichwort. *Select-Object* wählt anschließend aus den Suchergebnissen die Informationen aus, die Sie benötigen, also beispielsweise den Dateinamen und die Zeile, in der das Suchwort gefunden wurde. Die folgende Zeile sucht alle PowerShell-Skripts, die das Stichwort *WMI* enthalten:

```
PS> dir $HOME *.ps1 -Recurse | Select-String 'WMI' -List | Select-Object FileName, LineNumber, Path
| Format-Table -AutoSize -Wrap
```

Diese Pipeline könnte man sowohl als *Konversionspipeline* bezeichnen (Dateien werden in Suchergebnisse umgewandelt) als auch wie eine *Aktionspipeline* behandeln (das Endglied der Pipeline führt eine Aktion aus, beispielsweise eine Suche). Schauen wir uns deshalb nun noch im nächsten Abschnitt die Aktionspipelines genauer an.

Kurz und knapp ...

Konversionspipelines bereiten die initial gelieferten Rohinformationen nicht bloß auf, sondern ersetzen sie durch völlig andere Objekte. Aus einer Zahlenreihe werden so IP-Adressbereiche oder komplexe Objekte werden auf eine bestimmte Eigenschaft reduziert. Das Herzstück der Konversionspipeline ist das Cmdlet *ForEach-Object*, mit dem Sie jedes Objekt der Pipeline einzeln und in Echtzeit bearbeiten und das Ergebnis anschließend für den nächsten Befehl auf die Pipeline zurücklegen. Speziellere Aufgaben übernehmen die Cmdlets *Group-Object* (bildet Gruppen basierend auf Objekteigenschaften) und *Measure-Object* (misst Häufigkeiten und berechnet statistische Informationen für numerische Objekteigenschaften). Und mit *Select-String* lassen sich Objekte, die Text enthalten, anhand ihres Textinhaltes filtern. Das Ergebnis sind dann die Suchergebnisse.

Aktionspipelines: Operationen durchführen

Die Ergebnisse einer Aktionspipeline sind keine Daten, sondern Aktionen. Am Ende der Aktionspipeline steht jeweils ein Cmdlet, das eine bestimmte Aufgabe durchführt, aber in der Regel dabei keine weiteren Ergebnisse liefert. Schauen Sie sich das an einigen Beispielen an.

Prozesse oder Dienste stoppen

Die Cmdlets *Stop-Process* und *Stop-Service* beenden laufende Prozesse (Programme) oder Dienste und zwar jeweils genau einen. Über eine Aktionspipeline können diese Cmdlets beliebig viele Programme oder Dienste stoppen. Die folgende Aktionspipeline beendet beispielsweise alle Instanzen des Windows-Editors (sofern dieses Programm ausgeführt wird):

```
PS> Get-Process notepad | Stop-Process -WhatIf
```

Entsprechend würde die nächste Zeile alle Dienste anhalten, deren Name mit *Spool* beginnt:

```
PS> Get-Service Spool* | Stop-Service -Confirm
```

Hierbei wird sofort klar, dass falsch eingesetzte Aktionspipelines sehr gefährlich sein können. Ein Tippfehler genügt und die Aktionspipeline würde die falschen Programme oder Dienste beenden. Deshalb unterstützen alle Cmdlets, die potenziell gefährliche (unumkehrbare oder dauerhafte) Änderungen durchführen, die Parameter *-WhatIf* und *-Confirm*, die Sie auch in den Beispielen eben gefunden haben:

- **Simulation** Setzen Sie *-WhatIf* ein, wird die Aktion nur simuliert, damit Sie sehen können, was geschehen wäre
- **Bestätigung** Geben Sie *-Confirm* an, muss jede Einzelaktion auch einzeln bestätigt werden

WICHTIG Bei allen Aktionspipelines, in denen Sie Platzhalterzeichen einsetzen, sollten Sie unbedingt eine der beiden Sicherheitsschalter verwenden. Platzhalterzeichen sind sehr mächtig und flexibel, treffen aber nicht selten auf sehr viel mehr Objekte zu, als man ursprünglich angenommen hat. Damit die anschließende Aktion nicht sofort angewendet wird, überprüfen Sie das Ergebnis am besten zuerst mithilfe von *-WhatIf* im Trockendock. Umgekehrt wird ebenfalls ein Schuh daraus: Möchten Sie typische Aktions-Cmdlets finden, lassen Sie sich einfach alle Cmdlets ausgeben, die den Parameter *-WhatIf* unterstützen:

```
PS> Get-Help * -Parameter WhatIf
```

Eingaben berechnen oder aus Quellen lesen

Aktionspipelines führen ein und dieselbe Aktion für viele Eingabeobjekte aus. Woher diese Eingabeobjekte kommen, ist der Aktionspipeline relativ egal. Wollen Sie beispielsweise einige Computer in Ihrer Serverfarm per WMI abfragen, könnten Sie die Computernamen untereinander in eine Textdatei schreiben und diese dann mit *Get-Content* zeilenweise auslesen. Die Computernamen werden so zur Eingabe für Aktions-Cmdlets. Legen Sie zuerst eine Testdatei mit einigen Computernamen an:

```
PS> 'localhost', $env:COMPUTERNAME, 'pc123', '.' | Out-File $HOME\rechner.txt
```

Versuchen Sie nun, mit *Get-WmiObject* für alle angegebenen Computer BIOS-Informationen abzurufen:

```
PS> Get-WmiObject Win32_BIOS -ComputerName (Get-Content $HOME\rechner.txt)
```

Sie erhalten nun dreimal dieselben BIOS-Informationen, weil die Angaben *localhost*, *$env:COMPUTERNAME* sowie der Punkt jeweils Ihren eigenen Computer benennen. Der Computer namens *pc123* wurde wahrscheinlich nicht gefunden und generierte deshalb eine Fehlermeldung. Möchten Sie diese nicht sehen, fügen Sie wie immer den Parameter für das Fehlerhandling hinzu:

```
PS> Get-WmiObject Win32_BIOS -ComputerName (Get-Content $HOME\rechner.txt) -ea SilentlyContinue
```

PROFITIPP Die Fehlereinstellung *SilentlyContinue* ist eigentlich eine Zahlenkonstante. Sie dürfen deshalb auch diese Zahl anstelle des Texts eingeben, was Tipparbeit spart:

```
PS> Get-WmiObject Win32_BIOS -ComputerName (Get-Content $HOME\rechner.txt) -ea 0
```

Da sich allerdings die zugrunde liegenden Zahlen in künftigen PowerShell-Versionen ändern könnten, sollten Sie diese Abkürzung nur für interaktive Befehlseingaben verwenden und in Skripts besser darauf verzichten. Andernfalls könnte es sein, dass diese Skripts in einigen Jahren nicht mehr korrekt ausgeführt werden.

Dieser Aufruf funktioniert, weil *Get-WmiObject* für seinen Parameter *-ComputerName* nicht nur einzelne Computernamen akzeptiert, sondern auch Array mit vielen Namen, also genau das, was *Get-Content* liefert. Achten Sie nur darauf, *Get-Content* in runde Klammern zu stellen, denn Sie wollen ja das Ergebnis dieses Befehls dem Parameter übergeben und nicht etwa den Befehl *Get-Content* selbst. Auch kommaseparierte Listen, die Sie beispielsweise aus Excel heraus generiert haben, lassen sich so direkt weiterverarbeiten (*Import-Csv*).

Eine andere Form der Aktionspipeline setzt *ForEach-Object* ein, sodass es nicht länger erforderlich ist, dass ein bestimmter Parameter von sich aus mehrere Eingaben akzeptiert:

```
PS> Get-Content $HOME\rechner.txt | ForEach-Object { Get-WmiObject Win32_BIOS -ComputerName $_ -ea 0}
```

Dieser Aufbau der Aktionspipeline hat weitere Vorteile, denn nun haben Sie mehr Einfluss darauf, wie die Computer aus Ihrer Liste verarbeitet werden. Da die Liste einen Computernamen enthält, der nicht gefunden werden kann, kommt es bei der Bearbeitung zu einer Wartepause, dem Netzwerktimeout. Dieses Timeout für nicht vorhandene oder ausgeschaltete Computer kann sich bei größeren Computerlisten zu einem störenden Zeitfaktor ausweiten. Möchten Sie nur die Computer ansprechen, die auf einen Ping antworten, ergänzen Sie einfach die Aktionspipeline mit *Test-Connection*:

```
PS> Get-Content $HOME\rechner.txt | Where-Object { Test-Connection $_ -Count 1 -ea 0 } | ForEach-
Object { Get-WmiObject Win32_BIOS -ComputerName $_ -ea 0}
```

Damit Sie bei einer längeren Computerliste den Fortschritt überwachen könnten, lässt sich außerdem noch mit *Write-Progress* eine Fortschrittsanzeige integrieren:

```
PS> Get-Content $HOME\rechner.txt | ForEach-Object { Write-Progress 'Verbindungsaufbau...' $_; $_}
| Where-Object { Test-Connection $_ -Count 1 -ea 0 } | ForEach-Object { Get-WmiObject Win32_BIOS
-ComputerName $_ -ea 0}
```

Wie Sie sehen, kann ein *ForEach-Object*-Block an beliebiger Stelle der Pipeline eingefügt werden, um Fortschrittsanzeigen auszugeben. Wichtig dabei ist nur, dass *ForEach-Object* das empfangene Objekt in *$_* in diesem Fall auch wieder zurück in die Pipeline legt, damit der nächste Befehl damit weiterarbeiten kann.

Robuste Aktionspipelines erstellen

Aktionspipelines funktionieren nur dann solide und robust, wenn möglicherweise auftretende Fehler sie nicht aus der Bahn werfen und abbrechen, bevor die noch ausstehenden übrigen Aktionen durchgeführt wurden. Wie robust eine Aktionspipeline sich gegenüber Fehlern verhält, hängt stark von ihrem Design ab. Schauen Sie sich dazu das nächste Beispiel an, das alle Protokolldateien aus dem Windows-Ordner in einen anderen Ordner kopiert:

```
PS> md C:\logfiles -ea 0
PS> del C:\logfiles\*.*
PS> dir $env:windir *.log -Recurse -ea SilentlyContinue | Copy-Item -Destination C:\logfiles -ea 0
PS> (dir C:\logfiles).Count
```

Führen Sie diese Zeilen aus, dann kann es Ihnen passieren, dass der Befehl *Copy-Item* einen Fehler auslöst, obwohl das Fehlerhandling mit *-ea 0* eigentlich abgeschaltet ist. Dieser Fehler ist dann ein sogenannter *terminierender* oder besonders schwerer Fehler, der vorkommen kann, wenn die Datei, auf die *Copy-Item* zugreift, bereits in Verwendung ist. Solche Fehler lassen sich mit dem Parameter *-ea* nicht abfangen und führen immer dazu, dass das Cmdlet abgebrochen wird.

Um die Aktionspipeline robuster gegenüber diesen Fehlern zu machen, werden die Dateien deshalb durch *ForEach-Object* mit einzelnen Aufrufen kopiert:

```
PS> md C:\logfiles -ea 0
PS> del C:\logfiles\*.*
PS> dir $env:windir *.log -Recurse -ea SilentlyContinue | ForEach-Object { Write-Progress
'Kopiere...' $_.FullName; $_} | ForEach-Object { Copy-Item $_.FullName -Destination C:\logfiles
-ea 0 }
PS> (dir C:\logfiles).Count
```

Die terminierenden Fehlermeldungen erscheinen jetzt zwar immer noch und brechen *Copy-Item* ab, doch werden die übrigen Dateien trotzdem kopiert, weil *Copy-Item* für jede gefundene Datei einzeln aufgerufen wird.

TIPP Die PowerShell enthält nur eine sehr rudimentäre Unterstützung für Dateisystemoperationen und Kopierjobs. Cmdlets wie *Copy-Item* sollten besser nicht für größere Datenmengen verwendet werden, weil sie langsam und fehleranfällig sind. Der Einsatz der eigenen Cmdlets ist ohnehin nicht zwingend, denn die PowerShell ist eine pragmatische Automationssprache, bei der native Befehle und Cmdlets auf Augenhöhe miteinander sind. Verwenden Sie deshalb für Kopierjobs besser robuste und bewährte Lösungen wie *robocopy.exe*. Dieses Tool gehört seit Windows Vista/ Server 2008 zum Standardbefehlsumfang des Betriebssystems:

```
PS> robocopy /?
```

Kurz und knapp ...

Alle Cmdlets, die das System ändern oder andere potenziell gefährlichen Aktionen durchführen, die unumkehrbar sind, unterstützen die Sicherheitsparameter *-WhatIf* und *-Confirm*, mit denen man die Aktion simulieren oder einzeln bestätigen kann.

Die Pipeline kann solche Cmdlets mit notwendigen Eingabeparametern versorgen, sodass die Cmdlets die Aktion nicht nur einmal, sondern *n* Mal durchführen. Die Eingabeparameter dürfen dabei aus Textdateien oder CSV-Listen stammen oder werden von der Pipeline zuerst selbst berechnet oder zusammengestellt. Unterstützt das Aktions-Cmdlet Eingaben direkt über die Pipeline, fügt man es als Endglied in die Pipeline ein. Andernfalls – oder wenn Sie mehr Kontrolle über den Aufruf der Aktions-Cmdlets wünschen – greifen Sie zu *ForEach-Object* und weisen darin dem Aktions-Cmdlet selbst die entsprechenden Parameter zu.

Nachschlag für Profis

Wieder finden Sie in diesem Abschnitt Zusatzinformationen und kleine Rätsel, die im Kern die Themen behandeln, die Sie in diesem Kapitel erlernt haben. Anders als die regulären Übungsaufgaben gehen die folgenden Rätsel und Aufgaben aber etwas über diesen Bereich hinaus, greifen Alltagssituationen auf und berühren auch Themenbereiche, die bis jetzt nur angeschnitten wurden. Falls Sie auf diese Herausforderungen (noch) keine Lust haben, überspringen Sie diese und kehren Sie vielleicht später zu diesen Aufgaben zurück. Andernfalls haben Sie jetzt die Gelegenheit, Ihr neu gewonnenes Wissen noch deutlich zu vertiefen.

Kleine Rätselstunde

Aufgabe Warum funktioniert die folgende Zeile nicht?

```
PS> Get-Process | Format-Table Name, Company | Sort-Object Company
out-lineoutput : Das Objekt vom Typ
"Microsoft.PowerShell.Commands.Internal.Format.FormatEntryData" ist ungültig oder befindet sich
nicht an der richtigen Position in der Sequenz. Ursache ist wahrscheinlich ein vom Benutzer
angegebener Befehl "format-*", der zu Konflikten mit der Standardformatierung führt.
```

Lösung *Format-**-Cmdlets müssen immer am Ende der Pipeline stehen. Die einzigen Cmdlets, die nach *Format-**-Cmdlets folgen dürfen, sind *Out-**-Cmdlets. Verschieben Sie also *Format-Table* an das Ende der Pipeline und alles ist wieder in Ordnung:

```
PS> Get-Process | Sort-Object Company | Format-Table Name, Company
```

Aufgabe Die folgende Zeile produziert ein sonderbares Resultat:

```
PS> Get-Process; Get-Service | Select-Object Name, Status
```

Eigentlich sollten zuerst Prozesse und dann Dienste aufgelistet und die Dienste auf die Spalten *Name* und *Status* beschränkt werden. Das funktioniert zwar im Prinzip, aber obwohl die Dienste nur zwei Spalten haben, werden diese nicht nebeneinander, sondern untereinander ausgegeben. Lässt man den Befehl *Get-Process* am Anfang weg, werden die Spalten der Dienste wie gewünscht nebeneinander angezeigt:

```
PS> Get-Service | Select-Object Name, Status
```

Noch rätselhafter wird es, wenn man versucht, die PowerShell mit *Format-Table* auf die Sprünge zu helfen. Jetzt erscheint sogar eine Fehlermeldung, nachdem die Prozesse ausgegeben worden sind:

```
PS> Get-Process; Get-Service | Format-Table Name, Status
     63      10     2052       1004     83     0,11   6048 WTGU
    197       9     1988       1104     39            5948 WUDFHost
(...)
out-lineoutput : Das Objekt vom Typ
"Microsoft.PowerShell.Commands.Internal.Format.FormatStartData" ist ungültig oder befindet sich
nicht an der richtigen Position in der Sequenz. Ursache ist wahrscheinlich ein vom Benutzer
angegebener Befehl "format-table", der zu Konflikten mit der Standardformatierung führt.
```

Lösung Das Problem entsteht, weil Sie zwei verschiedene Befehle miteinander kombiniert und ihre Ergebnisse auf einmal ausgegeben haben. Da beide Befehle unterschiedliche Objekttypen liefern, nämlich Prozesse und Dienste, richtet sich die PowerShell bei der Ausgabe nach dem ersten Objekttyp und gibt die Prozesse korrekt aus. Sobald Sie versuchen, sozusagen mitten in der Ausgabe die Formatierung zu ändern, kommt es zu einem Fehler. Die Lösung: Leiten Sie beide Ergebnisse separat mit *Out-Host* an die Konsole:

```
PS> Get-Process; Get-Service | Format-Table Name, Status | Out-Host
```

Aufgabe Sie möchten mit *Get-Unique* eine Liste von Zahlen bearbeiten und dafür sorgen, dass Doppelgänger entfernt werden. Allerdings scheint das überhaupt nicht zu klappen. Anscheinend ist *Get-Unique* defekt. Oder vielleicht doch nicht?

```
PS> 1,2,3,1,2,3,1,2,3 | Get-Unique
1,2,3,1,2,3,1,2,3
```

Lösung *Get-Unique* funktioniert etwas anders, als Sie vielleicht angenommen haben. Es schaut, ob das aktuelle Element dem Vorgängerelement entspricht, und falls ja, wird das aktuelle Element verdampft. Möchten Sie also Doppelgänger entfernen, muss die Ausgangsliste zuerst sortiert werden, damit die Doppelgänger auch wirklich aufeinander folgen:

```
PS> 1,2,3,1,2,3,1,2,3 | Sort-Object | Get-Unique
1,2,3
```

Interessant wird diese Technik besonders, wenn Sie den Inhalt von Textdateien in einzelne Wörter umbrechen. Das erledigt die folgende Zeile:

```
PS> $dateiname = "$env:windir\windowsupdate.log"
PS> Get-Content $dateiname | ForEach-Object { $_.ToLower().Split(' ') } | ForEach-Object
{$_.Split("`t")}
```

Diese Liste der einzelnen Wörter einer Datei könnten Sie nun sortieren und dann entweder an *Get-Unique* senden (Liste sämtlicher Wörter, die im Text vorkommen) oder an *Group-Object* (Anzahl der verwendeten Wörter im Text):

```
PS> $worte = Get-Content $dateiname | ForEach-Object {$_.ToLower().Split(' ')} | ForEach-Object
{$_.Split("`t")}
PS> $worte | Sort-Object | Get-Unique
PS> $worte | Sort-Object | Group-Object -NoElement | Sort-Object Count -Descending
```

Aufgabe Wieso funktioniert der folgende Aufruf nicht?

```
PS> Get-Process | Select-String Name, Company, StartTime | Export-Csv $HOME\prozesse.csv -
UseCulture
```

Lösung Sie haben aus Versehen den Befehl *Select-Object* mit *Select-String* verwechselt. *Select-String* sucht in Text nach Stichwörtern.

Aufgabe Sie versuchen mit dem folgenden Befehl, alle Dateien aus dem Windows-Ordner und den darunter liegenden Ordnern aufzulisten. Zunächst funktioniert das auch recht gut:

```
PS> dir $env:windir -ErrorAction SilentlyContinue -Recurse
```

Dann allerdings verfeinern Sie die Lösung noch etwas und lassen die Ergebnisse nach Größe sortieren:

```
PS> dir $env:windir -ErrorAction SilentlyContinue -Recurse | Sort-Object Length
```

Nun geschieht zunächst längere Zeit gar nichts. Nach einer Weile wird Windows immer langsamer, und Ihre PowerShell-Konsole reagiert nicht mehr. Was ist passiert?

Lösung Normalerweise arbeitet die PowerShell-Pipeline in Echtzeit und verarbeitet die Ergebnisse des ersten Befehls in dem Moment, wo die Ergebnisse ausgegeben werden. Die Pipeline arbeitet also mit extrem wenig Speicherplatz, weil immer nur das gerade durch die Pipeline flitzende Ergebnis gespeichert werden muss.

Sobald Sie *Sort-Object* anhängen, wird der Echtzeitcharakter der Pipeline unterbrochen. *Sort-Object* kann die Ergebnisse eines Befehls aus nachvollziehbaren Gründen erst dann sortieren, wenn alle Ergebnisse vorliegen. Deshalb sammelt es zuerst alle Ergebnisse. In dieser Zeit sehen Sie keine Ausgaben und die Pipeline muss immer mehr Speicher aufwenden, um die Ergebnisse zwischenzuspeichern. Werden zu viele Ergebnisse geliefert, reicht der Speicher nicht mehr aus und PowerShell wird instabil. Die folgende Zeile veranschaulicht das Abarbeitungsprinzip in der Pipeline:

```
PS> dir $env:windir -ErrorAction SilentlyContinue | ForEach-Object { Write-Host "vor Sort-Object
$_"; $_} | Sort-Object Length | ForEach-Object { Write-Host "nach Sort-Object $_"; $_}
vor Sort-Object addins
vor Sort-Object AppCompat
vor Sort-Object AppPatch
vor Sort-Object assembly
(...)
nach Sort-Object setuperr.log


    Verzeichnis: C:\Windows


Mode                LastWriteTime     Length Name
----                -------------     ------ ----
-a---        14.07.2009     06:51          0 setuperr.log
nach Sort-Object system.ini
-a---        10.06.2009     23:08        219 system.ini
nach Sort-Object win.ini
-a---        06.11.2009     14:06        478 win.ini
nach Sort-Object PFRO.log
-a---        04.11.2009     12:28        864 PFRO.log
(...)
```

Ob ein Befehl die Pipeline blockiert und zum Datenstau führt oder nicht, hängt von der Implementation des Befehls ab. *Format-Table* ist ein weiteres Beispiel. Ohne weitere Parameter blockiert der Befehl die Pipeline nicht. Geben Sie den Parameter *-AutoSize* an, wird *Format-Table* zu einem blockierenden Befehl, denn nun sammelt der Befehl zuerst alle Ergebnisse, um sie anschließend mit optimierter Spaltenbereite auszugeben. Blockiert ein Befehl die Pipeline, macht er das also wie in den vorangegangenen Beispielen entweder aus guten Gründen oder weil er es nicht besser weiß.

```
PS> dir $env:windir -ErrorAction SilentlyContinue -Recurse | notepad.exe
```

In diesem Beispiel wird das Ergebnis von *dir* an die Anwendung *notepad.exe* weitergeleitet. Diese ist nicht für die PowerShell-Pipeline konzipiert und weiß mit den eingehenden Ergebnissen nichts anzufangen. Deshalb verursacht der Befehl einen Datenstau. Erst wenn *dir* alle Ergebnisse geliefert hat, wird der Editor geöffnet. Bis dahin können allerdings schon so viele Ergebnisse angefallen sein, dass die PowerShell-Konsole die Segel gestrichen hat und nicht mehr reagiert.

Achten Sie in Ihren Pipelines also darauf, ob die Befehle den Echtzeitcharakter der Pipeline unterstützen. Falls nicht, sollten Sie ein wachsames Auge auf die Datenmengen haben, welche die Pipeline produziert. Nur wenn alle Befehle in Echtzeit funktionieren, kann eine Pipeline die Ergebnisse speicherplatzfreundlich »streamen«.

Aufgabe Sonderbarerweise scheint die Sortierung in der folgenden Zeile nicht zu funktionieren:

```
PS> dir $env:windir | Select-Object Name, LastWriteTime | Sort-Object Length
```

Finden Sie das auch sonderbar oder haben Sie eine Erklärung?

Lösung Die Objekte, die ursprünglich von *dir* geliefert wurden, besaßen noch eine *Length*-Eigenschaft, nach der man hätte sortieren können. *Select-Object* entfernt aber alle Eigenschaften bis auf die angegebenen, sodass *Sort-Object* anschließend die Eigenschaft *Length* nicht mehr findet. Tauschen Sie entweder *Select-Object* und *Sort-Object* gegeneinander aus oder fügen Sie die Spalte *Length* in die Liste ein, die Sie *Select-Object* übergeben.

Aufgabe Die folgende Zeile sollte eigentlich alle Dienste liefern, die derzeit nicht ausgeführt werden:

```
PS> Get-Service | Where-Object { $_.Status = 'Stopped' }
```

Stattdessen werden Sie plötzlich mit Fehlermeldungen überschüttet. Warum?

Lösung Die PowerShell unterscheidet strikt zwischen dem Zuweisungsoperator »=« und Vergleichsoperatoren. Wollen Sie auf Gleichheit testen, lautet der richtige Vergleichsoperator »-eq«. Die Zeile hat also in Wirklichkeit nicht verglichen, ob die Eigenschaft *Status* den Text *Stopped* enthält, sondern versucht, dieser Eigenschaft den Wert *Stopped* zuzuweisen. Weil die Eigenschaft *Status* aber nur lesbar und nicht veränderbar ist, hagelt es die Fehlermeldungen. Korrigiert man den Vergleichsoperator, funktioniert die Zeile plötzlich wunderbar:

```
PS> Get-Service | Where-Object { $_.Status -eq 'Stopped' }
```

Aufgabe Sie greifen mit *Get-Process* auf den PowerShell-Prozess zu und möchten den Herstellernamen ausgeben. Sonderbarerweise wird aber nichts zurückgeliefert:

```
PS> $prozess = Get-Process PowerShell
PS> $prozess.Company
```

Dabei hätten Sie schwören können, dass der Code früher einmal funktioniert hat. Was ist los?

Lösung Bei Ihnen laufen mehrere Instanzen der PowerShell. Deshalb liefert *Get-Process* mehrere Prozesse zurück und *$prozess* enthält nicht einen Prozess, sondern ein Array. Jedoch besitzen Arrays keine Eigenschaft *Company*. Deshalb erhalten Sie nichts zurück.

Grundsätzlich ist die Tatsache, dass Befehle von Fall zu Fall entweder Einzelergebnisse oder Arrays zurückliefern, eine echte Herausforderung. Sie haben zwei Mittel, damit umzugehen. Entweder verwandeln Sie das Ergebnis des Befehls mit *@()* immer in ein Array. So finden Sie z.B. heraus, wie viele PowerShell-Instanzen gerade laufen:

```
PS> @(Get-Process PowerShell).Count
2
```

Über eckige Klammern greifen Sie auf einzelne Elemente im Array zu:

```
PS> @(Get-Process PowerShell)[0].Company
```

Oder Sie bearbeiten das Ergebnis eines Befehls in der Pipeline mit *ForEach-Object*. Auch dann ist es egal, wie viele Ergebnisse geliefert werden:

```
PS> Get-Process PowerShell | ForEach-Object { $_.Company }
Microsoft Corporation
Microsoft Corporation
```

Aufgabe Die folgende Zeile verwendet die Pipeline, um alle Cmdlets aufzulisten, die in Paaren vorkommen. Speziell werden alle Cmdlets aufgelistet, die es sowohl für die Tätigkeit *New* als auch *Set* gibt:

```
PS> Get-Command -Verb Set | Where-Object { @(Get-Command -Verb New -Noun $_.Noun).Count -gt 0 } |
ForEach-Object { $_; Get-Command -Verb New -Noun $_.Noun }

CommandType     Name                                Definition
-----------     ----                                ----------
Cmdlet          Set-Alias                           Set-Alias [-Name] <String> [-Valu...
Cmdlet          New-Alias                           New-Alias [-Name] <String> [-Valu...
Cmdlet          Set-Item                            Set-Item [-Path] <String[]> [[-Va...
Cmdlet          New-Item                            New-Item [-Path] <String[]> [-Ite...
Cmdlet          Set-ItemProperty                    Set-ItemProperty [-Path] <String[...
Cmdlet          New-ItemProperty                    New-ItemProperty [-Path] <String[...
(...)
```

Können Sie erklären, wie die Zeile funktioniert? Schreiben Sie die Zeile so um, dass Sie andere Paare erhalten, und zwar für alle Tätigkeitsbereiche, für die es sowohl die Tätigkeit *Get* als auch *Set* gibt.

Lösung Wie bei jeder Pipeline beginnt die Zeile mit einem Datenbeschaffer, der Rohdaten liefert. In diesem Fall liefert *Get-Command* alle Cmdlets mit der Tätigkeit (dem *Verb*) *Set*. Das Ergebnis, also alle *Set*-Cmdlets, werden dann an den nächsten Pipelinebefehl weitergereicht. Hier folgt ein weiterer typischer Pipelinebestandteil, nämlich eine Filterung mit *Where-Object*. Der Filter schaut nach, ob er zu dem Tätigkeitsbereich des jeweiligen *Set*-Cmdlets (*$_.Noun*) ein Cmdlet mit der Tätigkeit *New* findet. Interessant ist, wie der Filter überprüft, ob es solche Cmdlets gibt:

```
@(Get-Command -Verb New -Noun $_.Noun).Count -gt 0
```

Diese Zeile beauftragt *Get-Command*, nach allen Cmdlets zu suchen, welche die Tätigkeit *New* und den Tätigkeitsbereich des gelieferten *Set*-Cmdlets aufweisen. Das können entweder gar keine, genau eines oder mehrere sein. Wie Sie inzwischen wissen, verpacken Cmdlets ihre Ergebnisse als Array, aber nur, wenn es wirklich mehr als ein Ergebnis gibt. Mit *@()* sorgen Sie dafür, dass das Ergebnis von *Get-Command* immer als Array zurückgeliefert wird, unabhängig von der Anzahl der tatsächlichen Ergebnisse. Weil so sichergestellt ist, dass das Ergebnis ein Array ist, kann man mit *Count* die Anzahl der Arrayelemente überprüfen. Sind es mehr als *0*, wurden also Befehle gefunden.

Where-Object hat die gelieferten *Set*-Cmdlets also gefiltert und nur solche durchgelassen, für die es auch ein korrespondierendes *New*-Cmdlet gibt. Am Ende der Pipeline werden die Ergebnisse dann ausgegeben: zuerst das ursprüngliche *Set*-Cmdlet und danach noch das zugehörige *New*-Cmdlet. Das Semikolon trennt dabei die beiden Anweisungen voneinander. In einem Skript hätte man die beiden

Anweisungen auch durch einen Zeilenumbruch trennen können. Möchten Sie die Zeile umschreiben, sodass *Set*/*Get*-Paare ausgegeben werden, nehmen Sie an zwei Stellen Änderungen vor:

```
PS> Get-Command -Verb Set | Where-Object { @(Get-Command -Verb Get -Noun $_.Noun).Count -gt 0 } |
ForEach-Object { $_; Get-Command -Verb Get -Noun $_.Noun }
```

Aufgabe Obwohl *Stop-Process* ein Programm normalerweise ohne weitere Rückfragen beendet, läuft bei Ihnen eine Editor-Instanz, die sich partout nicht mit *Stop-Process* beenden lässt. Warum wohl?

Lösung Wenn Ihr Windows die sogenannte Benutzerkontensteuerung verwendet, arbeitet die normale PowerShell-Konsole nicht mit vollen Berechtigungen und darf auch nicht auf andere Programme zugreifen, die mit vollen Rechten ausgeführt werden. Vermutlich wurde der Editor mit vollen Administratorrechten geöffnet, was beispielsweise auch geschieht, wenn man ihn aus einer PowerShell-Konsole heraus öffnet, die volle Administratorrechte besitzt. Um das Programm zu schließen, müssten Sie Ihren Befehl also in einer PowerShell-Konsole ausführen, die ebenfalls volle Administratorrechte besitzt.

Aufgabe Wie Sie inzwischen wissen, kann die PowerShell Befehle aus ganz unterschiedlichen Kategorien ausführen, beispielsweise Cmdlets, Anwendungen, Aliase oder Funktionen. Dabei kann es vorkommen, dass ein und derselbe Befehl in den verschiedenen Kategorien mehrfach vorkommt und folglich nicht eindeutig ist. Beispielsweise könnte es eine Anwendung namens *ping.exe* und eine Funktion namens *Ping* geben, sodass der Befehl *Ping* nicht mehr eindeutig wäre. In diesem Fall verwendet die PowerShell seine interne Rangliste, die Sie ebenfalls bereits kennen: Alias, Funktion, Cmdlet, Anwendung, Skript. Wie könnte man herausfinden, ob ein bestimmter Befehl mehrdeutig ist?

Lösung Die Antwort liefert *Get-Command*. Möchten Sie wissen, welche Befehle aus welchen Kategorien durch die Eingabe *Ping* bezeichnet würden, fragen Sie nach:

```
PS> Get-Command Ping

CommandType     Name                                     Definition
-----------     ----                                     ----------
Application     PING.EXE                                 C:\Windows\system32\PING.EXE
```

In diesem Fall ist *Ping* eindeutig. Sobald Sie eine eigene Funktion namens *Ping* hinzufügen, ist das nicht mehr der Fall:

```
PS> function Ping { 'Abgeschaltet' }
PS> Get-Command Ping

CommandType     Name                                     Definition
-----------     ----                                     ----------
Function        Ping                                     'Abgeschaltet'
Application     PING.EXE                                 C:\Windows\system32\PING.EXE
```

Weil Funktionen einen höheren Stellenwert für die PowerShell haben als Anwendungen, wird im Zweifelsfall die Funktion und nicht (mehr) die Anwendung ausgeführt. Das ist übrigens auch das Prinzip sogenannter *Proxyfunktionen*, über die Sie noch mehr im Kapitel über das PowerShell-Remoting erfahren werden.

```
PS> Ping
Abgeschaltet
```

Möchten Sie insgesamt alle mehrdeutigen Befehlsnamen sehen, verwenden Sie diese Zeile:

```
PS> Get-Command -Type all | Where-Object { $_.Extension -eq $null -or $_.Extension -eq '.exe' } |
Group-Object { $_.Name.Split(".")[0]} | Where-Object {$_.Count -gt 1} | ForEach-Object { $_.Group
}

CommandType     Name                                    Definition
-----------     ----                                    ----------
Alias           fc                                      Format-Custom
Application     fc.exe                                  C:\Windows\system32\fc.exe
Function        help                                    ...
Application     help.exe                                C:\Windows\system32\help.exe
Application     notepad.exe                             C:\Windows\system32\notepad.exe
Application     notepad.exe                             C:\Windows\notepad.exe
Function        Ping                                    'Abgeschaltet'
Application     PING.EXE                                C:\Windows\system32\PING.EXE
Alias           sc                                      Set-Content
Application     sc.exe                                  C:\Windows\system32\sc.exe
Alias           sort                                    Sort-Object
Application     sort.exe                                C:\Windows\system32\sort.exe
Alias           where                                   Where-Object
Application     where.exe                               C:\Windows\system32\where.exe
Alias           write                                   Write-Output
Application     write.exe                               C:\Windows\write.exe
Application     write.exe                               C:\Windows\system32\write.exe
```

Hierbei beauftragen Sie *Get-Command*, alle Befehle aufzulisten, die entweder keine Anwendungen sind (Eigenschaft *Extension* ist leer) oder bei denen es sich um echte Programme handelt (Eigenschaft *Extension* entspricht ».exe«). Dieser Filter ist nötig, weil *Get-Command* andernfalls viele Pseudobefehle wie XML- oder DLL-Dateien mit auflisten würde. Danach wird nach dem Befehlsnamen gruppiert, wobei tatsächlich nicht genau nach dem Namen gruppiert wird, sondern nach dem ersten Namensteil bis zu einem Punkt. Programme wie *ping.exe* oder *notepad.exe* werden demnach unter dem Namen *Ping* oder *notepad* gruppiert. Anschließend sorgt ein Filter mit *Where-Object* dafür, dass nur solche Gruppen ausgegeben werden, die mehr als ein Element enthalten, also mehrdeutig sind.

Aufgabe Wie könnte man alle Aliase finden, die auf ein ungültiges Ziel verweisen?

Lösung Lassen Sie sich mit *Get-Alias* alle Aliase ausgeben und prüfen Sie dann jeweils, ob für die Definition des Alias, also sein Ziel, ein Befehl mittels *Get-Command* abgerufen werden kann:

```
PS> Get-Alias | ForEach-Object { if (!(Get-Command $_.Definition -ea SilentlyContinue)) {$_}}
```

Das Zeichen *!* steht dabei für das logische *Nicht*. Sie hätten stattdessen auch *-not* schreiben dürfen:

```
PS> Get-Alias | ForEach-Object { if (-not(Get-Command $_.Definition -ea SilentlyContinue)) {$_}}
```

Sollte die Zeile bei Ihnen kein Ergebnis liefern, wissen Sie: Mit Ihren Aliasen ist alles in Ordnung. Legen Sie im Zweifelsfall einen defekten Alias an und testen Sie danach erneut:

```
PS> Set-Alias gehtnicht willibald.exe
```

An diesem Beispiel wird deutlich, dass das Ziel eines Alias nicht geprüft wird, wenn Sie den Alias anlegen, sondern erst, wenn Sie versuchen ihn aufzurufen.

Aufgabe In der folgenden Aufgabe haben Sie einen Befehl erstellt, mit dem man nicht mehr funktionierende Aliase ermittelt:

```
PS> Get-Alias | ForEach-Object { if (!(Get-Command $_.Definition -ea SilentlyContinue)) {$_}}
```

Schauen Sie sich die Zeile genau an. Ist das wirklich der beste Weg, die Aufgabe umzusetzen?

Lösung Immer wenn Sie in einer Anweisung ein *ForEach-Object*-Element finden, das lediglich Elemente ausfiltert, sollten Sie alarmiert sein. Das verdächtige Muster sieht also so aus:

```
ForEach-Object { if (irgendwas) { $_ } }
```

Immer, wenn das, was in ein *ForEach-Object* hineingeht, unverändert auch wieder hinausgeht, handelt es sich um einen Filter, der besser mit *Where-Object* formuliert wird. Die Zeile vereinfacht sich dadurch zu:

```
PS> Get-Alias | Where-Object {!(Get-Command $_.Definition -ea SilentlyContinue) }
```

Aufgabe Sie möchten feststellen, ob die WLAN-Netzwerkkarte in einem Computer gehostete Netzwerke unterstützt, also so programmiert werden kann, dass sie selbst zu einem neuen WLAN-Access Point wird. Diese Information wird vom Konsolenbefehl *netsh wlan show drivers* geliefert. Neben vielen anderen Informationen meldet dieser Befehl mit der Zeile *gehostete Netzwerke : Ja*, wenn diese Unterstützung vorhanden ist. Wie könnte man diese Information gezielt und automatisiert über die PowerShell abfragen?

Lösung Im Grunde wollen Sie erfahren, ob der *netsh*-Befehl das Stichwort »gehostete Netzwerke : Ja« zurückliefert. Alle Konsolenbefehle liefern ihre Ergebnisse zeilenweise. Leiten Sie die Ausgabe des Konsolenbefehls über die Pipeline an *Select-String* weiter, kann dieses Cmdlet alle Zeilen aussortieren, die nicht das gesuchte Stichwort enthalten. Anschließend muss nur noch überprüft werden, ob mindestens eine Zeile das gesuchte Stichwort enthält:

```
PS> @(netsh wlan show drivers | Select-String "gehostete Netzwerke  : Ja").Count -gt 0
```

Protokolldateien parsen

Im Alltag eines Administrators wird man häufig mit hässlichen und riesengroßen Protokolldateien konfrontiert, die irgendwo ein paar nützliche Informationen enthalten, allerdings gut versteckt in Unmengen von Datenmüll. Um Ihnen einen Eindruck zu geben, welche Möglichkeiten die PowerShell-Bausteine bieten, um selbst riesige Rohdatensammlungen in nur einer (wenn auch sehr langen) Zeile schnell in sinnvolle Informationen zu verwandeln, schauen Sie sich an, wie die PowerShell aus den Rohdaten aus *windowsupdate.log* eine Aufstellung generiert, aus der genau hervorgeht, welche Updates zu welchem Zeitpunkt installiert wurden:

```
PS> Get-Content $env:windir\windowsupdate.log -Encoding UTF8 | Where-Object { $_ -like
'*successfully installed*'} | ForEach-Object { $infos = $_.Split("`t"); $ergebnis = @{};
$ergebnis.Datum = [DateTime]$infos[6].Remove($infos[6].LastIndexOf(":")); $ergebnis.Produkt =
$infos[-1].SubString($infos[-1].LastIndexOf(":")+2); New-Object PSobject -Property $ergebnis }

Datum               Produkt
-----               -------
13.11.2009 09:41:45 Definition Update for Windows Defender - KB915597 (Defin...
14.11.2009 23:36:50 Sicherheitsupdate für Microsoft Office Excel 2007 (KB973...
14.11.2009 23:38:43 Windows-Tool zum Entfernen bösartiger Software x64 - Nov...
14.11.2009 23:39:00 Sicherheitsupdate für 2007 Microsoft Office System (KB97...
14.11.2009 23:39:12 Update für Microsoft Office Word 2007 (KB974561)
```

```
14.11.2009 23:39:24 Update für den Junk-E-Mail-Filter von Outlook 2007 (KB97...
15.11.2009 22:38:04 Security Update for CAPICOM (KB931906)
27.11.2009 12:01:18 Definition Update for Microsoft Security Essentials - KB...
28.11.2009 11:44:15 Update für Windows 7 für x64-basierte Systeme (KB976098)
28.11.2009 11:47:31 Microsoft Silverlight (KB974331)
10.12.2009 10:10:07 Definition Update for Microsoft Security Essentials - KB...
11.12.2009 03:01:10 Update für Microsoft Office InfoPath 2007 (KB976416)
(...)
```

Get-Content liest den Inhalt der Datei *windowsupdate.log* zeilenweise und verwendet dabei das *UTF8*-Encoding, damit deutsche Umlaute und das *ß* erhalten bleiben:

```
PS> Get-Content $env:windir\windowsupdate.log -Encoding UTF8
```

Where-Object filtert den Inhalt und lässt nur die Zeilen passieren, die das Stichwort *successfully installed* enthalten:

```
Where-Object { $_ -like '*successfully installed*'}
```

Anschließend bearbeitet *ForEach-Object* jede einzelne verbliebene Protokollzeile. Dazu wird die Zeile zuerst mit *Split()* in Einzelinformationen aufgebrochen und als Trennzeichen das Tabulatorzeichen angegeben. Das Ergebnis ist ein Array mit den Einzelinformationen und wird in *$infos* zwischengespeichert.

```
ForEach-Object { $infos = $_.Split("`t");
```

Danach werden daraus die relevanten Informationen extrahiert. Zuerst wird in *$ergebnis* ein leeres Hashtable-Objekt (ein Array, das anstelle von Zahlenindizes Stichworte verwendet) angelegt und dann darin unter dem Namen *Datum* das Datum des Eintrags gespeichert. Das Datum findet sich in der siebten Spalte der Protokollzeile (da der Index eines Arrays bei *0* beginnt, lautet der Index für die Datumsinformation demnach *6*):

```
$ergebnis.Datum = [DateTime]$infos[6].Remove($infos[6].LastIndexOf(":"));
```

Mit *Remove()* werden aus der Datumsinformation alle Zeichen nach dem letzten Doppelpunkt entfernt, sodass ein gültiges Datumsformat entsteht, das dann mit *[DateTime]* in ein Datum umgewandelt werden kann. Außerdem wird der Name des installierten Produkts als *Produkt* gespeichert. Diese Information findet sich in der letzten Spalte, die den Index *-1* trägt. Interessant ist nur der reine Produktname. Er beginnt zwei Zeichen nach dem letzten Doppelpunkt und kann mit *SubString()* aus dem Text extrahiert werden:

```
$ergebnis.Produkt = $infos[-1].SubString($infos[-1].LastIndexOf(":")+2);
```

Zum Schluss wird die Hashtable mit *New-Object* in ein echtes Objekt verwandelt, sodass die Anweisung die aufbereiteten Informationen als PowerShell-Objekt weitergibt:

```
New-Object PSobject -Property $ergebnis
```

Diese PowerShell-Zeile kombiniert also vielfältige Techniken, die bis zu dieser Stelle im Buch noch nicht alle behandelt wurden. Lassen Sie sich nicht abschrecken, sondern neugierig machen, welche Möglichkeiten Ihnen in den nächsten Kapiteln noch begegnen werden. Und denken Sie immer daran: Die PowerShell ist modular. Haben Sie keine Lust, sich mit solch kryptischen Zeilen auseinanderzusetzen, dann profitieren Sie einfach davon, indem Sie die Zeile eben nur nutzen. Am besten verpacken

Sie diese dazu als Funktion, sodass Sie die Liste der installierten Updates künftig über einen einfachen Befehl abrufen können:

```
PS> Function Get-Updates { Get-Content $env:windir\windowsupdate.log -encoding utf8 | Where-Object
{ $_ -like '*successfully installed*'} | ForEach-Object { $infos = $_.Split("`t"); $ergebnis = @{};
$ergebnis.Datum = [DateTime]$infos[6].Remove($infos[6].LastIndexOf(":")); $ergebnis.Produkt =
$infos[-1].SubString($infos[-1].LastIndexOf(":")+2);  New-Object PSobject -property $ergebnis  } }
```

Künftig genügt die Eingabe Ihres neuen Befehls *Get-Updates*:

```
PS> Get-Updates

Datum               Produkt
-----               -------
13.11.2009 09:41:45 Definition Update for Windows Defender - KB915597 (Defin...
14.11.2009 23:36:50 Sicherheitsupdate für Microsoft Office Excel 2007 (KB973...
14.11.2009 23:38:43 Windows-Tool zum Entfernen bösartiger Software x64 - Nov...
(...)
```

Textersetzungen in Dateien

Aktionspipelines können durchaus komplexer sein. Mithilfe des Operators *-replace* kann man beispielsweise Textersetzungen in einzelnen Textzeilen durchführen. Die nächste Anweisung ersetzt die IP-Adresse für einen Server in einer Textzeile:

```
PS> 'Server 10.11.156.55 dc01-s08r2' -replace '10.11.156.55','10.11.120.20'
Server 10.11.120.20 dc01-s08r2
```

Möchten Sie den Text in einer Textdatei ersetzen, verwenden Sie eine Aktionspipeline, damit nicht nur eine Zeile ersetzt wird, sondern alle. Lesen Sie den Inhalt der Textdatei mit *Get-Content* zeilenweise ein, nehmen Sie die Ersetzungen pro Zeile vor und schreiben Sie das Ergebnis zurück in die Datei. Zuerst benötigen Sie dazu natürlich eine Beispieldatei, die der folgende Code für Sie anlegt:

```
function Get-RandomIP($count=1) {
  filter Get-RandomOctet {
    "$(Get-Random 254)"
  }
  $OFS = "."
  1..$count | ForEach-Object {
    "$(1..4 | Get-RandomOctet)"
  }
}

function Get-RandomComputerName($count = 1) {
  $os = "-w7", "-s08r2", "-s03"
  $prefix = "pc_", "dc_", "mob_", "nb_"

  1..$count | ForEach-Object {
    "$($prefix | Get-Random)$('{0:000}' -f (Get-Random 999))$($os | Get-Random)"
  }
}

$file = "$HOME\serverliste.txt"

1..100 | ForEach-Object {
```

```
  '{0,-20} {1,30}' -f (Get-RandomIP),(Get-RandomComputerName)
} | Out-File $file
```

Um nun nachträglich einen Eintrag in der Textdatei zu ersetzen, lesen Sie den Inhalt der Textdatei zeilenweise mit *Get-Content* aus und ersetzen die Einträge der Reihe nach. Das Ergebnis kann danach wieder gespeichert werden:

```
PS> $eingabe = "$HOME\serverliste.txt"
PS> $ausgabe = "$HOME\neueserverliste.txt"

PS> Get-Content $eingabe | ForEach-Object { $_ -replace 'mob_', 'mobile_' } | Out-File $ausgabe

PS> Get-Content $ausgabe
```

TIPP Möchten Sie nebenbei herausfinden, worin sich die beiden Dateien *serverliste.txt* und *neueserverliste.txt* unterscheiden, verwenden Sie *Compare-Object*:

```
PS> Compare-Object (Get-Content $eingabe)  (Get-Content $ausgabe) | Sort-Object InputObject
```

Möchten Sie die Änderungen in dieselbe Datei zurückschreiben, darf dies nicht in demselben Schritt geschehen, weil Dateien nicht gleichzeitig zum Lesen und zum Schreiben geöffnet sein können. Entweder speichern Sie den Dateiinhalt zuerst in einer Variablen:

```
PS> $eingabe = "$HOME\serverliste.txt"

PS> $text = Get-Content $eingabe
PS> $text | ForEach-Object { $_ -replace 'mob_', 'mobile_' } | Out-File $eingabe

PS> Get-Content $eingabe
```

Oder Sie schreiben die geänderten Ergebnisse zuerst in eine zweite Datei und benennen diese anschließend um. Bei großen Dateien ist das der bessere Weg, weil Sie dabei nicht den gesamten Dateiinhalt in einer Variablen speichern müssen, sondern den Dateiinhalt immer nur zeilenweise im Speicher bearbeiten:

```
PS> $eingabe = "$HOME\serverliste.txt"
PS> $ausgabe = "$HOME\neueserverliste.txt"

PS> Get-Content $eingabe | ForEach-Object { $_ -replace 'mob_', 'mobile_' } | Out-File $ausgabe

PS> Remove-Item $eingabe
PS> Rename-Item $ausgabe -NewName (Split-Path $eingabe -Leaf)

PS> Get-Content $eingabe
```

Konsolenbefehle automatisieren

Zwar wird die Pipeline meistens dazu verwendet, Informationen durch nachfolgende Cmdlets zu verfeinern und aufzubereiten, aber man kann sie auch dazu verwenden, Informationen in Anwendungen einzuspeisen, als hätte man diese Informationen interaktiv eingegeben. So lassen sich Befehle automatisieren, die normalerweise zwingend interaktive Eingaben erfordern.

Müssen Sie beispielsweise ein neues Laufwerk formatieren, wird dazu der Befehl *format* verwendet. Der jedoch fragt aus Sicherheitsgründen einige Informationen ab, bevor er tätig wird.

ACHTUNG Das Formatieren eines Laufwerks vernichtet alle Daten auf dem Laufwerk und ist niemals eine beiläufige Angelegenheit. Die Sicherheitsabfragen des Formatierungsbefehls haben also ihren Sinn. Für Automationszwecke, die unbeaufsichtigt ablaufen sollen, kann es allerdings ebenso sinnvoll sein, die Sicherheitsabfragen zu umgehen. Dann allerdings sind Sie allein verantwortlich dafür, dass auch tatsächlich das richtige Laufwerk formatiert wird.

Die folgenden Beispiele formatieren das Laufwerk »I:« mit der Laufwerksbezeichnung *Volume*. Passen Sie die Angaben gegebenenfalls an Ihre Umgebung an.

```
format i: /FS:NTFS /Q
Der Typ des Dateisystems ist NTFS.
Geben Sie die aktuelle Volumebezeichnung für Laufwerk I: ein:
```

Zunächst werden Sie also aufgefordert, die aktuelle Laufwerksbezeichnung des Laufwerks einzugeben, um sicherzustellen, dass Sie nicht versehentlich das falsche Laufwerk formatieren. Die Laufwerksbezeichnung eines Laufwerks wird im Windows-Explorer neben dem Laufwerksbuchstaben genannt. Das Laufwerk in diesem Beispiel trägt die Laufwerksbezeichnung *Volume*. Über die PowerShell-Pipeline kann die geforderte Eingabe an den Befehl geschickt werden, sodass man sie nicht länger interaktiv einzugeben braucht:

```
"Volume" | format i: /FS:NTFS /Q
Der Typ des Dateisystems ist NTFS.
Geben Sie die aktuelle Volumebezeichnung für Laufwerk I: ein:
ACHTUNG: ALLE DATEN AUF DEM
FESTPLATTENLAUFWERK I: GEHEN VERLOREN!
Formatierung durchführen (J/N)?
ACHTUNG: ALLE DATEN AUF DEM
FESTPLATTENLAUFWERK I: GEHEN VERLOREN!
Formatierung durchführen (J/N)? PS>
```

Der Befehl akzeptiert die mitgelieferte Laufwerksbezeichnung zwar, doch anschließend folgt eine weitere Sicherheitsabfrage, bei der Sie *J* eingeben müssen, damit die Formatierung tatsächlich gestartet wird. Die PowerShell-Pipeline kann beliebig viele Zusatzinformationen an den folgenden Befehl liefern. Wie dies geschieht, haben Sie in den vorangegangenen Beispielen schon gesehen: Verwenden Sie ein Komma, um die Einzelinformationen in einem Array zu verpacken:

```
"Volume", "J" | Format i: /FS:NTFS /Q
Der Typ des Dateisystems ist NTFS.
Geben Sie die aktuelle Volumebezeichnung für Laufwerk I: ein:
ACHTUNG: ALLE DATEN AUF DEM
FESTPLATTENLAUFWERK I: GEHEN VERLOREN!
Formatierung durchführen (J/N)? Formatieren mit Schnellformatierung 14999 MB
Volumebezeichnung (32 Zeichen, EINGABETASTE für keine)? Struktur des Dateisystems wird erstellt.
Formatieren beendet.
        14,6 GB Speicherplatz insgesamt.
        14,6 GB sind verfügbar.
```

Das Beispiellaufwerk *I:* wurde nun erfolgreich unbeaufsichtigt formatiert, weil die erforderlichen Bestätigungen vorab auf die Pipeline gelegt und so an den folgenden Befehl weitergereicht wurden.

PROFITIPP Die Automation nativer Anwendungen wie *format.com* über die PowerShell-Pipeline ist nur ein Beispiel für ihre Flexibilität, birgt aber auch Risiken. Zwar können Sie über die Pipeline Informationen an native Konsolenanwendungen weiterreichen, haben aber keinen Einfluss darauf, ob und wie diese Informationen vom Befehl weiterverarbeitet werden. Reagiert dieser unerwartet anders als geplant und erfordert andere Eingaben, kann der Aufruf scheitern. Auf einem englischen System würde *format.com* beispielsweise zur Bestätigung nicht *J*, sondern *Y* erwarten.

Falls Sie sich gerade fragen, wie Sie die aktuelle Laufwerksbezeichnung eines Laufwerks automatisiert ermitteln, um den gesamten Formatierungsvorgang für beliebige Laufwerke zu automatisieren, kennen Sie die Lösung bereits: greifen Sie zu WMI:

```
(Get-WmiObject win32_LogicalDisk -Filter 'DeviceID="I:"').VolumeName
```

Sollte dieser Befehl kein Ergebnis liefern, gibt es auf Ihrem System entweder kein Laufwerk mit dem Laufwerksbuchstaben »I:«, oder diesem Laufwerk ist kein Laufwerksbuchstabe zugewiesen. Das können Sie aber leicht nachholen, sofern Sie über Administratorrechte verfügen:

```
$drive = Get-WmiObject win32_LogicalDisk -Filter 'DeviceID="I:"'
$drive.VolumeName = "TestDrive"
$drive.PSBase.Put()
```

Ausblick auf weitere Möglichkeiten

Erinnern Sie sich noch an das Beispiel von Seite 219, als eine Konversionspipeline aus WMI-Objekten die IP-Adressen bestimmt hat? Die Konversionspipeline kann noch mehr: Um die IPv4- von den IPv6-Adressen zu trennen, könnte eine weitere Konversion die Textadressen in *IPAddress*-Objekte umwandeln, aus denen hervorgeht, um was für eine Art von IP-Adresse es sich eigentlich handelt. Diese Umwandlung geschieht, indem Sie den gewünschten .NET-Typ in eckigen Klammern vor den umzuwandelnden Text schreiben – und soll einen kleinen Ausblick geben, was mit .NET-Typen und Typumwandlungen sonst noch möglich ist, die Sie in Kapitel 9 kennenlernen:

```
PS> Get-WmiObject Win32_NetworkAdapterConfiguration | Where-Object { $_.IPEnabled -eq $true } |
ForEach-Object { $_.IPAddress } | ForEach-Object { [IPAddress]$_ }

Address            : 1728227520
AddressFamily      : InterNetwork
ScopeId            :
IsIPv6Multicast    : False
IsIPv6LinkLocal    : False
IsIPv6SiteLocal    : False
IPAddressToString  : 192.168.2.103

Address            :
AddressFamily      : InterNetworkV6
ScopeId            : 0
IsIPv6Multicast    : False
IsIPv6LinkLocal    : True
IsIPv6SiteLocal    : False
IPAddressToString  : fe80::ad62:ac4d:4dea:936d
(...)
```

Anschließend kann mit *Where-Object* gefiltert werden, sodass nur noch IPv4-Adressen die Pipeline passieren dürfen. Die eigentliche IP-Adresse findet sich in den *IPAddress*-Objekten in der Eigenschaft *IPAddressToString*, sodass die Konversionspipeline zum Schluss die Objekte nur noch auf diese Eigenschaft reduziert:

```
PS> Get-WmiObject win32_NetworkAdapterConfiguration | Where-Object { $_.IPEnabled -eq $true } |
ForEach-Object { $_.IPAddress } | ForEach-Object { [IPAddress]$_ } | Where-Object {
$_.AddressFamily -eq 'Internetwork'  } | ForEach-Object { $_.IPAddressToString }
192.168.2.103
192.168.2.111
```

Alternativ hätten Sie die Reduktion der Objekte auf eine ihrer Eigenschaften, wie Sie inzwischen wissen, auch mit *Select-Object -ExpandProperty* durchführen können:

```
PS> Get-WmiObject win32_NetworkAdapterConfiguration | Where-Object { $_.IPEnabled -eq $true } |
Select-Object -ExpandProperty IPAddress | ForEach-Object { [IPAddress]$_ } | Where-Object {
$_.AddressFamily -eq 'Internetwork'  } | Select-Object -ExpandProperty IPAddressToString
192.168.2.103
192.168.2.111
```

Denken Sie wieder an den modularen Charakter der PowerShell: Benötigen Sie die zugewiesenen IP-Adressen häufiger, verpacken Sie die Konversionspipeline als Funktion, die Sie z.B. *Get-IPAddresses* nennen:

```
PS> function Get-IPAddresses { Get-WmiObject win32_NetworkAdapterConfiguration | Where-Object {
$_.IPEnabled -eq $true } | ForEach-Object { $_.IPAddress } | ForEach-Object { [IPAddress]$_ } |
Where-Object { $_.AddressFamily -eq 'Internetwork'  } | ForEach-Object { $_.IPAddressToString } }
```

Künftig genügt dann der neue Befehl *Get-IPAddresses*, um die aktuell zugewiesenen IP-Adressen Ihres Computers zu bestimmen:

```
PS> Get-IPAddresses
192.168.2.103
192.168.2.111
```

Das Ergebnis dieses Befehls kann selbstverständlich wiederum Teil einer Pipeline sein oder in andere Ausgaben eingebunden werden:

```
# Ergebnis sortieren:
PS> Get-IPAddresses | Sort-Object -desc

# Anzahl der IP-Adressen bestimmen:
PS> "Anzahl der zugewiesenen IP-Adressen: $(@(Get-IPAddresses).Count)"
PS> 'Anzahl der zugewiesenen IP-Adressen: {0}' -f @(Get-IPAddresses).Count
```

Zusammenfassung

Die Pipeline verkettet mit dem Zeichen »|« mehrere Befehle zu einer »Produktionseinheit«. Die Ergebnisse eines Befehls werden so an den nachfolgenden Befehl weitergeleitet, der diese dann bearbeitet und wiederum weitergibt. Dazu ist es nötig, dass Befehle in der Pipeline auch tatsächlich in der Lage sind, die Ergebnisse des vorangegangenen Befehls zu empfangen. Befehle, die dies nicht unterstützen, kann man in *ForEach-Object* einbetten und auf diese Weise nachträglich pipelinekompatibel machen.

Man unterscheidet drei grundsätzliche Pipelineaufgaben: Datenpipelines verfeinern Rohdaten, indem sie z.B. unerwünschte Informationen ausklammern. Konversionspipelines verändern Daten und könnten beispielsweise aus einer Zahlenfolge Lottozahlen oder IP-Adressen generieren. Aktionspipelines liefern gar keine Daten, sondern führen mit den Ergebnissen Aktionen durch, löschen also beispielsweise veraltete Dateien oder stoppen Dienste.

Damit die Möglichkeiten der Pipeline maximal genutzt werden können, ist ein erstes Grundverständnis von Objekten nötig. Während eine Pipeline läuft, werden die Ergebnisse in Echtzeit als Objekte von Befehl zu Befehl transportiert. Objekte speichern Informationen in verschiedenen Eigenschaften. Über den Namen einer Eigenschaft greift man auf diese Information zu und kann z.B. danach sortieren oder gruppieren.

Die Pipeline unterscheidet zwischen einem sequenziellen und einem Streamingmodus. Beim Streamingmodus werden die einzelnen Ergebnisse in Echtzeit durch die Befehlskette geschickt. Beim sequenziellen Modus werden die Ergebnisse eines Befehls dagegen zuerst gesammelt und dann im Pulk an den nächsten Befehl weitergegeben. Welcher Modus verwendet wird, hängt von den Befehlen ab, die Sie in der Pipeline einsetzen. *Sort-Object* muss die Ergebnisse beispielsweise zuerst sammeln, um sie anschließend sortieren zu können, und versetzt die Pipeline deshalb in den sequenziellen Modus.

In diesem Kapitel haben Sie die speziellen Cmdlets aus Tabelle 6.2 sowie einige allgemeine Cmdlets aus den vergangenen Kapiteln eingesetzt.

Cmdlet	Beschreibung	Siehe Seite
Sort-Object	Sortiert die Ergebnisse eines Befehls oder ein Array	196, 213
Get-Random	Wählt zufällige Elemente aus den Ergebnissen eines Befehls oder einem Array aus	197
Out-GridView	Stellt die Ergebnisse in einem Tabellenfenster dar	197
Out-Printer	Druckt die Ergebnisse auf dem Standarddrucker	198
Out-File	Schreibt die Ergebnisse in eine Datei	198
Select-Object	Entfernt unerwünschte Eigenschaften aus den Ergebnissen, kopiert Objekte und kann versteckte Objekteigenschaften sichtbar machen	200, 202, 211
ForEach-Object	Bearbeitet jedes einzelne Ergebnis, während es durch die Pipeline geleitet wird	201, 216
Where-Object	Entfernt Ergebnisse aus der Pipeline, basierend auf Filterkriterien	204
Measure-Command	Misst die Ausführungszeit eines Befehls	225
Group-Object	Gruppiert Ergebnisse basierend auf einer Eigenschaft	220
Measure-Object	Misst Häufigkeiten von Ergebnissen	225
Compare-Object	Vergleicht Ergebnisse miteinander und findet Unterschiede	240

Tabelle 6.2 In diesem Kapitel eingesetzte PowerShell-Cmdlets

Ihnen sind außerdem die Sonderzeichen und Variablen aus Tabelle 6.3 begegnet.

Sonderzeichen	Bedeutung
$(...)	Variable, deren Inhalt durch Auswertung des Codes in runden Klammern ermittelt wird
$_	Laufvariable innerhalb von Cmdlets wie *ForEach-Object* oder *Where-Object*, die das jeweils aktuell durch die Pipeline laufende Objekt repräsentiert
$env:windir	Zugriff auf eine Umgebungsvariable, hier beispielsweise der Pfadname des Windows-Ordners
$null	Nullwert, entspricht leeren Eigenschaften. Nicht zu verwechseln mit leerem Text, der über »''« repräsentiert wird (zwei einfache Anführungszeichen ohne Inhalt dazwischen).
$PID	Prozess-ID des aktuellen PowerShell-Hosts
%	Alias für *ForEach-Object*
*	Platzhalterzeichen, das für beliebige und beliebig viele Zeichen steht
?	Alias für *Where-Object*
[a-f]	Platzhalter, steht für die Kleinbuchstaben *a* bis *f*
{}	Skriptblock mit ausführbarem Code
|	Verkettet Befehle zu einer Pipeline

Tabelle 6.3 PowerShell-Sonderzeichen und vordefinierte Variablen, die in diesem Kapitel verwendet wurden

Sie haben auch schon einige Vergleichsoperatoren eingesetzt (Tabelle 6.4), mit denen man Bedingungen formuliert. Mehr Informationen zu Vergleichen und Bedingungen finden Sie in Kapitel 12.

Operator	Beschreibung	Siehe Seite
-and	Verknüpft zwei Bedingungen, die beide erfüllt sein müssen	204
-eq	Prüft auf Gleichheit. Texte müssen exakt gleich sein. Groß- und Kleinschreibung wird nicht unterschieden. Alternative: *-ceq*.	205
-gt	Größer als; prüft, ob ein Wert größer ist	207
-like	Prüft auf ein Stichwort im Text und unterstützt Platzhalterzeichen	205
-lt	Kleiner als; prüft, ob ein Wert kleiner ist	207
-ne	Nicht gleich, unterscheidet nicht zwischen Groß- und Kleinschreibung. Alternative: *-cne*.	204
-notlike	Gegenstück zu *-like*, gibt *$true* zurück, wenn das Stichwort *nicht* im Text enthalten ist	206
-or	Verknüpft zwei Bedingungen, von denen mindestens eine erfüllt sein muss	204
-replace	Ersetzt einen Text in einem anderen Text	240

Tabelle 6.4 Wichtige Vergleichsoperatoren und logische Operatoren, die in diesem Kapitel eingesetzt wurden

Kapitel 7

Pipelineergebnisse exportieren

In diesem Kapitel:

Legen Sie die Hände in den Schoß und ergeben Sie sich Ihrem Schicksal, dann gibt die PowerShell alle Ergebnisse stets als Text in der Konsole aus. Dabei entsteht die süße Illusion, als würden PowerShell-Befehle wie in alten Tagen bloß unschuldigen Text zurückliefern. Dass das keineswegs so ist, haben Sie schon im letzten Kapitel erkannt. Die PowerShell arbeitet intern immer mit hochmodernen Objekten, die erst am Schluss auf ein althergebrachtes Textformat reduziert werden, um überhaupt in der Konsole angezeigt werden zu können. In diesem Kapitel erfahren Sie, wie diese Objekt-zu-Text-Konversion wirklich funktioniert und wie Sie eingreifen können, wenn Sie die Ergebnisse lieber als HTML-Report, in Excel oder als XML weiterverarbeiten möchten. Zuständig dafür sind drei Cmdlet-Gruppen, die Sie in wenigen Momenten in Aktion erleben:

Cmdlet-Gruppe	Beschreibung	Siehe Seite
Format-, Out-**	Ergebnisse in reinen Text verwandeln und speichern, drucken oder auf anderen Ausgabegeräten ausgeben	254
*Export-**	Ergebnisse als Objekte an andere Programme weitergeben, z.B. in Form kommaseparierter Listen oder als XML	266
*ConvertTo-**	Ergebnisse in andere Darstellungsformen bringen, z.B. HTML, und dann als Report im Webbrowser anzeigen	273

Tabelle 7.1 Diese Cmdlet-Gruppen kontrollieren, wie Ergebnisse angezeigt werden

Die Ausgabeautomatik der PowerShell verstehen

Die PowerShell verwendet anders als die meisten anderen Skriptsprachen keine besonderen Ausgabebefehle. Kümmern Sie sich nicht selbst um die Ausgabe, dann übernimmt die PowerShell das vollautomatisch. Deshalb genügt es in PowerShell für Textausgaben, einfach den gewünschten Text »liegen zu lassen«:

```
PS> 'Diesen Text möchte ich ausgeben!'
Diesen Text möchte ich ausgeben!
```

Dasselbe gilt für einzelne Befehle oder die Pipeline: Fügen Sie keinen besonderen Ausgabebefehl an, übernimmt die PowerShell die Ausgabe:

```
PS> Get-Content $env:windir\windowsupdate.log
PS> Get-Process | Sort-Object CPU
```

Hinter den Kulissen fügt die PowerShell nämlich an alle Befehle automatisch den Befehl *Out-Default* an. Tatsächlich führt die PowerShell also im letzten Beispiel diese Zeilen aus:

```
PS> Get-Content $env:windir\windowsupdate.log | Out-Default
PS> Get-Process | Sort-Object CPU | Out-Default
```

Es lohnt sich, diese Automatik genauer zu verstehen, weil Sie auch davon abweichen und die Resultate Ihrer PowerShell-Befehle anders formatiert ausgeben und zu anderen Ausgabegeräten senden können.

Ausgaben besser formatieren

Hängen Sie ans Ende Ihres Befehls oder Ihrer Pipeline einen Befehl mit der Tätigkeit *Format*, bestimmen Sie selbst die Formatierung der Ausgabe. Die PowerShell verwendet dann nicht länger ihre automatische Formatierung. Dabei stehen die *Format*-Cmdlets aus Tabelle 7.2 zur Auswahl.

Cmdlet	Beschreibung	Seite
Format-List	Stellt die Objekteigenschaften untereinander dar. Dies ist normalerweise die Vorgabe, wenn ein Objekt fünf oder mehr Eigenschaften hat oder wenn in den internen Formatierungsanweisungen dieses Objekttyps die Listendarstellung festgelegt ist.	253
Format-Table	Stellt die Objekteigenschaften spaltenweise nebeneinander dar. Dies ist normalerweise die Vorgabe, wenn ein Objekt vier oder weniger Eigenschaften hat oder wenn in den internen Formatierungsanweisungen dieses Objekttyps die Tabellendarstellung festgelegt ist.	249
Format-Wide	Stellt nur die Haupteigenschaft eines Objekts in mehreren Spalten dar. Wie viele Spalten verwendet werden sollen, kann festgelegt werden.	254
Format-Custom	Führt eine Spezialkonversion auf der Basis der im *Extended Type System* (ETS) hinterlegten Anforderungen durch und wird vor allem von der PowerShell intern eingesetzt	254

Tabelle 7.2 Formatierungs-Cmdlets

Kurz und knapp ...

Geben Sie keinen besonderen Ausgabebefehl, leitet die PowerShell die Ergebnisse je nach Objektart an ein *Format*-Cmdlet und dann an *Out-Host* weiter. Am Ende jedes Befehls und jeder Pipeline stehen also zuerst ein *Format*- und dann ein *Out*-Cmdlet. Indem Sie selbst ein *Format*-Cmdlet ans Ende Ihres Befehls hängen, können Sie diese Vorgabe überschreiben und die Formatierung der Ergebnisse selbst festlegen. Hängen Sie dahinter auch noch ein *Out*-Cmdlet, leiten Sie die Ergebnisse an andere Ausgabegeräte, sodass sie nicht mehr in der Konsole erscheinen.

Weder *Format*- noch *Out*-Cmdlets sind Pflicht. Wenn Sie diese aber einsetzen, müssen Sie sich streng an diese Reihenfolge halten: Das *Format*-Cmdlet muss am Ende des Befehls oder der Pipeline stehen. Danach darf höchstens noch ein *Out*-Cmdlet folgen. Ein *Out*-Cmdlet schließt den Befehl (fast) immer ab, sodass danach in der Regel keine weiteren Befehle mehr folgen dürfen.

Ergebnisse als Tabelle

Format-Table stellt die Ergebnisse tabellenartig dar, wobei alle Objekteigenschaften zu Spalten werden. Weil die Breite der Konsole begrenzt ist, sollten Sie diese Darstellung nur dann wählen, wenn das Objekt nur relativ wenige Eigenschaften besitzt oder andernfalls *Format-Table* die Objekteigenschaften angeben, die angezeigt werden sollen:

```
PS> Get-Process | Format-Table Name, Company, CPU
```

Wählen Sie zu viele Objekteigenschaften aus, z.B. wenn Sie das Platzhalterzeichen »*« einsetzen, wird deutlich, wieso es so wichtig ist, dass die PowerShell normalerweise selbst die passende Anzeige wählt, denn nun werden die Ergebnisse in den verfügbaren Raum gequetscht und sind nicht mehr lesbar:

```
PS> Get-Process | Format-Table *

WARNUNG: 25 Spalten passen nicht in die Anzeige und wurden entfernt.

_ N H V W P N P C C F P D P I P H W P P V T B E H E H M M M M M M M N N P P P P
_ a a M S M P a o P i r e r d r a o a r i o a x a x a a a a a a i o o o a a a e
N̄ m n       M t m U l o s o   i n r g i r t s i s i n c i i i x n d n n g g g a
o e d         h p   e d c d   o d k e v t a e t E t d h n n n W W u p p e e e k
u   l           a   V u r u   r l i d a u l P C x T l i W W M o o l a a d d d P
 (...)
```

Format-Table darf auch ohne Angabe von erwünschten Spaltennamen verwendet werden. Dann übernimmt das Cmdlet die Standardspalten, auf welche die PowerShell sonst automatisch zurückgegriffen hätte. Sie können auf diese Weise die Standardausgabe in ein bestimmtes Format, beispielsweise die Tabellendarstellung, zwingen:

```
PS> Get-Alias | Format-Table

CommandType     Name                            Definition
-----------     ----                            ----------
Alias           %                               ForEach-Object
Alias           ?                               Where-Object
Alias           ac                              Add-Content
Alias           asnp                            Add-PSSnapIn
(...)
```

Was die Frage aufwirft, warum man dies tun sollte, da die PowerShell in diesem Fall auch ohne *Format-Table* die Tabellendarstellung gewählt hätte. Ein guter Grund sind die zusätzlichen Parameter, die *Format-Table* unterstützt.

Kompakte Tabellen ohne Platzverschwendung

Wenn Sie sich die Ausgabe der letzten beiden Beispiele genauer ansehen, werden Sie feststellen, dass die PowerShell die Ausgaben normalerweise gleichmäßig auf den vorhandenen Platz aufteilt. Das passiert aus einem guten Grund, denn die Ausgabe geschieht normalerweise in Echtzeit. Sobald *Format-Table* vom Vorgängerbefehl das erste Ergebnis empfängt, gibt es dieses auch schon aus. *Format-Table* weiß deshalb nicht, wie viele Ergebnisse noch folgen werden und ob die Informationen darin umfangreicher sind als beim ersten empfangenen Objekt. Deshalb muss *Format-Table* vorausschauend die Spaltenbreiten großzügig dimensionieren, damit die Informationen nachfolgender Ergebnisse möglichst nicht abgeschnitten werden. Das kann zur Folge haben, dass die Ergebnisse auf dem Bildschirm (und später auch in Ausdrucken oder auf anderen Ausgabegeräten) relativ luftig erscheinen.

Mit dem Parameter *-AutoSize* weisen Sie *Format-Table* an, den Echtzeitmodus zu durchbrechen. Jetzt sammelt *Format-Table* zuerst alle Ergebnisse, ermittelt dann daraus die optimale Spaltenbreite und stellt eine möglichst kompakte Tabelle dar:

```
PS> Get-Alias | Format-Table -AutoSize
```

```
CommandType Name    Definition
----------- ----    ----------
Alias       %       ForEach-Object
Alias       ?       Where-Object
Alias       ac      Add-Content
(...)
```

Die Spaltenbreiten sind jetzt also nur noch so breit wie tatsächlich erforderlich. Der Preis, den Sie dafür zahlen, ist aber der Echtzeitcharakter, der verloren geht. Solange also der erste Befehl Ergebnisse liefert, sehen Sie keine Ausgabe. Erst wenn alle Ergebnisse vorliegen, werden diese auf einen Schlag ausgegeben. Führt ein Befehl zu sehr vielen Ergebnissen, kann das lange Wartezeiten zur Folge haben, in denen die PowerShell nicht zu reagieren scheint, und weil alle Ergebnisse zwischengespeichert werden müssen, können im Extremfall auch Speicherengpässe auftreten:

```
PS> Get-EventLog System | Format-Table -AutoSize
```

Verwenden Sie *-AutoSize* deshalb mit Bedacht und nur für Ausgaben, die Sie vorher auf ein vernünftiges Maß gestutzt haben, beispielsweise, indem Sie diese zuerst auf die Ergebnisse reduzieren, an denen Sie wirklich interessiert sind:

```
PS> Get-EventLog System -EntryType Error -Newest 10 | Format-Table -AutoSize

Index Time         EntryType Source        InstanceID Message
----- ----         --------- ------        ---------- -------
18360 Feb 17 09:49 Error     Ntfs          3221487671 Die Dateisystemstruktu...
18243 Feb 16 14:13 Error     WMPNetworkSvc 3222091805 Die Beschreibung für E...
17985 Feb 15 11:58 Error     Ntfs          3221487671 Die Dateisystemstruktu...
17982 Feb 15 11:57 Error     Ntfs          3221487671 Die Dateisystemstruktu...
(...)
```

Gruppierte Tabellen erzeugen

Mit dem Parameter *-GroupBy* kann *Format-Table* die gelieferten Informationen auch nach einer Objekteigenschaft gruppieren. Geben Sie dazu dem Parameter *-GroupBy* den Spaltennamen an, nach dem Sie gruppieren wollen. Die folgende Zeile gibt beispielsweise alle Aliase gruppiert nach der Eigenschaft *Definition* aus. So sehen Sie auf einen Blick, welche Aliase auf welche Befehle zeigen und ob es für bestimmte Befehle wie beispielsweise im Fall von *Copy-Item* mehrere Aliase gibt:

```
PS> Get-Alias | Format-Table -GroupBy Definition
(...)
   Definition: Copy-Item

CommandType      Name                             Definition
-----------      ----                             ----------
Alias            copy                             Copy-Item
Alias            cp                               Copy-Item
Alias            cpi                              Copy-Item


   Definition: Copy-ItemProperty

CommandType      Name                             Definition
-----------      ----                             ----------
Alias            cpp                              Copy-ItemProperty
(...)
```

Möchten Sie lieber alle laufenden Programme gruppiert nach Hersteller sehen, probieren Sie stattdessen diese Zeile:

```
PS> Get-Process | Format-Table -GroupBy Company
```

TIPP Der Parameter *-GroupBy* gruppiert die Ergebnisse zwar, sortiert sie aber nicht. Eine eindeutige Gruppenbildung setzt also voraus, dass Sie die Ergebnisse zuvor nach der Eigenschaft, nach der gruppiert werden soll, zuerst sortieren:

```
PS> Get-Process | Sort-Object Company | Format-Table -GroupBy Company
```

Wie Sie sehen, muss die Eigenschaft, die Sie bei *GroupBy* angeben, nicht sichtbar sein. Es genügt, dass sie im Objekt enthalten ist. Wissen Sie noch, wie Sie alle Eigenschaften eines Objekts sichtbar machen? Genau: indem Sie die Objekte an *Select-Object* * weiterleiten:

```
PS> Get-Process | Select-Object *
```

Etwas ungewöhnlicher ist der Parameter *-View*. Mit ihm kann man auf vordefinierte Views (Ansichten) zugreifen, welche die PowerShell für den jeweiligen Objekttyp bereithält.

```
PS> Get-Process | Format-Table -View StartTime
PS> Get-Process | Format-Table -View Priority
```

Leider gibt es keine (einfache) Möglichkeit, die verfügbaren Ansichten für einen bestimmten Objekttyp abzufragen. Entweder kennt man also die Namen der verfügbaren Ansichten oder man ist aufgeschmissen. Deshalb hat sich dieser Parameter auch nicht durchgesetzt und wird kaum verwendet.

Tabellen ohne abgeschnittene Informationen

Weil die Breite der Konsole begrenzt ist, kann es bei der Tabellendarstellung immer wieder passieren, dass der Inhalt der Spalten abgeschnitten erscheint. Die PowerShell fügt dann hinter abgeschnittene Einträge drei Punkte an:

```
PS> Get-EventLog System -Newest 3

   Index Time          EntryType   Source                 InstanceID Message
   ----- ----          ---------   ------                 ---------- -------
   18599 Feb 19 08:53  Information Service Control M...   1073748860 Dienst ...
   18598 Feb 19 08:53  Information Service Control M...   1073748860 Dienst ...
   18597 Feb 19 08:52  Information Service Control M...   1073748860 Dienst ...
(...)
```

Wenn das passiert, kann man *Format-Table* mit dem Parameter *-Wrap* beauftragen, die Zeilen nicht abzuschneiden, sondern umzubrechen:

```
PS> Get-EventLog System -Newest 3 | Format-Table -Wrap

   Index Time          EntryType   Source                  InstanceID Message
   ----- ----          ---------   ------                  ---------- -------
   18601 Feb 19 08:54  Information Service Control Manager 1073748860 Dienst "Computerbrowser"
                                                                      befindet sich jetzt im Status
                                                                      "Beendet".

(...)
```

Ist der Platz viel zu knapp, kann es auch passieren, dass Spalten gar nicht angezeigt werden. In diesem Fall hilft der Parameter *-Wrap* natürlich nicht weiter. Die PowerShell zeigt an, welche Spalten nicht angezeigt werden konnten. Im folgenden Beispiel wurde die Spalte *Message* ausgeblendet:

```
PS> Get-EventLog System -Source *Update* -Newest 3 | Format-Table -AutoSize

WARNUNG: Die Spalte Message passt nicht in die Anzeige und wurde entfernt.

Index Time         EntryType   Source                                 InstanceID
----- ----         ---------   ------                                 ----------
18559 Feb 19 08:28 Information Microsoft-Windows-WindowsUpdateClient          19
18380 Feb 17 11:03 Information Microsoft-Windows-WindowsUpdateClient          27
18263 Feb 16 15:17 Information Microsoft-Windows-WindowsUpdateClient          19
```

Sie können in diesem Fall den Platz besser aufteilen und z.B. angezeigte Spalten ausblenden, die Sie nicht benötigen, um Platz für die ausgeblendete Spalte zu schaffen. Dazu geben Sie *Format-Table* an, welche Spalten Sie sehen wollen:

```
PS> Get-EventLog System -Source *Update* -Newest 3 | Format-Table -AutoSize TimeGenerated,
EntryType, Message -Wrap

TimeGenerated       EntryType Message
-------------       --------- -------
19.02.2010 08:28:32 Information Installation erfolgreich: Das folgende Update wurde installiert.
                              Definition Update for Microsoft Security Essentials - KB972696
                              (Definition 1.75.965.0)
17.02.2010 11:03:38 Information "Automatische Updates" wurde angehalten.
16.02.2010 15:17:50 Information Installation erfolgreich: Das folgende Update wurde installiert.
                              Definition Update for Microsoft Security Essentials - KB972696
                              (Definition 1.75.827.0)
```

TIPP Haben Sie genau hingeschaut? Obwohl die Standardspalte *Time* hieß, wählt das letzte Beispiel die Spalte *TimeGenerated* aus. Eine Spalte *Time* existiert im Objekt nämlich eigentlich nicht. Sie haben bereits im letzten Kapitel über diese (lästigen) Anpassungen gelesen und wissen auch, dass Sie die echten Objekteigenschaften immer herausfinden, indem Sie die Objekte an *Select-Object* * weiterleiten. Alternativ funktioniert das übrigens auch mit *Format-List* *.

Ergebnisse als Liste

Format-List stellt die Ergebnisse listenweise dar, wobei alle Objekteigenschaften untereinander angezeigt werden. Dieses Format benötigt also kaum Platz in der Breite, weil pro Zeile immer nur eine Objekteigenschaft angezeigt wird. Deshalb verwendet PowerShell dieses Format normalerweise automatisch bei Objekten, die fünf oder mehr Eigenschaften besitzen. Geben Sie *Format-List* selbst an, zwingen Sie PowerShell in die Listendarstellung, selbst wenn es eigentlich sonst die Tabellenanzeige verwendet hätte:

```
PS> Get-Process
PS> Get-Process | Format-List
```

Auch *Format-List* akzeptiert eine Liste mit den Namen derjenigen Objekteigenschaften, die Sie anzeigen wollen. Verwenden Sie das Sternchen, um sämtliche Objekteigenschaften zu sehen:

```
PS> Get-Process | Format-List *
PS> Get-Process | fl *
```

Mehrspaltige Anzeige

Format-Wide wird sehr viel seltener eingesetzt als *Format-Table* oder *Format-List*. Mit diesem Cmdlet stellt man Ergebnisse mehrspaltig dar, wobei diesmal pro Objekt aber nur eine einzige Eigenschaft angezeigt wird. Deshalb eignet sich *Format-Wide* eigentlich nur für die Anzeige vieler Ergebnisse auf minimalem Raum, wenn die Anzeige einer einzigen Eigenschaft ausreicht:

```
PS> Get-Service | Format-Wide -Column 5
```

PROFITIPP *Format-Custom* wird im Alltag fast nie eingesetzt, denn dieses Cmdlet erfordert besondere Ausgabedefinitionen, mit denen ein Programmierer die Ausgabe beispielsweise in XML oder in andere Form bringen kann. Verwenden Sie *Format-Custom* trotzdem, greift die PowerShell auf eine Standardausgabedefinition zurück, mit der man sich zumindest die Objektstruktur eines Objekts besonders bequem veranschaulichen und die ineinander verschachtelten Informationen begutachten kann:

```
PS> Get-Process -Id $PID | Format-Custom * -Depth 5

class Process
{
  __NounName = Process
  Name = powershell
  Handles = 850
  (...)
  Description = Windows PowerShell
  Product = Betriebssystem Microsoft® Windows®
  Id = 2068
  TotalProcessorTime =
    class TimeSpan
    {
      Ticks = 863933538
      Days = 0
      Hours = 0
      Milliseconds = 393
      (...)
    }
  BasePriority = 8
  (...)
```

Ergebnisse als Text ausgeben

Normalerweise sendet die PowerShell alle Ergebnisse an *Out-Host*. Dabei werden die Ergebnisse auf Text reduziert und dann in die Konsole ausgegeben. Alternativ dürfen Sie an Ihre Befehle auch ein anderes *Out*-Cmdlet anhängen. Auf diese Weise leiten Sie die Ergebnisse um und geben sie in anderer Form aus, z.B. auf einem Drucker oder als Datei.

Das Geheimnis der Textumwandlung

Falls Sie gerade in Zeitnot sind, können Sie diesen Abschnitt überspringen und einfach die Regel beherzigen: *Format*-Cmdlets und *Out*-Cmdlets gehören ans Ende Ihres Befehls. Haben Sie etwas mehr Zeit, sollten Sie sich anschauen, wie die Textumwandlung der *Out*-Cmdlets genau funktioniert, denn dieser Vorgang wird häufig nicht richtig verstanden und ist wichtig, um diese Umwandlung genau zu kontrollieren.

Zunächst gilt: Alle *Out*-Cmdlets wandeln die Ergebnisse in reinen Text um. Dabei verlieren die Ergebnisse also ihre Objektnatur, was meistens zu einem erheblichen Informationsverlust führt. Möchten Sie die Objektnatur nicht verlieren, dürfen Sie also keine *Out*-Cmdlets einsetzen, sondern greifen besser auf *Export*-Cmdlets zurück, die im nächsten Abschnitt beschrieben werden. Damit ein *Out*-Cmdlet die Objekte in Text verwandeln kann, benötigt es immer die Dienste eines *Format*-Cmdlets. Das *Format*-Cmdlet sagt dem *Out*-Cmdlet also, wie die Umwandlung geschehen soll. Schauen Sie mal, was genau geschieht, wenn Sie selbst ein *Format*-Cmdlet angeben:

```
PS> Get-Process -ID $PID | Select-Object *
PS> Get-Process -ID $PID | Format-List | Select-Object *
```

Wie Sie sehen, verändert das *Format*-Cmdlet die Objekte und ersetzt jedes Objekt durch ein Formatierungsobjekt, das die Textumwandlung beschreibt. Das ist der Grund, warum *Format*-Cmdlets immer am Ende Ihrer Befehle stehen müssen. Nur *Out*-Cmdlets können mit den Formatierungsobjekten, welche die *Format*-Cmdlets liefern, noch etwas anfangen.

PROFITIPP Verwenden Sie anstelle der *Format*-Cmdlets besser *Select*-Object, wenn Sie mit den Objekten anschließend weiterarbeiten wollen. Skripts und selbst definierte Funktionen sollten ihre Ergebnisse niemals mit *Format*-Cmdlets formatieren, weil Sie dabei die Ergebnisse auf reine Textausgabe beschränken würden. *Select-Object* ist den Formatierungs-Cmdlets überlegen, weil es erstens automatisch je nach Platzverhältnissen die richtige Darstellungsart wählt (Tabelle oder Liste) und – noch wichtiger – zweitens die Objekte nicht »beschädigt«. Die Formatierungs-Cmdlets wandeln die Objekte um in spezielle Formatierungsobjekte, die nur noch von *Out*-Cmdlets verstanden werden können. Deshalb müssen diese Cmdlets immer das letzte Element einer Pipeline sein. Andernfalls ist Ärger vorprogrammiert. In der Vergangenheit führte dieser Umstand häufig zu Problemen, wenn die Reihenfolge wie im folgenden Beispiel nicht beachtet wurde:

```
# funktioniert:
PS> Get-Process | Format-Table Name, Company

# funktioniert nicht mehr, weil Format-Table die Objekte durch Formatierungsobjekte ersetzt hat:
PS> Get-Process | Format-Table Name, Company | Sort-Object Company
out-lineoutput : Das Objekt vom Typ
"Microsoft.PowerShell.Commands.Internal.Format.FormatEntryData" ist ungültig oder befindet sich
nicht an der richtigen Position in der Sequenz. Ursache ist wahrscheinlich ein vom Benutzer
angegebener Befehl "format-*", der zu Konflikten mit der Standardformatierung führt.

# funktioniert wieder, weil das Format-Cmdlet jetzt das letzte Pipeline-Element ist:
PS> Get-Process | Sort-Object Company | Format-Table Name, Company

# funktioniert immer, Reihenfolge egal:
PS> Get-Process | Sort-Object Company | Select-Object Name, Company
PS> Get-Process | Select-Object Name, Company | Sort-Object Company
```

Während Sie mit *Format-List* also nur die Objekteigenschaften für die Konsolendarstellung auswählen können, sind Sie mit *Select-Object* flexibler und können die erweiterten Objekte beispielsweise an *Out-GridView* und andere Cmdlets weiterreichen:

```
# funktioniert:
PS> Get-Process | Select-Object * | Out-GridView
# funktioniert nicht:
PS> Get-Process | Format-List * | Out-GridView
Out-GridView : Das Datenformat wird in Out-GridView nicht unterstützt.
```

Sie sollten deshalb die *Format*-Cmdlets wann immer möglich durch *Select-Object* ersetzen und nur verwenden, wenn Sie gezielt Einfluss auf die Formatierung nehmen müssen.

Geben Sie kein *Format*-Cmdlet an, dann empfängt das *Out*-Cmdlet normale Objekte und merkt, dass noch gar keine Formatierungsobjekte generiert worden sind. In diesem Fall beauftragt das *Out*-Cmdlet automatisch selbst das passende *Format*-Cmdlet, die Umwandlung durchzuführen. Bevor *Out*-Cmdlets also Objekte in Text verwandeln, wird in jedem Fall zuerst ein *Format*-Cmdlet aufgerufen – entweder eines, das Sie selbst angegeben haben, oder andernfalls eines, das die PowerShell je nach Objektart selbst auswählt.

Das *Out*-Cmdlet wandelt dann die Objekte mithilfe der Vorgaben in den Formatierungsobjekten in Text um. Der Text wird dann je nach *Out*-Cmdlet in die Konsole ausgegeben, zum Drucker geschickt oder in eine Datei geschrieben. Nur das Cmdlet *Out-String* nimmt eine Sonderrolle ein: Es gibt die in Text verwandelten Objekte in der Pipeline als Text weiter. Deshalb ist dieses *Out-Cmdlet* das einzige, an das weitere Befehle angehängt werden dürfen. Diese erhalten dann die auf Text reduzierten Objekte und könnten diese Texte anschließend weiterbearbeiten.

HINWEIS Es gibt ein *Out*-Cmdlet, das eigentlich falsch benannt ist, denn es benimmt sich ganz anders als alle übrigen *Out*-Cmdlets: *Out-GridView*. Dieses Cmdlet wandelt Objekte nicht in Text um. Stattdessen werden die Objekte in einem separaten Fenster als Minispreadsheet angezeigt. Weil *Out-GridView* die Objekte nicht auf Text reduziert, stehen diese im Fenster mit all ihren Informationen zur Verfügung. Aus gleichem Grund akzeptiert *Out-GridView* auch keine Formatierungsobjekte. Deshalb darf vor *Out-GridView* ausnahmsweise kein *Format*-Cmdlet stehen. Das klingt etwas inkonsistent und ist es auch. Streichen Sie *Out-GridView* in Gedanken aus der Gruppe der übrigen *Out*-Cmdlets. Es sollte eigentlich besser *Export-GridView* heißen und wird im nächsten Abschnitt beschrieben.

Cmdlet	Beschreibung	Siehe Seite
Out-Null	Unterdrückt das Ergebnis der Pipeline	258
Out-File	Lenkt die Konsolenausgabe in eine Datei um. Im Gegensatz zum Umleitungsoperator »>«, der ebenfalls noch funktioniert, kann *Out-File* mit dem Parameter *-Encoding* die Art der Ausgabedatei genauer festlegen und z.B. gezielt Unicode- oder UTF8-Dateien schreiben.	258
Out-Printer	Sendet das Ergebnis an den Standarddrucker	260
Out-Host	Stellt das Ergebnis ausdrücklich in der Konsole dar. Dies geschieht zwar normalerweise ohnehin automatisch, aber wenn Sie mehrere Befehle kombinieren, kann dieses Cmdlet nützlich sein, um die korrekte Formatierung der Ausgabe sicherzustellen. Sie erfahren gleich mehr dazu.	261
Out-String	Wandelt die Objekte der Pipeline um in Text	261

Tabelle 7.3 Cmdlets zur Ausgabe der PowerShell-Pipeline-Ergebnisse

Out-Host

Obwohl die PowerShell *Out-Host* normalerweise automatisch verwendet, kann es sinnvoll sein, die Pipeline selbst mit *Out-Host* abzuschließen und sich nicht auf den Automatismus zu verlassen.

Seitenweise Ausgabe

Out-Host unterstützt z.B. den Parameter *-Paging*, mit dem die Ausgabe seitenweise angehalten wird. So flitzen umfangreiche Ergebnisse nicht länger rasend schnell durch die Konsole, sondern können in Ruhe Bildschirmseite für Bildschirmseite gelesen werden:

```
PS> dir $env:windir -Recurse | Out-Host -Paging
```

Formatierung kontrollieren

Immer, wenn Objekte als Text angezeigt werden sollen, wandelt das interne ETS (*Extended Type System*) die an sich unsichtbaren Objekte in sichtbaren Text um. Dabei richtet sich das ETS nach dem ersten Objekttyp, den Sie ausgeben. Alle übrigen Objekte werden in gleicher Weise ausgegeben. Wenn Sie nicht nur einen, sondern verschiedene Objekttypen auf einmal ausgeben, kann das ETS deshalb durcheinander kommen. Im folgenden Beispiel werden zwei Befehle nacheinander ausgegeben, die unterschiedliche Objekttypen liefern:

```
PS> Get-Process
PS> Get-Service
```

Weil die PowerShell automatisch hinter jedem Befehl *Out-Host* anfügt, entsprechen die Zeilen also in Wirklichkeit diesen Anweisungen:

```
PS> Get-Process | Out-Host
PS> Get-Service | Out-Host
```

Out-Host wandelt dabei für jeden Befehl separat die Objekte in lesbaren Text um. Es muss bei jedem Aufruf nur mit einem Objekttyp zurechtkommen. Das Ergebnis sieht dagegen ganz anders aus, wenn die Befehle in einer gemeinsamen Anweisung stehen:

```
PS> Get-Process; Get-Service
```

In diesem Fall hängt die PowerShell nur ein *Out-Host* an die Zeile an. *Out-Host* wird nun zuerst mit *Process*-Objekten und dann mit *Service*-Objekten konfrontiert. Die *Process*-Objekte werden noch korrekt vom ETS in Text verwandelt. Bei den folgenden *Service*-Objekten bemerkt das ETS danach aber, dass diese nicht dem ursprünglichen Objekttyp entsprechen und folglich auch nicht auf die für diesen Objekttyp hinterlegte Art angezeigt werden können. Deshalb schaltet das ETS für die restlichen Objekte in einen Notfallmodus und zeigt Eigenschaften jetzt in Listendarstellung an. Indem Sie selbst *Out-Host* hinzufügen, korrigieren Sie das Ergebnis:

```
PS> Get-Process | Out-Host; Get-Service
```

Explizite Umleitung nativer Anwendungen an die PowerShell

Aus Gründen der Effizienz leitet die PowerShell die Ausgabe von Konsolenbefehlen nicht über die PowerShell-Konsole um, sondern erlaubt diesen Befehlen, direkt in das Konsolenfenster zu schreiben.

Das fällt nicht weiter auf, solange Sie zumindest diese Umleitung nicht benötigen. Haben Sie die Konsolenprotokollierung mit *Start-Transcript* aktiviert, werden Sie jedoch bemerken, dass zwar die Ausgabe von Cmdlets im Protokoll enthalten ist, wohingegen die Ausgabe von Konsolenbefehlen fehlt:

```
PS> Start-Transcript $HOME\protokoll.txt
PS> Get-Location
PS> Ipconfig
PS> Ping 127.0.0.1
PS> Stop-Transcript
PS> Notepad $HOME\protokoll.txt
```

Indem Sie *Out-Host* an die Konsolenbefehle anhängen, können Sie die Umleitung jedoch erzwingen. Denken Sie an diesen Trick, wenn die Protokollierung von Anweisungen für Sie wichtig ist:

```
PS> Start-Transcript $HOME\protokoll.txt
PS> Get-Location
PS> Ipconfig | Out-Host
PS> Ping 127.0.0.1 | Out-Host
PS> Stop-Transcript
PS> Notepad $HOME\protokoll.txt
```

Out-Null: Ergebnisse verschlucken

Legen Sie keinen Wert auf die Ergebnisse eines Befehls, leiten Sie das Ergebnis über die Pipeline an *Out-Null* weiter, den universellen Datenvernichter. Legen Sie beispielsweise mit dem Alias *md* einen neuen Ordner an, wird nicht nur der neue Ordner angelegt, sondern außerdem postwendend das *Ordner*-Objekt des neu angelegten Ordners zurückgeliefert. Möchten Sie lediglich unbürokratisch den neuen Ordner anlegen, aber keine weitere Rückmeldung erhalten, fügen Sie *Out-Null* an. Im ersten Teil des folgenden Codes wird der neue Ordner ohne *Out-Null* angelegt, sodass Sie eine Rückmeldung erhalten. Im zweiten Teil wird die Rückmeldung an *Out-Null* gesendet und auf diese Weise verschluckt:

```
PS> md $HOME\testordner

    Verzeichnis: Microsoft.PowerShell.Core\FileSystem::C:\Users\Tobias Weltner
Mode                LastWriteTime     Length Name
----                -------------     ------ ----
d----        19.09.2007     14:31            testordner

PS> rm $HOME\testordner
PS> md $HOME\testordner | Out-Null
PS> rm $HOME\testordner
```

Alternativ zu *Out-Null* könnten Sie das Ergebnis auch über die klassische Umleitung vernichten:

```
PS> md $HOME\testordner > $null
PS> rm testordner
```

Out-File: Konsolenausgaben in Textdateien umlenken

Mit *Out-File* leiten Sie die Ergebnisse in Textdateien um. Zwar könnten Sie dafür auch die klassischen Umleitungsoperatoren einsetzen:

```
PS> Get-Process > $HOME\protokoll.txt
PS> Get-Service >> $HOME\protokoll.txt
PS> Invoke-Item "$HOME\protokoll.txt"
```

Sehr viel mehr Kontrolle über die Textausgabe erlaubt allerdings das Cmdlet *Out-File*, denn es bietet mit seinem Parameter *-Encoding* beispielsweise die Möglichkeit, das Format der Textdatei selbst festzulegen und also beispielsweise anzugeben, ob Sie beispielsweise eine Unicode-, ASCII- oder UTF8-enkodierte Textdatei wünschen. Wichtig ist diese Auswahl, wenn die Textdatei später von anderen Programmen weiterbearbeitet werden soll und vor allem dann, wenn Sie Informationen an schon vorhandene Textdateien anhängen – dann nämlich muss das Encodingformat dem Format der schon vorhandenen Datei entsprechen oder Sie riskieren Datensalat:

```
PS> Get-Process | Out-File $HOME\protokoll.txt -Encoding Unicode
PS> Get-Service | Out-File -Append $HOME\protokoll.txt -Encoding Unicode
PS> Invoke-Item "$HOME\protokoll.txt"
```

TIPP Kann man die Befehlsergebnisse eigentlich auch gleichzeitig in die Konsole ausgeben *und* in eine Datei schreiben? Solch eine Protokollfunktion schalten Sie mit *Start-Transcript* ein. Geben Sie keinen bestimmten Dateinamen mit dem Parameter *-Path* an, wird der Dateiname automatisch generiert und das Protokoll im *Dokumente*-Ordner gespeichert. Die Protokollierung bleibt aktiv, bis Sie diese mit *Stop-Transcript* wieder abschalten.

Wissen Sie nicht auswendig, welche Encodingformate erlaubt sind, geben Sie einfach für *-Encoding* einen beliebigen Wert an und erfahren dann postwendend in der Fehlermeldung, welche Werte überhaupt erlaubt sind:

```
PS> Out-File -Encoding Hmmmm
Out-File : Das Argument für den Parameter "Encoding" kann nicht überprüft werden. Das Argument
"Hmmm" gehört nicht zu dem vom ValidateSet-Attribut angegebenen Satz  "unicode, utf7, utf8, utf32,
ascii, bigendianunicode, default, oem". Geben Sie ein Argument an, das in dem Satz enthalten ist,
und führen Sie dann den Befehl erneut aus.
```

Ein sehr viel schwerwiegenderes Problem offenbart sich, wenn Sie die mit »>« oder *Out-File* generierten Textdateien öffnen. Tatsächlich handelt es sich bei ihren Inhalten um einen exakten Mitschnitt der Informationen, die normalerweise in die Konsole ausgegeben worden wären. Die Objekte wurden also wie bei der Konsolenausgabe auf Standardeigenschaften beschränkt und bei umfangreicheren Inhalten wurden diese mit »...« gekürzt, sind also vielleicht unvollständig oder sogar unleserlich. Bei der Umwandlung der Objekte in Text richtet sich die PowerShell nach der Breite der Konsole. Weil Textdateien natürlich beliebig breit sein können, sollten Sie *Out-File* mitteilen, wie breit die Ausgabe maximal sein darf:

```
PS> Get-Process | Select-Object Name, Description, Company, StartTime | Out-File
$HOME\protokoll.txt -Width 200
PS> Invoke-Item "$HOME\protokoll.txt"
```

Das allein ist allerdings noch keine perfekte Lösung, denn jetzt werden die Informationen auf die angegebene Breite verteilt, sodass große Leerräume zwischen den Spalten entstehen. In diesem Fall ist der Einsatz von *Format-Table* anstelle von *Select-Object* deshalb sinnvoller, weil *Format-Table* mit dem Parameter *-AutoSize* die Spaltenbreite automatisch optimieren kann. Um alle Spalten ohne Datenverlust als Textdatei zu exportieren, gehen Sie also so vor:

```
PS> Get-Process | Format-Table Name, Description, Company, StartTime -AutoSize | Out-File
$HOME\protokoll.txt -Width 1000
```

```
PS> Invoke-Item "$HOME\protokoll.txt"
```

Diese Anweisung räumt der Tabelle bei der Ausgabe mit dem Parameter *-Width* maximal 1000 Zeichen Breite ein. Durch den Parameter *-AutoSize* wird die Textdatei aber tatsächlich nur so breit, wie maximal nötig, um alle ausgewählten Informationen ohne Informationsverlust anzeigen zu können.

Out-Printer: Ergebnisse zu Papier bringen

Sollen die Ergebnisse eines Befehls ausgedruckt werden, hilft *Out-Printer*. Dieses Cmdlet leitet die Ergebnisse automatisch an den Standarddrucker, wobei die Ergebnisse zuvor vom ETS in lesbaren Text verwandelt werden. Über den Parameter *-Name* kann aber auch der Name eines anderen installierten Druckers oder der UNC-Pfad zu einem Netzwerkdrucker angegeben werden. So lassen sich die PowerShell-Ergebnisse beispielsweise auf dem Bürodrucker ausgeben oder auch als PDF- oder XPS-Dokument exportieren. Sorgen Sie nur dafür, dass ein entsprechender Druckertreiber für diese elektronischen Datenformate installiert ist.

TIPP Und wie findet man die Namen der installierten Drucker heraus? Beispielsweise mithilfe des WMI-Diensts und der Klasse *Win32_Printer*:

```
PS> Get-WMIObject Win32_Printer | Select-Object -expandProperty Name
Microsoft XPS Document Writer
HP LaserJet 4200/4300 PCL6
Fax
```

Möchten Sie die Ergebnisse der PowerShell z.B. als elektronisches XPS-Dokument speichern, gehen Sie so vor:

```
Get-Process | Out-Printer -Name 'Microsoft XPS Document Writer'
```

Out-Printer ist simpel gestrickt und es lässt sich beispielsweise weder die Schriftart und -größe noch die Seitenorientierung kontrollieren. Das ist schade, denn als Vorgabe verwendet *Out-Printer* eine Proportionalschrift, bei der die einzelnen Buchstaben entsprechend unterschiedliche Breiten aufweisen, sodass sich Spalten verschieben. Gedruckt wird außerdem stets im Portraitmodus, also im Hochformat, obwohl die PowerShell-Daten häufig sehr umfangreich sind und deshalb der Ausdruck im Landscapemodus, also im Querformat, praktischer wäre.

PROFITIPP Möchten Sie mehr Kontrolle beim Ausdruck, lassen Sie diesen einfach von einer anderen Software durchführen. Ist beispielsweise Microsoft Word installiert, kann man PowerShell-Ergebnisse auch darüber ausdrucken. Eine entsprechende Funktion namens *Print-Text* könnte so aussehen:

```
function Print-Text($text = $null, $ueberschrift = $null, $schriftart = 'Courier', $schriftgroesse
= 12, $breite = 80, [switch]$quer) {
 if ($text -eq $null) { $text = $Input | Out-String -Width $breite }
 $WordObj = New-Object -ComObject Word.Application
 $document = $WordObj.Documents.Add()
 $document.PageSetup.Orientation = [Int][bool]$quer
 $document.Content.Text = $text
 $document.Content.Font.Size = $schriftgroesse
 $document.Content.Font.Name = $schriftart
 if ($ueberschrift -ne $null) {
```

```
  $WordObj.Selection.Font.Name = 'Calibri'
  $wordobj.Selection.Font.Size = 20
  $wordobj.Selection.TypeText($ueberschrift)
  $wordobj.Selection.ParagraphFormat.Alignment = 1
  $wordobj.Selection.TypeParagraph()
  $wordobj.Selection.TypeParagraph()
 }

 $WordObj.PrintOut()
 $document.Close(0)
 $WordObj.Quit()
}
```

Wie *Print-Text* es anstellt, den Text mithilfe von *Microsoft Word* auf dem Drucker auszugeben, bleibt an dieser Stelle unerwähnt, denn es ist Thema folgender Kapitel. An dieser Stelle geht es darum, *Print-Text* als Ersatz für *Out-Printer* einzusetzen. PowerShell-Informationen können damit in beliebiger Schriftart und größe sowie im Querformat ausgegeben werden:

```
PS> Get-Process | Print-Text
PS> Get-Process | Print-Text -quer
```

Auch eine Überschrift kann dem Report hinzugefügt werden. Der folgende Befehl ermittelt die Dateiinformationen sämtlicher laufenden Prozesse (was einige Zeit dauern kann) und gibt diese Informationen dann im Querdruck in kleiner Schriftart mit einer Breite von maximal 160 Zeichen aus:

```
PS> Get-Process -FileVersionInfo -ErrorAction SilentlyContinue | Select-Object InternalName,
ProductName, CompanyName, ProductVersion | Format-Table -AutoSize | Print-Text -schriftgroesse 8
-breite 160 -quer -ueberschrift 'Aufstellung aller laufenden Prozesse'
```

Ist kein Microsoft Word verfügbar, kann man die PowerShell-Ergebnisse auch allein mit Bordmitteln über *ConvertTo-Html* in HTML umwandeln und dann über den Webbrowser ausdrucken. Mehr zu dieser Variante finden Sie etwas später in diesem Kapitel.

Out-String: Textdarstellungen erzwingen

Weil bei der Umwandlung von Objekten zu Text immer Informationen verloren gehen, verschiebt die PowerShell diese Umwandlung auf den letzten möglichen Zeitpunkt und wandelt die Objekte in der Pipeline erst jeweils am Ende der Pipeline in Text um. Sie können diese Umwandlung in die Textdarstellung mit *Out-String* allerdings auch jederzeit vorher erzwingen. Als Ergebnis legt *Out-String* die Objekte, die es empfängt, als Text zurück auf die Pipeline. Weil es sich also wie ein gewöhnlicher Pipelinebefehl verhält, können Sie das Ergebnis einer Variablen zuweisen:

```
PS> $text = dir | Out-String
PS> $text.toUpper()
```

Das Ergebnis von *Out-String* ist also immer ein einzelner Gesamttext. Das bedeutet auch: *Out-String* blockiert den Pipelinestream und wartet, bis alle Ergebnisse eingetroffen sind.

Objekte in Text umwandeln

Möchten Sie den Text lieber zeilenweise in einem Array erhalten, verwenden Sie den Parameter *-Stream*. Jetzt wandelt *Out-String* die einlaufenden Objekte in Echtzeit in einzelne Texte um und blockiert die Pipeline nicht mehr:

```
PS> dir | Out-String -Stream | ForEach-Object { $_.toUpper() }
```

Eine Besonderheit von *Out-String* ist dabei die Art, wie Objekte in Text umgewandelt werden, denn *Out-String* greift auf dasselbe ETS zu, das die PowerShell auch intern verwendet, um Objekte in lesbarer Form in der Konsole als Text anzuzeigen. *Out-String* wandelt die Objekte also auf hochintelligente Art in Text um und erhält dabei die wichtigsten Objekteigenschaften:

```
PS> Get-Process -Id $PID | Out-String

Handles  NPM(K)    PM(K)      WS(K) VM(M)   CPU(s)     Id ProcessName
-------  ------    -----      ----- -----   ------     -- -----------
    976     133   358852      57416  1076 1.076,70   8432 PowerShell
```

Bei der impliziten Umwandlung ohne *Out-String* werden Objekte nur auf die Angabe ihres Objekttyps reduziert:

```
PS> "$(Get-Process -Id $PID)"
System.Diagnostics.Process (PowerShell)
PS> (Get-Process -Id $PID).ToString()
System.Diagnostics.Process (PowerShell)
```

Textbasierte Pipeline und *Grep*

Zwar sollten Sie *Out-String* nicht allzu großzügig einsetzen, weil die Reduktion von Objekten zu Text immer mit Informationsverlust einhergeht. Manchmal kann es allerdings einfacher sein, Informationen als Text weiterzubearbeiten, und mit *Out-String* kann man die moderne objektorientierte PowerShell-Pipeline in eine klassische textbasierte Pipeline verwandeln – mit verblüffenden Resultaten.

Möchten Sie die Ergebnisse eines Befehls möglichst einfach mit einem simplen Stichwort filtern, könnten Sie *Select-String* verwenden. Dieses Cmdlet filtert alle Objekte aus der Pipeline, die nicht das angegebene Stichwort enthalten. Auf diese Weise könnte man beispielsweise das Ergebnis des Befehls *ipconfig* schnell und einfach auf die wesentlichen Informationen konzentrieren:

```
PS> ipconfig | Select-String IP
   Verbindungslokale IPv6-Adresse  . : fe80::dc8d:6c92:de:b389%22
   IPv4-Adresse (Auto. Konfiguration): 169.254.179.137
   Verbindungslokale IPv6-Adresse  . : fe80::ad62:ac4d:4dea:936d%12
   IPv4-Adresse  . . . . . . . . . . : 192.168.2.103
   Verbindungslokale IPv6-Adresse  . : fe80::f85a:1e3e:9907:6460%11
   IPv4-Adresse  . . . . . . . . . . : 192.168.2.105
   IPv6-Adresse. . . . . . . . . . . : 2001:0:5ef5:73bc:3cd4:2e4e:2b47:71e6
   Verbindungslokale IPv6-Adresse  . : fe80::3cd4:2e4e:2b47:71e6%16
```

Das Ergebnis sind nun nur noch Zeilen, die das Stichwort *IP* enthalten, und spielt man etwas mit dem Stichwort, erhält man schnell und gezielt die erforderlichen Informationen:

```
PS> ipconfig | Select-String IPv4

   IPv4-Adresse (Auto. Konfiguration): 169.254.179.137
```

```
  IPv4-Adresse  . . . . . . . . . . . : 192.168.2.103
  IPv4-Adresse  . . . . . . . . . . . : 192.168.2.105
```

Allerdings funktioniert diese praktische Filterung in anderen Fällen nicht so gut. Versuchen Sie beispielsweise, die von *Get-Process* gelieferten Prozesse auf diejenigen zu begrenzen, die das Stichwort *PowerShell* enthalten, funktioniert dies zwar, aber das Ergebnis sieht sonderbar aus:

```
PS> Get-Process | Select-String PowerShell

System.Diagnostics.Process (powershell)
System.Diagnostics.Process (powershell)
```

Weil *Select-String* einen Textvergleich durchführt, werden die Objekte dabei zuerst auf Text reduziert. Wird ein Objekt auf Text reduziert, ersetzt die PowerShell es – wie Sie bereits gesehen haben – durch seinen Typnamen. Genau den liefert *Select-String* anschließend zurück. *Select-String* funktioniert also nur dann wie erwartet, wenn es Text empfängt und nicht Objekte. Eine Lösung ist also, die Objekte zuerst selbst mit *Out-String* in Text zu verwandeln, weil *Out-String* bei der Umwandlung das ETS nutzt und die Objekte anschließend so repräsentiert, wie sie auch bei der Ausgabe in die Konsole aussehen würden. Alle wichtigen Objekteigenschaften bleiben also lesbar:

```
PS> Get-Process | Out-String -stream | Select-String PowerShell

   1183      58   226180     112824   755   262,67   2168 powershell
    975      65   246836     107612   821            5752 powershell
    944     132   343980      39052  1041 1.041,34   8432 PowerShellPlus
```

Diese Kombination aus *Out-String* und *Select-String* kann der Bequemlichkeit halber auch als Pipelinefilter definiert werden, den Sie beispielsweise in Anlehnung an die textbasierte Unix-Pipeline *grep* nennen:

```
filter grep($stichwort) {
 $_ | Out-String -Stream | Select-String $stichwort
}
```

Nun lassen sich beliebige Objekte über einfache Stichwörter filtern. Die folgende Zeile liefert alle Dienste, die einerseits laufen und andererseits im Namen das Stichwort *windows* führen:

```
PS> Get-Service | grep run | grep windows
```

Allerdings liefert die Pipeline nach Einsatz von *Select-String* nur noch Text zurück. Die vielfältigen Informationen der Ursprungsobjekte sind verloren gegangen, weswegen die folgenden Zeilen nicht mehr die erwarteten Ergebnisse liefern:

```
PS> Get-Service | grep run | grep windows | Select-Object *
Get-Service | grep run | grep windows | Stop-Service -WhatIf
```

PROFITIPP Genau genommen liefert *Select-String* noch nicht einmal Text zurück, sondern *MatchInfo*-Objekte, was auch erklärt, warum das Ergebnis von *Select-String* vor und nach den Ergebnissen Leerzeichen ausgibt:

```
PS> Get-Service | grep run | grep windows | Format-Table *

 IgnoreCase LineNumber Line       Filename   Path       Pattern    Context    Matches
 ---------- ---------- ----       --------   ----       -------    -------    -------
       True          2 Running... InputSt... InputSt... windows               {Windows}
       True          2 Running... InputSt... InputSt... windows               {Windows}
       True          2 Running... InputSt... InputSt... windows               {Windows}
(...)
```

Der Grund: Intern führt *Select-String* einen Vergleich mithilfe sogenannter *regulärer Ausdrücke* durch. Kennen Sie sich mit regulären Ausdrücken aus, können Sie *Select-Object* anstelle einfacher Stichwörter deshalb auch komplexe Muster als regulären Ausdruck übergeben. *Select-String* liefert das Vergleichsergebnis anschließend als Treffer in Form der *MatchInfo*-Objekte zurück. Soll *Select-String* wirklich nur das Textergebnis zurückgeben, ruft man die *ToString()*-Methode des *MatchInfo*-Objekts auf:

```
PS> Get-Service | grep run | grep windows | ForEach-Object { $_.ToString() }
Running  arXfrSvc           Windows Media Center TV Archive Tra...
Running  AudioEndpointBu... Windows-Audio-Endpunkterstellung
(...)
```

Entsprechend sähe die *grep*-Funktion von eben dann so aus:

```
filter grep($stichwort) {
 $_ | Out-String -Stream | Select-String $stichwort | ForEach-Object { $_.ToString() }
}
```

Das Problem lässt sich aber umgehen, indem *Select-String* lediglich als Kriterium für einen Pipelinefilter eingesetzt wird. Liefert *Select-String* also mindestens ein Resultat, wird das Objekt in unveränderter Form durch die Pipeline hindurchgelassen, andernfalls aussortiert. Bei dieser Gelegenheit sollten Sie auch gleich den Parameter *-SimpleMatch* hinzufügen, weil *Select-String* andernfalls als Stichwort einen regulären Ausdruck erwartet. Das führt zu Problemen, wenn Ihr Stichwort Sonderzeichen wie beispielsweise eckige Klammern enthält, die dann versehentlich als unvollständiger regulärer Ausdruck gewertet würden:

```
filter grep($stichwort) {
 if (@($_ | Out-String -Stream | Select-String $stichwort -SimpleMatch).Count -gt 0 ) { $_ }
}
```

Mit dieser Variante von *grep* behalten die Informationen ihre Objektnatur bei, sodass die Objekte anschließend in der Pipeline weitergenutzt werden dürfen. Sie haben damit erfolgreich die objektorientierte und die textorientierte Natur der Pipeline kombiniert:

```
PS> Get-Service | grep run | grep windows | Select-Object *
PS> Get-Service | grep run | grep windows | Stop-Service -WhatIf
```

Allerdings enthält *grep* noch eine weitere Limitation. Werden Objekte mit *Out-String* auf Text reduziert, enthält der Text nicht sämtliche Objekteigenschaften, sondern nur diejenigen, die das ETS normalerweise auch in der Konsole angezeigt hätte. *Select-String* findet das Stichwort also auch nur in diesen Eigenschaften. Deshalb scheitert der folgende Filter:

```
PS> Get-Process | grep 'Microsoft Corporation'
```

Zwar findet sich in der Eigenschaft *Company* vieler Prozesse das gesuchte Stichwort, aber die Eigenschaft *Company* gehört nicht zu den Standardeigenschaften, die von *Out-String* in Text verwandelt werden. Sie wissen inzwischen aber, wie Sie dafür sorgen können, dass alle Objekteigenschaften in Text verwandelt werden, und müssen den Filter *grep* nur entsprechend erweitern:

```
filter grep($stichwort) {
 if (@($_ | Select-Object * | Out-String -Stream -Width 1000 | Select-String $stichwort -
SimpleMatch).Count -gt 0 ) { $_ }
}
```

Probieren Sie danach erneut die Suche nach *Microsoft Corporation*:

```
PS> Get-Process | grep 'Microsoft Corporation'
```

Diesmal wird *grep* fündig, denn weil Sie zuerst mit *Select-Object* sämtliche Objekteigenschaften auswählen und anschließend *Out-String* mit dem Parameter *-Width 1000* ausreichend Platz einräumen, um auch tatsächlich alle Objekteigenschaften darzustellen, durchsucht *Select-String* jetzt alle Objekteigenschaften nach Ihrem Stichwort.

Die vorübergehende Umwandlung der Objekte in Text zur Filterung per Stichwort ist enorm mächtig und ergänzt die objektorientierten Vorteile der PowerShell-Pipeline. Schauen Sie sich einmal die folgenden Beispiele an:

```
PS> dir $env:windir | grep log
PS> dir $env:windir | grep 2010
PS> dir $env:windir | grep system
PS> dir $env:windir | grep archive
PS> dir $env:windir | grep r-s
```

TIPP Haben Sie die Parallelen bemerkt? Ihre Funktion *grep* verhält sich genauso wie das *Filter*-Textfeld im *Out-GridView*-Fenster. Probieren Sie es aus:

```
PS> dir $env:windir | Out-GridView
```

Noch zeigt das GridView sämtliche Dateien an, aber sobald Sie ins Textfeld *Filter* das Stichwort »r-s« eingeben, erhalten Sie dieselbe Filterung wie bei grep. *Out-GridView* sucht Ihr Stichwort allerdings nur in den sichtbaren Spalten (hier: *Mode*), während Ihre Funktion *grep* mächtiger ist und das Stichwort in sämtlichen Objekteigenschaften findet. Finden Sie *grep* nützlich, sollten Sie die Funktion in eine Ihrer Profildateien aufnehmen, damit es Ihnen jederzeit zur Verfügung steht (Kapitel 3).

Allerdings kann die Suche über alle Objekteigenschaften auch unerwartete Resultate liefern. Suchen Sie z.B. nach allen Diensten, die den Startmodus *Auto* verwenden, aber nicht laufen, könnten Sie formulieren:

```
PS> Get-WMIObject Win32_Service | grep stopped | grep auto
```

Das Ergebnis wären in der Tat die gesuchten Dienste, aber darüber hinaus noch einige mehr, die das Stichwort *Auto* in einer anderen Eigenschaft enthalten, beispielsweise der Dienst *PNRPAutoReg*. Präzise Lösungen nutzen deshalb die Vorteile der objektorientierten Pipeline und selektieren gezielt die gewünschten Eigenschaften:

```
PS> Get-WMIObject Win32_Service | Where-Object {$_.State -eq 'Stopped'} | Where-Object
{$_.StartMode -eq 'Auto'}
```

Oder, da es sich um eine WMI-Abfrage handelt, als serverseitiger WMI-Filter:

```
PS> Get-WMIObject Win32_Service -Filter "State='Stopped' and StartMode='Auto'"
```

Ergebnisse als Objekte exportieren

Normalerweise verwandelt die PowerShell alle Ergebnisse am Ende in Text und zeigt sie in der Konsole oder – wenn Sie selbst ein Out-Cmdlet anhängen – auf anderen Ausgabegeräten an. Die Textumwandlung beraubt die Ergebnisse allerdings ihrer Objektnatur. Sie können danach nicht mehr auf einzelne Objekteigenschaften zugreifen und anhand dieser auch nicht sortieren oder filtern. Deshalb lassen sich die Objekte auch in hochwertigerer Form exportieren. Dazu dienen die *Export*-Cmdlets sowie *Out-GridView*.

HINWEIS *Out-GridView* wurde schon im letzten Abschnitt angesprochen. Obwohl sein Name die Tätigkeit *Out* enthält, gehört es nicht in die Gruppe der *Out*-Cmdlets: Es verwandelt die Objekte nämlich nicht in Text, sondern exportiert sie in Objektform in ein separates Tabellenfenster und müsste eigentlich *Export-GridView* heißen. Deshalb wird dieses Cmdlet in diesem Abschnitt beschrieben.

Out-GridView: Objekte im Spreadsheet anzeigen

Das Ergebnis der Pipeline kann mit *Out-GridView* in einem Mini-Spreadsheet als separates Fenster sichtbar gemacht werden, zumindest dann, wenn auf Ihrem Computer mindestens das .NET Framework 3.51 installiert ist. In diesem Fall zeigt das Spreadsheet die Objekte genauso an, wie sie sonst in die Konsole ausgegeben worden wären.

```
PS> Get-Process
PS> Get-Process | Out-GridView
```

Weil *Out-GridView* die Informationen in einem separaten Fenster öffnet, lassen sich damit wichtige Informationen auch zwischenspeichern und im Blick behalten. Sie dürfen Out-GridView mehrfach einsetzen. Bei jedem Aufruf wird ein neues Fenster geöffnet. Darüber hinaus bietet das Fenster ein Suchfeld, das die angezeigten Objekte in Echtzeit filtert: Noch während Sie ein oder mehrere Stichwörter darin eingeben, filtert das Fenster die Objekte und zeigt nur noch solche an, die in einer beliebigen Eigenschaft (Spalte) das angegebene Stichwort enthalten.

Welche Spalten (Objekteigenschaften) das GridView anzeigt, bestimmt normalerweise das Extended Type System der PowerShell automatisch. Es sind dieselben Eigenschaften, die sonst auch in der Konsole ausgegeben worden wären. Deshalb kontrollieren Sie die Anzeige der Spalten beim GridView auch auf demselben Weg wie in der Konsole. Möchten Sie sämtliche Objekteigenschaften sehen, leiten Sie die Objekte deshalb zuerst an *Select-Object* *:

```
PS> Get-Process | Select-Object * | Out-GridView
```

Oder aber Sie wählen die Objekteigenschaften selbst aus, indem Sie *Select-Object* die Namen der Eigenschaften angeben, wobei Platzhalterzeichen erlaubt sind:

```
PS> Get-Process | Select-Object Name, Company, *Time* | Out-GridView
```

TIPP Die Kombination aus | *Select-Object* * | *Out-GridView* ist ein praktischer Weg, um die Ergebnisse eines Befehls genau zu analysieren und z.B. festzustellen, in welcher Objekteigenschaft sich eine gesuchte Information wirklich befindet.

Export-Csv: Export an Excel und andere Programme

Die universelle Schnittstelle zwischen der PowerShell und anderen Programmen bilden kommaseparierte Textdateien, über die Objekte »verlustfrei« übergeben werden können. Während nämlich beim Textexport via *Out-File* die ursprünglich separaten Objekteigenschaften zu einem einzigen Textblock verschmelzen, bleibt die Objektstruktur bei kommaseparierten Dateien erhalten. Man kann auch nach dem Export noch die einzelnen Objekteigenschaften klar abgrenzen und darauf separat zugreifen.

Viele Programme wie beispielsweise Microsoft Excel erlauben den direkten Import kommaseparierter Listen und wandeln die enthaltenen Informationen automatisch um. Haben Sie mit der PowerShell-Pipeline nützliche Informationen gesammelt und möchten diese als Report in Form einer Excel-Tabelle weiternutzen, generieren Sie mit *Export-Csv* zuerst eine kommaseparierte Textdatei und öffnen diese dann mit Excel.

WICHTIG Kommaseparierte Listen sind ebenso wie die Dateierweiterung *CSV* (*Comma Separated Values*) zwar feststehende Standards, doch finden sich darin nicht immer wirklich kommaseparierte Werte. Das Trennzeichen solcher Listen ist (leider) regionsabhängig und wird von den Ländereinstellungen Ihrer Windows-Version bestimmt. Auf deutschen Systemen erwartet Excel als Trennzeichen anstelle des Kommas ein Semikolon, weswegen in der PowerShell 2.0 die Möglichkeit nachgerüstet wurde, das Trennzeichen mit *-Delimiter* selbst zu bestimmen oder mit *-UseCulture* automatisch aus den Ländereinstellungen auszulesen.

```
PS> Get-Process | Select-Object Name, Company, Description, StartTime | Export-Csv
$HOME\prozesse.csv -UseCulture
PS> & "$HOME\prozesse.csv"
```

Die erste Zeile ruft alle laufenden Prozesse ab und wählt die Eigenschaften *Name*, *Company*, *Description* und *StartTime* aus. Das Ergebnis wird dann in der Datei *prozesse.csv* in Ihrem Benutzerprofil gespeichert. Der Switch-Parameter *-UseCulture* ist dabei von größter Bedeutung, denn er sorgt dafür, dass nicht stur ein Komma als Separator verwendet wird, sondern das für Ihre Ländereinstellungen gültige Trennzeichen. Ohne diesen Parameter würden Sie immer eine kommaseparierte Liste erhalten, die Excel auf deutschen Systemen nicht verstehen würde. Alternativ könnten Sie mit dem Parameter *-Delimiter* auch selbst ein anderes Trennzeichen angeben. In diesem Fall würde Ihre PowerShell-Anweisung aber auf Systemen mit abweichenden Ländereinstellungen nicht mehr richtig funktionieren. Der Parameter *-UseCulture* ist daher die beste Wahl, wenn Sie nicht ausdrücklich einen ganz bestimmten Separator verwenden müssen.

PROFITIPP Das Standardtrennzeichen für die aktuellen Ländereinstellungen Ihres Computers ermitteln Sie mit *Get-Culture*:

```
PS> (Get-Culture).TextInfo.ListSeparator
;
```

Auf deutschen Systemen ist dies das Semikolon, während US-amerikanische Systeme das Komma verwenden.

Die zweite Zeile öffnet die generierte Datei. Sofern Excel auf Ihrem Computer installiert ist, wird wenig später eine Excel-Tabelle geöffnet, in der die mit *Select-Object* ausgewählten Informationen aufgelistet werden.

TIPP Falls Excel nicht auf Ihrem Computer vorhanden ist, kann die CSV-Datei nicht geöffnet werden. Ersetzen Sie in diesem Fall *Export-Csv* durch *Out-GridView*. Sofern mindestens das .NET Framework 3.51 auf Ihrem System installiert ist, können Sie die mit *Select-Object* ausgewählten Informationen mit reinen Bordmitteln zumindest als Mini-Spreadsheet auch ohne Excel anzeigen.

Allerdings wird Ihnen bei genauerer Betrachtung möglicherweise auffallen, dass deutsche Umlaute und das *ß* nicht richtig angezeigt werden. Damit solche landesspezifischen Zeichen korrekt in Excel dargestellt werden, genügt es, das Format der Textdatei mit *-Encoding* im *UTF8*-Format enkodieren zu lassen:

```
PS> Get-Process | Select-Object Name, Company, Description, StartTime | Export-Csv
$HOME\prozesse.csv -UseCulture -Encoding UTF8
PS> & "$HOME\prozesse.csv"
```

Außerdem findet sich in der Excel-Tabelle eine Titelzeile, die mit *#TYPE* beginnt. Hier vermerkt die PowerShell den Typ der exportierten Daten. Wollen Sie die Informationen lediglich in Excel anzeigen, ist diese Angabe überflüssig und kann mit *-NoTypeInformation* ausgeblendet werden:

```
PS> Get-Process | Select-Object Name, Company, Description, StartTime | Export-Csv
$HOME\prozesse.csv -UseCulture -Encoding UTF8 -NoTypeInformation
PS> & "$HOME\prozesse.csv"
```

HINWEIS *Export-Csv* kann keine Dateien überschreiben, die gerade von anderen Anwendungen geöffnet und blockiert sind. Haben Sie also eine CSV-Datei in Excel geöffnet, dann vergessen Sie nicht, Excel zu schließen, bevor Sie die Datei neu anzulegen versuchen.

ACHTUNG Mit *Export-Csv* dürfen nur Objekte einheitlichen Typs exportiert werden. Andernfalls drohen gravierende Informationsverluste. Dies liegt in der Art, wie *Export-Csv* die in den Objekten gespeicherten Informationen exportiert: Dazu ermittelt das Cmdlet zuerst die Objekteigenschaften des ersten Objekts und speichert dann diese Informationen aus allen Objekten in Form kommaseparierter Listen. Mischen Sie Objekte, richtet sich *Export-Csv* nach den Objekteigenschaften des ersten Objekts. Folgen Objekte anderen Typs, die ganz andere Objekteigenschaften aufweisen, werden die neuen Objekteigenschaften nicht gespeichert. So etwas kann ganz unbeabsichtigt geschehen. Wollen Sie beispielsweise den Inhalt eines Ordners als CSV-Datei speichern, gehen Sie vielleicht so vor:

```
PS> dir $env:windir | Export-Csv -Encoding UTF8 $HOME\dateiliste.csv
```

Laden Sie die Daten später mit *Import-Csv* wieder ein, fehlen wichtige Informationen:

```
PS> $liste = Import-Csv $HOME\dateiliste.csv
PS> $liste | Select-Object Name, Length, isReadOnly, Extension
```

Die Spalten *Length* und *isReadOnly* sind leer, obwohl die Originalobjekte diese Informationen enthalten haben:

```
PS> dir $env:windir | Select-Object Name, Length, isReadOnly, Extension
```

Die Ursache: Eine Dateiliste enthält sowohl Dateien als auch Ordner. Beide werden von unterschiedlichen Objekttypen repräsentiert. Ordnerobjekte besitzen keine Eigenschaften namens *Length* oder *isReadOnly*. Weil die Dateiliste die Unterordner vor den Dateien geliefert hat, ignoriert *Export-Csv* die zusätzlichen Eigenschaften der Dateien und exportiert nur die Eigenschaften der Ordner. Deshalb fehlen die Eigenschaften *Length* und *isReadOnly* bei den reimportierten Objekten. Dass die Dateiliste tatsächlich mehr als einen Objekttyp liefert, verrät diese Zeile:

```
PS> dir $env:windir | ForEach-Object { $_.GetType().FullName } | Group-Object -NoElement

Count Name
----- ----
   59 System.IO.DirectoryInfo
   30 System.IO.FileInfo
```

Das Beispielverzeichnis gab also 59 *System.IO.DirectoryInfo*- und 30 *System.IO.FileInfo*-Objekte zurück und diese Mischtypen brachten *Export-Csv* durcheinander. Sie können solche Probleme umgehen, indem Sie die Objekte vor dem Export mit *Sort-Object* anders anordnen und dafür sorgen, dass die Objekte, welche die exportierten Eigenschaften bestimmen sollen, zu Anfang aufgelistet werden:

```
PS> dir $env:windir | Sort-Object Length -Descending | Export-Csv -Encoding UTF8
$HOME\dateiliste.csv
PS> $liste = Import-Csv $HOME\dateiliste.csv
PS> $liste | Select-Object Name, Length, isReadOnly, Extension
```

Diesmal werden die Eigenschaften *Length* und *isReadOnly* in der CSV-Datei mitgespeichert und für Dateien bei den reimportierten Objekten wie gewünscht angezeigt.

Ergebnisse als XML serialisieren

Der Exportvorgang von PowerShell-Objekten geht immer einher mit Informationsverlust frei nach dem Motto »Nichts ist so gut wie das Original«, weil die Objekte dabei mit mehr oder weniger großen Einschränkungen in andere Formate umgewandelt werden müssen. Beim reinen Textexport via *Out-File* ist der Informationsverlust am größten, weil die Objekte dabei in Gänze auf simplen Text reduziert werden. Der Export als kommaseparierte Liste ist schon deutlich schonender, weil hierbei zumindest die Objekteigenschaften separat erhalten bleiben, auch wenn ihr Inhalt nach wie vor auf Text reduziert wird. Probleme entstehen aber, wenn Sie Objekte unterschiedlichen Typs exportieren, weil *Export-Csv* für alle exportierten Objekte denselben Typ zugrunde legt. Ein Beispiel hierzu haben Sie im letzten Abschnitt gesehen.

Die größte »Fidelity«, also Originaltreue, bietet die Objektserialisierung mittels XML. Zwar besteht XML (*Extended Markup Language*) im Grunde ebenfalls nur aus Text, aber weil die Informationen darin über Anfangs- und Endmarkierungen verschachtelt werden können, lassen sich mit XML beliebig komplexe hierarchische Objektmodelle abbilden, die Datentypen der Objekte können erhalten werden und auch Binärinformationen, die sich normalerweise nicht als Text speichern lassen, lassen sich über den Umweg von in Text verwandelten Bytefeldern speichern.

Dies geschieht allerdings auf Kosten der Dateigröße und Bearbeitungsgeschwindigkeit. Speichern Sie Objekte als XML- und nicht als CSV-Datei, kann die Dateigröße leicht zehnmal größer sein, genau wie der Zeitbedarf zum Speichern der Objekte, denn *Export-CliXml* beschreibt jedes Objekt einzeln, damit auch Objekte unterschiedlichen Typs korrekt serialisiert werden. Das führt in der Praxis zu sehr vielen redundanten Informationen, welche die XML-Dateien aufblähen.

Informationen im Originaldatentyp speichern

Müssen die Originaldatentypen der Objekteigenschaften erhalten werden oder handelt es sich um Objekte unterschiedlichen Typs, exportieren Sie die Objekte als XML. Weil die Speicherung als XML sehr große Datenmengen produziert, sollten Sie die Objekteigenschaften vorher unbedingt mit *Select-Object* auf die wirklich erforderlichen Eigenschaften beschränken.

Die folgende Zeile ruft alle laufenden Prozesse ab, beschränkt die Objekte mit *Select-Object* auf die Eigenschaften *Name* und *CPU* und speichert diese Informationen dann als XML. Danach werden die gespeicherten XML-Informationen wieder zurück in Objekte verwandelt und nach der Eigenschaft *CPU* sortiert:

```
PS> Get-Process | Select-Object Name, CPU | Export-CliXml $HOME\prozesse.xml
PS> $prozesse = Import-CliXml $HOME\prozesse.xml
PS> $prozesse | Sort-Object CPU
```

Wie Sie dabei erkennen, funktioniert die Sortierung einwandfrei. Weil die Objekte als XML gespeichert wurden, blieben die Datentypen der Objekteigenschaften erhalten, sodass *Sort-Object* die Eigenschaft *CPU* korrekterweise numerisch sortierte. Der Grund: Die Eigenschaft *CPU* behielt den numerischen Typ *System.Double*:

```
PS> $prozesse | Get-Member

   TypeName: Deserialized.Selected.System.Diagnostics.Process

Name        MemberType   Definition
----        ----------   ----------
Equals      Method       bool Equals(System.Object obj)
GetHashCode Method       int GetHashCode()
GetType     Method       type GetType()
ToString    Method       string ToString()
CPU         NoteProperty System.Double CPU=12,6048808
Name        NoteProperty System.String Name=conhost
```

Dasselbe Beispiel liefert ein ganz anderes Ergebnis, wenn die Objekte als CSV-Datei exportiert werden:

```
PS> Get-Process | Select-Object Name, CPU | Export-Csv $HOME\prozesse.csv
PS> $prozesse = Import-Csv $HOME\prozesse.csv
PS> $prozesse | Sort-Object CPU
```

Die Sortierung nach der Eigenschaft *CPU* erfolgt diesmal alphabetisch, denn beim Export als CSV-Datei werden alle Objekteigenschaften auf den Datentyp *System.String* reduziert:

```
PS> $prozesse | Get-Member

   TypeName: CSV:Selected.System.Diagnostics.Process

Name        MemberType   Definition
----        ----------   ----------
Equals      Method       bool Equals(System.Object obj)
GetHashCode Method       int GetHashCode()
GetType     Method       type GetType()
ToString    Method       string ToString()
CPU         NoteProperty System.String CPU=
Name        NoteProperty System.String Name=audiodg
```

Allerdings ist die CSV-Datei dafür mehr als zehnmal kleiner als die XML-Datei. Das ist der Preis, den der XML-Export zahlt, um alle Objekteigenschaften originalgetreu zu beschreiben. Aus diesem

Grund sollte man wohlüberlegt wählen, ob Informationen speicherplatzsparend (aber zu Text reduziert) als CSV Datei oder mit den Originaltypen speicherintensiv als XML-Datei exportiert werden sollten.

PROFITIPP Man kann die Vorteile beider Welten durchaus kombinieren. Möchten Sie Objekte zwar speichersparend als CSV-Datei speichern, trotzdem aber die Objekteigenschaften nicht generell auf *String* reduzieren, dann kopieren Sie nach dem Import die Objekte und legen dabei den gewünschten Datentyp neu fest:

```
PS> Get-Process | Select-Object Name, CPU | Export-Csv $HOME\prozesse.csv
PS> $prozesse = Import-Csv $HOME\prozesse.csv | % { $_.CPU = [Double]::Parse($_.CPU); $_ } 2> Out-
Null
PS> $prozesse | Sort-Object CPU
```

Die Typumwandlung wird von *ForEach-Object* (kurz: %) erledigt: Der Eigenschaft wird dabei einfach ihr eigener Inhalt erneut zugewiesen, allerdings umgewandelt in den gewünschten Datentyp. Damit die Eigenschaft *CPU* wieder zu einer Fließkommazahl wird, verwendet man zur Umwandlung den Datentyp *[Double]*. Die Umwandlung geschieht mithilfe der Methode *Parse()*, welche die länderspezifischen Dezimalzeichen berücksichtigt. Die Umwandlung mit *Parse()* ist immer dann erforderlich, wenn die Daten zuvor bereits in das länderspezifische Darstellungsformat umgewandelt worden waren. Genau dies geschah beim Export mittels *Export-Csv*. Mit »2>« werden eventuell auftretende Fehlermeldungen verschluckt, die auftreten können, wenn die Eigenschaft *CPU* leer sein sollte. Leerwerte können nicht in den Datentyp *Double* gewandelt werden.

Weil die Eigenschaft *CPU* danach wieder wie beim Original numerisch ist, sortiert *Sort-Object* diese Informationen jetzt auch wieder numerisch und nicht länger alphabetisch. Alternativ kann der Typ auch bei der Sortierung neu festgelegt werden, beispielsweise so:

```
PS> Get-Process | Select-Object Name, CPU | Export-Csv $HOME\prozesse.csv
PS> $prozesse = Import-Csv $HOME\prozesse.csv
PS> $prozesse | Sort-Object { [Double]::Parse($_.CPU) } 2> Out-Null
```

Hierbei übergeben Sie *Sort-Object* also nicht den Namen der Objekteigenschaft, nach der sortiert werden soll, sondern einen Skriptblock, der den Inhalt der Eigenschaft *CPU* in den Datentyp *Double* wandelt. Dieses Ergebnis wird für die Sortierung herangezogen.

Objekte »dreidimensional« speichern

Einfache Daten wie Zahlen oder Texte besitzen keine »Dimensionalität« und lassen sich deshalb relativ verlustfrei als flache CSV-Datei exportieren. Komplexere Objekte dagegen enthalten Eigenschaften, die ihrerseits wieder Objekte aufweisen können. So entsteht ein hierarchischer Informationsbaum, der beim Export als CSV-Datei verloren geht. Ein Beispiel hierfür sind *Process*-Objekte. Diese enthalten in der Eigenschaft *MainModule* ein weiteres Objekt, das Detailinformationen zu dem Prozess liefert. Die folgenden Zeilen beschaffen das *Process*-Objekt der aktuellen PowerShell-Sitzung und greifen dann auf die Eigenschaft *MainModule* sowie seine Untereigenschaften zu:

```
PS> $prozess = Get-Process -Id $PID
PS> $prozess.MainModule

   Size(K) ModuleName                                       FileName
   ------- ----------                                       --------
       476 powershell.exe                                   C:\WINDOWS\system32\Wind...

PS> $prozess.MainModule.FileName
```

```
C:\WINDOWS\system32\WindowsPowerShell\v1.0\powershell.exe
```

Exportiert man das *Process*-Objekt als XML, wird beim anschließenden Import der hierarchische Aufbau des Objekts wiederhergestellt, sodass es sich wie das Original verhält:

```
PS> Get-Process -Id $PID | Export-CliXml $HOME\prozess.xml
PS> $prozess = Import-CliXml $HOME\prozess.xml
PS> $prozess.MainModule

   Size(K) ModuleName                                         FileName
   ------- ----------                                         --------
       476 powershell.exe                                     C:\WINDOWS\system32\Wind...


PS> $prozess.MainModule.FileName
C:\WINDOWS\system32\WindowsPowerShell\v1.0\powershell.exe
```

HINWEIS Allein der Export des einzelnen *Process*-Objekts als XML benötigt bereits einige Sekunden, was erneut veranschaulicht, dass der XML-Export ein aufwändiger Vorgang ist. Die resultierende XML-Datei ist rund 500 KB groß. Entscheiden Sie sich für den XML-Export, ist es deshalb wichtig, sowohl die benötigten Objekteigenschaften als auch die Serialisierungstiefe zu optimieren. Im Code von eben wäre es beispielsweise sinnvoll, vor dem Export die Objekteigenschaften auf *Name* und *MainModule* zu beschränken:

```
PS> Get-Process -Id $PID | Select-Object Name, MainModule | Export-CliXml $HOME\prozess.xml
```

Die resultierende XML-Datei ist jetzt nur noch 10 KB groß, umfasst also nur noch 2 Prozent der Größe der nicht optimierten Datei. Dennoch lassen sich daraus dieselben Informationen auslesen wie im Beispiel von eben. Mit dem Parameter *-Depth* kann man darüber hinaus festlegen, wie tief die Objekthierarchie abgebildet werden soll. Die Vorgabe ist 2, sodass maximal zwei Objektebenen erfasst werden.

Exportiert man das *Process*-Objekt als CSV-Datei, gehen alle untergeordneten Eigenschaften dagegen verloren:

```
PS> Get-Process -Id $PID | Export-Csv $HOME\prozess.csv
PS> $prozess = Import-Csv $HOME\prozess.csv
PS> $prozess.MainModule
System.Diagnostics.ProcessModule (powershell.exe)
```

Eigenschaften wie *MainModule*, die Objekte enthalten, liefern nun das auf Text reduzierte Objekt. In der Regel finden sich in diesen Eigenschaften jetzt also nur noch die Namen des Objekttyps (*System.Diagnostics.ProcessModule (powershell.exe)*), so wie es auch bei einer manuellen Umwandlung von Objekten in Text geschieht:

```
PS> $prozess = Get-Process -Id $PID
PS> "$prozess"
System.Diagnostics.Process (powershell)
```

Der Versuch, auf eine Objekteigenschaft zuzugreifen, schlägt dann natürlich fehl, weil das ehemalige Objekt nun nur noch Text ist und nicht länger über die nachgefragte Eigenschaft verfügt. Die PowerShell liefert in diesem Fall »nichts« zurück (also auch keinen Fehler):

```
PS> Get-Process -Id $PID | Export-Csv $HOME\prozess.csv
PS> $prozess = Import-Csv $HOME\prozess.csv
PS> $prozess.MainModule.FileName
```

Kurz und knapp ...

Einfache Informationen in Form von Zahlen oder Texten lassen sich am schnellsten und speicherplatzsparendsten mit *Export-Csv -UseCulture -Encoding UTF8* als CSV-Datei speichern. Erhalten bleiben dabei die Objekteigenschaften der ersten Ebene, die allerdings sämtlich auf Text reduziert werden. Der Export als CSV-Datei bietet sich auch an, um Informationen an andere Programme zu übergeben, weil viele Programme CSV-Dateien importieren können.

Sollen der innere Aufbau der Objekte sowie die Datentypen der einzelnen Objekteigenschaften bewahrt werden, exportiert man die Objekte mit *Export-CliXml* als XML. Weil dieser Export sehr aufwändig und speicherintensiv ist, beschränkt man die Objekte dabei vorher mit *Select-Object* auf die wirklich benötigten Eigenschaften und legt mit dem Parameter *-Depth* die Tiefe fest, bis zu der verschachtelte Objekteigenschaften konserviert werden sollen.

Objektdaten als reines XML exportieren

Auch das XML-Format kann dazu verwendet werden, Informationen an andere Programme weiterzugeben, sofern diese den Import von XML unterstützen. Serialisieren Sie Objekte mit *Export-CliXml*, erhalten Sie kein reines XML, sondern beauftragen die PowerShell außerdem, die Datentypen so zu beschreiben, dass *Import-CliXml* sie wiederherstellen kann. Möchten Sie lediglich die in Objekten enthaltenen Informationen ohne weitere Beschreibungen als XML speichern, greifen Sie stattdessen zu *ConvertTo-Xml* und rufen dann die *Save()*-Methode des resultierenden XML-Objekts auf, um das XML als Datei zu speichern:

```
PS> $prozess = Get-Process -Id $PID
PS> $xml = $prozess | ConvertTo-Xml -Depth 2
PS> $xml.Save("$HOME\prozess1.xml")
```

HINWEIS Während *Export-CliXml* für die Tiefe der Objektserialisierung die Vorgabe *2* verwendet, ist die Vorgabe für *ConvertTo-Xml* dagegen *1*. Um also vergleichbare Ergebnisse zu erzielen, muss die Serialisierungstiefe bei *ConvertTo-Xml* mit dem Parameter *-Depth* auf *2* eingestellt werden.

Die resultierende XML-Datei ist rund halb so groß wie die XML-Datei, die *Export-CliXml* erstellt hätte. Allerdings enthält diese XML-Datei nun nur noch die Nettoinformationen sowie deren Datentypen und kann nicht länger mit *Import-CliXml* importiert werden.

HTML-Reports erstellen

Eine besonders praktische Darstellungsart für Ihre Ergebnisse ist HTML, weil HTML-Reports von jedem beliebigen Webbrowser angezeigt und auf Wunsch auch zentral über einen Webserver bereitgestellt werden können. Zuständig für die Umwandlung von Objekten in ein anderes Darstellungsformat sind die *ConvertTo*-Cmdlets. Das wichtigste davon heißt *ConvertTo-Html* und wandelt automatisch Objekte in HTML um. Die übrigen *ConvertTo*-Cmdlets führen Umwandlungen in andere Darstellungsformen durch und werden an anderer Stelle besprochen.

Cmdlet	Beschreibung
ConvertTo-Csv	Wandelt Objekte in kommaseparierte Listen um. Funktioniert wie *Export-Csv*, nur werden die umgewandelten CSV-Informationen nicht direkt in eine Datei geschrieben.
ConvertTo-Html	Wandelt die Objekte in HTML um
ConvertTo-SecureString	Wandelt Objekte in verschlüsselten Text um. Verschlüsselter Text wird für Anmeldeinformationen wie geheime Kennworte verwendet.
ConvertTo-Xml	Wandelt Objekte in reines XML um. Im Gegensatz zu Export-CliXml (*Constraint Language in XML*) werden die Typen der Objekteigenschaften nicht mitgespeichert.

Tabelle 7.4 Konvertierungs-Cmdlets

Objekteigenschaften in HTML-Spalten umwandeln

ConvertTo-Html hat einen sehr engen Zuständigkeitsbereich: Es wandelt die Objekteigenschaften in HTML um. Mehr geschieht nicht. Was Sie mit dem resultierenden HTML-Code tun, bleibt Ihnen (oder nachfolgenden Cmdlets) überlassen. Tun Sie nichts weiter, gibt *ConvertTo-Html* den HTML-Code in die Konsole aus, wo er natürlich nicht als HTML-Seite angezeigt wird, sondern als reiner Text.

```
PS> Get-Process | ConvertTo-Html
```

WICHTIG *ConvertTo-Html* wandelt als Vorgabe sämtliche Objekteigenschaften in Text um. Weil die meisten Objekte sehr viele Eigenschaften enthalten, führt das zu riesigen Datenmengen. Legen Sie deshalb mit dem Parameter *-Property* fest, welche Objekteigenschaften Sie im HTML-Report sehen wollen:

```
PS> Get-Process | ConvertTo-Html -Property Name, Company, CPU
```

Allerdings ist dieser Ansatz aufgrund eines Fehlers in *ConvertTo-Html* nicht immer zuverlässig. Die folgende Zeile ermittelt die installierte Software und gibt einige Eigenschaften als HTML aus:

```
PS> Get-ItemProperty
Registry::HKEY_LOCAL_MACHINE\SOFTWARE\Microsoft\Windows\CurrentVersion\Uninstall\* | ConvertTo-
Html DisplayName, InstallDate, DisplayVersion, Language
```

Hier *kann* es passieren, dass nicht alle Objekteigenschaften im HTML-Report enthalten sind, weil *ConvertTo-Html* jeweils nur das erste Objekt analysiert. Sind darin Eigenschaften leer, streicht *ConvertTo-Html* diese auch für alle folgenden Objekte. Robuster funktioniert *Select-Object*:

```
PS> Get-ItemProperty
Registry::HKEY_LOCAL_MACHINE\SOFTWARE\Microsoft\Windows\CurrentVersion\Uninstall\* | Select-
Object DisplayName, InstallDate, DisplayVersion, Language | ConvertTo-Html
```

Verwenden Sie also *Select-Object*, um die Objekteigenschaften festzulegen, die im HTML-Report enthalten sein sollen, wenn Sie das Problem zuverlässig umgehen wollen.

HTML im Webbrowser anzeigen

Damit das HTML auch tatsächlich als HTML-Seite angezeigt wird, muss der HTML-Code weiterverarbeitet werden. Mit *Out-File* können Sie ihn beispielsweise in eine Datei mit der Erweiterung *.htm* speichern und diese dann mit dem Webbrowser öffnen:

```
PS> Get-Process | ConvertTo-Html Name, Company, CPU | Out-File $HOME\ausgabe.htm
PS> & "$HOME\ausgabe.htm"
```

TIPP Als Vorgabe generiert *ConvertTo-Html* Tabellen, bei denen also die Objekteigenschaften zu Spalten werden. Wollen Sie sehr viele Objekteigenschaften in den HTML-Report einschließen, ist die Tabelle dafür möglicherweise zu schmal. Beauftragen Sie *ConvertTo-Html* in diesem Fall mit dem Parameter *-As List*, anstelle einer Tabelle eine Liste zu generieren:

```
PS> Get-Process | ConvertTo-Html Name, Company, CPU, *Time* -as List | Out-File $HOME\ausgabe.htm
PS> & "$HOME\ausgabe.htm"
```

Es geht auch ohne den Umweg einer Html-Datei. *New-Object* kann den Internet Explorer auch direkt über sein Objektmodell öffnen und den geöffneten Webbrowser danach fernsteuern, um den gewünschten HTML-Inhalt direkt in den Webbrowser einzuspeisen:

```
PS> $html = Get-Process | Select-Object Name, Company, CPU | ConvertTo-Html | Out-String
PS> $ie = New-Object -ComObject InternetExplorer.Application
PS> $ie.Navigate("about:blank")
PS> while ($ie.busy) { Start-Sleep -Milliseconds 200 }
PS> $ie.Document.IHTMLDocument2_write($html)
PS> $ie.Visible = $true
```

PROFITIPP *ConvertTo-Html* liefert nicht etwa einen einzelnen Textstring mit dem HTML-Code zurück, sondern ein Array, in dem die einzelnen Zeilen des HTML-Codes separat gespeichert sind:

```
# HTML generieren:
PS> $html = Get-Process | ConvertTo-Html Name, Company, CPU

# Typ des Ergebnisses ist ein Array, ersichtlich durch die eckigen Klammern hinter dem Typnamen:
PS> $html.GetType().FullName
System.Object[]

# Das Array enthält hier im Beispiel 106 einzelne Zeilen:
PS> $html.Count
106

# Die erste Zeile ausgeben:
PS> $html[0]
<!DOCTYPE html PUBLIC "-//W3C//DTD XHTML 1.0 Strict//EN"  "http://www.w3.org/TR/xhtml1/DT
D/xhtml1-strict.dtd">

# Die ersten vier Zeilen ausgeben:
PS> $html[0..3]
<!DOCTYPE html PUBLIC "-//W3C//DTD XHTML 1.0 Strict//EN"  "http://www.w3.org/TR/xhtml1/DT
D/xhtml1-strict.dtd">
<html xmlns="http://www.w3.org/1999/xhtml">
<head>
```

```
<title>HTML TABLE</title>
```

Das führt zu Problemen, sobald Sie versuchen, dieses Ergebnis direkt in den Internet Explorer einzuspeisen, weil dieser nicht separate HTML-Zeilen erwartet, sondern einen einzelnen Text mit dem gesamten HTML-Code. Deshalb müssen in diesem Fall die einzelnen Zeilen zuerst mit *Out-String* in einen einzelnen Gesamttext zusammengefasst werden:

```
# HTML in einem Stück als Text generieren:
PS> $html = Get-Process | ConvertTo-Html Name, Company, CPU | Out-String

# Ergebnis ist nun kein Array mehr, sondern ein einzelner Text (System.String):
PS> $html.GetType().FullName
System.String
```

Eine entsprechende Funktion namens *Out-Html* könnte daraus folgendermaßen abgeleitet werden:

```
function Out-Html {
 $html = $Input | ConvertTo-Html | Out-String
 $ie = New-Object -ComObject InternetExplorer.Application
 $ie.Navigate("about:blank")
 while ($ie.busy) { Start-Sleep -Milliseconds 200 }
 $ie.Visible = $true
 $ie.Document.IHTMLDocument2_write($html)
 while ($ie.busy) { Start-Sleep -Milliseconds 200 }
}
```

Die Variable *$Input* repräsentiert innerhalb von Funktionen stets die Objekte, die von der Pipeline empfangen werden, sodass Sie *Out-Html* künftig lediglich an das Ende beliebiger Pipelineanweisungen anzuhängen brauchen, um die Informationen als HTML im Webbrowser anzuzeigen:

```
PS> Get-Process | Select-Object Name, Company, CPU | Out-Html
```

HTML-Reports farbig und ansprechend gestalten

Bisher sahen die generierten HTML-Reports etwas trist aus. Glücklicherweise unterstützt *ConvertTo-Html* zahlreiche Parameter, mit denen das HTML formatiert und aufbereitet werden kann. Über den Parameter *-Head* lassen sich beispielsweise sogenannte *Style Sheets* integrieren. Ein Style Sheet legt für die einzelnen Elemente der HTML-Seiten Formatierungen wie Farbe oder Schriftart fest. Das folgende Beispiel definiert ein einfaches Style Sheet in der Variablen *$style* und integriert die Formatierungsanweisungen mithilfe des Parameters *-Head*. Das Ergebnis ist ein sehr viel zivilisierterer HTML-Report:

```
PS> $style = @'
 <style>
  body { background-color:#EEEEEE; }
  body,table,td,th { font-family:Tahoma; color:Black; Font-Size:10pt }
  th { font-weight:bold; background-color:#AAAAAA; }
  td { background-color:white; }
 </style>
'@

PS> Get-Process | ConvertTo-Html Name, Company, CPU -Head $style | Out-File $HOME\report.htm
PS> & "$HOME\report.htm"
```

Über *-PreContent* lassen sich HTML-Fragmente am Seitenanfang einblenden, beispielsweise eine Überschrift oder sogar ein Firmenlogo. Das folgende Skript greift auf eine Bilddatei im Windows-Ordner zu. Passen Sie den Pfadnamen des gewünschten Bilds entsprechend an:

```
PS> $style = @'
 <style>
  body { background-color:#EEEEEE; }
  body,table,td,th,h1 { font-family:Tahoma; color:Black; Font-Size:10pt }
  th { font-weight:bold; background-color:#AAAAAA; }
  td { background-color:white; }
  h1 { Font-Size:20pt; text-align:left }
 </style>
'@

PS> $titel = "<img src='$env:windir\web\wallpaper\windows\img0.jpg' width=10%><h1>Report</h1>"
PS> Get-Process | ConvertTo-Html Name, Company, CPU -Head $style -PreContent $titel | Out-File
$HOME\report.htm
PS> & "$HOME\report.htm"
```

Oder Sie fügen ein Bild als Seitenhintergrund ein. Dazu weisen Sie das Bild innerhalb des Style Sheets über *background-image* dem HTML-Element *body* zu. Der Pfadname zur Bilddatei muss hierbei HTML-Konventionen entsprechen, weswegen umgekehrte Schrägstriche durch jeweils zwei normale Schrägstriche ersetzt werden müssen. Achten Sie wieder darauf, dass das angegebene Bild in Ihrem Windows-Ordner tatsächlich vorhanden ist, oder ändern Sie den Pfad:

```
$style = @"
 <style>
  body { background-image:url($("file:///$env:windir\web\wallpaper\windows\img0.jpg".Replace("\",
"//")); background-position:left top; background-repeat:repeat; }
  body,table,td,th { font-family:Tahoma; color:Black; Font-Size:10pt }
  th { font-weight:bold; background-color:#AAAAAA; }
  td { background-color:white; }
</style>
"@

PS> Get-Process | ConvertTo-Html Name, Company, CPU -Head $style | Out-File $HOME\report.htm
PS> & "$HOME\report.htm"
```

Mehrere HTML-Tabellen kombinieren

Wollen Sie die Ergebnisse mehrerer PowerShell-Befehle in einem HTML-Report zusammenfassen, ist auch das sehr einfach möglich, indem Sie das generierte HTML an eine vorhandene Html-Datei anfügen. Die folgenden Zeilen zeigen, wie das funktioniert, und erzeugen einen Inventarisierungsbericht des lokalen Computers:

```
PS> Get-Service | ConvertTo-Html DisplayName, ServiceName, Status -title 'Inventarisierungsreport'
-body "<h2>Report für '$env:computername'</h2><h3>Diensteübersicht</h3>" | Out-File
$HOME\report.htm
PS> Get-WMIObject Win32_OperatingSystem | Select-Object * -exclude __* | ConvertTo-Html -As List -
body '<h3>Betriebssystem-Details</h3>' | Out-File $HOME\report.htm -Append
PS> Get-ItemProperty
Registry::HKEY_LOCAL_MACHINE\SOFTWARE\Microsoft\Windows\CurrentVersion\Uninstall\* | Select-
Object DisplayName, InstallDate, DisplayVersion, Language | ConvertTo-Html -body '<h3>Installierte
```

```
Software</h3>' | Out-File $HOME\report.htm -Append
PS> & "$HOME\report.htm"
```

Der Report wird ordnungsgemäß erstellt und angezeigt, obwohl das generierte HTML eigentlich formale Fehler enthält, wie ein Blick in die Datei *report.htm* offenbart. Jedes Mal, wenn Sie *ConvertTo-Html* verwenden, wird dabei ein vollständiger HTML-Code einschließlich der Seitentags geschrieben. Der Internet Explorer ignoriert diese redundanten Seitentags bei der späteren Anzeige zwar freundlich, aber wenn Sie korrektes HTML generieren wollen, sollten Sie stattdessen besser den Parameter *-Fragment* einsetzen. Er sorgt dafür, dass *ConvertTo-Html* nur noch die reine Datentabelle liefert, die sich danach in beliebige vorhandene HTML-Seiten einfügen lässt.

Das folgende Beispiel zeigt, wie Sie mit *-Fragment* mehrere Datentabellen in ein eigenes HTML-Grundgerüst einfügen. Dabei setzt der Skriptcode einen praktischen Trick ein: Anstatt jede Textzeile einzeln an *Out-File* zu senden, werden alle Befehlszeilen, die Text für die Html-Datei generieren, in geschweiften Klammern als Skriptblock zusammengefasst und dann mit *&* gemeinsam ausgeführt. Auf diese Weise werden sämtliche Ergebnisse zusammengefasst und können danach gemeinsam an eine einzelne *Out-File*-Anweisung weitergeleitet werden. Dies ist nicht nur übersichtlicher und ökonomischer. Sie können so auch das Grundgerüst Ihrer Html-Datei beinahe beliebig durch zusätzliches HTML an beliebiger Stelle ergänzen, indem Sie einfach die entsprechenden Textzeilen an den gewünschten Stellen hinzufügen:

```
PS> & {
'<HTML><HEAD><TITLE>Inventarisierungsbericht</TITLE>'
"<BODY><h2>Report für '$env:computername'</h2><h3>Diensteübersicht</h3>"
Get-Service | ConvertTo-Html DisplayName, ServiceName, Status -Fragment
'<h3>Betriebssystem-Details</h3>'
Get-WMIObject Win32_OperatingSystem | Select-Object * -Exclude __* | ConvertTo-Html -As List
-Fragment
'<h3>Installierte Software</h3>'
Get-ItemProperty
Registry::HKEY_LOCAL_MACHINE\SOFTWARE\Microsoft\Windows\CurrentVersion\Uninstall\* | Select-
Object DisplayName, InstallDate, DisplayVersion, Language | ConvertTo-Html -Fragment
'</BODY></HTML>'
} | Out-File $HOME\report.htm
PS> & "$HOME\report.htm"
```

PROFITIPP Ruft man die Html-Datei wie in den vergangenen Beispielen anschließend auf, öffnet sie sich im Standardbrowser. Dies kann, muss aber nicht der Internet Explorer sein. Webbrowser sind für die Anzeige von Systeminformationen und Reports nur beschränkt brauchbar, weil die vielen Toolbars und Schaltflächen ablenken. Eine alternative Anzeigeart erleben Sie, indem Sie die Ergebnisse nicht in Dateien mit der Erweiterung *.htm* sondern stattdessen *.hta* speichern. Diese Erweiterung steht für *HTML Application* und wird normalerweise von Systemtools verwendet, um Dialoge und Assistenten auf HTML-Basis darzustellen. Dateien mit der Erweiterung *.hta* werden von einem speziellen und einheitlichen Webbrowser namens *mshta.exe* geöffnet und angezeigt. Dieser stellt nur den Inhalt der Webseite dar und verzichtet auf sämtliche störenden Menüs und Symbolleisten.

Frage Sie möchten eine Liste mit Computernamen als Html-Datei anzeigen. Die folgende Zeile liefert aber stattdessen einen Report mit der Spalte »*«. Was ist hier schiefgelaufen?

```
PS> 1..20 | ForEach-Object { 'PC{0:000}-W7' -f $_ }
PC001-W7
```

```
PC002-W7
(...)
PS> 1..20 | ForEach-Object { 'PC{0:000}-W7' -f $_ } | ConvertTo-Html | Out-File $HOME\rechner.htm
PS> & "$HOME\rechner.htm"
```

Lösung Halten Sie sich vor Augen, wie *ConvertTo-Html* tatsächlich funktioniert: Es wandelt alle Objekteigenschaften in Spalten um. Ihre Computernamen sind einfache Texte, die als *String*-Objekt gespeichert werden. Wenn Sie sich deren Objekteigenschaften ansehen, stellen Sie fest, dass darunter nur die Eigenschaft *Length* ist, welche die Länge des Texts enthält:

```
PS> 1..20 | ForEach-Object { 'PC{0:000}-W7' -f $_ } | Get-Member -MemberType Property

   TypeName: System.String

Name   MemberType Definition
----   ---------- ----------
Length Property   System.Int32 Length {get;}
```

Sie können mit *ConvertTo-Html* deshalb nur komplexe Objekte sichtbar machen, aber keine einfachen Datentypen wie Texte oder Zahlen. Solche Informationen geben Sie besser direkt in eine Textdatei aus:

```
PS> 1..20 | ForEach-Object { 'PC{0:000}-W7' -f $_ } | Out-File $HOME\rechner.txt
PS> & "$HOME\rechner.txt"
```

Wollen Sie die Informationen trotzdem unbedingt als HTML darstellen, können Sie sich zunutze machen, dass der Parameter *-Property* auch Skriptblöcke akzeptiert, in denen Sie selbst bestimmen, wie die Informationen für diese Spalte in Text umgewandelt werden:

```
PS> 1..20 | ForEach-Object { 'PC{0:000}-W7' -f $_ } | ConvertTo-Html { $_ } | Out-File
$HOME\rechner.htm
PS> & "$HOME\rechner.htm"
```

Der HTML-Report zeigt jetzt die Computernamen korrekt an. Allerdings wird der Spaltenname nun durch den Ausdruck bestimmt, der in Ihrem Skriptblock steht. Möchten Sie die Spalte anders nennen, ist eine sogenannte Hashtable notwendig:

```
PS> $format = @{}
PS> $format.Label = 'Rechnername'
PS> $format.Expression = { $_ }
PS> 1..20 | ForEach-Object { 'PC{0:000}-W7' -f $_ } | ConvertTo-Html $format | Out-File
$HOME\rechner.htm
PS> & "$HOME\rechner.htm"
```

Auf diese Weise lassen sich beliebig viele Spalten definieren. Aufgrund eines Fehlers in der PowerShell funktioniert dies allerdings nur, wenn Sie die Hashtable in einer einzelnen Zeile definieren und nicht schrittweise aufbauen:

```
PS> $spalte1 = @{Label='Rechnername'; Expression={$_}}
PS> $spalte2 = @{Label='Präfix'; Expression={$_.SubString(0,2)}}
PS> $spalte3 = @{Label='Betriebssystem'; Expression={$_.Split('-')[1]}}
PS> $format = $spalte1, $spalte2, $spalte3
PS> 1..20 | ForEach-Object { 'PC{0:000}-W7' -f $_ } | ConvertTo-Html $format | Out-File
$HOME\rechner.htm
PS> & "$HOME\rechner.htm"
```

Frage Sie wollen gern einen HTML-Report mit den IP-Adressen generieren, die einem Computer zugewiesen sind. Sie verwenden die folgende Zeile, um die IP-Adressen abzurufen:

```
PS> Get-WMIObject Win32_NetworkAdapterConfiguration | Select-Object Caption, *IPAdd* | Where-
Object { $_.IPAddress -ne $null }

Caption                                        IPAddress
-------                                        ---------
[00000007] Intel(R) 82567LM-Gigabit-Netzw...  {192.168.2.105, fe80::f85a:1e3e:9907:6460}
[00000011] Intel(R) WiFi Link 5100 AGN         {192.168.2.103, fe80::ad62:ac4d:4dea:936d}
[00000014] Microsoft Loopbackadapter           {169.254.179.137, fe80::dc8d:6c92:de:b389}
```

Wenn Sie versuchen, diese Informationen in HTML umzuwandeln, erhalten Sie in der Spalte *IPAddress* allerdings immer nur die Angabe *System.String[]*. Warum?

```
PS> Get-WMIObject Win32_NetworkAdapterConfiguration | Select-Object Caption, *IPAdd* | Where-
Object { $_.IPAddress -ne $null } | ConvertTo-Html | Out-File $HOME\ip.htm
& "$HOME\ip.htm"
```

Lösung *ConvertTo-Html* wandelt alle Objekteigenschaften in Text um, greift dabei aber nicht auf das ETS zurück. Komplexere Objekte und vor allen Dingen Arrays werden deshalb nur mit dem Namen ihres Typs angegeben. Die Eigenschaft *IPAddress* enthält ein Array, denn einer Netzwerkkarte können beliebig viele IP-Adressen zugewiesen sein. Um die IP-Adressen korrekt anzuzeigen, müssten Sie also selbst dafür sorgen, dass der Inhalt der Eigenschaft *IPAddress* auf sinnvollere Weise in Text umgewandelt wird. Fügen Sie anstelle der Eigenschaft *IPAddress* einen Skriptblock ein. In diesem Skriptblock greifen Sie selbst auf die Eigenschaft *IPAddress* zu und wandeln das Array in reinen Text, indem Sie das Array innerhalb doppelter Anführungszeichen ausgeben:

```
PS> Get-WMIObject Win32_NetworkAdapterConfiguration | Where-Object { $_.IPAddress -ne $null } |
ConvertTo-Html Caption, { "$($_.IPAddress)" } | Out-File $HOME\ip.htm
PS> & "$HOME\ip.htm"
```

Die IP-Adressen werden jetzt durch ein Leerzeichen getrennt hintereinander ausgegeben. Möchten Sie die Einträge lieber kommasepariert anordnen, weisen Sie der speziellen Variable *$OFS* das gewünschte Trennzeichen zu. Der Inhalt von *$OFS* wird nämlich bei einer Textumwandlung eines Arrays automatisch als Trennzeichen verwendet:

```
PS> Get-WMIObject Win32_NetworkAdapterConfiguration | Where-Object { $_.IPAddress -ne $null } |
ConvertTo-Html Caption, { $OFS = ", "; "$($_.IPAddress)" } | Out-File $HOME\ip.htm
PS> & "$HOME\ip.htm"
```

HINWEIS Leider gibt es keinen Weg, mehrzeiligen Text untereinander anzuordnen. Dazu müsste das Trennzeichen ein Zeilenumbruch sein. *ConvertTo-Html* wandelt Zeilenumbrüche aber leider nicht in das in HTML notwendige »
« um. Geben Sie als Trennzeichen selbst »
« an, enkodiert *ConvertTo-Html* die Zeichenfolge, sodass sie wörtlich erscheint und ebenfalls keinen Zeilenumbruch liefert.

Störend ist nun höchstens noch die Spaltenüberschrift, die den Inhalt des Skriptblocks zeigt. Wie Sie dieses Problem mithilfe einer Hashtable lösen, haben Sie bereits im vorangegangenen Abschnitt erfahren. Es gibt allerdings noch eine zweite Möglichkeit: Kopieren Sie die Ergebnisse mit *Select-Object* in neue Objekte. Dadurch erhalten Sie die Möglichkeit, den Inhalt der Eigenschaften nach Belieben zu ändern, ohne dass sich die Namen der Eigenschaften ändern. Verwandeln Sie das Textfeld in der Eigenschaft *IPAddress* also in einen Gesamttext, beispielsweise wie eben gezeigt oder durch das Weiterleiten an *Out-String*, und senden Sie erst danach die geänderten Objekte an *ConvertTo-Html*:

```
PS> Get-WMIObject Win32_NetworkAdapterConfiguration | Where-Object { $_.IPAddress -ne $null } |
Select-Object Caption, IPAddress | ForEach-Object { $_.IPAddress = $_.IPAddress | Out-String; $_ }
| ConvertTo-Html | Out-File $HOME\ip.htm
PS> & "$HOME\ip.htm"
```

Frage Sie möchten möglichst viele Informationen aller laufenden Prozesse als HTML-Report anzeigen. Die folgende Zeile liefert jedoch einen HTML-Report, der Spalten wie *Module*, *MainModule*, *StartInfo* oder auch *Threads* zeigt, deren Informationen nicht besonders hilfreich sind:

```
PS> Get-Process | ConvertTo-Html | Out-File $HOME\processes.htm
PS> & "$HOME\processes.htm"
```

Wieso ist das so und was kann man dagegen tun?

Lösung Die angegebenen Spalten entsprechen Objekteigenschaften, die ihrerseits komplexe Objekte enthalten. Wie Sie inzwischen wissen, wandelt *ConvertTo-Html* diese Eigenschaften auf sehr simple Weise in Text um: Die Objekte werden lediglich durch den Namen ihres Typs ersetzt. Wollen Sie diese überflüssigen Spalten nicht anzeigen, müssen Sie diese ausdrücklich ausschließen, beispielsweise so:

```
PS> Get-Process | Select-Object * -exclude *module*, Threads, StartInfo | ConvertTo-Html | Out-
File $HOME\processes.htm
PS> & "$HOME\processes.htm"
```

Nachschlag für Profis

Wieder finden Sie in diesem Abschnitt Zusatzinformationen und kleine Rätsel, die im Kern die Themen behandeln, die Sie in diesem Kapitel erlernt haben. Anders als die regulären Übungsaufgaben gehen die folgenden Rätsel und Aufgabe aber etwas über diesen Bereich hinaus, greifen Alltagssituationen auf und berühren auch Themenbereiche, die bis jetzt nur angeschnitten wurden. Falls Sie auf diese Herausforderungen (noch) keine Lust haben, überspringen Sie diese und kehren Sie vielleicht später zu diesen Aufgaben zurück. Andernfalls haben Sie jetzt die Gelegenheit, Ihr neu gewonnenes Wissen noch deutlich zu vertiefen.

Aufgaben und Rätsel

Aufgabe Warum sieht das Ergebnis in Excel, das die folgende Anweisung liefert, ganz anders aus als erwartet?

```
PS> dir | Format-Table | Export-Csv test.csv
PS> .\test.csv
```

Lösung Sie haben ein *Format-**-Cmdlet eingesetzt und nicht beachtet, dass diese Cmdlets nur am Ende der Pipeline oder unmittelbar vor *Out-**-Cmdlets eingesetzt werden dürfen. Ein Blick in die CSV-Datei offenbart auch, warum: *Format-**-Cmdlets verändern die ursprünglichen Objekte und verwandeln sie in Formatierungsobjekte, die nur noch von *Out-**-Cmdlets verstanden werden.

Aufgabe Sie haben von einem Geschäftspartner aus den USA Daten in Form einer kommaseparierten Liste bekommen. Sie selbst arbeiten auf einem deutschen System. Wie könnten Sie die Daten Ihres Geschäftspartners auf Ihrem System bearbeiten? Woran ist zu denken, wenn Sie eigene Daten an Ihren Partner zurückliefern wollen?

Lösung Die PowerShell arbeitet als Vorgabe immer mit klassischen kommaseparierten Listen. Sie können die Informationen aus der CSV-Datei Ihres Partners also ohne weitere Parameter direkt mit *Import-Csv* importieren und weiterbearbeiten. Wenn Sie selbst Daten als kommaseparierte Listen an internationale Partner weitergeben wollen, verwenden Sie am besten ebenfalls das Komma als Trennzeichen. Verzichten Sie also bei *Export-Csv* auf die Verwendung von *-UseCulture*. Die folgende Zeile liefert eine klassische kommaseparierte Datei:

```
PS> Get-Process | Select-Object Name, Company | Export-Csv $HOME\datenliste.csv
```

Und wie gehen Sie vor, wenn Sie die kommaseparierte Liste Ihres Geschäftspartners in Ihrem deutschen Excel (oder einem anderen Programm, das CSV-Dateien unterstützt) öffnen und weiterbearbeiten möchten? Falls das Programm keine Möglichkeit bietet, das verwendete Trennzeichen anzugeben, beauftragen Sie kurzerhand die PowerShell, das Trennzeichen der CSV-Datei zu konvertieren. Die folgende Zeile wandelt eine CSV-Datei mit klassischem Kommatrennzeichen (*usa.csv*) in eine CSV-Datei mit dem auf Ihrem System üblichen Trennzeichen um (*deutsch.csv*):

```
PS> Import-Csv $HOME\usa.csv | Export-Csv -UseCulture -Encoding UTF8 $HOME\deutsch.csv -
NoTypeInformation
```

Aufgabe Sie haben eine Hashtable angelegt und wollen diese sortieren. Das aber scheint nicht zu funktionieren:

```
PS> $hash=@{"Tobias"=90;"Martina"=90;"Cofi"=80;"Zumsel"=100}
PS> $hash | Sort-Object Value -Descending
Name                           Value
----                           -----
Tobias                         90
Zumsel                         100
Cofi                           80
Martina                        90
```

Was ist hier los?

Lösung *Sort-Object* erwartet vom Vorgängerbefehl ein Array, dessen Inhalt es anschließend sortiert. Eine besondere Form des Arrays ist die sogenannte Hashtable. Eine Hashtable funktioniert wie ein Array, dessen einzelne Bestandteile aber nicht über einen numerischen Index angesprochen werden, sondern durch frei wählbare Stichwörter. Sie erfahren in einem der folgenden Kapitel mehr darüber. Weil Hashtables keine normalen Arrays sind, kann *Sort-Object* sie auch nicht sortieren. Damit die Sortierung gelingt, muss die Hashtable zuerst einen sogenannten *Enumerator* erhalten. Dieser weiß, wie die einzelnen Elemente der Hashtable angesprochen werden, sodass *Sort-Object* den Inhalt ansprechen und sortieren kann. Den Enumerator einer Hashtables liefert *GetEnumerator()*:

```
PS> $hash.GetEnumerator() | Sort-Object Value -Descending
Name                           Value
----                           -----
Zumsel                         100
Martina                        90
Tobias                         90
Cofi                           80
```

Aufgabe Sie greifen mit *Get-Process* auf den PowerShell-Prozess zu und möchten den Herstellernamen ausgeben. Sonderbarerweise wird aber nichts zurückgeliefert:

```
PS> $prozess = Get-Process PowerShell
PS> $prozess.Company
```

Dabei hätten Sie schwören können, dass der Code früher einmal funktioniert hat. Was ist los?

Lösung Bei Ihnen laufen mehrere Instanzen der PowerShell. Deshalb liefert *Get-Process* mehrere Prozesse zurück und *$prozess* enthält nicht einen Prozess, sondern ein Array. Jedoch besitzen Arrays keine Eigenschaft *Company.* Deshalb erhalten Sie nichts zurück.

Grundsätzlich ist die Tatsache, dass Befehle von Fall zu Fall entweder Einzelergebnisse oder Arrays zurückliefern, eine echte Herausforderung. Sie haben zwei Mittel, damit umzugehen. Entweder verwandeln Sie das Ergebnis des Befehls mit *@()* immer in ein Array. So finden Sie z.B. heraus, wie viele PowerShell Instanzen gerade laufen:

```
PS> @(Get-Process PowerShell).Count
2
```

Über eckige Klammern greifen Sie auf einzelne Elemente im Array zu:

```
PS> @(Get-Process PowerShell)[0].Company
```

Oder Sie bearbeiten das Ergebnis eines Befehls in der Pipeline mit *ForEach-Object.* Auch dann ist es egal, wie viele Ergebnisse geliefert werden:

```
PS> Get-Process PowerShell | ForEach-Object { $_.Company }
Microsoft Corporation
Microsoft Corporation
```

Aufgabe Sie möchten gern Ereignisprotokolleinträge aus dem *System*-Ereignisprotokoll im zeitlichen Verlauf sortieren. Schnell haben Sie herausgefunden, dass die entsprechende Information in der Spalte *Time* zu finden ist. Wenn Sie aber versuchen, nach dieser Spalte zu sortieren, ist das Ergebnis trotzdem unsortiert. Warum?

```
PS> Get-EventLog System | Sort-Object Time
```

Lösung Tatsächlich besitzen die Ereignisprotokolleintragobjekte gar keine Eigenschaft namens *Time.* Diese Spalte wurde künstlich vom *Extended Type System* (ETS) hinzugefügt. Die tatsächlich vorhandenen Eigenschaften sehen Sie, wenn Sie das Ergebnis an *Select-Object ** weiterleiten:

```
PS> Get-EventLog System | Select-Object *
```

Dabei erkennen Sie, dass das Originalobjekt stattdessen die Eigenschaften *TimeGenerated* und *TimeWritten* besitzt. Suchen Sie sich eine davon aus und sortieren Sie dann nach dieser Eigenschaft:

```
PS> Get-EventLog System | Sort-Object TimeGenerated
```

Aufgabe Sie möchten die Liste der laufenden Prozesse nach der CPU-Belastung sortieren. Dazu haben Sie zuerst den Befehl *Get-Process* separat aufgerufen und festgestellt, dass die gesuchte Information in der Spalte *CPU(s)* zu finden ist. Anschließend haben Sie das Ergebnis von *Get-Process* nach dieser Spalte sortiert. Das Ergebnis ist aber eine Fehlermeldung. Warum wohl?

```
PS> Get-Process | Sort-Object CPU(s)
```

```
Die Benennung "s" wurde nicht als Name eines Cmdlet, einer Funktion, einer Skriptdatei oder eines
ausführbaren Programms erkannt. Überprüfen Sie die Schreibweise des Namens, oder ob der Pfad
korrekt ist (sofern enthalten), und wiederholen Sie den Vorgang.
```

Lösung Auch hier gilt, dass die Spalte *CPU(s)* in Wirklichkeit ein Kunstprodukt ist. Die *Process*-Objekte enthalten diese Eigenschaft nicht. Leiten Sie das Ergebnis an *Select-Object* * weiter, erkennen Sie, dass die tatsächliche Eigenschaft *CPU* heißt:

```
PS> Get-Process | Sort-Object CPU
```

Aufgabe *CloseMainWindow()* ist eine freundliche Aufforderung, das Programm zu beenden, und entspricht dem Ausknipsen des Programmfensters. Befinden sich im Programm noch ungesicherte Informationen, erscheint das übliche Dialogfeld und der Benutzer kann den Vorgang mit *Abbrechen* auch ablehnen. Wie können Sie sicherstellen, dass das Programm auch tatsächlich geschlossen wird?

Lösung Rücksichtsloser als *CloseMainWindow()* geht *Stop-Process* vor. Hier wird sofort geschlossen und keine Gelegenheit gegeben, ungesicherte Arbeiten zu speichern. Beides kann man auch kombinieren. Die folgenden Zeilen ermitteln zuerst alle laufenden Instanzen des Editors. Danach wird an diese die Aufforderung versendet, zu schließen. Danach legt sich das Skript 15 Sekunden schlafen. Werden danach noch immer Prozesse aus *$prozesse* ausgeführt, schlägt das Skript mit dem Hammer *Stop-Process* zu:

```
PS> $prozesse = Get-Process notepad -ErrorAction SilentlyContinue
PS> $prozesse| ForEach-Object { $_.CloseMainWindow() } | Out-Null
PS> Start-Sleep -Seconds 15
PS> $prozesse | Where-Object { $_.hasExited -ne $true } | Stop-Process -ErrorAction
SilentlyContinue -WhatIf
```

Aufgabe *Get-EventLog* liefert Ihnen alle Einträge eines Ereignisprotokolls. Was allerdings kann man unternehmen, wenn man nur den ersten Eintrag mit einer bestimmten Ereignis-ID finden möchte?

Lösung Sofern das Cmdlet Parameter liefert, welche die Ergebnisse entsprechend filtern, kann man diese verwenden, um die Ergebnisse einzuschränken. Die folgende Zeile würde beispielsweise nur den ersten (neuesten) Eintrag mit der Ereignis-ID 10000 liefern:

```
PS> Get-EventLog System -InstanceId 10000 -Newest 1
```

Manche Aufgaben lassen sich allerdings nicht so elegant lösen, weil dazu die nötigen Parameter fehlen. Was z.B. würden Sie tun, wenn Sie den ersten Ereigniseintrag benötigen, der größer ist als 10000? Der Parameter *-InstanceId* liefert nur genau die Ereignis-ID, die Sie angeben. In diesem Fall müssten Sie also wohl oder übel sämtliche Ereigniseinträge abfragen und nachgeschaltet filtern:

```
PS> Get-EventLog System | Where-Object { $_.InstanceId -gt 10000 }
```

Da Ereignisprotokolle sehr viele Einträge enthalten können, kann eine solche Abfrage sehr lange dauern, selbst dann, wenn Sie eigentlich nur das erste infrage kommende Element benötigen. Hier hilft es dann auch nicht, die Ergebnisse mit *Select-Object* zu beschränken:

```
PS> Get-EventLog System | Where-Object { $_.InstanceId -gt 10000 } | Select-Object -First 1
```

Zwar erhalten Sie so tatsächlich nur das erste Element mit einer Event-ID größer als 10000, aber trotzdem müssten Sie warten, bis *Get-EventLog* alle übrigen Einträge geliefert hat, denn die Filterung geschieht erst in einem späteren Abschnitt der Pipeline. Anders gesagt: Die PowerShell-Pipeline ist eine Einbahnstraße. Das erste Cmdlet, das die Rohdaten liefert, kann nicht erkennen, ob ein nachgeschalteter Befehl genügend Daten für die Aufgabe erhalten hat. Mit einem kleinen Kniff gelingt es aber dennoch, die Pipeline vorzeitig abzubrechen. Dazu benötigen Sie diese winzige Erweiterung:

```
filter Stop-Pipeline([scriptblock]$condition = {$true}) {
 $_
 if (& $condition) {continue}
}
```

Anschließend könnten Sie die Pipeline folgendermaßen aufbauen:

```
$ergebnis = Do {Get-EventLog System | Stop-Pipeline { $_.InstanceId -gt 10000} } While ($false)
$ergebnis
```

Stop-Pipeline nimmt also den Platz von *Where-Object* ein und beendet die Pipeline, wenn das Abbruchkriterium erfüllt ist. Dies geschieht, indem *Stop-Pipeline* die besondere Anweisung *continue* gibt. Sie dient normalerweise dazu, den aktuellen Schleifendurchgang vorzeitig zu beenden und mit dem nächsten Schleifendurchgang fortzufahren. Damit tatsächlich nur die Pipeline und nicht das gesamte Skript abgebrochen wird, muss die Pipeline deshalb noch in eine Dummyschleife eingebettet werden, die nur ein einziges Mal läuft.

Sie erhalten also von diesem Befehl alle Ereigniseinträge zurück, bis der erste Eintrag gefunden wird, der Ihrem Kriterium entspricht. Danach wird die weitere Ausführung abgebrochen. Dieser etwas sonderbare Workaround kann sich ausgesprochen lohnen, wenn Sie einmal die Laufzeiten der beiden Varianten vergleichen:

```
PS> Measure-Command { Get-EventLog System | Where-Object { $_.InstanceId -gt 10000 } | Select-
Object -First 1 }

(...)
TotalSeconds      : 6,3030315
TotalMilliseconds : 6303,0315
PS> Measure-Command {Do {Get-EventLog System | Stop-Pipeline {$_.InstanceId -gt 10000} } While
($false) }

(...)
TotalSeconds      : 0,0420815
TotalMilliseconds : 42,0815
```

Die zweite Variante ist rund 150 Mal schneller. Der genaue Zeitvorteil hängt natürlich jeweils von der Menge der Arbeit ab, die vom Datenlieferanten zu leisten ist.

Aufgabe Sie möchten mit dem Befehl *diskpart.exe* eine neue virtuelle Festplatte erstellen. Wie dies interaktiv funktioniert, wissen Sie bereits. Wie kann man eine neue virtuelle Festplatte mithilfe der PowerShell-Pipeline automatisiert und unbeaufsichtigt erstellen?

Lösung:

```
$command= @"
create vdisk file="$path"
maximum=$maximum
type=$type
select vdisk file="$path"
attach vdisk create partition primary
assign letter=$letter
format quick label="$label"
"@$command | DiskPart
```

Zusammenfassung

Am Ende jeder Pipeline steht die Ausgabe der Ergebnisse. Diese Ausgabe erledigen die *Out*-Cmdlets. Geben Sie keines an, verwendet die PowerShell automatisch *Out-Default* und gibt die Ergebnisse als Text in der Konsole aus. Sie könnten die Ergebnisse aber ebenso gut in eine Datei oder zum Drucker senden. Alle *Out*-Cmdlets wandeln die Objekte in reinen Text um. Die Umwandlung geschieht mithilfe der *Format*-Cmdlets, die normalerweise nur die wichtigsten, auf Wunsch aber auch alle Eigenschaften der Objekte in Text umwandeln.

Weder *Format*- noch *Out*-Cmdlets sind zwingend nötig, denn wenn Sie diese weglassen, führt die PowerShell sie automatisch aus. Falls Sie allerdings selbst *Format*- und/oder *Out*-Cmdlets an Ihre Befehle anhängen, müssen dies die letzten Befehle Ihrer Pipeline sein. Sollen die Ergebnisse ihre Objektnatur behalten, verwenden Sie *Export*-Cmdlets. So können Sie die Ergebnisse z.B. in Form einer kommaseparierten Datei an Excel weitergeben oder als XML speichern. Schließlich lassen sich Objekte mit den *ConvertTo*-Cmdlets in andere Formate bringen. *ConvertTo-Html* wandelt die Objekte beispielsweise in HTML um, sodass die Ergebnisse als HTML-Report im Webbrowser angezeigt werden können. Tabelle 7.5 zeigt einen Überblick über die in diesem Kapitel eingesetzten Cmdlets.

Cmdlet	Beschreibung	Siehe Seite
ConvertTo-Html	Konvertiert Objekte in HTML	
ConvertTo-Xml	Konvertiert Objekte in Basis-XML-Darstellung	
Export-CliXml	Exportiert Objekte als XML	270
Export-Csv	Exportiert Objekte als kommaseparierte Datei, wobei anstelle des Kommas auch andere Trennzeichen möglich sind	267
Format-Custom	Verwandelt normale Objekte in Formatierungsobjekte, die anschließend von einem *Out-**-Cmdlet nach den Anforderungen des PowerShell-ETS angezeigt werden	254
Format-List	Verwandelt normale Objekte in Formatierungsobjekte, die anschließend von einem *Out-**-Cmdlet als Liste dargestellt werden	253
Format-Table	Verwandelt normale Objekte in Formatierungsobjekte, die anschließend von einem *Out-**-Cmdlet als Tabelle dargestellt werden	249
Import-CliXml	Stellt Objekte aus einer XML-Datei wieder her	272
Import-Csv	Lädt eine kommaseparierte Liste und verwandelt die Informationen in Objekte	
Out-Default	Leitet die Ergebnisse an ein *Format-**-Cmdlet und dann an *Out-Host* weiter. Die Objekte werden also in Textform gebracht und in der Konsole ausgegeben.	248
Out-File	Schreibt Objekte als Text in Dateien	258
Out-GridView	Stellt Objekte in einem Tabellenfenster dar	266
Out-Host	Gibt Ergebnisse in die Konsole aus	254
Out-Null	Vernichtet Ergebnisse	258
Out-Printer	Druckt Ergebnisse als Text auf einem Drucker	260
Out-String	Wandelt Objekte in Text um und verwendet dabei das PowerShell-ETS	261

Tabelle 7.5 In diesem Kapitel eingesetzte PowerShell-Cmdlets

Teil C
Objekte

In diesem Teil:

Kapitel 8

Mit Objekten arbeiten

In diesem Kapitel:

In den vergangenen Kapiteln haben Sie schon einige interessante Merkmale und Vorzüge der Objekte kennengelernt und Ergebnisse beispielsweise nach bestimmten Objekteigenschaften sortiert oder gefiltert. Das alles war freiwillig, denn Sie haben auch gesehen, dass die PowerShell Sie keineswegs zwingt, Objekte wahrzunehmen. Ignorieren Sie Objekte, dann reduziert die PowerShell diese kurzerhand bei der Ausgabe auf herkömmlichen Text.

In diesem und dem nächsten Kapitel erfahren Sie, was Objekte wirklich sind. Dabei wird Ihnen mehr und mehr klar, dass die bequemen PowerShell-Cmdlets im Grunde lediglich benutzerfreundliche Verpackungen für Objekte sind. Hinter den Kulissen arbeitet die PowerShell ständig mit Objekten. Diese bilden den wahren Kern der PowerShell. Was die Frage aufwirft, warum man sich dann überhaupt in die raubeinige Welt der Objekte begeben sollte, wenn es doch sehr viel kultiviertere Cmdlets gibt. Die Antwort ist wie so oft eine reine Mehrheitsfrage: Es gibt abertausende Objekttypen, aber nur wenige hundert Cmdlets. Die praktischen Cmdlets sind für allgemeine Brot-und-Butter-Aufgaben gedacht. Gibt es ein passendes Cmdlet für die Aufgabe, dann beglückwünschen Sie sich und setzen es ein. Fehlt aber das passende Cmdlet für eine bestimmte Aufgabe, sind Sie künftig nicht mehr hilflos, sondern greifen kurzerhand ohne Cmdlet selbst auf das passende Objekt zu.

Einführung: Objekte und Typen

Sobald Sie sich mit Objekten näher beschäftigen, spielen die Begriffe *Objekt*, *Instanz*, *Klasse* und *Typ* eine wichtige Rolle. Zwar könnte man einige Zeit über die philosophischen Unterschiede dieser Begriffe schwadronieren, aber in der Praxis spielt eigentlich nur diese Definition eine Rolle:

- **Klasse, Typ** Beide Begriffe beschreiben dasselbe, nämlich einen Bauplan, der beschreibt, wie eine bestimmte Information am besten gespeichert und verwaltet werden kann. Eine Klasse (oder ein Typ) entspricht damit quasi der Blaupause für den VW-Käfer Baujahr 1968, der beim VW-Konzern lagert. Diese Blaupause gibt es nur ein einziges Mal. Ob jemals echte VW Käfer gemäß dieser Blaupause gebaut wurden, ist eine andere Frage.
- **Objekt, Instanz** Auch diese beiden Begriffe beschreiben dasselbe, nämlich die von einem Bauplan (einer Klasse/einem Typ) abgeleiteten realen Instanzen. Dies wären also die real existierenden VW Käfer Baujahr 1968, die durch die Weltgeschichte fahren. Zu jedem Objekt (jeder Instanz) gibt es also eine passende Klasse (Typ), von der das Objekt abgeleitet wurde.

Was Objekte in der wirklichen Welt sind, in der wir leben, ist leicht zu beantworten: alles, was man anfassen kann. Da sich die Computerindustrie den Begriff *Objekt* aus der wirklichen Welt geborgt hat, sind Objekte in der Computerwelt etwas ganz Ähnliches. Lassen Sie uns deshalb ein typisches Objekt der wirklichen Welt näher untersuchen, z.B. ein Taschenmesser. Wie würden Sie dieses Objekt jemand anderem beschreiben, z.B. am Telefon? Sie würden das Objekt wahrscheinlich genau untersuchen und dann erzählen, was das Objekt *ist* und was das Objekt *kann*:

- **Eigenschaften** (engl. *Property*) Ein Taschenmesser hat gewisse Eigenschaften wie z.B. seine Farbe, den Hersteller, seine Größe oder die Anzahl der Klingen. Das Objekt *ist* z.B. rot, 55 Gramm schwer, ist mit drei Klingen ausgestattet und ist hergestellt von der Firma *Swiss Army Knife*. Diese Eigenschaften beschreiben das Objekt also. Alles, was das Objekt *ist*, nennt man auch seine *Eigenschaften*.

- **Methoden** (engl. *Method*) Außerdem kann man mit dem Objekt etwas tun, z.B. schneiden, Korken aus Weinflaschen ziehen oder Schrauben drehen. Das Objekt *kann* schneiden, schrauben und Korken ziehen. Alles was ein Objekt *kann*, nennt man auch seine *Methoden*.

In der Computerwelt verfügen Objekte ebenfalls über Eigenschaften, die sie beschreiben. Und sie können Dinge tun. Objekte in der Computerwelt enthalten also genau zwei Dinge: Eigenschaften und Methoden. Beide zusammen nennt man Mitglieder oder *Member*.

Get-Member liefert die Eigenschaften und Methoden eines Objekts. Da PowerShell-Befehle immer Ergebnisse in Form von Objekten liefern, können Sie damit ganz beliebige Befehlsergebnisse untersuchen und die echten zugrunde liegenden Objekte erforschen. Schauen Sie z.B. mal, wie die Objekte wirklich aussehen, die *Get-Process* liefert:

```
PS> Get-Process | Get-Member

   TypeName: System.Diagnostics.Process

Name                           MemberType     Definition
----                           ----------     ----------
Handles                        AliasProperty  Handles = Handlecount
Name                           AliasProperty  Name = ProcessName
NPM                            AliasProperty  NPM = NonpagedSystemMemorySize
PM                             AliasProperty  PM = PagedMemorySize
VM                             AliasProperty  VM = VirtualMemorySize
WS                             AliasProperty  WS = WorkingSet
Disposed                       Event          System.EventHandler Disposed(System.Object, ...
ErrorDataReceived              Event          System.Diagnostics.DataReceivedEventHandler ...
Exited                         Event          System.EventHandler Exited(System.Object, Sy...
(...)
Path                           ScriptProperty System.Object Path {get=$this.Mainmodule.Fil...
Product                        ScriptProperty System.Object Product {get=$this.Mainmodule....
ProductVersion                 ScriptProperty System.Object ProductVersion {get=$this.Main...
```

TIPP *Get-Process* liefert alle laufenden Prozesse, also in der Regel mehr als einen. *Get-Member* ist schlau und schaut sich die Objekte, die über die Pipeline angeliefert werden, zuerst an und sortiert sie nach Typ. Anschließend gibt es für jeden Typ, den es gefunden hat, genau einen Satz seiner Mitglieder aus. Sie erhalten also nicht für jedes *Process*-Objekt einen separaten Satz, sondern nur einen, weil die Objekte, die *Get-Process* liefert, alle vom selben Typ sind. Anders sieht das aus, wenn Sie beispielsweise diese Zeile probieren:

```
PS> dir $env:windir | Get-Member
```

Diesmal werden zwei verschiedene Objekttypen geliefert, nämlich Dateien und Ordner. Deshalb listet *Get-Member* nun zwei Objektbeschreibungen auf, eine für Dateien und eine für Ordner. Jeder gelieferte Satz beginnt mit der Angabe *TypeName*. Hier steht, von welchem Typ (welcher Klasse) dieses Objekt abgeleitet ist. Sie erkennen also, dass die Prozesse von *Get-Process* von dem Typ *System.Diagnostics.Process* abgeleitet wurden. Mehr dazu aber etwas später.

Auch reiner Text, Zahlen oder andere Ergebnisse sind Objekte und können mit *Get-Member* untersucht werden:

```
PS> 'Ich bin ein Text' | Get-Member

   TypeName: System.String
```

```
Name              MemberType            Definition
----              ----------            ----------
Clone             Method                System.Object Clone()
CompareTo         Method                int CompareTo(System.Object value), int Compare...
(...)
ToUpper           Method                string ToUpper(), string ToUpper(System.Globali...
ToUpperInvariant Method                 string ToUpperInvariant()
Trim              Method                string Trim(Params char[] trimChars), string Tr...
TrimEnd           Method                string TrimEnd(Params char[] trimChars)
TrimStart         Method                string TrimStart(Params char[] trimChars)
Chars             ParameterizedProperty char Chars(int index) {get;}
Length            Property              System.Int32 Length {get;}
```

Kurz und knapp ...

Objekte enthalten Eigenschaften, Methoden und manchmal auch Events. *Eigenschaften* funktionieren wie Variablen und enthalten Informationen. Dabei kann es sich auch um weitere Objekte handeln. *Methoden* funktionieren wie Befehle. *Events* sind Benachrichtigungen, die vom Objekt verschickt werden können, wenn besondere Dinge geschehen, und werden in Kapitel 18 genauer behandelt. Alle zusammen werden *Member* genannt und von *Get-Member* angezeigt. Sie greifen auf die Eigenschaften und Methoden eines Objekts zu, indem Sie hinter dem Objektnamen einen Punkt und dann den Namen der Eigenschaft oder der Methode angeben.

Objekteigenschaften lesen und ändern

Die Eigenschaften (engl. *property*) eines Objekts beschreiben, was es »ist«, also seine Größe, seinen Zustand oder auch seine Farbe. Ein Text wird z.B. durch seine Länge beschrieben, die in der Eigenschaft *Length* steht. *Get-Member* kann alle Eigenschaften eines Objekts auflisten:

```
PS> 'Ich bin ein Text' | Get-Member -MemberType *Property


   TypeName: System.String

Name   MemberType            Definition
----   ----------            ----------
Chars  ParameterizedProperty char Chars(int index) {get;}
Length Property              System.Int32 Length {get;}
```

In der Spalte *Name* finden Sie den Namen der jeweiligen Eigenschaft. Die Spalte *Definition* beschreibt, wie die Eigenschaft funktioniert. Zuerst steht darin der Typ des Ergebnisses. Die Eigenschaft *Chars* liefert also etwas vom Typ *char* (einen Buchstaben) zurück, während die Eigenschaft Length einen Wert vom Typ *System.Int32* liefert (eine Ganzzahl).

Manche Eigenschaften wie *Chars* verlangen zusätzliche Parameter, die in runden Klammern genannt werden. Auch hier wird der Typ des Parameters genannt, in diesem Fall *int* (Ganzzahl). In geschweiften Klammern folgt noch die Information, ob diese Eigenschaft nur gelesen (*get*) oder auch verändert werden darf (*get;set*). Wie man sieht, sind beide Eigenschaften nur lesbar.

Objekteigenschaften auslesen

Über einen Punkt kann man direkt auf die Eigenschaften eines Objekts zugreifen. Möchten Sie z.B. die Länge eines Texts bestimmen, fragen Sie dessen Eigenschaft *Length* ab:

```
PS> 'Ich bin ein kleiner Text'.Length
24
```

Wollen Sie einzelne Buchstaben aus dem Text herauspicken, kommt die Eigenschaft *Chars* zum Einsatz. Die folgende Zeile liefert den 5. Buchstaben des Texts (der Index beginnt immer bei 0):

```
PS> 'Ich bin ein kleiner Text'.Chars(4)
b
```

PROFITIPP Auf die einzelnen Zeichen eines Texts kann man übrigens auch über eckige Klammern zugreifen, denn Texte verhalten sich wie Arrays, bei denen jedes Arrayelement einem Buchstaben entspricht:

```
PS> 'Ich bin ein kleiner Text'[4]
b
PS> 'Ich bin ein kleiner Text'[4..6]
b
i
n
```

Texte enthalten nur zwei Eigenschaften. Andere Objekte können sehr viel mehr Eigenschaften aufweisen. Schauen Sie sich mal an, wie die PowerShell intern mit Dateien und Ordnern umgeht:

```
PS> dir $env:windir | Get-Member -MemberType *Property

   TypeName: System.IO.DirectoryInfo

Name             MemberType     Definition
----             ----------     ----------
Mode             CodeProperty   System.String Mode{get=Mode;}
PSChildName      NoteProperty   System.String PSChildName=addins
PSDrive          NoteProperty   System.Management.Automation.PSDriveInfo PSDrive=C
PSIsContainer    NoteProperty   System.Boolean PSIsContainer=True
(...)
Name             Property       System.String Name {get;}
Parent           Property       System.IO.DirectoryInfo Parent {get;}
Root             Property       System.IO.DirectoryInfo Root {get;}
BaseName         ScriptProperty System.Object BaseName {get=$this.Name;}

   TypeName: System.IO.FileInfo

Name             MemberType     Definition
----             ----------     ----------
Mode             CodeProperty   System.String Mode{get=Mode;}
PSChildName      NoteProperty   System.String PSChildName=bfsvc.exe
PSDrive          NoteProperty   System.Management.Automation.PSDriveInfo PSDrive=C
PSIsContainer    NoteProperty   System.Boolean PSIsContainer=False
(...)
Name             Property       System.String Name {get;}
BaseName         ScriptProperty System.Object BaseName {get=if ($this.Extension.Lengt...
VersionInfo      ScriptProperty System.Object VersionInfo {get=[System.Diagnostics.Fi...
```

Hier liefert *Get-Member* zwei verschiedene Objektbeschreibungen zurück, eine für den Typ *System.IO.DirectoryInfo* und eine für *System.IO.FileInfo*, denn der Windows-Ordner enthält sowohl Ordner als auch Dateien, die von jeweils unterschiedlichen Objekttypen repräsentiert werden. Beide Objekttypen ähneln sich zwar auf den ersten Blick, unterscheiden sich aber durch einzelne Eigenschaften.

PROFITIPP Wenn Sie genau wissen möchten, worin die Unterschiede zwischen den beiden Objekttypen tatsächlich liegen, kann die PowerShell helfen. Schauen Sie sich dazu zuerst an, was für Objekte *Get-Member* eigentlich selbst zurückliefert, denn auch für das Ergebnis von *Get-Member* gilt: Alle Ergebnisse sind eigentlich nur Objekte.

```
PS> dir $env:windir | Get-Member | Get-Member

   TypeName: Microsoft.PowerShell.Commands.MemberDefinition

Name        MemberType Definition
----        ---------- ----------
Equals      Method     bool Equals(System.Object obj)
GetHashCode Method     int GetHashCode()
GetType     Method     type GetType()
ToString    Method     string ToString()
Definition  Property   System.String Definition {get;}
MemberType  Property   System.Management.Automation.PSMemberTypes MemberType {get;}
Name        Property   System.String Name {get;}
TypeName    Property   System.String TypeName {get;}
```

Jede Eigenschaft wird also durch ein Objekt vom Typ *Microsoft.PowerShell.Commands.MemberDefinition* repräsentiert. Dessen Eigenschaft *TypeName* verrät, zu welchem Typ die Eigenschaft gehört, also entweder zum Typ für Dateien oder zum Typ für Ordner. Sie können die Eigenschaften also nach dieser Eigenschaft mit *Group-Object* gruppieren:

```
PS> dir $env:windir | Get-Member -MemberType *Property | Group-Object TypeName

Count Name                      Group
----- ----                      -----
   21 System.IO.DirectoryInfo   {System.String Mode{get=Mode;}, System.String PSChildN...
   24 System.IO.FileInfo        {System.String Mode{get=Mode;}, System.String PSChildN...
```

Nun wissen Sie schon einmal, dass die beiden Typen tatsächlich unterschiedlich sind: *System.IO.DirectoryInfo* enthält 21 Eigenschaften, aber *System.IO.FileInfo* 24, also drei mehr. Worin die Unterschiede bestehen, verrät *Compare-Object*. Dazu speichern Sie das Ergebnis von *Group-Object* und vergleichen dann die beiden Gruppen mit *Compare-Object* nach der Eigenschaft *Name*:

```
PS> $ergebnis = dir $env:windir | Get-Member -MemberType *Property | Group-Object TypeName
PS> Compare-Object $ergebnis[0].Group $ergebnis[1].Group -PassThru -Property Name

   TypeName: System.IO.FileInfo

Name          MemberType     Definition
----          ----------     ----------
Directory     Property       System.IO.DirectoryInfo Directory {get;}
DirectoryName Property       System.String DirectoryName {get;}
IsReadOnly    Property       System.Boolean IsReadOnly {get;set;}
Length        Property       System.Int64 Length {get;}
VersionInfo   ScriptProperty System.Object VersionInfo {get=[System.Diagnostics.FileVe...

   TypeName: System.IO.DirectoryInfo
```

```
Name   MemberType Definition
----   ---------- ----------
Parent Property   System.IO.DirectoryInfo Parent {get;}
Root   Property   System.IO.DirectoryInfo Root {get;}
```

Wie sich herausstellt, enthält das *FileInfo*-Objekt nicht einfach nur drei zusätzliche Eigenschaften, sondern sogar fünf (*Directory*, *DirectoryName*, *IsReadOnly*, *Length* und *VersionInfo*). Zwei Eigenschaften, die im *DirectoryInfo*-Objekt enthalten sind, fehlen nämlich im *FileInfo*-Objekt (*Parent*, *Root*).

Beispiel: Dateiversionen bestimmen

Möchten Sie z.B. die Versionen aller DLL-Dateien im Systemordner von Windows ausgeben, finden Sie diese Information in der Eigenschaft *VersionInfo*. Mit den üblichen PowerShell-Mitteln würden Sie diese Informationen wahrscheinlich folgendermaßen zur Ausgabe bringen:

```
PS> dir $env:windir\system32\*.dll | Select-Object Name, VersionInfo

Name                               VersionInfo
----                               -----------
aaclient.dll                       File:        C:\Windows\system32\aac...
accessibilitycpl.dll               File:        C:\Windows\system32\acc...
ACCTRES.dll                        File:        C:\Windows\system32\ACC...
(...)
```

Das Ergebnis ist vermutlich nicht, was Sie erwarten würden. Tatsächlich enthält die Eigenschaft *VersionInfo* nämlich wiederum ein Objekt, und wenn die PowerShell dieses auf Text reduziert, erscheint nicht etwa die Versionsnummer der Datei, sondern ein Bruchstück des Dateinamens. Um in solch einem Fall die Eigenschaft näher zu untersuchen, beschaffen Sie sich zunächst eine einzelne Datei, mit der Sie herumexperimentieren können, beispielsweise so:

```
PS> $test = dir $env:windir\system32\*.dll | Select-Object -First 1
```

Danach fragen Sie die Eigenschaft *VersionInfo* mit der Punktschreibweise ab. Jetzt sehen Sie, dass diese Eigenschaft ein Objekt liefert, das offenbar mindestens die Untereigenschaften *ProductVersion*, *FileVersion* und *FileName* enthält:

```
PS> $test.VersionInfo

ProductVersion   FileVersion      FileName
--------------   -----------      --------
6.1.7600.16385   6.1.7600.1638... C:\Windows\system32\aaclient.dll
```

Senden Sie das Objekt einfach wieder an *Get-Member*, um mehr über seinen Aufbau zu erfahren:

```
PS> $test.VersionInfo | Get-Member -MemberType *Property

   TypeName: System.Diagnostics.FileVersionInfo

Name              MemberType Definition
----              ---------- ----------
Comments          Property   System.String Comments {get;}
CompanyName       Property   System.String CompanyName {get;}
FileBuildPart     Property   System.Int32 FileBuildPart {get;}
FileDescription   Property   System.String FileDescription {get;}
```

```
FileMajorPart       Property   System.Int32 FileMajorPart {get;}
FileMinorPart       Property   System.Int32 FileMinorPart {get;}
FileName            Property   System.String FileName {get;}
(...)
ProductPrivatePart Property   System.Int32 ProductPrivatePart {get;}
ProductVersion      Property   System.String ProductVersion {get;}
SpecialBuild        Property   System.String SpecialBuild {get;}
```

Die *FileVersion*-Eigenschaft enthält also ein Objekt vom Typ *System.Diagnostics.FileVersionInfo. Get-Member* liefert Ihnen zwar eine vollständige Übersicht aller Eigenschaften, aber daraus ist nicht wirklich abzuschätzen, welche Eigenschaft die gesuchte Versionsnummer enthält. Leiten Sie das Objekt deshalb als Nächstes an *Select-Object* * weiter, sodass alle Eigenschaften des Objekts samt Inhalt angezeigt werden:

```
PS> $test.VersionInfo | Select-Object *

Comments           :
CompanyName        : Microsoft Corporation
FileBuildPart      : 7600
FileDescription    : Client für Zugriff überall
FileMajorPart      : 6
FileMinorPart      : 1
FileName           : C:\Windows\system32\aaclient.dll
(...)
ProductPrivatePart : 16385
ProductVersion     : 6.1.7600.16385
SpecialBuild       :
```

Auf diese Weise sehen Sie ebenfalls sämtliche Objekteigenschaften, aber diesmal schreibt die PowerShell nicht deren Aufbau dahinter, sondern den jeweiligen Inhalt. Die Dateiversion findet sich in den Eigenschaften *FileVersion* und *ProductVersion*. Um also die Dateiversion auszugeben, greifen Sie z.B. auf die Eigenschaft *ProductVersion* zurück:

```
PS> $test.VersionInfo.ProductVersion
6.1.7600.16385
```

Nun sind Sie fast am Ziel. Sie wissen jetzt, dass die gesuchte Information in der Eigenschaft *VersionInfo* steht, und darin in der Eigenschaft *ProductVersion*. Jetzt brauchen Sie diese Erkenntnis nur noch der PowerShell zu verraten. Das machen Sie, indem Sie bei der Ausgabe nicht den Namen einer bestimmten Eigenschaft angeben, sondern einen Skriptblock in geschweiften Klammern. Darin steht Ihnen die übliche Laufvariable *$_* zur Verfügung, die dem jeweiligen Objekt entspricht. Jetzt können Sie selbst bestimmen, auf welche Eigenschaft dieses Objekts Sie zurückgreifen wollen und erstellen sich damit sozusagen eine eigene berechnete Spalte:

```
PS> dir $env:windir\system32\*.dll | Select-Object Name, { $_.VersionInfo.ProductVersion }

Name                                    $_.VersionInfo.ProductVersion
----                                    -------------------------------
aaclient.dll                            6.1.7600.16385
accessibilitycpl.dll                    6.1.7600.16385
ACCTRES.dll                             6.1.7600.16385
acledit.dll                             6.1.7600.16385
```

HINWEIS Es klappt! Allerdings gibt es noch ein wenig Optimierungsbedarf. Erstens trägt die berechnete Spalte nun als Überschrift den Ausdruck, mit dem ihr Inhalt berechnet wurde – nicht so schön. Und zweitens werden die Versionen, die Sie abgefragt haben, als Text geliefert. Das führt zu unschönen Verschiebungen, wenn sich die Versionsnummern unterscheiden. Außerdem kann diese Spalte nicht korrekt sortiert werden, weil *Sort-Object* die Versionsnummern alphabetisch sortiert. Beide Probleme werden Sie aber im nächsten Kapitel elegant in den Griff bekommen.

Aufgabe Lassen Sie sich mit *Get-Process* die *Process*-Objekte aller laufenden *Notepad*-Instanzen liefern. Warum kann es dabei zu einer Fehlermeldung kommen?

Lösung Alle laufenden Instanzen von *Notepad* ruft *Get-Process* folgendermaßen für Sie ab:

```
PS> Get-Process notepad
```

Get-Process meldet allerdings einen Fehler, wenn der angegebene Prozess nicht gefunden werden kann – wenn also überhaupt kein Windows-Editor lief. Starten Sie in diesem Fall zuerst eine Instanz von Notepad und versuchen Sie es danach noch einmal:

```
PS> notepad
PS> Get-Process notepad
```

Aufgabe Listen Sie die Datei(en) auf, die hinter den Notepad-Prozessen stecken, sowie deren Dateiversion. Tipp: Diese Information muss in einer der Eigenschaften der *Process*-Objekte enthalten sein.

Lösung Um sich eine Übersicht der Informationen zu verschaffen, die in den einzelnen Objekteigenschaften enthalten sind, leiten Sie das Ergebnis an *Select-Object* * weiter:

```
PS> Get-Process notepad | Select-Object *
```

Wie sich herausstellt, ist die zugrunde liegende Datei in der Eigenschaft *Path* zu finden. Die Version dieser Datei steckt in *FileVersion* oder *ProductVersion*:

```
PS> Get-Process notepad | Select-Object *

(...)
Path                       : C:\Windows\system32\notepad.exe
Company                    : Microsoft Corporation
CPU                        : 0,156001
FileVersion                : 6.1.7600.16385 (win7_rtm.090713-1255)
ProductVersion             : 6.1.7600.16385
Description                : Editor
(...)
```

Damit können Sie die gesuchten Informationen folgendermaßen anzeigen lassen:

```
PS> Get-Process notepad | Select-Object Name, Path, FileVersion, Description

Name                 Path                    FileVersion          Description
----                 ----                    -----------          -----------
notepad              C:\Windows\system32... 6.1.7600.16385 (wi... Editor
```

Aufgabe Versuchen Sie, das Ergebnis der folgenden Zeile zu erklären. Was genau passiert da?

```
PS> (Get-Process notepad).MainModule | Select-Object *

Size             : 212
```

```
Company           : Microsoft Corporation
FileVersion       : 6.1.7600.16385 (win7_rtm.090713-1255)
ProductVersion    : 6.1.7600.16385
Description       : Editor
Product           : Betriebssystem Microsoft® Windows®
ModuleName        : notepad.exe
FileName          : C:\Windows\system32\notepad.exe
BaseAddress       : 4288544768
ModuleMemorySize  : 217088
EntryPointAddress : 4288558448
FileVersionInfo   : File:             C:\Windows\system32\notepad.exe
                    InternalName:     Notepad
                    OriginalFilename: NOTEPAD.EXE.MUI
                    FileVersion:      6.1.7600.16385 (win7_rtm.090713-1255)
                    FileDescription:  Editor
                    Product:          Betriebssystem Microsoft® Windows®
                    ProductVersion:   6.1.7600.16385
                    Debug:            False
                    Patched:          False
                    PreRelease:       False
                    PrivateBuild:     False
                    SpecialBuild:     False
                    Language:         Deutsch (Deutschland)

Site              :
Container         :
```

Lösung In der Zeile wurde in runden Klammern zuerst das *Process*-Objekt von *Notepad* abgerufen. Das Ergebnis der runden Klammern ist also das *Process*-Objekt. Mit der Punktschreibweise greift die Zeile dann auf die Objekteigenschaft *MainModule* zu. *Select-Object* sorgt dafür, dass alle Eigenschaften angezeigt werden. Wie sich herausstellt, enthält *MainModule* ein weiteres Objekt, das aus einer Vielzahl von Eigenschaften besteht. Eine davon heißt *FileVersionInfo* und enthält ihrerseits ein weiteres Objekt, das deshalb eingerückt angezeigt wird.

Aufgabe Wieso liefert der folgende Aufruf nur manchmal ein Ergebnis?

```
PS> (Get-Process notepad).Company
Microsoft Corporation
```

Lösung Laufen mehrere Notepad-Instanzen, dann liefert *Get-Process* ein Array, in dem alle *Process*-Objekte verpackt sind. Weil Arrays keine Eigenschaft namens *Company* besitzen, gibt die PowerShell »nichts« zurück. Immer, wenn Sie nicht wissen können, ob ein Befehl ein oder mehrere Ergebnisse liefert, verarbeiten Sie die Ergebnisse deshalb besser mit *ForEach-Object*:

```
PS> Get-Process notepad | ForEach-Object { $_.Company }
```

PROFITIPP Die PowerShell ist eine pragmatische Sprache für den Automationsalltag und deshalb eher gutmütig gestrickt. Deshalb mault sie auch nicht, wenn Sie versuchen, auf nicht vorhandene Eigenschaften zuzugreifen. Was in der Praxis die Arbeit erleichtert, kann bei der Entwicklung von PowerShell-Lösungen größere Verwirrung stiften. Deshalb kann man die PowerShell auch strenger werden lassen. Entwickler schalten dazu mit *Set-StrictMode* den *StrictMode* ein und werden fortan ermahnt, sollten sie auf nicht vorhandene Eigenschaften zurückgreifen wollen:

```
PS> $Host.Gibtsnicht
```

```
# strenge Überprüfung einschalten:
PS> Set-StrictMode -Version 2
PS> $Host.Gibtsnicht
Die Gibtsnicht-Eigenschaft wurde für dieses Objekt nicht gefunden. Stellen Sie sicher, dass sie
vorhanden ist.

# strenge Überprüfung wieder ausschalten (Vorgabe):
PS> Set-StrictMode -Off
PS> $Host.Gibtsnicht
```

Aufgabe In der vorletzten Aufgabe wurde die Eigenschaft *MainModule* des *Notepad*-Prozesses ausgegeben. Die Informationen, die darin enthalten sind, lösen vielleicht ein Déjà-vu aus. Kann es sein, dass dieselben Informationen auch schon an anderer Stelle des *Process*-Objekts sichtbar waren?

Lösung Ihr Instinkt trügt nicht. Tatsächlich hat die PowerShell die wichtigsten Informationen aus *MainModule* bereits direkt im *Process*-Objekt integriert, indem sie das *Process*-Objekt mit eigenen Eigenschaften vom Typ *ScriptProperty* erweitert hat. Schauen Sie einmal:

```
PS> Get-Process notepad | Get-Member -MemberType ScriptProperty

   TypeName: System.Diagnostics.Process

Name          MemberType     Definition
----          ----------     ----------
Company       ScriptProperty System.Object Company {get=$this.Mainmodule.FileVersionI...
CPU           ScriptProperty System.Object CPU {get=$this.TotalProcessorTime.TotalSec...
Description   ScriptProperty System.Object Description {get=$this.Mainmodule.FileVers...
FileVersion   ScriptProperty System.Object FileVersion {get=$this.Mainmodule.FileVers...
Path          ScriptProperty System.Object Path {get=$this.Mainmodule.FileName;}
Product       ScriptProperty System.Object Product {get=$this.Mainmodule.FileVersionI...
ProductVersion ScriptProperty System.Object ProductVersion {get=$this.Mainmodule.FileV...
```

Ein Blick auf die zugrunde liegenden Skriptblöcke zeigt: Diese Eigenschaften beschaffen sich ihren Inhalt in Wahrheit aus der Eigenschaft *MainModule* und greifen dabei teilweise sogar auf das *FileVersionInfo*-Objekt darin zu:

```
PS> Get-Process notepad | Get-Member -MemberType ScriptProperty | Select-Object -ExpandProperty
Definition
System.Object Company {get=$this.Mainmodule.FileVersionInfo.CompanyName;}
System.Object CPU {get=$this.TotalProcessorTime.TotalSeconds;}
System.Object Description {get=$this.Mainmodule.FileVersionInfo.FileDescription;}
System.Object FileVersion {get=$this.Mainmodule.FileVersionInfo.FileVersion;}
System.Object Path {get=$this.Mainmodule.FileName;}
System.Object Product {get=$this.Mainmodule.FileVersionInfo.ProductName;}
System.Object ProductVersion {get=$this.Mainmodule.FileVersionInfo.ProductVersion;}
```

Diese Eigenschaften sind also praktische Abkürzungen:

```
# Abkürzung:
PS> (Get-Process notepad).FileVersion
6.1.7600.16385 (win7_rtm.090713-1255)

# echte Objekteigenschaft:
PS> (Get-Process notepad).MainModule.FileVersionInfo.FileVersion
6.1.7600.16385 (win7_rtm.090713-1255)
```

HINWEIS Der Ausdruck *$this* steht dabei für das Objekt selbst. Mehr zu diesen künstlichen PowerShell-Eigenschaften lesen Sie etwas später.

Eigenschaften ändern

Eigenschaften können (fast) immer gelesen werden, aber nur wenige Eigenschaften lassen sich auch ändern. Das ist verständlich, denn Eigenschaften beschreiben schließlich ein Objekt. Ändern Sie eine Eigenschaft, muss sich dadurch auch das zugrunde liegende Objekt ändern, denn sonst würde die Eigenschaft des Objekts plötzlich lügen, und Lügen ist bei Objekten nicht erlaubt. Eigenschaften müssen das zugrunde liegende Objekt immer korrekt und zutreffend beschreiben.

Würden Sie beispielsweise die Eigenschaft *Length* einer Datei ändern, würde sich die Dateigröße dadurch nicht verändern, und deshalb sind diese Eigenschaften schreibgeschützt. Andere Eigenschaften können das zugrunde liegende Objekt dagegen durchaus ändern. Schauen Sie sich dazu einmal das Objekt in der Variablen *$Host* an. Es entspricht der PowerShell-Konsole:

```
PS> $Host

Name             : ConsoleHost
Version          : 2.0
InstanceId       : a002da78-eb00-4f67-82bb-d73895003af9
UI               : System.Management.Automation.Internal.Host.InternalHostUserInterface
CurrentCulture   : de-DE
CurrentUICulture : de-DE
PrivateData      : Microsoft.PowerShell.ConsoleHost+ConsoleColorProxy
IsRunspacePushed : False
Runspace         : System.Management.Automation.Runspaces.LocalRunspace
```

Interessant ist seine Eigenschaft *PrivateData*. An diesem versteckten Ort tummeln sich einige nützliche Eigenschaften, die Sie ändern dürfen. Schauen Sie mal:

```
PS> $Host.PrivateData | Get-Member -MemberType *Property

   TypeName: Microsoft.PowerShell.ConsoleHost+ConsoleColorProxy

Name                      MemberType Definition
----                      ---------- ----------
DebugBackgroundColor      Property   System.ConsoleColor DebugBackgroundColor {get;set;}
DebugForegroundColor      Property   System.ConsoleColor DebugForegroundColor {get;set;}
ErrorBackgroundColor      Property   System.ConsoleColor ErrorBackgroundColor {get;set;}
ErrorForegroundColor      Property   System.ConsoleColor ErrorForegroundColor {get;set;}
ProgressBackgroundColor   Property   System.ConsoleColor ProgressBackgroundColor {get;set;}
ProgressForegroundColor   Property   System.ConsoleColor ProgressForegroundColor {get;set;}
VerboseBackgroundColor    Property   System.ConsoleColor VerboseBackgroundColor {get;set;}
VerboseForegroundColor    Property   System.ConsoleColor VerboseForegroundColor {get;set;}
WarningBackgroundColor    Property   System.ConsoleColor WarningBackgroundColor {get;set;}
WarningForegroundColor    Property   System.ConsoleColor WarningForegroundColor {get;set;}
```

Alle Eigenschaften sind in der Spalte *Definition* mit *{get;set;}* gekennzeichnet, dürfen also auch verändert werden. Diese kontrollieren verschiedene Farbeinstellungen, die Sie sich zuerst ausgeben lassen sollten:

```
PS> $Host.PrivateData

ErrorForegroundColor    : Red
ErrorBackgroundColor    : Black
WarningForegroundColor  : Yellow
WarningBackgroundColor  : Black
DebugForegroundColor    : Yellow
DebugBackgroundColor    : Black
VerboseForegroundColor  : Yellow
VerboseBackgroundColor  : Black
ProgressForegroundColor : Yellow
ProgressBackgroundColor : DarkCyan
```

Möchten Sie die schwer lesbaren Fehlermeldungen der PowerShell leichter erkennbar machen, dann schalten Sie deren Hintergrundfarbe mit der Eigenschaft *ErrorBackgroundColor* auf *White* um:

```
PS> $Host.PrivateData.ErrorBackgroundColor = 'White'
PS> 1/$null
```

Der anschließend provozierte Fehler erscheint nun tatsächlich auf weißem Grund. Die Eigenschaft durfte also geändert werden, weil das zugrunde liegende Objekt die Änderung umgesetzt hat und also weiterhin von der geänderten Eigenschaft korrekt beschrieben wurde. Und: Eigenschaften benehmen sich tatsächlich wie Variablen. Um ihren Inhalt zu ändern, weisen Sie der Eigenschaft einfach mit dem Zuweisungsoperator »=« einen neuen Wert zu.

TIPP Sie dürfen einer Eigenschaft natürlich nicht irgendeinen neuen Wert zuweisen, sondern müssen sich schon an den Typ halten, den die Eigenschaft erwartet. *Get-Member* hatte für Sie herausgefunden, dass die Farbeigenschaften alle einen Typ namens *System.ConsoleColor* erwarten:

```
ErrorBackgroundColor    Property    System.ConsoleColor ErrorBackgroundColor {get;set;}
```

Welche Werte dieser Typ erlaubt, können Sie entweder per Trial and Error herausfinden, indem Sie einen Phantasiewert zuweisen. Erwartete die Eigenschaft einen Schlüsselbegriff aus einem vordefinierten Set, dann flötet die Fehlermeldung fröhlich, welche Werte erlaubt sind:

```
PS> $Host.PrivateData.ErrorBackgroundColor = 'irgendwas'
Ausnahme beim Festlegen von "ErrorBackgroundColor": "Der Wert "irgendwas" kann aufgrund von
ungültigen Enumerationswerten nicht in den Typ "System.ConsoleColor" konvertiert werden. Geben Sie
einen der folgenden Enumerationswerte an, und versuchen Sie es erneut. Mögliche Enumerationswerte
sind "Black, DarkBlue, DarkGreen, DarkCyan, DarkRed, DarkMagenta, DarkYellow, Gray, DarkGray,
Blue, Green, Cyan, Red, Magenta, Yellow, White"."
```

Handelt es sich bei dem erwarteten Typ tatsächlich um eine Aufzählung erlaubter Werte, kann man diese Werte auch über einen kleinen Kniff sichtbar machen:

```
PS> [System.Enum]::GetNames([System.ConsoleColor])
Black
DarkBlue
DarkGreen
DarkCyan
DarkRed
DarkMagenta
DarkYellow
Gray
DarkGray
Blue
```

```
Green
Cyan
Red
Magenta
Yellow
White
```

Mehr zu diesem Kniff und der zugrunde liegenden Technik erfahren Sie in einem kleinen Moment.

Aufgabe Versuchen Sie als Nächstes, die Hintergrundfarbe der PowerShell-Konsole in Grün zu ändern. Tipp: Diese Einstellungen finden Sie in *$Host.UI.RawUI.*

Lösung Die Variable *$Host* enthält ein Objekt, das die PowerShell-Konsole repräsentiert. Darin befindet sich eine Eigenschaft namens *UI*, die ein Objekt mit einer Eigenschaft namens *RawUI* enthält. In dieser schließlich finden sich die Konsoleneinstellungen:

```
PS> $Host.UI.RawUI | Select-Object *

ForegroundColor       : DarkYellow
BackgroundColor       : DarkMagenta
CursorPosition        : 0,1
WindowPosition        : 0,0
CursorSize            : 80
BufferSize            : 90,3003
WindowSize            : 89,23
MaxWindowSize         : 90,41
MaxPhysicalWindowSize : 152,41
KeyAvailable          : False
WindowTitle           : Windows PowerShell
```

Schnell wird klar, dass die Hintergrundfarbe der Konsole in der Eigenschaft *BackgroundColor* festgelegt ist. Ob man diese Eigenschaft ändern darf, verrät *Get-Member*:

```
PS> $Host.UI.RawUI | Get-Member BackgroundColor

   TypeName: System.Management.Automation.Internal.Host.InternalHostRawUserInterface

Name            MemberType Definition
----            ---------- ----------
BackgroundColor Property   System.ConsoleColor BackgroundColor {get;set;}
```

Die Eigenschaft ist als *get;set;* gekennzeichnet, Änderungen sind also erlaubt. Die Eigenschaft verlangt einen Wert vom Typ *System.ConsoleColor*, genau wie die Eigenschaft *ErrorBackgroundColor*, die Sie früher schon kennengelernt haben. Um die Hintergrundfarbe auf Grün einzustellen, schreiben Sie:

```
PS> $Host.UI.RawUI.BackgroundColor = 'green'
PS> Clear-Host
```

Aufgabe Stellen Sie die Hintergrundfarbe für Fehlermeldungen auf dieselbe Farbe ein wie die Hintergrundfarbe der Konsole.

Lösung Weisen Sie dazu der Eigenschaft *ErrorBackgroundColor* den Inhalt der Eigenschaft *BackgroundColor* zu, z.B. so:

```
PS> $Host.PrivateData.ErrorBackgroundColor = $Host.UI.RawUI.BackgroundColor
PS> 1/$null
```

Der Fehler wird nun zwar noch in Rot ausgegeben, aber nicht mehr mit einer separaten Hintergrundfarbe.

Aufgabe Sie wollen die Größe der Einfügemarke der PowerShell-Konsole vergrößern und haben dazu die Eigenschaft *CursorSize* geändert. Anstelle einer größeren Einfügemarke haben Sie aber eine Fehlermeldung erhalten. Warum?

```
PS> $Host.UI.RawUI.CursorSize = 200
Ausnahme beim Festlegen von "CursorSize": ""CursorSize" kann nicht verarbeitet werden, da die
angegebene Cursorgröße ungültig ist.
```

Lösung Die Fehlermeldung weist den Weg. Zwar akzeptiert die Eigenschaft *CursorSize* Ganzzahlen, aber nur innerhalb eines bestimmten Wertebereichs, und Ihre Zahl war zu groß. Wie sich herausstellt, muss die Größe der Einfügemarke als Zahl zwischen 0 und 100 (für 0 % bis 100 %) angegeben werden. Die Zahl 0 schaltet die Einfügemarke also ganz ab, während die Zahl 100 eine maximal große Blockeinfügemarke anzeigt:

```
PS> $Host.UI.RawUI.CursorSize = 100
```

Aufgabe Sie würden gern die Puffergröße des Bildschirmpuffers der PowerShell-Konsole vergrößern und haben auch schon die Eigenschaft *BufferSize* entdeckt. Damit kann man die aktuelle Größe des Puffers auch tatsächlich auslesen:

```
PS> $Host.UI.RawUI.BufferSize
                                        Width                                      Height
                                        -----                                      ------
                                           90                                        3000
```

Allerdings will es nicht gelingen, die Puffergröße zu ändern. Die folgende Anweisung bleibt scheinbar wirkungslos:

```
$Host.UI.RawUI.BufferSize.Width = 120
```

Lösung Wenn Sie die Eigenschaft *BufferSize* auslesen, erhalten Sie ein Objekt vom Typ *System.Management.Automation.Host.Size*:

```
PS> $Host.UI.RawUI.BufferSize | Get-Member

   TypeName: System.Management.Automation.Host.Size

Name        MemberType Definition
----        ---------- ----------
Equals      Method     bool Equals(System.Object obj)
GetHashCode Method     int GetHashCode()
GetType     Method     type GetType()
ToString    Method     string ToString()
Height      Property   System.Int32 Height {get;set;}
Width       Property   System.Int32 Width {get;set;}
```

Darin ist die aktuelle Größe des Puffers vermerkt. Allerdings befindet sich das Objekt als Kopie in Ihrem Speicher und Änderungen daran wirken sich nicht auf die Konsole aus. Um die Konsolenpuffergröße tatsächlich zu ändern, müssten Sie die Eigenschaft *BufferSize* ändern, indem Sie ihr ein neues Objekt vom Typ *System.Management.Automation.Host.Size* zuweisen. Das ist einfacher, als es sich zuerst anhört, denn solch ein Objekt liefert *BufferSize* ja bereits. Sie brauchen es bloß in einer Variablen zwischenzulagern, zu ändern – und dann eben erneut an *BufferSize* zuzuweisen:

```
$buffer = $Host.UI.RawUI.BufferSize
$buffer.Width = 120
$Host.UI.RawUI.BufferSize = $buffer
```

Schon ändert sich die Puffergröße und Sie haben mehr Platz in der Breite und können das Konsolenfenster jetzt auch auf Maximalgröße ausdehnen, damit die lästige horizontale Bildlaufleiste verschwindet:

```
$Host.UI.RawUI.WindowSize = $Host.UI.RawUI.MaxWindowSize
```

Aufgabe In der Eigenschaft *CreationTime* jeder Datei steht, wann diese Datei angelegt wurde. Legen Sie zuerst eine Datei an und finden Sie dann heraus, was in der Eigenschaft *CreationTime* verzeichnet ist.

Lösung Um eine Datei anzulegen, gibt es ganz verschiedene Möglichkeiten. Suchen Sie sich eine aus:

```
# Ordner für Testdateien anlegen:
PS> md C:\testordner | Out-Null

# mehrere Dateien anlegen
PS> "Hallo" > C:\testordner\datei1.txt
PS> Set-Content C:\testordner\datei2.txt 'Hallo'
PS> New-Item C:\testordner -name datei3.txt -value 'Hallo' -Type File

    Verzeichnis: C:\testordner


Mode                LastWriteTime     Length Name
----                -------------     ------ ----
-a---        24.02.2010     18:57          5 datei3.txt
```

Anschließend können Sie die Eigenschaft *CreationTime* entweder für eine bestimmte Datei abfragen:

```
# nur die Eigenschaft "CreationTime" auswählen:
PS> Get-Item C:\testordner\datei1.txt | Select-Object CreationTime
CreationTime
------------
24.02.2010 18:57:24

# Den Inhalt der Eigenschaft "CreationTime" ausgeben:
PS> Get-Item C:\testordner\datei1.txt | Select-Object -ExpandProperty CreationTime
Mittwoch, 24. Februar 2010 18:57:24

PS> (Get-Item C:\testordner\datei1.txt).CreationTime
Mittwoch, 24. Februar 2010 18:57:24
```

Oder Sie geben die *CreationTime* für alle Dateien im Testordner aus:

```
PS> Get-ChildItem C:\testordner | ForEach-Object { $_.CreationTime }
Mittwoch, 24. Februar 2010 18:57:24
Mittwoch, 24. Februar 2010 18:57:24
Mittwoch, 24. Februar 2010 18:57:24

PS> Get-ChildItem C:\testordner | Select-Object Name, CreationTime

Name                                  CreationTime
----                                  ------------
datei1.txt                            24.02.2010 18:57:24
datei2.txt                            24.02.2010 18:57:24
datei3.txt                            24.02.2010 18:57:24
```

Aufgabe Wie können Sie die Zeit in der Eigenschaft *CreationTime* für alle Dateien auf den 1. Oktober 1998 um 12:35h festlegen?

Lösung Die Eigenschaft *CreationTime* kann nicht nur gelesen, sondern auch verändert werden. Dazu weisen Sie den neuen Wert der Eigenschaft einfach zu:

```
PS> Get-ChildItem C:\testordner | ForEach-Object { $_.CreationTime = '10.1.1998 12:35' }
```

ACHTUNG Wenn Sie die Zeitinformation als Text angeben, müssen Sie das amerikanische Datumsformat wählen: Monat, Tag, Jahr. Alternativ können Sie das Datum auch als Datumsobjekt festlegen. *Get-Date* erstellt das Datum für Sie:

```
PS> Get-ChildItem C:\testordner | ForEach-Object { $_.CreationTime = (Get-Date -Day 1 -Month 10 -
Year 1998 -Hour 12 -Minute 35) }
```

Oder Sie verwenden den Operator *-as*:

```
PS> Get-ChildItem C:\testordner | ForEach-Object { $_.CreationTime = ('1. März 2010 12:35') -as
[DateTime] }
```

Dynamisch berechnete Objekteigenschaften

Die Informationen (Eigenschaften), die in einem Objekt schlummern, liegen manchmal noch nicht im optimalen Format vor. Eine Dateiliste liefert die Dateigröße beispielsweise in Byte. In einem Report möchten Sie diese Größe aber vielleicht lieber in der Einheit *KB* oder *MB* anzeigen. Das geht aber auf den ersten Blick nicht, denn Ihnen stehen nur die vorhandenen Objekteigenschaften zur Verfügung:

```
# Dateigrößen erscheinen in Byte
dir $env:windir | Select-Object Name, Length
```

Die Lösung sind dynamisch berechnete Objekteigenschaften, denn natürlich können Sie aus der Dateigröße in Byte schnell die erwünschte Dateigröße in KB umrechnen. Im einfachsten Fall geben Sie einfach anstelle des Namens einer Objekteigenschaft einen Skriptblock an:

```
# Dateigröße in KB
dir $env:windir | Select-Object Name, { $_.Length / 1KB }
```

Solche Skriptblöcke werden von den meisten Cmdlets unterstützt, die den Parameter *Property* kennen. Der Skriptblock wird dann für jedes Objekt ausgewertet und in dieser Spalte das Ergebnis der Auswertung angezeigt. Die zweite Spalte zeigt die Dateigröße nun in *KB* anstelle Byte an, wenngleich mit etwas kontraproduktiver mathematischer Präzision.

PROFITIPP Um die störenden Nachkommastellen zu beseitigen, probieren Sie mal diese Zeile aus:

```
dir $env:windir | Select-Object Name, { '{0:0.0} KB' -f ($_.Length / 1KB) }
```

Das Ergebnis ist schon wesentlich ansehnlicher: Die Größenangaben sind tatsächlich auf eine Nachkommastelle beschränkt, allerdings dafür auch nicht mehr bündig. Um die Größenangabe rechtsbündig auszugeben, wird die Formatierung noch etwas verfeinert:

```
dir $env:windir | Select-Object Name, { '{0,10:0.0} KB' -f ($_.Length / 1KB) }
```

Select-Object hat jedes vom vorangegangenen Befehl gelieferte Objekt einzeln bearbeitet. Das jeweilige Objekt steht innerhalb des Skriptblocks in den geschweiften Klammern wieder in der speziellen Variable *$_* zur Verfügung. Der Skriptblock greift auf die Eigenschaft *Length* zu und teilt diese durch *1KB*. Das Ergebnis ist die Dateigröße in *KB*. Der Preis, den Sie dafür zahlen, ist eine verunstaltete Spaltenüberschrift. Weil *Select-Object* natürlich nicht weiß, wie es die Spalte sonst nennen sollte, wählt es als Namen den Inhalt Ihres Skriptblocks. Dynamisch berechnete Spalten (Eigenschaften) können immer dann eingesetzt werden, wenn sich die gewünschte Information irgendwie aus den im Objekt vorhandenen Eigenschaften ableiten oder berechnen lassen.

Änderungsdatum in Dateialter umrechnen

Vielleicht möchten Sie in einer Dateiliste angeben, wie viele Tage seit der letzten Änderung einer Datei oder eines Ordners vergangen sind. Diese Information ist so im Dateiobjekt zwar nicht vorhanden, aber Sie können diese mit den verfügbaren Eigenschaften berechnen und in einer selbst berechneten Spalte bereitstellen. In der Eigenschaft *LastWriteTime* ist das Datum der letzten Änderung vermerkt. Mit dem Cmdlet *New-TimeSpan* berechnen Sie daraus die Zeitdifferenz zum heutigen Datum:

```
New-TimeSpan "1.1.2000"

Days              : 3674
Hours             : 10
Minutes           : 37
Seconds           : 33
Milliseconds      : 768
Ticks             : 3174718537680073
TotalDays         : 3674,44275194453
TotalHours        : 88186,6260466687
TotalMinutes      : 5291197,56280012
TotalSeconds      : 317471853,768007
TotalMilliseconds : 317471853768,007
```

Um den Zeitunterschied in Tagen zwischen der Eigenschaft *LastWriteTime* und heute zu berechnen und in einer eigenen Spalte auszugeben, verwenden Sie diesen Skriptblock:

```
{(New-TimeSpan $_.LastWriteTime).Days}
```

Jetzt liefert *dir* eine Dateiliste, in der das Alter der Datei in Tagen angegeben wird:

```
dir $env:windir | Select-Object Name, Length, {(New-TimeSpan $_.LastWriteTime).Days}
```

Kennziffern in Klartext umwandeln

Oder Sie möchten den Hauptspeicher Ihres Notebooks aufrüsten, wissen aber nicht, ob darin überhaupt noch Speicherbänke frei sind und was für RAM-Bausteine benötigt werden. Bevor Sie das Notebook aufwändig aufschrauben und höchstpersönlich nachsehen, lassen Sie lieber WMI arbeiten:

```
Get-WmiObject Win32_PhysicalMemory | Select-Object BankLabel, Capacity, FormFactor, MemoryType
BankLabel                          Capacity            FormFactor            MemoryType
---------                          --------            ----------            ----------
Bank 0                           1073741824                    12                    21
Bank 1                           2147483648                    12                    21
```

Die Kapazität (Speichergröße) der Bausteine wird in unübersichtlichen Bytes angegeben und sollte besser in der Einheit *GB* angezeigt werden. Wie Sie dies umrechnen, wissen Sie inzwischen:

```
Get-WmiObject Win32_PhysicalMemory | Select-Object BankLabel, {$_.Capacity / 1GB} , FormFactor,
MemoryType
BankLabel                         $_.Capacity / 1GB             FormFactor              MemoryType
---------                         -----------------             ----------              ----------
Bank 0                                            1                     12                      21
Bank 1                                            2                     12                      21
```

Etwas problematischer sind die Angaben in den Spalten *FormFactor* und *MemoryType*, denn anstelle von Klartextnamen finden sich hier nur Kennziffern, aus denen nicht ersichtlich ist, was für Speicherbausteine Sie eigentlich benötigen. Möchten Sie wissen, was diese Zahlen bedeuten, suchen Sie im Internet nach der WMI-Klasse, die Sie eingesetzt haben, also beispielsweise *Win32_PhysicalMemory*. Microsoft dokumentiert diese Klassen auf seiner MSDN-Seite ausführlich und führt für alle Eigenschaften genau auf, was etwaige Kennziffern bedeuten. Die Klartextnamen könnten Sie als Array speichern, weil die Kennziffern der Klartextnamen jeweils mit dem Index 0 beginnen, ebenso wie Arrays:

```
$memorytype = "Unknown", "Other", "DRAM", "Synchronous DRAM", "Cache DRAM", "EDO", "EDRAM",
"VRAM", "SRAM", "RAM", "ROM", "Flash", "EEPROM", "FEPROM", "EPROM", "CDRAM", "3DRAM", "SDRAM",
"SGRAM", "RDRAM", "DDR", "DDR-2"
$formfactor = "Unknown", "Other", "SIP", "DIP", "ZIP", "SOJ", "Proprietary", "SIMM", "DIMM",
"TSOP", "PGA", "RIMM", "SODIMM", "SRIMM", "SMD", "SSMP", "QFP", "TQFP", "SOIC", "LCC", "PLCC",
"BGA", "FPBGA", "LGA"
```

So gewinnen Sie die Möglichkeit, eine Kennziffer durch den jeweiligen Klartextnamen zu ersetzen. Möchten Sie z.B. wissen, welcher Formfaktor dem Wert 12 entspricht, greifen Sie auf das Element mit dem Index 12 zu:

```
$formfactor[12]
SODIMM
```

Jetzt können die dynamisch berechneten Spalten die Kennziffern automatisch in Klartext übersetzen:

```
Get-WmiObject Win32_PhysicalMemory | Select-Object BankLabel, {$_.Capacity/1GB},
{$formfactor[$_.FormFactor]}, { $memorytype[$_.MemoryType] }
BankLabel                           $_.Capacity/1GB $formfactor[$_.FormFactor
$memorytype[$_.MemoryTyp
                                                  ]                        e]
---------                           --------------- ------------------------ ------------------------
Bank 0                                            1 SODIMM                   DDR-2
Bank 1                                            2 SODIMM                   DDR-2
```

Hashtables für bessere Spaltennamen

Das Ergebnis des letzten Beispiels liefert zwar korrekt die gewünschten Informationen zu den Speicherbausteinen in Ihrem Computer. Allerdings sehen die Spaltenüberschriften dafür jetzt ziemlich unhandlich aus. Wenn Sie dynamisch berechnete Spalten einsetzen, weiß die PowerShell eben nicht mehr, wie die jeweilige Spalte eigentlich heißen soll, und verwendet als Spaltenüberschrift ersatzweise den Inhalt Ihres Skriptblocks. Das sieht optisch nicht gut aus. Glücklicherweise können Sie der PowerShell verraten, welchen Namen die entsprechende Spalte erhalten soll. Dafür müssen Sie für jede Spalte nicht nur den Skriptblock angeben, der den Spalteninhalt berechnet, sondern zusätzlich auch den gewünschten Namen. Was die Frage aufwirft, wie Sie mehrere Informationen übergeben könnten.

Ein Weg sind sogenannte Hashtables. Diese funktionieren wie Arrays, nur werden die einzelnen Informationen darin nicht über einen numerischen Index angesprochen, sondern über einen Klartextnamen. Hashtables speichern also eindeutige Schlüssel-Wert-Paare. So wird es möglich, unter einem bestimmten Schlüssel eine jeweilige Information zu übergeben. Um dynamische Spalten mit einem Namen zu versehen, erwarten die Cmdlets eine Hashtable mit den Schlüsseln *Name* und *Expression*. *Name* legt den Spaltennamen fest, *Expression* den Spalteninhalt. Eine neue Hashtable wird mit *@{}* angelegt. In den geschweiften Klammern folgen dann getrennt durch Semikola die einzelnen Schlüssel-Wert-Paare:

```
PS> $spalte1 = @{Name='Größe (GB)'; Expression={ $_.Capacity/1GB } }
```

Geben Sie eine solche Hashtable einfach wieder aus, listet die PowerShell die darin enthaltenen Schlüssel-Wert-Paare auf:

```
PS> $spalte1

Name                           Value
----                           -----
Name                           Größe (GB)
Expression                      $_.Capacity/1GB
```

Sie können jetzt aber auch gezielt die Einzelinformationen abfragen, indem Sie den Schlüsselnamen angeben – entweder in der Indexschreibweise, wie Sie es von Arrays kennen, oder in der Punktschreibweise, die Ihnen vom Zugriff auf Objekteigenschaften her schon bekannt ist. Beides funktioniert gleich:

```
PS> $spalte1['Name']
Größe (GB)
PS> $spalte1.Name
Größe (GB)
```

Mit Hashtables dynamische Spalten anlegen

Übergeben Sie die Hashtable an ein Cmdlet als Spaltenangabe, wertet das Cmdlet die darin enthaltenen Angaben aus und stellt die Spalte jetzt mit den gewünschten Spaltenüberschriften dar:

```
PS> $memorytype = "Unknown", "Other", "DRAM", "Synchronous DRAM", "Cache DRAM", "EDO", "EDRAM",
"VRAM", "SRAM", "RAM", "ROM", "Flash", "EEPROM", "FEPROM", "EPROM", "CDRAM", "3DRAM", "SDRAM",
"SGRAM", "RDRAM", "DDR", "DDR-2"
PS> $formfactor = "Unknown", "Other", "SIP", "DIP", "ZIP", "SOJ", "Proprietary", "SIMM", "DIMM",
"TSOP", "PGA", "RIMM", "SODIMM", "SRIMM", "SMD", "SSMP", "QFP", "TQFP", "SOIC", "LCC", "PLCC",
"BGA", "FPBGA", "LGA"

PS> $spalte1 = @{Name='Größe (GB)'; Expression={ $_.Capacity/1GB } }
PS> $spalte2 = @{Name='Bauart'; Expression={$formfactor[$_.FormFactor]} }
PS> $spalte3 = @{Name='Speichertyp'; Expression={ $memorytype[$_.MemoryType] } }

PS> Get-WmiObject Win32_PhysicalMemory | Select-Object BankLabel, $spalte1, $spalte2, $spalte3
BankLabel                                    Größe (GB) Bauart                 Speichertyp
---------                                    ---------- ------                 -----------
Bank 0                                                1 SODIMM                 DDR-2
Bank 1                                                2 SODIMM                 DDR-2
```

PROFITIPP Ihre Lösung ist noch nicht fertig. Zwar liefert der Code bereits die gewünschten Informationen, ist aber noch »unverpackt«. Sie haben sozusagen mit dem Lötkolben ein Radio gebastelt, das zwar schon Musik spielt, aber mit all den heraushängenden Kabeln und Bauteilen noch nicht wirklich brauchbar ist. Was fehlt, ist das Gehäuse, das die Innereien sicher abschottet und stattdessen bequeme Schalter und Knöpfe für die Bedienung besitzt. Damit aus dem rohen Code also ein neuer Befehl wird, der auch von anderen PowerShell-Nutzern sofort und ohne größere Kenntnis einsetzbar ist, verpacken Sie ihn noch schnell als Funktion und fügen dabei gleich noch Remotingmöglichkeiten hinzu, damit Sie auf diese Weise auch die Speicherbankbelegung anderer Computer im Netzwerk ermitteln können. Die (wenigen) dafür nötigen Änderungen sind fettgedruckt hervorgehoben:

```
function Get-PhysicalMemory($computername='.') {
  $memorytype = "Unknown", "Other", "DRAM", "Synchronous DRAM", "Cache DRAM", "EDO", "EDRAM",
"VRAM", "SRAM", "RAM", "ROM", "Flash", "EEPROM", "FEPROM", "EPROM", "CDRAM", "3DRAM", "SDRAM",
"SGRAM", "RDRAM", "DDR", "DDR-2"
  $formfactor = "Unknown", "Other", "SIP", "DIP", "ZIP", "SOJ", "Proprietary", "SIMM", "DIMM",
"TSOP", "PGA", "RIMM", "SODIMM", "SRIMM", "SMD", "SSMP", "QFP", "TQFP", "SOIC", "LCC", "PLCC",
"BGA", "FPBGA", "LGA"

  $spalte1 = @{Name='Größe (GB)'; Expression={ $_.Capacity/1GB } }
  $spalte2 = @{Name='Bauart'; Expression={$formfactor[$_.FormFactor]} }
  $spalte3 = @{Name='Speichertyp'; Expression={ $memorytype[$_.MemoryType] } }

  Get-WmiObject Win32_PhysicalMemory -ComputerName $computername | Select-Object BankLabel,
$spalte1, $spalte2, $spalte3
}
```

Voilà! Ihr unansehnlicher Code ist nun in einem schicken Gehäuse namens *Get-PhysicalMemory* verpackt, das über den Parameter *-ComputerName* nun sogar den Remotezugriff auf andere Computer gestattet. Was intern in *Get-PhysicalMemory* geschieht, ist für den Benutzer jetzt nicht mehr wichtig:

```
PS> Get-PhysicalMemory -ComputerName storage1

BankLabel                                  Größe (GB) Bauart                    Speichertyp
---------                                  ---------- ------                    -----------
Bank 0                                              2 DIMM                      DRAM
```

Mehr zum Remoting und den dafür notwendigen Berechtigungen und Voraussetzungen erfahren Sie in Kapitel 16. Und in Kapitel 10 und 14 lernen Sie alle Details rund um Funktionen und Module, mit denen Sie Funktionen als Paket sicher und bequem an andere weitergeben.

Sie dürfen die Ergebnisse anschließend wie gewohnt weiterbearbeiten und könnten sie beispielsweise mit *ConvertTo-Html* in einen HTML-Report verwandeln oder mit *Export-Csv* als kommaseparierte Liste exportieren und danach in Excel einlesen. Oder Sie greifen auf die dynamisch berechneten Spalten zu, um die Ergebnisse zu filtern. Möchten Sie z.B. alle Protokolldateien archivieren, die älter sind als 30 Tage, könnten Sie zuerst das Alter der Dateien in einer neuen Spalte berechnen und anschließend mit *Where-Object* auf die neu berechnete Spalte zugreifen:

```
PS> md C:\Archivlogs -ea SilentlyContinue
PS> $spalte1 = @{Name='Alter'; Expression={ (New-TimeSpan $_.LastWriteTime).Days } }
PS> dir $env:windir *.log | Select-Object *, $spalte1 | Where-Object { $_.Alter -gt 30 } | Copy-
Item -destination C:\archivlogs
PS> dir C:\archivlogs | Select-Object Name, $spalte1
```

Dieser Code legt zuerst einen Ordner namens *C:\archivlogs* an, falls dieser noch nicht existiert, und definiert dann die Hashtable, mit der Sie eine neue dynamische Spalte namens *Alter* einrichten, die aus dem letzten Änderungsdatum einer Datei relativ zu heute das Alter in Tagen berechnet. Danach listet die Pipeline zuerst mit *dir* (*Get-ChildItem*) alle Protokolldateien im Windows-Ordner auf. *Select-Object* fügt die neue Spalte *Alter* zu den übrigen hinzu. Danach prüft *Where-Object*, ob das Alter der jeweiligen Datei größer ist als der Schwellwert, den Sie wünschen. Nur solche Dateien werden durch die Pipeline hindurchgelassen und am Ende mit *Copy-Item* in den Archivordner kopiert. Natürlich hätten Sie hier auch eine andere Aktion wählen und die Protokolldateien beispielsweise löschen (*Remove-Item*) oder verschieben (*Move-Item*) können. Zur Kontrolle wird dann der Inhalt des *archivlogs*-Ordners aufgelistet und das Alter der darin gesammelten Dateien angezeigt. Alle Dateien darin sollten mindestens 30 Tage alt sein. Die neu von Ihnen hinzugefügte Spalte *Alter* ist also zu einer neuen Objekteigenschaft geworden, mit der Sie genauso weiterarbeiten können wie mit jeder anderen Objekteigenschaft auch.

Objektmethoden aufrufen

Objekte enthalten nicht nur Eigenschaften, die beschreiben, was das Objekt *ist*. Objekte können auch Befehle enthalten, die *Methoden* genannt werden. Die Methoden sind also die Dinge, die das Objekt *(tun) kann*. Geben Sie ein Objekt in der Konsole aus, werden nur seine Eigenschaften in lesbaren Text umgewandelt. Die Methoden bleiben unsichtbar. Aber nicht mehr lange. Um die Methoden eines Objekts aufzulisten, verwenden Sie wie bei den Eigenschaften *Get-Member* und übergeben diesem als *-MemberType*-Parameter diesmal den Wert **method* anstelle von **property*. Schauen Sie z.B. mal, welche Methoden ein einfacher Text enthält:

```
PS> 'Ich bin ein kleiner Text' | Get-Member -MemberType *method

   TypeName: System.String

Name             MemberType Definition
----             ---------- ----------
Clone            Method     System.Object Clone()
CompareTo        Method     int CompareTo(System.Object value), int CompareTo(string s...
Contains         Method     bool Contains(string value)
CopyTo           Method     System.Void CopyTo(int sourceIndex, char[] destination, in...
EndsWith         Method     bool EndsWith(string value), bool EndsWith(string value, S...
(...)
Trim             Method     string Trim(Params char[] trimChars), string Trim()
TrimEnd          Method     string TrimEnd(Params char[] trimChars)
TrimStart        Method     string TrimStart(Params char[] trimChars)
```

Überraschung – der kleine unscheinbare Text enthält eine ganze Armada von Befehlen. Tatsächlich weisen die meisten Objekte praktischerweise genau die Befehle auf, die man braucht, um mit ihrem Inhalt umzugehen.

TIPP Methoden (Befehle) werden immer mit runden Klammern abgeschlossen. Verlangt der Befehl Argumente, stehen diese in den runden Klammern, aber auch wenn ein Befehl keine Argumente verlangt, müssen die runden Klammern angegeben werden, in diesem Fall als Leerklammer:

```
PS> 'Hallo'.toUpper()
HALLO
```

Lässt man sie versehentlich weg, liefert die PowerShell stattdessen die Beschreibung des Befehls:

```
PS> 'Hallo'.toUpper

MemberType          : Method
OverloadDefinitions : {string ToUpper(), string ToUpper(System.Globalization.CultureInfo
                      culture)}
TypeNameOfValue     : System.Management.Automation.PSMethod
Value               : string ToUpper(), string ToUpper(System.Globalization.CultureInfo c
                      ulture)
Name                : ToUpper
IsInstance          : True
```

Die runden Klammern gehören fest zum Befehlsnamen und dürfen deshalb auch nicht durch ein Leerzeichen vom übrigen Befehlsnamen getrennt werden:

```
PS> 'Hallo'.SubString(3)
lo
PS> 'Hallo'.SubString (3)
Unerwartetes Token "(" im Ausdruck oder in der Anweisung.
```

Praxis: Textmanipulationen

Texte enthalten also alles, was für den Umgang mit dem gespeicherten Text so nötig sein könnte:

```
# Text in Großbuchstaben verwandeln:
PS> 'Beispieltext'.toUpper()
BEISPIELTEXT

# Text in Kleinbuchstaben verwandeln:
PS> 'Beispieltext'.toLower()
beispieltext

# prüfen, ob Datei bestimmte Endung aufweist:
PS> 'C:\test\testdatei.txt'.toLower().EndsWith('.txt')
True

# prüfen, ob Datei bestimmten Anfang aufweist:
PS> 'C:\test\testdatei.txt'.toLower().StartsWith('C:\')
True

# erste Position eines Suchwortes im Text bestimmen:
PS> 'tobias.weltner@email.de'.IndexOf('@')
14

# letzte Position eines Stichworts im Text bestimmen:
PS> 'tobias.weltner@email.de'.LastIndexOf('@')
14

# Text bis zu einer bestimmten Position ausgeben:
PS> $email = 'tobias.weltner@email.de'
PS> $position = $email.IndexOf('@')
PS> $email.SubString(0, $position)
```

```
tobias.weltner

# Text ab einer bestimmten Position ausgeben:
PS> $email.SubString($position+1)
email.de

# Text durch Leerzeichen auf einheitliche Breite (30 Zeichen) auffüllen:
PS> $namen = 'Willi', 'Werner', 'Maria'
PS> $namen | ForEach-Object { $_.PadLeft(30) }
                         Willi
                        Werner
                         Maria
PS> $namen | ForEach-Object { $_.PadRight(30) }
Willi
Werner
Maria

# Worte im Text ersetzen:
PS> 'Sehr geehrter Herr Müller'.Replace('Müller', 'Senkhuber')
Sehr geehrter Herr Senkhuber

# Text durch festgelegtes Trennzeichen in mehrere Textteile trennen:
PS> 'C:\windows\system32\datei.dll'.Split('\')
C:
windows
system32
datei.dll
PS> 'C:\windows\system32\datei.dll'.Split('\')[0]
C:
PS> 'C:\windows\system32\datei.dll'.Split('\')[-1]
datei.dll
PS> 'C:\windows\system32\datei.dll'.Split('.')[-1]
dll
PS> 'tobias.weltner@email.de'.Split('@')
tobias.weltner
email.de
PS> 'tobias.weltner@email.de'.Split('@')[0]
tobias.weltner
PS> 'tobias.weltner@email.de'.Split('@')[1]
email.de
PS> 'tobias.weltner@email.de'.Split('@')[-1]
email.de

# Leerzeichen entfernen:
PS> '   Beispieltext   '.Trim()
Beispieltext
PS> '   Beispieltext   '.TrimStart()
Beispieltext
PS> '   Beispieltext   '.TrimEnd()
   Beispieltext
```

Aufgabe Wie könnte man das Erstellungsdatum einer Datei um genau 30 Tage zurückdrehen?

Lösung Lesen Sie das Datum aus der Eigenschaft *CreationTime* aus und verwenden Sie dann die Methode *AddDays()*, um das Datum einige Tage vor- oder zurückzudrehen. Danach weisen Sie das neue Datum der Eigenschaft *CreationTime* wieder zu. Die nächste Zeile dreht das Erstellungsdatum einer Testdatei um 30 Tage zurück:

```
# Testordner für Datei erstellen, falls der Ordner noch nicht existiert:
PS> md C:\testordner -ErrorAction SilentlyContinue | Out-Null

# Testdatei im Ordner anlegen:
PS> 'Hallo' > C:\testordner\datei4.txt

# CreationTime ausgeben:
PS> (Get-Item C:\testordner\datei4.txt).CreationTime
Mittwoch, 24. Februar 2010 19:11:41

# CreationTime 30 Tage zurückdrehen
PS> Get-Item C:\testordner\datei4.txt | ForEach-Object { $_.CreationTime =
($_.CreationTime.AddDays(-30)) }

# CreationTime ausgeben:
PS> (Get-Item C:\testordner\datei4.txt).CreationTime
Montag, 25. Januar 2010 19:11:41

# CreationTime für sämtliche Dateien im Testordner zurückdrehen:
PS> Get-ChildItem C:\testordner | ForEach-Object { $_.CreationTime = ($_.CreationTime.AddDays(-
30)) }
```

Aufgabe Sie möchten den Namen einer Datei ändern. Die folgende Zeile schlägt aber fehl:

```
PS> (Get-Item C:\testordner\datei4.txt).Name = 'datei99.txt'
"Name" ist eine ReadOnly-Eigenschaft.
```

Warum? Wie lässt sich die Datei umbenennen?

Lösung Die Fehlermeldung ist in diesem Fall sehr eindeutig. Die Eigenschaft *Name* kann nur gelesen, aber nicht verändert werden. Um die Datei umzubenennen, verwenden Sie stattdessen *Rename-Item*:

```
PS> Rename-Item C:\testordner\datei4.txt datei99.txt
```

Eine Methode mit mehreren Signaturen

Manche Methoden lassen sich auf mehr als eine Art aufrufen. Man spricht dann von Methoden mit unterschiedlichen Signaturen oder von *Überladungen*, und *ReadKey()* aus dem *$Host*-Objekt ist ein Beispiel dafür. Dieser Befehl wartet normalerweise auf einen Tastendruck und gibt dann aus, welche Taste gedrückt wurde:

```
PS> $Host.UI.RawUI.ReadKey()
j
     VirtualKeyCode           Character    ControlKeyState            KeyDown
     --------------           ---------    ---------------            -------
                 74                   j                  0               True
```

Prima, denken Sie vielleicht, denn dieser Befehl könnte die Lösung für »Bitte beliebige Taste zum Fortsetzen drücken«-Meldungen sein. Allerdings entpuppt sich der Befehl als etwas störrisch, denn er besteht darauf, die gedrückte Taste auch auszugeben:

```
PS> 'Bitte Taste drücken!'; $Host.UI.RawUI.ReadKey() | Out-Null
Bitte Taste drücken!
kPS>
```

Das eingegebene Zeichen – hier war es ein Druck auf [K] – mogelt sich vor die Eingabeaufforderung und erscheint in der Konsole. Spätestens jetzt sollten Sie nachschauen, ob die Methode *ReadKey()* vielleicht auch noch auf andere Weise aufgerufen werden kann. Dazu rufen Sie die Methode ohne die runden Klammern auf und erhalten so eine Minibedienungsanleitung, aus der Sie sich die Eigenschaft *OverloadDefinitions* anzeigen lassen:

```
PS> $host.UI.RawUI.ReadKey.OverloadDefinitions
System.Management.Automation.Host.KeyInfo
ReadKey(System.Management.Automation.Host.ReadKeyOptions options)
System.Management.Automation.Host.KeyInfo ReadKey()
```

Es zeigt sich, dass *ReadKey()* auf zwei verschiedene Arten aufgerufen werden kann: entweder ohne zusätzliche Argumente so wie im Beispiel eben oder mit zusätzlichen Optionen, die als *System.Management.Automation.Host.ReadKeyOptions* angegeben werden müssen. Denken Sie nicht zu lange darüber nach, was dieser Objekttyp nun wieder sein könnte, sondern geben Sie einfach im Trial-and-Error-Verfahren blanken Unsinn an. Die Chancen stehen gut, dass die Fehlermeldung genauer erklärt, was der Befehl von Ihnen erwartet:

```
PS> $Host.UI.RawUI.ReadKey('Halli Hallo')
Das Argument "0" mit dem Wert  "Halli Hallo" für "ReadKey" kann nicht in den Typ
"System.Management.Automation.Host.ReadKeyOptions" konvertiert werden: "Der Wert "Halli Hallo"
kann aufgrund von ungültigen Enumerationswerten nicht in denTyp
"System.Management.Automation.Host.ReadKeyOptions" konvertiert werden. Geben Sie einen der
folgenden Enumerationswerte an, und versuchen Sie es erneut. Mögliche Enumerationswerte sind
"AllowCtrlC, NoEcho, IncludeKeyDown, IncludeKeyUp"."
```

Und richtig: Erlaubte Werte sind *AllowCtrlC, NoEcho, IncludeKeyDown* und *IncludeKeyUp.* Die Lösung ist also, die Option *NoEcho* anzugeben, zusammen mit *IncludeKeyDown* oder *IncludeKeyUp* – je nachdem, ob Sie möchten, dass bereits beim Drücken der Taste fortgesetzt wird oder erst beim Loslassen:

```
PS> 'Bitte Taste drücken!'; $Host.UI.RawUI.ReadKey('NoEcho,IncludeKeyUp') | Out-Null
```

Selbst definierte Objekte erstellen

Normalerweise werden Objekte immer von einem bestimmten Typ abgeleitet. Es gibt aber eine Ausnahme: selbst erzeugte Objekte. Dabei gestalten Sie den Aufbau des Objekts ganz nach eigenen Wünschen, können also beliebige Eigenschaften und Methoden hinzufügen. Wofür würde man so etwas tun?

- **Informationen konsolidieren** Vielleicht möchten Sie ein Systemprofil erstellen und rufen dazu verschiedene Eckdaten eines Computers mit unterschiedlichen Befehlen ab. Diese gesammelten Informationen könnten danach in einem einzelnen selbst erzeugten Objekt konsolidiert werden.
- **Adapter herstellen** Insbesondere ältere Befehle liefern Ergebnisse nicht als moderne Objekte zurück, sondern bloß als herkömmlichen Text. Solche Ergebnisse können dann nicht mit den praktischen Pipelinebefehlen der PowerShell weiterverarbeitet werden. Sie haben aber die Möglichkeit,

inkompatible ältere Informationen als Objekte aufzubereiten, indem Sie die nötigen Objekte selbst herstellen und danach die Textinformationen darin als verschiedene Eigenschaften speichern.

- **Pipelineinput** Viele Cmdlets sind in der Lage, die Ergebnisse vorheriger Befehle über die PowerShell-Pipeline weiterzubearbeiten. Dabei können Cmdlets die notwendigen Informationen direkt aus Objekteigenschaften auslesen, sofern die Objekteigenschaften den passenden Namen tragen. Auf diese Weise könnten Sie also mehrere Informationen in einem selbst definierten Objekt an ein Cmdlet weitergeben.
- **Vorhandene Objekte erweitern** Vielleicht möchten Sie auch nur Objekte mit weiteren neuen Eigenschaften und Methoden ausstatten

Neue selbst definierte Objekte lassen sich auf drei Arten herstellen:

- **Objekt mit Eigenschaften** Verwenden Sie *Select-Object*, um einem vorhandenen (Dummy)-Objekt die gewünschten Eigenschaften zuzuweisen
- **Objekt mit erweiterbaren Eigenschaften** Legen Sie zuerst eine leere Hashtable an und fügen Sie dann darin die Eigenschaften und Werte als Schlüssel-Wert-Paare ein. Auf diese Weise kann das Objekt Schritt für Schritt entwickelt werden. Legen Sie zum Schluss das Objekt auf der Basis der Hashtable mit *New-Object* an.
- **Objekte mit neuen Eigenschaften und/oder Methoden** Möchten Sie nicht nur Eigenschaften, sondern auch Methoden hinzufügen, oder wollen Sie vorhandene Objekte erweitern, greifen Sie zu *Add-Member* und statten Sie das Objekt mit den gewünschten Membern (Eigenschaften oder Methoden) aus.

Simple neue Objekte erzeugen

Benötigen Sie lediglich ein neues Objekt mit einer Hand voll selbst definierter Eigenschaften, dann greifen Sie zu *Select-Object*. Dieses Cmdlet kann nämlich nicht nur Eigenschaften aus einem Objekt entfernen, sondern auch neue hinzufügen. Nehmen Sie also ein beliebiges Ausgangsobjekt (beispielsweise eine Zahl oder einen Text) und statten Sie dieses dann per *Select-Object* mit den gewünschten Eigenschaften aus:

```
PS> $meinObjekt = 1 | Select-Object BIOSVersion, Speicher, Betriebssystem, Name
PS> $meinObjekt.BIOSVersion = (Get-WMIObject Win32_BIOS).Version
PS> $meinObjekt.Speicher = (Get-WMIObject Win32_ComputerSystem).TotalPhysicalMemory
PS> $meinObjekt.Betriebssystem = (Get-WMIObject Win32_OperatingSystem).Caption
PS> $meinObjekt.Name = $env:COMPUTERNAME
PS> $meinObjekt | Format-Table -Auto

BIOSVersion        Speicher Betriebssystem               Name
-----------        -------- --------------               ----
SECCSD - 6040000 3198697472 Microsoft Windows 7 Ultimate DEMO5
```

Dieser Ansatz eignet sich besonders dann, wenn Sie schnell ein übersichtliches Objekt benötigen, in dem Sie Informationen aus verschiedenen Quellen konsolidieren.

Dynamisch neue Objekte aufbauen

Alternativ können Sie den Objektaufbau auch zuerst mithilfe einer Hashtable beschreiben und so in Ruhe alle notwendigen Informationen sammeln. Am Ende verwandeln Sie dann die Hashtable mit *New-Object* in ein echtes Objekt. Der Ausgangspunkt ist eine leere Hashtable, der Sie anschließend die gewünschten Eigenschaften und Werte hinzufügen:

```
PS> $hash = @{}
PS> $hash.BIOSVersion = (Get-WMIObject Win32_BIOS).Version
PS> $hash.Speicher = (Get-WMIObject Win32_ComputerSystem).TotalPhysicalMemory
PS> $hash.Betriebssystem = (Get-WMIObject Win32_OperatingSystem).Caption
PS> $hash.Name = $env:COMPUTERNAME
```

Zum Schluss wandeln Sie die Hashtable in ein echtes Objekt um:

```
PS> $meinObjekt = New-Object PSObject -Property $hash
PS> $meinObjekt | Format-Table -Auto
```

Dieser Ansatz eignet sich besonders gut für Adaptercode, mit dem nicht objektorientierte Informationen älterer Befehle in eine moderne Objektform gebracht werden. Möchten Sie z.B. die Textinformationen, die der Befehl *netstat* liefert, in Objektform bringen, könnten Sie sich eine passende Funktion namens *Format-Netstat* erstellen:

```
function Format-Netstat {
  begin {
    $i = 0
    $spalten = 'Protokoll','Lokale Adresse','Remoteadresse','Status'
  }

  process {
    if ($i -ge 4) {
      $_.Trim() -split '\s+' |
      ForEach-Object -Begin {
        $i = 0; $hash = @{}
      } -process {
        $hash.$($spalten[$i])=$_
        $i++
      } -end {
        New-Object PSObject -Property $hash
      }
    } else {
      $i++
    }
  }
}
```

Wie diese Funktion genau arbeitet, wird ausführlich im Kapitel 10 erklärt, wo Sie alle Details zu Funktionen erfahren. Kurz gesagt empfängt sie die Textzeilen von *netstat* über die PowerShell-Pipeline und überspringt zunächst die ersten drei Textzeilen. Alle weiteren Textzeilen werden zu Objekten verarbeitet. Dazu wird jede Textzeile zuerst mit *-split* in Einzelteile gespalten, wobei ein regulärer Ausdruck Leerzeichen als Trennzeichen wertet. Falls Sie mehr zu regulären Ausdrücken erfahren möchten, werfen Sie einen Blick in Kapitel 19.

Jede aufgesplittete Einzelinformation wird dann weiterverarbeitet. Dazu wird zuerst eine leere Hashtable angelegt und danach für jede Einzelinformation aus *$spalten* der gewünschte Eigenschaftsname gelesen. Der Wert der Eigenschaft entspricht der Einzelinformation selbst. Am Ende jeder Textzeile wird schließlich die Hashtable in ein Objekt verwandelt und ausgegeben. Sie brauchen nun also lediglich Ihren Adapter an *netstat* anzuhängen und verwandeln so die Textinformationen dieses Befehls in echte Objekte:

```
netstat | Format-Netstat

Protokoll                Remoteadresse            Status                  Lokale Adresse
---------                -------------            ------                  --------------
TCP                      demo5:52379              HERGESTELLT             127.0.0.1:445
TCP                      demo5:microsoft-ds       HERGESTELLT             127.0.0.1:52379
```

Klar ist, dass jeder Adapter eine Maßanfertigung ist und sich jeweils nach dem Aufbau der gelieferten Textinformationen richtet. Der Adapter *Format-Netstat* funktioniert also nur mit Textinformationen, die von *netstat* geliefert werden. Die Ergebnisse anderer Befehle erfordern jeweils auf ihre Textformate zugeschnittene eigene Adaptoren.

Bestehende Objekte erweitern

PowerShell-Befehle arbeiten zwar eigentlich mit .NET-Objekten, erweitern diese aber häufig um zusätzliche Eigenschaften und Methoden. Schauen Sie sich z.B. eine Dateiliste an, werden Sie feststellen, dass die gelieferten Objekte insgesamt fünf verschiedene Membertypen enthalten:

```
PS> dir $env:windir | Get-Member | Group-Object MemberType

Count Name                    Group
----- ----                    -----
    2 CodeProperty            {System.String Mode{get=Mode;}, System.String Mode{get=Mode;}}
   42 Method                  {System.Void Create(System.Security.AccessControl.DirectorySecurit...
   12 NoteProperty            {System.String PSChildName=addins, System.Management.Automation.PS...
   28 Property                {System.IO.FileAttributes Attributes {get;set;}, System.DateTime C...
    3 ScriptProperty          {System.Object BaseName {get=$this.Name;}, System.Object BaseName ...
```

Ursprünglich wiesen die Objekte nur Member vom Typ *Method* und *Property* auf. Die PowerShell hat zusätzlich Member vom Typ *CodeProperty*, *NoteProperty* und *ScriptProperty* hinzugefügt. Weit verbreitet sind auch sogenannte AliasProperties, die Sie z.B. bei *Process*- und *Service*-Objekten finden:

```
PS> Get-Process | Get-Member -MemberType AliasProperty

   TypeName: System.Diagnostics.Process

Name    MemberType    Definition
----    ----------    ----------
Handles AliasProperty Handles = Handlecount
Name    AliasProperty Name = ProcessName
NPM     AliasProperty NPM = NonpagedSystemMemorySize
PM      AliasProperty PM = PagedMemorySize
VM      AliasProperty VM = VirtualMemorySize
WS      AliasProperty WS = WorkingSet
```

Tabelle 8.1 gibt eine Übersicht über die vier verschiedenen Membertypen, die nachträglich von der PowerShell (oder von Ihnen) in Objekte eingefügt werden.

Membertyp	Beschreibung
AliasProperty	Zusätzlicher Name für eine schon vorhandene Eigenschaft. *Process*-Objekte gestatten Ihnen beispielsweise, über die AliasProperty *Handles* auf die native Eigenschaft *Handlecount* zuzugreifen. AliasProperties werden verwendet, um Objekteigenschaften zu vereinheitlichen.
NoteProperty	Neue Eigenschaft mit einem fest hinterlegten statischen Wert. Mit NoteProperties kann man Zusatzinformationen an ein Objekt anheften.

ScriptProperty	Neue Eigenschaft mit hinterlegtem Skriptcode, der ausgeführt wird, wenn die Eigenschaft abgefragt wird. Der Skriptcode berechnet also zur Laufzeit den Wert dieser Eigenschaft. SkriptProperties werden häufig dazu verwendet, Informationen bequemer zugreifbar zu machen, die sich in Wirklichkeit in einer Untereigenschaft tief in der Objekthierarchie verbergen. Bei *Process*-Objekten liefert die SkriptProperty *Company* beispielsweise den Hersteller des Prozesses. Diese Information ist eigentlich in einem Unterobjekt gespeichert:
	`(Get-Process | Get-Member Company).Definition`
	`System.Object Company`
	`{get=$this.Mainmodule.FileVersionInfo.CompanyName;}`
	Innerhalb des Skriptblocks steht *$this* für das aktuelle Objekt.

ScriptMethod	Neue Methode mit hinterlegtem Skriptcode, der ausgeführt wird, wenn die Methode aufgerufen wird.

Tabelle 8.1 Nachträglich in Objekte eingefügte Eigenschaften und Methoden

Darüber hinaus gibt es einige weitere etwas exotische Member. CodeProperties und CodeMethods rufen interne PowerShell-Befehle auf, die besondere Voraussetzungen erfüllen müssen und für eigene Erweiterungen keine Rolle spielen. PropertySets sind Listen von Eigenschaften, die alle in einem Zug abgerufen werden, wenn Sie den Namen des PropertySets angeben:

```
PS> Get-Process | Get-Member -MemberType PropertySet

   TypeName: System.Diagnostics.Process

Name            MemberType  Definition
----            ----------  ----------
PSConfiguration PropertySet PSConfiguration {Name, Id, PriorityClass, FileVersion}
PSResources     PropertySet PSResources {Name, Id, Handlecount, WorkingSet, NonPagedMemorySize,
Pa...

PS> Get-Process | Select-Object PSConfiguration -First 1

Name                                       Id          PriorityClass FileVersion
----                                       --          ------------- -----------
conhost                                   968             Normal 6.1.7600.16385 (win7_...

PS> Get-Process | Select-Object PSResources -First 1

Name                 : conhost
Id                   : 968
HandleCount          : 60
```

```
WorkingSet          : 6688768
PagedMemorySize     : 2678784
PrivateMemorySize   : 2678784
VirtualMemorySize   : 63225856
TotalProcessorTime  : 00:00:09.5472612
```

Mit *Add-Member* fügen Sie bestehenden Objekten neue Eigenschaften und Methoden hinzu. Möchten Sie beispielsweise Dateien mit einer zusätzlichen Eigenschaft namens *Alter* ausrüsten, in der das Alter der Datei in Tagen zu finden ist, verwenden Sie z.B. eine *NoteProperty*:

```
PS> dir $env:windir | ForEach-Object { $_ | Add-Member NoteProperty Alter (New-TimeSpan
$_.CreationTime (Get-Date)).Days  -PassThru} | Format-Table Name, Alter, CreationTime

Name                                                          Alter CreationTime
----                                                          ----- ------------
addins                                                          225 14.07.2009 07:32:38
AppCompat                                                       225 14.07.2009 05:20:08
AppPatch                                                        225 14.07.2009 05:20:08
(...)
```

Eine *NoteProperty* hinterlegt einen festen Wert, der sich später nie mehr ändert. Etwas cleverer funktionieren *ScriptProperties*, denn hier wird ein Skriptblock hinterlegt, der jedes Mal neu ausgeführt wird, wenn die *ScriptProperty* abgerufen wird:

```
dir $env:windir | ForEach-Object { $_ | Add-Member ScriptProperty Alter {(New-TimeSpan
$this.CreationTime (Get-Date)).Days }  -PassThru} | Format-Table Name, Alter, CreationTime
```

Das Ergebnis ist auf den ersten Blick identisch, aber wenn Sie die erweiterten Dateiobjekte in einer Variablen speichern und am nächsten Tag erneut ausgeben würden, wäre das Ergebnis der Spalte *Alter* immer noch aktuell – bei NoteProperties hingegen würde der ursprünglich darin gespeicherte Wert unverändert sein.

PROFITIPP Augenscheinlichster Unterschied zwischen den beiden Ansätzen ist, dass Sie bei *NoteProperties* mit der Laufvariable *$_* arbeiten, während Sie bei *ScriptProperties* auf die Variable *$this* zurückgreifen. Diese entspricht dem Objekt, in dem sich die *ScriptProperty* befindet.

Schließlich können Sie auch noch ScriptMethods hinterlegen, also neue Befehle. Die folgende Zeile fügt den Befehl *OpenEditor()* zu Protokolldateien hinzu, über den Sie die Textdatei im Windows-Editor öffnen:

```
dir $env:windir | ForEach-Object { if ($_.Extension -eq '.log') { $_ | Add-Member ScriptMethod
OpenEditor { notepad.exe $this.FullName }  -PassThru  } else  { $_ } }
```

Diese Zeile liefert auf den ersten Blick eine ganz normale Dateiliste. Dass die Protokolldateien tatsächlich um einen neuen Befehl bereichert wurden, erschließt sich erst, wenn Sie die Ergebnisse in einer Variablen speichern und dann weiterbearbeiten:

```
PS> $dateien = dir $env:windir | ForEach-Object { if ($_.Extension -eq '.log') { $_ | Add-Member
ScriptMethod OpenEditor { notepad.exe $this.FullName } -PassThru  } else  { $_ } }
PS> $dateien | Where-Object { $_.Extension -eq '.log' }

    Verzeichnis: C:\Windows

Mode                LastWriteTime     Length Name
```

```
----                -------------     ------ ----
-a---        16.11.2009    11:30        6518 DPINST.LOG
-a---        01.11.2009    09:21        1774 DtcInstall.log
-a---        04.11.2009    12:28         864 PFRO.log
-a---        24.02.2010    11:45       26632 setupact.log
-a---        14.07.2009    06:51           0 setuperr.log
-a---        01.11.2009    09:20        1313 TSSysprep.log
-a---        24.02.2010    22:49     1332511 WindowsUpdate.log

PS> $logdateien = $dateien | Where-Object { $_.Extension -eq '.log' }
PS> $logdateien[0].OpenEditor()
```

Dauerhafte Erweiterung von Objekten

Zwar ist es recht faszinierend, Objekten mit *Add-Member* neue Eigenschaften und Methoden zuzuweisen, doch ist der Spaß recht kurzlebig und aufwändig. Die Erweiterungen gelten jeweils nur für die Objekte, die Sie selbst bearbeitet haben. Wenn Sie aber mögen, können Sie der PowerShell Ihre Erweiterungswünsche beibringen und dafür sorgen, dass die Objekte künftig automatisch entsprechend erweitert werden. Genauso macht es auch die PowerShell selbst mit ihren eigenen Erweiterungen. Sie benötigen dazu eine einfache XML-Datei, die einem festen Muster entspricht und im Falle der Methode *OpenEditor()* für Dateien folgendermaßen aussehen könnte:

```
<Types>
    <Type>
        <Name>System.IO.FileInfo</Name>
        <Members>
            <ScriptMethod>
                <Name>OpenEditor</Name>
                <Script>
                    Notepad.exe $this.FullName
                </Script>
            </ScriptMethod>
         </Members>
    </Type>
</Types>
```

Öffnen Sie ein neues leeres Dokument:

```
Notepad $HOME\openeditor.ps1xml
```

Geben Sie dann darin den XML-Text ein und speichern Sie das Dokument. Danach lesen Sie es mit *Update-TypeData* in das Extended Type System von der PowerShell ein:

```
Update-TypeData $HOME\openeditor.ps1xml
```

Ab sofort fügt die PowerShell automatisch allen Dateien (genau genommen allen Objekten vom Typ *System.IO.FileInfo*) den neuen Befehl *OpenEditor()* hinzu, sodass Sie fortan Protokolldateien bequem öffnen können:

```
(dir $env:windir\windowsup*.log).OpenEditor()
```

HINWEIS Allerdings steht der Befehl *OpenEditor()* nun für alle Dateien zur Verfügung, nicht nur für Protokolldateien. Das ETS kann nur einzelne Typen erweitern, nicht bestimmte Untergruppen. Die Erweiterung des ETS gilt wie die meisten übrigen PowerShell-Feineinstellungen nur für die aktuelle Sitzung. Schließen Sie die PowerShell und öffnen sie danach neu, ist die Erweiterung wieder verschwunden. Möchten Sie die Erweiterung permanent einrichten, fügen Sie den Befehl *Update-TypeData* in eine Ihrer Profildateien ein, über die Sie in Kapitel 3 mehr erfahren.

Nachschlag für Profis

Auch diesmal finden Sie in diesem Abschnitt kleine Schmankerl und wissenswerte Details, die Sie überspringen dürfen, wenn Sie es eilig haben.

Kleine Rätselstunde

Rätsel Der Typ eines Objekts lässt sich offenkundig immer mit der Eigenschaft *PSTypeNames* ermitteln. Sonderbarerweise zeigt *Get-Member* diese Eigenschaft aber gar nicht an. Wieso?

```
PS> "Hallo".PSTypeNames
System.String
System.Object
PS> "Hallo" | Get-Member PSType*
PS>
```

Lösung *Get-Member* zeigt nur die üblichen Objektmember an, mit denen man im Alltag zu tun hat, und versteckt einige andere, damit die Liste der Objektmember nicht ausufert und unübersichtlich wird. Möchten Sie diese Kindersicherung ausschalten, verwenden Sie den Parameter *-Force*:

```
PS> "Hallo" | Get-Member PSType* -Force

   TypeName: System.String

Name        MemberType   Definition
----        ----------   ----------
pstypenames CodeProperty System.Collections.ObjectModel.Collection`1[[System...
```

Voilà! Schon wird die Eigenschaft *PSTypeNames* sichtbar. Es lohnt sich durchaus, nachzuforschen, welche Objektmember genau von *Get-Member* versteckt werden. Die folgenden Zeilen finden heraus, welche Eigenschaften und Methoden *Get-Member* bei Objekten vom Typ *DateTime* versteckt:

```
PS> $normal = Get-Date | Get-Member
PS> $alle = Get-Date | Get-Member -Force
PS> Compare-Object $normal $alle -Property Name -PassThru

   TypeName: System.DateTime

Name            MemberType   Definition
----            ----------   ----------
pstypenames     CodeProperty System.Collections.ObjectModel.Collection`1[[Sy...
psadapted       MemberSet    psadapted {Date, Day, DayOfWeek, DayOfYear, Hou...
psbase          MemberSet    psbase {Date, Day, DayOfWeek, DayOfYear, Hour, ...
psextended      MemberSet    psextended {DisplayHint, DateTime}
```

```
psobject         MemberSet   psobject {Members, Properties, Methods, Immedia...
get_Date         Method      System.DateTime get_Date()
get_Day          Method      int get_Day()
get_DayOfWeek    Method      System.DayOfWeek get_DayOfWeek()
get_DayOfYear    Method      int get_DayOfYear()
get_Hour         Method      int get_Hour()
get_Kind         Method      System.DateTimeKind get_Kind()
get_Millisecond  Method      int get_Millisecond()
get_Minute       Method      int get_Minute()
get_Month        Method      int get_Month()
get_Second       Method      int get_Second()
get_Ticks        Method      long get_Ticks()
get_TimeOfDay    Method      System.TimeSpan get_TimeOfDay()
get_Year         Method      int get_Year()
```

Die Eigenschaft *PSTypeNames* ist eine interne von der PowerShell hinzugefügte Information, die man im normalen Alltag nicht benötigt. Sie zeigt, von welchen Typen das Objekt abgeleitet ist. Die PowerShell hat außerdem eine Reihe von MemberSets hinzugefügt, die ebenfalls im Alltag nicht gebräuchlich sind und deshalb versteckt werden. MemberSets definieren eine Liste von Membern, die zu einem bestimmten Thema gehören, sodass man sie alle leichter abrufen kann:

```
PS> (Get-Date).PSExtended

                         DisplayHint DateTime
                         ----------- --------
                            DateTime Freitag, 12. März 2010 11:44:54
```

Tatsächlich stecken dahinter Spezialansichten, mit denen ein Profi sich das Objekt aus verschiedenen Perspektiven betrachten kann (Tabelle 8.2).

MemberSet	Beschreibung
PSBase	Das Rohobjekt, bevor es vom PowerShell-ETS bearbeitet wurde. Häufig sind beide Versionen identisch, aber manchmal bietet nur das Rohobjekt Zugriff auf Low-Level-Eigenschaften und -Methoden.
PSAdapted	Das vollständig vom ETS bearbeitete Objekt
PSExtended	Nur die vom ETS hinzugefügten Elemente
PSObject	Der Adapter, der das Objekt repräsentiert

Tabelle 8.2 Spezialansichten für Objekte

```
PS> (Get-Date).PSObject

Members                : {Microsoft.PowerShell.Commands.DisplayHintType DisplayHin
                         t=DateTime, System.Object DateTime {get=if ((& { Set-Stri
                         ctMode -Version 1; $this.DisplayHint }) -ieq  "Date")
                                             {
                                                 "{0}" -f $this.ToLongDateString()
                                             }
                                             elseif ((& { Set-StrictMode -Version
                         1; $this.DisplayHint }) -ieq "Time")
                                             {
                                                 "{0}" -f  $this.ToLongTimeString(
                         )
(...)
```

Get-Member versteckt aber noch mehr. In der Liste findet sich eine ganze Armada an Methoden, die alle mit *get_* beginnen. Dies sind die unsichtbaren Heinzelmännchen, die hinter den gleichnamigen Eigenschaften stecken. Wenn Sie also die Eigenschaft *Year* eines *DateTime*-Objekts lesen, wird hinter den Kulissen dazu die Methode *get_Year()* aufgerufen. Weil man die Methode selbst nie verwendet, blendet *Get-Member* sie aus. Lassen Sie sich mit *Get-Member* alle Member anzeigen, werden Sie häufiger solche Hilfsmethoden finden. Methoden, die mit *add_* oder *remove_* beginnen, zeigen an, dass man damit Ereignishandler zu Ereignissen hinzufügen oder entfernen kann. Und wenn Sie sich die zugrunde liegenden Typen eines Objekts anschauen, entdecken Sie weitere spannende Hintergründe:

```
PS> [DateTime] | Get-Member -Static -Force *_*

   TypeName: System.DateTime

Name                  MemberType Definition
----                  ---------- ----------
get_Now               Method     static System.DateTime get_Now()
get_Today             Method     static System.DateTime get_Today()
get_UtcNow            Method     static System.DateTime get_UtcNow()
op_Addition           Method     static System.DateTime op_Addition(System.D...
op_Equality           Method     static bool op_Equality(System.DateTime d1,...
op_GreaterThan        Method     static bool op_GreaterThan(System.DateTime ...
op_GreaterThanOrEqual Method     static bool op_GreaterThanOrEqual(System.Da...
op_Inequality         Method     static bool op_Inequality(System.DateTime d...
op_LessThan           Method     static bool op_LessThan(System.DateTime t1,...
op_LessThanOrEqual    Method     static bool op_LessThanOrEqual(System.DateT...
op_Subtraction        Method     static System.DateTime op_Subtraction(Syste...
```

Alle Methoden, die mit *op_* beginnen, werden von mathematischen Operatoren aufgerufen. Hier sehen Sie also die verschiedenen mathematischen Operationen, die mit Objekten des Typs *DateTime* möglich sind. Die Signatur der jeweiligen Methode verrät außerdem, welche Objekttypen mit den Operatoren überhaupt verglichen werden dürfen. Schauen Sie sich das am Beispiel des Operators »-« (Subtraktion) an:

```
PS> [DateTime] | Get-Member -Static -Force op_Sub* | Select-Object -ExpandProperty Definition
static System.DateTime op_Subtraction(System.DateTime d, System.TimeSpan t),
static System.TimeSpan op_Subtraction(System.DateTime d1, System.DateTime d2)
```

Sie dürfen also entweder eine Zeitspanne (*TimeSpan*) von einem Datum abziehen und erhalten dann ein neues Datum oder Sie dürfen ein zweites Datum von einem ersten abziehen und erhalten dann eine Zeitspanne (Differenz). Das funktioniert tatsächlich so:

```
PS> # Zeitspanne von Datum abziehen = neues Datum: heute vor 20 Tagen
PS> (Get-Date) - (New-TimeSpan -Days 20)

Samstag, 20. Februar 2010 12:04:01

PS> # Datum von Datum abziehen = Zeitspanne (Zeitdifferenz zwischen den Daten)
PS> (Get-Date) - ('1. März 1998 18:45' -as [DateTime])

Days              : 4393
Hours             : 17
Minutes           : 19
Seconds           : 1
Milliseconds      : 400
```

```
Ticks             : 3796175414007668
TotalDays         : 4393,72154399036
TotalHours        : 105449,317055769
TotalMinutes      : 6326959,02334611
TotalSeconds      : 379617541,400767
TotalMilliseconds : 379617541400,767
```

Es erklärt auch, warum die folgende Zeile nicht funktioniert:

```
PS> (Get-Date) - 12
Es wurden mehrere nicht eindeutige Überladungen gefunden für "op_Subtraction" und die
Argumentanzahl: "2".
```

Die zuständige Methode *op_Subtraction* besitzt wie Sie gesehen haben zwei Signaturen und Sie haben mit der Zahl *12* weder ein Datum noch eine Zeitspanne angegeben. Deshalb weiß die PowerShell nicht, welche Signatur Sie meinen (und wofür die Zahl also eigentlich stehen soll), und streckt vorsorglich die Segel.

Rätsel Sie haben sich die Member eines *Process*-Objekts anzeigen lassen. Darin erscheinen sonderbarerweise auch Einträge vom Typ *Event*. Was hat es damit auf sich?

```
PS> Get-Process | Get-Member


   TypeName: System.Diagnostics.Process

Name                       MemberType     Definition
----                       ----------     ----------
Handles                    AliasProperty  Handles = Handlecount
Name                       AliasProperty  Name = ProcessName
(...)
Disposed                   Event          System.EventHandler Disposed(Syste...
ErrorDataReceived          Event          System.Diagnostics.DataReceivedEve...
Exited                     Event          System.EventHandler Exited(System....
OutputDataReceived         Event          System.Diagnostics.DataReceivedEve...
BeginErrorReadLine         Method         System.Void BeginErrorReadLine()
BeginOutputReadLine        Method         System.Void BeginOutputReadLine()
(...)
```

Lösung Events sind Ereignisse, die das Objekt aussenden kann, wenn etwas Besonderes geschieht. *Process*-Objekte können beispielsweise das Event *Exited* auslösen, um zu signalisieren, dass der Prozess beendet wurde. Die PowerShell kann diese Events überwachen und empfangen und in diesem Fall beispielsweise sofort reagieren. Wie das genau gemacht wird, erfahren Sie in Kapitel 18.

Hashtable und dynamische Eigenschaften

In diesem Nachschlag geht es vor allem um Hashtables, die Sie an zwei Stellen in diesem Kapitel verwendet haben: um Objekteigenschaften dynamisch zu berechnen und um neue selbst definierte Objekte anzulegen. Dabei wurden die Hashtables als praktische Datencontainer verwendet, in denen man beliebig viele Schlüssel-Wert-Paare unterbringen konnte. So war es möglich, mehrere Informationen in einer einzigen Hashtable an andere Cmdlets weiterzureichen. Tatsächlich spielen Hashtables bei sehr vielen Cmdlets eine Rolle und bieten Ihnen dann die Möglichkeit, Feineinstellungen anzugeben (Tabelle 8.3).

Cmdlet	Hashtableaufbau	Siehe auch Seite
Sort-Object	*Expression* <Zeichenfolge> oder <Skriptblock>^ *Ascending* <boolescher Wert> *Descending* <boolescher Wert>	325
Select-Object	*Name* (oder *Label*) <Zeichenfolge> *Expression* <Zeichenfolge> oder <Skriptblock>	326
Format-Wide	*Expression* <Zeichenfolge> oder <Skriptblock> *FormatString* <Zeichenfolge>	327
Format-Table	*Name* (oder *Label*) <Zeichenfolge> *Expression* <Zeichenfolge> oder <Skriptblock> *FormatString* <Zeichenfolge> *Width* <int32> *Alignment* (Wert kann *Left*, *Center* oder *Right* lauten)	328
Format-Custom	*Expression* <Zeichenfolge> oder <Skriptblock> *Depth* <int32>	–
Format-List	*Name* (oder *Label*) <Zeichenfolge> *Expression* <Zeichenfolge> oder <Skriptblock> *FormatString* <Zeichenfolge>	328
Group-Object	*Expression* <Zeichenfolge> oder <Skriptblock>	329
New-Object	<Zeichenfolge> legt beliebige neue Eigenschaften im Objekt an	316
Compare-Object	*Expression* <Zeichenfolge> oder <Skriptblock>	
ConvertTo-Html	*Label* <Zeichenfolge> *Expression* <Zeichenfolge> oder <Skriptblock>	326

Tabelle 8.3 Cmdlets mit Parameter *-Property*, die Hashtables unterstützen

Sort-Object

Was z.B. ist zu tun, wenn Sie mit *Sort-Object* nach zwei Eigenschaften gleichzeitig sortieren wollen? Einfache Lösung: Sie geben beide Spaltennamen kommasepariert an. Um also eine Liste der laufenden Prozesse zuerst nach Hersteller und dann innerhalb der Hersteller nach CPU-Auslastung zu sortieren, verwenden Sie diese Zeile:

```
Get-Process | Where-Object { $_.Company -ne $null } | Sort-Object Company, CPU | Select-Object
Company, CPU
```

Als Vorgabe sortiert *Sort-Object* in aufsteigender Reihenfolge. Hätten Sie die Liste lieber in umgekehrter Sortierfolge, kennen Sie die Lösung dafür bereits: Setzen Sie den Switch-Parameter *-Descending* ein:

```
Get-Process | Where-Object { $_.Company -ne $null } | Sort-Object Company, CPU -Descending |
Select-Object Company, CPU
```

Was aber, wenn Sie die erste Eigenschaft aufsteigend, aber die zweite absteigend sortieren möchten? In diesem Fall sind wieder Hashtables gefragt. Diesmal geben Sie in der Hashtable für jedes Sortierkriterium erstens *Expression* und zweitens *Ascending* oder *Descending* an:

```
$kriterium1 = @{Expression='Company'; Ascending=$true }
$kriterium2 = @{Expression='CPU'; Descending=$true }
Get-Process | Where-Object { $_.Company -ne $null } | Sort-Object $kriterium1, $kriterium2 |
Select-Object Company, CPU
```

Jetzt erhalten Sie als Ergebnis eine Liste, in der die Prozesse in aufsteigender Reihenfolge nach Hersteller und innerhalb jedes Herstellers in absteigender Reihenfolge nach CPU-Belastung aufgeführt sind.

PROFITIPP Das Ergebnis von *Sort-Object* kann anschließend an *Group-Object* weitergeleitet werden, wenn Sie beispielsweise pro Gruppe nur das jeweils CPU-intensivste Programm ermitteln wollen:

```
Get-Process | Where-Object { $_.Company -ne $null } | Sort-Object CPU -Desc | Group-Object Company
| ForEach-Object { $_.Group[0] } | Sort-Object CPU -Desc | Select-Object Company, Name, CPU
```

Dabei werden die Prozesse zuerst mit *Sort-Object* in die richtige Reihenfolge gebracht, also aufsteigend nach CPU sortiert. *Group-Object* fasst danach die Liste nach *Company* zusammen, bildet also Gruppen, in denen jeweils das CPU-intensivste Programm an erster Stelle steht. *ForEach-Object* kann anschließend aus jeder Gruppe das erste (CPU-intensivste) Programm ausgeben.

Select-Object

Select-Object wählt normalerweise diejenigen Objekteigenschaften aus, die Sie verwenden wollen. Hinter den Kulissen kopiert *Select-Object* dabei die angegebenen Objekteigenschaften in ein neues Objekt, das danach nur noch die ausgewählten Eigenschaften besitzt. Wichtig wird diese Informationsbeschränkung, wie Sie inzwischen wissen, spätestens dann, wenn Sie Informationen als kommaseparierte Liste, HTML oder XML exportieren wollen. Mithilfe von Hashtables kann *Select-Object* aber nicht nur bestehende Eigenschaften auswählen, sondern auch neue Spalten hinzufügen. Die folgende Zeile generiert einen HTML-Report einer Dateiliste, welche die Dateigröße der Dateien in KB anstelle Byte angibt:

```
$spalte1 = @{Name='Größe (KB)'; Expression={('{0,10:n} KB' -f ($_.Length / 1KB)).Replace(' ', '.')
}}
$title = 'Dateiliste'
$font = "<head><title>$title</title><style>body {font-family:'Courier'}</STYLE></HEAD>"
dir $env:windir | Where-Object { $_.PSisContainer -eq $false } |
Sort-Object Length -Descending |
Select-Object Name, LastWriteTime, $spalte1 |
ConvertTo-Html -Head $font -Title $title -Pre "<h3>$title</h3>" | Out-File $HOME\report.htm
Invoke-Item $HOME\report.htm
```

PROFITIPP Wenn Sie sich den Beispielcode genauer ansehen, werden Sie einige Tricks erkennen: Damit die Dateigröße mit Dezimaltrennzeichen für die Tausenderstellen angegeben wird, verwendet man anstelle eines selbst definierten Zahlenformats das vordefinierte Zahlenformat *n* für *numerisch*. Damit die Dateiliste nur Dateien und keine Unterordner enthält, wird das Ergebnis von *dir* anschließend mittels *Where-Object* gefiltert und nur Objekte durch die Pipeline gelassen, bei denen die Eigenschaft *PSisContainer* auf *$false* gesetzt ist. Und mithilfe des Parameters *-Head* wird ein HTML-Header in die HTML-Datei geschrieben, der die Schriftart auf eine Schrift mit fester Zeichenbreite setzt. Weil die Größenangabe rechtsbündig erscheinen soll, *ConvertTo-Html* aber leider aufgrund eines Bugs die Leerzeichen nicht als HTML-enkodierte Leerzeichen ausgibt, wandelt der Code die Leerzeichen außerdem in jeweils einen Punkt um, damit die Spaltenausrichtung erhalten bleibt.

Aufgabe Sie haben bereits mit *ConvertTo-Html* gearbeitet und dabei festgestellt, dass dieses Cmdlet ebenfalls einen Parameter namens *-Property* unterstützt. Hätte man den Beispielcode von eben nicht etwas einfacher folgendermaßen formulieren können?

```
$spalte1 = @{Name='Größe (KB)'; Expression={('{0,10:n} KB' -f ($_.Length / 1KB)).Replace(' ', '.')
}}
$title = 'Dateiliste'
$font = "<head><title>$title</title><style>body {font-family:'Courier'}</STYLE></HEAD>"
dir $env:windir | Where-Object { $_.PSisContainer -eq $false } |
Sort-Object Length -Descending |
ConvertTo-Html -prop Name, LastWriteTime, $spalte1 -Head $font -Title $title -Pre "<h3>$title</
h3>" |
Out-File $HOME\report.htm
Invoke-Item $HOME\report.htm
```

Lösung Eigentlich ja, aber leider produziert der Code dennoch einen Fehler. Der Grund: Die PowerShell-Entwickler haben sich bei der Programmierung von *ConvertTo-Html* einen Schnitzer geleistet. Dieses Cmdlet erwartet den Spaltennamen in der Hashtable nicht unter dem Schlüssel *Name*, sondern *Label*. Sie müssten die Hashtable also entsprechend anpassen. Danach funktioniert dann auch dieser Weg, die erste Zeile ändert sich entsprechend so:

```
$spalte1 = @{Label='Größe (KB)'; Expression={('{0,10:n} KB' -f ($_.Length / 1KB)).Replace(' ',
'.') }}
(...)
```

Format-Wide

Format-Wide dient dazu, möglichst viele Ergebnisse auf kleinstem Raum auszugeben. Deshalb kann dieses Cmdlet nur jeweils eine Objekteigenschaft wie beispielsweise den Dateinamen ausgeben. Spaltenüberschriften werden überhaupt nicht angezeigt:

```
PS> dir $env:windir | Format-Wide Name -Column 4
```

Genügt Ihnen das nicht, könnten Sie die Eigenschaft, die angezeigt wird, auch mit einer Hashtable berechnen lassen und dabei mehrere Informationen verknüpfen. Das nächste Beispiel gibt die Dateinamen und dahinter in Klammern den Tag und Monat der letzten Änderung an:

```
PS> $combined = @{Expression={ '{0} ({1:dd.MM.})' -f $_.Name, $_.LastWriteTime }}
PS> dir $env:windir | Format-Wide $combined -Column 4
```

Ebenso gut könnten Sie aber auch das Alter der Datei in den Klammern hinter dem Dateinamen angeben:

```
PS> $combined = @{Expression={ '{0} ({1:0})' -f $_.Name, ((New-Timespan $_.LastWriteTime).Days) }}
PS> dir $env:windir | Format-Wide $combined -Column 4
```

Format-List

Format-List stellt die Ergebnisse in einer Liste untereinander (vertikal) dar. Eigene neue Spalten werden über die Hashtableschlüssel *Name* und *Expression* festgelegt. Die folgende Zeile gibt beispielsweise die zusätzlichen Zeilen *Alter* und *Datum* aus. Das Alter ist das relative Alter der jeweiligen Datei und *Datum* gibt nur den Datumsanteil ohne die Uhrzeit aus:

```
PS> $alter = @{Name='Alter'; Expression={ (New-Timespan $_.LastWriteTime).Days }}
PS> $datum = @{Name='Datum'; Expression= { $_.LastWriteTime.ToLongDateString() }}
PS> dir $env:windir | Format-List Name, $alter, $datum
```

Über den zusätzlichen Schlüssel *FormatString* hätte man das Datum auch als Formatierungsanweisung übergeben können:

```
PS> $alter = @{Name='Alter'; Expression={ (New-Timespan $_.LastWriteTime).Days }}
PS> $datum = @{Name='Datum'; Expression= { $_.LastWriteTime}; FormatString='dddd, dd. MMMM'}
PS> dir $env:windir | Format-List Name, $alter, $datum
```

Die Angabe für *FormatString* ist allerdings meist überflüssig, weil man das Format ohnehin über den Formatierungsoperator *-f* festlegen kann:

```
PS> $alter = @{Name='Alter'; Expression={ (New-Timespan $_.LastWriteTime).Days }}
PS> $datum = @{Name='Datum'; Expression= { '{0:dddd, dd. MMMM}' -f $_.LastWriteTime}}
PS> dir $env:windir | Format-List Name, $alter, $datum
```

Format-Table

Dieses Cmdlet gibt die Objekteigenschaften als horizontal angeordnete Tabelle aus. Deshalb kann man hier zusätzlich mit *Width* definieren, wie breit eine Spalte sein soll, und mit *Alignment*, ob der Spalteninhalt linksbündig, rechtsbündig oder zentriert ausgegeben wird:

```
PS> $name = @{Name='Dateiname'; Expression={ $_.Name }; Width=30; Alignment='Left'}
PS> $groesse = @{Name='Größe (KB)'; Expression={'{0:n} KB' -f ($_.Length/1KB)}; Width=15;
Alignment='Right'}
PS> $alter = @{Name='Alter'; Expression={ (New-Timespan $_.LastWriteTime).Days }; Width=5;
Alignment='Center'}
PS> dir $env:windir | Format-Table $name, $groesse, $alter
```

Format-Table kann nicht nur eine, sondern sogar zwei Hashtables verarbeiten. Zusätzlich zum Parameter *-Property* steht noch der Parameter *-GroupBy* zur Verfügung, der die Tabelle in mehrere Untertabellen gliedert. Erlaubte Schlüssel sind hier *Name*, *Expression* und *FormatString*. Das Ergebnis des Skriptblocks in *Expression* legt fest, in welche Gruppe ein jeweiliges Element eingeordnet wird.

ACHTUNG Der Gruppierungsausdruck gruppiert das Ergebnis zwar, sortiert es aber nicht. Damit nicht mehrere gleichnamige Gruppen entstehen, muss das Ergebnis also zuerst mit *Sort-Object* nach dem Kriterium sortiert werden, das dem Gruppierungsausdruck zugrunde liegt.

Möchten Sie die Ausgabe einer Dateiliste z.B. nach Anfangsbuchstaben gruppieren, wäre dies eine Lösung:

```
PS> $gruppe = @{Name='Anfangsbuchstabe'; Expression={$_.Name.SubString(0,1).toUpper()}}
```

```
PS> dir $env:windir | Sort-Object Name | Format-Table Name, LastWriteTime, Length -group $gruppe
```

Der Ausdruck, der das Gruppierungskriterium erstellt, kann natürlich auch komplexer sein. Der folgende Code gruppiert die Dateien beispielsweise in *Neu*, *Älter* und *Sehr alt*:

```
PS> $gruppe = @{Name='Alter'; Expression={
Switch ((New-Timespan $_.LastWriteTime).Days) {
{ $_ -lt 10 } { 'neu'; continue }
{ $_ -lt 30 } { 'älter'; continue }
{ $_ -ge 30 } { 'sehr alt'; continue }
default { 'Unbekannt' }
}}}

PS> dir $env:windir | Sort-Object LastWriteTime -Desc |
Format-Table Name, LastWriteTime, Length -Group $gruppe -Auto
```

Group-Object

Group-Object gruppiert Ergebnisse nach Eigenschaften und kann ebenfalls dynamisch berechnete Eigenschaften verarbeiten. In der folgenden Zeile liefert der Ausdruck z.B. *True* (Wahr), wenn die Dateigröße 100 KB übersteigt, ansonsten *False* (Falsch). Die Zeile liefert also zwei Gruppen, *True* und *False*. In der Gruppe *True* befinden sich alle Dateien, die größer sind als 100 KB:

```
PS> dir $env:windir | Group-Object {$_.Length -gt 100KB}

Count Name                      Group
----- ----                      -----
   82 False                     {addins, AppCompat, AppPatch, assembly...}
    7 True                      {explorer.exe, HelpPane.exe, notepad.exe, nt...
```

Der Rückgabewert des Ausdrucks muss aber nicht *True* oder *False* sein, sondern ist beliebig. Wünschen Sie lieber einen aussagekräftigeren Namen, könnten Sie das letzte Beispiel etwas umformulieren:

```
PS> dir $env:windir | Group-Object { if($_.Length -gt 100KB) { 'gross' } else { 'klein' }}

Count Name                      Group
----- ----                      -----
   82 klein                     {addins, AppCompat, AppPatch, assembly...}
    7 gross                     {explorer.exe, HelpPane.exe, notepad.exe, nt...
```

In der nächsten Zeile ermittelt der Ausdruck den Anfangsbuchstaben des Dateinamens und gibt diesen in Großbuchstaben zurück. Das Ergebnis: *Group-Object* gruppiert den Ordnerinhalt nach Anfangsbuchstaben:

```
dir | Group-Object {$_.Name.SubString(0,1).toUpper()}
Count Name                      Group
----- ----                      -----
    4 A                         {Application Data, alias1, ausgabe.htm, ausgabe.txt}
    2 B                         {Backup, backup.pfx}
    2 C                         {Contacts, cmdlet.txt}
    5 D                         {Debug, Desktop, Documents, Downloads...}
    5 F                         {Favorites, filter.ps1, findview.PS1, findview2.PS1...}
(...)
```

Wenn Sie sich das Ergebnis von *Group-Object* näher ansehen, fällt wieder auf: Hinter jedem Gruppennamen wird in *Group* ein Feld angezeigt, in dem die einzelnen Objekte dieser Gruppe zusammengefasst sind. Sie könnten also aus diesem Ergebnis eine praktische alphabetisch gruppierte Ordneransicht ausgeben:

```
dir | Group-Object {$_.name.SubString(0,1).toUpper()} | ForEach-Object { ($_.Name)*7; "======="; 
$_.Group}
(...)
BBBBBBB
=======
d----        26.07.2007     11:03            Backup
-a---        17.09.2007     16:05       1732 backup.pfx
CCCCCCC
=======
d-r--        13.04.2007     15:05            Contacts
-a---        13.08.2007     13:41      23586 cmdlet.txt
DDDDDDD
=======
d----        28.06.2007     18:33            Debug
d-r--        30.08.2007     15:56            Desktop
d-r--        17.09.2007     13:29            Documents
d-r--        24.09.2007     11:22            Downloads
-a---        26.04.2007     11:43       1046 drive.vbs
(...)
```

Zusammenfassung

Die PowerShell arbeitet ständig mit Objekten und Objekte enthalten Eigenschaften und/oder Methoden sowie manchmal auch Events. All diese nennt man *Member*, und *Get-Member* zeigt, welche Member in einem jeweiligen Objekt enthalten sind. In den vorangegangenen Kapiteln haben Sie vor allem mit den Objekteigenschaften gearbeitet und z.B. nach ihnen sortiert, gruppiert oder gefiltert. Mindestens genauso nützlich sind die Objektmethoden, die Befehlen entsprechen. Jedes Objekt bringt also die Befehle selbst mit, die für den Umgang mit ihnen gebraucht werden. Sie sprechen Objektmethoden an, indem Sie hinter dem Objekt einen Punkt und dann den Methodennamen angeben. Zum Namen einer Methode gehören immer runde Klammern. Verlangt die Methode zusätzliche Argumente, geben Sie diese innerhalb der runden Klammern kommasepariert an. Die Eigenschaften eines Objekts können nicht nur gelesen, sondern manchmal auch geändert werden. Wenn die Eigenschaft dies zulässt, meldet *Get-Member* jeweils *{get;set;}*. Sie ändern eine Objekteigenschaft, indem Sie ihr einfach einen neuen (erlaubten) Wert zuweisen.

Viele Cmdlets unterstützen mit ihrem Parameter *Property* nicht nur echte Objekteigenschaften, sondern auch Skriptblöcke, mit denen man aus den vorhandenen Eigenschaften eigene Werte berechnen kann. Dazu steht innerhalb des Skriptblocks in der Laufvariablen *$_* das Objekt zur Verfügung, und Sie können auf alle Objekteigenschaften zugreifen, um daraus den jeweils für Sie passenden Wert zu berechnen. Solche dynamischen Eigenschaften kann man auch mithilfe von Hashtables definieren und hat dann die Möglichkeit, der neuen Eigenschaft einen eigenen Namen zu geben.

Jedes Objekt hat einen bestimmten Typ, von dem es abgeleitet wurde. Den Typ meldet *Get-Member* hinter *TypeName*. Sie können ihn aber auch immer über die Methode *GetType()* oder die (versteckte)

Eigenschaft *PSTypeNames* herausfinden. Auch eigene Objekte lassen sich erstellen, bei denen Sie dann selbst bestimmen, welche Eigenschaften und Methoden sie haben sollen. So lassen sich beispielsweise Informationen aus unterschiedlichen Quellen in einem Objekt konsolidieren und Textergebnisse in Objektform bringen, damit man diese dann in der objektorientierten PowerShell-Pipeline weiterverarbeiten kann. Neue Objekte können mit *Select-Object* und *New-Object* angelegt werden. Bestehende Objekte lassen sich mit *Add-Member* erweitern. Möchten Sie bestimmte Objekttypen generell um neue Eigenschaften oder Methoden bereichern, dann erweitern Sie mit *Update-TypeData* das interne PowerShell-ETS. Es fügt dann die neuen Member automatisch hinzu.

In diesem Kapitel haben Sie die Cmdlets aus Tabelle 8.4 eingesetzt.

Cmdlet	Beschreibung	Siehe Seite
Get-Member	Zeigt den Aufbau von Objekten an und meldet die darin enthaltenen Eigenschaften, Methoden und Events	291
Select-Object	Erzeugt neue Objekte mit selbst definierten Eigenschaften	315
New-Object	Erzeugt neue Objekte, die von einem .NET-Typ, einer COM-Klasse oder einer Beschreibung in einer Hashtable abgeleitet werden	316
Add-Member	Fügt einem Objekt neue Eigenschaften oder Methoden hinzu	319
Update-TypeData	Erweitert Objekttypen dauerhaft um neue Eigenschaften oder Methoden, indem das PowerShell ETS (Extended Type System) angepasst wird	320

Tabelle 8.4 In diesem Kapitel eingesetzte PowerShell-Cmdlets

Außerdem sind Ihnen in diesem Kapitel die .NET-Typen aus Tabelle 8.5 begegnet.

Typ	Beschreibung	Siehe Seite
Microsoft.PowerShell.Commands.MemberDefinition	Member eines Objekts	294
Microsoft.PowerShell.ConsoleHost	PowerShell-Host der Konsole	300
System.ConsoleColor	Aufzählung mit erlaubten Konsolenfarben	301
System.DateTime	Datumsangabe	321
System.Diagnostics.FileVersionInfo	Detailinformationen einer Datei	295
System.Diagnostics.Process	laufender Prozess (Programm)	291
System.Enum	Aufzählung	301
System.IO.DirectoryInfo	Ordner	293
System.IO.FileInfo	Datei	293
System.Management.Automation.Host.Size	Größenangabe in Breite ´ Höhe	303
System.String	Text	291
System.TimeSpan	Zeitspanne	323

Tabelle 8.5 .NET-Typen, die in diesem Kapitel eingesetzt wurden

Kapitel 9

Typen verwenden

In diesem Kapitel:

Jedes Objekt besitzt einen Typ, von dem es abgeleitet wurde. Der Typ eines Objekts bestimmt damit die Art des Objekts. In diesem Kapitel erfahren Sie, wozu Typen da sind und was man mit ihnen tun kann:

- **Konversion** Sie möchten einen Objekttyp in einen anderen Objekttyp umwandeln. Sie wollen z.B. einen Text in ein echtes Datumsobjekt verwandeln oder eine Fließkommazahl in einen Ganzzahlwert.
- **Streng typisierte Variablen** Sie möchten dafür sorgen, dass in einer Variable nur ein bestimmter Datentyp gespeichert werden kann
- **Statische Methoden** Sie wollen auf die Befehle zugreifen, die in Typen versteckt sind

Den Typ eines Objekts bestimmen

Bevor Sie mit Typen arbeiten können, müssen Sie natürlich wissen, welche es gibt und wie sie heißen. Ein Weg, um das herauszufinden, ist die Untersuchung von Objekten, die Ihnen über den Weg laufen. Da jedes Objekt von einem spezifischen Typ abgeleitet wurde, kann man den zugrunde liegenden Typ eines Objekts erfragen. Entweder verfüttern Sie dazu das Objekt an *Get-Member* und schauen, welcher Typ in der ersten Zeile hinter *TypeName* gemeldet wird:

```
PS> 'Hallo' | Get-Member

   TypeName: System.String
(...)
```

Oder Sie fragen explizit nach, indem Sie die Methode *GetType()* aufrufen, die jedes .NET-Objekt unterstützt, und sich danach die Eigenschaft *FullName* anzeigen lassen:

```
PS> 'Hallo'.GetType().FullName
System.String
PS> (1).GetType().FullName
System.Int32
PS> (1.5).GetType().FullName
System.Double
PS> (Get-Date).GetType().FullName
System.DateTime
PS> (Get-Credential).GetType().FullName
Cmdlet Get-Credential an der Befehlspipelineposition 1
Geben Sie Werte für die folgenden Parameter an:
Credential
System.Management.Automation.PSCredential
```

PROFITIPP Ein dritter Weg ist die (versteckte) Eigenschaft *PSTypeNames*. Diese Eigenschaft ist ein Array und liefert nicht nur für .NET-Objekte, sondern für alle Objekte Informationen über den zugrunde liegenden Typ. Dabei erkennen Sie nicht nur den Objekttyp, sondern auch die Typen, von denen dieser Objekttyp ursprünglich abgeleitet wurde:

```
PS> 'Hallo'.PSTypeNames
System.String
System.Object
```

Texte sind also einerseits recht allgemein vom Typ *System.Object* und im Speziellen abgeleitet vom Typ *System.String*. Den speziellen Typ eines beliebigen Objekts finden Sie also immer im ersten Arrayelement:

```
PS> 'Hallo'.PSTypeNames[0]
System.String
```

Der Vorteil von *PSTypeNames* liegt also einerseits darin, dass Sie damit nicht nur .NET-Objekte, sondern auch klassische COM-Objekte typisieren können (über die Sie später mehr erfahren). Andererseits bringen Sie nebenbei interessante Details über die Herkunft des Objekts in Erfahrung:

```
PS> (Get-WmiObject Win32_BIOS).PSTypeNames
System.Management.ManagementObject#root\cimv2\Win32_BIOS
System.Management.ManagementObject
System.Management.ManagementBaseObject
System.ComponentModel.Component
System.MarshalByRefObject
System.Object
```

Dieses WMI-Objekt entspricht also einer ganzen Reihe von Objekttypen. Wollen Sie beispielsweise ein Managementtool schreiben, das je nach Objekttyp bestimmte Funktionen bereitstellt, könnten Sie jeweils prüfen, ob das Objekt einem bestimmten Typ entspricht:

```
PS> $objekt = Get-WmiObject Win32_BIOS
PS> $objekt.PSTypeNames -contains 'System.Management.ManagementObject#root\cimv2\Win32_BIOS'
True
PS> $objekt.PSTypeNames -contains 'System.Management.ManagementObject'
True
PS> $objekt.PSTypeNames -contains 'System.DateTime'
False
```

Die Eigenschaft *PSTypeNames* ist les- und schreibbar. Wenn Sie also eigene Informationen darin hinterlegen wollen, können Sie dies tun. Die folgende Zeile würde das WMI-Objekt zusätzlich als *Useful* deklarieren:

```
PS> $objekt.PSTypeNames.Insert(0, 'Useful')
PS> $objekt.PSTypeNames
Useful
System.Management.ManagementObject#root\cimv2\Win32_BIOS
System.Management.ManagementObject
System.Management.ManagementBaseObject
System.ComponentModel.Component
System.MarshalByRefObject
System.Object
```

Objekte umwandeln in andere Typen

Im Grunde gibt es für beinahe jede Form von Information einen passenden Typ, der genau diese Information am allerbesten repräsentieren kann. Nur bedeutet das längst nicht, dass die PowerShell auch tatsächlich den am besten geeigneten Typ für Sie auswählt. Häufig greift die PowerShell auf relativ allgemeine Standardtypen wie *System.String* zurück, wenn Sie keinen besonderen Typ anfordern. In den folgenden Zeilen wird deutlich, dass die Eigenintelligenz der PowerShell nicht ausreicht, um zu erkennen, dass Sie ein Datum, eine Versionsnummer, eine IP-Adresse und eine E-Mail-Adresse angegeben haben. Alle vier Informationen verpackt die PowerShell in einem *System.String*-Objekt:

```
PS> '1.1.2000'.GetType().FullName
System.String
PS> '3.5.12.112'.GetType().FullName
System.String
PS> '192.168.2.110'.GetType().FullName
System.String
PS> 'tobias.weltner@email.de'.GetType().FullName
System.String
```

Dabei gibt es für diese Informationen wesentlich kompetentere und spezialisiertere Typen. Möchten Sie die Information in solch einen Typ umwandeln, schreiben Sie den gewünschten Zieltyp in eckigen Klammern davor:

```
PS> [System.DateTime]'1.1.2000'

Samstag, 1. Januar 2000 00:00:00

PS> [System.Version]'3.5.12.112'

Major  Minor  Build  Revision
-----  -----  -----  --------
3      5      12     112

PS> [System.Net.IPAddress]'192.168.2.110'

Address           : 1845668032
AddressFamily     : InterNetwork
ScopeId           :
IsIPv6Multicast   : False
IsIPv6LinkLocal   : False
IsIPv6SiteLocal   : False
IPAddressToString : 192.168.2.110

PS> [System.Net.Mail.Mailaddress]'tobias.weltner@email.de'

DisplayName         User                Host                Address
-----------         ----                ----                -------
                    tobias.weltner      email.de            tobias.weltner@e...
```

PROFITIPP Über die Typkonversion gelangen Sie auch zu Sonderzeichen. Möchten Sie einen tabulatorseparierten Text aufsplitten, könnten Sie *Split()* einsetzen und müssten dann als Trennzeichen das Tabulatorzeichen angeben:

```
PS> $text.Split([char]9)
```

Hier wird der Zeichencode des Tabulatorzeichens in das Zeichen konvertiert. Mit reinen PowerShell-Bordmitteln hätten Sie das (etwas sonderbare) Escapezeichen verwendet:

```
PS> $text.Split("`t")
```

Neue Objekte durch Umwandlung

Die Umwandlung eines Objekts in einen anderen Typ kann teilweise dramatische Änderungen nach sich ziehen. Der Typ *[WMI]* entspricht z.B. einem WMI-*ManagementObject*.

```
PS> [WMI].FullName
System.Management.ManagementObject
```

Gibt man den Pfad zu einem WMI-Objekt als String an, erhält man durch Konversion nach *[WMI]* die tatsächliche WMI-Instanz zurück:

```
PS> [wmi]'\\DEMO5\root\cimv2:Win32 Service.Name="W32Time"'

ExitCode  : 0
Name      : W32Time
ProcessId : 0
StartMode : Manual
State     : Stopped
Status    : OK
```

Möchten Sie wissen, wie die Pfadnamen zu WMI-Instanzen heißen, rufen Sie einfach WMI-Instanzen mit *Get-WmiObject* ab und lassen sich jeweils die Eigenschaft *__PATH* ausgeben:

```
PS> Get-WmiObject Win32_Service | Format-Table DisplayName, __PATH -Wrap

DisplayName                         __PATH
-----------                         ------
Anwendungserfahrung                 \\DEMO5\root\cimv2:Win32_Service.Name="AeLookupSvc"
Gatewaydienst auf Anwendungsebene   \\DEMO5\root\cimv2:Win32_Service.Name="ALG"
(...)
```

Für lokale WMI-Instanzen ist im Grunde sogar nur der Name der WMI-Klasse nötig:

```
PS> [WMI]'Win32_LogicalDisk="C:"'

DeviceID     : C:
DriveType    : 3
ProviderName :
FreeSpace    : 57066209280
Size         : 137815388160
VolumeName   :
```

Hier ein weiteres Beispiel, das Ihnen über die Typkonversion ein *EventLog*-Objekt beschafft:

```
[System.Diagnostics.EventLog]"System"
  Max(K) Retain OverflowAction        Entries Name
  ------ ------ --------------        ------- ----
  20.480      0 OverwriteAsNeeded      64.230 System
```

Auch reguläre Ausdrücke zur Mustererkennung lassen sich so einsetzen. Konvertieren Sie den regulären Ausdruck kurzerhand in ein Objekt vom Typ *RegEx*:

```
PS> $regex = [RegEx]'(?i)\b[A-Z0-9._%+-]+@[A-Z0-9.-]+\.[A-Z]{2,4}\b'
```

Ab sofort können Sie beliebige Texte mit diesem Objekt untersuchen und bekommen alle E-Mail-Adressen aus dem Text geliefert:

```
PS> $text = 'Meine Email lautet tobias.weltner@email.de, und wenn Sie eine Inhouse-Schulung
```

```
veranstalten wollen, bin ich gern Ihr Trainer. Alternativ können Sie auch an tobias@powershell.com
oder tobias.weltner@scriptinternals.de mailen.'
PS> $regex.Matches($text)


Groups   : {tobias.weltner@email.de}
Success  : True
Captures : {tobias.weltner@email.de}
Index    : 19
Length   : 23
Value    : tobias.weltner@email.de

Groups   : {tobias@powershell.com}
Success  : True
Captures : {tobias@powershell.com}
Index    : 156
Length   : 21
Value    : tobias@powershell.com

Groups   : {tobias.weltner@scriptinternals.de}
Success  : True
Captures : {tobias.weltner@scriptinternals.de}
Index    : 183
Length   : 33
Value    : tobias.weltner@scriptinternals.de

PS> $regex.Matches($text) | Select-Object -ExpandProperty Value
tobias.weltner@email.de
tobias@powershell.com
tobias.weltner@scriptinternals.de
```

Mehr zu regulären Ausdrücken erfahren Sie in Kapitel 19.

Verkettete Konversionen

Die Typkonversion kann auch Arrays und mehrere hintereinander geschaltete Typen umfassen. So wandeln Sie auf folgende Weise einen Text in ein Array mit Zeichen um:

```
[char[]]"Guten Tag!"
G
u
t
e
n

T
a
g
!
```

Während also *[Char]* einem Typ entspricht, der genau ein Zeichen repräsentiert, steht *[Char[]]* für ein Array mit mehreren Zeichen. Wandeln Sie einen String zuerst wie gerade gezeigt in einzelne Zeichen um, können Sie die einzelnen Zeichen anschließend weiter umwandeln, z.B. in Byte, also den Zeichencode. Die Umwandlung von String zu Integer muss somit über den Zwischenschritt Zeichen erfolgen:

```
[Byte[]][Char[]]"Hallo Welt!"
72
97
108
108
111
32
87
101
108
116
33
```

PROFITIPP Auf diese Weise können Sie sehr einfach Textfolgen als Binäreinträge in die Registrierungsdatenbank schreiben:

```
PS> md HKCU:\Software\Testschlüssel
PS> New-ItemProperty HKCU:\Software\Testschlüssel MeinWert -Value ([Byte[]][Char[]]'Hallo Welt!')
-Type Binary

PSPath       : Microsoft.PowerShell.Core\Registry::HKEY_CURRENT_USER\Software\Testschlüssel
PSParentPath : Microsoft.PowerShell.Core\Registry::HKEY_CURRENT_USER\Software
PSChildName  : Testschlüssel
PSDrive      : HKCU
PSProvider   : Microsoft.PowerShell.Core\Registry
MeinWert     : {72, 97, 108, 108...}
```

Wollen Sie z.B. die Anzahl von Tabulatorzeichen in einem Text bestimmen, können Sie dazu eine verkettete Typkonversion verwenden:

```
PS> @([Byte[]][char[]]$text -eq 9).Count
```

Umgekehrt machen Sie aus einem Zahlenarray eine Zeichenaufzählung und daraus einen String:

```
[string][char[]](65..90)
A B C D E F G H I J K L M N O P Q R S T U V W X Y Z
$OFS = ","
[string][char[]](65..90)
A,B,C,D,E,F,G,H,I,J,K,L,M,N,O,P,Q,R,S,T,U,V,W,X,Y,Z
```

Denken Sie daran: Wenn Arrays ausgegeben werden, verwendet die PowerShell das Zeichen in der automatischen Variable *$OFS* als Trennzeichen zwischen den Arrayelementen.

Aufgabe Wie können Sie den nächsten freien Laufwerksbuchstaben ermitteln?

Lösung Generieren Sie zuerst alle Laufwerksbuchstaben, die es gibt:

```
PS> 65..90 | ForEach-Object { '{0}:' -f ([Char]$_) }
A:
B:
C:
D:
(...)
```

Anschließend prüfen Sie beispielsweise, ob es zum jeweiligen Laufwerksbuchstaben eine passende Instanz der WMI-Klasse *Win32_LogicalDisk* gibt. Falls nicht, haben Sie einen freien Laufwerksbuchstaben gefunden:

```
PS> 65..90 | ForEach-Object { '{0}:' -f ([Char]$_) } | Where-Object { ("Win32_LogicalDisk='$_'" -
as [WMI]) -eq $null }
A:
B:
G:
H:
(...)
```

Sind Sie nur am ersten freien Laufwerksbuchstaben interessiert und möchten Sie die Laufwerksbuchstaben *A:* bis *C:* aussparen, beginnen Sie die Suche beim ASCII-Code 68 und leiten das Ergebnis an *Select-Object -First 1* weiter:

```
PS> 68..90 | ForEach-Object { '{0}:' -f ([Char]$_) } | Where-Object { ("Win32_LogicalDisk='$_'" -
as [WMI]) -eq $null } | Select-Object -First 1
G:
```

Auf diese Weise können Sie in einem Loginskript beispielsweise Netzlaufwerke mit dem ersten verfügbaren Laufwerksbuchstaben verbinden:

```
PS> $laufwerk = 68..90 | ForEach-Object { '{0}:' -f ([Char]$_) } | Where-Object {
("Win32_LogicalDisk='$_'" -as [WMI]) -eq $null } | Select-Object -First 1
PS> net use $laufwerk \\127.0.0.1\c$
Der Befehl wurde erfolgreich ausgeführt.
```

Allerdings hätte *net use* dies auch sehr viel einfacher für Sie bewerkstelligt:

```
net use * \\127.0.0.1\c$
Laufwerk Y: ist jetzt mit \\127.0.0.1\c$ verbunden.

Der Befehl wurde erfolgreich ausgeführt.
```

Vorteil spezifischer Typen

Den spezialisierten Typen für eine Information auszuwählen, hat zahlreiche Vorteile. Weil der spezialisierte Typ genau weiß, wie die Information jeweils zu interpretieren ist, splittet er die Informationen oft in Untereinheiten auf:

```
PS> ([System.Net.Mail.Mailaddress]'tobias.weltner@email.de').Host
email.de
PS> ([System.Net.Mail.Mailaddress]'tobias.weltner@email.de').User
tobias.weltner
PS> ([System.Version]'3.5.12.112').Major
3
```

Außerdem weiß ein Typ genau, wie der Inhalt zu verstehen ist, was für Vergleichsoperationen entscheidend ist. Würden Sie z.B. zwei Programmversionen vergleichen, die als *System.String* gespeichert sind, verwendet PowerShell den relativ allgemeinen alphanumerischen Vergleich, der prompt falsche Ergebnisse liefert:

```
PS> '3.5.12.112' -gt '10.1.55.67'
True
```

Beim alphanumerischen Vergleich werden nämlich die Textzeichen basierend auf ihrem ASCII-Code verglichen. Weil *3* größer ist als *1*, behauptet der Vergleich, dass die erste Versionsnummer größer wäre als die zweite. In Wirklichkeit hätte aber die Hauptversionsnummer 3 gegen die Hauptversionsnummer 10 verglichen werden und das Ergebnis *False* lauten müssen. Mit dem richtigen Typ wäre das nicht passiert:

```
PS> [System.Version]'3.5.12.112' -gt '10.1.55.67'
False
```

PROFITIPP Es ist nicht nötig, beide Werte in den passenden Typ zu konvertieren. Konzentrieren Sie sich nur auf den ersten Wert. Die PowerShell konvertiert automatisch den zweiten Wert in denselben Typ. Dass dem wirklich so ist, zeigen die folgenden Beispiele:

```
PS> 10 * '66'
660

PS> '66' * 10
66666666666666666666
```

Im zweiten Beispiel lag der erste Wert als Text vor. Deshalb hat die PowerShell hier eine »Textmultiplikation« vorgenommen und den Text zehnmal wiederholt.

Schließlich enthalten Typen hochspezielle Eigenschaften und Methoden, die auf genau den Inhalt abgestimmt sind, den Objekte dieses Typs beherbergen. Wandeln Sie ein Datum in einen *DateTime*-Typ um, finden Sie z.B. alle Befehle rund um Datumsoperationen:

```
PS> ([DateTime]'1.1.2000').AddDays(45)
Dienstag, 15. Februar 2000 00:00:00

PS> ([DateTime]'1.1.2000').DayOfWeek
Saturday
PS> ([DateTime]'1.1.2000').toLongDateString()
Samstag, 1. Januar 2000
PS> ([DateTime]'1.1.2000').toOADate()
36526
PS> ([DateTime]'1.1.2000').toUniversalTime()
Freitag, 31. Dezember 1999 23:00:00

PS> ([DateTime]'1.1.2000').toUniversalTime().toShortTimeString()
23:00
```

PROFITIPP Wie heißt der Datumstyp denn nun tatsächlich? Heißt er *System.DateTime* oder heißt er *DateTime*? Sein voller Name lautet *System.DateTime*, aber Sie dürfen auch die Kurzform *DateTime* verwenden. Eine feste Regel für Kurzformen gibt es nicht. Die PowerShell hat lediglich für die gebräuchlichsten Typnamen praktische Abkürzungen eingerichtet, die auch *Type Accelerators* oder *Tippbeschleuniger* genannt werden. Möchten Sie wissen, wie der offizielle Typname lautet, fragen Sie jeweils die Eigenschaft *FullName* ab:

```
PS> [Int32].FullName
System.Int32
PS> [ADSI].FullName
System.DirectoryServices.DirectoryEntry
PS> [XML].FullName
System.Xml.XmlDocument
PS> [WMIClass].FullName
System.Management.ManagementClass
```

Wie man sieht, folgen die Abkürzungen wirklich keinen einheitlichen Regeln.

Gefahren bei der Umwandlung

Die Umwandlung eines Objekts in einen anderen Typ birgt keine gefährlichen Risiken, aber zwei Probleme können durchaus auftreten:

- **Konversion nicht möglich** Versuchen Sie, ein Objekt in einen Typ zu verwandeln, in dem es nicht repräsentierbar ist, kommt es zu einem Fehler. Wer also einen Vornamen in ein Datum oder eine Zahl verwandeln möchte, kommt damit nicht durch.
- **Konversion nicht korrekt** Wie der Inhalt des Objekts in den neuen Typ umgewandelt wird, entscheidet der Typ autonom, und manchmal geschieht die Umwandlung nicht so wie erwartet. Wandeln Sie z.B. ein deutsches Datumsformat um, ergibt das unter Umständen nicht das richtige Datum, denn der Typ interpretiert Datumswerte immer im amerikanischen Format und erwartet zuerst den Monat und dann erst den Tag.

Beide Probleme lassen sich aber elegant entschärfen: mit dem Operator *-as*. Auch er kann Objekte in einen anderen Typ umwandeln, tut dies aber auf etwas zivilisiertere Art. Gelingt die Konversion nicht, wird beispielsweise keine hektische Fehlermeldung ausgegeben, sondern einfach nur »nichts« zurückgeliefert. Außerdem berücksichtigt dieser Operator die regionalen Einstellungen und interpretiert ein Datum deshalb auf einem deutschen System auch in Deutsch:

```
# Implizite Konversion legt amerikanisches Datumsformat zugrunde:
PS> [DateTime]'3.4.2000'

Samstag, 4. März 2000 00:00:00

# Operator "-as" verwendet regionales Datumsformat:
PS> '3.4.2000' -as [DateTime]

Montag, 3. April 2000 00:00:00

# Implizite Konversion verursacht Fehler bei Unverträglichkeit:
PS> [Int32] 'Huhu!'
Der Wert "Huhu!" kann nicht in den Typ "System.Int32" konvertiert werden. Fehler: "Die
Eingabezeichenfolge hat das falsche Format."

# Operator "-as" liefert bei Unverträglichkeit einfach "nichts" zurück:
PS> 'Huhu!' -as [Int32]
```

PROFITIPP Mit dem Operator *-as* kann man also relativ einfach überprüfen, ob eine bestimmte Eingabe einem gewünschten Typ entspricht:

```
Do {
  $datum = Read-Host 'Datum eingeben'
} Until ($datum -as [DateTime])
```

Mehr zu Schleifen wie der hier verwendeten fußgesteuerten *Do*-Schleife erfahren Sie übrigens in Kapitel 13.

Beispiel: Arrays mit Extrafunktionen

Wie nützlich es sein kann, ein Objekt in einen passenderen Typ umzuwandeln, zeigt sich z.B. bei Arrays. Normalerweise bewahrt die PowerShell Arrays in einem Objekt vom Typ *System.Object[]* auf:

```
PS> $feld = 1,2,'Hallo'
PS> $feld.GetType().FullName
System.Object[]
```

Möchten Sie ein neues Element in das Array einfügen, ist das zwar nicht schwierig, aber langsam und unflexibel: Bei jedem Hinzufügen legt die PowerShell hinter den Kulissen ein neues Array an und außerdem können Sie neue Elemente nur ans Ende eines Arrays anfügen:

```
# Digitalen Fingerabdruck des Arrays ausgeben:
PS> $feld.GetHashCode()
48015737

# Neues Element ans Ende des Arrays anfügen:
PS> $feld += 'Neues Element'

# Das Array wurde neu angelegt (anderer Hash):
PS> $feld.GetHashCode()
25961440
```

Sobald Sie mehr mit Arrays anstellen wollen, als darin nur Elemente aufzubewahren, ist der Typ *System.Collections.ArrayList* wesentlich vielseitiger. Wandeln Sie ein normales Array in diesen Typ um, können Sie plötzlich neue Elemente an beliebigen Positionen einfügen oder auch herausstreichen:

```
# Array in ArrayList umwandeln:
PS> $feldNeu = [System.Collections.ArrayList]$feld

# Inhalt des Arrays sichtbar machen:
PS> $feldNeu
1
2
Hallo
Neues Element

# Hashcode des Arrays ausgeben:
PS> $feldNeu.GetHashCode()
4341305

# Element an Position 1 (zweites Element) streichen:
PS> $feldNeu.RemoveAt(1)
PS> $feldNeu
1
Hallo
Neues Element

# neues Element an Position 2 (nach dem dritten Element) einfügen:
PS> $feldNeu.Insert(2, 'Welt')
PS> $feldNeu
1
Hallo
Welt
Neues Element
```

```
# Hashcode hat sich nicht geändert, das Array bleibt die ganze Zeit erhalten:
PS> $feldNeu.GetHashCode()
4341305
```

Das umgewandelte Array kann jederzeit wieder zurück in ein normales Array konvertiert werden:

```
PS> $feld = [System.Object[]]$feldNeu
```

Nötig ist das allerdings nicht. Sie dürfen die erweiterten Arrays vom Typ *ArrayList* bedenkenlos überall dort einsetzen, wo normale Arrays erwartet werden. Falls notwendig, wandelt das entsprechende Cmdlet die *ArrayList* automatisch zurück in ein normales Array.

Kurz und knapp ...

Jedes Objekt ist von einem bestimmten Typ abgeleitet. Dessen Namen erfahren Sie mit der Methode *GetType()* oder der Eigenschaft *PSTypeName*. Normalerweise kümmert sich die PowerShell automatisch darum, Informationen in einem Objekt des passenden Typs zu speichern, aber Sie dürfen den Typ auch manuell festlegen. Dazu setzen Sie den Namen des gewünschten Typs in eckigen Klammern vor die Information. Auf diese Weise kann man Informationen von einem Typ in einen anderen konvertieren. So lassen sich z.B. ASCII-Codes in Buchstaben und Texte in echte Datumsinformationen verwandeln.

Typen enthalten weitere Befehle

Jeder Typ enthält eigene Eigenschaften und Methoden, die Sie genauso verwenden dürfen wie bei Objekten. Während sich die Methoden der Objekte auf den Inhalt der Objekte beziehen und *dynamisch* genannt werden, liefern Typen Methoden zu eher allgemeinen Themen, die nicht Bezug auf ein bestimmtes Objekt oder seinen Inhalt nehmen. Man nennt sie auch *statisch*. Nur die Art, wie Sie statische Methoden ansprechen, unterscheidet sich erheblich von Objekten. Der Typ *DateTime* verrät Ihnen z.B., ob ein bestimmtes Jahr ein Schaltjahr war:

```
PS> [DateTime]::IsLeapYear(1904)
True
PS> [DateTime]::IsLeapYear(1905)
False
```

Mit *DaysInMonth()* bestimmen Sie, wie viele Tage ein bestimmter Monat enthält:

```
PS> [DateTime]::DaysInMonth(2009, 2)
28
PS> [DateTime]::DaysInMonth(2008, 2)
29
```

Und *Parse()* verwandelt eine als Text angegebene Datumsangabe in ein echtes Datum (und berücksichtigt dabei anders als bei der impliziten Konvertierung die regionalen Einstellungen Ihres Computers):

```
PS> [DateTime]::Parse('12. März 2010')
Freitag, 12. März 2010 00:00:00
```

```
PS> [DateTime]::Parse('24.1.2011')
Montag, 24. Januar 2011 00:00:00
```

Einfache Typen zur Speicherung von Zahlen geben Auskunft darüber, wie der höchste zulässige Wert lautet, der sich speichern lässt:

```
PS> [Int32]::MaxValue
2147483647
PS> [Int64]::MaxValue
9223372036854775807
PS> [Byte]::MaxValue
255
```

Und wenn Sie die Adressbreite eines Zeigers (Typname *IntPtr*) untersuchen, könnten Sie feststellen, ob Ihr Skript in einer 32- oder einer 64-Bit-Umgebung ausgeführt wird:

```
PS> [IntPtr]::Size
8
PS> if ([IntPtr]::Size -eq 8) { "Ein 64-Bit-System" } else { "Ein 32-Bit-System" }
Ein 64-Bit-System
```

Eigenschaften und Methoden eines Typs auflisten

Möchten Sie herausfinden, welche Eigenschaften und Methoden ein Typ unterstützt, greifen Sie wie bei Objekten zu *Get-Member*. Diesmal allerdings müssen Sie den Parameter *-Static* zusätzlich angeben:

```
PS> [DateTime] | Get-Member -Static

   TypeName: System.DateTime

Name            MemberType Definition
----            ---------- ----------
Compare         Method     static int Compare(System.DateTime t1, System.DateTime t2)
DaysInMonth     Method     static int DaysInMonth(int year, int month)
Equals          Method     static bool Equals(System.DateTime t1, System.DateTime t2),...
FromBinary      Method     static System.DateTime FromBinary(long dateData)
FromFileTime    Method     static System.DateTime FromFileTime(long fileTime)
FromFileTimeUtc Method     static System.DateTime FromFileTimeUtc(long fileTime)
FromOADate      Method     static System.DateTime FromOADate(double d)
IsLeapYear      Method     static bool IsLeapYear(int year)
Parse           Method     static System.DateTime Parse(string s), static System.DateT...
ParseExact      Method     static System.DateTime ParseExact(string s, string format, ...
ReferenceEquals Method     static bool ReferenceEquals(System.Object objA, System.Obje...
SpecifyKind     Method     static System.DateTime SpecifyKind(System.DateTime value, S...
TryParse        Method     static bool TryParse(string s, System.DateTime&, mscorlib, ...
TryParseExact   Method     static bool TryParseExact(string s, string format, System.I...
MaxValue        Property   static System.DateTime MaxValue {get;}
MinValue        Property   static System.DateTime MinValue {get;}
Now             Property   System.DateTime Now {get;}
Today           Property   System.DateTime Today {get;}
UtcNow          Property   System.DateTime UtcNow {get;}
```

Aufgabe Sie wissen, dass der Typ *DateTime* die Methode *FromFileTime()* unterstützt, mit der man Systemticks (die kleinste Zeiteinheit in Windows) in Datumsangaben umrechnen kann:

```
PS> [DateTime]::FromFileTime(0)

Montag, 1. Januar 1601 01:00:00
```

Jetzt möchten Sie gern herausfinden, welche nützlichen Befehle sonst noch in diesem Typ schlummern. Allerdings liefert *Get-Member* ganz unerwartete Befehle und *FromFileTime()* wird darin überhaupt nicht genannt:

```
PS> [DateTime] | Get-Member

   TypeName: System.RuntimeType

Name                          MemberType Definition
----                          ---------- ----------
Clone                         Method     System.Object Clone()
Equals                        Method     bool Equals(System.Object obj), bool Equals(...
FindInterfaces                Method     type[] FindInterfaces(System.Reflection.Type...
FindMembers                   Method     System.Reflection.MemberInfo[] FindMembers(S...
GetArrayRank                  Method     int GetArrayRank()
(...)
```

Warum?

Lösung Sie haben vergessen, bei *Get-Member* den Parameter *-Static* anzugeben. Ohne diesen Parameter liefert *Get-Member* immer die (dynamischen) Objektmember. Wie sich zeigt, enthalten Typen neben den statischen Membern auch eigene dynamische Member. Diese sind für alle Typen gleich und verraten Ihnen z.B., aus welcher .NET-Assembly dieser Typ stammt und welche Eigenschaften und Methoden darin definiert sind. Diese dynamischen Methoden werden übrigens von *Get-Member* intern genutzt, um seine Ergebnisse zu produzieren. Sie werden etwas später in diesem Kapitel noch mehr darüber erfahren.

Mathematische Funktionen

Die PowerShell beschränkt ihre mathematischen Funktionen auf die Grundrechenarten. Benötigen Sie ausgeklügeltere mathematische Funktionen, greifen Sie zum Typ *Math*:

```
# Vorzeichen entfernen:
PS> [Math]::Abs(-789)
789

# 6 hoch 2:
PS> [Math]::Pow(6,2)
36

# Abrunden:
PS> [Math]::Floor(7.8)
7

# Aufrunden:
PS> [Math]::Ceiling(3.2)
4
```

```
# den kleineren Wert zurückgeben:
PS> [Math]::Min(100,500)
100

# den größeren Wert zurückgeben:
PS> [Math]::Max(100,500)
500
```

Wie Sie sehen, eignen sich die Mathematikfunktionen nicht nur für die Automation von Kurvendiskussionshausaufgaben, sondern sind auch in vielen Standardsituationen professioneller Skripts gut zu gebrauchen. Tabelle 9.1 zeigt eine Übersicht der einzelnen Mathematikfunktionen.

Funktion	Beschreibung	Beispiel
Abs	Gibt den Absolutbetrag einer angegebenen Zahl zurück (ohne Vorzeichen)	*[Math]::Abs(-5)*
Acos	Gibt einen Winkel zurück, dessen Kosinus die angegebene Zahl ist	*[Math]::Acos(0.6)*
Asin	Gibt einen Winkel zurück, dessen Sinus die angegebene Zahl ist	*[Math]::Asin(0.6)*
Atan	Gibt einen Winkel zurück, dessen Tangens die angegebene Zahl ist	*[Math]::Atan(90)*
Atan2	Gibt einen Winkel zurück, dessen Tangens der Quotient zweier angegebener Zahlen ist	*[Math]::Atan2(90, 15)*
BigMul	Berechnet das vollständige Produkt aus zwei 32-Bit-Zahlen	*[Math]::BigMul(1GB, 6)*
Ceiling	Gibt die kleinste Ganzzahl zurück, die größer oder gleich der angegebenen Zahl ist	*[Math]::Ceiling(5.7)*
Cos	Gibt den Kosinus des angegebenen Winkels zurück	*[Math]::Cos(90)*
Cosh	Gibt den Hyperbelkosinus des angegebenen Winkels zurück	*[Math]::Cosh(90)*
DivRem	Berechnet den Quotienten zweier Zahlen und gibt außerdem den Rest als Ausgabeparameter zurück	*$a = 0* *[Math]::DivRem(10,3,[ref]$a)* *$a*
Exp	Gibt die angegebene Potenz von *e* zurück	*[Math]::Exp(12)*
Floor	Gibt die größte Ganzzahl zurück, die kleiner oder gleich der angegebenen Zahl ist	*[Math]::Floor(5.7)*
IEEERemainder	Gibt den Rest der Division zweier angegebener Zahlen zurück	*[Math]::IEEERemainder(5,2)*
Log	Gibt den Logarithmus der angegebenen Zahl zurück	*[Math]::Log(1)*
Log10	Gibt den Logarithmus einer angegebenen Zahl zur Basis 10 zurück	*[Math]::Log10(6)*
Max	Gibt die größere von zwei angegebenen Zahlen zurück	*[Math]::Max(-5, 12)*
Min	Gibt die kleinere von zwei angegebenen Zahlen zurück	*[Math]::Min(-5, 12)*
Pow	Potenziert eine angegebene Zahl mit dem angegebenen Exponenten	*[Math]::Pow(6,2)*
Round	Rundet einen Wert auf die nächste Ganzzahl oder auf die angegebene Anzahl von Dezimalstellen	*[Math]::Round(5.51)*

Tabelle 9.1 Mathematikfunktionen aus der [Math]-Bibliothek

Funktion	Beschreibung	Beispiel
Sign	Gibt einen Wert zurück, der das Vorzeichen einer Zahl angibt	*[Math]::Sign(-12)*
Sin	Gibt den Sinus des angegebenen Winkels zurück	*[Math]::Sin(90)*
Sinh	Gibt den Hyperbelsinus des angegebenen Winkels zurück	*[Math]::Sinh(90)*
Sqrt	Gibt die Quadratwurzel einer angegebenen Zahl zurück	*[Math]::Sqrt(64)*
Tan	Gibt den Tangens des angegebenen Winkels zurück	*[Math]::Tan(45)*
Tanh	Gibt den Hyperbeltangens des angegebenen Winkels zurück	*[Math]::Tanh(45)*
Truncate	Berechnet den ganzzahligen Teil einer Zahl	*[Math]::Truncate(5.67)*

Tabelle 9.1 Mathematikfunktionen aus der [Math]-Bibliothek *(Fortsetzung)*

PROFITIPP Ein verwandter Typ heißt *System.Convert* und kann verschiedenste Datenformate ineinander umwandeln. Besonders interessant ist die Methode *toString()*, mit der man Zahlen in verschiedene Zahlensysteme überführt:

```
# Binär (Basis 2):
PS> [System.Convert]::toString(42562,2)
1010011001000010

# Oktal (Basis 8):
PS> [System.Convert]::toString(42562,8)
123102

# Hexadezimal (Basis 16):
PS> [System.Convert]::toString(42562,16)
a642
```

Netzwerkfunktionen

Möchten Sie IP-Adressen auflisten, liefert der Typ *System.Net.Dns* die nötigen Methoden. Die folgende Zeile löst beispielsweise eine IP-Adresse auf, und sofern die Adresse im DNS gefunden wird, erhalten Sie den Computernamen sowie mögliche Aliasnamen zurück:

```
PS> [System.Net.Dns]::GetHostByAddress('127.0.0.1')

HostName                  Aliases                   AddressList
--------                  -------                   -----------
demo5                     {}                        {127.0.0.1}
```

Umgekehrt lassen sich auch DNS-Namen auflösen und die zugewiesenen IP-Adressen ermitteln:

```
PS> [System.Net.Dns]::GetHostByName('microsoft.com')

HostName                  Aliases                   AddressList
--------                  -------                   -----------
microsoft.com             {}                        {207.46.197.32, 207.46.232...

PS> [System.Net.Dns]::GetHostByName('microsoft.com') | Select-Object -ExpandProperty AddressList |
```

```
Select-Object -ExpandProperty IPAddressToString
207.46.197.32
207.46.232.182
```

Möchten Sie alle IP-Adressen erfahren, die Ihrem Computer (oder einem anderen) zugeordnet sind, greifen Sie zu *GetHostAddresses()*:

```
PS> [System.Net.Dns]::GetHostAddresses($env:computername)
```

Diese Zeile liefert alle zugewiesenen IP-Adressen als Objekte vom Typ *System.Net.IPAddress*. Eine reine IP-Liste erhalten Sie so:

```
PS> [System.Net.Dns]::GetHostAddresses($env:computername) | Select-Object -ExpandProperty
IPAddressToString
fe80::ad62:ac4d:4dea:936d%12
fe80::3433:31d8:2b47:7fcb%15
192.168.2.103
2001:0:5ef5:73bc:3433:31d8:2b47:7fcb
```

Sind Sie nur an IPv4-Adressen interessiert, filtern Sie auf der Grundlage der Eigenschaft *AddressFamily*:

```
PS> [system.Net.Dns]::GetHostAddresses($env:computername) | Where-Object { $_.AddressFamily -eq
'InterNetwork' } | Select-Object -ExpandProperty IPAddressToString
192.168.2.103
```

Umgebungsvariablen

Möchten Sie z.B. wissen, welcher Benutzer Ihr Skript an welchem Computer ausführt, liefern die statischen Methoden des Typs *System.Environment* die Lösung:

```
[System.Environment]::UserDomainName + "\" + [System.Environment]::UserName + " an " +
[System.Environment]::MachineName
ShellTools\Tobias Weltner an PC12
```

Der Typ verrät Ihnen mit *GetFolderPath()* auch den Pfad zu allen wichtigen Windows-Ordnern, jedenfalls dann, wenn Sie wissen, unter welchem Begriff der Windows-Ordner verwaltet wird. Geben Sie einfach ein beliebiges Argument an, dann listet die Fehlermeldung die Namen der Windows-Ordner auf, die zum Abfragen zur Verfügung stehen:

```
[System.Environment]::GetFolderPath("Unsinn")
Das Argument "0" mit dem Wert  "Unsinn" für "GetFolderPath" kann nicht in den Typ
"System.Environment+SpecialFolder" konvertiert werden: "Der Wert "Unsinn" kann aufgrund von
ungültigen Enumerationswerten nicht in den Typ "System.Environment+SpecialFolder" konvertiert
werden. Geben Sie einen der folgenden Enumerationswerte an, und versuchen Sie es erneut. Mögliche
Enumerationswerte sind "Desktop, Programs, Personal, MyDocuments, Favorites, Startup, Recent,
SendTo, StartMenu, MyMusic, DesktopDirectory, MyComputer,Templates, ApplicationData,
LocalApplicationData, InternetCache, Cookies, History, CommonApplicationData, System,
ProgramFiles, MyPictures, CommonProgramFiles"."
```

Möchten Sie also wissen, wo sich auf Ihrem Computer der Bilderordner befindet, wissen Sie nun, dass dieser Ordner mit dem Begriff *MyPictures* angesprochen wird:

```
[System.Environment]::GetFolderPath("MyPictures")
C:\Users\Tobias Weltner\Pictures
```

Schließlich kann der Typ *System.Environment* auch auf Umgebungsvariablen zugreifen. Dies ist zwar auch von der PowerShell aus direkt möglich, wenn Sie ein *$env:* voranstellen:

```
PS> $env:windir
C:\Windows
```

Allerdings greift die PowerShell immer auf die *Process*-Umgebungsvariablen zu, die nur eine Kopie der echten Umgebungsvariablen sind. Möchten Sie Umgebungsvariablen permanent und nicht nur in der aktuellen PowerShell-Session setzen oder wollen Sie Änderungen an Umgebungsvariablen lesen, die nach dem Start der PowerShell von anderen Programmen durchgeführt wurden, greifen Sie auf die Originale zurück:

```
# eine Original-Umgebungsvariable lesen:
PS> [System.Environment]::GetEnvironmentVariable('windir', 'Machine')
C:\Windows

# eine Umgebungsvariable permanent als neue User-Umgebungsvariable für aktuellen User festlegen:
PS> [System.Environment]::SetEnvironmentVariable('testwert', 100, 'User')

# Die PowerShell kann den Wert (noch) nicht lesen, denn er ist nicht Teil ihrer Process-Kopien
# erst nach einem PowerShell-Neustart stünde die Variable zur Verfügung
PS> $env:testwert

# liest man die Variable direkt, ist die Änderung sofort sichtbar
PS> [System.Environment]::GetEnvironmentVariable('testwert', 'User')
100

# Umgebungsvariable wieder löschen:
[System.Environment]::SetEnvironmentVariable('testwert', $null, 'User')
```

Konsoleneinstellungen

Der Typ *System.Console* steuert alle wichtigen Funktionen rund um Konsolenfenster. Sie können damit z.B. die Farben und Größe der Konsole neu festlegen sowie den Fenstertitel wählen. Tatsächlich macht die PowerShell einige diese Einstellungen bereits über ihr *$Host*-Objekt verfügbar:

```
$Host.UI.RawUI.BackgroundColor = 'Green'
[System.Console]::BackgroundColor = 'Blue'
```

Andere Funktionen stehen nur im zugrunde liegenden .NET-Typ zur Verfügung. Mit *ResetColor()* stellen Sie nämlich beispielsweise nach verunglückten Farbexperimenten die Standardfarben der Konsole wieder her:

```
PS> [System.Console]::ResetColor()
```

Über die Eigenschaft *CursorVisible* kann die blinkende Einfügemarke vorübergehend abgeschaltet werden:

```
PS> [System.Console]::CursorVisible = $false
PS> [System.Console]::CursorVisible = $true
```

NumberLock verrät, ob die Num-Lock-Funktion der Tastatur gerade eingeschaltet ist:

```
PS> [System.Console]::NumberLock
False
```

Schließlich kann der *System.Console*-Typ mit *Beep()* auch noch Pieptöne ausgeben:

```
PS> [System.Console]::Beep()
PS> [System.Console]::Beep(1000, 500)
```

Der erste Zahlenwert entspricht dabei der Tonhöhe in Hertz, der zweite der Piepdauer in Millisekunden. Falls Sie damit einen kleinen Hör- oder Lautsprechertest durchführen wollen, fehlt nur noch eine Schleife:

```
PS> for ($freq=300; $freq -lt 20000; $freq+=200) { [System.Console]::Beep($freq, 100) }
```

PROFITIPP Wenn Sie den Inhalt der Konsole löschen möchten, greifen Sie wahrscheinlich zum Befehl *cls* oder dem zugrunde liegenden Cmdlet *Clear-Host*. Erstaunlicherweise verfügt das *$Host*-Objekt anders als *[System.Console]* nicht über die Methode *Clear()*. Deshalb muss *Clear-Host* den Inhalt der PowerShell-Konsole auf relativ umständliche Art löschen. Schauen Sie sich mal den Quellcode von *Clear-Host* an:

```
PS> (Get-Command Clear-Host).Definition
$space = New-Object System.Management.Automation.Host.BufferCell
$space.Character = ' '
$space.ForegroundColor = $Host.ui.rawui.ForegroundColor
$space.BackgroundColor = $Host.ui.rawui.BackgroundColor
$rect = New-Object System.Management.Automation.Host.Rectangle
$rect.Top = $rect.Bottom = $rect.Right = $rect.Left = -1
$origin = New-Object System.Management.Automation.Host.Coordinates
$Host.UI.RawUI.CursorPosition = $origin
$Host.UI.RawUI.SetBufferContents($rect, $space)
```

Sehr viel einfacher und schneller geht das über *Clear()*:

```
[System.Console]::Clear()
```

Zwar geht es nur um Millisekunden, aber immerhin. Hier ein allgemeiner Ansatz, wie Sie die Laufzeit zweier konkurrierender Ansätze messen können, um festzustellen, welcher schneller arbeitet:

```
PS> $lauf1 = 1..100 | ForEach-Object { Measure-Command { Clear-Host } } | Measure-Object -Average
-Property TotalMilliseconds | Select-Object -ExpandProperty Average
PS> $lauf2 = 1..100 | ForEach-Object { Measure-Command { [System.Console]::Clear() } } | Measure-
Object -Average -Property TotalMilliseconds | Select-Object -ExpandProperty Average
PS> $lauf1
1,410745
PS> $lauf2
0,1922
PS> 'Der direkte Zugriff ist {0:0}x schneller' -f ($lauf1/$lauf2)
Der direkte Zugriff ist 7x schneller
```

Dabei wird der fragliche Befehl jeweils 100 Mal ausgeführt, um zu verlässlichen Mittelwerten zu gelangen. *Measure-Command* misst jeweils die Ausführungszeit, *Measure-Object* bildet aus den Ergebnissen einen Durchschnittswert und *Select-Object* gibt die ausgerechneten Millisekunden aus. Wer mag, kann seine Funktion *Clear-Host* deshalb als Nächstes etwas optimieren:

```
function Clear-Host { [System.Console]::Clear() }
```

Ländereinstellungen

Die speziellen Ländereinstellungen verwaltet der Typ *System.Globalization.CultureInfo*. Mit *CurrentCulture* und *CurrentUICulture* erfahren Sie beispielsweise die aktuelle Ländereinstellung:

```
PS> [System.Globalization.CultureInfo]::CurrentCulture

LCID             Name             DisplayName
----             ----             -----------
1031             de-DE            Deutsch (Deutschland)


PS> [System.Globalization.CultureInfo]::CurrentUICulture

LCID             Name             DisplayName
----             ----             -----------
1031             de-DE            Deutsch (Deutschland)
```

Möchten Sie die in Windows unterstützten Ländereinstellungen sehen, verwenden Sie die Methode *GetCultures()* und geben als Parameter *WindowsOnlyCultures* an (der Parameter *All* würde alle Kulturen anzeigen):

```
PS> [System.Globalization.CultureInfo]::GetCultures('WindowsOnlyCultures')

LCID             Name             DisplayName
----             ----             -----------
1118             am-ET            Amharisch (Äthiopien)
2143             tzm-Latn-DZ      Tamazight (Lateinisch, Algerien)
2141             iu-Latn-CA       Inuktitut (Lateinisch, Kanada)
6203             sma-NO           Samisch, Süd- (Norwegen)
2128             mn-Mong-CN       Mongolisch (traditionelles Mongolisch, Volksrepublik C...
1169             gd-GB            Schottisch-Gälisch (Großbritannien)
(...)
```

Und wofür könnte man diese Informationen gebrauchen? Nun, Sie könnten den PowerShell-Thread kurzfristig auf eine andere Kultur umstellen, wenn Sie Informationen in einem anderen Länderformat ausgeben wollten als Ihrem eigenen. Denn auch Threads werden von Typen verwaltet und daraus abgeleiteten Objekten repräsentiert: *System.Threading.Thead*. Die nächsten Zeilen geben das aktuelle Datum in irakischer Schreibweise aus:

```
PS> [System.Globalization.CultureInfo]'ar-IQ'

LCID             Name             DisplayName
----             ----             -----------
2049             ar-IQ            Arabisch (Irak)
PS> $kultur = [System.Globalization.CultureInfo]'ar-IQ'
PS> [System.Threading.Thread]::CurrentThread.CurrentCulture = $kultur; Get-Date


01 آذار, 2010 05:02:43 م
```

TIPP Führen Sie diese Zeilen in der PowerShell-Konsole aus, sehen Sie anstelle der irakischen Schriftzeichen nur Fragezeichen, denn die Konsole ist nicht Unicode-tauglich und kann nur eine begrenzte Anzahl von Schriftzeichen anzeigen. Diese Limitation gilt nicht in der PowerShell-ISE. Dort werden die arabischen Schriftzeichen korrekt wiedergegeben. Wenn Sie übrigens wissen möchten, für welches Land eine bestimmte Länderkennung steht, verwenden Sie *Get-CultureInfoByIetfLanguageTag()*, um nachzufragen:

```
PS> [System.Globalization.CultureInfo]::GetCultureInfoByIetfLanguageTag('ar-IQ')

LCID             Name             DisplayName
----             ----             -----------
2049             ar-IQ            Arabisch (Irak)
```

Beachten Sie, dass die Umschaltung der Ländereinstellungen immer nur für eine PowerShell-Zeile gilt und anschließend sofort wieder auf die Ausgangseinstellung zurückgesetzt wird. Deshalb muss der Befehl, den Sie in der selbst gewählten Kultur ausführen wollen, in derselben Zeile ausgeführt und folglich mit einem Semikolon vom vorangegangenen Befehl abgegrenzt werden.

Kurz und knapp ...

Typen enthalten Eigenschaften und Methoden. Welche zur Verfügung stehen, erfahren Sie, indem Sie einen Typ (in eckigen Klammern) über die Pipeline an *Get-Member* weiterleiten und den Parameter *-Static* angeben.

Um statische Eigenschaften und Methoden eines Typs anzusprechen, geben Sie den Typ (in eckigen Klammern) an und fügen daran zwei Doppelpunkte. Während Sie die Member eines Objekts also mit einem Punkt ansprechen, verwenden Typen zwei Doppelpunkte dafür. Ansonsten funktioniert der Aufruf genauso wie bei Objekten.

Typen suchen und finden

Inzwischen sind Sie sicher neugierig geworden und möchten vielleicht wissen, welche Typen es sonst noch gibt. Ein guter Weg, neue Typen zu entdecken, ist »Spicken«, genau wie in der Schule. Zu Anfang dieses Kapitels haben Sie schon erfahren, wie Sie den zugrunde liegenden Typ eines Objekts ermitteln – beispielsweise so:

```
PS> (Get-Process).GetType().FullName
System.Diagnostics.Process
```

Schon wissen Sie, dass es offenbar einen Typ namens *System.Diagnostics.Process* gibt, der Prozesse (laufende Programme) repräsentiert. Als Nächstes könnten Sie sich die Methoden (Befehle) dieser Objekte vorknöpfen:

```
PS> Get-Process | Get-Member -MemberType *Method

   TypeName: System.Diagnostics.Process
```

```
Name                   MemberType   Definition
----                   ----------   ----------
BeginErrorReadLine     Method       System.Void BeginErrorReadLine()
BeginOutputReadLine    Method       System.Void BeginOutputReadLine()
CancelErrorRead        Method       System.Void CancelErrorRead()
CancelOutputRead       Method       System.Void CancelOutputRead()
Close                  Method       System.Void Close()
CloseMainWindow        Method       bool CloseMainWindow()
(...)
Kill                   Method       System.Void Kill()
Refresh                Method       System.Void Refresh()
Start                  Method       bool Start()
ToString               Method       string ToString()
WaitForExit            Method       bool WaitForExit(int milliseconds), System.Void...
WaitForInputIdle       Method       bool WaitForInputIdle(int milliseconds), bool W...
```

Einige dieser Befehle bieten nichts Neues. Die Methode *Kill()* beendet zwar einen Prozess, aber dasselbe hätten Sie auch bequemer mit dem Cmdlet *Stop-Process* erreicht. Andere Befehle erweitern Ihre Möglichkeiten. Mit *WaitForExit()* beauftragen Sie die PowerShell z.B., darauf zu warten, bis ein Prozess seine Arbeit erledigt hat, und verwandeln so asynchrone Aufrufe in synchrone Aufrufe. Die folgenden Zeilen warten beispielsweise, bis der Windows-Editor wieder geschlossen wird:

```
PS> $process = Start-Process notepad.exe -passThru
PS> $process.WaitForExit()
```

Dasselbe hätte allerdings auch der Parameter *-Wait* bewerkstelligt und zeigt, wie gut die meisten PowerShell-Cmdlets die Möglichkeiten der Objekte bereits ausschöpfen:

```
PS> Start-Process notepad.exe -Wait
```

Wirklich neu ist dagegen der Befehl *CloseMainWindow()*, der im Gegensatz zu *Kill()* oder *Stop-Process* einen Prozess nicht einfach mit der Holzhammermethode beendet, sondern dem Benutzer die Möglichkeit gibt, nicht gespeicherte Arbeiten in Sicherheit zu bringen:

```
PS> $process = Start-Process notepad.exe -PassThru
PS> #'Geben Sie etwas in das Editorfenster ein!
PS> $process.CloseMainWindow()
```

Schauen Sie sich dann noch die statischen Methoden an, die also nicht von einem bestimmten *Process*-Objekt zur Verfügung gestellt werden, sondern von seinem zugrunde liegenden Typ:

```
PS> Get-Process | Get-Member -MemberType *Method -Static

   TypeName: System.Diagnostics.Process

Name                MemberType Definition
----                ---------- ----------
EnterDebugMode      Method     static System.Void EnterDebugMode()
Equals              Method     static bool Equals(System.Object objA, System.Object objB)
GetCurrentProcess   Method     static System.Diagnostics.Process GetCurrentProcess()
GetProcessById      Method     static System.Diagnostics.Process GetProcessById(int pro...
GetProcesses        Method     static System.Diagnostics.Process[] GetProcesses(), stat...
GetProcessesByName  Method     static System.Diagnostics.Process[] GetProcessesByName(s...
LeaveDebugMode      Method     static System.Void LeaveDebugMode()
ReferenceEquals     Method     static bool ReferenceEquals(System.Object objA, System.O...
Start               Method     static System.Diagnostics.Process Start(string fileName,...
```

Mit *GetCurrentProcess()* greifen Sie beispielsweise auf den aktuellen Prozess zu, also die PowerShell selbst:

```
PS> [System.Diagnostics.Process]::GetCurrentProcess()

Handles  NPM(K)    PM(K)      WS(K) VM(M)   CPU(s)     Id ProcessName
-------  ------    -----      ----- -----   ------     -- -----------
    835      35    63728      48476   588    13,68   4288 powershell
```

Assemblys auflisten

Sie können natürlich auch systematischer vorgehen und das Pferd mithilfe der Assemblys aufzäumen, in denen die verschiedenen Typen enthalten sind. Finden Sie z.B. zuerst heraus, wie die Assembly heißt, die einen bekannten Typ wie *System.Diagnostics.Process* enthält:

```
PS> [System.Diagnostics.Process].Assembly

GAC    Version        Location
---    -------        --------
True   v2.0.50727     C:\Windows\assembly\GAC_MSIL\System\2.0.0.0__b77a5c561934e089\Sy...
```

PROFITIPP Dies ist ein Beispiel für die dynamischen Methoden, die Sie in Typen finden. Während Sie auf die statischen Methoden eines Typs so wie in den vorangegangenen Beispielen mit zwei aufeinanderfolgenden Doppelpunkten zugreifen, erreichen Sie die dynamischen Methoden eines Typs genauso wie bei Objekten, also über einen einfachen Punkt. Die dynamischen Methoden eines Typs haben nur eine Aufgabe: Diese liefern mehr Informationen über Herkunft und Inhalt eines Typs, beziehen sich also wie alle dynamischen Methoden auf den speziellen Inhalt des Typs und nicht auf allgemeine Aufgaben.

Anschließend rufen Sie mit der Methode *GetExportedTypes()* die Typen ab, die sonst noch in dieser Assembly schlummern:

```
PS> [System.Diagnostics.Process].Assembly.GetExportedTypes()

IsPublic IsSerial Name                                     BaseType
-------- -------- ----                                     --------
True     False    DescriptionAttribute                     System.Attribute
True     False    CategoryAttribute                        System.Attribute
True     True     Regex                                    System.Object
True     True     MatchEvaluator                           System.MulticastDelegate
True     True     Capture                                  System.Object
True     True     CaptureCollection                        System.Object
True     True     RegexCompilationInfo                     System.Object
(...)
```

Das Ergebnis dürfte Sie allerdings eine Weile beschäftigen, denn Assemblys enthalten sehr viele Typen, von denen zudem viele nicht besonders nützlich sind, weil sie für interne Aufgaben gedacht sind. Filtern Sie das Ergebnis deshalb, sodass nur öffentliche Klassen zurückgeliefert werden, und geben Sie dann deren volle Namen aus. Das sind immer noch genügend Anregungen für weitere Experimente:

```
PS> [System.Diagnostics.Process].Assembly.GetExportedTypes() | Where-Object { $_.isPublic} |
WHere-Object { $_.isClass } | Select-Object FullName
```

Typen mit bestimmten Befehlen finden

Die Suche nach neuen Typen und darin enthaltenen Befehlen lässt sich mit der PowerShell natürlich auch erleichtern. Die folgende Zeile findet z.B. alle Typen, die Befehle enthalten, in denen das Stichwort *Kill* vorkommt:

```
PS> $stichwort = 'Kill'
PS> [System.Diagnostics.Process].Assembly.GetExportedTypes() | Where-Object { $_.isPublic} |
Where-Object { $_.isClass } | Where-Object { @($_.GetMethods() | Where-Object { $_.Name -like
"*$stichwort*" }).Count -gt 0 }

IsPublic IsSerial Name                                     BaseType
-------- -------- ----                                     --------
True     False    SystemEvents                             System.Object
True     False    Process                                  System.ComponentModel.Compo...
```

Möchten Sie nach Typen suchen, die eine bestimmte Eigenschaft enthalten, genügt eine kleine Anpassung. Diesmal soll die Zeile aber außerdem die Typen nicht nur in einer bestimmten Assembly finden, sondern in allen Assemblys. Deshalb ermittelt die Zeile zuerst alle geladenen Assemblys und sucht dann darin nach Eigenschaften mit dem gewünschten Stichwort:

```
PS> $stichwort = 'Password'
PS> [AppDomain]::CurrentDomain.GetAssemblys() | ForEach-Object { $_.GetExportedTypes() }| Where-
Object { $_.isPublic} | Where-Object { $_.isClass } | WHere-Object { @($_.GetProperties() | Where-
Object { $_.Name -like "*$stichwort*" }).Count -gt 0 } | Select-Object FullName

FullName
--------
System.Security.Cryptography.CspParameters
System.ComponentModel.MaskedTextProvider
System.ComponentModel.PasswordPropertyTextAttribute
System.UriBuilder
System.Net.NetworkCredential
System.Net.HttpListenerBasicIdentity
System.Net.Configuration.SmtpNetworkElement
System.Diagnostics.ProcessStartInfo
System.Management.Automation.PSCredential
System.Management.ConnectionOptions
System.DirectoryServices.DirectoryEntry
System.DirectoryServices.DirectoryEntryConfiguration
System.Data.Common.DBDataPermission
System.Data.Common.DBDataPermissionAttribute
System.Data.Odbc.OdbcPermission
System.Data.Odbc.OdbcPermissionAttribute
System.Data.OleDb.OleDbPermission
System.Data.OleDb.OleDbPermissionAttribute
System.Data.SqlClient.SqlClientPermission
System.Data.SqlClient.SqlClientPermissionAttribute
System.Data.SqlClient.SqlConnectionStringBuilder
System.ServiceProcess.ServiceProcessInstaller
System.ServiceProcess.Design.ServiceInstallerDialog
```

Praxis: Dialogfelder finden

Die PowerShell ist eine konsolenbasierte Skriptsprache ohne eigene Benutzeroberfläche. Umso wichtiger ist also die Frage, wie sich Dialogfelder mit der PowerShell öffnen lassen. Eine Antwort liefert die folgende Zeile, die alle Typen auflistet, die das Stichwort *Dialog* enthalten:

```
PS> [AppDomain]::CurrentDomain.GetAssemblys() | ForEach-Object {$_.GetExportedTypes() }| Where-
Object { $_.isPublic} | Where-Object { $_.isClass } | Where-Object { $_.Name -like '*Dialog*' } |
Select-Object FullName
```

Diese Zeile liefert allerdings enttäuschend wenig Typen. Der Grund: Die PowerShell lädt nur die für die Konsole nötigen Assemblys.

HINWEIS Falls bei Ihnen bereits viele interessante Typen aufgelistet werden, dann haben Sie vielleicht schon über *Add-PSSnapin* oder *Import-Module* Erweiterungen nachgeladen, die ihrerseits zusätzliche Assemblys geladen haben. Welche Assemblys gerade geladen sind, ermittelt diese Zeile:

```
[AppDomain]::CurrentDomain.GetAssemblys()
```

Wenn Sie neue Typen suchen, sollten Sie dazu eine einfache PowerShell-Konsole ohne jedwede Erweiterung öffnen, z.B. mit diesem Befehl:

```
Powershell.exe -NoProfile -Sta
```

Beherzigen Sie das nicht, besteht die Gefahr, dass Sie Typen entdecken, die nicht standardmäßig von der PowerShell geladen werden. Ihr Skript würde dann zwar mit diesen Typen auf Ihrem Computer einwandfrei laufen, auf einem anderen System aber plötzlich die Typen nicht mehr finden. Es spricht nichts dagegen, Typen aus Assemblys zu verwenden, die nicht standardmäßig geladen werden, nur müssen Sie eben genau wissen, dass ein verwendeter Typ aus solch einer Assembly stammt – und die benötigten Assemblys vorher im Skript selbst nachladen. Wie das gemacht wird, erfahren Sie jetzt.

Dialogfelder sind Fenster und stammen deshalb aus der für Fenster zuständigen Assembly *System.Windows.Forms*. Laden Sie diese Assembly nach, finden sich plötzlich viele nützliche Dialoge, die Sie auch von professioneller Software her kennen:

```
PS> [System.Reflection.Assembly]::LoadWithPartialName("System.windows.forms")
GAC    Version        Location
---    -------        --------
True   v2.0.50727     C:\Windows\assembly\GAC_MSIL\System.Windows.Forms\2.0....

PS> [AppDomain]::CurrentDomain.GetAssemblys() | ForEach-Object {$_.GetExportedTypes() }| Where-
Object { $_.isPublic} | Where-Object { $_.isClass } | Where-Object { $_.Name -like '*Dialog*' } |
Select-Object FullName

FullName
--------
System.Security.Permissions.FileDialogPermission
System.Security.Permissions.FileDialogPermissionAttribute
System.Windows.Forms.CommonDialog
System.Windows.Forms.ColorDialog
System.Windows.Forms.FileDialog
System.Windows.Forms.FileDialogCustomPlace
System.Windows.Forms.FileDialogCustomPlacesCollection
```

```
System.Windows.Forms.FolderBrowserDialog
System.Windows.Forms.FontDialog
System.Windows.Forms.OpenFileDialog
System.Windows.Forms.SaveFileDialog
System.Windows.Forms.ThreadExceptionDialog
System.Windows.Forms.PageSetupDialog
System.Windows.Forms.PrintControllerWithStatusDialog
System.Windows.Forms.PrintDialog
System.Windows.Forms.PrintPreviewDialog
```

Möchten Sie beispielsweise ein Dialogfeld zur Auswahl einer Datei öffnen, klingt der Typ *System.Windows.Forms.OpenFileDialog* vielversprechend. Mit *New-Object* leiten Sie von diesem Typ ein neues Objekt ab, Ihren Dialog:

```
$dialog = New-Object System.Windows.Forms.OpenFileDialog
```

Anschließend kann der Dialog über die Eigenschaften des Objekts feinjustiert werden. Möchten Sie damit z.B. PowerShell-Skriptdateien öffnen, wandeln Sie den Dialog so um, dass er nur noch solche Dateien sucht und zur Auswahl anbietet:

```
PS> $dialog = New-Object System.Windows.Forms.OpenFileDialog
PS> $dialog.DefaultExt = '.ps1'
PS> $dialog.Filter = 'PowerShell-Skripts|*.ps1|Alle Dateien|*.*'
PS> $dialog.FilterIndex = 0
PS> $dialog.InitialDirectory = $HOME
PS> $dialog.Multiselect = $false
PS> $dialog.RestoreDirectory = $true
PS> $dialog.Title = "Suchen Sie eine Skriptdatei aus!"
PS> $dialog.ValidateNames = $true
```

Anschließend öffnen Sie das Dialogfeld mit *ShowDialog()*.

ACHTUNG Rufen Sie *ShowDialog()* auf, kann es passieren, dass die PowerShell blockiert und sich quasi aufhängt. Dies ist die Kehrseite, wenn Sie .NET-Funktionalität direkt verwenden. Dann nämlich müssen Sie sich auch um die für diese Techniken notwendigen Grundvoraussetzungen kümmern. Dialogfelder benötigen den sogenannten *STA-Modus* (*Single Threaded Apartment*). Die PowerShell-Konsole läuft nicht im STA-Modus, der PowerShell-Editor *PowerShell ISE* dagegen schon. Deshalb würde das Skript nur in der ISE funktionieren, nicht aber in der Konsole. Damit Ihr Skript auch in der Konsole einwandfrei läuft, starten Sie *powershell.exe* mit dem Parameter *-Sta*. Der STA-Modus wurde mit der PowerShell 2.0 eingeführt und ist grundsätzlich nötig, sobald Sie die Windows Presentation Foundation (WPF) verwenden wollen.

```
PS> $dialog.ShowDialog()
OK
PS> $dialog.FileName
C:\Users\w7-pc9\Documents\trycatchbeispiel.ps1
```

Jetzt kann der Benutzer in Ruhe eine PowerShell-Datei aussuchen. Danach liefert *ShowDialog()* zurück, auf welche Taste der Benutzer geklickt hat. Die ausgewählte Datei befindet sich in der Eigenschaft *FileName*.

Neue Objekte aus Typen erzeugen

Die Typen, die Sie im letzten Abschnitt entdeckt haben, kann man auf drei Arten nutzen, von denen Sie zwei schon kennengelernt haben:

- **Statische Methoden** Greifen Sie direkt auf die statischen Methoden im Typ zu
- **Typumwandlung** Nutzen Sie den Typ, um Informationen in diesen Typ zu verwandeln
- **Neue Objekte** Leiten Sie vom Typ mit *New-Object* ein neues Objekt ab. Das ist Thema dieses Abschnitts.

Neue Objekte mit New-Object

Neue Objekte lassen sich mit *New-Object* von einem beliebigen Typ ableiten. Möchten Sie z.B. den Inhalt von Webseiten abrufen, ist der Typ *System.Net.WebClient* zuständig. Leiten Sie davon ein Objekt ab, enthält es alle Befehle, die Sie für den Abruf von Informationen aus dem Internet benötigen:

```
$webclient = New-Object System.Net.WebClient
$webclient.DownloadString('http://www.powershell.com')
```

PROFITIPP Sollte *DownloadString()* bei Ihnen nicht funktionieren, verwendet Ihre Infrastruktur möglicherweise einen Proxy, an dem Sie sich zuerst anmelden müssen. Versuchen Sie zuerst, den WebClient dazu zu bewegen, mit *UseDefaultCredentials* Ihre Standardanmeldung zu verwenden:

```
PS> $webclient.UseDefaultCredentials = $true
```

Hilft das nicht, müssen Sie sich anmelden, z.B. so:

```
PS> $webclient.Proxy.Credentials = (Get-Credential).GetNetworkCredential()
```

Kombinieren Sie dies mit *Measure-Command*, könnten Sie z.B. die Verfügbarkeit und Geschwindigkeit von Webseiten (in Millisekunden) testen:

```
PS> Measure-Command { $webclient.DownloadString('http://www.powershell.com') } | Select-Object
-ExpandProperty MilliSeconds
721
```

Praxis: HTML-Scraping

Oder Sie extrahieren mithilfe regulärer Ausdrücke Informationen von Webseiten. Das folgende Skript ruft von der Webseite der US-Regierung die populärsten Kindernamen in den 1950er-Jahren ab, nutzt ein *RegEx*-Objekt mit dem Muster der gesuchten Informationen im HTML-Code und gibt dann die gefundenen Informationen als Objekte zurück. Die PowerShell macht daraus wie immer eine handliche Tabelle:

```
# 1880 - 2000 in 10er-Schritten:
$decade = '1950'
$client = New-Object System.Net.WebClient
$html = $client.DownloadString("http://www.ssa.gov/OACT/babynames/decades/
names$($decade)s.html")
$regex = [regex]'="15%">(.*?)</td>'
$Matches = $regex.Matches($html)

$Matches | ForEach-Object {$i = 0; $resultat=@{} }{
  $rang = $i % 3
  $i++
  $wert = $_.Groups[1].Value

  switch ($rang) {
    0 { $resultat = @{}
      $resultat.Name = $wert
      }
    1 { $resultat.Haeufigkeit = [int]$wert.Replace(",","")
      }
    2 { $resultat.Prozent = [double]$wert
      New-Object PSObject -Property $resultat
      }
  }
}
```

Mit dem neuen *WebClient*-Objekt können Sie auch Binärdateien wie Musik oder Videos aus dem Internet saugen. Die folgenden Zeilen laden ein Tutorialvideo über den PowerShell-Skripteditor *PowerShell Plus* herunter, das Ihnen zeigt, wie Sie mit komfortablen Code-Completion-Menüs auf .NET-Objekte zugreifen:

```
# Downloadadresse einer Datei:
PS> $adresse = 'http://www.idera.com/images/Tours/Videos/PowerShell-Plus-IDE-1.wmv'

# Hier soll die Datei gespeichert werden:
PS> $ziel = "$HOME\video.wmv"

# Download wird durchgeführt:
PS> $objekt = New-Object Net.WebClient
PS> $objekt.DownloadFile($adresse, $ziel)

# Datei öffnen
PS> Invoke-Item $ziel
```

Weil die Videodatei relativ groß ist, kann der Download einige Sekunden dauern, in denen die PowerShell beschäftigt ist und nicht reagiert. Nachdem die Datei heruntergeladen ist, führt *Invoke-*

Item sie mit dem Programm aus, das für *WMV*-Dateien registriert ist – in der Regel also dem Windows Media Player. Möchten Sie während des Downloads lieber eine Fortschrittsanzeige so wie in professionellen Programmen sehen, greifen Sie zum Typ *Microsoft.VisualBasic.Devices.Network* und verwenden dessen *DownloadFile()*-Methode. Damit das funktioniert, müssen Sie die Assembly *Microsoft.VisualBasic* allerdings zuerst kurz nachladen, denn sie gehört nicht zu den StandardAssemblys, welche die PowerShell selbst nachlädt und nutzt:

```
# benötigte Assembly nachladen:
PS> [reflection.assembly]::LoadWithPartialName("Microsoft.VisualBasic") | Out-Null

# Downloadadresse einer Datei:
PS> $adresse = 'http://www.idera.com/images/Tours/Videos/PowerShell-Plus-IDE-1.wmv'

# Hier soll die Datei gespeichert werden:
PS> $ziel = "$HOME\video.wmv"

# Download wird durchgeführt:
PS> $objekt = New-Object Microsoft.VisualBasic.Devices.Network
PS> $objekt.DownloadFile($adresse, $ziel, "", "", $true, 500, $true, "DoNothing")

# Datei öffnen
PS> Invoke-Item $ziel
```

TIPP Vielleicht fragen Sie sich, wo man dieses Detailwissen zu einer Methode findet. Die Antwort lautet: Im Internet. Es ist ganz leicht, denn alle Methoden von .NET Framework sind ausführlich dokumentiert. Navigieren Sie also zu einer Suchmaschine wie *http://www.google.de* und geben Sie diese Suchbegriffe ein: *Microsoft.VisualBasic.Devices.Network DownloadFile site:msdn.microsoft.com*. Google sucht daraufhin nur in der Microsoft-Referenz MSDN und findet auf Anhieb die richtige Dokumentation.

Konstruktoren verwenden

Manche Typen sträuben sich, über *New-Object* Objekte zu produzieren, und maulen stattdessen über einen Konstruktor, der nicht gefunden werden konnte:

```
PS> New-Object System.String
New-Object : Der Konstruktor wurde nicht gefunden. Es kann kein geeigneter Konstruktor für den Typ
System.String gefunden werden.
```

Ein Konstruktor ist derjenige innerhalb eines Typs, der zuständig für die Produktion neuer Objekte ist. Enthält ein Typ überhaupt keinen Konstruktor, kann man auch keine neuen Objekte davon ableiten. Viele Typen wie z.B. *System.Net.WebClient* aus dem vorigen Abschnitt weisen Konstruktoren auf, die keine weiteren Angaben von Ihnen benötigen und deshalb besonders pflegeleicht neue Objekte zur Verfügung stellen. Andere wie z.B. *System.String* weigern sich, neue Objekte anzulegen, wenn Sie nicht mindestens ein paar Angaben machen, was genau für ein Objekt Sie wünschen. So erzeugen Sie z.B. ein neues *System.String*-Objekt, das 100 Punkte enthält:

```
PS> New-Object System.String(".", 100)
....................................................................................................
```

Die zusätzlichen Angaben werden also in Klammern an den Namen des Typs angehängt und funktionieren im Grunde wie die Argumente, die Sie Methoden mit auf den Weg geben. Die PowerShell hat diese Möglichkeiten des *System.String*-Typs allerdings schon auf elegantere Weise implementiert:

```
PS> '.' * 100
....................................................................................................
```

Konstruktoren ermitteln

Woher weiß man, welche Konstruktoren ein Typ enthält, und noch wichtiger, welche Zusatzinformationen er verlangt? Welche Konstruktoren in einem Typ zur Auswahl stehen, verrät dessen statische Methode *GetConstructors()*. So finden Sie z.B. heraus, welche Konstruktoren die Klasse *System.String* anzubieten hat, um *System.String*-Objekte zu produzieren:

```
[System.String].GetConstructors() | ForEach-Object { $_.toString() }
Void .ctor(Char*)
Void .ctor(Char*, Int32, Int32)
Void .ctor(SByte*)
Void .ctor(SByte*, Int32, Int32)
Void .ctor(SByte*, Int32, Int32, System.Text.Encoding)
Void .ctor(Char[], Int32, Int32)
Void .ctor(Char[])
Void .ctor(Char, Int32)
```

Tatsächlich gibt es acht verschiedene Möglichkeiten, ein neues Objekt vom Typ *System.String* anzulegen, und Sie haben gerade die letzte Variante verwendet: Das erste Argument ist ein Zeichen, das zweite eine Zahl, die angibt, wie oft das Zeichen wiederholt werden soll. Die PowerShell selbst verwendet den vorletzten Konstruktor, wenn Sie Text in Anführungszeichen angeben, interpretiert Text in Anführungszeichen also als Array mit lauter Zeichen (*Char[]*).

TIPP Wenn Sie genauer wissen wollen, was die einzelnen Konstruktoren tun und wie man sie verwendet, schlagen Sie einfach nach. Die Klassen im .NET Framework sind hervorragend dokumentiert. Geben Sie in einer Internetsuchmaschine wie *http://www.bing.com* einen Suchbegriff ein wie diesen: *System.String Class site:msdn.microsoft.com.* Suchen Sie dann nach den Konstruktoren der Klasse. Falls Sie den praktischen *MSDN()*-Befehl nachrüsten (siehe hierzu auf Seite 380), geht es sogar noch leichter.

Konstruktoren erhalten in der Übersicht immer den Namen *ctor*, den Sie aber niemals angeben. Fügen Sie einfach nur an den Klassennamen in runden Klammern die notwendigen Argumente an.

So sieht das Ergebnis für einen Typen aus, der keine zusätzlichen Informationen für seinen Konstruktor erfordert:

```
[Net.WebClient].GetConstructors() | ForEach-Object { $_.toString() }
Void .ctor()
```

Von einem Typ abgeleitete Objekte können aber auch nötig sein, wenn Sie Einstellungen ändern möchten und diese Einstellungen nicht als einfache Zahlen- oder Textwerte hinterlegt sind. Die Größe der PowerShell-Konsole wird beispielsweise mit einem *System.Management.Automa-*

tion.Host.Size-Objekt angegeben. Die folgende Zeile stellt die Konsole auf eine Größe von 80 ´ 30 Zeichen ein:

```
$Host.ui.rawui.WindowSize = New-Object System.Management.Automation.Host.Size(80, 30)
```

Allerdings kassieren Sie eine Fehlermeldung, wenn Sie versuchen, das Konsolenfenster größer zu machen als sein zugrunde liegender Bildschirmpuffer. Legen Sie dessen Größe deshalb bei Bedarf vorher fest:

```
PS> $Host.UI.RawUI.BufferSize = New-Object System.Management.Automation.Host.Size(80, 30)
PS> $Host.UI.RawUI.WindowSize = New-Object System.Management.Automation.Host.Size(80, 30)
```

Aufgabe Sie wollen mithilfe des Typs *System.String* einen Text mit 100 Gleichheitszeichen ausgeben. Allerdings liefert der folgende Befehl ein ganz anderes Ergebnis. Warum wohl?

```
PS> [system.string]"=", 100
=
100
```

Lösung Sie haben vergessen, die Argumente für den Konstruktor in runde Klammern zu setzen. Deshalb erkennt die PowerShell das Komma und bildet aus dem Gleichheitszeichen und der Zahl ein Array. Dieses wird dann in einen Text konvertiert.

Aufgabe Können Sie sich vorstellen, was die folgenden Zeilen tun?

```
$prozessklasse = [wmiclass]"Win32_Process"
[Void]$prozessklasse.Create("notepad.exe")
```

Lösung *[wmiclass]* ist ein Typ, und zwar genau genommen eine Abkürzung für den etwas unhandlichen Typnamen *System.Management.ManagementClass*:

```
PS> [wmiclass].FullName
System.Management.ManagementClass
```

Mit diesem Typ kann man neue WMI-Instanzen generieren, z.B. eine neue WMI-Prozessinstanz. Diese verfügt über eine Methode namens *Create()*, die danach beliebige Prozesse startet. In diesem Fall wird der Windows-Editor gestartet. Was die Frage aufwirft, warum man überhaupt den Windows-Editor auf so komplizierte Weise starten sollte, wenn es doch mit dem direkten Aufruf sehr viel bequemer geht:

```
PS> notepad.exe
```

Der Grund: WMI ist eine remotefähige Technik und kann also auch Prozesse remote auf einem anderen Computer starten.

ACHTUNG Wenn Sie das tun, erscheint auf dem Remotesystem allerdings kein Fenster, das Programm läuft also unsichtbar im Hintergrund. Deshalb dürfen Sie auf diese Weise nur Programme starten, die erstens unbeaufsichtigt laufen können und zweitens von allein wieder enden.

Möchten Sie z.B. auf einem Remotesystem namens *storage1* einen bestimmten Dienst stoppen, könnten Sie das folgendermaßen tun:

```
PS> $prozessklasse = [wmiclass]"\\storage1\root\cimv2:Win32_Process"
PS> $prozessklasse.Create("net stop winrm")
```

```
__GENUS            : 2
__CLASS            : __PARAMETERS
__SUPERCLASS       :
__DYNASTY          : __PARAMETERS
__RELPATH          :
__PROPERTY_COUNT   : 2
__DERIVATION       : {}
__SERVER           :
__NAMESPACE        :
__PATH             :
ProcessId          : 3312
ReturnValue        : 0
```

Den Erfolg könnten Sie wieder mit Cmdlets überprüfen, denn *Get-Service* ist im Gegensatz zu *Start-Service* oder *Stop-Service* von sich aus remotefähig:

```
PS> Get-Service winrm -ComputerName storage1

Status   Name               DisplayName
------   ----               -----------
Stopped  winrm              Windows Remote Management (WS-Manag...
```

Klassische COM-Objekte ansprechen

Schon vor Einführung von .NET Framework gab es intelligentes Leben, und damals griff man zu einer Technik namens COM (*Component Object Model*), die bis heute weit verbreitet ist. Auch bei COM gibt es Typen (die hier *Klassen* genannt werden) und davon abgeleitete Objekte. Die PowerShell gewährt Ihnen auch auf diese Typen vollen Zugriff. Mit *New-Object* beschaffen Sie sich also auch von COM-Klassen die passenden Objekte. Dazu müssen Sie nur zwei Dinge angeben: den Namen der gewünschten COM-Klasse und den speziellen Parameter *-ComObject*. Die Objekte, die Sie anschließend erhalten, benehmen sich im Prinzip genauso wie .NET-Objekte und enthalten ebenfalls Eigenschaften und Methoden, die Sie auf dieselbe Art nutzen wie bei .NET-Objekten.

HINWEIS Obwohl COM eine veraltete Technik ist, hat .NET sie noch längst nicht abgelöst. Noch immer gibt es unzählige Aufgaben, die sich mit .NET nicht oder nur schwer lösen lassen, wohingegen das passende COM-Objekt die Aufgabe unbürokratisch meistert. Es lohnt sich deshalb, auch die COM-Welt näher kennenzulernen.

Ein COM-Objekt erzeugen

COM-Objekte werden beinahe genauso erzeugt wie .NET-Objekte. Sie müssen nur daran denken, *New-Object* mit dem Parameter *-ComObject* darauf hinzuweisen, dass Sie kein .NET-, sondern ein COM-Objekt erstellen möchten. Das COM-Object *SAPI.SpVoice* z.B. rüstet Befehle nach, mit denen Sie Windows zum Sprechen bringen – jedenfalls dann, wenn Sie eine Soundkarte und Lautsprecher verwenden:

```
PS> $speaker = New-Object -ComObject SAPI.SpVoice
PS> $speaker.Speak('Hello World!')
1
```

```
PS> $speaker.Rate = -20
PS> $speaker.Speak('Hello World!') | Out-Null

# Get-Member kann auch die Eigenschaften und Methoden von COM-Objekten ermitteln:
PS> $speaker | Get-Member

   TypeName: System.__ComObject#{269316d8-57bd-11d2-9eee-00c04f797396}

Name                                   MemberType Definition
----                                   ---------- ----------
DisplayUI                              Method     void DisplayUI (in...
GetAudioOutputs                        Method     ISpeechObjectToken...
GetVoices                              Method     ISpeechObjectToken...
IsUISupported                          Method     bool IsUISupported...
Pause                                  Method     void Pause ()
Resume                                 Method     void Resume ()
(...)
```

TIPP Wenn Sie ein COM-Objekt mit *Get-Member* untersuchen, fällt eine sonderbare Zahl in geschweiften Klammern am Anfang der Ausgabe auf. Das ist die GUID (*Globally Unique Identifier*) der Typelibrary dieses Objekts. GUIDs sind eigentlich Zufallszahlen, die aus 32 Bytes bestehen. Weil es wahrscheinlicher ist, 100 Mal hintereinander sechs Richtige im Lotto zu tippen als ein zweites Mal eine identische GUID zu erstellen, verwenden Programmierer und Firmen GUIDs dazu, ihre Produkte und Produktbestandteile weltweit eindeutig zu kennzeichnen. Jede Typelibrary trägt z.B. eine eigene eindeutige GUID, die überall auf der Welt identisch ist. Sie können sich übrigens selbst ebenfalls sehr leicht GUIDs beschaffen, wenn Sie weltweit eindeutige Kennzeichner benötigen. Die Funktion dazu liefert das .NET Framework:

```
[System.Guid]::NewGuid().ToString()
f12db4fd-c1bb-4843-bcb7-43b8f9f80db5
```

In der Registrierungsdatenbank können Sie nun nachschlagen, welche Datei auf Ihrem Computer hinter der Bandwurmzahl steckt, die das COM-Objekt gemeldet hatte. Wichtig ist das nicht, jedenfalls solange diese Typelibrary auf Ihrem System vorhanden ist. Sie nämlich erledigt die aufwändigen Befehlsdeklarationen, die Sie bei API-Befehlen noch von Hand erledigen mussten. Fehlt die Typelibrary für ein COM-Objekt, können Sie es nicht mit der PowerShell verwenden.

Beispiele

Wie vielseitig und nach wie vor aktuell Zugriffe auf COM-Objekte sein können, zeigen die Beispiele aus Tabelle 9.2, die eine bunte Auswahl der Möglichkeiten darstellen.

COM-Klasse	Beschreibung
InternetExplorer.Application	Steuert den Internet Explorer. So können Sie zu Webseiten navigieren, auf das Objektmodell der Webseiten zugreifen und das Fenster von Internet Explorer anpassen.
Excel.Application	Steuert Microsoft Office Excel. Dadurch lassen sich Ergebnisse direkt in eine Excel-Tabelle schreiben oder daraus auslesen.
ADODB.Connection	Greift auf Datenbanken über OLEDB- und ODBC-Treiber zu. So kann man Datenbankinhalte abfragen, ergänzen und alle SQL-Befehle verarbeiten.

Tabelle 9.2 Wichtige COM-Klassen und ihre Verwendung in der PowerShell

COM-Klasse	Beschreibung
ADODB.Recordset	Repräsentiert eine Datenbanktabellenzeile (einen Datensatz). Damit kann man sehr bequem neue Datensätze in eine Datenbank einfügen.
Microsoft.Update.AutoUpdate	Steuert die automatischen Updates in Windows. Sie können auf neue Updates prüfen, den Zeitpunkt der letzten Aktualisierung bestimmen und die Einstellungen verwalten.
Shell.Application	Steuert die Windows-Explorer-Oberfläche, über die Sie beispielsweise Dialogfelder zur Ordnerwahl öffnen
WScript.Shell	Verwaltet Verknüpfungen und kann sowohl neue Verknüpfungen erstellen als auch vorhandene verwalten
HNetCfg.FwMgr	Steuert die Windows-Firewall und kann diese ein- und ausschalten sowie die Ausnahmen der Firewall festlegen
HNetCfg.FwPolicy2	Verwaltet Firewall-Regeln ab Windows Vista

Tabelle 9.2 Wichtige COM-Klassen und ihre Verwendung in der PowerShell *(Fortsetzung)*

Die folgenden Beispiele sollen grundsätzlich den Einsatz verschiedener COM-Objekte illustrieren und sind unter Umständen nicht sofort lauffähig. Für die Datenbankbeispiele benötigen Sie beispielsweise die Microsoft-Datenbank *northwind.mdb* oder müssen die Verbindungszeichenfolge auf eine andere vorhandene Datenbank anpassen.

Zugriff auf den Internet Explorer

Mit der COM-Klasse *InternetExplorer.Application* greifen Sie auf den Internet Explorer zu und können so beispielsweise Webseiten anzeigen:

```
PS> $ie = New-Object -ComObject InternetExplorer.Application
PS> $ie.Visible = $true
PS> $ie.Navigate("www.tagesschau.de")
```

Office-Automation

Alle Microsoft-Office-Komponenten lassen sich über COM-Klassen automatisieren. Das folgende Skript öffnet z.B. mit *Excel.Application* eine neue Excel-Tabelle und trägt darin die Zustände aller Dienste ein:

```
PS> $excel = New-Object -ComObject Excel.Application
PS> $workbook = $excel.Workbooks.Add()
PS> $excel.Visible = $True
PS> $excel.Cells.Item(1,1) = "Service Name"
PS> $excel.Cells.Item(1,2) = "Service Status"
PS> $excel.Cells.Item(1,3) = "Service Status"

PS> $i = 2
PS> Get-Service |
  ForEach-Object {
    $excel.Cells.Item($i,1) = $_.name
    $excel.Cells.Item($i,2) = $_.status
    $excel.Cells.Item($i,3) = "$($_.status)"
    $i=$i+1
  }
```

Zugriff auf Datenbanken

Mit den bewährten ADODB-Objekten wie *ADODB.Connection* und *ADODB.Recordset*, die schon in älteren Skriptsprachen gern verwendet wurden, sprechen Sie beliebige Datenbanken über OLEDB oder ODBC an:

```
PS> $objConnection = New-Object -ComObject ADODB.Connection
PS> $objConnection.Open("Provider=Microsoft.Jet.OLEDB.4.0;Data
Source='D:\Daten\Tag3\Nordwind.mdb'")
PS> $objRS = $objConnection.Execute('SELECT * FROM Kunden')
PS> do {
    $objRS.Fields.Item('Firma').Value
     $objRS.MoveNext()
} until ($objRS.EOF -eq $True)
```

ACHTUNG Die ADODB-Datenbankklassen sind ein Beispiel für COM-Klassen, die möglicherweise nur in 32-Bit-Umgebungen funktionieren – jedenfalls dann, wenn Sie die Datenbanktreiber nicht zwischenzeitlich aktualisiert oder Office 2010 installiert haben. Versuchen Sie, auf einem 64-Bit-Computer einen veralteten Datenbanktreiber anzusprechen, erhalten Sie eine Fehlermeldung:

```
PS> $objConnection = New-Object -ComObject ADODB.Connection
PS> $objConnection.Open("Provider=Microsoft.Jet.OLEDB.4.0;Data
Source='C:\beispiele\nordwind.mdb'")
Ausnahme beim Aufrufen von "Open" mit 1 Argument(en):  "Der Provider kann nicht gefunden werden.
Möglicherweise ist er nicht richtig installiert worden."
```

Führen Sie dasselbe Skript auf einem 32-Bit-System oder in der *Windows PowerShell (x86)*-32-Bit-Konsole aus, läuft es anstandslos.

Das Ergebnis ist in diesem Fall der Inhalt der Spalte *Firma*, und dieses Ergebnis wird als Text zurückgeliefert. Möchten Sie die Informationen, die Sie aus einer Datenbank lesen, innerhalb der PowerShell weiterverarbeiten, dann sollten Sie diese besser als Objekt verpacken so wie in diesem Beispiel:

```
PS> $objConnection = New-Object -ComObject ADODB.Connection
PS> $objConnection.Open("Provider=Microsoft.Jet.OLEDB.4.0;Data Source='C:\neu\nordwind.mdb'")

PS> $objRS = $objConnection.Execute("SELECT * FROM Kunden")
PS> while ($objRS.EOF -ne $true) {
  $hash = @{}
  foreach ($field in $objRS.Fields) {
    $hash.$($field.name) = $field.value
  }
  New-Object PSObject -Property $hash

  $objRS.MoveNext()
}


Telefon      : 030-0074321
Straße       : Obere Str. 57
Kunden-Code  : ALFKI
Ort          : Berlin
Kontaktperson : Maria Anders
Firma        : Alfreds Futterkiste
```

```
Region        :
Land          : Deutschland
PLZ           : 12209
Telefax       : 030-0076545
Position      : Vertriebsmitarbeiterin

Telefon       : (5) 555-4729
Straße        : Avda. de la Constitución 2222
Kunden-Code   : ANATR
Ort           : México D.F.
Kontaktperson : Ana Trujillo
Firma         : Ana Trujillo Emparedados y helados
Region        :
Land          : Mexiko
PLZ           : 05021
Telefax       : (5) 555-3745
Position      : Inhaberin
(...)
```

Möchten Sie neue Informationen in einer Datenbank speichern, verwenden Sie entweder SQL (*INSERT INTO*) oder Sie arbeiten mit *ADODB.Recordset*-Objekten und fügen neue Datensätze über *AddNew()* und *Update()* hinzu:

```
PS> $objConnection = New-Object -ComObject ADODB.Connection
PS> $objConnection.Open("Provider=Microsoft.Jet.OLEDB.4.0;Data Source='C:\neu\nordwind.mdb'")
PS> $objRS = New-Object -ComObject ADODB.Recordset
PS> $OpenStatic = 3
PS> $LockOptimistic = 3

PS> $objRS.Open("SELECT * FROM Kunden", $objConnection, $OpenStatic, $Lockoptimistic)

PS> $objRS.AddNew()
PS> $objRS.Fields.Item("Kunden-Code") = "ESS29"
PS> $objRS.Fields.Item("Firma") = "Scriptinternals"
PS> $objRS.Fields.Item("Kontaktperson") = "Weltner"
PS> $objRS.Fields.Item("Position") = "Entwickler"

PS> $objRS.Update()
```

Automatische Updates

Windows überprüft normalerweise automatisch über seinen Updatedienst, ob es neue Updates gibt, und lädt diese je nach Einstellung automatisch herunter und installiert sie. Dieser Dienst kann über die COM-Klasse *Microsoft.Update.AutoUpdate* kontrolliert werden. Die folgenden Zeilen zeigen, wie Sie den Dienst kontrollieren, seine Einstellungen ändern und skriptgesteuert nach neuen Updates suchen:

```
PS> $update = New-Object -ComObject "Microsoft.Update.AutoUpdate"
PS> $update.Results

LastSearchSuccessDate                LastInstallationSuccessDate
---------------------                ---------------------------
01.03.2010 12:34:16                  25.02.2010 05:42:45

PS> $update.ServiceEnabled
```

```
True
PS> $update.Settings

NotificationLevel          : 4
ReadOnly                   : True
Required                   : False
ScheduledInstallationDay   : 0
ScheduledInstallationTime  : 3
IncludeRecommendedUpdates  : True
NonAdministratorsElevated  : True
FeaturedUpdatesEnabled     : False

PS> $update.ShowSettingsDialog()
PS> $update.DetectNow()
```

Dialogfelder öffnen

Die COM-Klasse *Shell.Application* kann Dialogfelder zur Auswahl von Ordnern öffnen. Daraus können Sie beispielsweise die Funktion *Select-Folder* erstellen, mit der Sie bei Bedarf bequem Ordner erfragen:

```
function Select-Folder($message='Select a folder', $path = 0) {
  $object = New-Object -ComObject Shell.Application

  $folder = $object.BrowseForFolder(0, $message, 0, $path)
  if ($folder -ne $null) {
    $folder.self.Path
  }
}

PS> Select-Folder
PS> Select-Folder 'Bitte Ordner auswählen!'
PS> Select-Folder -Mess 'Welcher Ordner?' -Path $env:windir
```

Verknüpfungen anlegen und ändern

Die COM-Klasse *WScript.Shell* kann Verknüpfungen anlegen und bestehende Verknüpfungen auslesen und ändern. Das folgende Skript legt beispielsweise eine Verknüpfung namens *Windows PowerShell* auf Ihren Desktop, mit der Sie die PowerShell-Konsole öffnen können:

```
PS> $shell = New-Object -ComObject WScript.Shell

PS> $datei = 'Windows PowerShell.lnk'
PS> $desktop = $shell.SpecialFolders.Item('Desktop')
PS> $path = "$desktop\$datei"

PS> $shortcut = $shell.CreateShortcut($path)
PS> $shortcut.IconLocation = 'powershell.exe,0'
PS> $shortcut.TargetPath = 'powershell.exe'
PS> $shortcut.Save()
```

Ebenso gut könnten Sie aber auch die vorhandenen Verknüpfungen in Ihrem Startmenü untersuchen und z.B. herausfinden, welche Tastenkombinationen dort hinterlegt sind:

```
PS> $shell = New-Object -ComObject wscript.shell
PS> $pfadUser = $shell.SpecialFolders.Item('StartMenu')
PS> $pfadAll = "$env:allusersprofile\Windows\Startmenü"

PS> dir $pfadUser, $pfadAll *.lnk -Recurse -ea 0 |
PS> ForEach-Object {
  $lnkfile = $shell.CreateShortcut($_.FullName)
  $rv = 1 | Select-Object Name, Hotkey
  $rv.Hotkey =  $lnkfile.Hotkey
  $rv.Name = $_.Name
  $rv
}
```

Netzwerkmanagement

Windows enthält ab Windows Vista die sogenannte *Network Location Awareness* (NLA), bei der Windows automatisch das Netzwerk erkennt, mit dem es gerade verbunden ist. So kann es die Firewalleinstellungen auf das jeweils gefundene Netzwerk abstimmen und unterscheidet dabei drei verschiedene Profile: *Öffentlich*, *Privat* und *Arbeitsplatz*. Die Verwaltung dieser Netzwerkzuordnung wird von einem COM-Objekt geleistet, das diesmal ausnahmsweise keinen Namen trägt. Es hat sich also nicht in der Registrierungsdatenbank eingetragen und ist von Programmen aus nur über seine interne *CLSID* (Class-ID) ansprechbar. Die PowerShell kann auch solche COM-Objekte verwenden und greift dabei anstelle von *New-Object* direkt auf den .NET-Typ *Activator* zu, der mit *CreateInstance()* einen Typ instanziieren kann. Welchen, ermittelt die statische Methode *GetTypeFromCLSID()* aus dem Typ *Type*:

```
PS> $netzwerk = [Activator]::CreateInstance([Type]::GetTypeFromCLSID([Guid]"{DCB00C01-570F-4A9B-
8D69-199FDBA5723B}"))
PS> $netzwerk.GetNetworkConnections()

              IsConnectedToInternet                       IsConnected
              ---------------------                       -----------
                               True                              True
```

Darüber finden Sie z.B. heraus, ob eine Ihrer Netzwerkverbindungen Internetzugang hat, Ihr Computer also online ist. Das stellen Sie noch einfacher folgendermaßen fest:

```
PS> $netzwerk.IsConnected
True
PS> $netzwerk.IsConnectedToInternet
True
```

Um die Klassifizierung Ihrer Netzwerke sichtbar zu machen, sind allerdings einige Verrenkungen nötig, weil die COM-Objekte die Informationen ausnahmsweise nicht als Eigenschaften implementieren (welche die PowerShell sichtbar machen könnte), sondern als Methoden:

```
PS> $name = @{Name='Name'; Expression={ $_.GetName() }}
PS> $beschreibung = @{Name='Beschreibung'; Expression={ $_.GetDescription() }}
PS> $kategorie = @{Name='Kategorie'; Expression={ $_.GetCategory() }}

PS> $netzwerk.GetNetworkConnections() |
  ForEach-Object { $_.GetNetwork() } |
    Select-Object $Name, $Beschreibung, $kategorie
```

```
Name            Beschreibung          Kategorie ID
----            ------------          --------- --
Internet-Cafe   Netzwerk                      1
```

Mit *SetCategory()* können einzelne oder alle Netzwerke auf einen anderen Typ umgestellt werden, wozu Administratorrechte nötig sind. Die folgende Zeile würde alle Netzwerke auf den Typ *Privat* umstellen:

```
$netzwerk.GetNetworkConnections() | ForEach-Object {$_.GetNetwork().SetCategory(1)}
```

ACHTUNG Tun Sie dies nicht unbedacht! Der Typ eines Netzwerks legt fest, welche Firewallregeln für ihn aktiv sind. Öffentliche Netzwerke wie z.B. öffentliche Zugangspunkte und WLANs sollten niemals als *Privat* deklariert werden, weil Sie sonst den Schutz der Firewall deutlich verringern.

Welche COM-Objekte gibt es sonst noch?

Der Name der COM-Klassen wird *ProgID* oder *Programmatic Identifier* genannt und ist in der Registrierungsdatenbank gespeichert. Wenn Sie also nachschauen möchten, welche COM-Objekte es auf Ihrem Computer gibt, statten Sie der Registrierungsdatenbank einen Besuch ab:

```
dir REGISTRY::HKEY_CLASSES_ROOT\CLSID -Include PROGID -Recurse | foreach {$_.GetValue("")}
```

Ähnlich wie bei .NET-Typen werden Sie in einer kleinen Datenflut ertränkt. Es gibt Tausende COM-Objekte und die meisten sind für Skriptzwecke unbrauchbar. Wie also auch bei .NET kommt es bei der Auswahl auf ein wenig Erfahrung an. Viele wichtige COM-Klassen haben Sie in den letzten Abschnitten bereits kennengelernt. Wollen Sie mehr zu einem COM-Befehl wissen, hilft das Internet. Suchen Sie mithilfe einer Suchmaschine Ihrer Wahl nach zwei Schlüsselbegriffen: der *ProgID* der COM-Komponente (z.B. *WScript.Shell*) und dem Namen des Befehls, den Sie einsetzen wollen.

Traditionelle Skriptsprachen portieren

Leider funktionieren nicht alle COM-Objekte einwandfrei in der PowerShell. Schuld daran hat nicht unbedingt die PowerShell selbst, sondern das .NET Framework, das nicht alle COM-Komponenten richtig verwaltet. Ein Beispiel ist das Excel-Objekt *Excel.Application*. In traditionellen Skriptsprachen wie VBScript kann man damit wunderbar Ergebnisse direkt in ein Tabellenblatt schreiben:

```
' Achtung: VBScript-Code!
set excel = CreateObject("Excel.Application")
excel.Visible = True
excel.Workbooks.Add
excel.Cells(1,1) = "Hallo"
```

Würden Sie diesen Code in eine Textdatei schreiben und diese dann mit der Dateierweiterung *.vbs* speichern, z.B. als *Excel.vbs*, dann könnten Sie diese Skriptdatei per Doppelklick starten und ausführen. Microsoft Excel würde gestartet (sofern bei Ihnen installiert) und in die erste Zelle eines Tabellenblatts würde ein Gruß geschrieben. Prinzipiell müsste dieses Skript genauso auch in der Power-

Shell funktionieren, denn COM-Objekten ist es egal, wer sie aufruft. Versuchen Sie, das VBScript in die PowerShell zu übersetzen – es ist gar nicht so schwierig:

```
# übersetztes VBScript in PowerShell:
$excel = New-Object -ComObject Excel.Application
$excel.Visible = $True
$excel.Workbooks.Add()
$excel.Cells(1,1) = "Hallo"
```

Sie müssen also vor allen Dingen daran denken, dass bei der PowerShell alle Variablen mit dem Dollarzeichen ($) beginnen und alle Methoden mit () enden. Ansonsten hat sich das Skript kaum geändert. Leider funktioniert es aber nicht so wie geplant. Zwar startet Excel wie vorher, aber dann kassieren Sie Fehler wie diesen:

```
Ausnahme beim Aufrufen von "Add" mit 0 Argument(en):  "Altes Format oder ungültige Typbibliothek.
(Ausnahme von HRESULT: 0x80028018 (TYPE_E_INVDATAREAD))"
Bei Zeile:1 Zeichen:21
+ $excel.Workbooks.Add( <<<< )
```

Dieser Fehler wurde nicht von der PowerShell verursacht, sondern vom .NET Framework. Es hat die so unendlich wichtige Typbibliothek von Excel nicht finden können. Meist sind dafür unterschiedliche Sprachversionen verantwortlich, z.B. ein deutsches Excel auf einem englischen Windows. Falls Sie nicht auf eine Lösung dieses Problems warten können und auch nicht auf eine ältere Skriptsprache wie VBScript ausweichen möchten, gibt es eine weitere Lösung: das COM-Objekt *ScriptControl*. Damit führen Sie klassischen VBScript-Code innerhalb der PowerShell aus:

```
# VBScript-Code festlegen:
$code = @'
' Achtung: VBScript-Code!
set excel = CreateObject("Excel.Application")
excel.Visible = True
excel.Workbooks.Add
excel.Cells(1,1) = "Hallo"
'@

# ScriptControl beschaffen und als Sprache VBScript festlegen:
$scriptcontrol = New-Object -ComObject ScriptControl
$scriptcontrol.Language = "VBScript"

# VBScript-Code aus PowerShell heraus ausführen:
$scriptcontrol.AddCode($code)
```

PROFITIPP Wenn Sie häufiger Ihren PowerShell-Code mit VBScript-Code mischen wollen, stellt sich bald die Frage, ob Informationen aus dem VBScript an die PowerShell übergeben werden können. Normalerweise geht das nicht, denn das Skript ist innerhalb des ScriptControls hermetisch von der PowerShell abgeriegelt. Mit einem Kniff kann das VBScript aber dennoch beliebige Daten an die PowerShell übergeben. Dazu legen Sie zuerst ein COM-Objekt vom Typ *Scripting.Dictionary* an. Es funktioniert wie eine Hashtable, speichert also Schlüssel-Wert-Paare. Dieses Objekt binden Sie mit *AddObject()* in das ScriptControl ein und geben ihm einen Namen, z.B. *PowerShell*. Unter diesem Namen wird das Objekt im VBScript sichtbar. Das VBScript kann nun also alle Ergebnisse mit *Add()* in das Objekt einfügen. Sobald das VBScript endet, besitzt die PowerShell noch immer das zugrunde liegende Objekt und kann daraus die übergebenen Informationen wieder auslesen:

```
# Dieses Objekt nimmt die Ergebnisse des VBScript auf:
$objekt = New-Object -ComObject Scripting.Dictionary
```

```
# VBScript-Code festlegen:
$code = @'
' Achtung: VBScript-Code!

' Hier setzt das VBScript zwei Schlüssel-Wert-Paare im "PowerShell"-Objekt:
powershell.Add "Hallo", True
powershell.Add 12345, True
MsgBox "Werte gesetzt!"
'@

# ScriptControl beschaffen und als Sprache VBScript festlegen:
$scriptcontrol = New-Object -ComObject ScriptControl
$scriptcontrol.Language = "VBScript"

# Das Objekt für die Rückgabewerte einfügen:
$scriptcontrol.AddObject("powershell", $objekt)

# VBScript-Code aus der PowerShell heraus ausführen:
$scriptcontrol.AddCode($code)

# Ergebnisse des VBScript ausgeben:
$objekt
```

Kurz und knapp ...

Normalerweise beschaffen die PowerShell und die PowerShell-Cmdlets Objekte automatisch für Sie, denn alle Ergebnisse bestehen immer aus Objekten. Man kann Objekte aber mit *New-Object* auch gezielt selbst von .NET-Typen ableiten. So sind Sie nicht darauf angewiesen, dass es ein Cmdlet gibt, das Ihnen den gewünschten Objekttyp liefert, sondern haben vollen Zugriff auf alle Objekttypen von .NET Framework. Setzen Sie *New-Object* ein, beschafft hinter den Kulissen ein so genannter Konstruktor das neue Objekt. Wichtig wird das spätestens dann, wenn der Konstruktor Zusatzinformationen von Ihnen verlangt, um das neue Objekt erzeugen zu können. Geben Sie diese Zusatzinformationen dann hinter dem Typnamen entweder durch Leerzeichen getrennt oder in runden Klammern kommasepariert an.

Damit Sie Objekte von Typen ableiten können, müssen die Assemblys, in denen diese Typen definiert sind, auch geladen sein. Die PowerShell lädt nur die notwendigsten Assemblys automatisch. Benötigen Sie Typen oder Objekte von Typen, die nicht zu diesen Standardassemblys gehören, laden Sie die Assembly zuerst selbst nach. Die dafür notwendigen Funktionen finden Sie im Typ *System.Reflection.Assembly.*

Eigene neue Typen erzeugen

Sie wissen inzwischen, dass es unzählige Typen gibt, die alle aus sogenannten .NET-Assemblys stammen. Möchten Sie also mit Typen arbeiten, müssen Sie lediglich sicherstellen, dass die entsprechende Assembly geladen ist, in welcher der Typ definiert wird. Daraus ergibt sich, dass Sie auch ganz neue Typen erzeugen können, indem Sie eine eigene .NET-Assembly entwickeln. Das ist sehr viel einfacher, als Sie vielleicht glauben, jedenfalls dann, wenn Sie etwas Erfahrung in .NET-Programmiersprachen wie C# oder Visual Basic mitbringen. Eigene Typen sind der letzte fehlende Baustein, mit dem Sie sogar dann noch Lösungen zustande bringen, wenn die passenden .NET-Typen für die Aufgabe fehlen.

Eine neue Klasse erstellen

Eine Klasse entspricht einem Typ und mit .NET-Programmiersprachen wie C# oder Visual Basic lassen sich solche Klassen sehr bequem definieren. Die folgenden Zeilen legen in der PowerShell-Variablen *$source* den C#-Code für eine einfache Klasse fest:

```
$source = @'
public class Rechner
{
    public static int Add(int a, int b)
    {
        return (a + b);
    }

    public int Multiply(int a, int b)
    {
        return (a * b);
    }
}
'@
```

Die Klasse *Rechner* stellt zwei Methoden zur Verfügung: *Add()* ist eine statische Methode und steht deshalb später direkt im Typ zur Verfügung. *Multiply()* bildet dagegen eine dynamische Methode, die in Objekten bereitsteht, die vom Typ *Rechner* mit *New-Object* abgeleitet wurden. Um den C#-Code on the fly in einen echten .NET-Typ zu verwandeln, greifen Sie zu *Add-Type* und geben lediglich den Quellcode an. Die gesamte Kompilierung geschieht unsichtbar hinter den Kulissen:

```
Add-Type -TypeDefinition $source
```

Ab sofort ist der neue Typ *Rechner* verfügbar:

```
PS> [Rechner]

IsPublic IsSerial Name                                     BaseType
-------- -------- ----                                     --------
True     False    Rechner                                  System.Object
```

Sie können jetzt wie bei jedem anderen Typ auf die im Typ vorhandenen statischen Methoden zugreifen, also in diesem Fall auf *Add()*:

```
PS> [Rechner]::Add(5,10)
15
```

Die Methode *Multiply()* ist im Quellcode nicht als *static* deklariert und ist deshalb dynamisch, also in abgeleiteten Objekten verfügbar:

```
PS> $meinRechner = New-Object Rechner
PS> $meinRechner.Multiply(3,12)
36
```

Mit *Add-Type* und selbst definierten Typen lassen sich also fehlende Typen nachrüsten, die Sie für Ihre Zwecke vielleicht benötigen. Brauchen Sie z.B. eine Auflistung (Enumeration mit festgelegten Schlüsselwerten), können Sie diesen Ansatz verwenden, der diesmal die Sprache Visual Basic einsetzt:

```
$source=@'
Public Enum Stimmung
Euphorisch
Gut
Mittel
Schlecht
Übel
End Enum
'@
```

Anschließend verwandeln Sie den Quellcode wieder in einen Typ:

```
PS> Add-Type -TypeDefinition $source -Language VisualBasic
```

Ab sofort steht Ihnen eine Enumeration namens *Stimmung* zur Verfügung, die einen der aufgelisteten Werte annehmen kann. Sie können die Enumeration jetzt dazu verwenden, Variablen streng zu typisieren:

```
[Stimmung]$situation = 'Gut'
```

Der Variablen *$situation* kann nun jedes der Schlüsselwörter in der Aufzählung zugewiesen werden, aber kein sonstiger Wert:

```
PS> $situation = 'Übel'
PS> $situation = 'Euphorisch'
PS> $situation = 'Katastrophe'
Der Wert "Katastrophe" kann aufgrund von ungültigen Enumerationswerten nicht in den Typ "Stimmung"
konvertiert werden. Geben Sie einen der folgenden Enumerationswerte an, und versuchen Sie es
erneut. Mögliche Enumerationswerte sind "Euphorisch, Gut, Mittel, Schlecht, Übel".
```

Kommt Ihnen die Fehlermeldung bekannt vor? Weisen Sie einer Variable, die auf eine bestimmte Aufzählung festgelegt ist, einen falschen Wert zu, verrät die Fehlermeldung automatisch die erlaubten Werte – genau so funktionieren viele Cmdlet-Argumente und Objekteigenschaften.

Auf Low-Level-APIs zugreifen

Die Typen von .NET Framework sind bereits Low-Level-Funktionen, doch es geht noch tiefer. Unterhalb von .NET Framework liegen die Windows API-Funktionen, auf denen das .NET Framework aufbaut. Liefert also das .NET Framework nicht den gesuchten Befehl, greifen Sie auf die APIs zu. Das folgende Beispiel deklariert in C# die API-Funktion *ShowWindowAsync()* aus der internen Systembibliothek *user32.dll*:

```
$signature = @"
[DllImport("user32.dll")]
public static extern bool ShowWindowAsync(IntPtr hWnd, int nCmdShow);
"@
```

Mit *AddType()* fügen Sie diesen Typ zur PowerShell hinzu:

```
$showWindowAsync = Add-Type -MemberDefinition $signature -Name "Win32ShowWindowAsync" -Namespace
Win32Functions -PassThru
```

Ab sofort könnten Sie mithilfe der eingebundenen Low-Level-Funktion beliebige Fenster minimieren und maximieren. Die folgenden Zeilen minimieren das Fenster der Anwendung, in der das Skript ausgeführt wird, vorübergehend für eine Sekunde und stellen es danach wieder her:

```
# PowerShell-Fenster minimieren:
$showWindowAsync::ShowWindowAsync((Get-Process -id $PID).MainWindowHandle, 2)

Start-Sleep -Seconds 1

# Fenster wiederherstellen:
$showWindowAsync::ShowWindowAsync((Get-Process -id $PID).MainWindowHandle, 4)
```

Kurz und knapp ...

Einige .NET-Technologien sind nicht direkt in der PowerShell implementiert. Die PowerShell kann z.B. keine neuen Typen erzeugen, Aufzählungen anlegen oder auf Low-Level-API-Funktionen zugreifen. Als Lösung kann man aber beliebigen Quellcode in den Programmiersprachen C# oder Visual Basic mit *Add-Type* kompilieren lassen und selbst diese wenigen verbliebenen Einschränkungen somit umgehen. *Add-Type* kann neue Typen erstellen, Aufzählungen anlegen und API-Funktionen zugänglich machen.

Nachschlag für Profis

Wie immer finden Sie auch in diesem Kapitel einen kleinen Nachschlag, den Sie zwar getrost überspringen dürfen, der Ihnen aber hilft, das neugewonnene Wissen praktisch anzuwenden.

Fragen und Antworten

Aufgabe Sie haben in Ihrem Entwicklungssystem mit der folgenden Zeile erfolgreich ein *MsgBox*-Dialogfeld angezeigt. Dieselbe Zeile funktioniert auf einem anderen Computer aber nicht und liefert stattdessen eine Fehlermeldung. Warum wohl?

```
PS> [Microsoft.VisualBasic.Interaction]::MsgBox('Fortsetzen?', 'YesNoCancel', 'Ihre Entscheidung')
Der Typ [Microsoft.VisualBasic.Interaction] kann nicht gefunden werden: Stellen Sie sicher, dass
die Assembly, die diesen Typ enthält, geladen wird.
```

Lösung Die Fehlermeldung liefert eine gute Erklärung, weswegen man diese hin und wieder lesen sollte. Der Typ *Microsoft.VisualBasic.Interaction* stammt aus einer Assembly, welche die PowerShell nicht automatisch geladen hat. Sobald Sie das nachholen, funktioniert der Befehl:

```
PS> [System.Reflection.Assembly]::LoadWithPartialName('Microsoft.VisualBasic')

GAC    Version        Location
---    -------        --------
True   v2.0.50727     C:\Windows\assembly\GAC_MSIL\Microsoft.VisualBasic\8.0.0.0__b03f5f...


PS> [Microsoft.VisualBasic.Interaction]::MsgBox('Fortsetzen?', 'YesNoCancel', 'Ihre Entscheidung')
No
```

Offenbar war diese Assembly auf Ihrem Entwicklungssystem bereits in Ihrer PowerShell-Session vorhanden. Das kann z.B. passieren, wenn Sie Erweiterungen (neue Snap-Ins oder Module) geladen haben. Diese laden ihrerseits die verschiedensten Assemblys nach, die sie für ihre Arbeit benötigen. Wurden Assemblys erst einmal in eine PowerShell-Session geholt, ganz gleich von wem, stehen sie in dieser Session immer zur Verfügung.

Aufgabe Sie haben eine kleine Funktion namens *MsgBox* verfasst, die ein einfaches *Ja/Nein*-Dialogfeld öffnen soll. Das funktioniert auch, aber die Funktion gibt neben dem Resultat außerdem immer einen zusätzlichen Text aus. Warum? Was ist zu tun?

```
PS> function MsgBox($frage, $titel='') {
>> [System.Reflection.Assembly]::LoadWithPartialName('Microsoft.VisualBasic')
>> [Microsoft.VisualBasic.Interaction]::MsgBox($frage, 'YesNoCancel', $titel)
>> }
>>
PS> MsgBox 'Wollen Sie den Computer jetzt neu starten?' 'Neustart?'

GAC    Version        Location
---    -------        --------
True   v2.0.50727     C:\Windows\assembly\GAC_MSIL\Microsoft.VisualBasic\8.0.0.0__b03f5f...
No
```

Lösung Innerhalb Ihrer Funktion laden Sie die benötigte Assembly nach – das ist gut. Allerdings gibt die PowerShell dabei die geladene Assembly zurück. Weil das unerwünscht ist, senden Sie das Ergebnis einfach an *Out-Null*:

```
[System.Reflection.Assembly]::LoadWithPartialName('Microsoft.VisualBasic') | Out-Null
```

Aufgabe Sie haben zwar erfolgreich einfache Dialogfelder erzeugt, möchten nun aber auch ein Symbol im Dialogfeld anzeigen. Außerdem stellt sich die Frage, wie man kontrollieren kann, welche Schaltflächen das Dialogfeld anzeigt. Fällt Ihnen ein Weg ein?

Lösung Die statische Methode *MsgBox* kontrolliert mit dem zweiten Parameter das Aussehen des Dialogfelds. Dort dürfen Sie z.B. festlegen, welche Schaltflächen das Dialogfeld anzeigt. Schauen Sie sich den Befehl genauer an, stellen Sie fest, dass dieser zweite Parameter vom Typ *Microsoft.VisualBasic.MsgBoxStyle* ist:

```
PS> [Microsoft.VisualBasic.Interaction] | Get-Member MsgBox -Static

   TypeName: Microsoft.VisualBasic.Interaction

Name   MemberType Definition
----   ---------- ----------
MsgBox Method     static Microsoft.VisualBasic.MsgBoxResult MsgBox(System.Object Prompt,...

PS> [Microsoft.VisualBasic.Interaction] | Get-Member MsgBox -Static | Select-Object -
ExpandProperty Definition
static Microsoft.VisualBasic.MsgBoxResult MsgBox(System.Object Prompt,
Microsoft.VisualBasic.MsgBoxStyle Buttons, System.Object Title)
```

Schauen Sie sich diesen Typ näher an, offenbart sich sein Inhalt. Es handelt sich nämlich um eine Aufzählung erlaubter Werte:

```
# der Typ ist in Wirklichkeit eine Aufzählung (Enumeration):
```

```
PS> [Microsoft.VisualBasic.MsgBoxStyle].isEnum
True

# Get-Member zeigt die darin enthaltenen Werte als Property an:
PS> [Microsoft.VisualBasic.MsgBoxStyle] | gm -Static

   TypeName: Microsoft.VisualBasic.MsgBoxStyle

Name                 MemberType Definition
----                 ---------- ----------
Equals               Method     static bool Equals(System.Object objA, System.Object objB)
Format               Method     static string Format(type enumType, System.Object value, ...
GetName              Method     static string GetName(type enumType, System.Object value)
GetNames             Method     static string[] GetNames(type enumType)
GetUnderlyingType    Method     static type GetUnderlyingType(type enumType)
GetValues            Method     static array GetValues(type enumType)
IsDefined            Method     static bool IsDefined(type enumType, System.Object value)
Parse                Method     static System.Object Parse(type enumType, string value), ...
ReferenceEquals      Method     static bool ReferenceEquals(System.Object objA, System.Ob...
ToObject             Method     static System.Object ToObject(type enumType, System.Objec...
AbortRetryIgnore     Property   static Microsoft.VisualBasic.MsgBoxStyle AbortRetryIgnore...
ApplicationModal     Property   static Microsoft.VisualBasic.MsgBoxStyle ApplicationModal...
Critical             Property   static Microsoft.VisualBasic.MsgBoxStyle Critical {get;}
DefaultButton1       Property   static Microsoft.VisualBasic.MsgBoxStyle DefaultButton1 {...
DefaultButton2       Property   static Microsoft.VisualBasic.MsgBoxStyle DefaultButton2 {...
DefaultButton3       Property   static Microsoft.VisualBasic.MsgBoxStyle DefaultButton3 {...
Exclamation          Property   static Microsoft.VisualBasic.MsgBoxStyle Exclamation {get;}
Information          Property   static Microsoft.VisualBasic.MsgBoxStyle Information {get;}
MsgBoxHelp           Property   static Microsoft.VisualBasic.MsgBoxStyle MsgBoxHelp {get;}
MsgBoxRight          Property   static Microsoft.VisualBasic.MsgBoxStyle MsgBoxRight {get;}
MsgBoxRtlReading     Property   static Microsoft.VisualBasic.MsgBoxStyle MsgBoxRtlReading...
MsgBoxSetForeground Property   static Microsoft.VisualBasic.MsgBoxStyle MsgBoxSetForegro...
OkCancel             Property   static Microsoft.VisualBasic.MsgBoxStyle OkCancel {get;}
OkOnly               Property   static Microsoft.VisualBasic.MsgBoxStyle OkOnly {get;}
Question             Property   static Microsoft.VisualBasic.MsgBoxStyle Question {get;}
RetryCancel          Property   static Microsoft.VisualBasic.MsgBoxStyle RetryCancel {get;}
SystemModal          Property   static Microsoft.VisualBasic.MsgBoxStyle SystemModal {get;}
YesNo                Property   static Microsoft.VisualBasic.MsgBoxStyle YesNo {get;}
YesNoCancel          Property   static Microsoft.VisualBasic.MsgBoxStyle YesNoCancel {get;}

# hinterlegte Namen in der Aufzählung sichtbar machen:
PS> [System.Enum]::GetNames([Microsoft.VisualBasic.MsgBoxStyle])
ApplicationModal
DefaultButton1
OkOnly
OkCancel
AbortRetryIgnore
YesNoCancel
YesNo
RetryCancel
Critical
Question
Exclamation
Information
DefaultButton2
DefaultButton3
SystemModal
```

```
MsgBoxHelp
MsgBoxSetForeground
MsgBoxRight
MsgBoxRtlReading
```

Schnell wird deutlich, dass die Werte der Aufzählung nicht nur kontrollieren, welche Schaltflächen das Dialogfeld anzeigen soll, sondern auch, welche Schaltfläche vorausgewählt sein soll, ob das Dialogfeld von anderen Fenstern verdeckt werden darf und welches Symbol das Dialogfeld trägt. Ein Dialogfeld mit *OK/Abbrechen*-Schaltflächen, einem Fragezeichensymbol, immer im Vordergrund und mit einer Vorwahl der *OK*-Schaltfläche erhalten Sie z.B. so:

```
[System.Reflection.Assembly]::LoadWithPartialName('Microsoft.VisualBasic') | Out-Null
$optionen = 'OkCancel,DefaultButton1,Question,SystemModal'
[Microsoft.VisualBasic.Interaction]::MsgBox('Fortsetzen?', $optionen, 'Ihre Entscheidung')
```

Tatsächlich kombiniert die *MsgBox* alle geäußerten Wünsche und verhält sich wie erwartet. Wie Sie sehen, können mehrere gültige Enumerationswerte kombiniert werden, indem man sie als Text kommasepariert angibt.

Aufgabe Sie möchten anstelle einer *MsgBox* lieber eine *InputBox* zur Freitexteingabe öffnen. Wie könnten Sie vorgehen?

Lösung Der Verdacht liegt nahe, dass der Typ *Microsoft.VisualBasic.Interaction* noch weitere Methoden enthält, mit denen man auch eine VBScript-artige *InputBox* öffnen kann:

```
PS> [Microsoft.VisualBasic.Interaction] | Get-Member -MemberType Method *Box* -Static


   TypeName: Microsoft.VisualBasic.Interaction

Name     MemberType Definition
----     ---------- ----------
InputBox Method     static string InputBox(string Prompt, string Title, string DefaultRe...
MsgBox   Method     static Microsoft.VisualBasic.MsgBoxResult MsgBox(System.Object Promp...
```

Und tatsächlich, es funktioniert:

```
PS> [Microsoft.VisualBasic.Interaction]::InputBox('Ihr Name', 'Anmeldung', $env:username)
```

Aufgabe Schauen Sie sich den folgenden Code an. Können Sie erklären, was hier passiert?

```
PS> $auswahl = [System.Management.Automation.Host.ChoiceDescription[]]('&Ja','&Nein')
PS> $antwort = $Host.ui.PromptForChoice('Reboot', 'Darf das System jetzt neu gestartet
werden?',$auswahl,1)

Reboot
Darf das System jetzt neu gestartet werden?
[J] Ja  [N] Nein  [?] Help (default is "N"): j

PS> if ($auswahl -eq 0) {
>>   "Starte neu"
>> } else {
>>   "OK, dann nicht"
>> }
>>
OK, dann nicht
```

Lösung Das PowerShell-Objekt *$Host* enthält eine eigene Methode namens *PromptForChoice()*, mit der man eine Art textbasierte »MsgBox« erzeugen kann, welche die PowerShell auch eifrig für eigene Rückfragen nutzt. Möchte man diese Methode ebenfalls nutzen, muss man ihr die passenden Argumente übergeben. Eines davon, nämlich die möglichen Antworten, muss in einem besonderen Typ vorliegen, nämlich als Array von *System.Management.Automation.Host.ChoiceDescription*-Objekten. Diese beschafft sich der Code durch implizite Umwandlung. Das Ergebnis, also die Antwort des Benutzers, wird in *$antwort* geliefert und ist eine Zahl, die angibt, welche der möglichen Antworten gewählt wurde. Der Wert *0* steht also für die erste angebotene Antwortmöglichkeit, der Wert *1* entsprechend für die zweite usw.

Aufgabe Finden Sie alle PowerShell-Skripts in Ihrem Benutzerprofil, die COM-Objekte verwenden. Wie könnte man vorgehen?

Lösung Die Kombination aus *Get-ChildItem* und *Select-String* ist Ihre Geheimwaffe, um Textdateien zu finden, die ein bestimmtes Suchwort enthalten. Die folgende Zeile findet alle PowerShell-Skripts, in denen das Stichwort *-COM* vorkommt, und zeigt die Pfadnamen in einem separaten Fenster an:

```
PS> dir $HOME -Filter *.ps1 -Rec | Select-String '-COM' -List | Select-Object Path | Out-GridView
```

Auf gleiche Weise finden Sie nun natürlich auch Skripts, die einen bestimmten Typ oder ein bestimmtes Cmdlet verwenden.

Projekt: selbsterklärende .NET-Objekte

Vielleicht fühlen Sie sich von den Möglichkeiten der .NET-Typen und -Objekte etwas erschlagen. Damit sind enorme Dinge möglich, aber gleichzeitig fehlt hier eindeutig der Komfort von *Get-Help*, mit dem man zu Cmdlets bequem Hilfe abrufen kann. In der Objektwelt müssen Sie sich die Hilfe zu Typen und Objekten selbst suchen. Dabei sind die Objekte und Klassen von .NET Framework ausführlich dokumentiert, aber es ist nicht immer leicht, die entsprechende Beschreibung eines Objekts im Internet zu finden. Mit einem kleinen Trick werden Objekte in der PowerShell künftig selbstbeschreibend. Dazu legen Sie sich eine sogenannte Typerweiterung an. So gehen Sie vor:

```
# Notepad starten
PS> cd $HOME
PS> notepad msdn.type.ps1xml
```

Notepad startet und bietet an, ein neues Dokument anzulegen. Stimmen Sie zu. Geben Sie dann in den Editor sorgfältig den folgenden Code ein:

```
<Types>
<Type>
    <Name>System.Object</Name>
    <Members>
      <ScriptMethod>
        <Name>MSDN</Name>
        <Script>
if (($global:IEMSDN -eq $null) -or ($global:IEMSDN.HWND -eq $null))
{   $global:IEMSDN = New-Object -ComObject InternetExplorer.Application
}
$Uri = "http://msdn2.microsoft.com/library/" + $this.GetType().FullName + ".ASPX"
$global:IEMSDN.Navigate2($Uri)
```

```
$global:IEMSDN.Visible = $true
        </Script>
      </ScriptMethod>
    </Members>
</Type>
</Types>
```

Speichern Sie den Text und fügen Sie ihn dann mit *Update-TypeData* in das PowerShell Extended Type System ein:

```
Update-TypeData msdn.type.ps1xml
```

Fertig! Ab sofort hat jedes Objekt einen neuen Befehl namens *MSDN()*. Möchten Sie die Dokumentation eines *String*-Objekts im Internet nachschlagen? Kein Problem:

```
"Text".MSDN()
```

Oder interessiert Sie ein *DateTime*-Objekt näher? Bitte sehr:

```
(Get-Date).MSDN()
```

WMI-Remotezugriff mit Anmeldung

WMI ist eine extrem vielseitige Verwaltungstechnik, über die sich natürlich nicht nur Prozesse (wie im Beispiel in diesem Kapitel) starten lassen. Der folgende Code würde beispielsweise auf dem Server *storage1* eine neue Freigabe namens *serviceshare* einrichten:

```
PS> $shareklasse = [wmiclass]'\\storage1\root\cimv2:Win32_Share'
PS> $pfad = 'C:\'
PS> $name = 'serviceshare'
PS> $type = 0
PS> $maximumallowed = 5
PS> $description = 'Interner Share für Wartungsaufgaben'
PS> $shareklasse.Create($pfad, $Name, $Type, $MaximumAllowed, $Description).ReturnValue
0
```

Sofort nach Anlegen der neuen Freigabe könnten Sie auch bereits darauf zugreifen:

```
PS> dir \\storage1\serviceshare

    Verzeichnis: \\storage1\serviceshare

Mode                LastWriteTime     Length Name
----                -------------     ------ ----
d----        11.06.2009     18:57            $WIN_NT$.~BT
d----        11.06.2009     18:56            DOCS
(...)
```

Allerdings funktionieren alle diese Beispiele nur, wenn Sie auf dem Zielsystem über Administratorrechte verfügen, und da Sie nirgends Anmeldeinformationen angeben konnten, werden Sie zwangsläufig mit Ihrer aktuellen Identität am Zielsystem angemeldet. Möchten Sie eine andere Identität annehmen, genügt die Typkonversion nicht mehr. Jetzt müssen Sie selbst gezielt einige Objekte anlegen:

```
# Anmeldeinformationen festlegen:
PS> $WMIOptionen = New-Object System.Management.ConnectionOptions
PS> $anmeldung = Get-Credential
```

```
PS> $WMIOptionen.SecurePassword = $anmeldung.Password
PS> $WMIOptionen.UserName = $anmeldung.UserName

PS> $path = '\\storage1\root\cimv2:Win32_Share'
PS> $scope = New-Object System.Management.ManagementScope($path, $WMIOptions)
PS> $scope.Connect()

PS> $optionen = New-Object System.Management.ObjectGetOptions

# Freigabe einrichten:
PS> $shareklasse = New-Object System.Management.ManagementClass($scope, $path, $optionen)
PS> $pfad = 'C:\'
PS> $name = 'serviceshare2'
PS> $type = 0
PS> $maximumallowed = 5
PS> $description = 'Interner Share für Wartungsaufgaben'
PS> $shareklasse.Create($pfad, $Name, $Type, $MaximumAllowed, $Description).ReturnValue
0
```

Mehr zum Remoting lesen Sie in Kapitel 16.

Kontextmenübefehle verwenden

Die PowerShell kann Dateien mit *Out-Printer* ausdrucken, aber nur, wenn die Dateien reinen Text enthalten. Komplexere Dokumente wie z.B. Word-Briefe müssen vom zuständigen Programm geladen, angezeigt und ausgedruckt werden. Würden Sie das über die grafische Benutzeroberfläche machen, genügt ein Rechtsklick auf eine Word-Datei, und schon könnten Sie im Kontextmenü den Befehl *Drucken* wählen. Die Kontextmenübefehle einer Datei lassen sich aber auch über die zugrunde liegenden Objekte fernsteuern. Geben Sie einfach den Pfad zu einer Word-Datei an (oder einer anderen Datei, die einen *Drucken*-Befehl in ihrem Kontextmenü enthält):

```
$path = "$HOME\Documents\tag 1.docx"

$process = New-Object System.Diagnostics.Process
$Process.StartInfo.FileName = $path
$Process.StartInfo.Verb = "Print"
$Process.StartInfo.CreateNoWindow = $true

Try {
  $Process.Start()
}

Catch [ComponentModel.Win32Exception]  {
  $fehler = $_.Exception.Message
  Write-Error "Konnte Datei nicht drucken: $fehler"
}
```

Mit XML arbeiten

XML (*Extended Markup Language*) verbreitet sich immer stärker als universelles Format, um Informationen bereitzustellen oder zu speichern. Der Umgang mit XML-Daten allerdings war bisher nicht einfach. Das ändert sich jetzt, denn mit dem Wissen über Typen und Objekte übernimmt die Power-

Shell einen großen Teil der Arbeit. Weil XML-Dateien aus reinem Text bestehen, kann man sie leicht mit jedem Editor oder direkt von der PowerShell aus anlegen. Lassen Sie uns eine Mitarbeiterliste als XML-Datei speichern:

```
$xml = @'
<?xml version="1.0" ?>
<Belegschaft Zweigstelle="Hannover" Typ="Aussendienst">
  <Mitarbeiter>
    <Name>Tobias Weltner</Name>
    <Rolle>Leitung</Rolle>
    <Alter>41</Alter>
  </Mitarbeiter>
  <Mitarbeiter>
    <Name>Cofi Heidecke</Name>
    <Rolle>Sicherheit</Rolle>
    <Alter>6</Alter>
  </Mitarbeiter>
</Belegschaft>
'@ | Out-File $HOME\mitarbeiter.xml
```

Damit Sie die im XML-Code eingebetteten Informationen schnell und einfach abrufen können, verarbeiten Sie den XML-Code nicht als Text, sondern als XML. Wandeln Sie den Text also in den Typ *XML* um:

```
# XML als reiner Text:
PS> Get-Content $HOME\mitarbeiter.xml
<?xml version="1.0" ?>
<Belegschaft Zweigstelle="Hannover" Typ="Aussendienst">
  <Mitarbeiter>
    <Name>Tobias Weltner</Name>
    <Rolle>Leitung</Rolle>
    <Alter>41</Alter>
  </Mitarbeiter>
  <Mitarbeiter>
    <Name>Cofi Heidecke</Name>
    <Rolle>Sicherheit</Rolle>
    <Alter>6</Alter>
  </Mitarbeiter>
</Belegschaft>

# XML als XML-Objekt:
PS> [XML](Get-Content $HOME\mitarbeiter.xml)

xml                                             Belegschaft
---                                             -----------
version="1.0"                                   Belegschaft
```

PROFITIPP *[XML]* ist wieder ein sogenannter *Type Accelerator*, eine Abkürzung also. Der eigentliche Typ heißt *System.Xml.XmlDocument*:

```
PS> [XML].FullName
System.Xml.XmlDocument
```

Was genau bei der Konversion des XML-Texts in ein XML-Dokument passiert ist, entpuppt sich bei genauem Hinschauen als erstaunlich clever: Das XML-Objekt stellt mit *xml* und *Belegschaft* die obersten Knoten dar (mit Unterelementen und Attributen). Tatsächlich lauten die obersten Einträge der XML-Datei *xml* und *Belegschaft*:

```
<?xml version="1.0" ?>
<Belegschaft Zweigstelle="Hannover" Typ="Aussendienst">
```

Wollen Sie die Unterelemente eines Knotens sehen, geben Sie einfach dessen Namen an. Um also alle Mitarbeiter aus der XML-Liste auszugeben, probieren Sie dies:

```
PS> $xml = [XML](Get-Content $HOME\mitarbeiter.xml)
PS> $xml.Belegschaft

Zweigstelle                 Typ                         Mitarbeiter
-----------                 ---                         -----------
Hannover                    Aussendienst                {Tobias Weltner, Cofi Heid...
```

Jetzt sehen Sie den nächsten Knoten, nämlich *Belegschaft*. Die PowerShell listet die Attribute und Unterknoten auf. Die einzelnen Mitarbeiter befinden sich in der Spalte *Mitarbeiter*. Wollen Sie die Mitarbeiter sehen, müssen Sie also noch eine Ebene tiefer eintauchen:

```
PS> $xml.Belegschaft.Mitarbeiter

Name                        Rolle                       Alter
----                        -----                       -----
Tobias Weltner              Leitung                     41
Cofi Heidecke               Sicherheit                  6
```

Sind Sie nur an einer Namensliste interessiert, setzen Sie wieder *Select-Object* mit dem Parameter *-ExpandProperty* ein. Erinnern Sie sich? Damit wird das aktuelle Objekt durch den Inhalt der angegebenen Spalte ersetzt:

```
PS> $xml.Belegschaft.Mitarbeiter | Select-Object -ExpandProperty Name | Sort-Object
Cofi Heidecke
Tobias Weltner
```

XML-Objekte erzeugen

Eben haben Sie das XML-Objekt durch Konversion erzeugt. Ein häufig besserer Weg ist, sich ein leeres neues XML-Objekt zu beschaffen und dann die XML-Informationen direkt aus einer Datei zu laden, denn dieser Weg ist vor allem bei großen XML-Datensätzen schneller:

```
PS> $xml = New-Object XML
PS> $xml.Load("$HOME\mitarbeiter.xml")
PS> $xml

xml                                         Belegschaft
---                                         -----------
version="1.0"                               Belegschaft
```

XML-Daten aus dem Internet laden

Die Methode *Load()* des XML-Objekts ist sogar noch flexibler und kann auch XML-Daten aus anderen Quellen wie z.B. dem Internet holen. Die folgenden Zeilen rufen beispielsweise den Heise-Newsticker ab und zeigen dann die aktuellen Schlagzeilen an:

```
PS> $xml = New-Object XML
PS> $xml.Load('http://www.heise.de/ct/rss/artikel-atom.xml')
PS> $xml

xml                                         feed
---                                         ----
version="1.0" encoding="utf-8"              feed
```

Die einzelnen Schlagzeilen finden sich im Knoten *feed* und darin in den *entry*-Knoten:

```
PS> $xml.feed

xmlns    : http://www.w3.org/2005/Atom
title    : c't-Themen
subtitle : Highlights aus der aktuellen Magazin-Ausgabe und Neues auf den Web-Seiten
link     : {link, link}
updated  : 2010-02-27T00:00:00+01:00
author   : author
id       : http://www.heise.de/ct/
entry    : {entry, entry, entry, entry...}

PS> $xml.feed.entry

title                  link                 id                      updated
-----                  ----                 --                      -------
Jetzt. Sofort. Alles.  link                 http://www.heise.de...  2010-02-27T00:00:00...
Netz-Sozialisierung    link                 http://www.heise.de...  2010-02-27T00:00:00...
Phish & Chips          link                 http://www.heise.de...  2010-02-27T00:00:00...
Der Kampf mit der H... link                 http://www.heise.de...  2010-02-27T00:00:00...
Nur im Interesse de... link                 http://www.heise.de...  2010-02-27T00:00:00...
Aufstand der Androiden link                 http://www.heise.de...  2010-02-27T00:00:00...
(...)
```

Sie können die Ergebnisse nun wie gewohnt in der PowerShell-Pipeline weiterbearbeiten und z.B. nach *Titel* sortieren:

```
PS> $xml.feed.entry | Sort-Object Title | Select-Object title, id

title                                       id
-----                                       --
Aufstand der Androiden                      http://www.heise.de/ct/artikel/Aufstand-de...
Aus der neuen Welt                          http://www.heise.de/ct/artikel/Aus-der-neu...
Der Kampf mit der Hydra                     http://www.heise.de/ct/artikel/Der-Kampf-m...
Editorial                                   http://www.heise.de/ct/artikel/Editorial-9...
Editorial                                   http://www.heise.de/ct/artikel/Editorial-9...
Jetzt. Sofort. Alles.                       http://www.heise.de/ct/artikel/Jetzt-Sofor...
Machtfrage                                  http://www.heise.de/ct/artikel/Machtfrage-...
(...)
```

Auch die etwas sonderbaren Zeitformate der Spalte *updated* lassen sich per Typkonversion flugs in ein besser lesbares Format umwandeln:

```
PS> $xml.feed.entry | Sort-Object Updated | Select-Object Title, { [DateTime]$_.updated }

title                                        [DateTime]$_.updated
-----                                       ----------------------
Prozessorgeflüster                          13.02.2010 00:00:00
```

```
Machtfrage                                  13.02.2010 00:00:00
PS3-Kratzer                                 13.02.2010 00:00:00
Opto-RAM                                    13.02.2010 00:00:00
Editorial                                   13.02.2010 00:00:00
Vom Toposkop zu den Reizmaschinen           19.02.2010 11:16:00
(...)
```

PROFITIPP Das XML-Objekt kann über *Load()* zwar XML-Daten aus dem Internet saugen, aber nur, wenn Sie auch über die nötigen Berechtigungen verfügen. Verwenden Sie einen kennwortgeschützten Proxy, sind Sie aufgeschmissen, denn das XML-Objekt enthält keine Möglichkeit, sich anzumelden. In diesem Fall müssen Sie die hinter dem XML-Objekt steckenden Transferfunktionen direkt ansprechen:

```
PS> $url = 'http://www.heise.de/ct/rss/artikel-atom.xml'

# Low-Level WebRequest verwenden:
PS> $request = [System.Net.WebRequest]::Create($url)
PS> $request.Timeout = 1000

# Proxy einrichten:
PS> $proxy = New-Object System.Net.WebProxy("http://yourProxy:8080")
# entweder mit Standardanmeldedaten arbeiten...
PS> $proxy.useDefaultCredentials = $true
# ...oder nach Anmeldedaten fragen:
PS> $proxy.Credentials = (Get-Credential).GetNetworkCredential()

Cmdlet Get-Credential an der Befehlspipelineposition 1
Geben Sie Werte für die folgenden Parameter an:
Credential
PS> $request.Proxy = $proxy

# Daten abrufen:
PS> $response = $request.GetResponse()
PS> $requestStream = $response.GetResponseStream()
PS> $readStream = New-Object System.IO.StreamReader $requestStream
PS> $data = $readStream.ReadToEnd()
PS> $readStream.Close()
PS> $response.Close()

# Daten in XML verwandeln:
PS> $xml = [XML]$data
PS> $xml

xml                                         feed
---                                         ----
version="1.0" encoding="utf-8"              feed
```

Webdienste verwenden

Webdienste sind Dienste, die über Internetadressen angesprochen werden und ihre Ergebnisse als XML zurückliefern. Das XML-Ergebnis kann dann von der PowerShell weiterverarbeitet werden. Die folgenden Zeilen rufen beispielsweise Inhalte aus einer Spielfilmdatenbank im Internet ab:

```
PS> $movie = Read-Host "Wie heißt der Streifen"
Wie heißt der Streifen: Avatar
```

```
PS> $xml = New-Object xml
PS> $xml.Load("http://xml.n4rf.net/ofdbgw/search/$movie")
PS> $xml.ofdbgw.resultat.eintrag

id                    titel                 titel_orig            jahr
--                    -----                 ----------            ----
51533                 Avatar                Avatar                2004
92797                 Avatar                Avatar                1915
149112                Chrysalis - Tödlich... Chrysalis            2007
188514                Avatar - Aufbruch n... Avatar               2009
91335                 Avatar - Der Herr d... Avatar: The Last Ai... 2005
9685                  Avatar - Wiedergebu... Eternity             1989

PS> $xml.ofdbgw.resultat.eintrag | Where-Object { $_.jahr -gt 2000 } | Sort-Object Jahr

id                    titel                 titel_orig            jahr
--                    -----                 ----------            ----
51533                 Avatar                Avatar                2004
91335                 Avatar - Der Herr d... Avatar: The Last Ai... 2005
149112                Chrysalis - Tödlich... Chrysalis            2007
188514                Avatar - Aufbruch n... Avatar               2009
```

PROFITIPP Neben einfachen Webdiensten, die reines XML zurückliefern, gibt es außerdem SOAP-basierte Webdienste. Sie verhalten sich wie Programmierschnittstellen und liefern Objekte mit Eigenschaften und Methoden. Die PowerShell kann solche Webdienste mit *New-WebServiceProxy* ansprechen. Allerdings kann dabei kein Internetproxy angegeben werden, sodass Ihnen dieser Weg möglicherweise versperrt ist, wenn Sie für den Internetzugang einen kennwortgeschützten Proxy verwenden. Der folgende Code ruft den aktuellen Wetterbericht für Hannover und Palma de Mallorca ab und vergleicht die Tagestemperaturen:

```
# Wetterdienst ansprechen:
PS> $wetter = New-WebServiceProxy -uri http://www.webservicex.com/globalweather.asmx?WSDL

# Wetter für Hannover abrufen:
PS> $wetter.GetWeather("Hannover", "Germany")
<?xml version="1.0" encoding="utf-16"?>
<CurrentWeather>
  <Location>Hannover, Germany (EDDV) 52-28N 009-41E 59M</Location>
  <Time>Mar 02, 2010 - 06:20 AM EST / 2010.03.02 1120 UTC</Time>
  <Wind> from the W (280 degrees) at 16 MPH (14 KT):0</Wind>
  <Visibility> greater than 7 mile(s):0</Visibility>
  <SkyConditions> mostly cloudy</SkyConditions>
  <Temperature> 41 F (5 C)</Temperature>
  <DewPoint> 28 F (-2 C)</DewPoint>
  <RelativeHumidity> 60%</RelativeHumidity>
  <Pressure> 30.06 in. Hg (1018 hPa)</Pressure>
  <Status>Success</Status>
</CurrentWeather>

# Wetter für Mallorca abrufen:
PS> $wetter.GetWeather("Palma", "Spain")
<?xml version="1.0" encoding="utf-16"?>
<CurrentWeather>
  <Location>Palma De Mallorca / Son San Juan, Spain (LEPA) 39-33N 002-44E 8M</Location>
  <Time>Mar 02, 2010 - 06:00 AM EST / 2010.03.02 1100 UTC</Time>
  <Wind> from the E (090 degrees) at 6 MPH (5 KT) (direction variable):0</Wind>
```

```
  <Visibility> greater than 7 mile(s):0</Visibility>
  <Temperature> 60 F (16 C)</Temperature>
  <DewPoint> 46 F (8 C)</DewPoint>
  <RelativeHumidity> 58%</RelativeHumidity>
  <Pressure> 30.15 in. Hg (1021 hPa)</Pressure>
  <Status>Success</Status>
</CurrentWeather>
PS> $hannover = [XML]$wetter.GetWeather("Hannover", "Germany")
PS> $mallorca = [XML]$wetter.GetWeather("Palma", "Spain")
PS> $hannover.CurrentWeather.Temperature
 41 F (5 C)

# Temperatur für Hannover mit regulärem Ausdruck ausschneiden:
PS> $hannover.CurrentWeather.Temperature -match 'F \((.*?) C\)'
True
PS> $Matches[1]
5

# Temperaturdifferenz zwischen Mallorca und Hannover ausrechnen:
PS> $differenz = $($mallorca.CurrentWeather.Temperature -match 'F \((.*?) C\)' | Out-Null;
$Matches[1]) - $($hannover.CurrentWeather.Temperature -match 'F \((.*?) C\)' | Out-Null;
$Matches[1])
PS> "In Mallorca ist es gerade $differenz Grad C wärmer!"
In Mallorca ist es gerade 11 Grad C wärmer!

# HTML-Report der Wetterdaten anlegen und öffnen:
PS> $mallorca.currentweather, $hannover.currentweather | Select-Object Location, Time, Wind,
Visibility, Temperature, DewPoint, RelativeHumidity, Pressure, Status | ConvertTo-Html | Out-File
$HOME\wetter.htm
PS> Invoke-Item $HOME\wetter.htm
```

Auch Wechselkurse zur Umrechnung der Reisekasse lassen sich via Webdienst tagesaktuell von der Europäischen Zentralbank abrufen:

```
PS> $xml = New-Object xml
PS> $xml.Load('http://www.ecb.europa.eu/stats/eurofxref/eurofxref-daily.xml')

# aus den XML-Daten die Wechselkursinformationen ansprechen:
PS> $kurse = $xml.Envelope.Cube.Cube.Cube
PS> $kurse

currency                                  rate
--------                                  ----
USD                                       1.3525
JPY                                       120.67
BGN                                       1.9558
CZK                                       25.933
DKK                                       7.4427
EEK                                       15.6466
GBP                                       0.90670
(...)

# Kurs für US-Dollar ermitteln:
PS> $usd = $kurse | Where-Object { $_.currency -eq 'USD' } | Select-Object -ExpandProperty rate
PS> $usd
1.3525
```

```
# Alle Kurse in Hashtable speichern:
PS> $kursverzeichnis = @{}
PS> $kursc | ForEach-Object {
  $waehrung = $_.currency
  $rate = $_.rate
  $kursverzeichnis.$waehrung = $rate
}

# Wechselkurse für bestimmte Währungen aus Kursverzeichnis lesen:
PS> $kursverzeichnis['USD']
1.3525
PS> $kursverzeichnis['EEK']
15.6466
```

Anmeldedaten speichern

Bei Remotezugriffen werden häufig Anmeldedaten in Form sogenannter Credentials benötigt, mit denen Sie sich am Remotesystem als berechtigter Benutzer ausweisen. Solche Credentials liefert *Get-Credential* und zeigt dazu einen Anmeldedialog an. Die folgende Zeile ruft beispielsweise BIOS-Informationen vom Server *storage1* ab und meldet sich dabei unter einem beliebigen Konto an:

```
PS> Get-WmiObject Win32_BIOS -ComputerName Storage1 -Credential (Get-Credential)

Cmdlet Get-Credential an der Befehlspipelineposition 1
Geben Sie Werte für die folgenden Parameter an:
Credential

SMBIOSBIOSVersion : P03
Manufacturer      : Phoenix Technologies LTD
Name              : Ver 1.00PARTTBLw
SerialNumber      : 98H340ED2H9300237A30A1
Version           : PTLTD  - 6040000
```

Möchten Sie solche Aufgaben unbeaufsichtigt durchführen, muss das Credential automatisch generiert werden. Dazu beschaffen Sie sich mit *New-Object* ein neues Credential-Objekt und übergeben dem Konstruktor den Benutzernamen und das gewünschte Kennwort. Anschließend können Sie mit diesem Credential die Anmeldung auch unbeaufsichtigt durchführen:

```
PS> $user = 'Administrator'
PS> $password = 'topSecret99@!' | ConvertTo-SecureString -asPlainText -Force
PS> $cred = New-Object System.Management.Automation.PSCredential($user, $password)
PS> Get-WmiObject Win32_BIOS -ComputerName storage1 -Credential $cred


SMBIOSBIOSVersion : P03
Manufacturer      : Phoenix Technologies LTD
Name              : Ver 1.00PARTTBLw
SerialNumber      : 98H340ED2H9300237A30A1
Version           : PTLTD  - 6040000
```

Das Kennwort liegt nun allerdings im Klartext in Ihrem Skript vor, was aus Sicherheitsgründen alles andere als ideal ist. Alternativ lassen sich daher die Anmeldeinformationen auch verschlüsselt in einer

XML-Datei speichern. Mit dem folgenden Code rüsten Sie die Befehle *Export-Credential* und *Import-Credential* nach:

```
function Export-Credential($cred, $file) {
  $ergebnis = 1 | Select-Object Username, Password
  $ergebnis.Username = $cred.UserName
  $ergebnis.Password = $cred.Password | ConvertFrom-SecureString
  $ergebnis | Export-Clixml $file
}

function Import-Credential($file) {
  $ergebnis = Import-Clixml $file
  $user = $ergebnis.username
  $password = $ergebnis.password | ConvertTo-SecureString
  New-Object system.Management.Automation.PSCredential($user, $password)
}
```

Sie können nun zuerst Ihre Anmeldedaten in einer XML-Datei verschlüsselt speichern:

```
PS> Export-Credential (Get-Credential) $HOME\anmeldung.xml
```

Später können Skripts jederzeit die Anmeldedaten aus der XML-Datei importieren und für Anmeldevorgänge nutzen:

```
PS> Get-WmiObject Win32_BIOS -ComputerName storage1 -Credential (Import-Credential
$HOME\anmeldung.xml)

SMBIOSBIOSVersion : P03
Manufacturer      : Phoenix Technologies LTD
Name              : Ver 1.00PARTTBLw
SerialNumber      : 98H340ED2H9300237A30A1
Version           : PTLTD  - 6040000
```

HINWEIS Die Verschlüsselung verwendet Ihr persönliches Anmeldetoken als Schlüssel. Derjenige also, der die Anmeldedaten gespeichert hat, kann sie auch wieder laden. Fällt die Datei jedoch jemand anderem in die Hände, kann derjenige nichts damit anfangen.

Bilderformate konvertieren

Die vielfältigen Methoden der .NET-Objekte lassen kaum Wünsche offen, denn damit stehen Ihnen grundsätzlich dieselben Möglichkeiten zur Verfügung wie professionellen Entwicklern. Wie nützlich daraus entwickelte Tools sein können, zeigt die folgende Funktion namens *Convert-Image*. Mit ihr können Sie Bilder von einem Format in ein anderes konvertieren:

```
function Convert-Image( $inFile, $type = "gif" )
{
  # Pfad auflösen:
  $files = Resolve-Path $inFile -ea SilentlyContinue
  if (!$files) { "Keine Datei gefunden."; break }

  # Assembly laden
  [System.Reflection.Assembly]::LoadWithPartialName('System.Drawing') | Out-Null

  # Codecs ermitteln:
  $codecs = [System.Drawing.Imaging.ImageCodecInfo]::GetImageEncoders() |
```

```
      foreach { $h = @{} } { $h.($_.formatdescription) = $_ } { $h }

  # Prüfen, ob Zieltyp vorhanden ist:
  $encoder = $codecs.$type
  if (!$encoder)
  {
    "Kann Dateien vom Typ '$type' nicht verarbeiten."
    "Unterstützte Typen sind: " + [string]::Join(", ", $codecs.keys)
    break
  }

  # jede einzelne Datei umwandeln:
  foreach ($file in $files)
  {
    $targetfile =
"$([System.IO.Path]::GetDirectoryName($file))\$([System.IO.Path]::GetFileNameWithoutExtension($fi
le)).$type"
    $image = [system.drawing.image]::FromFile($file)
    $image.Save($targetFile, $encoder.FormatId)
    $image.Dispose()
  }
}
```

Um ein Bild oder eine Serie von Bildern in ein anderes Format zu konvertieren, rufen Sie die Funktion folgendermaßen auf:

```
Convert-Image a*.png gif
```

Dieser Befehl kopiert sämtliche *.png*-Grafiken, die mit *a* beginnen und im aktuellen Ordner liegen, in *.gif*-Grafiken. Bereits vorhandene Dateien werden überschrieben.

Mehr zu Funktionen und ihren Möglichkeiten erfahren Sie in Kapitel 10.

Zusammenfassung

Allen PowerShell-Befehlen, ihren Ergebnissen und selbst der PowerShell selbst liegt das .NET Framework zugrunde, das aus Typen besteht, die in Assemblys organisiert sind. Jedes Objekt ist von einem bestimmten .NET-Typ abgeleitet und enthält Eigenschaften und Methoden, mit denen sich eine Vielzahl von Aufgaben erledigen lassen. Auch die Typen selbst enthalten sogenannte *statische* Eigenschaften und Methoden – insgesamt ein riesiger Pool an Funktionen, mit denen sich beinahe jedes Computerproblem lösen lässt.

Allerdings arbeiten Sie jetzt nicht mehr innerhalb des gemanagten Bereichs der PowerShell und müssen deshalb selbst herausfinden, welche Eigenschaften und Methoden in Objekten und Typen vorhanden sind (was Ihnen *Get-Member* verrät) und wie man diese einsetzt. Deshalb sind die Techniken, die Sie in diesem Kapitel erlernt haben, sehr viel anspruchsvoller als die Verfahren der vorhergehenden Kapitel.

Möchten Sie Typen zur Umwandlung von Daten verwenden, schreiben Sie den Namen eines Typs in eckige Klammern und stellen diese vor die umzuwandelnden Daten. Wollen Sie auf die statischen Eigenschaften und Methoden in den Typen selbst zugreifen, schreiben Sie den Typ wiederum in eckige Klammern und fügen unmittelbar dahinter zwei Doppelpunkte an. Welche Eigenschaften und Methoden in Typen zur Verfügung stehen, verrät *Get-Member* mit seinem Parameter *-Static*.

Schließlich können Sie auch neue Objekte von Typen ableiten und setzen dazu *New-Object* ein. Geben Sie zusätzlich den Parameter *-ComObject* an, beschafft Ihnen *New-Object* auch Instanzen von COM-Klassen, also Bibliotheken, die noch aus der Zeit vor dem .NET Framework stammen. Mithilfe von *Add-Type* lassen sich sogar ganz neue eigene Typen herstellen.

In diesem Kapitel haben Sie keine neuen Cmdlets eingesetzt, sondern stattdessen direkt mit einer Vielzahl von .NET-Typen und -Objekten gearbeitet. Tabelle 9.3 fasst sie zusammen.

Typ	Beschreibung	Siehe Seite
Microsoft.VisualBasic.Devices.Network	Netzwerkfunktionen	361
Microsoft.VisualBasic.Interaction	VBScript-Dialogfelder	376
System.ComponentModel.Win32Exception	Ausnahme für Win32-Low-Level-Funktionen	382
System.Activator	Direkter Objektzugriff	370
System.AppDomain	Aktuelle Programmdomäne	357
System.Byte	Ein Bytewert (0-255)	339
System.Char	Ein Textzeichen	338
System.Console	Konsolenfenster	350
System.Convert	Konvertierungsfunktionen	348
System.DateTime	Datumsangabe	336
System.Diagnostics.EventLog	Ereignisprotokoll	337
System.Diagnostics.Process	Laufender Prozess (Programm)	355
System.DirectoryServices.DirectoryEntry	Verzeichniseintrag im Active Directory	341
System.Drawing.Image	Bild	390
System.Drawing.Imaging.ImageCodecInfo	CODEC (Konverter)	390
System.Environment	Umgebungsvariablen und Spezialordner	349
System.Globalization.CultureInfo	Informationen über eine Kultur	352
System.Int32	32-Bit-Ganzzahl	341
System.Int64	64-Bit-Ganzzahl	345
System.IntPtr	Zeiger auf Speicherbereich	345
System.IO.Path	Funktionen für Pfadnamen	390
System.IO.StreamReader	Lesen eines Datenstroms	386
System.Management.Automation.PSCredential	Anmeldeinformationen	389
System.Management.ConnectionOptions	Optionen für WMI-Verbindung	382
System.Management.ManagementClass	WMI-Klasse	341

Tabelle 9.3 .NET-Typen, die in diesem Kapitel eingesetzt wurden

Typ	Beschreibung	Siehe Seite
System.Management.ManagementObject	WMI-Objekt	337
System.Management.ManagementScope	Verbindungsobjekt für WMI	382
System.Management.ObjectGetOptions	Optionen für WMI-Verbindung	382
System.Math	Mathematikfunktionen	346
System.Net.Dns	DNS-Namensauflösungen	348
System.Net.IPAddress	IP-Adresse	336
System.Net.Mail.MailAddress	E-Mail-Adresse	336
System.Net.WebClient	Befehle zum Netzwerkzugriff und Download	359
System.Net.WebProxy	Proxyeinstellungen für Internetverbindung	386
System.Net.WebRequest	Low-Level-Verbindung ins Internet	386
System.Reflection.Assembly	Eine .NET-Assembly	357
System.RuntimeType	.NET-Typ	346
System.String	Text	336
System.Text.RegularExpressions.Regex	Parser für einen regulären Ausdruck	337
System.Version	Versionsnummer	336
System.Windows.Forms.OpenFileDialog	Öffnen-Dialogfeld	358
System.Xml.XmlDocument	XML-Dokument	341, 383
System.Collections.ArrayList	Array mit zusätzlichen Funktionen	343

Tabelle 9.3 .NET-Typen, die in diesem Kapitel eingesetzt wurden *(Fortsetzung)*

Darüber hinaus haben Sie in diesem Kapitel die COM-Klassen aus Tabelle 9.4 eingesetzt.

Typ	Beschreibung	Siehe Seite
ADODB.Connection	Datenbankverbindung	367
ADODB.Recordset	Ergebnisrecord einer Datenbankabfrage	367
Excel.Application	Microsoft Office Excel	366
InternetExplorer.Application	Internet Explorer Webbrowser	366
Microsoft.Update.AutoUpdate	Automatische Updates	368
SAPI.SpVoice	Text in Sprache	364
Shell.Application	Windows-Benutzeroberfläche	369
WScript.Shell	Verknüpfungen verwalten	369

Tabelle 9.4 .COM-Typen, die in diesem Kapitel eingesetzt wurden

Teil D

Skripts

In diesem Teil:

Kapitel 10

Funktionen

In diesem Kapitel:

Sobald Ihre PowerShell-Lösungen über ein paar Zeilen Code hinauswachsen, wird es Zeit, den Code besser zu verpacken. Durch diese Verpackung wird Ihr Code auch für jemanden einsetzbar, der sich nicht mit den inneren Vorgängen beschäftigen will. Diese Verpackung übernehmen Funktionen, die man sich wie ein Gehäuse vorstellen kann. Ihr Code wird dadurch nicht nur leichter zu bedienen, sondern auch bequem wiederverwendbar. In diesem Kapitel dreht sich also alles um »Gehäusebau«. Damit Sie dabei nicht den Blick für das Wesentliche verlieren, wird der Code, der verpackt werden soll, sehr einfach sein: ein kleiner Reisekassenumrechner. Das Ziel ist, dass sich dieser am Ende genauso komfortabel bedienen lässt wie ein Cmdlet.

Neue Funktionen anlegen

Im einfachsten Fall sind Funktionen nichts weiter als benannte Skriptblöcke und bestehen aus dem Schlüsselwort *function*, einem Namen und einem Skriptblock. Geben Sie anschließend den Namen ein, wird der Skriptblock ausgeführt. Das ist alles:

```
PS> function Get-Reisekasse { 'Und nun?' }
PS> Get-Reisekasse
Und nun?
```

HINWEIS Die PowerShell unterstützt keine Prozeduren. Prozeduren sind Funktionen, die keinen Rückgabewert zurückliefern. Sie können aber in der PowerShell Prozeduren simulieren, indem Sie diese als Funktion anlegen und lediglich dafür sorgen, dass die Funktion keinen Rückgabewert liefert.

Diese simple Funktion ist natürlich noch relativ nutzlos. Man kann sie höchstens dafür verwenden, praktische Abkürzungen zu erfinden. Mit dem Befehl *cd..* wechseln Sie z.B. eine Ordnerebene höher. Der Befehl *cd...* dagegen wird von der PowerShell nicht unterstützt. Erfinden Sie ihn einfach, um zwei Ordnerebenen nach oben zu gelangen:

```
PS> function cd... { cd ..; cd ..}
PS> cd $HOME
PS> Get-Location
Path
----
C:\Users\w7-pc9
PS> cd...
PS> Get-Location
Path
----
C:\
```

Wenn Sie sich künftig also dabei ertappen, immer wieder dieselben langwierigen Befehle einzugeben, ist das vielleicht ein Fall für Funktionen. Verwenden Sie z.B. häufiger *ping.exe* mit bestimmten Parametern wie z.B. ping.exe -w 100 -n 1 10.10.10.10, dann spart diese Funktion künftig Zeit und Nerven:

```
PS> function myPing { ping.exe -w 100 -n 1 10.10.10.10 }
PS> myPing
Ping wird ausgeführt für 10.10.10.10 mit 32 Bytes Daten:
Antwort von 88.70.64.1: Zielnetz nicht erreichbar.
```

PROFITIPP Zwar dürfen Sie Ihre eigenen Funktionen so nennen wie Sie mögen, doch ist es eine gute Idee, sich von vornherein an die PowerShell-Konvention zu gewöhnen und als Name eine Kombination aus Tätigkeit und Tätigkeitsbereich zu wählen. Spätestens wenn Sie Ihre Funktionen später als Modul verpacken, spielt das eine Rolle, denn die PowerShell mault, wenn es Funktionen in Modulen findet, die nicht ihren Konventionen entsprechen. Die Tätigkeit, die Sie im Funktionsnamen verwenden, ist übrigens besonders streng reglementiert, um Wildwuchs zu vermeiden. Verwenden Sie nicht irgendeine Tätigkeitsbeschreibung, sondern wählen Sie eine Tätigkeit aus der Liste der zugelassenen Tätigkeiten, die *Get-Verb* liefert:

```
PS> Get-Verb

Verb                                        Group
----                                        -----
Add                                         Common
Clear                                       Common
Close                                       Common
Copy                                        Common
Enter                                       Common
Exit                                        Common
(...)
```

Funktionen mit der PowerShell ISE erzeugen

In den Beispielen in diesem Kapitel sind Funktionen nur relativ kurz und können direkt in die PowerShell-Konsole eingegeben werden. Sobald Funktionen aber aus mehreren Zeilen bestehen, wird die Konsoleneingabe lästig. Die PowerShell quittiert den Zeilenumbruch dann nämlich mit einen »>>«-Prompt und zeigt an, dass Ihre Eingabe noch nicht vollständig ist. Sie können dann zwar weitere Zeilen eingeben und die Funktion abschließen, aber Zeilen, die Sie bereits bestätigt haben, lassen sich nicht mehr editieren. Ist die Funktion vollständig eingegeben, muss außerdem noch einmal [↵] gedrückt werden, um den >>-Nachfragemodus zu beenden:

```
PS> function myPing {[↵]
>>   Ping.exe -w 100 -n 1 10.10.10.10[↵]
>> }[↵]
>>[↵]
PS>
```

Deshalb liefert die PowerShell einen kleinen Editor mit: die PowerShell ISE (*Integrated Script Environment*). Starten Sie diesen Editor entweder, indem Sie [⊞]+[R] drücken und ins *Ausführen*-Dialogfeld eingeben: **powershell_ise** [↵]. Aus der PowerShell-Konsole heraus rufen Sie den Editor über den Alias *ise* auf:

```
PS> ise
```

Oder Sie heften bei Windows 7 oder Server 2008 R2 die PowerShell an Ihre Taskleiste an und starten danach die ISE komfortabel über einen Rechtsklick auf das angeheftete PowerShell-Symbol.

WICHTIG Solange Sie Ihre Funktion in PowerShell ISE nicht speichern, wird sie problemlos ausgeführt. Sobald Sie allerdings Ihre Arbeit als PowerShell-Skript speichern, greifen die Sicherheitseinstellungen für PowerShell-Skripts und in den Vorgaben ist die Ausführung dann verboten. Speichern Sie also entweder Ihre Ergebnisse nicht oder ändern Sie wie in Kapitel 3 gezeigt die Sicherheitseinstellungen. Nötig ist dafür nur eine Zeile:

```
PS> Set-ExecutionPolicy -Scope CurrentUser RemoteSigned -Force
```

Die ISE öffnet sich als Vorgabe mit einem dreigeteilten Fenster. Im unteren Teil geben Sie interaktive Befehle ein. Im mittleren Teil werden die Ergebnisse angezeigt und im obersten Teil finden Sie den Editor, mit dem Sie Ihre Funktionen konzipieren.

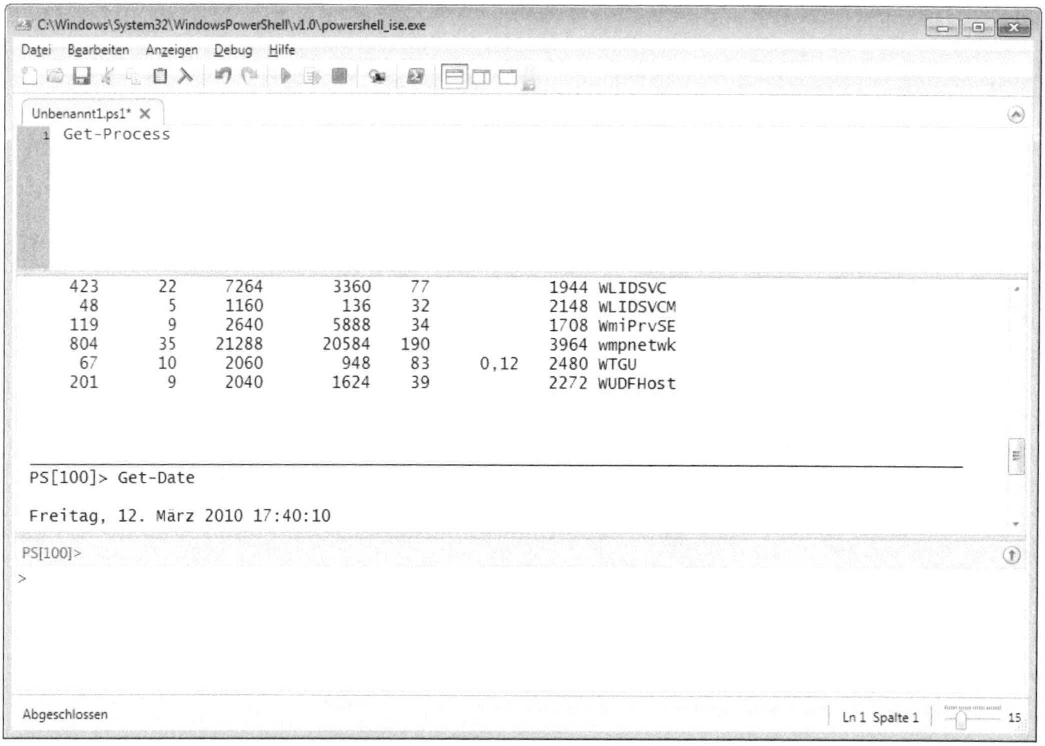

Abbildung 10.1 Die PowerShell ISE ist ein einfacher mitgelieferter PowerShell-Editor

Möchten Sie eine Funktion ausprobieren, lassen Sie den Inhalt des Editors ausführen. Dazu klicken Sie entweder in der Symbolleiste auf die Play-Schaltfläche (grünes Dreieck) oder drücken [F5]. Dadurch wird die Funktion allerdings genau wie bei der direkten Eingabe in die PowerShell-Konsole nur angelegt, aber noch nicht ausgeführt. Führen Sie die Funktion also anschließend im unteren Panel aus, indem Sie ihren Namen eingeben und [↵] drücken.

TIPP Die PowerShell ISE ist zwar ein sehr einfacher Editor, bietet aber immerhin genau wie die Konsole per Druck auf [Tab] Codevervollständigung. Das Ergebnis Ihres Codes wird allerdings nicht in einer echten Konsole angezeigt, weswegen es in einigen Fällen zu Kompatibilitätsproblemen kommt, beispielsweise wenn Sie Konsolenfunktionen verwenden.

Möchten Sie Funktionen, die Sie mit der ISE konzipiert haben, anschließend in der echten PowerShell-Konsole verwenden, speichern Sie Ihre Funktionen als Skriptdatei. Anschließend rufen Sie die Skriptdatei aus der PowerShell-Konsole heraus auf. Das allerdings setzt voraus, dass Sie die Sicherheitseinschränkungen für Skripts zuerst korrekt eingerichtet haben (Kapitel 3). Außerdem müssen Sie das Skript *dotsourced* aufrufen, damit die im Skript definierten Funktionen anschließend auch wirklich zur Verfügung stehen. Dazu stellen Sie vor den Pfadnamen zum Skript einen Punkt:

```
PS> . C:\skripts\meinefunktion.ps1
```

Die PowerShell ISE ist nicht der einzige PowerShell-Editor. Wollen Sie professionell PowerShell-Skripts erstellen, schauen Sie sich z.B. auch die kommerzielle PowerShell-Entwicklungsumgebung *PowerShellPlus* an: *http://www.powershell-plus.com*.

Lebensdauer der Funktionen

Funktionen gelten so lange, wie die aktuelle PowerShell-Sitzung existiert. Sobald Sie die PowerShell schließen und später neu öffnen, sind alle selbst definierten Funktionen wieder verschwunden. Das wirft zwei Fragen auf:

- Wie kann man Funktionen löschen, ohne die PowerShell neu zu starten?
- Wie kann man Funktionen dauerhaft nutzen, also auch in künftigen PowerShell-Sitzungen?

Möchten Sie eine Funktion sofort löschen, dann denken Sie an das virtuelle PowerShell-Laufwerk *Function:*. Es verwaltet alle definierten Funktionen und dort kann man Funktionen auch wieder löschen:

```
# Funktion namens "test" entfernen:
del Function:test

# Funktion "test" ist gelöscht und wird nicht mehr gefunden:
test
Die Benennung "test" wurde nicht als Cmdlet, Funktion, ausführbares Programm oder Skriptdatei
erkannt. Überprüfen Sie die Benennung, und versuchen Sie es erneut.
```

Wollen Sie Funktionen umgekehrt dauerhaft nutzen, fügen Sie diese in eine Ihrer Profildateien ein. Profildateien sind spezielle Skripts, die automatisch beim Start der PowerShell ausgeführt werden. Sie erfahren mehr dazu in Kapitel 3.

Schreibgeschützte Funktionen

Legen Sie Funktionen mit dem Schlüsselwort *function* an, ist die Funktion nicht geschützt und kann überschrieben oder gelöscht werden. Möchten Sie eine Funktion mit einem Schreibschutz versehen, setzen Sie nachträglich mit *Set-Item* ein verstecktes Attribut namens *ReadOnly*:

```
# Funktion anlegen und Schreibschutz aktivieren:
```

```
PS> function Test { 'Eine Funktion' }
PS> Set-Item Function:test -Option ReadOnly

# Funktion kann nicht mehr geändert oder gelöscht werden:
PS> function Test { 'Ich will die Funktion ändern' }
Die Funktion "Test" kann nicht geschrieben werden, da sie schreibgeschützt oder konstant ist.
PS> Remove-Item Function:test
Remove-Item : Die Funktion "test" kann nicht entfernt werden, da sie konstant ist.

# -Force setzt sich darüber hinweg und löscht trotzdem:
PS> Remove-Item Function:test -Force
PS> function Test { 'Ich will die Funktion ändern' }
```

Wie Sie sehen, hilft dieser Ansatz, versehentliches Überschreiben zu verhindern, ist aber kein umfassender Schutz. Tatsächlich funktioniert das Attribut *ReadOnly* so ähnlich wie das *Schreibgeschützt*-Attribut im Dateisystem: Es weist Sie auf den Schreibschutz hin, verhindert aber nicht das Löschen, wenn Sie es wirklich darauf anlegen. Funktionen, die man tatsächlich nicht in einer PowerShell-Sitzung löschen kann, tragen das Attribut *Constant*. Das allerdings ist nur beim Anlegen der Funktion möglich, nicht nachträglich. Deshalb können Sie konstante Funktionen auch nicht mit dem Schlüsselwort *function* definieren, sondern müssen stattdessen zu *New-Item* greifen und die Funktion direkt auf dem Laufwerk *Function:* anlegen:

```
PS> New-Item Function:Spezial -Value { 'Ich kann nicht gelöscht werden' } -Option Constant

CommandType     Name                                     Definition
-----------     ----                                     ----------
function        Spezial                                  'Ich kann nicht gelöscht werden'

PS> Spezial
Ich kann nicht gelöscht werden

PS> function Spezial { 'Eine Änderung' }
Die Funktion "Spezial" kann nicht geschrieben werden, da sie schreibgeschützt oder konstant ist.
PS> Remove-Item Function:spezial -Force
Remove-Item : Die Funktion "spezial" kann nicht entfernt werden, da sie konstant ist.
```

Konstante Funktionen werden erst durch einen Neustart der PowerShell-Sitzung gelöscht.

Argumente an Parameter übergeben

Funktionen werden in aller Regel erst dann nützlich, wenn es ermöglicht wird, sie ähnlich wie bei Cmdlets mit Argumenten zu füttern. Im einfachsten Fall wertet die Funktion autonom die übergebenen Argumente aus. Wesentlich komfortabler lassen sich Funktionen bedienen, die ihre Argumente als Parameter deklarieren. Die Reisekassenfunktion beispielsweise muss zwei Informationen erhalten: den Inhalt der Reisekasse und den Wechselkurs. Geben Sie diese beiden Informationen hinter dem Funktionsaufruf an, kann die Funktion sie über die Variable *$args* empfangen:

```
PS> function Get-Reisekasse { $args[0] * $args[1] }
PS> Get-Reisekasse 560 1.67
935,2
```

Wie Sie sehen, ist *$args* in Wirklichkeit ein Array und speichert darin alle Argumente, die der Funktion übergeben wurden. Entscheidend ist jeweils das Leerzeichen, das die Argumente voneinander trennt, sodass Sie Argumente, die selbst Leerzeichen enthalten (etwa einen Pfadnamen), in Anführungszeichen setzen müssen.

TIPP *$args* ist praktisch, wenn Sie Abkürzungsfunktionen erstellen wollen. Eben hatten Sie mit *myPing* eine Funktion verfasst, die genau einen bestimmten Server mit einigen Argumenten anpingt. Mithilfe von *$args* wird daraus eine universelle Abkürzung, mit der Sie ganz beliebige Computer ansprechen:

```
function myPing { ping.exe -w 100 -n 1 $args }
myPing www.microsoft.com
Ping wird ausgeführt für lb1.www.ms.akadns.net [207.46.193.254] mit 32 Bytes Daten:
Zeitüberschreitung der Anforderung.
Ping-Statistik für 207.46.193.254:
    Pakete: Gesendet = 1, Empfangen = 0, Verloren = 1 (100% Verlust),
```

Wie Sie sehen, brauchen Sie eine Funktion einfach nur neu einzugeben, um die alte Version zu überschreiben – es sei denn, die Funktion wurde schreibgeschützt angelegt. Dazu gleich etwas mehr.

Die Funktion arbeitet im Augenblick allerdings nur korrekt, wenn Sie die beiden benötigten Informationen (Betrag und Wechselkurs) in genau der richtigen Reihenfolge und im richtigen Format angeben. Geben Sie zu wenige Argumente an oder entsprechen die Argumente keinen Zahlen, hagelt es rote Fehlermeldungen:

```
PS> Get-Reisekasse
PS> Get-Reisekasse und nun?
Der Wert "nun?" kann nicht in den Typ "System.Int32" konvertiert werden. Fehler: "Die
Eingabezeichenfolge hat das falsche Format."
```

Der Benutzer Ihrer Funktion hat darüber hinaus keine Möglichkeit, herauszufinden, welche Informationen von ihm überhaupt erwartet werden.

Parameter deklarieren

Deshalb sollte Ihre Funktion als Nächstes die benötigten Argumente als Parameter deklarieren. Dazu schreiben Sie die Parameter in runden Klammern hinter den Funktionsnamen:

```
function Get-Reisekasse($Betrag, $Wechselkurs) {
  $Betrag * $Wechselkurs
}
```

Ab sofort kann Ihre Funktion genauso komfortabel aufgerufen werden wie Cmdlets: Sie haben die Möglichkeit, die unterstützten Parameter über *Get-Reisekasse* - [Tab] vorschlagen zu lassen und können die Argumente positional oder als benannte Parameter angeben:

```
# benannte Parameter, Reihenfolge jetzt egal:
PS> Get-Reisekasse -Betrag 100 -Wechselkurs 3.4
340
PS> Get-Reisekasse -Wechselkurs 3.4 -Betrag 100
340
```

```
# Positionale Parameter, Reihenfolge wichtig:
PS> Get-Reisekasse 100 3.4
340
```

Alternativ können Sie die runden Klammern auch in den Funktionskörper hineinverlagern und verwenden dazu das Schlüsselwort *param*:

```
function Get-Reisekasse {
  param ($Betrag, $Wechselkurs)
  $Betrag * $Wechselkurs
}
```

PROFITIPP Welche Variante Sie bevorzugen – entweder die von VBScript her bekannten Klammern hinter dem Funktionsnamen oder den *param*-Block – ist Geschmackssache. Je professioneller Ihre Funktionen werden, desto häufiger werden Sie allerdings zum *param*-Block greifen. Hier ein paar Gründe dafür:

- **Übersichtlicher** Funktionen können sehr viele Parameter und zusätzliche Deklarationen enthalten. Diese lassen sich in einem separaten *param*-Block viel übersichtlicher auf mehrere Zeilen verteilen.
- **PowerShelliger** Intern verwendet die PowerShell ohnehin den *param*-Block. Wenn Sie also eine Funktion ohne *param*-Block eingeben, wandelt die PowerShell sie zuerst in eine Funktion mit *param*-Block um.
- **Einheitlicher** Spätestens wenn Sie in Kapitel 14 auch Skripts verfassen, werden Sie erkennen, dass darin ausschließlich der *param*-Block möglich ist. Deshalb ist es konsequenter, in Funktionen dieselbe Schreibweise zu verwenden.

Noch ein Wort zur Terminologie: Ein *Argument* ist eine Information, die Sie einem Befehl beim Aufruf mitgeben. Ein *Parameter* ist eine Information, die ein Befehl verlangt. Beim Aufruf eines Befehls werden also stets Argumente, die Sie angeben, Parametern zugewiesen, die der Befehl unterstützt. Diesen Vorgang nennt man auch *Parameter Binding*.

In den folgenden Beispielen werden Sie immer wieder beide Verfahren sehen. Sobald die notwendigen Parameterangaben einen gewissen Umfang überschreiten, verwenden die Beispiele den übersichtlicheren *param*-Block.

Streng typisierte Parameter verwenden

Ihre neue Funktion akzeptiert nicht alle Eingaben gleich gut. Hier einige Beispiele, die zu leeren Ergebnissen oder sogar Fehlermeldungen führen:

```
PS> Get-Reisekasse "Hallo?"

PS> Get-Reisekasse
PS> Get-Reisekasse 100 "und nun?"
Fehler beim "*"-Operator: Der Wert "und nun?" kann nicht in den Typ "System.Int32" konvertiert
werden. Fehler: "Die Eingabezeichenfolge hat das falsche Format.".
```

Fehler sind die Folge, wenn für Parameter nicht die erwarteten Datentypen angegeben werden. Deshalb sollten Sie als Nächstes festlegen, welche Datentypen Sie eigentlich erwarten. Für beide Parameter sollen nur Gleitkommazahlen erlaubt sein, also Zahlen, die Nachkommastellen aufweisen können. Welchem Typ dies entspricht, finden Sie am besten durch Ausprobieren heraus:

```
PS> (1.4).GetType().FullName
System.Double
```

Nun brauchen Sie die Parameter Ihrer Funktion nur noch streng zu typisieren, indem Sie den gewünschten Typ vor jeden Parameter schreiben:

```
function Get-Reisekasse([Double]$Betrag, [Double]$Wechselkurs) {
  $Betrag * $Wechselkurs
}
```

Schauen wir mal, wie sich die Funktion mit den fehlerhaften Eingaben nun verhält:

```
PS> Get-Reisekasse "Hallo?"
Get-Reisekasse : Die Argumenttransformation für den Parameter "Betrag" kann nicht verarbeitet
werden. Der Wert "Hallo?" kann nicht in den Typ "System.Double" konvertiert werden. Fehler: "Die
Eingabezeichenfolge hat das falsche Format."
PS> Get-Reisekasse
0
PS> Get-Reisekasse 100 "und nun?"
Get-Reisekasse : Die Argumenttransformation für den Parameter "Wechselkurs" kann nicht verarbeitet
werden. Der Wert "und nun?" kann nicht in den Typ "System.Double" konvertiert werden. Fehler: "Die
Eingabezeichenfolge hat das falsche Format."
```

Das sieht schon viel besser aus. Natürlich erhalten Sie weiter Fehlermeldungen, wenn Ihre Angaben keine Zahlen waren, aber diesmal verrät die Fehlermeldung genau, was das Problem ist, und der Code in Ihrer Funktion wird gar nicht erst ausgeführt.

Zwingend erforderliche Parameter

Rufen Sie ein Cmdlet auf, das lebensnotwendige Zusatzinfos benötigt, geben diese aber nicht an, dann fragt das Cmdlet zuvorkommend nach:

```
PS> Get-EventLog

Cmdlet Get-EventLog an der Befehlspipelineposition 1
Geben Sie Werte für die folgenden Parameter an:
LogName:
```

Ihrer Reisekasse würde das auch gut zu Gesicht stehen, denn schließlich macht die Umrechnung keinen besonderen Sinn, wenn Sie keinen Betrag angeben. Erklären Sie deshalb jetzt den Parameter *$Betrag* durch Setzen der Parameter-Eigenschaft *Mandatory* auf *$true* für lebensnotwendig:

```
function Get-Reisekasse([Parameter(Mandatory=$true)][Double]$Betrag, [Double]$Wechselkurs) {
  $Betrag * $Wechselkurs
}
```

Wenn Sie nun die Funktion ohne Zusatzinformationen aufrufen, fragt die PowerShell automatisch nach dem Betrag:

```
PS> Get-Reisekasse

Cmdlet Get-Reisekasse an der Befehlspipelineposition 1
Geben Sie Werte für die folgenden Parameter an:
Betrag: 150
0
```

Das Ergebnis allerdings ist *0*, denn Sie haben keinen Wechselkurs angegeben, sodass *$Wechselkurs* den Wert *0* enthält. So funktioniert es:

```
PS> Get-Reisekasse -Wechselkurs 1.34

Cmdlet Get-Reisekasse an der Befehlspipelineposition 1
Geben Sie Werte für die folgenden Parameter an:
Betrag: 150
201
```

Vorgabewerte festlegen

Wollen Sie mit Ihrer Funktion ohnehin meistens Euro in US-Dollar umrechnen, wäre es eine Menge überflüssiger Arbeit, bei jedem Aufruf den Wechselkurs neu anzugeben. Einfacher wäre es, ihn auf einen Vorgabewert einzustellen. Geben Sie keinen bestimmten Wechselkurs an, soll der Vorgabewert verwendet werden. Dazu weisen Sie dem Parameter den gewünschten Vorgabewert zu:

```
function Get-Reisekasse([Parameter(Mandatory=$true)][Double]$Betrag, [Double]$Wechselkurs=1.35) {
  $Betrag * $Wechselkurs
}
```

Jetzt können Sie die Funktion ohne Wechselkurs aufrufen und verwenden dann den Standardwechselkurs:

```
PS> Get-Reisekasse 100
135
```

Sie behalten aber weiter die Freiheit, auch einen anderen Wechselkurs anzugeben:

```
PS> Get-Reisekasse 100 -Wechsel 1.22
122
```

TIPP Haben Sie es bemerkt? Auch die Parameternamen Ihrer eigenen Funktionen brauchen nicht voll ausgeschrieben zu werden, solange das, was Sie angeben, eindeutig ist. Der Parameter *-Wechsel* ist eindeutig, denn es gibt in Ihrer Funktion nur einen Parameter, der mit dieser Zeichenfolge beginnt.

Aliasnamen für Parameter

Ihre Reisekasse verwendet die Parameter *-Betrag* und *-Wechselkurs*, die zwar sehr gut beschreiben, welche Informationen erwartet werden, aber etwas langatmig ausfallen. Damit Ihre Funktion im Alltag leichter bedienbar wird, könnten Sie natürlich die Parameternamen abkürzen, solange sie eindeutig bleiben:

```
PS> Get-Reisekasse -b 100 -w 1.5
Get-Reisekasse : Der Parameter kann nicht verarbeitet werden, da der Parametername "w" nicht
eindeutig ist. Mögliche Übereinstimmungen:  -Wechselkurs -WarningAction -WarningVariable.
PS> Get-Reisekasse -b 100 -we 1.5
150
```

Fraglich ist allerdings, ob dieser Aufruf jetzt wirklich noch übersichtlich ist. Ein besserer Weg zu mehr Kürze sind Aliasnamen für Parameter. Schauen Sie mal:

```
function Get-Reisekasse {
  param(
  [Parameter(Mandatory=$true)]
```

```
  [Alias('Eur')]
  [Double]
  $Betrag,

  [Double]
  [Alias('Kurs')]
  $Wechselkurs=1.35
  )

  $Betrag * $Wechselkurs
}
```

Hier sind zwei Dinge passiert: Erstens wurden alle Parameter als *param*-Block in das Innere der Funktion gerückt. Sinnvoll ist das immer dann, wenn Sie sehr viele Parameter oder Parameterattribute (Beschreibungen des Formats eines Parameters) einsetzen, weil die Informationen dann übersichtlicher über mehrere Zeilen verteilt werden können. Und zweitens haben die Parameter kürzere Aliasnamen erhalten. Die Reisekasse kann jetzt auf mehrere Arten aufgerufen werden, z.B. so:

```
# Parameternamen verwenden:
PS> Get-Reisekasse -Betrag 100 -Wechselkurs 1.4
140
# abgekürzte Parameternamen verwenden:
PS> Get-Reisekasse -b 100 -we 1.4
140
# kürzere Aliasnamen verwenden:
PS> Get-Reisekasse -eur 100 -kurs 1.4
140
# positionale Parameter verwenden:
PS> Get-Reisekasse 100 1.4
140
```

Common Parameter

Sobald Ihre Funktion Parameterattribute verwendet (oder eine kommentarbasierte Hilfe, über die Sie gleich noch mehr erfahren), unterstützt sie automatisch auch alle *Common Parameter*, also die allgemeinen Parameter wie *-ErrorAction* oder *-Verbose*, die auch jedes Cmdlet kennt. Geben Sie mal diese Zeile ein und drücken Sie nach dem Bindestrich einige Male [Tab]:

```
PS> Get-Reisekasse -[Tab]
```

Jetzt sehen Sie neben den beiden von Ihnen festgelegten Parametern *-Betrag* und *-Wechselkurs* auch die Standardparameter wie *-ErrorAction* oder *-Verbose*. Allerdings liegt es bei Ihnen als Autor, diese Parameter auch tatsächlich in Ihrer Funktion zu implementieren. Dies geschieht auf eine besondere Art.

Parameter -Verbose und -WarningAction

Der Parameter *-Verbose* zeigt z.B. zusätzliche Informationen an. Dazu geben Sie diese ausführlichen Informationen über *Write-Verbose* aus. Hier ein Beispiel:

```
function Out-Text {
  [CmdletBinding()]
  param([String]$text)
  Write-Verbose ('Der Text enthält {0} Zeichen' -f $text.Length)
```

```
  "Sie haben eingegeben: $text"
}
```

Durch das Attribut *[CmdletBinding()]* weisen Sie PowerShell an, die Parameter Ihrer Funktion genauso zu behandeln wie bei Cmdlets. Als Ergebnis unterstützt Ihre Funktion dadurch neben den ausdrücklich selbst angegebenen Parametern auch die Common Parameters, also die allgemeinen Parameter wie *Verbose* oder *ErrorAction*.

Rufen Sie anschließend *Out-Text* mit einem beliebigen Text auf, wird dieser ausgegeben:

```
PS> Out-Text 'Hallo Welt'
Sie haben eingegeben: Hallo Welt
```

Geben Sie zusätzlich den Parameter *-Verbose* ein, erscheinen außerdem die Zusatzinformationen:

```
PS> Out-Text 'Hallo Welt' -Verbose
AUSFÜHRLICH: Der Text enthält 10 Zeichen
Sie haben eingegeben: Hallo Welt
```

PROFITIPP Viele der übrigen Common Parameter funktionieren ganz ähnlich. Mit *Write-Warning* geben Sie z.B. Warnungen aus, die nur angezeigt werden, wenn Sie die entsprechende Einstellung im Parameter *-WarningAction* wählen:

```
function Out-Text {
  [CmdletBinding()]
  param([String]$text)
  if ($text.length -gt 10) {
    Write-Warning 'Sie haben einen sehr langen Text angegeben.'
  }
  "Sie haben eingegeben: $text"
}
# kurzen Text ausgeben:
PS> Out-Text 'Hallo'
Sie haben eingegeben: Hallo

# langen Text ausgeben, als Vorgabe werden Warnungen sichtbar:
PS> Out-Text 'Dies ist ein sehr langer Text'
WARNUNG: Sie haben einen sehr langen Text angegeben.
Sie haben eingegeben: Dies ist ein sehr langer Text

# Warnungen ausblenden:
PS> Out-Text 'Dies ist ein sehr langer Text' -WarningAction SilentlyContinue
Sie haben eingegeben: Dies ist ein sehr langer Text
```

Die Parameter -WhatIf und -Confirm

Mit den Parametern *-WhatIf* und *-Confirm* schützen Sie sich bei Cmdlets normalerweise vor unbeabsichtigten Änderungen des Systems. Jedes Cmdlet, das Änderungen am System vornimmt, unterstützt diese Parameter und erlaubt Ihnen, mit *-WhatIf* die Aktion nur zu simulieren und mit *-Confirm* jede Aktion einzeln zu bestätigen.

Damit auch Ihre Funktionen diese Sicherheit bieten, setzen Sie das Attribut *SupportsShouldProcess* auf *$true*. Anschließend steht in Ihrer Funktion die interne Variable *$PSCmdlet* bereit. Diese Variable verfügt über die Methode *ShouldProcess()*, mit der sich Codeteile der Funktion ausblenden lassen, die im Simulationsmodus übersprungen werden sollen. Stattdessen wird dann eine Meldung ausgegeben.

Die folgende Funktion *Enable-AutoPageFile* aktiviert per WMI automatische Auslagerungsdateien, allerdings nur, wenn nicht der Parameter *-WhatIf* angegeben wurde. In diesem Fall nämlich meldet *ShouldProcess()* den Wert *$false* zurück, sodass die Aktion übersprungen wird. Stattdessen gibt *ShouldProcess()* in diesem Fall eine Meldung basierend auf Ihren Angaben aus, die Sie *ShouldProcess()* mit auf den Weg gegeben haben:

```
function Enable-AutoPageFile {
  [CmdletBinding(SupportsShouldProcess=$True)]
  param()

  $computer = Get-WmiObject -class Win32_ComputerSystem -EnableAllPrivileges
  $computer.AutomaticManagedPagefile=$true
  if ($PSCmdlet.ShouldProcess("Lokaler Computer", "Automatische Auslagerungsdatei einschalten")) {
    $computer.Put() | Out-Null
  }
}

PS> Enable-AutoPageFile -WhatIf
WhatIf: Ausführen des Vorgangs "Automatische Auslagerungsdatei einschalten" für das Ziel "Lokaler
Computer".
PS> Enable-AutoPageFile -Confirm

Bestätigung
Möchten Sie diese Aktion wirklich ausführen?
Ausführen des Vorgangs "Automatische Auslagerungsdatei einschalten" für das Ziel "Lokaler
Computer".
[J] Ja  [A] Ja, alle  [N] Nein  [K] Nein, keine  [H] Anhalten  [?] Help (default is "J"):
```

PROFITIPP Die Methode *ShouldProcess()* gibt ihre Meldung übrigens auch dann aus, wenn Sie den Parameter *-Verbose* einsetzen. In diesem Fall wird also die Meldung ausgegeben und die Aktion ausgeführt:

```
PS> Enable-AutoPageFile -Verbose
AUSFÜHRLICH: Ausführen des Vorgangs "Automatische Auslagerungsdatei einschalten" für das Ziel
"Lokaler Computer".
```

Der Parameter -ErrorAction

Ob eine Funktion Fehler sichtbar ausgibt oder nicht, bestimmen Sie über den Parameter *-ErrorAction*, genau wie bei Cmdlets. Vielleicht haben Sie im letzten Beispiel bemerkt, dass *Enable-AutoPageFile* nur funktioniert, wenn Sie über Administratorrechte verfügen. Andernfalls erhalten Sie eine ungehaltene Fehlermeldung:

```
PS> Enable-AutoPageFile
Ausnahme beim Aufrufen von "Put" mit 0 Argument(en):  "Zugriff verweigert. "
```

Mit *-ErrorAction* könnten Sie diese Fehlermeldung genau wie bei Cmdlets »verschlucken«:

```
PS> Enable-AutoPageFile -ErrorAction SilentlyContinue
```

Mehr zum Fehlerhandling erfahren Sie in Kapitel 15.

Switch-Parameter funktionieren wie Schalter

Manche Cmdlets verwenden Switch-Parameter, die wie einfache Ja/Nein-Schalter funktionieren. Wird der Parameter angegeben, enthält er den Wert *$true*, sonst *$false*. Auch Ihre Funktionen können auf Switch-Parameter zurückgreifen, indem Sie diesem Parameter den Typ *Switch* zuweisen. Die folgende Funktion *WriteText* schreibt Text in die Konsole. Geben Sie den Schalter *-Invers* an, dann wird der Text invertiert ausgeben.

```
function WriteText([Switch]$Invers, $text)
{
  if ($Invers) {
    Write-Host -ForegroundColor "Black" -BackgroundColor "White" $text
  } else {
    $text
  }
}
```

Mehrere Parametersets verwenden

Manchmal sind die Gehäusebauanforderungen für Ihre Funktionen auch komplizierter. Vielleicht möchten Sie eine Funktion erstellen, die entweder eine Zahl oder einen Text akzeptiert, und je nachdem, was angegeben wurde, diese Argumente auf unterschiedliche Art weiterverarbeiten. Sie könnten das natürlich erreichen, indem Sie für Zahlen und Texte separate Parameter verwenden:

```
function Test-Binding([Int]$id, [String]$name) {
  "Sie haben die Zahl $id eingegeben"
  "Sie haben den Text $name eingegeben"
}
```

Wenn Sie nun eine Zahl eingeben, funktioniert das wunderbar:

```
PS> Test-Binding 12
Sie haben die Zahl 12 eingegeben
Sie haben den Text  eingegeben
```

Geben Sie allerdings einen Text ein, kassieren Sie einen Fehler:

```
PS> Test-Binding Hallo
Test-Binding : Die Argumenttransformation für den Parameter "id" kann nicht verarbeitet werden.
Der Wert "Hallo" kann nicht in den Typ "System.Int32" konvertiert werden. Fehler: "Die
Eingabezeichenfolge hat das falsche Format."
```

Das ist verständlich, denn der Parameter für den Text ist an Position 2, sodass die PowerShell Ihre Eingabe dem ersten Parameter übergibt, es sei denn, Sie benennen den Parameter:

```
PS> Test-Binding -name Hallo
Sie haben die Zahl 0 eingegeben
Sie haben den Text Hallo eingegeben
```

Wirklich befriedigend ist das jedoch nicht. Weder können Sie Zahlen *und* Text als positionale Parameter definieren noch wissen Sie anschließend, ob der Benutzer nun eine Zahl oder einen Text angegeben hat. Die Lösung für solche Probleme sind *Parametersets*. Parametersets entsprechen unterschiedlichen Gruppen von Parametern. Welche Gruppe verwendet wird, hängt davon ab, welcher

Parametersatz Ihre Argumente akzeptiert. Sie identifizieren einen Parametersatz also entweder über eindeutige Parameternamen oder eindeutige Parametertypen.

Die folgende Funktion zeigt, wie das funktioniert. Hier werden zwei Parametersets namens *Name* und *ID* festgelegt. Der Parametersatz *Name* wird zum Standard erklärt und erhält die Eingabe, wenn kein Parametersatz eindeutig ausgewählt werden kann. Der Parametersatz *ID* erwartet den Parameter *ID* als Zahl und der Parametersatz *Name* den Parameter *Name* als Text.

```
function Test-Binding {
  [CmdletBinding(DefaultParameterSetName='Name')]
  param(
    [Parameter(ParameterSetName='ID', Position=0, Mandatory=$true)][Int]$id,
    [Parameter(ParameterSetName='Name', Position=0, Mandatory=$true)][String]$name
  )


  $set = $PSCmdlet.ParameterSetName
  "Sie haben Parameterset $set gewählt."

  if ($set -eq 'ID') {
    "Die ID ist $id"
  } else {
    "Der Name lautet $name"
  }
}
```

Ihre Funktion erkennt jetzt den Parameter automatisch, basierend auf dem Objekttyp, den Sie übergeben:

```
PS> Test-Binding 12
Sie haben Parameterset ID gewählt.
Die ID ist 12
PS> Test-Binding Hallo
Sie haben Parameterset Name gewählt.
Der Name lautet Hallo
```

$PSCmdlet.ParameterSetName verrät darüber hinaus, welcher Parametersatz gewählt wurde, sodass Sie in Ihrer Funktion darauf reagieren und die angegebenen Argumente richtig weiterverarbeiten können. Geben Sie einen Datentyp an, der keinem der Parameter entspricht, z.B. ein Datum, weist die PowerShell es automatisch dem Standardparameterset zu, in diesem Beispiel also *Name*:

```
PS> Test-Binding (Get-Date)
Sie haben Parameterset Name gewählt.
Der Name lautet 03/03/2010 10:56:20
```

PROFITIPP Schauen Sie mal, was geschieht, wenn Sie in der Funktion das Standardparameterset auf *ID* umstellen: Anfangs funktioniert alles noch wie zuvor, aber sobald Sie einen nicht passenden Datentyp wie z.B. ein Datum übergeben, wird es jetzt dem Parameterset *ID* zugewiesen und führt zu einem Fehler:

```
PS> Test-Binding (Get-Date)
Test-Binding : Die Argumenttransformation für den Parameter "id" kann nicht verarbeitet werden.
Der Wert "03.03.2010 10:59:25" kann nicht in den Typ "System.Int32" konvertiert werden. Fehler:
"Ungültige Umwandlung von "DateTime" in "Int32"."
```

Deshalb sollte das Standardparameterset immer dasjenige sein, das Daten am flexibelsten umwandeln und verarbeiten kann – es sei denn, Sie wollen genau solche automatischen Konversionen ausdrücklich verhindern. Möchten Sie genauer verstehen, wie die PowerShell die Argumente an Parameter bindet, verwenden Sie die folgende Diagnosezeile:

```
PS> Trace-Command -Name ParameterBinding -Expression { Test-Binding 12 } -PSHost
DEBUG: ParameterBinding Information: 0 : BIND NAMED cmd line args [Test-Binding]
DEBUG: ParameterBinding Information: 0 : BIND POSITIONAL cmd line args [Test-Binding]
DEBUG: ParameterBinding Information: 0 :     BIND arg [12] to parameter [name]
DEBUG: ParameterBinding Information: 0 :         Executing DATA GENERATION metadata:
[System.Management.Automation.ArgumentTypeConverterAttribute]
DEBUG: ParameterBinding Information: 0 :             result returned from DATA GENERATION: 12
DEBUG: ParameterBinding Information: 0 :         BIND arg [12] to param [name] SKIPPED
DEBUG: ParameterBinding Information: 0 :     BIND arg [12] to parameter [id]
DEBUG: ParameterBinding Information: 0 :         Executing DATA GENERATION metadata:
[System.Management.Automation.ArgumentTypeConverterAttribute]
DEBUG: ParameterBinding Information: 0 :             result returned from DATA GENERATION: 12
DEBUG: ParameterBinding Information: 0 :         BIND arg [12] to param [id] SUCCESSFUL
DEBUG: ParameterBinding Information: 0 :     BIND arg [12] to parameter [name]
DEBUG: ParameterBinding Information: 0 :         Executing DATA GENERATION metadata:
[System.Management.Automation.ArgumentTypeConverterAttribute]
DEBUG: ParameterBinding Information: 0 :             result returned from DATA GENERATION: 12
DEBUG: ParameterBinding Information: 0 :         BIND arg [12] to param [name] SKIPPED
DEBUG: ParameterBinding Information: 0 : MANDATORY PARAMETER CHECK on cmdlet [Test-Binding]
DEBUG: ParameterBinding Information: 0 : CALLING BeginProcessing
DEBUG: ParameterBinding Information: 0 : CALLING EndProcessing
Sie haben Parameterset ID gewählt.
Die ID ist 12
```

Parameter *by Reference*

Normalerweise empfangen Funktionen die an sie übergebenen Argumente *by Value*. Diese erhalten also eine Kopie und nicht das Original. Das ist gut so, damit Änderungen an den Argumenten sich nicht an die Außenwelt des Aufrufers auswirken:

```
function Test-Parameter($wert) {
  $wert = 'Neuer Inhalt'
}
```

Wenn Sie diese Funktion mit einem Argument aufrufen, ändert die Funktion das Argument. In der Außenwelt des Aufrufers ändert sich dadurch aber nicht die übergebene Variable:

```
PS> $daten = 'Alter Inhalt'
PS> $daten
Alter Inhalt
PS> Test-Parameter $daten
PS> $daten
Alter Inhalt
```

Manchmal möchte man diesen Schutz aber gern durchbrechen und Objekte *by Reference* übergeben. Dabei wird nicht eine Kopie des Objekts übergeben, sondern ein Adresszeiger auf die Speicheradresse des Objekts. Mögliche Gründe hierfür sind, dass Sie gezielt das Argument verändern möchten, um so beispielsweise Rückgabewerte an den Aufrufer zurückzumelden oder weil es unökonomisch wäre, das

Objekt zu kopieren. Damit Funktionen Argumente als Referenz empfangen, wandeln Sie den Parameter in den Typ *Ref* um:

```
function Test-Parameter([Ref]$wert) {
  $wert = 'Neuer Inhalt'
}
```

Allerdings können Sie Ihre Funktion nun nicht mehr wie gewohnt aufrufen:

```
PS> Test-Parameter $daten
Test-Parameter : Die Argumenttransformation für den Parameter "wert" kann nicht verarbeitet
werden. Im Argument wird ein Verweistyp erwartet.
```

Der Grund: Argumente, die per Referenz übergeben werden sollen, müssen zuvor in einem Objekt vom Typ *Ref* verpackt werden. Dieses Objekt fungiert also sozusagen als Botschafter. So gehen Sie vor:

```
PS> $daten = [Ref]'Alter Wert'
PS> Test-Parameter $daten
PS> $daten

Value
-----
Alter Wert
```

Ihre Funktion hat das Argument vom Typ *Ref* nun zwar klaglos akzeptiert, aber der Inhalt von *$daten* hat sich in der Außenwelt noch immer nicht geändert. Sie sehen aber, dass *$daten* nun nicht einfach den zugewiesenen Text enthält, sondern dass der zugewiesene Text in einer Spalte namens *Value* erscheint. Tatsächlich ist ein *Ref*-Objekt ein Datencontainer, und die eigentlichen Daten, die darin gespeichert sind, befinden sich in seiner Eigenschaft *Value*. Wenn Sie also den Wert eines *Ref*-Objekts ändern wollen, müssen Sie den neuen Wert seiner Eigenschaft *Value* zuweisen:

```
function Test-Parameter([Ref]$wert) {
  $wert.Value = 'Neuer Inhalt'
}
```

Jetzt funktioniert die Übergabe per Referenz einwandfrei:

```
PS> $daten = [Ref]'Alter Wert'
PS> Test-Parameter $daten
PS> $daten.Value
Neuer Inhalt
```

Bedienungsanleitung hinzufügen

Ihre Funktion *Get-Reisekasse* liefert bis jetzt noch keine Hilfe. Rufen Sie *Get-Help* auf und übergeben den Namen Ihrer Funktion, erhalten Sie nur eine sehr rudimentäre Beschreibung, die aus den Parametern der Funktion automatisch abgeleitet wurde:

```
PS> Get-Help Get-Reisekasse
Get-Reisekasse [-Betrag] <Double> [[-Wechselkurs] <Double>] [-Verbose] [-Debug] [-ErrorAction
<ActionPreference>] [-WarningAction <ActionPreference>] [-ErrorVariable <String>]
[-WarningVariable <String>] [-OutVariable <String>] [-OutBuffer <Int32>]
```

Kommentarbasierte Hilfe einfügen

Grundsätzlich ist es eine gute, aber leider auch lästige Idee, Code zu dokumentieren. Normalerweise helfen Kommentare Ihnen, den Code später nachvollziehen zu können, aber bei der PowerShell kommt Ihre Dokumentationsarbeit automatisch auch den Benutzern zugute – jedenfalls dann, wenn Sie sich an ein bestimmtes Format halten:

```
function Get-Reisekasse([Parameter(Mandatory=$true)][Double]$Betrag, [Double]$Wechselkurs=1.35) {

<#
.SYNOPSIS
Rechnet einen Betrag in eine andere Währung um
.DESCRIPTION
Get-Reisekasse verlangt einen Betrag und einen Wechselkurs. Daraus wird die neue Währung
berechnet.
Geben Sie keinen Wechselkurs an, wird ein Standardwert verwendet. Beide Parameter müssen als Zahl
angegeben werden.
.PARAMETER  Betrag
Der Betrag, der umgerechnet werden soll
.PARAMETER  Wechselkurs
Der Wechselkurs, der für die Umrechnung verwendet werden soll
.EXAMPLE
PS C:\> Get-Reisekasse 100
Rechnet den Betrag mit dem Standard-Wechselkurs aus
.EXAMPLE
PS C:\> Get-Reisekasse 100 1.5
Verwendet einen anderen Wechselkurs, den Sie frei bestimmen
.EXAMPLE
PS C:\> Get-Reisekasse
Erfragt den Betrag und verwendet den Standard-Wechselkurs
.NOTES
Dies ist ein einfaches Beispiel einer Funktion.
.LINK
http://www.powershell.com
.LINK
about_comment_based_help
#>

  $Betrag * $Wechselkurs
}
```

PROFITIPP Die Zeichen <# und #> markieren einen Blockkommentar. Alles zwischen diesen Zeilen wird von der PowerShell ignoriert. Diese Sonderzeichen wurden mit der PowerShell 2.0 eingeführt. Verwenden Sie diese also in Ihren Funktionen, funktionieren diese nicht mehr in der PowerShell 1.0. Alternativ können Sie aber auch jede einzelne Zeile mit »#« auskommentieren. Dann arbeitet die Funktion in allen PowerShell-Versionen korrekt (die erweiterte Hilfe wird natürlich nach wie vor nur in der PowerShell 2.0 geliefert).

Hier noch einige weitere wichtige Merkmale des speziellen Kommentars:

- **Schlüsselwörter** Die Abschnitte der Hilfe werden durch Schlüsselwörter eingeleitet, die immer mit einem Punkt beginnen, beispielsweise ».SYNOPSIS«. Weder die Reihenfolge noch die Groß- und Kleinschreibung dieser Schlüsselwörter ist wichtig. Welche Schlüsselwörter Sie einsetzen, entscheiden Sie selbst, aber mindestens ein Schlüsselwort muss verwendet werden. Die folgenden Schlüsselwörter sind erlaubt: *.SYNOPSIS, .DESCRIPTION, .PARAMETER*

<Name>, .EXAMPLE, .INPUTS, .OUTPUTS, .NOTES, .LINK, .COMPONENT, .ROLE, .FUNCTIONALITY, .FORWARDHELP-TARGETNAME, .FORWARDHELPCATEGORY, .REMOTEHELPRUNSPACE <Variable>, .EXTERNALHELP <XML-Hilfe-pfad>.

- **Position** Der Kommentarblock kann an verschiedenen Stellen positioniert werden. Er muss dabei entweder direkt am Anfang oder am Ende der Funktion vorkommen. Der Block darf aber auch direkt vor der Funktion stehen. In diesem Fall darf zwischen dem Kommentarblock und der folgenden Funktion höchstens eine Leerzeile vorkommen.

Wenn Sie diese Funktion definieren, können Sie jetzt auch zu Ihrer Funktion Hilfe abrufen – genau wie bei Cmdlets:

```
PS> Get-Help Get-Reisekasse

NAME
    Get-Reisekasse

ÜBERSICHT
    Rechnet einen Betrag in eine andere Währung um


SYNTAX
    Get-Reisekasse [-Betrag] <Double> [[-Wechselkurs] <Double>] [<CommonParameters>]

BESCHREIBUNG
    Get-Reisekasse verlangt einen Betrag und einen Wechselkurs. Daraus wird die neue Währung
    berechnet.
    Geben Sie keinen Wechselkurs an, wird ein Standardwert verwendet. Beide Parameter müssen
    als Zahl angegeben werden.

VERWANDTE LINKS
     http://www.powershell.com
    about_comment_based_help

HINWEISE
    Zum Aufrufen der Beispiele geben Sie Folgendes ein: "get-help Get-Reisekasse -examples".
    Weitere Informationen erhalten Sie mit folgendem Befehl: "get-help Get-Reisekasse -detailed".
    Technische Informationen erhalten Sie mit folgendem Befehl: "get-help Get-Reisekasse -full".
```

Noch mehr Hilfe bekommen Sie wie immer über den Parameter *-Detailed*:

```
PS> Get-Help Get-Reisekasse -Detailed
```

Get-Help liefert sogar wie bei Cmdlets Detailhilfe zu den Parametern Ihrer Funktion:

```
PS> Get-Help Get-Reisekasse -Parameter Wechselkurs

-Wechselkurs <Double>
    Der Wechselkurs, der für die Umrechnung verwendet werden soll

    Erforderlich?                false
    Position?                    2
    Standardwert
    Pipelineeingaben akzeptieren?false
    Platzhalterzeichen akzeptieren?

PS> Get-Help Get-Reisekasse -Parameter Betrag
```

```
-Betrag <Double>
    Der Betrag, der umgerechnet werden soll

    Erforderlich?                true
    Position?                    1
    Standardwert
    Pipelineeingaben akzeptieren?false
    Platzhalterzeichen akzeptieren?
```

Und auch die hinterlegten Beispiele lassen sich abrufen:

```
PS> Get-Help Get-Reisekasse -Examples

NAME
    Get-Reisekasse

ÜBERSICHT
    Rechnet einen Betrag in eine andere Währung um
    -------------------------- BEISPIEL 1 --------------------------
    PS C:\>Get-Reisekasse 100
    Rechnet den Betrag mit dem Standard-Wechselkurs aus
    -------------------------- BEISPIEL 2 --------------------------
    PS C:\>Get-Reisekasse 100 1.5
    Verwendet einen anderen Wechselkurs, den Sie frei bestimmen
    -------------------------- BEISPIEL 3 --------------------------
    PS C:\>Get-Reisekasse
    Erfragt den Betrag und verwendet den Standard-Wechselkurs
```

Geben Sie den Parameter *-Online* an, öffnet die PowerShell automatisch den ersten hinterlegten Link im Webbrowser, sodass Sie dort die Bedienungsanleitung sogar aktualisieren könnten – genauso machen es auch die eingebauten Cmdlets:

```
PS> Get-Help Get-Reisekasse -Online
```

TIPP Tatsächlich könnten Sie eigentlich auch für normale Cmdlets mit dem Parameter *-Online* die jeweils aktuellste Fassung der Bedienungsanleitung abrufen:

```
PS> Get-Help Get-Process -Online
```

Wenn Sie allerdings nicht zufällig ein englisches System verwenden, wird keine Onlinehilfe gefunden. Der Grund ist ein Bug bei der Übersetzung der Hilfedateien. Schauen Sie mal, was die Übersetzer aus dem Link gemacht haben:

```
PS> Get-Help Get-Process | Select-Object -ExpandProperty relatedLinks

Online version: http://go.microsoft.com/fwlink/?LinkID=113324 (möglicherweise auf Englisch)
Get-Process
Start-Process
Stop-Process
Wait-Process
Debug-Process
```

Der Link ist korrekt, nur hat man die Bemerkung *(möglicherweise auf Englisch)* angefügt, sodass der Browser die Webseite nicht mehr findet. Kopieren Sie den Link ohne diesen Zusatz in Ihren Browser, gelangen Sie aber auch auf nicht englischen Systemen zur Onlinehilfe.

Rückgabewerte festlegen

Natürlich soll eine Funktion am Ende ein Ergebnis an denjenigen zurückliefern, der die Funktion aufgerufen hat. Die Beispielfunktionen aus diesem Kapitel haben das auch bereits eifrig getan. Wie Funktionen allerdings ganz genau Ergebnisse zurückliefern, ist eine höchstinteressante Angelegenheit, weil sie bei der PowerShell völlig anders funktioniert als bei allen anderen Programmiersprachen. Grund genug, sich diesen Aspekt der Funktionen jetzt etwas genauer anzuschauen.

Ein Rückgabewert oder mehrere?

Tatsächlich liefern PowerShell-Funktionen nicht einen einzelnen bestimmten Rückgabewert. Sie liefern schlichtweg alles zurück, was Sie im Verlauf der Funktion an irgendeiner Stelle ausgegeben (gewissermaßen *liegen gelassen*) haben. Im einfachsten Fall ist das nur ein einzelner Wert wie bei Ihrer Funktion *Get-Reisekasse*. Rufen Sie die Funktion interaktiv auf, wird das Ergebnis in die Konsole ausgegeben. Ebenso gut könnten Sie das Ergebnis der Funktion aber auch in einer Variablen speichern und weiterverarbeiten:

```
PS> Get-Reisekasse 100 1.32
132
PS> $ergebnis = Get-Reisekasse 100 1.32
PS> "Das Ergebnis lautet $ergebnis"
Das Ergebnis lautet 132
```

Das Ergebnis ist in diesem Fall ein Objekt vom Typ *Double*:

```
PS> $ergebnis.GetType().FullName
System.Double
```

Gibt Ihre Funktion mehr als ein Ergebnis zurück, dann geschieht etwas völlig anderes. Die folgende Funktion *Test-ReturnValue* verlangt zwei Zahlen und gibt dann eine Zahlenreihe aus:

```
function Test-ReturnValue([Int]$start, [Int]$ende) {
  $start..$ende
}
PS> Test-ReturnValue 1 3
1
2
3
```

Auch dieses Ergebnis lässt sich in einer Variablen auffangen:

```
PS> $ergebnis = Test-ReturnValue 1 3
```

Wie sich herausstellt, wird das Ergebnis diesmal als Array zurückgeliefert:

```
PS> $ergebnis.GetType().FullName
System.Object[]
PS> $ergebnis.GetType().isArray
True
PS> $ergebnis[0]
1
PS> $ergebnis[1]
2
```

Eine Funktion kann also beliebig viele Ergebnisse zurückliefern. Ist es mehr als ein Ergebnis, verpackt die PowerShell die Ergebnisse kurzerhand in ein Array. Genau so verhalten sich auch Cmdlets:

```
PS> (Get-Process | Select-Object -First 1).GetType().FullName
System.Diagnostics.Process
PS> (Get-Process).GetType().FullName
System.Object[]
```

Return-Anweisung

Sie brauchen in Funktionen also nichts Besonderes zu tun, um ihre Rückgabewerte festzulegen. Sie müssen die Informationen, welche die Funktion zurückmelden soll, lediglich liegen lassen. Trotzdem unterstützt die PowerShell auch das Schlüsselwort *Return*, mit dem man den Rückgabewert einer Funktion ausdrücklich festlegen kann. Der Nutzen dieser Anweisung ist allerdings begrenzt, denn die Funktion liefert trotzdem auch alle Informationen zurück, die Sie vor der Anweisung haben liegen lassen. Sie sorgt allerdings dafür, dass die Funktion an dieser Stelle sofort verlassen wird:

```
function Test-Return {
  'Ein Rückgabewert'
  Return 'Noch ein Rückgabewert'
  'Ein dritter Rückgabewert'
}

PS> Test-Return
Ein Rückgabewert
Noch ein Rückgabewert
```

Auf die Rückgabewerte zugreifen

Ob eine Funktion ein oder mehrere Ergebnisse zurückliefert, überprüfen Sie mit dem zurückgegebenen Datentyp. Ist dieser ein Array, dann wurden mehrere Ergebnisse geliefert, ansonsten nur einer. Entweder überprüfen Sie also den Typ des zurückgelieferten Objekts:

```
PS> $ergebnis = Get-Process
PS> $ergebnis.GetType().isArray
True
PS> $ergebnis -is [Array]
True
```

Oder Sie sorgen dafür, dass ein Cmdlet oder eine Funktion grundsätzlich immer die dazugehörigen Ergebnisse als Array liefert, also auch dann, wenn eigentlich nur genau ein Ergebnis zurückgemeldet wird. Dazu verpacken Sie den Aufruf in *@(...)*. So brauchen Sie den Typ nicht umständlich zu testen, sondern können immer davon ausgehen, dass es sich um ein Array handelt:

```
function Test-ReturnValue($anzahl=1) {
  1..$anzahl | ForEach-Object { "Rückgabewert Nr. $_" }
}
PS> Test-ReturnValue
Rückgabewert Nr. 1
PS> Test-ReturnValue 3
Rückgabewert Nr. 1
```

```
Rückgabewert Nr. 2
Rückgabewert Nr. 3
PS> @(Test-ReturnValue).Count
1
PS> @(Test-ReturnValue 10).Count
10
```

Unerwünschte Rückgabewerte

Weil alles, was der Code einer Funktion liegen lässt, automatisch zum Rückgabewert einer Funktion wird, müssen Sie aufpassen, nicht versehentlich unerwünschte Dinge liegen zu lassen. Rufen Sie beispielsweise einen Befehl auf, der ein Ergebnis liefert, wird dieses Ergebnis automatisch zu einem Rückgabewert:

```
function Speak-Text($text) {
  $speaker = New-Object -COMObject SAPI.SPVoice
  $speaker.Speak($text)
}
```

Die Funktion *Speak-Text* verwendet ein COM-Objekt, um Text in Sprache zu verwandeln. Wenn Sie damit Text vorlesen lassen, erscheint allerdings jedes Mal eine Zahl. Wo kommt diese denn her?

```
PS> Speak-Text 'Hello World!'
1
PS> Speak-Text (Get-Date)
1
```

Tatsächlich gibt die Methode *Speak()* einen Rückgabewert zurück, und weil dieser in der Funktion nicht verwendet wird, verwandelt die Funktion ihn zu einem Rückgabewert. Möchten Sie solche unerwünschten Ausgaben ruhigstellen, weisen Sie diese entweder einer Variablen (wie z.B. *$null*) zu oder senden diese an *Out-Null*:

```
$null = $speaker.Speak($text)
```

oder

```
$speaker.Speak($text) | Out-Null
```

Sie können das Ergebnis auch in den Typ *Void* umwandeln. *Void* steht für »nichts« und vernichtet das Ergebnis ebenfalls:

```
[Void] $speaker.Speak($text)
```

Textausgaben vom Ergebnis ausschließen

Viele Skriptautoren fügen während der Entwicklung kleine Textausgaben in den Code ein, damit sie so besser nachvollziehen können, ob eine Funktion auch wirklich das tut, was sie soll. Sie wissen nun: Diese Textausgaben landen ebenfalls im Ergebnis der Funktion und können erhebliche Verwirrung stiften. Schauen Sie mal:

```
function Test
{
  "Berechnung wird durchgeführt"
  $a = 12 * 10
```

```
  "Ergebnis wird ausgegeben"
  "Ergebnis lautet: $a"
  "Fertig"
}

Test
Berechnung wird durchgeführt
Ergebnis wird ausgegeben
Ergebnis lautet: 120
Fertig
```

Zunächst sieht alles ganz wunderbar aus und die Funktion dokumentiert ihren internen Ablauf durch die zusätzlichen Textausgaben. Sobald Sie die Funktion aber nicht interaktiv einsetzen, sondern das Ergebnis in einer Variablen speichern, ändert sich das schlagartig, denn Ihre Hinweistexte werden jetzt nicht mehr ausgegeben, wenn die Funktion läuft, sondern landen im Ergebnis:

```
# Ihre Debugmeldungen werden nicht ausgegeben:
$ergebnis = Test

# Tatsächlich finden sich die Debugmeldungen wie alle anderen Ausgaben im Ergebnis:
$ergebnis
Berechnung wird durchgeführt
Ergebnis wird ausgegeben
Ergebnis lautet: 120
Fertig
```

Wenn Sie also Text ausgeben wollen, der sofort erscheinen soll und nicht ins Ergebnis der Funktion einfließt, dann müssen diese Ausgaben direkt an die Konsole gesendet werden, z.B. mit dem Cmdlet *Write-Host*:

```
function Test
{
  Write-Host "Berechnung wird durchgeführt"
  $a = 12 * 10
  Write-Host "Ergebnis wird ausgegeben"
  "Ergebnis lautet: $a"
  Write-Host "Fertig"
}

# Diesmal werden Ihre Debugmeldungen bereits bei der Ausführung der Funktion ausgegeben:
$ergebnis = test
Berechnung wird durchgeführt
Ergebnis wird ausgegeben
Fertig

# Das Ergebnis enthält Ihre Debugmeldungen nicht mehr:
$ergebnis
Ergebnis lautet: 120
```

Handelt es sich nur um vorübergehende Textmeldungen, die Sie für interne Zwecke brauchen, z.B., um den Ablauf einer Funktion besser zu testen, dann müssten Sie diese Hinweise spätestens dann mühsam wieder entfernen, wenn die Funktion fertig ist und produktiv eingesetzt werden soll. Das können Sie sich sparen, wenn Sie für vorübergehende Textausgaben anstelle von *Write-Host* das Cmdlet *Write-Debug* einsetzen:

```
function Test
{
  Write-Debug "Berechnung wird durchgeführt"
  $a = 12 * 10
  Write-Debug "Ergebnis wird ausgegeben"
  "Ergebnis lautet: $a"
  Write-Debug "Fertig"
}

# Debugmeldungen bleiben in der Produktivumgebung vollkommen unsichtbar:
$ergebnis = Test

# Möchten Sie Ihre Funktion debuggen, schalten Sie die Meldungen ein:
$DebugPreference = "Continue"

# Ihre Debugmeldungen werden jetzt mit dem Präfix "DEBUG:" und in Gelb ausgegeben:
$ergebnis = Test
DEBUG: Berechnung wird durchgeführt
DEBUG: Ergebnis wird ausgegeben
DEBUG: Fertig

# Sie sind nicht im Ergebnis enthalten:
$ergebnis
Ergebnis lautet: 120

# Läuft alles wie gewünscht, schalten Sie das Debugging wieder aus:
$DebugPreference = "SilentlyContinue"
$ergebnis = Test
```

Write-Debug hat gleich eine Reihe von Vorteilen: Erstens werden Ihre Debugmeldungen klar gekennzeichnet und in einer anderen Farbe ausgegeben. Zweitens erscheinen diese Meldungen nur, wenn Sie den Debugmodus ausdrücklich einschalten. Wird die Funktion in der normalen Produktivumgebung verwendet, ignoriert die PowerShell die *Write-Debug*-Anweisung einfach. Damit entfällt die Notwendigkeit, Ihre Debugausgaben mühsam zu entfernen, wenn das Skript fertig ist und produktiv eingesetzt werden soll. Alternativ können Sie auch *Write-Verbose* verwenden. Die Meldungen erscheinen dann nur, wenn Sie diese auch wirklich sehen möchten und dies mit dem Parameter *-Verbose* kundtun:

```
function Test-Verbose
{
  [CmdletBinding()]
  param([String]$text)

  Write-Verbose "Berechnung wird durchgeführt"
  $a = 12 * 10
  Write-Verbose "Ergebnis wird ausgegeben"
  "Ergebnis lautet: $a"
  Write-Verbose "Fertig"
}

PS> Test-Verbose
Ergebnis lautet: 120

PS> Test-Verbose -Verbose
AUSFÜHRLICH: Berechnung wird durchgeführt
AUSFÜHRLICH: Ergebnis wird ausgegeben
Ergebnis lautet: 120
```

```
AUSFÜHRLICH: Fertig
```

PROFITIPP Damit Ihre Funktion automatisch die Common Parameter wie *-Verbose* unterstützt, müssen Sie das Attribut *CmdletBinding* angeben. Ohne dieses Attribut unterstützt die Funktion nur die Parameter, die Sie selbst definiert haben.

Pipelinefähige Funktionen

Können Funktionen eigentlich auch die Ergebnisse anderer Befehle lesen und weiterverarbeiten? Gemeint ist die Pipeline, mit der die PowerShell mehrere Befehle wie Legobausteine untereinander verkettet. Auch Funktionen können zu Bausteinen in dieser Pipeline werden, und zwar gleich auf unterschiedlichen Wegen.

$Input – langsamer sequenzieller Modus

Im einfachsten Fall unterstützt Ihre Funktion die Pipeline nicht wirklich. Ihre Funktion beschränkt sich darauf, die Ergebnisse des vorangegangenen Pipelinebefehls zu bearbeiten, wenn dieser seine Arbeit erledigt hat. Die Ergebnisse des Vorgängerbefehls finden sich immer in der automatischen Variable *$Input*. Bei *$Input* handelt es sich um ein Array, denn diese Variable kann je nach Fall entweder gar kein Element, genau ein Element oder viele Elemente enthalten:

```
function Test-Pipeline {
  $Input | ForEach-Object { "bearbeite gerade $_" }
}
```

Isoliert aufgerufen liefert *Test-Pipeline* nichts zurück, denn es gibt keinen Vorgängerbefehl, von dem die Funktion ihre Ergebnisse hätte empfangen können:

```
PS> Test-Pipeline
```

Stellen Sie einen Datenlieferanten in der Pipeline voran, bearbeitet die Funktion jetzt alle gelieferten Objekte der Reihe nach – allerdings erst, nachdem der Vorgängerbefehl sämtliche Ergebnisse geliefert hat:

```
PS> Get-Process | Test-Pipeline
bearbeite gerade System.Diagnostics.Process (conhost)
bearbeite gerade System.Diagnostics.Process (csrss)
bearbeite gerade System.Diagnostics.Process (DataCardMonitor)
bearbeite gerade System.Diagnostics.Process (dllhost)
(...)
```

PROFITIPP Mit der folgenden Funktion rüsten Sie einen einfachen Befehl nach, um Ergebnisse in die Zwischenablage einzufügen – jedenfalls, wenn Sie Windows Vista oder höher verwenden, wo das Tool *clip.exe* vorhanden ist:

```
function Out-Clipboard {
  $Input | Clip
}
Get-Process | Out-Clipboard
```

Obwohl man denken könnte, dass *$Input* folglich eine Art Datencontainer mit den vom Vorgängerbefehl gelieferten Daten ist, stimmt das nicht. Das folgende Beispiel zeigt nämlich ein sonderbares Phänomen:

```
function Test-Pipeline {
  $anzahl = @($Input).Count
  "Habe $anzahl Objekte empfangen"
  $Input | ForEach-Object { "bearbcitc gerade $_" }
}
PS> Get-Process | Test-Pipeline
Habe 106 Objekte empfangen
```

Die Funktion gibt zwar korrekt an, wie viele Ergebnisse es vom Vorgängerbefehl empfangen hat, gibt die Objekte anschließend aber nicht mehr aus. Warum? *$Input* ist eigentlich ein sogenannter Enumerator, den man nur einmal verwenden kann. Haben Sie damit einmal die Daten abgerufen, liefert er sie nicht ein zweites Mal. Sie müssen den Enumerator zuerst mit *Reset()* zurück an den Anfang setzen, wenn Sie die Ergebnisse noch einmal lesen wollen:

```
function Test-Pipeline {
  $anzahl = @($Input).Count
  "Habe $anzahl Objekte empfangen"

  # Enumerator zurück an den Anfang setzen
  $Input.Reset()
  $Input | ForEach-Object { "bearbeite gerade $_" }
}
```

Als Nächstes soll die Funktion die Ergebnisse der Pipeline einzeln bearbeiten. Wir wollen eine Funktion namens *MarkExe* erstellen, die das Ergebnis von *dir* untersucht und ausführbare Programme mit der Dateierweiterung *.exe* in Feuerrot hervorhebt:

```
function MarkExe
{
  # alte Vordergrundfarbe merken
  $oldcolor = $Host.UI.RawUI.ForegroundColor

  # alle Elemente der Pipeline einzeln in einer Schleife untersuchen
  foreach ($element in $Input) {

    # wenn der Name mit ".exe" endet, die Vordergrundfarbe auf Rot umstellen:
    if ($element.Extension -eq '.exe') {
      $Host.ui.Rawui.ForegroundColor = "red"
    } else {
      # andernfalls die normale Vordergrundfarbe verwenden:
      $Host.ui.Rawui.ForegroundColor = $oldcolor
    }
    # Element ausgeben
    $element
  }

  # zum Schluss die alte Vordergrundfarbe wiederherstellen:
  $Host.ui.Rawui.ForegroundColor = $oldcolor
}
```

Wenn Sie das Ergebnis von *dir* an diese Funktion weiterreichen, erhalten Sie ab sofort tatsächlich Dateilisten, in denen ausführbare Programme in rot dargestellt werden:

```
dir $env:windir | MarkExe
```

Filter: schneller Streamingmodus

Der langsame sequenzielle Modus der Pipeline von eben ist spätestens dann ein Problem, wenn sehr viele Daten verarbeitet werden müssen, weil es dann zu Wartezeiten und einem enormen Speicherverbrauch kommt. Soll Ihre Funktion den schnellen Streamingmodus der Pipeline unterstützen, bei dem die Ergebnisse des Vorgängerbefehls in Echtzeit und mit minimalem Speicheraufwand weiterverarbeitet werden, legen Sie innerhalb Ihrer Funktion einen *process*-Block an. Der Code darin wird dann in Echtzeit für jedes empfangene Pipelineelement ausgeführt. Tatsächlich müssen Sie in der Funktion *MarkExe* von eben lediglich den Inhalt der Funktion in einen *process*-Block stellen, und schon verwendet die Funktion den schnellen Streamingmodus:

```
function MarkExe
{
  process {
    $oldcolor = $Host.UI.RawUI.ForegroundColor

    foreach ($element in $Input) {

      if ($element.Extension -eq '.exe') {
        $Host.ui.Rawui.ForegroundColor = "red"
      } else {
        $Host.ui.Rawui.ForegroundColor = $oldcolor
      }
      $element
    }

  $Host.ui.Rawui.ForegroundColor = $oldcolor
  }
}
```

Jetzt können Sie auch ohne längere Wartezeiten und Crashgefahr sogar riesige rekursive Dateilisten mit Ihrem Filter bearbeiten:

```
dir C:\ -Recurse | MarkExe
```

Während Ihre Funktion *MarkExe* nur ein einziges Mal aufgerufen wurde, nämlich *nachdem* der *dir*-Befehl seine Arbeit erledigt hat, wird der Filter *MarkExe* für jedes einzelne Element in *dir* neu aufgerufen. *$Input* enthält bei Filtern also immer nur ein einzelnes, nämlich das aktuelle Ergebnis. Deshalb ist *$Input* in Filtern eigentlich gar nicht sinnvoll. Verwenden Sie in Filtern besser die Variable *$_*, die direkt das gerade aktuelle Ergebnis des vorangegangenen Befehls enthält. Dadurch vereinfacht sich der Code, weil Sie nun keine Schleife mehr benötigen:

```
function MarkExe
{
  process {
    $oldcolor = $Host.UI.RawUI.ForegroundColor
```

```
    if ($_.Extension -eq '.exe') {
      $Host.ui.Rawui.ForegroundColor = "red"
    } else {
      $Host.ui.Rawui.ForegroundColor = $oldcolor
    }
    $_

    $Host.ui.Rawui.ForegroundColor = $oldcolor
  }
}
```

PROFITIPP Dic PowerShell bietet eine einfache Abkürzung für pipelinefähige Funktionen: das Schlüsselwort *Filter*. Definieren Sie damit eine Funktion, wird ihr Inhalt automatisch in einen *process*-Block verpackt:

```
PS> Filter Test-Pipeline { "bearbeite gerade $_" }
PS> Get-Process | Test-Pipeline
bearbeite gerade System.Diagnostics.Process (conhost)
bearbeite gerade System.Diagnostics.Process (csrss)
bearbeite gerade System.Diagnostics.Process (DataCardMonitor)
(...)
```

Der Filter *Test-Pipeline* wird intern so umgesetzt:

```
function Test-Pipeline { process { "bearbeite gerade $_" } }
```

Echte Pipelinefunktionen entwickeln

Sobald eine Funktion mindestens den Block *process* definiert, wird sie zu einem Filter. Ein Filter ist also nichts weiter als eine Funktion mit einem *process*-Block. Anders als bei einem Filter kann eine Funktion darüber hinaus aber auch den *begin*- und *end*-Block definieren. Deshalb ist die folgende *MarkExe*-Funktion der effizientere Ansatz, weil die Initialisierungs- und die Aufräumungsarbeiten nur noch einmal ausgeführt zu werden brauchen:

```
function MarkExe {
  begin {
    # alte Vordergrundfarbe merken
    $oldcolor = $Host.UI.RawUI.ForegroundColor
  }

  process {
    # das aktuelle Element der Pipeline liegt in $_ vor
    # wenn der Name mit ".exe" endet, die Vordergrundfarbe auf Rot umstellen:
    if ($_.Extension -eq '.exe') {
      $Host.ui.Rawui.ForegroundColor = "red"
    } else {
      # andernfalls die normale Vordergrundfarbe verwenden:
      $Host.ui.Rawui.ForegroundColor = $oldcolor
    }
    # Element ausgeben
    $_
  }

  end {
    # zum Schluss die alte Vordergrundfarbe wiederherstellen:
```

```
    $Host.ui.Rawui.ForegroundColor = $oldcolor
  }
}
```

Filter können enorm praktisch sein, weil sie zusätzliche Legobausteine für Ihre Pipeline liefern. Der folgende Filter filtert beispielsweise Dateien aufgrund ihres Alters in Tagen aus der Pipeline heraus:

```
function Filter-DateiAlter($Tage) {
  Process {
    $stichtag = (Get-Date) - (New-TimeSpan -Days $Tage)
    if  ($_.LastWriteTime -lt $stichtag) { $_ }
  }
}
```

Ab sofort können Sie sehr bequem alte Dateien finden. Die folgende Zeile listet alle Protokolldateien auf, die sich seit mehr als 30 Tagen nicht geändert haben:

```
PS> dir $env:windir *.log | Filter-DateiAlter 30

    Verzeichnis: C:\Windows

Mode                LastWriteTime     Length Name
----                -------------     ------ ----
-a---        16.11.2009     11:30       6518 DPINST.LOG
-a---        01.11.2009     09:21       1774 DtcInstall.log
-a---        04.11.2009     12:28        864 PFRO.log
-a---        14.07.2009     06:51          0 setuperr.log
-a---        01.11.2009     09:20       1313 TSSysprep.log
```

Wollten Sie diese gleich entsorgen, hängen Sie einen Löschbefehl an die Pipeline an:

```
PS> dir $env:windir *.log | Filter-DateiAlter 30 | del -WhatIf
```

Pipeline und direkte Argumente kombinieren

Im letzten Beispiel haben Sie bereits gesehen, dass eine pipelinefähige Funktion durchaus Parameter als normale Argumente empfangen kann. *Filter-DateiAlter* empfing beispielsweise das Mindestalter der Datei über den Parameter *-Tage* und die Dateien, die gefiltert werden sollten, über die Pipeline. Möchten Sie eine Funktion bauen, die Parameter wahlweise über die Pipeline oder über Parameter empfangen soll, legen Sie einfach für den Parameter fest, dass er auch über die Pipeline geliefert werden darf. Zuständig ist das Attribut *ValueFromPipeline*. Mit einer winzigen Änderung also machen Sie die Reisekasse pipelinefähig:

```
function Get-Reisekasse {
  param(
  [Parameter(Mandatory=$true, ValueFromPipeline=$true)]
  [Alias('Eur')]
  [Double]
  $Betrag,

  [Double]
  [Alias('Kurs')]
  $Wechselkurs=1.35
  )
```

```
  Process {
    $Betrag * $Wechselkurs
  }
}
```

Sie können nun entweder den umzurechnenden Betrag als Parameter übergeben oder über die Pipeline einspeisen:

```
PS> Get-Reisekasse 100
135
PS> 100,432,5762,12 | Get-Reisekasse
135
583,2
7778,7
16,2
```

Wichtig ist dafür, dass Sie denjenigen Parameter, der auf Wunsch über die Pipeline geliefert werden soll, mit *ValueFromPipeline=$true* markieren, und außerdem den Code Ihrer Funktion in einen *Process*-Block einbetten – andernfalls würde nur der letzte Pipelinewert verarbeitet.

PROFITIPP Ihre Reisekasse kann nun sogar riesige Informationsmengen verarbeiten, die sie zuvor aus einer Textdatei liest. Liegen die Beträge, die umgerechnet werden sollen, zeilenweise in einer Datei vor, genügt diese Zeile:

```
PS> Get-Content $HOME\kontostände.txt | Get-Reisekasse
```

Unterschiedliche Parameter über die Pipeline ansprechen

Kann man auch mehrere Parameter über die Pipeline empfangen? Das kommt darauf an, was Sie tun möchten. Die folgende Funktion deklariert z.B. mehrere Parameter und legt jeweils fest, dass sie alle über die Pipeline geliefert werden dürfen:

```
function Test-PipelineInput {
  param (
    [Parameter(ValueFromPipeline=$true)]
    [Double]
    $zahl,

    [Parameter(ValueFromPipeline=$true)]
    [DateTime]
    $datum,

    [Parameter(ValueFromPipeline=$true)]
    [Bool]
    $boolean
  )

  process {
    "Zahl: $zahl"
    "Datum: $datum"
    "Ja/Nein: $boolean"
  }
}

PS> 0,1,$true,$false,(Get-Date) | Test-PipelineInput
```

Das funktioniert anstandslos, allerdings werden die Pipelinedaten jetzt gleichzeitig an alle Parameter verfüttert, die den Datentyp verarbeiten können:

```
Zahl: 0
Datum: 01/01/0001 00:00:00
Ja/Nein: False
Zahl: 1
Datum: 01/01/0001 00:00:00
Ja/Nein: True
Zahl: 0
Datum:
Ja/Nein: False
Zahl: 1
Datum:
Ja/Nein: True
Zahl: 0
Datum: 03/04/2010 14:05:16
Ja/Nein: False
```

Ein sehr viel besseres Ergebnis erhalten Sie, wenn Sie die einzelnen Parameter in verschiedene Parametersets unterteilen, damit die PowerShell weiß, dass Sie nur einen (beliebigen) dieser Parameter erwarten:

```
function Test-PipelineInput {
  [CmdletBinding(DefaultParameterSetName='zahl')]
  param (
    [Parameter(ParameterSetName='zahl',ValueFromPipeline=$true)]
    [Double]
    $zahl,

    [Parameter(ParameterSetName='datum', ValueFromPipeline=$true)]
    [DateTime]
    $datum,

    [Parameter(ParameterSetName='boolean', ValueFromPipeline=$true)]
    [Bool]
    $boolean
  )

  process {
    switch ($PSCmdlet.ParameterSetName) {
    'zahl' {"Zahl: $zahl"}
    'datum' {"Datum: $datum"}
    'boolean' {"Ja/Nein: $boolean"}
    }

  }
}
```

Rufen Sie die Funktion jetzt über die Pipeline auf, werden die Werte je nach Typ an den korrekten Parameter gebunden:

```
PS> 0,1,$false,$true,(Get-Date) | Test-PipelineInput
Zahl: 0
Zahl: 1
Ja/Nein: False
Ja/Nein: True
Datum: 03/04/2010 14:07:38
```

Parameter über Objekteigenschaften empfangen

Und wie könnte man mehrere Parameter gleichzeitig über die Pipeline empfangen? Das geschieht über das Attribut *ValueFromPipelineByPropertyName*. Jetzt untersucht die PowerShell die über die Pipeline gelieferten Objekte und sucht darin nach Objekteigenschaften, die so heißen wie die Parameter. Falls solch eine Eigenschaft gefunden wird, weist die PowerShell dem Parameter den Inhalt der gleichnamigen Eigenschaft zu. Möchten Sie also mehrere Parameter gleichzeitig über die Pipeline bedienen, benötigen Sie Objekte mit Eigenschaften, die so heißen wie Ihre Parameter. Oder umgekehrt: Sie nennen Ihre Parameter so wie die Eigenschaften, die Sie interessieren. Schauen Sie mal:

```
function Show-Process {
  Param (
    [Parameter(ValueFromPipelineByPropertyName=$true)]
    $name,
    [Parameter(ValueFromPipelineByPropertyName=$true)]
    $company
  )

  Process {
    "Das Programm $name wurde hergestellt von $company"
  }
}
```

Sie benötigen nun Objekte, die die Eigenschaften *Name* und *Company* enthalten – beispielsweise Prozesse. Diese können jetzt direkt in Ihre Funktion eingespeist werden und übergeben dabei die Eigenschaften *Name* und *Company* an die gleichnamigen Parameter:

```
PS> Get-Process | Show-Process
Das Programm conhost wurde hergestellt von Microsoft Corporation
Das Programm DataCardMonitor wurde hergestellt von Huawei Technologies Co., Ltd.
Das Programm dllhost wurde hergestellt von Microsoft Corporation
Das Programm dwm wurde hergestellt von Microsoft Corporation
Das Programm EXCEL wurde hergestellt von Microsoft Corporation
(...)
```

PROFITIPP Dieses Objektbinding ist enorm mächtig. Sie könnten beispielsweise in Excel eine Tabelle mit Benutzerinformationen erstellen. Achten Sie nur darauf, dass die Spalten Überschriften tragen, die den Parametern entsprechen, die Ihre Funktion benötigt. Danach speichern Sie die Excel-Tabelle als kommaseparierte Datei und füttern diese in Ihre Funktion ein:

```
Import-Csv $HOME\userliste.txt -UseCulture | Create-User
```

Mit dieser einen Zeile würden nun die Benutzerinformationen in Benutzerkonten Ihres Active Directory umgewandelt – vorausgesetzt natürlich, Sie haben zuerst die passende Funktion *Create-User* geschrieben und dafür gesorgt, dass die Spaltennamen Ihrer Excel-Tabelle mit den benötigten Funktionsparametern übereinstimmen. Wenn Sie sich diese Mühe sparen wollen, könnten Sie auch das Modul *ActiveDirectory* von Microsoft nachladen, das Teil der RSAT (*Remote Server Administration Tools*) ist und ein Cmdlet namens *New-ADUser* enthält. Dieses Cmdlet akzeptiert ebenfalls fast alle Parameter als »byPropertyName« direkt über die Pipeline. Mehr über das Nachladen von Modulen erfahren Sie in Kapitel 5.

Nachschlag für Profis

Haben Sie noch Lust und Energie für etwas mehr? In diesem Abschnitt erhalten Sie wie immer vertiefende Einblicke in das Thema, die Sie aber auch bedenkenlos überspringen können.

Vorhandene Funktionen untersuchen

Die PowerShell enthält bereits vordefinierte Funktionen, die Sie sich mit dem virtuellen Laufwerk Function: auflisten lassen können:

```
dir Function:
CommandType    Name                    Definition
-----------    ----                    ----------
function       prompt                  'PS ' + $(Get-Location) + $(if ($nested...
function       TabExpansion            param($line, $lastWord) &{...
function       Clear-Host              $spaceType = [System.Management.Automat...
function       more                    param([string[]]$paths);  if(($paths -n...
function       help                    param([string]$Name,[string[]]$Category...
function       man                     param([string]$Name,[string[]]$Category...
function       mkdir                   param([string[]]$paths); New-Item -type...
function       md                      param([string[]]$paths); New-Item -type...
function       A:                      Set-Location A:
function       B:                      Set-Location B:
(...)
```

Das Ergebnis verrät Ihnen nicht nur die Namen der bereits vorhandenen Funktionen, sondern auch deren Inhalt in der Spalte *Definition*. Möchten Sie die Definition einer bestimmten Funktion genauer untersuchen, dann greifen Sie direkt auf die Funktion zu:

```
PS> $Function:prompt
'PS ' + $(Get-Location) + $(if ($nestedpromptlevel -ge 1) { '>>' }) + '> '
```

TIPP Möchten Sie wissen, wie viele Funktionen aktuell in Ihrer PowerShell-Umgebung definiert sind? So finden Sie es heraus:

```
PS> (dir Function:).Count
```

Und wollen Sie vielleicht erfahren, wozu die vielen vordefinierten Variablen gut sind? So bekommen Sie eine Übersicht:

```
PS> Get-Variable | Select-Object Name, Description
```

Prompt: eine bessere Eingabeaufforderung

Die PowerShell ruft die Funktion *Prompt* jedes Mal auf, wenn ein Befehl erfolgreich ausgeführt wurde und wieder die blinkende Einfügemarke erscheint, um neue Befehle entgegenzunehmen. Der Prompt zeigt in der Voreinstellung den Text *PS*, den Pfadnamen des aktuellen Ordners (geliefert von *Get-Location*) und danach ein > oder >> an, je nachdem, ob sich die Konsole im Normalmodus befindet oder noch Eingaben abfragt, weil die bisherige Eingabe nicht vollständig war. Weil der Prompt also von einer öffentlich zugänglichen Funktion geliefert wird, können Sie die Eingabeaufforderung beliebig ändern. Dazu müssen Sie lediglich die Funktion *Prompt* neu festlegen. Sofort ändert sich die Eingabeaufforderung entsprechend:

```
PS> function Prompt { "Geben Sie was ein! >" }
Geben Sie was ein! >
```

HINWEIS Huch! Und wie bekommen Sie den alten Prompt zurück? Zunächst einmal gar nicht. Wenn Sie eine Funktion ändern, dann wird die alte Funktion überschrieben. Sie können die alte Funktion also nicht einfach wiederherstellen. Allerdings werden alle Funktionen gelöscht, sobald Sie die PowerShell beenden. Spätestens also, wenn Sie die PowerShell beenden und neu starten, erhalten Sie Ihren gewohnten Prompt zurück.

Was natürlich sofort die Frage aufwirft, wie man den Prompt dauerhaft verändert und woher die PowerShell die ursprüngliche *Prompt*-Funktion erhalten hat. Dauerhafte Änderungen an den Funktionen legen Sie in einem Ihrer PowerShell-Profile fest. Darin befinden sich Skripts, die beim Start der PowerShell automatisch ausgeführt werden. Alle Funktionen, die Sie darin also festlegen, stehen Ihnen automatisch nach dem Start zur Verfügung. Mehr zu den Profilen lesen Sie in Kapitel 3.

Farbige Eingabeaufforderungen

Die *Prompt*-Funktionen von eben haben es sich leicht gemacht: Das Ergebnis der Funktion bestand einfach aus dem Text, der innerhalb der geschweiften Klammern angegeben wurde. Möchten Sie mehr Kontrolle über die Ausgabe, z.B., weil Sie einen farbigen Prompt ausgeben wollen, müssen Sie etwas mehr tun und den Text mit dem Cmdlet *Write-Host* ausgeben. Dieses Cmdlet unterstützt den Parameter *-ForegroundColor*, mit dem Sie sich eine Ausgabefarbe aussuchen. Erlaubte Farbangaben sind *Black*, *DarkBlue*, *DarkGreen*, *DarkCyan*, *DarkRed*, *DarkMagenta*, *DarkYellow*, *Gray*, *DarkGray*, *Blue*, *Green*, *Cyan*, *Red*, *Magenta*, *Yellow* und *White*.

TIPP Welche Farben sich tatsächlich hinter diesen Farbangaben verbergen, kann niemand genau sagen, denn die einzelnen Bezeichner sind nur die Namen der sechzehn Farbtöpfe, welche die Konsole bereitstellt. Jeden Farbtopf kann man mit einer eigenen selbst angemischten Farbe füllen. Dazu öffnen Sie die Konsoleneigenschaften: Klicken Sie im PowerShell-Fenster in der Titelleiste ganz links auf das PowerShell-Symbol und wählen Sie *Eigenschaften*. Auf der Registerkarte *Farben* sehen Sie nun die 16 Farbspeicher der Konsole und können rechts oben für jeden davon neue Farbtöne mischen.

Write-Host schreibt den Text nun zwar brav in der gewünschten Farbe, gibt in der Funktion aber kein Ergebnis zurück. Das ist schlecht, denn die PowerShell verwendet Ihre neue *Prompt*-Funktion nur, wenn sie auch ein Textergebnis liefert. Andernfalls gibt die PowerShell einen Standardprompt aus, weil sie denkt, Ihre *Prompt*-Funktion sei defekt. Deshalb gibt die Funktion wenigstens ein Leerzeichen zurück. Damit dieses Leerzeichen hinter der von *Write-Host* ausgegebenen Eingabeaufforderung erscheint, wird noch der Parameter *-NoNewline* verwendet. Mit diesem Grundgerüst können Sie sich nun farbige Eingabeaufforderungen basteln:

```
function prompt
{
    Write-Host ("PS " + $(Get-Location) +">") -NoNewline -ForegroundColor Magenta
    " "
}
```

Lieben Sie Farben und möchten Sie bei jeder Eingabeaufforderung eine zufällige Farbe verwenden, dann probieren Sie die nächste Funktion. Sie beschafft sich mit *New-Object* zunächst einen neuen Zufallszahlengenerator und lässt sich dann eine zufällige Zahl zwischen 1 und 16 geben. Diese wird in einen Konsolenfarbtopf umgewandelt (Typ *ConsoleColor*) und dann als Vordergrundfarbe verwendet:

```
function prompt
{
    $random = New-Object Random
    $color=[System.ConsoleColor]$random.Next(1,16)
    Write-Host ("PS " + $(Get-Location) +">") -NoNewline -ForegroundColor $color
    " "
}
```

Informationstexte an beliebiger Stelle ausgeben

Weil der Inhalt der Konsole tatsächlich in einem Bildschirmspeicher untergebracht ist, auf den Sie zeilen- und zeichenweise zugreifen können, haben Sie sogar die Möglichkeit, Zusatzinformationen wie Uhrzeit oder Datum an beliebiger Position innerhalb des Bildschirmspeichers einzublenden. Die nächste Funktion zeigt, wie das geht. Zugriff auf den Bildschirmspeicher erhalten Sie über *$Host.UI.RawUI*. Die Eigenschaft *CursorPosition* liefert die aktuelle Position der blinkenden Einfügemarke als x- (Spalte) und y-Wert (Zeile). Die Funktion merkt sich die aktuelle Position in *$curPos* und legt die neue Position 60 Zeichen weiter rechts fest. Danach setzt sie die Einfügemarke an die neue Position und gibt dort das Datum und die Uhrzeit aus. Zum Schluss wird die alte Position der Einfügemarke wiederhergestellt, damit der Prompt an gewohnter Stelle erscheint:

```
function prompt
{
    $curPos = $Host.UI.RawUI.CursorPosition
    $newPos = $curPos
    $newPos.X+=60
    $Host.UI.RawUI.CursorPosition = $newPos
    Write-Host ("{0:D} {0:T}" -f (Get-Date)) -ForegroundColor Yellow
    $Host.UI.RawUI.CursorPosition = $curPos
    Write-Host ("PS " + $(Get-Location) +">") -NoNewline -ForegroundColor Green
    " "
}
```

Windows-Titelleiste verwenden

Auch in der Titelleiste der Windows-Konsole ist Raum für Informationen und Ihre *Prompt*-Funktion könnte dort nützliche Angaben hinterlegen, z.B. den Namen des gerade angemeldeten Benutzers oder die aktuelle Zeile. Den Text der Windows-Titelleiste setzen Sie über *$Host.UI.RawUI.WindowTitle*. Das nächste Beispiel gibt darin unter anderem den Namen des gerade angemeldeten Benutzers aus. Diesen Namen bringt die PowerShell über die .NET-Funktion *GetCurrent* aus dem Objekt *WindowsIdentity* in Erfahrung. Weil der Aufruf dieser Funktion einige Sekunden Rechenzeit verschlingen kann und deshalb nicht bei jedem neuen Prompt erneut ausgeführt werden soll, wird der Benutzername außerhalb der Funktion als globale Variable angelegt, muss also nur einmal definiert werden:

```
$global:CurrentUser = [System.Security.Principal.WindowsIdentity]::GetCurrent()
function prompt
{
```

```
    $Host.UI.RawUI.WindowTitle = "Line: " + $Host.UI.RawUI.CursorPosition.Y + " " `
        + $CurrentUser.Name + " " + $Host.Name + " " + $Host.Version
    Write-Host ("PS " + $(Get-Location) +">") -NoNewline -ForegroundColor Green
    return " "
}
```

WICHTIG Das Beispiel zeigt nebenbei, wie besonders lange Zeilen in mehrere kürzere Zeilen unterteilt werden. Schreiben Sie ans Ende einer Zeile ein Tickzeichen (`), dann wird die Zeile in der nächsten Zeile fortgesetzt.

Administratorwarnung

Die *Prompt*-Funktion kann Sie auch warnen, wenn Sie die PowerShell mit vollen aktivierten Administratorrechten einsetzen. Ob Sie aktuell über Administratorrechte verfügen oder nicht, ermitteln Sie über den *WindowsPrincipal* ihrer aktuellen Benutzeridentität. Verstehen brauchen Sie den .NET-Code nicht. Er liefert Ihnen aber in *$admin* eine globale Variable, die *$true* enthält, wenn Sie über Administratorrechte verfügen. Diese Variable wertet die *Prompt*-Funktion aus. Arbeiten Sie mit vollen Administrator-Rechten, dann wird in der Windows-Titelleiste ein besonders auffälliger Warnhinweis eingeblendet (falls Ihnen das nüchterne »Administrator« nicht ausreicht, das Windows als Vorgabe anzeigt) und das Zeichen der Eingabeaufforderung (>) erscheint in roter Farbe:

```
$CurrentUser = [System.Security.Principal.WindowsIdentity]::GetCurrent()
$principal = New-Object System.Security.principal.windowsprincipal($CurrentUser)
$global:Admin =
$principal.IsInRole([System.Security.Principal.WindowsBuiltInRole]::Administrator)
function prompt
{

# Standard-Eingabeaufforderung ausgeben:
Write-Host ("PS " + $(Get-Location)) -NoNewline

# der Rest hängt davon ab, ob Sie Adminrechte haben oder nicht:
if ($admin) {
  $oldtitle = $Host.UI.RawUI.WindowTitle
  # "Administrator: " in Titelleiste einblenden, wenn diese nicht bereits den Hinweis enthält:
  if (!$oldtitle.StartsWith("Administrator: ")) {$Host.UI.RawUI.WindowTitle = "VOLLE RECHTE!! " +
$oldtitle}

  # Eingabeaufforderung mit rotem Zeichen abschließen
  Write-Host ">" -NoNewline -ForegroundColor Red
} else {
  Write-Host ">" -NoNewline
}
return " "
}
```

Ladezustand der Notebookbatterie

Ein letztes Beispiel soll zeigen, wie flexibel Ihr neuer Prompt werden kann, denn prinzipiell stehen Ihnen in der *Prompt*-Funktion alle Befehle und Informationen des gesamten Systems zur Verfügung. Wenn Sie also häufig mit dem Notebook unterwegs sind und bei der intensiven PowerShell-Arbeit manchmal vergessen, den Akkuzustand im Auge zu behalten, dann hilft die folgende *Prompt*-Funktion. Sie ermittelt mit *Get-WmiObject* direkt per Windows-WMI den aktuellen Ladezustand des

Akkus und färbt den Prompt entsprechend ein. Weil nun allerdings bei jeder Eingabeaufforderung der Akkuzustand abgefragt wird, kann es jeweils zu einer kleinen Verzögerung kommen:

```
function prompt
{
   $ladung = Get-WmiObject Win32_Battery -property EstimatedChargeRemaining

   if ($ladung.EstimatedChargeRemaining -lt 25)
   {
      $farbe = "Red"
   } ElseIf ($ladung.EstimatedChargeRemaining -lt 50)
   {
      $farbe = "Yellow"
   } else
   {
      $farbe = "White"
   }
   $prompttext = "PS {0} ({1}%)>" -f (Get-Location), $ladung.EstimatedChargeRemaining
   Write-Host $prompttext -NoNewline -ForegroundColor $farbe
   " "
}
```

Proxyfunktionen: Highlights für Profis

Sie haben in diesem Kapitel eine Menge über sogenannte Attribute gehört, mit denen Sie Aliasnamen für Parameter festlegen oder bestimmen, dass ein bestimmter Parameter zwingend erforderlich ist, sodass die PowerShell automatisch nachfragt, falls der Benutzer den Parameter nicht angibt. Die Vielfalt dieser Attribute ist manchmal etwas überwältigend. Deshalb gibt es einen smarten Weg, wie Sie »spicken« können. Dahinter steckt das Konzept der *Proxyfunktionen*. Wie Sie schon in Kapitel 3 erfahren haben, stehen Funktionen in der Rangfolge höher als Cmdlets. Gibt es also gleichnamige Funktionen und Cmdlets, dann gewinnen die Funktionen. Deshalb kann man Cmdlets mit gleichnamigen Funktionen überschreiben. Genau das macht man sich bei Proxyfunktionen zunutze. Möchten Sie also ein vorhandenes Cmdlet nachträglich erweitern, erzeugen Sie eine gleichnamige Funktion und erweitern darin die Cmdlet-Funktionen. Da Sie höchstwahrscheinlich aber nicht das gesamte Cmdlet nachprogrammieren möchten, wäre es schön, wenn man die Grundfunktionen des Cmdlets einfach übernehmen könnte. Genau das ist möglich und die Grundlage des folgenden Spickrezepts.

Spickzettel: Parameterdeklaration von existierenden Cmdlets klauen

Wenn Sie nämlich ein Cmdlet entdecken, das Parameter verwendet, die Sie in eigenen Funktionen auch gern verwenden würden, lassen Sie Windows den Quellcode für die passende Proxyfunktion erzeugen. Schauen Sie sich beispielsweise die Hilfe zum Cmdlet *Stop-Process* an, werden Sie entdecken, dass das Cmdlet drei verschiedene Parametersätze unterstützt, die Sie im Abschnitt *SYNTAX* sehen:

```
PS> Get-Help Stop-Process

NAME
    Stop-Process
```

```
ÜBERSICHT
    Beendet einen oder mehrere ausgeführte Prozesse.

SYNTAX
    Stop-Process [-Id] <Int32[]> [-Force] [-PassThru] [-Confirm] [-WhatIf] [<CommonParameters>]
    Stop-Process -InputObject <Process[]> [-Force] [-PassThru] [-Confirm] [-WhatIf]
[<CommonParameters>]
    Stop-Process -Name <string[]> [-Force] [-PassThru] [-Confirm] [-WhatIf] [<CommonParameters>]
(...)
```

Möchten Sie eine eigene Funktion mit mehreren Parametersätzen ausrüsten, wissen aber nicht, wie das funktioniert, beauftragen Sie die PowerShell, Ihnen die Definition des »Gehäuses« von *Stop-Process* zu verraten:

```
PS> $metadata = New-Object System.Management.Automation.CommandMetaData (Get-Command Stop-Process)
PS> [System.Management.Automation.ProxyCommand]::Create($metadata)
[CmdletBinding(DefaultParameterSetName='Id', SupportsShouldProcess=$true,
ConfirmImpact='Medium')]
param(
    [Parameter(ParameterSetName='Name', Mandatory=$true, ValueFromPipelineByPropertyName=$true)]
    [Alias('ProcessName')]
    [System.String[]]
    ${Name},

    [Parameter(ParameterSetName='Id', Mandatory=$true, Position=0,
ValueFromPipelineByPropertyName=$true)]
    [System.Int32[]]
    ${Id},

    [Switch]
    ${PassThru},

    [ValidateNotNullOrEmpty()]
    [Switch]
    ${Force},

    [Parameter(ParameterSetName='InputObject', Mandatory=$true, ValueFromPipeline=$true)]
    [System.Diagnostics.Process[]]
    ${InputObject},

    [Alias('vb')]
    [Switch]
    ${Verbose},

    [Alias('db')]
    [Switch]
    ${Debug},

    [Alias('ea')]
    [System.Management.Automation.ActionPreference]
    ${ErrorAction},

    [Alias('wa')]
    [System.Management.Automation.ActionPreference]
    ${WarningAction},

    [Alias('ev')]
```

```
    [System.String]
    ${ErrorVariable},

    [Alias('wv')]
    [System.String]
    ${WarningVariable},

    [Alias('ov')]
    [System.String]
    ${OutVariable},

    [Alias('ob')]
    [ValidateRange(0, 2147483647)]
    [System.Int32]
    ${OutBuffer},

    [Alias('wi')]
    [Switch]
    ${WhatIf},

    [Alias('cf')]
    [Switch]
    ${Confirm})
(...)
```

Schon sind Sie im Bilde; entscheidend ist der *param*-Block des Cmdlets, den Sie nun einfach per Kopieren/Einfügen in Ihre Funktion übertragen können, damit diese exakt dieselben Parameter akzeptiert wie *Stop-Process*.

Neue Funktionen in bestehenden Cmdlets nachrüsten

Der Quellcode, den *Create()* liefert, enthält aber noch mehr Abschnitte. Tatsächlich liefert er Ihnen eine vollwertige Proxyfunktion für das Cmdlet, das Sie angegeben haben. Sie brauchen ihn nur noch in eine Funktion zu kopieren, die so heißt wie das Cmdlet, von dem Sie abgespickt haben. Schon würde die neue Funktion und nicht mehr das Cmdlet ausgeführt, wenn Sie *Stop-Process* verwenden:

```
function Stop-Process {
  <hier den Quellcode einfügen>
}
```

Oder noch einfacher: Hier ist Ihre praktische Klonfunktion namens *Create-Proxyfunction*, mit der Sie Proxyfunktionen für beliebige Cmdlets herstellen:

```
function Create-Proxyfunction {
  param (
    [Parameter(Mandatory=$true)]
    [String]
    $Cmdletname,
    [String]
    $Dateiname,
    [switch]
    $Run,
    [switch]
    $Open
  )
```

```
  # Sourcecode für Proxyfunktion erzeugen:
  $metadata = New-Object System.Management.Automation.CommandMetaData (Get-Command $Cmdletname -
CommandType Cmdlet)
  $code = [System.Management.Automation.ProxyCommand]::Create($metadata)

  # Funktion erzeugen:
  $source = "function $Cmdletname {" + [Char]13 + $code + [Char]13 + '}'

  # In Datei schreiben, falls Dateiname angegeben:
  if ($Dateiname) {
    $source | Out-File $dateiname
  }

  # auf Wunsch sofort ausführen:
  if ($run) {
    Invoke-Expression $source.Replace("function $Cmdletname", "function global:$Cmdletname")
  }

  # auf Wunsch sofort öffnen:
  if ($Open) {
    powershell_ise.exe $dateiname
  }
}
```

Wenn Sie nun ein Cmdlet erweitern möchten, erzeugen Sie sich ganz einfach die passende Proxyfunktion und könnten diese sogar automatisch ausführen und im Editor öffnen:

```
PS> Get-Command Get-ChildItem
CommandType     Name                                      Definition
-----------     ----                                      ----------
Cmdlet          Get-ChildItem                             Get-ChildItem [[-Path] <String[]>]...

PS> Create-Proxyfunction Get-ChildItem $HOME\meingetchilditem.ps1 -Open -Run
PS> Get-Command Get-ChildItem
CommandType     Name                                      Definition
-----------     ----                                      ----------
function        Get-ChildItem                             ...
Cmdlet          Get-ChildItem                             Get-ChildItem [[-Path] <String[]>]...
```

Wie Sie sehen, wurde vollautomatisch eine Funktion namens *Stop-Process* generiert, die ab sofort zum Einsatz kommt, wann immer Sie *Stop-Process* verwenden. Sie verhält sich genau wie das Cmdlet:

```
PS> Get-ChildItem $env:windir

    Verzeichnis: C:\Windows

Mode                LastWriteTime     Length Name
----                -------------     ------ ----
d----        14.07.2009     07:32            addins
d----        14.07.2009     05:20            AppCompat
d----        25.02.2010     07:47            AppPatch
d-r-s        25.02.2010     06:46            assembly
d----        14.07.2009     07:32            Boot
(...)
```

Praxis: ein »Super-dir« für Dateisystemoperationen

Der Vorteil dieser Proxyfunktion ist nun, dass sie im Klartext vorliegt und Sie deshalb Anpassungen vornehmen könnten. So bräuchten Sie nicht warten, bis Microsoft neue erwünschte Features nachrüstet, sondern erweitern Cmdlets kurzerhand selbst. Wäre es nicht schön, wenn *Get-ChildItem* noch einige Extraparameter kennen würde?

- **Nur Dateien oder Ordner** *Get-ChildItem* liefert immer sowohl Dateien als auch Ordner. Schön wären Parameter wie *-FileOnly* und *-FolderOnly*, welche die Ausgabe entsprechend beschränken.
- **Datumsfilter** Zum Entrümpeln des Dateisystems wären Parameter wie *-After* oder *-Before* nützlich, um nur Dateien und Ordner zu sehen, die vor oder nach einem bestimmten Stichtag geändert wurden
- **Sortierung** Zwar könnte man das Ergebnis von *Get-ChildItem* an *Sort-Object* weiterleiten, aber warum nicht gleich einen Parameter namens *-Sort* einfügen, der das Ergebnis sortiert?
- **Dateigröße** Vielleicht wollen Sie nur Speicherplatzfresser aufspüren. Wir brauchen also noch einen Parameter namens *-MinFileSize* und *-MaxFileSize.*

Die Erweiterung von Get-ChildItem ist ein 3-Schritt-Vorgang:

1. Legen Sie zuerst die Proxyfunktion für *Get-ChildItem* an.

   ```
   PS> Create-Proxyfunction Get-ChildItem $HOME\meindir.ps1 -Open
   ```

   Die Funktion wird im ISE-Editor geöffnet (sofern die ISE nicht bereits geöffnet war; in diesem Fall müssen Sie den Editor zuerst schließen und den Befehl erneut ausführen):

2. Fügen Sie nun im *param*-Block die zusätzlich benötigten Parameterdeklarationen hinzu:

   ```
   [String]
   $Sort,

   [switch]
   $FileOnly,

   [switch]
   $FolderOnly,

   [DateTime]
   $Before,

   [DateTime]
   $After,

   [Int]
   $MaxFileSize,

   [Int]
   $MinFileSize,

   [Int]
   $OlderThan,

   [Int]
   $NewerThan
   ```

3. Nun müssen Sie *nur* noch die Logik für Ihre zusätzlichen Parameter implementieren. Dies ist einfacher, als Sie zunächst mit einem Blick auf den restlichen Code vermuten würden. Sie brauchen nur einige Geheimnisse zu kennen, die als Nächstes aufgedeckt werden.

Ihre Implementation gehört in den *begin*-Block. Entscheidend sind diese Zeilen, die Sie im vordefinierten Code aller Proxyfunktionen finden:

```
$wrappedCmd = $ExecutionContext.InvokeCommand.GetCommand('Get-ChildItem',
[System.Management.Automation.CommandTypes]::Cmdlet)
$scriptCmd = {& $wrappedCmd @PSBoundParameters }
```

Hier wird zuerst das zugrunde liegende Cmdlet beschafft und in der Variablen *$wrappedCmd* gespeichert. Danach folgt in *$scriptCmd* der entscheidende Vorgang: Es wird ein Skriptblock definiert, der das zugrunde liegende Cmdlet aufruft und ihm mit *@PSBoundParameters* die an Ihre Proxyfunktion übergebenen Parameter weiterreicht. Bevor das geschieht, müssen Sie tätig werden und prüfen, ob einer Ihrer neuen Parameter verwendet wurde. Falls ja, entfernen Sie den Parameter aus *$PSBoundParameters*, denn zum Schluss werden die darin enthaltenen Parameter ja an das Original-Cmdlet verfüttert, das mit Ihren neuen Parametern nichts anzufangen weiß. Danach legen Sie den Code fest, den der jeweilige Parameter zusätzlich ausführen soll. Die Entfernung und der zusätzliche Code für die Ausführung könnten z.B. so aussehen (den Code bauen Sie vor $wrappedCmd = ... ein):

```
        $pipeline = ''
        if ($fileOnly) {
          [Void]$PSBoundParameters.Remove("FileOnly")
          $pipeline += ' | Where-Object { $_.PSIsContainer -eq $false } '
        }

        if ($folderOnly) {
          [Void]$PSBoundParameters.Remove("FolderOnly")
          $pipeline += ' | Where-Object { $_.PSIsContainer } '
        }

        if ($Before) {
          [Void]$PSBoundParameters.Remove("Before")
          $pipeline += ' | Where-Object { $_.LastWriteTime -lt $before } '
        }

        if ($After) {
          [Void]$PSBoundParameters.Remove("After")
          $pipeline += ' | Where-Object { $_.LastWriteTime -gt $after } '
        }

        if ($MinFileSize) {
          [Void]$PSBoundParameters.Remove("MinFileSize")
          $pipeline += ' | Where-Object { $_.Length -ge $MinFileSize } '
        }

        if ($MaxFileSize) {
          [Void]$PSBoundParameters.Remove("MaxFileSize")
          $pipeline += ' | Where-Object { $_.LastWriteTime -le $MaxFileSize } '
        }

        if ($OlderThan) {
          [Void]$PSBoundParameters.Remove("OlderThan")
          $pipeline += ' | Where-Object { ((Get-Date) - (New-TimeSpan -Days $OlderThan)) -gt
$_.LastWriteTime  } '
```

```
        }

        if ($NewerThan) {
          [Void]$PSBoundParameters.Remove("NewerThan")
          $pipeline += ' | Where-Object { ((Get-Date) - (New-TimeSpan -Days $NewerThan)) -lt
$_.LastWriteTime  } '
        }

        if ($Sort) {
          [Void]$PSBoundParameters.Remove("Sort")
          $pipeline += ' | Sort-Object $Sort'
        }
```

Nun ändern Sie die zweite der beiden oben genannten Zeilen etwas ab, damit Ihr zusätzlicher Code auch wirklich ausgeführt wird. Anstelle von

```
$scriptCmd = {& $wrappedCmd @PSBoundParameters }
```

formulieren Sie beispielsweise:

```
$scriptCmd = [ScriptBlock]::Create( ('& $wrappedCmd @PSBoundParameters ' + $pipeline) )
```

Ab sofort ist Ihr *Get-ChildItem* (und damit natürlich auch *dir*) sehr viel cleverer geworden. Möchten Sie z.B. alle Protokolldateien im Windows-Ordner auflisten, die mindestens 40 Tage alt und 1 KB groß sind, genügt diese Zeile:

```
PS> dir $env:windir *.log -OlderThan 40 -MinFileSize 1kb

    Verzeichnis: C:\Windows

Mode                LastWriteTime     Length Name
----                -------------     ------ ----
-a---        16.11.2009     11:30       6518 DPINST.LOG
-a---        01.11.2009     09:21       1774 DtcInstall.log
-a---        01.11.2009     09:20       1313 TSSysprep.log
```

Möchten Sie dagegen nur Dateien oder nur Ordner finden, geht dies jetzt ganz einfach:

```
PS> dir $env:windir -FileOnly
PS> dir $env:windir -FolderOnly
```

Und um eine nach Größe sortierte Dateiliste mit allen Dateien aus dem Windows-Ordner zu erhalten, die größer sind als 20 KB und sich in den letzten 30 Tagen geändert haben, schreiben Sie:

```
PS> dir $env:windir -FileOnly -Sort Length -MinFileSize 20KB -NewerThan 30

    Verzeichnis: C:\Windows

Mode                LastWriteTime     Length Name
----                -------------     ------ ----
-a---        25.02.2010     07:50      26688 setupact.log
-a--s        04.03.2010     09:04      67584 bootstat.dat
-a---        04.03.2010     11:03    1667252 WindowsUpdate.log
```

Möchten Sie z.B. den internen Ordner *Recent* aufräumen, in dem sich Verweise auf all die Dinge befinden, die Sie jemals geöffnet haben, würde die folgende Zeile alle Dateien im Ordner und seinen Unterordnern löschen, die älter sind als 5 Tage:

```
PS> dir ([Environment]::GetFolderPath('Recent')) -OlderThan 5 -FileOnly -Recurse | del -WhatIf
```

Übrig bleiben so nur noch Verweise auf Dinge, mit denen Sie wirklich kürzlich (*recent*) zu tun hatten.

HINWEIS Proxyfunktionen lassen sich nicht nur zum Erweitern bestehender Cmdlets einsetzen, sondern werden auch für das sogenannte *implizite Remoting* verwendet. Dabei wird ein Cmdlet ferngesteuert auf einem anderen Computer ausgeführt. Mehr dazu erfahren Sie in Kapitel 16.

ConfirmImpact für eigene Funktionen festlegen

In Kapitel 2 haben Sie bereits erfahren, wieso einige Cmdlets automatisch nachfragen, bevor sie ihre Arbeit erledigen. Zuständig sind der *ConfirmImpact*-Level, den der Cmdlet-Autor festgelegt hat, und die Einstellung in *$ConfirmPreference*. Die PowerShell fragt automatisch nach, wenn der *ConfirmImpact*-Level eines Cmdlets gleich oder höher ist als in *$ConfirmPreference* festgelegt.

Falls Sie eine Funktion entwickeln, die weitreichende Änderungen am System vornimmt, sollten Sie auch Ihrer eigenen Funktion einen passenden *ConfirmImpact*-Level zuweisen, was Sie über das Attribut *CmdletBinding* und das Schlüsselwort *ConfirmImpact* tun. Voraussetzung dafür ist allerdings, dass Ihre Funktion auch den Common Parameter *-Confirm* unterstützt, denn der *ConfirmImpact*-Level sorgt schließlich nur dafür, dass der Parameter *-Confirm* automatisch aktiviert wird. Die folgende Funktion fordert z.B. automatisch eine Bestätigung an, es sei denn, Sie schalten die Bestätigung ausdrücklich ab oder setzen die Warnstufe in *$ConfirmPreference* auf *None*:

```
function Configure-System {
  [CmdletBinding(ConfirmImpact='High')]
  Param()

  ' Ich werde immer ausgeführt!'
  if ($PSCmdlet.ShouldProcess('Configure-System', 'Änderungen am System'))
  {
    'Ich werde nur ausgeführt, wenn Sie zustimmen!'
  }
  'Ich werde auch immer ausgeführt!'
}
```

Rufen Sie danach Ihre Funktion auf, wird der als kritisch markierte Funktionsteil nur ausgeführt, wenn Sie zustimmen:

```
PS> Configure-System
 Ich werde immer ausgeführt!

Bestätigung
Möchten Sie diese Aktion wirklich ausführen?
Ausführen des Vorgangs "Änderungen am System" für das Ziel "Configure-System".
[J] Ja  [A] Ja, alle  [N] Nein  [K] Nein, keine  [H] Anhalten  [?] Help (default is "J"): j
Ich werde nur ausgeführt, wenn Sie zustimmen!
Ich werde auch immer ausgeführt!

PS> Configure-System
 Ich werde immer ausgeführt!

Bestätigung
Möchten Sie diese Aktion wirklich ausführen?
Ausführen des Vorgangs "Änderungen am System" für das Ziel "Configure-System".
[J] Ja  [A] Ja, alle  [N] Nein  [K] Nein, keine  [H] Anhalten  [?] Help (default is "J"): n
Ich werde auch immer ausgeführt!
```

PROFITIPP Die möglichen Einstellungen für *ConfirmImpact* und die Variable *$ConfirmPreference* lauten: *High*, *Medium*, *Low* oder *None*.

Zusammenfassung

Funktionen fassen einen oder mehrere PowerShell-Befehle unter einem Namen zusammen. Wird die Funktion aufgerufen, führt sie die in ihr definierten Befehle der Reihe nach aus. Damit bilden Funktionen gewissermaßen ein Gehäuse für den Code. Wirklich vollständig wird dieses Gehäuse, wenn Sie darin außerdem festlegen, welche Parameter die Funktion erwartet und wie sie bedient wird. Die Parameter deklarieren Sie entweder in runden Klammern direkt hinter dem Funktionsnamen oder separat als *param*-Block innerhalb der Funktion. Die Parameterdeklarationen bestehen im einfachsten Fall aus den Variablen, denen der Benutzer der Funktion Informationen übergeben soll. Die Namen der Variablen werden automatisch zu den Parameternamen und die Reihenfolge der Variablen gibt die Position der Parameter an. Mehr Kontrolle erhalten Sie mit den Attributen *[Parameter(...)]* und *[CmdletBinding(...)]*. Mit ihnen können die Parameter genauso komfortabel funktionieren wie bei Cmdlets und z.B. zwingende Argumente festgelegt werden, bei denen die PowerShell automatisch nachfragt, falls der Benutzer vergessen hat, den Parameter anzugeben. Schließlich dürfen Parameter noch streng typisiert werden (auf einen bestimmten Datentyp festgelegt) und können mit einem Vorgabewert belegt sein. Die Bedienungsanleitung hinterlegen Sie in Form eines Kommentarblocks mit schematisiertem Aufbau. Er darf sich sowohl innerhalb als auch außerhalb (direkt oberhalb) der Funktion befinden. Mit *Get-Help* kann ein Benutzer dann genauso komfortabel Hilfestellung über die Funktion abrufen, wie dies mit Cmdlets möglich ist.

Sobald Sie die Parameter Ihrer Funktion mit dem Attribut *[CmdletBinding()]* kennzeichnen oder eine kommentarbasierte Hilfe einfügen, unterstützt die Funktion automatisch alle Common Parameter wie *-ErrorAction* oder *-Verbose*. Etwas mehr Arbeit ist nötig, wenn die Funktion auch eine Unterstützung für die Parameter *-WhatIf* und *-Confirm* bieten soll. In diesem Fall muss sie ihre Bereitschaft dazu mit dem Attribut *[CmdletBinding(SupportsShouldProcess=$True)]* erklären und intern über die besondere Variable *$PSCmdlet* die Codebereiche kennzeichnen, die gegebenenfalls nur simuliert, aber nicht ausgeführt werden sollen.

Soll die Funktion den Echtzeitmodus der Pipeline unterstützen und also Ergebnisse eines vorangehenden Pipelinebefehls empfangen können, muss der Code der Funktion in einen *process*-Block eingebettet werden. Innerhalb dieses Blocks stehen die Pipelinedaten entweder in der besonderen Variable *$_* zur Verfügung oder Sie deklarieren einen oder mehrere Parameter der Funktion entsprechend, sodass die Pipelineinformationen an sie gebunden werden. Eine letzte Besonderheit stellt der Mechanismus dar, wie PowerShell-Funktionen ihren Rückgabewert festlegen. Alles, was Sie »liegen lassen«, wird automatisch zum Rückgabewert der Funktion, und handelt es sich um mehr als ein Ergebnis, verpackt die PowerShell diese automatisch in einem Array.

Am Ende des Tages und unter Ausnutzung all dieser Techniken verhält sich Ihre Funktion genau wie ein Cmdlet. Ein Benutzer spürt keinen Unterschied.

Kapitel 11

Variablen

In diesem Kapitel:

Variablen spielen eine wichtige Rolle in Funktionen und Skripts, denn sie speichern die Ergebnisse eines Befehls zwischen und können diese Informationen dann an andere Befehle weiterreichen. Deshalb haben Sie Variablen schon in vielen Beispielen in diesem Buch verwendet. Jetzt wird es allerdings Zeit, sich einige Besonderheiten der PowerShell-Variablen näher anzusehen, die Sie für die professionelle Skriptentwicklung gut gebrauchen können.

Eigene Variablen anlegen

Der Umgang mit Variablen ist ziemlich simpel, denn Sie müssen nur wissen, dass Variablen immer mit einem führenden »$« gekennzeichnet werden. Alles andere funktioniert automatisch: Sie dürfen beliebige Variablennamen verwenden, und die PowerShell kümmert sich darum, die Variablen anzulegen und die Informationen darin zu speichern. Die PowerShell unterscheidet bei Variablennamen auch nicht zwischen Groß- und Kleinschreibung:

```
# Variablen anlegen und Werte zuweisen
PS> $betrag = 120
PS> $MwSt = 1.19

# Berechnung durchführen:
PS> $ergebnis = $BETRAG * $MWST

# Ergebnis ausgeben
PS> $ergebnis
142,8

# Variablen innerhalb von Text werden durch Werte ersetzt:
PS> $text = "Der Nettobetrag $betrag entspricht dem Bruttobetrag $ergebnis"
PS> $text
Der Nettobetrag 120 entspricht dem Bruttobetrag 142.8
```

Variablen in Text einbetten

Wie Sie gerade gesehen haben, lassen sich Variablen direkt in Text einbetten und werden dann durch ihren Inhalt ersetzt, zumindest dann, wenn der Text in doppelten Anführungszeichen steht. Bei einfachen Anführungszeichen verzichtet die PowerShell auf diese Automatik. Allerdings kann das auch Verwirrung stiften. Schauen Sie sich dazu die folgende Zeile an, die eigentlich die Hintergrundfarbe der PowerShell-Konsole ausgeben sollte:

```
PS> "Aktuelle Hintergrundfarbe: $Host.UI.RawUI.BackgroundColor"
Aktuelle Hintergrundfarbe:
System.Management.Automation.Internal.Host.InternalHost.UI.RawUI.BackgroundColor
```

Das Ergebnis sieht ganz anders aus als erwartet, weil die automatische Variablenauflösung sich auf die reine Variable beschränkt. Deshalb wurde hier der Typ der Objektvariablen *$Host* aufgelöst und dahinter wörtlich der Rest angefügt: *.UI.RawUI.BackgroundColor.* Mit runden Klammern können Sie in solchen Fällen Missverständnisse aufklären und der PowerShell zeigen, welcher Teil zusammengehört:

```
PS> "Aktuelle Hintergrundfarbe: ($Host.UI.RawUI.BackgroundColor)"
```

Noch allerdings werden die runden Klammern wörtlich genommen und genau so auch ausgegeben, denn sie haben ein neues Missverständnis ausgelöst: Woher soll die PowerShell wissen, ob Sie Klammern als Text ausgeben oder als Ordnungszeichen verwenden wollen? Damit runde Klammern den Inhalt des Ausdrucks darin zurückgeben, deklarieren Sie diese kurzerhand erneut mit einem Dollarzeichen als Variable:

```
PS> "Aktuelle Hintergrundfarbe: $($Host.UI.RawUI.BackgroundColor)"
Aktuelle Hintergrundfarbe: DarkBlue
```

Falls Ihnen dieser Code zu unübersichtlich wird, denken Sie an den Formatierungsoperator *-f*. Mit diesem können Sie Textvorlage und variable Inhalte sauber trennen:

```
PS> 'Aktuelle Hintergrundfarbe: {0}' -f $Host.UI.RawUI.BackgroundColor
Aktuelle Hintergrundfarbe: DarkBlue
```

PROFITIPP Bei der Erstellung von Funktionen oder Skripts kann der laxe Umgang mit Variablen übrigens zu einem Störfaktor werden, weil die PowerShell bei falsch getippten Variablennamen oder nicht vorhandenen Objekteigenschaften nicht mault, sondern einfach weitermacht:

```
PS> $gibtsnicht
PS> $Host.gibtsnicht
PS>
```

Deshalb sollten Sie auf Entwicklungssystemen mit *Set-StrictMode* eine strengere Prüfung aktivieren:

```
PS> $gibtsnicht
PS> $Host.gibtsnicht
PS> Set-StrictMode -Version 2
PS> $gibtsnicht
Die Variable "$gibtsnicht" kann nicht abgerufen werden, da sie nicht festgelegt wurde.
PS> $Host.gibtsnicht
Die gibtsnicht-Eigenschaft wurde für dieses Objekt nicht gefunden. Stellen Sie sicher, dass sie
vorhanden ist.
```

Mit *Set-StrictMode -Off* wird diese strenge Prüfung wieder abgeschaltet. Beim Einschalten haben Sie mit dem Parameter *-Version* die Wahl, ob die PowerShell nach den Regeln der PowerShell 1.0 oder 2.0 prüfen soll, oder Sie geben den Wert *Latest* an und erhalten dann immer die strengste verfügbare Prüfung.

Prüfung	PowerShell Version 1	PowerShell Version 2
Nicht initialisierte Variablen	x	x
Nicht vorhandene Eigenschaften eines Objekts		x
Falsche Syntax beim Aufruf von Funktionen		x
Leere Variablennamen		x

Tabelle 11.1 Strenge Syntaxprüfungen für PowerShell-Entwickler

Spezielle Variablennamen

Variablennamen unterliegen nur einer einzigen Einschränkung: Sie dürfen keine Sonderzeichen enthalten, die zu Verwechslungen mit Operatoren oder anderen PowerShell-Sonderzeichen führen könnten. Deshalb sind runde Klammern oder Bindestriche tabu – es sei denn, Sie verwenden geschweifte Klammern.

```
# Variablennamen mit Sonderzeichen gehören in geschweifte Klammern:
PS> ${dieser Variablenname ist eher "ungewöhnlich", aber erlaubt} = "Hallo Welt"
PS> ${dieser Variablenname ist eher "ungewöhnlich", aber erlaubt}
Hallo Welt
```

Normalerweise kann man sich solche Variablennamen verkneifen und braucht dann auch keine geschweiften Klammern. Manchmal hat man allerdings auf die Wahl des Variablennamens keinen Einfluss. Möchten Sie beispielsweise den Quellcode einer Funktion abrufen, liegt dieser in einer speziellen Variable vor, und wenn der Name der Funktion ein Sonderzeichen wie den Bindestrich enthält, können Sie die Variable nicht wie gewohnt abrufen:

```
PS> $function:Get-Verb
Sie müssen auf der rechten Seite des Operators "-" einen Wertausdruck angeben.
```

Mit den geschweiften Klammern gelingt es trotzdem:

```
PS> ${function:Get-Verb}

param(
    [Parameter(ValueFromPipeline=$true)]
    [string[]]
    $verb = '*'
)
begin {
    $allVerbs = [PSObject].Assembly.GetTypes() |
(...)
```

Werte zuweisen

Um Variablen einen neuen Wert zuzuweisen, verwenden Sie den Zuweisungsoperator »=«. Erlaubt sind nicht nur Zahlen oder Text, sondern auch komplette Befehlsergebnisse. All das, was ein Befehl normalerweise in die Konsole ausgibt, kann ebenso gut in einer Variablen zwischengespeichert werden:

```
# Ergebnisse eines Cmdlets zwischenspeichern:
PS> $listing = Get-ChildItem C:\
PS> $listing

    Verzeichnis: Microsoft.PowerShell.Core\FileSystem::C:\


Mode                LastWriteTime     Length Name
----                -------------     ------ ----
d----         26.06.2007     15:36            2420
d----         04.05.2007     21:06            ATI
d----         28.08.2006     18:22            Dokumente und Einstellungen
```

```
d----        08.08.2007     21:46          EFSTMPWP
d----        28.04.2007     02:18          perflogs
(...)

# Ergebnis eines klassischen externen Befehls zwischenspeichern:
PS> $resultat = ipconfig
PS> $resultat
Windows-IP-Konfiguration

Ethernet-Adapter LAN-Verbindung:
   Medienstatus. . . . . . . . . . . : Medium getrennt
   Verbindungsspezifisches DNS-Suffix:

Ethernet-Adapter LAN-Verbindung 2:
   Medienstatus. . . . . . . . . . . : Medium getrennt
   Verbindungsspezifisches DNS-Suffix:
Drahtlos-LAN-Adapter Drahtlosnetzwerkverbindung:

   Medienstatus. . . . . . . . . . . : Medium getrennt
   Verbindungsspezifisches DNS-Suffix:
```

Der Zuweisungsoperator kann in einem Schritt auch mehrere Variableninhalte festlegen. So könnten Sie beispielsweise eine ganze Reihe von Variablen mit einem gemeinsamen Ausgangswert initialisieren:

```
# mehrere Variablen in einem Schritt mit demselben Wert füllen:
PS> $a = $b = $c = 1
PS> $a
1
PS> $b
1
PS> $c
1
```

Hin und wieder möchte man vielleicht auch den Inhalt zweier Variablen austauschen. In klassischen Programmiersprachen sind dazu mehrere Schritte nötig:

```
PS> $Wert1 = 10
PS> $Wert2 = 20
PS> $Temp = $Wert1
PS> $Wert1 = $Wert2
PS> $Wert2 = $Temp
```

Bei der PowerShell funktioniert ein solcher Austausch einfacher. Erstens dürfen Sie mehrere Anweisungen in eine Zeile schreiben, wenn Sie die einzelnen Anweisungen durch Semikola voneinander trennen. Und zweitens akzeptiert der Zuweisungsoperator auf beiden Seiten mehrere Variablen, die dann gegeneinander ausgetauscht werden:

```
# Variablenwerte gegenseitig austauschen:
PS> $Wert1 = 10; $Wert2 = 20
PS> $Wert1, $Wert2 = $Wert2, $Wert1
```

Mehreren Variablen unterschiedliche Werte zuweisen

Der eigentliche Trick im letzten Beispiel ist das Komma. Mit dem Komma legt die PowerShell stets ein Array an, also eine Variable, die mehr als einen Wert enthält. Geben Sie links und rechts von ihm ein Array mit derselben Anzahl von Elementen an, dann werden die Elemente des Arrays auf der rechten Seite den Elementen des Arrays auf der linken Seite zugewiesen. Auf diese Weise könnten Sie mit einem einzigen Zuweisungsoperator verschiedene Variablen mit verschiedenen Werten füllen. Das Beispiel von eben vereinfacht sich dadurch nochmals:

```
# mehrere Variablen in einem Schritt mit verschiedenen Werten füllen:
PS> $Wert1, $Wert2 = 10, 20
PS> $Wert1, $Wert2 = $Wert2, $Wert1
```

Variableninhalte ändern

Neben dem Zuweisungsoperator »=« unterstützt die PowerShell noch einige weitere Zuweisungsoperatoren, mit denen man beispielsweise Zähler erhöhen oder Werte hinzufügen kann:

```
PS> $wert = 1
PS> $wert++
PS> $wert
2
PS> $wert--
PS> $wert
1
PS> $wert+=10
PS> $wert
11
PS> $wert-=10
PS> $wert
1
```

Prüfen, ob eine Variable existiert

Möchten Sie erfahren, ob es unter einem bestimmten Namen bereits eine Variable gibt, dann machen Sie sich zunutze, dass alle Variablen im virtuellen PowerShell-Laufwerk *Variable:* verwaltet werden. Variablen besitzen bei der PowerShell also stets einen Pfadnamen, den man mit *Test-Path* testen kann:

```
# prüfen, ob die Variable $PSVersionTable existiert:
PS> Test-Path variable:PSVersionTable
True
```

Variablen löschen

Weil Variablen automatisch gelöscht werden, sobald Sie die PowerShell beenden, brauchen Sie sich nicht selbst darum zu kümmern. Möchten Sie eine Variable trotzdem sofort löschen, gehen Sie dazu genauso vor, als wollten Sie eine Datei im Dateisystem löschen, und verwenden den Pfadnamen der Variablen (oder das Cmdlet *Remove-Variable*):

```
# eine Testvariable anlegen:
$test = 1
```

```
# überprüfen, dass die Variable existiert:
dir Variable:\te*

# Variable löschen:
del Variable:\test

# die Variable ist aus der Liste verschwunden:
dir Variable:\te*
```

Konstanten anlegen

Während eine Variable einen *variablen* Wert enthält, der jederzeit geändert werden kann, enthalten Konstanten einen *konstanten* Wert, der sich nachträglich nicht ändern lässt. Die PowerShell unterscheidet nicht zwischen Variablen und Konstanten, bietet Ihnen aber die Möglichkeit, eine Variable mit einem Schreibschutz zu versehen. Dadurch wird die Variable im Ergebnis zu einer Konstanten. Anders als bei klassischen Konstanten dürfen Sie den Schreibschutz aber auch nachträglich wieder entfernen, können also Konstanten jederzeit wieder in echte Variablen verwandeln. Im folgenden Beispiel wird die Variable *$test* als schreibgeschützte Variable mit dem festen Wert *100* angelegt. Außerdem wird der Variablen eine Beschreibung angefügt.

```
# neue Variable mit Beschreibung und Schreibschutz anlagen:
New-Variable test -Value 100 -Description "Eine Testvariable mit Schreibschutz" -Option ReadOnly
$test
100

# Variableninhalt kann nicht verändert werden:
$test = 200
Die Variable "test" kann nicht überschrieben werden, da sie konstant oder schreibgeschützt ist.
```

Die Variable ist nun schreibgeschützt. Ihr Wert kann nachträglich nicht mehr geändert werden. Versuchen Sie es dennoch, kassieren Sie eine Fehlermeldung. Sie müssten die Variable schon löschen und neu definieren, wenn Sie ihren Wert ändern wollten. Weil die Variable schreibgeschützt ist, verhält sie sich wie eine schreibgeschützte Datei. Entsprechend müssen Sie den Parameter *-Force* angeben:

```
del Variable:\test -Force
$test = 200
```

Die Variable hat nun keinen Schreibschutz mehr und verhält sich wieder wie eine gewöhnliche Variable. Eine Variable mit Schreibschutz hat folglich nicht exakt dieselbe Verhaltensweise wie eine Konstante. Benötigen Sie echte Konstanten, legen Sie die Variable mit der Option *Constant* an. So kann die Variable nachträglich weder geändert noch gelöscht werden. Erst wenn Sie die PowerShell beenden, werden Konstanten wieder entfernt. Variablen mit der Option *Constant* können nur mit *New-Variable* angelegt werden.

Allerdings kann *New-Variable* keine vorhandenen Variablen überschreiben. Existiert unter dem angegebenen Namen bereits eine Variable, erhalten Sie eine Fehlermeldung. Nur wenn Sie *New-Variable* mit dem Parameter *-Force* aufrufen, wird eine schon vorhandene gleichnamige Variable überschrieben. Möglich ist das allerdings nur, wenn die vorhandene Variable nicht mit der Option *Constant* angelegt wurde. Variablen vom Typ *Constant* sind also wie bereits erwähnt absolut unveränderlich, wenn sie einmal angelegt wurden.

Variablen dokumentieren

Gut dokumentierter PowerShell-Code erleichtert es Ihnen später, den Code nachzuvollziehen und zu pflegen. Deshalb kann man Variablen eine Beschreibung zuweisen:

```
# Variable mit Beschreibung anlegen:
PS> New-Variable meineVariable -Value 100 -Description 'Eine Testvariable' -force

# Variable nachträglich beschreiben:
PS> $wert = 100
PS> Set-Variable wert -Description 'Eine Testvariable'

# Beschreibungen anzeigen lassen:
PS> Get-Variable meineVariable, wert | Select-Object Name, Value, Description

Name                                          Value Description
----                                          ----- -----------
meineVariable                                   100 Eine Testvariable
wert                                            100 Eine Testvariable
```

Kurz und knapp ...

Variablen werden stets mit einem führenden »$«-Zeichen gekennzeichnet. Den Namen Ihrer Variablen dürfen Sie frei wählen und in Variablen beliebige Informationen speichern. Um den Inhalt der Variablen auszugeben, schreiben Sie lediglich den Variablennamen (einschließlich vorangestelltem »$«) und drücken [↵]. Variablen dürfen auch in Text eingebettet werden: Sofern der Text in doppelten Anführungszeichen steht, wird die Variable dann durch ihren Inhalt ersetzt.

Variablen bieten darüber hinaus zwei weitere Wege, um an ihren Inhalt zu gelangen. Ist in einer Variablen ein Array gespeichert (dazu später mehr), das aus mehreren Einzelinformationen besteht, können Sie über eckige Klammern und Angabe einer Indexzahl auf einzelne Elemente im Array zugreifen. Und ist in der Variablen ein Objekt gespeichert, greifen Sie mit einem Punkt auf die Eigenschaften und Methoden des Objekts zu.

Umgebungsvariablen und andere Sonderformen

Neben den Variablen, welche die PowerShell selbst verwaltet, gewährt Ihnen das Sonderzeichen »$« außerdem Zugriff auf Variablen, die anderswo verwaltet werden. Darüber sprechen Sie nämlich den Inhalt virtueller PowerShell-Laufwerke direkt an und geben dazu vor dem Variablennamen das Laufwerk an, auf das Sie zugreifen wollen. Am wichtigsten ist das Laufwerk *Env:*, das alle Windows-Umgebungsvariablen enthält. Möchten Sie den Inhalt einer Umgebungsvariablen lesen, kostet Sie das keine Mühe:

```
$env:windir
C:\Windows
```

Durch den Zusatz *env:* haben Sie die PowerShell also angewiesen, die Variable *windir* nicht im normalen PowerShell-Variablenspeicher zu suchen, sondern im Laufwerk Env:. Ansonsten verhält sich die Variable genauso wie jede andere PowerShell-Variable auch, und Sie könnten sie z.B. in Text einbetten:

```
"Der Windows-Ordner befindet sich hier: $env:windir"
Der Windows-Ordner befindet sich hier: C:\Windows
```

PROFITIPP Suchen Sie eine bestimmte Umgebungsvariable und wissen nur, dass diese etwas mit Pfadnamen zu tun hat, probieren Sie diese Zeile aus:

```
PS> dir env:*path*

Name                           Value
----                           -----
HOMEPATH                       \Users\w7-pc9
PSModulePath                   C:\Users\w7-pc9\Documents\WindowsPowerShell\Modules;C:...
PATHEXT                        .COM;.EXE;.BAT;.CMD;.VBS;.VBE;.JS;.JSE;.WSF;.WSH;.MSC
Path                           %CommonProgramFiles%\Microsoft Shared\Windows Live;C:\...
```

Sie können Umgebungsvariablen auch neu anlegen oder ändern. Wie Sie beispielsweise bereits wissen, spielt die Umgebungsvariable *Path* für die PowerShell eine besondere Rolle. Alle Ordner, die darin genannt werden, gelten global, und alle Programme und Skripts in solchen Ordnern dürfen direkt aufgerufen werden, ohne lästige Pfadnamen und Dateierweiterungen angeben zu müssen. Möchten Sie einen Ordner für Ihre Skripts anlegen und global verfügbar machen, damit Sie die darin lagernden Skripts bequem per Dateiname erreichen, fügen Sie den Ordner der Umgebungsvariable *Path* hinzu:

```
PS> $env:Path += ';C:\skripts'
```

Alle Änderungen an Umgebungsvariablen gelten nur für die aktuelle PowerShell-Sitzung und wirken sich nicht auf andere Programme aus, es sei denn, diese werden aus der PowerShell-Konsole heraus gestartet. Möchten Sie Umgebungsvariablen dauerhaft ändern, schauen Sie in Kapitel 9.

Andere Laufwerke funktionieren ähnlich. Möchten Sie den Quellcode einer Funktion abrufen, greifen Sie auf das Laufwerk *Function:* zu. Die folgende Zeile liefert den Quellcode Ihrer *Prompt*-Funktion, welche die Eingabeaufforderung festlegt:

```
PS> $function:prompt
 "PS> "
```

Auch die Laufwerke des Dateisystems kann man über diese besondere Syntax ansprechen und so den Inhalt von Dateien lesen:

```
PS> ${C:\autoexec.bat}
REM Dummy file for NTVDM
```

Allerdings wird der Pfad hinter dem Dollarzeichen immer wörtlich genommen und darf keine Variablen enthalten. Deshalb sind nur absolute Dateinamen erlaubt:

```
PS> ${C:\windows\windowsupdate.log}
```

Direktvariablen funktionieren allerdings nur mit virtuellen Laufwerken, die den direkten Zugriff unterstützen. Die Registrierungsdatenbank gehört beispielsweise nicht dazu.

Gültigkeitsbereich von Variablen

Arbeiten Sie ausschließlich in der Konsole, spielen Gültigkeitsbereiche keine Rolle, denn die Konsole kennt keine untergeordneten Gültigkeitsbereiche. Diese entstehen erst, sobald Sie Funktionen oder Skripts einsetzen. Dann allerdings wird es außerordentlich wichtig, genauer zu verstehen, wo welche Variable überhaupt existiert. Als Vorgabe unterhalten Funktionen und Skripts eigene Gültigkeitsbereiche (engl. *scope*), was clever ist, damit Sie Funktionen und Skripts nicht hinterherräumen müssen. Rufen Sie also eine Funktion auf, in der Variablen verwendet werden, gelten diese nur innerhalb der Funktion und werden automatisch wieder gelöscht, sobald die Funktion ihre Arbeit erledigt hat. Hier eine Testfunktion:

```
function Test-Scope {
  "Alter Wert: $wert"
  $wert = 1
  "Neuer Wert: $wert"
}
```

Sobald Sie die Funktion aufrufen, erhalten Sie folgendes Ergebnis:

```
PS> Test-Scope
Alter Wert:
Neuer Wert: 1
PS> $wert
PS>
```

Die Variable *$wert* existiert also nur innerhalb der Funktion. Noch deutlicher wird diese Abschirmung, wenn Sie der Variablen *$wert* in der Konsole einen Wert zuweisen:

```
$wert = 99
Test-Scope
```

So sieht das Ergebnis aus:

```
PS> $wert = 99
PS> Test-Scope
Alter Wert: 99
Neuer Wert: 1
PS> $wert
99
```

Die Funktion greift also so lange auf die globale Variable *$wert* mit dem Wert *99* zu, wie sie die Variable nicht selbst angelegt hat. Ist die Funktion fertig, enthält *$wert* wieder den ursprünglichen Inhalt, nämlich *99*.

TIPP Wenn Sie sich zum ersten Mal mit dem Gültigkeitsbereich von Variablen beschäftigen, kann es verwirrend werden. Vielleicht erhalten Sie sogar ganz andere Resultate als in diesen Beispielen. Der Grund ist einfach: Normalerweise schottet die PowerShell Variablen hermetisch ab und schließt sie in Gültigkeitsbereichen ein, sodass nach Aufruf einer Funktion oder eines Skripts keine übrig gebliebenen Variablen die Umgebung »verschmutzen«. Sobald Sie sich über diese Automatik hinwegsetzen, vielleicht sogar unbewusst, bleiben Variablen plötzlich in anderen Gültigkeitsbereichen erhalten. Falls Sie also inkonsistente Resultate erhalten, sollten Sie die PowerShell schließen und neu öffnen, um eine neue frische und »unverschmutzte« Umgebung zu bekommen, die frei von Wechselwirkungen vorheriger Experimente ist.

Automatische Abschirmung abschalten

Die automatische Abschirmung ist normalerweise sehr sinnvoll, aber nicht immer. Möchten Sie z.B. bestimmte Variablen der Funktion nachträglich inspizieren, gelingt dies wegen der Isolierung nicht. Dasselbe gilt für Funktionen oder Skripts, die wie eine Bibliothek eingesetzt werden sollen und z.B. weitere Funktionen oder Variablen definieren, auf die Sie anschließend zurückgreifen möchten. In diesem Fall schalten Sie die Abschirmung ab. Dazu schreiben Sie beim Aufruf der Funktion einen Punkt (und ein Leerzeichen) vor den Funktionsnamen (diese Aufrufart nennt man auch *dotsourced*):

```
PS> $wert
99
PS> . Test-Scope
Alter Wert: 99
Neuer Wert: 1
PS> $wert
1
```

Diesmal behält *$wert* in der Konsole den Inhalt, den die Funktion der Variablen zugewiesen hatte.

PROFITIPP Grundsätzlich kann man zwei Arten von Funktionen und Skripts unterscheiden: Produktion und Bibliothek. Produktionsskripts sollen eine Aufgabe ausführen. Deshalb ist hier die automatische Abschirmung absolut sinnvoll, denn sie sorgt dafür, dass keine unerwünschten Reste übrig bleiben. Bibliotheken dagegen sollen Ihre Umgebung konfigurieren. Hier sollen die Änderungen natürlich erhalten bleiben und deshalb verwendet man dann den vorangestellten Punkt. Wichtig ist das vor allem, weil die Gültigkeitsbereiche nicht nur für Variablen gelten, sondern für alles, was Sie festlegen, also z.B. auch für Funktionen. Schauen Sie sich dazu dieses Skript an:

```
PS> 'function prompt { "PS> " }' | Out-File C:\skript.ps1
```

Wenn Sie es ausführen, ändert sich die *prompt*-Funktion nicht, denn auch diese gilt nur innerhalb der Funktion:

```
PS> C:\skript.ps1
```

Erst wenn Sie das Skript mit vorangestelltem Punkt aufrufen (*dotsourced*), ändert sich die Eingabeaufforderung, weil nur jetzt die Funktion *prompt* auch außerhalb der Funktion geändert wurde:

```
PS> . C:\skript.ps1
```

Falls Sie sich übrigens gerade fragen, wie man Skripts aufruft, deren Pfadname Leerzeichen oder Variablen enthält, dann setzen Sie den Pfad in doppelte Anführungszeichen und schreiben den Punkt davor:

```
PS> 'function prompt { "PS> " }' | Out-File $HOME\skript.ps1
PS> . "$HOME\skript.ps1"
```

Da das Skript hier *dotsourced* aufgerufen wurde, bleiben die Änderungen nun erhalten. Wenn man dies nicht möchte, sondern eine Abschirmung bevorzugt (also typischerweise bei Produktionsskripts) stellt sich die Frage, wie man dann aber solche Skripts, deren Pfadnamen Leerzeichen oder Variablen enthalten, entsprechend aufruft. Schreibt man einfach

```
PS> "$HOME\skript.ps1"
```

wird nur die Variable *$HOME* aufgelöst und der komplette String ausgegeben. Es wird aber kein Skript ausgeführt. In diesem Fall ersetzen Sie den Punkt durch ein kaufmännisches *Und*. Das *&* bewirkt, dass der String wie ein Befehl ausgeführt wird. Der Aufruf für das Produktionsskripts sieht also so aus:

```
PS> & "$HOME\skript.ps1"
```

Nochmals zur Verdeutlichung: Solch ein Aufruf bewirkt eine volle Abschirmung und ist prinzipiell (was die Abschirmung angeht) mit dem folgenden Aufruf identisch:

```
PS> C:\skript.ps1
```

Das &-Zeichen ist nur notwendig, um den String auszuführen. Von einem anderen Blickwinkel aus gesehen sind der Punkt und das & Gegenspieler. Die erste Aufrufvariante (Punkt) bewirkt Änderungsübernahme, die zweite (& oder keines der beiden Zeichen) Abschirmung.

Gültigkeit explizit festlegen

Mit den Sonderzeichen ».« und »&« (bzw. durch Weglassen beider Zeichen) bestimmt der *Aufrufer* einer Funktion oder eines Skripts, ob die Variablen und Funktionen nur lokal oder auch global gelten sollen. Indem der Gültigkeitsbereich direkt im Variablen- oder Funktionsnamen vermerkt wird, übernimmt der *Autor* einer Funktion oder eines Skripts diese Kontrolle.

Globale Variablen

Möchten Sie z.B. gezielt eine Variable einer Funktion unter die Lupe nehmen und dafür sorgen, dass diese Variable auch nach Abschluss der Funktion noch vorhanden ist, schreiben Sie *global:* davor. Dasselbe führen Sie bei Funktionen durch, die anschließend weiterhin verfügbar sein sollen. Diese Einstellung gilt dann unabhängig davon, wie der Aufrufer der Funktion vorgegangen ist:

```
function Test-Scope {
  $testwert1 = "Hallo"
  $global:testwert2 = "Welt"
}
```

Rufen Sie die Funktion auf, ist die Variable *$testwert2* anschließend noch da, *$testwert1* dagegen nicht:

```
PS> Test-Scope
PS> Get-Variable testwert?
Name                          Value
----                          -----
testwert2                     Welt

PS> $testwert1
PS> $testwert2
Welt
```

Lokale Variablen

Lokale Variablen sind die Vorgabe. Diese werden im aktuellen Gültigkeitsbereich angegeben und an untergeordnete Bereiche weitergereicht:

```
function Test-Scope {
  $testwert
}
```

Deshalb steht die Variable *$testwert* im folgenden Beispiel auch in der Funktion *Test-Scope* zur Verfügung:

```
PS> $local:testwert = 1
PS> Test-Scope
1
```

Aufgabe Können Sie sich das Ergebnis des folgenden Tests erklären?

```
function Test-Scope {
  "Aktueller Wert: $testvariable"
  $testvariable = 99
  "Aktueller Wert: $testvariable"
}

PS> $testvariable = 1000

PS> Test-Scope
Aktueller Wert: 1000
Aktueller Wert: 99

PS> $testvariable
1000
```

Wieso enthält die Variable nach Aufruf der Funktion *Test-Scope* wieder den alten Wert?

Lösung Lokale Variablen wie *$testvariable* werden zwar an untergeordnete Bereiche wie *Test-Scope* weitergereicht, sind dort aber nur lesbar. Deshalb konnte die Funktion den Inhalt der »geerbten« Variable ausgeben. Sobald die Funktion den Inhalt von *$testvariable* ändert, legt sie in Wirklichkeit eine neue eigene lokale Variable gleichen Namens an. Die Variable aus dem übergeordneten Gültigkeitsbereich, der Konsole also, wird nicht geändert.

Ist die Funktion abgeschlossen, entfernt die PowerShell die lokalen Variablen der Funktion. Übrig bleibt die auch vorher schon vorhandene Variable *$testvariable*, und ihr Inhalt ist unverändert, denn diese Variable wurde ja nie einer Änderung unterzogen. Hätte die Funktion mit *$global:testvariable = 99* explizit darauf bestanden, die übergeordnete Variable direkt zu ändern, wäre keine zusätzliche lokale Variable angelegt worden, und die Änderung wäre anschließend in der Konsole noch sichtbar.

Private Variablen

Private Variablen funktionieren fast wie lokale Variablen, nur werden diese nicht an untergeordnete Gültigkeitsbereiche weitergegeben. Diese haben nur im aktuellen Gültigkeitsbereich Bestand und nicht in über- oder untergeordneten. Deshalb empfängt die Funktion *Test-Scope* die Variable *$testwert* diesmal nicht:

```
PS> Remove-Variable testwert
PS> $private:testwert = 1
PS> Test-Scope
PS>
```

PROFITIPP Damit dieses Beispiel das erwartete Resultat liefert, muss die Testvariable aus dem vorherigen Beispiel natürlich zuerst mit *Remove-Variable* entfernt werden. Private Variablen können sehr nützlich sein. Sie haben gesehen, dass Variablen aus übergeordneten Gültigkeitsbereichen automatisch an untergeordnete Bereiche weitergegeben werden. Alle Variablen, die Sie also in der Konsole festlegen, werden automatisch an alle Skripts und Funktionen weitergereicht, die Sie von dort aus aufrufen. Mit *private:* könnten Sie das verhindern. Die besondere Variable *$OFS* (*Object Field Separator*) legt beispielsweise das Trennzeichen fest, das die PowerShell normalerweise verwendet, wenn Arrays als Text ausgegeben werden sollen, und ist auf ein Leerzeichen voreingestellt:

```
PS> "$(1,2,3)"
1 2 3
```

Sie dürfen aber natürlich auch ein anderes Trennzeichen verwenden, das Sie in diesem Fall lediglich *$OFS* zuzuweisen müssen:

```
PS> $OFS = ' -<==>-'
PS> "$(dir $env:windir -Name)"
addins -<==>-AppCompat -<==>-AppPatch -<==>-assembly -<==>-Boot -<==>-Branding -<==>-CSC -<==>-
Cursors -<==>-de-DE -<==>-debug -<==>-diagnostics -<==>-DigitalLocker -<==>-Downloaded
Installations -<==>-Downloaded Program Files -<==>-ehome -<==>-en-US -<==>-Fonts -
(...)
```

Über die eingebaute Isolierung ist die Konsole zwar geschützt vor Variablenänderungen, die ein aufgerufenes Skript oder eine Funktion durchführt, aber nicht umgekehrt. Ihre geänderte Variable *$OFS* würde jetzt also auch in Funktionen gelten und dort vielleicht für unerwünschte Effekte sorgen. Legen Sie zum Test die folgende Funktion an und rufen Sie diese auf:

```
function Get-Lottozahlen {
  $lottozahlen = 1..49 | Get-Random -Count 7
  "Die Lottozahlen lauten: $lottozahlen"
}

PS> Get-Lottozahlen
Die Lottozahlen lauten: 12 -<==>-13 -<==>-40 -<==>-27 -<==>-31 -<==>-32 -<==>-38
```

Setzen Sie *$OFS* dagegen als private Variable, gilt sie nur in der Konsole und wird nicht in aufgerufenen Funktionen oder Skripts verwendet:

```
# wichtig: zuerst existierende Variable löschen
PS> Remove-Variable OFS
PS> $private:ofs = ' -<==>-'

# aufgerufene Funktionen nutzen die Vorgabe:
PS> Get-Lottozahlen
Die Lottozahlen lauten: 22 8 1 39 21 18 5
# in der Konsole wird Ihre private Vorgabe verwendet:
PS> "$(1..3)"
1 -<==>-2 -<==>-3
```

Dieses Beispiel zeigt, wie wichtig *private:* für hermetisch voneinander getrennte Gültigkeitsbereiche sein kann. Es zeigt aber auch, dass Sie sich in Funktionen und Skripts nicht auf vordefinierte Variablen verlassen sollten, wenn sie für die Funktion wichtig sind. Um auf Nummer sicher zu gehen, hätte Ihre Funktion *Get-Lottozahlen* also die Variable *$OFS* besser zuerst selbst mit einem klaren Vorgabewert festlegen sollen, anstatt sich auf den vorgegebenen Inhalt zu verlassen.

Skriptglobale Variable

Schließlich können Sie Variablen mit *script:* für global innerhalb eines Skripts erklären. Diese haben dann in allen Gültigkeitsbereichen des Skripts Bestand, aber nicht außerhalb des Skripts.

ACHTUNG Skriptglobale Variablen funktionieren tatsächlich nur in Skripts. In Funktionen, die Sie direkt in der Konsole definieren, ist *script:* gleichbedeutend mit *global:*. Das folgende Beispiel verwendet ein Skript. Bevor Sie Skripts ausführen können, müssen möglicherweise zuerst die Sicherheitseinstellungen angepasst werden:

```
PS> Set-ExecutionPolicy -Scope CurrentUser RemoteSigned -Force
```

Mehr zu Skripts erfahren Sie in Kapitel 14.

Starten Sie beispielsweise den Windows-Editor *notepad.exe* oder einen PowerShell-Editor und geben Sie dieses Skript ein:

```
function Test-Scope {
  "Wert: $testwert"
  function Unter-Scope {
    $script:testwert = 99
  }
  "Wert: $testwert"
  Unter-Scope
  "Wert: $testwert"
}

Test-Scope
```

Speichern Sie das Skript und rufen Sie es danach auf:

```
PS> & 'C:\Users\Tobias\Skript.ps1'
Wert:
Wert:
Wert: 99
PS> $testwert
PS>
```

Wie Sie sehen, steht die Variable *$testwert* in der Funktion *Test-Scope* zunächst nicht zur Verfügung (erste Ausgabe). Die Variable wird dann in *Unter-Scope* angelegt, allerdings natürlich erst dann, wenn diese Funktion auch aufgerufen wird. Bis dahin bleibt die Variable undefiniert (zweite Ausgabe). Sobald *Unter-Scope* aufgerufen wird, wäre sie eigentlich privat, würde also nur in diesem *Unter-Scope* gelten. Weil das Skript die Variable aber mit *script:* für skriptglobal erklärt hat, hat die Variable anschließend überall im Skript Bestand (dritte Ausgabe, außerhalb von *Unter-Scope*). Die Variable verhält sich im Grunde wie eine mit *global:* deklarierte Variable, allerdings mit einem entscheidenden Unterschied: Sobald das Skript endet, wird auch die Variable entfernt. Deshalb steht sie anschließend in der Konsole nicht mehr zur Verfügung.

Aufgabe Sie haben das Skript aus dem vorangegangenen Beispiel ausgeführt, erhalten aber ein ganz anderes Ergebnis. Hier der Mitschnitt, was ist passiert?

```
PS> . 'C:\Users\Tobias\Skript.ps1'
Wert:
Wert:
Wert: 99
PS> $testwert
99
PS>
PS> . 'C:\Users\Tobias\Skript.ps1'
Wert: 99
Wert: 99
Wert: 99
```

Lösung Sie haben das Skript mit dem Punkt (*dotsourced*) global ausgeführt. Wenn Sie auf diese Aufrufvariante zurückgreifen, durchbrechen Sie die automatische Isolierung, so wie bereits oben beschrieben. Alle Variablen (und Funktionen), die im Skript global definiert worden waren, bleiben anschließend in der Konsole erhalten. Deshalb werden skriptglobale Variablen jetzt zu globalen Variablen und bleiben in der Konsole erhalten. Rufen Sie das Skript ein zweites Mal auf, ist *$testwert* bereits vom vorherigen Aufruf definiert und wird deshalb gefunden, bevor das Skript die Variable selbst anlegt.

PROFITIPP Den zugewiesenen Gültigkeitsbereich einer Variablen kann man sich sogar anschauen, er versteckt sich in den Variablenoptionen:

```
PS> $private:test = 1
PS> (Get-Variable test).Options
Private
```

Bereich	Verwendung
global	Die Variable gilt in allen Bereichen und bleibt erhalten, wenn ein Skript oder eine Funktion seine bzw. ihre Arbeit beendet hat. Die Variable wird also an alle über- und untergeordneten Bereiche weitergegeben.
script	Die Variable gilt nur innerhalb des Skripts, dort aber überall. Ist das Skript abgearbeitet, wird die Variable gelöscht.
private	Die Variable gilt nur im aktuellen Bereich, entweder in einem Skript oder in einer Funktion. Sie kann nicht an untergeordnete Bereiche weitergegeben werden.
local	Die Variable gilt im aktuellen Bereich. Alle daraus aufgerufenen Bereiche können den Inhalt der Variablen lesen, aber nicht ändern. Änderungen werden stets in neuen lokalen Variablen des aktuellen Bereichs gespeichert. *local* ist die Vorgabe, wenn Sie keinen besonderen Bereich angeben.

Tabelle 11.2 Gültigkeitsbereiche in der Praxis verwenden

Kurz und knapp ...

Variablen haben nicht überall Bestand, sondern nur in bestimmten Gültigkeitsbereichen. Ein Gültigkeitsbereich ist ein in sich abgeschlossener Codeteil. Eine Funktion bildet z.B. einen eigenen Gültigkeitsbereich, ebenso ein Skript. Normalerweise haben Variablen nur in dem Gültigkeitsbereich Bestand, in dem sie definiert wurden, sowie in allen von dort aus aufgerufenen untergeordneten Gültigkeitsbereichen.

Diese automatische Abschottung verhindert, dass Variablen gegenseitig separate Funktionen und Skripts beeinflussen. Man kann sie auf Wunsch auch abschalten. Ruft ein *Benutzer* einen Gültigkeitsbereich (eine Funktion, ein Skript oder einen Skriptblock) *dotsourced* auf, also mit einem vorangestellten Punkt, dann teilt er sich seinen Gültigkeitsbereich mit dem Aufgerufenen, ist also nicht mehr von diesem isoliert. Vermerken Sie als *Skriptautor* im Variablennamen einen speziellen Gültigkeitsmodus (*local*, *private*, *script* oder *global*), beeinflussen Sie ebenfalls die Gültigkeit und können mit *global* beispielsweise eine Variable allgemein gültig machen.

Arrays verwenden

Arrays (auch *Variablenfelder* oder *Felder* genannt) spielen eine wichtige Rolle in der PowerShell, denn Arrays speichern mehr als ein einzelnes Ergebnis. Deshalb werden Arrays verwendet, wenn Befehle mehr als ein Ergebnis liefern. Ob das, was ein Befehl zurückgibt, tatsächlich ein Einzelergebnis ist oder doch vielleicht ein Array mit vielen Ergebnissen, finden Sie heraus, indem Sie das Ergebnis näher untersuchen:

```
PS> $a = "Hallo"
PS> $a -is [Array]
False
PS> $a = 1..5
PS> $a -is [Array]
True
PS> $a = ipconfig
PS> $a -is [Array]
True
```

Handelt es sich bei dem Ergebnis um ein Array, bestimmen Sie als Nächstes, wie viele Ergebnisse darin gespeichert sind. Dazu verwenden Sie die Eigenschaft *Count*, die jedes Array bereitstellt:

```
PS> $a.Count
53
```

In diesem Beispiel hat der Befehl *ipconfig* in Wirklichkeit 53 Einzelergebnisse geliefert, die alle in *$a* gespeichert sind (bei Ihnen können es auch mehr oder weniger sein). Möchten Sie sich ein einzelnes Arrayelement ansehen, geben Sie dessen Indexzahl an. Enthält ein Array 53 Elemente, lauten die gültigen Indexzahlen 0 bis 52, denn der Index beginnt immer bei 0:

```
# Das zweite Element anzeigen:
PS> $a[1]
Windows-IP-Konfiguration
```

HINWEIS Ob ein Befehl ein Array zurückgibt oder nicht, hängt davon ab, ob der Befehl zu lediglich genau einem Ergebnis führt oder zu mehreren. Sind es mehrere, verpackt die PowerShell die Ergebnisse in einem Array, ansonsten nicht. Das führt dazu, dass ein und derselbe Befehl sich von Fall zu Fall unterschiedlich verhalten kann:

```
PS> $ergebnis = dir
PS> $ergebnis -is [array]
True

PS> $ergebnis = dir C:\autoexec.bat
PS> $ergebnis -is [array]
False
```

Möchten Sie erzwingen, dass ein Befehl sein Ergebnis grundsätzlich immer in einem Array liefert, verwenden Sie die Konstruktion *@(...)*, die Sie gleich noch näher kennenlernen. Weil Sie jetzt sicher sein können, dass das Ergebnis des Befehls ein Array ist, selbst wenn der Befehl nur ein oder gar kein Ergebnis zurückgibt, könnten Sie wie folgt zuverlässig bestimmen, wie viele Elemente sich in einem Ordner befinden:

```
PS> $ergebnis = @(dir)
PS> $ergebnis.Count
```

Oder in einer Zeile:

```
PS> @(dir).Count
```

Text-Ergebnisse klassischer Befehle weiterverarbeiten

Der klassische Befehl *Ipconfig* liefert als Ergebnis einzelne Textzeilen. Sie könnten diese Textzeilen nun zeilenweise weiterverarbeiten:

```
# Ergebnis eines Arrays speichern und dann über die Pipeline an Select-String senden:
PS> $ergebnis = ipconfig
PS> $ergebnis | Select-String "Adresse"
   Verbindungslokale IPv6-Adresse  . : fe80::6093:8889:257e:8d1%8
   IPv4-Adresse  . . . . . . . . . . : 192.168.1.35
   Verbindungslokale IPv6-Adresse  . : fe80::5efe:192.168.1.35%16
   Verbindungslokale IPv6-Adresse  . : fe80::14ab:a532:a7b9:cd3a%11

# Alles in einer Zeile: ausgegeben werden nur Zeilen, die das Wort "Adresse" enthalten:
PS> ipconfig | Select-String "Adresse"
   Verbindungslokale IPv6-Adresse  . : fe80::6093:8889:257e:8d1%8
   IPv4-Adresse  . . . . . . . . . . : 192.168.1.35
   Verbindungslokale IPv6-Adresse  . : fe80::5efe:192.168.1.35%16
   Verbindungslokale IPv6-Adresse  . : fe80::14ab:a532:a7b9:cd3a%11
```

Das Ergebnis von *ipconfig* wurde an *Select-String* übergeben. *Select-String* ist ein Textfilter und lässt nur die Textzeilen durch die PowerShell-Pipeline, die das Suchwort enthalten. Mit minimalem Aufwand haben Sie also das Ergebnis von *ipconfig* auf die für Sie wichtigen Informationen reduziert. Hätte *ipconfig* das Ergebnis nicht zeilenweise geliefert, sondern als Gesamttext, wäre das unmöglich gewesen.

Objektergebnisse moderner Befehle weiterverarbeiten

Sehr viel mehr Möglichkeiten bieten echte PowerShell-Cmdlets, die als Ergebnis vollwertige .NET-Objekte zurückliefern. Auf den ersten Blick scheinen auch Cmdlets zunächst nur Text als Ergebnis zurückzugeben:

```
PS> dir
    Verzeichnis: Microsoft.PowerShell.Core\FileSystem::C:\Users\Tobias Weltner
Mode                LastWriteTime     Length Name
----                -------------     ------ ----
d----        01.10.2007     16:09            Application Data
d----        26.07.2007     11:03            Backup
d-r--        13.04.2007     15:05            Contacts
d----        28.06.2007     18:33            Debug
d-r--        04.10.2007     14:21            Desktop
d-r--        04.10.2007     21:23            Documents
d-r--        09.10.2007     12:21            Downloads
(...)
```

Tatsächlich ist das, was *dir* liefert, wie im letzten Beispiel ein Array:

```
PS> $ergebnis = dir
PS> $ergebnis.Count
82
```

Jedes Element im Array repräsentiert eine Datei oder einen Ordner. Geben Sie ein Element aus dem Array in die Konsole aus, wandelt die PowerShell das Objekt automatisch wieder in Text:

```
# auf das 5. Element zugreifen:
PS> $ergebnis[4]
    Verzeichnis: Microsoft.PowerShell.Core\FileSystem::C:\Users\Tobias Weltner
Mode                LastWriteTime     Length Name
----                -------------     ------ ----
d-r--          04.10.2007     14:21            Desktop
```

Neue Arrays anlegen

Natürlich können Sie selbst ebenfalls Arrays anlegen, wenn Sie mehrere Informationen in einer Variablen speichern möchten. Am bequemsten funktioniert das mit dem Kommaoperator:

```
PS> $array = 1,2,3,4
PS> $array
1
2
3
4
```

Geben Sie dazu die einzelnen Informationen, die Sie im Array verpacken wollen, durch Kommas voneinander getrennt in einer Liste an. Die PowerShell verpackt die Aufstellung automatisch in einem Array. Für fortlaufende Zahlenkolonnen gibt es sogar eine spezielle Abkürzung:

```
PS> $array = 1..4
PS> $array
1
2
3
4
```

Arrayelemente ansprechen

Jedes Element in einem Array wird über seine Indexzahl angesprochen. Erlaubt sind allerdings auch einige besondere Indexzahlen wie z.B. negative Zahlen, und anstelle von festen Zahlen sind auch Ausdrücke erlaubt, die den Indexwert berechnen:

```
# Ein neues eigenes Array anlegen:
PS> $array = -5..12

# auf das erste Element zugreifen:
PS> $array[0]
-5

# auf das letzte Element zugreifen (mehrere Wege):
PS> $array[-1]
12
PS> $array[$array.Count -1]
12
PS> $array[$array.Length -1]
12

# Auf ein dynamisch generiertes Array zugreifen, das nicht in einer Variablen gespeichert ist:
PS> (-5..12)[2]
-3
```

Das erste Element in Ihrem Array trägt immer die Indexzahl 0, so viel wissen Sie bereits. Gezählt werden darf aber auch rückwärts und deshalb liefert der Index *-1* immer das *letzte* Element im Array. Ohne diese praktische Abkürzung hätte man von der Gesamtzahl aller Elemente eines abziehen müssen, was natürlich ebenfalls funktioniert, aber viel unbequemer ist. Das Beispiel zeigt auch: Die Gesamtzahl aller Elemente wird gleich von zwei Eigenschaften geliefert: *Count* und *Length*. Beide benehmen sich identisch und existieren hauptsächlich aus traditionellen Gründen im Doppelpack.

Mehrere Elemente aus einem Array auswählen

Über die eckigen Klammern können Sie bei der PowerShell – und das ist eine echte Besonderheit – nicht nur ein einzelnes Arrayelement auswählen, sondern auch mehrere gleichzeitig. Wenn Sie auf diese Möglichkeit zurückgreifen, bekommen Sie ein neues Array, das nur die ausgewählten Elemente aus dem alten Array enthält:

```
# Ein Verzeichnislisting in einer Variablen speichern:
PS> $liste = dir

# Nur den 2., 5., 8. und 13. Eintrag daraus ausgeben:
PS> $liste[1,4,7,12]
    Verzeichnis: Microsoft.PowerShell.Core\FileSystem::C:\Users\Tobias Weltner
Mode                LastWriteTime     Length Name
----                -------------     ------ ----
d----         26.07.2007     11:03            Backup
d-r--         20.08.2007     07:52            Desktop
d-r--         12.08.2007     10:21            Favorites
d-r--         13.04.2007     01:55            Saved Games
```

Dabei liefert *dir* den Verzeichnisinhalt als Array zurück und die zweite Zeile wählt daraus die zweite, fünfte, achte und 13. Datei aus (denken Sie daran, dass der Index bei *0* beginnt). Und wofür könnte das gut sein? Auf diese Weise lässt sich z.B. der Inhalt eines Arrays komplett umdrehen:

```
# Ein Array mit den Werten 1 bis 10 anlegen
PS> $array = 1..10

# Die Elemente 9 bis 0 auswählen (Arrayinhalt wird in umgekehrter Reihenfolge ausgegeben):
PS> $array = $array[ ($array.length-1) .. 0]
PS> $array
10
9
...
1
```

PROFITIPP Das Umdrehen eines Arrayinhalts auf die eben beschriebene Weise ist nicht besonders ökonomisch, weil die PowerShell dazu jedes einzelne Arrayelement ansprechen und in einem neuen Array verpacken muss. Profis verwenden deshalb die speziellen Arrayfunktionen aus dem .NET Framework (Kapitel 9). So lässt sich ein Arrayinhalt sehr effizient umkehren:

```
# Array mit Textinformationen anlegen und Inhalt ausgeben:
PS> $a = ipconfig
$a
```

```
# Arrayinhalt umdrehen und danach erneut ausgeben:
PS> [array]::Reverse($a)
PS> $a
```

Elemente zu einem Array hinzufügen und daraus entfernen

Arrays haben stets eine feste Anzahl an Elementen, und die Anzahl der Arrayelemente wird ein für allemal festgelegt, wenn Sie ein Array neu anlegen. Sie können die Größe eines Arrays also nachträglich nicht ändern. Das wirft die berechtigte Frage auf, wie man nachträglich Elemente hinzufügt oder entfernt, wodurch sich die Arraygröße ja offenbar doch ändert. So jedenfalls funktioniert es nicht:

```
# Array mit drei Elementen anlegen:
PS> $array = 1,2,3
PS> $array[2]
3

# Versuch, ein neues Element dem Array hinzuzufügen, schlägt fehl:
PS> $array[3] = "Neuer Wert"
Fehler bei der Arrayzuweisung, da der Index "3" außerhalb des zulässigen Bereichs liegt.
```

Die richtige Vorgehensweise ist viel einfacher, jedenfalls aus Benutzersicht. Verwenden Sie einfach den Operator »+=«:

```
# Einem existierenden Array ein neues Element hinzufügen:
PS> $array += "Neuer Wert"
PS> $array
1
2
3
Neuer Wert
```

Hinter den Kulissen hat die PowerShell dabei allerdings eine Menge zu tun. Weil die Größe eines Arrays nicht nachträglich geändert werden kann, auch nicht von der PowerShell, legt die PowerShell kurzerhand ein brandneues größeres Array an, kopiert den Inhalt des alten Arrays hinein und fügt das neue Element hinzu. Genauso funktioniert es auch, wenn Sie Elemente aus einem Array streichen wollen. Auch hier wird das ursprüngliche Array in ein neues kleineres Array kopiert und das alte Array dann entsorgt. Die nächste Zeile löscht z.B. die Elemente 4 und 5 mit den Indizes 3 und 4:

```
PS> $array = 1..10
PS> $array = $array[0..2] + $array[5..10]
PS> $array.Count
8
PS> $array
1
2
3
6
7
8
9
10
```

PROFITIPP In Kapitel 9 haben Sie bereits den .NET-Typ *System.Collections.ArrayList* kennengelernt, mit dem Sie einem Array besondere weitere Fähigkeiten beibringen. Diese helfen sehr, wenn Sie Arrayelemente nachträglich hinzufügen oder entfernen wollen. Im Beispiel eben sollten die Elemente 4 und 5 aus dem Array entfernt werden. Mit reinen PowerShell-Bordmitteln ist das etwas mühsam und unökonomisch. Eine *ArrayList* erledigt dieselbe Aufgabe wesentlich eleganter:

```
PS> $array = 1..10

# Array in ArrayList verwandeln:
PS> $array = [System.Collections.ArrayList]$array

# mit RemoveAt() jeweils das vierte Element mit Index 3 entfernen:
PS> $array.RemoveAt(3)
PS> $array.RemoveAt(3)

PS> $array.Count
8
PS> $array
1
2
3
6
7
8
9
10
```

Besondere Formen eines Arrays

In Ihrem Array dürfen Sie auch andere Dinge als Zahlen ablegen, denn die einzelnen Elemente des Arrays speichern genau wie Variablen alles, was Sie ihnen zuweisen. In älteren Programmiersprachen wurden solche Datentypen auch *Variant* genannt, und noch schlauer hört es sich an, wenn jemand sagt: »Die PowerShell verwendet polymorphe Arrays«. Gemeint ist immer nur: Speichern Sie in Arrays, was Sie wollen, gern auch gemischt. Trennen Sie die Elemente, die Sie in Ihrem Array speichern wollen, wie im Beispiel eben durch Kommas:

```
PS> $array = "Hello", "World", 1, 2, (Get-Date)
PS> $array
Hello
World
1
2
Dienstag, 21. August 2007 12:12:28
```

WICHTIG Warum ist das Cmdlet *Get-Date* im letzten Beispiel in runde Klammern gestellt worden? Arrays können nur Daten speichern. *Get-Date* ist aber kein Datenwert, sondern ein Cmdlet. Ohne die runden Klammern würde die PowerShell versuchen, das Cmdlet *Get-Date* im Array zu verpacken, und das geht schief.

Möchten Sie nur das Ergebnis eines Befehls weiterverarbeiten, dann stellen Sie den Befehl grundsätzlich in runde Klammern. Runde Klammern kennzeichnen immer einen Unterausdruck, der von der PowerShell zuerst ausgewertet wird. Das Ergebnis wird dann anstelle der runden Klammern weiterverarbeitet. Weil *Get-Date* also in runden Klammern steht, ermittelt die PowerShell zuerst das Ergebnis von *Get-Date*, also das aktuelle Datum, und verpackt dieses Datum dann im Array.

Mehrdimensionale Arrays

Die PowerShell verwendet ausschließlich polymorphe Arrays von eben, aber wenn Sie einmal ein klassisches mehrdimensionales Array benötigen, kann das .NET Framework aushelfen. Die folgende Zeile erzeugt ein Array mit zwei Dimensionen, das 11 ´ 21 Elemente enthält (die Zählung beginnt also in jeder Dimension jeweils bei 0):

```
PS> $array = New-Object 'object[,]' 10,20
PS> $array[4,8] = 'Hello'
PS> $array[9,16] = 'Test'
```

Geben Sie das mehrdimensionale Array aus, zeigt die PowerShell automatisch seine definierten Elemente an:

```
PS> $array
Hello
Test
```

Sie können nun aber auch gezielt auf die Elemente zugreifen, wenn Sie die passenden Indexzahlen angeben:

```
PS> $array[4,8]
Hello
PS> $array[9,16]
Test
```

Mehr zum .NET Framework und *New-Object* erfahren Sie in Kapitel 9.

Arrays mit nur einem (oder keinem) Element

Und wie legt man Arrays an, die nur ein einzelnes Element enthalten sollen? Zwar widerspricht das ein wenig der Idee des Arrays, es ist aber dennoch möglich, und zwar so:

```
PS> $array = ,1
PS> $array.Length
1
```

Spätestens wenn Sie ein Array mit überhaupt keinem Element anlegen wollen, stößt der Kommaoperator allerdings an seine Grenzen. Zum Glück gibt es aber noch eine zweite Möglichkeit, Arrays anzulegen, und mit dieser sind auch leere Arrays kein Problem: die Konstruktion *@(...):*

```
PS> $array = @()
PS> $array.Length
0
PS> $array = @(12)
PS> $array
12
PS> $array = @(1,2,3,"Hallo")
PS> $array
1
2
3
Hallo
```

Hashtables verwenden

Die Elemente in einem Array erhalten automatisch eine fortlaufende Indexzahl zugewiesen, über die man die einzelnen Elemente anspricht. Sie müssen bei Arrays also immer genau wissen, unter welcher Indexzahl ein Arrayelement eingeordnet ist.

Hashtables sind Arrays, bei denen Sie den einzelnen Arrayelementen einen Namen (oder Schlüssel) zuweisen. Die Arrayelemente werden jetzt also nicht mehr über die unpersönliche Indexzahl angesprochen, sondern über den Schlüssel, den Sie dem jeweiligen Arrayelement zugeordnet haben. Hashtables speichern somit Schlüssel-Wert-Paare. Um eine neue Hashtable anzulegen, gehen Sie ganz ähnlich vor wie bei Arrays. Verwenden Sie *@{...}* anstelle von *@(...)* und geben Sie die Schlüssel-Wert-Paare an, die in Ihrer neuen Hashtable gespeichert werden sollen. Die einzelnen Schlüssel-Wert-Paare werden diesmal nicht durch Kommas, sondern durch Semikola getrennt:

```
# Eine neue Hashtable mit Schlüssel-Wert-Paaren anlegen
PS> $liste = @{Name = "PC01"; IP="10.10.10.10"; User="Tobias Weltner"}
Name                           Value
----                           -----
Name                           PC01
IP                             10.10.10.10
User                           Tobias Weltner

# Zugriff auf den Schlüssel "IP" liefert den zugeordneten Wert:
PS> $liste["IP"]
10.10.10.10

# Wie bei Arrays können mehrere Elemente gleichzeitig ausgewählt werden:
PS> $liste["Name", "IP"]
PC01
10.10.10.10

# Schlüssel können auch über die Punkt-Schreibweise angegeben werden:
PS> $liste.IP
10.10.10.10

# Ein Schlüssel kann sogar in einer Variablen gespeichert sein:
PS> $schluessel = "IP"
PS> $liste.$schluessel
10.10.10.10

# Keys liefert alle Schlüssel in der Hashtable:
PS> $liste.Keys
Name
IP
User

# Kombiniert man dies, kann man alle Werte in der Hashtable ausgeben
PS> $liste[$liste.keys]
PC01
10.10.10.10
Tobias Weltner
```

Das Beispiel zeigt: Sie rufen die Werte in der Hashtable über die zugeordneten Schlüssel ab, wobei Sie dazu zwei Schreibweisen zur Verfügung haben:

- **Eckige Klammern** Entweder verwenden Sie wie bei Arrays die eckigen Klammern
- **Punktschreibweise** Oder Sie verwenden wie bei Objekten die Punktschreibweise und geben jeweils den Schlüsselnamen an, dessen Wert Sie abrufen möchten. Der Schlüsselname darf dabei sogar aus einer Variablen stammen.

Die eckigen Klammern können genau wie bei Arrays gleichzeitig mehrere Werte abrufen, wenn Sie mehrere Schlüssel angeben und diese durch Kommas voneinander trennen. Beachten Sie aber, dass Schlüsselnamen in eckigen Klammern in Anführungszeichen stehen müssen, bei der Punktschreibweise dagegen nicht. Möchten Sie neue Schlüssel-Wert-Paare in eine bestehende Hashtable einfügen, geben Sie einfach den neuen Schlüssel und den Wert an, der dem neuen Schlüssel zugeordnet werden soll. Wieder können Sie zwischen den beiden Schreibweisen wählen und entweder eckige Klammern oder den Punkt einsetzen:

```
# Eine neue Hashtable mit Schlüssel-Wert-Paaren anlegen
PS> $liste = @{Name = "PC01"; IP="10.10.10.10"; User="Tobias Weltner"}

# Zwei neue Schlüssel-Wert-Paare in die Liste einfügen (zwei verschiedene Schreibweisen möglich):
PS> $liste.Datum = Get-Date
PS> $liste["Ort"] = "Hannover"

# Ergebnis kontrollieren:
PS> $liste
Name                           Value
----                           -----
Name                           PC01
Ort                            Hannover
Datum                          21.08.2007 13:00:18
IP                             10.10.10.10
User                           Tobias Weltner
```

Weil es so einfach ist, neue Schlüssel in eine bestehende Hashtable einzufügen, können Sie Hashtables auch vollkommen leer anlegen und alle notwendigen Schlüssel bei Bedarf darin aufnehmen:

```
# leere Hashtable anlegen
PS> $liste = @{}

# Schlüssel-Wert-Paare bei Bedarf nachträglich einfügen
PS> $liste.Name = "PC01"
PS> $liste.Ort = "Hannover"
(...)
```

Wollen Sie lediglich den Wert eines vorhandenen Schlüssels in Ihrer Hashtable ändern, dann überschreiben Sie den Wert einfach:

```
# Wert eines vorhandenen Schlüssels durch einen neuen Wert überschreiben (zwei mögliche
Schreibweisen):
PS> $liste["Datum"] = (Get-Date).AddDays(-1)
PS> $liste.Ort = "New York"
PS> $liste
Name                           Value
----                           -----
Name                           PC01
Ort                            New York
Datum                          20.08.2007 13:10:12
```

Möchten Sie einen Schlüssel ganz aus der Hashtable löschen, dann verwenden Sie *Remove()* und geben als Argument den Schlüssel an, den Sie entfernen wollen:

```
PS> $liste.remove("Datum")
```

Kurz und knapp ...

Arrays sind Variablen, die mehrere Einzelwerte speichern. Man legt Arrays mit dem Komma oder durch die Konstruktion *@(...)* an oder erhält sie direkt von Cmdlets als Ergebnis geliefert. Grundsätzlich verpackt die PowerShell alle Befehlsergebnisse in Arrays, wenn mehr als ein Ergebnis geliefert wird.

Über eckige Klammern greifen Sie auf die Elemente eines Arrays zu und geben dabei die Indexnummer des gewünschten Elements an. Der Index beginnt immer bei 0, und es dürfen als Index wiederum Arrays angegeben werden, sodass Sie in einem Aufruf auch mehrere Elemente aus dem Array lesen können. Negative Indexzahlen zählen ausgehend vom Ende des Arrays, sodass der Index -1 immer dem letzten Arrayelement entspricht. Die Eigenschaft *Count* eines Arrays gibt Auskunft darüber, wie viele Elemente das Array enthält.

Eine besondere Form eines Arrays ist die Hashtable, bei welcher der Index nicht numerisch ist, sondern aus einem beliebigen Stichwort bestehen kann. Hashtables werden mit der Konstruktion *@{...}* als Sammlung von Schlüssel-Wert-Paaren angelegt. Man kann auf die Elemente der Hashtable entweder über die Arraynotation (mit eckigen Klammern) oder über die Objektnotation (mit einem Punkt) zugreifen.

Nachschlag für Profis

Auch in diesem Kapitel erwarten Sie einige interessante Randthemen, die Sie nicht unbedingt durcharbeiten müssen. Diese liefern Ihnen aber interessante Zusatzinformationen.

Kleine Rätselstunde

Aufgabe Wieso ergibt der folgende Code in der Variablen *$neuerwert* das Ergebnis 1? Hätte es nicht 2 lauten müssen?

```
PS> $wert = 1
PS> $neuerwert = $wert++
PS> $neuerwert
1
```

Lösung Es kommt darauf an, wo genau Sie den Inkrementoperator einsetzen. Schreiben Sie ihn hinter eine Variable, wird erst die Zuweisung per = durchgeführt und dann der Wert der Variable um 1 erhöht. Schreiben Sie ihn dagegen vor die Variable, geschieht die Inkrementierung zuerst:

```
PS> $wert = 1
PS> $neuerwert = ++$wert
PS> $neuerwert
2
```

$wert wird natürlich in beiden Fällen erhöht, sodass Sie in *$wert* jeweils den Wert 2 vorfinden. Dasselbe Prinzip gilt selbstverständlich auch für den Dekrementoperator (--), auch hier kommt es darauf an, ob er vor oder hinter einer Variablen eingesetzt wird.

Aufgabe Wieso liefert die Beispielfunktion *Multiply()* im folgenden Code kein Ergebnis? Hätte sie nicht eigentlich den Wert *200* ergeben sollen?

```
function Multiply($zahl1, $zahl2) {
  $zahl1 * $zahl2
}

PS> Multiply(10,20)
PS>
```

Lösung Sie haben aus Versehen die PowerShell-Funktion *Multiply()* wie eine .NET-Methode aufgerufen. Das ist ein häufiges Versehen. Schauen Sie sich noch einmal an, wie das funktioniert:

- **Funktionen, Scripts, Cmdlets** Hier werden die Argumente genauso angegeben wie bei Konsolenbefehlen, also ohne Klammern und getrennt durch Leerzeichen
- **.NET-Methoden, COM-Methoden** Hier werden die Argumente in Klammern kommasepariert angegeben

Entfernen Sie die Klammern und das Komma, funktioniert alles wie erwartet:

```
PS> Multiply 10 20
200
```

Tatsächlich hat die PowerShell Ihren ursprünglichen Befehl so verstanden: Die Klammern weisen die PowerShell an, zuerst den Inhalt der Klammern auszuwerten. Darin stehen zwei kommaseparierte Zahlen, also generiert die PowerShell daraus ein Array mit zwei Elementen. Danach erst wird *Multiply()* aufgerufen. Weil Sie nur ein Argument angegeben haben, nämlich das Array, wird es dem Parameter *-zahl1* zugewiesen. Der Parameter *-zahl2* bleibt null. Multipliziert man etwas – und sei es ein Array – mit »nichts«, ist das Ergebnis ebenfalls nichts, wie das Beispiel eben gezeigt hat. Schauen Sie sich dazu auch das folgende Beispiel an:

```
PS> Multiply(10,20) 3
10
20
10
20
10
20
```

Jetzt würde das Array multipliziert – nicht im streng mathematischen Sinn, genauer wurde es vervielfacht – und enthält danach alle Elemente drei Mal. Solche Fehler – das Verwechseln der PowerShell-Syntax mit der .NET-Syntax – lassen sich in Skripts schwer entdecken. Deshalb ist es so empfehlenswert, während der Skriptentwicklung mit *Set-StrictMode* Fehlermeldungen ausgeben zu lassen und die Ausführung zu unterbinden. Die jeweilige Fehlermeldung hätten Sie sofort auf das Problem hingewiesen:

```
PS> Set-StrictMode -Version 2
PS> Multiply(10,20)
Die Funktion oder der Befehl wurde wie eine Methode aufgerufen. Parameter müssen durch Leerzeichen
getrennt werden. Informationen zu Parametern finden Sie im Hilfethema "about_Parameters".
```

Aufgabe Sie wollen ein Array in eine andere Variable kopieren. Das funktioniert auch wunderbar, aber verwundert erhalten Sie plötzlich dieses Ergebnis:

```
PS> $array = 1..10
PS> $neuesarray = $array
PS> $neuesarray[4] = 'Hallo'
PS> $neuesarray[4]
Hallo
PS> $array[4]
Hallo
```

Wieso hat sich *$array* geändert, obwohl Sie die Änderung an *$neuesarray* durchgeführt hatten?

Lösung Arrays und auch Hashtables werden nicht direkt in Variablen gespeichert. Variablen können immer nur einen einzelnen Wert speichern. Bei Arrays und Hashtables handelt es sich um einen *Verweis* auf das Array oder die Hashtable. Kopieren Sie also den Inhalt einer Variablen in eine andere, wird nur der Verweis kopiert, aber nicht das Array oder die Hashtable. Beide Variablen zeigen also auf dasselbe Array. Deshalb wirken sich Änderungen am Inhalt von *$array* auch auf *$neuesarray* aus. Wenn Sie Arrays oder Hashtables kopieren wollen, muss dazu mit *Clone()* ausdrücklich eine Kopie angelegt werden:

```
PS> $array = 1..10
PS> $neuesarray = $array.Clone()
PS> $neuesarray[4] = 'Hallo'
PS> $neuesarray[4]
Hallo
PS> $array[4]
5
```

Manchmal allerdings werden Kopien auch ohne Ihr Zutun angelegt, und Sie haben auch schon gelesen, wann das passiert: Immer, wenn Sie einem Array (oder einer Hashtable) neue Elemente hinzufügen oder bestehende entfernen, wird hinter den Kulissen eine größere Kopieraktion gestartet und das Ergebnis in einem neuen Array oder einer neuen Hashtable gelagert. Die Konsequenzen macht das folgende Beispiel deutlich:

```
PS> $array = 1..10

# $array und $neuesarray weisen auf dasselbe Array:
PS> $neuesarray = $array

# Änderungen an $array wirken sich auch auf $neuesarray aus:
PS> $neuesarray[4] = 'Hallo'
PS> $neuesarray[4]
Hallo
PS> $array[4]
Hallo

# Hinzufügen eines Elements generiert ein neues Array:
PS> $array += 11

# $array und $neuesarray sind nun unterschiedliche Arrays:
PS> $neuesarray[4] = 'Neuer Inhalt'
PS> $neuesarray[4]
Neuer Inhalt
PS> $array[4]
Hallo
```

Aufgabe Sie haben über WMI mit *Get-WmiObject* eine Information gefunden, welche die Aufgaben Ihres Computers beschreibt:

```
PS> Get-WmiObject WIn32_ComputerSystem | Select-Object -ExpandProperty Roles
LM_Workstation
LM_Server
NT
Potential_Browser
Master_Browser
```

Der Inhalt der Eigenschaft ist offensichtlich ein Array und enthält mehrere Werte. Jetzt würden Sie gern prüfen, ob Ihr Computer die Rolle *LM_Server* enthält. Wie könnten Sie feststellen, ob dieser Wert im Array enthalten ist?

Lösung Hierfür gibt es einen speziellen Operator namens *-contains*. Er liefert *$true* zurück, wenn das angegebene Element im Array enthalten ist:

```
PS> 1..5 -contains 2
True
PS> (Get-WmiObject WIn32_ComputerSystem | Select-Object -ExpandProperty Roles) -contains
'LM_Server'
True
```

Auch der Operator *-eq* kann in Verbindung mit Arrays verwendet werden. Er liefert keinen booleschen Wert, sondern die Elemente, die dem Vergleich entsprechen:

```
PS> 1..5 -eq 2
2
PS> (Get-WmiObject WIn32_ComputerSystem | Select-Object -ExpandProperty Roles) -eq 'LM_Server'
LM_Server
```

Umgekehrt gibt *-ne* alle Elemente des Arrays zurück, die nicht dem Vergleich entsprechen:

```
PS> 1..5 -ne 2
1
3
4
5
PS> (Get-WmiObject WIn32_ComputerSystem | Select-Object -ExpandProperty Roles) -ne 'LM_Server'
LM_Workstation
NT
Potential_Browser
Master_Browser
```

Brauchen Sie noch mehr Kontrolle, greifen Sie zu *Where-Object*. Die nächste Zeile liefert alle Zahlen, die nicht durch 3 teilbar sind:

```
PS> 1..10 | Where-Object { $_ % 3 }
1
2
4
5
7
8
10
```

Und diese Zeile gibt alle Computerrollen zurück, die das Stichwort *LM* enthalten:

```
PS> Get-WmiObject WIn32_ComputerSystem | Select-Object -ExpandProperty Roles | Where-Object {$_ -
like '*LM*'}
LM_Workstation
LM_Server
```

Manuell auf Gültigkeitsbereiche zugreifen

Wie Sie gesehen haben, spielen Gültigkeitsbereiche bei der PowerShell eine wichtige Rolle. Die PowerShell verwendet automatisch immer die in einem bestimmten Gültigkeitsbereich festgelegten Variablen. Und falls unter dem angegebenen Namen keine Variable zu finden ist, schaut es im übergeordneten Gültigkeitsbereich nach. Wer sich auf diese Automatik nicht verlassen möchte, kann mit *Get-Variable* auch gezielt auf Variablen in einem bestimmten Gültigkeitsbereich zugreifen. Dadurch lassen sich interessante Programmiertechniken entwickeln, aber auch das Prinzip der Gültigkeitsbereiche besser nachvollziehen:

```
function Test-Scope {
  "Test 1: Wert=$wert"
  $wert = 1
  "Test 2: Wert=$wert"
  & {
    "Test 3: Wert=$wert"
    $wert = 2
    "Test 4: Wert=$wert"
  }
  "Test 5: Wert=$wert"
  . {
    "Test 6: Wert=$wert"
    $wert = 3
    "Test 7: Wert=$wert"
  }
  "Test 8: Wert=$wert"
}

PS> $wert = 100
PS> Test-Scope
Test 1: Wert=100
Test 2: Wert=1
Test 3: Wert=1
Test 4: Wert=2
Test 5: Wert=1
Test 6: Wert=1
Test 7: Wert=3
Test 8: Wert=3
PS> $wert
100
```

Test 1 übernimmt den Wert von der Konsole. *Test 2* zeigt den Wert der neuen lokalen Variablen. *Test 3* und *Test 4* zeigen dasselbe für einen untergeordneten Bereich. Weil dieser mit dem kaufmännischen Und-Zeichen isoliert aufgerufen wurde, entspricht der Wert anschließend in *Test 5* wieder dem Wert vor dem Aufruf des Unterbereichs. *Test 6* und *Test 7* zeigen wieder das Prinzip der Vererbung, aber *Test 8* demonstriert, dass diesmal nicht mit einer weiteren lokalen Variable im Unterbereich gearbeitet wurde, sondern direkt mit der Variable des aufrufenden Bereichs, weil auf den Unterbereich diesmal *dotsourced* mit dem Punkt zugegriffen wurde. Nach Abschluss der Funktion zeigt die Konsole wieder den Wert seiner eigenen Variablen an. Mit *Get-Variable* kann man aus jedem Bereich heraus auf die Variablen übergeordneter Bereiche zugreifen:

```
function Test-Scope {
  $wert = 1
  & {
    $wert = 2
    & {
      $wert = 3
      "Eigener Wert: $wert"
      $parent = (Get-Variable wert -Scope 1).Value
      "Übergeordneter Wert: $parent"
      $parent = (Get-Variable wert -Scope 2).Value
      "Über-übergeordneter Wert: $parent"
      $parent = (Get-Variable wert -Scope 3).Value
      "Über-über-übergeordneter Wert: $parent"
    }
  }
}
PS> $wert = 100
PS> Test-Scope
Eigener Wert: 3
Übergeordneter Wert: 2
Über-übergeordneter Wert: 1
Über-über-übergeordneter Wert: 100
```

Der untergeordnete Bereich kann also mit *Get-Variable* gezielt die Inhalte der übergeordneten Variablen sichtbar machen.

Aufgabe Können Sie sich dieses Ergebnis erklären?

```
# Hier funktioniert noch alles:
PS> Test-Scope
Eigener Wert: 3
Übergeordneter Wert: 2
Über-übergeordneter Wert: 1
Über-über-übergeordneter Wert: 100

# Hier kommt es zu einer Fehlermeldung:
PS> . Test-Scope
Eigener Wert: 3
Übergeordneter Wert: 2
Über-übergeordneter Wert: 1
Get-Variable : Die Bereichsnummer "3" übersteigt die Anzahl der aktiven Bereiche. Parametername:
scopeID
```

Lösung Da Sie im zweiten Beispiel die *Test-Scope*-Funktion *dotsourced* aufgerufen haben, legt die Funktion keine eigene neue Variable *$wert* an, sondern verwendet die des aufrufenden Bereichs. Deshalb befindet sich der untergeordnete Bereich, der *Get-Variable* aufruft, eine Verschachtelungstiefe höher als beim ersten Beispiel. Er kann deshalb auch nur maximal zwei Ebenen nach oben »schauen«.

Aufgabe Können Sie sich einen Weg vorstellen, wie ein untergeordneter Bereich gezielt eine Variable in seinem aufrufenden Gültigkeitsbereich ändert?

Lösung Wieder lässt sich *Get-Variable* einsetzen. Die folgende Funktion besitzt einen untergeordneten Bereich, der die Variable *$wert* in seinem aufrufenden Gültigkeitsbereich ändert:

```
function Test-Scope {
  $wert = 1
  & {
    # $wert in übergeordnetem Bereich ändern:
    (Get-Variable wert -Scope 1).Value = 2
  }
  $wert
}

PS> $wert = $null # Wert von vorhergehenden Tests löschen
PS> Test-Scope
2
# $wert ist in der Konsole nicht definiert:
PS> $wert
PS>
```

Allerdings ist dieser direkte Zugriff auf übergeordnete Gültigkeitsbereiche nicht immer eine gute Idee, weil der Bereich nie wissen kann, wie er tatsächlich aufgerufen wurde. Schauen Sie sich dieses Beispiel an:

```
PS> . Test-Scope
2
PS> $wert
2
PS>
```

Hier hat der Benutzer entschieden, die Funktion *dotsourced* aufzurufen. Deshalb fehlt jetzt ein Gültigkeitsbereich, denn die Funktion teilt sich nun einen Gültigkeitsbereich mit dem Aufrufer, der Konsole. Die Variable ist nun auch in der Konsole geändert worden.

Streng typisierte Arrays

Normalerweise sind Arrays polymorph und Sie können folglich in jedem Element ganz beliebige und auch unterschiedliche Werte speichern. Die PowerShell wählt also für jedes Element jeweils automatisch den geeigneten Variablentyp aus. In Kapitel 9 »Typen« haben Sie bereits gelesen, dass das nicht so sein muss. Wenn Sie einem Array vorschreiben wollen, welche Daten darin gespeichert werden können, setzen Sie genau wie bei Variablen die strenge Typisierung ein und geben einen bestimmten Variablentyp vor. Legen Sie dazu den gewünschten Variablentyp in eckigen Klammern fest. Weil es sich um ein Array und nicht um eine normale Variable handelt, schreiben Sie hinter den Variablentyp zusätzlich eine geöffnete und eine geschlossene eckige Klammer:

```
# Ein streng typisiertes Array anlegen, das nur noch Integer-Ganzzahlen speichern kann:
[int[]]$array = 1,2,3

# alles, was sich in eine Zahl umwandeln lässt, ist erlaubt (auch Texte):
$array += 4
$array += 12.56
$array += "123"
```

```
# kann ein Wert nicht in eine Ganzzahl umgewandelt werden, tritt ein Fehler auf:
$array += "Hello"
Der Wert "Hello" kann nicht in den Typ "System.Int32" konvertiert werden. Fehler: "Die
Eingabezeichenfolge hat das falsche Format."
Bei Zeile:1 Zeichen:6
+ $array  <<<< += "Hello"
```

Im Beispiel wurde *$array* als ein Array vom Typ *Integer* definiert. Jetzt kann das Array nur noch Ganzzahlen speichern. Versuchen Sie, Werte darin zu speichern, die sich nicht in Ganzzahlen umwandeln lassen, erhalten Sie einen Fehler.

Zusammenfassung

Variablen speichern beliebige Informationen unter einem festgelegten Namen. Der Variablenname beginnt immer mit dem $-Zeichen. Danach dürfen Zahlen, Zeichen und der Unterstrich (_) folgen. Zwischen Groß- und Kleinschreibung wird nicht unterschieden. Möchten Sie andere Zeichen im Variablennamen verwenden, dann muss der Variablenname in geschweifte Klammern gesetzt werden. Die PowerShell verlangt nicht, dass Variablen vor der Benutzung speziell angelegt oder deklariert werden müssen. Neben Ihren eigenen Variablen gibt es vordefinierte Variablen, die automatische Variablen genannt werden und Feineinstellungen der PowerShell festlegen.

Jede Variable hat einen bestimmten Gültigkeitsbereich und hat normalerweise im eigenen Bereich sowie in Unterbereichen Bestand, nicht aber in übergeordneten Bereichen. Abweichungen davon legen Sie fest, indem Sie vor den Variablennamen einen der folgenden Begriffe setzen: *local:*, *private:*, *script:* und *global:*.

Arrays und Hashtables speichern beliebig viele separate Elemente. Arrays weisen den Elementen dabei eine laufende Indexzahl zu, die immer bei 0 beginnt, Hashtables stattdessen einen frei wählbaren Schlüsselnamen. Bei Hashtables besteht jedes Element deshalb aus einem Schlüssel-Wert-Paar. Die einzelnen Elemente eines Arrays oder einer Hashtable sprechen Sie über eckige Klammern an. Geben Sie in den eckigen Klammern entweder die Indexzahl (Arrays) oder den Schlüssel (Hashtables) des gewünschten Elements an. Auf diese Weise können Sie auch mehrere Elemente auf einmal auswählen und abrufen.

Kapitel 12

Bedingungen

In diesem Kapitel:

Die Basis von Intelligenz sind Entscheidungen und die Basis von Entscheidungen sind wiederum Bedingungen. Um intelligenten PowerShell-Code zu verfassen, der eigenständige Entscheidungen treffen kann, benötigen Sie also zuerst eine Bedingung. Im ersten Teil dieses Kapitels erfahren Sie deshalb, wie Fragen als Bedingungen formuliert werden. Im zweiten Teil setzen Sie Bedingungen ein, um PowerShell-Anweisungen nur dann auszuführen, wenn eine bestimmte Bedingung auch tatsächlich erfüllt ist.

Bedingungen formulieren

Eine Bedingung ist nichts weiter als eine Frage, die sich eindeutig mit Ja (*true*) oder Nein (*false*) beantworten lässt. Fast alle diese Fragen werden mithilfe von Vergleichen formuliert. Möchten Sie z.B. unter einem bestimmten Laufwerksbuchstaben ein neues Netzlaufwerk einrichten, dann lautet die Frage: »Ist das Laufwerk X: überhaupt noch frei?«. Um diese Frage in eine für die PowerShell verständliche Bedingung zu übersetzen, würden Sie vergleichen, ob der gewählte Laufwerksbuchstabe einem belegten Laufwerksbuchstaben entspricht oder nicht. Sie werden gleich sehen, wie man das formulieren kann, aber zuerst brauchen Sie Ihr Werkzeug, nämlich die Vergleichsoperatoren. Diese liefert Tabelle 12.1.

Operator	Klassisch	Beschreibung	Beispiel	Ergebnis
-eq, -ceq, -ieq	= oder ==	Gleich	*10 -eq 15*	*$false*
-ne, -cne, -ine	<> oder !=	Ungleich	*10 -ne 15*	*$true*
-gt, -cgt, -igt	>	Größer	*10 -gt 15*	*$false*
-ge, -cge, -ige	>=	Größer oder gleich	*10 -ge 15*	*$false*
-lt, -clt, -ilt	<	Kleiner	*10 -lt 15*	*$true*
-le, -cle, -ile	<=	Kleiner oder gleich	*10 -le 15*	*$true*
-contains, -ccontains, -icontains		Enthält	*1,2,3 -contains 1*	*$true*
-notcontains, -cnotcontains, -inotcontains		Enthält nicht	*1,2,3 -notcontains 1*	*$false*
-is		Typgleichheit	*$array =1,2* *$array -is [array]*	*$true*

Tabelle 12.1 Vergleichsoperatoren

ACHTUNG Die PowerShell verwendet nicht die klassischen Vergleichsoperatoren, die Sie vielleicht aus anderen Programmiersprachen kennen und die zur Referenz in der Spalte *klassisch* aufgeführt sind. Bei der PowerShell beginnen alle Vergleichsoperatoren immer mit einem Bindestrich und bestehen aus Text. Insbesondere das Gleichheitszeichen (=) als Operator ist bei der PowerShell ein reiner Zuweisungsoperator, mit dem Sie z.B. Variablen neue Werte zuweisen. Er ist aber kein Vergleichsoperator.

Alle Vergleichsoperatoren gibt es in drei Varianten. Die Basisvariante berücksichtigt beim Vergleich nicht die Groß- und Kleinschreibung. Möchten Sie explizit festlegen, ob die Groß- und Kleinschreibung beachtet werden soll oder nicht, verwenden Sie die Varianten, die mit *c* oder *i* beginnen. Dabei steht *c* für *case-sensitive* und unterscheidet zwischen Groß- und Kleinschreibung. Dagegen steht *i* für *insensitive* und behandelt Groß- und Kleinschreibung gleich. Damit entspricht sie der Basisvariante.

```
PS> "Hallo" -eq "hallo"
True
PS> "Hallo" -ieq "hallo"
True
PS> "Hallo" -ceq "hallo"
False
```

Einen Vergleich durchführen

Mithilfe der Vergleichsoperatoren aus Tabelle 12.1 können Sie sofort und direkt in der PowerShell-Konsole Vergleiche durchführen und sich so ein wenig mit den einzelnen Operatoren vertraut machen. Geben Sie zunächst den ersten Wert ein, danach den Vergleichsoperator und dann den zweiten Wert, den Sie mit dem ersten vergleichen wollen. Sobald Sie ↵ drücken, wird der Vergleich durchgeführt. Das Ergebnis sollte immer *True* (Bedingung entspricht der Wahrheit) oder *False* sein (Bedingung ist nicht erfüllt).

```
PS> 4 -eq 10
False
PS> "geheim" -ieq "GEHEIM"
True
```

Solange Sie ausschließlich Zahlen oder ausschließlich Text miteinander vergleichen, sind Vergleiche sehr überschaubar und liefern genau das Ergebnis, das man erwartet:

```
PS> 123 -lt 123.5
True
```

Sie können jedoch auch unterschiedliche Datentypen miteinander vergleichen. Dann allerdings sind die Ergebnisse nicht immer so einleuchtend wie bisher:

```
PS> 12 -eq "Hallo"
False
PS> 12 -eq "000012"
True
PS> "12" -eq 12
True
PS> "12" -eq 012
True
PS> "012" -eq 012
False
PS> 123 -lt 123.4
True
PS> 123 -lt "123.4"
False
PS> 123 -lt "123.5"
True
```

Unterschiedliche Datentypen miteinander vergleichen

Hätten Sie das Ergebnis so erwartet? Einige Vergleiche ergaben sonderbare Ergebnisse. Genau das passiert, wenn Sie *unterschiedliche* Datentypen miteinander vergleichen, und zwar, weil die PowerShell unterschiedliche Datentypen eigentlich überhaupt nicht miteinander vergleichen kann. Deshalb versucht die PowerShell, die Datentypen in einen vergleichbaren gemeinsamen Datentyp umzuwandeln. Diese automatische Umwandlung ergibt allerdings nicht immer das Ergebnis, das man intuitiv erwarten würde, und deshalb sind Vergleiche mit unterschiedlichen Datentypen nur dann für Sie sinnvoll, wenn Sie auch Lust haben, sich die zugrunde liegenden Datentypen näher anzuschauen.

HINWEIS Wenn Sie es lieber einfach mögen, dann sorgen Sie nur dafür, dass Sie in Ihren Vergleichen unterschiedliche Datentypen nicht grob miteinander mischen. Solange Sie nur Texte mit Texten oder Zahlen mit Zahlen vergleichen, entspricht das Ergebnis immer genau dem, was man intuitiv erwarten würde.

Wir schauen uns nun an, wie es zu den sonderbaren Vergleichsergebnissen gekommen ist.

Der Datentyp des ersten Werts zählt

Wenn Sie prüfen, ob zwei Werte gleich sind, sollte es eigentlich egal sein, in welcher Reihenfolge Sie die beiden Werte miteinander vergleichen. Bei der PowerShell spielt diese Reihenfolge aber offensichtlich eine Rolle, denn der erste Vergleich ergibt *True*, der zweite *False*:

```
PS> 012 -eq "012"
True

PS> "012" -eq 012
False
```

Schuld daran ist die Tatsache, dass die beiden Werte, die hier verglichen werden, unterschiedlichen Typs sind. Der Wert *012* ist eine Ganzzahl (Typ: *Integer*) und der Wert *"012"* ist ein Text (Typ: *String*). Damit beide verglichen werden können, muss die PowerShell sie passend machen, also in denselben Typ umwandeln. Dabei richtet sich die PowerShell immer nach dem Datentyp des *ersten* Werts und das erklärt die Unterschiede: Im ersten Beispiel wurde zuerst die Zahl angegeben. Deshalb konvertiert die PowerShell den zweiten Wert ebenfalls in eine Zahl. Weil der Text *"012"* als Zahl dem Wert *12* entspricht, ergibt der Vergleich *True*: Beide sind gleich. Ganz anders im zweiten Beispiel: Hier wurde zuerst der Text angegeben und folglich verwandelt die PowerShell die Zahl ebenfalls in einen Text. Die Zahl *12* ergibt als Text allerdings *"12"* und entspricht damit nicht dem Text *"012"*: Das Ergebnis des Vergleichs lautet jetzt *False*.

Im Zweifelsfall steuern Sie die automatische Umwandlung also über den Variablentyp des ersten Werts, und tatsächlich: Geben Sie hier als Variablentyp ausdrücklich *Integer* an, ergibt der Vergleich wieder *True*, weil jetzt der erste Wert in eine Zahl verwandelt wird. Der Vergleich braucht danach keine automatische Anpassung mehr vorzunehmen, weil beide Werte nun bereits im gleichen Datentyp vorliegen:

```
# Erster Wert ist eine Zahl: Die Zahl 12 entspricht der Zahl 12:
PS> [int]"012" -eq 012
True
```

Automatisches Widening

Natürlich hat niemand wirklich Lust, sich mit diesen Datentypen ständig auseinanderzusetzen, und deshalb versucht die PowerShell mit cleveren Strategien, von vornherein das erwartete Ergebnis zu liefern. Das gilt vor allem für den Vergleich von Zahlen, denn normalerweise gäbe es hier genau dieselben Typkonflikte wie in den Beispielen eben gerade, und umso erstaunlicher ist es eigentlich, dass der folgende Vergleich zum erwarteten Ergebnis führt: *123* ist kleiner als *123,3*, das stimmt.

```
PS> 123 -lt 123.3
True
```

Eigentlich hätte das Ergebnis *False* lauten müssen, denn auch hier werden zwei verschiedene Datentypen miteinander verglichen: auf der linken Seite eine Ganzzahl (Typ: *Integer*) und auf der rechten Seite eine Gleitkommazahl (Typ: *Double*). Nach allem, was Sie wissen, hätte die PowerShell sich wieder nach dem Datentyp des ersten Werts richten und also den zweiten in *Integer* umwandeln müssen:

```
PS> [int]123.3
123
```

Weil der umgewandelte zweite Wert 123 nun aber nicht mehr kleiner ist als der erste Wert 123, hätte das Ergebnis tatsächlich *False* lauten müssen. Es nützt natürlich wenig, wenn die PowerShell technisch einwandfrei rechnet, aber mathematisch falsch. Damit die Benutzer erhalten, was sie erwarten, wendet die PowerShell bei Zahlen automatisch das sogenannte *Widening* an, erweitert also den Datentyp auf den größten gemeinsamen Nenner. Bei Zahlen kann es dadurch auch vorkommen, dass nicht der *zweite* Wert umgewandelt wird, sondern der *erste*. Hier zählt, welcher Datentyp die Zahlen genauer repräsentieren kann. Das erklärt auch, warum der erste der folgenden Vergleiche das erwartete Ergebnis liefert, die anderen beiden aber nicht:

```
PS> 123 -lt 123.4
True
PS> 123 -lt "123.4"
False
PS> 123 -lt "123.5"
True
```

Im ersten Fall wurde der erste Wert als *Integer* und der zweite als *Double* angegeben. Weil beide Werte Zahlen sind, wendet die PowerShell das Widening an und wandelt den ersten Wert ins *Double*-Format um. Danach wird verglichen, ob *123,0* kleiner ist als *123,4*. Ergebnis: *True*.

Im zweiten Fall wurde der erste Wert als *Integer* und der zweite als *String* angegeben. Weil einer der Datentypen keine Zahl ist, sondern Text, gibt es kein eindeutig optimales Datenformat und die PowerShell richtet sich jetzt stur nach dem Datentyp des ersten Werts, wandelt den Text also um in eine Ganzzahl (Typ: *Integer*). Aus *"123.4"* wird so die Ganzzahl *123*. Danach wird verglichen, ob *123* kleiner ist als *123*. Ergebnis: *False*.

Im letzten Fall passiert im Grunde dasselbe, nur ergibt die Umwandlung des Texts *"123.5"* diesmal die Ganzzahl *124*, weil bei der Konvertierung automatisch gerundet wird. Danach wird verglichen, ob *123* kleiner ist als *124*: Ergebnis: *True*.

Vergleiche umkehren

Ein Vergleich liefert als Ergebnis immer entweder *True* oder *False*, und Sie haben gesehen, dass es für die meisten Vergleiche komplementäre Vergleichsoperatoren gibt: *-eq* und *-ne* (gleich oder ungleich) oder beispielsweise *-gt* und *-lt* (größer oder kleiner). Durch die Auswahl des passenden Vergleichsoperators bestimmen Sie also, ob ein Vergleich *True* oder *False* ergibt. Zusätzlich haben Sie aber auch die Möglichkeit, das Ergebnis eines Vergleichs umzudrehen, also aus *True* ein *False* zu machen und umgekehrt. Zuständig dafür ist der logische Operator *-not*. Er erwartet auf der rechten Seite einen Ausdruck, der entweder *True* oder *False* ist, und dreht diesen um. Anstelle von *-not* dürfen Sie auch die Kurzform »!« verwenden:

```
PS> $a = 10
PS> $a -gt 5
True
PS> -not ($a -gt 5)
False

# Kurzform: anstelle von -not kann auch "!" verwendet werden:
PS> !($a -gt 5)
False
```

ACHTUNG Sie sollten runde Klammern großzügig einsetzen, wenn Sie mit logischen Operatoren wie *-not* arbeiten. Logische Operatoren beziehen sich immer auf das Resultat eines Vergleichs, nicht auf den Vergleich selbst. Der Vergleich gehört deshalb immer in runde Klammern. Sie erinnern sich? Runde Klammern sind Unterausdrücke, die zuerst für sich ausgeführt werden und danach nur das Ergebnis zurückliefern. Wenn Sie die Klammern vergessen, erhalten Sie schnell sonderbare Resultate:

```
PS> $a = 10
PS> $a -gt 10
False

# Dieses Ergebnis stimmt nicht:
PS> -not $a -gt 10
False

# So lautet das richtige Ergebnis:
PS> -not ($a -gt 10)
True
```

Ohne Klammern wertet *-not* den unmittelbar folgenden Ausdruck aus, also *$a*. Weil *$a* weder *$true* noch *$false* ist, wandelt die PowerShell *$a* in einen booleschen Wert um. Das Ergebnis wäre erstaunlicherweise *$true*:

```
PS> [bool]$a
True
```

Der Grund: Alle Zahlenwerte ungleich *0* werden zu *$true*, nur der Zahlenwert *0* wird zu *$false* konvertiert:

```
PS> $a = 0
PS> [bool]$a
False
```

Was Sie in Wirklichkeit auswerten wollten, war das Ergebnis des Vergleichs *$a -gt 10*. Damit nur dieses Ergebnis an *-not* geliefert wird, muss der Ausdruck in runde Klammern gestellt werden. Er wird dann zuerst von der PowerShell ausgewertet und nur sein Ergebnis an *-not* weitergereicht.

Vergleiche kombinieren

Weil jeder Vergleich entweder *True* oder *False* ergibt, können Sie mehrere Vergleiche mit logischen Operatoren verknüpfen, also kombinieren. Möchten Sie z.B. eine Bedingung erstellen, die aus zwei Fragestellungen besteht, verknüpfen Sie das Ergebnis der beiden Einzelvergleiche mit dem logischen Operator *-and*. Die folgende Bedingung ergibt nur dann *True*, wenn beide Teilvergleiche *True* zum Ergebnis haben:

```
PS> ( ($alter -ge 18) -and ($geschlecht -eq "m") )
```

Im Kopf eines Diskothekentürstehers könnte also unter Umständen die folgende PowerShell-Bedingung ablaufen:

```
PS> ( ($alter -ge 18) -and ($geschlecht -eq "m") ) -or ($geschlecht -eq "w")
```

Achten Sie bei logischen Operatoren darauf, dass diese nur *True* und *False* verknüpfen. Stellen Sie also einzelne Vergleiche in runde Klammern, weil Sie nur die Ergebnisse dieser Vergleiche verknüpfen wollen und nicht etwa die Vergleiche selbst.

Operator	Beschreibung	Linker Wert	Rechter Wert	Ergebnis
-and	Beide Bedingungen müssen erfüllt sein	*True* *False* *False* *True*	False True False True	False False False True
-or	Eine der beiden Bedingungen muss mindestens erfüllt sein	*True* *False* *False* *True*	False True False True	True True False True
-xor	Die eine oder die andere Bedingung muss erfüllt sein, aber nicht beide	*True* *False* *False* *True*	True False True False	False False True True
-not	Dreht das Ergebnis um	(entfällt)	True False	False True

Tabelle 12.2 Logische Operatoren

Vergleiche mit Arrays

Bislang haben Sie die Vergleichsoperatoren aus Tabelle 12.1 nur dazu verwendet, einzelne Werte miteinander zu vergleichen. In Kapitel 3 haben Sie allerdings bereits Arrays kennengelernt, also Variablen, die mehr als einen Wert enthalten. Die Frage ist: Wie reagieren Vergleichsoperatoren auf Arrays? Auf welches Element eines Arrays wird der Vergleich angewendet? Einfache Antwort: auf alle!

Das Ergebnis ist aber nicht etwa eine lange Ergebnisliste mit *True* und *False*, sondern hier liefern die Vergleichsoperatoren ein Array zurück, in dem sich genau die Elemente des Ausgangsarrays wiederfinden, die dem Vergleich entsprochen haben – quasi eine Art Filter. Im einfachsten Fall verwenden

Sie den Vergleichsoperator *-eq* (*equal*), um alle Elemente in einem Array zu finden, die dem angegebenen Element entsprechen:

```
PS> 1,2,3,4,3,2,1 -eq 3
3
3
```

Im Array befanden sich zwei Elemente mit dem Wert *3*. Diese beiden Elemente wurden zurückgeliefert. Umgekehrt geht es auch: Möchten Sie nur die Elemente eines Arrays sehen, die nicht dem Vergleichswert entsprechen, dann verwenden Sie z.B. *-ne* (*not equal*):

```
PS> 1,2,3,4,3,2,1 -ne 3
1
2
4
2
1
```

Die übrigen Vergleichsoperatoren funktionieren entsprechend: Mit *-ge* (*greater or equal*) finden Sie z.B. alle Elemente, die mindestens so groß sind wie das Vergleichselement:

```
PS> 1,2,3,4,3,2,1 -ge 3
3
4
3
```

Interessiert Sie nur, wie viele Elemente Ihrem Vergleich entsprachen? Das, was der Vergleichsoperator in diesen Beispielen zurückliefert, ist wiederum ein Array, dessen *Count*-Eigenschaft Ihnen die gesuchte Anzahl verrät. Speichern Sie dazu das Ergebnis des Vergleichs entweder in einer neuen Variablen, oder setzen Sie den gesamten Ausdruck in runde Klammern, damit er ausgewertet wird und das Ergebnisarray liefert, bevor Sie anschließend dessen *Count*-Eigenschaft abfragen:

```
PS> $ergebnis = 1,2,3,4,3,2,1 -ge 3
PS> $ergebnis.Count
3

PS> (1,2,3,4,3,2,1 -ge 3).Count
3
```

Prüfen, ob ein Array ein bestimmtes Element enthält

Die Erkenntnisse von eben werfen allerdings früher oder später die Frage auf, wie man herausfindet, ob ein Array ein bestimmtes Element enthält. Wie Sie gesehen haben, liefert *-eq* keine Antwort auf diese Frage, sondern nur eine Liste mit den Elementen selbst, die dem Vergleich entsprachen. Deshalb gibt es außerdem die Vergleichsoperatoren *-contains* und *-notcontains*. Diese prüfen, ob in einem Array (oder allgemein: Datencontainer) ein bestimmter Wert vorhanden ist. Mit ihrer Hilfe können Sie z.B. prüfen, ob ein bestimmter Laufwerksbuchstabe noch frei ist. Schauen Sie sich das Grundprinzip zuerst an einem einfachen Beispiel an:

```
# -eq liefert nur die Elemente zurück, die dem Kriterium entsprechen:
PS> 1,2,3 -eq 5

# -contains beantwortet die Frage, ob das gesuchte Element im Array enthalten ist:
PS> 1,2,3 -contains 5
```

```
False
PS> 1,2,3 -notcontains 5
True
```

Hier wird geprüft, ob im Array mit den Elementen *1*, *2* und *3* der Wert *5* vorkommt oder nicht. Um dieses Beispiel auf Laufwerksbuchstaben auszudehnen, benötigen Sie also nur ein Array, in dem alle belegten Laufwerksbuchstaben liegen, und können dann mit *-contains* und *-notcontains* prüfen, ob ein bestimmter Laufwerksbuchstabe darin enthalten, also schon belegt ist. Die Frage ist also: Wer liefert so ein Array? Beispielsweise das Cmdlet *Get-PSDrive*. Es gibt alle Laufwerksbuchstaben zurück, welche die PowerShell kennt, und wenn Sie es zusammen mit der Option *-PSProvider FileSystem* aufrufen, erhalten Sie die gesuchten belegten Laufwerke aus dem Dateisystem:

```
PS> Get-PSDrive -PSProvider FileSystem
Name        Provider      Root
----        --------      ----
C           FileSystem    C:\
D           FileSystem    D:\
E           FileSystem    E:\
G           FileSystem    G:\
S           FileSystem    S:\
Z           FileSystem    Z:\
```

Wie immer, wenn ein Befehl mehr als ein Ergebnis zurückliefert, wird dieses Ergebnis in einem Array verpackt. Sie könnten das Ergebnis also in einer Variablen speichern und dann mit *-contains* schauen, ob ein bestimmter Eintrag schon darin enthalten ist. Nur leider funktioniert das noch nicht wie geplant:

```
# Liste mit belegten Laufwerken speichern:
PS> $laufwerke = Get-PSDrive -PSProvider FileSystem

# prüfen, ob ein Laufwerksbuchstabe im Array vorhanden ist:
PS> $laufwerke -contains "C"
False

# nachschauen, was tatsächlich im Array $laufwerke gespeichert ist:
PS> $laufwerke[0].GetType().Name
PSDriveInfo
```

Tatsächlich liefert *Get-PSDrive* nämlich nicht ein Array mit Laufwerksbuchstaben, sondern jedes Laufwerk wird durch ein *PSDriveInfo*-Objekt repräsentiert. Damit *-contains* wie geplant Laufwerksbuchstaben findet, müsste der Inhalt des Arrays also auch tatsächlich aus Laufwerksbuchstaben bestehen. Glücklicherweise können Sie das Array leicht in diese Form bringen. Dazu beauftragen Sie zuerst *Get-PSDrive*, die Liste mit den *PSDriveInfo*-Laufwerksobjekten auszugeben. Danach füttern Sie dieses Ergebnis über das Pipeline-Zeichen »|« in das Cmdlet *ForEach-Object*. Dieses Cmdlet gibt dann für jedes *PSDriveInfo*-Objekt nur noch die Eigenschaft *Name* aus:

```
PS> $laufwerke = Get-PSDrive -PSProvider FileSystem | ForEach-Object { $_.Name }
PS> $laufwerke -contains "C"
True
```

Falls Sie sich gerade die (berechtigte) Frage stellen, wie Sie darauf von allein hätten kommen sollen: Dies war ein Vorgriff, um Ihnen schon jetzt ein lebendiges Beispiel für den Nutzen der Vergleichsoperatoren zu liefern. Das Beispiel nutzt ein allgemeines Prinzip, wie Sie ganz beliebige Arrayinhalte in simple Informationsarrays verwandeln. Mehr zu Schleifen erfahren Sie im nächsten Kapitel.

Kurz und knapp ...

Vergleichsoperatoren bestehen aus einem Bindestrich und einem Buchstabenkürzel. Sie vergleichen die Werte links und rechts vom Operator und liefern je nach Ergebnis entweder *$true* oder *$false* zurück. Vergleichsoperatoren unterscheiden bei Textvergleichen die Groß- und Kleinschreibung nicht, es sei denn, Sie wünschen dies und stellen vor den Namen des Vergleichsoperators ein *c* für *case-sensitive*. Müssen unterschiedliche Datentypen verglichen werden, wandelt die PowerShell die Daten zuerst in einen einheitlichen Datentyp um und richtet sich dabei nach dem Datentyp des ersten Werts. Nur wenn es sich bei beiden Datentypen um Zahlen handelt, greift die PowerShell zum präzisierten Datentyp und verzichtet auf die starre Reihenfolge, was man auch *Widening* nennt. Mit logischen Operatoren kann man das Ergebnis eines Vergleichs umdrehen (negieren) oder mehrere Vergleichsergebnisse kombinieren.

Bedingungen anwenden

Bedingungen allein sind relativ nutzlos. Sie benötigen also einen Verbündeten, der das Ergebnis einer Bedingung zur Grundlage für Entscheidungen macht.

Where-Object

Where-Object verwendet Bedingungen, um Elemente aus der PowerShell-Pipeline herauszufiltern. Sie haben dieses Cmdlets bereits ausführlich in Kapitel 6 kennengelernt. Hier ein Beispiel:

```
PS> Get-Process | Where-Object { $_.Company -like 'micro*' } | Select-Object Name, Description,
Company
Name                               Description                       Company
----                               -----------                       -------
conime                             Console IME                       Microsoft Corporation
dwm                                Desktopfenster-Manager            Microsoft Corporation
ehmsas                             Media Center Media Status Aggr... Microsoft Corporation
ehtray                             Media Center Tray Applet          Microsoft Corporation
EXCEL                              Microsoft Office Excel            Microsoft Corporation
explorer                           Windows-Explorer                  Microsoft Corporation
GrooveMonitor                      GrooveMonitor Utility             Microsoft Corporation
ieuser                             Internet Explorer                 Microsoft Corporation
iexplore                           Internet Explorer                 Microsoft Corporation
msnmsgr                            Messenger                         Microsoft Corporation
notepad                            Editor                            Microsoft Corporation
notepad                            Editor                            Microsoft Corporation
sidebar                            Windows-Sidebar                   Microsoft Corporation
taskeng                            Aufgabenplanungsmodul             Microsoft Corporation
WINWORD                            Microsoft Office Word             Microsoft Corporation
wmpnscfg                           Windows Media Player Network S... Microsoft Corporation
wpcumi                             Windows-Jugendschutzbenachrich... Microsoft Corporation
```

In diesem Fall setzt *Where-Object* (Abkürzung: »?«) den Vergleichsoperator *-like* ein, mit dem man prüfen kann, ob ein Text ein bestimmtes Stichwort enthält. Das Ziel ist, nur diejenigen Prozesse auszugeben, die in ihrer Eigenschaft *Company* das Stichwort *micro* enthalten. Das Sternchen am Ende des Stichworts signalisiert, dass danach beliebige Zeichen folgen können. Gesucht werden also alle Prozesse, deren Herstellername mit dem Stichwort beginnt. Wie bei allen Vergleichsoperatoren spielt die Groß- und Kleinschreibung keine Rolle. Wollten Sie diese beachten, setzen Sie vor den Namen des Operators ein *c*, verwenden also *-clike*. Und falls Sie umgekehrt alle Prozesse finden wollten, die das Stichwort gerade nicht enthalten, drehen Sie das Ergebnis des Vergleichs um. Entweder greifen Sie zu *-notlike* oder allgemeiner: Sie setzen den logischen Operator *-not* ein (Abkürzung »!«). Die folgenden Zeilen liefern alle dasselbe Ergebnis:

```
PS> Get-Process | Where-Object { $_.Company -notlike 'micro*' } | Select-Object Name, Description,
Company
PS> Get-Process | Where-Object { -not ($_.Company -like 'micro*') } | Select-Object Name,
Description, Company
PS> Get-Process | Where-Object { !($_.Company -like 'micro*') } | Select-Object Name, Description,
Company
PS> Get-Process | ? { !($_.Company -like 'micro*') } | Select-Object Name, Description, Company
PS> gps | ? { !($_.Company -like 'micro*') } | Select Name, Description, Company
```

if...elseif...else

In Funktionen und Skripts sorgt *if* dafür, dass Codesegmente nur dann ausgeführt werden, wenn eine bestimmte Bedingung erfüllt ist:

```
PS> if (Bedingung) {# Wenn die Bedingung zutrifft, wird dieser Code ausgeführt}
```

Ihre Bedingung folgt also in runden Klammern hinter dem Schlüsselwort *if*. Trifft die Bedingung zu, wird der Code in den geschweiften Klammern dahinter ausgeführt, sonst nicht. Probieren Sie es aus:

```
PS> if ($a -gt 10) { "$a ist größer als 10" }
```

Vermutlich sehen Sie allerdings (noch) gar kein Ergebnis. Die Bedingung war nicht erfüllt und deshalb wurde der Code in den geschweiften Klammern auch nicht ausgeführt. Damit Sie mehr sehen, sorgen Sie zuerst dafür, dass die Bedingung erfüllt ist:

```
PS> $a = 11
PS> if ($a -gt 10) { "$a ist größer als 10" }
11 ist größer als 10
```

Der Vergleich trifft jetzt zu und die *if*-Struktur sorgt dafür, dass nun der Code in den geschweiften Klammern ein Ergebnis meldet. Das zeigt allerdings auch bereits, dass die einfachste *if*-Struktur meist nicht genügt, denn man möchte in der Regel *immer* ein Ergebnis ausgeben, auch dann, wenn die Bedingung nicht erfüllt war. Dazu erweitern Sie die *if*-Struktur um *else*:

```
PS> if ($a -gt 10)
{
  "$a ist größer als 10"
}
else
{
  "$a ist kleiner oder gleich 10"
}
```

Jetzt wird der Code in den geschweiften Klammern hinter *if* ausgeführt, wenn die Bedingung erfüllt ist, andernfalls der Code in den geschweiften Klammern hinter *else*. Und was, wenn man mehrere Bedingungen verwenden möchte? Auch das ist möglich, denn Sie dürfen zwischen *if* und *else* beliebig viele *elseif*-Blöcke hinzufügen:

```
PS> if ($a -gt 10)
{
  "$a ist größer als 10"
}
elseif ($a -eq 10)
{
  "$a ist genau 10"
}
else
{
  "$a ist kleiner als 10"
}
```

Die *if*-Struktur führt dabei also immer den Code in geschweiften Klammern hinter der Bedingung aus, die erfüllt ist. Nur wenn keine Bedingung zutrifft, gelangt der Code hinter *else* zur Ausführung. Code, der nach der gesamten *if*-Struktur folgt, wird wieder in jedem Fall (*bedingungslos*) ausgeführt. Und was passiert, wenn mehrere Bedingungen zutreffen? Dann wird immer der Code hinter der ersten zutreffenden Bedingung ausgeführt. Alle weiteren zutreffenden Bedingungen werden dann ignoriert:

```
PS> if ($a -gt 10)
{
  "$a ist größer als 10"
}
elseif ($a -eq 10)
{
  "$a ist genau 10"
}
elseif ($a -ge 10)
{
  "$a ist größer oder gleich 10"
}
else
{
  "$a ist kleiner als 10"
}
```

HINWEIS Tatsächlich ist der *if*-Struktur die Bedingung vollkommen egal, die Sie angeben. Die *if*-Struktur verlangt im Grunde nur *$true* oder *$false*. Hat die Bedingung *$true* zum Ergebnis, dann wird der Code in geschweiften Klammern dahinter ausgeführt, sonst nicht. Bedingungen stellen nur eine von mehreren Möglichkeiten dar, den verlangten Wert *$true* oder *$false* zu liefern. Er könnte aber auch aus einer anderen Quelle stammen, z.B. von einer anderen Funktion oder aus einer Variablen:

```
# liefert True ab 14 Uhr, sonst False:
PS> function isNachMittag { (Get-Date).Hour -gt 13 }
isNachMittag
True
```

```
# Ergebnis der Funktion bestimmt, welchen Code die if-Struktur ausführt:
PS> if (isNachMittag) { "Pause!" } else { "is noch früh" }
Pause!
```

Das Beispiel zeigt: Das Fortsetzungskriterium hinter *if* muss immer in runden Klammern stehen, kann aber prinzipiell aus beliebiger Quelle stammen, solange es *$true* oder *$false* ist. Und: Sie dürfen die Elemente der *if*-Struktur auch in einer einzelnen Zeile zusammenfassen. Möchten Sie innerhalb der geschweiften Klammern mehr als einen Befehl ausführen, ohne dafür jeweils neue Zeilen zu verwenden, dann trennen Sie die Befehle mit dem Semikolon (;).

switch

Möchten Sie einen Wert mit vielen anderen Werten vergleichen, wird die *if*-Konstruktion schnell unübersichtlich. Übersichtlicher und schneller ist hier die Anweisung *switch*:

```
# einen Wert mit vielen anderen Werten vergleichen (mit if):
PS> $wert = 1
PS> if ($wert -eq 1)
{
  "Wert 1"
}
elseif ($wert -eq 2)
{
  "Wert 2"
}
elseif ($wert -eq 3)
{
  "Wert 3"
}
Wert 1

# einen Wert mit vielen anderen Werten vergleichen (mit switch):
PS> $wert = 1
PS> switch ($wert)
{
  1  { "Zahl 1" }
  2  { "Zahl 2" }
  3  { "Zahl 3" }
}
Zahl 1
```

Und so funktioniert *switch*: Geben Sie hinter *switch* in runden Klammern den Wert an, den Sie auswerten möchten. Innerhalb des *switch*-Blocks werden dann die Vergleiche durchgeführt. Diese Vergleiche brauchen Sie bei *switch* allerdings im Gegensatz zu *if* nicht ausformulieren. Es genügt, Vergleichswerte anzugeben. *switch* vergleicht automatisch die angegebenen Vergleichswerte mit dem Operator *-eq* auf Gleichheit, und wenn der Vergleich *$true* ergibt, wird der Code hinter dem Vergleichswert ausgeführt.

Die Bequemlichkeit und Übersichtlichkeit erkauft sich *switch* allerdings mit einer Einschränkung: Wegen des fest eingebauten *-eq*-Vergleichs eignet sich *switch* zunächst wirklich nur für Vergleiche auf Gleichheit mit der einen hinter switch angegebenen Variable. Das muss allerdings nicht so bleiben, denn anstelle der Vergleichswerte dürfen auch Skriptblöcke in geschweiften Klammern angegeben werden. Jetzt dürfen Sie den Vergleich wieder ähnlich wie bei *if* vollkommen selbst formulieren. Allerdings ist das Ergebnis nun auch wieder ähnlich unleserlich wie bei *if*:

```
PS> $wert = 1
PS> switch ($wert)
{
  {$_ -eq 1}  { "Zahl 1" }
  {$_ -eq 2}  { "Zahl 2" }
  {$_ -eq 3}  { "Zahl 3" }
}
Zahl 1
```

Wenn also der Code in der ersten geschweiften Klammer *True* ergibt, dann wird der Code in der zweiten geschweiften Klammer ausgeführt. Innerhalb des *switch*-Blocks finden Sie den Ausgangswert, mit dem die Vergleiche durchgeführt werden, stets in der Variablen *$_*. Möchten Sie nur eine Hand voll fester Vorgabewerte überprüfen, dann ist der letzte Ansatz natürlich Unsinn und Sie sollten die jeweils erste geschweifte Klammer besser wie im Beispiel davor direkt durch den festen Vergleichswert ersetzen. Wenn Sie aber innerhalb Ihres *switch*-Blocks andere Vergleiche als den Standardvergleich mit *-eq* durchführen wollen, dann sind die Codeblöcke eine prima Lösung.

Wertebereiche testen

Vielleicht möchten Sie, dass *switch* bei mehreren Werten dieselbe Aktion durchführt und wollen deshalb nicht testen, ob der Ausgangswert *gleich* einem Vorgabewert ist, sondern vielleicht größer oder kleiner. In diesem Fall formulieren Sie einfach Ihre eigene Bedingung und setzen diese wie eben in geschweifte Klammern. Wichtig ist nur, dass Ihre Bedingung entweder *True* oder *False* ergibt:

```
PS> $wert = 8
PS> switch ($wert)
{
  # Anstelle eines Vorgabewerts wird ein Codeblock verwendet, der für Zahlen kleiner als 5 True
ergibt:
  {$_ -le 5}  { "Zahl 1-5" }

  # Hier wird ein fester Vorgabewert verwendet; switch prüft, ob dieser Wert dem Wert in $wert
entspricht:
  6  { "Zahl 6" }

  # Komplexe Bedingungen sind erlaubt, wie hier, wo zwei Vergleiche mit -and kombiniert werden:
  {(($_ -gt 6) -and ($_ -le 10))}  { "Zahl 7-10" }
}
Zahl 7-10
```

- Der Codeblock `{$_ -le 5}` umfasst z.B. alle Zahlen kleiner oder gleich 5.
- Der Codeblock `{(($_ -gt 6) -and ($_ -le 10))}` kombiniert zwei Bedingungen und ergibt *True*, wenn die Zahl entweder größer ist als 6 und kleiner gleich 10. Sie können innerhalb der Codeblöcke also beliebige PowerShell-Anweisungen kombinieren und dazu auch die logischen Operatoren aus Tabelle 12.2 verwenden.

Hier haben Sie den in *$_* gespeicherten Ausgangswert für Ihre Bedingung verwendet, aber weil *$_* generell überall innerhalb des *switch*-Blocks zur Verfügung steht, können Sie ihn ebenso gut auch im Ergebniscode einsetzen:

```
PS> $wert = 8
PS> switch ($wert)
{
  # der Ausgangswert (hier in $wert) steht in der Variablen $_ zur Verfügung:
  {$_ -le 5}  { "$_ ist eine Zahl zwischen 1-5" }
  6  { "Zahl 6" }
  {(($_ -gt 6) -and ($_ -le 10))}  { "$_ ist eine Zahl zwischen 7-10" }
}
8 ist eine Zahl zwischen 7-10
```

Keine zutreffende Bedingung

Die Anweisung *switch* führt ähnlich wie *if* nur dann Code aus, wenn mindestens eine der angegebenen Bedingungen erfüllt ist. Allerdings gibt es bei *switch* ähnlich wie bei *if* auch eine Möglichkeit, Code auszuführen, wenn gar keine Bedingung zutrifft. Das Schlüsselwort, das bei der *if*-Konstruktion *else* hieß, hat bei *switch* die Bezeichnung *default*:

```
PS> $wert = 50
PS> switch ($wert)
{
  {$_ -le 5}  { "$_ ist eine Zahl zwischen 1-5" }
  6  { "Zahl 6" }
  {(($_ -gt 6) -and ($_ -le 10))}  { "$_ ist eine Zahl zwischen 7-10" }
  # der Code hinter der nächsten Anweisung wird ausgeführt, wenn keine andere Bedingung zutraf:
  default {"$_ ist eine Zahl außerhalb des Bereichs 1-10" }
}
50 ist eine Zahl außerhalb des Bereichs 1-10
```

Mehrere zutreffende Bedingungen

Trifft mehr als eine Bedingung zu, dann verhält sich *switch* ausnahmsweise ganz anders als *if*. Bei *if* wurde nur die erste zutreffende Bedingung ausgeführt. Bei *switch* gelangen dagegen sämtliche zutreffenden Bedingungen zur Ausführung:

```
PS> $wert = 50
PS> switch ($wert)
{
  50  { "Die Zahl 50" }
  {$_ -gt 10}  {"Größer als 10"}
  {$_ -is [int]}  {"Integer-Zahl"}
}
Die Zahl 50
Größer als 10
Integer-Zahl
```

Alle zutreffenden Bedingungen sorgen also dafür, dass der Code dahinter ausgeführt wird, und so erhalten Sie unter Umständen mehr als ein Ergebnis.

TIPP Probieren Sie das Beispiel von eben einmal aus, wenn Sie *$wert* den Wert *50.0* zugewiesen haben. In diesem Fall erhalten Sie anstelle von drei nur noch zwei Ergebnisse. Können Sie sich vorstellen, warum? Richtig: Die dritte Bedingung ist nun nicht mehr erfüllt, weil die Zahl in *$wert* jetzt keine Integerzahl (Ganzzahl ohne Nachkommastellen) mehr ist. Die übrigen beiden Bedingungen bleiben aber nach wie vor erfüllt.

Möchten Sie auf jeden Fall nur ein Ergebnis erhalten und somit dafür sorgen, dass nur die erste zutreffende Bedingung ausgeführt wird, dann fügen Sie dem Code die Anweisung *break* hinzu:

```
PS> $wert = 50
PS> switch ($wert)
{
  50  { "Die Zahl 50"; break }
  {$_ -gt 10}  {"Größer als 10"; break}
  {$_ -is [int]}  {"Integer-Zahl"; break}
}
Die Zahl 50
```

Tatsächlich erhalten Sie nun nur noch das erste zutreffende Ergebnis. Die Anwendung *break* sorgt nämlich dafür, dass der *switch*-Block sofort beendet wird.

Textvergleiche verwenden

Bisher haben die Beispiele stets Zahlen verglichen. Da Sie nun aber wissen, dass *switch* dabei hinter den Kulissen nur den normalen Vergleichsoperator *-eq* einsetzt und damit auch Textvergleiche erlaubt sind, können Sie natürlich auch Texte vergleichen. Der folgende Code könnte die Grundstruktur einer Befehlsauswertung sein. Je nach angegebenem Befehl wird eine andere Aktion ausgeführt:

```
PS> $aktion = "spEICHern"
PS> switch ($aktion)
{
  "speichern"  { "Ich speichere..." }
  "oeffnen"  { "Ich öffne..." }
  "drucken"  { "Ich drucke..." }
  default  { "Unbekannter Befehl" }
}
Ich speichere...
```

Da der Vergleichsoperator *-eq* nicht zwischen Groß- und Kleinschrift unterscheidet, spielen Groß- und Kleinbuchstaben beim Vergleich keine Rolle. Es ist egal, ob der auszuwertende Text in Groß- oder Kleinbuchstaben vorliegt, wie das Beispiel zeigt. Möchten Sie jedoch Groß- und Kleinbuchstaben unterscheiden, dann verwenden Sie die Option *-Case*. Diese ersetzt hinter den Kulissen den Vergleichsoperator *-eq* durch *-ceq*, und nun kommt es plötzlich auf die richtige Schreibweise an:

```
PS> $aktion = "spEICHern"
PS> switch -case ($aktion)
{
  "speichern"  { "Ich speichere..." }
  "oeffnen"  { "Ich öffne..." }
  "drucken"  { "Ich drucke..." }
  Default  { "Unbekannter Befehl" }
}
Unbekannter Befehl
```

Platzhalterzeichen

Tatsächlich können Sie *switch* auch anweisen, den Standardvergleichsoperator durch die Operatoren *-like* und *-match* auszutauschen und damit Platzhaltervergleiche zu ermöglichen. Mit der Option

-Wildcard aktivieren Sie den *-like*-Operator, der unter anderem das Sternchen (*) als Platzhalterzeichen kennt:

```
PS> $text = "IP-Adresse: 10.10.10.10"
PS> switch -Wildcard ($text)
{
  "IP*"  { "Der Text beginnt mit IP: $_" }
  "*.*.*.*"  { "Der Text enthält ein IP-artiges Textmuster: $_" }
  "*dress*"  { "Der Text enthält an beliebiger Stelle den Begriff 'dress': $_" }
}
Der Text beginnt mit IP: IP-Adresse: 10.10.10.10
Der Text enthält ein IP-artiges Textmuster: IP-Adresse: 10.10.10.10
Der Text enthält an beliebiger Stelle den Begriff 'dress': IP-Adresse: 10.10.10.10
```

Die einfachen Platzhalterzeichen sind zur Mustererkennung allerdings oft nicht wirklich zu gebrauchen. Wesentlich leistungsfähiger sind reguläre Ausdrücke. Diese allerdings setzen deutlich mehr Grundwissen voraus, weswegen Sie an dieser Stelle unauffällig in Kapitel 19 schielen sollten; dort werden reguläre Ausdrücke ausführlich vorgestellt. Mit der Option *-regex* sorgen Sie dafür, dass *switch* anstelle von *-eq* den Vergleichsoperator *-match* verwendet und damit reguläre Ausdrücke einsetzt. Mit regulären Ausdrücken identifizieren Sie ein Muster nicht nur sehr viel genauer als mit den einfachen Platzhalterzeichen, sondern erhalten auch, wie beim *-match*-Operator üblich, den Text, der dem Muster entsprach, in der Variablen *$Matches* zurück. Auf diese Weise können Sie sogar Informationen aus dem Text herausparsen:

```
PS> $text = "IP-Adresse: 10.10.10.10"
PS> switch -Regex ($text)
{
  "^IP"  { "Der Text beginnt mit IP: $($Matches[0])" }
  "\d{1,3}\.\d{1,3}\.\d{1,3}\.\d{1,3}"  { "Der Text enthält ein IP-artiges Textmuster:
$($Matches[0])" }
  "\b.*?dress.*?\b"  { "Der Text enthält an beliebiger Stelle den Begriff 'dress': $($Matches[0])"
}
}
Der Text beginnt mit IP: IP
Der Text enthält ein IP-artiges Textmuster: 10.10.10.10
Der Text enthält an beliebiger Stelle den Begriff 'dress': IP-Adresse
```

HINWEIS Das Ergebnis des *-match*-Vergleichs mit dem regulären Ausdruck wird in *$Matches* zurückgeliefert. Darin befindet sich eine Hashtable mit den einzelnen Ergebnissen, denn reguläre Ausdrücke können je nach Gestaltung auch mehrere Ergebnisse liefern. Im Beispiel interessiert nur das erste Ergebnis, das Sie mit *$Matches[0]* erhalten. Damit dieses Ergebnis (und nicht etwa die Hashtable selbst) im Ausgabetext erscheint, wird der gesamte Ausdruck in *$(...)* eingebettet. Falls Ihnen das gerade etwas spanisch vorkommt, sollten Sie sich definitiv Kapitel 19 und die regulären Ausdrücke näher ansehen.

Mehrere Werte gleichzeitig verarbeiten

Bisher haben Sie *switch* stets einen einzelnen Wert zur Auswertung übergeben. Die Anweisung *switch* kann aber auch mehrere Werte auf einmal verarbeiten. Dazu übergeben Sie *switch* die Werte in einem Array. Im folgenden Beispiel wird *switch* ein Array mit fünf Elementen übergeben. Automatisch entnimmt *switch* dem Array der Reihe nach alle Elemente und führt für jedes Element einen Einzelvergleich durch:

```
PS> $Array = 1..5
PS> switch ($Array)
{
  {$_ % 2} { "$_ ist ungerade."}
  Default { "$_ ist gerade."}
}
1 ist ungerade.
2 ist gerade.
3 ist ungerade.
4 ist gerade.
5 ist ungerade.
```

switch in der Pipeline einsetzen

Gerade haben Sie gesehen: *switch* akzeptiert klaglos nicht nur einzelne Werte, sondern auch ganze Arrays. Damit wäre *switch* eigentlich ein idealer Kandidat, um die Ergebnisse auf der PowerShell-Pipeline auszuwerten, denn auch dort werden mit dem Pipelinezeichen (|) Ergebnisse als Arrays von einem Befehl zum nächsten weitergereicht. Und tatsächlich kann *switch* dafür auch eingesetzt werden. Die nächste Zeile erfragt von *Get-Process* alle laufenden Prozesse und füttert das Ergebnis in einen Skriptblock (*& {...}*). Innerhalb des Skriptblocks wertet *switch* das Ergebnis der Pipeline aus, das in *$input* zur Verfügung steht. Wenn die Eigenschaft *WS* eines Prozesses größer als 1 MB ist, wird dieser Prozess ausgegeben. Folglich verschluckt *switch* alle Prozesse, deren WS-Eigenschaft kleiner oder gleich 1 MB beträgt, und benimmt sich wie ein Filter:

```
PS> Get-Process | & { switch($input) { {$_.WS -gt 1MB} { $_ }}}
```

Allerdings ist diese Zeile extrem unleserlich und wirkt kompliziert. Mit *Where-Object* lässt sich die Bedingung sehr viel übersichtlicher formulieren:

```
PS> Get-Process | Where-Object { $_.WS -gt 1MB }
```

Schneller ist diese Variante noch dazu, denn während *switch* im ersten Beispiel zuerst darauf warten muss, bis die Pipeline die gesamten Ergebnisse des vorangegangenen Befehls in *$input* eingesammelt hat, bearbeitet *Where-Object* die Ergebnisse des vorangegangenen Befehls genau so, wie die Ergebnisse eintreffen, also in Echtzeit. Der Unterschied wird besonders deutlich bei langwierigen Befehlen:

```
# switch liefert alle Dateien, die mit "a" beginnen:
PS> dir | & { switch($input) { {$_.Name.StartsWith("a")} { $_ } }}

# Allerdings erst, wenn dir alle Daten geliefert hat, und das kann sehr lange dauern:
PS> dir -Recurse | & { switch($input) { {$_.name.StartsWith("a")} { $_ } }}

# Where-Object bearbeitet die einlaufenden Ergebnisse sofort, also in Echtzeit:
PS> dir -Recurse | Where-Object { $_.name.StartsWith("a") }

# Die Kurzform von Where-Object ("?") funktioniert genauso:
PS> dir -Recurse | ? { $_.name.StartsWith("a") }
```

Die Anweisung *switch* hat sich in diesem letzten Beispiel nicht mehr nur wie eine Bedingung verhalten, sondern außerdem deutliche Anzeichen einer Schleife entwickelt: Die Auswertung im *switch*-Block wurde für jedes Element im Array wiederholt. Und tatsächlich kann *switch* auch wie eine

Schleife verwendet werden. Damit ist *switch* die ideale Überleitung zum nächsten Kapitel, in dem Sie alle Formen von Schleifen kennenlernen.

Kurz und knapp ...

Damit die PowerShell auf die Ergebnisse eines Vergleichs reagiert, setzen Sie Bedingungen ein. *Where-Object* filtert beispielsweise auf der Basis eines Vergleichs Elemente aus der PowerShell-Pipeline. Die *if*-Konstruktion führt den nachfolgenden Skriptblock nur aus, wenn der angegebene Vergleich zutrifft (*$true* ergibt). Und mit *switch* kann man ein Ergebnis sehr ökonomisch gegen eine Reihe von Vergleichswerten testen und je nach Ergebnis verschiedene Codeblöcke ausführen. Während bei *if* immer nur der erste Skriptblock zur Ausführung gelangt, dessen Vergleich zutrifft, und dann die übrigen ignoriert werden, kann man mit *switch* mehrere Vergleiche bis zum Ende prüfen. Jeder Vergleich, der zutrifft, bewirkt eine Ausführung des dazugehörigen Skriptblocks.

Nachschlag für Profis

Heute haben Sie frei – jedenfalls beinahe. Es soll nur ein Rätsel gestellt werden:

Rätsel Aus anderen Skriptsprachen kennen Sie Funktionen, mit denen man prüfen kann, ob eine Variable einen numerischen Wert enthält. Bei VBScript heißt solch eine Funktion z.B. *isNumeric()*. Mit *isDate()* kann man ganz ähnlich prüfen, ob eine Variable ein Datum enthält. Bei der PowerShell scheinen solche Funktionen zu fehlen. Oder haben Sie eine Idee?

Lösung Aus Kapitel 9 wissen Sie, dass es die alten VBScript-Funktionen noch gibt, und Sie können tatsächlich auf diese zurückgreifen, beispielsweise so:

```
PS> [System.Reflection.Assembly]::LoadWithPartialName('Microsoft.VisualBasic') | Out-Null
PS> [Microsoft.VisualBasic.Information]::IsDate('1. März 2000')
True
PS> [Microsoft.VisualBasic.Information]::IsDate('Hallo Welt')
False
PS> [Microsoft.VisualBasic.Information]::IsNumeric('67867')
True
PS> [Microsoft.VisualBasic.Information]::IsNumeric('Moin!')
False
```

Wirklich nötig ist das aber nicht, denn im Grunde prüfen diese lediglich, ob sich der Testwert erfolgreich in den gewünschten Datentyp umwandeln lässt. Das schaffen Sie auch mit reinen PowerShell-Bordmitteln, z.B. so:

```
PS> function isDate($wert) { if ($wert -as [DateTime]) { $true } else { $false } }
PS> isDate '1. März 2000'
True
PS> isDate 'Hallo Welt'
False
```

Wie Sie sehen, ist *if* betriebsblind und wandelt alles, was man ihm als Vergleich vorsetzt, in einen booleschen Wert. Die Datenkonversion liefert eigentlich entweder *$null* zurück (wenn sich der Wert nicht konvertieren ließ) oder den umgewandelten Wert. Bei der Konversion in den Datentyp *Boolean* wird alles, was null ist, zu *$false* und alles andere zu *$true*. Damit hätte man die Funktion sogar noch kürzer formulieren können, denn dieser boolesche Wert ist ja genau das, was die Funktion liefern soll:

```
PS> function isDate($wert) { [bool]($wert -as [DateTime]) }
PS> isDate '1. März 2000'
True
PS> isDate 'Hallo Welt'
False
```

Die entsprechende Funktion für *isNumeric* sieht analog so aus:

```
PS> function isNumeric($wert) { [bool]($wert -as [Double]) }
PS> isNumeric '67867'
True
PS> isDate 'Moin!'
False
```

Zusammenfassung

Intelligente Entscheidungen beruhen auf Bedingungen, die sich im einfachsten Fall auf simple *Ja-* oder *Nein*-Antworten reduzieren lassen. Mit den Vergleichsoperatoren aus Tabelle 12.1 (Seite 478) formulieren Sie solche Bedingungen und können diese auch mit den logischen Operatoren aus Tabelle 12.2 (Seite 483) zu komplexen Fragestellungen kombinieren. Die simplen Ja/Nein-Antworten Ihrer Bedingungen bestimmen anschließend, ob bestimmte PowerShell-Anweisungen ausgeführt werden sollen oder nicht. Im einfachsten Fall setzen Sie das Cmdlet *Where-Object* innerhalb der Pipeline ein. Es funktioniert dort wie ein Filter und lässt nur solche Ergebnisse die Pipeline passieren, die Ihrer Bedingung entsprechen.

Möchten Sie mehr Kontrolle oder größere Codeteile abhängig von Bedingungen ausführen, verwenden Sie die *if*-Konstruktion, die beliebig viele verschiedene Bedingungen auswertet und je nach Ergebnis den zugeordneten Code ausführt. Dies ist das typische Wenn-dann-Szenario: *Wenn* bestimmte Bedingungen erfüllt sind, *dann* wird bestimmter Code ausgeführt. Eine Alternative zur *if*-Konstruktion ist die *switch*-Konstruktion: Hierbei vergleichen Sie einen festen Ausgangswert mit verschiedenen infrage kommenden Möglichkeiten. Wenn Sie also eine bestimmte Variable gegen viele verschiedene mögliche Werte prüfen wollen, ist *switch* die richtige Wahl.

Kapitel 13

Schleifen

In diesem Kapitel:

Dass Wiederholungen ganz und gar nicht langweilig zu sein brauchen, beweisen Schleifen, denn sie wiederholen unermüdlich PowerShell-Anweisungen und können langweilige Routineaufgaben schnell und effizient erledigen. Schleifen sind immer gefragt, wenn Sie Aufgaben mehr als einmal ausführen oder mehrere Ergebnisse weiterverarbeiten möchten. Da die meisten PowerShell-Befehle mehr als genau ein Ergebnis liefern, sind Schleifen ein wichtiger Helfer, um die Ergebnisse einzeln zu untersuchen oder weiterzuverarbeiten. Schleifen ergeben aber auch außerhalb der Pipeline viel Sinn. Vielleicht möchten Sie einem Anwender so lange eine Frage stellen, bis er endlich die richtige Antwort gibt. Oder Sie wollen Instanzen von WMI-Klassen ausgeben, die mit einem bestimmten Buchstaben beginnen. Vielleicht besteht auch der Bedarf, selbst definierte Befehlszeilenparameter auszuwerten. All das sind Einsatzbereiche von Schleifen, die Sie jetzt kennenlernen. Dabei überschneiden sich die Einsatzbereiche einiger Schleifen. Deshalb werden in diesem Kapitel auch die besonderen Vorzüge der einzelnen Schleifenvarianten beleuchtet und Sie erfahren, welche Schleife besonders speicherplatzsparend oder besonders schnell ist, damit Sie für Ihren Zweck künftig die jeweils optimale Schleife wählen können.

foreach und ForEach-Object

Wollen Sie alle Elemente eines Arrays oder eines anderen Datencontainers nacheinander bearbeiten, dann greifen Sie zur *foreach*-Schleife. Diese gibt es in zwei verschiedenen Fassungen. Das Cmdlet *ForEach-Object* bearbeitet die Elemente in Echtzeit und nutzt dazu die PowerShell-Pipeline. Das ist sehr speicherplatzsparend, weil immer nur ein Element im Speicher gehalten werden muss:

```
PS> $prozesse = Get-Process
PS> $prozesse | ForEach-Object { $_.Name }
```

Innerhalb des Skriptblocks von *ForEach-Object* steht das jeweilige Element in der Laufvariablen *$_* zur Verfügung. Mit dieser Schleifenart kann man durchaus auch klassische Schleifen programmieren:

```
PS> 1..10 | ForEach-Object { "Führe Code zum $_. Mal aus!" }
```

Demgegenüber ist *foreach* kein Cmdlet, sondern ein PowerShell-Sprachelement. Anders als *ForEach-Object* verwendet es keine Pipeline und muss deshalb die gesamten Ergebnisse, die es verarbeiten soll, zuerst in den Speicher verfrachten. Das kostet Speicherplatz, was besonders bei großen Datenmengen problematisch werden kann. Dafür arbeitet *foreach* aber schneller als *ForEach-Object*, denn es benötigt die Pipelinemechanik nicht:

```
PS> $prozesse = Get-Process
PS> foreach($prozess in $prozesse) { $prozess.Name }
```

TIPP Denken Sie an die Modulbauweise der Pipeline und halten Sie diese simpel und modular! Während es zwar erlaubt ist, Bedingungen und komplexe Anweisungen im Skriptblock hinter *ForEach-Object* anzugeben, bleibt die Pipeline lesbarer und flexibler, wenn Sie die einzelnen Aufgaben in separate Schritte unterteilen und als Bedingung das Cmdlet *Where-Object* aus dem letzten Kapitel verwenden. Vergleichen Sie dazu einmal die beiden folgenden Zeilen, die im Grunde dasselbe leisten:

```
PS> Get-WmiObject Win32_Service | ForEach-Object { if ($_.Started) { $_.Name  } }
PS> Get-WmiObject Win32_Service | Where-Object { $_.Started } | ForEach-Object { $_.Name }
```

Während die erste Zeile die Bedingung in den Skriptblock hinter *ForEach-Object* integriert hat, was zu zwiebelschalenartig ineinander verwobenem Code mit unübersichtlich verschachtelten Klammern führt, nutzt die zweite Zeile die PowerShell-Modularität richtig und hängt die einzelnen Filter und Bedingungen einfach sequenziell aneinander. Falls Sie von den Vorzügen dieser zweiten Schreibweise noch nicht völlig überzeugt sind, versuchen Sie einmal aus beiden Zeilen die Einschränkung herauszustreichen und nur gestartete Dienste auszugeben. In der ersten Zeile ist das gar nicht einfach, ohne die Balance der Klammern zu stören. Im zweiten Fall entfernen Sie einfach die *Where-Object*-Anweisung und sind fertig.

Vor- und Nachteile beider Ansätze

Der größte Vorzug von *foreach* ist seine Geschwindigkeit. Vergleichen Sie *foreach* und *ForEach-Object*, liegt der Unterschied ungefähr bei Faktor 10. In absoluten Zahlen drückt sich dies zwar jeweils nur als einige Millisekunden aus, was sich aber in komplexeren Lösungen schnell addieren kann:

```
PS> $daten = 1..1000
PS> foreach ($element in $daten) { "Aktuelles Element: $element" }
Aktuelles Element: 1
Aktuelles Element: 2
(...)
PS> (Measure-Command { foreach ($element in $daten) { "Aktuelles Element: $element" } }
).TotalMilliseconds
10,5888

PS> $daten | ForEach-Object { "Aktuelles Element: $_" }
Aktuelles Element: 1
Aktuelles Element: 2
(...)
PS> (Measure-Command { $daten | ForEach-Object { "Aktuelles Element: $_" } } ).TotalMilliseconds
90,3243
```

Der größte Vorzug von *ForEach-Object* ist seine speicherplatzsparende Arbeitsweise. Sie müssen die zu verarbeitenden Ergebnisse nicht zuerst abrufen und als Ganzes im Speicher halten, sondern bearbeiten über die Pipeline immer nur ein Ergebnis nach dem anderen. Das hat darüber hinaus den Vorteil, dass die Arbeit in Echtzeit sofort beginnt, also sobald der Datenlieferant sein erstes Ergebnis an die Pipeline übergibt, und nicht erst, wenn alle Informationen bereitstehen:

```
PS> Get-EventLog System | ForEach-Object { "bearbeite $_" }
```

Dagegen sammelt *foreach* zuerst alle Ergebnisse, was bei großen Datenmengen sehr viel Speicherplatz kostet und außerdem bei interaktiver Bedingung während der Datensammlung den Eindruck erweckt, als würde nichts geschehen:

```
PS> foreach($ereignis in (Get-EventLog System)) { "bearbeite $ereignis" }
```

Die Geschwindigkeitsvorteile von *foreach* relativieren sich bei größeren Datenmengen zusehends wegen der Notwendigkeit großer Pufferspeicher. Aus den gewonnenen Erkenntnissen ergeben sich die folgenden Regeln:

- **ForEach-Object** Müssen Sie die Ergebnisse, welche die Schleife auswerten soll, erst noch beschaffen, und dauert diese Beschaffung mehr als ein paar Millisekunden, dann verwenden Sie *ForEach-Object* und die Pipeline, damit es zu keinen längeren Wartezeiten kommt und die Ergebnisse sofort in dem Moment bearbeitet werden, an dem sie vorliegen

- **foreach** Haben Sie die Ergebnisse bereits in einer Variablen vorliegen oder geht die Beschaffung blitzschnell, dann verwenden Sie *foreach* mit seinem Geschwindigkeitsvorteil, denn *foreach* spart sich den Overhead der Pipeline

Der interne foreach-Zähler

Normalerweise hangelt sich die *foreach*-Schleife vollkommen automatisch durch die Elemente in dem Container, den Sie der Schleife übergeben haben. Solange die Schleife läuft, haben Sie mit der Variablen *$foreach* allerdings Zugriff auf diesen Mechanismus und können Elemente im Container überspringen oder ein zweites Mal durchlaufen. Sinnvoll ist das meistens nicht, interessant aber schon. Die folgende *foreach*-Schleife würde z.B. nur ungerade Zahlen ausgeben:

```
PS> foreach ($i in 1..30) {
  $i
  [void] $foreach.MoveNext()
}
1
3
5
(...)
```

$foreach.MoveNext() überspringt also jeweils ein Element. Weil *MoveNext()* ein Befehl ist, steht dahinter »()«, und weil dieser Befehl einen Wert zurückmeldet, für den wir uns nicht interessieren und den wir nicht ausgeben wollen, wird der Rückgabewert von *MoveNext* dem Datentyp *[void]* zugeordnet. Der ist eigentlich gar kein echter Datentyp, sondern vernichtet alles, was man ihm zuweist. Der aktuelle Wert der Schleife wird in *$foreach.Current* ausgegeben. Sie hätten also auch schreiben können:

```
PS> foreach ($i in 1..30) {
  $foreach.Current
  [void] $foreach.MoveNext()
}
```

Wirklich praktisch kann das sein, wenn das Array, das Sie auswerten wollen, Informationen paarweise gruppiert. Dann nämlich könnte die *foreach*-Schleife zunächst das erste Element lesen, dann mit *$foreach.MoveNext()* zum nächsten Element gehen und dieses schließlich mit *$foreach.Current* ebenfalls lesen. Im Endeffekt würde die Schleife so bei jedem Durchlauf gleich zwei Elemente verarbeiten, so wie hier, wo die aktuellen Netzwerkdruckerzuordnungen sichtbar gemacht werden:

```
# Die COM-Befehlsbibliothek für einfache Netzwerkaufgaben laden:
PS> $network = New-Object -ComObject WScript.Network

# mit EnumPrinterConnections die aktuellen Netzwerkdruckerzuordnungen abrufen:
PS> $druckerliste = $network.EnumPrinterConnections()

# weil das Array die Informationen paarweise speichert (Verbindung, Druckername), werden pro
# Schleifendurchlauf zwei Einträge des Arrays auf einmal verarbeitet:
PS> foreach ($element in $druckerliste) {
  [void] $foreach.MoveNext()
  "Drucker {0} entspricht {1}" -f $foreach.Current, $element
}
```

```
Drucker SnagIt 8 entspricht C:\ProgramData\TechSmith\SnagIt 8\PrinterPortFile
Drucker Microsoft XPS Document Writer entspricht XPSPort:
Drucker Microsoft Office Document Image Writer entspricht Microsoft Document Imaging Writer Port:
Drucker HP LaserJet 4300 PCL 5 entspricht 10.10.10.5
Drucker Fax entspricht SHRFAX:
Drucker Canon Inkjet iP4200 entspricht USB001
Drucker An OneNote 2007 senden entspricht Send To Microsoft OneNote Port:
```

Die speziellen Skriptblöcke von ForEach-Object

Schauen Sie sich die Parameter von *ForEach-Object* genauer an, werden Sie feststellen, dass das Cmdlet den Skriptblock, den Sie dahinter angeben, normalerweise intern in einen *Process*-Block umwandelt. Es gibt aber auch noch *Begin-* und *End*-Blöcke. Spätestens das sollte Sie hellhörig machen, jedenfalls dann, wenn Sie noch Kapitel 10 und die Details zu pipelinefähigen Funktionen im Kopf haben. Tatsächlich entspricht *ForEach-Object* einfach nur einer unbenannten Funktion mit einem *process*-Block und kann wie diese wahlweise auch einen *begin-* und einen *end*-Block einrichten. Die beiden folgenden Zeilen arbeiten entsprechend genau gleich:

```
PS> Get-Process | ForEach-Object { $_.Name }
PS> Get-Process | & { process { $_.Name } }
```

Die nächsten Zeilen funktionieren ebenfalls identisch. Hier sehen Sie, wie Sie in einem *begin*-Block Initialisierungsarbeiten und in einem *end*-Block Aufräumungsarbeiten festlegen:

```
PS> Get-Process power* | ForEach-Object { 'Prozesse, die mit "Power" starten' } { $_.Name } {
'Fertig!' }
PS> Get-Process power* | & { begin { 'Prozesse, die mit "Power" starten' } process { $_.Name } end
{ 'Fertig!' }}
```

Kurz und knapp ...

foreach und *ForEach-Object* bearbeiten der Reihe nach alle Elemente eines Arrays. *ForEach-Object* verwendet dazu die PowerShell-Pipeline und ist besonders speicherplatzsparend. *foreach* dagegen benötigt die PowerShell-Pipeline nicht und ist deshalb besonders schnell.

```
PS> $array = 1..10
PS> foreach ($element in $array) { $element }
PS> $array | ForEach-Object { $_ }
```

do und while

Die Schlüsselwörter *do* und *while* erzeugen Endlosschleifen. Solche sind praktisch, wenn Sie selbst nicht so genau wissen, wie lange die Schleife eigentlich wiederholt werden soll. Damit die Endlosschleife nicht tatsächlich für alle Ewigkeiten läuft, formulieren Sie zusätzlich Abbruchbedingungen. Erst wenn diese erfüllt sind, wird die Schleife beendet. So können Sie flexibel auf die jeweilige Situation reagieren.

Fortsetzungs- und Abbruchbedingungen

Ein typisches Beispiel für eine Endlosschleife ist eine Benutzerfrage, die Sie so oft wiederholen wollen, bis der Benutzer schließlich eine akzeptable Antwort gibt. Wie lange das dauert und wie häufig die Frage wiederholt werden muss, hängt vom Benutzer und seiner Auffassungsgabe ab. Niemand weiß das im Voraus. Welche seiner Antworten akzeptabel sind, bestimmt die Bedingung der Schleife. Je nachdem, wie Sie die Schleife formulieren, muss die Bedingung erfüllt oder nicht erfüllt sein, damit die Schleife verlassen werden kann. Die folgende Schleife wird verlassen, wenn die Bedingung nicht erfüllt ist:

```
PS> do {
  $eingabe = Read-Host "Ihre Homepage"
} while (!($eingabe -like "www.*.*"))
```

Diese Schleife fragt den Benutzer nach der Internetadresse seiner Homepage. Am Ende der Schleife hinter *while* steht das Kriterium, das *erfüllt* sein muss, damit die Schleife noch einmal wiederholt wird. Im Beispiel wird mit *-like* geprüft, ob die Eingabe dem Muster *www.*.** entspricht. Das ist zwar nur eine grobe Prüfung, genügt aber meistens. Möchten Sie genauer prüfen, können Sie an dieser Stelle auch reguläre Ausdrücke einsetzen. Ist die Bedingung erfüllt, dann hat der Benutzer eine gültige Webadresse eingegeben. Das ist aber nicht das, was wirklich erreicht werden soll, denn die Schleife wird ja gerade dann wiederholt, wenn die Bedingung *erfüllt* ist. Die Schleife soll aber nur bei *falscher* Eingabe wiederholt werden. Deshalb wird das Ergebnis der Bedingung mit dem Ausrufezeichen (»!«) einfach umgedreht. Die Schleife wird jetzt also so lange wiederholt, wie die Eingabe *nicht* einer Webadresse entspricht. Anstelle der Negation des Vergleichsergebnisses hätten Sie auch das Schlüsselwort *while* durch *until* ersetzen können. Dann nämlich läuft die Schleife, bis die Bedingung erfüllt ist:

```
PS> do {
  $eingabe = Read-Host "Ihre Homepage"
} until ($eingabe -like "www.*.*")
```

Bei dieser Art der Endlosschleife findet die Überprüfung des Schleifenkriteriums erst am Schluss statt. Die Schleife wird also mindestens einmal durchlaufen, und das ist auch gut so, denn bevor Sie das Kriterium überprüfen können, müssen Sie den Benutzer mindestens einmal gefragt haben. Es gibt aber auch Fälle, wo das Kriterium am Anfang und nicht am Ende der Schleife überprüft werden sollte, nämlich dann, wenn die Schleife unter bestimmten Voraussetzungen überhaupt nicht durchlaufen werden darf. Ein Beispiel könnte eine Textdatei sein, die Sie zeilenweise auslesen möchten. Da es sein kann, dass die Datei völlig leer ist und überhaupt keinen Text enthält, den man lesen könnte, muss die Schleife vor dem ersten Durchlauf prüfen, ob es überhaupt etwas zu lesen gibt. Dazu stellen Sie die *while*-Anweisung mit ihrem Kriterium einfach an den Anfang der Schleife (und lassen das nutzlos gewordene *do* weg):

```
# Eine Datei zum Lesen öffnen:
PS> $file = [System.IO.File]::OpenText("C:\autoexec.bat")

# Schleife nur fortsetzen, wenn das Ende der Datei noch nicht erreicht ist:
PS> while (!($file.EndOfStream)) {

  # aktuelle Zeile aus der Datei lesen und ausgeben:
  $file.ReadLine()
}
```

```
# Datei wieder schließen:
PS> $file.Close()
```

HINWEIS Da das Schlüsselwort wiederum *while* heißt, handelt es sich erneut um ein Fortsetzungskriterium. Daher musste auch bei dieser Schleife hinter dem *while* ein Umkehroperator verwendet werden. Tatsächlich ist es in der Praxis oft viel einfacher, ein *Abbruch*kriterium als ein *Fortsetzungs*kriterium festzulegen. *while* verlangt stets ein *Fortsetzungs*kriterium, aber mit »!« verwandeln Sie das in ein *Abbruch*kriterium, das erfüllt sein muss, damit die Schleife abbricht – und eben nicht fortgesetzt wird. Das Beispiel an sich ist natürlich nur konstruiert, denn die PowerShell macht es Ihnen mit dem Cmdlet *Get-Content* sehr viel einfacher, eine Textdatei auszulesen.

```
PS> Get-Content C:\autoexec.bat
```

Oder einfach:

```
PS> $(C:\autoexec.bat)
```

Variablen als Fortsetzungskriterium verwenden

Tatsächlich funktioniert das Fortsetzungskriterium hinter *while* wie ein simpler Schalter. Ist der Ausdruck *$true*, dann wird die Schleife wiederholt, ist es *$false*, dann nicht. Bedingungen sind also keine Pflicht, sondern liefern einfach nur das benötigte *$true* oder *$false*. Genauso gut können Sie der Schleife auch eine Variable als Kriterium präsentieren, solange die Variable *$true* oder *$false* enthält. Auf diese Weise lässt sich die Überprüfung des Kriteriums also auch innerhalb der Schleife vornehmen und das Ergebnis in einer Variablen speichern. Sie können das Prüfergebnis dann auch innerhalb der Schleife verwenden und z.B. einen Hinweistext ausgeben, wenn der Benutzer eine falsche Eingabe gemacht hat, damit er weiß, wieso er ein zweites Mal gefragt wird:

```
PS> do {
  $eingabe = Read-Host "Ihre Homepage"
  if ($eingabe -like "www.*.*") {
    # Eingabe stimmt, nicht weiter fragen:
    $nachfragen = $false
  } else {
    # Eingabe stimmt nicht, Hinweis ausgeben und weiter nachfragen:
    Write-Host -Fore "Red" "Eine gültige Webadresse bitte!"
    $nachfragen = $true
  }
} while ($nachfragen)
Ihre Homepage: hjkh
Eine gültige Webadresse bitte!
Ihre Homepage: www.powershell.de
```

Endlosschleifen ohne Fortsetzungskriterium

Im Extremfall verwenden Sie gar kein Fortsetzungskriterium, sondern geben hinter *while* einfach den festen Wert *$true* an. Die Schleife wird so zu einer echten Endlosschleife, die nun von allein gar nicht mehr beendet wird. Das ist natürlich nur sinnvoll, wenn Sie die Schleife dafür auf andere Weise verlassen. Das ist mit der Anweisung *break* möglich:

```
PS> while ($true) {
  $eingabe = Read-Host "Ihre Homepage"
  if ($eingabe -like "www.*.*") {
    # Eingabe stimmt, nicht weiter fragen:
    break
  } else {
    # Eingabe stimmt nicht, Hinweis ausgeben und weiter nachfragen:
    Write-Host -Fore "Red" "Eine gültige Webadresse bitte!"
  }
}
Ihre Homepage: hjkh
Eine gültige Webadresse bitte!
Ihre Homepage: www.powershell.de
```

Kurz und knapp ...

Kann erst zur Laufzeit festgestellt werden, wie oft eine Schleife durchlaufen werden soll – z.B., weil Sie Benutzereingaben validieren oder Datei- bzw. Datenbankinhalte lesen –, dann kommen die *do-* und *while*-Schleifen zum Einsatz. Die *do*-Schleife ist fußgesteuert, läuft also mindestens einmal und prüft danach, ob sie noch einmal durchlaufen werden soll. Ob die Bedingung dabei erfüllt oder nicht erfüllt sein muss, bestimmen Sie mit den Schlüsselworten *until* oder *while*. Die folgende Schleife läuft beispielsweise so lange, bis Sie eine Taste drücken:

```
PS> do { 'Hello World' } until ($Host.UI.RawUI.KeyAvailable)
```

Soll die Schleife kopfgesteuert arbeiten, also vor jedem Schleifendurchlauf prüfen, ob die Voraussetzung erfüllt ist, verwenden Sie *while*:

```
PS> while ($Host.UI.RawUI.KeyAvailable -eq $false) { 'Hello World' }
```

Hierbei muss die Bedingung immer erfüllt sein, um die Schleife fortzusetzen. Ein Schlüsselwort *until* gibt es hier nicht.

for-Schleife

Wissen Sie genau, wie oft Sie einen bestimmten Code wiederholen wollen, dann setzen Sie die *for*-Schleife ein. Konkret zählen *for*-Schleifen mit, und wenn die Schleife oft genug wiederholt wurde, beendet sie von allein die Wiederholungen. Dazu geben Sie an, bei welcher Zahl die Schleife beginnen und bei welcher sie wieder aufhören soll und in welcher Schrittweite gezählt wird. Die folgende Zeile zählt von 500 bis 15000 in Schritten zu 200 und übergibt die Werte an die .NET-Methode *Beep()*. Achten Sie darauf, dass keine lärmempfindlichen Haustiere in der Nähe sind, oder reduzieren Sie vorher die Tonhöhe von 15.000 Hz auf einen niedrigeren Grenzwert:

```
for ($x=500; $x -le 15000; $x+=200) { [System.Console]::Beep($x, 100) }
```

Die Schrittweite dieser Schleife legen Sie also jeweils selbst fest. Ebenso gut hätte die Schleife auch rückwärts zählen und als Schrittweite *0.45* verwenden können. Dazu legen Sie im ersten Ausdruck die Zählvariable (hier: *$x*) und ihren Ausgangswert fest. Im zweiten Ausdruck bestimmen Sie, bis zu welchem Wert gezählt werden soll. Und im dritten Ausdruck legen Sie die Schrittweite fest:

```
PS> for ($x=10; $x -gt 7; $x -= 0.45) { $x }
10
9,55
9,1
8,65
8,2
7,75
7,3
```

for-Schleife: nur Sonderform der while-Schleife

Wenn Sie sich die *for*-Schleife näher anschauen, werden Sie feststellen, dass sie eigentlich nur eine spezialisierte Form der *while*-Schleife ist. Die *for*-Schleife wertet anders als die *while*-Schleife nicht nur einen, sondern drei Ausdrücke aus:

- **Initialisierung** Der erste Ausdruck wird ausgewertet, wenn die Schleife beginnt
- **Fortsetzungskriterium** Der zweite Ausdruck wird vor jedem Durchlauf ausgewertet. Er entspricht im Grunde dem Fortsetzungskriterium der *while*-Schleife. Ist dieser Ausdruck *$true*, wird die Schleife wiederholt.
- **Schrittweite** Der dritte Ausdruck wird ebenfalls bei jedem Durchlauf ausgewertet, spielt aber für die Wiederholung keine Rolle

Normalerweise werden diese drei Ausdrücke dazu verwendet, um eine (beliebige) Laufvariable mit einem Ausgangswert zu initialisieren, zu prüfen, ob der Endwert erreicht ist, und die Laufvariable bei jedem Schleifendurchlauf mit einer bestimmten Schrittweite zu verändern. Niemand schreibt Ihnen allerdings vor, dass Sie die *for*-Schleife allein für diesen Zweck einsetzen müssen. Eine *for*-Schleife kann beispielsweise zu einer *while*-Schleife werden, wenn Sie den ersten und den dritten Ausdruck ignorieren und nur den zweiten Ausdruck – das Fortsetzungskriterium – verwenden:

```
# Erstes Beispiel: die einfache while-Schleife:
PS> $i = 0
PS> while ($i -lt 5) {
  $i++
  $i
}
1
2
3
4
5

# Zweites Beispiel: Die for-Schleife verhält sich wie die while-Schleife:
PS> $i = 0
PS> for (;$i -lt 5;)
{
  $i++
  $i
}
1
2
3
4
5
```

PROFITIPP Die *for*-Schleife wird in der PowerShell selten eingesetzt, weil diese Schleifenart auch über die PowerShell-Pipeline erzeugt werden kann und übersichtlicher ist. Die folgende *for*-Schleife gibt beispielsweise eine ASCII-Tabelle aus:

```
PS> for ($x=30; $x -le 255; $x+=1) { '{0:000} = {1}' -f $x, [char]$x }
030 = ?
031 = ?
032 =
033 = !
034 = "
035 = #
036 = $
037 = %
(...)
```

Dasselbe Ergebnis hätten Sie auch über die Pipeline realisiert:

```
PS> 30..255 | ForEach-Object { '{0:000} = {1}' -f $_, [char]$_ }
```

Diese Zeile verwendet den modularen PowerShell-Legobausteinansatz und wird häufig als übersichtlicher empfunden, jedenfalls dann, wenn die Schrittweite der Schleife *1* beträgt. Wie immer stellt die Pipeline aber einen Extraoverhead dar, den man nicht unterschätzen sollte. *ForEach-Object* arbeitet rund 10 Mal langsamer als *for*, wie die folgenden Diagnosezeilen beweisen, welche die beiden Schleifen jeweils 1000 Mal ausführen und mit *Measure-Command* die Ausführungszeit messen:

```
PS> (Measure-Command { for ($i=1; $i -le 1000; $i++) {for ($x=30; $x -le 255; $x+=1) { '{0:000} =
{1}' -f $x, [char]$x }} }).TotalSeconds
1,7942191
PS> (Measure-Command { for ($i=1; $i -le 1000; $i++) {30..255 | ForEach-Object { '{0:000} = {1}' -
f $_, [char]$_ }}}).TotalSeconds
19,3729199
```

switch-Anweisung

Die *switch*-Anweisung ist nicht nur eine Bedingung (Kapitel 12), sondern außerdem auch eine Schleife. Damit ist *switch* eine der mächtigsten Konstruktionen in der PowerShell. Dabei funktioniert *switch* fast genauso wie die *foreach*-Schleife, kann darüber hinaus aber auch Bedingungen auswerten. Schauen Sie sich dazu die folgende einfache *foreach*-Schleife an:

```
PS> $array = 1..5
PS> foreach ($element in $array)
{
  "Aktuelles Element: $element"
}
Aktuelles Element: 1
Aktuelles Element: 2
Aktuelles Element: 3
Aktuelles Element: 4
Aktuelles Element: 5
```

Diese Schleife würde mit *switch* so aussehen:

```
PS> $array = 1..5
PS> switch ($array)
{
  Default { "Aktuelles Element: $_" }
}
Aktuelles Element: 1
Aktuelles Element: 2
Aktuelles Element: 3
Aktuelles Element: 4
Aktuelles Element: 5
```

Die Laufvariable, die bei jedem Schleifendurchlauf das aktuelle Element des Arrays aufnimmt, kann bei *switch* im Gegensatz zu *foreach* nicht benannt werden, sondern heißt immer *$_*. Ansonsten funktioniert der äußere Teil der Schleife genau gleich. Im Inneren der Schleife gibt es einen weiteren Unterschied: Während *foreach* für jeden Schleifendurchlauf immer denselben Code ausführt, kann *switch* hier mithilfe von Bedingungen wahlweise unterschiedlichen Code ausführen. Im einfachsten Fall enthält die *switch*-Schleife nur die *default*-Anweisung. Dahinter steht in geschweiften Klammern der Code, der ausgeführt werden soll. Wenn Sie also bei jedem Schleifendurchlauf ohnehin genau dieselben Anweisungen ausführen wollen, ist *foreach* die richtige Wahl. Möchten Sie dagegen die einzelnen Elemente des Arrays je nach Inhalt unterschiedlich behandeln, verwenden Sie besser *switch*:

```
PS> $array = 1..5
PS> switch ($array)
{
  1  { "Die Zahl 1" }
  {$_ -lt 3}  { "$_ ist kleiner als 3" }
  {$_ % 2}  { "$_ ist ungerade" }
  Default { "$_ ist gerade" }
}
Die Zahl 1
1 ist kleiner als 3
1 ist ungerade
2 ist kleiner als 3
3 ist ungerade
4 ist gerade
5 ist ungerade
```

Sollten Sie sich gerade am Hinterkopf kratzen und fragen, wieso *switch* dieses Ergebnis geliefert hat, dann blättern Sie noch einmal kurz zurück zum letzten Kapitel, denn dort wurde bereits erklärt, wie *switch* Bedingungen auswertet. Hier geht es um den anderen, schleifenartigen Aspekt von *switch*.

Dateiinhalte zeilenweise bearbeiten

Wenn Sie innerhalb Ihrer Schleife mit Bedingungen arbeiten müssen, ist *switch* eine clevere Alternative zu *foreach*. Dasselbe gilt, wenn Sie Textinhalte aus Dateien verarbeiten wollen. Denn auf Wunsch betrachtet *switch* eine Textdatei wie ein Array und die darin enthaltenen Textzeilen wie die Elemente in diesem Array. So brauchen Sie sich überhaupt nicht darum zu kümmern, wie man Dateien zum Lesen öffnet, sondern überlassen das ganz einfach *switch*. Eine interessante Textdatei ist z.B. *windowsupdate.log* im *Windows*-Ordner, denn hier werden sämtliche Updates des Betriebssystems protokolliert. Weil diese Datei häufig im exklusiven Zugriff des Systems ist, kopiert der nächste Code die Datei und gibt dann mit *switch* den Inhalt zeilenweise aus. Danach wird die Kopie wieder gelöscht:

```
PS> Copy-Item $env:windir\windowsupdate.log beispiel.log
PS> switch -file beispiel.log
{
  Default  { "gelesen: $_" }
}
PS> Remove-Item beispiel.log
```

Natürlich ist *switch* eigentlich viel zu schade, um damit Textdateien zu öffnen und ihren Inhalt zeilenweise auszugeben. Wäre es Ihnen nur um den gesamten Textinhalt der Datei gegangen, hätten Sie den auch einfacher ausgeben können:

```
PS> Get-Content $env:windir\windowsupdate.log
```

Die Stärke von *switch* liegt jedoch darin, jede einzelne Zeile der Textdatei auswerten zu können und so z.B. nur bestimmte Informationen daraus auszugeben.

Nachschlag für Profis

Herzlichen Glückwunsch, Sie haben das Thema *Schleifen* erfolgreich abgeschlossen – es sei denn, Sie haben noch etwas Lust und Energie. Dann nämlich erhalten Sie jetzt noch einige Extrainformationen, die dabei helfen, das neu gewonnene Wissen zu vertiefen.

Schleifen vorzeitig abbrechen

Alle Schleifendurchläufe können mit *continue* und *break* außerplanmäßig abgebrochen werden. Damit gewinnen Sie die zusätzliche Möglichkeit, innerhalb der Schleife ein zusätzliches Abbruchkriterium festzulegen:

- **continue** Der aktuelle Schleifendurchlauf wird sofort abgebrochen und mit dem nächsten Schleifendurchlauf fortgesetzt
- **break** Es wird nicht nur der aktuelle Schleifendurchgang abgebrochen, sondern auch zusätzlich die Schleife sofort verlassen

Sie könnten also z.B. auf das reguläre Fortsetzungskriterium der Schleife verzichten und stattdessen mit *break* innerhalb der Schleife selbst festlegen, wann die Schleife verlassen werden soll. Hier ein kleines Beispiel, das auf sehr simple Art nach einem Kennwort fragt und die Schleife mit *break* verlässt, sobald das Kennwort, das hier *geheim* lautet, eingegeben wird:

```
PS> while ($true)
{
  $kennwort = Read-Host "Kennwort eingeben"
  if ($kennwort -eq "geheim") {break}
}
```

Allerdings ist die *break*-Anweisung in dieser Schleife eigentlich überflüssig, denn Sie hätten diese Schleife auch ohne Not über das normale Fortsetzungskriterium abbrechen können. Sie müssen hier nur überlegen, ob das Wiederholungskriterium am Anfang der Schleife geprüft werden soll (dann verwenden Sie *while*) oder am Ende (dann verwenden Sie *do...while*):

```
PS> do
{
  $kennwort = Read-Host "Kennwort eingeben"
} while ($kennwort -ne "geheim")
```

Sinnvoller ist *break* aber z.B. in *for*-Schleifen, denn hier können Sie das außerplanmäßige *break* mit dem planmäßigen Wiederholungskriterium der Schleife gut kombinieren. Vielleicht möchten Sie dem Benutzer nur drei Möglichkeiten geben, sein Kennwort einzugeben. Die folgende Schleife fragt maximal dreimal nach dem Kennwort, kann aber dank *break* auch schon früher verlassen werden, sobald das Kennwort stimmt:

```
PS> for ($i=1; $i -lt 4; $i++)
{
  $kennwort = Read-Host "Kennwort eingeben ($i. Versuch)"
  if ($kennwort -eq "geheim") {break}
}
```

Allerdings würde die *for*-Schleife nach maximal drei Versuchen nicht nur aufgeben, sondern Ihnen auch ohne das richtige Kennwort den Zugang gewähren. Damit das nicht passiert, sollten Sie nach dem dritten vergeblichen Versuch mit *Throw* einen Fehler auslösen:

```
PS> for ($i=1; $i -lt 4; $i++)
{
  $kennwort = Read-Host "Kennwort eingeben ($i. Versuch)"
  if ($kennwort -eq "geheim") {break}
  if ($i -ge 3) { throw "Das eingegebene Kennwort war falsch!" }
}
```

TIPP *Throw* ist Ihre Möglichkeit, eigene Exceptions zu generieren. Im Gegensatz zu einfachen Fehlertexten, die Sie mit Write-Error ausgeben, liefern echte Exceptions dem Aufrufer die Möglichkeit, darauf zu reagieren und selbst zu entscheiden, ob und wie auf den Fehlerfall reagiert werden soll. Mehr dazu erfahren Sie im Kapitel über das Fehlerhandling.

Natürlich sehen Sie hier nur eine sehr einfache Kennwortabfrage, bei der das Kennwort im Klartext erscheint. Eine verdeckte Eingabe realisieren Sie z.B. so:

```
for ($i=1; $i -lt 4; $i++)
{
  $kennwort = Read-Host "Kennwort eingeben ($i. Versuch)" -AsSecureString
  $klartext = (New-Object system.Management.Automation.PSCredential('?',$kennwort)).`
      GetNetworkCredential().Password

  if ($klartext -eq "geheim") {break}
  if ($i -ge 3) { Throw "Das eingegebene Kennwort war falsch!" }
}
```

Geben Sie bei *Read-Host* den Parameter *-AsSecureString* an, wird die Eingabe maskiert und das Ergebnis als verschlüsselter *SecureString* gespeichert. Dies bedeutet allerdings nicht, dass Sie nicht doch auf den Klartext zugreifen können, denn das Kennwort wird mit Ihrem persönlichen Access Token verschlüsselt. Sie selbst (allerdings niemand sonst) können das verschlüsselte Kennwort deshalb wieder sichtbar machen. Ein einfacher Weg dazu ist, ein *Credential*-Objekt mit dem Kennwort zu befüllen, denn dieses enthält die praktische Methode *GetNetworkCredential()*, mit der sich das Kennwort entschlüsseln lässt.

Schleifendurchläufe mit continue überspringen

Etwas milder als *break* agiert die Anweisung *continue*, denn mit dieser verlassen Sie – wie bereits erwähnt – nicht gleich die ganze Schleife, sondern überspringen nur den aktuellen Schleifendurchlauf. Als Beispiel wählen wir diesmal die *foreach*-Schleife, die alle Elemente eines Containers durchläuft. Der Container wird in diesem Fall von *dir* geliefert und besteht aus dem Inhalt eines Ordners. Dieser Inhalt kann sich aus Dateien und Ordnern zusammensetzen, und wie Sie inzwischen wissen, werden Dateien durch ein *FileInfo*- und Ordner durch ein *DirectoryInfo*-Objekt repräsentiert. Wenn Sie also innerhalb der *foreach*-Schleife nur Dateien, aber keine Ordner verarbeiten wollen, dann prüfen Sie am Anfang den Typ des jeweiligen Objekts. Entspricht der Typ nicht dem *FileInfo*-Objekt, führen Sie die Anweisung *continue* aus, was die Schleife dazu veranlasst, den aktuellen Durchlauf sofort abzubrechen und mit dem nächsten Element weiterzumachen:

```
PS> foreach ($file in dir $env:windir)
{
  # entspricht das aktuelle Element nicht dem gewünschten Typ, sofort mit dem nächsten Element
fortfahren:
  if (!($file -is [System.IO.FileInfo])) { continue }

  "Datei {0} ist {1} Bytes groß." -f $file.name, $file.length
}
```

Sie hätten dasselbe natürlich auch erreichen können, indem Sie den gesamten Inhalt der Schleife mit einer Bedingung unterteilt hätten, aber das ist meist wesentlich unübersichtlicher:

```
PS> foreach ($file in dir $env:windir)
{
  if ($file -is [System.IO.FileInfo]) {
    "Datei {0} ist {1} Bytes groß." -f $file.name, $file.length
  }
}
```

Verschachtelte Schleifen und Sprungmarken

Selbstverständlich dürfen Schleifen ineinander verschachtelt werden. Wenn Sie das allerdings machen, stellt sich die Frage, wie sich die Anweisungen *break* und *continue* nun verhalten. Und natürlich gestaltet sich ihr Verhalten zunächst wie erwartet und wirkt sich immer auf die aktuelle Schleife aus, in der sie aufgerufen wurden. Das nächste Beispiel verschachtelt dazu zwei *foreach*-Schleifen. Die erste (äußere) Schleife durchläuft ein Array mit drei WMI-Klassennamen. Die zweite (innere) Schleife durchläuft alle Instanzen der jeweiligen WMI-Klasse. Sie würden so also alle Instanzen aller drei WMI-Klassen ausgeben. Die innere Schleife prüft allerdings, ob der Name der aktuellen Instanz mit *a* beginnt. Falls nicht, ruft die innere Schleife *continue* auf und überspringt damit also alle Instanzen, die nicht mit *a* beginnen. Das Ergebnis ist eine Liste aller Dienste, Benutzerkonten und laufenden Prozesse, die mit *a* beginnen:

```
PS> foreach ($wmiclass in "Win32_Service","Win32_UserAccount","Win32_Process")
{
  foreach ($instanz in Get-WmiObject $wmiclass) {
    if (!(($instanz.name.toLower()).StartsWith("a"))) {continue}
    "{0}: {1}" -f $instanz.__CLASS, $instanz.name
```

```
  }
}
Win32_Service: AeLookupSvc
Win32_Service: AgereModemAudio
Win32_Service: ALG
Win32_Service: Appinfo
Win32_Service: AppMgmt
Win32_Service: Ati External Event Utility
Win32_Service: AudioEndpointBuilder
Win32_Service: Audiosrv
Win32_Service: Automatisches LiveUpdate - Scheduler
Win32_UserAccount: Administrator
Win32_Process: Ati2evxx.exe
Win32_Process: audiodg.exe
Win32_Process: Ati2evxx.exe
Win32_Process: AppSvc32.exe
Win32_Process: agrsmsvc.exe
Win32_Process: ATSwpNav.exe
```

Die Anweisung *continue* in der inneren Schleife hat sich dabei wie erwartet auf die innere Schleife ausgewirkt, in der die Anweisung stand. Wie aber müsste man vorgehen, wenn man von allen Diensten, Benutzerkonten und Prozessen nur jeweils das erste Element sehen möchte, das mit *a* beginnt? Eigentlich fast genauso, nur müsste sich *continue* in diesem Fall auf die äußere Schleife auswirken. Sobald also ein Element gefunden ist, das mit *a* beginnt, sollte die äußere Schleife zur nächsten WMI-Klasse wechseln. Damit Anweisungen wie *continue* oder *break* wissen, auf welche Schleife sie sich beziehen sollen, können Sie Schleifen eindeutige Sprungmarken zuweisen und dann den Namen der gewünschten Sprungmarke hinter *continue* oder *break* nennen. Der Name einer Sprungmarke beginnt stets mit einem Doppelpunkt:

```
PS>:WMIKlassen foreach ($wmiclass in "Win32_Service","Win32_UserAccount","Win32_Process") {
  :KlasseUntersuchen foreach ($instanz in Get-WmiObject $wmiclass) {
    if (($instanz.name.toLower()).StartsWith("a")) {
      "{0}: {1}" -f $instanz.__CLASS, $instanz.name
      continue WMIKlassen
    }
  }
}
Win32_Service: AeLookupSvc
Win32_UserAccount: Administrator
Win32_Process: Ati2evxx.exe
```

Ungewöhnliche Einsatzbereiche für die for-Schleife

Natürlich hätten Sie in diesem Fall besser von vornherein die *while*-Schleife verwendet. Schon sinnvoller ist, die übrigen beiden Ausdrücke der *for*-Schleife nicht zu ignorieren, sondern für andere Zwecke einzusetzen. Der erste Ausdruck der *for*-Schleife kann generell für Initialisierungsarbeiten verwendet werden. Der dritte Ausdruck könnte nicht nur die Schrittweite einer Zählervariablen festlegen, sondern auch ganz andere Aufgaben innerhalb der Schleife übernehmen. Damit können Sie die Benutzerabfrage von eben tatsächlich auch mit der (viel kürzeren) *for*-Schleife realisieren:

```
PS> for ($eingabe=""; !($eingabe -like "www.*.*"); $eingabe = Read-Host "Ihre Homepage") {
  Write-Host -Fore "Red" "Geben Sie eine gültige Webadresse ein!"
}
```

Im ersten Ausdruck wird die Variable *$eingabe* auf einen leeren Text gesetzt. Der zweite Ausdruck prüft, ob in *$eingabe* eine gültige Webadresse steht, und falls ja, wird das Ergebnis mit »!« umgedreht, ist also *$true*, wenn keine gültige Webadresse in *$eingabe* steht. In diesem Fall wird die Schleife also wiederholt. Im dritten Ausdruck wird der Benutzer nach einer Webadresse gefragt. Innerhalb der Schleife braucht eigentlich gar nichts mehr zu stehen. Im Beispiel wird ein Hinweistext ausgegeben.

Und auch das zeilenweise Auslesen einer Textdatei kann von einer *for*-Schleife mit weniger Code erledigt werden:

```
PS> for ($file = [System.IO.File]::OpenText("C:\autoexec.bat"); !($file.EndOfStream); $zeile =
$file.ReadLine())
{
  # gelesene Zeile ausgeben:
  $zeile
}
PS> $file.Close()
REM Dummy file for NTVDM
```

In diesem Beispiel öffnet der erste Ausdruck der Schleife die Datei zum Lesen. Im zweiten Ausdruck wird geprüft, ob das Dateiende erreicht ist. Der Umkehroperator (»!«) dreht das Ergebnis wieder um, sodass es *$true* ergibt, wenn das Dateiende noch nicht erreicht ist, damit die Schleife in diesem Fall wiederholt wird. Der dritte Ausdruck liest eine Zeile aus der Datei. Innerhalb der Schleife wird dann die gelesene Zeile ausgegeben.

ACHTUNG Der dritte Ausdruck der *for*-Schleife wird vor jedem Schleifendurchlauf ausgeführt. Im Beispiel wird hier die aktuelle Zeile aus der Textdatei gelesen.

Befehlszeilenparameter mit *switch* auswerten

Sicher haben Sie inzwischen schon einige Erfahrungen mit den PowerShell-Cmdlets gesammelt und dabei festgestellt, dass man den Cmdlets viele Zusatzinformationen in Form von Parametern mit auf den Weg geben kann. Diese haben die Form *-Parametername Parameterwert*. Möchten Sie für eigene Zwecke Ihren Benutzern ebenfalls die Möglichkeit bieten, auf diese Weise Informationen an Ihre Skripte zu übergeben, kann *switch* die Auswertung für Sie übernehmen. Hier ist der Plan:

- **Schleife** Der Rohtext des Benutzers wird in einzelne Worte zerteilt und dabei das Leerzeichen als Trennzeichen verwendet. Das Ergebnis ist ein Array mit den einzelnen Wörtern, die *switch* danach als Schleife durchlaufen und einzeln untersuchen kann.
- **Bedingung** Falls das gerade untersuchte Wort ein Parametername ist, also mit einem Bindestrich beginnt, wird der zum Parameternamen gehörende Parameterwert aus dem unmittelbar folgenden Arrayeintrag gelesen und beide dann als Schlüssel-Wert-Paar in einer Hashtable gespeichert.

Wie kann man einen Rohtext in ein Array mit einzelnen Wörtern verwandeln und dabei das Leerzeichen als Trennzeichen verwenden? In Kapitel 6 haben Sie bereits *Split()* kennengelernt. Dieser Befehl trennt den Text an einem beliebigen Trennzeichen auf und verpackt das Ergebnis in einem Array. Damit das Array keine leeren Einträge enthält, wenn der Benutzer aus Versehen mehrere Leerzeichen hintereinander angibt, wird *Split()* mit einer Zusatzoption aufgerufen, die leere Einträge aus dem Array entfernt:

```
PS> $argumente = "-Logon 10.10.10.10 -Username Tobias -Password secret"
PS> $array = $argumente.Split(" ", [StringSplitOptions]"RemoveEmptyEntries")
PS> $array
-Logon
10.10.10.10
-Username
Tobias
-Password
secret
```

Der erste Teil des Plans ist bereits umgesetzt: Sie erhalten aus einem Rohtext eine Liste von Einzelwörtern in einem Array. Nun kann *switch* die Elemente im Array einzeln auswerten und prüfen, ob ein Wort mit einem Bindestrich beginnt:

```
PS> $argumente = "-Logon 10.10.10.10 -Username Tobias -Password secret"
PS> $array = $argumente.Split(" ", [StringSplitOptions]"RemoveEmptyEntries")
PS> switch ($array)
{
  { $_.StartsWith("-") }  { "Parametername gefunden: $_" }
}
Parametername gefunden: -Logon
Parametername gefunden: -Username
Parametername gefunden: -Password
```

Auch dieser Teil klappt einwandfrei. Konkret hat *switch* gezeigt, dass es sowohl als Schleife als auch als Bedingung funktioniert. Nur: Wie kann man die Parameterwerte den Parameternamen zuordnen? Das war doch das eigentliche Ziel. Immer, wenn Sie Schlüssel-Wert-Paare verarbeiten, sind Hashtables ein guter Aufbewahrungsort. Hashtables haben Sie in Kapitel 8 und 11 kennengelernt. Wir brauchen also eine leere Hashtable, in der *switch* dann die Parameternamen und die zugehörigen Werte speichert. Mal sehen:

```
PS> $argumente = "-Logon 10.10.10.10 -Username Tobias -Password secret"
PS> $array = $argumente.Split(" ", [StringSplitOptions]"RemoveEmptyEntries")
PS> $ergebnis = @{}
PS> switch ($array)
{
  { $_.StartsWith("-") }  { $ergebnis.Add($_, "Wert") }
}
PS> $ergebnis
Name                           Value
----                           -----
-Username                      Wert
-Password                      Wert
-Logon                         Wert
```

Die Hashtable wurde einwandfrei angelegt. Allerdings hat sich *switch* bisher noch darum gedrückt, die tatsächlichen Parameterwerte darin einzutragen und stattdessen den Platzhaltertext *Wert* in die Hashtable geschrieben. Wie also gelangen wir an den Wert hinter dem Parameternamen? Das funktioniert ähnlich wie bei *foreach*. Dort haben Sie bereits gelesen, dass es innerhalb der Schleife die besondere Variable *$foreach* gibt, mit der man zu nachfolgenden Elementen im Array springen kann. Genau dasselbe gibt es auch bei *switch*, nur heißt die Variable hier folgerichtig *$switch*. Wenn Sie also das nächstfolgende Arrayelement ansprechen wollen, verwenden Sie *$switch.MoveNext()* und lesen dann das auf diese Weise angesprungene und nun aktuelle Element mit *$switch.Current* aus. *Move-*

Next() ist dabei übrigens eine Funktion und meldet *True*, wenn es ein nachfolgendes Element gibt, und *False*, wenn kein nachfolgendes Element mehr vorhanden ist, weil das aktuelle Arrayelement das letzte im Array ist. Ihr Code könnte also *$switch.MoveNext()* aufrufen und prüfen, ob das *True* ergibt. Falls ja, liefert *$switch.Current* den zum Parameter gehörenden Wert:

```
PS> $argumente = "-Logon 10.10.10.10 -Username Tobias -Password secret"
PS> $array = $argumente.Split(" ", [StringSplitOptions]"RemoveEmptyEntries")
PS> $ergebnis = @{}
PS> switch ($array)
{
  { $_.StartsWith("-") }  { if ($switch.MoveNext())
{$ergebnis.Add($_.SubString(1),$switch.Current)} }
}
PS> $ergebnis
Name                           Value
----                           -----
Username                       Tobias
Password                       secret
Logon                          10.10.10.10
```

Das hat wunderbar geklappt. Der Code hat nicht nur die tatsächlichen Parameterwerte in die Hashtable eingetragen, sondern auch gleich mit *SubString()* den störenden Bindestrich am Anfang des Parameternamens entfernt. Sie haben nun eine saubere Zuordnung zwischen Parameternamen und Parameterwert und können diese Informationen aus der Hashtable jetzt bequem einzeln abrufen, so wie Sie die Informationen gerade brauchen:

```
PS> $ergebnis.Logon
10.10.10.10
PS> $ergebnis.Username
Tobias
```

Die Anweisung *switch* ist also eine clevere Kombination aus Schleife und Bedingung und immer dann richtig, wenn Sie beide kombiniert benötigen. Es hindert Sie allerdings niemand daran, stattdessen Schleife und Bedingung separat zu verwenden. Denn *switch* ist nur eine bequeme Komplettlösung, aber das Ergebnis von eben hätten Sie ohne *switch* auch so formulieren können:

```
PS> $argumente = "-Logon 10.10.10.10 -Username Tobias -Password secret"
PS> $array = $argumente.Split(" ", [StringSplitOptions]"RemoveEmptyEntries")
PS> $ergebnis = @{}
PS> foreach ($element in $array)
{
  if ( $element.StartsWith("-") )
  {
    if ($foreach.MoveNext())
    {
      $ergebnis.Add($element.SubString(1),$foreach.Current)
    }
  }
}
```

switch als kombinierte Schleife und Bedingung

Falls Sie jetzt einwerfen, dass *switch* im letzten Beispiel ja ebenfalls zusätzlich eine *if*-Bedingung verwendet hat und deshalb gegenüber *foreach* ja nur eine *if*-Bedingung eingespart wurde, haben Sie sehr gut aufgepasst. Das Beispiel verwendete die *if*-Bedingung allerdings nur aus Gründen der besseren Lesbarkeit. Gebraucht wurde die zusätzliche Bedingung nicht:

```
PS> $argumente = "-Logon 10.10.10.10 -Username Tobias -Password secret"
PS> $array = $argumente.Split(" ", [StringSplitOptions]"RemoveEmptyEntries")
PS> $ergebnis = @{}
PS> switch ($array)'
{
  { (($_.StartsWith("-")) -and ($switch.MoveNext())) } {
$ergebnis.Add($_.SubString(1),$switch.Current) }
}
```

Zusammenfassung

Mit dem Cmdlet *ForEach-Object* haben Sie die Möglichkeit, die Objekte der PowerShell-Pipeline einzeln zu bearbeiten, z.B., um die in den Objekteigenschaften enthaltenen Informationen als Text auszugeben oder Methoden des Objekts aufzurufen. *foreach* ist eine ähnliche Schleifenform, bei welcher der Inhalt aber nicht aus der Pipeline stammt, sondern aus einem Array.

Daneben gibt es Endlosschleifen, die einen Codebereich so lange wiederholen, wie eine bestimmte Bedingung erfüllt ist. Die einfachste Form dieser Schleife ist *while*, bei der das Fortsetzungskriterium am Anfang der Schleife überprüft wird. Wollen Sie die Überprüfung am Ende der Schleife vornehmen, wählen Sie *do...while* oder *do...until*.

Die *for*-Schleife ist eine erweiterte *while*-Schleife, denn sie kann die Schleifendurchläufe zusätzlich zählen und die Schleife nach der gewünschten Anzahl von Wiederholungen automatisch enden lassen. Damit eignet sich *for* vor allem für Schleifen, in denen gezählt werden soll oder die eine festgelegte Anzahl von Wiederholungen durchführen müssen. Dagegen sind *do...while* bzw. *do...until* und *while* für Schleifen geeignet, die situationsabhängig so lange wiederholt werden sollen, wie es im jeweiligen Fall unter Laufzeitbedingungen gerade erforderlich ist.

Die Anweisung *switch* schließlich ist eine kombinierte *foreach*-Schleife mit eingebauten Bedingungen, sodass Sie abhängig vom gelesenen Element sofort unterschiedliche Aktionen ausführen können. Dabei kann *switch* außerdem z.B. den Inhalt von Textdateien zeilenweise durchlaufen und auf diese Weise selbst größere Protokolldateien auswerten.

Alle Schleifen lassen sich mit *break* vorzeitig verlassen. Mit *continue* ist es ferner möglich, den aktuellen Schleifendurchlauf sofort abzubrechen und dann mit dem nächsten Schleifendurchgang fortzufahren. Bei ineinander verschachtelten Schleifen kann man den Schleifen außerdem einen eindeutigen Namen zuweisen und dann mit diesem Namen *break* oder *continue* auch auf übergeordnete Schleifen zielen lassen.

Schleife	Einsatzbereich
for	Besonders schnell, fest vorgegebene Anzahl von Wiederholungen, Schrittweite frei wählbar
foreach	Besonders schnell, alle Elemente eines Arrays bearbeiten
ForEach-Object	Besonders speichersparend, alle Elemente eines Arrays bearbeiten
do...while bzw. *do...until*	Zur Laufzeit vorgegebene Anzahl von Wiederholungen, fußgesteuert
while	Zur Laufzeit vorgegebene Anzahl von Wiederholungen, kopfgesteuert
switch	Alle Elemente eines Arrays durchlaufen, Bedingungen auf vielfältige Weise formulierbar, Unterstützung für reguläre Ausdrücke

Tabelle 13.1 PowerShell-Schleifen und ihre Einsatzbereiche

Kapitel 14

Skripts und Module

In diesem Kapitel:

PowerShell-Skripts funktionieren ähnlich wie klassische Stapeldateien und sind im Grunde nur Textdateien, die beliebigen PowerShell-Code enthalten. Führt man sie aus, dann arbeitet die PowerShell die im Skript enthaltenen Anweisungen der Reihe nach ab – mehr passiert nicht. Skripts sind ideal für komplexe Automationsaufgaben. Wie Sie die sogenannte Ausführungsrichtlinie konfigurieren, damit PowerShell-Skripts ausgeführt werden können, und wie Sie Skripts starten oder als *geplante Aufgabe* automatisch ausführen lassen, haben Sie bereits in Kapitel 3 erfahren. In diesem Kapitel beschäftigen Sie sich mit speziellen Eigenarten der PowerShell-Skripts.

Skripts können nämlich ganz ähnlich wie die Funktionen aus Kapitel 10 selbstdokumentierend sein, sodass der Benutzer über *Get-Help* eine Bedienungsanleitung abrufen kann. Und natürlich akzeptieren Skripts Parameter, mit denen Sie ihnen zusätzliche Informationen mit auf den Weg geben. Und weil PowerShell-Skripts sehr mächtig sind, können unbekannte Skripts potenziell Gefahren bergen. Auch diese Sicherheitsaspekte sind Thema in diesem Kapitel. Skripts lassen sich darüber hinaus sehr einfach als sogenannte Module verpacken, wenn sie an andere weitergegeben werden sollen. Module funktionieren also wie Transportcontainer für Skripts.

PowerShell-Skripts verwenden

Ein PowerShell-Skript ist nichts anderes als eine Textdatei, in der PowerShell-Code enthalten ist und welche die Dateierweiterung ».ps1« trägt. Wird die Textdatei ausgeführt, liest die PowerShell die Anweisungen darin und führt sie aus. PowerShell-Skripts funktionieren also ganz ähnlich wie Stapeldateien älterer Konsolen, und genauso einfach legen Sie ein PowerShell-Skript auch an. Greifen Sie einfach zum Windows-Editor, verfassen Sie Ihr Skript und achten Sie nur beim Speichern darauf, die Dateierweiterung ».ps1« zu verwenden.

TIPP Die PowerShell 2.0 enthält einen einfachen PowerShell-Editor namens PowerShell ISE (*Integrated Script Environment*). Sie starten ihn über den Befehl powershell_ise oder bei Windows 7 über die Sprungliste der PowerShell. Er setzt das .NET Framework 3.51 voraus. Darüber hinaus gibt es zahlreiche kommerzielle PowerShell-Editoren, die weit über den Funktionsumfang der PowerShell ISE hinausgehen, wie beispielsweise *PowerShellPlus* (*http://www.powershell-plus.com*).

Um ein Skript auszuführen, geben Sie dessen relativen oder absoluten Pfadnamen ein. Enthält der Pfadname ein Leerzeichen, stellen Sie den Pfad in einfache Anführungszeichen und stellen davor ein »&«:

```
PS> & 'C:\meine skripts\meinskript.ps1'
```

Selbst wenn Sie so vorgehen, kann es sein, dass sich die PowerShell noch immer sträubt, denn ob Skripts gestartet werden dürfen oder nicht, bestimmt die *Execution Policy* (Ausführungsrichtlinien), und diese verbietet Skripts anfangs:

```
PS> .\meinskript.ps1
Die Datei "C:\Users\Tobias Weltner\meinskript.ps1" kann nicht geladen werden, da die Ausführung
von Skripts auf diesem System deaktiviert ist. Weitere Informationen erhalten Sie mit "get-help
about_signing".
```

HINWEIS Die möglichen Einstellungen für die Ausführungsrichtlinie haben Sie bereits in Kapitel 3 kennengelernt und finden dort alle tiefergehenden Informationen. Die entscheidende Einstellung, um lokale PowerShell-Skripts ausführen zu können, lautet:

```
PS> Set-ExecutionPolicy RemoteSigned -Scope CurrentUser -Force
```

Ebenfalls in Kapitel 3 haben Sie außerdem schon viel darüber erfahren, wie sich PowerShell-Skripts starten lassen. Dort erfahren Sie z.B. auch, wie Sie Skripts extern, also außerhalb der PowerShell-Konsole, starten und so auch als *geplante Aufgabe* oder durch eine Verknüpfung ausführen können.

Skripts wie Befehle aufrufen

Damit Skripts tatsächlich genauso einfach aufrufbar werden wie normale Befehle – ohne relative oder absolute Pfadangabe und ohne die Dateierweiterung *.ps1* – gibt es zwei einfache Tricks. Der einfachste Weg sind Aliasnamen. Sie könnten also für den Skriptaufruf einen neuen Aliasnamen definieren, z.B. so:

```
PS> Set-Alias machwas .\meinskript.ps1
```

Ab sofort könnten Sie Ihr Skript mit dem Befehl *machwas* starten:

```
PS> machwas
Guten Tag!
```

Dieser Alias würde allerdings nur in demselben Ordner funktionieren, in dem das Skript aufbewahrt wird, weil er einen relativen Pfadnamen verwendet. Speichern Sie Ihre Skripts an festen Orten, dann geben Sie besser einen absoluten Pfadnamen an oder verwenden Umgebungsvariablen. Oder aber Sie erklären den Ordner, in dem Ihre Skripts lagern, zu einem global verfügbaren Ort. Dazu nehmen Sie diesen Ordner in die Windows-Umgebungsvariable *Path* auf. Alle PowerShell-Skripts, die in einem solchen Ordner liegen, brauchen nicht mehr über den relativen oder absoluten Pfad angegeben zu werden. Auch die Dateierweiterung *.ps1* müssen Sie hier nicht mehr angeben.

Argumente an Skripts übergeben

Damit Skripts auf die Wünsche der Benutzer eingehen können, unterstützen Skripts Parameter, über die Benutzer den Skripts genau wie bei Funktionen und Cmdlets auch zusätzliche Informationen mitgeben können. Verwenden Sie also entweder unbenannte Argumente aus der automatischen Variablen *$args*. Oder fügen Sie an den Anfang Ihres Skripts einen *param*-Block ein, genauso wie in Funktionen (schlagen Sie gegebenenfalls in Kapitel 10 nach, wie dieser Block aufgebaut ist).

Kurz und knapp ...

PowerShell-Skripts sind Textdateien mit der Erweiterung *.ps1* und enthalten beliebigen PowerShell-Code. Um Skripts aufzurufen, gibt man ihren absoluten oder relativen Pfadnamen an, es sei denn, das Skript befindet sich in einem Ordner, der in der Umgebungsvariable *$env:Path* aufgeführt ist. Dann genügt der Skriptname.

Richtig gute Skripts erstellen

PowerShell-Skripts können kurz oder lang sein und die Möglichkeiten der PowerShell optimal ausnutzen oder nur wörtliche Übersetzungen bestehender anderer Skriptsprachen sein. Deshalb gibt es auch kein Generalrezept für gute PowerShell-Skripts. In erster Linie kommt es darauf an, dass das Skript die gestellte Aufgabe optimal und fehlerfrei löst. In zweiter Linie ist aber auch entscheidend, dass ein Skript verständlich bleibt, und zwar sowohl für den Skriptentwickler (oder seinen Nachfolger) als auch für die Benutzer. Deshalb haben sich die folgenden sechs Grundregeln bewährt:

- **param-Block** Tragen Sie an den Anfang des Skripts einen *param*-Block ein, der beschreibt, welche Parameter Ihr Skript akzeptiert
- **Dokumentation** Fügen Sie anschließend die kommentarbasierte Hilfe zum Skript ein (dies funktioniert wie bei Funktionen), damit Benutzer über *Get-Help* Hilfe zu Ihrem Skript abrufen können
- **Funktionen** Fassen Sie kleinere Aufgaben zu Funktionen zusammen. Funktionen machen den Code nicht nur übersichtlicher, sondern lassen sich auch bequem wiederverwenden. Haben Sie für eine bestimmte Aufgabe einmal eine Funktion verfasst, können Sie diese später auch in anderen Skripts verwenden.
- **Bibliotheken** Binden Sie benötigte Funktionen als Bibliothek in Ihr Skript ein. So brauchen Sie Ihre Basisfunktionen nicht in jedes Skript zu kopieren und es künstlich aufzublähen. Ihre Basisfunktionen bleiben z.B. in einem separaten Skript und Ihr aktuelles Skript konzentriert sich nur auf die Aufgabe, die es lösen soll.
- **Module** Verpacken Sie Skripts zum Schluss als Modul, damit Benutzer Ihre Skripts per Modulmechanismus leicht nachladen und auch wieder entfernen können
- **Pipelineunterstützung** Falls Ihr Skript später auch in der PowerShell-Pipeline in Echtzeit funktionieren soll, vergessen Sie nicht, die Logik Ihres Skripts in einen *process*-Block einzubetten. Auch dies funktioniert genau wie bei den bereits beschriebenen Funktionen.

Parameter und Bedienungsanleitung

Ein Demoskript zur Berechnung der Mehrwertsteuer sollte zunächst der Außenwelt erklären, welche Parameter es vom Benutzer erwartet. Dazu fügen Sie so wie in Kapitel 10 bereits beschrieben eine kommentarbasierte Hilfe sowie einen *param*-Block mit der Parameterbeschreibung ein:

```
<#
  .SYNOPSIS
    Berechnet die Mehrwertsteuer eines Betrags
  .DESCRIPTION
    Berechnet aus einem Nettobetrag die darauf fällige Mehrwertsteuer.
    Der Mehrwertsteuersatz ist fest auf 19% vorgegeben.
  .PARAMETER  Betrag
    Der Nettobetrag
  .EXAMPLE
    PS C:\> Get-MwSt 100
  .EXAMPLE
```

```
    PS C:\> Get-MwSt -Betrag 100
  .EXAMPLE
    PS C:\> 100 | Get-MwSt
  .NOTES
    Demo-Skript MSPress PowerShell Einsteigerworkshop
  .LINK
    www.powershell.com
  .LINK
    about_functions_advanced
  .LINK
    about_comment_based_help
#>

param (
  [Parameter(
    Position=0,
    Mandatory=$true,
    ValueFromPipeline=$true,
    ValueFromPipelineByPropertyName=$true,
    HelpMessage='Nettobetrag',
    ParameterSetName='Standard'
    )
  ]
  [double]
  $Betrag
)
```

Wenn Sie dieses Skript beispielsweise als *C:\meinskript.ps1* speichern, können Sie jetzt bereits Hilfe dafür abrufen:

```
PS> Get-Help C:\meinskript.ps1
PS> Get-Help C:\meinskript.ps1 -examples
```

Auch die vom Skript unterstützten Parameter werden bereits von der automatischen Codevervollständigung angezeigt:

```
PS> C:\meinskript.ps1 -[Tab]
```

HINWEIS Die automatische Vervollständigung funktioniert nicht, wenn der Pfadname des Skripts in Anführungszeichen gestellt wird:

```
PS> & 'C:\meinskript.ps1' -[Tab]
```

Funktionen und Bibliotheken

Falls Ihr Skript umfangreichere Aufgaben zu erledigen hat, sollten Sie diese zuerst in einzelne modulare Funktionen aufsplitten. Die Funktionen müssen dabei vor dem Code stehen, der die Funktionen verwenden will, also in der Regel am Anfang des Skripts nach dem *param*-Block. Wer das unübersichtlich findet, kann die Funktionen auch in ein separates zweites Skript ausgliedern und dieses zweite Skript dann vom ersten aus *dotsourced* aufrufen, was dann ganz ähnlich funktioniert wie eine *Include*-Anweisung anderer Programmiersprachen:

```
PS> . C:\meinefunktionen.ps1
```

TIPP Wenn Sie Ihre Skriptlösung in mehrere Dateien aufsplitten, um beispielsweise Funktionen als separates Includeskript in das Hauptskript zu laden, werden die Pfadangaben wichtig. Da Sie Ihre Skriptlösung höchstwahrscheinlich transportabel halten wollen, sollten Sie absolute Pfadangaben vermeiden, weil Ihre Lösung sonst auf einem anderen Computer (oder aus einem anderen Ordner heraus) nicht mehr funktionieren würde.

Relative Pfadnamen sind die bessere Wahl. Doch wie gibt man den Pfadnamen zu einem Bibliotheksskript relativ vom Hauptskript an? Dazu müsste man wissen, in welchem Pfad das Hauptskript ausgeführt wird. Das allerdings hängt vom Benutzer ab, denn der entscheidet, wo er später Ihr Skript speichern und ausführen wird. Ein Gordischer Knoten? Nicht unbedingt, denn ein Skript kann ermitteln, wo es sich befindet. Liegt das Bibliotheksskript also in demselben Ordner wie das Hauptskript, braucht dieses nur den eigenen Aufenthaltsort zu kennen, um zu wissen, von wo es seine Bibliotheksfunktionen nachzuladen hat. Die automatische Variable *$MyInvocation* liefert diese Information, woraus man sich eine nützliche Funktion namens *Get-ScriptPath* zur Aufenthaltsbestimmung basteln kann:

```
function Get-ScriptPath
{     Split-Path $myInvocation.ScriptName
}
```

Möchten Sie aus einem Skript heraus ein weiteres nachladen, das *bibliothek1.ps1* heißt und sich in demselben Ordner befindet wie Ihr Hauptskript, schreiben Sie:

```
. (Join-Path (Get-ScriptPath) 'bibliothek1.ps1')
```

Sie können auf diese Weise beliebig viele Skriptbibliotheken in Ihr Arbeitsskript laden. So bleibt das Arbeitsskript schlank und übersichtlich, während die Funktionen in den Bibliotheken separat weiterentwickelt werden könnten und die Verbesserungen allen Skripts zugute kommen, welche diese Bibliotheken nutzen. Trennen Sie umfangreichere Aufgaben deshalb wenn möglich auf in ein kurzes Arbeitsskript und separate Bibliotheksskripts:

- **Arbeitsskript** Dieses sollte keine allgemeinen Funktionen enthalten, sondern nur den Code, der zur Bewältigung der aktuellen Aufgabe nötig ist. Es bindet die notwendigen Funktionen aus externen Skripts ein. Diese müssen dazu *dotsourced* aufgerufen werden, also mit einem vorangestellten Punkt und Leerzeichen, damit die Funktionsdefinitionen auch übernommen werden können.
- **Bibliothek** Dieses darf nur Funktionsdefinitionen enthalten, aber keinen Code außerhalb der Funktionsdefinitionen, weil dieser sonst beim Nachladen der Bibliothek sofort ausgeführt werden würde

Pipelineskripts erstellen

Auch PowerShell-Skripts lassen sich genau wie die Funktionen als Bausteine in der Pipeline einsetzen. Dabei gilt für Skripts dasselbe wie für Funktionen: Je nachdem, wie Sie das Skript programmieren, kann es die Pipeline in den langsamen und speicherintensiven sequenziellen Modus zwingen oder den schnellen Streamingmodus ermöglichen. Lesen Sie die Hintergründe am besten noch einmal in Kapitel 6 nach. Wichtig ist im Grunde nur, dass pipelinefähige Skripts einen *process*-Block besitzen müssen. Damit also der Mehrwertsteuerrechner in der Pipeline funktioniert, wird dessen Logik in einen solchen Block eingebettet:

```
process {
  $Betrag * 1.19
}
```

Damit ist das Beispielskript schon fertig: Es gibt eine Bedienungsanleitung aus, fragt nach, falls der nötige Parameter *-Betrag* nicht angegeben wurde, und liefert das Ergebnis zurück. Auch hier funktionieren Skripts nämlich genau wie Funktionen: Alles, was Sie »liegen lassen«, wird zu ihrem Ergebnis, und geben Sie mehr als genau eine Information zurück, verpackt die PowerShell das Ergebnis als Array.

TIPP Eine besondere Form des PowerShell-Skripts sind Profildateien. Einziger Unterschied zu anderen Skripts: Profildateien werden automatisch beim Start der PowerShell ausgeführt, jedenfalls dann, wenn das Profilskript existiert und die Ausführungsrichtlinie die Skriptausführung erlaubt. Ihre Hauptprofildatei öffnen Sie z.B. folgendermaßen:

```
PS> md (Split-Path $PROFILE) -ea SilentlyContinue
PS> Notepad $PROFILE
```

Profildateien sorgen dafür, dass die PowerShell-Umgebung automatisch immer so konfiguriert wird, wie Sie sich das wünschen. Hier können Sie beispielsweise neue Aliase und Funktionen anlegen oder Snap-Ins und Module nachladen. Neben der Hauptprofildatei gibt es drei weitere. Mehr zu Profildateien haben Sie bereits in Kapitel 3 erfahren.

Kurz und knapp ...

Skripts sollten eine kommentarbasierte Hilfe enthalten und mögliche Übergabeparameter mit einem *param*-Block deklarieren – genau wie bei den Funktionen aus Kapitel 10. Alles, was Sie in einem Skript »liegen lassen«, wird zum Rückgabewert des Skripts. Darüber hinaus kann ein Skript mit der Anweisung *exit <Wert>* auch einen numerischen Rückgabewert festlegen, der dann vom Aufrufer über *$LASTEXITCODE* als *Error Level* ausgewertet werden kann.

Damit Skripts übersichtlich bleiben, sollten sie nur die eigentlichen Arbeitsanweisungen enthalten und komplexere Aufgaben als Funktionen verpacken. Funktionen, die das Skript verwendet, müssen vor den Anweisungen definiert werden, welche die Funktionen einsetzen (also am Skriptanfang stehen). Ein übersichtlicherer Weg ist die Auslagerung der benötigten Funktionen in ein separates Skript, das dann *dotsourced* geladen wird. Der aktuelle Speicherort eines Skripts kann aus der Variablen *$MyInvocation* gelesen werden, sodass ein Skript andere Hilfsskripts in demselben Ordner finden und nachladen kann.

Digitale Signaturen für Skripts

Da Skripts einfache Textdateien sind, lassen sie sich natürlich leicht fälschen oder verändern. Für mehr Sicherheit sorgen digitale Signaturen, denn sie bestätigen, von wem ein Skript stammt, und sie garantieren, dass das Skript seit der Signatur nicht verändert wurde. Sofern Sie dem Herausgeber des Skripts vertrauen, können Sie also sicher sein, dass Ihnen niemand bösartigen Code unterschieben will. Wie das allerdings genau funktioniert, ist selbst vielen Experten nicht ganz klar, was unter anderem daran liegt, dass den Vorgängen haarsträubend komplexe Theorien zugrunde liegen. Glücklicherweise kann man auf diese Theorien in der Praxis pfeifen. Wichtig ist, dass Sie die Abläufe und Verfahren kennen. Deshalb finden Sie in den folgenden Abschnitten alle wichtigen Signaturschritte eingebettet in leicht nachvollziehbare Beispiele.

Ein Zertifikat finden

Da PowerShell-Skripts (und alle anderen digitalen Daten) wohl kaum mit einem klassischen Füllfederhalter unterschrieben werden können, benötigen Sie ein anderes Werkzeug dafür: nämlich ein Zertifikat sowie einen (geheimen) privaten Schlüssel. Das Zertifikat ist Ihre elektronische Identität und sagt aus, wer die Unterschrift geleistet hat. Der geheime private Schlüssel sorgt dafür, dass nur der Eigentümer des Zertifikats damit Unterschriften leisten kann.

Bevor Sie also eigene PowerShell-Skripts digital signieren können, benötigen Sie ein geeignetes Zertifikat. In das Zertifikat muss der Verwendungszweck *Codesigning* (Codesignierung) eingetragen sein, und Sie benötigen den geheimen privaten Schlüssel für dieses Zertifikat. Ob sich Zertifikate mit diesen Voraussetzungen auf Ihrem Computer befinden, kann die PowerShell für Sie ermitteln, denn sämtliche Zertifikate liegen im virtuellen Laufwerk *cert:* vor:

```
PS> dir cert: -Recurse -CodeSigningCert
    Verzeichnis: Microsoft.PowerShell.Security\Certificate::CurrentUser\My

Thumbprint                                Subject
----------                                -------
E24D967BE9519595D7D1AC527B6449455F949C77  CN=PowerShellTestCert
```

HINWEIS An dieser Stelle soll davon ausgegangen werden, dass Sie über ein geeignetes Zertifikat verfügen. Ist dies nicht der Fall, erfahren Sie im Abschnitt »Ein neues Zertifikat anlegen« (Seite 541) die dazu notwendigen Informationen. Dabei wird in diesem und in den Folgeabschnitten nicht nur beleuchtet, wie Sie ein Zertifikat anlegen, sondern Sie lernen auch das notwendige Hintergrundwissen und es wird sogar beschrieben, wie Sie eine Mini-PKI (*Public Key Infrastructure*) aufbauen können.

Der Parameter *-CodeSigningCert* sorgt dafür, dass nur Zertifikate gefunden werden, die für den Bestimmungszweck *Codesigning* zugelassen sind *und* für die Sie über einen geheimen privaten Schlüssel verfügen. In diesem Fall wurde genau ein Zertifikat gefunden, es hätten aber auch mehr oder gar keins sein können. Sofern Sie über genau ein persönliches Codesigning-Zertifikat verfügen, können Sie dies über diese Zeile ansprechen:

```
PS> dir cert:\CurrentUser\My -CodeSigningCert
```

ACHTUNG Wo liegt wohl der Unterschied zwischen *dir cert:\CurrentUser\My* und *dir cert:CurrentUser\My*? Antwort: Die erste Pfadangabe ist *absolut* und funktioniert deshalb immer, egal in welchem Verzeichnis Sie sich gerade befinden. Die zweite Pfadangabe ist *relativ* und schlägt fehl, wenn Sie das aktuelle Verzeichnis auf einen Unterordner des Zertifikatspeichers eingestellt haben. Sie sollten deshalb immer hinter *cert:* einen Backslash (»\«) angeben.

Liegen mehrere Zertifikate zur Auswahl vor, müssen Sie sich für eines davon entscheiden. Verwenden Sie z.B. zur Auswahl den Namen des Zertifikats:

```
PS> $zertifikat = dir cert:\CurrentUser\My | Where-Object { $_.Subject -eq "CN=PowerShellTestCert" }
```

PowerShell-Skripts signieren

Für die Signatur von PowerShell-Skripts sind nur zwei Dinge nötig: ein gültiges Codesigning-Zertifikat und ein Skript, das Sie signieren wollen. Den Rest erledigt das Cmdlet *Set-AuthenticodeSignature.*

Signatur mit erstbestem Zertifikat

Geeignete Codesigning-Zertifikate liefert *dir* mit dem Parameter *-CodeSigningCert,* und im einfachsten Fall verwenden Sie das erstbeste Zertifikat, um damit ein – oder sogar alle – PowerShell-Skripts in Ihrem aktuellen Ordner zu signieren. Die folgenden Zeilen legen ein einfaches PowerShell-Skript unter dem Namen *test.ps1* an und signieren diese Skriptdatei dann mit dem ersten verfügbaren Codesigning-Zertifikat:

```
PS> ' "Hallo Welt!" ' > test.ps1
PS> $zertifikat = @(dir cert:CurrentUser\My -CodeSigningCert -Recurse)[0]
PS> Set-AuthenticodeSignature test.ps1 $zertifikat
    Verzeichnis: C:\Users\Tobias Weltner

SignerCertificate                         Status           Path
-----------------                         ------           ----
E24D967BE9519595D7D1AC527B6449455F949C77  Valid            test.ps1
```

Die Signatur wird als ein Datenblock direkt ins Skript eingefügt und besteht aus einem digitalen Fingerabdruck des Skripts (ein sogenannter Hash), der mit dem privaten Schlüssel des Zertifikats verschlüsselt wurde. Was Ihnen das nützt, erfahren Sie gleich im nächsten Abschnitt.

```
# Signatur in der Skriptdatei sichtbar machen:
PS> type test.ps1
"Hallo Welt!"

# SIG # Begin signature block
# MIIEEQYJKoZIhvcNAQcCoIIEAjCCA/4CAQExCzAJBgUrDgMCGgUAMGkGCisGAQQB
# gjcCAQSgWzBZMDQGCisGAQQBgjcCAR4wJgIDAQAABBAfzDtgWUsITrckOsYpfvNR
# AgEAAgEAAgEAAgEAAgEAMCEwCQYFKw4DAhoFAAQUfO2ePVE/w2QMUVYbQhkeTsl4
# AdqgggIqMIICJjCCAY+gAwIBAgIQO+Yc5O3n6LJKxellbq1xtTANBgkqhkiG9wOB
# AQQFADAdMRswGQYDVQQDExJQb3dlclNoZWxsVGVzdENlcnQwHhcNMDcwOTEOMTAz
# MTEOWhcNMzkxMjMxMjM1OTU5WjAdMRswGQYDVQQDExJQb3dlclNoZWxsVGVzdENl
# cnQwgZ8wDQYJKoZIhvcNAQEBBQADgYOAMIGJAoGBAO99s+DoANjTbcx1AYfvlROq
# MnoWKkHm9oc+F8hLAXpI8fPiBnxlqrwhZcmiuE1dE1rYIFktomNNtSOi7OG2d445
# o5mUKRtZ9THuwYGnCY+luDBM5cmNOsjcJK9iPHGgtIjFylYwMXhgHA8bBODc8zfO
# 54lSoH5NTOB7uZ4fijVfAgMBAAGjZzBlMBMGA1UdJQQMMAoGCCsGAQUFBwMDME4G
# A1UdAQRHMEWAEAtDyFcOPeNlfKpgXP1kDKahHzAdMRswGQYDVQQDExJQb3dlclNo
# ZWxsVGVzdENlcnSCENPmHOdN5+iySsXpdW6tcbUwDQYJKoZIhvcNAQEEBQADgYEA
# lkCaA6rqq9f/RJifhLY3gZPABVtymP6SGbm6LgASLKzYfdhcmsDxOnwQjAzo4xDk
# nLux4JccT9vFM+OtR/5d3alsY9rH8E+y8gs6opZNsgOls4CCDrEWCMD3BOk7Och5
# yVCvOPDqtLboO/O4dcJiGt9HViUNISHMEYnlR1qgBJExggFRMIIBTQIBATAxMBOx
# GzAZBgNVBAMTElBvd2VyU2hlbGxUZXNOQ2VydAIQO+Yc5O3n6LJKxellbq1xtTAJ
# BgUrDgMCGgUAoHgwGAYKKwYBBAGCNwIBDDEKMAigAoAAoQKAADAZBgkqhkiG9wOB
# CQMxDAYKKwYBBAGCNwIBBDAcBgorBgEEAYI3AgELMQ4wDAYKKwYBBAGCNwIBFTAj
# BgkqhkiG9wOBCQQxFgQUwY+7iwxEhe2RiHMICRnV/mGny5gwDQYJKoZIhvcNAQEB
# BQAEgYAyscnxSQsTeqIkmh92ros8NBS+L7tvwRDl8KwAwvBVsMTy7cFzz3lnqc5T
# /25KFjcVpOId6oKsQgHWO7zdlcR7mC9nfwSKPBTE2G1+tmLHNopMqlcwjHOYriBW
# f25oYXEKRMMgzsuwC4IjblrVGBe+MdcJy1Cmd2qR3UQXm3m6ZA==
# SIG # End signature block
```

Rekursiv sämtliche PowerShell-Skripts signieren

Set-AuthenticodeSignature kann nicht nur einzelne Skripts signieren, sondern auf Wunsch auch viele Skripts in einem Arbeitsgang. So könnten Sie in wenigen Zeilen alle Ihre eigenen PowerShell-Skripts mit Ihrer digitalen Unterschrift versehen. *Set-AuthenticodeSignature* akzeptiert nämlich als Dateinamen auch Arrays, die beliebig viele einzelne Dateinamen enthalten können. Genau solche Arrays werden z.B. von *dir* geliefert. Setzen Sie anstelle eines festen Dateinamens also in runden Klammern einen Unterausdruck in Ihre Anweisung und lassen Sie von *dir* alle PowerShell-Skripts im aktuellen Ordner auflisten. Schon werden sie alle signiert:

```
PS> $zertifikat = @(dir cert:CurrentUser\My -CodeSigningCert -Recurse)[0]
PS> Set-AuthenticodeSignature (dir *.ps1) $zertifikat
SignerCertificate                          Status                      Path
-----------------                          ------                      ----
E24D967BE9519595D7D1AC527B6449455F949C77   Valid                       filter.ps1
E24D967BE9519595D7D1AC527B6449455F949C77   Valid                       meinskript.ps1
E24D967BE9519595D7D1AC527B6449455F949C77   Valid                       netto.ps1
E24D967BE9519595D7D1AC527B6449455F949C77   Valid                       rechenfunktionen.ps1
E24D967BE9519595D7D1AC527B6449455F949C77   Valid                       test.ps1
E24D967BE9519595D7D1AC527B6449455F949C77   Valid                       test1.ps1
E24D967BE9519595D7D1AC527B6449455F949C77   Valid                       test3.ps1
E24D967BE9519595D7D1AC527B6449455F949C77   Valid                       testskript.ps1
E24D967BE9519595D7D1AC527B6449455F949C77   Valid                       unsigned.ps1
```

Möchten Sie nicht nur die Skripts im aktuellen Ordner signieren, sondern auch alle PowerShell-Skripts in sämtlichen untergeordneten Ordnern, ist der Aufruf ebenso übersichtlich, denn Sie brauchen nur den Parameter *-Recurse* zu verwenden:

```
PS> Set-AuthenticodeSignature (dir -Recurse -Include *.ps1) $zertifikat
```

Signaturen mit Timestamp

Signieren Sie ein Skript, ist diese Signatur nur so lange gültig wie das Gültigkeitsdatum des verwendeten Zertifikats. Das ist nicht gut, denn stellen Sie sich Folgendes vor: Sie signieren Ihre Skripts mit einem offiziellen Codesigning-Zertifikat, das immer nur für zwei Jahre gültig ist und danach beim Zertifikatherausgeber erneuert werden muss. Spätestens nach Ablauf von zwei Jahren würde die Signatur Ihrer Skripts ungültig werden. Das ist natürlich alles andere als praktikabel.

Eine Signatur soll zum Zeitpunkt der Signierung bestätigen, wer das Skript verfasst hat – unabhängig davon, ob das Skript ein paar Jahre später noch gültig ist. Ausschlaggebend sollte nur sein, dass das Zertifikat zum Signaturzeitpunkt gilt. Solche Signaturen erhält man, wenn man einen Zeitstempel (Timestamp) in die Signatur einbaut.

Hierfür ist lediglich eine Internetverbindung zu einem offiziellen Zeitstempelanbieter erforderlich, wie Sie im nächsten Beispiel sehen werden. Geben Sie die URL zum Zeitstempeldienst dem Parameter *-TimeStampServer* an. Die folgenden Zeilen signieren sämtliche PowerShell-Skripts in Ihrem Benutzerprofil mit dem erstbesten Codesigning-Zertifikat als Zeitstempelsignatur. Dazu sind mindestens ein gültiges Codesigning-Zertifikat in Ihrem persönlichen Zertifikatspeicher sowie eine Internetverbindung nötig:

```
PS> $zertifikat = @(dir cert:CurrentUser\My -CodeSigningCert -Recurse)[0]
PS> $zertifikat
```

```
    Verzeichnis: Microsoft.PowerShell.Security\Certificate::CurrentUser\My

Thumbprint                                  Subject
----------                                  -------
BE4A7FC280739A2C6FE7CDFE8FE0F42931F0958B   CN=PWC Sicherheitsbeauftragter

PS> dir $HOME\Skripts *.ps1 -Recurse | Set-AuthenticodeSignature -Certificate `
    $zertifikat -TimestampServer http://timestamp.verisign.com/scripts/timstamp.dll
```

Signierte PowerShell-Skripts überprüfen

Was genau nützt Ihnen (und anderen) nun aber die Signatur im Skript? Einfache Antwort: Die Signatur kann überprüft werden, und zwar manuell ebenso wie automatisch, und Ihnen damit verraten, ob ein PowerShell-Skript vertrauenswürdig ist oder vielleicht bösartigen Code enthält.

- **Selbst nachschauen** Bei der manuellen Überprüfung schauen Sie selbst nach, ob in einem PowerShell-Skript eine Signatur vorliegt, und falls ja, ob sie in Ordnung ist. Sie können unter anderem herausfinden, wer das Skript signiert hat, ob der Skriptcode seither verändert wurde und ob derjenige, der das Skript signiert hat, bei Ihnen als vertrauenswürdig gilt.
- **Automatisch überprüfen** Setzen Sie die PowerShell die Ausführungsrichtlinie per *Set-ExecutionPolicy* auf *AllSigned*, dann führt die PowerShell die Überprüfung selbst durch, sobald Sie versuchen, ein Skript zu starten. Nur wenn der Herausgeber des Skripts als vertrauenswürdig gilt und das Skript seit der Signatur nicht verändert wurde, kann das Skript ausgeführt werden.

Manuelle Überprüfung

Signaturen werden mit dem Cmdlet *Get-AuthenticodeSignature* überprüft. Dieses Cmdlet möchte von Ihnen den Namen der Skriptdatei wissen, die Sie untersuchen wollen. Die Skriptdatei muss nicht unbedingt eine Signatur enthalten. Den Status erfahren Sie in jedem Fall mit der Eigenschaft *StatusMessage*:

```
PS> ' "Hallo" ' > unsigned.ps1
PS> $check = Get-AuthenticodeSignature unsigned.ps1
PS> $check.StatusMessage
Die Datei "C:\Users\Tobias Weltner\unsigned.ps1" ist nicht digital signiert. Das Skript wird auf
dem System nicht ausgeführt. Weitere Informationen erhalten Sie mit "get-help about_signing".
```

Die Meldung mag irritieren. Denn Sie erhalten die Meldung auch, wenn bei Ihnen unsignierte Skripts erlaubt sind. (Das Skript können Sie dann in einem solchen Fall trotz der Meldung ausführen.) Die PowerShell nimmt die Prüfung aber für den Fall vor, als müsste das Skript bei Ihnen signiert sein. Also für den Fall, als hätten Sie die Execution Policyauf *AllSigned* eingestellt und würden ein beliebiges Skript ausführen oder ein remote empfangenes (z.B. aus dem Internet heruntergeladenes) Skript bei gewählter Execution Policy *RemoteSigned*. Neben *StatusMessage* gibt es mit *Status* eine weitere, ebenfalls nützliche Eigenschaft. In dieser wird die Situation in nur einem prägnanten Wort zusammengefasst:

```
PS> $check.Status
NotSigned
```

Was passiert, wenn Sie ein Skript mit Signatur untersuchen? Eine Übersicht über die möglichen Prüfergebnisse (und die Gründe dafür) liefert Tabelle 14.1. Sie können mit *Get-AuthenticodeSignature* auf diese Weise leicht einen Sicherheitsstatus erheben und herausfinden, welche Ihrer Skripts gültig signiert sind und bei welchen Skripts Signaturen noch fehlen oder Inhalte geändert wurden:

```
PS> Get-AuthenticodeSignature (dir *.ps1)
    Verzeichnis: C:\Users\Tobias Weltner

SignerCertificate                         Status                       Path
-----------------                         ------                       ----
E24D967BE9519595D7D1AC527B6449455F949C77  Valid                        filter.ps1
E24D967BE9519595D7D1AC527B6449455F949C77  Valid                        hauptskript.ps1
E24D967BE9519595D7D1AC527B6449455F949C77  Valid                        meinskript.ps1
E24D967BE9519595D7D1AC527B6449455F949C77  Valid                        netto.ps1
E24D967BE9519595D7D1AC527B6449455F949C77  Valid                        rechenfunktionen.ps1
E24D967BE9519595D7D1AC527B6449455F949C77  Valid                        test.ps1
E24D967BE9519595D7D1AC527B6449455F949C77  HashMismatch                 test1.ps1
E24D967BE9519595D7D1AC527B6449455F949C77  UnknownError                 test3.ps1
E24D967BE9519595D7D1AC527B6449455F949C77  Valid                        testskript.ps1
E24D967BE9519595D7D1AC527B6449455F949C77  Valid                        unsigned.ps1
                                          NotSigned                    unterskript.ps1
```

Möchten Sie nur potenziell bösartige Skripts sehen, also solche, bei denen sich entweder der Inhalt seit der Signatur geändert hat (*HashMismatch*) oder bei denen die Signatur von einem nicht vertrauenswürdigen Zertifikat stammt (*UnknownError*), dann filtern Sie das Ergebnis mit *Where-Object*:

```
PS> Get-AuthenticodeSignature (dir *.ps1) | Where-Object {(($_.Status -eq "HashMismatch") -or
($_.Status -eq "UnknownError"))}

    Verzeichnis: C:\Users\Tobias Weltner

SignerCertificate                         Status                       Path
-----------------                         ------                       ----
E24D967BE9519595D7D1AC527B6449455F949C77  HashMismatch                 test1.ps1
94FD1387CE1CA1340E59A7B16541C6179FDEEC7D  UnknownError                 test3.ps1
```

Status	Originalmeldung	Beschreibung
NotSigned	Die Datei "xyz" ist nicht digital signiert. Das Skript wird auf dem System nicht ausgeführt. Weitere Informationen erhalten Sie mit "get-help about_signing".	Die Datei enthält keine digitale Signatur. Signieren Sie die Datei mit *Set-AuthenticodeSignature*.
UnknownError	Eine Zertifikatkette wurde zwar verarbeitet, endete jedoch mit einem Stammzertifikat, das beim Vertrauensanbieter nicht als vertrauenswürdig gilt	Das verwendete Zertifikat ist unbekannt. Fügen Sie den Herausgeber des Zertifikats in den Speicher für vertrauenswürdige Stammzertifizierungsstellen ein.

Tabelle 14.1 Statusmeldungen der Signaturüberprüfung und ihre Ursachen

Status	Originalmeldung	Beschreibung
HashMismatch	Der Inhalt der Datei "xyz" wurde möglicherweise manipuliert, da der Hash der Datei nicht mit dem in der digitalen Signatur gespeicherten Hash übereinstimmt. Das Skript wird auf dem System nicht ausgeführt. Weitere Informationen erhalten Sie mit "get-help about_signing".	Der Inhalt der Datei wurde verändert. Wenn Sie selbst den Inhalt verändert haben, signieren Sie die Datei neu.
Valid	Signatur wurde überprüft	Der Dateiinhalt stimmt mit der Signatur überein und die Signatur ist gültig

Tabelle 14.1 Statusmeldungen der Signaturüberprüfung und ihre Ursachen *(Fortsetzung)*

Automatische Überprüfung

Sie brauchen die Signaturen Ihrer Skriptdateien nicht selbst zu überprüfen, denn auf Wunsch führt die PowerShell genau diese Überprüfung automatisch durch, wenn Sie ein Skript zu starten versuchen. Nur wenn die Signatur der Skriptdatei in Ordnung ist, wird das Skript ausgeführt. In allen anderen Fällen erhalten Sie eine Fehlermeldung, wie in Tabelle 14.1 dargestellt. Auf diese Weise stellen Sie sicher, dass nur Skripts ausgeführt werden, die von einer vertrauenswürdigen Instanz vorher durchgesehen und für in Ordnung befunden (also signiert) wurden. Die automatische Prüfung schlägt auch Alarm, wenn der Inhalt des Skripts nachträglich verändert wurde. Die automatische Überprüfung ist immer dann aktiv, wenn Sie mit *Set-ExecutionPolicy* die Execution Policy entweder auf *AllSigned* oder *RemoteSigned* einstellen. Bei *AllSigned* werden grundsätzlich alle Skripts getestet.

ACHTUNG Wenn Sie Ihre ExecutionPolicy auf *AllSigned* festlegen, sollten Sie sicherstellen, dass Ihre Profildateien korrekt signiert sind. Andernfalls führt die PowerShell die Profildateien nicht mehr aus.

Bei *RemoteSigned* werden nur Skripts getestet, die Sie aus dem Internet heruntergeladen, als E-Mail-Anhang empfangen oder aus einer sonstigen unsicheren Quelle erhalten haben. Der einzige Unterschied zwischen einem nicht vertrauenswürdigen und einem vertrauenswürdigen Zertifikat ist der Umstand, ob der Herausgeber des Zertifikats im besonderen Speicher *Vertrauenswürdige Stammzertifizierungsstellen* hinterlegt ist. Selbst wenn Sie allerdings ein Skript aufrufen, das mit einem vertrauenswürdigen Zertifikat signiert wurde, erscheint beim ersten Aufruf eine weitere Nachfrage:

```
Möchten Sie Software dieses nicht vertrauenswürdigen Herausgebers ausführen?
Die Datei "C:\Users\Tobias Weltner\testskript.ps1" wurde von "CN=PowerShellTestCert"
veröffentlicht und gilt auf Ihrem System als nicht vertrauenswürdig. Führen Sie ausschließlich
Skripts vertrauenswürdiger Herausgeber aus.
[E] Nie ausführen  [N] Nicht ausführen  [M] Einmal ausführen  [A] Immer ausführen  [?] Help
(default is "N"):
```

Erst wenn Sie die Frage mit einem Druck auf die Taste [A] für *Immer ausführen* beantworten, wird der Herausgeber des Zertifikats zusätzlich im Speicher *Vertrauenswürdige Herausgeber* hinterlegt, und Sie erhalten für alle Skripts, die mit diesem Zertifikat signiert wurden, keine weiteren Nachfragen mehr. Möchten Sie diese Nachfrage von vornherein vermeiden, dann fügen Sie den Herausgeber Ihres Skripts nicht nur in die Liste der *Vertrauenswürdigen Stammzertifizierungsstellen* ein, sondern außerdem in die Liste der *Vertrauenswürdigen Herausgeber*. Bei selbst signierten Zertifikaten gehen Sie hierfür z.B. folgendermaßen vor:

```
# Zertifikat auswählen:
PS> $name = "PowerShellTestCert"
PS> $zertifikat = dir cert:\CurrentUser\My | Where-Object { $_.Subject -eq "CN=$name" }

# Zertifikatherausgeber für grundsätzlich vertrauensvoll erklären
PS> $Store = New-Object system.security.cryptography.X509Certificates.x509Store("root",
"CurrentUser")
PS> $Store.Open("ReadWrite")
PS> $Store.Add($zertifikat)
PS> $Store.Close()

# Zertifikate dieses Herausgebers aktivieren:
PS> $Store = New-Object
system.security.cryptography.X509Certificates.x509Store("TrustedPublisher", "CurrentUser")
PS> $Store.Open("ReadWrite")
PS> $Store.Add($zertifikat)
PS> $Store.Close()
```

Kurz und knapp ...

Mit digitalen Signaturen bestätigen Sie die Herkunft eines Skripts und geben dem Benutzer eine Möglichkeit herauszufinden, ob das Skript seither verändert wurde. Dazu ist ein Codesigning-Zertifikat nötig. *Set-AuthenticodeSignature* bildet dann einen Hash (eine Art Quersumme) des Skripts, verschlüsselt diesen mit dem privaten Schlüssel des Zertifikats und speichert das Ergebnis als Kommentar im Skript. Mit *Get-AuthenticodeSignature* kann die Signatur eines Skripts geprüft werden. Eine solche Prüfung geschieht automatisch beim Versuch, das Skript auszuführen, wenn die ExecutionPolicy mit *Set-ExecutionPolicy* auf *RemoteSigned* (bezieht sich dann auf alle Skripts aus externen Quellen) oder *AllSigned* (grundsätzlich alle Skripts) eingestellt ist. Hat ein Skript keine Signatur oder ist etwas mit dieser nicht in Ordnung, wird das Skript dann gegebenenfalls nicht ausgeführt.

Eigene Module erstellen

Module haben Sie bereits in Kapitel 5 kennengelernt: Diese erweitern die PowerShell um neue Cmdlets und/oder Provider und müssen nur mit *Import-Module* nachgeladen werden. Für Benutzer haben Module also unschätzbare Vorteile. Nutzen Sie Skripts nicht nur für sich selbst, sondern wollen Ihre Skripts auch anderen zugänglich machen, haben Sie also zwei Möglichkeiten:

- **Skript weitergeben** Stellen Sie die *PS1*-Datei zur Verfügung, also Ihr nacktes Skript. Ein Benutzer muss diese Datei dann allerdings aufrufen, beim Aufruf entscheiden, ob das Skript *dotsourced* als Bibliothek oder regulär als Arbeitsskript aufzurufen ist, und kann die im Skript neu definierten Funktionen nur schwerlich entdecken und nach Gebrauch nicht wieder entfernen. Das ist in der Praxis meist keine gute Lösung.

- **Skripts in Modul verpacken und Modul weitergeben** Speichern Sie ein Skript als *PSM1*-Datei, wird es damit automatisch zu einem Modul. Benutzer haben die Möglichkeit, Module mit *Get-Module* zu finden, mit *Import-Module* zu laden und mit *Remove-Module* auch wieder spurlos zu entsorgen. Darüber hinaus können Benutzer jetzt mit *Get-Command -Module <Modulname>* leicht herausfinden, welche neuen Befehle ein Modul tatsächlich enthält. Sehr viele Vorteile also bei geringstem Aufwand.

Eine Funktion als Modul verpacken

Um die vielen Vorzüge von Modulen besser zu verstehen, schauen Sie sich das folgende kleine Skript an. Es definiert eine Funktion, mit der Sie Euro-Beträge zum tagesaktuellen Kurs in US-Dollar (oder andere Währungen) umrechnen können. Hierfür ist eine Internetverbindung nötig, weil das Skript die tagesaktuellen Kurse aus dem Internet abruft:

```
<#
 .SYNOPSIS
     Rechnet EURO in tagesaktuellen US-Dollar-Betrag um
 .EXAMPLE
     Get-Dollar 123.55
 .EXAMPLE
     100,400,200 | Get-Dollar
 .LINK
    www.powershell.com
#>
function Get-Dollar {
  param(
  [Parameter(Mandatory=$true,
  ValueFromPipeline=$true,
  HelpMessage='EURO-Betrag')
  ]
  [Double]
  $Betrag
  )
  begin {
    # aktuellen Kurs bestimmen:
    $xml = New-Object xml
    $xml.Load('http://www.ecb.europa.eu/stats/eurofxref/eurofxref-daily.xml')
    $kurse = $xml.Envelope.Cube.Cube.Cube
    $usd = $kurse | Where-Object { $_.currency -eq 'USD' } | Select-Object -ExpandProperty rate
  }

  process {
    $Betrag * $usd
  }
}
```

Speichern Sie den Code als Skript und führen Sie das Skript dann *dotsourced* aus, also mit vorangestelltem Punkt. Danach steht Ihnen die Funktion *Get-Dollar* zur Verfügung, die bereits wunderbar arbeitet (es sei denn, Sie haben keinen vollen Internetzugang zur Verfügung):

```
PS> Get-Dollar 300
406,71
PS> Get-Dollar
```

```
Cmdlet Get-Dollar an der Befehlspipelineposition 1
Geben Sie Werte für die folgenden Parameter an:
(Geben Sie !? ein, um Hilfe zu erhalten.)
Betrag: 456
618,1992
PS> 300,500,2000 | Get-Dollar
406,71
677,85
2711,4
PS> Get-Help Get-Dollar

NAME
    Get-Dollar
ÜBERSICHT
    Rechnet EURO in tagesaktuellen US-Dollar-Betrag um
SYNTAX
    Get-Dollar [-Betrag] <Double> [<CommonParameters>]
BESCHREIBUNG

VERWANDTE LINKS
    www.powershell.com
HINWEISE
    Zum Aufrufen der Beispiele geben Sie Folgendes ein: "get-help Get-Dollar -examples".
    Weitere Informationen erhalten Sie mit folgendem Befehl: "get-help Get-Dollar -detailed".
    Technische Informationen erhalten Sie mit folgendem Befehl: "get-help Get-Dollar -full".

PS> Get-Help Get-Dollar -Examples
NAME
    Get-Dollar

ÜBERSICHT
    Rechnet EURO in tagesaktuellen US-Dollar-Betrag um
    -------------------------- BEISPIEL 1 --------------------------
    C:\PS>Get-Dollar 123.55
    -------------------------- BEISPIEL 2 --------------------------
    C:\PS>100,400,200 | Get-Dollar
```

Um dieses Skript als Modul zu verpacken, speichern Sie es einfach als Datei mit der Erweiterung *.psm1*. Das allein genügt allerdings noch nicht. Jede PSM1-Datei muss sich in einem Ordner befinden, der genauso heißt wie die PSM1-Datei. Legen Sie also beispielsweise einen Ordner namens *Urlaubsrechner* an und speichern Sie darin das Skript als *urlaubsrechner.psm1*.

Modul laden, verwenden und wieder entfernen

Nun könnten Sie diesen Ordner bequem an andere weitergeben. Jeder, der Ihr Modul nutzen möchte, muss nicht wissen, wie es darin genau aussieht. Man verwendet einfach *Import-Module*, um das Modul nachzuladen:

```
PS> Import-Module  C:\Users\w7-pc9\Documents\SKripts\urlaubsrechner
PS> Get-Command -Module urlaubsrechner

CommandType     Name                                        Definition
-----------     ----                                        ----------
Function        Get-Dollar                                  ...
```

```
PS> Get-Dollar 100
135,57
```

Benötigt man die Funktionen aus dem Modul nicht mehr, entfernt man das Modul ganz einfach wieder:

```
PS> Remove-Module urlaubsrechner
PS> Get-Dollar 100
Die Benennung "Get-Dollar" wurde nicht als Name eines Cmdlet, einer Funktion, einer Skriptdatei
oder eines ausführbaren Programms erkannt. Überprüfen Sie die Schreibweise des Namens, oder ob der
Pfad korrekt ist (sofern enthalten), und wiederholen Sie den Vorgang.
```

Hier schließt sich also nun der Kreis. Sie haben mit Funktionen und Skripts inzwischen ganz eigene Befehle geschaffen, die Sie nun als Erweiterung in Gestalt von Modulen an andere weitergeben. Die Benutzer Ihres Moduls erhalten wieder ganz einfache einzelne Befehle, benötigen also keinerlei Wissen über Funktionen und Skripts und bekommen dieselbe Hilfe und verwenden dieselben Parameter wie bei allen übrigen PowerShell-Befehlen.

ACHTUNG *Import-Module* importiert ein Modul nur einmal. Ist ein Modul bereits geladen, wird es also (aus Gründen der Effizienz) nicht ein zweites Mal geladen. Das ist fein, jedenfalls so lange, wie das Modul unverändert bleibt. Arbeiten und feilen Sie noch an einem Modul, müssen Sie neue Fassungen unter Angabe von *-Force* mit *Import-Module* laden. Andernfalls verwendet PowerShell weiterhin die zuvor geladene Version.

PROFITIPP Weil Module anders als Snap-Ins nicht registriert zu werden brauchen, lassen sie sich bequem per Kopieren/Einfügen weitergeben, z.B. per USB-Stick oder als Download. Trotzdem kann ein kleines Installationsprogramm sinnvoll sein. Wenn Sie nämlich Ihren Modulordner an einen der folgenden beiden Orte kopieren, findet PowerShell das Modul automatisch, sodass es mit *Get-Module -ListAvailable* aufgelistet wird und dann nur noch unter Angabe seines Namens (und nicht des gesamten Pfads) mit *Import-Module* geladen wird:

```
PS> Split-Path $PROFILE.AllUsersAllHosts
C:\Windows\System32\WindowsPowerShell\v1.0
PS> Split-Path $PROFILE.CurrentUserAllHosts
C:\Users\w7-pc9\Documents\WindowsPowerShell
```

Legen Sie also in einem dieser beiden Ordner den Unterordner *Modules* an und speichern Sie Ihre Modulordner darin.

Vielleicht fragen Sie sich noch, warum Ihre Moduldatei in einem gleichnamigen Ordner verpackt werden musste. Das gibt Ihnen die Möglichkeit, weitere Hilfsdateien und Ressourcen in den Ordner zu legen. Module können noch sehr viel mehr tun, z.B. mithilfe sogenannter Manifestdateien (**.psd1*) Zusatzinformationen wie Autor und Version festlegen oder mit *Export-ModuleMember* innerhalb der PSM1-Datei festlegen, welche Funktionen, Variablen und Typen öffentlich sein sollen oder nicht. Diese Möglichkeiten übersteigen aber endgültig den Rahmen dieses Einsteigerworkshops. Bei Interesse enthält die PowerShell-Hilfe alle notwendigen Details:

```
PS> Help about_modules
```

Kurz und knapp ...

Module sind in sich gekapselte PowerShell-Erweiterungen, die man mit *Import-Module* nachladen und mit *Remove-Module* wieder spurlos entfernen kann. Skripts lassen sich als Modul verpacken, indem man sie als Datei mit der Erweiterung **.psm1* speichert. Damit aus dieser Datei ein Modul wird, muss die Datei zusätzlich in einen Ordner gelegt werden, der genauso heißt wie die Datei. Kopieren Sie diesen Ordner in einen der beiden besonderen *Modules*-Ordner der PowerShell, findet PowerShell die Module automatisch, wenn Sie *Get-Module* mit dem Parameter *-ListAvailable* angeben. Andernfalls müssen Sie bei *Import-Module* den kompletten Pfadnamen zum Modulordner angeben.

Nachschlag für Profis

Sie wissen inzwischen, wie Skripts aufgebaut sind und gestartet werden. Auch haben Sie schon viel über Skriptsignaturen gelesen. Als Grundwissen genügt das, und wer mag, kann den folgenden Abschnitt deshalb gern überspringen. Wer aber genauer verstehen möchte, wie Skripts Hilfsfunktionen nachladen, was bei den möglichen Abhängigkeiten zu beachten ist und wie man digitale Signaturen professionell einsetzt, darf sich auf einen kleinen Nachschlag freuen.

Kleine Rätselstunde

Aufgabe Sonderbarerweise listet *Get-Module* keine Module auf, obwohl Sie wissen, dass es auf Ihrem Computer PowerShell-Module gibt. Warum?

Lösung *Get-Module* listet nur die bereits geladenen Module auf. Wollen Sie verfügbare Module sehen, geben Sie den Parameter *-ListAvailable* an:

```
PS> Get-Module -ListAvailable
```

Aufgabe Sie haben ein Skript als PSM1-Datei gespeichert und im Ordner *C:\Windows\System32\WindowsPowerShell\v1.0* gespeichert. Trotzdem wird das Modul nicht aufgelistet, wenn Sie *Get-Module -ListAvailable* eingeben. Warum?

Lösung Eine *PSM1*-Datei muss in einem Ordner gespeichert werden, der genauso heißt wie die *PSM1*-Datei. Außerdem muss dieser Modulordner im Ordner *Modules* gespeichert werden: Legen Sie also für den Fall, dass Ihr Modul *MeinModul* heißen soll, diesen Ordner an: *C:\Windows\System32\WindowsPowerShell\v1.0\Modules\MeinModul*. Speichern Sie dann im Ordner *MeinModul* die Datei *MeinModul.psm1*. Jetzt wird das Modul von *Get-Module -ListAvailable* gefunden.

Aufgabe Sie haben ein Skript als Modul gespeichert und nachträglich noch einige Änderungen durchgeführt. Nachdem Sie die Änderungen gespeichert und das geänderte Modul mit *Import-Module* neu geladen haben, scheinen die Änderungen aber gar nicht übernommen worden zu sein. Warum wohl?

Lösung Haben Sie ein Modul einmal innerhalb einer PowerShell-Session geladen, merkt sich die PowerShell dies und lädt das Modul kein zweites Mal. Das sorgt normalerweise für mehr Effizienz, führt aber auch dazu, dass Sie Ihre nachträglichen Änderungen nicht auf die gleiche Weise wie beim ersten Importieren des Moduls aktualisieren können. Das Neuladen des Moduls lässt sich aber einfach erzwingen: Dazu geben Sie bei *Import-Module* den Parameter *-Force* an.

Aufgabe Sie haben das folgende Skript verfasst:

```
Rechne 12

function Rechne($zahl) { $zahl * $zahl }
```

Wenn Sic das Skript ausführen, erhalten Sie beim ersten Aufruf eine Fehlermeldung. Beim zweiten Aufruf funktioniert das Skript. Warum?

Lösung Grundsätzlich liest die PowerShell Skripts von oben nach unten. Bevor ein Skript also eine selbst definierte Funktion wie z.B. *Rechne* aufrufen kann, muss diese Funktion zuerst definiert werden. Im Beispielskript stand die Funktionsdefinition unterhalb des Aufrufs. Deshalb war die Funktion noch gar nicht definiert, als die PowerShell versucht hat, die Funktion zu verwenden. Falls Sie solch ein Skript *dotsourced* aufrufen, also mit einem vorangestellten Punkt, werden alle Variablen und Funktionen des Skripts global. Beim ersten Aufruf kommt es also zu einer Fehlermeldung und danach wird die Funktion *Rechne* definiert. Beim zweiten Aufruf findet das Skript die Funktion, die vom ersten Aufruf angelegt wurde, und kann jetzt fehlerfrei laufen. Um solche Probleme künftig zu vermeiden, achten Sie darauf, dass alle Funktionen am Anfang des Skripts definiert werden.

Aufgabe Sie möchten ein Skript signieren, aber die Suche nach Codesigning-Zertifikaten bleibt erfolglos:

```
PS> dir cert:\ -Codesign -Recurse
```

Was ist hier los?

Lösung Codesigning-Zertifikate sind ein Art persönliche Ausweisdokumente und gehören weder zum Lieferumfang von Windows noch von der PowerShell. Sie müssen solche Zertifikate selbst beschaffen. Viele Unternehmen stellen ihren Beschäftigten solche Zertifikate zur Verfügung oder Sie legen sich selbst eigene Zertifikate an, beispielsweise mit dem Microsoft-Tool *makecert.exe* (wie dies geschieht, lesen Sie in einem folgenden Abschnitt).

Aufgabe Sie haben nach Codesigning-Zertifikaten gesucht und auch einige gefunden. Bei genauerem Hinsehen zeigt sich aber, dass gleich mehrere identische Zertifikate gefunden wurden. Warum wohl?

```
PS> dir cert:\ -Codesign -Recurse

    Verzeichnis: Microsoft.PowerShell.Security\Certificate::CurrentUser\My

Thumbprint                                Subject
----------                                -------
BE4A7FC280739A2C6FE7CDFE8FE0F42931F0958B  CN=PWC Sicherheitsbeauftragter
5C7F72BAAA064C00C1B8977A2FAC175BE3A8AF15  CN=Tobias Weltner
288D91924EF6EAD7DD2314C2F5FAC23D04F07B34  CN=Testcert1

    Verzeichnis: Microsoft.PowerShell.Security\Certificate::CurrentUser\Root

Thumbprint                                Subject
----------                                -------
BE4A7FC280739A2C6FE7CDFE8FE0F42931F0958B  CN=PWC Sicherheitsbeauftragter
```

```
5C7F72BAAA064C00C1B8977A2FAC175BE3A8AF15  CN=Tobias Weltner
288D91924EF6EAD7DD2314C2F5FAC23D04F07B34  CN=Testcert1

    Verzeichnis: Microsoft.PowerShell.Security\Certificate::CurrentUser\TrustedPublisher

Thumbprint                                Subject
----------                                -------
BE4A7FC280739A2C6FE7CDFE8FE0F42931F0958B  CN=PWC Sicherheitsbeauftragter
5C7F72BAAA064C00C1B8977A2FAC175BE3A8AF15  CN=Tobias Weltner
288D91924EF6EAD7DD2314C2F5FAC23D04F07B34  CN=Testcert1
```

Lösung Verwenden Sie selbst signierte Zertifikate, dann müssen diese zuerst für vertrauenswürdig erklärt werden. Dies geschieht, indem das Zertifikat in die beiden Zertifikatspeicher *Root* und *TrustedPublisher* kopiert wird. Genau das ist hier geschehen, weswegen jedes Zertifikat an drei Orten gefunden wurde. Möchten Sie nur Ihre eigenen Zertifikate sehen, durchsuchen Sie besser direkt Ihren eigenen Zertifikatspeicher namens *My*:

```
PS> dir cert:\CurrentUser\My -Codesign
```

Skripts und Abhängigkeiten managen

In dem Maße, wie die Komplexität von Skriptlösungen wächst, steigt auch das Risiko von Abhängigkeiten: Das Skript benötigt möglicherweise bestimmte Grundvoraussetzungen, um korrekt ausgeführt werden zu können:

- **PowerShell-Version** Vielleicht haben Sie neue PowerShell 2.0-Befehle und -Schlüsselworte eingesetzt. Dann funktioniert das Skript in älteren PowerShell 1.0-Umgebungen nicht mehr.
- **Snap-Ins und Module** Vielleicht basiert das Skript auf Cmdlets, die nicht zum Grundumfang der PowerShell gehören, sondern aus Snap-Ins oder Modulen bestehen, die zuerst nachgeladen werden müssen (Kapitel 5)
- **Bibliotheksskripts** Oder Ihr Skript greift auf Funktionen zurück, die in einem ganz anderen Skript definiert werden, das deshalb zuerst geladen werden muss

PowerShell-Skripts unterstützen die besondere Anweisung *#requires*, die immer am Anfang eines Skripts stehen muss. Mit ihr kann man eine Reihe von Grundvoraussetzungen festlegen, die für das Skript erfüllt sein müssen. Andernfalls weigert sich die PowerShell, das Skript auszuführen, und gibt eine entsprechende Fehlermeldung aus.

PowerShell-Version festlegen

Soll ein Skript auf eine bestimmte Version der PowerShell festgelegt sein, verwenden Sie in der ersten Zeile des Skripts die Anweisung *#requires -Version*. Möchten Sie also sicherstellen, dass Ihr Skript nur unter der PowerShell 2.0 ausgeführt wird, fügen Sie an den Anfang des Skripts ein:

```
#requires -Version 2
```

Um die Anweisung zu testen, erhöhen Sie darin vorübergehend einfach die Version auf 3. Starten Sie dann das Skript, erhalten Sie eine Fehlermeldung wie diese:

```
PS> C:\testskript.ps1
```

```
Das Skript "testskript.ps1" kann nicht ausgeführt werden, da es in Zeile 1 eine #requires-Anweisung
für die Windows PowerShell-Version 3.0 enthält. Die für das Skript erforderliche Version stimmt mit
der derzeit ausgeführten Windows PowerShell-Version 2.0 nicht überein.
```

Schließlich können Sie Skripts noch auf bestimmte PowerShell-Konsolen festlegen und dazu *-ShellId* verwenden. Die Shell-ID ist ein Kennzeichner der PowerShell-Konsole und findet sich in der automatischen Variable *$ShellId*. In der PowerShell-Konsole lautet sie *Microsoft.PowerShell*:

```
PS> $ShellId
Microsoft.PowerShell
```

Wollen Sie also dafür sorgen, dass Ihr Skript nur in der PowerShell-Konsole ausgeführt wird, aber nicht in einer speziellen PowerShell-Konsole von Microsoft Exchange Server oder des Microsoft SQL Servers, fügen Sie an den Anfang des Skripts ein:

```
#requires -ShellId Microsoft.PowerShell
```

PROFITIPP Die registrierten ShellIDs sämtlicher PowerShell-Hosts sind in der Registrierungsdatenbank hinterlegt und können mit dieser Zeile ausgelesen werden:

```
PS> dir Registry::HKEY_LOCAL_MACHINE\Software\Microsoft\PowerShell\1\ShellIds -Name
Microsoft.PowerShell
```

Anfangs finden Sie in der Liste nur *Microsoft.PowerShell*, aber wenn Sie weitere Produkte mit PowerShell-Unterstützung installiert haben, können weitere ShellIDs eingetragen sein.

Benötigte Snap-Ins und Module

Benötigt Ihr Skript ein bestimmtes Snap-In, um ausgeführt werden zu können, kann *#requires* auch diese Voraussetzung prüfen. Geben Sie den Namen des erforderlichen Snap-Ins und optional dessen Version an. Das Skript meldet dann einen Fehler, falls das Snap-In nicht geladen ist. Haben Sie z.B. ein Skript zur Benutzerverwaltung im Active Directory geschrieben und greifen dazu auf die kostenlose Active Directory-Erweiterung des Anbieters Quest zu, würde diese Zeile lauten:

```
#requires -PsSnapIn Quest.ActiveRoles.ADManagement

'Ich werde ausgeführt!'
Get-QADUser Tobias
```

Wird das Skript gestartet, ohne dass dieses Snap-In zuerst mit *Add-PSSnapin* geladen wird, gibt die PowerShell eine Fehlermeldung aus:

```
PS> . 'C:\meinskript.ps1'
Das Skript "meinskript.ps1" kann nicht ausgeführt werden, da die folgenden in den #requires-
Anweisungen des Skripts angegebenen Snap-Ins fehlen: Quest.ActiveRoles.ADManagement.
```

Dies wirft zwei Fragen auf: Wie kann man erstens ein noch fehlendes Snap-In automatisch nachladen und wie kann man zweitens prüfen, ob ein benötigtes Modul noch fehlt? Sie erinnern sich: Neben Snap-Ins können Zusatzbefehle auch aus Modulen stammen (Kapitel 5). Die erstaunliche Antwort ist: gar nicht. Jedenfalls nicht mit der Anweisung *#requires*. Ein besserer Weg wäre eine eigene Servicefunktion, die ungefähr so aussehen könnte:

```
function Requires {
  [CmdletBinding()]
```

```
  param(
    [String]
    $name,
    [System.Version]
    $version='1.0'
  )
  # benötigte Erweiterung vorhanden?
  $snapin = @(Get-PSSnapin -Registered $name -ErrorAction SilentlyContinue | ? { $_.Version -ge
$version })
  $module = @(Get-Module -ListAvailable $name -ErrorAction SilentlyContinue | ? { $_.Version -ge
$version })
  if (($snapin.Count + $module.Count) -eq 0) {
    Write-Verbose "Erweiterung $name in Version $version nicht als Snap-In oder Modul gefunden."
    Throw "Erweiterung '$name' in Version $version nicht vorhanden. Skript kann nicht ausgeführt
werden."
  } else {
    Write-Verbose "Erweiterung $name in Version $version gefunden."
  }

  # geladen?
  if ($snapin.Count) {
    if (@(Get-PSSnapin -Name $name -ErrorAction SilentlyContinue | ? { $_.Version -ge $version
}).Count -eq 0) {
      Add-PSSnapin $name
      Write-Verbose "Snapin $name automatisch nachgeladen."
    } else {
      Write-Verbose "Snapin $name bereits vorhanden."
    }
  } else {
    if (@(Get-PSModule -Name $name -ErrorAction SilentlyContinue | ? { $_.Version -ge $version
}).Count -eq 0) {
      Import-Module $name
      Write-Verbose "Modul $name automatisch nachgeladen."
    } else {
      Write-Verbose "Modul $name bereits vorhanden."
    }
  }
}
```

Wenn Sie diese Funktion in Ihre Skripts kopieren, können diese nun dynamisch prüfen, ob ein benötigtes Snap-In oder Modul bereits geladen ist, und falls nicht, dieses automatisch nachladen. Nur wenn es auf dem Computer überhaupt nicht vorhanden ist, wirft die Funktion eine Fehlermeldung aus und bricht das Skript ab. Geben Sie den Parameter *-Verbose* an, wenn Sie sehen möchten, was die Funktion hinter den Kulissen treibt. Hier einige Beispiele.

```
# ein Snap-In nachladen, falls nötig:
PS> Requires Quest* -Verbose
AUSFÜHRLICH: Erweiterung Quest* in Version 1.0 gefunden.
AUSFÜHRLICH: Snapin Quest* bereits vorhanden.

# Fehlermeldungen unterdrücken:
PS> Requires BITS -Verbose -ErrorAction SilentlyContinue
AUSFÜHRLICH: Erweiterung BITS in Version 1.0 nicht als Snap-In oder Modul gefunden.

# Ein Modul nachladen, falls nötig:
PS> Requires BITS* -Verbose -ErrorAction SilentlyContinue
```

```
AUSFÜHRLICH: Erweiterung BITS* in Version 1.0 gefunden.
AUSFÜHRLICH: Modul wird aus Pfad
"C:\Windows\system32\WindowsPowerShell\v1.0\Modules\BitsTransfer\BitsTransfer.psd1"
geladen.
AUSFÜHRLICH: "Assembly" wird aus Pfad
"C:\Windows\system32\WindowsPowerShell\v1.0\Modules\BitsTransfer\Microsoft.BackgroundIntelligentT
ransfer.Management.Interop.dll" geladen.
AUSFÜHRLICH: "FormatsToProcess" wird aus Pfad
"C:\Windows\system32\WindowsPowerShell\v1.0\Modules\BitsTransfer\BitsTransfer.Format.ps1xml"
geladen.
AUSFÜHRLICH: Cmdlet "Add-BitsFile" wird exportiert.
AUSFÜHRLICH: Cmdlet "Remove-BitsTransfer" wird exportiert.
AUSFÜHRLICH: Cmdlet "Complete-BitsTransfer" wird exportiert.
AUSFÜHRLICH: Cmdlet "Get-BitsTransfer" wird exportiert.
(...)
AUSFÜHRLICH: Modul BITS* automatisch nachgeladen.
```

Intelligente Bibliotheksskripts verwenden

Laden Sie in Ihrem Skript Funktionen aus einem anderen Skript nach, sind Sie als Skriptautor selbst dafür verantwortlich und sollten also selbst sorgfältig prüfen, ob dieses Nachladen auch tatsächlich erfolgreich ist. Einige Beispiele, wie Sie Bibliotheksskripts mit relativen Pfadnamen nachladen, haben Sie bereits in diesem Kapitel gefunden. Setzen Sie allenfalls noch *Test-Path* ein, um zu prüfen, ob das Bibliotheksskript überhaupt vorhanden ist oder vielleicht fehlt.

Als Autor eines Bibliotheksskripts dagegen können Sie durchaus Hand anlegen, um den korrekten Einsatz Ihres Skripts zu gewährleisten. Damit nämlich Bibliotheksskripts wie gewünscht funktionieren, muss man sie *dotsourced* aufrufen – wer das nicht tut, lädt zwar das Skript, aber alle Funktionen und Variablen darin bleiben lokal. Falls Sie sich gerade unauffällig am Hinterkopf kratzen und fragen, ob *dotsourced* essbar ist und wovon hier wohl sonst gerade geredet wird, blättern Sie kurz zu Kapitel 11 und lesen sich den Abschnitt über Gültigkeitsbereiche noch einmal durch. Ein Bibliotheksskript kann erkennen, ob es dotsourced aufgerufen worden ist oder nicht. Falls nicht, könnte es eine kurze Warnung ausgeben. Schlüssel ist die Variable *$MyInvocation*, die Sie in diesem Kapitel bereits eingesetzt haben, um den aktuellen Speicherort eines Skripts zu ermitteln. Darin ist auch der Aufruf des Skripts gespeichert. Damit Bibliotheksskripts eine Warnung ausgeben, wenn man sie nicht dotsourced aufruft, fügen Sie ans Ende diesen Code ein:

```
if ($MyInvocation.Line -match "^\.\s") {
 Write-Verbose "Bibliothek geladen."
} else {
 Throw "Bibliothek wurde nicht geladen. Sie müssen die Datei mit einem vorangestellten Punkt
aufrufen!"
}
```

Probieren Sie es aus und rufen Sie das Bibliotheksskript einmal dotsourced und einmal regulär auf:

```
PS> . C:\bibliothek.ps1
PS> C:\bibliothek.ps1
Bibliothek wurde nicht geladen. Sie müssen die Datei mit einem vorangestellten Punkt aufrufen!
```

PROFITIPP Die Warnfunktion von eben ist zwar sehr nützlich, aber Ihr Bibliotheksskript ist nach wie vor darauf angewiesen, dass der Benutzer sie auf korrekte Weise lädt. Im Grunde geht es beim dotsourced-Aufruf aber eigentlich nur darum, dass die im Bibliotheksskript definierten Funktionen im Gültigkeitsbereich des Aufrufers angelegt werden, also nach Ausführung des Skripts weiter zur Verfügung stehen. Das können Sie auch anders hinbekommen, ohne die Kontrolle dafür dem Benutzer zu überlassen. Legen Sie deshalb Funktionen in Bibliotheksskripts global an. Probieren Sie das folgende Beispiel aus. Speichern Sie es als Skript:

```
function global:Test-Bibliothek {
  'ich bin vorhanden!'
}
```

Wenn Sie dieses Skript nicht dotsourced aufrufen, steht die Funktion *Test-Bibliothek* anschließend dennoch zur Verfügung:

```
PS> C:\bibliothek.ps1
PS> Test-Bibliothek
ich bin vorhanden!
```

Dieser Ansatz ist eigentlich sogar noch besser als das Bibliotheksskript dotsourced aufzurufen: Während beim dotsourced-Aufruf alle Funktionen (und Variablen) des Bibliotheksskripts global werden, können Sie sich mit *global:* ganz genau aussuchen, welche Funktionen und Variablen das Skript »exportieren« soll.

Codesigning-Zertifikat mit Dialogfeld auswählen

Codesigning funktioniert in etwa wie die Zellophanverpackung, mit der Qualitätsprodukte eingeschweißt sind. Ist die Hülle unversehrt, können Sie sich darauf verlassen, dass das Produkt in Ordnung ist. Ganz ähnlich funktionieren Skriptsignaturen. Auch sie garantieren, dass sich das Skript noch in dem Zustand befindet, in dem es sein Autor signiert hat. Wie Sie Skripts signieren, haben Sie bereits gelesen. Nötig ist dafür vor allem ein Codesigning-Zertifikat. Gibt es auf Ihrem Computer mehr als ein Codesigning-Zertifikat, z.B. für unterschiedliche Zwecke, dann wollen Sie sicher nicht das erstbeste Zertifikat verwenden, sondern das passende auswählen. Entweder geben Sie dazu den Namen des Zertifikats an, wenn Sie diesen kennen:

```
PS> $zertifikat = dir cert:\CurrentUser\My | Where-Object { $_.Subject -eq "CN=PowerShellTestCert"
}
```

Oder Sie verwenden ein internes .NET Framework-Dialogfeld. Es stellt alle Zertifikate zur Auswahl, die Sie an *SelectFromCollection()* übergeben. Dazu müssen Sie die Zertifikate vorher in einem besonderen Container verpacken. Im einfachsten Fall bieten Sie sämtliche Codesigning-Zertifikate zur Auswahl an:

```
# Texte für Dialogfeld:
PS> $titel = "Verfügbare Identitäten"
PS> $text = "Bitte Zertifikat für Signatur auswählen"

# Zertifikate ermitteln:
PS> $zertifikate = dir cert:\ -Recurse -Codesigning

# System.Security laden und Zertifikate in Container verpacken:
PS> [System.Reflection.Assembly]::LoadWithPartialName("System.Security")
PS> $container = New-Object
```

```
System.Security.Cryptography.X509Certificates.X509Certificate2Collection
PS> $zertifikate | ForEach-Object { $container.Add($_) }

# Auswahlfeld anzeigen:
PS> $zertifikat =
[System.Security.Cryptography.x509Certificates.X509Certificate2UI]::SelectFromCollection
($container, $titel, $text, 0)

# Signatur mit ausgewähltem Zertifikat durchführen
PS> Set-AuthenticodeSignature -Certificate $zertifikat[0] -FilePath test.ps1
    Verzeichnis: C:\Users\Tobias Weltner
SignerCertificate                         Status                          Path
-----------------                         ------                          ----
372883FA3B386F72BCE5F475180CE938CE1B8674  Valid                           test.ps1
```

In diesem Fall zeigt das Dialogfeld nur die Zertifikate an, die Sie vorher ausgewählt haben. Wer mag, kann auch alle Zertifikate eines bestimmten Zertifikatspeichers zur Auswahl anzeigen, beispielsweise so:

```
PS> $Store = New-Object system.security.cryptography.X509Certificates.x509Store("My",
"CurrentUser")
PS> $store.Open("ReadOnly")
PS> [System.Reflection.Assembly]::LoadWithPartialName("System.Security")
PS> $certificate =
[System.Security.Cryptography.x509Certificates.X509Certificate2UI]::SelectFromCollection
($store.certificates,  "Ihre Zertifikate", "Bitte wählen", 0)
PS> $store.Close()
PS> $certificate
Thumbprint                                Subject
----------                                -------
372883FA3B386F72BCE5F475180CE938CE1B8674  CN=MeinZertifikat
```

Ein neues Zertifikat anlegen

In den meisten Fällen werden Sie kein Codesigning-Zertifikat auf Ihrem Computer vorgefunden haben. In diesem Fall müssen Sie sich erst noch ein Codesigning-Zertifikat beschaffen. Dazu gibt es mehrere Quellen:

- **Eigene PKI** Firmen, die eine eigene PKI betreiben (Public Key Infrastructure), stellen Ihnen auf Antrag ein solches Zertifikat aus. Weil eine PKI allerdings komplex und teuer ist, gibt es diese Möglichkeit in der Regel nur bei Unternehmen mit eigenem Rechenzentrum oder in Universitäten. Außerdem gelten solche Zertifikate meist nur im Einflussbereich des Unternehmens oder der Universität, außerhalb aber nicht.
- **Zertifikat kaufen** Renommierte und anerkannte Zertifizierungsunternehmen wie *VeriSign* oder *Thawte* verkaufen Ihnen gerne Codesigning-Zertifikate. Diese sind kostenpflichtig. Sie brauchen in diesem Fall also keine eigene PKI und außerdem gelten solche Zertifikate weltweit. Allerdings ist der Vorgang kostspielig und muss regelmäßig wiederholt werden, meist im Jahresrhythmus. Außerdem müssen Sie Ihre Identität gegenüber dem Zertifizierungsunternehmen in einem aufwändigen Verfahren nachweisen.

- **Selbst ausstellen** Ein einzelnes Zertifikat benötigt im Grunde gar keine komplizierte PKI. Sie können es sich auch selbst ausstellen und damit alle Aspekte der Signatur durchspielen und testen. Es hindert Sie auch niemand daran, selbst signierte Zertifikate produktiv einzusetzen. Selbst signierte Zertifikate werden allerdings durch keine Zertifikatautorität verwaltet. Sie allein sind für diese Zertifikate zuständig und auch für deren Integrität verantwortlich. Gerät ein selbst signiertes Zertifikat in falsche Hände, hilft Ihnen niemand, den Schaden zu begrenzen. Aus diesem Grund werden selbst signierte Zertifikate meist nur in Testumgebungen eingesetzt und später durch Zertifikate ersetzt, die von einer anerkannten PKI herausgegeben wurden.

Selbst signierte Zertifikate erstellen

Der Schlüssel zu selbst signierten Zertifikaten ist das Microsoft-Tool *makecert.exe*. Leider kann man dieses Tool nicht separat herunterladen, und auch die Weitergabe ist verboten. Sie müssen es also als Teil eines kostenlosen Software Development Kits (SDK) herunterladen. *Makecert.exe* ist beispielsweise im .NET Framework SDK enthalten, das Sie auf dieser Seite finden: *http://msdn2.microsoft.com/en-us/netframework/aa731542.aspx*. Wie alle SDKs ist es mit rund 400 MB Größe äußerst unhandlich. Nach der Installation des SDK finden Sie *makecert.exe* auf Ihrem Computer und können sich mit den folgenden Zeilen ein neues Codesigning-Zertifikat mit dem von Ihnen angegebenen Namen ausstellen:

```
PS> $name = "PowerShellTestCert"
PS> pushd
PS> cd "$env:ProgramFiles\Microsoft Visual Studio 8\SDK\v2.0\Bin"
PS> .\makecert.exe -pe -r -n "CN=$name" -eku 1.3.6.1.5.5.7.3.3 -ss "my"
PS> popd
```

Es wird automatisch im Zertifikatspeicher *\CurrentUser\My* abgelegt. Von dort können Sie es nun wie jedes andere Zertifikat abrufen und einsetzen, z.B. so:

```
PS> $name = "PowerShellTestCert"
PS> $zertifikat = dir cert:\CurrentUser\My | Where-Object { $_.Subject -eq "CN=$name"}
```

Das Codesigning-Zertifikat untersuchen

Das Codesigning-Zertifikat repräsentiert Ihre digitale Identität. Schauen wir doch als Erstes einmal, was das Zertifikat über Sie weiß. Dazu rufen Sie zuerst ein Zertifikat ab und speichern es in einer Variablen:

```
# alle Codesigning-Zertifikate abrufen und in einem Array speichern:
PS> $certs = @(dir cert:CurrentUser\My -CodeSigningCert)
PS> "{0} Zertifikate gefunden." -f $certs.count
3 Zertifikate gefunden

# das erste gefundene Zertifikat verwenden:
PS> $zertifikat = $certs[0]

# Wen repräsentiert dieses Zertifikat?
PS> $zertifikat.Subject
CN=PowerShellTestCert

# Von wem wurde dieses Zertifikat ausgestellt?
PS> $zertifikat.Issuer
CN=PowerShellTestCert
```

Zertifikate als vertrauenswürdig erklären

Zertifikate enthalten natürlich nicht mehr Informationen über Sie, als Sie während der Erstellung des Zertifikats selbst angegeben haben. Sogar Lügen ist erlaubt. Niemand hindert Sie daran, sich beim Anlegen eines Zertifikats als ganz jemand anderes auszugeben. Zertifikate an sich sind nicht fälschungssicher. Dessen ist sich das Zertifikat auch »bewusst«, denn wenn Sie mit *Verify()* prüfen, ob Sie den Angaben im Zertifikat vertrauen dürfen, meldet die PowerShell bei selbst signierten Zertifikaten *False* – das Zertifikat ist nicht vertrauenswürdig.

```
PS> $zertifikat.Verify()
False
```

Und warum ist das Zertifikat nicht vertrauenswürdig? Die Antwort erhalten Sie mit einem kleinen Trick. Die PowerShell kann auf die Möglichkeiten der Bibliothek *System.Security.dll* von .NET Framework zugreifen, um mit *DisplayCertificate()* alle Informationen über das Zertifikat in einem übersichtlichen Dialogfeld anzuzeigen. Allerdings muss diese Bibliothek zuerst mit *LoadWithPartialName()* nachgeladen werden:

```
# Alle Angaben im Zertifikat in einem Dialog anzeigen:
PS> [System.Reflection.Assembly]::LoadWithPartialName("System.Security")
PS>
[System.Security.Cryptography.x509Certificates.X509Certificate2UI]::DisplayCertificate($zertifika
t)
```

Das Dialogfeld meldet, was mit dem Zertifikat nicht stimmt: »Dieses Zertifizierungsstellen-Stammzertifikat ist nicht vertrauenswürdig. Installieren Sie das Zertifikat in den Speicher vertrauenswürdiger Stammzertifizierungsstellen, um die Vertrauensstellung zu aktivieren«. Im Bereich darunter meldet das Dialogfeld, dass *Ausgestellt von* und *Ausgestellt für* identisch sind: Es handelt sich also um ein selbst signiertes Zertifikat, das von keiner externen PKI herausgegeben wurde. Damit dieses Zertifikat vertrauenswürdig wird, muss es zusätzlich in den Zertifikatspeicher der vertrauenswürdigen Stammzertifizierungsstellen kopiert werden.

HINWEIS Bei Zertifikaten, die von einer PKI ausgestellt wurden, unterscheiden sich die Angaben *Ausgestellt von* und *Ausgestellt für*. Hier findet sich hinter *Ausgestellt von* der Name des Herausgebers. Und genau das ist ein großer Vorteil einer PKI: Hier genügt es, den Herausgeber ein einziges Mal in den Speicher der vertrauenswürdigen Stammzertifizierungsstellen zu kopieren. Fortan gelten sämtliche Zertifikate, die dieser Herausgeber ausstellt, automatisch als vertrauenswürdig. Weil die wichtigsten kommerziellen Zertifizierungsstellen bereits im Speicher der vertrauenswürdigen Stammzertifizierungsstellen eingetragen sind, können Sie deren Zertifikate sofort einsetzen. Diese gelten also standardmäßig als vertrauenswürdig.

Das können Sie entweder manuell erledigen oder die PowerShell dafür einsetzen. Die folgenden Zeilen kopieren das Zertifikat in *$zertifikat* in den Speicher für vertrauenswürdige Stammzertifizierungsstellen:

```
PS> $Store = New-Object system.security.cryptography.X509Certificates.x509Store("root",
"CurrentUser")
PS> $Store.Open("ReadWrite")
PS> $Store.Add($zertifikat)
PS> $Store.Close()
```

HINWEIS Immer, wenn Sie neue Zertifikate in den Zertifikatspeicher aufnehmen, erscheint ein Dialogfeld und fragt nach, ob Sie dies wirklich tun wollen. Sie können dieses Skript also nicht unbeaufsichtigt ausführen.

Ab sofort ist das Zertifikat vertrauenswürdig und die Prüfung mit *Verify()* ergibt jetzt *True*:

```
PS> $zertifikat.Verify()
True
```

Öffnen Sie die Zertifikateigenschaften noch einmal als Dialogfeld, meldet dieses nun ebenfalls, dass das Zertifikat in Ordnung ist. Klicken Sie auf die Registerkarte *Zertifizierungspfad*, dann sehen Sie die Vertrauensstellung. Bei selbst signierten Zertifikaten besteht diese aus dem Zertifikat selbst. Bei Zertifikaten, die von einer PKI ausgegeben wurden, sehen Sie, über welche Vertrauensstellung das Zertifikat auf Ihrem Computer als vertrauenswürdig erklärt wurde. Das oberste Zertifikat in dieser Ansicht befindet sich dabei immer in Ihrem Speicher der vertrauenswürdigen Stammzertifizierungsstellen. Was eben genau passiert ist und wie Sie dieses Verfahren auch manuell durchführen können, sehen Sie, wenn Sie einen Blick in Ihren Zertifikatspeicher werfen:

```
PS> certmgr.msc
```

Es öffnet sich die Microsoft Management Console (MMC) und zeigt Ihren Zertifikatspeicher. Im Zweig *Eigene Zertifikate\Zertifikate* sehen Sie alle eigenen Zertifikate, also auch die Codesigning-Zertifikate, die Sie angelegt haben. Im Zweig *Vertrauenswürdige Stammzertifizierungsstellen\Zertifikate* finden sich die Zertifikate sämtlicher Herausgeber, von denen Sie Zertifikate akzeptieren. Darin befindet sich nun auch eine Kopie Ihres selbst signierten Zertifikats. Würden Sie das Zertifikat dort wieder löschen, gälte es wieder als nicht vertrauenswürdig. Der Kopiervorgang, den Ihr PowerShell-Code gerade eben automatisiert für Sie vorgenommen hat, erschließt sich in der Management Console intuitiv. Um diesen dort als Alternative zum PowerShell-Code durchzuführen, ziehen Sie Ihr selbst signiertes Zertifikat vom Zweig *Eigene Zertifikate\Zertifikate* bei gedrückter `Strg`-Taste in den Zweig *Vertrauenswürdige Stammzertifizierungsstellen\Zertifikate.*

Eine Mini-PKI aufbauen

Auf den letzten Seiten haben Sie gesehen, dass Sie auch ohne aufwändige PKI allein mit selbst signierten Zertifikaten die Sicherheitsfunktionen der PowerShell ausschöpfen können. Zwar ist eine verwaltete PKI sicher der bessere Weg, aber bevor Sie ganz auf die Sicherheit der digitalen Signaturen verzichten, nur weil keine PKI zur Verfügung steht, sollten Sie sich zum Abschluss anschauen, wie Sie allein mithilfe des Microsoft-Tools *makecert.exe* eine kleine eigene PKI aufbauen könnten. Ziel soll sein, dass eine Abteilung die von ihr erstellten PowerShell-Skripts mit gültigen Signaturen versehen kann, und dass diese Signaturen unternehmensweit akzeptiert werden. Außerdem soll jeder Mitarbeiter dieser Abteilung ein eigenes Zertifikat erhalten, damit nachvollziehbar bleibt, wer welches Skript signiert hat.

Ein Stammzertifikat erstellen

Der erste Schritt ist die Anlage eines Stammzertifikats für die Abteilung. Dieses Zertifikat selbst wird später nicht zur Signierung verwendet. Es dient vielmehr als Herausgeber für Mitarbeiterzertifikate.

Das Stammzertifikat wird nicht im Zertifikatspeicher des aktuellen Benutzers angelegt, sondern im Speicher *Local Machine*. Sie benötigen also Administratorrechte. So legen Sie das Stammzertifikat an:

```
PS> $abteilungsname = "IT Abteilung 23"
PS> pushd
PS> cd "$env:programfiles\Microsoft Visual Studio 8\SDK\v2.0\Bin"
PS> .\makecert -n "CN=$abteilungsname" -a sha1 -eku 1.3.6.1.5.5.7.3.3 -r -sv root.pvk root.cer -ss
Root -sr localMachine
Succeeded
PS> Popd
```

Makecert hat nicht nur das Stammzertifikat angelegt, sondern außerdem die Dateien *root.pvk* und *root.cer* erzeugt. Beide werden später noch gebraucht. Überprüfen Sie zunächst, ob das Zertifikat korrekt angelegt wurde:

```
PS> $zertifikat = dir cert:\LocalMachine\Root | Where-Object { $_.Subject -eq "CN=$abteilungsname"
}
PS> $zertifikat

    Verzeichnis: Microsoft.PowerShell.Security\Certificate::LocalMachine\Root

Thumbprint                                Subject
----------                                -------
AD68EC74428B4F294B1FDF7EB8A64D5ED327F84B  CN=IT Abteilung 23
```

Mitarbeiterzertifikat anlegen

Mithilfe des Stammzertifikats können Sie nun beliebig viele Mitarbeiterzertifikate anlegen, wenn Sie das geheime Kennwort wissen, das Sie oben beim Anlegen des Stammzertifikats vereinbart hatten. Idealerweise ist dieses Kennwort nur dem Abteilungsleiter bekannt. So gehen Sie vor, um ein neues Mitarbeiterzertifikat anzulegen:

```
PS> $mitarbeiter = "Tobias Weltner"
PS> pushd
PS> cd "$env:programfiles\Microsoft Visual Studio 8\SDK\v2.0\Bin"
PS> .\makecert -pe -n "CN=$mitarbeiter" -ss MY -a sha1 -eku 1.3.6.1.5.5.7.3.3 -iv root.pvk -ic
root.cer
Succeeded
PS> popd
```

WICHTIG *Makecert* trägt als Herausgeber in das neue Mitarbeiterzertifikat das Stammzertifikat von eben ein. Diese Informationen lädt *makecert* aus den Dateien *root.pvk* und *root.cer*, die beim Anlegen des Stammzertifikats erzeugt wurden. Sie sollten diese beiden Dateien an einem sicheren Ort speichern, sobald alle Mitarbeiterzertifikate angelegt wurden. Sie brauchen diese beiden Dateien, wenn Sie später zusätzliche Mitarbeiterzertifikate anlegen möchten. Schützen Sie insbesondere die Datei *root.pvk* vor unbefugtem Zugriff, denn wer diese Datei besitzt (und über den geheimen Zugangscode verfügt, den Sie beim Anlegen des Stammzertifikats festgelegt hatten), kann neue Mitarbeiterzertifikate anlegen.

Prüfen Sie auch hier, ob das Mitarbeiterzertifikat korrekt angelegt wurde:

```
PS> $mitarbeiter = "Tobias Weltner"
PS> $zertifikat = dir cert:\CurrentUser\My | Where-Object { $_.Subject -eq "CN=$mitarbeiter" }
PS> [System.Reflection.Assembly]::LoadWithPartialName("System.Security")
PS> [System.Security.Cryptography.x509Certificates.X509Certificate2UI]::DisplayCertificate($zertifikat)
```

Das Dialogfeld zeigt nun für *Ausgestellt von* und *Ausgestellt für* unterschiedliche Angaben. Der Aussteller des Mitarbeiterzertifikats ist jetzt Ihr neues Stammzertifikat, und wenn Sie auf die Registerkarte *Zertifizierungspfad* klicken, sehen Sie nun eine echte Vertrauenskette, ausgehend vom Stammzertifikat für Ihre Abteilung. Das hat große Vorteile, weil nun unternehmensweit nur noch Ihr Stammzertifikat in den Speicher der vertrauenswürdigen Stammzertifizierungsstellen eingetragen zu werden braucht. Alle von Ihrem Stammzertifikat ausgehenden Mitarbeiterzertifikate sind jetzt automatisch vertrauenswürdig.

Backup anlegen

Jeder Mitarbeiter sollte sein Mitarbeiterzertifikat sichern und an einem geschützten Ort hinterlegen. Die Sicherung kann direkt aus der PowerShell heraus geschehen. Die folgenden Zeilen legen eine kennwortgeschützte PFX-Datei unter dem Namen *backup.pfx* im aktuellen Ordner an. Das Kennwort ist im Beispiel auf *strenggeheim* festgelegt und sollte natürlich geändert werden. Nur wenn das bei der Sicherung angegebene Kennwort bekannt ist, kann das Zertifikat einschließlich seines geheimen privaten Schlüssels wieder importiert werden.

```
PS> $filename = "$(get-location)\backup.pfx"
PS> $pwd = "strenggeheim"

PS> [System.Reflection.Assembly]::LoadWithPartialName("System.Security")
PS> $container = New-Object
System.Security.Cryptography.X509Certificates.X509Certificate2Collection
PS> $container.Add($zertifikat)

PS> $bytes = $container.Export(3, $pwd)
PS> $filestream = New-Object System.IO.FileStream($filename, "Create")
PS> $filestream.Write($bytes, 0, $bytes.Length)
PS> $filestream.Close()
```

Falls Sie selbst die Rolle des Abteilungsleiters übernehmen, könnten Sie nun für jeden Mitarbeiter ein Codesigning-Zertifikat anlegen, jeweils eine *PFX*-Sicherheitskopie erzeugen und diese dann jedem Mitarbeiter übergeben. Der Mitarbeiter braucht diese PFX-Datei nur per Doppelklick zu öffnen, das festgelegte Kennwort einzugeben und alle weiteren Vorgaben zu bestätigen. Anschließend ist das Zertifikat in seinem persönlichen Zertifikatspeicher installiert und der Mitarbeiter kann damit beginnen, Skripts zu signieren.

Stammzertifikat unternehmensweit installieren

Auf dem Computer, auf dem Sie das Stammzertifikat angelegt haben, funktioniert Ihre Mini-PKI bereits. Damit Ihre neuen Mitarbeiterzertifikate aber auch unternehmensweit anerkannt werden, tragen Sie das Stammzertifikat nun noch unternehmensweit in den Speicher der vertrauenswürdigen Stammzertifizierungsstellen ein. Das können Sie entweder einzeln von Hand tun, oder Sie verwenden in einem Active Directory die Gruppenrichtlinien für die automatisierte Verteilung. Mit der PowerShell wird das Stammzertifikat in der Datei *root.cer* auf folgende Weise in den computerweiten Speicher vertrauenswürdiger Stammzertifizierungsstellen installiert:

```
PS> copy "$env:programfiles\Microsoft Visual Studio 8\SDK\v2.0\Bin\root.cer" "root.cer"
PS> $store = New-Object System.Security.Cryptography.X509Certificates.x509Store("root",
```

```
"LocalMachine")
PS> $filename = "$(get-location)\root.cer"
PS> $store.Open("ReadWrite")
PS> $container = New-Object
System.Security.Cryptography.X509Certificates.X509Certificate2Collection
PS> $container.Import($filename)
PS> $store.Add($container[0])
PS> $store.Close()
```

Sie könnten ebenso gut die Datei *root.cer* per Doppelklick öffnen oder aus der PowerShell heraus aufrufen:

```
PS> .\root.cer
```

In diesem Fall installieren Sie das Zertifikat assistentengesteuert interaktiv. Im Dialogfeld klicken Sie dazu auf die Schaltfläche *Zertifikat installieren*. Folgen Sie dem Assistenten und wählen Sie dann die Option *Alle Zertifikate in folgendem Speicher speichern*. Klicken Sie auf *Durchsuchen*.

Ein weiteres Dialogfeld öffnet sich. Darin aktivieren Sie die Option *Physikalischen Speicher anzeigen*. Danach wählen Sie diesen Zweig: *Vertrauenswürdige Stammzertifizierungsstellen*. Klicken Sie auf *OK* und dann auf *Weiter*, um das Zertifikat zu installieren.

Zusammenfassung

PowerShell-Skripts sind Textdateien mit der Dateierweiterung *.ps1*. Sie funktionieren ähnlich wie Stapeldateien älterer Konsolen und dürfen beliebige PowerShell-Anweisungen enthalten. Starten Sie ein PowerShell-Skript, führt die PowerShell die darin enthaltenen Anweisungen aus.

Damit Sie Skripts starten können, muss die Execution Policy (Ausführungsrichtlinie) dies erlauben. Anfangs verbietet diese Einstellung den Start von Skripts, aber mit *Set-ExecutionPolicy* kann ein Administrator diese Einstellung ändern und festlegen, welche Skripts gestartet werden dürfen. Die Execution Policy kann z.B. festlegen, dass nur der Start solcher Skripts erlaubt ist, die über eine gültige digitale Signatur verfügen, und unterscheidet dabei auf Wunsch zwischen lokalen Skripts und solchen, die aus dem Internet stammen. Digitale Signaturen stellen dabei sicher, dass ein Skript von einem vertrauenswürdigen Herausgeber stammt und nicht nachträglich verändert wurde. Solche Signaturen kann man sich also wie ein Gütesiegel vorstellen.

Um ein PowerShell-Skript auszuführen, muss das Skript mit seinem relativen oder absoluten Pfadnamen aufgerufen werden. Es genügt also nicht, nur den Skriptnamen anzugeben, es sei denn, das Skript befindet sich in einem globalen Ordner. Globale Ordner sind alle Ordner, die in der Umgebungsvariablen *Path* genannt werden. Ein anderer Weg, Skripts bequem zu starten, ist ein Aliasname, den Sie mit *Set-Alias* für das Skript vereinbaren. Skripts können Argumente übergeben werden. Die PowerShell analysiert automatisch alle Informationen, die Sie beim Aufruf eines Skripts hinter dem Skriptnamen angeben, und verwendet das Leerzeichen als Trennzeichen für Argumente. Die Argumente stehen dem Skript danach in *$args* zur Verfügung. Alternativ kann das Skript Argumente auch an festgelegte Parameter binden. Dazu werden die Parameter ähnlich wie bei Funktionen mit einem *param*-Block innerhalb des Skripts definiert. Der Rückgabewert eines Skripts wird ähnlich wie bei Funktionen nur durch die Informationen bestimmt, die Sie darin »liegen lassen«. Zusätzlich kann ein

Skript über die Anweisung *exit* einen numerischen Rückgabewert festlegen, den der Aufrufer dann ähnlich wie bei Stapeldateien als »Error Level« auswerten kann.

PowerShell-Skripts dürfen auch innerhalb der Pipeline eingesetzt werden. Damit Skripts die Pipeline nicht blockieren, müssen sie ähnlich wie Funktionen mindestens einen *process*-Block definieren. Er wird für jedes Objekt in der Pipeline einzeln aufgerufen und das jeweilige Objekt steht innerhalb des *process*-Blocks in der Laufvariablen *$_* zur Verfügung.

Damit auch umfangreichere Skripts übersichtlich bleiben, sollten einzelne Aufgaben als Funktion gekapselt werden. Funktionen müssen immer am Skriptanfang stehen. Sie lassen sich aber auch in ein externes Bibliotheksskript auslagern, das dann vom Arbeitsskript ähnlich einer *Include*-Anweisung nachgeladen wird. Außerdem sollten Sie das Skript mit einem kommentarbasierten Hilfeblock dokumentieren, damit der Benutzer über *Get-Help* Hilfestellung zum Skript abrufen kann. Noch komfortabler wird der Umgang mit Skripts, wenn Sie diese als Modul in einer *PSM1*-Datei speichern.

Kapitel 15

Fehler finden, abfangen und vermeiden

In diesem Kapitel:

Während handwerkliche Fehler im PowerShell-Code vermeidbar sind (beispielsweise Tippfehler oder fehlende Klammern, sogenannte *Syntaxfehler*), gilt das für Laufzeitfehler nicht. Laufzeitfehler entstehen, wenn an sich einwandfreier PowerShell-Code zur Laufzeit auf Bedingungen stößt, die dann einen Fehler auslösen. Versucht ein Skript beispielsweise, ein Netzlaufwerk mit einem Laufwerksbuchstaben herzustellen, der auf dem System bereits vergeben ist, kommt es zum Laufzeitfehler. Derselbe Fehler ist bei Ihnen auf dem Entwicklungssystem vielleicht nie aufgetreten, weil bei Ihnen die verwendeten Laufwerksbuchstaben stets unbelegt waren. In diesem Kapitel erfahren Sie, wie Laufzeitfehler abgefangen und behandelt werden, wie also Ihr Code auf solche Fehler reagieren kann.

Fehlertoleranz und Standardfehlerhandling

Die PowerShell ist auf Produktivität ausgerichtet und enthält deshalb bereits ein automatisches Fehlerhandling, das als Vorgabe bei Fehlern zwar eine Fehlermeldung ausgibt, aber den restlichen Code weiter ausführt. Die folgende Zeile löst beispielsweise einen Fehler aus, weil der Prozess *Irgendwas* nicht gefunden wird, listet aber anschließend den Inhalt des Windows-Ordners auf, so als sei nichts geschehen:

```
PS> Get-Process -Name Irgendwas; dir $env:windir | Out-Host
Get-Process : Es kann kein Prozess mit dem Namen "Irgendwas" gefunden werden. Überprüfen Sie den
Prozessnamen, und rufen Sie das Cmdlet erneut auf.

    Verzeichnis: C:\Windows


Mode                LastWriteTime     Length Name
----                -------------     ------ ----
d----        14.07.2009     07:32            addins
d----        14.07.2009     05:20            AppCompat
d----        25.02.2010     07:47            AppPatch
(...)
```

Dieser relativ laxe Umgang mit Fehlern kann unerwünscht sein. Stellen Sie sich einfach vor, Ihr Skript soll zuerst Daten von A nach B kopieren und danach in A löschen. Scheitert der erste Teil und wird der zweite trotzdem ausgeführt, werden die Daten gelöscht und sind im schlimmsten Fall ganz verloren, wenn nicht noch anderweitig eine Kopie vorhanden ist.

ErrorAction festlegen

Deshalb kann man im einfachsten Fall einfach die Vorgabe für das eingebaute Fehlerhandling ändern, sich aber ansonsten nicht weiter um das Fehlerhandling kümmern. Schlüssel dazu ist die sogenannte *ErrorAction*, die festlegt, wie bei einem Fehler verfahren werden soll. Diese kann bei jedem Cmdlet individuell über den Parameter *-ErrorAction* (oder seinen kürzeren Aliasnamen *-ea*) festgelegt werden. Möchten Sie z.B., dass bei einem Fehler nicht fortgefahren wird, setzen Sie die *ErrorAction* auf *Stop*:

```
PS> Get-Process -Name Irgendwas -ea Stop; dir $env:windir | Out-Host
Get-Process : Es kann kein Prozess mit dem Namen "Irgendwas" gefunden werden. Überprüfen Sie den
Prozessnamen, und rufen Sie das Cmdlet erneut auf.
```

$ErrorActionPreference verwenden

Geben Sie die *ErrorAction* nicht an, greift die PowerShell automatisch auf die Vorgabe zurück, die in *$ErrorActionPreference* gespeichert ist:

```
PS> $ErrorActionPreference
Continue
```

Sie können deshalb das Standardfehlerhandling auch generell auf einen anderen Modus festlegen:

```
PS> $ErrorActionPreference = 'Stop'
```

Jetzt würde jedes Cmdlet, bei dem Sie die *ErrorAction* nicht ausdrücklich festlegen, bei einem Fehler anhalten und den übrigen Code nicht weiter ausführen.

PROFITIPP Es kommt etwas darauf an, wo genau Sie die Variable *$ErrorActionPreference* ändern. Führen Sie dies in der Konsole durch, gilt die Vorgabe überall, also sowohl bei interaktiv eingegebenen Befehlen als auch bei Skripts, die Sie starten. Möchten Sie als Skriptautor die Einstellung nur innerhalb Ihres Skripts ändern, setzen Sie diese innerhalb des Skripts. Sie wird dadurch automatisch zu einer lokalen Variable innerhalb des Skripts und ändert nicht die Einstellung außerhalb, also in Ihrer Konsole – es sei denn, Sie rufen das Skript dotsourced auf, weil dann wie immer alle Variablen des Skripts globale Gültigkeit bekommen. Grundsätzlich gilt, dass die *ErrorAction* nur bei PowerShell-Befehlen wirksam ist, also bei Cmdlets sowie Funktionen und Skripts (sofern deren Autoren diesen Mechanismus unterstützen; mehr dazu haben Sie bereits in Kapitel 10 gelesen).

Einstellung	Beschreibung
SilentlyContinue	Fehlermeldung unterdrücken, nächsten Befehl fortsetzen
Continue	Fehlermeldung ausgeben, nächsten Befehl fortsetzen (Vorgabe)
Stop	Ausführung abbrechen
Inquire	Nachfragen

Tabelle 15.1 Einstellmöglichkeiten für *-ErrorAction* und *$ErrorActionPreference*

Fehlermeldungen anpassen

Gibt die PowerShell eine Fehlermeldung aus, erscheint diese meist in Rot auf schwarzem Grund. Wie die PowerShell Fehlermeldungen ausgibt, kann man jedoch in weiten Bereichen anpassen und ist dabei nicht nur auf bessere Farbeinstellungen beschränkt. Die Farben für Fehlermeldungen legen Sie über das Objekt *$Host* fest. Die folgenden Zeilen verwenden rote Schrift auf aktueller Hintergrundfarbe:

```
PS> $Host.PrivateData.ErrorForegroundColor = 'Red'
PS> $Host.PrivateData.ErrorBackgroundColor = $Host.UI.RawUI.BackgroundColor
PS> 1/$null
Es wurde versucht, durch 0 (null) zu teilen.
```

Setzen Sie die automatische Variable *$ErrorView* auf den Wert *CategoryView*, fasst die PowerShell Fehlermeldungen kurz und knapp in nur einer Zeile zusammen: für Profis die weitaus bessere Wahl:

```
PS> $ErrorView
```

```
NormalView
PS> 1/$null
Es wurde versucht, durch 0 (null) zu teilen.
Bei Zeile:1 Zeichen:3

PS> $ErrorView = "CategoryView"
1/$null
NotSpecified: (:) [], RuntimeException
```

Fehler selbst behandeln

Möchten Sie nicht, dass die PowerShell die Fehler behandelt, sondern wollen Sie selbst entscheiden, was im Fehlerfall geschehen soll, benötigen Sie dazu zwei Dinge: Die PowerShell-Fehlermeldung muss verschwinden, und stattdessen müssen Sie darüber informiert werden, dass ein Fehler geschehen ist, und dann entscheiden, was stattdessen erfolgen soll.

Basisfehlerhandling

Die einfachste Form des Fehlerhandlings weist die PowerShell mit der ErrorAction *SilentlyContinue* an, Fehlermeldungen zu unterdrücken. Anschließend können Sie mit der besonderen Variable *$?* prüfen, ob ein Fehler aufgetreten ist oder nicht:

```
del "gibtsnicht" -ErrorAction "SilentlyContinue"
if (!$?) { "Hat nicht geklappt!"; break }; "Alles ok!"
```

Falls Sie sich gerade wundern, was *(!$?)* für eine sonderbare Ansammlung ist, hier eine kurze Wiederholung: Das Ausrufezeichen (!) steht für das logische »Nicht«. Die Bedingung ist also erfüllt, wenn die Variable *$?* nicht den Wert *$true* enthält (und somit ein Fehler passiert ist). Die Anweisung *break* sorgt dafür, dass die Zeile nicht weiter ausgeführt wird. Der Text *Alles ok!* wird also nur dann ausgegeben, wenn kein Fehler aufgetreten ist. Möchten Sie herausfinden, was für ein Fehler passiert ist, schauen Sie im Element *0* des Arrays *$Error* nach. Die PowerShell protokolliert in *$Error* alle Fehler. Der jeweils aktuellste befindet sich im Element *0*:

```
del "gibtsnicht" -ErrorAction "SilentlyContinue"
if (!$?) { "Fehler: $($Error[0])"; break }; "Alles ok!"
Fehler: Der Pfad "U:\gibtsnicht" kann nicht gefunden werden, da er nicht vorhanden ist.
```

Fehler in nativen Anwendungen abfangen

Die eben verwendete Form des Fehlerhandlings funktioniert auch mit Nicht-PowerShell-Befehlen:

```
PS> net use C: \\127.0.0.1\c$
Systemfehler 85 aufgetreten.

Der lokale Gerätename wird bereits verwendet.
PS> if (!$?) { "Ein Fehler ist passiert!"; break }; "Alles ok!"
Ein Fehler ist passiert!
```

Jedenfalls teilweise. Weil externe Befehle wie *net* keine PowerShell-Fehlermeldungen auswerfen, kann man sie weder mit *ErrorAction* verstecken noch aus *$Error* auslesen. Allerdings kann man die Fehler der meisten nativen Anwendungen über die Anweisung »2>« umleiten, sodass sie nicht in die Konsole ausgegeben werden. Geben Sie dahinter »&1« an, werden die Fehler stattdessen zum Ergebnis des Befehls und stehen danach tatsächlich als echte PowerShell-Fehlermeldung zur Verfügung. Falls der Befehl außerdem reguläre Rückmeldungen geben würde, wären diese allerdings nun mit den Fehlermeldungen vermischt. Leiten Sie deshalb die regulären Rückgabewerte außerdem mit > *$null* um ins Nichts:

```
PS> net use C: \\127.0.0.1\c$ 2>&1 | Select-Object *

writeErrorStream      : True
PSMessageDetails      :
Exception             : System.Management.Automation.RemoteException: Systemfehler 85 aufgetreten.
TargetObject          : Systemfehler 85 aufgetreten.
CategoryInfo          : NotSpecified: (Systemfehler 85 aufgetreten.:String) [], RemoteException
FullyQualifiedErrorId : NativeCommandError
ErrorDetails          :
InvocationInfo        : System.Management.Automation.InvocationInfo
PipelineIterationInfo : {0, 0, 0}
writeErrorStream      : True
PSMessageDetails      :
Exception             : System.Management.Automation.RemoteException:
TargetObject          :
CategoryInfo          : NotSpecified: (:) [], RemoteException
FullyQualifiedErrorId : NativeCommandErrorMessage
ErrorDetails          :
InvocationInfo        : System.Management.Automation.InvocationInfo
PipelineIterationInfo : {0, 0, 1}
writeErrorStream      : True
PSMessageDetails      :
Exception             : System.Management.Automation.RemoteException: Der lokale Geräten
                        ame wird bereits verwendet.
TargetObject          :
CategoryInfo          : NotSpecified: (:) [], RemoteException
FullyQualifiedErrorId : NativeCommandErrorMessage
ErrorDetails          :
InvocationInfo        : System.Management.Automation.InvocationInfo
PipelineIterationInfo : {0, 0, 2}
```

Jetzt können Sie das Basisfehlerhandling auch für native Anwendungen anwenden:

```
PS> $fehler = net use C: \\127.0.0.1\c$  2>&1
PS> if (!$?) { "Fehler: $fehler"; break }; "Alles ok!"
Fehler: Systemfehler 85 aufgetreten.
 Der lokale Gerätename wird bereits verwendet.
```

PROFITIPP Möchten Sie einen nativen Befehl in Ihr Fehlerhandling einschließen, hängen Sie also grundsätzlich »2>&1« an. Speichern Sie dann die resultierende Fehlermeldung so wie im Beispiel eben, um die Fehlerursache ausgeben zu können. Sollte der Befehl reguläre Meldungen liefern, gehen diese nun allerdings verloren. Möchten Sie diese erhalten, können Sie reguläre Erfolgsmeldungen und Fehlermeldungen mischen und müssen dann prüfen, was Sie tatsächlich erhalten haben:

```
$ergebnis = net use w: \\127.0.0.1\c$ 2>&1
```

```
$gruppen = $ergebnis | Group-Object { $_.GetType().FullName -like '*error*' }
$meldung = $gruppen | Where-Object { $_.Name -eq 'false' } | Select-Object -ExpandProperty Group
$fehler = $gruppen | Where-Object { $_.Name -eq 'true' } | Select-Object -ExpandProperty Group
"Meldungen: $meldung"
"Fehler: $fehler"
```

Das gemischte Ergebnis wird dabei zuerst mit *Group-Object* nach Typ gruppiert. Eine Gruppe enthält alle Ergebnisse, deren Typname das Stichwort *Error* enthält, die andere alle übrigen Resultate. Anschließend werden die Elemente der beiden Gruppen in zwei unterschiedlichen Variablen unterteilt.

Je nachdem, ob der Befehl erfolgreich verläuft oder nicht, erhalten Sie also Meldungen oder Fehler und können entsprechend darauf reagieren.

try...catch-Blöcke verwenden

Eine sehr viel professionellere Version des Fehlerhandlings setzen die PowerShell-Sprachelemente *try* und *catch* ein, die man sich wie Software-Cortison vorstellen kann. Alle Fehler innerhalb des *try*-Blocks werden überwacht. Tritt darin ein Fehler auf, wird gemacht, was *catch* bestimmt:

```
try {
  'Starte'
  dir zumsel: -ErrorAction Stop
  'Nächster Befehl'
  Get-Process
}

catch {
  Write-Error "Ein Fehler ist passiert: $_"
}

'Fertig'
```

Führen Sie diesen Code aus, erhalten Sie das folgende Resultat:

```
PS> & 'C:\skript.ps1'
Starte
C:\skript.ps1 : Ein Fehler ist passiert: Das Laufwerk wurde nicht gefunden. Ein Laufwerk mit dem
Namen "zumsel" ist nicht vorhanden.
Bei Zeile:1 Zeichen:2
+ & <<<<  'C:\skript.ps1'
    + CategoryInfo          : NotSpecified: (:) [Write-Error], WriteErrorException
    + FullyQualifiedErrorId : Microsoft.PowerShell.Commands.WriteErrorException,skript.ps1
Fertig
```

Daraus ergeben sich die folgenden wichtigen Erkenntnisse:

- **-ErrorAction Stop** Damit *try* einen Fehler abfangen kann, muss er für die Außenwelt sichtbar sein. Das ist nur der Fall, wenn das Cmdlet *-ErrorAction Stop* verwendet. *Stop* heißt nämlich nicht, dass das Cmdlet bei einem Fehler abbrechen soll, sondern nur, dass es eine Fehlermeldung ausgibt und sich dann der Außenwelt unterwirft – diese bestimmt jetzt, ob angehalten oder fortgesetzt werden soll. Anders gesagt: Setzen Sie bei einem Cmdlet, das einen Fehler auslöst, *nicht -ErrorAction* auf *Stop*, dann erkennt *try* den Fehler nicht und die PowerShell behandelt den Fehler stattdessen.

- **Abbruch** Unternehmen Sie in Ihrem *catch*-Block nichts Besonderes, wird der gesamte restliche *try*-Block abgebrochen und die PowerShell setzt die Ausführung mit dem nächsten Befehl nach *catch* fort. Innerhalb von *catch* steht die Fehlermeldung in der Variablen *$_* zur Verfügung und kann z.B. in eine eigene Meldung integriert oder mit *Write-EventLog* direkt in ein Ereignisprotokoll geschrieben werden.

PROFITIPP Kann man *try/catch* auch mit nativen Befehlen verwenden? Immerhin lösen diese keine normalen PowerShell-Fehlermeldungen aus. Damit dies trotzdem geschieht, leiten Sie die Fehlermeldung wie im letzten Abschnitt beschrieben um und speichern sie in einer Variablen. Weil das Ergebnis bei einem Fehler eine sogenannte *Exception* ist, können Sie diese mit *throw* nun auslösen lassen, damit *catch* den Fehler bemerkt und entsprechend handelt:

```
try {
  $fehler = net use C: \\127.0.0.1\c$  2>&1
  if ($fehler) { throw $fehler }
}

catch {
  Write-Error "Ein Fehler ist passiert: $_"
}
```

Das Ergebnis sieht nun so aus:

```
PS> C:\skript.ps1'
C:\skript.ps1 : Ein Fehler ist passiert: Systemfehler 85 aufgetreten.
Der lokale Gerätename wird bereits verwendet.
Bei Zeile:1 Zeichen:2
+ . <<<<  'C:\Users\w7-pc9\AppData\Local\Temp\Untitled13.ps1'
    + CategoryInfo          : NotSpecified: (:) [Write-Error], WriteErrorException
    + FullyQualifiedErrorId : Microsoft.PowerShell.Commands.WriteErrorException,skript.ps1
```

Der native Befehl verhält sich jetzt also genauso wie ein Cmdlet.

Falls Sie keinen *catch*-Block benötigen, können Sie ihn durch einen *Finally*-Block ersetzen. Alle Anweisungen darin werden unabhängig von einem aufgetretenen Fehler ausgeführt. Einer von beiden muss nach *try* immer angegeben werden.

Traps einsetzen

Alternativ können Sie auch sogenannte *Traps* (engl. für *Falle*) einsetzen. Traps sind anders als *try* nicht auf einen bestimmten Codebereich beschränkt, sondern behandeln sämtliche Fehler in ihrem Einzugsbereich. Positionieren Sie eine Trap beispielsweise am Anfang eines Skripts, behandelt sie sämtliche Fehler darin. Befindet sich die Trap dagegen innerhalb einer Funktion, behandelt sie nur Fehler dieser Funktion. Traps richten sich also nach denselben Gültigkeitsbereichen wie Variablen. Man kann sie sich ansonsten vorstellen wie den *catch*-Block von eben – der Code der Trap wird also bei einem auftretenden Fehler ausgeführt und entscheidet, was geschehen soll. Schreiben Sie den Beispielcode von eben um und verwenden eine Trap (das Schlüsselwort hierfür ist *trap*), verhält sich das Skript etwas anders:

```
trap { Write-Error "Ein Fehler ist geschehen: $_" }
'Starte'
```

```
dir zumsel: -ErrorAction Stop
'Nächster Befehl'
Get-Process
'Fertig'
```

So sieht das Ergebnis aus:

```
PS> & 'C:\skript.ps1'
Starte
C:\skript.ps1 : Ein Fehler ist geschehen: Das Laufwerk wurde nicht gefunden. Ein Laufwerk mit dem
Namen "zumsel" ist nicht vorhanden.
Bei Zeile:1 Zeichen:2
+ & <<<< 'C:\skript.ps1'
    + CategoryInfo          : NotSpecified: (:) [Write-Error], WriteErrorException
    + FullyQualifiedErrorId : Microsoft.PowerShell.Commands.WriteErrorException,skript.ps1
Get-ChildItem : Das Laufwerk wurde nicht gefunden. Ein Laufwerk mit dem Namen "zumsel" ist nicht
vorhanden.
Bei C:\skript.ps1:3 Zeichen:4
+ dir <<<< zumsel: -ErrorAction Stop
    + CategoryInfo          : ObjectNotFound: (zumsel:String) [Get-ChildItem],
DriveNotFoundException
    + FullyQualifiedErrorId : DriveNotFound,Microsoft.PowerShell.Commands.GetChildItemCommand

Nächster Befehl

Handles  NPM(K)    PM(K)      WS(K) VM(M)   CPU(s)     Id ProcessName
-------  ------    -----      ----- -----   ------     -- -----------
     59       7     1596       5452    57     0,02   1356 conhost
(...)
     63      10     2040       1020    83     0,08   2868 WTGU
Fertig
```

Die augenfälligsten Unterschiede zu *try/catch*:

- **Doppelte Fehlermeldungen** Nach der von Ihnen definierten eigenen Fehlermeldung gibt die PowerShell anschließend noch ihre eigene Fehlermeldung aus
- **Fortsetzung** Nach dem Fehler wird mit dem nächsten Befehl fortgesetzt

Die doppelten Fehlermeldungen entstehen, weil Ihre Trap den Fehler zwar behandelt, aber nicht abfängt. Er wird anschließend weitergereicht und die PowerShell gibt daraufhin die Fehlermeldung noch einmal aus. Um den Fehler auch abzufangen, muss Ihre Trap die Anweisung *continue* erteilen. Dass der Skriptcode nach dem Fehler fortgesetzt wird, entspricht dagegen eigentlich sogar dem Verhalten von *try/catch*, wenn Sie das Kleingedruckte in den Betriebsbedingungen lesen. Nach einem Fehler setzt *trap* die Ausführung nämlich mit der nächsten Anweisung fort, *die sich auf derselben Gültigkeitsebene befindet wie die Trap selbst.* Da *trap* und Code auf derselben Gültigkeitsebene angesiedelt sind, wird also mit der nächsten Anweisung fortgefahren. Bei *try/catch* verfährt der *catch*-Block genauso, nur befindet sich der Code innerhalb von *try* in einem untergeordneten Skriptblock. Deshalb wird nach einem Fehler mit dem nächsten Befehl außerhalb von *try* fortgesetzt. So ähneln sich *try/catch* und *trap* sehr viel mehr:

```
trap {
  Write-Error "Ein Fehler ist geschehen: $_"
  continue
}
```

```
& {
'Starte'
dir zumsel: -ErrorAction Stop
'Nächster Befehl'
Get-Process
}

'Fertig'
```

Jetzt sieht das Ergebnis genauso aus wie bei *try/catch*:

```
PS> & 'C:\skript.ps1'
Starte
C:\skript.ps1 : Ein Fehler ist geschehen: Das Laufwerk wurde nicht gefunden. Ein Laufwerk mit dem
Namen "zumsel" ist nicht vorhanden.
Bei Zeile:1 Zeichen:2
+ & <<<<  'C:\skript.ps1'
    + CategoryInfo          : NotSpecified: (:) [Write-Error], WriteErrorException
    + FullyQualifiedErrorId : Microsoft.PowerShell.Commands.WriteErrorException,skript.ps1

Fertig
```

Schauen Sie sich als Nächstes das folgende Beispiel an. Das Ergebnis ist vielleicht nicht so, wie Sie es erwartet haben:

```
trap { "Ein fürchterlicher Fehler ist passiert!"} del "gibtsnicht"
Remove-Item : Der Pfad "C:\Users\Tobias Weltner\gibtsnicht" kann nicht gefunden werden, da er
nicht vorhanden ist.
Bei Zeile:1 Zeichen:54
+ trap { "Ein fürchterlicher Fehler ist passiert!"} del  <<<< "gibtsnicht"
```

Kann man Fehler innerhalb eines Cmdlets etwa nicht abfangen? Doch, allerdings nur, wenn Sie die *ErrorAction* des Cmdlets auf *Stop* setzen und so dafür sorgen, dass der Fehler auch tatsächlich an den Aufrufer zurückgemeldet und nicht intern vom Cmdlet abgefangen wird:

```
trap { "Ein fürchterlicher Fehler ist passiert!"} del "gibtsnicht" -ErrorAction "Stop"
Ein fürchterlicher Fehler ist passiert!
Remove-Item : Die Ausführung des Befehls wurde beendet, da die Shellvariable
"ErrorActionPreference" auf "Stop" festgelegt ist: Der Pfad "C:\Users\Tobias Weltner\gibtsnicht"
kann nicht gefunden werden, da er nicht vorhanden ist.
Bei Zeile:1 Zeichen:54
+ trap { "Ein fürchterlicher Fehler ist passiert!"} del  <<<< "gibtsnicht" -ErrorAction "Stop"
```

PROFITIPP Verwenden Sie anstelle von *continue* die Anweisung *break*, dann verhält sich *trap* in etwa wie *ErrorAction* mit dem Wert *Stop* und gibt die eingebaute Fehlermeldung aus. Nachfolgende Anweisungen werden nicht mehr ausgeführt.

Kurz und knapp ...

Cmdlets und Funktionen unterstützen den Parameter *-ErrorAction*, mit dem Sie bestimmen, wie der Befehl bei einem Fehler reagieren soll. Als Vorgabe wird eine Fehlermeldung ausgegeben und dann mit dem nächsten Befehl weitergemacht. Die Variable *$ErrorActionPreference* legt diese Vorgabe fest.

Mit *try/catch* und *trap* können Fehler aber auch selbst behandelt werden. Ihr Skript kann beispielsweise den Fehlergrund ermitteln, eigene Meldungen ausgeben und selbst entscheiden, was als Nächstes geschehen soll. Während *try/catch* nur Fehler abfängt, die innerhalb des *try*-Blocks auftreten, gilt *trap* für alle Fehler im Gültigkeitsbereich der Trap, ist also ein globaler Fehlerhandler.

ErrorRecords und Exceptions – Details zum Fehler

Immer, wenn die PowerShell eine rote Fehlermeldung ausgibt, steckt dahinter in Wirklichkeit eine sogenannte *Exception* (zu Deutsch *Ausnahme*). Diese wird ausgelöst von dem Programmteil, der auf einen Fehler gelaufen ist. PowerShell-Befehle wie Cmdlets und Funktionen verpacken die Exception in einem *ErrorRecord*. Wie alles bei der PowerShell sind der *ErrorRecord* und die Exception in Wirklichkeit Objekte und enthalten alle nur erdenklichen Informationen zum Fehler, beispielsweise die Stelle, an welcher der Fehler aufgetreten ist, die Fehlerursache und für Programmierer sogar oft einen sogenannten *Stack Trace*, mit dem man herausfindet, welche .NET-Funktion hinter den Kulissen den Fehler gemeldet hat. Sie können ErrorRecords und die darin verpackten Exceptions in vielerlei Hinsicht nutzen, wenn Sie Fehler wie im letzten Abschnitt selbst behandeln und dies nicht der PowerShell überlassen:

- **Fehlerursachen und Fehlermeldungen** Ihre Fehlerbehandlungsroutinen können mithilfe der Informationen in den ErrorRecords aussagekräftige Fehlermeldungen erzeugen
- **Selektives Fehlerhandling** Weil jeder Fehlertyp seinen eigenen Typ einer Exception auslöst, können Ihre Fehlerbehandlungsroutinen selektiv nur bei bestimmten Fehlertypen aktiv werden und andere dem Standardfehlerhandling von der PowerShell überlassen
- **Eigene Fehlermeldungen** Umgekehrt kann Ihr Code auch eigene Exceptions auslösen und so dem Aufrufer die Möglichkeit geben, auf einen Fehler zu reagieren

Verschiedene Exceptions untersuchen

Die PowerShell protokolliert alle Fehler, die in einer PowerShell-Session auftreten, in der Variable *$Error* mit. Diese ist eigentlich ein Array und die jüngsten Fehlermeldungen finden sich darin am Anfang. Die letzte Fehlermeldung wird also mit dem Index 0 angesprochen:

```
PS> $Error[0]
Get-ChildItem : Das Laufwerk wurde nicht gefunden. Ein Laufwerk mit dem Namen "zumsel" ist nicht
vorhanden.
Bei Zeile:1 Zeichen:4
+ dir <<<<  zumsel:
```

```
    + CategoryInfo          : ObjectNotFound: (zumsel:String) [Get-ChildItem], DriveNot
FoundException
    + FullyQualifiedErrorId : DriveNotFound,Microsoft.PowerShell.Commands.GetChildItemCommand
```

TIPP Falls *$Error* bei Ihnen noch leer sein sollte, provozieren Sie einfach einen Fehler, beispielsweise durch diesen Befehl:

```
PS> dir zumsel:
```

Spätestens danach sollte *$Error* mindestens einen Eintrag enthalten.

Alle Fehlermeldungen, die Sie in *$Error* finden, sind in Wirklichkeit Exception- oder *ErrorRecord*-Objekte. Ob ein Befehl im Fehlerfall die Exception zuerst in einem *ErrorRecord* verpackt oder direkt versendet, kann unterschiedlich sein, aber jeder Fehlertyp verwendet seinen eigenen Exception-Typ. Die folgende Zeile listet Ihnen die verschiedenen Typen auf, die in Ihrer Session aufgetreten sind. Wie viele es sind, hängt natürlich davon ab, wie lange Sie schon die PowerShell-Konsole geöffnet haben und wie viele Fehler inzwischen aufgetreten sind:

```
PS> $Error | ForEach-Object { $_.GetType().FullName } | Sort-Object | Get-Unique
System.Management.Automation.ActionPreferenceStopException
System.Management.Automation.BreakException
System.Management.Automation.ContinueException
System.Management.Automation.ErrorRecord
System.Management.Automation.IncompleteParseException
System.Management.Automation.ParameterBindingException
System.Management.Automation.ParameterBindingValidationException
System.Management.Automation.ParseException
System.Management.Automation.RuntimeException
```

Wollen Sie wissen, welche Fehlertypen wie häufig aufgetreten sind, greifen Sie zu *Group-Object*:

```
PS> $Error | Group-Object { $_.GetType().FullName } -NoElement | Sort-Object Count -Desc | Format-
Table -AutoSize

Count Name
----- ----
  149 System.Management.Automation.ErrorRecord
   12 System.Management.Automation.BreakException
    5 System.Management.Automation.IncompleteParseException
    3 System.Management.Automation.ParameterBindingValidationException
    3 System.Management.Automation.ContinueException
    3 System.Management.Automation.RuntimeException
    3 System.Management.Automation.ParseException
    1 System.Management.Automation.ParameterBindingException
    1 System.Management.Automation.ActionPreferenceStopException
```

Spätestens jetzt wird deutlich, dass die überwiegende Anzahl von Fehlern ErrorRecords liefern. Direkte Exceptions stammen meist von der PowerShell selbst und werden ausgelöst, wenn intern Fehler auftreten, beispielsweise bei fehlenden Klammern oder falschen Argumenten für einen Befehl.

PROFITIPP Sie können ErrorRecords auch direkt in dem Moment auslesen, in dem der Fehler passiert, um sie anschließend genauer zu untersuchen. Dazu verwenden Sie entweder die Umleitung oder den Parameter *-ErrorVariable*:

```
# Fehlermeldung in Variable schreiben. Achtung: vor dem Variablennamen kein "$" angeben!
PS> dir zumsel: -ErrorVariable fehler
PS> $fehler

# Fehlermeldung über Umleitung lesen:
PS> $fehler = dir zumsel: 2>&1
PS> $fehler
```

Geben Sie vor dem Variablennamen ein Pluszeichen an, dann wird der Fehler der Variable hinzugefügt, sodass Sie mehrere Fehler in einer Variablen speichern könnten:

```
dir zumsel: -ErrorVariable fehler
Get-Process -id 999 -ErrorVariable +fehler
$fehler
```

Es gibt übrigens feine Unterschiede zwischen dem Parameter *-ErrorVariable* und der Umleitung. Der Parameter funktioniert nur bei Cmdlets und Funktionen, die ihn auch unterstützen, also nicht bei nativen Befehlen. Die Umleitung dagegen liefert den *ErrorRecord* nur zurück, wenn er auch ausgegeben worden wäre, und verschluckt ihn dabei. Er wird nun anders als bei *ErrorVariable* nicht mehr sichtbar in der Konsole angezeigt. *ErrorVariable* dagegen liefert den ErrorRecord auch dann zurück, wenn er mit *-ErrorAction* eigentlich unterdrückt wurde.

Die folgende Anweisung liefert »nichts« zurück:

```
$fehler = dir zumsel: -ea "SilentlyContinue" 2>&1
```

Diese dagegen schon:

```
dir zumsel: -ErrorVariable fehler -ErrorAction 'SilentlyContinue'
```

Auch das Ergebnis in *$fehler* unterscheidet sich. Bei der Umleitung wurde genau ein *ErrorRecord* gespeichert – nämlich der, der ansonsten sichtbar als Fehlermeldung angezeigt worden wäre. Der Parameter *-ErrorVariable* liefert dagegen immer ein Array zurück. Das hat zwar nur ein Element, aber wenn Sie den *ErrorRecord* und seine vielfältigen Eigenschaften auswerten wollen, müssen Sie zuerst ausdrücklich auf dieses Arrayelement zugreifen:

```
PS> $fehler[0].Exception.Message
```

Es kann nämlich durchaus auch mehrere ErrorRecords geben. Im nächsten Beispiel werden die Dateilisten von drei verschiedenen Ordnern auf einmal abgerufen, die aber alle nicht existieren. Das Ergebnis sind drei ErrorRecords:

```
dir gibtsnicht,nichtda,woisder -ErrorVariable fehler -ErrorAction "SilentlyContinue"
$fehler.Count
3
```

Wie ErrorRecords aufgebaut sind

Weil ErrorRecords Objekte sind, enthalten sie sehr viel mehr Informationen, als es auf den ersten Blick ersichtlich ist. Tabelle 15.2 listet die wichtigsten Eigenschaften dieser Objekte auf. Am besten geben Sie bei einem Fehler alle Eigenschaften in die Konsole aus, um sich einen Überblick über die darin gelieferten Informationen zu verschaffen. Nicht alle Eigenschaften liefern bei allen Fehlertypen tatsächlich Informationen:

```
PS> $Error[0] | Select-Object *
PSMessageDetails       :
Exception              : System.Management.Automation.DriveNotFoundException: Das Laufwer
                         k wurde nicht gefunden. Ein Laufwerk mit dem Namen "zumsel" ist
                         nicht vorhanden.
                            bei System.Management.Automation.SessionStateInternal.GetDriv
                         e(String name)
                            bei System.Management.Automation.DriveManagementIntrinsics.Ge
                         t(String driveName)
                            bei System.Management.Automation.LocationGlobber.GetDriveRoot
                         RelativePathFromPSPath(String path, CmdletProviderContext contex
                         t, Boolean escapeCurrentLocation, PSDriveInfo& workingDriveForPa
                         th, CmdletProvider& providerInstance)
                            bei System.Management.Automation.LocationGlobber.GetProviderP
                         ath(String path, CmdletProviderContext context, ProviderInfo& pr
                         ovider, PSDriveInfo& drive)
                            bei System.Management.Automation.SessionStateInternal.GetChil
                         dItems(String path, Boolean recurse, CmdletProviderContext conte
                         xt)
                            bei Microsoft.PowerShell.Commands.GetChildItemCommand.Process
                         Record()
TargetObject           : zumsel
CategoryInfo           : ObjectNotFound: (zumsel:String) [Get-ChildItem], DriveNotFoundEx
                         ception
FullyQualifiedErrorId  : DriveNotFound,Microsoft.PowerShell.Commands.GetChildItemCommand
ErrorDetails           :
InvocationInfo         : System.Management.Automation.InvocationInfo
PipelineIterationInfo  : {0, 1}
```

Eigenschaft	Beschreibung
CategoryInfo	Der Fehler wird kategorisiert nach allgemeiner Kategorie, Aktivität, Grund, Aufrufer und Aufruftyp. Auf diese Weise können ähnliche Fehler unterschiedlicher Herkunft erkannt und gemeinsam behandelt werden.
ErrorDetails	Häufig leer; hier können Entwickler zusätzliche Informationen über den Fehler hinterlegen
Exception	Die .NET-Ausnahme, die den zugrunde liegenden Fehler repräsentiert. Über *Exception.Message* erhalten Sie die Fehlermeldung.
FullyQualifiedErrorID	Eindeutige spezielle Fehlerkennung, über die Sie den Fehler identifizieren und entsprechende Folgehandlungen auslösen können
InvocationInfo	Liefert Informationen, an welcher Stelle der Fehler ausgelöst wurde, also beispielsweise den Name eines Skripts sowie die Position im Skript
TargetObject	Das Objekt, mit dem gearbeitet wurde, als der Fehler auftrat. Oft leer oder Text, der dem Argument entsprach, das von einem Cmdlet nicht verarbeitet werden konnte.

Tabelle 15.2 Eigenschaften eines ErrorRecords

Wie Exceptions aufgebaut sind

Die Ausnahmen (Exceptions), die den Fehlern zugrunde liegen, finden sich im ErrorRecord in der Eigenschaft *Exception*. Hier erfahren Sie also, warum der Fehler aufgetreten ist. Besonders interessant sind die Eigenschaften *Message* (diese weist die offizielle Fehlermeldung auf) und *Source* (wer hat den

Fehler ausgelöst?). Wer tiefer einsteigen möchte, findet in *StackTrace* die unmittelbaren .NET-Methoden, die den Fehler auslösten, sowie eventuell in *InnerException* eine weitere verschachtelte Exception, die dann noch detailliertere Informationen liefert.

```
PS> $Error[0].Exception | Select-Object *

ErrorRecord                 : Das Laufwerk wurde nicht gefunden. Ein Laufwerk mit dem
                              Namen "zumsel" ist nicht vorhanden.
ItemName                    : zumsel
SessionStateCategory        : Drive
StackTrace                  : bei System.Management.Automation.SessionStateInternal.
                              GetDrive(String name)
                              bei System.Management.Automation.DriveManagementIntrinsics.
                              Get(String driveName)
                              bei System.Management.Automation.LocationGlobber.
                              GetDriveRootRelativePathFromPSPath(String path, CmdletProvider
                              Context context, Boolean escapeCurrentLocation, PSDriveInfo&
                              workingDriveForPath, CmdletProvider& providerInstance)
                              bei System.Management.Automation.LocationGlobber.GetProviderPath
                              (String path, CmdletProviderContext context, ProviderInfo&
                              provider, PSDriveInfo& drive)
                              bei System.Management.Automation.SessionStateInternal.
                              GetChildItems(String path, Boolean recurse,
                              CmdletProviderContext context)
                              bei Microsoft.PowerShell.Commands.GetChildItemCommand.
                              ProcessRecord()
WasThrownFromThrowStatement : False
Message                     : Das Laufwerk wurde nicht gefunden. Ein Laufwerk mit dem Namen
                              "zumsel" ist nicht vorhanden.
Data                        : {}
InnerException              :
TargetSite                  : System.Management.Automation.PSDriveInfo GetDrive
                              (System.String)
HelpLink                    :
Source                      : System.Management.Automation
```

Aussagekräftige Fehlermeldungen erzeugen

Aus dem ErrorRecord lassen sich alle notwendigen Informationen für aussagekräftige Fehlermeldungen auslesen. Nur: Wie gelangt man aus seinem eigenen Fehlerhandler an den ErrorRecord? Dies ist einfach, denn die PowerShell stellt in Traps und *try*-Blöcken den auslösenden ErrorRecord in der Variable *$_* zur Verfügung. So könnte ein Prototyp für einen Fehlerhandler aussehen, der alle wichtigen Details zu einem Fehler meldet:

```
trap {
  $zeile = $_.InvocationInfo.Line
  $scriptname = $_.InvocationInfo.ScriptName
  $zeilennummer = $_.InvocationInfo.ScriptLineNumber
  $zeilenoffset = $_.InvocationInfo.OffsetInLine
  $meldung = $_.Exception.Message
  $zeit = Get-Date
  $user = $env:username
  $meldung = '{0} : Skriptfehler in {1}{2}Zeile {3} Spalte {4} : {5}{2}Zeile: {6}{2}User : {7}' `
      -f $zeit, $scriptname, ([char]10+[Char]13), $zeilennummer, $zeilenoffset, `
      $meldung, $zeile, $user
  Write-Host $meldung
```

```
  continue
}

dir zumsel: -ea Stop
1/$null
Get-Process -id 99999 -ea Stop
```

Führen Sie das Skript aus, erhalten Sie diese Meldungen:

```
PS> C:\skript.ps1
10.03.2010 10:54:44 : Skriptfehler in C:\skript.ps1
Zeile 14 Spalte 4 : Das Laufwerk wurde nicht gefunden. Ein Laufwerk mit dem Namen "zumsel" ist
nicht vorhanden.
Zeile: dir zumsel: -ea Stop
User : w7-pc9
10.03.2010 10:54:44 : Skriptfehler in C:\skript.ps1
Zeile 15 Spalte 3 : Es wurde versucht, durch 0 (null) zu teilen.
Zeile: 1/$null
User : w7-pc9
10.03.2010 10:54:44 : Skriptfehler in C:\skript.ps1
Zeile 16 Spalte 12 : Es kann kein Prozess mit der Prozess-ID 99999 gefunden werden.
Zeile: Get-Process -id 99999 -ea Stop
User : w7-pc9
```

Sie sind nun völlig frei in der Entscheidung, ob Sie Ihre Fehlermeldungen sichtbar in die Konsole ausgeben, lieber in eine separate Protokolldatei schreiben oder als Ereignisse ins Ereignisprotokoll eintragen. Sollen die Fehlermeldungen in einer separaten Protokolldatei gesammelt werden, ersetzen Sie die Zeile

```
Write-Host $meldung
```

durch diese Zeile:

```
$meldung | Out-File $HOME\errorlog.log -Append -Encoding UTF8
```

Möchten Sie die Fehler lieber im Anwendungs-Ereignisprotokoll protokollieren, benötigen Sie zuerst (einmalig) eine Source-ID, die Sie mit Administratorrechten und *New-EventLog* folgendermaßen einrichten:

```
New-EventLog Application 'Skriptfehler PowerShell'
```

Danach verwenden Sie in Ihrem Fehlerhandling für die Fehlerausgabe *Write-EventLog*:

```
Write-EventLog Application -Source 'Skriptfehler PowerShell' -ID 1234 -Message $meldung -EntryType
Warning
```

Öffnen Sie anschließend mit *eventvwr.msc* oder *Show-EventLog* Ihre Ereignisanzeige, finden Sie die Fehlermeldungen im Anwendungs-Ereignisprotokoll.

Nur bestimmte Fehlertypen behandeln

Jeder Fehler wird durch eine Exception beschrieben. Deshalb kann man seine eigenen Fehlerhandler auf spezifische Fehlertypen festlegen. Sie werden dann nur bei diesen Typen von Fehlern aktiv. Alle übrigen Fehler werden von anderen Fehlerbehandlungsroutinen behandelt oder landen bei der eingebauten Standardfehlerbehandlung.

Typ einer Exception bestimmen

Bevor Sie spezifische Fehlerhandler schreiben können, müssen Sie also den genauen Typ der Exception herausfinden, die Sie behandeln möchten. Dazu lösen Sie den Fehler testweise aus und schauen sich dann die resultierende Exception – bzw. ihren Typ – an:

```
PS> 1/$null
Es wurde versucht, durch 0 (null) zu teilen.
Bei Zeile:1 Zeichen:3
+ 1/ <<<< $null
    + CategoryInfo          : NotSpecified: (:) [], RuntimeException
    + FullyQualifiedErrorId : RuntimeException

PS> $Error[0].Exception.GetType().FullName
System.Management.Automation.RuntimeException
```

Der Typ *System.Management.Automation.RuntimeException* ist ein sehr allgemeiner Fehlertyp, den Sie kaum gebrauchen können. Erhalten Sie diesen Typ gemeldet, schauen Sie nach, ob es in der Exception vielleicht noch eine spezifischere *InnerException* gibt:

```
PS> $error[0].Exception.InnerException.GetType()

IsPublic IsSerial Name                                     BaseType
-------- -------- ----                                     --------
True     True     DivideByZeroException                    System.ArithmeticException
```

Der spezifische Fehlertyp heißt also *DivideByZeroException* und ist abgeleitet von *System.ArithmeticException*. Wollen Sie alle Fehler rund um arithmetische Operationen abfangen, wäre also *System.ArithmeticException* richtig. Möchten Sie nur das Teilen durch Null abfangen, verwenden Sie *DivideByZeroException* und benötigen jetzt nur noch den vollständigen Namen dieser Exception:

```
PS> $Error[0].Exception.InnerException.GetType().FullName
System.DivideByZeroException
```

HINWEIS Falls es Ihnen ein wenig kompliziert vorkommt, den genauen Typ einer Exception zu bestimmen, dann behalten Sie im Hinterkopf: Dies sind zwei Paar Schuhe. Für das Fehlerhandling müssen Sie nur wissen, wie der Typ der Exception heißt, den Sie abfangen möchten. Nur wenn Sie den Namen des Typs (noch) nicht kennen, sind die Schritte von eben nötig, um ihn zu erforschen.

Spezifische Fehlerhandler schreiben

Das folgende Skript fängt gezielt Fehler arithmetischer Operationen ab. Alle anderen Fehlertypen werden dem eingebauten Fehlerhandling überlassen:

```
trap [System.ArithmeticException]  {
  'Problem mit arithmetischer Operation: {0}' -f $_.Exception.Message
  continue
}

# Fehler wird behandelt:
1/$null
```

```
# Fehler wird nicht behandelt, weil anderer Typ:
dir zumsel: -ErrorAction Stop
```

Möchten Sie die Fehlerbehandlung punktuell einsetzen, greifen Sie anstelle von *trap* zu *try/catch*:

```
try {
    1/$null
}

catch [System.ArithmeticException]  {
    'Problem mit arithmetischer Operation: {0}' -f $_.Exception.Message
}
```

PROFITIPP Wie allgemein oder spezifisch Ihr Fehlerhandler sein soll, kann man übrigens auf verschiedenen Ebenen festlegen:

- **Völlig unspezifisch** Geben Sie keinen speziellen Exception-Typ an
- **Völlig spezifisch** Geben Sie einen speziellen Exception-Typ an, z.B. *System.DivideByZeroException*
- **Bereich** Geben Sie einen allgemeinen *Exception*-Typ an, z.B. *System.ArithmeticException*. Der Fehlerhandler behandelt nun alle Fehlertypen, die von dieser Exception abgeleitet wurden, in diesem Fall *DivideByZeroException*, *NotFiniteNumberException* und *OverflowException*.

Möchten Sie wissen, von welchem allgemeineren Typ eine Exception abgeleitet ist, geben Sie den Exception-Typ in die PowerShell-Konsole ein:

```
PS> [System.DivideByZeroException]
IsPublic IsSerial Name                                     BaseType
-------- -------- ----                                     --------
True     True     DivideByZeroException                    System.ArithmeticException
```

Wollen Sie dagegen in Erfahrung bringen, welche Exceptions von einer allgemeineren Exception abgeleitet sind, gibt es dafür keinen einfachen Weg, weil niemand wissen kann, wer eigene Exceptions von einer allgemeinen Exception abgeleitet hat. Eine Übersicht über alle Exceptions liefert diese Zeile:

```
PS> [AppDomain]::CurrentDomain.GetAssemblys() | ForEach-Object { $_.GetExportedTypes() } | Where-
Object { $_.Name -like '*Exception*' }

IsPublic IsSerial Name                                     BaseType
-------- -------- ----                                     --------
True     False    _Exception
True     True     Exception                                System.Object
True     True     SystemException                          System.Exception
True     True     OutOfMemoryException                     System.SystemExce...
True     True     StackOverflowException                   System.SystemExce...
True     True     DataMisalignedException                  System.SystemExce...
True     True     ExecutionEngineException                 System.SystemExce...
True     True     MemberAccessException                    System.SystemExce...
(...)
```

Möchten Sie herausfinden, welche Exceptions von einem bestimmten Exception-Typ abgeleitet sind, untersuchen Sie den *BaseType* der aufgelisteten Exceptions. Hier eine passende Funktion:

```
function Get-DerivedExceptions([string]$exception) {
  # den Base-Type aller Exceptions prüfen
  [AppDomain]::CurrentDomain.GetAssemblys() |
```

```
    ForEach-Object { $_.GetExportedTypes() } |
    Where-Object { $_.Name -like '*Exception*' } |
    Where-Object { $_.BaseType -like $exception }
}
```

Um beispielsweise alle speziellen Exceptions der allgemeinen Exception *System.ArithmeticException* aufzulisten, gehen Sie so vor:

```
PS> Get-DerivedExceptions System.ArithmeticException

IsPublic IsSerial Name                                     BaseType
-------- -------- ----                                     --------
True     True     DivideByZeroException                    System.ArithmeticException
True     True     NotFiniteNumberException                 System.ArithmeticException
True     True     OverflowException                        System.ArithmeticException
```

Fehlerhandler kombinieren

Spezifische Fehlerhandler dürfen kombiniert werden. Legen Sie für jeden Fehlertyp, den Sie behandeln wollen, einen eigenen Fehlerhandler an:

```
function Test
{
  trap [System.DivideByZeroException] { "Durch null geteilt!"; continue }
  trap [System.Management.Automation.ParameterBindingException] { "Falscher Parameter!"; continue
}
  1/$null
  dir -zumsel
}
Test
Durch null geteilt!
Falscher Parameter!
```

Sobald Sie Fehler selbst behandeln, sind Sie für sämtliche Fehler verantwortlich, nicht nur für diejenigen, an denen Sie ein spezielles Interesse haben. Im Beispiel oben haben Ihre Fehlerhandler aber nur zwei spezielle Fehlertypen behandelt. Was geschieht mit allen übrigen Fehlern? Diese werden automatisch an die PowerShell weitergeleitet und dort behandelt. Allerdings gibt es eine wichtige Besonderheit. Schauen Sie sich dazu das folgende Skript an:

```
1/$null
1/$null
1/$null
```

Führen Sie dieses Skript aus, wird dreimal ein Fehler ausgelöst und von der PowerShell automatisch behandelt. Da die *$ErrorActionPreference* normalerweise auf *Continue* eingestellt ist, bricht das Skript nach dem ersten Fehler also nicht ab, sondern fährt fort. Fügen Sie nun einen (beliebigen) Fehlerhandler ein, verhält sich das Skript ganz anders:

```
$ErrorActionPreference = 'Continue'

trap [System.OverflowException] {
  'Ein Fehler ist passiert!'
  continue
}
```

```
1/$null
1/$null
1/$null
```

Obwohl *$ErrorActionPreference* hier noch einmal ausdrücklich auf *Continue* festgelegt wurde, bricht das Skript nach dem ersten Fehler ab. Weil Sie einen eigenen Fehlerhandler eingefügt haben, sucht die PowerShell jetzt bei *jedem* Fehler nach einem passenden Fehlerhandler, und wenn es keinen findet, behandelt sie den Fehler nicht nur selbst, sondern bricht das Skript anschließend ab. Der hier von der PowerShell hinter den Kulissen verwendete (unsichtbare) allgemeine Fehlerhandler sieht also so aus:

```
trap { break }
```

Damit sich Ihr Skript mit eigenem Fehlerhandler genauso verhält wie ein Skript ohne eigenen Fehlerhandler, sorgen Sie dafür, dass tatsächlich alle Fehler von Ihren eigenen Fehlerhandlern erfasst werden. Fehler, die Sie an die PowerShell weiterleiten möchten, behandeln Sie über eine leere Trap:

```
$ErrorActionPreference = 'Continue'

trap [System.OverflowException] {
  'Ein Fehler ist passiert!'
  continue
}
trap {}

1/$null
1/$null
1/$null
```

Verwenden Sie mehrere spezifische Traps, wählt die PowerShell automatisch und unabhängig von der Reihenfolge, in der Sie die Traps angelegt haben, die jeweils spezifischste aus. Das folgende Skript enthält verschieden spezifische Traps, von denen bei einem Fehler nur eine ausgelöst wird, nämlich die spezifischste:

```
trap [System.ArithmeticException] {
  'Fehler in arithmetischer Operation'
  continue
}

trap [System.Exception] {
  'Allgemeine Exception'
  continue
}

trap [System.DivideByZeroException] {
  'Fehler beim Teilen durch Null'
  continue
}

trap {
  'Allgemeiner Fehler'
  continue
}

1/$null
```

Probieren Sie es aus und führen Sie das Skript aus. Die Trap für *System.DivideByZeroException* wird ausgelöst, weil sie den Fehler am genauesten beschreibt. Streichen Sie die Trap, greift nun die nächstspezifischere Trap, nämlich *System.ArithmeticException*. Für jeden Gültigkeitsbereich kann also immer nur eine Trap auslösen. Bei verschachtelten Gültigkeitsbereichen allerdings können auch mehrere Traps auslösen, und zwar immer dann, wenn die Trap den Fehler nicht mit *continue* als behandelt kennzeichnet, sondern mit *break* an die nächsthöhere Trap weiterleitet:

```
& {
  trap [System.ArithmeticException] {
    'Fehler in arithmetischer Operation'
    break
  }
  & {
    trap [System.Exception] {
      'Allgemeine Exception'
      break
    }

    & {
      trap [System.DivideByZeroException] {
        'Fehler beim Teilen durch Null'
        break
      }

      & {
        trap {
          'Allgemeiner Fehler'
          break
        }

        1 / $null
      }
    }
  }
}
```

Das Ergebnis sieht so aus:

```
PS> & 'C:\skript.ps1'
Allgemeiner Fehler
Fehler beim Teilen durch Null
Allgemeine Exception
Fehler in arithmetischer Operation
Es wurde versucht, durch 0 (null) zu teilen.
Bei C:\skript.ps1:24 Zeichen:8
+                 1 / <<<< $null
    + CategoryInfo          : NotSpecified: (:) [], ParentContainsErrorRecordException
    + FullyQualifiedErrorId : RuntimeException
```

Auch hier sieht man, dass die PowerShell den Fehler abschließend behandelt, wenn dies keiner Ihrer eigenen Fehlerhandler unternimmt.

Kurz und knapp ...

Hinter jedem Fehler steckt eine *Exception* (Ausnahme), welche die PowerShell normalerweise in einem ErrorRecord verpackt, der alle Details zum Fehler enthält und in der Variable *$Error* protokolliert wird. Innerhalb eigener Fehlerhandler kann man über *$_* auf den aktuellen *ErrorRecord* zugreifen und die Informationen nutzen, um die Ursachen des Fehlers zu ermitteln. Jede Exception besitzt einen Typ, und Fehlerhandler können sich auf Fehler eines bestimmten Typs beschränken, indem der Typ angegeben wird, der behandelt werden soll. Der Fehlerhandler behandelt dann nur Exceptions dieses Typs sowie davon abgeleitete speziellerere Typen. Gibt es mehrere Fehlerhandler für denselben Typ und befinden diese sich alle in demselben Gültigkeitsbereich, wählt die PowerShell automatisch den speziellsten Fehlerhandler aus.

Eigene Fehler auslösen

In den letzten Abschnitten haben Sie mit Ihren Fehlerhandlern auf Fehler reagiert, die andere ausgelöst haben. Dabei wurde deutlich, dass das Fehlerhandling dem Aufrufer größte Freiheit gibt, selbst zu entscheiden, was bei einem bestimmten Fehler geschehen soll. Deshalb sollten Sie bei eigenen Funktionen und Skripts genauso verfahren und bei Fehlern nicht etwa eigene Fehlermeldungen ausgeben. Hier ein schlechtes Beispiel:

```
function Get-Alter {
  $datum = Read-Host 'Geben Sie Ihren Geburtstag an'
  if (-not ($datum -as [DateTime])) {
    'Sie haben kein Datum angegeben!'
    break
  }
  $differenz = New-TimeSpan ($datum -as [DateTime])
  'Sie sind {0} Tage alt!' -f $differenz.Days
}
```

Zwar funktioniert die Funktion *Get-Alter* und berechnet das Alter in Tagen, wenn Sie ein Datum angeben, aber falls Sie etwas anderes als ein Datum eintippen, kümmert sich die Funktion selbst um die Fehlerbehandlung. Sie lässt dem Aufrufer also keine Wahl, wie bei einem Fehler verfahren werden soll:

```
PS> Get-Alter
Geben Sie Ihren Geburtstag an: 18. März 1988
Sie sind 8027 Tage alt!

PS> Get-Alter
Geben Sie Ihren Geburtstag an: sag ich nicht
Sie haben kein Datum angegeben!
```

Bei sehr einfachen Funktionen wie dieser mag das durchaus sinnvoll sein, aber sobald Ihre Funktionen zu Legobausteinen für andere größere Lösungen werden, sollten Sie es dem Aufrufer überlassen, wie dieser bei Fehlern weiter verfahren kann. Dazu lösen Sie mit *throw* selbst einen Fehler aus:

```
function Get-Alter {
  $datum = Read-Host 'Geben Sie Ihren Geburtstag an'
```

```
  if (-not ($datum -as [DateTime])) {
    throw 'Sie haben kein gültiges Datum angegeben!'
  }
  $differenz = New-TimeSpan ($datum -as [DateTime])
  'Sie sind {0} Tage alt!' -f $differenz.Days
}
```

Jetzt wird eine echte Exception ausgelöst, die vom Aufrufer nach denselben Prinzipien behandelt werden kann wie in den letzten Beispielen. Wird der Fehler nicht vom Aufrufer behandelt, kümmert sich die PowerShell mit ihren roten Fehlermeldungen selbst darum:

```
PS> Get-Alter
Geben Sie Ihren Geburtstag an: 18. März 1988
Sie sind 8027 Tage alt!

PS> Get-Alter
Geben Sie Ihren Geburtstag an: sag ich nicht
Sie haben kein gültiges Datum angegeben!
Bei C:\skript.ps1:6 Zeichen:8
+         throw <<<<  'Sie haben kein gültiges Datum angegeben!'
    + CategoryInfo          : OperationStopped: (Sie haben kein gültiges Datum angegeben!:String)
[], RuntimeException
    + FullyQualifiedErrorId : Sie haben kein gültiges Datum angegeben!
```

PROFITIPP Fehler, die Sie selbst mit *throw* auslösen, sind normalerweise vom Typ *RuntimeException*, also sehr unspezifisch:

```
PS> $Error[0].Exception.GetType().FullName
System.Management.Automation.RuntimeException
```

Sie können aber auch spezifischere Exceptions auslösen, z.B., wenn Sie es dem Aufrufer ermöglichen wollen, spezielle Fehlerhandler für diese Fehlertypen zu entwickeln. Entweder lösen Sie eine vorhandene Exception aus, beispielsweise so:

```
PS> throw New-Object System.DivideByZeroException
Es wurde versucht, durch 0 (null) zu teilen.
Bei Zeile:1 Zeichen:6
+ throw <<<<  New-Object System.DivideByZeroException
    + CategoryInfo          : OperationStopped: (:) [], DivideByZeroException
    + FullyQualifiedErrorId : Es wurde versucht, durch 0 (null) zu teilen.

PS> $Error[0].Exception.GetType().FullName
System.DivideByZeroException
```

Natürlich wäre es wenig sinnvoll, diese sehr spezielle Exception für andere Zwecke zu missbrauchen. Deshalb gibt es auch allgemeinere Exceptions wie die *System.ArgumentException*, der Sie eine eigene Meldung und einen Parameterwert mitgeben können:

```
PS> throw New-Object System.ArgumentException('Ein schlimmer Fehler', 999)
Ein schlimmer Fehler
Parametername: 999
Bei Zeile:1 Zeichen:6
+ throw <<<<  New-Object System.ArgumentException('Ein schlimmer Fehler', 999)
    + CategoryInfo          : OperationStopped: (:) [], ArgumentException
    + FullyQualifiedErrorId : Ein schlimmer Fehler
Parametername: 999
PS> $Error[0].Exception.GetType().FullName
```

```
System.ArgumentException
```

Oder Sie entwickeln Ihre eigenen Exceptions, für die Sie allerdings auf eine Programmiersprache von .NET Framework zurückgreifen müssen, beispielsweise Visual Basic:

```
$source = @'
public class MeinFehler1
  Inherits System.ArgumentException
  Public Sub New(byval message as string, byval parameter as string)
    Mybase.New (message, parameter)
  End Sub
end class
'@

Add-Type -TypeDefinition $source -Language VisualBasic
```

Ab sofort könnten Sie den speziellen Fehler *MeinFehler1* auslösen, der dieselben Argumente unterstützt wie *System.ArgumentException*, aber jetzt einen eigenen Typ besitzt, auf den Fehlerhandler spezifisch reagieren können:

```
PS> throw New-Object MeinFehler1('Ein schlimmer Fehler', 999)
Ein schlimmer Fehler
Parametername: 999
Bei Zeile:1 Zeichen:6
+ throw <<<<  New-Object MeinFehler1("Etwas Schlimmes ist passiert", 999)
    + CategoryInfo          : OperationStopped: (:) [], MeinFehler1
    + FullyQualifiedErrorId : Etwas Schlimmes ist passiert
Parametername: 999

PS> $Error[0].Exception.GetType().FullName
MeinFehler1
```

Kurz und knapp ...

Eigene Fehler lassen sich mit der Anweisung *throw* auslösen. Geben Sie eine Textmeldung an, löst die PowerShell einen allgemeinen Fehler aus. Spezifischere Fehler werden durch Angabe eines bestimmten Exception-Typs generiert. Mit *Add-Type* haben Sie sogar die Möglichkeit, ganz eigene Fehlertypen zu verwenden.

Fehler finden: debuggen

Innerhalb Ihrer Funktionen und Skripts können Sie PowerShell-Code an jeder beliebigen Stelle unterbrechen, z.B., um nachzuschauen, ob alles wie gewünscht funktioniert. Dafür setzen Sie sogenannte Haltepunkte ein. Haltepunkte sind selbst nichts weiter als Befehle, und im einfachsten Fall geben Sie den Befehl für den Haltepunkt direkt in die PowerShell-Konsole ein:

```
Write-Debug "Ich halte mal kurz an!"
```

Erstaunlicherweise scheint dieser Befehl vollkommen wirkungslos geblieben zu sein. Es passiert – nichts! Und zwar deshalb, weil die Variable *$DebugPreference* als Vorgabe auf den Wert *SilentlyContinue* eingestellt ist. *SilentlyContinue* entspricht genau dem, was Sie gesehen haben: nichts ausgeben, aber fortsetzen. Solange *$DebugPreference* also auf diesen Wert eingestellt ist, ist das Debugging ausgeschaltet. Wollen Sie es einschalten, dann setzen Sie *$DebugPreference* auf einen anderen der Werte aus Tabelle 15.3.

Einstellung	Beschreibung
SilentlyContinue	Debugging ist ausgeschaltet
Stop	Ausführung wird abgebrochen, beim Debugging wenig sinnvoll
Continue	Die Debuginformationen werden ausgegeben und die Anweisung sofort fortgesetzt
Inquire	Sie erhalten die Auswahl und können die Ausführung z.B. vorübergehend anhalten, um Ihren Code zu untersuchen

Tabelle 15.3 Einstellungen für *$DebugPreference*

Damit haben Sie das Werkzeug zusammen für einen kleinen Debugbaukasten:

- **Haltepunkte einbauen** Verwenden Sie *Write-Debug* an allen Stellen innerhalb einer Funktion oder eines Skripts, die Sie genauer beobachten wollen, und lassen Sie *Write-Debug* einen sinnvollen Kommentar ausgeben
- **Einfaches Debugging** Schalten Sie *$DebugPreference* auf *Continue*, damit *Write-Debug* seinen Kommentartext ausgibt und Sie auf diese Weise den Ablauf des Codes verfolgen können
- **Erweitertes Debugging** Schalten Sie *$DebugPreference* auf *Inquire*, damit *Write-Debug* wie ein echter Haltepunkt funktioniert. Die Ausführung wird jetzt bei jedem *Write-Debug* unterbrochen, und Sie können mit der Option *Anhalten* zur Eingabeaufforderung gelangen, um dort mit den üblichen PowerShell-Befehlen z.B. Variableninhalte zu überprüfen. Sobald Sie den Befehl *exit* eingeben, wird die Ausführung fortgesetzt.
- **Debugging wieder abschalten** Möchten Sie das Debugging wieder beenden, dann setzen Sie *$DebugPreference* einfach wieder auf den Ausgangswert *SilentlyContinue*. Schon werden alle *Write-Debug*-Anweisungen ignoriert. Sie brauchen diese Anweisungen also nicht zu entfernen. Vielleicht wollen Sie später den Code noch einmal debuggen. Solange *$DebugPreference* auf *SilentlyContinue* eingestellt ist, haben diese Anweisungen keine Wirkung.

Wie sich Ihre Haltepunkte bei unterschiedlichen Vorgaben für *$DebugPreference* verhalten, illustriert die folgende Schleife. Führen Sie diese mit der Vorgabe aus, dann werden zehn Zahlen ausgegeben:

```
for ($i=0; $i -lt 10; $i++) { Write-Debug "Zähler ist bei $i"; $i }
0
1
2
3
(...)
```

Schalten Sie das einfache Debugging ein, dann werden die Kommentare von *Write-Debug* in Gelb eingeblendet:

```
$DebugPreference = "Continue"
for ($i=0; $i -lt 10; $i++) { Write-Debug "Zähler ist bei $i"; $i }
DEBUG: Zähler ist bei 0
```

```
0
DEBUG: Zähler ist bei 1
1
DEBUG: Zähler ist bei 2
2
(...)
```

Mit dem erweiterten Debugging verwandeln sich die *Write-Debug*-Anweisungen in echte Haltepunkte und Sie können die Ausführung unterbrechen, Variablen untersuchen und sogar Änderungen vornehmen. Sobald Sie den Befehl *exit* eingeben, wird die Ausführung fortgesetzt:

```
# volles Debugging aktivieren:
$DebugPreference = "Inquire"
for ($i=0; $i -lt 10; $i++) { Write-Debug "Zähler ist bei $i"; $i }
DEBUG: Zähler ist bei 0
Bestätigung
Vorgang fortsetzen?
[J] Ja  [A] Ja, alle  [B] Befehl anhalten  [H] Anhalten  [?] Help (default is "J"): H

>> # Ausführung wird angehalten, Sie können z.B. Variablen untersuchen und auch ändern:
>> $i
0
>> $i=7

>> # Mit dem Befehl exit setzen Sie die Ausführung fort
>> exit
Bestätigung
Vorgang fortsetzen?
[J] Ja  [A] Ja, alle  [B] Befehl anhalten  [H] Anhalten  [?] Help (default is "J"): A
7
(...)
```

Neben der automatischen Variable *$DebugPreference*, mit der Sie festlegen, ob und wie Debugmeldungen ausgegeben werden, gibt es eine Reihe weiterer automatischer Variablen, die in ähnlicher Weise funktionieren und festlegen, wie die PowerShell sich verhalten soll, wenn Sie nichts anderes festlegen (Tabelle 15.4).

Variable	Beschreibung
ConfirmPreference	Gibt an, wann die Bestätigung angefordert werden soll. Diese erfolgt, wenn der *ConfirmImpact* des Vorgangs größer oder gleich *$ConfirmPreference* ist. Wenn *$ConfirmPreference* auf *None* festgelegt ist, werden Aktionen nur bestätigt, wenn *-Confirm* angegeben wurde.
DebugPreference	Gibt an, welche Aktion ausgeführt wird, wenn eine Debugmeldung übermittelt wird
ErrorActionPreference	Gibt an, welche Aktion ausgeführt wird, wenn eine Fehlermeldung übermittelt wird
ErrorView	Gibt den Anzeigemodus für das Anzeigen von Fehlern an
ProgressPreference	Gibt an, welche Aktion ausgeführt wird, wenn Statusdaten übermittelt werden
ReportErrorShowExceptionClass	Führt dazu, dass Fehler mit einer Beschreibung der Fehlerklasse angezeigt werden
ReportErrorShowInnerException	Führt dazu, dass Fehler mit internen Ausnahmen angezeigt werden

Tabelle 15.4 Feineinstellungen der PowerShell-Konsole

Variable	Beschreibung
ReportErrorShowSource	Führt dazu, dass Fehler mit der Fehlerquelle angezeigt werden
ReportErrorShowStackTrace	Führt dazu, dass Fehler mit einer Stapelverfolgung angezeigt werden
VerbosePreference	Gibt an, welche Aktion ausgeführt wird, wenn eine ausführliche Meldung übermittelt wird. Erlaubte Werte sind *SilentlyContinue*, *Stop*, *Continue* und *Inquire*.
WarningPreference	Gibt an, welche Aktion ausgeführt wird, wenn eine Warnmeldung übermittelt wird
WhatIfPreference	Bei *true* wird *-WhatIf* als für alle Befehle aktiviert betrachtet

Tabelle 15.4 Feineinstellungen der PowerShell-Konsole *(Fortsetzung)*

Tracing: ausgeführte Anweisungen anzeigen lassen

Sie müssen nicht unbedingt selbst Debuganweisungen in Ihren Code einfügen, und manchmal können Sie das auch gar nicht, weil es nicht Ihr Code ist, der ausgeführt wird. In diesem Fall haben Sie aber die Möglichkeit, das Tracing zu aktivieren. Dabei gibt die PowerShell automatisch jede Anweisung als Debugmeldung aus. Das Tracing wird mit dem Cmdlet *Set-PSDebug* verwaltet:

```
PS> Set-PSDebug -Trace 1
PS> dir *.txt
DEBUG:    1+  <<<< dir *.txt
DEBUG:    1+ $_.PSParentPath.Replace <<<< ("Microsoft.PowerShell.Core\FileSystem::", "")
DEBUG:    2+                              [String]::Format <<<< ("{0,10}  {1,8}",
$_.LastWriteTime.ToString("d"), $_.LastWriteTime.ToString("t"))

    Verzeichnis: C:\Users\w7-pc9

Mode                LastWriteTime     Length Name
----                -------------     ------ ----
-a---        02.03.2010     20:06          0 advfunc.txt
DEBUG:    2+                              [String]::Format <<<< ("{0,10}  {1,8}",
$_.LastWriteTime.ToString("d"), $_.LastWriteTime.ToString("t"))
-a---        08.12.2009     14:57     118208 ausgabe.txt
DEBUG:    2+                              [String]::Format <<<< ("{0,10}  {1,8}",
$_.LastWriteTime.ToString("d"), $_.LastWriteTime.ToString("t"))
(...)
```

Hier listet die PowerShell z.B. den PowerShell-Code der *ScriptProperty* namens *Mode* auf, der ausgeführt wird, wenn Sie eine Dateiliste ausgeben. Mehr zu ScriptProperties finden Sie in Kapitel 8. Das einfache Tracing zeigt Ihnen nur die PowerShell-Anweisungen, die im aktuellen Kontext ausgeführt werden. Rufen Sie eine Funktion oder ein Skript auf, wird nur der dazugehörige Aufruf angezeigt, aber nicht der Code der Funktion oder des Skripts. Möchten Sie diesen Code ebenfalls sehen, schalten Sie das detaillierte Tracing mit dem Parameter *-Trace 2* ein:

```
PS> Set-PSDebug -Trace 2
```

Möchten Sie das Tracing wieder abschalten, wählen Sie Stufe 0:

```
PS> Set-PSDebug -Trace 0
```

Stepping: Code schrittweise ausführen

Auch ohne eigene Breakpoints können Sie PowerShell-Code schrittweise ausführen. Dazu schalten Sie das automatische Stepping ein:

```
Set-PSDebug -Step
```

Ab sofort werden Sie bei jeder einzelnen Anweisung separat gefragt, ob Sie diese Anweisung ausführen, überspringen oder den Code vorübergehend anhalten wollen. Wenn Sie *Anhalten* wählen, indem Sie [H] drücken, landen Sie in einer verschachtelten Eingabeaufforderung, erkennbar am Prompt >>. Der Code wurde jetzt unterbrochen und Sie könnten in der Konsole das System analysieren oder Variableninhalte kontrollieren. Sobald Sie *exit* eingeben, wird der Code fortgesetzt. Wählen Sie einfach [A] für *Ja, alle*, um den Steppingmodus wieder abzuschalten. Übrigens können Sie auch eigene Haltepunkte mit verschachtelter Eingabeaufforderung anlegen, indem Sie selbst *$Host.EnterNestedPrompt()* aufrufen, z.B. innerhalb eines Skripts oder einer Funktion.

PowerShell-Debugger verwenden

Die PowerShell 2.0 enthält einen integrierten Debugger, mit dem man Haltepunkte auf Zeilen oder Variablen setzen kann. Zuständig dafür sind die Cmdlets mit dem Tätigkeitsbereich *PSBreakpoint*:

```
PS> Get-Command -Noun PSBreakpoint

CommandType     Name                          Definition
-----------     ----                          ----------
Cmdlet          Disable-PSBreakpoint          Disable-PSBreakpoint [-Breakpoint] ...
Cmdlet          Enable-PSBreakpoint           Enable-PSBreakpoint [-Id] <Int32[]>...
Cmdlet          Get-PSBreakpoint              Get-PSBreakpoint [[-Script] <String...
Cmdlet          Remove-PSBreakpoint           Remove-PSBreakpoint [-Breakpoint] <...
Cmdlet          Set-PSBreakpoint              Set-PSBreakpoint [-Script] <String[...
```

Allerdings handelt es sich dabei eher um ein Low-Level-Interface, das in der Praxis nicht allzu bedienerfreundlich ist. Die kryptischen Befehle und Arbeitsweisen des Debuggers werden in der PowerShell-Hilfe beschrieben:

```
PS> Help about_debugger
```

Kommerzielle PowerShell-Entwicklungsumgebungen wie PowerShellPlus können auf dieser Technik aufsetzen und eine für den Benutzer sinnvolle Debuggingumgebung schaffen. In PowerShellPlus kann beispielsweise im Editor in jeder Skriptzeile mit [F9] ein Haltepunkt gesetzt und das Skript danach im Debugmodus ausgeführt werden. Wird der Haltepunkt erreicht oder das Skript gestoppt, kann man an der aktuellen Stelle in der interaktiven Konsole nun Variableninhalte inspizieren und beispielsweise prüfen, ob sich das Skript tatsächlich so verhält wie geplant.

Kurz und knapp ...

Diagnosemeldungen innerhalb von Skripts geben Sie mit *Write-Debug* aus. Die Meldungen werden dann nur angezeigt, solange Sie das Skript testen und dazu *$DebugPreference* auf *Continue* einstellen. In Produktivumgebungen verschluckt die PowerShell die Diagnosemeldungen automatisch. Über *Set-PSDebug* kann auch der Trace-Modus aktiviert werden, der dann die ausgeführten Befehle einzeln anzeigt. Mit *Set-PSDebug -Step* schalten Sie in den Einzelschrittmodus. Darüber hinaus ist in der PowerShell 2.0 ein Low-Level-Debugger integriert, mit dem man Haltepunkte auf Skriptzeilen und Variablen setzen kann.

Nachschlag für Profis

Wieder einmal haben Sie die Möglichkeit, Ihr Wissen zu Fehlern und dem Fehlerhandling auf die Probe zu stellen und nebenbei weitere wissenswerte Details zu entdecken.

Kleine Rätselstunde

Aufgabe Sie haben einen kleinen Fehlerhandler gebastelt und wollen nun einen Fehler provozieren. Dummerweise nur wird Ihr Fehlerhandler nie aktiv. Wieso?

```
trap { 'Etwas Fürchterliches ist passiert!' }

# Fehler auslösen:
1/0
```

Stattdessen gibt die PowerShell ihre Fehlermeldung aus, als gäbe es Ihre Trap gar nicht:

```
PS> C:\testskript.ps1
Es wurde versucht, durch 0 (null) zu teilen.
```

Lösung Sie haben alles richtig gemacht. Die Anweisung 1/0 allerdings ist ein handwerklicher Fehler, kein Laufzeitfehler. Der PowerShell-Parser entdeckt also schon vor dem Start des Skripts, dass diese Anweisung Unsinn ist und löst keinen Laufzeitfehler aus. Ihr Fehlerhandler reagiert jedoch nur auf Laufzeitfehler. Lösen Sie stattdessen einen Laufzeitfehler aus, z.B. so:

```
1/$null
```

Aufgabe Sie haben das Skript aus dem letzten Beispiel angepasst und tatsächlich wird Ihr Fehlerhandler nun aktiv. Allerdings folgt Ihrer eigenen Fehlermeldung anschließend die PowerShell-Fehlermeldung:

```
PS> C:\testskript.ps1
Etwas Fürchterliches ist passiert!
Es wurde versucht, durch 0 (null) zu teilen.
```

Wie kann man den Fehler abfangen? Was fehlt Ihrem Fehlerhandler noch?

Lösung Ihr Fehlerhandler behandelt den Fehler zwar bereits, erklärt den Fehler aber noch nicht als erledigt. Deshalb wird der Fehler an den nächsten Fehlerhandler weitergegeben, in diesem Fall an das

Standardfehlerhandling der PowerShell. Fügen Sie in Ihren Fehlerhandler zusätzlich die Anweisung *continue* ein:

```
trap { 'Etwas Fürchterliches ist passiert!'; continue }

# Fehler auslösen:
1/$null
```

Aufgabe Wieso wird Ihr Fehlerhandler in dem folgenden Fall nicht aktiv?

```
trap { 'Etwas Fürchterliches ist passiert!'; continue }

# Fehler auslösen:
dir zumsel:
```

Lösung Cmdlets verwenden ihr eigenes internes Fehlerhandling, es sei denn, Sie setzen *-ErrorAction* auf *Stop*. Alle Fehler, die von Cmdlets ausgelöst werden, sind also nur dann behandelbar, wenn das Cmdlet den Fehler auch an die Außenwelt übermittelt. Legen Sie entweder für das Cmdlet individuell *-ErrorAction* fest auf *Stop*:

```
trap { 'Etwas Fürchterliches ist passiert!'; continue }

# Fehler auslösen:
dir zumsel: -ea Stop
```

Oder erklären Sie *Stop* zum Standard für Ihr Skript:

```
$script:ErrorActionPreference = 'Stop'
trap { 'Etwas Fürchterliches ist passiert!'; continue }

# Fehler auslösen:
dir zumsel:
```

Aufgabe Sie wollen sich den genauen Aufbau des *ErrorRecord* des letzten Fehlers ansehen. Dazu lösen Sie zuerst den Fehler aus und schauen dann in *$Error[0]* nach. Um alle Eigenschaften des *ErrorRecord* zu sehen, leiten Sie ihn weiter an *Format-List* *. Erstaunlicherweise sehen Sie aber weiterhin nur die Fehlermeldung. Wieso zeigt *Format-List* nicht den Aufbau des *ErrorRecord* an?

```
PS> 1/$null
Es wurde versucht, durch 0 (null) zu teilen.
Bei Zeile:1 Zeichen:3
+ 1/ <<<< $null
    + CategoryInfo          : NotSpecified: (:) [], RuntimeException
    + FullyQualifiedErrorId : RuntimeException

PS> $Error[0]
Es wurde versucht, durch 0 (null) zu teilen.
Bei Zeile:1 Zeichen:3
+ 1/ <<<< $null
    + CategoryInfo          : NotSpecified: (:) [], RuntimeException
    + FullyQualifiedErrorId : RuntimeException

PS> $Error[0] | Format-List *
Es wurde versucht, durch 0 (null) zu teilen.
Bei Zeile:1 Zeichen:3
+ 1/ <<<< $null
    + CategoryInfo          : NotSpecified: (:) [], RuntimeException
    + FullyQualifiedErrorId : RuntimeException
```

Lösung *Format-**-Cmdlets verwenden zur Ausgabeformatierung die im *Extended Type System* (ETS) hinterlegten Informationen. ErrorRecords werden immer nur als Fehlermeldung ausgegeben. Um den detaillierten Aufbau des *ErrorRecord* zu sehen, umgehen Sie entweder das ETS durch Angabe von *-Force*:

```
PS> $Error[0] | Format-List * -Force

PSMessageDetails      :
Exception             : System.Management.Automation.RuntimeException: Es wurde versucht,
                        durch 0 (null) zu teilen. ---> System.DivideByZeroException:
                        Es wurde versucht, durch 0 (null) zu teilen.
                        bei System.Management.Automation.ParserOps.PolyDiv(ExecutionContext
                        context, Token opToken, Object lval, Object rval)
                        --- Ende der internen Ausnahmestapelüberwachung ---
                        bei System.Management.Automation.ExpressionNode.ExecuteOp(Execution-
                        Context context, Object left, OperatorToken op, Object right)
                        bei System.Management.Automation.ExpressionNode.Execute(Array input,
                        Pipe outputPipe, ExecutionContext context)
                        bei System.Management.Automation.ParseTreeNode.Execute(Array input,
                        Pipe outputPipe, ArrayList& resultList, ExecutionContext context)
                        bei System.Management.Automation.StatementListNode.ExecuteStatement
                        (ParseTreeNode statement, Array input, Pipe outputPipe, ArrayList&
                        resultList, ExecutionContext context)
TargetObject          :
CategoryInfo          : NotSpecified: (:) [], RuntimeException
FullyQualifiedErrorId : RuntimeException
ErrorDetails          :
InvocationInfo        : System.Management.Automation.InvocationInfo
PipelineIterationInfo : {}
```

Oder Sie verpacken den *ErrorRecord* zuerst in ein geklontes Objekt, was bei *Select-Object* automatisch geschieht. Jetzt erkennt das ETS den Originalobjekttyp nicht mehr und gibt alle Details aus:

```
PS> $Error[0] | Select-Object *
```

Die Ausgabe entspricht der vorangehenden.

Aufgabe Schauen Sie sich den folgenden Fehlerhandler genau an. Was ist seine Aufgabe? Fällt Ihnen ein Problem auf?

```
'Beginne...'
try { 1/$null }
catch { 'Ein Fehler ist passiert!'; continue }
'Fertig!'
```

Wenn Sie dieses Skript starten, gibt es zwar die eigene Fehlermeldung aus, bricht dann aber ab. Die Meldung *Fertig!* erscheint nicht. Was ist hier los?

```
PS> C:\testskript.ps1
Beginne...
Ein Fehler ist passiert!
```

Lösung Der Fehlerhandler überwacht den Code im *try*-Block. Der Fehler, der dort ausgelöst wird, wird vom Code im *catch*-Block behandelt. Das scheint auch einwandfrei zu funktionieren. Allerdings findet sich im *catch*-Code die Anweisung *continue*. Diese sorgt dafür, dass das Skript an dieser Stelle abgebrochen wird, denn *continue* setzt die Anweisung immer mit dem nächsthöheren Gültigkeitsbereich fort. Weil es hier keinen nächsthöheren Gültigkeitsbereich gibt, beendet die PowerShell das Skript. Sie sind verwirrt? Sollte *continue* nicht eigentlich den Fehler als erledigt erklären? Das kommt darauf an, wo genau Sie *continue* aufrufen. Nur wenn *continue* direkt innerhalb eines Fehlerhandlers steht, also entweder in einer Trap oder im *try*-Block, führt es diese Aufgabe aus. In diesem Fall ist das *continue* also versehentlich aus dem *try*- in den *catch*-Block gerutscht. Sobald Sie dieses Malheur beheben, funktioniert alles wie geplant:

```
'Beginne...'
try { 1/$null; continue }
catch { 'Ein Fehler ist passiert!' }
'Fertig!'
```

Grundsätzlich sollten Sie *continue* und *break* nicht in einem *catch*-Block verwenden. Diese gehören in den *try*-Block.

Aufgabe Sie haben versucht, den aktuellen *ErrorRecord* in einer Variablen zu speichern, aber eine sonderbare Fehlermeldung erhalten. Wieso wohl?

```
PS> $a = $Error[0]
Der Wert "Es wurde versucht, durch 0 (null) zu teilen." vom Typ
"System.Management.Automation.ErrorRecord" kann nicht in den Typ "System.Int32" konvertiert
werden.
```

Lösung Dieser Fehler hat nichts mit dem Fehlerhandling zu tun und tritt eher zufällig auf. Sie haben offenbar vorher die Variable *$a* streng typisiert, z.B. so:

```
PS> [Int]$a = 1
```

Sie kann nun nur noch Zahlenwerte speichern und weigert sich, einen *ErrorRecord* in eine Zahl umzuwandeln.

Aufgabe Sie möchten gern einen speziellen Fehler abfangen, und zwar den Fall, dass ein Laufwerk nicht gefunden werden kann. Dazu haben Sie zuerst den Fehlertyp dieses Fehlers ermittelt:

```
PS> dir zumsel:
Get-ChildItem : Das Laufwerk wurde nicht gefunden. Ein Laufwerk mit dem Namen "zumsel" ist nicht
vorhanden.

PS> $Error[0].Exception.GetType().FullName
System.Management.Automation.DriveNotFoundException
```

Anschließend haben Sie einen speziellen Fehlerhandler für diesen Fehlertyp geschrieben. Der allerdings scheint nicht zu funktionieren:

```
trap [System.Management.Automation.DriveNotFoundException] {
  'Laufwerk ungültig!'
  continue
}

dir zumsel: -ea Stop
```

Wieso? Was kann man tun?

Lösung Sie erleben hier ein kleines Dilemma. Führen Sie das Cmdlet interaktiv aus, meldet es den echten Fehler, nämlich eine *System.Management.Automation.DriveNotFoundException*. Wie immer behandelt das Cmdlet diesen Fehler aber intern. Damit Ihr Fehlerhandler reagieren kann, muss

-ErrorAction des Cmdlets auf *Stop* eingestellt werden. Wenn Sie das aber tun, löst das Cmdlet einen anderen Fehler aus, nämlich:

```
PS> dir zumsel: -ea Stop
Get-ChildItem : Das Laufwerk wurde nicht gefunden. Ein Laufwerk mit dem Namen "zumsel" ist nicht
vorhanden.
Bei Zeile:1 Zeichen:4

PS> $Error[0].GetType().FullName
System.Management.Automation.ActionPreferenceStopException
```

Tatsächlich ist alles sogar noch viel komplexer, denn der ausgelöste Fehler ist kein normaler *ErrorRecord*, sondern eine direkte *System.Management.Automation.ActionPreferenceStopException*. Ihr Fehlerhandler könnte nun zwar darauf reagieren, würde jetzt aber alle Fehler empfangen, die von Cmdlets ausgelöst werden:

```
trap [System.Management.Automation.ActionPreferenceStopException] {
  'Laufwerk ungültig!'
  continue
}

dir zumsel: -ea Stop
Get-Process -Id 99999 -ea Stop
```

Ihr Fehlerhandler wird jetzt in beiden Fällen aktiv. Der einzige Weg, dies zu umgehen, besteht darin, innerhalb des Fehlerhandlers anschließend die tatsächlich zugrunde liegende Exception auszuwerten. Grund genug, sich dieses Thema im nächsten Abschnitt gründlicher anzusehen.

Maskierte Fehler behandeln

Ein maskierter Fehler versteckt die eigentliche Exception in einem anderen Exception-Typ, so wie im Beispiel eben. Die PowerShell löst grundsätzlich einen Fehler vom Typ *System.Management.Automation.ActionPreferenceStopException* aus, wenn Sie bei einem Cmdlet *-ErrorAction Stop* verwenden. Dies aber ist unbedingt erforderlich, damit Ihr Fehlerhandler überhaupt den Fehler entdecken kann. Problematisch ist das, weil diese Exception auf den ersten Blick keine Referenz auf die zugrunde liegende eigentliche Exception liefert. Weder gibt es eine Eigenschaft *Exception* noch enthält die Eigenschaft *InnerException* einen Wert. Sie wissen also nur, dass ein Cmdlet aufgrund der *ErrorAction Stop* vorzeitig beendet wurde, aber nicht wieso. Glücklicherweise ist eine Referenz auf die zugrunde liegende Exception aber doch vorhanden und findet sich in der Eigenschaft *ErrorRecord*:

```
PS> $Error[0].ErrorRecord.Exception.GetType().FullName
System.Management.Automation.DriveNotFoundException
```

Allerdings genügt es hier nicht, einen Fehlerhandler für diesen Fehlertyp zu schreiben, denn der Fehler *System.Management.Automation.DriveNotFoundException* ist nicht vom Fehler *System.Management.Automation.ActionPreferenceStopException* abgeleitet, sondern nur darin »zufällig« enthalten. Ihr Fehlerhandler muss also den Fehlertyp *System.Management.Automation.ActionPreferenceStopException* behandeln und dann selbst herausfinden, welcher spezifische Fehler aufgetreten ist:

```
trap [System.Management.Automation.ActionPreferenceStopException] {
  $fehler = $_
```

```
  $handled = $false

  switch ($fehler.Exception.GetType().Name) {
    'DriveNotFoundException' {
      "Laufwerk gibt es nicht: $fehler"
      $handled = $true
    }

    default {}
  }

  if ($handled) { continue }
}

trap {}

dir zumsel: -ea Stop
1/$null
dir -willi 12
```

Dieses Beispiel funktioniert genau wie gewünscht: Der Zugriff auf das nicht vorhandene Laufwerk wird abgefangen und alle übrigen Fehler werden von der PowerShell behandelt:

```
PS> . 'C:\skript.ps1'
Laufwerk gibt es nicht: Das Laufwerk wurde nicht gefunden. Ein Laufwerk mit dem Namen "zumsel" ist
nicht vorhanden.
Es wurde versucht, durch 0 (null) zu teilen.
Bei C:\skript.ps1:21 Zeichen:3
+ 1/ <<<< $null
    + CategoryInfo          : NotSpecified: (:) [], RuntimeException
    + FullyQualifiedErrorId : RuntimeException

Get-ChildItem : Es wurde kein Parameter gefunden, der dem Parameternamen "willi" entspricht.
Bei C:\skript.ps1:22 Zeichen:11
+ dir -willi <<<<  12
    + CategoryInfo          : InvalidArgument: (:) [Get-ChildItem], ParameterBindingException
    + FullyQualifiedErrorId :
NamedParameterNotFound,Microsoft.PowerShell.Commands.GetChildItemCommand
```

Allerdings zeigt dieses Beispiel auch, wie komplex Fehlerbehandlungen werden können. Einige Besonderheiten dieses Beispielskripts bedürfen weiterer Erklärungen:

- **ActionPreferenceStopException** Fehler des Typs *ActionPreferenceStopException* enthalten zwar die zugrunde liegende Exception in ihrer Eigenschaft *ErrorRecord*, aber wenn Sie solch einen Fehler behandeln, stellt die PowerShell in der Variablen *$_* automatisch diesen *ErrorRecord* zur Verfügung. Sie dürfen ihn also nicht länger über die Eigenschaft *ErrorRecord* ermitteln.
- **$_ und continue** Innerhalb eines Fehlerhandlers steht der *ErrorRecord* normalerweise in der Variablen *$_* zur Verfügung, und mit dem Schlüsselwort *continue* behandeln Sie den Fehler, damit die PowerShell ihn anschließend nicht noch einmal einer Behandlung unterzieht. Beide Schlüsselwörter kommen aber auch in anderen PowerShell-Strukturen wie beispielsweise *switch* vor und haben dort andere Funktionen. Da der Fehlerhandler einen *switch*-Block verwendet, um die verschiedenen Fehlertypen auseinanderzudividieren, muss der *ErrorRecord* in *$_* vorher in einer Hilfsvariablen wie *$fehler* zwischengespeichert werden. Die Fehlerbehandlung mit *continue* muss

aus gleichem Grund nach dem *switch*-Block erfolgen, nicht darin. Innerhalb des *switch*-Blocks repräsentiert *$_* nämlich die Bedingung, und *continue* würde den *switch*-Block verlassen (und nicht etwa den Fehler behandeln).

- **Leere Trap** Das Beispielskript enthält zwei Traps, wovon eine leer ist. Sie wissen inzwischen, warum das nötig ist, aber zur Wiederholung: Alle Fehler, die von Ihrer spezifischen Fehlerbehandlung nicht erfasst werden, müssen durch eine weitere allgemeine Trap behandelt werden. Tun Sie das nicht, bricht der erste Fehler im Skript das gesamte Skript ab und berücksichtigt also nicht die *ErrorActionPreference*, die normalerweise auf *Continue* eingestellt ist.

Zusammenfassung

Als Vorgabe verwendet die PowerShell bei Fehlern die Einstellung in *$ErrorActionPreference*, die normalerweise *Continue* lautet: Fehlermeldungen werden ausgegeben, aber die Ausführung folgender Befehle fortgesetzt. Diese Einstellung kann man entweder individuell mit dem Parameter *-ErrorAction* für einzelne Cmdlets oder generell durch die Variable *$ErrorActionPreference* ändern. Häufig sollen Cmdlets Fehlermeldungen nicht anzeigen. Man fügt dann den Parameter *-ErrorAction SilentlyContinue* hinzu.

Mehr Kontrolle erlangt man mit eigenen Fehlerhandlern. *try/catch* überwacht Fehler im Code des *try*-Blocks und kann dann mit Code im *catch*-Block darauf reagieren. *trap* behandelt jeden Fehler. Innerhalb des Fehlerhandlers steht der *ErrorRecord* mit den Informationen zum aktuellen Fehler in *$_* zur Verfügung. Mit der Anweisung *continue* kann ein Fehlerhandler den Fehler als behandelt abhaken. Ohne diese Anweisung wird der Fehler an den nächsten Fehlerhandler weitergereicht.

Code in Funktionen und Skripts kann zu Diagnosezwecken mit Debugmeldungen und Haltepunkten versehen werden. Dazu fügen Sie *Write-Debug*-Anweisungen in den Code ein und legen mit *$DebugPreference* fest, ob *Write-Debug* eine Meldung ausgeben oder den Code tatsächlich an dieser Stelle anhalten soll (Tabelle 15.3 auf Seite 572). Wird der Code angehalten, können Sie die Variablen Ihrer Funktion oder Ihres Skripts ausführlich in der Konsole analysieren. Geben Sie *exit* ein, wenn Sie den Haltepunkt beenden und den Code fortsetzen möchten.

Fehlerhandler können allgemein oder spezifisch sein. Spezifische Fehlerhandler reagieren nicht auf alle Fehlertypen, sondern nur auf die jeweils angegebenen.

Teil E

Spezielle Techniken

In diesem Teil:

Kapitel 16

Windows PowerShell-Remoting

In diesem Kapitel:

Bislang haben Sie Befehle, von ganz wenigen Ausnahmen abgesehen, immer lokal auf Ihrem eigenen Computer ausgeführt. Befehle können aber auch Informationen von anderen Computern abrufen und so ganze Infrastrukturen verwalten. Darüber hinaus ist die PowerShell 2.0 in der Lage, beliebigen PowerShell-Code remote, also ferngesteuert auf anderen Computern auszuführen und die Ergebnisse an Sie zurückzuliefern.

Übersicht: Remotingtechnologien

Die PowerShell unterstützt zwei grundverschiedene Techniken für den Remotezugriff auf fremde Systeme: das *klassische Remoting*, das meist auf Basis von *Remote Procedure Calls* (RPCs) realisiert wird, und das neuartige PowerShell 2.0 Remoting, das einheitlich über den neuartigen WinRM-Dienst abgewickelt wird. Seien Sie nicht frustriert, falls die folgenden Beispiele bei Ihnen nicht auf Anhieb funktionieren, denn der Remotezugriff ist natürlich stark abgesichert, damit Unbefugten auf diese Weise kein Einfallstor geliefert wird. Quittiert die PowerShell Ihre Remoteversuche mit Fehlermeldungen, finden Sie am Ende dieses Kapitels mehr zu den notwendigen Sicherheitseinstellungen.

Klassische Remotezugriffe

Im einfachsten Fall kümmert sich die PowerShell nicht selbst um den Remotezugriff, sondern überlässt es dem jeweiligen Cmdlet, selbst die angeforderten Informationen von einem Remotesystem abzurufen. Hierbei liegt es also ganz im Ermessen des Cmdlet-Herstellers, ob und wie dieses Cmdlet Remotezugriffe unterstützt. Sie erkennen solche Cmdlets am optionalen Parameter *-ComputerName*, mit dem Sie angeben, auf welches System Sie zugreifen wollen. Eine Auflistung solcher Cmdlets erhalten Sie folgendermaßen:

```
PS> Get-Help * -Parameter ComputerName
```

Die folgende Zeile ruft beispielsweise mit *Get-WmiObject* über den WMI-Dienst BIOS-Informationen vom Remotesystem namens *PC01* ab:

```
PS> Get-WmiObject Win32_BIOS -ComputerName PC01
```

Dabei authentifiziert Sie der Befehl als Vorgabe beim Zielsystem unter Ihrer augenblicklichen Identität.

Mit anderen Anmeldeinformationen arbeiten

Wollen Sie sich lieber unter einer anderen Identität anmelden, muss das Cmdlet zusätzlich den Parameter *-Credential* unterstützen. Die folgende etwas kryptische Zeile liefert alle Cmdlets, die beide Parameter in einem gemeinsamen Parameterset unterstützen:

```
PS> Get-Command -CommandType cmdlet | ? {  @($_.parametersets | ? { $p = $_.Parameters | Select-
Object -Expand Name; (($p -contains 'computername') -and ($p -contains 'credential'))}).Count -gt
0}
```

Möchten Sie sich beispielsweise mit einer anderen Identität an einem Remotesystem anmelden, um per WMI Informationen abzufragen, verwenden Sie diese Zeile und geben den Parameter *-Credential* an:

```
PS> Get-WmiObject Win32_BIOS -ComputerName PC01 -Credential (Get-Credential)
```

Transparente Anmeldung

Zwar ist es schön, sich mit dem Parameter *-Credential* notfalls auch unter einer anderen Identität anmelden zu können, aber erstens unterstützen nicht alle remotefähigen Cmdlets diesen Parameter und zweitens ist die Eingabe der Anmeldeinformationen auf Dauer auch lästig. Müssen Sie sich mit einer anderen Identität anmelden, können Sie diese Identität z.B. in einer Variablen speichern und mehrfach verwenden:

```
# Anmeldeinformationen einmalig abfragen
PS> $cred = Get-Credential

# Anmeldeinformationen danach mehrfach verwenden
PS> Get-WmiObject Win32_BIOS -ComputerName storage1 -Credential $cred
PS> Get-WMIObject Win32_Process -ComputerName storage1 -Credential $cred
```

Ganz ohne Angabe der Identität funktioniert Remoting nur, wenn Ihr aktuelles Benutzerkonto auch auf dem Zielsystem lokale Administratorrechte besitzt. In Unternehmen mit einer Netzwerkdomäne ist das in der Regel kein Problem: Melden Sie sich hier als Domänenadministrator an, besitzen Sie automatisch auf allen Computern der Domäne lokale Administratorrechte (es sei denn, Sie haben die Standardsicherheitseinstellungen verschärft).

In einfachen Peer-to-Peer-Netzwerken ohne Domäne (z.B. zuhause) oder beim Zugriff auf andere Domänen, zu denen keine Vertrauensstellungen bestehen, gibt es allerdings keine Benutzerkonten, die automatisch auf den Zielsystemen über die nötigen Rechte verfügen. Zumindest in Peer-to-Peer-Netzwerken kann man sich jedoch mit einem einfachen Trick behelfen. Legen Sie auf allen anderen Computern jeweils ein neues Benutzerkonto an, das denselben Namen verwendet wie Ihr eigenes, und legen Sie als Kontokennwort für alle Konten dasselbe Kennwort fest. Nun brauchen Sie diese Konten nur noch jeweils zum Mitglied in der lokalen Gruppe der Administratoren zu machen und schon sind Sie zu einer Art Domänenadministrator Ihres Peer-to-Peer-Netzwerks geworden: Ohne Angabe von zusätzlichen Anmeldeinformationen meldet Windows Sie bei anderen Computern mit Ihrem aktuellen Benutzernamen an und verwendet dann das lokale Zwillingskonto dieses Computers. Dieser Trick funktioniert allerdings nur, wenn der Zielcomputer auch tatsächlich kein Mitglied in einer Domäne ist, eignet sich also nur für echte Peer-to-Peer-Netzwerke.

Tabelle 16.1 listet alle mitgelieferten PowerShell-Cmdlets auf, die das klassische Remoting unterstützen, und zeigt auch, ob ein Cmdlet den zusätzlichen Parameter *-Credential* unterstützt.

Cmdlet	Beschreibung	Credential
Clear-EventLog	Löscht alle Einträge aus den angegebenen Ereignisprotokollen auf dem lokalen Computer oder auf Remotecomputern	
Get-Counter	Ruft Live-Leistungsindikatordaten in Echtzeit direkt von der Leistungsüberwachungsinstrumentation in Windows ab	

Tabelle 16.1 Cmdlets, die das klassische Remoting unterstützen

Cmdlet	Beschreibung	Credential
Get-EventLog	Ruft Ereignisse aus den klassischen Ereignisprotokollen auf den lokalen und Remotecomputern ab	
Get-HotFix	Ruft die installierten Hotfixes ab	x
Get-Process	Ruft die Prozesse auf einem lokalen oder einem Remotecomputer ab	
Get-Service	Ruft Dienste auf einem lokalen Computer oder einem Remotecomputer ab	
Get-WinEvent	Ruft Ereignisse aus Ereignisprotokollen ab. Dies umfasst klassische Protokolle, wie das System- oder das Anwendungsprotokoll, und Ereignisprotokolle, die von der in Windows Vista eingeführten Windows-Ereignisprotokolltechnologie generiert werden. Es werden auch Ereignisse in Protokolldateien abgerufen, die von der Ereignisablaufverfolgung für Windows (Event Tracing for Windows, ETW) generiert werden.	x
Get-WmiObject	Ruft Instanzen von WMI-Klassen oder Informationen über die verfügbaren WMI-Klassen ab	x
Invoke-WmiMethod	Ruft WMI-Methoden auf	x
Limit-EventLog	Legt die maximale Größe eines klassischen Ereignisprotokolls fest, wie lange jedes Ereignis beibehalten werden muss und was geschieht, wenn das Protokoll seine maximale Größe erreicht	
New-EventLog	Erstellt ein neues klassisches Ereignisprotokoll auf einem lokalen oder einem Remotecomputer und/oder registriert eine Ereignisquelle	
Register-WmiEvent	Abonniert WMI-Ereignisse auf dem lokalen Computer oder einem Remotecomputer	x
Remove-EventLog	Löscht eine Ereignisprotokolldatei von einem lokalen oder einem Remotecomputer und/oder hebt die Registrierung aller Ereignisquellen für das Protokoll auf	
Remove-WmiObject	Löscht eine Instanz einer vorhandenen WMI-Klasse	x
Restart-Computer	Startet das Betriebssystem auf lokalen oder Remotecomputern neu	x
Set-Service	Ändert die Eigenschaften eines lokalen oder Remotediensts	
Set-WmiInstance	Erstellt eine Instanz einer vorhandenen WMI-Klasse oder aktualisiert diese. Die erstellte oder aktualisierte Instanz wird in das WMI-Repository geschrieben.	x
Show-EventLog	Öffnet die Ereignisanzeige auf dem lokalen Computer und zeigt darin alle klassischen Ereignisprotokolle auf dem lokalen Computer oder einem Remotecomputer an	
Stop-Computer	Fährt den lokalen oder einen Remotecomputer herunter	x
Test-Connection	Sendet Internet Control Message Protocol (ICMP)-Echoanforderungspakete (*Pings*) an einen oder mehrere Remotecomputer und gibt die Echoantworten zurück	x
Write-EventLog	Schreibt ein Ereignis in ein Ereignisprotokoll	

Tabelle 16.1 Cmdlets, die das klassische Remoting unterstützen *(Fortsetzung)*

Fallgruben und Probleme mit klassischem Remoting

Das klassische Remoting funktioniert entweder prima oder gar nicht. Scheitert ein Befehl mit einer Fehlermeldung, werden Sie feststellen, dass es keineswegs trivial ist, die Ursachen herauszufinden. Die Fehlermeldungen jeweils geizen in der Regel mit hilfreichen Meldungen. Der Grund dafür ist nicht etwa Böswilligkeit, sondern liegt an der Art, wie klassisches Remoting arbeitet: Das jeweilige Cmdlet entscheidet hinter den Kulissen selbst, welche Remotetechnik es einsetzt, sodass für Sie nicht ersichtlich ist, welche Voraussetzungen dafür überhaupt erforderlich sind. Sind diese Voraussetzungen nicht erfüllt, scheitert der Befehl und läuft in eine Reihe von Folgefehlern. Die sichtbare Fehlermeldung meldet dann nicht etwa den ursprünglich zugrunde liegenden Fehler, sondern unter Umständen Fehler, die erst aufgrund des ursprünglichen Fehlers aufgetreten sind. Schauen Sie sich das an einem kleinen Beispiel an. Versuchen Sie beispielsweise, von einem Remotesystem Ereignisprotokolleinträge abzurufen, gelingt dies entweder einwandfrei oder Sie erhalten eine recht sonderbare Meldung wie diese:

```
PS> Get-EventLog Application -ComputerName storage1
Get-EventLog : Der Netzwerkpfad wurde nicht gefunden.
Bei Zeile:1 Zeichen:13
+ Get-EventLog <<<<  Application -ComputerName storage1
    + CategoryInfo          : NotSpecified: (:) [Get-EventLog], IOException
    + FullyQualifiedErrorId :
System.IO.IOException,Microsoft.PowerShell.Commands.GetEventLogCommand
```

So sehr Sie auch nachforschen werden: Obwohl der Zielcomputer online und erreichbar ist, behauptet *Get-EventLog* partout, der Netzwerkpfad sei nicht auffindbar. Andere Remotebefehle wie *Get-WmiObject* funktionieren dagegen einwandfrei und beweisen, dass der Netzwerkpfad in Ordnung ist:

```
PS> Get-WmiObject Win32_BIOS -ComputerName storage1
```

Das tatsächliche Problem: *Get-EventLog* setzt (ähnlich wie übrigens *Get-Process*) voraus, dass auf dem Zielsystem der Dienst *RemoteRegistry* (*Remoteregistrierung*) ausgeführt wird – nur sagt Ihnen das niemand. Sobald Sie diesen Dienst starten, beispielsweise durch die folgende Zeile:

```
PS> (Get-WmiObject Win32_Service -Filter 'name="RemoteRegistry"' -computer
storage1).StartService().ReturnValue
0
```

schnurrt *Get-EventLog* wie ein Kätzchen und liefert die gewünschten Informationen, als sei nichts gewesen – es sei denn, weitere Voraussetzungen wie nötige Zugriffsberechtigungen fehlen. Eine weitere Voraussetzung für den *RemoteRegistry*-Dienst ist z.B., dass das Zielsystem mit seinem Computernamen angegeben wird. Wagen Sie stattdessen, eine IP-Adresse zu präsentieren, hält *Get-EventLog* unter Umständen erneut eine wenig hilfreiche Fehlermeldung für Sie bereit:

```
PS> Get-EventLog Application -ComputerName 192.168.2.108
Get-EventLog : Es wurde versucht, einen nicht autorisierten Vorgang auszuführen.
```

HINWEIS Die Moral von der Geschichte ist also: Klassisches Remoting ist eine sehr stabile und schnelle Technik, die noch dazu auf der Zielseite keine PowerShell voraussetzt. Allerdings ist sie nur dann zuverlässig einsetzbar, wenn Sie genau wissen, welche Voraussetzungen die jeweilig verwendete Remotetechnologie erfordert, und wenn diese Voraussetzungen erfüllt sind.

Das neue universelle PowerShell-Remoting

Weil klassische Remotezugriffe von der Intelligenz des jeweiligen Cmdlets abhängen und es jedem Cmdlet selbst überlassen ist, welche Technik es hinter den Kulissen für seinen Remotezugriff verwendet, hat man in der PowerShell 2.0 eine alternative Remotingtechnik implementiert, mit der sich jeder beliebige Befehl auf anderen Systemen ausführen lässt. Hierbei übernimmt die PowerShell stellvertretend für alle Befehle den Remotezugriff: Es transferiert Ihren Code mithilfe des relativ neuen WinRM-Diensts zum Zielsystem, führt den Code dort in einer separaten PowerShell-Session aus und eskortiert die Ergebnisse automatisch zurück zu Ihrem System.

Auch wenn es zunächst etwas ungewöhnlich erscheint: Durch diese Technik wird Ihr Code stets lokal ausgeführt, nur eben bei Bedarf auf einem anderen Computer. Die einzelnen Befehle, die Sie remote ausführen möchten, brauchen den Remotezugriff nicht länger selbst zu unterstützen und die PowerShell verwendet für den Remotezugriff immer denselben klar dokumentierten Mechanismus. Jeder Befehl, der lokal ausführbar ist, kann also dank PowerShell-Remoting auch remote auf einem anderen Computer ausgeführt werden. Verwirrende Netzwerk- und Dienstevoraussetzungen gibt es beim PowerShell-Remoting ebenfalls nicht mehr. Alle Befehle verwenden denselben Remotingmechanismus. Sie müssen also nur dafür sorgen, dass die dafür nötigen Voraussetzungen erfüllt sind.

Test-Setup

Falls Sie sich zunächst in einem Testszenario auf das eigentliche PowerShell-Remoting konzentrieren möchten, führen Sie auf allen beteiligten Computern lediglich die folgenden beiden Zeilen aus einer PowerShell-Konsole mit vollen Administratorrechten heraus aus:

```
PS> Enable-PSRemoting -Force
PS> Set-Item wsman:\localhost\client\trustedhosts * -Force
```

Damit wird das volle PowerShell-Remoting aktiviert. Für erste Tests ist das völlig ausreichend. Erst wenn Sie später planen, PowerShell-Remoting im Produktionsumfeld einzusetzen, sollten Sie aus Sicherheitsgründen die Konfiguration auf die tatsächlich nötigen Mindeststandards zurücksetzen, über die Sie in den folgenden Abschnitten mehr erfahren.

Minimales Setup

Möchten Sie von Ihrem Computer bloß auf andere Computer zugreifen, brauchen Sie in einem Domänenumfeld bei Ihrem eigenen Computer überhaupt nichts zu tun - PowerShell Remoting muss dann nur beim Zielcomputer aktiviert sein.

Mit dieser Form des Minimal-Setups kann Ihr Computer allerdings dann wirklich nur auf andere Computer zugreifen. Weder können andere Computer per PowerShell-Remoting auf Ihren Computer zugreifen, noch können Sie das PowerShell-Remoting lokal auf Ihrem Computer testen. In einem Peer-to-Peer-Netzwerk (ohne Domäne) genügt das minimale Setup nicht, weil hier einige Zusatzeinstellungen nötig sind, die man erst konfigurieren kann, nachdem das PowerShell-Remoting aktiviert wurde. Führen Sie hier also das im nächsten Abschnitt beschriebene volle Setup durch.

Vollständiges Setup

Um Ihren Computer in einen vollwertigen Remotingserver zu verwandeln, der von anderen Computern via PowerShell-Remoting angesprochen werden kann, müssen die folgenden Voraussetzungen erfüllt sein:

- **WinRM-Dienst** Dieser Dienst empfängt die Remotinganfragen und setzt sie um. Deshalb muss dieser Dienst gestartet sein.
- **Listener** PowerShell-Remotinganfragen werden als Vorgabe per HTTP an Port 5985 gesendet. Damit WinRM die Anfragen dort empfangen kann, muss ein sogenannter *Listener* eingerichtet werden, der an diesem Port auf Remotinganfragen lauscht.
- **Firewallausnahme** Damit andere Computer Ihrem Computer überhaupt Remotinganfragen senden können, muss die Windows-Firewall diese Anfragen einlassen. Zusätzlich ist also noch eine Firewallausnahme nötig, die HTTP-Pakete an Port 5985 passieren lässt.

Glücklicherweise brauchen Sie diese Voraussetzungen nicht von Hand selbst einzurichten. Es genügt, aus einer PowerShell-Konsole mit vollen Administratorrechten heraus einen einzigen Befehl zu geben:

```
PS> Enable-PSRemoting
```

Enable-PSRemoting listet auf, welche Konfigurationsänderungen es einzurichten gedenkt, und wartet dann auf Ihr Einverständnis (geben Sie den Parameter *-Force* an, läuft der Befehl ohne Sicherheitsabfrage).

HINWEIS Sollte *Enable-Remoting* die Konfigurationsänderungen nicht vornehmen, sondern stattdessen maulen, sind dies die beiden häufigsten Fehlergründe: Entweder haben Sie den Befehl nicht aus einer PowerShell-Konsole mit vollen Administratorrechten heraus aufgerufen. Dann fehlen Ihnen die nötigen Berechtigungen, um den WinRM-Dienst zu starten oder die Firewallausnahme einzurichten. Oder eine Ihrer Netzwerkverbindungen ist derzeit als *Öffentlich* deklariert. Deaktivieren Sie solche Netzwerkverbindungen vorübergehend, denn *Enable-PSRemoting* versucht, die Firewallausnahme für alle aktiven Netzwerkprofile einzurichten. Aus Sicherheitsgründen ist das bei öffentlichen Netzwerken aber verboten. Weitere Fehlerursachen und Wege zur Abhilfe erfahren Sie im Abschnitt »Fehler finden und beheben« (Seite 620).

Arbeiten Sie nicht in einer Domäne, sondern einem Peer-to-Peer-Netzwerk, ist eine weitere Einstellung nötig:

```
PS> Set-Item wsman:\localhost\client\trustedhosts * -Force
```

Der Grund: Als Vorgabe verwendet die PowerShell die besonders sichere Kerberos-Anmeldung, die aber nur in Domänen vorhanden ist. Bei ihr ist sichergestellt, dass sich Client und Server gegenseitig ausweisen, sodass automatisch verhindert wird, dass Ihre Anmeldeinformationen in die Hände eines eingeschmuggelten bösen Systems geraten könnten. Steht Kerberos nicht zur Verfügung, kontrolliert *TrustedHosts*, mit welchen Computern Sie sich verbinden dürfen – also wem Sie vertrauen. Diese Liste ist also eigentlich nur ein zusätzlicher Airbag für Sie selbst. Indem Sie ein Sternchen in die Liste eintragen, schalten Sie den Airbag aus und dürfen sich fortan mit jedem beliebigen Computer verbinden. Trauen Sie sich so viel Freiheit nicht zu oder beschäftigen Sie weniger qualifizierte Hilfsadministratoren, die Sie auf eine Reihe vorgegebener Computer beschränken möchten, tragen Sie in *TrustedHosts* genauere Angaben ein:

```
PS> Set-Item wsman:\localhost\client\trustedhosts server_* -Force
PS> Set-Item wsman:\localhost\client\trustedhosts 10.10.10.* -Force -Concat
PS> Set-Item wsman:\localhost\client\trustedhosts 192.168.2.110 -Force -Concat
PS> dir wsman:\localhost\client
```

In diesem Beispiel dürfen Sie sich anschließend nur noch zu Computern verbinden, deren Name entweder mit »server_« oder deren IP-Adresse mit »10.10.10.« beginnt. Außerdem ist der Zugang zum System mit der IP-Adresse 192.168.2.110 freigegeben.

HINWEIS Überbewerten Sie *TrustedHosts* nicht. Diese Einstellung macht die Verbindungen keinen Deut sicherer. Sie sorgt lediglich dafür, dass Sie sich nicht versehentlich mit anderen Computern verbinden. Jeder lokale Administrator kann den Inhalt von *TrustedHosts* ändern. *TrustedHosts* spielt keine Rolle bei Computern, die innerhalb der Domäne per Kerberos angesprochen werden können. Dennoch ist *TrustedHosts* auch in einer Domäne von Bedeutung – jedenfalls dann, wenn Sie einen Computer via IP-Adresse ansprechen (Kerberos funktioniert nur mit Computernamen) oder falls der Domänencontroller gerade nicht erreichbar ist.

Tabelle 16.2 listet alle mitgelieferten PowerShell-Cmdlets auf, die das neue universelle PowerShell-Remoting unterstützen und zeigt auch, ob ein Cmdlet den zusätzlichen Parameter *-Credential* unterstützt.

Cmdlet	Beschreibung	Credential
Connect-WSMan	Stellt eine Verbindung mit dem WinRM-Dienst her und richtet eine dauerhafte Verbindung mit dem Remotecomputer ein	x
Disconnect-WSMan	Trennt die Verbindung des Clients mit dem WinRM-Dienst auf einem Remotecomputer	
Enter-PSSession	Startet eine interaktive Sitzung mit einem einzelnen Remotecomputer	x
Get-PSSession	Ruft die Windows PowerShell-Sitzungen (PSSessions) ab, die in der aktuellen Sitzung erstellt wurden	
Get-WSManInstance	Ruft eine Instanz einer Verwaltungsressource ab, die über eine Ressourcen-URI angegeben wird	x
Invoke-Command	Führt Befehle auf einem oder mehreren Remotecomputern aus und meldet die Ergebnisse einschließlich Fehlermeldungen zurück	x
Invoke-WSManAction	Führt eine Aktion für ein mit RESOURCE_URI angegebenes Objekt aus, wobei die Parameter über Schlüssel-Wert-Paare angegeben werden	x
New-PSSession	Erstellt eine Windows PowerShell-Sitzung (*PSSession*) auf einem Remotecomputer	x
New-WSManInstance	Erstellt eine neue Instanz einer Verwaltungsressource mit einer Ressourcen-URI und einem Wertesatz oder einer Eingabedatei	x

Tabelle 16.2 Cmdlets, die das neue universelle PowerShell-Remoting unterstützen

Cmdlet	Beschreibung	Credential
Receive-Job	Ruft die Ergebnisse der Windows PowerShell-Hintergrundaufträge ab	
Remove-PSSession	Schließt Windows PowerShell-Sitzungen (PSSessions) in der aktuellen Sitzung	
Remove-WSManInstance	Löscht eine Instanz einer im *-ResourceURI*-Parameter und im *-SelectorSet*-Parameter angegebenen Verwaltungsressource	x
Set-WSManInstance	Ändert die Verwaltungsinformationen zu einer Ressource	x
Test-WSMan	Sendet eine Identifikationsanforderung, die ermittelt, ob der WinRM-Dienst auf einem lokalen oder einem Remotecomputer ausgeführt wird	x

Tabelle 16.2 Cmdlets, die das neue universelle PowerShell-Remoting unterstützen *(Fortsetzung)*

Remoteausführung von Befehlen

Mit *Invoke-Command* führen Sie beliebigen PowerShell-Code remote auf einem anderen Computer aus. Dazu übergeben Sie dem Cmdlet lediglich den Code, den es für Sie ausführen soll, und legen mit dem Parameter *-ComputerName* den Computer fest, auf dem der Code zur Ausführung gelangen soll. Die folgende Zeile führt beispielsweise den Befehl *Get-Service* auf dem Computer *storage1* aus. Das Ergebnis, nämlich die Dienste dieses Computers, werden automatisch zurück zu Ihnen geliefert:

```
PS> Invoke-Command { Get-Service } -ComputerName storage1
```

Dabei werden Sie eine kurze Verzögerung bemerken, bevor *Invoke-Command* die Ergebnisse an Sie zurückmeldet. *Invoke-Command* sendet eine Anforderung an den *WinRM*-Dienst von *storage1* und beauftragt diesen, eine PowerShell-Session zu öffnen. Dabei wird quasi eine neue (unsichtbare) PowerShell-Instanz auf *storage1* gestartet, was die Verzögerung erklärt. Danach führt diese neue Session den übermittelten Befehl aus und übergibt die Ergebnisse zurück an *WinRM*. Dieser überträgt die Ergebnisse an Ihre eigene PowerShell-Sitzung, sodass die Ergebnisse bei Ihnen erscheinen. Der Code in geschweiften Klammern wird also auf dem Remotesystem ausgeführt. *Get-Service* wäre auch selbst in der Lage gewesen, die Informationen remote zu beschaffen:

```
PS> Get-Service -ComputerName PC01
```

Spätestens allerdings, wenn Sie sich mit einem anderen Benutzerkonto am Zielsystem anmelden wollen, zeigt der universelle Ansatz des PowerShell-Remotings seine Vorteile. Während nämlich nur einige Cmdlets den Parameter *-Credential* implementieren (*Get-Service* gehört nicht dazu), können Sie mit dem PowerShell-Remoting immer auf alternative Anmeldungen zurückgreifen:

```
PS> Invoke-Command { Get-Service } -ComputerName PC01 -Credential (Get-Credential)
```

Darüber hinaus ist das PowerShell-Remoting universell einsetzbar und nicht auf bestimmte remotefähige Befehle beschränkt. Jeder Befehl kann remote ausgeführt werden, sogar native Befehle wie beispielsweise *netstat* oder *ipconfig*:

```
PS> Invoke-Command { netstat } -ComputerName PC01
```

HINWEIS Weil der Code, den Sie *Invoke-Command* in geschweiften Klammern übergeben, auf dem Zielsystem lokal ausgeführt wird, müssen natürlich alle Befehle, die Sie darin verwenden, auf dem Zielsystem auch tatsächlich vorhanden sein. Rufen Sie beispielsweise *robocopy.exe* mit *Invoke-Command* remote auf, muss dieses Tool auf dem Zielsystem existieren. Auch alle Pfade oder Variablen, auf die Sie innerhalb des Codeblocks Bezug nehmen, müssen aus der Remotesitzung heraus auf dem Remotesystem zur Verfügung stehen. Sobald Sie Code remote ausführen, wird außerdem ein Phänomen namens »2nd Hop« wichtig: Ihre Anmeldeinformationen, mit denen Sie sich am Remotesystem angemeldet haben, dürfen von dort aus nicht an dritte Systeme weitergereicht werden. Versucht Ihr Code also, auf geschützte Ressourcen wie z.B. Netzlaufwerke anderer Computer durchzugreifen, scheitert dies. Das gilt auch für Remotebefehle, die Sie aus Ihrer Remotesitzung heraus gegen andere Computer ausführen:

```
PS> Invoke-Command { Get-WmiObject Win32_BIOS -ComputerName PC04 } -ComputerName PC01
Zugriff verweigert (Ausnahme von HRESULT: 0x80070005 (E_ACCESSDENIED))
```

In diesem Beispiel versucht der remote auf *PC01* ausgeführte Code, von dort aus mit *Get-WmiObject* auf *PC04* zuzugreifen. Dies scheitert, weil der Code anderen Computern gegenüber als anonymer Benutzer auftritt. Sie können die 2nd Hop-Problematik aber dadurch überwinden, dass Sie sich an dritten Systemen erneut explizit anmelden:

```
PS> Invoke-Command { Get-WmiObject Win32_BIOS -ComputerName PC04 -Credential (Get-Credential) } -
ComputerName PC01

SMBIOSBIOSVersion : 02LV.MP00.20081121.hkk
Manufacturer      : Phoenix Technologies Ltd.
Name              : Phoenix SecureCore(tm) NB Version 02LV.MP00.20081121.hkk
SerialNumber      : ZAMA93HS600210
Version           : SECCSD - 6040000
PSComputerName    : PC04
```

Invoke-Command ruft auf *PC01* den Code in geschweiften Klammern auf. Dort werden neue Anmeldeinformationen mit *Get-Credential* abgefragt. Das zugehörige Dialogfeld erscheint auf Ihrem eigenen Computer, sodass Sie dort die Anmeldeinformationen eingeben können, die der Remotecode benötigt, um sich von *PC01* aus an *PC04* anzumelden. Geben Sie im Anmeldedialog den vollen Benutzernamen einschließlich Domänenanteil an, also im Format *Domäne\Benutzername*. In einem Peer-to-Peer-Netzwerk geben Sie anstelle des Domänenanteils den Namen des Computers an, auf den Sie zugreifen wollen – im Beispiel also *PC04\Benutzername*. Der Benutzername, den Sie angeben, muss auf dem Zielsystem lokale Administratorrechte besitzen, im Beispiel also auf dem Computer *PC04* existieren.

Interaktives Remoting

Anstelle PowerShell-Befehle an ein Remotesystem zu senden, können Sie auch Ihre eigene interaktive PowerShell-Konsole vorübergehend mit einem Remotesystem verbinden. Alles, was Sie dann in der PowerShell-Konsole unternehmen, spielt sich in Wirklichkeit auf dem Remotesystem ab, mit dem Sie gerade verbunden sind. Um sich mit einem Remotesystem interaktiv zu verbinden, verwenden Sie *Enter-PSSession*. Die folgende Zeile verbindet die Konsole mit dem System *storage1*:

```
PS> Enter-PSSession -ComputerName storage1
[storage1]: PS C:\Dokumente und Einstellungen\Administrator\Eigene Dateien>
```

Wieder kommt es anfangs zu einer kurzen Verzögerung, während die Remotesession auf *storage1* erzeugt wird. Danach ändert sich die Eingabeaufforderung und zeigt in eckigen Klammern den Namen des Computers an, mit dem Sie nun verbunden sind. Der Rest des Prompts kann sich ebenfalls verändern, denn die Remotesitzung führt anders als Ihre eigene Sitzung keine Profildatei aus. Sie sehen in der Remotesitzung also immer den PowerShell-Standardprompt. Als Beleg dafür, dass Ihre Konsole nun tatsächlich auf dem Remotesystem ausgeführt wird, rufen Sie die Umgebungsvariable *computername* sowie die WMI-BIOS-Informationen ab:

```
[storage1]: PS C:\Dokumente und Einstellungen\Administrator\Eigene Dateien> $env:COMPUTERNAME
STORAGE1
[storage1]: PS C:\Dokumente und Einstellungen\Administrator\Eigene Dateien> Get-WmiObject
Win32_BIOS

SMBIOSBIOSVersion : P03
Manufacturer      : Phoenix Technologies LTD
Name              : Ver 1.00PARTTBLw
SerialNumber      : 98H340ED2H9300237A30A1
Version           : PTLTD  - 6040000
```

Verlassen Sie die Remotesitzung mit *Exit-PSSession*, dann gelangen Sie zurück zu Ihrer lokalen Sitzung. Der Prompt normalisiert sich wieder, und wenn Sie nun WMI-BIOS-Informationen abrufen, erhalten Sie andere Ergebnisse, die jetzt wieder Ihren eigenen Computer repräsentieren:

```
[storage1]: PS C:\Dokumente und Einstellungen\Administrator\Eigene Dateien> Exit-PSSession
PS> Get-WmiObject Win32_BIOS

SMBIOSBIOSVersion : 02LV.MP00.20081121.hkk
Manufacturer      : Phoenix Technologies Ltd.
Name              : Phoenix SecureCore(tm) NB Version 02LV.MP00.20081121.hkk
SerialNumber      : ZAMA93HS600210
Version           : SECCSD - 6040000
```

PowerShell-Remoting abschalten

Wenn Sie das PowerShell-Remoting mit *Enable-PSRemoting* aktivieren, bleibt diese Einstellung so lange aktiv, bis Sie diese wieder ausdrücklich mit *Disable-PSRemoting* abschalten. Das Abschalten des Remotings erfordert wie das Einschalten volle Administratorrechte:

```
PS> Disable-PSRemoting
WARNUNG: Durch Deaktivieren der Sitzungskonfigurationen werden nicht alle Änderungen rückgängig
gemacht, die vom Cmdlet "Enable-PSRemoting" oder "Enable-PSSessionConfiguration" vorgenommen
wurden. Möglicherweise müssen Sie die Änderungen manuell rückgängig machen, indem Sie die
folgenden Schritte ausführen:
    1. Beenden und deaktivieren Sie den WinRM-Dienst.
    2. Löschen Sie den Listener, der Anforderungen auf beliebigen IP-Adressen akzeptiert.
    3. Deaktivieren Sie die Firewallausnahmen für die WS-Verwaltungskommunikation.
    4. Setzen Sie den Wert von LocalAccountTokenFilterPolicy auf 0 zurück. Dadurch wird der
       Remotezugriff auf Mitglieder der Gruppe "Administratoren" auf dem Computer eingeschränkt.
```

Allerdings gibt *Disable-Remoting* dabei eine interessante Bemerkung aus. Tatsächlich stellt *Disable-Remoting* keineswegs die Ausgangsbedingungen wieder her, sondern sorgt nur dafür, dass der Remotezugriff via PowerShell-Remoting nicht länger möglich ist. Die Infrastruktur des PowerShell-Remoting, also der WinRM-Dienst, der darin implementierte Listener und auch die eingerichteten Firewallausnahmen bleiben aber aktiv. Das ist nicht etwa Nachlässigkeit, sondern eine zwingende Notwendigkeit, weil WinRM schließlich auch für andere Aufgaben und Anwendungen einsetzbar ist.

Die PowerShell kann deshalb diese Infrastruktur nicht einfach wieder entfernen, weil sie nicht wissen kann, ob zwischenzeitlich noch andere Anwendungen damit zu arbeiten begonnen haben. Sie aber können das schon. Lassen Sie uns deshalb noch einmal genauer untersuchen, welche Änderungen *Enable-PSRemoting* durchgeführt hat und wie Sie diese Änderungen auf Wunsch wiederherstellen. Dazu benötigen Sie eine PowerShell-Konsole mit vollen Administratorrechten.

Listener entfernen

Wenn Sie das PowerShell-Remoting deaktivieren, wird der Listener, der die PowerShell-Anforderungen entgegennimmt, nicht mitgelöscht. Um alle Listener auf einmal zu entfernen, verwenden Sie die folgende Zeile:

```
PS> Remove-Item wsman:\localhost\Listener\* -Recurse
```

Da es sein kann, dass andere Anwendungen eigene Listener erstellt haben, entfernen Sie die PowerShell-Remoting-Listeners etwas gezielter, indem Sie nur diejenigen Listener löschen, die an Port 5985 lauschen:

```
PS> dir WSMan:\localhost\Listener | ForEach-Object { $_.PSPath } | Where-Object { (Get-Item
"$_\Port").Value -eq 5985 } | Remove-Item -Recurse
```

WinRM-Dienst stoppen

Der WinRM-Dienst nimmt die PowerShell-Remotinganforderungen entgegen. Wenn Sie *Enable-PSRemoting* ausführen, wird dieser Dienst gestartet und sein Startmodus auf *Automatisch* gesetzt, damit der Dienst künftig automatisch ausgeführt wird. Allerdings ist der WinRM-Dienst nicht allein für das PowerShell-Remoting zuständig. Er bildet allgemein die Serverkomponente, um Webserviceanforderungen entgegenzunehmen. Sie sollten den Dienst also nur dann stoppen und auf manuellen Start zurücksetzen, wenn Sie sicher sind, dass keine anderen Anwendungen ihn benötigen. Hilfreich dabei sind die Systemstandards. Auf Windows-Servern wird der WinRM-Dienst als Vorgabe immer automatisch ausgeführt. Auf einem Server sollten Sie den Dienst also einfach weiterlaufen lassen. Anders bei Clients: Hier ist der Dienst normalerweise auf manuellen Start voreingestellt. Um den Dienst auf die Client-Vorgaben zurückzusetzen, verwenden Sie die folgenden Befehle:

```
PS> Set-Service winrm -StartupType Manual
PS> Stop-Service winrm
```

Firewallausnahmen entfernen

Wird *Enable-PSRemoting* ausgeführt, aktiviert das Cmdlet zwei vordefinierte Firewallregeln, nämlich eine für das private Netzwerkprofil und eine für das Domänenprofil. Diese Regeln erlauben eingehende Anforderungen an Port 5985 mit dem HTTP-Protokoll. *Disable-PSRemoting* deaktiviert diese Regeln nicht. Um sie zu deaktivieren, öffnen Sie also entweder manuell die Benutzeroberfläche der Windows-Firewall und deaktivieren die Regeln oder Sie setzen die PowerShell ein. Dazu sind einige zusätzliche PowerShell-Befehle nötig, die Sie folgendermaßen anlegen:

```
function Get-FirewallRule($rule = '*', $port = '*') {
  try {
    (New-Object -ComObject HNetCfg.FwPolicy2).Rules |
      Where-Object { $_.Name -like $rule } |
```

```
      Where-Object { $_.LocalPorts -like $port
    }
  }
  catch [system.Management.Automation.PSArgumentException] {
    # this handles firewall rules on Windows XP:
    0..2 | ForEach-Object {
      $obj = New-Object -ComObject HnetCfg.FwMgr
    }{
      try {
        $obj.LocalPolicy.GetProfileByType($_).GloballyOpenPorts
        } catch {}} |
        Where-Object { $_.Name -like $rule } |
        Where-Object { $_.Port.toString() -like $port
    }
  }
}

function Disable-FirewallRule([Parameter(Position=0, Mandatory=$true,
ValueFromPipeline=$true)]$rule) {
  process {
    $rule.Enabled = $false
  }
}

function Enable-FirewallRule([Parameter(Position=0, Mandatory=$true,
ValueFromPipeline=$true)]$rule) {
  process {
    $rule.Enabled = $true
  }
}
```

Get-FirewallRule ruft Firewallregeln ab und verwendet dazu als Vorgabe einen Ansatz, der ab Windows Vista eingeführt wurde. Nur falls dieser scheitert, greift *Get-FirewallRule* auf einen älteren Ansatz zurück, der bei Windows XP galt. Die Funktion liefert also für alle Windows-Versionen die Firewallregeln der Windows-Firewall. Um die vom PowerShell-Remoting verwendeten Regeln zu finden, suchen Sie nach allen Regeln, die Port 5985 betreffen:

```
Get-FirewallRule -port 5985 | Format-Table Name, Enabled, Profiles, LocalPorts, Description -Auto

Name                                      Enabled Profiles LocalPorts Description
----                                      ------- -------- ---------- -----------
Windows-Remoteverwaltung (HTTP eingehend)    True        1 5985       Eingehende Regel...
Windows-Remoteverwaltung (HTTP eingehend)    True        2 5985       Eingehende Regel...
```

Um diese Regeln zu deaktivieren, leiten Sie das Ergebnis an *Disable-FirewallRule* weiter:

```
Get-FirewallRule -port 5985 | Disable-FirewallRule
```

Diese Anweisung deaktiviert sämtliche Firewallregeln an Port 5985. Normalerweise betrifft dies ausschließlich das PowerShell-Remoting, aber natürlich könnten rein theoretisch weitere Regeln festgelegt worden sein, die diesen Port tangieren. Deshalb können Sie die Zeile weiter verfeinern und z.B. nur auf Regeln anwenden, die sich auf das HTTP-Protokoll beziehen:

```
PS> Get-FirewallRule -port 5985 | Where-Object { $_.Protocol -eq 6 }
```

PROFITIPP Während *Enable-PSRemoting* nur die Firewallausnahme an Port 5985 (HTTP) aktiviert, können im Zusammenhang mit dem PowerShell-Remoting noch weitere Ausnahmen manuell eingerichtet worden sein. Beispielsweise existiert eine weitere Ausnahme für Port 80 aus Gründen der Abwärtskompatibilität, denn in frühen Versionen nutzte WinRM diesen Port. Auch können Regeln für Port 5986 (HTTPS) vorhanden sein, wenn zusätzlich zu HTTP auch das HTTPS-Protokoll für Remotingaufgaben eingesetzt wurde. Spielen Sie im Zweifelsfall einfach etwas mit *Get-FirewallRule*. Alle Regeln, die Port 80 betreffen, finden Sie z.B. so:

```
PS> Get-FirewallRule -Port 80
```

Und wenn Sie alle Regeln sehen möchten, die in Zusammenhang mit dem PowerShell-Remoting stehen, verwenden Sie die folgende Zeile:

```
PS> Get-FirewallRule *Windows?Remote*| Format-Table Name, Enabled, Profiles, LocalPorts -auto

Name                                                         Enabled Profiles LocalPorts
----                                                         ------- -------- -------
Windows-Remoteverwaltung (HTTP eingehend)                       True        1 5985
Windows-Remoteverwaltung (HTTP eingehend)                       True        2 5985
Windows-Remoteverwaltung - Kompatibilitätsmodus (HTTP eingehend)  False       1 80
Windows-Remoteverwaltung - Kompatibilitätsmodus (HTTP eingehend)  False       6 80
```

Leider sind die Namen der Firewallausnahmen lokalisiert, liegen also in der jeweiligen Landessprache vor. Auf deutschen Systemen firmieren die Ausnahmen unter *Windows-Remoteverwaltung*, während sie auf amerikanischen Systemen *Windows Remoteadministration* genannt werden.

Kurz und knapp ...

Einige Cmdlets unterstützen auf eigenen Wegen Remotezugriffe und bieten Ihnen dann mit dem Parameter *-ComputerName* die Möglichkeit, andere Systeme anzusprechen. Weil die dabei verwendeten Remotingtechniken aber unbekannt sind, kann die Fehlersuche Schwierigkeiten bereiten. Die PowerShell 2.0 unterstützt darüber hinaus ein allgemeines Remoting: Code kann via HTTP am Port 5985 an eine andere PowerShell-Instanz auf einem Remotesystem gesendet und dort ausgeführt werden. Die Ergebnisse werden über XML-Serialisierung an Ihre eigene PowerShell-Session zurückübertragen. Damit dies funktioniert, muss das Remotesystem einmalig mit *Enable-PSRemoting* eingerichtet werden. Anschließend kann man mit *Invoke-Command* Befehle remote ausführen oder sich mit *Enter-PSSession* interaktiv mit einer Remotesession verbinden.

Mit Remotesessions arbeiten

PowerShell-Sessions bilden die Grundlage sämtlicher PowerShell-Remotingtechnologien. Deshalb sollten Sie genau verstehen, was eine PowerShell-Session eigentlich ist und wo sie eingesetzt wird. Wenn Sie die PowerShell-Konsole öffnen, starten Sie genau genommen eine PowerShell-Sitzung (*Session*). Starten Sie eine zweite Konsole, öffnen Sie eine zweite unabhängige Session. Eine PowerShell-Session ist also ein Raum, in dem PowerShell-Code ausgeführt werden kann. Das PowerShell-Remoting gibt Ihnen die Möglichkeit, solche Sessions auch remote auf einem anderen Computer zu starten. Sie starten so also im Prinzip von Ihrem lokalen Computer aus eine zweite unsichtbare und unabhängige PowerShell-Sitzung auf dem Remotesystem. Das PowerShell-Remoting sorgt anschließend dafür, dass Sie beliebige Befehle in dieser neuen PowerShell-Session ausführen können, und transportiert die Ergebnisse zurück zu Ihrem Computer.

Einmalsessions

Geben Sie keine besondere Session an, erzeugt das PowerShell-Remoting kurzerhand eine Einmalsession für den einmaligen Gebrauch. Sie wird also nur für den aktuellen Zugriff verwendet und anschließend sofort wieder entsorgt. *Invoke-Command* legt solche Einmalsessions an, wenn Sie den Parameter *-ComputerName* verwenden:

```
PS> Invoke-Command { $env:COMPUTERNAME; $wert=1 } -ComputerName PC01
PS> Invoke-Command { $env:COMPUTERNAME; $wert } -ComputerName PC01
```

Wie Sie sehen, wird in beiden Fällen der Name des Zielsystems ausgegeben. Der erste Aufruf definiert eine Variable namens *$wert1*. Sie ist im zweiten Aufruf nicht mehr vorhanden, weil jeder Aufruf seine eigene Session einrichtet und anschließend vernichtet.

Wieder verwendbare Sessions

Einmalsessions erfordern einen hohen Overhead, weil sie für jeden Zugriff extra neu eingerichtet werden müssen, was auch erklärt, warum es zu spürbaren Verzögerungen bei der Ausführung der Befehle kommt. Ökonomischer ist es, Sessions aufzubewahren und mehrmals zu verwenden. Dazu legen Sie sich zuerst selbst mit *New-PSSession* eine neue Session an und speichern diese in einer Variablen:

```
PS> $session = New-PSSession -ComputerName PC01
```

Geben Sie diese Session anschließend bei Remotingbefehlen an, braucht keine neue Einmalsession generiert zu werden. Stattdessen wird die schon vorhandene Session verwendet:

```
PS> Invoke-Command { $env:COMPUTERNAME; $wert=1 } -Session $session
PS> Invoke-Command { $env:COMPUTERNAME; $wert } -Session $session
```

Auffällig ist, dass die Befehle nun sehr viel schneller ausgeführt werden, weil nicht zuerst eine neue Einmalsession angelegt werden muss. Diese Aufgabe hat *New-PSSession* ja nun schon übernommen und der Remotezugriff verwendet dieses Mal die schon vorhandene Session aus der Variablen *$session*. Außerdem bleibt der Zustand der Session über mehrere Aufrufe hinweg erhalten. Im ersten Aufruf wird die Variable *$wert* mit dem Wert 1 belegt, der beim zweiten Aufruf wieder abgerufen werden kann. Den Status einer Session erfahren Sie, indem Sie die Session ausgeben. So können Sie beispielsweise kontrollieren, ob eine Session noch aktiv ist oder die Verbindung inzwischen beendet wurde:

```
PS> $session
```

Benötigen Sie die Session nicht mehr, schließen Sie diese mit *Remove-PSSession*:

```
PS> Remove-PSSession $session
```

TIPP Einmalsessions und wieder verwendbare Sessions unterscheiden sich technisch gesehen keinen Deut voneinander. Deshalb sollten Sie abwägen, welche Sessionart für Ihre Aufgabe am besten funktioniert. Wollen Sie nur kurz einen Befehl remote ausführen oder sich vorübergehend mit einem Remotesystem verbinden, verwenden Sie die PowerShell-Remotingbefehle mit dem Parameter *-ComputerName* und erzeugen so eine Einmalsession. So können Sie sicher sein, dass die Session nach Gebrauch automatisch geschlossen und entsorgt wird.

Möchten Sie dagegen häufiger auf dasselbe System zugreifen, beschaffen Sie sich zuerst mit *New-PSSession* eine wiederverwendbare Session und nutzen diese mit dem Parameter *-Session* (anstelle *-ComputerName*) bei allen PowerShell-Remotingbefehlen. Das beschleunigt den Zugriff erheblich, weil so nicht bei jedem Aufruf eine neue Session generiert werden muss. Manche Szenarien wie beispielsweise das implizite Remoting, das Sie in einem der nächsten Abschnitte kennenlernen, benötigen immer eine wieder verwendbare Session.

Sobald Sie sich mit *New-PSSession* eigene Sessions beschaffen, müssen Sie allerdings ein wachsames Auge auf die angelegten Sessions haben, denn dann sind Sie selbst dafür verantwortlich, die Sessions nach Gebrauch mit *Remove-PSSession* zu entsorgen. Versäumen Sie dies, sind Sie früher oder später nicht mehr in der Lage, weitere Sessions anzulegen, denn jeder Benutzer darf als Vorgabe auf Zielsystemen nur maximal fünf separate Sessions erzeugen.

Sessions zu mehreren Computern: Fan-Out

Das PowerShell-Remoting kann mehrere Verbindungen zu unterschiedlichen Computern gleichzeitig verwenden, was auch als *Fan-Out* bezeichnet wird (zu Deutsch *ausfächern*) und dabei hilft, Aufgaben gleichzeitig auf ganzen Computerparks oder Serverfarmen auszuführen. Entweder verwenden Sie wieder Einmalsessions und übergeben dem Parameter *-ComputerName* eine kommaseparierte Liste der Zielcomputer:

```
PS> Invoke-Command { $env:COMPUTERNAME } -ComputerName demo05, localhost, storage1
```

Invoke-Command baut dabei zu jedem angegebenen Computer eine separate Session auf, führt den Befehl darin aus und verwirft die Session anschließend wieder. Kann ein Computer nicht erreicht werden, meldet das Cmdlet einen Fehler. Oder aber Sie legen zuerst die notwendigen Sessions mit *New-PSSession* an. Auch dieses Cmdlet akzeptiert eine kommaseparierte Liste mit Computernamen:

```
PS> $session = New-PSSession storage1, localhost, demo5
```

Wieder erhalten Sie Fehlermeldungen, falls einer der angegebenen Computer nicht erreicht werden kann. Alle erfolgreich aufgebauten Sessions finden sich anschließend in *$session*:

```
PS> $session

 Id Name          ComputerName   State    ConfigurationName    Availability
 -- ----          ------------   -----    -----------------    ------------
  1 Session1      localhost      Opened   Microsoft.PowerShell    Available
  2 Session2      demo5          Opened   Microsoft.PowerShell    Available
  3 Session3      storage1       Opened   Microsoft.PowerShell    Available
```

Anschließend kann *$session* verwendet werden, um Befehle auf allen Sessions gleichzeitig auszuführen. Möchten Sie nun einen Befehl an alle drei Computer gleichzeitig senden, geben Sie dem Parameter *-Session* das Array mit den Sessions an. Die folgende Zeile würde auf allen Computern gleichzeitig einen neuen Registrierungsschlüssel namens *HKEY_LOCAL_MACHINE\Software\Test* anlegen:

```
PS> Invoke-Command { md HKLM:\Software\Test } -Session $session
```

PROFITIPP Übergeben Sie *New-PSSession* mehrere Computernamen, generiert dieses Cmdlet nicht etwa eine Session zu mehreren Computern. In Wirklichkeit liefert das Cmdlet für jeden angegebenen Computer eine einzelne Session und verpackt diese lediglich in einem Array:

```
PS> $session.Count
3
PS> $session[0]

 Id Name            ComputerName    State    ConfigurationName     Availability
 -- ----            ------------    -----    -----------------     ------------
  1 Session1        localhost       Opened   Microsoft.PowerShell     Available

PS> $session[-1]

 Id Name            ComputerName    State    ConfigurationName     Availability
 -- ----            ------------    -----    -----------------     ------------
  3 Session3        storage1        Opened   Microsoft.PowerShell     Available
```

Übergeben Sie *$session* an *Invoke-Command*, erkennt das Cmdlet, dass *$session* ein Array ist, und nutzt alle darin separat gespeicherten Sessions. Auch wenn also der Eindruck entsteht, *$session* würde eine Session zu mehreren Computern repräsentieren, trifft dies nicht zu. Eine Session stellt vielmehr immer eine einzelne PowerShell-Instanz dar und bildet deshalb immer nur eine einzige Verbindung zu einem bestimmten Computer ab. Das können Sie sich zunutze machen, indem Sie aus dem Array bei Bedarf eine bestimmte Session auswählen, um sich beispielsweise mit *Enter-PSSession* vorübergehend interaktiv mit dieser Session zu verbinden:

```
PS> Enter-PSSession $session[2]
[storage1]: > $env:COMPUTERNAME
STORAGE1
[storage1]: > Exit-PSSession
```

Über *Get-PSSession* können Sie sich außerdem alle verfügbaren Sessions anzeigen lassen und auch aus dieser Liste von Fall zu Fall je nach Bedarf eine Session herausgreifen:

```
PS> Get-PSSession

 Id Name            ComputerName    State    ConfigurationName     Availability
 -- ----            ------------    -----    -----------------     ------------
  1 Session1        localhost       Opened   Microsoft.PowerShell     Available
  2 Session2        demo5           Opened   Microsoft.PowerShell     Available
  3 Session3        storage1        Opened   Microsoft.PowerShell     Available

PS> Get-PSSession -Id 2

 Id Name            ComputerName    State    ConfigurationName     Availability
 -- ----            ------------    -----    -----------------     ------------
  2 Session2        demo5           Opened   Microsoft.PowerShell     Available

PS> Enter-PSSession (Get-PSSession -Id 2)
[demo5]: > Exit-PSSession
```

Invoke-Command akzeptiert also nicht nur eine Session, sondern beliebig viele, und führt den angegebenen Befehl in allen angegebenen Sessions gleichzeitig aus – jedenfalls dann, wenn Sie nicht mehr als 32 Sessions angeben. Bei einem höheren Wert beschränkt *Invoke-Command* die gleichzeitige Ausführung auf 32 Systeme und stellt die übrigen Aufträge in eine Warteschlange, die erst abgearbeitet wird, wenn die ersten Systeme den Auftrag erfolgreich verarbeitet haben, sodass immer nur maximal 32 Aufträge gleichzeitig in Bearbeitung sind. So wird verhindert, dass es bei schmaler Netzwerkbandbreite zu Engpässen kommt. Mit dem Parameter *-ThrottleLimit* haben Sie aber die Freiheit, abweichende Grenzwerte festzulegen, also das Limit bei sehr langsamen Netzwerkverbindungen weiter zu reduzieren oder bei schnellen Breitbandanbindungen auch auszuweiten.

Sessions verwalten und freigeben

Sessions, die Sie mit *New-PSSession* selbst anlegen, werden erst wieder freigegeben, wenn Sie diese mit *Remove-PSSession* schließen oder die PowerShell-Sitzung, in der Sie die Sessions angelegt haben, beenden. Unkontrollierter Umgang mit Sessions führt schnell zu Ressourcenkonflikten, weil die maximale Anzahl von Sessions begrenzt ist. In diesem Fall liefert Ihnen *Get-PSSession* einen Überblick über die aktuell verwendeten Sessions:

```
PS> Get-PSSession
```

Möchten Sie eine bestimmte Session schließen, verwenden Sie *Remove-PSSession* und geben entweder über den Parameter *-Name* den Namen der Session oder über den Parameter *-Id* seine ID-Nummer an:

```
PS> Remove-PSSession -Name Session4
PS> Remove-PSSession  -Id 1
```

TIPP Haben Sie beim Anlegen einer neuen Session mit *New-PSSession* keinen besonderen Namen angegeben, weist PowerShell der Session den Namen *Session* mit einer laufenden Nummer zu. Übersichtlicher kann es sein, Sessions beim Anlegen mit *New-PSSession* über den Parameter *-Name* einen aussagekräftigeren Namen zuzuweisen.

Wollen Sie alle aktuellen Sessions beenden, geben Sie ein Sternchen als Platzhalter an:

```
PS> Remove-PSSession *
```

PROFITIPP Jede Session entspricht in Wirklichkeit einem PowerShell-Prozess, den Sie auch sehen können, wenn Sie einen Blick in den Task-Manager werfen oder sich die laufenden Prozesse mit *Get-Process* anzeigen lassen:

```
PS> $s = New-PSSession -ComputerName $env:COMPUTERNAME
PS> Get-Process wsmprovhost

Handles  NPM(K)    PM(K)      WS(K) VM(M)   CPU(s)     Id ProcessName
-------  ------    -----      ----- -----   ------     -- -----------
    206      34    45308      49864   562     0,47   2712 wsmprovhost
```

Jede Session wird dabei von einem Prozess namens *wsmprovhost* repräsentiert. Wird dieser Prozess beendet, ist auch die zugehörige Session nicht mehr verfügbar:

```
PS> $s

 Id Name            ComputerName    State    ConfigurationName     Availability
 -- ----            ------------    -----    -----------------     ------------
  2 Session2        demo5           Opened   Microsoft.PowerShell     Available
```

```
PS> stop-process -Name wsmprovhost
PS> $s

 Id Name            ComputerName    State    ConfigurationName     Availability
 -- ----            ------------    -----    -----------------     ------------
  2 Session2        demo5           Broken   Microsoft.PowerShell          None
```

Dasselbe geschieht automatisch, wenn die Verbindung zwischen Client und Server für eine gewisse Zeit gestört ist. So verhindert die PowerShell, dass Geistersessions auf dem Server verbleiben. Wird die Verbindung zwischen Client und Server für mehr als zirka drei Minuten unterbrochen, erklärt der Server alle Sessions dieses Clients für ungültig und beendet die zugrunde liegenden Prozesse. Dieses Timeout wird als Teil der WSMan-Einstellungen in Gestalt von Millisekunden verwaltet:

```
PS> dir wsman:\localhost\shell\idletimeout
180000
PS> "Idle Timeout = $((dir wsman:\localhost\shell\idletimeout).Value/60000) Minuten"
Idle Timeout = 3 Minuten
```

Implizites Remoting

Bislang haben Sie alle Remoteaufrufe *explizit* angefordert, indem Sie die Befehle mit *Invoke-Command* einer Remotesession zugeordnet haben. Für den Alltag ist dieser Weg mitunter zu komplex. Beim *impliziten* Remoting wird ein Befehl deshalb von selbst remote auf einem anderen System ausgeführt, ohne dass Sie dazu besondere Angaben machen müssen. Dazu importieren Sie Befehle mit *Import-PSSession* aus einer vorhandenen Session. Die PowerShell erstellt dabei automatisch sogenannte Proxyfunktionen, die wie Stellvertreter funktionieren und hinter den Kulissen automatisch alle notwendigen Vorkehrungen treffen, um den Befehl nicht lokal, sondern in der angegebenen Remotesitzung auszuführen.

Befehle aus einer Remotesession importieren

Voraussetzung für implizites Remoting ist eine vorhandene Session auf dem Remotesystem:

```
PS> $session = New-PSSession -ComputerName WIN-KHHRLLOTMS3 -Credential (Get-Credential)
```

Anschließend könnten Sie in dieser Remotesitzung weitere Snap-Ins oder Module nachladen oder in der Sitzung neue Funktionen definieren. Im folgenden Beispiel betreten Sie die Session in *$session* mit *Enter-PSSession*, verschaffen sich mit *Get-Module* einen Überblick über die darin vorhandenen Module, laden mit *Import-Module* ein Modul nach und definieren außerdem eine neue Funktion namens *test*.

HINWEIS In diesem Beispiel wird auf einen Windows Server 2008 R2 zugegriffen. Dieses Serverbetriebssystem ist das erste, das die PowerShell bereits als festen Bestandteil enthält. Darüber hinaus sind dort auch PowerShell-Verwaltungswerkzeuge in Form zusätzlicher Module vorhanden. Das Beispiel zeigt, wie die Verwaltungs-Cmdlets aus dem Modul *ServerManager* nachgeladen und dann remote von einem anderen Computer aus dazu verwendet werden,

Serverfeatures nachzurüsten. Prinzipiell kann dieses Beispiel aber auch auf jeden anderen Computer angewendet werden, bei dem das PowerShell-Remoting aktiviert ist. In diesem Fall stehen Ihnen lediglich eventuell andere oder gar keine zusätzlichen Module zur Verfügung.

```
PS> Enter-PSSession $session
[win-khhrllotms3]: PS C:\Users\Tobias\Documents> Get-Module -ListAvailable

ModuleType Name                      ExportedCommands
---------- ----                      ----------------
Manifest   ActiveDirectory           {}
Manifest   ADRMS                     {}
Manifest   AppLocker                 {}
Manifest   BestPractices             {}
Manifest   BitsTransfer              {}
Manifest   PSDiagnostics             {}
Manifest   ServerManager             {}
Manifest   TroubleshootingPack       {}

[win-khhrllotms3]: PS C:\Users\Tobias\Documents> Import-Module Server*
[win-khhrllotms3]: PS C:\Users\Tobias\Documents> Get-Command -Module Server*

CommandType     Name                            Definition
-----------     ----                            ----------
Cmdlet          Add-WindowsFeature              Add-WindowsFeature [-Name] <Feature[]> [-Include...
Cmdlet          Get-WindowsFeature              Get-WindowsFeature [[-Name] <String[]>] [-LogPat...
Cmdlet          Remove-WindowsFeature           Remove-WindowsFeature [-Name] <Feature[]> [-LogP...

[win-khhrllotms3]: PS C:\Users\Tobias\Documents> function test { "I am executing on
$env:COMPUTERNAME." }
[win-khhrllotms3]: PS C:\Users\Tobias\Documents> Exit-PSSession
PS>
```

Danach verlassen Sie die interaktive Sitzung wieder mit *Exit-PSSession* und gelangen zurück zu Ihrer lokalen Sitzung. Die Remotesitzung in *$session* ist nach wie vor vorhanden und enthält nun die nachgeladenen Befehle aus dem Modul sowie die selbst definierte Funktion *test*. Um die Funktion *test* aus der Remotesitzung über implizites Remoting zugänglich zu machen, importieren Sie diese aus der Remotesitzung mit *Import-PSSession*:

```
PS> Import-PSSession $session -CommandName test

ModuleType Name                      ExportedCommands
---------- ----                      ----------------
Script     tmp_b4976f56-a449-4470... test
```

Ab sofort steht Ihnen die Funktion *test* auch in Ihrer lokalen Sitzung zur Verfügung. Wenn Sie diese aufrufen, wird jedoch über das PowerShell-Remoting die Funktion *test* auf dem Zielsystem ausgeführt:

```
PS> test
I am executing on WIN-KHHRLLOTMS3.
```

Sie brauchen sich also beim Aufruf von *test* nicht um die Remoteeinstellungen zu kümmern. Die PowerShell bewerkstelligt dies alles nun transparent im Hintergrund für Sie. Ohne das implizite Remoting hätten Sie die *Funktion* test auf einem sehr viel umständlicheren Weg aufrufen müssen:

```
PS> Invoke-Command { test } -Session $session
I am executing on WIN-KHHRLLOTMS3.
```

Auch die nachgeladenen Befehle aus dem Modul *ServerManager* lassen sich über implizites Remoting sehr einfach zur Verfügung stellen:

```
PS> $ergebnis = Import-PSSession $session -Module ServerManager
```

Diesmal wurde das Ergebnis von *Import-PSSession* in der Variablen *$ergebnis* gespeichert, denn so erfahren Sie jederzeit, welche neuen Befehle tatsächlich importiert worden sind:

```
PS> $ergebnis.ExportedCommands

Name                           Value
----                           -----
Remove-WindowsFeature          Remove-WindowsFeature
Get-WindowsFeature             Get-WindowsFeature
Add-WindowsFeature             Add-WindowsFeature
```

Sie haben jetzt also von Ihrem Computer aus die Möglichkeit, sich remote einen Überblick über die Serverfeatures anzeigen zu lassen und sind sogar in der Lage, Serverfeatures gezielt nachzuinstallieren oder zu entfernen. Rufen Sie beispielsweise von Ihrem Computer aus *Get-WindowsFeature* auf, dann führt die PowerShell dabei in Wirklichkeit über implizites Remoting diesen Befehl auf dem Server aus und leitet die Ergebnisse zurück an Sie. Die nächste Zeile überprüft, ob auf dem Server der XPS-Viewer installiert ist:

```
PS> Get-WindowsFeature xps*

RunspaceId          : bc04f492-3d30-4dee-b8b6-7d91da4eb72b
DisplayName         : XPS-Viewer
Name                : XPS-Viewer
Installed           : False
FeatureType         : Feature
Path                : XPS-Viewer
Depth               : 1
DependsOn           : {}
Parent              :
SubFeatures         : {}
SystemService       : {}
Notification        : {}
BestPracticesModelId :
AdditionalInfo      : {NumericId}
```

Die Eigenschaft *Installed* zeigt mit *False* an, dass dieses Feature noch nicht installiert ist. Mit *Add-WindowsFeature* rüsten Sie das Feature bequem remote nach. Zuerst lassen Sie sich dabei am besten mit *-WhatIf* anzeigen, was dabei geschehen würde:

```
PS> Add-WindowsFeature xps-viewer -WhatIf
WhatIf: Es wird geprüft, ob eine Ausführung im WhatIf-Modus stattfindet.
WhatIf: Ausführen des Vorgangs "Add-WindowsFeature" für das Ziel "[XPS-Viewer] XPS-Viewer".
WhatIf: Der Server muss nach der Installation möglicherweise neu gestartet werden.
```

```
RunspaceId    : 3e019a31-a1f8-40d1-9562-38a97a5ac622
Success       : True
RestartNeeded : Maybe
FeatureResult : {}
ExitCode      : Success
```

Die Meldung verrät Ihnen in der Eigenschaft *RestartNeeded*, ob die Installation dieses Features einen Neustart des Servers erfordert – oder meldet *Maybe*, was ein wenig freundlicher klingt als *Unknown* und einfach nur bedeutet, dass nicht vorhersehbar ist, ob ein Neustart nötig sein wird oder nicht. Um das Feature tatsächlich zu installieren, verwenden Sie denselben Befehl, aber diesmal ohne den Parameter *-WhatIf*. Eine Fortschrittsanzeige illustriert den Installationsverlauf, und nachdem der Vorgang abgeschlossen ist, erhalten Sie diesmal definitive Antworten zu den Fragen, ob die Installation erfolgreich war und einen Neustart erfordert oder nicht:

```
PS> Add-WindowsFeature xps-viewer

RunspaceId    : 3e019a31-a1f8-40d1-9562-38a97a5ac622
Success       : True
RestartNeeded : No
FeatureResult : {XPS-Viewer}
ExitCode      : Success
```

TIPP Durch das implizite Remoting wird es künftig oft überflüssig, zusätzliche Verwaltungssoftware zu installieren. Stattdessen verbinden Sie sich über das PowerShell-Remoting entweder mittels *Enter-PSSession* oder über implizites Remoting mit dem Computer, den Sie verwalten wollen. Greifen Sie zu *Enter-PSSession*, erhalten Sie eine interaktive Umgebung, die auf dem Zielsystem ausgeführt wird. Verwenden Sie implizites Remoting, arbeiten Sie weiterhin in Ihrer lokalen PowerShell-Umgebung, haben aber zusätzlich Zugriff auf die Remotebefehle des Servers.

Potenzielle Fallen beim impliziten Remoting

Sollten Sie versuchen, einen Befehl aus einer Remotesession zu importieren, den es auch in Ihrer lokalen Session gibt, scheitert der Import. Verwenden Sie in diesem Fall den Parameter *-AllowClobber*, um den eigenen lokalen Befehl durch den Remotebefehl zu überschreiben. So allerdings verlieren Sie den Zugriff auf den eigenen lokalen Befehl. Ein besserer Weg bei Namensgleichheiten ist die Verwendung des Parameters *-Prefix*. Diesem Parameter übergeben Sie einen beliebigen Text als Prefix, der dann dem Substantiv des Remotebefehls angefügt wird. Hier ein Beispiel, mit dem Sie den Befehl *Get-Process* aus einer Remotesitzung unter dem Namen *Get-RemoteProcess* auch lokal verfügbar machen:

```
PS> $session = New-PSSession -ComputerName storage1
PS> Import-PSSession -Session $session -CommandName Get-Process -Prefix Remote

ModuleType Name                      ExportedCommands
---------- ----                      ----------------
Script     tmp_c5386042-63eb-4cc5... Get-Process
PS> (Get-Process).Count
74
PS> (Get-RemoteProcess).Count
63
```

Import-PSSession generiert Fehler, wenn die zugrunde liegenden Cmdlets nicht vorhanden sind oder falls der Befehl, den Sie dem Parameter *-CommandName* übergeben, nicht gefunden wird:

```
PS> Import-PSSession -Session $session -CommandName Not-Available -Prefix Remote
Import-PSSession : In Remotesitzung ausgeführter Befehl Get-Command gibt keine Ergebnisse zurück.
```

Der Importvorgang selbst verwendet PowerShell-Skripts. Können diese nicht ausgeführt werden, weil Ihre *Execution Policy* dies verbietet, kommt es ebenfalls zu Fehlern. Stellen Sie in diesem Fall sicher, dass PowerShell-Skripts ausgeführt werden dürfen, beispielsweise durch folgende Zeile:

```
PS> Set-ExecutionPolicy -Scope CurrentUser RemoteSigned
```

Die importierten Befehle basieren weiterhin auf der Session, aus der sie importiert wurden. Wird diese Session durch *Remove-PSSession* beendet, entfernt die PowerShell auch alle daraus importierten Befehle. Geht die Sitzung dagegen auf der Serverseite verloren, z.B. weil das Remotesystem neu gestartet wurde, versucht die PowerShell automatisch, die Sitzung wiederherzustellen, indem eine neue Session eingerichtet wird:

```
PS> Get-RemoteProcess
Neue Sitzung für implizite Remotevorgänge des Befehls "Get-Process" wird erstellt...

Handles  NPM(K)    PM(K)      WS(K) VM(M)   CPU(s)     Id ProcessName
-------  ------    -----      ----- -----   ------     -- -----------
     93       5      856       3148    21     0,08   3712 alg
    575      16    29712      27448   182   735,13   2936 cqvSvc
    797       6     1740       4784    66    11,89    412 csrss
(...)
```

Kurz und knapp ...

Das PowerShell-Remoting basiert auf Sessions. Eine Session entspricht einer PowerShell-Sitzung. Legen Sie selbst keine Session an, erzeugt die PowerShell temporäre Sessions für die Remotezugriffe. Bis zu fünf gleichzeitige Sessions zu einem Remotesystem sind pro Benutzer erlaubt. Mit *Get-PSSession* sehen Sie alle aktiven Sessions und können diese mit *Remove-PSSession* nach Gebrauch entfernen. Über *Import-PSSession* lassen sich Befehle aus einer Session in die eigene Session kopieren, was auch *implizites Remoting* genannt wird: Die aus der Remotesession importierten Befehle werden nun nämlich automatisch remote aufgerufen, wenn Sie diese in Ihrer eigenen Session zum Aufruf bringen.

Sessions konfigurieren und absichern

Jedes Mal, wenn Sie eine neue Session anlegen, wird diese Session unsichtbar hinter den Kulissen mit einer sogenannten Session Configuration initialisiert. Diesen Konfigurationsmechanismus könnten Sie höflich ignorieren, denn die PowerShell kümmert sich automatisch darum. Jedoch lohnt es sich, das Konzept der Session Configuration näher zu beleuchten, weil Sie damit Sessions vorkonfigurieren und auch absichern können.

HINWEIS Die Session Configuration-Einstellungen sind besonders geschützt. Nur Administratoren dürfen die Session Configurations lesen oder ändern. Achten Sie also darauf, die Beispiele in diesem Abschnitt in einer PowerShell-Konsole auszuführen, die über volle Administratorrechte verfügt.

Eingebaute Sitzungskonfigurationen

Sobald Sie mit *Enable-PSRemoting* das PowerShell-Remoting aktivieren, werden dabei auch Session Configurations (Sitzungskonfigurationen) angelegt, die Sie sich mit *Get-PSSessionConfiguration* ansehen können:

```
PS> Get-PSSessionConfiguration

Name                     PSVersion  StartupScript        Permission
----                     ---------  -------------        ----------
microsoft.powershell     2.0                             VORDEFINIERT\Administratoren...
Microsoft.PowerShell32   2.0                             VORDEFINIERT\Administratoren...
```

PROFITIPP *Get-PSSessionConfiguration* ist leider nicht remotefähig und liefert nur die Session Configurations, die auf Ihrem eigenen Computer registriert sind. Möchten Sie wissen, welche Session Configurations auf einem Remotesystem zur Verfügung stehen, verwenden Sie *Connect-WSMan*, um sich mit der WSMan-Verwaltung des Zielsystems zu verbinden. Danach listet das virtuelle Laufwerk *WSMan:* die verfügbaren Session Configurations im Unterordner *Plugin* auf. Die folgenden Zeilen ermitteln, welche Session Configurations auf dem System *storage1* vorhanden sind:

```
PS> Connect-WSMan storage1
PS> dir wsman:\storage1\plugin\*\Filename | Where-Object { $_.Value -like '*pwrshplugin.dll' } |
ForEach-Object {Split-Path -Leaf $_.PSParentPath }
```

Sie könnten sich daraus eine kleine Funktion basteln:

```
function Get-RemoteSessionConfiguration($computername = 'localhost') {
  Push-Location
  cd wsman:\
  Connect-WSMan $computername
  dir wsman:\$computername\plugin\*\Filename |
    Where-Object { $_.Value -like '*pwrshplugin.dll' } |
    ForEach-Object {Split-Path -Leaf $_.PSParentPath }
  & { Disconnect-WSMan $computername } 2> $null
  Pop-Location
}
```

Danach ist es einfach, die verfügbaren Session Configurations eines Remotesystems zu ermitteln:

```
PS> Get-RemoteSessionConfiguration storage1
Microsoft.PowerShell
```

Die Standardkonfiguration heißt *Microsoft.PowerShell*. Auf 64-Bit-Systemen wird außerdem eine zweite Sitzungskonfiguration namens *Microsoft.PowerShell32* angelegt, die auf 64-Bit-Systemen den speziellen 32-Bit-PowerShell-Host verwendet. Kümmern Sie sich nicht selbst um die Sitzungskonfiguration, verwendet die PowerShell automatisch die Information, die in der Variablen *$PSSessionConfigurationName* hinterlegt ist, also in der Regel *Microsoft.PowerShell*:

```
PS> $PSSessionConfigurationName
http://schemas.microsoft.com/powershell/Microsoft.PowerShell
```

Mithilfe des Parameters *-ConfigurationName*, den alle drei PowerShell-Remoting-Befehle (*New-PSSession*, *Invoke-PSSession* und *Enter-PSSession*) unterstützen, kann aber auch eine andere Konfiguration gewählt werden.

32-Bit-Code auf 64-Bit-Systemen ausführen

Auf 64-Bit-Systemen existieren zwei verschiedene PowerShell-Hosts. Starten Sie die reguläre PowerShell Konsole, erhalten Sie einen 64-Bit-Host. Hier gelten etwas andere Regeln als auf 32-Bit-Systemen. Sogenannte *Zeiger* verwenden z.B. 8 anstelle von 4 Byte (und können damit den riesigen Speicheradressraum von 64-Bit-Systemen ansprechen):

```
PS> [IntPtr]::size
8
```

Das führt allerdings auch zu Inkompatibilitäten mit Software, die für 32-Bit-Systeme geschrieben wurde. Einige COM-Objekte beispielsweise funktionieren in einer 64-Bit-Umgebung nicht:

```
PS> New-Object -ComObject ScriptControl
New-Object : Die COM-Klassenfactory für die Komponente mit CLSID {0E59F1D5-1FBE-11D0-8FF2-00A0D10038BC} konnte aufgrund des folgenden Fehlers nicht abgerufen werden: 80040154.
```

Diese Einschränkung betrifft auch einige Office-Datenbanktreiber wie z.B. ältere Microsoft Access-ADODB-Treiber, und manche Snap-Ins (Befehlserweiterungen) für die PowerShell sind ebenfalls inkompatibel zu 64-Bit-Umgebungen. Deshalb kann man alternativ auf 64-Bit-Systemen auch eine 32-Bit-PowerShell-Konsole öffnen. Diese finden Sie hier: *%SystemRoot%\syswow64\WindowsPowerShell\v1.0\powershell.exe*. Äußerlich unterscheidet sie sich nicht von der 64-Bit-Konsole, aber wenn Sie die Zeilen von eben in dieser Konsole ausführen, erhalten Sie ganz andere Resultate:

```
PS> [intptr]::size
4
PS> New-Object -ComObject ScriptControl

Language      :
State         :
SitehWnd      : 0
Timeout       : 10000
AllowUI       : True
UseSafeSubset : False
Modules       :
Error         : System.__ComObject
CodeObject    :
Procedures    :
```

Die vordefinierte Session Configuration *Microsoft.PowerShell32* startet eine Session auf 64-Bit-Systemen mit der 32-Bit-Version der PowerShell. Die nächsten Zeilen demonstrieren dies an Ihrem lokalen System. Damit dies funktioniert, muss Ihr Computer ein 64-Bit-System sein, das PowerShell-Remoting eingerichtet und die PowerShell mit vollen Administratorrechten gestartet werden. Alternativ können Sie aber auch *localhost* durch den Namen eines anderen 64-Bit-Systems ersetzen:

```
PS> $s64 = New-PSSession localhost -ConfigurationName Microsoft.PowerShell
PS> $s32 = New-PSSession localhost -ConfigurationName Microsoft.PowerShell32
PS> Invoke-Command { [Intptr]::Size } -Session $s64
```

```
8
PS> Invoke-Command { [Intptr]::Size } -Session $s32
4
```

Eigene Sitzungskonfigurationen

Wie Sie bereits gesehen haben, wird beim Start jeder Session eine *Sitzungskonfiguration* verwendet, um die Session einzurichten. Geben Sie keine spezielle Sitzungskonfiguration an, verwendet die PowerShell die Standardkonfiguration *Microsoft.PowerShell*. Als Administrator können Sie beliebig viele weitere Sitzungskonfigurationen hinzufügen. Am häufigsten wird dies dazu genutzt, um beim Start einer Session automatisch eine Profildatei auszuführen, welche die Session einrichtet.

Profildateien sind nicht neu. Die reguläre PowerShell-Konsole verwendet bis zu vier Profildateien, die beim Öffnen der PowerShell ausgeführt werden und Ihnen Gelegenheit geben, die PowerShell-Umgebung durch eigene Aliase, Konsoleneigenschaften, Farben und nachgeladene Zusatzbefehle bequem einzurichten. Die vordefinierten Sitzungskonfigurationen verwenden dagegen keine Profildateien. Sie könnten also eine neue Sitzungskonfiguration anlegen, welche dieselben Profildateien ausführt wie die interaktive Konsole. Verbinden Sie sich dann mittels *Enter-PSSession* mit dem Remotesystem, erhalten Sie dieselbe konfigurierte Konsole, als wenn Sie auf dem Remotesystem direkt eine PowerShell-Konsole geöffnet hätten. Profildateien können aber auch ganz andere Aufgaben erledigen und beispielsweise den Befehlsumfang einschränken. Auf diese Weise könnten Sie Benutzern und Gruppen auf einem Server zwar grundsätzlich die Möglichkeit geben, remote mit der PowerShell zu arbeiten, die dort verfügbaren Befehle aber auf das notwendige Mindestmaß zurechtstutzen.

Sitzungen mit Profildateien

Im ersten Beispiel soll eine Sitzungskonfiguration erzeugt werden, welche die Profildatei in *$PSHOME\profile.ps1* ausführt. Begeben Sie sich dazu zu dem Remotesystem, auf dem die Session Configuration registriert werden soll, und überprüfen Sie zuerst, ob dort bereits eine Profildatei in *$PSHOME\profile.ps1* existiert. Dazu öffnen Sie eine PowerShell-Konsole mit lokalen Administratorrechten und geben dann ein:

```
PS> Notepad $PSHOME\profile.ps1
```

Falls die Profildatei noch nicht existiert, bietet Notepad an, sie anzulegen. Stimmen Sie zu, und hinterlegen Sie im Skript z.B. die folgenden einfachen Anweisungen:

```
PS> function prompt { 'PS> '; $Host.UI.RawUI.WindowTitle = (Get-Location) }
PS> $Host.UI.RawUI.CursorSize = 80
```

Speichern Sie das Skript. Starten Sie anschließend eine neue normale PowerShell-Konsole. Weil das Skript für alle Benutzer des Computers gilt, werden die Anweisungen darin ausgeführt: Der Prompt (die Eingabeaufforderung) verwandelt sich in ein kurzes »PS> «, der aktuelle Pfad wird in der Titelleiste des Konsolenfensters angezeigt und die Einfügemarke erscheint als Block mit 80% Größe.

TIPP Sollte anstelle dieser Änderungen nur eine rote Fehlermeldung erscheinen, erlaubt die *Execution Policy* auf diesem System vermutlich die Ausführung von Skripts noch nicht. Ändern Sie diese Richtlinie dann entsprechend:

```
PS> Set-ExecutionPolicy RemoteSigned
```

Wechseln Sie zurück in die Administrator- PowerShell-Konsole. Als Nächstes registrieren Sie eine neue Sitzungskonfiguration mit *Register-PSSessionConfiguration* und beauftragen diese, beim Start automatisch die Profildatei auszuführen:

```
PS> Register-PSSessionConfiguration -Name MitProfil -StartupScript $PSHOME\Profile.ps1 -Force

   WSManConfig: Microsoft.WSMan.Management\WSMan::localhost\Plugin

Name                      Type                 Keys
----                      ----                 ----
MitProfil                 Container            {Name=MitProfil}
```

Überprüfen Sie kurz, ob die neue Sitzungskonfiguration tatsächlich hinzugefügt wurde:

```
PS> Get-PSSessionConfiguration

Name                      PSVersion  StartupScript        Permission
----                      ---------  -------------        ----------
microsoft.powershell      2.0                             VORDEFINIERT\Administratoren...
Microsoft.PowerShell32    2.0                             VORDEFINIERT\Administratoren...
MitProfil                 2.0        C:\Windows\System...
```

Nun kann die neue Sitzungskonfiguration eingesetzt werden, indem Sie ihren Namen dem Parameter *-ConfigurationName* übergeben. Möchten Sie also von einem anderen System remote auf das System zugreifen, auf dem Sie die neue Sitzungskonfiguration eingerichtet haben, verwenden Sie beispielsweise diese Zeile:

```
PS> Enter-PSSession -ComputerName $env:COMPUTERNAME -ConfigurationName MitProfil
[demo5]: PS>
[demo5]: PS> Exit-PSSession
PS>
```

Ersetzen Sie *$env:COMPUTERNAME* durch den Namen des Computers, auf dem Sie die neue Sitzungskonfiguration eingerichtet haben, falls Sie die Sitzungskonfiguration nicht lokal auf diesem System testen wollen. Es funktioniert: Sie erhalten eine interaktive Remotesitzung, welche die hinterlegte Profildatei verwendet. Der Prompt ist kurz, der aktuelle Pfad wird in der Konsolentitelleiste angezeigt und die Einfügemarke ist ein 80%-Block. Verlassen Sie die interaktive Session wieder und versuchen Sie es dann erneut ohne Angabe Ihrer neuen Sitzungskonfiguration:

```
PS> Enter-PSSession -ComputerName $env:COMPUTERNAME
[demo5]: PS C:\Users\w7-pc9\Documents>
[demo5]: PS C:\Users\w7-pc9\Documents> Exit-PSSession
PS>
```

Dieses Mal haben Sie innerhalb der Remotesitzung den (langen) Standardprompt erhalten, weil jetzt keine Profildatei ausgeführt wurde, um die Remotesitzung zu konfigurieren.

PROFITIPP Sobald Sie die Remotesitzung mit *Exit-PSSession* wieder verlassen, wird der alte Prompt aus der lokalen Sitzung wiederhergestellt. Andere Änderungen werden aber möglicherweise beibehalten. Die Einfügemarke weist z.B. ihre 80%-Größe auf, und sofern die *Prompt*-Funktion ihrer lokalen Sitzung nicht ebenfalls den aktuellen Pfad in der Konsolentitelleiste anzeigt, bleibt dort der letzte Pfad der Remotesitzung stehen. Der Grund: Alle Einstellungen, die Sie über *$Host.UI.RawUI* festlegen, sind keine festen Bestandteile der PowerShell-Sitzung und werden also auch nicht restauriert, wenn Sie eine Sitzung verlassen. Tatsächlich bietet *$Host.UI.RawUI* nur die Möglichkeit, die Einstellungen der aktuellen

Konsole zu lesen und zu ändern. Da die Remotesitzung in derselben Konsole angezeigt wurde wie die aktuelle lokale Sitzung, bleiben alle Änderungen daran beim Verlassen der Remotesitzung erhalten. Dies ist also höchstens ein skurriles Phänomen der gemeinsam genutzten Konsole, hat aber nichts mit dem PowerShell-Remoting oder Sessions zu tun. Hier ein Test:

```
PS> Enter-PSSession -ComputerName $env:COMPUTERNAME
[demo5]: PS C:\Users\w7-pc9\Documents> $Host.UI.RawUI.ForegroundColor = 'Yellow'
[demo5]: PS C:\Users\w7-pc9\Documents> Exit-PSSession
PS>
```

Innerhalb der Remotesitzung wird die Vordergrundfarbe des Texts auf Gelb umgestellt. Wenn Sie die Remotesitzung wieder verlassen, bleibt die Textfarbe gelb.

Alle Profile einbinden

Im letzten Beispiel wurde nur eine der insgesamt vier möglichen Profildateien der PowerShell-Konsole von der Session verwendet. Möchten Sie, dass die Session alle vier Profildateien berücksichtigt, legen Sie sich zunächst eine eigene Profildatei an. Starten Sie dazu eine PowerShell-Konsole mit vollen Administratorrechten. Starten Sie dann von dort aus den Windows-Editor:

```
PS> Notepad $PSHOME\allprofiles.ps1
```

Weil das Skript noch nicht existiert, bietet Notepad an, es anzulegen. Stimmen Sie zu. Geben Sie dann im Editor diese Zeilen ein:

```
PS> "$PSHOME\profile.ps1", "$PSHOME\Microsoft.PowerShell_profile.ps1",
"$HOME\Documents\WindowsPowerShell\profile.ps1",
"$HOME\Documents\WindowsPowerShell\Microsoft.PowerShell_profile.ps1" |
  ForEach-Object {

  if (Test-Path ($_)) {
    Write-Warning "führe Profildatei $_ aus."
    . $_
  } else {
    Write-Warning "Profildatei $_ nicht vorhanden, übersprungen..."
  }
}
```

Speichern Sie das Skript. Wenn Sie dieses Skript nun testweise ausführen, simuliert es den Vorgang, den auch die interaktive Konsole beim Start durchführt: Es überprüft, ob die vier Profildateien vorhanden sind, und falls ja, wird das jeweilige Skript ausgeführt:

```
PS> . $PSHOME\allprofiles.ps1
WARNUNG: führe Profildatei C:\Windows\System32\WindowsPowerShell\v1.0\profile.ps1 aus.
WARNUNG: Profildatei C:\Windows\System32\WindowsPowerShell\v1.0\Microsoft.PowerShell_profile.ps1
nicht vorhanden, übersprungen...
WARNUNG: führe Profildatei C:\Users\w7-pc9\Documents\WindowsPowerShell\profile.ps1 aus.
WARNUNG: führe Profildatei C:\Users\w7-
pc9\Documents\WindowsPowerShell\Microsoft.PowerShell_profile.ps1 aus.
```

Nun brauchen Sie dieses Skript nur noch als Profildatei in einer neuen Session Configuration zu hinterlegen:

```
PS> Register-PSSessionConfiguration -Name AlleProfile -StartupScript $PsHome\AllProfiles.ps1 -
Force
```

```
   WSManConfig: Microsoft.WSMan.Management\WSMan::localhost\Plugin

Name                      Type                 Keys
----                      ----                 ----
AlleProfile               Container            {Name=AlleProfile}
```

Wenn Sie jetzt diese Session Configuration mit *Enter-PSSession* verwenden, lädt die Session alle üblichen Profile, also genauso, als hätten Sie sich auf dem Zielsystem lokal angemeldet:

```
PS> Enter-PSSession -ComputerName $env:COMPUTERNAME -ConfigurationName AlleProfile
```

Sitzungen einschränken

Während die vorangegangenen Beispiele die regulären Profildateien auch in Sessions verfügbar machten, sind Sie im Grunde völlig frei, welches Skript Sie einer Sitzungskonfiguration zuweisen. Möchten Sie z.B. den Befehlsumfang einer Session aus Sicherheitsgründen einschränken, benötigen Sie lediglich ein Skript, das alle unerwünschten Befehle aus der PowerShell-Sitzung ausblendet.

```
# Anwendungsliste löschen
$ExecutionContext.SessionState.Applications.Clear()

# Skriptliste löschen
$ExecutionContext.SessionState.Scripts.Clear()

# Erlaubte Befehle festlegen
$RequiredCommands = "Exit-PSSession", "Get-Command", "Get-FormatData", "Get-Help", "Measure-
Object", "Out-Default", "Select-Object"
$Commands = $RequiredCommands + "Get-Process", "Get-Service", "Where-Object", "ForEach-Object"

# Alle Befehle mit Ausnahme der erlaubten Befehle verstecken
Get-Command | Where-Object {$Commands -notcontains $_.Name} | ForEach-Object
{$_.Visibility="Private"}

# Funktionalität der Shell einschränken. Erlaubt sind: FullLanguage, RestrictedLanguage und
NoLanguage
$ExecutionContext.SessionState.LanguageMode="RestrictedLanguage"
```

Dieses Skript beschränkt die PowerShell-Sitzung auf die Befehle, die in *$RequiredCommands* angegeben sind. Alle übrigen Befehle werden ausgeblendet. Speichern Sie dieses Skript aus Notepad heraus in diesem Ordner: *%windir%\system32\WindowsPowerShell\v1.0\restricted.ps1.* Hierzu benötigen Sie Administratorrechte. Starten Sie Notepad also wieder aus einer PowerShell-Konsole, die mit vollen Administratorrechten läuft. Testen Sie das Beschränkungsskript zuerst in einer normalen PowerShell-Konsole. Öffnen Sie eine PowerShell-Konsole und geben Sie ein:

```
PS> & $PSHOME\restricted.ps1
```

Wenn Sie alles richtig gemacht haben, ist diese PowerShell-Konsole nun erheblich eingeschränkt. Verfügbar sind nur noch die Befehle, die im Skript als ausdrücklich erlaubt hinterlegt worden waren:

```
PS> Get-Command

CommandType     Name                                Definition
-----------     ----                                ----------
Cmdlet          Exit-PSSession                      Exit-PSSession [-Verbose] [-Debug...
```

```
Cmdlet          ForEach-Object                  ForEach-Object [-Process] <Script...
Cmdlet          Get-Command                     Get-Command [[-ArgumentList] <Obj...
Cmdlet          Get-FormatData                  Get-FormatData [[-TypeName] <Stri...
Cmdlet          Get-Help                        Get-Help [[-Name] <String>] [-Pat...
Cmdlet          Get-Process                     Get-Process [[-Name] <String[]>] ...
Cmdlet          Get-Service                     Get-Service [[-Name] <String[]>] ...
Cmdlet          Measure-Object                  Measure-Object [[-Property] <Stri...
Cmdlet          Out-Default                     Out-Default [-InputObject <PSObje...
Cmdlet          Select-Object                   Select-Object [[-Property] <Objec...
Cmdlet          Where-Object                    Where-Object [-FilterScript] <Scr...
```

Nun brauchen Sie nur noch dieses Skript als Profildatei einer neuen Session Configuration zu hinterlegen. Anschließend können Sie mit dieser Configuration eingeschränkte Remotesitzungen erzeugen:

```
PS> Register-PSSessionConfiguration -Name Restricted -StartupScript $PSHOME\restricted.ps1 -Force
PS> Enter-PSSession -ComputerName $env:COMPUTERNAME -ConfigurationName Restricted
[demo5]: PS> Get-Command

CommandType     Name                  Definition
-----------     ----                  ----------
Cmdlet          Exit-PSSession        Exit-PSSession [-Verbose] [-Debug] [-ErrorAction...
Cmdlet          ForEach-Object        ForEach-Object [-Process] <ScriptBlock[]> [-Inpu...
Cmdlet          Get-Command           Get-Command [[-ArgumentList] <Object[]>] [-Verb ...
Cmdlet          Get-FormatData        Get-FormatData [[-TypeName] <String[]>] [-Verbos...
Cmdlet          Get-Help              Get-Help [[-Name] <String>] [-Path <String>] [-C...
Cmdlet          Get-Process           Get-Process [[-Name] <String[]>] [-ComputerName ...
Cmdlet          Get-Service           Get-Service [[-Name] <String[]>] [-ComputerName ...
Cmdlet          Measure-Object        Measure-Object [[-Property] <String[]>] [-InputO...
Cmdlet          Out-Default           Out-Default [-InputObject <PSObject>] [-Verbose]...
Cmdlet          Select-Object         Select-Object [[-Property] <Object[]>] [-InputOb...
Cmdlet          Where-Object          Where-Object [-FilterScript] <ScriptBlock> [-Inp...
[demo5]: PS> Exit-PSSession
PS>
```

Berechtigungen für Sitzungskonfigurationen setzen

Das PowerShell-Remoting funktioniert anfangs nur, wenn Sie auf dem Zielsystem über Administratorrechte verfügen. Der Grund dafür liegt in den Sicherheitseinstellungen der mitgelieferten Session Configurations:

```
PS> Get-PSSessionConfiguration | Format-Table Name, Permission -Auto -Wrap

Name                  Permission
----                  ----------
microsoft.powershell  VORDEFINIERT\Administratoren AccessAllowed
Microsoft.PowerShell32 VORDEFINIERT\Administratoren AccessAllowed
```

Diese Zugriffsberechtigungen können aber auch geändert werden. Möchten Sie z.B. auch normalen Benutzern den Remotezugriff gestatten, gewähren Sie diesen mit *Set-PSSessionConfiguration* ebenfalls Zugriffsberechtigungen:

```
PS> Set-PSSessionConfiguration -Name Microsoft.PowerShell -ShowSecurityDescriptorUI -Force
```

Es öffnet sich ein Dialogfeld, mit dem die Zugriffsberechtigungen angepasst werden.

HINWEIS Lockern Sie die Sicherheit, indem Sie beispielsweise auch normalen Benutzern Zugriff auf die Standard-Session Configuration *Microsoft.PowerShell* einräumen, können diese Personen nun zwar auf das System remote zugreifen. Der Code, der dort ausgeführt wird, unterliegt aber nach wie vor den üblichen Sicherheitsbeschränkungen. Normale Benutzer, die auf dem Remotesystem nicht über Administratorrechte verfügen, können deshalb dort auch nur diejenigen Aufgaben durchführen, für die ihre Berechtigungen ausreichen.

Erinnern Sie sich noch an die hinzugefügte Session Configuration *Restricted*, mit welcher der Befehlsumfang einer Session eingeschränkt wird? Jetzt ahnen Sie vermutlich bereits, welchen Sinn solche Session Configurations haben könnten. Denn natürlich wird sich kein Benutzer freiwillig selbst einschränken, indem er die passende Session Configuration selbst angibt. Wenn Sie allerdings dafür sorgen, dass bestimmte Benutzer nur auf diese eingeschränkte Session Configuration zugreifen dürfen, zwingen Sie diese dazu, ausschließlich mit dieser Konfiguration zu arbeiten. Üblicherweise können Sie also auf zwei verschiedene Arten verfahren:

- **Vorgabe für alle eingeschränkt** Fügen Sie eine neue Session Configuration namens *Admin* hinzu. Diese ist nicht eingeschränkt und steht als Vorgabe nur Administratoren zur Verfügung. Schränken Sie dann die Standardkonfiguration *Microsoft.PowerShell* ein, indem Sie beispielsweise die Profildatei *restricted.ps1* zuweisen, und lockern Sie dann die Sicherheit für diese Session Configuration, indem auch normale Benutzer sie ausführen dürfen. Resultat: Alle Remotingbefehle arbeiten als Vorgabe mit der eingeschränkten Konfiguration, die auch normalen Benutzern zur Verfügung steht. Benötigen Administratoren Vollzugriff, wählen sie ausdrücklich die Konfiguration *Admin* mithilfe des Parameters *-ConfigurationName*.
- **Spezialkonfiguration für normale Benutzer** Alternativ fügen Sie eine neue Session Configuration namens *Normalanwender* hinzu, die Sie mit der Profildatei *restricted.ps1* einschränken. Erlauben Sie dann normalen Benutzern, diese Konfiguration auszuführen. Normale Benutzer dürfen die Standardkonfiguration *Microsoft.PowerShell* dann nicht verwenden und erhalten die Meldung *Zugriff verweigert*. Geben sie allerdings mit dem Parameter *-ConfigurationName* die Konfiguration *Normalanwender* an, erhalten auch normale Benutzer eingeschränkten Remotezugriff.

Kurz und knapp ...

Jede PowerShell-Session verwendet zur Initialisierung eine Session Configuration. Wird keine besondere Session Configuration mit dem Parameter *-ConfigurationName* bestimmt, wählt die PowerShell die Vorgabe aus *$PSSessionConfigurationName* aus. Indem Sie neue Session Configurations auf dem Zielsystem registrieren, können Sie alternative Sessionumgebungen gestalten und z.B. Profildateien laden oder Befehle einschränken. Welche Session Configuration einem Benutzer zur Verfügung steht, legen Sie über Zugriffsberechtigungen fest. So kann für jeden Benutzer eine genau maßgeschneiderte oder einschränkende Session Configuration definiert werden.

Einschränkungen und potenzielle Fallen

Das PowerShell-Remoting ist enorm flexibel, wie Sie gesehen haben. Allerdings unterliegt diese Technik auch einigen Einschränkungen, die Sie kennen sollten. Einige sind offensichtlich: Die PowerShell 2.0 ist auf beiden Seiten erforderlich, bei Sender und Empfänger. Sie können damit nicht auf Systeme zugreifen, auf denen keine PowerShell 2.0 installiert ist. Andere Einschränkungen sind subtiler und betreffen die Art, wie das PowerShell-Remoting die Ergebnisse an Sie zurücksendet. Weil das PowerShell-Remoting mit separaten Sessions arbeitet, die in sich hermetisch voneinander isoliert sind, können keine Liveobjekte von einer Session an die andere übergeben werden. Stattdessen müssen die Ergebnisse immer zuerst ins XML-Format serialisiert werden und lassen sich nur so als Text von einer Session zur anderen übertragen. Dort erst werden die eintreffenden XML-Daten wieder in Objekte zurückverwandelt. Die Objekte, die Sie aus einer Remotesession empfangen, entsprechen also nicht mehr den Originalobjekten. Das führt zu einer Reihe von Konsequenzen:

- **Keine Methoden** Da die empfangenen Objekte keine Verbindung mehr zum Zielsystem haben, können sie keine Befehle mehr ausführen. Deshalb enthalten die empfangenen Objekte keine Methoden mehr, sondern nur noch Eigenschaften.
- **Eigenschaften können nur gelesen werden** Aus demselben Grund wirken sich Änderungen an den Eigenschaften eines empfangenen Objekts nicht aus. Zwar können Sie die Eigenschaften des empfangenen Objekts ändern, doch weil dieses nur eine Kopie des Originalobjekts ist und keine Verbindung mehr zum Zielsystem hat, haben die Änderungen keinerlei Auswirkungen.
- **Eigenschaften können sich verändern** Da die Objekte für den Transport als XML verpackt werden müssen, werden dabei die Inhalte der Eigenschaften ebenfalls in eine XML-taugliche Form gebracht. Die meisten üblichen Datentypen lassen sich derart originalgetreu serialisieren, dass die Eigenschaften des empfangenen Objekts inhaltlich mit den Eigenschaften des Originalobjekts übereinstimmen. Das ist jedoch nicht immer so. Speichert das Objekt die Informationen einer Eigenschaft in einem besonderen Datentyp, der sich nicht mit dem Standardverfahren serialisieren lässt, verwandelt die PowerShell den Inhalt dieser Eigenschaft in Text. Er kann dann erheblich von dem Inhalt derselben Eigenschaft im Originalobjekt abweichen.

HINWEIS Alle diese Limitationen werden erst durch den Rücktransport der Objekte vom Zielsystem zu Ihrem Computer verursacht. Sind diese Limitationen für Sie spürbare Einschränkungen, dann lassen sie sich meist auf sehr einfachem Weg umgehen: Werten Sie die Objekte noch auf dem Zielsystem aus! Anstatt also beispielsweise die Ergebnisse eines remote ausgeführten Befehls zuerst auf Ihren Computer zu übertragen und dort weiterzubearbeiten, formulieren Sie die Aufgabe als Skript und führen dieses Skript komplett auf dem Zielsystem aus. Solange die Ergebnisse eines Befehls nicht via XML zum Aufrufer zurücktransportiert werden müssen, unterliegen sie keinerlei Einschränkungen.

Wie Objekte transportabel werden

Damit die PowerShell die Ergebnisse aus einer Sitzung an eine andere senden kann, werden die Objekte in der Ausgangssession ins CliXML-Format konvertiert und an die andere Session übertragen. Da CliXML aus reinem Text besteht, werden die Objekte dadurch bequem transportabel. Auf dem Zielsystem importiert die PowerShell die CliXML-Daten und erzeugt daraus wieder Objekte.

Dieses Verfahren kann man auch ohne Remoting verwenden, um Ergebnisse zu speichern oder zu vergleichen. Gleichzeitig wird dadurch deutlich, wo die Einschränkungen des Verfahrens liegen. Simulieren Sie zuerst den Verpackungsmechanismus, der beim Remoting eingesetzt wird:

```
PS> $original = Get-Process
PS> $original | Export-Clixml $HOME\gespeichert.xml
PS> $kopie = Import-Clixml $HOME\gespeichert.xml
```

Hierbei wird das Ergebnis von *Get-Process* zuerst als Original gespeichert und danach mit *Export-CliXML* in XML-Form gebracht und als Datei gespeichert. Genau dieser Vorgang passiert auch, wenn Ergebnisse aus einer Remotesitzung zum Aufrufer zurücktransportiert werden sollen. In beiden Fällen hat sich die Zahl der Ergebnisse nicht geändert:

```
PS> $original.count
59
PS> $kopie.count
59
```

Die Art der Objekte unterscheidet sich jedoch erheblich. Wie *Get-Member* zeigt, sind in den Kopien keine spezifischen Methoden (Befehle) mehr enthalten:

```
PS> $original | Get-Member -MemberType Method

   TypeName: System.Diagnostics.Process

Name                      MemberType Definition
----                      ---------- ----------
BeginErrorReadLine        Method     System.Void BeginErrorReadLine()
BeginOutputReadLine       Method     System.Void BeginOutputReadLine()
CancelErrorRead           Method     System.Void CancelErrorRead()
CancelOutputRead          Method     System.Void CancelOutputRead()
Close                     Method     System.Void Close()
CloseMainWindow           Method     bool CloseMainWindow()
CreateObjRef              Method     System.Runtime.Remoting.ObjRef CreateObjRef(type ...
Dispose                   Method     System.Void Dispose()
Equals                    Method     bool Equals(System.Object obj)
GetHashCode               Method     int GetHashCode()
GetLifetimeService        Method     System.Object GetLifetimeService()
GetType                   Method     type GetType()
InitializeLifetimeService Method     System.Object InitializeLifetimeService()
Kill                      Method     System.Void Kill()
Refresh                   Method     System.Void Refresh()
Start                     Method     bool Start()
ToString                  Method     string ToString()
WaitForExit               Method     bool WaitForExit(int milliseconds), System.Void W...
WaitForInputIdle          Method     bool WaitForInputIdle(int milliseconds), bool Wai...

PS> $kopie | Get-Member -MemberType Method

   TypeName: Deserialized.System.Diagnostics.Process

Name     MemberType Definition
----     ---------- ----------
ToString Method     string ToString(), string ToString(string format, System.IFormatPr...
```

Warum das so ist, zeigt der Typname: Die Originalobjekte waren vom Typ *System.Diagnostics.Process*. Die wiederbelebten Objekte dagegen sind vom Typ *Deserialized.System.Diagnostics.Process*. Es sind also nicht mehr dieselben Objekte. Aber auch bei den Eigenschaften, welche die Informationen des Objekts enthalten, gibt es Veränderungen:

```
PS> $original | Get-Member -MemberType *Property* | Measure-Object | Select-Object -expand Count
67
PS> $kopie | Get-Member -MemberType *Property* | Measure-Object | Select-Object -expand Count
49
```

Das Originalobjekt enthielt 67 Eigenschaften, das deserialisierte Objekte 18 weniger. Welche Eigenschaften fehlen, ermittelt *Compare-Object* für Sie:

```
PS> $prop_orig = $original | Get-Member -MemberType *Property*
PS> $prop_kopie = $kopie | Get-Member -MemberType *Property*
PS> Compare-Object $prop_orig $prop_kopie -Property Name

Name                                             SideIndicator
----                                             -------------
ExitCode                                         <=
ExitTime                                         <=
Handle                                           <=
HasExited                                        <=
MainModule                                       <=
MaxWorkingSet                                    <=
MinWorkingSet                                    <=
Modules                                          <=
PriorityBoostEnabled                             <=
PriorityClass                                    <=
PrivilegedProcessorTime                          <=
ProcessorAffinity                                <=
StandardError                                    <=
StandardInput                                    <=
StandardOutput                                   <=
StartTime                                        <=
TotalProcessorTime                               <=
UserProcessorTime                                <=
```

Zwar verwendet das Remoting im Prinzip dieselbe Form der Serialisierung, doch ergibt sich hier noch ein etwas anderes Bild. Um die Natur der Originalobjekte mit der der empfangenen deserialisierten Objekte vergleichen zu können, setzen Sie beispielsweise *Get-Process* mit klassischem Remotezugriff und danach mit dem PowerShell-Remoting ein und vergleichen die Ergebnisse:

```
PS> $original = Get-Process -ComputerName storage1
PS> $kopie = Invoke-Command { Get-Process } -ComputerName storage1
```

Die erste Auffälligkeit ist die Geschwindigkeit: Der zweite Aufruf über das PowerShell-Remoting ist wesentlich langsamer. Sie wissen nun auch, warum: Zuerst muss eine Remotesession erzeugt und danach die Ergebnisse ins XML-Format konvertiert werden. Diese serialisierten Objekte müssen danach beim Aufrufer zurück in Objektform gebracht werden. Während der erste Aufruf 0,14 Sekunden benötigte, waren für den zweiten 10,8 Sekunden nötig, also rund 80 Mal mehr Zeit:

```
PS> Measure-Command { $original = Get-Process -ComputerName storage1 }

Days              : 0
Hours             : 0
Minutes           : 0
Seconds           : 0
Milliseconds      : 141
Ticks             : 1410010
TotalDays         : 1,63195601851852E-06
TotalHours        : 3,91669444444444E-05
TotalMinutes      : 0,00235001666666667
TotalSeconds      : 0,141001
TotalMilliseconds : 141,001

PS> Measure-Command { $kopie = Invoke-Command { Get-Process } -ComputerName storage1 }

Days              : 0
Hours             : 0
Minutes           : 0
Seconds           : 10
Milliseconds      : 812
Ticks             : 108124609
TotalDays         : 0,00012514422337963
TotalHours        : 0,00300346136111111
TotalMinutes      : 0,180207681666667
TotalSeconds      : 10,8124609
TotalMilliseconds : 10812,4609
```

Eine Analyse der Objekteigenschaften zeigt, dass das PowerShell-Remoting nicht nur Eigenschaften entfernt, sondern auch neue hinzufügt:

```
PS> $prop_orig = $original | Get-Member -MemberType *Property*
PS> $prop_kopie = $kopie | Get-Member -MemberType *Property*
PS> Compare-Object $prop_orig $prop_kopie -Property Name

Name                                          SideIndicator
----                                          -------------
PSComputerName                                =>
PSShowComputerName                            =>
RunspaceId                                    =>
ExitCode                                      <=
ExitTime                                      <=
StandardError                                 <=
StandardInput                                 <=
StandardOutput                                <=
```

Die zusätzlich hinzugefügten Eigenschaften helfen Ihnen herauszufinden, von welchem System und über welche Session diese Ergebnisse empfangen wurden, was spätestens dann wichtig wird, wenn Sie gleichzeitig auf mehrere Sessions zugreifen.

Kurz und knapp ...

Die Ergebnisse aus einer Sitzung werden als XML-Daten an Ihre eigene Sitzung rückübertragen. Dieser Vorgang ist sehr aufwändig, und durch die vorübergehende Serialisierung der Ergebnisobjekte verlieren diese den Bezug zu den Originalobjekten. Sie können die Ergebnisse deshalb zwar noch lesen und auswerten, aber nicht ändern oder Objektmethoden aufrufen. Man umgeht das Problem, indem man die Ergebnisse des Remotecodes möglichst sparsam an den Aufrufer rücküberträgt und stattdessen versucht, alle wesentlichen Aufgaben komplett als Teil des Remotecodes abzuwickeln.

Fehler finden und beheben

Falls Sie Schwierigkeiten mit dem Remotezugriff erleben, liegt dies meist an den vielfältigen Sicherheitseinstellungen, die dafür nötig sind und passend konfiguriert sein müssen. Die wichtigsten Fehlkonfigurationen sind in diesem Abschnitt für Sie zusammengefasst.

RPC-Server nicht verfügbar

Hintergrund:

Das von Ihnen im Parameter *-ComputerName* angegebene Zielsystem konnte nicht erreicht werden.

Mögliche Gründe:

- **Falscher Name/falsche IP-Adresse** Sie haben sich bei der Angabe des Computernamens oder seiner IP-Adresse vertippt
- **Offline** Das System ist derzeit nicht eingeschaltet
- **Firewall** Eine Firewall blockiert den Zugang zum Remotesystem

Abhilfe:

- Stellen Sie sicher, dass das System tatsächlich online ist
- Kontrollieren Sie, ob auf dem Zielsystem das PowerShell-Remoting mit *Enable-PSRemoting* aktiviert und dabei die entsprechenden Firewallausnahmen eingerichtet wurden
- Stellen Sie sicher, dass das Netzwerk des Zielsystems nicht auf *Öffentlich* eingestellt ist, weil dann die Firewallausnahmen nicht greifen
- Testen Sie mit dem Cmdlet *Get-WmiObject*, ob das Problem das klassische Remoting, das neue PowerShell-Remoting oder beide Verfahren betrifft:

```
# lokaler Zugriff:
PS> Get-WmiObject Win32_BIOS
# klassisches Remoting:
PS> Get-WmiObject Win32_BIOS -ComputerName storage1
# PowerShell-Remoting:
```

```
PS> Invoke-Command { Get-WmiObject Win32_BIOS } -ComputerName storage1
# mit expliziten Anmeldeinformationen:
PS> Get-WmiObject Win32_BIOS -ComputerName storage1 -Credential (Get-Credential)
PS> Invoke-Command { Get-WmiObject Win32_BIOS } -ComputerName storage1 -Credential (Get-
Credential)
```

- Falls das Problem nur das klassische Remoting betrifft, stellen Sie sicher, dass auf dem Zielsystem die Remoteverwaltungsausnahme der Firewall aktiviert ist.

PROFITIPP Bei der integrierten Windows-Firewall muss für das klassische Remoting die sogenannte *Remoteverwaltungsausnahme* aktiviert sein, damit Remotezugriffe auf Basis von RPC nicht blockiert werden. Durch sie werden die TCP-Ports *135* und *445* geöffnet. Die Remoteverwaltungsausnahme muss über Gruppenrichtlinien eingerichtet werden, beispielsweise über die lokale Gruppenrichtline des Computers:

1. Drücken Sie [Win]+[R] und geben Sie ins Dialogfeld *Ausführen* ein: gpedit.msc [↵]. Es öffnet sich der Editor für lokale Gruppenrichtlinien.
2. Erweitern Sie links in der Baumansicht den Zweig *Richtlinien für Lokaler Computer/Computerkonfiguration/Administrative Vorlagen/Netzwerk/Netzwerkverbindungen/Windows-Firewall/Standardprofil* bzw. *Domänenprofil*, wenn Sie mit einem Domänennetzwerk verbunden sind.
3. Klicken Sie dann in der rechten Spalte doppelt auf die Richtlinie *Windows-Firewall: Eingehende Remoteverwaltungsausnahme zulassen*. Es öffnet sich ein weiteres Dialogfeld.
4. Wählen Sie darin oben links die Einstellung *Aktiviert* und geben Sie im Textfeld im Bereich *Optionen* darunter ein Sternchen (beliebige Verbindungen zugelassen) oder einen IP-Adressbereich an. Dann klicken Sie auf *OK* und schließen alle Fenster.

- Falls das Problem durch explizite Angabe des Parameters *-Credential* gelöst wird, sind Sie entweder augenblicklich nicht mit einem Konto angemeldet, das auf dem Zielsystem Administratorrechte besitzt, oder Sie greifen von einem Nicht-Domänencomputer auf einen Domänencomputer zu. In diesen Fällen müssen die Anmeldeinformationen immer explizit angegeben werden.

Zugriff verweigert

Hintergrund:

Das Zielsystem konnte zwar erreicht werden, hat aber Ihre Anfrage zurückgewiesen, weil Sie auf dem Zielsystem nicht über die nötigen Berechtigungen verfügen.

Mögliche Gründe:

- **Kein lokaler Administrator** Bei Remotingverbindungen zu Ihrem eigenen Computer (*localhost*) führen Sie die PowerShell-Konsole möglicherweise nicht mit vollen Administratorrechten aus
- **Keine Remoteberechtigungen** Sie sind mit einem Konto angemeldet, das auf dem Zielsystem nicht über lokale Administratorrechte verfügt
- **Domänenprobleme** Sie greifen von einem Nicht-Domänencomputer auf einen Domänencomputer zu und haben keine expliziten Anmeldeinformationen angegeben

Abhilfe:

- Bei Zugriffen auf das eigene (lokale) System: starten Sie eine PowerShell-Konsole mit vollen Administratorrechten, z.B., indem Sie die PowerShell-Verknüpfung mit der rechten Maustaste anklicken und *Als Administrator ausführen* wählen

PROFITIPP Sollten Sie auch danach noch *Zugriff verweigert*-Meldungen erhalten, ist dafür wahrscheinlich ein Bug verantwortlich, der in Zusammenhang mit der Benutzerkontensteuerung auftreten kann. Entweder deaktivieren Sie die Benutzerkontensteuerung oder Sie melden sich mit dem eingebauten Konto *Administrator* an, das den Sicherheitsbeschränkungen nicht unterliegt. Dazu muss das eingebaute *Administrator*-Konto in der Benutzersteuerung zuerst aktiviert werden, wenn Sie es zur Anmeldung einsetzen möchten. Mit dem Befehl *control userpasswords2* öffnen Sie das entsprechende Dialogfeld und gelangen über die Registerkarte *Erweitert* und einem Klick auf die Schaltfläche *Erweitert* zu den lokalen Benutzerkonten. Per Doppelklick auf *Administrator* sehen Sie dessen Einstellungen und können das Konto so aktivieren. Anschließend weisen Sie dem Konto ein Kennwort zu. Nun können Sie damit eine PowerShell-Konsole öffnen:

```
Runas /user:Administrator powershell
```

Sie werden dann nach dem Kennwort für das angegebene Benutzerkonto gefragt. War es korrekt, öffnet sich wenig später eine PowerShell-Konsole unter der Identität des Kontos *Administrator*. Geben Sie darin erneut den Befehl *Enable-PSRemoting* ein.

Erhalten Sie *Zugriff verweigert*-Meldungen, wenn Sie die lokalen PowerShell-Remotingeinstellungen ändern wollen, können dafür auch die folgenden beiden Registrierungsschlüssel verantwortlich sein:

- *HKEY_LOCAL_MACHINE\SOFTWARE\Microsoft\Windows\CurrentVersion\WSMAN\Plugin*
- *HKEY_LOCAL_MACHINE\SOFTWARE\Microsoft\Windows\CurrentVersion\WSMAN\Service\rootSDDL*

Der erste Schlüssel listet die Session Configurations auf, die auf Ihrem Computer registriert wurden. Enthält eine Session Configuration einen ungültigen Sicherheitsbezeichner, z.B., weil Sie die Session Configuration eingerichtet hatten, als Ihr Computer Mitglied einer Domäne war, aber inzwischen es nicht mehr ist, löschen Sie den entsprechenden Unterschlüssel. Der zweite Schlüssel legt in *rootSDDL* die Standardsicherheit für Session Configurations auf. Er ist nicht immer vorhanden. Auch hier kann eine fehlerhafte Sicherheitsbeschreibung Zugriffsprobleme verursachen.

- Versuchen Sie den Zugriff mit Angabe expliziter Anmeldeinformationen, indem Sie den Parameter *-Credential* nutzen:

```
Invoke-Command { $env:COMPUTERNAME } -ComputerName Server01 -Credential (Get-Credential)
```

Kerberos-Fehlermeldung

Hintergrund:

Sie erhalten eine Fehlermeldung, wenn Sie versuchen, sich mit einem Computer zu verbinden, der nicht Mitglied in Ihrer Domäne ist, oder Sie verwenden gar keine Domäne.

```
PS> Enter-PSSession storage1
Enter-PSSession : Beim Verbinden mit dem Remoteserver ist folgender Fehler aufgetreten: Der WinRM-
Client kann die Anforderung nicht verarbeiten. Wenn das Authentifizierungsschema nicht Kerberos
ist oder der Clientcomputer nicht Mitglied einer Domäne ist, muss der HTTPS-Datentransport
verwendet werden, oder der Zielcomputer muss der TrustedHosts-Konfigurationseinstellung
hinzugefügt werden. Verwenden Sie "winrm.cmd", um TrustedHosts zu konfigurieren. Beachten Sie,
```

```
dass Computer in der TrustedHosts-Liste möglicherweise nicht authentifiziert sind. Weitere
Informationen hierzu erhalten Sie, indem Sie den folgenden Befehl ausführen: "winrm help config".
Weitere Informationen finden Sie im Hilfethema "about_Remote_Troubleshooting".
```

Mögliche Gründe:

- **Peer-to-Peer-Netz** Sie sind kein Domänenmitglied, sondern betreiben ein Peer-to-Peer-Netzwerk
- **Keine Vertrauensstellung** Das Zielsystem ist nicht Mitglied in Ihrer eigenen Domäne und es bestehen keine Vertrauensstellungen
- **Kein Kerberos** Sie haben das Zielsystem nicht über dessen Namen angesprochen, sondern über seine IP-Adresse. Kerberos kann nur Computernamen validieren, aber nicht IP-Adressen.
- **Kein Kerberos** Kerberos steht aufgrund eines Ressourcenengpasses nicht zur Verfügung oder der Domänencontroller ist nicht erreichbar

Abhilfe:

- Konfigurieren Sie die *TrustedHosts*-Liste und nehmen Sie darin alle Computer auf, zu denen Sie Verbindungen herstellen wollen, oder tragen Sie ein Sternchen ein, um selbst entscheiden zu können, mit welchen Computern Sie sich verbinden:

```
PS> Set-Item wsman:\localhost\client\trustedhosts * -Force
```

Öffentliche Netzwerke entdeckt

Hintergrund:

Wenn Sie versuchen, mit *Enable-PSRemoting* das PowerShell-Remoting zu aktivieren, zeigt eine Fehlermeldung öffentliche Netzwerke an und bricht ab.

Mögliche Gründe:

- **Öffentliches Netzwerk** Eine aktive Netzwerkverbindung ist als öffentlich eingestuft. Für diese Verbindung kann keine Firewallausnahme eingerichtet werden. Bei diesen Verbindungen kann es sich um echte öffentliche Verbindungen (z.B. Verbindungen im Internetcafé), falsch eingestufte Netzwerke (Heim- oder Arbeitsplatznetzwerk wurde noch nicht richtig klassifiziert) und unbekannte Netzwerke handeln (Netzwerk wurde nicht erkannt, beispielsweise Testnetzwerke mit dem Microsoft Loopbackadapter).

Abhilfe:

- Öffnen Sie das *Netzwerk- und Freigabecenter* und identifizieren Sie darin die öffentlichen Verbindungen
- Handelt es sich bei dem öffentlichen Netzwerk in Wirklichkeit um ein privates Netzwerk, klicken Sie auf den Verbindungstyp, um ihn zu ändern

- Ist es ein echtes öffentliches Netzwerk, trennen Sie es vorübergehend, bis das PowerShell-Remoting eingerichtet ist. Sind Sie z.B. per WLAN mit einem öffentlichen Netzwerk verbunden, trennen Sie die Verbindung.
- Handelt es sich um ein unbekanntes Netzwerk und können Sie die Verbindung nicht trennen, weil es sich beispielsweise um den *Microsoft Loopbackadapter* handelt, klicken Sie im *Netzwerk- und Freigabecenter* in der linken Spalte auf *Adaptereinstellungen ändern* (bei Vista: *Netzwerkverbindungen verwalten*) und deaktivieren dann per Rechtsklick die Adapter, welche die öffentlichen Netzwerkverbindungen herstellen.

PROFITIPP Weder die Remoteverwaltungsausnahme noch die PowerShell-Remoting-Ausnahmen werden in öffentlichen Netzwerken wirksam. Entscheidend ist die Klassifikation des Netzwerks auf der Serverseite, also bei dem System, auf das Sie zugreifen wollen. Stellen Sie also sicher, dass im *Netzwerk- und Freigabecenter* Ihre Netzwerkverbindung richtig eingestuft ist. Dazu klicken Sie im Infobereich der Taskleiste auf das Netzwerksymbol und wählen dann im Dialogfeld *Netzwerk- und Freigabecenter öffnen*. Im Bereich *Aktive Netzwerke anzeigen* wird die Klassifikation des Netzwerks genannt. Steht hier *Öffentliches Netzwerk*, sind keine Remoteverbindungen möglich. Klicken Sie in diesem Fall auf *Öffentliches Netzwerk*, um das Netzwerk umzustellen, falls es sich in Wirklichkeit gar nicht um ein öffentliches Netzwerk, sondern das Arbeits- oder Privatnetzwerk handelt. Diese Umstellung ist nur dann nicht möglich, wenn das Netzwerk nicht identifiziert werden konnte.

Andere Fehler

Hintergrund:

Beim Versuch, eine Remoteverbindung herzustellen, treten andere als die hier beschriebenen Fehler auf.

Mögliche Gründe:

- **Voraussetzungen prüfen** Wenn Sie klassisches Remoting einsetzen, sind die dafür nötigen Grundlagen eventuell nicht gegeben

Abhilfe:

- Geben Sie beim Parameter *-ComputerName* anstelle einer IP-Adresse einen Computernamen an
- Stellen Sie sicher, dass auf dem Zielsystem der Dienst *Remoteregistrierung* ausgeführt wird

Zusammenfassung

Unter dem Begriff *Remoting* versteht man die Ausführung von Code auf einem anderen Computer. Einige Cmdlets unterstützen den Remotezugriff über eigene Wege (Tabelle 16.1; Seite 587). Sie rufen solche Cmdlets also zwar lokal auf, beauftragen das Cmdlet aber mit seinen Parametern *-ComputerName* und *-Credential*, die Daten von einem anderen System abzurufen. Da Sie keinen Einfluss darauf haben, wie das jeweilige Cmdlet diese Informationen beschafft, ist die Diagnose von Fehlern in solch einem Fall schwierig.

Daneben verfügt die PowerShell über einen alternativen allgemeinen Remotingansatz. Dazu wird auf dem Remotesystem eine zweite separate PowerShell-Session gestartet und der Code über den WinRM-Dienst via HTTP auf Port 5985 an das Zielsystem gesendet. Dort wird der Code ausgeführt und das Ergebnis als XML serialisiert an den Aufrufer zurückgesendet. Auf diese Weise kann jeder beliebige Code, der lokal ausführbar ist, auch remote auf einem oder mehreren anderen Systemen zur Ausführung gelangen. Dabei wird jedes Mal derselbe Remotingmechanismus verwendet. Dieser muss auf dem Zielsystem, also demjenigen, das Remotecode ausführen soll, mit *Enable-PSRemoting* einmalig eingerichtet werden, wobei in diesem Zusammenhang der WinRM-Dienst konfiguriert, ein Listener und die notwendigen Firewallausnahmen eingerichtet werden. Dreh- und Angelpunkt des PowerShell-Remotings sind Sessions, die entweder automatisch für einen einzelnen Remoteauftrag oder manuell für einen längeren Zeitraum angelegt werden. Die Initialisierung dieser Sessions erfolgt automatisch und richtet sich dabei nach Session Configurations, die man anpassen, erweitern und berechtigen kann.

Die Cmdlets aus Tabelle 16.3 spielen beim PowerShell-Remoting eine wichtige Rolle und wurden in diesem Kapitel eingesetzt.

Cmdlet	Beschreibung	Siehe Seite
Connect-WSMan	Verbindet den Computer mit den Einstellungen eines Remotesystems, um diese über das *WSMan:*-Laufwerk fernzuverwalten	608
Disable-PSRemoting	Deaktiviert den Zugriff auf das PowerShell-Remoting	595
Enable-PSRemoting	Richtet das PowerShell-Remoting auf dem Zielsystem ein	591
Enter-PSSession	Verbindet die Konsole interaktiv mit einer Remotesession, sodass alles, was in der Konsole ein- und ausgegeben wird, nun dem Remotesystem entspricht	594
Exit-PSSession	Verlässt eine interaktive Remotesession und kehrt zurück zum eigenen Computer	595
Get-PSSessionConfiguration	Listet alle definierten Session Configurations des lokalen Computers auf	608
Import-PSSession	Importiert einen Befehl aus einer Remotesession und macht ihn in der eigenen lokalen Session verfügbar	603
Invoke-Command	Führt Code remote in einer anderen Session aus und liefert die Ergebnisse zurück	593
New-PSSession	Legt eine neue Remotesession an	599
Register-PSSessionConfiguration	Registriert eine neue eigene Session Configuration	611
Remove-PSSession	Gibt eine Remotesession frei	599
Set-Item	Konfiguriert die Feineinstellungen des PowerShell-Remotings	591
Set-PSSessionConfiguration	Legt Zugriffsberechtigungen für eine Session Configuration fest und ändert die Einstellungen einer Session Configuration	614

Tabelle 16.3 In diesem Kapitel eingesetzte PowerShell-Cmdlets

Kapitel 17

Hintergrundjobs

In diesem Kapitel:

Die PowerShell arbeitet normalerweise sequenziell, führt also eine Aufgabe nach der anderen aus. Programmierer nennen sowas auch *single threaded*. Spätestens wenn Aufgaben längere Zeit in Anspruch nehmen, kann das zu lästigen Wartezeiten führen. Deshalb enthält die PowerShell 2.0 die Möglichkeit, Aufgaben im Hintergrund auszuführen. Ihre PowerShell-Session kann dann jederzeit den Fortschritt des Hintergrundjobs prüfen und die Ergebnisse von ihm abrufen. Hintergrundjobs basieren dabei weitgehend auf dem Remotingmodell des letzten Kapitels. Sobald Sie einen Hintergrundjob starten, erzeugt die PowerShell ähnlich wie beim Remoting eine neue PowerShell-Session und führt den Job darin aus. Ihre Session behält dabei die Möglichkeit, mit dem Hintergrundjob in Kontakt zu treten.

Aufgaben im Hintergrund ausführen

Jeder PowerShell-Code kann mit *Start-Job* in einer separaten PowerShell-Session im Hintergrund ausgeführt werden, damit er Ihre aktuelle Session nicht blockiert. Die folgende Zeile sucht beispielsweise alle Protokolldateien aus allen Unterordnern Ihres Windows-Ordners heraus und benötigt dafür viel Zeit:

```
PS> dir $env:windir *.log -Recurse -ea SilentlyContinue
```

Hintergrundjob anlegen

Möchten Sie auf die Ergebnisse nicht warten, sondern lieber inzwischen etwas anderes tun, verfrachten Sie den Aufruf mit *Start-Job* in einen Hintergrundjob:

```
PS> Start-Job { dir $env:windir *.log -Recurse -ea SilentlyContinue }

Id              Name            State      HasMoreData     Location             Command
--              ----            -----      -----------     --------             -------
1               Job1            Running    True            localhost             dir $env:...
```

Start-Job erzeugt eine neue unsichtbare PowerShell-Sitzung, führt den Code darin aus und liefert unmittelbar ein Jobobjekt zurück, dessen wichtigstes Kennzeichen seine ID-Nummer ist. Sie können nun also ganz normal weiterarbeiten.

Laufende Hintergrundjobs kontrollieren

Mit *Get-Job* verschaffen Sie sich einen Überblick, wie weit die Hintergrundjobs mit ihrer jeweiligen Aufgabe gediehen sind:

```
PS> Get-Job

Id              Name            State      HasMoreData     Location             Command
--              ----            -----      -----------     --------             -------
1               Job1            Running    True            localhost             dir $env:...
```

Meldet ein Job in seiner Spalte *State* den Zustand *Running*, dann läuft die Aufgabe noch. Steht in *HasMoreData* ein True, dann sind aber bereits Ergebnisse angefallen, die Sie schon abrufen könnten. Ist der Job fertig, meldet *Get-Job* in *State* freudig *Completed*:

```
PS> Get-Job

Id              Name            State      HasMoreData     Location             Command
--              ----            -----      -----------     --------             -------
1               Job1            Completed  True            localhost             dir $env:...
```

Ergebnisse eines Hintergrundjobs abrufen

Spätestens jetzt sollten Sie die Ergebnisse mit *Receive-Job* unter Angabe der Job-ID abrufen. Was Sie mit diesen Ergebnissen nun tun, ob Sie diese direkt ausgeben oder in eine Variable speichern, steht Ihnen frei:

```
PS> Receive-Job -Id 1

    Verzeichnis: C:\Windows

Mode                LastWriteTime     Length Name
----                -------------     ------ ----
-a---        16.11.2009     11:30       6518 DPINST.LOG
-a---        01.11.2009     09:21       1774 DtcInstall.log
-a---        04.11.2009     12:28        864 PFRO.log
-a---        04.03.2010     15:03      26744 setupact.log
(...)
```

Die Ergebnisse, die ein Job beschafft hat, können nur einmal abgerufen werden, es sei denn, Sie geben den Parameter *-Keep* an.

Hintergrundjobs abschließen

Der Job selbst bleibt in der Jobliste stehen und verschwindet daraus erst, wenn Sie ihn mit *Remove-Job* entsorgen:

```
PS> Remove-Job -Id 1
```

Möglich ist das allerdings erst, wenn der Hintergrundjob abgeschlossen ist. Mit *Stop-Job* brechen Sie Hintergrundjobs vorzeitig ab. Sie können auch den Parameter *-Force* mit *Remove-Job* verwenden.

Kurz und knapp ...

Mit *Start-Job* lassen sich Aufgaben im Hintergrund ausführen. Sie brauchen dann nicht darauf zu warten, bis der Befehl fertig ist, um anderweitig mit der PowerShell weiterarbeiten zu können. Sie können den Fortschritt des Hintergrundjobs mit *Get-Job* prüfen und die Ergebnisse mit *Receive-Job* abrufen, sobald sie vorliegen. Einige Cmdlets unterstützen den Parameter *-AsJob* und führen ihre Aufgabe dann automatisch als Hintergrundjob aus. Hintergrundjobs verwenden dasselbe Sessionmodell wie beim PowerShell-Remoting, sodass hier auch ähnliche Einschränkungen gelten: Die Ergebnisse, die Sie von Hintergrundjobs empfangen, werden über XML-Serialisierung übertragen. Die empfangenen Objekte können also nur noch gelesen, aber nicht verändert werden und enthalten auch keine Methoden mehr.

Parallelverarbeitung für mehr Geschwindigkeit

Viele Cmdlets unterstützen Hintergrundjobs mit einem Parameter namens *-AsJob*. Geben Sie den Parameter an, führt das Cmdlet seine Aufgabe automatisch als Hintergrundjob aus. Eine Übersicht der Cmdlets mit *-AsJob*-Unterstützung erhalten Sie folgendermaßen:

```
PS> Get-Help * -Parameter AsJob

Name                             Category  Synopsis
----                             --------  --------
Invoke-Command                   Cmdlet    Führt Befehle auf lokalen Comput...
Get-WmiObject                    Cmdlet    Ruft Instanzen von WMI-Klassen (...
Invoke-WmiMethod                 Cmdlet    Ruft Methoden der Windows-Verwal...
Remove-WmiObject                 Cmdlet    Löscht eine Instanz einer vorhan...
Set-WmiInstance                  Cmdlet    Erstellt oder aktualisiert eine ...
Test-Connection                  Cmdlet    Sendet ICMP-Echoanforderungspake...
Restart-Computer                 Cmdlet    Startet das Betriebssystem auf d...
Stop-Computer                    Cmdlet    Beendet lokale und Remotecompute...
```

Möchten Sie beispielsweise prüfen, welche Systeme in einem IP-Adressbereich online sind (oder genauer gesagt auf ICMP-Echo-Requests antworten), sieht der synchrone und langwierige Ansatz mit *Test-Connection* so aus:

```
PS> $ips = 1..255 | ForEach-Object { "192.168.2.$_" }
PS> Test-Connection $ips -ea SilentlyContinue | Where-Object { $_.ResponseTime -ne $null } |
Select-Object Address, ResponseTime

Address                                                         ResponseTime
-------                                                         ------------
192.168.2.103                                                              0
192.168.2.1                                                                2
192.168.2.108                                                             17
192.168.2.102                                                            242
192.168.2.101                                                            310
192.168.2.100                                                            313
(...)
```

Die Ausführung dauerte in diesem Beispiel stattliche 18,5 Minuten.

Der Parameter *-AsJob*

Viel schneller bekommen Sie die Ergebnisse mithilfe von Hintergrundjobs, weil die Überprüfung des Adresssegments dann parallel erfolgt und nicht nacheinander. Dazu geben Sie den Parameter *-AsJob* an:

```
PS> $ips = 1..255 | ForEach-Object { "192.168.2.$_" }
PS> $job = Test-Connection $ips -ea SilentlyContinue -AsJob
```

Danach warten Sie auf den Abschluss des Jobs:

```
PS> Wait-Job $job

WARNUNG: Die Spalte Command passt nicht in die Anzeige und wurde entfernt.

Id          Name          State      HasMoreData     Location
--          ----          -----      -----------     --------
1           Job1          Completed  True            .
```

Jetzt können die Ergebnisse geerntet werden:

```
PS> Receive-Job $job | Where-Object { $_.ResponseTime -ne $null } | Select-Object Address,
ResponseTime

Address                                                        ResponseTime
-------                                                        ------------
192.168.2.103                                                             0
192.168.2.1                                                               2
192.168.2.108                                                            12
192.168.2.102                                                           207
192.168.2.100                                                           302
192.168.2.101                                                           313
```

Voilà. Dieselben Informationen liegen nun in nur rund 4 Sekunden zur Verfügung, immerhin 280 Mal schneller. Das ist kein Zufall, denn das Timeout jedes einzelnen *Test-Connection*-Aufrufs beträgt genau 4 Sekunden. Weil alle Aufrufe parallel geschahen, lag die Gesamtzeit bei ungefähr diesen 4 Sekunden. Die Ausführungszeit eines Paralleljobs richtet sich also nach der Ausführungszeit des längsten Einzeljobs. Ohne Parallelverarbeitung addieren sich stattdessen die Ausführungszeiten sämtlicher Aufgaben. Bei 255 Adressen und einem Timeout von 4 Sekunden dauert die Aufgabe dann bis zu 17 Minuten – und mit etwas Overhead tatsächlich sogar etwas länger.

HINWEIS Falls Sie die Ergebnisse des Jobs abrufen und anzeigen lassen, fällt Ihnen vielleicht auf, dass die Anzeige sehr lange dauert. Das hat nicht etwa damit zu tun, dass der Hintergrundjob seine Arbeit noch nicht getan hätte, sondern liegt in der Natur der gelieferten Objekte. Die Objekte lösen nämlich den Computernamen erst beim Anzeigen auf. Das ist der Grund, warum die Anzeige verzögerungsfrei funktioniert, wenn Sie diese auf die Eigenschaften *Address* und *ResponseTime* beschränken. Die Verzögerung tritt nur auf, wenn auch diejenigen Eigenschaften angezeigt werden, die zuerst im Netzwerk aufgelöst werden müssen.

Allgemeine Parallelverarbeitung

Gerade haben Sie gesehen, wie sich mit *-AsJob* Aufgaben im Hintergrund parallelisieren lassen. Das funktioniert natürlich nur, wenn das Cmdlet auch tatsächlich den Parameter *-AsJob* unterstützt und für die Parallelverarbeitung ausgelegt ist. Falls nicht, greifen Sie zu *Start-Job* und implementieren die Parallelverarbeitung selbst. Die folgende Zeile untersucht beispielsweise das IP-Adresssegment *192.168.2.100* bis *192.168.2.150* versucht, jede IP-Adresse aufzulösen, also den dahinter stehenden Computernamen in Erfahrung zu bringen. Da die PowerShell diese Zeile sequenziell ausführt, dauert es sehr lange, bis Ergebnisse vorliegen.

```
PS> 100..150 | ForEach-Object { "192.168.2.$_" } | ForEach-Object {
[System.Net.Dns]::GetHostByAddress($_) }
```

Im Beispiel benötigte die Aufgabe wegen zahlreicher nicht erreichbarer Computer sage und schreibe acht Minuten. Fehler, die dabei wegen nicht erreichbarer Computer auftraten, ließen sich außerdem nicht auf einfache Art unterdrücken. Die Aufgabe kann mit Hintergrundjobs parallelisiert werden, beispielsweise so:

```
PS> 100..150 | ForEach-Object { "192.168.2.$_" } | ForEach-Object {$i=0} { $i++; Start-Job -Name
"Parallel$i" ([ScriptBlock]::Create("[System.Net.Dns]::GetHostByAddress('$_')")) }

Id              Name            State       HasMoreData     Location
--              ----            -----       -----------     --------
1               Parallel1       Running     True            localhost
3               Parallel2       Running     True            localhost
5               Parallel3       Running     True            localhost
(...)
```

HINWEIS *Start-Job* erwartet einen Skriptblock mit dem Code, der ausgeführt werden soll. Erinnern Sie sich an das letzte Kapitel: Der im Skriptblock angegebene Code wird in einer anderen Session ausgeführt, nicht in Ihrer eigenen. Deshalb stehen darin auch nicht die Variablen Ihrer Session zur Verfügung. Dies ist wichtig, denn als Aufgabe soll ja eine bestimmte IP-Adresse aufgelöst werden, die in der Variablen *$_* vorliegt. Weil diese Variable in der Hintergrundsession nicht existiert, müssen Sie den Skriptblock aus einem Text mit *[ScriptBlock]::Create()* erzeugen. Haben Sie es bemerkt? *Start-Job* setzt den Parameter *-Name* ein, um den Hintergrundjobs eindeutige Namen zuzuweisen. Das macht es später leichter, die zur Parallelverarbeitung gehörenden Jobs wiederzufinden.

Die Kosten der Parallelisierung werden Ihnen sofort präsentiert, denn nun wird für jede einzelne Aufgabe eine neue unsichtbare PowerShell-Session angelegt. Das darf man selbstverständlich nicht übertreiben, weil sonst die Systemressourcen schnell aufgebraucht sind. In der Praxis sollten Sie nicht mehr als 10-20 Sessions gleichzeitig für die Parallelisierung einsetzen. Weil alle Jobs einen einheitlichen Namen erhalten haben, können Sie alle zur Parallelverarbeitung gehörenden Jobs leicht überprüfen:

```
PS> Get-Job parallel*
```

Ihr Skript könnte nun warten, bis sämtliche Jobs aus der Gruppe der Paralleljobs erledigt sind:

```
PS> while (@(Get-Job Parallel* | Where-Object { $_.State -eq 'Running' }).Count -gt 0) { Start-
Sleep -Milliseconds 300 }
```

Weil diesmal mehrere Sessions gleichzeitig arbeiten, dauert die Ausführung der Aufgabe anstelle von acht Minuten nur 57 Sekunden. Die maximale Ausführungszeit richtet sich also nur noch nach dem jeweils am langsamsten arbeitenden Einzelglied und nicht mehr nach der Summe. Danach rufen Sie die Ergebnisse aller Jobs wieder ab und können dabei aufgetretene Fehler galant überspringen:

```
PS> $ergebnis = Receive-Job Parallel* -ErrorAction SilentlyContinue
PS> $ergebnis


RunspaceId  : 7863354b-1b07-4a58-af1e-3dd45b6da71e
HostName    : pcneu01
Aliases     : {}
AddressList : {192.168.2.102}

RunspaceId  : c099f396-bce8-4387-b70b-dbf1932242e8
HostName    : demo5.Speedport_W_700V
Aliases     : {}
AddressList : {192.168.2.103}

RunspaceId  : d1dc8128-8e2b-4716-beea-a276d79324e1
HostName    : STORAGE1
Aliases     : {}
AddressList : {192.168.2.108}
```

Die Ergebnisse wurden jeweils um die Eigenschaft *RunspaceId* erweitert, in der die ID der jeweiligen Hintergrundsession steht. Wie man sieht, wurde jedes Ergebnis in einer eigenen Session produziert. Vergessen Sie nicht, die verwendeten Hintergrundjobs nach Gebrauch zu entfernen:

```
PS> Remove-Job Parallel*
```

Remotejobs und Authentifizierung

Hintergrundjobs können auch remote auf anderen Computern gestartet werden. Dabei wird lediglich die Session des Hintergrundjobs nicht auf Ihrem Computer gestartet, sondern auf einem anderen. Bevor Sie sich an dieses Szenario wagen, sollten Sie allerdings das vorherige Kapitel zum PowerShell-Remoting durchgearbeitet haben und sicherstellen, dass die Voraussetzungen für das Remoting erfüllt sind.

Hintergrundjobs auf Remotecomputern starten

Leider ist es mit *Start-Job* nicht möglich, Hintergrundjobs auf anderen Computern zu starten. Dem Cmdlet fehlt schlicht der Parameter *-ComputerName*, um einen anderen Computer anzugeben. Allerdings bietet das Cmdlet *Invoke-Command*, mit dem man wie im letzten Kapitel gezeigt remote Code ausführen kann, den Parameter *-AsJob*. Um also Hintergrundjobs remote auszuführen, verwenden Sie anstelle von *Start-Job* das Cmdlet *Invoke-Command* mit dem Parameter *-AsJob*. Die folgende Zeile ruft vom Remotesystem *storage1* die Informationen über seine Energiesparschemas ab. Dieser Aufruf ist synchron, verwendet also keine Hintergrundjobs, sodass Sie die Ergebnisse direkt geliefert bekommen:

```
PS> Invoke-Command { powercfg.exe /LIST } -ComputerName storage1
```

```
Bestehende Energieschemen
-------------------------
Minimale Batteriebelastung
Durch Server ausgewogene Prozessorleistung und Energieverbrauch
Dauerbetrieb
Präsentation
Tragbar/Laptop
Desktop
```

HINWEIS Wundern Sie sich nicht darüber, dass Sonderzeichen, Umlaute und das *ß* verstümmelt sind. Dies ist eine Nebenwirkung des Remoteabrufs. Falls der Aufruf bei Ihnen nicht funktioniert, schlagen Sie im letzten Kapitel nach. Möglicherweise müssen Sie sich am Remotesystem zuerst anmelden oder die Grundeinstellungen für das PowerShell-Remoting noch konfigurieren.

Nun wird derselbe Befehl als Hintergrundjob auf dem Remotesystem ausgeführt:

```
PS> Invoke-Command { powercfg.exe /LIST } -ComputerName storage1 -asJob

WARNUNG: Die Spalte Command passt nicht in die Anzeige und wurde entfernt.

Id              Name            State       HasMoreData     Location
--              ----            -----       -----------     --------
7               Job7            Running     True            storage1
```

Wie Sie sehen, ist dafür lediglich die zusätzliche Angabe des Parameters *-AsJob* nötig. Diesmal erhalten Sie ein Jobobjekt zurück, mit dem Sie nun genauso umgehen können wie bei lokalen Hintergrundjobs. Die Spalte (Eigenschaft) *Location* der Jobobjekte zeigt Ihnen jeweils an, wo ein Hintergrundjob ausgeführt wird. Um die Ergebnisse abzurufen, verwenden Sie also wie bei lokalen Hintergrundjobs *Receive-Job*:

```
# Jobs überprüfen:
PS> Get-Job

Id              Name            State       HasMoreData     Location
--              ----            -----       -----------     --------
5               Job5            Completed   True            .
7               Job7            Completed   True            storage1

# Ergebnisse des Jobs mit ID 7 abrufen:
PS> Receive-Job 7

Bestehende Energieschemen
-------------------------
Minimale Batteriebelastung
Durch Server ausgewogene Prozessorleistung und Energieverbrauch
Dauerbetrieb
Präsentation
Tragbar/Laptop
Desktop

# Job mit ID 7 abschließen:
PS> Remove-Job 7
```

Weitere Remotejobverfahren

Im vorangegangenen Beispiel wurde der Hintergrundjob von Ihrem eigenen Computer verwaltet und auf einem Remotecomputer ausgeführt. Es gibt weitere Szenarien, bei denen Sie abweichend davon nun aber die Hintergrundjobs auf demselben Remotecomputer verwalten, auf dem sie auch ausgeführt werden:

- **Interaktiv** Verbinden Sie Ihre Konsole zuerst per *Enter-PSSession* mit einem Remotesystem. Alles, was Sie in der Konsole nun tun, geschieht in Wirklichkeit auf dem Remotesystem, mit dem Sie sich verbunden haben. Wenn Sie nun mit *Start-Job* Hintergrundjobs anlegen, werden diese lokal erzeugt, allerdings lokal auf dem Remotesystem.

```
# mit Computer storage1 interaktiv verbinden:
PS> Enter-PSSession storage1

# Hintergrundjob lokal auf dem Remotesystem starten:
[storage1]: PS C:\WINDOWS\system32> Start-Job { powercfg /LIST }

Id              Name            State      HasMoreData     Location
--              ----            -----      -----------     --------
1               Job1            Running    True            localhost

# Status des Hintergrundjobs prüfen:
[storage1]: PS C:\WINDOWS\system32> Get-Job 1

Id              Name            State      HasMoreData     Location
--              ----            -----      -----------     --------
1               Job1            Completed  True            localhost

# Ergebnisse des Hintergrundjobs abrufen:
[storage1]: PS C:\WINDOWS\system32> Receive-Job 1

Bestehende Energieschemen
-------------------------
Minimale Batteriebelastung
Durch Server ausgewogene Prozessorleistung und Energieverbrauch
Dauerbetrieb
Präsentation
Tragbar/Laptop
Desktop

# Hintergrundjob abschließen:
[storage1]: PS C:\WINDOWS\system32> Remove-Job 1

# zurück zum eigenen System wechseln:
[storage1]: PS C:\WINDOWS\system32> Exit-PSSession
PS>
```

- **Programmatisch** Sie können auch *Start-Job* per *Invoke-Command* remote auf einem anderen System ausführen. Wieder wird der Hintergrundjob lokal – aber auf dem Remotesystem – angelegt und ausgeführt:

```
# eine neue Remotesession anlegen, die wiederverwendbar ist:
PS> $session = New-PSSession -Computer storage1
```

```
# Hintergrundjob auf Remotesystem in der neuen Session anlegen:
PS> Invoke-Command { Start-Job { powercfg.exe /LIST } } -Session $session

Id              Name            State      HasMoreData     Location
--              ----            -----      -----------     --------
1               Job1            Running    True            localhost

# Hintergrundjobs überprüfen:
PS> Invoke-Command { Get-Job } -Session $session

Id              Name            State      HasMoreData     Location
--              ----            -----      -----------     --------
1               Job1            Completed  True            localhost

# Ergebnisse des Hintergrundjobs mit ID 1 abrufen:
PS> Invoke-Command { Receive-Job 1 } -Session $session

Bestehende Energieschemen
-------------------------
Minimale Batteriebelastung
Durch Server ausgewogene Prozessorleistung und Energieverbrauch
Dauerbetrieb
Präsentation
Tragbar/Laptop
Desktop

# Hintergrundjob mit ID 1 abschließen:
PS> Invoke-Command { Remove-Job 1 } -Session $session

# Remotesession freigeben:
PS> Remove-PSSession $session
```

Wie Sie sehen, kann es durchaus Vorteile haben, Hintergrundjobs lokal auf einem Remotesystem zu starten und nicht mit *-AsJob* auf dem eigenen Computer zu verwalten. In diesem Fall bleiben nämlich Sonderzeichen, Umlaute und das *ß* im Ergebnistext erhalten, was an der unterschiedlichen Art liegt, wie die Ergebnisse in diesem Fall zu Ihnen transportiert werden. Wichtig zu verstehen ist allerdings, dass Sie bei dem zuletzt gezeigten Ansatz die Hintergrundjobs in einer Remotesession verwalten und diese Remotesession deshalb so lange geöffnet halten müssen, bis die Hintergrundjobs darin abgearbeitet sind. Deshalb verwendet der Beispielcode *New-PSSession* und beschafft sich eine eigene Remotesession. Hätten Sie stattdessen bei *Invoke-Command* den Parameter *-ComputerName* verwendet, wäre die Session nach dem Aufruf sofort wieder vernichtet worden – einschließlich aller darin laufenden Hintergrundjobs.

Was Sie bei Hintergrundjobs bedenken sollten …

Hintergrundjobs funktionieren wunderbar, solange man die dahinter stehende Technik versteht und adäquat einsetzt. Jeder Hintergrundjob ist eine separate PowerShell-Session, und allein aus dieser Tatsache ergeben sich alle wichtigen Einschränkungen, die Sie beim Einsatz im Hinterkopf haben sollten:

- **Ressourcen** Starten Sie nicht übermäßig viele Hintergrundjobs gleichzeitig, weil der Overhead für jeden Hintergrundjob zwar verhältnismäßig klein ist, in der Summe aber schnell die Systemressourcen auslastet. Mehr als zirka 30 aktive Hintergrundjobs sind deshalb nicht empfehlenswert.

- **Umgebung** Der Code, den Sie an einen Hintergrundjob übergeben, wird in einer neuen Session ausgeführt, nicht in Ihrer eigenen. Deshalb stehen in dieser Session auch nicht die Variablen oder nachgeladenen Snap-Ins und Module zur Verfügung, die in Ihrer eigenen Session möglicherweise existieren. Falls Sie Variableninhalte in die Session des Hintergrundjobs übertragen müssen, generieren Sie bei einfachen Variableninhalten wie Text oder Zahlen den Skriptblock dynamisch aus Text ([ScriptBlock]::Create("Code als Text")). Ein Beispiel dafür haben Sie in diesem Kapitel bereits gesehen. Komplexere Objekte müssen zuerst mit *Export-Clixml* in einer Datei serialisiert und dann vom Code des Hintergrundjobs mit *Import-Clixml* wieder importiert werden.
- **Ergebnisse** Die Ergebnisse eines Hintergrundjobs werden auf ähnliche Weise zu Ihnen zurücktransportiert wie beim Remoting. Dazu serialisiert die PowerShell die Ergebnisobjekte als XML und stellt die Objekte danach in Ihrer eigenen Session wieder her. Bei dieser Serialisierung verlieren die Objekte also den Kontakt zu ihrem Ursprung, weswegen sie nur noch ausgelesen, aber nicht mehr dazu verwendet werden können, Methoden aufzurufen oder Eigenschaften zu ändern. Mehr dazu haben Sie bereits im letzten Kapitel erfahren, denn diese Einschränkung gilt auch für das Remoting.
- **Lebensdauer** Alle Hintergrundjobs werden von der Session verwaltet, aus der heraus sie angelegt wurden. Schließen Sie diese Session, gehen auch alle Hintergrundjobs verloren. Hintergrundjobs laufen also anders ausgedrückt nur so lange, wie auch die PowerShell-Sitzung läuft, welche die Hintergrundjobs angelegt hat. Benötigen Sie Hintergrundjobs, die unabhängig von der aktuellen PowerShell-Sitzung ausgeführt werden, dann greifen Sie zu geplanten Aufgaben und richten darin ein PowerShell-Skript ein, das von Windows (und nicht von der PowerShell) in festgelegten Intervallen automatisch ausgeführt wird. Wie das gemacht wird, haben Sie bereits in Kapitel 3 erfahren.

Eine weitere Herausforderung kann auftreten, wenn Sie aus einem Hintergrundjob heraus remote auf andere Systeme zugreifen möchten, weil Sie sich dann am Remotesystem anmelden müssen. Das kann zu sonderbaren Resultaten führen. Nehmen wir z.B. an, Sie möchten vom Remotesystem *storage1* BIOS-Informationen über *Get-WmiObject* abrufen. Der synchrone Aufruf zeigt, dass dafür Anmeldeinformationen nötig sind:

```
# lokaler Abruf des eigenen Computers funktioniert:
PS> Get-WmiObject Win32_BIOS

SMBIOSBIOSVersion : 02LV.MP00.20081121.hkk
Manufacturer      : Phoenix Technologies Ltd.
Name              : Phoenix SecureCore(tm) NB Version 02LV.MP00.20081121.hkk
SerialNumber      : ZAMA93HS600210
Version           : SECCSD - 6040000



# Fernzugriff erfordert Anmeldung unter geeignetem Benutzerkonto:
PS> Get-WmiObject Win32_BIOS -ComputerName storage1
Get-WmiObject : Zugriff verweigert (Ausnahme von HRESULT: 0x80070005 (E_ACCESSDENIED))

# Mit adäquater Anmeldung funktioniert der Fernzugriff:
PS> Get-WmiObject Win32_BIOS -ComputerName storage1 -Credential (Get-Credential)

SMBIOSBIOSVersion : P03
```

```
Manufacturer      : Phoenix Technologies LTD
Name              : Ver 1.00PARTTBLw
SerialNumber      : 98H340ED2H9300237A30A1
Version           : PTLTD  - 6040000
```

PowerShell-Session unter anderem Benutzerkonto ausführen

Möchten Sie diese Aufgabe als Hintergrundjob ausführen, könnten Sie *Start-Job* mit dem Parameter *-Credential* verwenden:

```
# Hintergrundjob unter anderen Anmeldeinformationen ausführen:
PS> Start-Job { Get-WmiObject Win32_BIOS -ComputerName storage1 } -Credential (Get-Credential)

Id              Name            State      HasMoreData     Location
--              ----            -----      -----------     --------
1               Job1            Running    True            localhost

PS> Receive-Job 1

SMBIOSBIOSVersion : P03
Manufacturer      : Phoenix Technologies LTD
Name              : Ver 1.00PARTTBLw
SerialNumber      : 98H340ED2H9300237A30A1
Version           : PTLTD  - 6040000

PS> Remove-Job 1
```

Allerdings hat dieser Ansatz viele Einschränkungen, denn dabei wird in Wirklichkeit eine neue PowerShell-Sitzung unter einem anderen Benutzerkonto gestartet, so ähnlich, als hätten Sie die PowerShell manuell mit *Ausführen* gestartet. Sie erkennen das daran, dass dabei kurz ein weiteres Konsolenfenster aufblitzt. Das Benutzerkonto, das Sie zur Anmeldung verwenden, muss deshalb auf Ihrem eigenen Computer existieren (um dort die PowerShell-Sitzung zu öffnen) und auch auf dem Remotecomputer vorhanden sein (um sich dann dort unter diesem Konto anzumelden). Ist das nicht der Fall, kommt es zu einem Fehler:

```
PS> Start-Job { Get-WmiObject Win32_BIOS -ComputerName storage1 } -Credential (Get-Credential)

Id              Name            State      HasMoreData     Location
--              ----            -----      -----------     --------
3               Job3            Failed     False           localhost

PS> Receive-Job 3
Receive-Job : [localhost] Fehler beim Starten des Hintergrundvorgangs. Gemeldeter Fehler:
Anmeldung fehlgeschlagen: unbekannter Benutzername oder falsches Kennwort.
```

Anmeldeinformationen in Hintergrundjob verwenden

Alternativ könnten Sie die Anmeldung in den Code hineinverlagern, der in der Hintergrundsitzung ausgeführt wird:

```
Start-Job { Get-WmiObject Win32_BIOS -Computer storage1 -Credential (Get-Credential) }
```

Das allerdings führt zu einem blockierten Hintergrundjob, wie die Spalte *State* zeigt:

```
PS> Start-Job { Get-WmiObject Win32_BIOS -Computer storage1 -Credential (Get-Credential) }

Id              Name            State      HasMoreData     Location
--              ----            -----      -----------     --------
5               Job5            Running    True            localhost

PS> Get-Job 5

Id              Name            State      HasMoreData     Location
--              ----            -----      -----------     --------
5               Job5            Blocked    True            localhost
```

Der Grund: Der Code für den Hintergrundjob fordert mit *Get-Credential* interaktiv die Anmeldeinformationen an. Weil der Hintergrundjob aber unsichtbar im Hintergrund läuft, kann der Anmeldedialog nicht angezeigt werden. Sie müssten also zuerst *Receive-Job* aufrufen, um das Dialogfeld zu sehen und sich anzumelden:

```
PS> Receive-Job 5

Bei Windows PowerShell anmelden: Cmdlet Get-Credential an der
Befehlspipelineposition 1
Warnung: Diese Anmeldeinformationen werden von einem Skript oder einer
Anwendung auf dem Remotecomputer LOCALHOST angefordert. Geben Sie Ihre
Anmeldeinformationen nur ein, wenn Sie dem Remotecomputer und der anfordernden
Anwendung bzw. dem Skript vertrauen.

Geben Sie Werte für die folgenden Parameter an:
Credential

PS> Get-Job 5

Id              Name            State      HasMoreData     Location
--              ----            -----      -----------     --------
5               Job5            Completed  True            localhost
```

Jetzt erscheint der Anmeldedialog und Sie können sich anmelden. Danach läuft der Hintergrundjob wie gewünscht ab und liefert die Ergebnisse:

```
PS> Receive-Job 5


SMBIOSBIOSVersion : P03
Manufacturer      : Phoenix Technologies LTD
Name              : Ver 1.00PARTTBLw
SerialNumber      : 98H340ED2H9300237A30A1
Version           : PTLTD  - 6040000

PS> Remove-Job 5
```

Damit Hintergrundjobs sich an anderen Systemen anmelden können, ohne dafür ein Dialogfeld zu öffnen, sollten Sie deshalb in diesem Fall die Anmeldedaten direkt im Code hinterlegen, der vom Hintergrundjob ausgeführt wird. Dazu erstellen Sie sich mit .NET selbst ein *Credential*-Objekt (die

Hintergründe dazu finden Sie in Kapitel 9). Die Lösung sieht dann so aus und kann unbeaufsichtigt ausgeführt werden:

```
PS> Start-Job { Get-WmiObject Win32_BIOS -Computer storage1 -Credential (New-Object
System.Management.Automation.PSCredential('Administrator', ('topSecret99' | ConvertTo-SecureString
-Force -AsPlainText))) }

Id              Name            State       HasMoreData     Location
--              ----            -----       -----------     --------
7               Job7            Running     True            localhost

PS> Get-Job 7

Id              Name            State       HasMoreData     Location
--              ----            -----       -----------     --------
7               Job7            Completed   True            localhost

PS> Receive-Job 7

SMBIOSBIOSVersion : P03
Manufacturer      : Phoenix Technologies LTD
Name              : Ver 1.00PARTTBLw
SerialNumber      : 98H340ED2H9300237A30A1
Version           : PTLTD  - 6040000

PS> Remove-Job 7
```

PROFITIPP Wann immer ein Cmdlet Anmeldedaten in Form eines sogenannten *Credential*-Objekts benötigt, können Sie dieses entweder interaktiv durch (Get-Credential) oder programmatisch durch (New-Object System.Management.Automation.PSCredential('Benutzer', ('Kennwort' | ConvertTo-SecureString -Force -AsPlainText))) zur Verfügung stellen. Im ersten Fall werden die Anmeldedaten durch den Anmeldedialog erfragt und im zweiten Fall fest im Skript hinterlegt.

Nachschlag für Profis

Haben Sie noch etwas Lust, ein paar Rätsel rund um Hintergrundjobs zu lösen? Wie immer finden Sie hier einen kurzen Nachschlag.

Kleine Rätsel

Aufgabe Schauen Sie sich einmal die folgende Ausgabe an. Wieso fehlen hier Spalten? Wie bekommt man sie zurück?

```
PS> Get-Job

WARNUNG: Die Spalte Command passt nicht in die Anzeige und wurde entfernt.

Id              Name            State       HasMoreData     Location
--              ----            -----       -----------     --------
3               Job3            Failed      False           localhost
7               Job7            Completed   False           localhost
11              Job11           Failed      False           storage1
```

Antwort Der Hinweis ist nicht etwa eine Besonderheit der Hintergrundjobs, sondern deutet nur an, dass der horizontale Platz in der Konsole nicht ausreicht, um alle Spalten anzuzeigen. Entweder versuchen Sie zuerst, die Spaltenbreiten zu optimieren:

```
PS> Get-Job | Format-Table -AutoSize

Id Name  State     HasMoreData Location  Command
-- ----  -----     ----------- --------  -------
3  Job3  Failed    False       localhost  Get-WmiObject Win32_BIOS -Computer...
7  Job7  Completed False       localhost  Get-WmiObject Win32_BIOS -Computer...
11 Job11 Failed    False       storage1   dir
```

Oder Sie verbreitern Ihre Konsole über die Konsoleneigenschaften. Das können Sie entweder permanent im Konsolendialogfeld vornehmen (Kapitel 1) oder über PowerShell-Code. Die folgenden Zeilen erweitern die Konsole auf eine Breite von 120 Zeichen:

```
PS> $buffer = $Host.UI.RawUI.BufferSize
PS> $buffer.Width = 120
PS> $Host.UI.RawUI.BufferSize = $buffer
PS> $fenster = $Host.UI.RawUI.WindowSize
PS> $fenster.Width = $buffer.Width
PS> $Host.UI.RawUI.WindowSize = $fenster
PS> Get-Job

Id               Name             State      HasMoreData     Location             Command
--               ----             -----      -----------     --------             -------
3                Job3             Failed     False           localhost             Get-WmiObject
Win32_B...
7                Job7             Completed  False           localhost             Get-WmiObject
Win32_B...
11               Job11            Failed     False           storage1              dir
```

Aufgabe Wenn Sie neue Hintergrundjobs anlegen, erhalten diese automatisch eine eindeutige ID. Komischerweise erhöht die PowerShell diese ID offenbar in Zweierschritten. Wieso wohl?

```
PS> Start-Job { dir }
Id               Name             State      HasMoreData     Location
--               ----             -----      -----------     --------
1                Job1             Running    True            localhost
PS> Start-Job { Get-Process }
Id               Name             State      HasMoreData     Location
--               ----             -----      -----------     --------
3                Job3             Running    True            localhost
PS> Invoke-Command { dir } -ComputerName storage1 -AsJob
Id               Name             State      HasMoreData     Location
--               ----             -----      -----------     --------
5                Job5             Running    True            storage1
PS> Get-Job
Id               Name             State      HasMoreData     Location
--               ----             -----      -----------     --------
1                Job1             Completed  True            localhost
3                Job3             Completed  True            localhost
5                Job5             Completed  False           storage1
```

Antwort Zu jedem Hintergrundjob gehört ein Childjob, der die eigentliche Remotesitzung repräsentiert. *Get-Job* versteckt diese Childjobs normalerweise. So werden alle Hintergrundjobs angezeigt:

```
PS> Get-Job * | Format-Table Id, Name, State, Location, ChildJobs

             Id Name                      State Location       ChildJobs
             -- ----                      ----- --------       ---------
              1 Job1                  Completed localhost      {Job2}
              2 Job2                  Completed localhost      {}
              3 Job3                  Completed localhost      {Job4}
              4 Job4                  Completed localhost      {}
              5 Job5                  Completed storage1       {Job6}
              6 Job6                  Completed storage1       {}
```

Der Childjob liefert eine Referenz auf die Session, in der dieser Job ausgeführt wird. Bei Childjobs handelt es sich um einen anderen Objekttyp als bei Hintergrundjobs:

```
PS> Get-Job * | ForEach-Object { $_.GetType().FullName }
System.Management.Automation.PSRemotingJob
System.Management.Automation.PSRemotingChildJob
System.Management.Automation.PSRemotingJob
System.Management.Automation.PSRemotingChildJob
System.Management.Automation.PSRemotingJob
System.Management.Automation.PSRemotingChildJob
```

Der Childjob gibt Auskunft über die PowerShell-Session, in welcher der Hintergrundjob ausgeführt wird:

```
PS> Get-Job * | Where-Object { $_.GetType().FullName -eq
'System.Management.Automation.PSRemotingChildJob' } | Select-Object -ExpandProperty Runspace
```

32-Bit-Skripts auf 64-Bit-Systemen

Hintergrundjobs kann man nicht nur dazu verwenden, Aufgaben zu parallelisieren, um die Geschwindigkeit zu erhöhen. Weil ein Hintergrundjob in einer separaten Session ausgeführt wird, kann hier auch ein ganz anderer PowerShell-Host tätig werden. Auf 64-Bit-Systemen gibt es beispielsweise zwei. Einer wird als native 64-Bit-Anwendung ausgeführt, der andere als 32-Bit-Kompatibilitätshost. So wird es möglich, auf einem 64-Bit-System Code gezielt in einem 32-Bit-Host auszuführen. Sinnvoll ist das immer dann, wenn Ihr Code Technologien verwendet, die auf 64-Bit-Systemen normalerweise nicht funktionieren. Dazu zählen beispielsweise ältere COM-Objekte wie *ScriptControl*, mit dem sich VBScript-Code ausführen lässt. Versuchen Sie, dieses Objekt auf einem 64-Bit-System zu verwenden, erhalten Sie einen Fehler:

```
PS> $objekt = New-Object -ComObject ScriptControl
New-Object : Die COM-Klassenfactory für die Komponente mit CLSID {0E59F1D5-1FBE-11D0-8FF2-
00A0D10038BC} konnte aufgrund des folgenden Fehlers nicht abgerufen werden: 80040154.
```

Möchten Sie beispielsweise alle lokalen Benutzerkonten mithilfe von VBScript-Code auflisten, liefert dieses Skript auf 32-Bit-Systemen die Antwort:

```
$vbs = @'
Function GetLocalUsers
  Set computer = GetObject("WinNT://.")
  Computer.Filter = Array("user")
  For each user in computer
    GetLocalUsers = GetLocalUsers & user.Name  & vbNewline
```

```
  Next
End Function
'@
$sc = New-Object -COMObject ScriptControl
$sc.Language = 'VBScript'
$sc.AddCode($vbs)
$sc.CodeObject.GetLocalUsers()
```

Auf 64-Bit-Systemen müssen Sie den Code entweder mit der 32-Bit-Version von der PowerShell interaktiv ausführen oder verwenden *Start-Job* mit dem Parameter *-RunAs32*:

```
PS> $code = {
$vbs = @'
Function GetLocalUsers
  Set computer = GetObject("WinNT://.")
  Computer.Filter = Array("user")
  For each user in computer
    GetLocalUsers = GetLocalUsers & user.Name  & vbNewline
  Next
End Function
'@
$sc = New-Object -COMObject ScriptControl
$sc.Language = 'VBScript'
$sc.AddCode($vbs)
$sc.CodeObject.GetLocalUsers()
}
PS> Start-Job $code -RunAs32

Id              Name            State      HasMoreData     Location
--              ----            -----      -----------     --------
2               Job2            Running    True            localhost

PS> Receive-Job 2
Administrator
demo
Gast
HomeGroupUser$
Malte
Nina
RemoteTestuser
Testing
Tobias
Training
w7-pc9
```

Zusammenfassung

Langwierige Aufgaben können mit *Start-Job* an eine separate PowerShell-Session delegiert werden. Diese führt die Aufgabe dann im Hintergrund aus. Die Ergebnisse lassen sich mit *Receive-Job* zurück in Ihre Session übertragen, sobald sie vorliegen. Dabei werden die Ergebnisobjekte ähnlich wie beim PowerShell-Remoting vorübergehend als XML serialisiert, sodass die empfangenen Objekte nur noch lesbar sind.

Hintergrundjobs lassen sich nicht nur dazu verwenden, um aufwändige Aufgaben in den Hintergrund zu verlegen. Aufgaben lassen sich durch Hintergrundjobs auch stark beschleunigen, indem man die einzelnen Aufgaben parallelisiert. Einige Cmdlets bieten zu diesem Zweck den Parameter *-AsJob*. Ein besonderes Cmdlet aus dieser Gruppe ist *Invoke-Command*, mit dem Sie im letzten Kapitel bereits Code remote ausgeführt haben. Zusammen mit dem Parameter *-AsJob* kann es Hintergrundjobs auf Remotesystemen einrichten. Schließlich können Hintergrundjobs auch zu Überwachungsaufgaben oder für die Ereignisverarbeitung genutzt werden. Wie dies geschieht, erfahren Sie im nächsten Kapitel.

In diesem Kapitel haben Sie die folgenden Cmdlets aus Tabelle 17.1 kennengelernt.

Cmdlet	Beschreibung	Siehe Seite
Start-Job	Führt Code in einer separaten PowerShell-Session im Hintergrund aus	628
Get-Job	Listet alle Hintergrundjobs auf und informiert Sie über den Fortschritt oder möglicherweise aufgetretene Fehler oder Blockierungen	628
Receive-Job	Ruft die Ergebnisse eines Hintergrundjobs ab und überträgt sie in die eigene Session	629
Remove-Job	Schließt einen Job ab und entfernt die Hintergrundsession	629
Stop-Job	Bricht einen Hintergrundjob vorzeitig ab	629
Invoke-Command	Kann mit dem Parameter *-AsJob* Hintergrundjobs auf Remotesystemen starten	635

Tabelle 17.1 In diesem Kapitel eingesetzte PowerShell-Cmdlets

Kapitel 18

Ereignisverarbeitung

In diesem Kapitel:

Ereignisse sind besondere Vorkommnisse, die zu einem beliebigen Zeitpunkt passieren können. Die PowerShell 2.0 kann solche Ereignisse beobachten und dann handeln, wenn das Ereignis eintritt.

Ereignisse verwenden

Objekte enthalten Eigenschaften (Informationen) und Methoden (Befehle) – so viel haben Sie in den vergangenen Kapiteln und insbesondere in Kapitel 9 bisher erfahren. Tatsächlich können Objekte aber außerdem noch Ereignisse enthalten, sogenannte *Events* (Ereignisse). Schauen Sie sich das einmal am *Timer*-Objekt von .NET Framework an:

```
PS> $timer = New-Object Timers.Timer
PS> $timer | Get-Member -MemberType Event

   TypeName: System.Timers.Timer

Name      MemberType Definition
----      ---------- ----------
Disposed  Event      System.EventHandler Disposed(System.Object, System.EventArgs)
Elapsed   Event      System.Timers.ElapsedEventHandler Elapsed(System.Object, System.Timers...
```

Das *Timer*-Objekt enthält zwei Events: *Disposed* und *Elapsed*. Das Ereignis *Elapsed* wird ausgelöst, wenn der Timer ähnlich einer Eieruhr in der Küche abgelaufen ist.

Ein Ereignis überwachen

Anders als die Eieruhr beginnt das *Timer*-Objekt also nach Ablauf der eingestellten Zeit nicht von selbst, Krächztöne von sich zu geben, sondern überlässt es Ihnen, was geschehen soll. Dazu müssen Sie das Ereignis überwachen und reagieren, wenn es auslöst. Dies geschieht mit dem Cmdlet *Register-ObjectEvent*:

```
PS> $job = Register-ObjectEvent $timer -EventName Elapsed -Action { Write-Host 'Eieruhr
abgelaufen!' }
PS> $job

Id              Name            State      HasMoreData     Location             Command
--              ----            -----      -----------     --------             -------
201             a66c915e-15a... NotStarted False                                 'Eieruhr ...
```

Wie sich herausstellt, produziert *Register-ObjectEvent* einen Hintergrundjob (Kapitel 17). Die Aufgabe des Hintergrundjobs ist es nun, auf das Ereignis zu warten, und wenn es eintritt, den hinterlegten PowerShell-Code auszuführen. Dazu stellen Sie als Nächstes die Zeit der Eieruhr – bzw. des Timers – ein und starten den Timer:

```
PS> $timer.Interval = 5000
PS> $timer.Enabled = $true
PS> Eieruhr abgelaufen!
Eieruhr abgelaufen!
Eieruhr abgelaufen!
$tEieruhr abgelaufen!                                                                    $t
imer.Enabled Eieruhr abgelaufen!
= $false
```

Ab sofort beginnt der Timer, alle fünf Sekunden auszulösen, und schreibt einen Text in die Konsole. Um den Timer wieder abzuschalten, stellen Sie dessen Eigenschaft *Enabled* zurück auf *$false*. Wie Sie sehen, kann das eine kleinere Herausforderung werden, weil Ihre Eieruhr währenddessen ständig weiter Ausgaben in die Konsole schreibt.

Ereignisüberwachung wieder abschalten

Möchten Sie die Ereignisüberwachung wieder abschalten, genügt es nicht, einfach den zugehörigen Hintergrundjob mit *Remove-Job* zu entfernen. Zuerst muss der Hintergrundjob mit *Unregister-Event* abgeschaltet werden. Alle laufenden Hintergrundjobs, die Ereignisse überwachen, erhalten Sie folgendermaßen:

```
PS> Get-Job | Where-Object { $_.GetType().Name -eq 'PSEventJob' } | Select-Object Id, Name, Command

                              Id Name                            Command
                              -- ----                            -------
                             202 3a16fefc-f20a-4d45-a8cb-eb8...  Write-Host 'Eieruhr abgela...
```

PROFITIPP Das Cmdlet *Get-EventSubscriber* listet alle Ereignisse auf, die Sie gerade überwachen:

```
PS> Get-EventSubscriber

SubscriptionId   : 3
SourceObject     : System.Timers.Timer
EventName        : Elapsed
SourceIdentifier : 51485628-9b9e-4de3-aa6c-78c712e23079
Action           : System.Management.Automation.PSEventJob
HandlerDelegate  :
SupportEvent     : False
ForwardEvent     : False
```

Unter Angabe des kryptischen Namens wird die Ereignisüberwachung abgeschaltet, wobei Platzhalterzeichen erlaubt sind:

```
PS> Unregister-Event 3a16fefc*
```

Danach kann der Hintergrundjob unter Angabe seiner ID wieder entfernt werden:

```
PS> Remove-Job 202
```

Auf Events warten

Falls Ihnen das asynchrone Eventhandling etwas zu kompliziert ist, können Sie auch nur auf Events warten. Weil Ihre PowerShell-Sitzung dabei blockiert und in dieser Zeit nichts anderes tun kann, sind für diese simple Form der Überwachung auch keine Hintergrundjobs nötig. Der folgende Code wartet mit *Wait-Event* beispielsweise auf den *Elapsed*-Event des Timers:

```
PS> $timer = New-Object Timers.Timer
PS> Register-ObjectEvent $timer Elapsed -SourceIdentifier Timer.Elapsed
PS> Get-EventSubscriber
```

```
SubscriptionId   : 26
SourceObject     : System.Timers.Timer
EventName        : Elapsed
SourceIdentifier : Timer.Elapsed
Action           :
HandlerDelegate  :
SupportEvent     : False
ForwardEvent     : False

PS> $timer.Interval = 5000
PS> $timer.Autoreset = $false
PS> $timer.Enabled = $true
PS> Wait-Event Timer.Elapsed

ComputerName     :
RunspaceId       : 91e6ef97-4396-4f7b-9946-c7652f699907
EventIdentifier  : 116
Sender           : System.Timers.Timer
SourceEventArgs  : System.Timers.ElapsedEventArgs
SourceArgs       : {System.Timers.Timer, System.Timers.ElapsedEventArgs}
SourceIdentifier : Timer.Elapsed
TimeGenerated    : 11.03.2010 11:59:07
MessageData      :

PS> Unregister-Event Timer.Elapsed
```

Meistens allerdings ist die synchrone Überwachung von Events nicht besonders hilfreich. In diesem Beispiel hätten Sie außerdem ebenso gut *Start-Sleep* einsetzen können.

Blick hinter die Kulissen

Sie haben gerade den grundsätzlichen Ablauf der Ereignisüberwachung in der PowerShell 2.0 erlebt. Wie schon beim PowerShell-Remoting und bei den allgemeinen Hintergrundjobs greift die PowerShell dabei zu separaten Sessions, um Ereignisse zu überwachen. Da die PowerShell *single threaded* arbeitet, also immer nur eine Aufgabe nach der anderen erledigen kann, muss eine separate Session die Überwachung übernehmen. Was Ihr Überwachungscode genau tun soll, wenn das Ereignis eintritt, bleibt natürlich Ihnen überlassen, aber wichtig ist, nicht zu vergessen, dass dieser Code in einer separaten Session ausgeführt wird. Geben Sie in Ihrem Code beispielsweise Text aus, wird dieser wie bei Hintergrundjobs üblich nicht sofort in die Konsole ausgegeben, sondern gespeichert. Sie müssten die Ergebnisse mit *Receive-Job* jeweils selbst abholen. Deshalb schrieb das Beispiel von eben die Ergebnisse mit *Write-Host* direkt in die Konsole. Weil der Überwachungscode in einer separaten Session ausgeführt wird, hat er übrigens keine Möglichkeit, direkt in Ihre eigene Session einzugreifen. Sie können also beispielsweise nicht mithilfe des *Timer*-Objekts Aufgaben abbrechen, die in Ihrer eigenen Session laufen.

Hintergrundjobs überwachen

Interessanterweise kann man Hintergrundjobs mit der Ereignisüberwachung überwachen. Ein Hintergrundjob überwacht dabei also quasi einen anderen Hintergrundjob und meldet dessen Ergebnisse zurück, sobald der Job seine Arbeit erledigt hat.

Manuelle Überwachung

Schauen Sie sich das wieder an einem Beispiel an. Dabei soll ein Hintergrundjob auf einem Remotesystem ausgeführt werden und dort alle Protokolldateien im Windows-Ordner finden, was eine Weile dauern kann. Normalerweise müssten Sie also selbst von Zeit zu Zeit mit *Get-Job* prüfen, ob der Job seine Arbeit erledigt hat, und dann mit *Receive-Job* die Ergebnisse abrufen. Das ist relativ lästig:

```
# Remotehintergrundjob starten:
PS> $job = Invoke-Command -Computer storage1 { dir $env:windir *.log -Recurse -ea 0 } -AsJob

# prüfen, ob der Job erledigt ist:
PS> $job

Id              Name            State       HasMoreData     Location
--              ----            -----       -----------     --------
1               Job1            Running     True            storage1

# wenn erledigt, Ergebnisse abrufen:
PS> $job

Id              Name            State       HasMoreData     Location
--              ----            -----       -----------     --------
1               Job1            Completed   True            storage1

PS> Receive-Job 1

    Verzeichnis: C:\WINDOWS

Mode                LastWriteTime     Length Name              PSComputerName
----                -------------     ------ ----              --------------
-a---        11.03.2010     03:05          0 0.log             storage1
-a---        11.03.2010     03:00     160292 aspnetocm.log     storage1
-a---        11.03.2010     03:00     204129 certocm.log       storage1
(...)

PS> Remove-Job 1
```

Automatische Überwachung

Schauen Sie sich das Jobobjekt mit *Get-Member* näher an, werden Sie entdecken, dass es ein Ereignis namens *StateChanged* enthält:

```
PS> $job | Get-Member -MemberType Event
```

```
   TypeName: System.Management.Automation.PSRemotingJob

Name         MemberType Definition
----         ---------- ----------
StateChanged Event      System.EventHandler`1[System.Management.Automation.J...
```

Dieses Ereignis wird immer dann ausgelöst, wenn sich der Zustand des Hintergrundjobs ändert, wenn er also beispielsweise von *Running* auf *Completed* wechselt. Sie können damit den Hintergrundjob automatisch überwachen lassen, um benachrichtigt zu werden, sobald er seine Arbeit erledigt hat, anstatt ständig selbst nachfragen zu müssen:

```
PS> $job = Invoke-Command -Computer storage1 { dir $env:windir *.log -Recurse -ea 0 } -AsJob
PS> Register-ObjectEvent $job -EventName StateChanged -SourceIdentifier JobEnd -Action {
  if($job.State -eq "Completed")
    {
      Write-Host 'Hintergrundjob ist fertig!' -Back 'White' -Fore 'Red'
      Unregister-Event -SourceIdentifier JobEnd
      Remove-Job -Name JobEnd
    }
  } | Out-Null
```

Wenn Sie diesen Code starten, wird erneut der Remotehintergrundjob gestartet, diesmal aber zusätzlich eine Überwachung eingerichtet. Sobald der Hintergrundjob abgearbeitet ist, erscheint diesmal eine Hinweismeldung direkt in Ihrer Konsole.

```
PS> Hintergrundjob ist fertig!
```

Die Überwachung tut aber noch mehr. Mit *Unregister-Event* entfernt sie die Überwachung automatisch wieder und schließt mit *Remove-Job* auch den Überwachungshintergrundjob ab. Anders als in den vorangegangenen Beispielen muss dazu diesmal nicht die kryptische Kennziffer angegeben werden, weil der Überwachungsjob mit dem Parameter *-SourceIdentifier* einen besser zu merkenden eigenen Namen erhalten hat. Jetzt brauchen Sie nur noch die Ergebnisse des Hintergrundjobs abzurufen und den Job danach zu entfernen. Und auch das könnte man automatisieren. Das nächste Beispiel gibt anstelle eines Hinweises die Ergebnisse direkt in die Konsole aus und schließt danach den Hintergrundjob ab:

```
$job = Invoke-Command -Computer storage1 { dir $env:windir *.log -Recurse -ea 0 } -AsJob
Register-ObjectEvent $job -EventName StateChanged -SourceIdentifier JobEnd -Action {
  if($job.State -eq "Completed")
    {
      Write-Host 'Hintergrundjob ist fertig!' -Back 'White' -Fore 'Red'
      Write-Host "$(Receive-Job $job | Out-String)"
      Unregister-Event -SourceIdentifier JobEnd
      Remove-Job -Name JobEnd
      Remove-Job $job
    }
  } | Out-Null
```

Es funktioniert: Sobald der Hintergrundjob alle Ergebnisse gesammelt hat, werden diese in die Konsole ausgegeben. Alle daran beteiligten Hintergrundjobs werden automatisch entfernt:

```
PS> Get-Job
PS>
```

ACHTUNG Weil der Überwachungscode eigentlich in einer anderen Session ausgeführt wird, hat er keine Möglichkeit, die Ergebnisse des Hintergrundjobs als echte Objekte in Ihre eigene Session zu schreiben. Er kann mit *Write-Host* nur Text ausgeben und muss die Objekte dazu in Text konvertieren. Sind Sie also an den echten Objekten interessiert, sollten Sie die Variante mit der Benachrichtigung einsetzen und die Ergebnisse dann selbst mit *Receive-Job* empfangen.

Ordner überwachen

Wie flexibel die Ereignisüberwachung ist, zeigt sich am nächsten Beispiel. Hier wird ein *FileSystem-Watcher*-Objekt eingesetzt, das automatisch Ereignisse auslöst, wenn sich der Inhalt eines Ordners ändert. Das Beispiel definiert die Befehle *Monitor-Folder*, mit dem die Überwachung eines Ordners aktiviert wird, und *Unmonitor-Folder*, mit dem sie wieder abgeschaltet wird. Beide Funktionen nutzen die neuen Erkenntnisse der vorangegangenen Abschnitte. Wirklich neu ist nur das *System.IO.FileSystemWatcher*-Objekt:

```
function Monitor-Folder {
    param([string]$folder)

    $fsw = New-Object System.IO.FileSystemWatcher
    $fsw.Path = $folder

    $global:folderchange = @()

    $action = {
        [System.Console]::Beep(440,100)
  $info = @{}
  $info.Path = $eventArgs.FullPath
  $info.Type = $eventArgs.ChangeType
  $info.Timestamp = (Get-Date)
  $global:folderchange += (New-Object PSObject -Property $info)
    }

    Register-ObjectEvent $fsw -EventName Created -Action $action -SourceIdentifier Watch1 | Out-
Null
    Register-ObjectEvent $fsw -EventName Changed -Action $action -SourceIdentifier Watch2 | Out-
Null
    Register-ObjectEvent $fsw -EventName Deleted -Action $action -SourceIdentifier Watch3 | Out-
Null
}

function Unmonitor-Folder {
  Unregister-Event Watch*
  Remove-Job -Name Watch*
}
```

Um den Inhalt Ihres Benutzerprofils zu überwachen, geben Sie beispielsweise diesen Befehl ein:

```
PS> Monitor-Folder $HOME
```

Sobald der Inhalt des Ordners geändert wird, hören Sie für jede Änderung einen dezenten Piepton. In der Variablen *$folderchange* können Sie dann nachschauen, was genau geschehen ist:

```
PS> Monitor-Folder $HOME
```

```
PS> "Hallo" > $HOME\test.txt
PS> del $HOME\test.txt
PS> $folderchange

Timestamp                       Path                                              Type
---------                       ----                                              ----
11.03.2010 11:48:39             C:\Users\w7-pc9\test.txt                       Changed
11.03.2010 11:48:39             C:\Users\w7-pc9\test.txt                       Changed
11.03.2010 11:48:44             C:\Users\w7-pc9\test.txt                       Deleted
11.03.2010 11:48:44             C:\Users\w7-pc9\ntuser.dat....                 Changed
11.03.2010 11:48:44             C:\Users\w7-pc9\NTUSER.DAT                     Changed
11.03.2010 11:48:44             C:\Users\w7-pc9\NTUSER.DAT                     Changed
11.03.2010 11:48:45             C:\Users\w7-pc9\NTUSER.DAT                     Changed

PS> Unmonitor-Folder
```

HINWEIS Dieses einfache Beispiel kann immer nur einen Ordner überwachen, weil es intern feste Namen für die Ereignishandler vergibt.

Aufgaben regelmäßig durchführen

Möchten Sie bestimmte Aktionen in regelmäßigen Abständen automatisch ausführen, könnten Sie dazu ganz einfach eine Schleife und eine Verzögerung mit *Start-Sleep* verwenden. Der folgende Code würde beispielsweise alle 3 Sekunden einen Piepton produzieren (und könnte selbstverständlich anstelle zu piepen auch sinnvolle Aufgaben erledigen):

```
While ($true) {
  [System.Console]::Beep(500,100)
  Start-Sleep -Seconds 3
}
```

Allerdings würde Ihre PowerShell jetzt wirklich nur noch piepen und sonst gar nichts tun. Mit der asynchronen Ereignisüberwachung könnte die Aufgabe dagegen auch galant im Hintergrund ausgeführt werden. Die beiden folgenden Funktionen *Do-Every* und *Clean-Every* helfen dabei:

```
function Do-Every
{
   param([int] $seconds,[ScriptBlock] $action )
   $timer = New-Object System.Timers.Timer
   $timer.Interval = $seconds * 1000
   $timer.Enabled = $true
   Register-ObjectEvent $timer "Elapsed" -SourceIdentifier 'DoEvery' -Action $action
}

function Clean-Every
{
  Unregister-Event DoEvery
  Remove-Job -name DoEvery
}
```

Mit *Do-Every* beauftragen Sie die PowerShell, Code regelmäßig im Hintergrund auszuführen:

```
PS> $action = { [System.Console]::Beep(1000,300) }
```

```
PS> Do-Every 3 $actionPS> Get-Job

Id              Name            State       HasMoreData     Location            Command
--              ----            -----       -----------     --------            -------
225             DoEvery         Running     True                                [System.Console]...
```

Mit *Clean-Every* wird der Hintergrundcode wieder abgeschaltet:

```
PS> Clean-Every
```

WMI-Ereignisse empfangen

WMI (Windows Management Instrumentation) kann ebenfalls Ereignisse auslösen, die über *Register-WmiEvent* empfangen und ausgewertet werden. Beispielsweise kann WMI Ereignisse senden, wenn Instanzen neu angelegt, geändert oder entfernt werden. Möchten Sie z.B. informiert werden, sobald ein neues Programm gestartet wird, dann müssen Sie lediglich den Namen der WMI-Klasse kennen, die Programme repräsentiert: *Win32_Process.* Anschließend formulieren Sie eine Überwachungsabfrage:

```
PS> $query = "SELECT * FROM __InstanceCreationEvent WITHIN 2 WHERE TargetInstance ISA
'Win32_Process'"
```

Anschließend übergeben Sie diese Abfrage an *Register-WmiEvent* und legen fest, was beim Auslösen des Ereignisses geschehen soll:

```
PS> Register-WmiEvent -Query $query -Action { Write-Host 'Ein Programm wurde gestartet!'} -
SourceIdentifier WMI1
```

Sobald Sie nun ein (beliebiges) Programm starten, gibt die PowerShell eine Meldung aus. Die Überwachung schalten Sie wieder durch Entfernen des Ereignishandlers und des Hintergrundjobs aus:

```
PS> Unregister-Event WMI1
PS> Remove-Job -Name WMI1
```

Details zum Event erfahren

Das Beispiel von eben funktionierte zwar bereits einwandfrei, verriet aber nicht, welches Programm denn nun genau gestartet wurde. Die Begleitinformationen zu einem Ereignis stehen innerhalb des Skriptblocks, den Sie dem Parameter *-Action* übergeben, in der vordefinierten Variable *$Event*, die in der Eigenschaft *SourceEventArgs* und *NewEvent* die Informationen zurückliefert. Damit können Sie Ihren Ereignishandler etwas cleverer machen:

```
Register-WmiEvent -Query $query -Action { Write-Host "Ein Programm wurde gestartet:
$($event.SourceEventArgs.NewEvent.TargetInstance.Name)"} -SourceIdentifier WMI1
```

Dieser Handler meldet nun nicht nur, dass ein Programm gestartet wurde, sondern auch, welches. Dabei steht in *$event.SourceEventArgs.NewEvent.TargetInstance* immer die Instanz des WMI-Objekts zur Verfügung, das ein Ereignis ausgelöst hat, also in diesem Fall ein *Win32_Process*-Objekt. In dessen *Name*-Eigenschaft findet sich der Name des Programms. Möchten Sie lieber alle Informationen über das auslösende Objekt sehen, gehen Sie so vor:

```
PS> Register-WmiEvent -Query $query -Action { Write-Host "Ein Programm wurde gestartet:
$($event.sourceeventargs.NewEvent.TargetInstance | Select-Object * | Out-String)"} -
SourceIdentifier WMI1
PS> notepad
PS> Ein Programm wurde gestartet:

__GENUS                      : 2
__CLASS                      : Win32_Process
(...)
Caption                      : notepad.exe
CommandLine                  : "C:\Windows\system32\notepad.exe"
CreationClassName            : Win32_Process
CreationDate                 : 20100311130014.304533+060
CSCreationClassName          : Win32_ComputerSystem
CSName                       : DEMO5
Description                  : notepad.exe
ExecutablePath               : C:\Windows\system32\notepad.exe
ExecutionState               :
(...)
WindowsVersion               : 6.1.7600
WorkingSetSize               : 6017024
WriteOperationCount          : 0
WriteTransferCount           : 0
(...)
```

Systemänderungen erkennen

Im letzten Beispiel wurden mit *__InstanceCreationEvent* neu hinzugekommene WMI-Objekte erkannt, beispielsweise neue Prozesse. Wollen Sie alarmiert werden, wenn Objekte entfernt werden, verwenden Sie *__InstanceDeletionEvent*. Was aber, wenn Sie Änderungen an Objekteinstellungen erkennen wollen? Vielleicht möchten Sie wissen, ob ein Dienst von *Start* auf *Stop* oder umgekehrt umgestellt wurde. Da der Dienst vorher und nachher weiterhin vorhanden ist, kommt hier ein *__InstanceModificationEvent* zum Zuge:

```
PS> $query = "SELECT * FROM __InstanceModificationEvent WITHIN 2 WHERE TargetInstance ISA
'Win32_Service'"
PS> Register-WmiEvent -Query $query -Action {
$vorher = $event.SourceEventArgs.NewEvent.PreviousInstance
$nachher = $event.SourceEventArgs.NewEvent.TargetInstance
$difference = $vorher |
  Get-Member -MemberType *property  |
  Select-Object -ExpandProperty Name |
  Where-Object { -not $_.StartsWith('__')} |
  Where-Object { $vorher.$_ -ne $nachher.$_ } |
  ForEach-Object { "$_" }
Write-Host "DIENSTÄNDERUNG $($vorher.Caption)" -Fore 'Blue' -Back 'White'
Write-Host ($vorher, $nachher | Select-Object -Property $difference | Out-String)
Write-Host (Prompt) -NoNewline
} -SourceIdentifier WMI2
```

Ändert sich nun der Zustand eines Diensts, liefert der Ereignishandler nicht nur eine Meldung, sondern zeigt auch genau, welche Einstellungen des Diensts sich geändert haben:

```
PS> Stop-Service wscsvc
```

```
PS> DIENSTÄNDERUNG Sicherheitscenter

         AcceptStop           ProcessId            Started State
         ----------           ---------            ------- -----
               True                 388               True Running
              False                   0              False Stopped

PS> Start-Service wscsvc
PS> DIENSTÄNDERUNG Sicherheitscenter

         AcceptStop           ProcessId            Started State
         ----------           ---------            ------- -----
              False                   0              False Stopped
               True                 388               True Running
```

PROFITIPP Da Ereignishandler ihre Ergebnisse mit *Write-Host* direkt in die Konsole schreiben, führt das normalerweise dazu, dass anschließend der Eingabeprompt verschwunden ist. Fügen Sie die folgende Zeile ans Ende Ihres Ereignishandlers – so wie im letzten Beispiel – dann wird der Prompt restauriert:

```
Write-Host (Prompt) -NoNewline
```

Eigene Ereignisse auslösen

Bisher haben Sie stets auf Ereignisse reagiert, die andere auslösten. Aber auch Ihre eigenen Skripts und Funktionen dürfen mit *New-Event* Ereignisse generieren. Diese Ereignisse können dann in anderen Sessions empfangen und behandelt werden. Im einfachsten Fall benötigen Sie dazu einen Ereignishandler, der auf Ihre eigenen Ereignisse lauert, und *New-Event*, um neue Ereignisse auszulösen. Die folgende Zeile legt einen Ereignishandler an, der auf Ereignisse namens *myEvent* reagiert und dann das Wort *Hallo* in die Konsole ausgibt:

```
PS> Register-EngineEvent -SourceIdentifier myEvent -Action { Write-Host 'Hello'}

Id              Name            State      HasMoreData     Location
--              ----            -----      -----------     --------
7               myEvent         NotStarted False
```

Sobald Sie nun das Ereignis auslösen, schreibt die PowerShell das Wort in die Konsole:

```
PS> New-Event myEvent | Out-Null
Hello
```

Nachschlag für Profis

Wie Sie auf Ereignisse reagieren können, wissen Sie nun. Was aber kann man mit diesem Wissen anfangen? Ereignisse bieten ganz erstaunliche Möglichkeiten, zumindest dann, wenn man einen guten Chianti zur Hand hat und bei einem Glas ein wenig darüber nachsinnt. Zwei Ideen sollen etwas ungewöhnlichere Möglichkeiten demonstrieren.

Automatische Variablenüberwachung einrichten

Wie könnte man sich alarmieren lassen, wenn sich der Inhalt einer Variablen ändert? Ein entsprechendes Ereignis gibt es nicht. Noch nicht jedenfalls. Schauen wir mal, wie sich ein Ereignis generieren ließe. Wann immer einer Variablen ein Wert zugewiesen wird, kann ein sogenannter Validator prüfen, ob der Wert für diese Variable geeignet ist. Sowas geschieht normalerweise unsichtbar hinter den Kulissen, aber man kann sich diesen Mechanismus zunutze machen. Dazu wird der Variablen, die Sie überwachen wollen, ein eigener Validator hinzugefügt. Normalerweise ist seine Aufgabe nur, die geplante Zuweisung zu überprüfen, aber weil Sie in diesem Fall wissen, dass der Inhalt der Variable geändert werden soll, können Sie damit natürlich auch Warnungen ausgeben:

```
PS> $test = 1
PS> (Get-Variable test).Attributes.Add((New-Object
System.Management.Automation.ValidateScriptAttribute { $true; Write-Host 'Variable hat sich
geändert!' }))
Variable hat sich geändert!
PS> $test = 2
Variable hat sich geändert!
PS> $test = 5
Variable hat sich geändert!
```

Sie erhalten jetzt bei jeder Variablenzuweisung an die überwachte Variable eine Meldung. Anstatt dieser Meldung könnten Sie aber natürlich mit *New-Event* auch ein Ereignis auslösen und dann wie auf jedes andere Ereignis auch darauf reagieren. Die folgenden Zeilen implementieren einen Ereignishandler, der auf Ereignisse mit Namen *VariableChange* reagiert, sowie eine Funktion namens *Monitor-Variable*, mit der man Variablen eine Überwachung hinzufügt, die bei Variablenzuweisungen ein Ereignis vom Typ *VariableChange* auslöst:

```
Register-EngineEvent -SourceIdentifier VariableChange -Action { Write-Host ($event.MessageData) -
Fore 'DarkGreen' -Back 'White'} | Out-Null

function Monitor-Variable($variablename) {
  $action = '$true; New-Event -SourceIdentifier VariableChange -MessageData "Neuer Wert $_ für
Variable {0}"' -f $variablename
  (Get-Variable $variablename).Attributes.Add((New-Object
System.Management.Automation.ValidateScriptAttribute ([ScriptBlock]::Create($action))))
}
```

Ab sofort können Variablen überwacht werden:

```
PS> $wert = 100
PS> Monitor-Variable wert
Neuer Wert 100 für Variable wert
PS> $wert = 200
Neuer Wert 200 für Variable wert
PS> $wert = 500
Neuer Wert 500 für Variable wert
```

Newsticker in Konsolentitelleiste

Erinnern Sie sich noch an die Funktion *Do-Every* (Seite 652)? Damit kann man die PowerShell anweisen, regelmäßig Piepstöne auszugeben, aber wirklich spannend klang das nicht. Wie wäre es stattdessen mit einem Heise-Newsticker in Ihrer Konsolen-Titelleiste? Es hindert Sie schließlich nichts daran, im regelmäßig ausgeführten Hintergrundjob statt Piepstönen die Inhalte beliebiger RSS-Feeds abzurufen und diese dann in die Konsolentitelleiste einzublenden:

```
Do-Every 10 {
  $xml = New-Object XML
  $xml.Load('http://www.heise.de/newsticker/heise-atom.xml#')
  $Host.UI.RawUI.WindowTitle =  $xml.feed.entry | Select-Object -ExpandProperty Title | Get-Random
}
```

Dieser Code blendet automatisch alle 10 Sekunden eine neue Schlagzeile aus dem Heise-Newsticker in die Titelleiste Ihrer Konsole ein, damit Sie bei Ihrer Arbeit mit der PowerShell einen Überblick behalten, was in der Außenwelt los ist, und nicht etwa die neuesten Trends verpassen.

Zusammenfassung

Objekte enthalten nicht nur Eigenschaften und Methoden, sondern können auch Ereignisse auslösen. Die PowerShell kann diese Ereignisse mit *Register-ObjectEvent* überwachen und dann bei Eintreten des Ereignisses Aktionen auslösen. Entweder wartet man mit *Wait-Event* synchron auf den Eintritt des Ereignisses. Die PowerShell ist dann so lange blockiert, bis das Ereignis eintritt. Oder man greift zur asynchronen Überwachung, indem man mit dem Parameter *-Action* eine Aktion definiert, die dann als Hintergrundjob ausgeführt wird.

Neben den allgemeinen Ereignissen normaler .NET-Objekte gibt es zwei weitere Ereignistypen, auf welche die PowerShell reagieren kann. Mit *Register-WmiEvent* überwacht sie spezielle WMI-Ereignisse, die vom WMI-Dienst ausgelöst werden. Und mit *Register-EngineEvent* werden Ereignisse überwacht, welche die PowerShell selbst auslöst. In aller Regel handelt es sich hierbei um Ereignisse, die ein Skript mit *New-Event* ausgelöst hat.

In diesem Kapitel haben Sie die Cmdlets aus Tabelle 18.1 kennengelernt.

Cmdlet	Beschreibung	Siehe Seite
Get-EventSubscriber	Listet alle Ereignisse auf, die derzeit von der PowerShell überwacht werden	647
New-Event	Löst ein neues eigenes Ereignis aus	655
Register-EngineEvent	Überwacht ein Ereignis, das von der PowerShell selbst ausgelöst wird. Hierzu zählen alle selbst ausgelösten Ereignisse.	655
Register-ObjectEvent	Überwacht ein bestimmtes Ereignis eines Objekts und kann dieses optional mit einer Aktion verknüpfen, die dann als Hintergrundjob ausgeführt wird, sobald das Ereignis eintritt	646
Register-WmiEvent	Überwacht ein Ereignis, das von WMI ausgelöst wird	653
Remove-Job	Entfernt den Hintergrundjob, der mit einer Ereignisüberwachung verknüpft ist	647
Unregister-Event	Schaltet die Überwachung eines Ereignisses wieder aus	647
Wait-Event	Wartet, bis ein bestimmtes Ereignis eintritt	653

Tabelle 18.1 In diesem Kapitel eingesetzte PowerShell-Cmdlets

Kapitel 19

Texte und reguläre Ausdrücke

In diesem Kapitel:

Informationen liegen häufig als Text vor, sodass der Arbeit mit Texten besondere Wichtigkeit zukommt. Oft muss man Texte auswerten und beispielsweise wichtige Informationen daraus herauspicken. In diesem Kapitel erfahren Sie einige Spezialtechniken zum Umgang mit Texten. Dazu gehören die PowerShell-Operatoren, aber auch interne Methoden der *String*-Objekte und natürlich die sogenannten regulären Ausdrücke.

Kurze Wiederholung: Textinformationen

Möchten Sie selbst eine Textinformation speichern, gehört diese in Anführungszeichen. Obwohl es auf den ersten Blick egal scheint, ob Sie dazu einfache oder doppelte Anführungszeichen verwenden, unterscheidet die PowerShell diese und verhält sich jeweils anders. Text in einfachen Anführungszeichen wird wörtlich verstanden und nicht verändert:

```
PS> $windir = 'Der Windows-Ordner liegt hier: $env:windir'
PS> $windir
Der Windows-Ordner liegt hier: $env:windir
```

Bei doppelten Anführungszeichen wird die Variable dagegen durch ihren Wert ersetzt:

```
PS> $windir = "Der Windows-Ordner liegt hier: $env:windir"
PS> $windir
Der Windows-Ordner liegt hier: C:\Windows
```

Das gilt auch für Direktvariablen, die ihren Wert selbst ausrechnen:

```
PS> $ergebnis = "Auf eine CD passen $(720MB / 1.44MB) Disketten."
PS> $ergebnis
Auf eine CD passen 500 Disketten.
```

TIPP Der mathematische Operator (*) hat bei Texten eine besondere Bedeutung und wiederholt den Text auf der linken Seite so oft, wie auf der rechten Seite angegeben:

```
PS> "xyz" * 10
xyzxyzxyzxyzxyzxyzxyzxyzxyzxyz
PS> "*" * 20
********************
```

Das sonderbare Tickzeichen (`) hat eine Doppelaufgabe: Steht es vor Zeichen, die für die PowerShell eine besondere Bedeutung haben, z.B. vor dem Dollarzeichen ($) oder vor Anführungszeichen, dann behandelt die PowerShell das Zeichen nach dem Tickzeichen wie ein normales Textzeichen. Das Tickzeichen und das darauf folgende Zeichen werden auch als *Escapesequenz* bezeichnet. Das Anführungszeichen innerhalb eines Texts können Sie z.B. so ausgeben:

```
PS> "Dieser Text enthält `"Anführungszeichen`""
Dieser Text enthält "Anführungszeichen"
```

Folgt dem Tickzeichen ein Buchstabe aus Tabelle 19.1, fügt es Sonderzeichen wie z.B. einen Zeilenumbruch ein:

```
PS> $text = "Dieser Text besteht aus`nzwei Zeilen!"
```

```
PS> $text
Dieser Text besteht aus
zwei Zeilen!
```

Das Tickzeichen ist auf deutschen Tastaturen nur umständlich zu erreichen: Drücken Sie [⇧]+[´] und dann [Leertaste]. Die Taste [`] finden Sie rechts neben der Taste [ß].

Escapesequenz	Sonderzeichen
`n	Neue Zeile
`r	Wagenrücklauf
`t	Tabulator
`a	Alarm
`b	Rückschritt
`'	Einfaches Anführungszeichen
`"	Doppeltes Anführungszeichen
`0	ASCII Null
``	Tickzeichen

Tabelle 19.1 Sonderzeichen und Escapesequenzen für Text

PROFITIPP Möchten Sie Zeichen in einen Text einfügen, die über die Tastatur nicht erreichbar sind, und kennen Sie den Zeichencode des gewünschten Zeichens, dann verwenden Sie den Datentyp *Char*, um den Zeichencode in ein Textzeichen umzuwandeln. Das Euro-Symbol trägt z.B. den hexadezimalen Code *20AC*:

```
PS> [char]0x20AC
?
PS> "20 $([char]0x20AC)"
20 ?
```

Manche Sonderzeichen wie das Euro-Symbol können von den einfachen Konsolenschriftarten nicht dargestellt werden. Wechseln Sie in diesem Fall die Konsolenschriftart wie in Kapitel 1 beschrieben und verwenden Sie eine TrueType-Schrift.

Here-Strings: mehrzeiligen Text erfassen

Längere Texte, die aus mehreren Zeilen oder vielen Sonderzeichen bestehen, werden am besten mit Here-Strings erfasst. Diese heißen so, weil Sie auf diese Weise den Text einfach genau so erfassen, wie Sie ihn in der Textvariable speichern wollen, ähnlich einem Texteditor. Here-Strings werden mit *@"* bzw. *@'* eingeleitet und mit *"@* bzw. *'@* abgeschlossen. Alle Zeichen dazwischen wertet die PowerShell als Text, einschließlich Zeilenumbrüchen und Anführungszeichen. Dabei gilt wieder: Text, der zwischen *@"* und *"@* steht, wird von der PowerShell automatisch aufgelöst (Variablenwerte werden ersetzt und Tickzeichen werden ausgewertet).

```
PS> $text = @"
>>Here-Strings können sich problemlos über mehrere Zeilen erstrecken und dürfen auch
>>"Anführungszeichen" enthalten. Trotzdem werden auch hier Variablen durch ihre Werte
```

```
>>ersetzt: $env:windir, und Unterausdrücke wie $(2+2) werden ebenfalls durch ihr Ergebnis ersetzt.
>>Erst wenn Sie den Here-String mit dem Ende-Kennzeichen "@ beenden,
>>wird der Text abgeschlossen.
>>"@
>>
PS> $text
Here-Strings können sich problemlos über mehrere Zeilen erstrecken und dürfen auch
"Anführungszeichen" enthalten. Trotzdem werden auch hier Variablen durch ihre Werte
ersetzt: C:\Windows, und Unterausdrücke wie 4 werden ebenfalls durch ihr Ergebnis ersetzt.
Erst wenn Sie den Here-String mit dem Ende-Kennzeichen "@ beenden,
wird der Text abgeschlossen.
```

Verwenden Sie dagegen einfache Anführungszeichen, bleibt der Text genau so, wie von Ihnen angegeben.

ACHTUNG Here-Strings funktionieren nur dann richtig, wenn in der Zeile mit dem Einführungszeichen »@"« bzw. »@'« dahinter keine weiteren Zeichen mehr folgen, auch keine Leerzeichen.

Mit dem Benutzer kommunizieren

Möchten Sie Texteingaben vom Benutzer erfragen, verwenden Sie *Read-Host*:

```
PS> $text = Read-Host "Ihre Eingabe"
Ihre Eingabe: Hallo Welt!
PS> $text
Hallo Welt!
```

Texte, die *Read-Host* erfasst, benehmen sich so wie Texte, die in einfachen Anführungszeichen stehen. Sonderzeichen und Variablen werden also nicht aufgelöst. Möchten Sie den Inhalt einer Textvariablen nachträglich auflösen, also die darin enthaltenen Sonderzeichen und Variablen ersetzen lassen, dann wenden Sie manuell die Methode *ExpandString()* an. Diese Methode wird normalerweise intern von der PowerShell eingesetzt, wenn Sie Texte in doppelten Anführungszeichen zuweisen:

```
# Texteingabe vom Benutzer erfragen und ausgeben:
PS> $text = Read-Host "Ihre Eingabe"
Ihre Eingabe: $env:windir
PS> $text
$env:windir

# Eingegebenen Text so behandeln, als stünde er in doppelten Anführungszeichen:
PS> $text = $ExecutionContext.InvokeCommand.ExpandString($text)
PS> $text
C:\Windows
```

Möchten Sie sensible Informationen wie z.B. Kennwörter mit *Read-Host* erfassen, dann verwenden Sie den Parameter *-AsSecureString*. Jetzt wird die Eingabe auf dem Bildschirm durch Sternchen maskiert. Das Ergebnis ist nun allerdings ein sogenannter *SecureString*. Um diesen verschlüsselten *SecureString* wie eine normale Texteingabe weiterbearbeiten zu können, muss er zunächst in Klartext umgewandelt werden:

```
PS> $pwd = Read-Host -AsSecureString "Kennwort"
Kennwort: *************
PS> $pwd
System.Security.SecureString
PS> [Runtime.InteropServices.Marshal]::PtrToStringAuto([Runtime.InteropServices.Marshal]::`
>> SecureStringToBSTR($pwd))
streng geheim
```

Benutzernamen und Kennwort abfragen

Möchten Sie den Benutzer authentifizieren, also seinen Namen und sein Kennwort erfragen, verwenden Sie *Get-Credential*. Dieses Cmdlet nutzt die in Windows integrierten sicheren Dialogfelder, um Benutzername und Kennwort zu erfragen:

```
PS> Get-Credential -Credential "Ihr Name?"
UserName                                                    Password
--------                                                    --------
\Ihr Name                                      System.Security.SecureString
```

Das Ergebnis ist also ein Objekt mit zwei Eigenschaften: In *UserName* steht der angegebene Benutzername und in *Password* das verschlüsselte Kennwort als *SecureString*. Normalerweise wird *Get-Credential* verwendet, wenn tatsächlich Anmeldedaten erforderlich sind, z.B., weil Sie ein Programm unter einem bestimmten Benutzernamen ausführen wollen:

```
PS> $anmeldung = Get-Credential
PS> $startinfo = New-Object System.Diagnostics.ProcessStartInfo
PS> $startinfo.UserName = $anmeldung.UserName
PS> $startinfo.Password = $anmeldung.Password
PS> $startinfo.FileName = "$env:windir\regedit.exe"
PS> $startinfo.UseShellExecute = $false
PS> [System.Diagnostics.Process]::Start($startinfo)
```

Der Benutzerkontext, der den *Secure String* erstellt, kann ihn allerdings jederzeit in lesbaren Text umwandeln – es gilt dasselbe wie eben bei *Read-Host*. Sie können deshalb *Get-Credential* auch dazu verwenden, sensible Informationen zu erfragen, die Sie anschließend im Klartext weiterverarbeiten müssen:

```
PS> $anmeldung = Get-Credential
PS> [Runtime.InteropServices.Marshal]::PtrToStringAuto([Runtime.InteropServices.Marshal]::`
>> SecureStringToBSTR($anmeldung.Password))
meinGeheimesKennwort
```

Textausgaben formatieren

Häufig sollen Ergebnisse in beschreibende Texte integriert und ausgegeben werden. Den einfachsten Weg dazu haben Sie schon kennengelernt: Betten Sie die Ergebnisse als Variablen in einen Text ein, den Sie in doppelte Anführungszeichen stellen:

```
# Unterausdruck in Text einbetten:
PS> "Auf eine CD passen $(720MB / 1.44MB) Disketten."
Auf eine CD passen 500 Disketten.
```

```
# Variable in Text einbetten:
PS> $ergebnis = 720MB / 1.44MB
PS> "Auf eine CD passen $ergebnis Disketten."
Auf eine CD passen 500 Disketten.
```

Verwenden Sie Direktvariablen, wenn das Ergebnis ohne Variable direkt berechnet werden soll oder wenn Sie nicht den Inhalt einer Variablen einbetten wollen, sondern Inhalte aus Eigenschaften der Variablen:

```
PS> "Aktuelle Hintergrundfarbe: $( $Host.UI.RawUI.BackgroundColor ) "
Aktuelle Hintergrundfarbe: DarkBlue
```

Mehr Möglichkeiten bieten die speziellen Textbefehle, welche die PowerShell aus drei verschiedenen Bereichen zur Verfügung stellt:

- **Textoperatoren** Die PowerShell enthält für allgemeine Textaufgaben eine Reihe von Textoperatoren, mit denen Sie z.B. Text ersetzen und Texte miteinander vergleichen (Tabelle 19.2)
- **Dynamische Methoden** Der Datentyp *String*, der die Texte speichert, enthält eine Reihe eigener Textbefehle, mit denen Sie den enthaltenen Text in vielfältiger Weise untersuchen, auseinandernehmen, neu zusammensetzen und verändern können (Tabelle 19.6; Seite 670)
- **Statische Methoden** Schließlich bietet die .NET-Klasse *String* noch statische Methoden, die an keinen besonderen Text gebunden sind

Textoperatoren

Die speziellen Textoperatoren aus Tabelle 19.2 helfen dabei, Texte formatiert auszugeben und können darüber hinaus noch mehr, z.B. Textstellen ersetzen.

Operator	Beschreibung	Beispiel
*	Wiederholt einen Textteil	*"=" * 20*
+	Fügt zwei Textteile zusammen	*"Hello " + "Welt"*
-replace, -ireplace	Ersetzt Text und beachtet dabei nicht die Groß- und Kleinschreibung	*"Hallo Karl" -replace "Karl", "Eddie"*
-creplace	Ersetzt Text und beachtet dabei die Groß- und Kleinschreibung	*"Hallo Karl" -creplace "karl", "eddie"*
-eq, -ieq	Prüft auf Gleichheit ohne Unterscheidung der Groß- und Kleinschreibung	*"Karl" -eq "karl"*
-ceq	Prüft auf Gleichheit mit Unterscheidung der Groß- und Kleinschreibung	*"Karl" -ceq "karl"*
-like, -ilike	Prüft, ob ein Text in einem anderen Text enthalten ist (Wildcards erlaubt, keine Unterscheidung zwischen Groß- und Kleinschreibung)	*"Karl" -like "*AR*"*
-clike	Prüft, ob ein Text in einem anderen Text enthalten ist (Wildcards erlaubt, Groß- und Kleinschreibung wird unterschieden)	*"Karl" -clike "*AR*"*

Tabelle 19.2 Operatoren für den Umgang mit Texten

Operator	Beschreibung	Beispiel
-notlike, -inotlike	Prüft, ob ein Text in einem anderen Text *nicht* enthalten ist (Wildcards erlaubt, keine Unterscheidung zwischen Groß- und Kleinschreibung)	*"Karl" -notlike "*AR*"*
-cnotlike	Prüft, ob ein Text in einem anderen Text *nicht* enthalten ist (Wildcards erlaubt, Groß- und Kleinschreibung wird unterschieden)	*"Karl" -cnotlike "*AR*"*
-match, -imatch	Prüft, ob ein Muster in einem Text enthalten ist, Groß- und Kleinschreibung wird nicht unterschieden	*"Hallo" -match "[ao]"*
-cmatch	Prüft, ob ein Muster in einem Text enthalten ist, Groß- und Kleinschreibung wird unterschieden	*"Hallo" -cmatch "[ao]"*
-notmatch, -inotmatch	Prüft, ob ein Muster in einem Text *nicht* enthalten ist, Groß- und Kleinschreibung wird nicht unterschieden	*"Hallo" -notmatch "[ao]"*
-cnotmatch	Prüft, ob ein Muster in einem Text *nicht* enthalten ist, Groß- und Kleinschreibung wird unterschieden	*"Hallo" -cnotmatch "[ao]"*

Tabelle 19.2 Operatoren für den Umgang mit Texten *(Fortsetzung)*

Der Formatierungsoperator *-f* formatiert Text und verlangt dazu auf seiner linken Seite eine Textvorlage mit durchnummerierten Platzhaltern in geschweiften Klammern und auf der rechten die Ergebnisse, die in die Textvorlage anstelle der Platzhalter eingefügt werden sollen:

```
PS> "{0} Disketten pro CD" -f (720mb/1.44mb)
500 Disketten pro CD
```

Die Zahl der Platzhalterzeichen in der Textschablone auf der linken Seite muss genau der Zahl der kommaseparierten Ergebnisse auf der rechten Seite entsprechen. Denken Sie dabei an runde Klammern: Wollen Sie ein Ergebnis erst noch ausrechnen oder durch einen Befehl beschaffen, dann gehört dieser Ausdruck in runde Klammern. Ohne die runden Klammern meldet *-f* einen Fehler:

```
PS> "{0} Disketten pro CD" -f 720mb/1.44mb
Fehlerhafte numerische Konstante: 754974720 Disketten pro CD.
```

Sie dürfen so viele Platzhalterzeichen verwenden, wie Sie mögen. Die Zahl in der geschweiften Klammer gibt dabei an, welcher Wert in welcher Reihenfolge in diesem Platzhalter später erscheint:

```
PS> "{0} {3} zu {2}MB passen auf eine CD zu {1}MB" -f (720mb/1.44mb), 1.44, 720, "Disketten"
500 Disketten zu 720MB passen auf eine CD zu 1,44MB
```

Formatierung von Zahlen festlegen

Der Formatierungsoperator *-f* kann nicht nur Werte in Texte einfügen, sondern die Werte auch formatieren. Jeder Platzhalter hat dabei folgenden formalen Aufbau: *{index[,ausrichtung][:format]}*:

- **Index** Diese Zahl gibt an, welcher Wert für diesen Platzhalter eingesetzt werden soll. Sie können z.B. mehrere Platzhalter mit demselben Index verwenden, wenn Sie ein und denselben Wert mehrfach oder in verschiedenen Darstellungsweisen ausgeben wollen. Die Indexzahl ist die einzige Pflichtangabe. Die übrigen beiden Angaben sind freiwillig.

- **Ausrichtung** Hier können positive oder negative Zahlen angegeben werden, die festlegen, ob der Wert rechtsbündig (positive Zahl) oder linksbündig (negative Zahl) ausgegeben wird. Die Zahl gibt die gewünschte Breite an. Ist der Wert breiter als die angegebene Breite, wird die angegebene Breite ignoriert. Ist der Wert aber schmaler als die angegebene Breite, dann wird die Breite mit Leerzeichen aufgefüllt. So lassen sich bündige Spalten herstellen.
- **Format** Der Wert kann auf unterschiedlichste Weise formatiert werden. Welches Format Sie wünschen, geben Sie an dieser Stelle mit dem entsprechenden Formatnamen an. Eine Übersicht über die verfügbaren Formate findet sich in Tabelle 19.3.

Die folgende Berechnung ergibt zwar ein mathematisch korrektes Resultat, ist aber viel zu ausführlich. Die vielen Nachkommastellen stören:

```
PS> $betrag = 99
PS> "$betrag US$ entsprechen $($betrag/0.76) Euro"
99 US$ entsprechen 130.263157894737 Euro
```

Setzen Sie den Formatierungsoperator *-f* ein, kann das Ergebnis als Währung definiert werden und wird entsprechend den Währungseinstellungen Ihres Systems formatiert:

```
PS> $betrag = 99
PS> "{0:N2} US$ entsprechen {1:C}" -f $betrag, ($betrag/0.76)
99,00 US$ entsprechen 130,26 ?
```

ACHTUNG Die Formatierungsanweisungen unterscheiden anders als sonst in der PowerShell zwischen Groß- und Kleinschreibung. Wie groß die Unterschiede sein können, sehen Sie, wenn Sie Datumsausdrücke formatieren:

```
# Formatierung mit kleinem d:
PS> "Datum: {0:d}" -f (Get-Date)
Datum: 04.04.2010

# Formatierung mit großem D:
PS> "Datum: {0:D}" -f (Get-Date)
Datum: Samstag, 3. April 2010
```

Symbol	Typ	Aufruf	Ergebnis
#	Zahlplatzhalter	"{0:(#).##}" -f $wert	(1000000)
%	Prozentwert	"{0:0%}" -f $wert	100000000%
,	Tausendertrennzeichen	"{0:0,0}" -f $wert	1.000.000
,.	Ganzzahliges Vielfaches von 1.000	"{0:0,.} " -f $wert	1000
.	Dezimaltrennzeichen	"{0:0.0}" -f $wert	1000000,0
0	0-Platzhalter	"{0:00.0000}" -f $wert	1000000,0000
c	Währung (*currency*)	"{0:c}" -f $wert	1.000.000,00 €
d	Dezimalzahl (*decimal*)	"{0:d}" -f $wert	1000000

Tabelle 19.3 Zahlen formatieren. *$wert* wird dabei als 1000000 (1 Million) angenommen.

Symbol	Typ	Aufruf	Ergebnis
e	Wissenschaftlich (*scientific*)	"{0:e}" -f $wert "{0:00e+0}" -f $wert	1,000000e+006 10e+5
f	Festkommazahl (*fixed point*)	"{0:f}" -f $wert	1000000,00
g	Generisch (*general*)	"{0:g}" -f $wert	1000000
n	Tausendertrennzeichen, mit Nachkommastellen	"{0:n}" -f $wert	1.000.000,00
x	Hexadezimal	"0x{0:x4}" -f $wert	0x4240

Tabelle 19.3 Zahlen formatieren. *$wert* wird dabei als 1000000 (1 Million) angenommen. *(Fortsetzung)*

Mit den Formatierungen aus Tabelle 19.3 formatieren Sie schnell und bequem Zahlen. So brauchen Sie künftig nicht mehr mit zusammengekniffenen Augen abzählen, ob eine Zahl nun eine Million oder zehn Millionen darstellt:

```
PS> 10000000000
"{0:N0}" -f 10000000000
10.000.000.000
```

Auch Zeiten und Datumswerte lassen sich auf unterschiedlichste Art formatieren. Hierfür sind die Formatierungen aus Tabelle 19.4 und 19.5 zuständig, welche die nächsten Zeilen in Aktion zeigen:

```
PS> $datum= Get-Date
PS> foreach ($format in "d","D","f","F","g","G","m","r","s","t","T","u","U","y","dddd, MMMM dd
yyyy","M/yy","dd-MM-yy") {"DATUM mit $format : {0}" -f $datum.ToString($format)}
DATUM mit d : 03.04.2010
DATUM mit D : Samstag, 3. April 2010
DATUM mit f : Samstag, 3. April 2010 15:04
DATUM mit F : Samstag, 3. April 2010 15:04:57
DATUM mit g : 03.04.2010 15:04
DATUM mit G : 03.04.2010 15:04:57
DATUM mit m : 04 April
DATUM mit r : Sat, 03 Apr 2010 15:04:57 GMT
DATUM mit s : 2010-04-03T15:04:57
DATUM mit t : 15:04
DATUM mit T : 15:04:57
DATUM mit u : 2010-04-03 15:04:57Z
DATUM mit U : Samstag, 3. April 2010 13:04:57
DATUM mit y : April 2010
DATUM mit dddd, MMMM dd yyyy : Samstag, April 03 2010
DATUM mit M/yy : 4.10
DATUM mit dd-MM-yy : 03-04-10
```

Symbol	Typ	Aufruf	Ergebnis
d	Kurzes Datumsformat	"{0:d}" -f $datum	03.04.2010
D	Langes Datumsformat	"{0:D}" -f $datum	Samstag, 3. April 2010
t	Kurzes Zeitformat	"{0:t}" -f $datum	14:59

Tabelle 19.4 Datumswerte formatieren

Symbol	Typ	Aufruf	Ergebnis
T	Langes Zeitformat	"{0:T}" -f $datum	14:59:39
f	Datum & Uhrzeit komplett (kurz)	"{0:f}" -f $datum	Samstag, 3. April 2010 15:04
F	Datum & Uhrzeit komplett (lang)	"{0:F}" -f $datum	Samstag, 3. April 2010 15:04:57
g	Standardatum (kurz)	"{0:g}" -f $datum	03.04.2010 15:04
G	Standarddatum (lang)	"{0:G}" -f $datum	03.04.2010 15:04:57
M	Tag numerisch, Monat ausgeschrieben	"{0:M}" -f $datum	03 April
r	RFC1123-Datumsformat	"{0:r}" -f $datum	Sat, 03 Apr 2010 15:04:57 GMT
s	Sortierbares Datumsformat	"{0:s}" -f $datum	2010-04-03T15:04:57
und	Universell sortierbares Datumsformat	"{0:u}" -f $datum	2010-04-03 15:04:57Z
Und	Universell sortierbares GMT-Datumsformat	"{0:U}" -f $datum	Samstag, 3. April 2010 13:04:57
Y	Jahr/Monats-Muster	"{0:Y}" -f $datum	April 2010

Tabelle 19.4 Datumswerte formatieren *(Fortsetzung)*

PROFITIPP Wenn Sie herausfinden wollen, welche Typen die Formatierungsoptionen unterstützen, brauchen Sie nur nach .NET-Typen zu suchen, die die Methode *ToString()* unterstützen:

```
PS> [AppDomain]::currentdomain.getAssemblys() | ForEach-Object {
   $_.GetExportedTypes() |where {! $_.IsSubclassof([System.Enum])}
  } | ForEach-Object {
     $Methods = $_.getmethods() | where-object {$_.name -eq "tostring"} |%{"$_"};
     If ($methods -eq "System.String ToString(System.String)") {
          $_.fullname
     }
  }
System.Enum
System.DateTime
System.Byte
System.Convert
System.Decimal
System.Double
System.Guid
System.Int16
System.Int32
System.Int64
System.IntPtr
System.SByte
System.Single
System.UInt16
System.UInt32
System.UInt64
Microsoft.PowerShell.Commands.MatchInfo
```

Zu den unterstützten Datentypen gehört also z.B. auch *System.Guid*, ein *Globally Unique Identifier.* Weil man diese weltweit eindeutigen Identifizierungszahlen häufiger benötigt, hier ein kurzes Beispiel, wie man eine GUID anlegt und formatiert:

```
PS> $guid = [GUID]::NewGUID()
PS> foreach ($format in "N","D","B","P") {"GUID mit $format : {0}" -f $GUID.ToString($format)}
GUID mit N : 0c4d2c4c8af84d198b698e57c1aee780
GUID mit D : 0c4d2c4c-8af8-4d19-8b69-8e57c1aee780
GUID mit B : {0c4d2c4c-8af8-4d19-8b69-8e57c1aee780}
GUID mit P : (0c4d2c4c-8af8-4d19-8b69-8e57c1aee780)
```

Werte tabellarisch ausgeben: feste Breite

Symbol	Typ	Aufruf	Ergebnis
dd	Tag	"{0:dd}" -f $datum	03
ddd	Tagname (Kürzel)	"{0:ddd}" -f $datum	Sa
dddd	Tagname (ausgeschrieben)	"{0:dddd}" -f $datum	Samstag
gg	Ära	"{0:gg}" -f $datum	n. Chr.
hh	Stunde 2-stellig (12-Stunden-Format)	"{0:hh}" -f $datum	03
HH	Stunde 2-stellig (24-Stunden-Format)	"{0:HH}" -f $datum	15
mm	Minuten	"{0:mm}" -f $datum	24
MM	Monat	"{0:MM}" -f $datum	04
MMM	Monatsname (Kürzel)	"{0:MMM}" -f $datum	Apr
MMMM	Monatsname (ausgeschrieben)	"{0:MMMM}" -f $datum	April
ss	Sekunden	"{0:ss}" -f $datum	01
tt	AM oder PM (nur englisch)	"{0:tt}" -f $datum	–
yy	Jahr 2-stellig	"{0:yy}" -f $datum	10
yyyy	Jahr 4-stellig	"{0:YY}" -f $datum	2010
zz	Zeitzone (kurz)	"{0:zz}" -f $datum	+02
zzz	Zeitzone (lang)	"{0:zzz}" -f $datum	+02:00

Tabelle 19.5 Datumswerte individuell formatieren

Damit mehrzeilige Ausgaben bei einem Zeichensatz fester Breite bündig untereinander erscheinen, müssen die einzelnen Spalten der Ausgabe eine feste Breite verwenden. Der Formatierungsoperator kann Ausgaben auf eine feste Breite festlegen:

```
PS> dir | ForEach-Object { "$($_.name) = $($_.Length) Bytes" }
history.csv = 307 Bytes
info.txt = 8562 Bytes
layout.lxy = 1280 Bytes
```

```
liste.txt = 164186 Bytes
p1.nrproj = 5808 Bytes
ping.bat = 116 Bytes
SilentlyContinue = 0 Bytes
PS> dir | ForEach-Object { "{0,-20} = {1,10} Bytes" -f $_.name, $_.Length }
history.csv          =        307 Bytes
info.txt             =       8562 Bytes
layout.lxy           =       1280 Bytes
liste.txt            =     164186 Bytes
p1.nrproj            =       5808 Bytes
ping.bat             =        116 Bytes
SilentlyContinue     =          0 Bytes
```

Methoden des String-Objekts

Neben den Textoperatoren aus Tabelle 19.2 (Seite 664) stehen Ihnen außerdem die eingebauten .NET-Methoden zur Verfügung, die sich in jedem *String*-Objekt befinden (mehr zu Objekten erfahren Sie in Kapitel 8). Diese Methoden können eine unschätzbare Hilfe sein, um die in Texten enthaltenen Informationen zu bergen. Möchten Sie z.B. die Dateierweiterung eines Pfads herausfinden, hilft Ihnen das Cmdlet *Split-Path* leider nicht weiter. Mit den Methoden des *String*-Objekts dagegen lösen Sie diese Aufgabe sehr elegant:

```
PS> $path = "C:\test\beispiel.bat"
PS> $path.Substring( $path.LastIndexOf(".")+1 )
bat
PS> $path.Split(".")[-1]
bat
```

Im ersten Beispiel haben Sie mit *LastIndexOf()* die Position des letzten Punkts im Pfadnamen ermittelt und dann mit *SubString()* den Text nach dieser Position ausgegeben. Im zweiten Beispiel wurde der Text mit *Split()* an jedem Punkt getrennt und in mehrere Textteile zerlegt. Über den Index -1 haben Sie dann auf den letzten Teiltext zugegriffen, also auf die Dateierweiterung. Eine Übersicht über sämtliche Methoden, die das *String*-Objekt enthält, zeigt Tabelle 19.6.

Funktion	Beschreibung	Beispiel
CompareTo()	Vergleicht den Text mit einem anderen	*("Hello").CompareTo("Hello")*
Contains()	Liefert *True* zurück, wenn der angegebene Vergleichstext im Text vorkommt oder wenn der Vergleichstext leer ist	*("Hello").Contains("ll")*
CopyTo()	Kopiert einen Teil des Texts in einen anderen Text	*$a = ("Hello World").ToCharArray()* *("User!").CopyTo(0, $a, 6, 5)* *$a*
EndsWith()	Prüft, ob der Text mit einer bestimmten Zeichenfolge endet	*("Hello").EndsWith("lo")*
Equals()	Prüft, ob dieser Text identisch mit einem anderen Text ist	*("Hello").Equals($a)*
IndexOf()	Bestimmt die erste Position eines Vergleichstexts	*("Hello").IndexOf("l")*

Tabelle 19.6 Textbefehle im *String*-Objekt

Funktion	Beschreibung	Beispiel
IndexOfAny()	Bestimmt die erste Position eines beliebigen Zeichens aus einem Vergleichstext	*("Hello").IndexOfAny("loe")*
Insert()	Fügt einen neuen Text an der angegebenen Position in den aktuellen Text ein	*("Hello World").Insert(6, "brave ")*
GetEnumerator()	Liefert ein neues Objekt, mit dem alle Zeichen des Texts einzeln durchlaufen werden können	*("Hello").GetEnumerator()*
LastIndexOf()	Findet die letzte Position des angegebenen Zeichens	*("Hello").LastIndexOf("l")*
LastIndexOfAny()	Findet die letzte Position eines beliebigen Zeichens der angegebenen Zeichenfolge	*("Hello").LastIndexOfAny("loe")*
PadLeft()	Erweitert den Text auf die angegebene Länge und fügt auf der linken Seite Leerzeichen hinzu (rechtsbündiger Text)	*("Hello").PadLeft(10)*
PadRight()	Erweitert den Text auf die angegebene Länge und fügt auf der rechten Seite Leerzeichen hinzu (linksbündiger Text)	*("Hello").PadRight(10) + "World!"*
Remove()	Entfernt ab der angegebenen Position die gewünschte Anzahl von Zeichen	*("Hello World").Remove(5,6)*
Replace()	Ersetzt Zeichen durch andere Zeichen	*("Hello World").Replace("l", "x")*
Split()	Konvertiert den Text mit den angegebenen Trennzeichen in ein Array	*("Hello World").Split("l")*
StartsWith()	Prüft, ob der Text mit den angegebenen Zeichen beginnt	*("Hello World").StartsWith("He")*
Substring()	Extrahiert Zeichen aus dem Text	*("Hello World").Substring(4, 3)*
ToCharArray()	Konvertiert Text in ein Array mit Einzelzeichen	*("Hello World").ToCharArray()*
ToLower()	Verwandelt den Text in Kleinbuchstaben	*("Hello World").ToLower()*
ToLowerInvariant()	Verwandelt den Text in Kleinbuchstaben ohne Rücksicht auf die aktuell gewählte Sprache	*("Hello World").ToLowerInvariant()*
ToUpper()	Verwandelt den Text in Großbuchstaben	*("Hello World").ToUpper()*
ToUpperInvariant()	Verwandelt den Text in Großbuchstaben ohne Rücksicht auf die aktuell gewählte Sprache	*("Hello World").ToUpperInvariant()*
Trim()	Entfernt Leerzeichen links und rechts	*(" Hello ").Trim() + "World"*
TrimEnd()	Entfernt Leerzeichen rechts	*(" Hello ").TrimEnd() + "World"*
TrimStart()	Entfernt Leerzeichen links	*(" Hello ").TrimStart() + "World"*
Chars()	Liefert das Zeichen an der angegebenen Position	*("Hello").Chars(0)*

Tabelle 19.6 Textbefehle im *String*-Objekt *(Fortsetzung)*

Nicht nur *String*-Objekte enthalten Methoden. Auch der zugrunde liegende Typ *String* enthält (allgemeine) Textbefehle. Falls Sie sich gerade fragen, was der Unterschied zwischen Objekten und Typen ist, blättern Sie kurz und unauffällig zu Kapitel 9. Die Liste dieser Befehle liefert *Get-Member*, wenn Sie den Parameter *Static* angeben:

```
PS> "irgendeintext" | Get-Member -Static -MemberType Method
```

Die statischen Methoden haben Sie sogar bereits verwendet. Der Formatierungsoperator *-f* entspricht in Wirklichkeit der statischen Methode *Format()* und deshalb funktionieren die folgenden beiden Anweisungen genau gleich:

```
# Formatierungsoperator verwenden:
PS> "Hex Wert von 180 entspricht &h{0:X}" -f 180
Hex Wert von 180 entspricht &hB4

# Gleiches Resultat mit der statischen Methode Format:
PS> [string]::Format("Hex Wert von 180 entspricht &h{0:X}", 180)
Hex Wert von 180 entspricht &hB4
```

Join() ist der Gegenspieler zu *Split()* von eben und fasst ein Array aus Textelementen in einen Text zusammen. So können Sie das Beispiel von eben abschließen und eine Funktion basteln, die überflüssige Leerzeichen aus einem Text entfernt:

```
PS> function RemoveSpace([string]$text) {
  $array = $text.Split(" ", [StringSplitOptions]::RemoveEmptyEntries)
  [string]::Join(" ", $array)
}

PS> RemoveSpace "Hallo     dieser  Text   enthält   zu viele  Leerzeichen!"
Hallo dieser Text enthält zu viele Leerzeichen!
```

Textmuster und reguläre Ausdrücke

Textmuster können recht beschaulich sein. Möchten Sie wissen, ob ein Text ein bestimmtes Stichwort enthält, greifen Sie zum Operator *-like*. Damit kann man Texte also auf relativ simple Art validieren und den Inhalt von Textdateien filtern:

```
PS> 'Das Kennwort lautet: streng geheim' -like '*Kennwort*'
True
PS> Get-Content $env:windir\windowsupdate.log | Where-Object { $_ -like '*Warning:*' }
2010-02-15      09:00:07:346     676     16cc     DtaStor WARNING: Attempted to add URL
http://download.windowsupdate.com/msdownload/update/software/ftpk/2009/09/
3127922_efd1b6e88dca0406420a85f24eb9497135f89f0a.cab for file 79G26I3KBAZCCoXyTrlJcTX4nwo=
when file has not been previously added to the datastore
2010-02-15      11:47:01:166     676     f58      PT      WARNING: SyncUpdates failure, error = 0x802
```

Textmuster können aber auch wirklich aufregend sein. Während der geruhsame *-like*-Operator zwar seine Aufgabe erledigt hat, sind die Ergebnisse nicht gerade spektakulär. Sie können zwar prüfen, ob ein Text ein Stichwort enthält, müssen sich anschließend aber selbst darum kümmern, die Information aus dem Text zu extrahieren. Und wenn Sie mit *-like* den Inhalt von Textdateien filtern, erhalten Sie zwar nur noch die Zeilen zurück, die das Stichwort (irgendwo) enthalten, müssen sich aber wiederum selbst darum kümmern, die Information aus diesen Zeilen zu extrahieren. Besser machen das reguläre Ausdrücke mit dem Operator *-match*, denn jetzt finden sich die Treffer Ihres Mustervergleichs in der Variablen *$Matches*. Schauen Sie mal:

```
PS> If ('Das Kennwort lautet: streng geheim' -match 'lautet:\s(.*)') { $Matches[1] } else { 'nicht
gefunden.'}
streng geheim
```

Diesmal wurde nicht nur das Stichwort *Kennwort* im Text erkannt, sondern auch gleich das tatsächliche Kennwort am Ende der Zeichenkette zurückgeliefert. Noch interessanter wird dies in Verbindung mit der Protokolldatei. Gefunden werden nicht nur die Zeilen, die das Stichwort *Warning* enthalten, sondern daraus automatisch das Datum, die Zeit und der Text hinter der Warnung als Objekte zurückgeliefert:

```
PS> Get-Content $env:windir\windowsupdate.log | Where-Object { $_ -match '(\d{4}-\d{2}-
\d{2})\t(\d{2}:\d{2}:\d{2}).*?WARNING:(.*)' } | ForEach-Object { $info=@{}; $info.Datum =
[DateTime]($Matches[1] + " " + $Matches[2]); $info.Warnung=$Matches[3].Trim(); New-Object PSObject
-Property $info }

Datum                          Warnung
-----                          -------
15.02.2010 09:00:07            Attempted to add URL http://download...
15.02.2010 11:47:01            SyncUpdates failure, error = 0x80244...
15.02.2010 11:47:01            SOAP Fault: 0x00012c
15.02.2010 11:47:01            faultstring:Fault occurred
15.02.2010 11:47:01            ErrorCode:ConfigChanged(2)
15.02.2010 11:47:01            Message:(null)
15.02.2010 11:47:01            Method:"http://www.microsoft.com/Sof..
(...)
```

Der Preis, den Sie dafür allerdings bezahlen, sind einige Minuten Kopfschmerzen, denn Sie müssen sich nun mit den wesentlich komplexeren Mustern beschäftigen, die reguläre Ausdrücke einsetzen.

Muster beschreiben

Reguläre Ausdrücke können mit den Bausteinen in Tabelle 19.10 Textmuster sehr genau beschreiben. Diese Bausteine gliedern sich in drei Kategorien:

- **Platzhalter** Diese Anweisungen beschreiben einzelne Zeichen oder Zeichenfolgen
- **Quantifizierer** Sie bestimmen, wie oft ein Zeichen oder eine Zeichenfolge im Textmuster vorkommt
- **Anker** Mit ihrer Hilfe legen Sie fest, ob das Muster ein eigenständiges Wort ist oder am Anfang oder Ende der Zeichenkette liegen muss

Das Muster, das ein regulärer Ausdruck beschreibt, kann aus vier verschiedenen Zeichenarten zusammengesetzt werden:

- **Wörtliche Zeichen** wie *abc*, die genau der Zeichenfolge *abc* entsprechen
- **Maskierte** (engl. escaped) **Zeichen**, die eigentlich eine Sonderbedeutung im regulären Ausdruck haben und durch einen vorangestellten Backslash (\) wie ein wörtliches Zeichen verstanden werden: *\[test\]* sucht die Zeichenfolge *[test]*. Die folgenden Zeichen weisen eine solche besondere Bedeutung und müssen deshalb maskiert werden, wenn man sie wörtlich meint: ^ . $ * + ? { } [ ] \ | ( )

- **Vordefinierte Platzhalterzeichen**, die für eine bestimmte Zeichenkategorie stehen und wie Jokerzeichen funktionieren. *\d* steht z.B. für eine beliebige Ziffer zwischen 0 und 9.
- **Eigene Platzhalterzeichen** sie bestehen aus eckigen Klammern. Innerhalb der eckigen Klammern sind die Zeichen angegeben, für die dieser Platzhalter stehen kann. Möchten Sie beliebige Zeichen *außer* den angegebenen Zeichen erlauben, verwenden Sie als erstes Zeichen in den eckigen Klammern das ^-Zeichen. Der Platzhalter *[^f-h]* steht somit für alle Zeichen außer *f*, *g* und *h*.

Baustein	Beschreibung
.	Genau ein beliebiges Zeichen außer einem Zeilenumbruch (entspricht *[^\n]*)
[^abc]	Alle Zeichen außer den angegebenen
[^a-z]	Alle Zeichen außer denen im angegebenen Bereich
[abc]	Eines der angegebenen Zeichen
[a-z]	Eines der Zeichen im Bereich
\a	Bell (ASCII 7)
\c	Beliebiges in einem XML-Namen erlaubtes Zeichen
\cA-\cZ	Control+A bis Control+Z, entsprechend ASCII 0 bis ASCII 26
\d	Eine Zahl (entspricht [0-9])
\D	Beliebiges Zeichen außer Zahlen
\e	Escape (ASCII 9)
\f	Form Feed, also Seitenumbruch (ASCII 15)
\n	Zeilenumbruch
\r	Wagenrücklauf
\s	Ein Leerzeichen, Tabulator oder Zeilenumbruch
\S	Beliebiges Zeichen außer Leerzeichen, Tabulator und Zeilenumbruch
\t	Tabulatorzeichen
\u*FFFF*	Unicode-Zeichen mit dem hexadezimalen Code FFFF. Das Euro-Symbol trägt beispielsweise den Code 20AC.
\v	Vertikaler Tabulator (ASCII 11)
\w	Buchstabe, Ziffer oder Unterstrich
\W	Beliebiges Zeichen außer Buchstaben
\x*nn*	Bestimmtes Zeichen, wobei *nn* den hexadezimalen ASCII-Code festlegt
.*	Beliebig viele beliebige Zeichen (einschließlich gar keinem Zeichen)

Tabelle 19.7 Platzhalter für Zeichen

Quantifizierer

Jeder Platzhalter aus Tabelle 19.7 repräsentiert jeweils genau ein Zeichen. Mit den Quantifizierern bestimmen Sie genauer, um wie viele Zeichen es sich jeweils handeln muss. *\d{1,3}* steht demgemäß für eine Zahl, die ein- bis dreimal vorkommen darf, also für eine bis zu dreistellige Zahl.

Baustein	Beschreibung
*	Ausdruck davor kommt keinmal, einmal oder mehrmals vor (längste Möglichkeit)
*?	Ausdruck davor kommt keinmal, einmal oder mehrmals vor (kürzeste Möglichkeit)
.*	Beliebig viele beliebige Zeichen (einschließlich gar keinem Zeichen)
?	Ausdruck davor kommt keinmal oder einmal vor (längste Möglichkeit)
??	Ausdruck davor kommt keinmal oder einmal vor (kürzeste Möglichkeit)
{*n*,}	Mindestens *n* Vorkommen
{*n*,*m*}	Mindestens *n* Vorkommen, höchstens *m* Vorkommen
{*n*}	Genau *n* Vorkommen
+	Ausdruck davor kommt einmal vor

Tabelle 19.8 Quantifizierer für Textmuster

Anker

Anker legen fest, ob ein Muster an bestimmten Grenzen beginnen oder enden muss. Der reguläre Ausdruck *\b\d{1,3}* findet z.B. nur bis zu dreistellige Zahlen, wenn diese als eigenständiges Wort im Text vorkommen. Die Zahl *123* im Text *Bart123* würde nicht gefunden.

Baustein	Beschreibung
$	Ende der Zeichenkette (bei mehrzeiligen Texten ist \Z eindeutiger)
\A	Anfang der Zeichenkette, auch bei mehrzeiligen Texten
\b	Wortgrenze
\B	Keine Wortgrenze
\Z	Ende der Zeichenkette, auch bei mehrzeiligen Texten
^	Anfang der Zeichenkette (bei mehrzeiligen Texten ist \A eindeutiger)

Tabelle 19.9 Anker-Grenzen

Auflösung der Beispielmuster

Mit dem neuen Wissen können Sie jetzt die Muster entschlüsseln, welche die beiden Beispiele am Anfang dieses Abschnitts eingesetzt haben. Um das Kennwort aus dem Text zu extrahieren, kam dieses Muster zum Einsatz:

```
'lautet:\s(.*)'
```

Es erwartet also den wörtlichen Text »lautet:«, dem ein Leerzeichen (»\s«) folgen muss. Alles danach (beliebige Zeichen ».« beliebig oft »*«) ist der Suchausdruck, der in runden Klammern steht. Das zweite verwendete Muster ist etwas komplexer, aber eigentlich auch nicht schwieriger zu entschlüsseln:

```
'(\d{4}-\d{2}-\d{2})\t(\d{2}:\d{2}:\d{2}).*?WARNING:(.*)'
```

Gesucht wird ein Ausdruck, der aus vier Zahlen (»\d{4}«), dann einem Bindestrich, zwei weiteren Zahlen (»\d{2}«), einem weiteren Bindestrich und erneut zwei Zahlen besteht. Er entspricht dem Datum. Dieser Ausdruck steht in runden Klammern. Danach muss ein Tabulatorzeichen folgen (»\t«). Nun folgt der zweite gesuchte Ausdruck, nämlich die Uhrzeit. Er besteht aus drei zweistelligen Zahlen (»\d{2}«), die durch Doppelpunkte getrennt sind. Danach folgen beliebig viele Zeichen (».*«) und es soll das kürzestmögliche Muster erkannt werden (»?«). Danach folgt der wörtliche Text »WARNING:«. Nun folgt der dritte gesuchte Ausdruck, nämlich die Warnmeldung selbst (».*«). Bei der Analyse dieser beiden Muster wurden also die Platzhalterzeichen aus Tabelle 19.7 und die Quantifizierer aus Tabelle 19.8 eingesetzt. Darüber hinaus sind diese Regeln wichtig:

- **Gesuchte Ausdrücke kennzeichnen** Alle Informationen des Musters, an denen Sie interessiert sind, gehören in runde Klammern. Diese Ausdrücke finden Sie dann anschließend in der Variablen *$Matches* wieder. *$Matches* ist ein Array. Im Element *0* steht der gesamte vom Muster erkannte Ausdruck. In den übrigen Arrayelementen folgen die Inhalte, die den Mustern in runden Klammern entsprechen. Im letzten Beispiel würde *$Matches[1]* also das Datum, *$Matches[2]* die Uhrzeit und *$Matches[3]* die Warnmeldung enthalten.
- **Kurze und lange Muster** Geben Sie ein Muster an, kann dieses natürlich mehrdeutig sein. Die Frage ist, ob Sie das längstmögliche oder kürzestmögliche Muster meinen. Normalerweise liefert *-match* das längstmögliche Muster, aber mit dem »?« fordern Sie das kürzestmögliche Muster an.

  Hierzu ein Beispiel: Gesucht wird eine Zahl, die aus 1 bis 11 Zeichen besteht:

  ```
  PS> $text = 'Die ID lautet: 67867822657.'
  PS> $text -match ':\s(\d{1,11})'
  True
  PS> $Matches

  Name                           Value
  ----                           -----
  1                              67867822657
  0                              : 67867822657
  ```

  Normalerweise wird das längstmögliche Muster geliefert. Mit »?« fordern Sie das kürzestmögliche Muster an und enthalten dann nur noch die erste Zahl:

  ```
  PS> $text -match ':\s(\d{1,11}?)'
  True
  PS> $Matches

  Name                           Value
  ----                           -----
  1                              6
  0                              : 6
  ```

Nach verschiedenen Begriffen gleichzeitig suchen

Manchmal sind Suchbegriffe nicht eindeutig, weil es z.B. mehrere Schreibweisen gibt. Mit dem Fragezeichen (?) als Quantifizierer können Sie dann Teile des Suchworts als optional markieren.

TIPP Das Zeichen »?« kann je nach Position unterschiedliche Bedeutung haben. Im letzten Abschnitt hatte »?« die Aufgabe, das kürzestmögliche Muster anzufordern. Hier wird »?« als Quantifizierer verwendet und steht für null oder ein Zeichen.

Im einfachsten Fall setzen Sie das Fragezeichen hinter ein optionales Zeichen. Das Zeichen vor dem Fragezeichen kann dann im Suchbegriff vorkommen, muss es aber nicht:

```
"color" -match "colou?r"
True
"colour" -match "colou?r"
True
```

Das Fragezeichen steht hier nicht etwa für ein beliebiges Zeichen, so wie Sie es vielleicht von den einfachen Platzhalterzeichen gewöhnt sind, die *-like* einsetzt. Bei *-match* und seinen regulären Ausdrücken ist das Fragezeichen ein Quantifizierer und gibt stets an, wie oft das Zeichen oder der Ausdruck davor vorkommen darf. Im Beispiel bewirkt also *u?*, dass der Buchstabe *u* an dieser Stelle im Textmuster vorkommen darf, aber nicht vorkommen muss. Andere Quantifizierer sind das Sternchen (Zeichen darf auch mehrmals vorkommen) und das Pluszeichen (Zeichen muss mindestens einmal vorkommen). Möchten Sie mehr als ein Zeichen als optional markieren, dann stellen Sie die Zeichen in einen Unterausdruck. Unterausdrücke bestehen aus runden Klammern. Das folgende Beispiel erkennt sowohl den Monatsbezeichner *Nov* als auch *November*:

```
"Nov" -match "\bNov(ember)?\b"
True
"November" -match "\bNov(ember)?\b"
True
```

Möchten Sie dagegen mehrere alternative Suchbegriffe verwenden, dann setzen Sie das Oder-Zeichen (|) ein:

```
"Hans und Werner" -match "Ute|Hans"
True
```

Und wollen Sie alternative Suchbegriffe zusammen mit festem Text mischen, dann greifen Sie ebenfalls zu den Unterausdrücken:

```
# findet "und Hans":
"Peter und Hans" -match "und (Hans|Willi)"
True

# findet nicht "und Hans":
"Hans und Peter" -match "und (Hans|Willi)"
False
```

TIPP Der *-match*-Operator unterscheidet nicht zwischen Groß- und Kleinschreibung. Möchten Sie zwischen Groß- und Kleinschreibung unterscheiden, dann verwenden Sie stattdessen den Operator *-cmatch*. Falls Sie nur bei Teilen des Textmusters Groß- und Kleinschreibung unterscheiden wollen und bei anderen nicht, dann greifen Sie auf

-match zurück und legen in Ihrem regulären Ausdruck fest, welche Teile davon Groß- und Kleinschreibung unterscheiden sollen und welche nicht. Die Anweisung *(?i)* bestimmt, dass alles, was danach folgt, nicht zwischen Groß- und Kleinschreibung unterscheidet. Mit der Anweisung *(?-i)* schalten Sie umgekehrt die Unterscheidung ein. Das nächste Beispiel erkennt also das Wort *test* nur, wenn die letzten beiden Zeichen kleingeschrieben sind. Bei den ersten beiden Zeichen spielt Groß- und Kleinschreibung keine Rolle:

```
"TEst" -match "(?i)te(?-i)st"
True
"TEST" -match "(?i)te(?-i)st"
False
```

Baustein	Beschreibung	Kategorie
(xyz)	Unterausdruck	–
|	Oder-Verknüpfung	Auswahl
\	Folgendes Zeichen wird nicht als Formatierungszeichen gewertet, sondern wörtlich genommen	Escape
x?	Verwandelt den Quantifizierer *x* in einen »lazy«-Quantifizierer	Option
(?xyz)	Aktiviert oder deaktiviert spezielle Modi wie z.B. die Unterscheidung zwischen Groß- und Kleinschreibung. Beispielsweise unterscheidet *(?i)* keine Groß- und Kleinschreibung, *(?-i)* dagegen schon.	Option
x+	Verwandelt den Quantifizierer x in einen possessiven Quantifizierer	Option
?:	Keinen Rückverweis anlegen	Verweis
?<*name*>	Name *name* für Rückverweis verwenden	Verweis

Tabelle 19.10 Bausteine für reguläre Ausdrücke

$Matches – Informationen finden

Der tatsächliche Inhalt, der dem Muster des regulären Ausdrucks entspricht, wird von *-match* anschließend automatisch in der Variablen *$Matches* zurückgeliefert. Deshalb kann *-match* also nicht nur prüfen, ob ein Text ein bestimmtes Muster enthält, sondern auch gleich die dem Muster entsprechenden Informationen extrahieren. Genauso haben die letzten Beispiele funktioniert. Zeit, sich *$Matches* und das Verfahren genauer anzusehen. *$Matches* ist eine Hashtable (Kapitel 11), und so können Sie entweder die ganze Hashtable ausgeben oder auf die einzelnen Elemente darin über ihren Namen zugreifen, wenn Sie diesen in eckigen Klammern angeben:

```
PS> $rohtext = "Meine E-Mail-Adresse lautet tobias@powershell.com, falls Sie das interessiert."

# Einfache Mustererkennung:
PS> $rohtext -match "\b[A-Z0-9._%+-]+@[A-Z0-9.-]+\.[A-Z]{2,4}\b"
True

# Information, die dem Muster entspricht, aus dem Rohtext lesen:
PS> $Matches
Name                           Value
----                           -----
```

```
0                               tobias@powershell.com
$Matches[0]
tobias@powershell.com
```

Der Operator *-match* findet in jedem Text immer nur das erste Vorkommen des angegebenen Musters, aber Sie können Ihr Muster mit runden Klammern in mehrere Ausdrücke spalten und erhalten dann in *$Matches* auch mehrere Resultate:

```
PS> $rohtext = "Meine E-Mail-Adresse lautet tobias@powershell.com, falls Sie das interessiert."
PS> $rohtext -match "\b([A-Z0-9._%+-]+)@([A-Z0-9.-]+\.([A-Z]{2,4}))\b"
True
PS> $Matches

Name                           Value
----                           -----
3                              com
2                              powershell.com
1                              tobias
0                              tobias@powershell.com
PS> $Matches[2]
powershell.com
```

Wenn Sie Unterausdrücke verwenden, enthält *$Matches* im ersten Arrayelement mit dem Namen *0* das gesamte gesuchte Textmuster. Danach folgen in weiteren Elementen die in den runden Klammern definierten Unterausdrücke. Um das besser verständlich und lesbar zu machen, können Sie den Unterausdrücken eigene Namen zuweisen und danach die Ergebnisse unter diesen Namen abrufen. Sie weisen einem Unterausdruck einen Namen zu, indem Sie das folgende Konstrukt als erste Anweisung in die runden Klammern schreiben: *?<Name>* (die spitzen Klammern dienen hier nicht zur Platzhalterkennzeichnung, sondern müssen miteingegeben werden):

```
PS> $rohtext = "Meine E-Mail-Adresse lautet tobias@powershell.com, falls Sie das interessiert."
PS> $rohtext -match "\b(?<Name>[A-Z0-9._%+-]+)@(?<Host>[A-Z0-9.-]+\.(?<Domain>[A-Z]{2,4}))\b"
True
PS> $Matches

Name                           Value
----                           -----
Name                           tobias
Domain                         com
Host                           powershell.com
0                              tobias@powershell.com
```

Weil *$Matches* eine Hashtable ist, dürfen Sie auf die Elemente nicht nur über die eckigen Klammern zugreifen, sondern auch über die von Objekten her bekannte Punktnotation. Schauen Sie mal:

```
PS> $Matches.Name
tobias
PS> $Matches.Domain
com
```

PROFITIPP Die Einzelergebnisse, die *$Matches* für jeden Unterausdruck liefert, benötigen natürlich Speicherplatz. Brauchen Sie diese Ergebnisse nicht, dann verbessern Sie die Geschwindigkeit Ihres regulären Ausdrucks, wenn Sie darauf verzichten. Dazu schreiben Sie das folgende Konstrukt als erste Anweisung in den Unterausdruck: *?.*

Texte ersetzen

Wie Sie Textstellen ersetzen, wissen Sie bereits, denn Sie haben schon den Operator *-replace* kennengelernt. Dem verraten Sie einfach, welchen Begriff Sie in einem Text ersetzen wollen, und schon erledigt dieser die Arbeit für Sie:

```
PS> "Guten Tag, Ralf" -replace "Ralf", "Martina"
Guten Tag, Martina
```

Auch für Ersetzungen können reguläre Ausdrücke eingesetzt werden. Vielleicht möchten Sie in einem Text mehrere verschiedene Begriffe durch einen anderen Begriff ersetzen. Ohne reguläre Ausdrücke müssten Sie dann jeden Begriff einzeln ersetzen. Mit regulären Ausdrücken verwenden Sie stattdessen den Oder-Operator (|):

```
PS> "Herr Müller und Frau Meier" -replace "(Herr|Frau)", "Kunde"
Kunde Müller und Kunde Meier
```

In den runden Klammern können Sie also beliebige Begriffe angeben und mit dem |-Zeichen voneinander trennen. Ersetzt wird jeder dieser Begriffe durch Ihren Ersetzungstext.

Rückverweise verwenden

Das letzte Beispiel würde in einem Text überall die angegebenen Suchworte ersetzen, und oft genügt das. Manchmal aber möchte man das Suchwort nicht überall ersetzen, sondern vielleicht nur, wenn es in einem bestimmten Zusammenhang steht. In diesem Fall muss der Zusammenhang also im Textmuster irgendwie definiert werden. Wie könnte man den regulären Ausdruck also ändern, sodass er die Ersetzung nur vornimmt, wenn es um die Namen Müller und Meier geht? Beispielsweise so:

```
PS> "Herr Müller, Frau Meier und Herr Werner" -replace "(Herr|Frau)\s*(Müller|Meier)", "Kunde"
Kunde, Kunde und Herr Werner
```

Das Ergebnis sieht zwar etwas merkwürdig aus, aber das gesuchte Textmuster wurde bereits richtig erkannt. Ersetzt wurden nur *Herr* oder *Frau Müller* und *Herr* oder *Frau Meier.* Der Begriff *Herr Werner* wurde nicht ersetzt. Dummerweise aber zeigt sich am Ergebnis, dass es hier nicht sinnvoll ist, das ganze Muster zu ersetzen. Wenigstens der Name der Person sollte erhalten bleiben. Geht das? An dieser Stelle kommen wieder die Rückverweise ins Spiel, von denen Sie bereits gelesen haben. Immer, wenn Sie in Ihrem regulären Ausdruck runde Klammern verwenden, wird das Ergebnis dieser runden Klammern einzeln ausgewertet und Sie können diese Einzelergebnisse in Ihrem Ersetzungstext verwenden. Der erste Unterausdruck meldet also immer, ob im Text das Wort *Herr* oder *Frau* gefunden wurde. Der zweite Unterausdruck liefert den Namen der Person. Die Unterausdrücke stehen Ihnen im Ersetzungstext unter den Begriffen *$1* und *$2* zur Verfügung (die Zahl ist also eine laufende Nummer und bei weiteren Unterausdrücken können Sie auch *$3* etc. verwenden).

```
PS> "Herr Müller, Frau Meier und Herr Werner" -replace "(Herr|Frau)\s*(Müller|Meier)", "Kunde $2"
Kunde , Kunde  und Herr Werner
```

Sonderbarerweise scheinen die Rückverweise zunächst nicht zu funktionieren. Die Ursache ist aber schnell gefunden: *$1* und *$2* sehen zwar aus wie PowerShell-Variablen, sind aber in Wirklichkeit feste Begriffe des *-replace*-Operators. Wenn Sie also den Ersetzungstext in doppelte Anführungszeichen stellen, ersetzt die PowerShell *$2* durch die PowerShell-Variable *$2*, die normalerweise leer ist. Damit die Ersetzung mit den Rückverweisen funktioniert, müssen Sie somit entweder den Ersetzungstext in einfache Anführungsstellen setzen oder das Sonderzeichen *$* mit einem Tickzeichen versehen, damit die PowerShell es nicht als eigene Variable erkennt und ersetzt:

```
# Ersetzungstext muss in einfachen Anführungszeichen stehen, damit $2 nicht als PS-Variable
ersetzt wird:
PS> "Herr Müller, Frau Meier und Herr Werner" -replace "(Herr|Frau)\s*(Müller|Meier)", 'Kunde $2'
Kunde Müller, Kunde Meier und Herr Werner

# Alternativ kann $ auch durch `$ maskiert werden:
PS> "Herr Müller, Frau Meier und Herr Werner" -replace "(Herr|Frau)\s*(Müller|Meier)", "Kunde `$2"
Kunde Müller, Kunde Meier und Herr Werner
```

Ersetzungen können auch mehrfach vorkommen, z.B. in mehrzeiligem Text. Wenn Sie beispielsweise auf eine E-Mail antworten, wird in der Regel der Text der alten E-Mail als Zitat in Ihre neue E-Mail eingefügt und mit dem >-Zeichen am Zeilenanfang markiert. Diese Markierung kann von regulären Ausdrücken erledigt werden. Allerdings müssen Sie dazu etwas mehr zum sogenannten Multilinemodus wissen. Normalerweise ist dieser Modus ausgeschaltet und das Ankerzeichen ^ steht für den Textanfang und das Ankerzeichen *$* für das Textende. Damit diese beiden Anker sich jeweils auf den Zeilenanfang und das Zeilenende eines mehrzeiligen Texts beziehen, muss der Multilinemodus mit der Anweisung *(?m)* eingeschaltet werden. Erst jetzt würde *-replace* das Textmuster in jeder einzelnen Zeile ersetzen. Ist der Multilinemodus aktiviert, dann verhalten sich die Anker ^ und *\A* sowie *$* und *\Z* plötzlich unterschiedlich. *\A* steht jetzt nach wie vor für den Textanfang, während ^ den Zeilenanfang meint. *\Z* kennzeichnet das Textende, während *$* das Zeilenende markiert:

```
# Einen mehrzeiligen Text mit Here-String festlegen:
PS> $text = @"
>> Hier folgt ein kleiner Text.
>> Diesen Text möchte ich als Zitat an eine Email anhängen.
>> Deshalb würde ich gern vor jede Zeile ein ">" stellen.
>> "@
>>
$text
Hier folgt ein kleiner Text.
Diesen Text möchte ich als Zitat an eine Email anhängen.
Deshalb würde ich gern vor jede Zeile ein ">" stellen.

# Normalerweise arbeitet -replace nicht im Multilinemodus. Es wird also nur die erste Zeile
ersetzt:
PS> $text -replace "^", "> "
> Hier folgt ein kleiner Text.
Diesen Text möchte ich als Zitat an eine Email anhängen.
Deshalb würde ich gern vor jede Zeile ein ">" stellen.

# Schalten Sie den Multilinemodus ein, dann funktioniert die Ersetzung in jeder Zeile:
PS> $text -replace "(?m)^", "> "
> Hier folgt ein kleiner Text.
> Diesen Text möchte ich als Zitat an eine Email anhängen.
> Deshalb würde ich gern vor jede Zeile ein ">" stellen.
```

Mit dem RegEx-Objekt arbeiten

Der Operator *-match* greift hinter den Kulissen eigentlich lediglich auf ein .NET-Objekt namens *RegEx* zurück, sodass Sie sich nicht selbst mit diesem Objekt zu beschäftigen brauchen. Allerdings stellt Ihnen *-match* nur eine kleine Auswahl der Möglichkeiten zur Verfügung, die das *RegEx*-Objekt leisten kann. Die schwerwiegendste Einschränkung von *-match* ist beispielsweise, dass es jeweils nur den ersten Treffer in einem Text für Sie findet. Möchten Sie mehr erreichen und z.B. sämtliche Treffer finden, greifen Sie deshalb besser direkt auf das *RegEx*-Objekt zu. Das ist glücklicherweise gar nicht schwierig. Im einfachsten Fall wandeln Sie dazu nämlich nur Ihren regulären Ausdruck in ein Objekt vom Typ *RegEx* um. Die folgende Zeile liefert Ihnen eine hochspezialisierte *RegEx*-Engine, die fortan in beliebigen Texten Webadressen findet:

```
PS> $pattern = '\b(?:https?:(?://|\\\\)|https?:(?://
|\\\\)www(?:\|\\).|www\.)(?:.*?)\.(?:.{1,3})\b'
PS> $regex = [RegEx] $pattern
```

Schauen Sie sich den Unterschied an. Verwenden Sie zuerst *-match*:

```
PS> $text = 'Auf www.powershell.com finden Sie Infos zur PowerShell von http:\\microsoft.com.'
PS> $text -match $pattern
True
PS> $Matches

Name                           Value
----                           -----
0                              www.powershell.com
```

Wie erwartet liefert *-match* die Webadresse aus *$text*, jedoch nur die erste. Das *RegEx*-Objekt kann mehr, denn es bietet nicht nur die Methode *Match()*, die *-match* intern verwendet, sondern auch *Matches()*. Damit erhalten Sie alle Treffer:

```
PS> $regex.Matches($text)


Groups   : {www.powershell.com}
Success  : True
Captures : {www.powershell.com}
Index    : 4
Length   : 18
Value    : www.powershell.com

Groups   : {http:\\microsoft.com}
Success  : True
Captures : {http:\\microsoft.com}
Index    : 58
Length   : 20
Value    : http:\\microsoft.com
```

Die Treffer sind allerdings noch in *MatchInfo*-Objekten verpackt. Um nur die Inhalte der Treffer zu bekommen, wählen Sie die Eigenschaft *Value* aus:

```
PS> $regex.Matches($text) | Select-Object -ExpandProperty Value
www.powershell.com
http:\\microsoft.com
```

Das *RegEx*-Objekt verhält sich in einigen anderen wichtigen Aspekten ebenfalls anders als *-match*. Beispielsweise beachtet es Groß- und Kleinschreibung und entspricht damit eher *-cmatch* als *-match*:

```
PS> $regex.Matches('Finde ich nicht: WWW.test.com')
PS>
PS> 'Finde ich nicht: WWW.test.com' -match $pattern
True
PS> 'Finde ich nicht: WWW.test.com' -cmatch $pattern
False
```

Damit das *RegEx*-Objekt die Groß- und Kleinschreibung nicht unterscheidet, fügen Sie an den Anfang des regulären Ausdrucks diese Anweisung an: *(?i)*:

```
PS> $regex = [RegEx] "(?i)$pattern"
PS> $regex.Matches('Finde ich nicht: WWW.test.com')


Groups   : {WWW.test.com}
Success  : True
Captures : {WWW.test.com}
Index    : 17
Length   : 12
Value    : WWW.test.com
```

Statische RegEx-Klasse einsetzen

Im Beispiel eben haben Sie sich ein spezifisches *RegEx*-Objekt beschafft, das stets ein festgelegtes Muster überprüft. Alternativ können Sie auch die RegEx-Engine direkt über den Typ *RegEx* ansprechen und sind dann nicht auf feste Muster beschränkt. Stattdessen geben Sie bei jedem Aufruf von *Matches()* das gewünschte Muster (den regulären Ausdruck) an und können nun auch Sonderoptionen setzen, beispielsweise den Vergleich ohne Unterscheidung zwischen Groß- und Kleinschreibung:

```
PS> $pattern = '\b(?:https?:(?://|\\\\)|https?:(?://
|\\\\)www(?:\|\\).|www\.)(?:.*?)\.(?:.{1,3})\b'
PS> $text = "http://www.microsoft.com; WWW.POWERSHELL.COM"
PS> [RegEx]::Matches($text, $pattern)


Groups   : {http://www.microsoft.com}
Success  : True
Captures : {http://www.microsoft.com}
Index    : 0
Length   : 24
Value    : http://www.microsoft.com
```

Mit der Option *IgnoreCase* wird auch die Webadresse in Großbuchstaben gefunden:

```
PS> [RegEx]::Matches($text, $pattern, 'IgnoreCase')


Groups   : {http://www.microsoft.com}
Success  : True
Captures : {http://www.microsoft.com}
Index    : 0
Length   : 24
```

```
Value    : http://www.microsoft.com

Groups   : {WWW.POWERSHELL.COM}
Success  : True
Captures : {WWW.POWERSHELL.COM}
Index    : 26
Length   : 18
Value    : WWW.POWERSHELL.COM
```

Mehrzeiliger Modus

Der Operator *-match* arbeitet normalerweise im sogenannten einzeiligen Modus. Er behandelt also auch mehrzeiligen Text so, als würde es sich um eine einzige Zeile handeln. Das kann problematisch werden, wenn Sie ausgerechnet jeweils den Zeilenanfang oder das Zeilenende als Teil Ihres Suchmusters verwenden. Dem folgenden mehrzeiligen Text in *$text* soll z.B. vor jeder Zeile ein »>« angefügt werden. Als Muster dient das Zeichen für den Textanfang »^«:

```
PS> $text = @'
>> Hier folgt ein kleiner Text.
>> Diesen Text möchte ich als Zitat an eine Email anhängen.
>> Deshalb würde ich gern vor jede Zeile ein ">" stellen.
>> '@
>>
PS> $text -replace '^', '> '
> Hier folgt ein kleiner Text.
Diesen Text möchte ich als Zitat an eine Email anhängen.
Deshalb würde ich gern vor jede Zeile ein ">" stellen.
```

Weil *-match* den mehrzeiligen Text als einen zusammenhängenden Text versteht, wird der Textanfang nur einmal gefunden. Mit dem *RegEx*-Objekt haben Sie zunächst auch keinen Erfolg:

```
PS> [regex]::Replace($text, '^', '> ')
> Hier folgt ein kleiner Text.
Diesen Text möchte ich als Zitat an eine Email anhängen.
Deshalb würde ich gern vor jede Zeile ein ">" stellen.
```

Schalten Sie in den mehrzeiligen Modus um, ändert sich das Ergebnis jetzt aber, denn nun wird jede Zeile als eigenständiger Text verstanden:

```
PS> [regex]::Replace($text, '^', '> ', 'Multiline')
> Hier folgt ein kleiner Text.
> Diesen Text möchte ich als Zitat an eine Email anhängen.
> Deshalb würde ich gern vor jede Zeile ein ">" stellen.
```

PROFITIPP Dasselbe Ergebnis hätten Sie auch mit *-match* erreicht, wenn Sie im regulären Ausdruck mit dem Präfix *(?m)* den mehrzeiligen Modus aktiviert hätten:

```
PS> $text -replace '(?m)^', '> '
> Hier folgt ein kleiner Text.
> Diesen Text möchte ich als Zitat an eine Email anhängen.
> Deshalb würde ich gern vor jede Zeile ein ">" stellen.
```

Nachschlag für Profis

Erneut erwarten Sie in diesem Abschnitt interessante Beispiele und Zusatzinformationen, die Ihre Kenntnisse über Textoperationen und reguläre Ausdrücke weiter vertiefen. Allerdings sollten Sie kurz bedenken, dass reguläre Ausdrücke keine PowerShell-Technik sind, sondern nur von der PowerShell unterstützt werden. Es gibt ganze Fachbücher, die sich ausschließlich mit regulären Ausdrücken beschäftigen. Dieses Kapitel soll Ihnen also nur einen Einstieg vermitteln. Und übrigens: Spicken ist erlaubt! Die meisten Administratoren basteln sich gar keine eigenen regulären Ausdrücke selbst zusammen, wenn sie welche brauchen, sondern suchen danach im Internet. Für fast alle Muster und Informationsarten gibt es bereits fix und fertige und erprobte reguläre Ausdrücke, die man höchstens noch ein wenig anpassen muss.

Kleine Rätselstunde

Aufgabe Sie möchten aus einem Text überflüssige Leerzeichen entfernen. Wie gehen Sie dabei vor?

```
PS> $text = '      Hier     sind     viele    Leerzeichen, die    kein Mensch    braucht!   '
```

Lösung Die überflüssigen Leerzeichen am Textanfang und -ende könnten Sie mit den Methoden des *String*-Objekts entfernen:

```
PS> $text.Trim()
Hier     sind     viele    Leerzeichen, die    kein Mensch    braucht!
```

Das allerdings beseitigt noch nicht die überflüssigen Leerzeichen im Text. Reguläre Ausdrücke können sowas:

```
PS> $text -replace "\s{2,}", " "
 Hier sind viele Leerzeichen, die kein Mensch braucht!
```

Diese Anweisung ersetzt alle Vorkommnisse von mehr als einem Leerzeichen durch genau ein Leerzeichen. Am Textanfang und -ende bleiben also gegebenenfalls Leerzeichen übrig. Kombinieren Sie beide Methoden also:

```
PS> ($text -replace "\s{2,}", " ").Trim()
Hier sind viele Leerzeichen, die kein Mensch braucht!
```

Aufgabe Wie könnte man doppelte Worte in einem Text finden und entfernen? Hier der Text:

```
PS> $text = 'Das das das ist ein ein Test'
```

Lösung Wieder kommt der Operator *-replace* mit einem regulären Ausdruck zum Zuge:

```
"\b(\w+)(\s+\1){1,}\b"
```

Das gesuchte Textmuster ist ein Wort (Anker: *\b*). Es besteht aus einem Wort (Zeichen *\w* und Quantifizierer +). Es schließt sich ein Leerzeichen an (Zeichen *\s* und Quantifizierer *?*). Und danach folgt das erste Wort mindestens noch einmal (Rückverweis auf das erste gefundene Wort *\1*). Dieses Textmuster, also das Leerzeichen und das wiederholte Wort, müssen mindestens einmal auftreten (mindestens eine und maximal beliebig viele Wiederholungen des Worts, Quantifizierer *{1,}*). Das gesamte Textmuster wird dann ersetzt durch den ersten Rückverweis, also das erste gefundene Wort:

```
PS> "Das das das ist ein ein Test" -replace "\b(\w+)(\s+\1){1,}\b", '$1'
Das ist ein Test
```

Aufgabe Sie möchten aus einem Text einen ganzen Bereich herauslesen, der mit einem bestimmten Muster beginnt und mit einem anderen endet. Wie lesen Sie die Informationen aus dem folgenden Text, die zwischen *Start* und *Ende* stehen?

```
PS> $text = 'Wortbereiche vom Start bis zum Ende finden'
```

Lösung Ein passender regulärer Ausdruck könnte so aussehen:

```
'\bstart(?<text>.*?)ende\b'
```

Sie definieren also jeweils Wortanker und legen die Start- und Endmuster (*start* und *ende*) fest. Dazwischen steht in runden Klammern der gesuchte Ausdruck, der aus beliebigen Zeichen bestehen darf:

```
PS> If ($text -match '\bstart(?<text>.*?)ende\b') { $matches.text }
 bis zum
```

Aufgabe Sie haben einen regulären Ausdruck für IP-Adressen gebastelt. Dieser soll dazu verwendet werden, um die Eingabe eines Benutzers zu prüfen:

```
PS> $pattern = '((?:25[0-5]|2[0-4][0-9]|[01]?[0-9][0-9])\.){3}(?:25[0-5]|2[0-4][0-9]|[01]?[0-9][0-
9])'
PS> Do {
>>   $ip = Read-Host 'Bitte IP eingeben'
>> } Until ( $ip -match $pattern )
>>
Bitte IP eingeben: 1000.1.1
Bitte IP eingeben: 1000.1.2.3
Bitte IP eingeben: hallo
Bitte IP eingeben: 10.20.30.40
PS>
```

Das scheint auch ganz vorzüglich zu funktionieren, bis Ihnen auffällt, dass der Code auch diese Eingabe akzeptiert:

```
Bitte IP eingeben: Meine IP:10.10.10.10
PS>
```

Was stimmt hier (noch) nicht?

Lösung Ihr Muster verwendet keine Anker und wird deshalb überall im Eingabetext gefunden. Möchten Sie nur IP-Adressen akzeptieren, die als separate Worte im Text vorkommen, verwenden Sie dieses Muster:

```
PS> $pattern = '\b((?:25[0-5]|2[0-4][0-9]|[01]?[0-9][0-9])\.){3}(?:25[0-5]|2[0-4][0-9]|[01]?[0-
9][0-9])\b'
```

Damit sind beispielsweise die folgenden Eingaben erlaubt:

```
Bitte IP eingeben: 10.10.10.10
Bitte IP eingeben: Meine IP lautet 10.10.10.10
```

Möchten Sie nur die IP-Adresse selbst akzeptieren, verwenden Sie anstelle von Ankern für Wortgrenzen die Anker für den Textanfang und das Textende:

```
PS> $pattern = '^((?:25[0-5]|2[0-4][0-9]|[01]?[0-9][0-9])\.){3}(?:25[0-5]|2[0-4][0-9]|[01]?[0-
9][0-9])$'
```

Methoden analysieren: Beispiel Split()

Zwar haben Sie in Kapitel 8 und 9 bereits ausführlich gelesen, wie Sie mithilfe von *Get-Member* herausfinden, welche Methoden ein Objekt enthält und wie man sie aufruft. Als kurze Wiederholung schauen wir uns aber noch einmal kurz am Beispiel der Methode *Split()* an, wie das funktioniert:

```
PS> ("irgendwas" | Get-Member Split).definition
System.String[] Split(Params Char[] separator), System.String[] Split(Char[] separator, Int32
count), System.String[] Split(Char[] separator, StringSplitOptions options), System.String[]
Split(Char[] separator, Int32 count, StringSplitOptions options), System.String[] Split(String[]
separator, StringSplitOptions options), System.String[] Split(String[] separator, Int32 count,
StringSplitOptions options)
```

In runden Klammern wird ein (beliebiger) Text an *Get-Member* gesendet. Hinter *Get-Member* steht der Befehl, für den Sie sich interessieren, z.B. *Split*. Das Ergebnis ist ein *MemberInfo*-Objekt, von dem uns nur seine *Definition* interessiert. Die wird zwar ausgegeben, sieht aber ziemlich unübersichtlich aus. Weil die Definition ebenfalls ein *String*-Objekt ist, stehen hier dieselben Methoden aus Tabelle 19.6 (Seite 670) zur Verfügung, und Sie können *Replace()* verwenden, um an der passenden Stelle einen Zeilenumbruch einzufügen. Das macht das Ergebnis schon wesentlich verständlicher:

```
PS> ("irgendwas" | Get-Member Split).Definition.Replace("), ", ")`n")
System.String[] Split(Params Char[] separator)
System.String[] Split(Char[] separator, Int32 count)
System.String[] Split(Char[] separator, StringSplitOptions options)
System.String[] Split(Char[] separator, Int32 count, StringSplitOptions options)
System.String[] Split(String[] separator, StringSplitOptions options)
System.String[] Split(String[] separator, Int32 count, StringSplitOptions options)
```

Es gibt somit sechs verschiedene Möglichkeiten, um *Split()* aufzurufen. Im einfachsten Fall, wenn Sie also *Split()* mit nur einem Argument einsetzen, erwartet die Methode ein Array aus Zeichen und verwendet jedes einzelne Zeichen als mögliches Trennzeichen. Das ist eine wichtige Information, denn das heißt, sie dürfen auch mehrere Trennzeichen gleichzeitig verwenden:

```
PS> "a,b;c,d;e;f".Split(",;")
a
b
c
d
e
f
```

Soll das Trennzeichen selbst aus mehreren Zeichen bestehen, muss es ein *String* sein und nicht ein einzelnes *Char*-Zeichen. Nur zwei Signaturen erfüllen diese Voraussetzung:

```
System.String[] Split(String[] separator, StringSplitOptions options)
System.String[] Split(String[] separator, Int32 count, StringSplitOptions options)
```

Damit Sie eine bestimmte Signatur verwenden können, müssen Sie darauf achten, exakt die zu der Signatur passenden Datentypen zu übergeben. Wenn Sie also die erste Signatur einsetzen wollen, muss das erste Argument vom Typ *String[]* und das zweite Argument vom Typ *StringSplitOptions* sein. Am einfachsten erfüllen Sie diese Voraussetzung, indem Sie die Argumente zuerst einer streng typisierten Variable zuweisen. Dazu legen Sie die Variable mit genau dem Typ an, den die Signatur von Ihnen erwartet:

```
# Eine Variable vom Typ [StringSplitOptions] anlegen:
PS> [StringSplitOptions]$option = "None"

# Eine Variable vom Typ String[] anlegen:
PS> [string[]]$trennzeichen = ",;"
# Split mit der gewünschten Signatur aufrufen und ein zwei Zeichen langes Trennzeichen verwenden:
PS> ("a,b;c,;d,e;f,;g").Split($trennzeichen, $option)
a,b;c
d,e;f
g
```

Tatsächlich verwendet *Split()* nun ein Trennzeichen, das aus mehreren Zeichen besteht, und splittet den Text nur noch dort auf, wo es genau die beiden angegebenen Zeichen findet. Eine Frage bleibt allerdings noch: Woher wusste man eigentlich, dass man dem Datentyp *StringSplitOptions* den Wert *None* zuweisen muss? Einfache Antwort: keine Ahnung. Das brauchten Sie gar nicht zu wissen. Wenn Sie nämlich einem unbekannten Datentyp einen Wert zuweisen, den er nicht versteht, meldet er von selbst alle gültigen Werte:

```
PS> [StringSplitOptions]$option = "werner wallbach"
Der Wert "werner wallbach" kann aufgrund von ungültigen Enumerationswerten nicht in den Typ
"System.StringSplitOptions" konvertiert werden.  Geben Sie einen der folgenden Enumerationswerte
an, und versuchen Sie es erneut. Mögliche Enumerationswerte sind "None, RemoveEmptyEntries".
```

Spätestens jetzt allerdings sollte man aus den angebotenen gültigen Werten und ihren Namen auf ihren Zweck rückschließen können. Was z.B. könnte *RemoveEmptyEntries()* bewirken? Trifft *Split()* auf mehrere aufeinanderfolgende Trennzeichen, dann wären leere Arrayelemente die Folge. Mit *RemoveEmptyEntries()* werden solche leeren Einträge gestrichen. Das könnten Sie z.B. nutzen, um überflüssige Leerzeichen aus einem Text zu entfernen:

```
PS> [StringSplitOptions]$option = "RemoveEmptyEntries"
"Dieser   Text   enthält   zu  viele Leerzeichen".Split(" ", $option)
Dieser
Text
enthält
zu
viele
Leerzeichen
```

Jetzt brauchen Sie nur noch einen Befehl, der die Elemente des Arrays wieder in einen Text zurückverwandeln. Der heißt *Join()*, findet sich allerdings nicht im *String*-Objekt, sondern in der *String*-Klasse.

IP-Adressen erkennen

Komplexe reguläre Ausdrücke

Natürlich kann ein regulärer Ausdruck beliebig ausführliche Tests durchführen und so z.B. bei einer IP-Adresse auch prüfen, ob die angegebenen Zahlen im erlaubten Bereich von 0 bis 255 liegen. Dabei werden die regulären Ausdrücke allerdings immer länger und schwerer verständlich. Glücklicherweise brauchen Sie in den meisten Fällen nicht selbst Stunden in komplexe reguläre Ausdrücke wie den folgenden zu investieren. Es genügt, die für ein bestimmtes Textmuster passenden regulären Ausdrücke zu kennen. Im Internet finden Sie zu fast allen üblichen Textmustern fix und fertige reguläre

Ausdrücke. Im Folgenden wollen wir uns einen komplexen regulären Ausdruck trotzdem näher anschauen, damit Sie erkennen, dass dieser ebenfalls nur aus den üblichen Bausteinen aus Tabelle 19.10 (Seite 678) besteht. Der folgende reguläre Ausdruck lässt nur noch wirklich gültige IP-Adressen zu:

```
$ip = "300.400.500.999"
$ip -match "\b(?:(?:25[0-5]|2[0-4][0-9]|[01]?[0-9][0-9]?)\.){3}(?:25[0-5]|2[0-4][0-9]|[01]?[0-
9][0-9]?)\b"
False
```

Und so funktioniert der Ausdruck: Gültig sind nur Ausdrücke, die an Wortgrenzen stoßen (Anker: / *b*). Jede einzelne Zahl wird durch den folgenden Unterausdruck definiert:

```
(?:25[0-5]|2[0-4][0-9]|[01]?[0-9][0-9]?)
```

Die Anweisung *?:* ist optional und verbessert die Geschwindigkeit, kann aber auch weggelassen werden. Danach folgen drei alternative erlaubte Zahlenformate, die durch das Oder-Zeichen (|) getrennt werden. *25[0-5]* entspricht einer Zahl zwischen *250* und *255*. *2[0-4][0-9]* entspricht einer Zahl zwischen *200* und *249*. *[01]?[0-9][0-9]?* schließlich entspricht einer Zahl zwischen *0-9* oder *00-99* oder *000-199*. Das Fragezeichen (?) als Quantifizierer sorgt nämlich dafür, dass das Muster davor nicht zwingend vorkommen muss. Der Unterausdruck beschreibt also Zahlen zwischen *0* und *255*. Eine IP-Adresse besteht aus vier solcher Zahlen. Hinter den ersten drei Zahlen folgt immer ein Punkt. Deshalb wird die Definition der Zahl in folgenden Ausdruck eingefügt:

```
(?:(?:25[0-5]|2[0-4][0-9]|[01]?[0-9][0-9]?)\.){3}
```

An die Zahl wird also ein Punkt (\.) angefügt und dieses Konstrukt soll drei Mal vorhanden sein (*{3}*). Daran wird nun noch die vierte Zahl angehängt und fertig ist der reguläre Ausdruck. Weil Sie nun wissen, wie man Unterausdrücke anlegt (runde Klammern verwenden) und wie man diese Unterausdrücke wiederholt (Anzahl der Wiederholungen in geschweiften Klammern dahinter schreiben), könnten Sie jetzt auch den zuerst verwendeten regulären Ausdruck für IP-Adressen verkürzen:

```
$ip = "10.10.10.10"
$ip -match "\b\d{1,3}\.\d{1,3}\.\d{1,3}\.\d{1,3}\b"
True
$ip -match "\b(?:\d{1,3}\.){3}\d{1,3}\b"
True
```

Zusammenfassung

Text wird entweder durch einfache oder durch doppelte Anführungszeichen begrenzt. Verwenden Sie doppelte Anführungszeichen, dann ersetzt die PowerShell im Text vorhandene PowerShell-Variablen und Sonderzeichen. Text, der in einfachen Anführungszeichen steht, wird nicht verändert. Dasselbe gilt für Zeichen, die im Text mit dem Tickzeichen markiert wurden, über das Sie also Sonderzeichen in einen Text einfügen (Tabelle 19.1; Seite 661).

Mit dem Formatierungsoperator *-f* betten Sie Informationen in Text ein und können diese eingebetteten Informationen außerdem formatieren, z.B. bei Zahlen die Nachkommastellen angeben oder bei Textinformationen die Breite und Bündigkeit festlegen. Die in *String*-Objekten enthaltenen Methoden bieten weitere Möglichkeiten, um beispielsweise Text in mehrere Teiltexte aufzusplitten, Leerzeichen zu entfernen oder Ersetzungen durchzuführen.

Suchen Sie nach Textmustern, können Sie diese zwar mit den einfachen Platzhalterzeichen des *-like*-Operators finden, aber reguläre Ausdrücke können Textmuster sehr viel genauer beschreiben und liefern außerdem die Textstellen, die den Mustern entsprechen, automatisch zurück. Reguläre Ausdrücke bestehen aus den vielfältigen Bausteinen aus Tabelle 19.10 (Seite 678), die sich im Wesentlichen aus den Kategorien Zeichen, Quantifizierer und Anker zusammensetzen. Dabei beschreiben reguläre Ausdrücke beliebig komplexe Textmuster und können zusammen mit den Operatoren *-match* oder *-replace* verwendet werden. Auch das beiden Operatoren zugrunde liegende .NET-*RegEx*-Objekt kann eingesetzt werden, was vor allem dann nötig ist, wenn Sie von den einfachen Standards abweichen wollen, die für *-match* und *-replace* gelten, also mehr als einen Treffer finden möchten oder Spezialoptionen wie den Multilinemodus benötigen.

Stichwortverzeichnis

A

B

C

F

G

H

I

J

K

L

M

N

O

P

Q

R

S

W

X

Z

Über den Autor

Dr. Tobias Weltner

Dr. Tobias Weltner ist einer der führenden PowerShell-Experten in Deutschland. Er hat mehr als 80 IT-Fachbücher geschrieben und die PowerShell-Entwicklungsumgebung *PowerShell Plus* entwickelt. Außerdem betreibt er die PowerShell-Community *www.powershell.com* und arbeitet regelmäßig als Sprecher auf Konferenzen und als PowerShell-Trainer für Unternehmen und Behörden. Sie erreichen ihn unter *tobias.weltner@email.de*.